W0176629

Gregor Schöllgen

Gerhard Schröder

Gregor Schöllgen

Gerhard Schröder

DIE BIOGRAPHIE

Deutsche Verlags-Anstalt

MIX
Papier aus verantwortungsvollen Quellen
FSC® C014496

Verlagsgruppe Random House FSC® N001967
Das für dieses Buch verwendete FSC®-zertifizierte Papier *EOS* liefert Salzer Papier, St. Pölten, Austria.

1. Auflage
Copyright © 2015 Deutsche Verlags-Anstalt, München, in der Verlagsgruppe Random House GmbH
Alle Rechte vorbehalten
Lektorat und Satz: Ditta Ahmadi, Berlin
Gesetzt aus der Adobe Jensen Pro
Bildbearbeitung: Aigner, Berlin
Druck und Bindung: GGP Media GmbH, Pößneck
Printed in Germany
ISBN 978-3-421-04653-6

www.dva.de

Inhalt

Vorwort

Es war eine kühne Idee. Gerhard Schröder willigte ein. Und ich nannte meine Bedingungen. Es waren drei: Uneingeschränkter Zugang zu seinen Papieren, die persönlichen eingeschlossen. Ungehinderter Zugang zu allen Zeitzeugen, mit denen ich sprechen wollte. Freier Zugang auch zu jenen amtlichen Dokumenten, die ich nur mit seiner Genehmigung beziehungsweise Unterstützung einsehen konnte – also insbesondere seine Stasi-Akte, die Akten des Kanzleramts oder auch die Protokolle der SPD-Gremien und der SPD-Fraktion im Deutschen Bundestag.

Gerhard Schröder hat das akzeptiert und sich ohne Wenn und Aber an seine Zusage gehalten. Das war nicht selbstverständlich, denn weder er noch ich, noch sonst jemand konnte wissen, was die Recherchen zum Beispiel über die Geschichte seiner Familie, die bislang weitgehend im Dunkeln lag, zu Tage fördern würden. Für seine konsequente und souveräne Einstellung zu dieser abenteuerlichen Reise durch sein Leben, aber auch für zahlreiche Gespräche, die ich im Laufe der Jahre mit ihm führen durfte, bin ich Gerhard Schröder zu großem Dank verpflichtet.

Soweit ich sehe, ist es das erste Mal, dass dem Biographen eines Hauptakteurs der Zeitgeschichte derart zeitnah eine solche Fülle allgemein nicht zugänglicher Unterlagen zur Verfügung stand. Welche ich einsehen konnte, sagen der Bericht zur Quellenlage und der Anmerkungsapparat. Über diesen lassen sich auch Zitate und Belege nachvollziehen. Lediglich im Falle der auf die Außen- und Europapolitik Gerhard Schröders bezogenen Akten des Kanzleramtes, die ich dank einer Zusage der Bundeskanzlerin an ihren Amtsvorgänger einsehen durfte, habe ich, einer Vereinbarung mit dem Kanzleramt entsprechend, auf unmittelbare Bezugnahmen oder Zitate und damit auch auf Nachweise im Anmerkungsapparat verzichtet.

Das Studium der Akten ist eine Sache, die Gespräche mit Zeitzeugen ist eine andere. Sie geben dem Bild Farbe und Konturen. Dass ein so stattlicher Kreis von Weggefährten aus den unterschiedlichsten Bereichen der Gesellschaft bereit gewesen ist, mit mir über eine im öffentlichen Leben nach wie vor sehr präsente Persönlichkeit zu sprechen, war nicht selbstverständlich. Einige haben sich überhaupt erstmals zu Gerhard Schröder geäußert, andere können oder werden es nicht mehr tun. Nicht wenige von denen, die in den vergangenen Jahrzehnten Schröders Wege kreuzten, haben mir zudem weiterführende Hinweise gegeben und mich Einblick in ihre Papiere nehmen lassen. Einige Gesprächspartner haben es mir gestattet, von ihren Informationen Gebrauch zu machen, baten aber darum, nicht namentlich genannt zu werden.

Ausdrücklich für ihre Gesprächsbereitschaft danken darf ich: Béla Anda, Stefan Aust, Egon Bahr, Günter Bannas, Franz Beckenbauer, Kai Diekmann, Erhard Eppler, Joschka Fischer, Günter Grass, Jürgen Großmann, Gregor Gysi, Gunhild Kamp-Schröder, Kurt Kister, Helmut Kohl, Sigrid Krampitz, Oskar Lafontaine, Markus Lüpertz, Angela Merkel, Franz Müntefering, Oskar Negt, Jürgen Peters, Heinrich von Pierer, Ulrike Posche, Wolfgang Schäuble, Rudolf Scharping, Doris Scheibe, Otto Schily, Helmut Schmidt, Renate Schmidt, Thomas Steg, Frank-Walter Steinmeier, Edmund Stoiber, Jürgen Trittin, Hans-Jochen Vogel, Richard von Weizsäcker, Heidemarie Wieczorek-Zeul.

Zu den ungewöhnlich günstigen Rahmenbedingungen für meine Arbeit gehörte, dass Sigrid Krampitz seit nunmehr fast einem Vierteljahrhundert das Büro Gerhard Schröders leitet. Sie und Albrecht Funk, ihr Stellvertreter, haben die Entstehung dieses Buches mit Umsicht und großem Engagement begleitet. Das gilt auch für meine Mitarbeiter an der Erlanger Universität, Matthias Klaus Braun, Dimitrios Gounaris und Claus W. Schäfer, sowie seitens des Verlages für Ditta Ahmadi und Julia Hoffmann. Ihnen allen bin ich sehr dankbar.

Gregor Schöllgen
Erlangen, im Frühjahr 2015

Der Aussteiger

1944 – 1966

»Ich wollte raus da.« Als er das im Rückblick auf seine jungen Jahre sagt, geht Gerhard Schröder auf die fünfzig zu.[1] Inzwischen hat er mehr erreicht, als man zu träumen wagt, wenn man von ganz unten kommt. Und Schröder kommt von ganz unten. Kaum ein anderer hat so früh so tief geblickt wie er. Schon gar kein zweiter Bundeskanzler kommt aus derart schwierigen Verhältnissen. Dass er als Kriegskind ohne leiblichen Vater aufwächst, dass er in ganz und gar unübersichtlichen familiären Verhältnissen groß wird und dass er lernen muss, sich in einem sozial randständigen Umfeld zu behaupten, gibt diesem Leben früh seine Prägung.

Als Gerhard Fritz Kurt Schröder am 7. April 1944, einem Karfreitag, im Lippeschen geboren wird, steht das Deutsche Reich vor dem Zusammenbruch. Aus dem knapp fünf Jahre zuvor begonnenen Eroberungsfeldzug ist eine Abwehrschlacht geworden. Am 20. August erreichen die Spitzen der alliierten Streitkräfte die Seine beiderseits Paris. Am selben Tag eröffnen die 2. und 3. Ukrainische Front in Nordostrumänien den Großangriff auf die 6. deutsche Armee, in der Gerhard Schröders Vater kämpft. Die Verluste sind gewaltig. Im Herbst 1944 kommen bis zu 5000 deutsche Soldaten ums Leben. Tag für Tag, die meisten im Osten.

Einer von ihnen ist Fritz Schröder. Gerhard Schröders Vater fällt am 4. Oktober 1944 auf einer Höhe beim rumänischen Pustasan, etwa 30 Kilometer südöstlich von Klausenburg.[2] Er wird auf dem Friedhof von Ceanu Mare beigesetzt. Das Grab wird 1978 entdeckt. Im Frühjahr 2001 erhält die Familie davon Kenntnis. Bei dieser Gelegenheit sieht Gerhard Schröder auch erstmals ein Foto seines Vaters. Es zeigt Fritz Schröder als Soldaten der Wehrmacht und findet seinen Platz auf dem Schreibtisch im Kanzleramt. Im August 2004, 60 Jahre nach dem Tod des Vaters, steht Gerhard Schröder erstmals an dessen Grab.

Weitere sieben Jahre gehen ins Land, bis er schließlich die Dokumente sichten kann, die aus dessen Dienstzeit bei der Wehrmacht erhalten geblieben sind.[3] Darunter befinden sich neben dem Wehrstammbuch und dem Soldbuch Fritz Schröders unter anderem das einzige bis dahin bekannte Foto, das den Vater als Zivilisten zeigt, außerdem ein Auszug aus dessen Strafregister, ein von der Ehefrau Erika Schröder unterzeichnetes, aber – da diese nur mühsam schreibt – von Klara Schröder, Gerhard Schröders Großmutter, handschriftlich aufgesetztes Dokument sowie die Geburtsurkunde des Sohnes Gerhard Schröder, den Fritz Schröder nie gesehen hat.

Gesichert zurückverfolgen, wenn auch nicht im Einzelnen erhellen, lässt sich die Familiengeschichte der Schröders bis in die Mitte des 19. Jahrhunderts. August Schröder, Gerhard Schröders Ururgroßvater, ist Winzer im Ramdohrschen Weinberg, angestellt beim Kaufmann August Ramdohr, Inhaber des gleichnamigen Bankhauses. Die Gegend ist wegen des Weinbaus an der klimatisch begünstigten Mündung der Unstrut in die Saale auch überregional bekannt, und offenbar haben die Schröders über Generationen hinweg dort ihren Lebensunterhalt als Winzer verdient. Am 2. März 1856 kommt August Schröders viertes Kind, Gerhard Schröders Urgroßvater *Franz* August Schröder, in Naumburg an der Saale zur Welt, wird dort auch drei Wochen später evangelisch getauft.[4]

Warum Franz Schröder beruflich andere Wege geht als sein Vater, entzieht sich unserer Kenntnis. Jedenfalls erlernt er den Beruf des Zimmermanns, heiratet Ende Juli 1879, als er 23 ist, im benachbarten Großjena und kehrt mit seiner Frau Pauline Emma zwei Tage später in seine Geburtsstadt Naumburg zurück. Dort wird am 18. November 1879, also nicht einmal vier Monate nach der Hochzeit, der erste gemeinsame Sohn geboren, dem drei weitere Söhne und zwei Töchter folgen, von denen eine zweijährig verstirbt. *Emil* Hermann Schröder, der Großvater Gerhard Schröders, erblickt am 2. November 1887 das Licht der Welt und zieht im Alter von fast zwei Jahren mit der Familie nach Leipzig.[5] Die Stadt, die seit Ende der achtziger Jahre des 19. Jahrhunderts eine rasante Entwicklung nimmt, wird in der Geschichte der Familie Schröder eine fassbare Rolle spielen.

Viel wissen wir über die frühen Jahre von Gerhard Schröders Großvater nicht. Aber einiges spricht dafür, dass Emil Schröder keine höhere Schulbildung genossen, sondern nach der Volksschule eine handwerkliche Ausbildung absolviert hat. Seine Spur findet sich 1906 wieder, als er sich für einige Jahre in unterschiedlichen Berufen, zum Beispiel als Kutscher und Fabrikarbeiter, durchschlägt, zeitweilig auch auf Wanderschaft unter anderem in der Pfalz zu finden ist. Sicher ist, dass Emil Schröder im Oktober 1909, also kurz vor Vollendung seines 22. Lebensjahres, in die Georg-Schumann-Kaserne in

Leipzig-Möckern zum zweijährigen Wehrdienst einrückt und fortan im königlich-sächsischen 7. Infanterieregiment »König Georg« (Nr. 106) seinen Dienst tut.[6]

Am 17. Februar 1912 heiratet Emil Schröder »Klara« Marie Auguste Werner, die am 16. Oktober 1890 in Leipzig zur Welt gekommen ist. Das ist die später in der Familie legendäre »Oma Schröder«, die auch den aufwachsenden Enkel Gerhard mit betreuen wird. Aus der Ehe gehen drei Kinder hervor: Sieben Monate nach der Hochzeit wird am 12. September 1912 *Fritz* Werner Schröder, Gerhards Vater, geboren, am 6. August 1913 folgt Charlotte Elsa, die nach wenigen Monaten verstirbt, und am 5. August 1914 *Emil* Kurt Schröder,[7] Gerhard Schröders Onkel und Vater dreier Töchter, von denen er erst als Bundeskanzler erfährt. Viel sieht der Großvater Emil Schröder nicht von seinen beiden Söhnen, denn im Sommer 1914 wird er zu den Waffen gerufen.

Der europäische Krieg, der im August 1914 mit den deutschen Kriegserklärungen an Russland und Frankreich beginnt, wird nicht nur das Gesicht Deutschlands, Europas und der Welt nachhaltig verändern, sondern auch in den meisten Familien, die der Schröders eingeschlossen, mehr oder weniger gravierende Folgen zeitigen. Dass sich aus einem nur regional bedeutsamen Zwischenfall – der Ermordung des österreichisch-ungarischen Thronfolgers in Sarajevo – ein Konflikt dieser Dimension entwickeln konnte, hatte vielfältige Gründe. Heute wissen wir, dass die Großmacht Deutsches Reich und das Gleichgewicht der Kräfte in Europa nicht miteinander vereinbar gewesen sind und dass darin die entscheidende Ursache für den Ausbruch dieser Urkatastrophe des 20. Jahrhunderts zu sehen ist.

Das Deutsche Reich war 1871 aus der Taufe gehoben worden. Politisch geschickt und militärisch entschlossen hatte Preußen die Machtverschiebungen infolge des Krimkrieges genutzt, um in den sechziger Jahren des 19. Jahrhunderts die nationalstaatliche Einheit Deutschlands herbeizuführen. Die Regie hatte Otto von Bismarck geführt, der dann auch als erster Kanzler die Geschicke des Reiches leitete. Mit ihm haben sich sämtliche Nachfolger auseinandersetzen müssen. Die Reichskanzler bis 1945, weil sie auf die eine oder andere Weise an ihm gemessen wurden, und die Bundeskanzler seit 1949, weil Bismarcks Schöpfung, wenn auch in den Grenzen der Zwischenkriegszeit, so lange ein Bezugspunkt ihres außenpolitischen Denkens blieb, wie das Grundgesetz ihnen die Vollendung der Einheit Deutschlands auftrug.

Wenn sich die Kanzler der Bundesrepublik Deutschland auch nicht als Nachfolger Bismarcks sehen mochten, hat er sie doch allesamt beschäftigt.

Selbst die drei Sozialdemokraten unter ihnen. Willy Brandt und Helmut Schmidt haben stets einen »wachen Sinn für Bismarcks Leistung« gehabt[8] und gelegentlich die Außenpolitik des ersten Reichskanzlers als »genial« gepriesen. Auch Gerhard Schröder, von dem man das vielleicht am wenigsten erwarten würde, kannte nie Berührungsängste, im Gegenteil: In seinem Hannoveraner Büro hängt – gleich neben der Fotoporträtgalerie der Kanzler von Adenauer bis Schröder – ein großformatiges Bismarck-Porträt Franz Lenbachs. Es zeugt von dem unverkrampften Respekt, den der vorerst letzte sozialdemokratische Bundeskanzler für den »aufgeklärte[n] Pragmatismus« des ersten Reichskanzlers – »eine vorbildliche Figur« – empfindet, wie er 2015 anlässlich Bismarcks 200. Geburtstag in einem großen Gespräch mit dem *Spiegel* bekannte.[9] In diesem Sinne hat Hans-Peter Schwarz, der Biograph Konrad Adenauers und Helmut Kohls, Gerhard Schröder jüngst als eine »fast Bismarcksche Figur« charakterisiert: »ein herrlich ungebremster Machtpolitiker, wie sie in Deutschland eigentlich wenig kommen«.[10]

Mehr als mit Bismarck selbst hatten sich sämtliche Bundeskanzler allerdings mit den mittelbaren Folgen seiner Schöpfung auseinanderzusetzen. Denn innerhalb von 30 Jahren hatte das Deutsche Reich Europa zwei Mal mit einem verheerenden Krieg überzogen. Wer weiß, was der Welt erspart geblieben wäre, hätten die Kriegsgegner Deutschlands schon 1918, also am Ende des Ersten Weltkriegs, die Konsequenz aus der Erkenntnis gezogen, dass dieses Deutsche Reich sich nicht mit dem Gleichgewicht der Kräfte in Europa vertrug. Nachdem sie dies 1945 getan hatten, war Deutschland ein besetztes, später geteiltes und bis zum Zusammenbruch der alten Weltordnung nicht vollständig souveränes Land. Die Geschichte des geteilten Deutschlands, die Vereinigung der beiden Staaten westlich von Oder und Neiße sowie die neue Rolle des wieder völlig souveränen Deutschlands in der Weltpolitik formen auch die politische Biographie Gerhard Schröders. Er wird der Bundeskanzler sein, der dieser neuen Rolle Rechnung trägt.

Gerhard Schröders Großvater Emil rückt bei Ausbruch des Krieges in die 11. Kompanie des 3. Bataillons seines alten Regiments ein, kommt sowohl an der West- als auch an der Ostfront zum Einsatz und kehrt schließlich – im Wesentlichen unversehrt, zudem »gründlich entlaust und gereinigt«[11] – in die Heimat zurück. Dort erwartet ihn eine böse Überraschung. Denn in Leipzig findet Emil Schröder nicht nur seine Frau Klara mit dem Arbeiter Arno M., sondern auch deren gemeinsame Tochter Klara Hildegard vor, die am 2. Juni 1917 geboren worden ist. Nach den Gründen für diese Liaison zu forschen, erübrigt sich. Unsere Quellen geben sie nicht preis. Bekanntlich hat der auf wenige Monate geplante, schließlich mehr als vierjährige Krieg mit all seinen Unwägbarkeiten und Entbehrungen nicht nur in der Familie Schröder zu solchen Vorkommnissen geführt.

Sicher ist jedenfalls, dass die Ehe zwischen den Großeltern Gerhard Schröders väterlicherseits am 26. Juli 1923 wegen »Ehebruchs« der Ehefrau Klara Schröder, geborene Werner, geschieden wird, dass Gerhard Schröders Großvater Emil Schröder am 20. Mai 1925 erneut heiratet und dass er bis zu seinem Lebensende am 29. Mai 1946 in Leipzig wohnt.[12] Gesichert ist auch, dass Gerhard Schröders Großmutter Klara, geschiedene Schröder, am 18. Februar 1935 Paul Vosseler heiratet.[13] Sicher ist schließlich, dass Fritz Schröder, der älteste Sohn von Emil und Klara und Vater von Gerhard Schröder, in wenig geordneten Verhältnissen aufwächst.

Seine Spur verliert sich mit der Geburt. Wir wissen daher nicht, ob Fritz Schröder nach der Trennung der Eltern beim Vater oder bei der Mutter aufwächst oder aber, was unter solchen Umständen nicht ungewöhnlich wäre, bei Zieheltern oder in Heimen unterkommt. Auch über seine Schul- und seine sonstige Ausbildung, so er eine solche genossen hat, sind keine zuverlässigen Auskünfte möglich. Aktenkundig wird Fritz Schröder erst wieder am 9. März 1934, als ihn das Amtsgericht Neustettin wegen schweren Diebstahls zu fünf Monaten Gefängnis verurteilt. Was den Einundzwanzigjährigen auf die schiefe Bahn gebracht hat, geben die Akten nicht preis. Auch wissen wir nicht, warum er bereits am 16. Juni 1934 vorzeitig entlassen wird. Vielleicht ist ihm eine Untersuchungshaft angerechnet worden.

Kaum auf freiem Fuß, verwischt sich seine Spur erneut. Aus einem Gespräch, das seine spätere Frau Erika, Gerhard Schröders Mutter, in hohem Alter geführt hat, ist zu schließen, dass Fritz Schröder seinen Lebensunterhalt in dieser Zeit als »Knecht« beziehungsweise »Gelegenheitsarbeiter« verdient – sofern er denn Arbeit findet. Mal zieht er »als Hilfskraft mit einer Kirmes umher«, zwischenzeitlich arbeitet er auch bei einem Deichgrafen an der Elbe, in der Regel aber findet man Fritz Schröder »auf dem Feld … und in den Ställen«. Der Hinweis seiner Frau, dass er »besonders gut mit Pferden umgehen« kann, ist aufschlussreich, weil es seine spätere Verwendung in der Wehrmacht erklärt.[14]

In dieser Zeit taucht er auch wieder in den Akten auf, und zwar neuerlich in denen der Polizei und der Justiz. Am 20. März 1939 verurteilt das Landgericht Magdeburg Fritz Schröder wegen »gemeinsch[aftlichen] schweren Diebstahls« zu neun Monaten Gefängnis.[15] Der »Landarbeiter« Fritz Schröder, »ohne Wohnung«, ist am Sonnabend, dem 8. Oktober 1938, mit dem Maler Gottfried B. gegen 9.30 Uhr in die »Bodenkammer« eines Fleischermeisters in

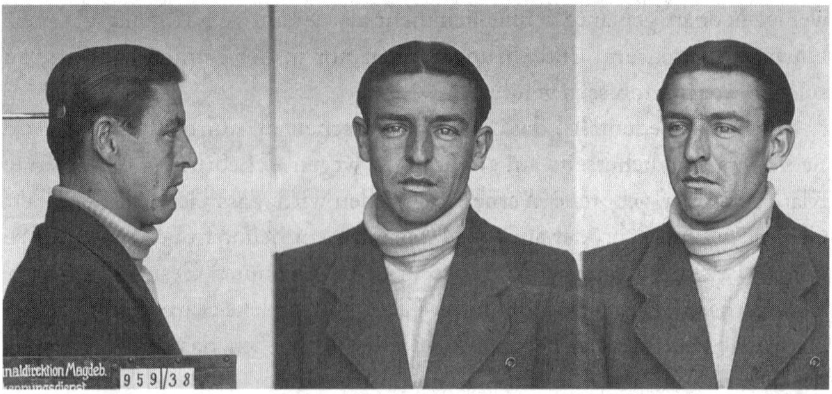

»Augen blau, Haare dunkelbraun, Nase gradlinig«: Fritz Schröder, Gerhard Schröders Vater, Mitte Oktober 1938 nach der neuerlichen Festnahme wegen schweren Diebstahls.

Magdeburg eingestiegen und hat »mehrere Bekleidungsstücke daraus gestohlen«. Die Beute haben sich die beiden geteilt. Nach einem Raubzug sieht das nicht aus, eher nach einem aus der Not geborenen Diebstahl. Aber natürlich wird er geahndet, Diebstahl gilt als schweres Delikt. Seit dem 11. Oktober 1938 sitzen die beiden im Gerichtsgefängnis Magdeburg ein.

Ohne die neuerliche Festnahme und erkennungsdienstliche Behandlung Fritz Schröders hätten wir vermutlich überhaupt keine gesicherten Informationen über den Vater Gerhard Schröders in diesen Jahren. So aber wissen wir auch aus amtlichen Quellen, dass sich Fritz Schröder als Landarbeiter verdingt und zuletzt in der Herberge Trommellsberg gemeldet ist, die 1867 durch die Magdeburger Stadtmission gegründet wurde und sich um »obdachlose Wanderer« kümmert. Im Zuge der erkennungsdienstlichen Behandlung werden zudem die üblichen drei Lichtbilder des inzwischen sechsundzwanzigjährigen Delinquenten aufgenommen. Die Kartei ergänzt, was den Schwarz-Weiß-Aufnahmen nicht zu entnehmen ist: Fritz Schröder ist von Statur »schlank« und 1,60 Meter groß, die Haare sind »d[unkel]braun«, die Augen »blau«, die Nase ist »gradlinig«, die Zähne sind »lückenhaft unten«. Unter »Besondere Kennzeichen« ist eine Tätowierung vermerkt: »Frauenbüste m[it] Blumenzweig, rechten Unterarm vorn«, »blau«.[16] Die Tätowierung ist damals nicht das revidierbare Merkmal einer sich im Exhibitionismus ergehenden gesichtslosen Massenkultur, sondern in der Regel diskret getragener Ausweis einer kleinen Gruppe von Menschen, die sich aus diesem oder jenem Grund an den Rändern der Gesellschaft bewegen.

Den Polizeiakten ist auch zu entnehmen, dass Fritz Schröder offenbar zum Zeitpunkt seiner neuerlichen Festnahme keinen Kontakt zu den Eltern hat, da er sie gemeinsam in Leipzig vermutet. Tatsächlich lebt seine Mutter inzwischen mit ihrem zweiten Mann in der Nähe von Detmold. Während der Gefängnishaft muss Fritz Schröder ihre Anschrift ermittelt haben. Vielleicht hat sich auch seine spätere Frau, Gerhard Schröders Mutter, darum gekümmert, die in hohem Alter erzählt, dass sie und ihr späterer Mann Fritz Schröder dessen Mutter »suchen« ließen. Offenbar mit Erfolg. Jedenfalls zieht Fritz Schröder am 22. Juli 1939, dem Tag seiner Haftentlassung, von der Halberstädter Straße 8a, die bis heute die Anschrift des Magdeburger Landgerichts ist, nach Detmold, und zwar in die »Bruchmauerstraße 10 Voßler«.[17] Damit beginnt eine ungewöhnlich verwickelte, teils atemberaubende, teils bedrückende Geschichte. Sie lässt sich nicht mehr in allen Einzelheiten erhellen, sicher aber ist: Sie ist auch die Geschichte des Gerhard Schröder.

Fritz Schröder wohnt seit seiner Entlassung aus der Magdeburger Haft bei seiner Mutter Klara und deren vermutlich zweitem Ehemann, Fritz Schröders Stiefvater: August »Paul« Vosseler ist am 18. August 1906 in Niederwenigern, einer Ortschaft unweit von Hattingen im Ruhrgebiet, als Sohn des Bergmannes August Vosseler und seiner Frau Auguste, geborene Siepermann, zur Welt gekommen.[18] Paul Vosseler ist Melker. Unter welchen Umständen er seine spätere Frau Klara kennengelernt hat, entzieht sich unserer Kenntnis. Gesichert ist, dass die beiden am 18. Februar 1935 in Dortmund heiraten und sich zwei Tage später in Detmold anmelden.

Dort lässt sich Klara Vosseler, geborene Werner, geschiedene Schröder, nach mehrfachen Wohnungswechseln innerhalb und außerhalb der Stadtmauern[19] am 15. Oktober 1938 in besagter Bruchmauerstraße nieder – und ruft eine schließlich fünfköpfige Wohngemeinschaft ins Leben. Als letzter Mitbewohner zieht Anfang September 1939, also ein knappes Jahr nach seiner Frau, Paul Vosseler ein. Zumindest ist er seither dort gemeldet. Kurz zuvor ist sein Ende Juli aus der Haft entlassener Stiefsohn Fritz Schröder hier untergekommen, der wiederum Erika Lauterbach gefolgt ist, die im Juni mit ihrer gerade geborenen Tochter in der Bruchmauerstraße Quartier genommen hat.[20]

Gunhild *Erika* Lauterbach, die Mutter Gerhard Schröders, hat am 2. Oktober 1913 in Burgstall, einer Gemeinde etwa 30 Kilometer nördlich von Magdeburg, das Licht der Welt erblickt. Sie wird als Tochter der zweiundzwanzigjährigen Näherin Martha Lauterbach »außerehelich« geboren. Das ist in dieser Zeit nicht ungewöhnlich. Etwa 10 Prozent der vor dem Ersten Weltkrieg Geborenen sind uneheliche Kinder. So auch Willy Brandt. Der Vogänger Gerhard Schröders in den Ämtern des Bundeskanzlers und SPD-Vorsitzenden wird wenige Wochen nach Erika Lauterbach als Herbert Frahm in Lübeck geboren.

Viele dieser Geburten gelten als »vorehelich« und werden später durch Heirat legitimiert.

Wer ihr leiblicher Vater gewesen ist, hat Erika Lauterbach nie in Erfahrung gebracht. Folglich hat auch Gerhard Schröder bis ins fortgeschrittene Alter nicht wissen können, wer sein Großvater mütterlicherseits gewesen ist: Karl *Otto* Heinrich Krauß ist am 21. Februar 1877 als Sohn des Apothekers *Otto* Wilhelm Krauß und seiner Frau Mathilde, geborene Mössner, in Mosbach, an den südlichen Ausläufern des Odenwaldes gelegen, zur Welt gekommen. Anders als die Familie der Schröders beziehungsweise Vosselers, in welche seine Tochter Erika einheiraten wird, entstammt Otto Krauß den privilegierteren Schichten in Deutschland. Der gymnasialen Ausbildung an verschiedenen Anstalten in Heidelberg, Bad Godesberg und Wertheim am Main folgt nach dem Abitur ein Studium der Humanmedizin in Freiburg und Erlangen, wo Otto Krauß die Vorprüfung ablegt. Nach Ableistung des ersten Militärhalbjahres im 6. (badischen) Feldartillerie-Regiment (Nr. 116), führt er sein Studium in Berlin und München fort und besteht dort 1904 die ärztliche Prüfung. Im selben Jahr erscheint seine Doktorarbeit zum Thema »Über einen Fall von Paralysis agitans traumatica«.[21]

Hernach verliert sich seine Spur immer wieder einmal. Dass sie dann in den Militärakten auftaucht, spricht für eine Karriere als Militärarzt. So wird Dr. Otto Krauß am 19./20. Juni 1912 patentiert, also zum Offizier befördert,[22] danach ist er in Halberstadt als »Stabsarzt« gemeldet.[23] Hier lernt er die Näherin Martha Lauterbach kennen, von der wir nicht viel mehr wissen, als dass der Vater Schneidergeselle gewesen ist. Am 2. Oktober 1913 bringt Martha Lauterbach ihre Tochter Erika, Gerhard Schröders Mutter, zur Welt.[24] Otto Krauß wendet sich unterdessen anderen Horizonten zu, meldet sich wenige Tage später in Offenburg an und tut fortan als Hauptmann und Stabsarzt im Infanterie-Regiment 170 seinen Dienst. Mit diesem zieht er am 6. August 1914 ins Feld, kommt an verschiedenen Schauplätzen und in wechselnden Einheiten zum Einsatz, bis er am 6. Februar 1917 durch die Generalmusterungskommission als nicht mehr kriegs-, sondern nur noch garnisonsverwendungsfähig eingestuft wird.[25] Seit Mitte Juli 1914 ist Dr. Otto Krauß verheiratet, lebt mit seiner Frau Karola zunächst in Heidelberg und zieht 1923 nach Karlsruhe, wo er am 26. Januar 1947 gestorben ist.[26]

Ob er seine uneheliche Tochter Erika Lauterbach, Gerhard Schröders Mutter, jemals gesehen beziehungsweise wiedergesehen hat, entzieht sich unserer Kenntnis. Sie selbst hat zeitlebens nicht gewusst, wer ihr Vater war, aber angenommen, dass er »Oberstabsarzt« in Karlsruhe gewesen sei. Sicher ist, dass sie von einer Vormundin, der »Ehefrau« Anna Wiescheropp, geborene Ahsmus, großgezogen wird. Mit dieser schließt Otto Krauß am 29. Juni 1917, also gut dreieinhalb Jahre nach der Geburt seiner Tochter Erika Lauterbach, einen »Abfindungsvertrag«. Der sieht zum »Ausgleich der gesetzlichen Unterhaltsansprüche des Kindes für die Vergangenheit und Zukunft« die Zahlung einer »einmaligen Abfindungssumme von 3000 Mark« vor. Das dürfte etwa dreieinhalb Jahresgehältern entsprochen haben. Im Gegenzug verzichtet die Vormundin auf alle weiteren Ansprüche ihres Mündels Erika Lauterbach.[27]

Warum Gerhard Schröders Mutter von einer Vormundin großgezogen wurde und was aus ihrer Mutter Martha, Gerhard Schröders leiblicher Großmutter mütterlicherseits, geworden ist, wird wohl für immer ungeklärt bleiben. Als Erika Lauterbach 1939 Fritz Schröder heiratet, sind ihr weder der Aufenthalts- noch der Geburtsort ihrer leiblichen Mutter bekannt, und daran hat sich zeitlebens nichts geändert. Dass sie unehelich geboren worden ist, weiß Erika Lauterbach hingegen, seit sie zwölf ist.

An ihrem Lebensabend hat sie erzählt, dass sie »eine harmonische Kindheit gehabt« habe und die Pflegeeltern »sehr nett, sehr lieb« gewesen seien. Die beiden haben bereits einen Sohn und eine Tochter, und bei dieser wiederum wächst Erika Lauterbach auf, nachdem ihre Pflegemutter an einer Blutvergiftung gestorben ist. Als sie vierzehn ist, geht sie auf dem Gut Urslehn, auf dem auch die Pflegeeltern gearbeitet haben, »in Stellung« und verdingt sich – für 50 Pfennige bei freier Unterkunft und Verpflegung – als Hausgehilfin. Mit sechzehn kommt sie »als Magd auf einen Bauernhof«. Dort bleibt Erika Lauterbach, bis sie 1936 den Gelegenheitsarbeiter Fritz Schröder kennenlernt.

Fortan leben die beiden zusammen, ohne dass sich nennenswerte Spuren von ihnen finden lassen. Fritz Schröder wird erst wieder aktenkundig, als er Anfang Oktober 1938 erneut einen Einbruch begeht und ins Gefängnis gesteckt wird. Während er in Magdeburg einsitzt, ist auch Erika Lauterbach dort gemeldet.[28] Die Gefängnishaft ihres künftigen Mannes hat sie, soweit wir wissen, später nie erwähnt, auch nicht gegenüber den gemeinsamen Kindern Gunhild und Gerhard Schröder. Gunhild wird am 3. April 1939 in Magdeburg geboren. Anfang Juni 1939 ziehen Mutter und Tochter, wie berichtet, nach Detmold[29] und kommen dort in der Bruchmauerstraße 10 bei Fritz Schröders Mutter Klara Vosseler unter. Nach seiner Haftentlassung folgt ihnen Fritz Schröder. Am 27. Oktober 1939 heiraten Fritz Schröder und Erika Lauterbach in Detmold. Damit ist auch der Weg frei, um der gemeinsamen Tochter mit Beschluss des Amtsgerichts Magdeburg am 14. November 1939 die »Rechtsstellung eines ehelichen Kindes« zu verschaffen.[30]

Zu diesem Zeitpunkt wohnt die junge Familie schon nicht mehr in Detmold. Unmittelbar nach der Hochzeit haben sich Fritz, Erika und Gunhild Schröder nach Horn abgemeldet, das etwa 25 Kilometer nordöstlich von Paderborn liegt. Mit ihnen ziehen Klara und Paul Vosseler, also die Mutter und der Stiefvater Fritz Schröders, dorthin um. Die fünf bleiben auch zusammen, als wenig später der nächste Umzug nach Wiembeck ansteht.[31] Was Fritz Schröder und die Seinen bewogen hat, die Wohnung beinahe im Monatsrhythmus zu wechseln, lässt sich nicht mehr feststellen. Für konsolidierte Verhältnisse spricht das jedenfalls nicht, und von einem nennenswerten Hausrat dürfte auch keine Rede sein. Zumal es in den kommenden Jahren dabei bleibt.

Die Hochzeit von Fritz und Erika Schröder, den leiblichen Eltern von Gerhard Schröder, und der Umzug der Familie nach Horn liegen bereits im Schatten von Ereignissen, die auch diese Familie schwer in Mitleidenschaft ziehen werden. Denn inzwischen hat das Deutsche Reich, geführt von Adolf Hitler, den europäischen Krieg eröffnet. Zu den vielen Faktoren, die dem Mann auf seinem Weg zur Macht geholfen haben, zählen die ihm günstigen äußeren Umstände und dass er unterschätzt wird. Das Reich ist nach Niederlage und Revolution, demütigendem Friedensvertrag und schlimmer Inflation seit 1923 gerade wieder auf die Beine gekommen, hat wirtschaftlich an Substanz und international an Reputation gewonnen, als die Folgen der Weltwirtschaftskrise Deutschland und die Deutschen seit 1930 erneut in die Knie zwingen. Diese äußeren Umstände spielen Adolf Hitler und seiner Nationalsozialistischen Deutschen Arbeiterpartei zu.

Als der »Führer« dieser Partei am 30. Januar 1933 durch den Reichspräsidenten Paul von Hindenburg zum Reichskanzler ernannt wird, glauben die Strippenzieher im Hintergrund, dass man sich seiner entledigen könne, sobald er seinen Zweck erfüllt habe. Bekanntlich ist das eine verheerende Fehleinschätzung. Denn Hitler ist entschlossen, die Macht nicht mehr aus der Hand zu geben und sein eigentliches Ziel baldmöglichst in Angriff zu nehmen: Alles, was er seit Ende Januar 1933 unternimmt, dient unmittelbar oder indirekt der Vorbereitung eines Eroberungs-, Beute- und Vernichtungsfeldzuges, mit dem insbesondere die Völker Ostmittel- und Osteuropas überzogen und das europäische Judentum ausgelöscht werden sollen.

Um diesen Krieg führen zu können, bedarf es neben der Konzentration aller wirtschaftlichen Energien und Ressourcen der politischen und strategischen Vorbereitung. Anfang Februar 1938 ist Hitlers Herrschaft im Innern so weit gefestigt, dass er sie forcieren kann. Anknüpfend an die vollendeten Tatsachen, die schon 1935/36 mit der Wiedereinführung der allgemeinen Wehrpflicht und der Wiederbesetzung der entmilitarisierten Zonen des Rheinlandes geschaffen worden sind, marschieren am 12. März 1938 deutsche Truppen in Österreich ein, das am Tag darauf per Gesetz an das Deutsche Reich angeschlossen wird, und schon am 1. Oktober 1938 beginnt die Wehrmacht mit dem Einmarsch in die sudentendeutschen Gebiete der Tschechoslowakei.

Riskant ist das nicht, denn zwei Tage zuvor haben die Regierungschefs Großbritanniens, Frankreichs und Italiens dem deutschen Diktator auf einer eilig nach München einberufenen Konferenz grünes Licht für diesen Schritt gegeben. Erst als Hitler entgegen allen Beteuerungen Mitte März 1939 die Wehrmacht in Prag einrücken lässt, zeigt der Westen Reaktionen. Am 31. März 1939 garantieren Großbritannien und Frankreich die Unabhängigkeit Polens, das offenkundig als Nächstes auf Hitlers Liste steht. Der hat dieses Mal einen Partner: Am 23. August 1939 einigen sich die Außenminister der Sowjetunion und Deutschlands im Auftrag Josef Stalins und Adolf Hitlers pragmatisch auf ein gegenseitiges Stillhalten und – in einem geheimen Zusatz – auf eine Aufteilung unter anderem der baltischen Staaten und eben Polens. Acht Tage später, im Morgengrauen des 1. September 1939, beginnt der deutsche Überfall auf den polnischen Nachbarn.

Der Krieg hat von Anfang an europäische Dimensionen. Nachdem Polen bereits Ende September 1939 unter dem konzentrierten Angriff zunächst der deutschen, dann auch der sowjetischen Armeen zusammengebrochen ist, führt der deutsche Überfall auf Dänemark und Norwegen, dann auf Belgien, die Niederlande, Luxemburg und Frankreich Hitler im Frühjahr innerhalb weniger Wochen ans Ziel: Am 22. Juni 1940 streckt auch die französische Armee die Waffen. Seither sind der Norden und Westen Europas – von der entscheidenden Ausnahme Großbritanniens abgesehen – unter deutscher Kontrolle, und vor diesem Hintergrund beginnt nach einem weiteren sogenannten Blitzfeldzug gegen Jugoslawien und Griechenland in den Morgenstunden des 22. Juni 1941 der deutsche Angriff auf die Sowjetunion.

1940/41 ist das Deutsche Reich auf den großen Krieg vorbereitet wie zu diesem Zeitpunkt kaum ein zweites Land auf der Welt. Bis zur Eröffnung des Polenfeldzuges hat die Regierung rund 45 Milliarden Reichsmark in die Rüstung gepumpt und die Wehrmacht in Stand gesetzt, einen europäischen Krieg führen zu können. Dazu gehören die Wiedereinführung der allgemeinen Wehrpflicht sowie die Musterung und Mobilisierung selbst älterer Jahrgänge.

Auch die Ehemänner von Klara Vosseler und Erika Schröder können sich dem nicht entziehen. Beide haben im Übrigen mit dem Nationalsozialismus nichts im Sinn, sind auch nicht Mitglieder der Partei. Der zweiunddreißigjährige Paul Vosseler wird am 18. April 1939 vom Wehrbezirkskommando Detmold gemustert, aber, obgleich tauglich, zunächst nicht einberufen.[32] Sein zu diesem Zeitpunkt siebenundzwanzigjähriger Stiefsohn Fritz Schröder wird am 10. November 1939 gemustert und als »kriegsverwendungsfähig« der »Ersatz-Reserve I« zugeteilt. Die Musterung ist eine der wenigen Gelegenheiten, bei denen Gerhard Schröders Vater in den Akten seine Spuren hinterlassen hat. In diesem Falle gibt der »Arbeiter« als Vorbildung die »Volksschule« und als Befähigungsnachweis »Radfahren« an. Offenbar hat er auch wieder Kontakt zu seinem Vater, Gerhard Schröders Großvater väterlicherseits. Jedenfalls weiß er, dass und wo Emil Schröder in Leipzig wohnt.

Am 29. März 1940 wird Fritz Schröder ausgehoben,[33] am 1. April zur 3. Schwadron der Fahr-Ersatzabteilung 6 eingezogen und am 28. April auf den »Führer und Obersten Befehlshaber der Wehrmacht – Adolf Hitler« vereidigt. Seine Verwendungen in den kommenden viereinhalb Jahren lassen sich mehr oder weniger lückenlos rekonstruieren, sind hier aber im Einzelnen nicht von Belang. Weil seine Frau im Rückblick auf ihr Leben berichtet hat, dass Fritz Schröder »besonders gut mit Pferden umgehen« konnte, wissen wir jedenfalls, warum dieser unter anderem in einem Pferdelazarett Dienst getan hat und nicht nur am »Karabiner 98 k«, sondern auch als »Reiter« und »Fahrer vom Sattel« ausgebildet worden ist. Das klingt anachronistisch; tatsächlich kommen aber bei der Wehrmacht während des Zweiten Weltkrieges fast 3 Millionen Pferde zum Einsatz.

Offensichtlich bewährt sich Fritz Schröder, wird am 1. Februar 1942 zum Gefreiten, am 1. Januar 1944 zum Obergefreiten befördert und nimmt im Oktober 1942 an einem fast vierwöchigen Unteroffiziersanwärterlehrgang teil. Zunächst vor allem in Belgien eingesetzt, wird er im Dezember 1942 mit der 306. Infanteriedivision zum »Osteinsatz« abkommandiert. Am 20. August 1944 beginnt in Bessarabien die Großoffensive der 2. und 3. Ukrainischen Front gegen die rumänischen und deutschen Einheiten. Die Infanteriedivision ist im Zentrum des Sturms und verliert bereits am ersten Tag die Hälfte ihrer Soldaten. Schröder gehört der »Kampfgruppe Winkler« im »Alarmbataillon Witzel« an, als er am 4. Oktober 1944 fällt.[34]

Zuletzt hatte der Gefreite Fritz Schröder im Juli 1943 zwanzig Tage »Erholungsurlaub« in der Heimat plus vier Reisetage erhalten. Er verbringt sie in Mossenberg, Kreis Detmold, bei seiner Frau Erika Schröder, geborene Lauterbach, seiner Tochter Gunhild, seiner Mutter Klara Vosseler sowie deren zweitem Ehemann Paul Vosseler.

»Fahrer vom Sattel«: Der Soldat Fritz Schröder im Frühjahr 1941 beim Einsatz in Belgien.

Die Familie lebt seit Mai 1942 im Obergeschoss des Bauernhauses der Familie Freitag – zweieinhalb Zimmer auf etwa 40 Quadratmetern für 12 Reichsmark Miete im Monat. Beengt, aber immer noch besser als in der Stadt, die im Visier alliierter Bomber liegt, außerdem mit der Aussicht, ab und an etwas Essbares aufzutreiben.

Hier kommt am 7. April 1944 *Gerhard* Fritz Kurt Schröder zur Welt. Da es die Hebamme nicht rechtzeitig schafft, steht Klara Vosseler (»Oma Schröder«) ihrer Schwiegertochter Erika bei. Am 4. Juni wird der Junge in Cappel getauft. Emmi Freitag übernimmt die Patenschaft.[35] Deren Familie steht in diesen Monaten für eine gewisse Stabilität des im Übrigen fragilen äußeren Rahmens. Erika Schröder hält die Verbindung bis ins höchste Alter hinein aufrecht, und auch Gerhard Schröder erinnert sich dankbar an diese frühen Jahre: Als die Tochter der Freitags im September 2001 nach Berlin kommt, findet sich im prall gefüllten Terminkalender des Bundeskanzlers ein Zeitfenster.[36]

Obgleich sie unmittelbar nach dem Tod Fritz Schröders durch die Behörden unterrichtet worden sind, glauben Klara Vosseler, Erika und vor allem Gunhild Schröder, die den Vater ja während seiner Heimaturlaube bewusst erlebt hat, »noch lange, dass er wiederkommt«. Da geht es ihnen nicht anders als den meisten Müttern, Ehefrauen und Kindern, ganz gleich ob sie nicht wissen, wie es dem Sohn, dem Mann oder dem Vater geht, oder ob sie, wie die drei Frauen in Mossenberg, die Nachricht von seinem Tod schwarz auf weiß in Händen halten. Die Hoffnung stirbt auch hier zuletzt.[37]

Die Zeit, die es braucht, um die Trauer zu leben, hat Erika Schröder nicht. Sie ist die tragende Säule der Familie, arbeitet während des Krieges und in den sich anschließenden Monaten mal in einer Munitionsfabrik, mal beim Bauern, mal im Haushalt anderer Leute und sorgt so für den Lebensunterhalt ihrer Kinder Gunhild und Gerhard Schröder, ihrer Schwiegermutter Klara Vosseler und deren Mann Paul Vosseler.

Zwei Jahre nach dem Tod Fritz Schröders heiratet die Kriegerwitwe Erika Schröder den Ehemann ihrer Schwiegermutter.[38] Die Ehe zwischen diesen beiden – Paul Vosseler und Klara Vosseler, geschiedene Emil Schröder – muss also inzwischen aufgehoben worden sein. Mit anderen Worten heißt das: Paul Vosseler ist zunächst mit Klara, danach mit deren Schwiegertochter Erika verheiratet. Eine abenteuerliche Konstellation, in die Gerhard Schröder da hineinwächst, zumal die vormalige Frau seines Stiefvaters, Klara Vosseler, nach wie vor als »Oma Schröder« präsent ist.

Für die Kinder sogar sehr präsent, weil sich die Großmutter um diese kümmert, während die Mutter der schließlich fünf Kinder nach wie vor und im Wesentlichen alleine für den Lebensunterhalt der wachsenden Familie sorgt. Zu Gunhild und Gerhard Schröder, den Kindern von Fritz und Erika Schröder, gesellen sich nämlich bis 1954 drei Halbgeschwister hinzu. Am 5. April 1947 wird Lothar Vosseler, der Älteste von Paul und Erika Vosseler, verwitwete Fritz Schröder, geboren, am 21. März 1950 folgen Heiderose und am 22. Dezember 1954 Ilse Vosseler.

»Oma Schröder« war »unverzichtbar«, erinnert sich Gunhild, das älteste der fünf Geschwister, auch nachdem diese ihren Ehemann an ihre Schwiegertochter abgetreten hatte. Sie war »einfach immer da«. Die ständige Präsenz der Großmutter erklärt im Übrigen auch, warum ihre Enkel, Gerhard Schröder eingeschlossen, anfänglich mit sächsischem Zungenschlag sprechen. Zum Glück verstehen sich die beiden Frauen nach wie vor gut, was auch an ihren unterschiedlichen Temperamenten gelegen haben dürfte: »Mama war nicht so hitzig wie Oma.«[39] 1960, als sie siebzig ist, stürzt die Großmutter und erleidet einen Schädelbruch, verlässt aber gegen die Weisung der Ärzte die Klinik, um zu Hause anzupacken. 1987 stirbt Klara Vosseler, Gerhard Schröders Großmutter väterlicherseits, siebenundneunzigjährig in einem Heim in Lemgo.

Schwer zu sagen, was die Witwe Erika Schröder bewogen hat, den Mann ihrer im selben Haushalt lebenden Schwiegermutter zu heiraten. Sollte es die Hoffnung auf einen gesicherten Lebensunterhalt gewesen sein, wird sie enttäuscht. Ihr zweiter Mann geht fremd, leidet an Tuberkulose, ist daher bald mehr oder weniger arbeitsunfähig und verbringt seit 1954 die meiste Zeit in einem Sanatorium in Lemgo. Am 30. Mai 1966 stirbt Paul Vosseler kurz vor Vollendung seines sechzigsten Lebensjahres.

Gerhard Schröder und seiner älteren Schwester ist er als fürsorglicher Stiefvater in Erinnerung geblieben. Zwar wurde er bisweilen laut, aber Paul Vosseler schlug die Kinder nicht. Gunhild weiß zu berichten, dass er gut singen und Zither spielen konnte, auch gelegentlich auf diesem Instrument Unterricht gab,[40] und ihr Bruder erinnert sich an den Stiefvater als durchaus »klugen und politischen Menschen«. Dass er im Radio die Sendungen des Berliner Kabaretts »Die Stachelschweine« hörte, hat sich dem Jungen eingeprägt.[41]

Seit Kriegsende lebt die rasch größer werdende Familie in Wülfer-Bexten, Kreis Lemgo, wie die Gemeinde seit dem Zusammenschluss der Meierei Bexten mit der Gemeinde Wülfen im Frühjahr 1920 heißt. Vieles gibt es dort nicht zu erkunden, schon gar nichts Aufregendes. Von dem reichen Bextener Amtsmeierhof ist nichts mehr übrig geblieben, seit ein Brand 1731 das innere Gutsgebäude vernichtet hat. Lediglich die alte Tanzlinde lockt gelegentlich die Kinder und Jugendlichen der beiden Ortschaften, manchmal sogar einen neugierigen Besucher von außen an. Mit ihrem stolzen Alter von rund 600 Jahren und einem Umfang von stattlichen acht Metern zählt sie zu den ältesten Bäumen im Lipperland. Wenn Gerhard Schröder in späteren Jahren einmal nach Bexten kommt, führt kaum ein Weg an einem Foto mit Einheimischen und Linde vorbei.

Zunächst lebt Erika Schröder mit ihren beiden ältesten Kindern in einem Behelfswohnheim auf dem Gelände des Sportplatzes – einem Holzbau mit zwei Zimmern und Latrine im Anbau. Nachdem sich Paul Vosseler einquartiert hat und das erste gemeinsame Kind geboren worden ist, zieht die Familie 1947 in ein baufälliges Fachwerkhaus, eine umgebaute Schafsscheune, die bei den Kindern »Villa Wankenicht« heißt. Vier Familien hausen hier auf engstem Raum beieinander – ohne Heizung, Bad und sanitäre Anlagen. Die schließlich achtköpfige Familie Vosseler – die fünf Kinder, ihre Eltern sowie die Großmutter, also die vormalige Ehefrau ihres jetzigen Schwiegersohns – teilt sich zwei Zimmer, und es wundert einen nicht, dass die Geschwister jede Gelegenheit nutzen, um den beengten Verhältnissen zu entkommen.

Gerhard Schröders Schwester Gunhild hat den täglichen Lebensablauf in Bexten später einmal so geschildert: »Mama stand um fünf Uhr auf. Sie bereitete das Frühstück für alle und kochte die Wäsche auf dem Kohleherd … Um sieben begann der Putzdienst in den Baracken der britischen Besatzungstruppen in Lemgo … Zum Frühstück hatte es eine Scheibe Brot für jeden gegeben mit Marmelade oder Zuckersirup … Wenn Oma zu Hause« und nicht auch auf der Arbeit war, hat »sie mittags gekocht. Die Woche über gab es Gemüseeintopf, Fleisch, wenn überhaupt, nur sonntags und dann Gulasch, das ließ sich am besten verteilen. Nachmittags machte Oma mit uns Hausaufgaben. Abends

Kanzler mit Löwe: Gerhard Schröder und seine Mutter Erika Vosseler – hier Mitte April 2004 – anlässlich Schröders Sechzigstem.

kam Mama zurück, selten vor acht Uhr. Wir aßen noch eine Milchsuppe, und das war es dann.« Elektrizität gab es lange nicht. »Samstags kam die Zinkwanne ins Wohnzimmer, dem einzigen beheizten Raum. Dann wurde gebadet, alle Kinder im selben Wasser. Heißes Wasser war ein Luxus ... Ich habe 1965 das erstemal ein Badezimmer gehabt.« Da ist Gunhild Kamp-Schröder sechsundzwanzig. »Bratenklau« in der Kaserne der Briten und »Kohleklau« in einer benachbarten Ziegelei, von der Großmutter organisiert, sind ab und an die einzige Möglichkeit, um über die Runden zu kommen.[42]

Man kann sich leicht vorstellen, was es für einen Jungen mit starkem Bewegungsdrang und aufziehender Pubertät bedeuten muss, unter solchen Umständen aufzuwachsen. Andererseits ist Bexten nun einmal die Welt, die er kennt. Hier ist sein Zuhause. Die Verbindung zu dieser frühen Heimat reißt zeitlebens nicht ab. So sagt er nicht Nein, wenn der Bürgerverein Wülfer-Bexten, das inzwischen zu Bad Salzuflen gehört, den »großen Bürger« bittet, anlässlich der Einweihung der erweiterten Boulebahn einen »Gerhard Schröder-Wanderpokal« zu stiften, oder wenn ihn der Lippesche Heimatbund anlässlich des neunhundertfünfundsiebzigjährigen Bestehens von Bexten einlädt, die Festrede zu halten: Hunderte Bürger kommen Ende Mai 2011 ins Festzelt am Waldkrug, um mit dem prächtig aufgelegten Ex-Kanzler zu feiern. Die Geschichten, die sie bei dieser Gelegenheit austauschen, die Bilder, die sie teils amüsiert, teils verwundert betrachten, rufen Erinnerungen wach. Naturgemäß sind es nicht nur gute, denn die Zeiten waren äußerst schwierig.

Etwas besser wird es im Frühjahr 1957, als die Patchworkfamilie Vosseler-Schröder ins benachbarte Osterhagen zieht. Äußerst beengt sind die Verhältnisse auch hier, aber wenigstens klar: Unten wohnen die Vermieter, im oberen Stock des kleinen Hofes wohnen die Vosselers, deren zwei älteste Kinder nach wie vor den Namen ihres leiblichen Vaters Fritz Schröder tragen. Da das aktuelle Familienoberhaupt Paul Vosseler als Ernährer krankheitsbedingt endgültig ausfällt, lebt man vor allem vom Einkommen der Mutter. Mit dem, was Erika Vosseler in 14 bis 16 Stunden mit Putzen, gelegentlich auch durch Aushilfsarbeit auf dem Hof verdient, lässt sich die Miete bestreiten. Hinzu kommt eine Unterstützung durch das Sozialamt. Weil Erika Vosseler dort ihre Einkünfte nicht angibt, muss ihr Sohn Jahre später vor dem Sozialgericht in Detmold einen Prozess führen, der mit einem Vergleich endet: Der junge Rechtsreferendar zahlt den fälligen Betrag für seine Mutter nach. Schon als Kind und Jugendlicher hat Gerhard Schröder – »klein, pummelig, witzig und schlagfertig«, »sehr selbstbewußt und standfest«, wie sich die ältere Schwester erinnert[43] – einen Teil des Selbstverdienten für den Lebensunterhalt beigesteuert: 50 Pfennige bekommt er in der Stunde fürs Rübenziehen, Kartoffelnauflesen und andere Gelegenheitsarbeiten, wie zum Bespiel das Kühemelken.[44]

Hunger leiden die Kinder also nicht, und dass es eine andere, eine Welt des Wohlstands gibt, weiß Gerhard Schröder damals nicht aus eigener Anschauung. So gesehen hat er »angemessen gelebt« und »nichts entbehrt«. Später lernt er, dass ihm in der Kindheit gleichwohl etwas fehlte. Weil der Stiefvater praktisch ausfällt, die Großmutter damit überfordert ist und die Mutter rund um die Uhr arbeitet, erfährt der junge Schröder im eigentlichen Sinne keine Erziehung. »Erziehung braucht Zeit, und die hatte sie nicht.« Das hat Folgen, unter anderem früh erkennbare »Neigungen zur Disziplinlosigkeit«, die sich auch in späteren Jahren immer wieder einmal Bahn brechen werden. Naturgemäß wird dieses Defizit von den Kindern nicht als solches wahrgenommen, wie auch die ärmlichen äußeren Umstände, in denen sie aufwachsen, nicht zählen, weil sie von der Mutter trotz ihres Leids und aller Entbehrungen »nur Liebe erfahren«.[45] Das schreibt Gerhard Schröder, nachdem die große Karriere hinter ihm liegt, in seinen Lebenserinnerungen. Sie sind auch eine Hommage auf die Mutter. Die Kinder nennen sie »Löwe«. Dabei bleibt es. Ein Leben lang. »Löwe wird 70 Jahre alt«, notiert sich der Bundestagsabgeordnete Gerhard Schröder zum Beispiel 1983 in seinen Kalender,[46] und das heißt: Auf geht's nach Paderborn, wo Erika Vosseler ihren Lebensabend verbringt.

Natürlich bilden die späten Erinnerungen und Reflexionen die gefühlte Wirklichkeit der frühen Jahre nur bedingt ab. Um zu verstehen, was damals in dem jungen Gerhard Schröder aus dem Wülfer-Bextener Behelfsheim vorgeht, muss man bedenken, dass er in einer Zeit groß wird, die als Jahre des Wirtschaftswunders in die Geschichtsbücher eingegangen ist. Als solcher wird der rasante wirtschaftliche Aufschwung schon deshalb empfunden, weil noch wenige Jahre zuvor niemand damit gerechnet hat – bei den Kriegsgegnern Deutschlands nicht und in Deutschland schon gar nicht. Denn eigentlich gibt es Deutschland seit dem Frühjahr 1945 überhaupt nicht mehr.

Das ist das wenig überraschende Ergebnis der deutschen Politik und Kriegführung der vergangenen Jahre. Spätestens mit dem Überfall auf die Sowjetunion im Juni 1941 hat der Krieg die Dimension eines Vernichtungsfeldzuges. Darauf kann es seitens der alliierten Gegner nur eine Antwort geben: Deutschland muss vollständig und unwiderruflich in die Knie gezwungen werden. Im Frühjahr 1945 ist es so weit. Als das Oberkommando der Wehrmacht am 7. und erneut in der Nacht vom 8. auf den 9. Mai 1945 bedingungslos kapituliert und die alliierten Sieger am 5. Juni 1945 die oberste Regierungsgewalt in Deutschland übernommen haben, ist Deutschland lediglich ein geographischer Begriff.

Kein Mensch sieht damals voraus, dass gerade einmal vier Jahre ins Land gehen werden, bis es im Westen dieses Deutschlands, nämlich auf dem Territorium der Besatzungszonen Frankreichs, Großbritanniens sowie der USA, wieder ein staatliches Gebilde gibt. Das ist eine der Konsequenzen, welche die Hauptgegner Deutschlands aus dem rasanten Zerfall ihrer gegen Hitler gebildeten Koalition ziehen. Aus Partnern sind Gegner geworden, und kaum sonst wo auf der Welt stehen sich die drei Westmächte und die Sowjetunion so unmittelbar gegenüber wie im geteilten Deutschland. So wird die Grenze zwischen der Bundesrepublik und einer wenig später auf dem Gebiet der Sowjetisch Besetzten Zone gegründeten Deutschen Demokratischen Republik zur politischen und militärischen, wirtschaftlichen und weltanschaulichen Demarkationslinie zwischen Ost und West, und daraus folgt: Die Teilung Deutschlands und der Erhalt des Friedens in Europa und der Welt sind zwei Seiten ein und derselben Medaille.

Das Grundgesetz für die Bundesrepublik Deutschland, das am 23. Mai 1949, ihrem Gründungstag, in Kraft getreten ist, mag den »Willen« des Deutschen Volkes manifestieren, »seine nationale und staatliche Einheit zu wahren«. Aber dass aus dem Willen Wirklichkeit werden könnte, glaubt, je weiter die Zeit voranschreitet, eigentlich kaum noch jemand. Im Übrigen beziehen sich die Vereinbarungen der alliierten Sieger auf das Deutschland westlich von Oder und Neiße. Mithin gehen die vier – die Sowjets früher, die anderen später – davon aus, dass die östlich dieser Flüsse liegenden Gebiete unabhängig von den Bestimmungen des ausstehenden Friedensvertrages zu Polen beziehungsweise zur Sowjetunion gehören. Das zu akzeptieren und damit auch in dieser Hinsicht die Verantwortung für den Krieg und seine Folgen zu übernehmen, zählt zu den großen innenpolitischen Herausforderungen der Nachkriegsjahrzehnte. Der politische Kampf um die Anerkennung dieser Oder-Neiße-Grenze, der sich vor allem mit dem Namen Willy Brandts verbindet, hat Gerhard Schröder entscheidend geprägt. Er ist der Bundeskanzler, der diese Politik mit der Absage an deutsche Entschädigungsansprüche gegenüber Polen konsequent zum Abschluss bringen wird.

Als Gerhard Schröder Anfang der sechziger Jahre politisch wach wird, befindet sich die Bundesrepublik mitten in jener Ära, die später nach ihrem ersten Kanzler, dem Christdemokraten Konrad Adenauer, benannt werden wird. Je länger sie dauert, umso bleierner wirkt sie. Das liegt zum einen an der schieren Amtsdauer des verdienten Patriarchen, der nicht vor dem Herbst 1963 abtritt und kaum mehr für Aufbruch und Dynamik steht; es liegt aber auch an einer gewissen Sattheit und Behaglichkeit, in der sich die Westdeutschen eingerichtet haben. Denn die spezifischen äußeren und inneren Gründungsumstände ihrer Republik haben es so gefügt, dass diese alsbald von einem wirtschaftlichen Aufschwung erfasst wird, den die Bundesbürger begreiflicherweise als regelrechtes Wunder, eben als »Wirtschaftswunder«, wahrnehmen.

Jedenfalls sehr viele. Aber keinesfalls alle. Dass der »Wohlstand für alle«, den Wirtschaftsminister Ludwig Erhard 1957 ausruft, eine Legende und die bundesdeutsche Gesellschaft tatsächlich keine der sozialen Gerechtigkeit und Chancengleichheit ist, wird für Gerhard Schröder zum ausschlaggebenden Grund, um am Ende der Adenauer-Ära der SPD beizutreten. Wenn auch sozialer Neid und Missgunst nicht zu seinen Charaktereigenschaften zählen – worin übrigens eine ganz wichtige Erklärung für seine phänomenale politische Karriere zu sehen ist –, fällt es dem Kind und dem Jugendlichen natürlich nicht leicht zu sehen, was man sich so alles leisten kann, sofern man es kann.

Und was man sich in diesen Jahren leisten kann, zeigt ein Blick in die Kataloge des Versandhauses Quelle, dessen sagenhafter Aufstieg in den fünfziger und sechziger Jahren Ausdruck besagten Wirtschaftswunders ist. Wer die Kulturgeschichte der Republik studieren will, muss die Quelle-Kataloge lesen. Als es Mitte der fünfziger Jahre so richtig losgeht, erscheint der auf das Weihnachtsgeschäft ausgelegte Herbst-/Winterkatalog 1954/55 in einer Auflage von über 2 Millionen Exemplaren. Im Dezember kann es schon einmal vorkommen, dass an einem Tag nahezu 50 000 Pakete in die Post gehen. In der vordigitalen Welt ist das eine kaum fassbare Dimension. Buchstäblich alles lässt sich dort beziehen, sofern man das Geld hat: Möbel und Gartengeräte, Autozubehör und Fahrräder, Werkzeuge oder auch ein elektrischer Herd. In den kommenden Jahren folgen Waschmaschinen und Kühlschränke, Kleinbildkameras und Großbildfernseher. Der Fernseher »Primus« ist für 490 D-Mark zu haben, für das Modell »Luxus« sind 689 D-Mark zu überweisen. Das entspricht beinahe zwei durchschnittlichen Monatsgehältern – alle Einkommensgruppen zusammengenommen.

Von alledem können die Bewohner der »Villa Wankenicht« zu Wülfer-Bexten nicht einmal träumen, weil zum Traum schließlich die Aussicht auf Erfüllung gehört. Einen Fernseher hat es bei den Schröders nie gegeben, und einen Fotoapparat kann man sich auch nicht leisten, was im Übrigen erklärt, warum es vom jungen Gerhard Schröder oder seiner Familie praktisch keine Aufnahmen gibt. Lediglich eine Schreibmaschine findet, in Raten gezahlt, den Weg in die beengte Welt der Familie Vosseler-Schröder. Der Grund ist aufschlussreich. Erika Vosseler war nämlich, wie ihr Sohn, als er Bundeskanzler ist, einmal erzählt, »für alle möglichen Warenangebote empfänglich – auch für die, die sie nicht bezahlen konnte –, wenn argumentiert wurde: ›Wenn Sie das nicht kaufen, dann haben es Ihre Kinder in der Schule schwerer.‹«[47] So ist die Familie eine der ersten im Dorf, die eine Schreibmaschine besitzen, auf der zu Hause keiner schreiben kann – Gerhard Schröder nicht, seine Geschwister nicht und ihre Mutter auch nicht. Erika Vosseler liest zwar flüssig und verschlingt die populären *Lore*-Romane in Serie, aber beim Schreiben tut sie sich schwer, vor allem wenn es um geschlossene Stücke wie zum Beispiel Briefe geht.

Als die Schreibmaschine daheim Einzug hält, drückt Gerhard Schröder schon die Schulbank. Im Sommer 1950 ist er in der zweizügigen Volksschule von Bexten eingeschult worden. Vieles ist aus diesen Jahren nicht überliefert, sieht man von der Geschichte mit dem Lehrer Tegtmeier ab, der gelegentlich mit einem Rohrstock die Hand oder mit dem Zeigestock das Kreuz eines Schülers malträtiert, dabei aber einmal an den Falschen gerät. Denn als der Sohn eines Bauern seinem Vater von dem Vorfall erzählt, kommt der am nächsten Tag zur Schule und verprügelt den prügelnden Lehrer. Was durchaus dem Gerechtigkeitsempfinden des jungen Gerhard Schröder entspricht.

Der wechselt mit dem Umzug der Familie nach Osterhagen im März 1957 auf die dreiklassige Volksschule von Talle. In diese Jahre fallen auch die frühen

Ordentliche Leistungen: Der Sechsjährige (hintere Reihe, Vierter von links) 1950 auf der Volksschule in Bexten. Hinter ihm steht Lehrer Tegtmeier, der gerne zum Stock greift.

Leseerfahrungen. Jahrzehnte später, von Schülern danach befragt, erinnert sich Schröder, dass er »die Bücher von Karl May und Erich Kästner ›verschlungen‹ habe. Und natürlich die Abenteuer des Tom Sawyer von Mark Twain.«[48] Das Entlassungszeugnis vom März 1958 bescheinigt ihm in allen Fächern »gute« Leistungen, sieht man einmal von der mit »befriedigend« benoteten Handschrift und von Musik und Zeichnen ab, die lediglich mit einem »ausreichend« bewertet werden.[49]

Das liegt am »Manko meiner Herkunft«, erzählt Gerhard Schröder anlässlich seines siebzigsten Geburtstags: »Bei uns zu Hause wurde nicht gesungen, gemalt und gelesen. So eine Erziehung habe ich einfach nicht bekommen.« Folglich kann er »nicht malen, … nicht einmal zeichnen«, und singen kann er auch nicht, »das klingt grauenhaft falsch«. In der Volksschule mussten sich diejenigen, »die gar nicht singen konnten, … in die Ecke stellen … Das war diskriminierend. Der Lehrer sagte immer: Schröder stell dich in die Ecke, du brummst.«[50]

Trotz solcher unerfreulichen Vorkommnisse hat Gerhard Schröder in späteren Jahren nie etwas auf die Volksschule kommen lassen. Als sich 1992 der niedersächsische Kultusminister für die Gesamtschule starkmacht, ruft ihn der Ministerpräsident über die lokale Zeitung zur Ordnung: »Es ist wichtig, daß Kinder die ersten Schritte in die Schule im heimatlichen Dorf machen.«[51] Denn nur dort sind, jedenfalls formal und für einige Jahre, alle gleich, egal woher sie kommen und wie sie leben. Schon im Konfirmandenunterricht ist das anders. Dort gibt es ein klar geregeltes oben und unten. Der Pfarrer kümmert sich um die Kinder aus den besseren Kreisen. Für den Rest ist der Vikar zuständig.

Es ist eine unsichtbare Grenze, welche die einen von den anderen trennt. Der junge Gerhard Schröder akzeptiert sie nicht. Genau genommen kennt er sie nicht einmal, weil er grundsätzlich keine Grenzen kennt, jedenfalls keine, die von außen gesetzt werden. Wer ohne Vater aufwächst und schon deshalb keine Erziehung erfährt, wird im prägenden heimischen Milieu kaum in seine Schranken gewiesen. Und wer keine Grenzen kennt, den können diese nicht aufhalten. Kommen sie doch einmal in Sicht, versucht Schröder sie »an den Horizont zu verschieben«. Ein Leben lang. Die großen Seefahrer hatten diese Perspektive, bis die Gestade in Sicht kamen, denen sie zustrebten. Aufsteiger haben diese Perspektive auch.

Eine Möglichkeit, Grenzen zu verschieben, Chancen zu testen, als Gleicher unter Gleichen die Kräfte zu messen, ist der Fußball. Es dauert seine Zeit, bis der zunächst schmächtige, »nachkriegsmagere« Junge aus dem Behelfsheim es mit dem bäuerlichen Nachwuchs der Gegend aufnehmen kann. Bis 1964 bringt es Gerhard Schröder immerhin zum ersten und einzigen Halbprofi des TuS Talle. Die Bezahlung besteht in einer Mahlzeit und in der Karte für die Zugfahrt von Göttingen, wo er damals arbeitet, nach Talle – dort lebt die Familie Vosseler seit Mitte der fünfziger Jahre – oder auch zum Spielgegner. Schröder erkämpft sich als Halb- und Mittelstürmer den Titel »Acker«, weil er auf dem Fußballplatz das tut, was er auch sonst am besten kann, eben ackern. Den Spitznamen führt er auch innerhalb der Familie. Als Kanzler Gerhard Schröder im Februar 2001 erkrankt, wünschen Mutter und Schwester Gunhild ihrem »Acka [sic] mit seiner Grippe« gute Besserung.[52]

Gunhild weiß zu berichten, dass der Bruder in seinen frühen Jahren nie eine Fußballerkarriere angestrebt, auch nicht wie so viele Jungs seines Alters von einer Zukunft als Kapitän oder Pilot geträumt hat, sondern dass er Kaufmann werden wollte.[53] In diesem Beruf kann man auch aufsteigen, wenn man von unten kommt. Das kann man im Fußball zwar ebenfalls, doch zahlt es sich im eigentlichen Sinne des Wortes in den fünfziger Jahren kaum aus, weil der Sport damals nicht zu den hoch bezahlten Professionen zählt. Vor allem aber weiß Gerhard Schröder um seine letztlich begrenzten Fähigkeiten auf diesem Feld. Überschätzt hat er sich nie. Auch deshalb behält er zeitlebens ein unverkrampftes Verhältnis zu diesem Sport, sucht noch in hohen Ämtern gerne den Kontakt zu den Fußballern, geht, wenn die Zeit es zulässt, zu Spielen der Nationalmannschaft, seines Heimatklubs Hannover 96 oder auch von

Acker in Talle: Der Mittelstürmer Gerhard Schröder (hintere Reihe Mitte) beim TuS Talle.

Borussia Dortmund, seinem favorisierten Verein, der ihn Mitte 2000 zum Ehrenmitglied macht.[54]

Für einen medienwirksamen Auftritt reicht es sowieso immer. Mal lädt der Kanzler die komplette Frauennationalmannschaft zu einem »Grillabend« in seinen Amtssitz,[55] mal schießt er für einen guten Zweck aufs Tor, mal zeigt er ein Kunststück am Ball. Damit beeindruckt er zum Beispiel Ende März 2001 die übrigen Staats- und Regierungschefs der EU, die soeben mit der FIFA und der UEFA verbindliche Grundregeln beim Vereinswechsel vereinbart haben. Und er »stiehlt« ihnen auch noch die »Schau«, als während des Fototermins ein Fußball hereingeschoben wird und Schröder ihn 15 Mal vom Fuß hochspringen lässt, wie der Pressesprecher des britischen Premiers beeindruckt zählt.[56]

Natürlich ist der Bundeskanzler gefragt, wenn sich der deutsche Fußball aus diesem oder jenem Anlass offiziell feiert. So am 28. Januar 2000, als der DFB im Leipziger Gewandhaus mit 1200 Gästen, darunter die Spitzen des deutschen und des internationalen Fußballs, sein 100. Jubiläum begeht. Da lässt Schröder schon einmal sein Manuskript liegen, redet frei und mit Leidenschaft von diesem Sport für alle. Der Kanzler weiß eben aus eigener Erfahrung ganz genau, dass der Fußball immer auch für die da gewesen ist, »die nicht mit dem goldenen Löffel im Mund geboren sind«, denen es aber dank ihres sportlichen Talents ermöglicht werde, »ihren Platz in der Gesellschaft zu finden«.[57]

Hat man diesen Platz nicht oder noch nicht, kann man Mitte der fünfziger Jahre womöglich nicht einmal mitreden, wenn es um sportliche Großereignisse wie die Fußballweltmeisterschaft 1954 geht, bei der es die deutsche Mannschaft entgegen allen Erwartungen bis ins Endspiel bringt und dieses gegen die hoch favorisierten Ungarn auch noch gewinnt. Bevor der Fernseher auch dank dieser sportlichen Tat seinen Siegeszug in das deutsche Wohnzimmer antritt – das der Vosselers natürlich ausgenommen –, werden Großereignisse wie dieses gemeinsam in der Kneipe verfolgt. Von Bexten aus muss man ins Nachbardorf Knetterheide radeln, wo man das Spiel in der dortigen Gastwirtschaft verfolgen kann. Dafür wird ein Eintrittsgeld von stolzen 50 Pfennigen verlangt, halb so viel wie für eine Kinokarte. Weil der Elfjährige die nicht hat, findet er seinen Weg an der Kasse vorbei. Das Erlebnis hinterlässt Spuren. Noch im Januar 2001, als sie in Kaiserslautern den Achtzigsten des damaligen Mannschaftskapitäns Fritz Walter nachholen, kann der Bundeskanzler aus dem Kopf und ohne zu stocken die Namen sämtlicher Mitglieder der Endspielmannschaft aufzählen. Das macht Eindruck, zumal völlig klar ist, dass Schröder sie nicht eigens für den Zweck memoriert hat.

Gerhard Schröder lernt früh, dass es für ihn nur einen Weg nach oben geben kann: Bildung. Wäre es nach der Empfehlung seines Klassenlehrers gegangen, hätte der Junge das Gymnasium besucht. Aber dagegen sprechen zum einen die »wirtschaftlichen Verhältnisse«: Das Schulgeld und die Kosten für die Fahrt in die Stadt kann man daheim schlicht nicht aufbringen. Zum anderen scheitert der Besuch der höheren Schule »auch an dem mangelnden Verständnis und der falschen Einschätzung des Wertes einer solchen Ausbildung« durch die Eltern. Das schreibt Gerhard Schröder Mitte Juni 1967 – inzwischen ist er dreiundzwanzig – anlässlich der Bewerbung um eine Förderung durch die Friedrich-Ebert-Stiftung und fügt hinzu: Die »Einsicht, daß die Schaffung einer vor allem auch materiell gesicherten Existenz entscheidend vom Bildungsgrad abhäng[t], veranlaßte mich, mir Gedanken über meine Weiterbildung zu machen«.[58] Man kann die Bedeutung dieser Einsicht für die politische Entwicklung des Mannes kaum überschätzen. Die Sozial- und die Bildungspolitik des Bundeskanzlers sind ohne diese frühen Erfahrungen nicht zu verstehen.

Weil ihm im entscheidenden Moment die richtige Förderung fehlt, hat er nicht das Glück, das einst dem aus ähnlich schwierigen Verhältnissen stammenden Willy Brandt zuspielte. Der erhielt, als er vierzehn war, einen Platz am angesehenen Lübecker Johanneum und konnte so den geraden Weg zum Abitur nehmen. Für den inzwischen fast vierzehnjährigen Gerhard Schröder scheidet hingegen nicht nur der Besuch einer weiterführenden Schule von vornherein aus, auch der Wunsch, Postbeamter zu werden, lässt sich nicht realisieren, und der Versuch, als Arbeiter bei der damals noch staatlichen Deutschen Bundesbahn unterzukommen, scheitert am praktischen Teil der Aufnahmeprüfung für Junganwärter. Daher beginnt Gerhard Schröder am 1. April 1958 bei der Firma August Brand in Lemgo eine kaufmännische Lehre. Fast ein halbes Jahrhundert später stellt er im Rückblick auf sein Leben fest, dass ihn diese Tätigkeit »nie wirklich interessiert« habe.[59]

So gesehen sind die drei Jahre, in denen er die Abteilungen Glas, Porzellan, Hausrat und Spielwaren durchläuft, »keine gute«, also eine vertane Zeit. Als Schröder seine Ausbildung zum 31. März 1961 abschließt, hält er den Kaufmannsgehilfenbrief und ein Zeugnis seines Lehrmeisters in Händen, der ihm »gerne« bescheinigt, »daß er stets ehrlich und fleißig war und die ihm aufgetragenen Arbeiten zu meiner Zufriedenheit ausgeführt hat. Er hat neben dem Verkauf auch bei der Schaufensterdekoration mitgeholfen und auch einige Fenster selbständig dekoriert.«[60] Entsprechend fällt das Abschlusszeugnis der Kaufmännischen Berufsschule des Landkreises Lemgo aus, die Schröder nach drei Jahren ausschließlich »gute« Noten erteilt.[61] Natürlich ist das Lehrgeld wie üblich bescheiden. Gerade einmal 450 D-Mark brutto verdient Gerhard Schröder im ersten, allerdings nicht vollständigen Jahr; 1960 sind es immerhin 1115 D-Mark.[62]

Mit dem Abschluss seiner Ausbildung verlässt Schröder die Firma Brand auf eigenen Wunsch und geht als Verkäufer zur Firma Meier-Tönnies nach Lage. Das 1845 gegründete Geschäft handelt mit Eisenwaren, Werkzeugen, Beschlägen, Haus- und Küchengeräten. Glücklich sind der Arbeitgeber und sein Angestellter offensichtlich nicht miteinander geworden. Jedenfalls verlässt er die Firma zum Jahresende 1961 nach nur neun Monaten. Zum Austritt attestiert man ihm, »sich stets große Mühe gegeben« zu haben, »die ihm übertragenen Arbeiten zufriedenstellend zu erledigen, und wir können ihn deshalb anderen Betrieben unserer Branche bestens empfehlen«.[63]

Den Siebzehnjährigen, der ja bislang nur das flache Land seines engeren Umfeldes kennt, zieht es nach Göttingen. Ein Bekannter aus Talle, der in Göttingen Theologie studiert, hat ihn überredet. Mit Beginn des Jahres 1962 tritt Gerhard Schröder eine Stelle als Verkäufer und Sachbearbeiter in der Abteilung Baubeschläge bei der Firma Feistkorn an. Es ist in vieler Hinsicht ein Einschnitt in seinem Leben. Zum ersten Mal wohnt der bald Achtzehnjährige außerhalb der beengten familiären Verhältnisse, zwar zur Untermiete, aber immerhin. Sodann kommt er mit der Politik in Kontakt und erfährt im linken Jungsozialisten-Milieu der Universitätsstadt eine lange nachwirkende Prägung, auch wenn er Göttingen zeitweilig wieder verlässt. Noch Jahrzehnte später verbindet er mit dieser Stadt vor allem seine politische Arbeit bei den Jungsozialisten.[64]

Vor allem aber, und für Gerhard Schröders weiteren Lebensweg wesentlich entscheidender, fasst er in diesen Jahren den Entschluss, das nachzuholen, was ihm in frühen Jahren verwehrt war: eine höhere Schulbildung. Jetzt, da er ein eigenes Einkommen hat – immerhin rund 5000 D-Mark pro Jahr –,[65] ist der Weg in dieser Hinsicht leichter zu begehen. Außerdem hilft ein Stipendium, das der Pfarrer besorgt, der ihn seinerzeit konfirmiert hat. So berichtet Schröders Mutter drei Jahrzehnte später.[66] Allerdings wird das kein Spaziergang, denn Schröder muss den zweiten Bildungsweg nehmen, und dessen erste Etappe führt zunächst einmal zur Mittleren Reife. Offenbar in diesem Zusammenhang bittet er seinen Arbeitgeber, ihm ein Zeugnis auszustellen, das glänzend ausfällt. Denn die Firma Feistkorn bestätigt Schröder, dass er danach »strebt …, sein Wissen zu erweitern … Wir können zusammenhängend erklären, daß Herr Schröder an der Zeit seiner Ausbildung bemessen überdurchschnittliche Fähigkeiten zeigt.«[67]

Den Weg, den er zur Mittleren Reife nimmt, bestimmt der Zufall. Im Herbst 1962 fällt ihm ein Bierdeckel in die Hand, der in seinem Mantel steckt. Auf dem hatte er sich viele Monate zuvor bei einem Skatabend mit Schülern des Instituts für Erziehung und Unterricht in Göttingen dessen Adresse notiert. Wenig später beginnt er dort mit dem Besuch der abendlichen Kurse und legt am 16. und 17. März 1964 vor dem zuständigen Prüfungsausschuss des Regierungspräsidenten in Hildesheim, Abteilung für Kirchen und Schulen, die Fremdenprüfung zur Erlangung des Abschlusszeugnisses einer Mittelschule ab. Der Notenspiegel reicht von »gut« zum Beispiel in den Fächern Deutsch und Geschichte bis »ausreichend« in Mathematik und Englisch.[68] Damit hat er die Mittelschule abgeschlossen. Es ist eine Zwischenetappe. Nicht weniger, aber eben auch nicht mehr.

Als Gerhard Schröder sich entscheidet, wieder auf die Schule zu gehen und zunächst einmal die Mittlere Reife nachzuholen, ist er achtzehn, und das heißt: Die Musterung steht ins Haus. Dass es überhaupt wieder deutsche Soldaten gibt, dass zum 1. April 1957 die ersten Wehrpflichtigen zur jetzt so genannten Bundeswehr einberufen werden, hat wie die Gründung der Bundesrepublik mit den weltpolitischen Konstellationen zu tun. Exponiert, wie der westdeutsche Teilstaat nun einmal ist – von dem isolierten, mitten im

Territorium der DDR liegenden West-Berlin gar nicht zu reden –, ist er unmittelbar der Gefahr eines Zugriffs durch die Sowjets und ihre Verbündeten ausgesetzt. Glaubt man jedenfalls im Westen – von Ausnahmen wie Gerhard Schröder einmal abgesehen.

Da aber eben dieser Westen schon mal den ersten Schritt getan und die Teilstaatsgründung befördert hat, bleibt ihm kaum etwas anderes übrig, als ihn am Leben zu erhalten und im Zweifelsfall auch zu verteidigen. Dass der geostrategische Vorposten den Amerikanern und ihren westlichen Verbündeten gelegen kommt, wenn es darum geht, den weltpolitischen Gegner in Schach zu halten, erleichtert die Entscheidung. Nur sollen sich die Deutschen, wenn es denn einmal so weit käme, an der Verteidigung ihres Landes beteiligen.

Als die Idee Anfang der fünfziger Jahre erstmals auftaucht, nutzt Kanzler Adenauer die Chance, stimmt – hinter den Kulissen und im Grundsatz – dem Aufbau einer westdeutschen Armee zu, fordert aber im Gegenzug die Herstellung der äußeren Souveränität für die junge Republik. Es ist eine der Sternstunden seiner Außenpolitik. Im Mai 1955 erhält die Bundesrepublik, vorbehaltlich der alliierten Rechte bezüglich einer definitiven Lösung der deutschen Frage, die äußere Souveränität und stimmt dafür der Aufstellung der Bundeswehr zu. Selbstverständlich im Rahmen eines westlichen Militärbündnisses, und da die von Adenauer favorisierte Lösung einer europäischen Armee scheitert, wird die Bundesrepublik im Frühjahr 1955 Mitglied der im April 1949 gegründeten NATO.

Am 15. Oktober 1963 wird Gerhard Schröder beim Kreiswehrersatzamt Göttingen gemustert.[69] Weil die ärztliche Untersuchung Krampfadern diagnostiziert, erhält er den Tauglichkeitsgrad II, ist also für »jeden Wehrdienst … mit Ausnahme bestimmter Sonderverwendungen«, in diesem Falle beim Wachbataillon, »tauglich«. Schröder wird der »Ersatzreserve I« zugewiesen und hat sich bereitzuhalten, bis ihm durch Einberufungsbescheid mitgeteilt wird, wo er seinen Wehrdienst abzuleisten hat. Dazu kommt es aber nicht, weil der Ersatzreservist eine Woche nach der Musterung die »Befreiung vom Wehrdienst gemäß § 11 (2) 2. Halbsatz des Wehrpflichtgesetzes« beantragt. Danach sind Halb- und Vollwaisen vom Wehrdienst zu befreien, sofern der Wehrpflichtige der einzige lebende Sohn eines im Krieg ums Leben gekommenen Elternteils ist. Nachdem die geforderte Bescheinigung des Bielefelder Versorgungsamtes vorliegt, stimmt das Kreiswehrersatzamt Detmold Ende November 1964 der Befreiung Gerhard Schröders vom Wehrdienst und damit der Aufhebung der Wehrüberwachung zu.[70]

So bleiben ihm anderthalb Jahre Kasernendienst erspart. Jetzt hat er freie Bahn für die Umsetzung seiner Pläne. Das betrifft zum einen die Fortsetzung seiner schulischen Ausbildung und zum anderen sein Engagement in der Politik. Fast gleichzeitig mit der Aufforderung zur Musterung fällt im Herbst 1963 der Entschluss, einer politischen Partei beizutreten. Nach einigem Hin und Her entscheidet sich Gerhard Schröder schließlich zum Eintritt in die Sozialdemokratische Partei Deutschlands.

Die SPD ist eine von der Geschichte gezeichnete Partei. Bei ihrem Alter ist das eigentlich kein Wunder. Nimmt man, wie die Sozialdemokraten das tun, die Bildung des Allgemeinen Deutschen Arbeitervereins im Jahre 1863 als Gründungsmanifest, ist die SPD genau 100 Jahre alt, als Gerhard Schröder ihr beitritt. In diesem Jahrhundert hat sie Kaiser und Könige, Präsidenten und Kanzler kommen und gehen gesehen, hat das zweite Kaiserreich und die erste deutsche Republik, die nationalsozialistische Diktatur und die Teilung des Landes überlebt und in zwei Weltkriegen einen hohen Blutzoll gezahlt. Sie ist in der Bismarck-Zeit zeitweilig unterdrückt und in der Zeit des »Dritten Reiches« verboten gewesen. Sie hat sich, als es 1918 darauf ankam, der Verantwortung gestellt, und sie hat sich, als es 1930 darauf angekommen wäre, dieser Verantwortung entzogen. Sie hat mit sich gehadert, und sie hat sich gespalten.

Seit im Frühjahr 1917 eine Unabhängige Sozialdemokratische Partei USPD aufgetreten ist, hat die deutsche Linke nie mehr zur Einheit gefunden. Erst macht die zu einem guten Teil der USPD entstammende Kommunistische Partei KPD den Sozialdemokraten das Leben schwer. Nach ihrer Zerschlagung in der Zeit des Nationalsozialismus fasst sie im Westen des geteilten Deutschland noch einmal Fuß, bis sie dort im Sommer 1956 durch das Bundesverfassungsgericht verboten wird. Inzwischen hält die 1946 gegründete Sozialistische Einheitspartei Deutschlands SED, ein Zwangszusammenschluss ostdeutscher Sozialdemokraten und Kommunisten, der SPD von der DDR aus die Frage vor, welcher Weg für Deutschland der richtige ist, bis die Überwindung der deutschen Teilung 1990 die Antwort auch auf diese Frage liefert.

Dass die deutsche Linke jahrzehntelang in den eigenen Reihen die eigentliche politische Konkurrenz und Bedrohung gesehen, dass sie diese Spaltung nicht einmal in der Zeit gemeinsamer Verfolgung überwunden hat, gehört fraglos zu den tragischen Kapiteln ihrer Geschichte. Sofern denn die Politik ein Ort für das Tragische ist. Auch die Generation Gerhard Schröders wird das erfahren. Zunächst sehen sich die jungen Sozialisten innerhalb der SPD, auch Schröder, durch die Altvorderen mit der Frage konfrontiert, ob ihre Visionen von Staat und Gesellschaft mit dem Selbstverständnis der Partei vereinbar sind. Später dann, während Schröders Kanzlerschaft, geht erneut ein Teil der Parteilinken von der Fahne, schließt sich mit den gewendeten Genos-

Die Zukunft im Blick: Gerhard Schröder als Schüler des Siegerland-Kollegs 1964.

sen der vormaligen SED zusammen, erklärt die SPD zum eigentlichen Gegner und sorgt dafür, dass die deutsche Sozialdemokratie für einen Augenblick in den Abgrund sieht und Gerhard Schröder das Kanzleramt räumen muss.

Diese ständigen Spaltungen und Häutungen hatten zur Folge, dass die SPD nach Halt suchen musste. Sie fand ihn in ihrer Geschichte. Die Verwurzelung in der Tradition der kampferprobten und zum Kampf entschlossenen Arbeiterbewegung war überlebenswichtig, als es in der Zeit des Verbots, der Verfolgung und des Krieges darum ging, die Reihen der Versprengten geschlossen zu halten. Für Kurt Schumacher – den von einer Verwundung im Ersten Weltkrieg und zehnjähriger KZ-Haft körperlich schwer gezeichneten, politisch aber ungebrochenen ersten Vorsitzenden der SPD nach dem Krieg – war diese Tradition das Fundament für den Wiederaufbau der Partei und für die Auseinandersetzung mit den neuen und alten Konkurrenten KPD und SED: Wenn es einen Vorsprung gab, den die deutsche Sozialdemokratie vor diesen Gegnern hatte, dann war es ihre Geschichte.

Aber Tradition und Traditionspflege haben ihre Tücken. So stabilisierend die Verwurzelung in einer gemeinsamen Geschichte sein kann, so lähmend muss sie wirken, wenn man im Rückblick verharrt und die Zeichen der Zeit nicht oder doch nicht rechtzeitig erkannt werden. So ergeht es der SPD schon bei den ersten Wahlen zum Deutschen Bundestag. Nicht die an Lebenserfahrung reichen Sozialdemokraten machen das Rennen, sondern die als Partei junge, allerdings auch von Traditionen unbelastete und so gesehen moderne CDU mit ihrer bayerischen Schwesterpartei.

Dass die Genossen nicht einmal die Dreißig-Prozent-Hürde nehmen und auch in den Wahlen von 1953 und 1957 mal knapp unter, mal gerade über dieser magischen Grenze rangieren, ist äußerer Anlass zur Kurskorrektur. Andere Momente tun ein Übriges, so der Wechsel des politischen Personals an der Spitze der Partei. Willy Brandt und Helmut Schmidt zum Beispiel gehören zwar nicht mehr zu den Jüngsten, aber sie sind – aus unterschiedlichen Gründen – eben auch nicht in und durch die Vorkriegssozialdemokratie politisch sozialisiert worden. Diese beiden, die wiederum für die sozialdemokratische Sozialisation Gerhard Schröders von entscheidender Bedeutung sein werden, gehören zu den Promotoren der programmatischen Neuorientierung der Partei, die Mitte November 1959 im Godesberger Programm ihren Niederschlag findet. Es markiert die Abkehr von der klassenkämpferischen, radikalsozialistischen, so gesehen rückwärtsgewandten Tradition. In dieser Hinsicht ist auch die SPD eine moderne, eine zeitgemäße Partei, als Gerhard Schröder ihr beitritt.

Dass er einmal an der Spitze der SPD und damit in der Nachfolge von August Bebel, Kurt Schumacher und Willy Brandt stehen würde, hat sich der junge Sozialist nicht vorstellen können. Zunächst ist nicht einmal ausgemacht, bei welcher Partei er landen wird. Wie andere politisch wach werdende Zeitgenossen schaut er sich um. Auch bei der Konkurrenz. »Meine Politisierung«, berichtet er 1986, als er erstmals für das Amt des niedersächsischen Ministerpräsidenten kandidiert, »ist Ergebnis von vielem Herumsuchen. Ich bin zu Wahlveranstaltungen gegangen und habe, egal bei welcher Partei, immer Opposition gemacht. Ich bin bei linken und rechten Parteien gewesen.«[71]

Grundsätzlich schließt er auch eine Mitgliedschaft in der CDU nicht aus. Wie im Falle des Christlichen Vereins junger Männer (CVJM), dem Schröder angehört,[72] findet er damals das überkonfessionelle Moment attraktiv, das ja nach Ende des Zweiten Weltkriegs ein Gründungsmotiv der Christdemokraten gewesen ist. Für die Liberalen hingegen interessiert er sich weniger wegen ihres Parteiprogramms als vielmehr wegen ihrer »taktischen Situation« zwischen den beiden großen Volksparteien.[73] Selbst dem Karlsruher Parteitag der Deutschen Reichspartei, im Kern ein Zusammenschluss national- und rechtskonservativer Kräfte, die nicht mit der verbotenen Sozialistischen Reichspartei zu verwechseln ist, stattet er im September 1963 einen Besuch ab. Ein Arbeitskollege hat ihn mitgenommen, und im Ergebnis ist das gar nicht einmal schlecht, kann sich Schröder doch so gleichsam an der Quelle davon überzeugen, dass die Partei auf dem absteigenden Ast ist – tatsächlich löst sie sich Ende 1965 auf – und dass er »in solchem Milieu« seines »politischen Lebens nicht froh werden könnte«.[74]

Also tritt Gerhard Schröder am 23. Oktober 1963 in die SPD ein und nennt dafür vor allem drei Gründe. Zum einen ist er gewissermaßen sozialdemokratisch sozialisiert worden. Zwar gehört die Mutter damals noch nicht der SPD an, doch ist Schröder überzeugt, dass sie zeitlebens »nichts anderes als SPD gewählt« hat: Sie war, »wie ich immer sagen würde, eine geborene Sozialdemokratin. Für sie gehörte sich das so. Man war Arbeiter und man wählte SPD.« Und dann findet der junge Schröder »Helmut Schmidt gut«,[75] was sich für einige Jahre durchaus ändern wird. Vor allem aber sieht er in der SPD noch am ehesten die Partei, mit der sich Chancengleichheit und soziale Gerechtigkeit, seine politischen und gesellschaftlichen Hauptanliegen seit früher Jugend, realisieren lassen.

Einstweilen steht die Parteiarbeit allerdings hintan. Gerhard Schröder hat vordringlichere Ziele. Vor allem will er sein Abitur machen und dann so schnell wie möglich das Studium aufnehmen und damit seinem Traumberuf, dem des Anwalts, ein gutes Stück näher kommen. Also kündigt er, kaum dass er im März 1964 die Mittlere Reife in der Tasche hat, seine Stellung bei der Firma Feistkorn und geht zunächst für ein Jahr auf das Siegerland-Kolleg. Den Weg nach Siegen machten zum einen ein Gutachten des Göttinger Instituts für Erziehung und Unterricht vom Dezember 1963 und zum anderen eine mit durchweg ausreichendem Erfolg abgelegte schriftliche Aufnahmeprüfung frei. Zwei Semester büffelt er dort mit wechselndem, in Religion und Geschichte wie stets gutem beziehungsweise sehr gutem, in Englisch und Mathematik allenfalls ausreichendem Erfolg,[76] bis er im Juni 1965 auf das Westfalen-Kolleg in Bielefeld wechselt.

Grund für den Schulwechsel ist die sich dramatisch verschlechternde Gesundheit seines Stiefvaters Paul Vosseler, der ein Jahr später sterben wird. Die Jahre am Westfalen-Kolleg sind eine gute Zeit, an die sich Gerhard Schröder, aber auch die dort Tätigen gerne erinnern. Fast dreieinhalb Jahrzehnte später, als er Bundeskanzler ist, meldet sich der damalige Hausmeister bei dem Schüler, schreibt von Sportereignissen und Klassenfeiern und wird von diesem für ein zehnminütiges Gespräch bei »einer Tasse Kaffee« empfangen.[77] Für einen Kanzler ist das viel Zeit. Auch für einen Fototermin mit einer Besuchergruppe des Kollegs findet sein Büro selbst in der härtesten Zeit seiner Kanzlerschaft noch eine winzige Lücke im Terminkalender – zwischen der Landung mit dem Hubschrauber im Park des Kanzleramts und der Weiterfahrt zum nächsten Termin.[78]

Ausgestiegen: Der Abiturient Gerhard Schröder 1966.

Am 15. Oktober 1966 hält Gerhard Schröder sein Abiturzeugnis in der Hand. Ein unglaubliches Gefühl. Er hat den Ausstieg geschafft und damit das Fundament für den Aufstieg gelegt. Es ist der Ausstieg aus einem Milieu, das Karrieren wie die seine nicht vorsieht. Aber Schröder hat gelernt, dass der alte Spruch der Arbeiterbewegung »Wissen ist Macht« auch eine Aufforderung ist, sich dieses Wissen anzueignen, sofern man die Chance bekommt. Er hat sie bekommen, und er hat sie genutzt. Ob ihm das unter anderen Umständen als den besonderen der Nachkriegszeit derart spektakulär gelungen wäre, bezweifelt er, als seine politische Karriere hinter ihm liegt.

Der Notenspiegel seines Abiturs ist durchwachsen, attestiert ihm in den meisten Fächern, darunter Mathematik, Physik und Latein, »ausreichende«, in Religionslehre und Geschichte »sehr gute« Leistungen und schließt den Nachweis des Großen Latinums ein.[79] Einige Monate später, als sich der frisch Maturierte um ein Stipendium bemüht, analysiert sein ehemaliger Klassenlehrer, was sich hinter den Noten verbirgt: »Das Kollegium war immer der Meinung, daß im allgemeinen seine obere Leistungsgrenze nicht erreicht sei. Besonders familiäre Schwierigkeiten zwangen Herrn Schröder zeitweise, für seine Geschwister zu sorgen. Dadurch wird verständlich, daß unter normalen Umständen ... Leistungssteigerungen hätten erreicht werden können. Man sieht hier aber auch, daß er sich mit Verantwortungsbewußtsein den in seiner Umwelt auftretenden Problemen stellte. Das bestätigt auch sein Verhältnis zur Klasse ... Immer wieder aber zeigten sich seine umfassenden geschichtlichen und politischen Interessen, die weit über jede unterrichtliche Begrenzung hinausgriffen. Ich glaube, daß Herr Schröder eine Förderung verdient, und bin der Überzeugung, daß sie letztlich im Interesse des Gemeinwohls liegt.«[80]

Der Anwalt

1966 – 1980

Er weiß, was er will. Am 24. Oktober 1966, neun Tage nach Erlangung der Hochschulreife, immatrikuliert sich der zweiundzwanzigjährige Gerhard Schröder an der Georg-August-Universität zu Göttingen für das Studium der Rechtswissenschaft. In seinem Lebenslauf, mit dem er sich Mitte 1967 um ein Stipendium bewirbt, heißt es: »Ich habe mich für dieses Fach entschieden, da es meinen politischen Interessen Rechnung trägt, indem es mir die Grundlagen des Staatsrechts und der Verfassungsgeschichte vermittelt, mir aber auch die Gewähr einer angemessenen Existenz zu bieten scheint.«[1]

Eine angemessene Existenz. Wie sieht die aus, wenn man von ganz unten kommt? Schröder wusste jedenfalls immer, dass es seine Sache ist, die eigene Existenz sicherzustellen. Selbstredend auch während des Studiums. Dass die Mutter nichts beisteuern kann, liegt auf der Hand. Erika Vosseler bezieht Sozialhilfe. Im Übrigen wird der Lebensunterhalt von ihrer Tochter, Gerhard Schröders älterer Schwester Gunhild, bestritten.[2]

Zum Glück ist der Student auch ohne Unterstützung von daheim »materiell gesichert«, weil er dank des Gesetzes über die Versorgung der Opfer des Krieges, des sogenannten Bundesversorgungsgesetzes (BVG), eine Ausbildungsbeihilfe bezieht. Als sich Schröder im Oktober 1967 für die Aufnahme in der Friedrich-Ebert-Stiftung bewirbt, geht es ihm folglich nicht um eine materielle, sondern um eine »ideelle Förderung«, namentlich um die Chance, an den von der Stiftung »regelmäßig veranstalteten politischen Diskussionen teilzunehmen«.[3] Schon im Dezember des vorausgegangenen Jahres, als er die Möglichkeiten einer Förderung sondierte, hatte er auf seinen spezifischen Werdegang und insbesondere darauf hingewiesen, »daß der zweite Bildungsweg sehr hohe Anforderungen stellt und daß bei den Absolventen bereits weitgehend eine Spezialisierung eingesetzt hat. So sind meine Noten in den weltanschaulichen Fächern wie Geschichte, Religion, Soziologie zwei und besser.«[4]

Tatsächlich bestätigt ihm nicht nur der ehemalige Klassenlehrer des Westfalen-Kollegs in seinem bereits zitierten Gutachten »seine umfassenden

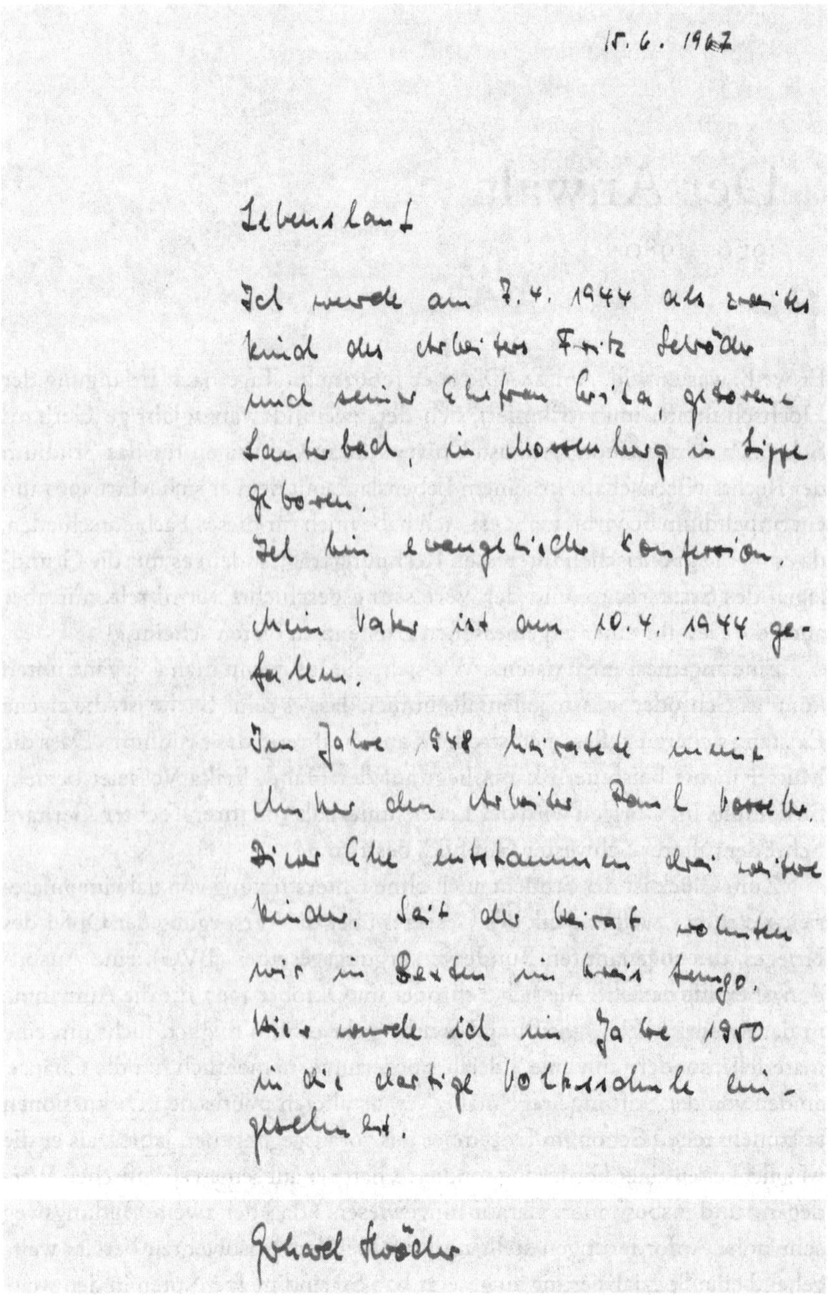

15. 6. 1967

Lebenslauf

Ich wurde am 7.4.1944 als zweites Kind des Arbeiters Fritz Schröder und seiner Ehefrau Erika, geborene Lauterbach, in Mossenberg in Lippe geboren.
Ich bin evangelischer Konfession.
Mein Vater ist am 10.4.1944 gefallen.
Im Jahre 1948 heiratete meine Mutter den Arbeiter Paul Vosseler. Dieser Ehe entstammen drei weitere Kinder. Seit der Heirat wohnten wir in Bexten im Kreis Lemgo.
Hier wurde ich im Jahre 1950 in die dortige Volksschule eingeschult.

Gerhard Schröder

Ideelle Förderung: Anfang und Ende des sechsseitigen Lebenslaufes, mit dem sich Gerhard Schröder Mitte 1967 um ein Stipendium der Friedrich-Ebert-Stiftung bemüht. Die Handschrift des Dreiundzwanzigjährigen ist bereits voll entwickelt.

geschichtlichen und politischen Interessen, die weit über jede unterrichtliche Begrenzung hinausgriffen«; auch der Vertrauensdozent der Friedrich-Ebert-Stiftung, ein Volkswirt, gewinnt ein »sehr positives Bild ... Er hat als Persönlichkeit auf mich einen ausgesprochen netten, fast ausgeglichenen, etwas vorsichtig abwägenden und recht ernsthaften Eindruck gemacht.«[5] Als ihm schließlich auch noch einer seiner Professoren bescheinigt, »Herr stud.iur. Gerhard Schröder« sei »derjenige, der im Mündlichen am intensivsten« mitarbeite, und der »Stand seiner Kenntnis« sei, »zumal wenn man seine geringe Semesterzahl berücksichtigt, weit überdurchschnittlich«,[6] ist der Weg frei. Ende Januar 1968 teilt die Friedrich-Ebert-Stiftung Schröder mit, dass man seine »Bewerbung um Aufnahme in den ideellen Teil der Studienförderung ... positiv entschieden« habe.

Das bedeutet zum einen und vor allem die Möglichkeit, an ausgewählten Seminaren teilzunehmen.[7] Davon macht Schröder postwendend Gebrauch und lässt der Stiftung seine Anmeldung für die entsprechenden Lehrveranstaltungen zukommen.[8] Danach interessiert sich der Dreiundzwanzigjährige für ein Seminar über »Restaurative Tendenzen an den Universitäten und Hochschulen der Bundesrepublik«, auch bewirbt er sich erfolgreich für ein in Genf veranstaltetes Seminar über Aufgaben und Arbeitsweisen internationaler Organisationen wie der Vereinten Nationen.

Zum anderen aber steht Gerhard Schröder als Angehörigem einer Begabtenförderungsinstitution ein Erlass der Studiengebühr in Aussicht,[9] der ihm auch wenig später durch das entsprechende Gremium der Göttinger Universität gewährt wird. Mithin ist nur noch die Wohlfahrtsgebühr in Höhe von rund 50 D-Mark zu entrichten.[10] Diese Entlastung ist hochwillkommen, denn trotz der Ausbildungsbeihilfe durch das BVG ist er meistens knapp bei Kasse. Um die laufenden Kosten, vor allem die Miete, zahlen zu können, arbeitet Schröder während der Semesterferien auf einem Dorf im Lippeschen, wo er zunächst auch wohnt, als Handlanger bei einem Bauunternehmer.

Für ein ausschweifendes studentisches Leben bleibt schon deshalb wenig Spielraum. Lediglich für den Fußball, der nichts kostet und ihn fit hält, findet Schröder regelmäßig Zeit. Er spielt jetzt für die Sportgemeinschaft Niedernjesa, die einige Kilometer vor den Toren der Universitätsstadt zu Hause ist, und läuft für den Verein auch gelegentlich im Göttinger Jahnstadion auf.[11] Und er geht auf Reisen. Das Ausland war Gerhard Schröder bislang aus eigener Anschauung fremd. Jetzt nutzt er die in dieser Zeit verbreitete, zudem günstigste Möglichkeit, fährt per Anhalter nach Italien, Spanien, Frankreich – und erschließt sich so Europa. Das ist mehr als ein touristisches Erlebnis: »Mein Traum von Europa«, erzählt Gerhard Schröder nach dem Ende seiner

Kanzlerschaft, »war kein intellektueller Traum. Ich habe Europa immer wahrgenommen als die Freiheit zu reisen, als die Freiheit andere Kulturen kennenzulernen, als die Freiheit …, konfrontiert zu werden mit anderen Lebensweisen – Küche eingeschlossen. Für mich war Europa anfangs etwas Selbstverständliches, für das ich keine Vision brauchte.«[12]

Die Erinnerungen an die inhaltlichen beziehungsweise thematischen Schwerpunkte seines Studiums und an die akademischen Lehrer sind überschaubar. Während der ersten Semester erscheint Schröder noch morgens um acht zur Vorlesung »Allgemeiner Teil BGB«, danach lässt er es ruhiger angehen, zieht auch das Eigenstudium mit Hilfe des Handapparats in der Göttinger Universitätsbibliothek dem Besuch von Seminaren vor. Gehört hat er vor allem bei den Professoren Gerd Rinck Bürgerliches Recht und Wirtschaftsrecht, Volkmar Götz Öffentliches Recht und Verwaltungsrecht, Peter Badura Öffentliches Recht, Horst Neumann-Duesberg Arbeits- und Sozial- sowie Handels- und Wirtschaftsrecht und Friedrich Schaffstein Strafrecht, Strafprozessrecht und Rechtsphilosophie.

Zu den in ihrer Zeit bekanntesten akademischen Lehrern in Göttingen zählen Ernst Rudolf Huber und Franz Wieacker. Huber – ein Schüler Carl Schmitts, in späten Jahren Verfasser einer monumentalen deutschen Verfassungsgeschichte, Vater von Wolfgang Huber, dem nachmaligen Ratsvorsitzenden der Evangelischen Kirche in Deutschland – verbringt seine letzten Berufsjahre an der Göttinger Universität, nachdem ihm wegen seines juristischen Engagements während des »Dritten Reiches« lange Jahre die Rückkehr an eine Hochschule verwehrt gewesen ist. Jahrzehnte später, als Wolfgang Huber seinen Siebzigsten feiert, berichtet Schröder davon, die Vorlesungen des Vaters »mit Begeisterung« gehört zu haben: Er hielt sie »frei, sie waren druckreif und stets genau 45 Minuten lang. Jeder Satz war perfekt, die Vorlesungen für angehende Juristen ein Hochgenuss«.[13]

Auch für Franz Wieacker sind es die letzten Jahre seines Wirkens an der Göttinger Universität, bevor er 1973 emeritiert wird. Schröder erlebt den Gelehrten, dessen geistes- und kulturwissenschaftliches Profil weit über den engeren juristischen Fachhorizont hinausweist, weniger als akademischen Lehrer denn vielmehr als beeindruckende und zugleich sehr präsente Figur im akademischen Leben von Universität und Stadt. Noch Jahrzehnte später hat er sich bewundernd an den »herausragenden, hoch geschätzten Professor Franz Wieacker« erinnert.[14]

Offensichtlich wollte Schröder sein Studium ursprünglich breiter anlegen. So vermerkt er auf seinem Studienbuch als »Fach« neben Jura »Politische Wissenschaften«, auch belegt er einige Veranstaltungen aus dem Bereich Publizistik, darunter Seminare zum Thema »Meinungsbildung in der Auslandspresse«, und verfolgt die eine oder andere Einführung in die Volkswirtschaft.[15] Insgesamt bleiben solche Ausflüge aber eine Fußnote, und das hat seinen Grund: Er will dieses Kapitel seiner Laufbahn möglichst bald beenden.

Am 23. September 1971, also nach zehn Semestern, schließt Gerhard Schröder vor dem Justizprüfungsamt beim Oberlandesgericht Celle sein Studium mit der ersten juristischen Staatsprüfung ab. Damit hat er die Förderungsgrenze überschritten. Grund für die Verzögerung ist »nicht zuletzt« sein »Engagement bei der SPD«, insbesondere seine Teilnahme am Landtagswahlkampf 1970.[16] Weil das BVG deshalb Ende April 1971 die Zahlungen einstellt, übernimmt die Friedrich-Ebert-Stiftung Gerhard Schröder »von der ideellen in die finanzielle Studienförderung«. Seit Anfang Mai 1971 erhält er ein Stipendium zuzüglich Büchergeld in Höhe von insgesamt 470 D-Mark.[17] Damit kann Schröder die verbleibenden Monate bis zum Abschluss des Examens überbrücken.

Das Ergebnis ist mit »befriedigend« ordentlich, wenn auch nicht berauschend.[18] Andererseits hat Schröder mit seiner Hausarbeit zum Thema »Darf der ärztliche Direktor einer Klinik wegen seiner Mitgliedschaft in einer nicht verbotenen Partei aus dem Dienst entfernt werden?« ein »vollbefriedigend« erzielt.[19] Die Note wird ihm mit den übrigen der schriftlichen Prüfungen auf eigenen Antrag hin mitgeteilt. Weil die Arbeit den Gutachter beeindruckt hat, bietet ihm Professor Christian Starck an seinem Lehrstuhl für Öffentliches Recht eine Stelle an. Gerhard Schröder greift zu und ist seit dem 1. Oktober 1971 zunächst als Korrekturassistent des Juristischen Seminars, von Dezember des Jahres an als persönlicher Assistent bei Starck beschäftigt.[20]

Hat Schröder seinen Mentor schon als Teilnehmer eines Klausurenkurses »durch gute Argumentation« überzeugt, so erledigt er seine Aufgaben als Assistent »zu vollster Zufriedenheit« Starcks, »d.h. seine Korrekturen und Notenvorschläge wiesen ihn als guten Juristen mit abgewogenem Urteil aus«. Zu einer ähnlichen Einschätzung kommt Mitte 1972 auch der Göttinger Strafrechtler Hans-Ludwig Schreiber. Diesem ist Schröder durch »verständige und selbständige Beiträge aufgefallen«. Schreiber hat keinen Zweifel, »daß es sich bei Schröder um einen überdurchschnittlich befähigten, sachlich engagierten Juristen handelt, der zu wissenschaftlichen Arbeiten uneingeschränkt in der Lage ist«.[21]

Anlass für die beiden Gutachten ist die Bewerbung Gerhard Schröders für ein Graduiertenstipendium.[22] Nach Abschluss seines ersten Examens trägt sich der Endzwanzigjährige nämlich mit dem Gedanken, unter Anleitung Starcks eine Dissertation zu verfertigen. Im Juli 1973 steht das »endgültige« Thema fest: Mit dem »Einfluß der staatlichen Konjunkturpolitik auf die Finanzierung gemeindlicher Daseinsvorsorge. Dargestellt am Beispiel der Stadt Hannover« will sich Gerhard Schröder jetzt für eine Weile beschäftigen.[23] Gut anderthalb Jahre gehen ins Land, bis er weiß, dass daraus nichts wird. Offizieller Grund für den Abschied vom Status des Doktoranden ist die späte Erkenntnis, dass zum Gegenstand seiner Dissertation bereits 1972 eine Arbeit mit ähnlichem Thema erschienen ist.[24]

Tatsächlich aber ist es wohl so, dass sich Gerhard Schröder während der rund 20 Monate, die er vom Graduiertenstipendium der Friedrich-Ebert-Stiftung lebt, mehr in der Politik als in der Wissenschaft umtut und bei den Jungsozialisten hocharbeitet. Der schon zitierten, in der Arbeiterbewegung populären Maxime »Wissen ist Macht« verpflichtet, hält er damals Jura ohnehin nicht in erster Linie »für eine Wissenschaft, sondern eine Herrschaftstechnik«. Das berichtet Jahrzehnte später Klaus Uwe Benneter, der das ähnlich sieht.[25] Weil sich mithin bald herausstellt, dass die akademische Welt doch nicht die seine ist, empfiehlt ihm sein Doktorvater und Mentor Starck, konsequent zu sein und es vielleicht »eher in der Politik als in der Wissenschaft zu versuchen«.[26] Das entspricht Schröders Neigungen und wohl auch seinem Talent, wie er inzwischen aus einiger Erfahrung weiß. Jahre später kreuzen sich die Wege der beiden noch einmal, als der Ministerpräsident Gerhard Schröder 1991 seinem ehemaligen akademischen Lehrer die Ernennungsurkunde als Richter am Niedersächsischen Staatsgerichtshof überreicht.

Zum 30. April 1974 stellt die Friedrich-Ebert-Stiftung die Promotionsförderung für Gerhard Schröder ein. Mitte August 1974 lässt der wiederum die Stiftung wissen, dass er von Göttingen nach Hannover umgezogen sei, und bittet bei dieser Gelegenheit darum, den »Solidaritätsbeitrag in Höhe von DM 5,–« von einem dortigen Konto abzubuchen.[27] Offiziell begründet Schröder den Wechsel nach Hannover nicht. Er dürfte aber im Zusammenhang mit dem Beginn des Referendardienstes stehen.[28] Nicht den Akten zu entnehmen ist ein zweiter und der dritte Grund des Ortswechsels. Einmal steht der Umzug nach Hannover auch für Schröders Entscheidung, sich verstärkt der Politik als Beruf zu widmen. Und dann ist er den Bund der Ehe eingegangen. Ein zweites Mal.

Ende Dezember 1968 hat Gerhard Schröder auf dem Standesamt in Talle das erste Mal geheiratet, und zwar seine Jugendliebe Eva Schubach. Am 11. April 1969 werden die beiden in der dortigen Evangelisch-Lutherischen Gemeinde St. Michaelis auch kirchlich getraut. Die Gattin ist die Tochter eines Bauunternehmers, der es zu einigem Wohlstand und damit verbunden zu einer gesellschaftlichen Stellung gebracht hat, von der Schröder damals nur träumen kann. Eva Schröder ist Verlagsbuchhändlerin. Ein Grund, warum sich ihr Mann seither so intensiv um eine materielle Förderung durch die Friedrich-Ebert-Stiftung bemüht, ist das bescheidene Einkommen seiner Frau von »nur 400.– monatl[ich]«,[29] und davon kann das Paar, solange Gerhard Schröder nach Fortfall der BVG-Ausbildungshilfe lediglich ideell gefördert wird, nicht leben.

Der Jurastudent hat seine spätere Frau kennengelernt, als er während der Schulferien gelegentlich im Betrieb ihres Vaters gearbeitet und ihr auch schon einmal Nachhilfeunterricht gegeben hat. Dass die Eltern von dem künftigen Ehemann begeistert gewesen wären, lässt sich nicht sagen. Aber das stört Schröder, der diese Erfahrung inzwischen kennt, nicht sonderlich. »Ich bin nicht immer gerufen worden«, erklärt er Jahrzehnte später, als er um den Einzug ins Kanzleramt kämpft, einer ihn länger begleitenden Journalistin, und die bringt Schröders Einstellung zur Ehe auf den Punkt: »Was er liebt, wird geheiratet.«[30] Da liegt diese Erfahrung zum vierten Mal hinter ihm, so dass die Beobachtung, statistisch gesehen, einige Plausibilität besitzt. Tatsächlich ist Gerhard Schröder ein treuer Mensch, solange er zu seiner Frau steht und diese in sein Leben passt. Ändert sich das, endet die Ehe. Länger anhaltende außereheliche Verhältnisse, wie man damals zu sagen pflegt, gar Parallelbeziehungen sind seine Sache nicht. Schröder ist ein gerader Mensch, auch in dieser Hinsicht.

Für das Scheitern der ersten Ehe gibt es vielfältige Gründe, sicher auch die mangelnde Erfahrung mit einer Zweierbeziehung. Beide leben ja das erste Mal mit einem Partner zusammen. Was im Übrigen für Schröder, der bis dahin in Göttingen zur Untermiete gewohnt hat, zugleich bedeutet, dass er erstmals in seinem Leben eine bescheidene, aber doch immerhin eine eigene Wohnung bezieht.[31] Hinzu kommt das Alter. Gerhard Schröder ist gerade einmal vierundzwanzig, Eva Schubach zwanzig Jahre alt und damit nach damaligem Recht nicht einmal volljährig, als sie diesen Schritt in eine gemeinsame Zukunft tun. Das ist zu früh, wenn man von dieser Zukunft keine gemeinsame Vorstellung hat. Während die junge Frau vor allem an eine Familie denkt, sich auch Kinder wünscht, konzentriert sich ihr Mann auf seine berufliche Zukunft, die in eben diesen Jahren seiner ersten Ehe neue Dimensionen annimmt. Neben der Karriere als Anwalt, die er nach wie vor fest im Blick hat, für die er aber, bis es so weit sein wird, noch einiges tun muss, zeichnet sich seit Anfang der siebziger Jahre immer klarer ein zweiter Weg ab, der ihn in die Politik führen wird. Da er beide Ziele gleichermaßen verfolgt, ist sein Leben ziemlich verplant. Für anderes bleibt da wenig Zeit, auch nicht für seine Frau Eva. Dass er inzwischen eine andere kennengelernt hat, tut ein Übriges.

Und so scheitert die Ehe nach drei Jahren. Ende Juni 1972 bittet Gerhard Schröder die Friedrich-Ebert-Stiftung, ihn als »Ledigen« zu führen, da seine Scheidung bevorstehe.[32] Seither leben er und Eva Schröder getrennt, und am 10. Januar 1973 wird die Ehe wegen »ehewidriger Beziehungen« des Gatten »zu einer anderen Frau namens Anne T.« geschieden.[33] Fast drei Jahrzehnte später, als Gerhard Schröder die dritte Ehe hinter sich hat, schreibt er einem Neffen zu dessen Hochzeit: »Am Hochzeitstag glaubt man, dass Ehen im Himmel geschlossen werden. Dass Ehen gut geraten, entscheidet sich aber nicht dort, sondern auf Erden im täglichen Zusammenleben.«[34]

So bitter die Trennung ist, folgt ihr doch nicht ein bleibendes Zerwürfnis oder gar ein Rosenkrieg, wie das nach der Scheidung Schröders von seiner dritten Frau der Fall sein wird. Da beide noch immer sehr jung sind, ist der Weg in die jeweilige Zukunft nicht verbaut. Außerdem gibt es weder Streit über gemeinsame Kinder noch, mangels Masse, über ein gemeinsames Vermögen. Und da bislang beide nicht von medialem Interesse sind, bleibt ihnen auch die Erfahrung einer öffentlich ausgetragenen Trennungsschlacht erspart. So kreuzt sich sein Weg mit dem ihren beziehungsweise denen ihrer Familie in den kommenden Jahren und Jahrzehnten immer wieder einmal. Nachdem Schröder ins Kanzleramt eingezogen ist, schickt der vormalige Schwager, ein Polizeibeamter, zunächst einige Hinweise zum Personenschutz,[35] später dann zur Erinnerung ein Foto von Gerhard Schröder und Eva Schubach,[36] und im Sommer 1999 empfängt der Kanzler ihn in seinem Amtssitz. Als Schröders Mutter ihren 90. Geburtstag feiert, lädt sie die einstige Schwiegertochter ein. Und die kommt auch.

Die »andere Frau namens Anne T.«, um derentwillen Gerhard Schröder seine erste Frau verlässt, ist Anneliese Taschenmacher, die am 7. Mai 1949 als Tochter eines Postbeamten in Emden geboren wurde. Die beiden sind sich im Rahmen ihrer politischen Arbeit in Göttingen über den Weg gelaufen, wo Anne Taschenmacher Englisch und Französisch studiert. Genauer gesagt war Anne Taschenmacher an dem noch zu schildernden Putsch von Aktivisten des Sozialdemokratischen Hochschulbundes (SHB) gegen den Göttinger Juso-Vorsitzenden Gerhard Schröder beteiligt.

Gerhard Schröder heiratet Anneliese Taschenmacher 1973, also unmittelbar nach seiner Scheidung. Womit er seiner inzwischen gut erkennbaren Linie, nämlich für klare Verhältnisse zu sorgen, auch in dieser Hinsicht treu bleibt. Seit Anfang September 1974 lebt das Ehepaar Schröder in Hannover.

Die beiden können sich das leisten, weil Gattin Anne am Gymnasium Letter Englisch und Französisch unterrichtet und somit ordentlich verdient. Von ihrem Ehemann lässt sich das einstweilen nur eingeschränkt sagen. Seine politische Arbeit ist noch eine brotlose Kunst, das Referendariat, das er zum 1. Mai 1974 antritt, lässt keine großen Sprünge zu, und die Mandate, die er danach als Anwalt übernimmt, sind vorerst zwar gut für Schlagzeilen, aber nicht unbedingt für die Haushaltskasse. Erst mit den Einkünften, die Schröder von Herbst 1980 an als Abgeordneter des Deutschen Bundestags bezieht, wird sich das grundlegend ändern.

Mit dem Umzug in die Hannoversche Oststadt beginnt das gutbürgerliche Leben des Gerhard Schröder. Der Schritt markiert nicht nur den Abschied von seinem studentischen Dasein, sondern auch den definitiven Abschluss mit den Verhältnissen, in denen er groß geworden ist. Nicht dass er diese künftig leugnen würde. Im Gegenteil, je selbstverständlicher er sich in seiner neuen Welt bewegt, umso souveräner kann Gerhard Schröder mit diesem Kapitel seiner Biographie umgehen. Diese frühen Erfahrungen erklären zugleich, warum ihm die Attribute einer gehobenen bürgerlichen Existenz so wichtig sind. Dass er, mit sich im Reinen, diese nicht nur nicht leugnet, sondern als Ausweis selbst geschaffenen Erfolgs gerne zeigt, bringt ihm auf dem Höhepunkt dieses Erfolges manche Kritik, manchen Vorwurf und manchen gehässigen Kommentar ein. Er weiß damit umzugehen.

Im Übrigen trägt der neue Mittelpunkt seines politischen Lebens einiges zur Entfremdung des Paares bei. Eigentlich ist es eine gute Ehe, besser als die meisten, sagt Gerhard Schröder auch noch im Rückblick. Doch lassen sich die Vorstellungen der beiden im Laufe der Jahre schwer, wenn überhaupt unter einen Hut bringen. Während Anne Schröder die Gründung einer Familie und gemeinsame Kinder im Blick hat, steht für ihren Mann die Karriere eindeutig im Vordergrund. Und da das spätestens seit 1978 eine doppelte ist, weil Gerhard Schröder den Beruf des Anwalts mit der Spitzenfunktion in einer politischen Organisation vereinbaren will, bleibt für anderes wenig Zeit. So befindet sich Gerhard Schröders zweite Ehe alsbald an dem Punkt, an dem die erste scheiterte.

Als Gerhard Schröder 1973 erstmals die Gattin wechselt, liegen nicht nur frühe Szenen einer Ehe, sondern auch einschlägige politische Erfahrungen hinter ihm. Wer während der sechziger Jahre studiert, macht sie ganz unvermeidlich. Denn die bundesdeutschen Universitäten befinden sich in einem Umbruch wie selten zuvor. Mit ungeahnter Energie, die nicht selten mit physischer Gewalt einhergeht, entlädt sich der Unmut einer Studentengeneration, die den für überlebt und diskreditiert geltenden Strukturen der überkommenen Ordinarienuniversität nicht mehr viel abgewinnen kann. Innerhalb weniger Jahre tun sich quer durch Studenten- und Professorenschaften, Fakultäten und Institute Gräben auf, die unüberbrückbar scheinen und die Politik zwingen, Stellung zu beziehen.

Dass die Antwort der Politik auf diese Entwicklung in Niedersachsen bei den meisten Hochschullehrern entschiedenen Widerstand provoziert, liegt am Kultusminister. Peter von Oertzen, Jahrgang 1924 und seit 1946 Mitglied der SPD, hat schon eine akademische Karriere als habilitierter Politologe und ordentlicher Professor für Politische Wissenschaft an der Hannoveraner Hochschule hinter sich, als er im Sommer 1970 in das neu konstituierte Kabinett Alfred Kubels eintritt. Mit dem sogenannten Vorschaltgesetz zu einem geplanten Gesamthochschulgesetz, das faktisch die Professoren im Rahmen der universitären Selbstverwaltung entmachtet, bringt der Minister diese auf die Barrikaden. Nicht weniger als 398 niedersächsische Hochschullehrer ziehen vor das Bundesverfassungsgericht und bekommen dort Ende Mai 1973 in wesentlichen Punkten recht. »Erbitternd an dieser Holzhacker-Politik« ist, so empfindet es jedenfalls die *Zeit* Mitte Oktober 1971, dass »dadurch ausgerechnet jene Hochschullehrer mit in den Streit gedrängt werden, die zum Reformflügel gehörten, wie zum Beispiel in Göttingen«.[37]

Gerhard Schröder verfolgt die hochschulpolitischen Auseinandersetzungen dieser Jahre eher distanziert. Zum einen ist er bereits auf dem Absprung nach Hannover, als die Situation in Göttingen infolge des Vorschaltgesetzes eskaliert. Zum anderen ist die Hochschulpolitik für ihn an diese Lebensetappe gebunden und so gesehen perspektivlos. Das unterscheidet sie von der Kommunalpolitik, in der sich Schröder engagiert, sobald er in Göttingen Tritt gefasst hat. Seine Foren sind die SPD, vor allem aber die Jusos. Die wiederum haben mit dem Sozialdemokratischen Hochschulbund zumindest eines gemeinsam, in Göttingen wie überall sonst in der Republik: ihr gespaltenes Verhältnis zur Mutterpartei.

Keine zweite Partei der jungen Bundesrepublik hat sich mit ihrem politischen Nachwuchs derart schwergetan wie die SPD. Man übertreibt nicht, wenn man sagt, dass die Geschichte der deutschen Sozialdemokratie während der sechziger und siebziger Jahre auch die Geschichte ihrer öffentlich ausgetragenen Auseinandersetzung mit ihren Nachwuchsorganisationen gewesen ist. Die Gründe dieser phasenweise existenziellen Konfrontation sind vielfältig und überlagern sich. Zu dem natürlichen Generationenkonflikt, der nun einmal auch in politischen Parteien ausgetragen wird, mit einem Gerangel um Ämter,

Pfründe, Positionen einhergeht und so gesehen ein Machtkampf ist, kommt im Falle der SPD entscheidend ihr weltanschauliches Selbstverständnis als linke Bewegung mit jedenfalls zeitweilig revolutionärer Tradition hinzu. Daran hat auch das Godesberger Programm des Herbstes 1959 nichts ändern können, weil die SPD mit ihrem Drift in die politische Mitte der Gesellschaft den linken Flügel ja nicht entfremden oder gar abstoßen, sondern vielmehr mitnehmen wollte. Und so begreift die Partei nach wie vor die Beseitigung der »Vorrechte der herrschenden Klassen« auch für die Gegenwart und die Zukunft als den »Sinn des Sozialismus«.[38]

Nicht zuletzt deshalb fühlen sich die der SPD nahestehenden beziehungsweise ihr angehörenden Nachwuchsorganisationen in besonderem Maße von der sogenannten Achtundsechzigerbewegung angezogen, die an den deutschen Universitäten Hochkonjunktur hat. In ihr bündelt sich das Unbehagen an den Zuständen der nicht mehr ganz so jungen Republik, auch ihrer Hochschulen. Der wohl im Herbst 1967 von Hamburger Studenten erfundene Spruch »Unter den Talaren – Muff von 1000 Jahren« ist nicht nur eine ironische Kritik an der alten Ordinarienuniversität mit ihrem Standesdünkel und ihren überlebten Curricula, sondern zielt von Anfang an auch auf die subkutan fortwirkenden beziehungsweise noch lange nicht aufgearbeiteten Sedimente des von den Nazis auf tausend Jahre angelegten Reiches.

Was hier aus der Sicht der Achtundsechziger noch an Aufarbeitung zu leisten ist, haben die sogenannten Auschwitz-Prozesse der Jahre 1963 bis 1965 gezeigt, die ein wesentlicher Anstoß für die Formierung dieser Bewegung gewesen sind, sofern man überhaupt von einer solchen sprechen kann. Hinzu kommen die fundamentale Kritik an der überfälligen Notstandsgesetzgebung, die Ende Mai 1968 durch die Große Koalition, also mit den meisten Stimmen der SPD, den Bundestag passiert, sowie ein wachsendes Unbehagen an der politischen Entwicklung des wichtigsten Verbündeten der Bundesrepublik Deutschland. Vor allem der seit 1965 zusehends intensiver und brutaler geführte Krieg der USA in Vietnam wird zum Kristallisationspunkt vehementer antiamerikanischer Proteste.

So finden sich in dieser Bewegung Kräfte und Fraktionen, Forderungen und Ideen, die schlechterdings nicht unter einen Hut zu bringen sind, zumal die Achtundsechziger entgegen eigenem Anspruch eben nie eine intellektuelle und im engeren Sinne theoriefähige Organisation, sondern ein Sammelbecken für äußerst heterogene Analysen, Entwürfe und Konzepte gewesen sind. Dass sich auch einige der führenden Intellektuellen ihrer Zeit, beispielsweise aus dem Umfeld der Frankfurter Schule, dieser Bewegung zur Verfü-

Moderater Protest: Ende November 1966 nimmt der Student Gerhard Schröder (Mitte mit der Hand in der Manteltasche) in Göttingen an einem Demonstrationszug gegen die Bildung der Großen Koalition teil.

gung gestellt oder sich ihr angeschlossen haben, ändert daran nichts. Das wohl größte Manko der Bewegung ist ihre Kopflastigkeit. Als dem Sozialismus in welcher Variante auch immer verpflichtete Bewegung muss sie nicht nur die Verbindung zur Arbeiterschaft suchen, sondern auch nennenswerte Teile derselben in ihrem Sinne mobilisieren. Eben das aber gelingt den deutschen Achtundsechzigern nicht einmal im Ansatz.

Auch den Jusos nicht, die als Organisation der traditionsreichen deutschen Arbeiterpartei in besonderem Maße auf die Zusammenarbeit und die Unterstützung der organisierten wie der nicht organisierten Arbeiterbewegung angewiesen sind. Aber gerade in dieser Hinsicht ist die Geschichte der Jusos die Geschichte ihres Scheiterns. Das gilt für die ausgehenden sechziger, und es gilt in besonderem Maße für die siebziger Jahre, in der die Debatten innerhalb der einzelnen und zwischen den verschiedenen Fraktionen der Jusos – wie auf der politischen Linken in West-Deutschland insgesamt – zu blutleeren Dogmen- und Positionskämpfen verkommen. Der Witz und der Esprit, die Spontaneität und die Originalität, die am Anfang manchen überrascht, überzeugt und mitgezogen haben, sind längst dahin.

Was um alles in der Welt zieht diesen Gerhard Schröder in solche geist- und phantasielosen Fraktionsgefechte? Sicher gehen die Debatten um den Vietnamkrieg, die Notstandsgesetze und insbesondere den Umgang mit der nationalsozialistischen Vergangenheit auch an ihm nicht spurlos vorbei – andere, wie die gleichfalls endlosen Kontroversen über die antiautoritäre Erziehung, hingegen schon. Auch reiht er sich zum Beispiel Ende November 1966 in einen Demonstrationszug gegen die Bildung jener Großen Koalition aus SPD und CDU/CSU ein, mit deren Hilfe führende Sozialdemokraten ihre Partei in Bonn an die Macht bringen wollen.

Aber für die Forderung nach einer Überwindung oder gar Zertrümmerung der bestehenden gesellschaftlichen Verhältnisse ist Schröder schon deshalb nicht zu haben, weil er dieser Gesellschaft sehr vieles, vor allem die Möglichkeit des Aufstiegs verdankt. Da der Krieg in ihren Reihen riesige Schneisen hinterlassen hat, muss sie auch denen eine Chance auf Bildung geben, denen diese Tür bislang verschlossen war. Für Gerhard Schröder steht fest, dass es auch eine Verpflichtung gibt, diese Chance zu ergreifen. Und er sieht natürlich, dass diese Chance in hohem Maße zeitgebunden ist. Sie gewissermaßen zu verstetigen, wird zu einem Hauptanliegen des Politikers. Ohne dieses Anliegen ist die Reformpolitik des Bundeskanzlers nicht zu verstehen.

Schon weil Gerhard Schröder die gesellschaftliche Wirklichkeit anders wahrnimmt als die meisten seiner linken Weggefährten, ist er für ein nachhaltiges Engagement in der studentischen Politik nicht zu haben. Er ist weder im Allgemeinen Studierendenausschuss (AStA) oder im Studentenparlament seiner Universität, noch ist er Mitglied des Sozialdemokratischen Hochschulbundes oder gar des Sozialistischen Deutschen Studentenbundes (SDS). Noch Jahrzehnte später erklärt er diese Abstinenz mit seiner Herkunft: »Da kriegt man dann doch eine etwas bodenständigere Einstellung, und dann kommt einem studentische Politik doch ein bisschen vor wie eine Spielwiese.«[39] Man ahnt die Qualen, die der Mann, der ja nicht in die Breite, sondern nach oben will, bei den endlosen, sich in Kreisen drehenden Diskursen der örtlichen Jungsozialisten erlitten haben muss.

An denen führt aber nun einmal kein Weg vorbei, als er sich auf den Marsch an deren Spitze begibt. Weil die theoretischen Diskurse der Jusos ganz unvermeidlich um Karl Marx und den Marxismus in diversen verdünnten oder verdrehten Varianten kreisen und weil sich Schröder erklärtermaßen als »Marxist« versteht,[40] bleibt ihm gar nichts anderes übrig, als sich rudimentäre Kenntnisse anzueignen. Das tut er auf die ihm eigene pragmatische und zielorientierte Art, legt sich das seit 1972 in deutscher Sprache erscheinende dreibändige *Marx-Lexikon zur Politischen Ökonomie* des japanischen Marxisten und Ökonomen Kuruma Samezo, eine Kompilation aus Exzerpten, zu und hat so, wenn nötig, ein passendes Zitat zur Hand. Wenn es noch schneller gehen muss, behilft er sich wahlweise mit der knappen Einführung *Marxismus für Manager* des Jesuiten Rupert Lay, die 1975 herauskommt. Zu seiner bevorzugten Lektüre gehören diese Bücher nicht. Überhaupt ist Schröder kein großer Leser. Biographien »durchstöbert« er, die Bücher Wolfgang Leonhards, Kenner und Kritiker des Kommunismus und der Sowjetunion, kauft und liest er.[41]

Nein, mit der Zertrümmerung der gesellschaftlichen Strukturen, die nicht mit deren grundlegender Reform zu verwechseln ist, oder mit der Suche nach der reinen Lehre des Sozialismus hat Schröders Marsch durch die Arbeitsgemeinschaft der Jungsozialisten in der SPD nichts zu tun. Eher schon mit der Absicht, für den Fall des Falles vorzubeugen. Weiß er denn, ob die Karriere trägt, ob ihm der angestrebte Beruf des Juristen liegt, ob er sich in dieser ihm so fremden Welt behaupten und durchsetzen kann? Umgekehrt gilt allerdings auch, dass die Entscheidung für die Politik als Beruf erst fallen wird, nachdem die Laufbahn als Anwalt offen steht.

Und dann geht es um Macht. Schröder ist ein Machtmensch. Er sucht die Macht, er ist süchtig nach Macht. Das weiß er, und dazu steht er. Anfang der neunziger Jahre, als er das Spiel mit der Macht schon gut beherrscht, als er auch im Machtkampf schon wiederholt schwer angeschlagen wurde, nie aber zu Boden gegangen ist, schreibt er: »Was eigentlich hat jemand in der Politik zu suchen, der die politische Macht nicht will?« Was man eben auch zu der Frage umdrehen kann, was einer, der Macht will, außerhalb der Politik zu suchen hat: »Macht«, schreibt Schröder 1993, »fasziniert mich seit jenem Moment, da ich, ohne weiterführenden Schulabschluß und höhere Perspektiven im Westfälischen als Lehrling hinterm Ladentisch stand. Ich wollte raus da, etwas bewegen.«[42]

Die Gelegenheit ergibt sich, als er im Wintersemester 1966/67 in Göttingen das Studium aufnimmt. Registriert ist sein Wechsel in die Göttinger SPD 1966. Im Jahr 1968 engagiert sich Schröder erstmals im Kommunal-, 1970 im Landtagswahlkampf, und auch die Bundestagswahlkämpfe der Jahre 1969 und 1972 sehen ihn an vorderster Front. 1969 wird er als Beisitzer in den Göttinger SPD-Vorstand gewählt, dem er angehört, bis 1973 seine Bewerbung um den Göttinger SPD-Vorsitz scheitert: Mit drei Stimmen unterliegt er dem fünf Jahre älteren Wolfram Bremeier, der wie Schröder über den zweiten Bildungsweg zum Studium gefunden hat, inzwischen als diplomierter Volkswirt in der

Göttinger Stadtverwaltung tätig ist und 1991 Hans Eichel im Amt des Kasseler Oberbürgermeisters nachfolgen wird.

Es ist eine der frühen Niederlagen Gerhard Schröders, nicht die erste, nicht unbedingt eine überraschende, auch keine wirklich schmerzende, immerhin aber eine, aus der man lernen kann. Und Schröder ist lern- und korrekturfähig. Das hat schon sein Weg an die Spitze der Göttinger Jusos gezeigt. Als er 1969 zu deren Vorsitzendem gewählt wird, ist er mit seiner pragmatischen, kommunalpolitischen Orientierung den Linken, vor allem denen aus den Reihen des SHB, ein Dorn im Auge. Also organisieren die Aktivisten, unter ihnen auch Schröders spätere zweite Ehefrau Anne, eine Mehrheit, stürzen den Vorsitzenden und binden ihn 1970 in einen dreiköpfigen Kollektivvorstand ein. Der Putsch zeigt, wie Schröder mit solchen Vorfällen umzugehen lernt. Da er weiß, dass die Konstellation nicht revidierbar ist, macht er das Beste daraus und wird binnen Kurzem die »zentrale Figur« der Göttinger Jusos: »Stets misstrauisch beobachtet, wegen individualistischer Aktionen immer wieder kritisiert, niemals um Mehrheiten fürchtend.«[43] Als Schröder 2004 sechzig wird, schreibt Inge Wettig-Danielmeier das auf. Einige Jahre älter als der Kanzler und viele Jahre Bundesschatzmeisterin der SPD, hat sie dessen Aufstieg in Göttingen miterlebt.

Gerhard Schröders Strategie, wenn man denn von einer solchen sprechen will, ist denkbar einfach. Zum einen überlässt er die öden Theoriedebatten zwischen den Fraktionen, die sich in den Arbeitskreisen »Theorie I« und »Theorie II« organisiert haben, anderen und hört zu. Und dann lässt er sich als Verbindungsmann des Juso-Kollektivs zum lokalen SPD-Vorstand aufstellen und festigt so seine Position. Während sich die beiden anderen Kollektivvorstände mit ihrer Klientel in endlosen theoretischen Debatten ergehen, bleiben für Schröder »›nur‹ die Pflege des Kontakts zur SPD, Öffentlichkeitsarbeit und Kasse. Dies war der Beginn meiner politischen Karriere. Das Ergebnis ist bekannt.«[44]

Mit anderen Worten: Die politische Karriere des Gerhard Schröder, die in die Ämter des Bundeskanzlers der Bundesrepublik Deutschland und des Vorsitzenden der Sozialdemokratischen Partei Deutschlands münden wird, ist von Anfang an als Karriere angelegt. Das sagt er jedenfalls, als sie hinter ihm liegt. Grund, daran zu zweifeln, haben wir nicht: Wenn man Schröder dabei beobachtet, wie er die in dieser Hinsicht ahnungslose, tief zerstrittene Truppe benutzt, um sich mithilfe wechselnder Konstellationen und Koalitionen vom Göttinger Kollektivvorstand über den Hannoveraner Bezirksvorsitz bis zum Bundesvorsitz der Jungsozialisten vorzuarbeiten, spürt man rasch, dass er mehr im Sinn hat als eine Laufbahn in der Jugendorganisation der SPD.

Daher muss auch jeder Versuch scheitern, seine politischen Wege während der siebziger Jahre mit theoretischen, weltanschaulichen oder genuin politischen Motiven erklären zu wollen. Entscheidend sind ein unbändiger Vorwärtsdrang, ein voll entwickelter Machtwille, ein sicherer Instinkt und eine beachtliche taktische Finesse. Sie lässt erkennen, warum Schröder im Laufe der Jahre und Jahrzehnte fast alle Widerstände aus dem Weg räumt: Er lernt aus Fehlern, ist nicht nachtragend, und vor allem weiß er, wie man Mehrheiten organisiert. Da er das auf eine joviale und kumpelhafte Art tut, sich bei alledem einer saloppen und schnörkellosen Sprache bedient, merken die meisten erst sehr spät, dass er eigentlich immer auf der Überholspur ist. Gerhard Schröder wird unterschätzt. Anfänglich wurmt ihn das noch, dann nutzt er es. In dieser Hinsicht ähnelt sein Aufstieg den Karrieren Helmut Kohls und Angela Merkels, seines Vorgängers und seiner Nachfolgerin im Kanzleramt.

Solange er seine Ausbildung noch nicht abgeschlossen hat, kann Schröder sich diesem Aufstieg allerdings nur mit halber Kraft widmen. Daher legt er die juristische Ausbildung von Ende Oktober 1972 bis Ende März 1974 auf Eis und firmiert einstweilen als »Doktorand«. In diesen knapp anderthalb Jahren zwischen dem Ende seiner Göttinger Assistentenzeit und dem Beginn seines Referendariats arbeitet sich Schröder bei den Hannoveraner Jusos so weit hoch, dass er von dieser gefestigten Position aus die letzte Etappe auf seinem Weg zum Anwaltsberuf hinter sich bringen kann, ohne im Nebenberuf des angehenden Politikers beschädigt zu werden. Als das Ende August 1976 geschafft ist, setzt er zum Sprung an die Spitze der Jusos an. Beobachter dieser Karriere beeindruckt schon früh die große »Flexibilität«.[45]

Schröders Weg führt über den Juso-Bezirk Hannover, wo der Siebenundzwanzigjährige 1971 als Nachfolger Herbert Schmalstiegs zum Vorsitzenden der Jungsozialisten gewählt wird. Wer ihm »damals in die Augen schaute«, erinnert sich der Vorgänger mehr als drei Jahrzehnte später, konnte erkennen, dass er »hier nicht stoppen« würde.[46] Auch deshalb lehnt es Schröder wiederholt ab, für den Bundesvorstand zu kandidieren: »Wenn ich in den Vorstand komme, dann nur als Vorsitzender.«[47] Schröder spielt grundsätzlich nicht die zweite Geige. Bis er so weit ist, die erste zu spielen, erprobt er sich in den Grabenkämpfen der Organisation.

Geht sein Wechsel nach Hannover zunächst mit einem merklichen Schub nach links einher, vollzieht Schröder seit 1974 eine nicht minder abrupte Bewegung in Richtung Mitte. Sie en détail nachzuzeichnen, erübrigt sich, weil es nichts nachzuzeichnen gibt. Theoretische Einlassungen Schröders aus diesen Jahren sucht man vergeblich, weil sie praktisch keinen schriftlichen Niederschlag gefunden haben. Schröder ist der Mann des Augenblicks. Wolfgang Krumbein, einer der führenden Köpfe der Göttinger Antirevisionisten, hat Jahrzehnte später davon berichtet, was Schröder »gut konnte«: Er »saß dann häufig bei unseren endlosen Diskussionen drei, vier Stunden über irgendwelche Theorien, saß in der Ecke, hörte sich das an und war dann in der Lage, die Essenz aus diesen vier Stunden Debatte ziemlich präzise auf den Nenner zu bringen«.[48]

Diese Fähigkeit hat bekanntlich einen Vorteil: Wer zusammenfasst, setzt Akzente. Schröder tut das auch auf den jährlich stattfindenden Bundeskongressen der Organisation und gewinnt so national rasch ein Profil. Dass dieses Profil, wenn nötig, auch eine radikal linke Position reflektieren kann, hat seinen Grund. Schröder braucht für seine Pläne die Aktivisten des Stamokap, der Fraktion des Staatsmonopolistischen Kapitalismus. Denn die weiß Mitte der siebziger Jahre mitunter sogar ein Drittel der Juso-Mitglieder hinter sich.

Die Jusos sind damals bundesweit grob in drei Fraktionen sortiert, die Reformsozialisten, die Antirevisionisten und eben die Stamokap-Fraktion, die »einige ja für einen Fußballpokal halten, was es aber nicht war«, wie Schröder Jahrzehnte später nicht ohne Ironie analysiert.[49] Die Stamokap-Protagonisten sind überzeugt, dass der Kapitalismus in jenes Endstadium eingetreten sei, in dem der Staat vom Handlanger zum Opfer mächtiger Wirtschaftsmonopole werde. Die auf Lenin zurückgehende strohtrockene Theorie ist hier nur deshalb von Belang, weil sich der Konflikt zwischen der Mutterpartei und den Jusos, der bis an den Rand des Bruchs führt, vor allem am kompromisslosen Auftritt der Stamokap-Aktivisten entzündet. Damit stehen die übrigen Fraktionen und Gruppierungen der Jungsozialisten vor der Entscheidung, welche Position sie in dieser Auseinandersetzung beziehen wollen. Auch Schröder, der sich in der Sache von den Anhängern des Staatsmonopolistischen Kapitalismus absetzt, ohne Zweckbündnisse mit ihnen grundsätzlich auszuschließen, sich im Diskurs zwischen den beiden verbleibenden Fraktionen zunächst auf die Seite der Antirevisionisten schlägt, dann aber mit seinen Hannoveranern die Kurve hin zu den Reformsozialisten kriegt: Indem er auf dem Münchener Juso-Kongress 1974 »der Arbeit in der Partei und in den Parlamenten« nicht mehr »abschwor, durchbrach er die Isolierung der Hannoveraner endgültig und machte das Anti-Stamokap-Bündnis einsichtig«. Das beobachtet für die *Berliner Stimme* nicht ohne Erstaunen die Journalistin Brigitte Seebacher,[50] die es ihrerseits wenig später zur Lebensgefährtin und dann zur dritten Gattin des SPD-Vorsitzenden Willy Brandt bringen wird.

Das Manöver hält den Taktiker Schröder aber nicht davon ab, erforderlichenfalls antirevisionistische Sprüche zu klopfen und damit seine Hannoveraner bei Laune zu halten. Spätestens mit der Wahl an die Juso-Spitze ist auch das vorbei. Nunmehr spricht Schröder antirevisionistischen Positionen glatt das Recht ab, bei den Jusos vertreten zu sein (»Diese Bezeichnung ist nicht ein Irrtum, sondern falsch.«), und gibt zu Protokoll: »Wir sind zwar der Auffassung, daß man über den bürgerlichen Staat nicht das Kapitalverwertungsverhältnis aufheben kann, also nicht die grundlegenden Veränderungen der Gesellschaftsordnung erreichen kann, aber wir meinen doch, daß man Reformvorhaben durchführen kann, die den Betroffenen, insbesondere den Arbeitnehmern, nutzen.«[51]

In diesem Punkt argumentiert Schröder ganz ähnlich wie die Reformisten, zu deren Wortführern Heidemarie Wieczorek-Zeul und Rudolf Scharping in Hessen beziehungsweise Rheinland-Pfalz zählen. Wie diese ist auch er überzeugt, dass der als überfällig betrachtete gesellschaftliche Wandel durchaus noch mit und in der SPD zu bewerkstelligen ist. Dass dieser Wandel auf der Basis des Grundgesetzes zu vollziehen ist, hat Schröder, soweit ersichtlich, ohnehin nie in Frage gestellt. Vielmehr begreift er das Grundgesetz Mitte der siebziger Jahre als »historische[n] Kompromiß«, der »eine Vielzahl von politischen Gestaltungsmöglichkeiten offen« lasse, »einschließlich des Übergangs zu einer sozialistischen Wirtschaftsordnung«, und der eben deshalb von der SPD »durchgesetzt« worden sei.[52] Diese Standortbestimmung ist eine wichtige Voraussetzung für eine wie auch immer geartete parteiinterne Karriere, da der Bundesvorstand der SPD am 26. Februar 1971 ohne Wenn und Aber klargestellt hat, dass es für »jene, die aus der parlamentarisch-demokratischen Reformpartei des Godesberger Programms eine Kaderpartei revolutionären Typs machen wollen«, keinen Platz gebe.[53]

Bei dieser Karriere kommt Gerhard Schröder, wie fortan so oft in seiner Laufbahn, der Zufall zu Hilfe. Im März 1977 wählen die Jusos auf ihrem Hamburger Kongress Klaus Uwe Benneter als Nachfolger Heidemarie Wieczorek-Zeuls zum Vorsitzenden. Benneter, im März 1947 als Sohn eines Bundesbahnoberamtsrates in Karlsruhe geboren, hat sich nach dem Studium der Jurisprudenz in Berlin-Schöneberg als Anwalt niedergelassen. Auch auf den zweiten Blick mag diese erfolgreiche bürgerliche Karriere nicht so recht zu der Entwicklung passen, die »Benni der Bürgerschreck« innerhalb der SPD nimmt. Seit 1965 Mitglied der Partei, hat er sich bei den Jusos in die Stamokap-Fraktion eingereiht beziehungsweise einreihen lassen. Die Stichwortgeber sind andere. Der Jurist Kurt Neumann und der Politikwissenschaftler

Detlev Albers, der im November 1967 das Transparent »Unter den Talaren – Muff von 1000 Jahren« mit entrollt hatte, halten sich bei der Propagierung der Thesen im Hintergrund und können so ihre Parteikarriere mehr oder weniger unbehelligt fortsetzen.

Anders Benneter. Der gefällt sich in einer rhetorischen Radikalität, die nicht unbedingt mit seinem heiteren Charakter korrespondiert, stellt öffentlich Überlegungen über ein Zusammengehen von Sozialdemokraten und Kommunisten in einem Volksfrontbündnis an und schließt auch eine Zukunft der Jusos jenseits der Mutterpartei SPD nicht aus. Ein riskanter Kurs. Das weiß Benneter, und das weiß auch Schröder. Eben deshalb verhilft er mit seinem mitgliederstarken Hannoveraner Bezirk Benneter bei der Wahl zum Juso-Vorsitzenden zu einer denkbar knappen Mehrheit. Mit 149 zu 145 Stimmen setzt sich Benneter gegen seinen Konkurrenten durch.

Wenig später erläutert Schröder in der Zeitung des SPD-Bezirksvorstandes Hannover, warum die Delegierten dieses Bezirks im zweiten Wahlgang »geschlossen Klaus Uwe Benneter wählten«. Der einseitige Artikel dokumentiert aufs Schönste, wie der Zweiunddreißigjährige operiert. Theorie interessiert ihn schlicht nicht. Schröder geht es ausschließlich um Taktik, und dazu gehört, dass er sich eindeutig hinter Benneter stellt, dabei aber gleichzeitig auf Distanz zur Stamokap-Ideologie geht: Mit dem bezeichnenden Hinweis, diese »hier nicht umfassend darstellen« zu können, lässt er keinen Zweifel, dass diese Theorie im Bezirk Hannover »in entscheidenden Punkten für falsch« gehalten und daher »nicht vertreten« werde. »Gleichwohl muß es möglich sein, die aus der Theorie folgenden Ansätze innerhalb der Partei zu diskutieren. Auch hier wäre jeder Denkverzicht gefährlich.«

Und was den »Genossen Benneter« angeht, erinnert Schröder an dessen mehr als zwölfjährige Mitgliedschaft in der SPD und stellt klar, dass er »kein getarnter Kommunist, sondern ein seit langen Jahren in unsrer Partei arbeitender demokratischer Sozialist« sei. Nicht minder eindeutig ist übrigens seine Haltung zu dem in Hamburg knapp unterlegenen Gegenkandidaten: Ottmar Schreiner, Jahrgang 1946 und wie Schröder und Benneter Jurist, ist 1969 der SPD beigetreten und ein exponierter Vertreter der Reformsozialisten. Deshalb – und nur deshalb – war Schreiner für Schröder und seine Hannoveraner Genossen, die hier wieder die Antirevisionisten geben, »nicht wählbar«. Kein inhaltliches Argument trübt Schröders Einschätzung, von längeratmigen theoretischen Auslassungen gar nicht zu reden. Schreiner hat »sich mit der alten ›Mehrheit‹ identifiziert«. Punkt. Das reicht für die erforderliche »inhaltliche Orientierung des Bezirks«, nämlich die Wahl Benneters. Was die »alte

Mehrheit« sagt oder tut, ist in diesem Zusammenhang irrelevant oder doch jedenfalls nicht der Erwähnung wert.[54]

Erstaunlich, dass man diesen Mann immer wieder unterschätzt hat. Das liegt sicher auch an der Jovialität, der »Leichtigkeit« und der Fähigkeit zur Selbstironie, die Heidemarie Wieczorek-Zeul früh an ihm beobachtet.[55] Anders als in jenen Juso-Zeiten üblich und später gelegentlich kolportiert, hatten die beiden übrigens nie ein Verhältnis. Das hilft, als sie auf den kommenden Stationen ihrer Lebenswege, die sich immer wieder einmal kreuzen und zeitweilig parallel verlaufen werden, auf Fairness, Loyalität und Verlässlichkeit angewiesen sind. Die Vorgängerin Benneters im Juso-Vorsitz erkennt früh und genau: Diesem Gerhard Schröder geht es um die Macht, um nichts als die Macht. Und er ist fast am Ziel. Dass er es rascher erreicht als erwartet, liegt an der Reaktion der Mutterpartei auf Benneters Wahl. Wobei nicht auszuschließen ist, dass Schröder mit dieser Reaktion gerechnet und sie in sein Kalkül einbezogen hat. Jedenfalls wird Benneter im Juni 1977 auf Betreiben Egon Bahrs, damals Geschäftsführer der Partei, aus der SPD und damit auch aus ihrer Jugendorganisation ausgeschlossen. Sechs Jahre gehen ins Land, bis sich die Partei eines anderen besinnt und Benneter 1983 auf Betreiben Gerhard Schröders wieder in die Arme schließt.

Mit dem Rauswurf Benneters ist die Lage der Jusos noch desolater als ohnedies – und damit für Schröder so günstig wie nie. Gefragt ist ein Vorsitzender, der sich einerseits sein Eintreten für den geschassten, dank des Bannstrahls aus der Bonner Parteizentrale, der »Baracke«, jetzt besonders populären Ex-Vorsitzenden zugute halten kann. Andererseits muss der kommende Juso-Vorsitzende das Gespräch mit dieser Baracke führen wollen und führen können – wenn nötig auch informell und an der eigenen Organisation vorbei. Gerhard Schröder ist dieser Mann. Ob er der Parteispitze im Vorfeld des Kongresses signalisiert hat, die Truppe wieder auf Vordermann zu bringen, und ihm dafür unverbindlich eine Perspektive im Bundestag zugesichert worden ist,[56] wie man gelegentlich gemutmaßt hat, wird später von keiner Seite bestätigt.[57] Sicher ist, dass der Juso-Vorsitz 1980 mehr oder minder nahtlos in eine Kandidatur für den Bundestag übergeht. Sicher ist auch, dass Schröder die Jungsozialisten wieder zu einem mehr oder weniger geschlossenen Verein und zum Partner der Mutterpartei macht.

Auf dem entscheidenden Bundeskongress, den die Jusos im Februar 1978 im hessischen Hofheim abhalten, ist die Parteispitze zahlreich und prominent vertreten – aber weniger weil sie auf Schröder hofft, sondern weil sie auf den Gegenkandidaten setzt. Zu den Emissären gehören neben Geschäftsführer

Politik als Beruf: Auf dem Hofheimer Juso-Kongress kämpft Gerhard Schröder Mitte Februar 1978 um den Vorsitz.

Egon Bahr unter anderem Hans Koschnick, Präsident des Bremer Senats und Stellvertretender Parteivorsitzender, sowie Peter von Oertzen. Der vormalige niedersächsische Kultusminister ist nach wie vor Bezirksvorsitzender in Hannover, außerdem Mitglied des Bundesvorstandes der SPD, und nicht wenige sehen in ihm einen Ziehvater Gerhard Schröders. Dessen aussichtsreichster Gegenkandidat ist Ottmar Schreiner, der die Organisation nach dem Rauswurf Benneters als Stellvertretender Bundesvorsitzender geführt hat, Schröder jetzt allerdings im zweiten Wahlgang mit 126 zu 164 Stimmen unterliegt. Im Übrigen wird Schröder nicht nur zum Vorsitzenden gewählt, sondern übernimmt mit weiteren Genossen im Bundesvorstand auch den Bereich »Soziale Rechte«, der unter anderem die Schröder besonders wichtigen Themen »Recht auf Arbeit und Ausbildung« einschließt. Als Vorsitzender vertritt er zudem die Jusos im Parteirat.[58]

Gerhard Schröder ist am Ziel. Jedenfalls vorerst. Denn dass der Juso-Bundesvorsitz nur eine Zwischenetappe sein kann, ist klar, seit er mit diesem Triumph beschlossen hat, die Politik zum Beruf zu machen. Damit es eine Karriere wird, die alle, ihn eingeschlossen, ins Staunen versetzt, muss er das Beste aus seiner neuen Position machen. Und Schröder macht das Beste draus – für sich, die SPD und die Jusos. In dieser Reihenfolge. Tatsächlich zieht der *Spiegel* rund zehn Jahre nach der Juso-Ära Schröder die Bilanz, dass nach ihm »kein Juso-Chef sich oder den Verband mehr ins öffentliche Bewußtsein rücken« konnte.[59]

Für die meisten in der SPD-Führung ist Schröder zu diesem Zeitpunkt ein unbeschriebenes Blatt. Geschäftsführer Egon Bahr hat, bis es so weit ist, »nie daran gedacht zu fragen, wie der eigentlich Kandidat und Vorsitzender geworden ist«.[60] Da Schröder dann aber nach eigenem Bekunden »von den gleichen Leuten gewählt« wird, »die Benneter gewählt haben«,[61] ist das für die Parteiführung zunächst einmal eine schlechte Nachricht. Entsprechend förmlich, wenn nicht frostig, fällt die Gratulation durch Bahr aus: »Dass er einmal der erste sein würde, der es aus dieser Funktion – zugegeben auf einigen Umwegen – zum Bundeskanzler bringen würde, gar zum Parteivorsitzenden, hat meine strategische Fantasie nicht hergegeben«, schreibt Bahr rund 25 Jahre später.[62]

Wie es an diesem Tag in Schröders strategischer Phantasie aussieht, sei dahingestellt. Jedenfalls ist der neue Bundesvorsitzende nicht auf Krawall gebürstet, signalisiert öffentlich, dass er »unnütze Konflikte« mit der Parteiführung vermeiden, auch nicht »jeden zweiten Tag den Kanzler in den Hintern treten« oder sich gar als Nebenkanzler aufspielen wolle. So zitiert ihn der *Spiegel*,[63] der dem neuen Juso-Vorsitzenden im Februar 1978 einen ganzseitigen Artikel widmet, ein gutes Jahr später das erste Gespräch mit ihm führt und damit seine schließlich Bände füllende Berichterstattung über Gerhard Schröder aufnimmt. Dass Schröder, kaum im Amt, öffentlich erklärt: »Antirevisionistische Positionen werden bei den Jusos nicht vertreten«, damit seine eigene Herkunft leugnet beziehungsweise ignoriert und den ganzen Verein auf eine, nämlich seine neue Linie festlegt, ist schon ein starkes Stück.

So gesehen bestätigt sich schon bald der Eindruck, den Egon Bahr seit Schröders Wahl gewinnt und der sich seither verfestigt hat: »Wenn man mit ihm etwas vereinbarte, wusste man, dass er sich daran hält.«[64] Dass die SPD-Spitze mit dem neuen Mann wird »leben können«, prognostiziert auch die *Hannoversche Allgemeine Zeitung*, die sich ihrerseits seit jenem 13. Februar 1978 erstmals mit Gerhard Schröder befasst und ihn ebenfalls fortan eng begleiten wird: Der »hannoversche Anwalt« sei »zu geschickt und zu flexibel«, um den »tölpelhaften Kollisionskurs« Klaus Uwe Benneters wieder aufzunehmen. »Ruhe in die zutiefst verunsicherte SPD-Nachwuchsorganisation zu tragen«, »zwischen den rivalisierenden Gruppen zu vermitteln«, sei das Gebot der Stunde.[65]

Schon nach einem Jahr zeichnet sich ab, dass er es schaffen kann. Das sehen auch die meisten in den eigenen Reihen so und plädieren daher für seine Wiederwahl. Da Schröder aber zum vorgesehenen Termin das 35. Lebensjahr hinter sich und damit die Altersgrenze überschritten haben wird, ziehen sie den Bundeskongress auf einen früheren Termin vor. Am 1. April 1979 wird der Vorsitzende, der in Aschaffenburg ohne Gegenkandidaten antritt, mit 253 Stimmen bei 297 Delegierten wiedergewählt. Ein für Juso-Verhältnisse sensationelles Ergebnis. Als er Ende Februar 1980 in einem Gespräch mit der Lokalpresse eine Bilanz seiner ablaufenden gut zweijährigen Amtszeit zieht, fällt diese beachtlich aus: »Wir haben die Jusos wieder zu einem Verband gemacht, in dem die Gemeinsamkeiten mehr betont werden als die Unterschiede. Um es klar zu sagen: Wir standen vor zwei Jahren am Rande einer Spaltung ... Zum zweiten: Wir haben wieder ein erträgliches Verhältnis kritischer Solidarität zur Partei gefunden. Das haben wir dadurch erreicht, daß wir Konflikte nicht mehr personalisiert ausgetragen haben, sondern streng in der Sache.«[66] Eine präsentable Bilanz, in der Tat. Eine Bilanz auch, die in der Bonner »Baracke« und im Kanzleramt mit einiger Genugtuung und im Ost-Berliner Ministerium für Staatssicherheit mit interessierter Neugier registriert wird: »Nach Monaten der Führungslosigkeit konnten die tiefen Gegensätze ... mit der Wahl Schröders zum neuen Vorsitzenden überbrückt werden ... Bemerkenswert schnell kam es zu einer Entkrampfung im Verhältnis der Juso zur SPD.«[67]

Das ist, schon für sich genommen, beachtlich. Erstaunlich aber ist, dass Gerhard Schröder der zeitraubenden und jedenfalls zeitweilig auch nervenaufreibenden Tätigkeit an der Spitze einer im Rampenlicht stehenden Organisation nachgeht, während er als Anwalt einen nicht minder zeit- und energieaufwendigen Beruf ausübt. Das zeugt von der enormen Energie, die dem Mann zur Verfügung steht, es spricht für seinen unbedingten Willen zum Erfolg – und es offenbart einmal mehr den instinktsicheren Pragmatismus, mit dem er zu Werke geht. Denn bei den Fällen, die der Anwalt Schröder übernimmt, handelt es sich nicht selten um solche, die sein Profil als Juso-Vorsitzender schärfen – und umgekehrt. Üppige Honorare spült das noch immer nicht in die Kasse, aber für mediale Resonanz sorgt es allemal.

Am 1. April 1974 ist Gerhard Schröder »unter Berufung in das Beamtenverhältnis auf Widerruf« zum Referendar ernannt worden. Von den Etappen, die er in den kommenden gut zwei Jahren durchläuft, ist die in der Kanzlei Holtfort von besonderer Bedeutung. Werner Holtfort hat Gerhard Schröder entscheidend geprägt. Im Mai 1920 in Hannover geboren, im Zweiten Weltkrieg als Frontoffizier mehrfach verwundet, zählt Holtfort dank seines breit angelegten Studiums unter anderem auch der Volkswirtschaft, der Philosophie und der Geschichte zu den Juristen seiner Generation mit ungewöhnlich umfassender Bildung. Seit 1955 ist er in seiner Heimatstadt als Anwalt, seit 1960 auch als Notar tätig, übt seit 1968 verschiedene Ehrenämter in den entsprechenden Kammern aus und engagiert sich bei der Reform der Juristenausbildung in Niedersachsen.

Außerdem – und für Schröders Wahl nicht unwichtig – ist Holtfort in der SPD aktiv. Zwar gehört er der Partei erst seit 1970 an, auch fällt sein Engagement als Mitglied der Rechtspolitischen Kommission und als Stellvertretender Bundesvorsitzender der Arbeitsgemeinschaft Sozialdemokratischer Juristen in eine Zeit, als Schröder bereits eigene Wege geht, doch sind das Profil und das Selbstverständnis des politisierenden Anwalts schon Mitte der siebziger Jahre Holtforts Markenzeichen. Sein Eintreten für Opfer von Willkürmaßnahmen des Justizapparats wird auch für die Anwaltstätigkeit Schröders leitend. Dem Strafverteidiger, schreibt der Jüngere in der Festschrift zum Siebzigsten des Älteren, »fällt die Aufgabe zu, denjenigen, welchen vorgeworfen wird, eine der Normen dieser Gesetze verletzt zu haben, … vor dem Sanktionsanspruch des Staates zu schützen«.[68] Die Wege der beiden werden sich immer wieder kreuzen, nicht zuletzt im Niedersächsischen Landtag, dem Holtfort seit 1982 angehört.

Am 27. August 1976 legt der Referendar Gerhard Schröder vor dem Landesjustizprüfungsamt beim Niedersächsischen Ministerium der Justiz die zweite juristische Staatsprüfung ab, und zwar mit der Note »vollbefriedigend«.[69] Danach tritt er zunächst wieder in die Kanzlei Holtfort ein, macht sich aber im Frühjahr 1978 selbstständig und gründet mit Hela Rischmüller-Pörtner und Dietrich Buschmann seine eigene Sozietät mit Sitz am Wedekindplatz in Hannover.

Fortan ist Schröder wenn nicht als Juso-Vorsitzender oder danach als Bundestagsabgeordneter als Anwalt im Gespräch, bis Mitte der achtziger Jahre seine politische Karriere in Niedersachsen zum dominanten Thema der Berichterstattung wird. Dass er als Anwalt in die Schlagzeilen kommt, liegt zunächst an seinem Juso-Profil, dann an den Fällen, die er übernimmt oder zu denen er Stellung bezieht. Von Nazis abgesehen, deren Verteidigung er ablehnt, wird keiner aus grundsätzlichen Erwägungen abgewiesen. Ganz gleich ob es um die Rechte von Arbeitern des Emdener VW-Werkes geht, die Anfang 1980 auf Lohnzahlung für wetterbedingte Ausfalltage klagen, oder ob sich Josef Leinen, der Vorsitzende des Bundesverbandes Bürgerinitiativen Umweltschutz, im Frühjahr 1982 gegen die Anklage wegen seiner Beteiligung

Immer in den Schlagzeilen: Der Hannoveraner Anwalt Gerhard Schröder 1979.

an der Organisation der verbotenen Anti-Kernkraft-Demonstration in Brokdorf wehrt, der Anwalt Schröder steht bereit.

Das gilt auch, wovon noch zu berichten ist, für die Verteidigung von Anwärtern für den Öffentlichen Dienst, die vom sogenannten Radikalenerlass betroffen sind, oder auch für seinen Einsatz für die Rechte von Kriegsdienstverweigerern, für die Schröder sich im Übrigen nicht nur als Anwalt, sondern dann auch als Bundestagsabgeordneter starkmacht.[70] Hier versucht er Anfang der achtziger Jahre die Konsequenzen aus einem Urteil des Bundesverfassungsgerichts zu ziehen, das ein 1977 vom Bundestag beschlossenes Gesetz zur Abschaffung des Prüfungsverfahrens für verfassungswidrig erklärt hatte. Weil Schröder das Verfahren für »unwürdig« hält und weil »Gewissen ... an sich nicht überprüfbar« ist, plädiert er dafür, dass, »laienhaft ausgedrückt«, die überprüfende Behörde »unter Begründungszwang gesetzt« werden soll, »wenn sie ablehnen will«. Im Übrigen vertritt er die Auffassung, dass »der Ersatzdienst nicht länger sein darf als der Wehrdienst«.[71]

Das alles sorgt für Aufsehen und hält den Namen des Anwalts wie des Politikers im Gespräch. Aber keiner dieser Fälle ist auch nur annähernd so spektakulär wie der Fall Horst Mahler. Denn Mahler war Terrorist. Das machte ihn zu einer Gefahr für die Gesellschaft und seinen Fall zu einer Gefahr für seinen Anwalt. Verstehbar ist das nur, wenn man weiß, was der Linksterrorismus während der siebziger Jahre in der Bundesrepublik anrichtet – in jeder Hinsicht und mit ungeahnter Langzeitwirkung. Noch der Bundeskanzler Gerhard Schröder wird davon eingeholt werden, als sein Außenminister Joschka Fischer vor dem Bundestag sein Verhältnis zu dieser Szene zu erklären hat.

Der Aufbau der RAF, der Roten Armee Fraktion, beginnt Ende der sechziger Jahre. Sie ist ein Produkt der zerbröselnden und sich fraktionsweise bekämpfenden Linken der Bundesrepublik, in deren Trümmern sich hier und da neue Organisationen formieren. Das Spektrum reicht von den Umweltaktivisten der ersten Stunde, die später als Grüne auch parteipolitisch zueinander finden, über die numerisch starke, organisatorisch schwache Friedensbewegung bis hin zum straff organisierten Linksterrorismus der RAF. Die Konturen sind gerade anfänglich unscharf, die Ränder überlappen sich gelegentlich. Wobei vor allem die Frage nach den stillen und heimlichen wie nach den offenen und offensiven Unterstützern und Sympathisanten der Linksterroristen einige Relevanz besitzt. Als führende Köpfe der RAF gelten allgemein die examinierte Volksschullehrerin Gudrun Ensslin, die Journalistin Ulrike Meinhof sowie der Kaufhaus-Brandstifter Andreas Baader, dessen Befreiung aus der Haft unter anderem durch die beiden Frauen organisiert worden ist. Nach der Festnahme der drei und anderer früher Führungsfiguren im Juni 1972 geht die zweite Generation zur nächsten Etappe des sogenannten bewaffneten Kampfes über und hinterlässt in der verunsicherten Republik eine breite blutige Spur.

Im November 1974 wird in Berlin Kammergerichtspräsident Günter von Drenkmann erschossen, Ende Februar 1975 kommt der entführte Berliner CDU-Chef Peter Lorenz frei, weil sich die Bundesregierung erpressen und eine Handvoll Terroristen freilässt. Als acht Wochen später RAF-Gangster die deutsche Botschaft in Stockholm besetzen und die Freilassung von 26 Kumpanen verlangen, bleibt Kanzler Schmidt hart. Die Erstürmung endet in einem Blutbad. Im April 1977 sterben Generalbundesanwalt Siegfried Buback und seine Begleiter im Kugelhagel einer Maschinenpistole, im Sommer richten RAF-Terroristen den Vorstandssprecher der Dresdner Bank, Jürgen Ponto, in seinem Privathaus hin, und am 5. September 1977 wird der Präsident der Deutschen Arbeitgeberverbände und des Bundesverbandes der Deutschen Industrie, Hanns Martin Schleyer, entführt. Als sich Kanzler Schmidt entscheidet, den Forderungen der Erpresser nach Freilassung von Baader und anderen nicht nachzugeben, und sich auch durch die Entführung einer Lufthansa-Boeing 737 nicht umstimmen, sondern am 18. Oktober die Maschine in Somalia stürmen lässt, nehmen sich Baader und Ensslin das Leben. Meinhof hat sich schon im Mai 1976 in ihrer Zelle erhängt. Wenig später wird Schleyer von seinen Entführern ermordet.

Acht Monate liegen diese aufwühlenden Ereignisse zurück, als der Anwalt und Juso-Vorsitzende Gerhard Schröder die Vertretung eines Mitglieds dieser sogenannten Baader-Meinhof-Gruppe übernimmt. Horst Mahler,

Jahrgang 1936, ist eine irrlichternde Gestalt in der außerparlamentarischen Szene der Republik. Der Jurist, der während seiner Studienzeit sowohl Mitglied der SPD als auch einer schlagenden Verbindung gewesen ist, führt zunächst eine bürgerliche Existenz als Anwalt in Berlin-Wilmersdorf – einschließlich Ehefrau und dreier Kinder – und macht sich als Wirtschaftsanwalt und Subventionsberater wohlhabender Bürger einen Namen. Das schließt für ihn ein auch anwaltliches Engagement für die APO, die Außerparlamentarische Opposition, jedenfalls zunächst nicht aus: So vertritt der »brillante Jurist« zum Beispiel Peter Brandt, den ältesten Sohn des SPD-Vorsitzenden und damaligen Außenministers, der am Ostersamstag 1968 wegen Beteiligung an einem »Auflauf« verhaftet worden ist.[72] Der Übergang zur terroristischen Szene ist auch für Horst Mahler fließend. Als Gründungsmitglied der »Baader-Meinhof-Gruppe« an der Befreiung Baaders sowie an diversen Banküberfällen beteiligt, außerdem in Jordanien für den »bewaffneten Kampf« ausgebildet, wird er am 8. Oktober 1970 in West-Berlin verhaftet und Ende Februar 1973 wegen Bankraubs und Mitgliedschaft in einer »kriminellen Vereinigung« zu 12 Jahren Haft verurteilt.

Ein gutes Jahrzehnt lang, vom Juni 1978 bis April 1989, wird sich Gerhard Schröder immer wieder mit dem Fall Horst Mahlers im Besonderen, mit der Frage des angemessenen Umgangs mit inhaftierten Terroristen im Allgemeinen befassen – juristisch, politisch, publizistisch. Das ist ein Drahtseilakt. Von Anfang an. Denn zum einen ist die Öffentlichkeit, was den Linksterrorismus angeht, aus nachvollziehbaren Gründen praktisch kommunikationsunfähig und in weiten Teilen auch kommunikationsunwillig. Und dann sieht die SPD, Schröders Partei, im Linksterrorismus vielleicht stärker noch als andere Parteien eine elementare Bedrohung. Weil die RAF sich nämlich als linke Organisation versteht und zudem in einigen Punkten mit gesellschaftspolitischen Forderungen aufwartet, die auch auf dem linken Flügel der Jungsozialisten zu finden sind, gibt es ein Abgrenzungsproblem. Jedenfalls für die Jusos. Für die überwältigende Mehrzahl der SPD-Mitglieder, die Parteiführung eingeschlossen, stellt sich die Frage der Abgrenzung schon deshalb nicht, weil es keine gemeinsame Grenze mit Terroristen geben kann.

Wenn sich in dieser Situation ein führender Kopf der RAF erklärtermaßen nicht etwa deshalb an Gerhard Schröder wendet, weil er einschlägige Prozesserfahrung hat, sondern weil er der Bundesvorsitzende der Jusos ist, hat der ein Problem. Dass er damit nicht nur gegenüber der Parteiführung, sondern auch in der Öffentlichkeit offensiv umgeht, hat einzig und allein den Grund, dass sich Mahler inzwischen vom Terrorismus distanziert hat. Für alle Fälle wartet der Hannoveraner Rechtsanwalt Gerhard Schröder aber noch die Wahlen in Niedersachsen ab, wo ein Mitglied aus Schmidts Bonner Kabinett gegen den Amtsinhaber von der CDU antritt, bevor er am 8. Juni 1978 den Bundesgeschäftsführer der SPD, Egon Bahr, wissen lässt, dass er die »Vertretung von Horst Mahler übernehmen« werde. Die Partei nimmt das zur Kenntnis, und ihr Vorsitzender Willy Brandt stellt fest: »Das muß ein Anwalt ganz allein entscheiden.«[73]

So gesehen läuft Schröder kein Risiko, wenn er auch dem *Spiegel* vorsorglich erklärt, »über den Auftrag keineswegs begeistert« zu sein. Zunächst geht es um einen Hafturlaub für Mahler, wie er anderen Gefangenen unter solchen Umständen zusteht. Schröder argumentiert zum einen mit den Wandlungen des Ex-Terroristen, der inzwischen »jeder Form der Gewaltanwendung zur Veränderung der Gesellschaft abgeschworen« habe. Vor allem aber kann der Anwalt ins Feld führen, dass sich Mahler bei der Lorenz-Entführung geweigert hat, »das Gefängnis zu verlassen und sich freipressen zu lassen«. Im Übrigen könne die Gesellschaft in diesem Fall nachweisen, »daß derjenige, der umkehren will, von dieser Gesellschaft auch die Chance zur Umkehr erhält«.[74]

Tatsächlich sind Schröder und Mahler mit ihrem Antrag erfolgreich, so wie es Schröder neun Jahre später auch gelingt, vor dem Bundesgerichtshof die Wiederzulassung Mahlers als Anwalt zu erwirken. Ein letztes Mal meldet sich Schröder in Sachen RAF zu Wort, als es um die Zusammenlegung der Gefangenen geht. Jetzt tritt er allerdings nicht als Anwalt vor Gericht auf, sondern als Publizist im *Spiegel*. In einem klugen Artikel, der Ende April 1989 erscheint, argumentiert Schröder, dass die fortgesetzte Isolierung gerade zu »Verhärtung und zur Verfestigung«, nicht aber dazu führe, »den RAF-Gefangenen die Unmenschlichkeit und Aussichtslosigkeit ihrer Position einsichtig zu machen«, und im Übrigen den Aufbau von Legenden erleichtere, »die der Stoff sind, aus dem emotionsgeladene Solidarität entsteht«. Dass der Anwalt die »Grenzen«, allen voran »die Sicherheit der Bürger vor dem Terror« sieht und benennt, versteht sich von selbst.[75]

Als Schröder das schreibt, setzt er ein zweites Mal zum Sprung in die Hannoveraner Staatskanzlei an. Inzwischen liegen drei Jahre als Oppositions- und Fraktionsführer im Niedersächsischen Landtag, sechs Jahre als Bundestagsabgeordneter, 13 Jahre als Anwalt und, beginnend mit seiner Göttinger Juso-Karriere, 20 Jahre Parteiarbeit hinter ihm, darunter zwei Jahre an der Spitze der Jugendorganisation. Im Rückblick auf diese Zeit wird noch deutlicher als während der Jahre 1978 bis 1980 selbst, wie wichtig diese für die weitere Karriere des Mannes gewesen sind. Hier nämlich testet und perfektioniert er seine taktischen Fähigkeiten. Das Erfolgsrezept, das Schröder an der Spitze der Jusos anwendet, ist im Kern dasselbe, das er schon auf dem Weg hin zum Vorsitz ausprobiert hat. Mit einer radikal linken Rhetorik wird das Gros der Organisation bei Laune gehalten und allmählich eingenebelt. Hinter dieser Nebelwand beginnt der Strippenzieher mit einer massiven Kurskorrektur, deren Radikalität den meisten erst auffällt, als es zu spät und der Initiator des Ganzen bereits seiner Wege gegangen ist.

So haut der neue Bundesvorsitzende der Arbeitsgemeinschaft der Jungsozialisten erst mal richtig auf die Pauke, bezeichnet den von dem Sozialdemokraten Herbert Ehrenberg, Bundesminister für Arbeit und Sozialordnung, angekündigten Verzicht auf die Erhebung der Ausbildungsplatzabgabe als »Buckeln« vor den Unternehmern und spricht von einem »notwendigen Klassenkampf«.[76] Herbert Ehrenberg – seit 1955 Mitglied der SPD, seit 1972 direkt gewählter Bundestagsabgeordneter des Wahlkreises Wilhelmshaven und seit 1975 Mitglied des Bundesvorstandes der Partei – ist wegen seiner ostpreußisch herb-eckigen Art ein leichtes Opfer und wird in diesen Jahren zu einer Art Lieblingsgegner Schröders. Mit dem 20. Rentenanpassungs- sowie dem Krankenversicherungs-Kostendämpfungsgesetz nimmt Ehrenberg 1977 die ersten, wenn auch behutsamen Einschnitte in das bislang als beliebig belastbar geltende soziale Netz der Republik vor und schlägt damit einen Pfad ein, den der Bundeskanzler Gerhard Schröder zu einer Schneise erweitern wird. Gut 25 Jahre zuvor ist für den Juso-Vorsitzenden das, was »der Arbeitsminister Herbert Ehrenberg tut, ein Schlag direkt ins Gesicht der Partei«, wie er Ende März 1979 in seinem ersten *Spiegel*-Gespräch einem Millionenpublikum erläutert.[77] Unter anderen Ehrenberg ist auch gemeint, als Schröder im Frühjahr einen Brief an vier Gesinnungsgenossen schreibt, unter ihnen Karsten Voigt, einen seiner Vorgänger als Juso-Vorsitzender und mitverantwortlich für den Linksrutsch der Organisation seit 1972, der jetzt im Bundestag sitzt. In seinem Brief, der natürlich an die Öffentlichkeit kommt, ruft Schröder dazu auf, bei den Vorstandswahlen des kommenden Parteitages alle die zu boykottieren, die in wichtigen Sachbereichen wie Kernenergie, Entwicklungshilfe, Entspannung oder Abrüstung nicht dem rechten, also linken Kurs folgen.

Bei der insgesamt ohnehin eher verhaltenen Kritik fällt auf, dass Schröder die engere Parteiführung und namentlich Kanzler Helmut Schmidt, wenn möglich, aus der direkten Schusslinie hält. So zum Beispiel nach der Rückkehr aus Moskau, wo er, noch als Hannoveraner Delegierter, die Jusos im Frühjahr 1978 auf dem alle vier Jahre durchgeführten Großkongress der sowjetischen Staatsjugend vertreten hat. Dass sich ein solcher Ausflug zu einer Veranstaltung, an der die gesamte Führungsriege der KPdSU, außerdem Vertreter spanischer, französischer und skandinavischer Sozialisten teilnehmen, für die eigene Profilbildung in der Öffentlichkeit nutzen lässt, ist für Schröder nicht nur willkommener Nebeneffekt.

Dabei war die Reise insgesamt ein Reinfall. Die führenden Sowjets bekommen die Jusos nicht mal aus der Ferne zu Gesicht. Da nämlich Klaus Uwe Benneter, der die Delegation leitet, West-Berliner ist, werden die Nachwuchssozialisten »nicht nur nicht gebührend, sondern überhaupt nicht empfangen«: »Statt eines komfortablen Schlafwagens«, erinnert sich Benneter viele Jahre später, »hängten unsere Gastgeber für uns einen Holzklasse-Waggon an einen Linienzug. Mit der Folge, dass unser Waggon in jedem Bahnhof über den Bahnsteig hinausragte.«[78] Ein Kontakt zu den sowjetischen Jungfunktionären gelingt nur, weil die westdeutschen Genossen das Protokoll umgehen.

Von alledem erfährt der Zeitungsleser in Hannover natürlich nichts. Hier ist von der großen Politik, von Moskaus expansiver oder, wie Schröder mit gutem Argument meint, eben nicht expansiver Politik oder auch vom Abrüstungs- und Entspannungsprozess die Rede. Und weil der Jungsozialist dafür nicht die eigene Regierung in die Verantwortung nehmen will, muss halt die »konservative Bürokratie im Auswärtigen Amt« für die Stagnation in diesem Bereich herhalten.[79] Bei dieser Strategie bleibt Schröder bis ins Frühjahr 1979, ruft zwar zum Beispiel Anfang dieses Jahres zum Kampf »gegen das Kapital« auf und bilanziert, dass sich das »politische Klima in der SPD und ihre Politik« seit dem Ende der Ära Willy Brandts »grundlegend geändert« hätten. Allerdings vermeidet er es nach wie vor sorgfältig, den Bundeskanzler in diesem Zusammenhang institutionell oder gar namentlich anzusprechen.[80] Bei seiner Eröffnungsrede auf dem Aschaffenburger Juso-Kongress, den er »insgesamt stark bestimmte«, streicht Schröder sogar die geplanten Angriffe auf Helmut Schmidt aus dem Redemanuskript, erklärt dann aber im kleinen Kreis, er »stehe dennoch zu jedem, also auch zu dem nicht gesprochenen Wort«.[81]

Wenn Schröder in dieser Zeit auf den Kanzler und seine Politik eingeht, tut er das sehr verhalten und bedient sich dabei, wie Ende März 1979 in seinem Gespräch mit dem *Spiegel*, eines simplen Tricks: Weil Schmidt die »öffentliche Debatte weitgehend beherrscht«, sieht der Juso-Vorsitzende »die objektive Gefahr«, dass »die SPD immer mehr ins Hintertreffen gerät« und ihre Politik nicht »so weit nach vorne entwickelt«, dass »eben auch morgen noch Wähler bei der SPD bleiben«.[82] Mit anderen Worten: Eigentlich ist der Kanzler ja kein schlechter Kerl, nicht einmal seine Politik ist pauschal in Grund und Boden zu verdammen, nur leider und vielleicht sogar ganz ungewollt steht er mit seinen Themen »objektiv« im Mittelpunkt des öffentlichen Interesses, und das hilft der SPD nicht weiter.

Für diese gezähmte Kritik hat Gerhard Schröder einen triftigen Grund. Der Juso-Vorsitzende will einen Termin beim Kanzler. Allein, exklusiv, unter vier Augen. Das ist gut fürs Ego, es hilft bei der Fortsetzung der Gratwanderung in der eigenen Organisation, und es ist, so glaubt Schröder, unerlässlich für das Erreichen seines nächsten Ziels, der Kandidatur für den Bundestag. Am 9. Juni 1979 ist es endlich so weit. Helmut Schmidt empfängt den Bundesvorsitzenden der Jusos zu einem Vier-Augen-Gespräch im Kanzleramt.

Helmut Schmidt ist für das Amt des Kanzlers prädestiniert wie kein Zweiter vor und kein anderer nach ihm. Als der Sohn eines unehelich geborenen Volksschul- und späteren Diplomhandelslehrers mit jüdischen Wurzeln am 23. Dezember 1918 in Hamburg zur Welt kommt, ist die deutsche Niederlage im Ersten Weltkrieg gerade besiegelt, die Monarchie gestürzt, der Kaiser geflohen. Die reformpädagogisch geprägte Schulzeit an der Hamburger Lichtwarkschule ist ein Glückfall. Doch kaum hat Schmidt das Abitur in der Tasche, machen zunächst der Reichsarbeits-, dann der Kriegsdienst alle Pläne zunichte. Schmidt, der Architekt und Städtebauer hat werden wollen, wird nun Oberleutnant in Hitlers Armee. Im Winter 1941/42 übersteht er die Niederlage der Heeresgruppe Mitte vor Moskau, Anfang September 1944 verfolgt er als Zuhörer einen der Schauprozesse Roland Freislers gegen die Männer des 20. Juli. Der Witwe Ulrich von Hassells, eines der zum Tode Verurteilten, schreibt er einen bewegenden Brief;[83] ein Bild Julius Lebers, des hingerichteten Arbeiterführers, hängt später in seinem Büro.

Wer das ohne Schaden an Leib und Seele überlebt, wird in der Zukunft keine Hürde, sondern eine zu meisternde Herausforderung sehen. Was in ihm steckt, haben schon Schmidts Vorgesetzte und Untergebene während der Kriegsjahre erkannt: »… seine Veranlagung, sein Fleiß und sein fester Wille lassen ihn hervorragende Leistungen zeigen.« Eben deshalb »neigt er … zu einer gewissen Überheblichkeit«. Und »alles mit einem Tempo, das einem zuerst den Atem verschlägt. Er bekümmert sich um alles, verlangt viel von sich und den anderen. Tadellos!«[84] Dabei bleibt es – zeitlebens und in jeder Hinsicht.

Als Helmut Schmidt aus kurzer britischer Kriegsgefangenschaft nach Hause kommt, ist er siebenundzwanzig – und aus Überzeugung Sozialdemokrat. 1946 tritt er der SPD bei. Ohne den Krieg hätte Schmidt seine weltanschauliche Heimat wohl kaum in den Reihen der Genossen gesucht und gefunden. Ihren Stallgeruch jedenfalls hat er nie angenommen, ein in der Wolle gefärbter Sozialdemokrat ist er nie gewesen, und auf die Idee, den Parteivorsitz zu übernehmen, sind weder er noch die anderen je gekommen.

Das erweist sich in seiner Kanzlerzeit als Handicap und Fehler, einmal abgesehen davon, dass Willy Brandt diesen Platz auch in der Zeit, als es für Schmidt darauf angekommen wäre, freiwillig niemals geräumt hätte. Spätestens seit Mitte der sechziger Jahre ist das politische Schicksal Helmut Schmidts an dasjenige Willy Brandts gebunden wie an das keines anderen Sozialdemokraten, von Herbert Wehner vielleicht abgesehen.

Der Aufstieg in der Partei und in der Politik ist rasant. Kaum hat Schmidt das Studium der Staatswissenschaften und der Volkswirtschaft hinter sich, wird er 1952 Verkehrsdezernent seiner Heimatstadt und geht 1953 als Abgeordneter in den Deutschen Bundestag. Weil Helmut Schmidt – wie später auch Gerhard Schröder – weiß, dass die Berufung zu Höherem eine Bewährungsprobe jenseits der Hauptstadt voraussetzt, kehrt er 1961 als Polizeisenator nach Hamburg zurück und kann sich dort im Februar 1962 als Krisenmanager in der Flutkatastrophe einen weit über die Hansestadt hinausreichenden Ruf erwerben.

Eben die Fähigkeit, Krisen zu meistern, ist gefragt, als Schmidt, nachdem er 1965 in den Bundestag zurückgekehrt ist, Anfang 1967 von Fritz Erler den Vorsitz der Fraktion übernimmt und diese sicher durch die Große Koalition steuert. Danach geht es Schlag auf Schlag. Mit der Bildung der sozial-liberalen Koalition wird Helmut Schmidt zunächst Verteidigungsminister, nach dem Rücktritt Karl Schillers 1972 Finanzminister. Zu diesem Zeitpunkt ist er nicht nur Mitglied von Vorstand und Präsidium seiner Partei, sondern auch einer der Stellvertreter des Parteivorsitzenden Willy Brandt, den er im Mai 1974 als Bundeskanzler beerbt.

Helmut Schmidt hat schon den jungen Gerhard Schröder schwer beeindruckt. Erklärtermaßen ist dessen markante Persönlichkeit 1963 für Schröder einer von drei Gründen gewesen – die anderen waren die Sozialisation durch die Mutter und der Einsatz der Partei für die soziale Gerechtigkeit –, der SPD beizutreten. Bei diesem Respekt und in mancher Hinsicht auch bei dieser Vorbildfunktion des Hamburgers für den Hannoveraner bleibt es auch in jenen Jahren, in denen der Bundestagsabgeordnete Schröder in der Partei wie im Parlament in einigen Fragen zu einem dezidierten Kritiker des Bundeskanzlers Schmidt wird, ohne allerdings im Bundestag jemals die Hand gegen ihn zu heben, solange dieser im Kanzleramt residiert.

Im Dezember 1988, als Schmidt siebzig wird, verfasst Schröder, inzwischen Oppositionsführer im Niedersächsischen Landtag, eine bemerkenswerte Würdigung des Mannes, den er, »noch nicht zwanzig« Jahre alt, bewundern lernte – wegen der »Entschiedenheit seines Handelns« und der »Art

Das Vorbild im Blick: Nach der Bundestagswahl vom 5. Oktober 1980 absolviert der sozialdemokratische Jungabgeordnete Gerhard Schröder seinen Antrittsbesuch bei Bundeskanzler Helmut Schmidt.

und Weise, wie er redete, wie er die Gegner an die Wand spielte«. Daran ändert sich im Laufe vieler Jahre nichts. Liest man heute die Gründe, die Gerhard Schröder 1988 für die »Mehrheitsfähigkeit und … Regierungsfähigkeit« Helmut Schmidts aufzählt, so könnte man meinen, er entwerfe ein Programm für seine eigene Kanzlerschaft. Wichtig sind ihm Eigenschaften wie »politischer Weitblick«, »große Nervenstärke« und »persönliche[r] Mut«. Bemerkenswert findet er Schmidts »intensive Auseinandersetzung mit der (expressionistischen) Malerei« und die »viele[n] Freunde unter den bedeutenden Schriftstellern der Republik«. Mehrheitsfähig aber war dieser Kanzler vor allem deshalb, so Schröder im Rückblick des Jahres 1988, weil Helmut Schmidt »gründlich mit dem Vorurteil von ballonmützentragenden Sozialdemokraten aufgeräumt hat« und »als Sozialdemokrat durchaus ›Manager des Jahres‹ hätte werden können«.[85]

Bei diesem Respekt, den Schröder für Schmidt empfindet, bleibt es. Jahre später, als er selbst Kanzler ist und weiß, welche Bürde das Amt auch dann bedeuten kann, wenn man es mit Freude ausübt, würdigt er Schmidts Leistung als Kanzler offen und öffentlich und gibt bei dieser Gelegenheit auch zu Protokoll, dass er »dessen Rat … immer wieder suche und schätze«. Äußerer

Rahmen für diese Feststellung ist bezeichnenderweise ein großer Vortrag über Willy Brandt, den Schröder am 21. August 2002, also mitten im Wahlkampf um eine zweite Amtszeit, in Berlin hält und der ihn zu einem Vergleich der beiden führt: »Willy Brandt haben wir geliebt – Helmut Schmidt geachtet und verehrt ... Helmut Schmidt war mehr als der kluge Verwalter der Erbschaft Willy Brandts. Er hat den Stil demokratischen Regierens in der Bundesrepublik auf seine Weise gestaltet. Nüchterner, aber doch – oder eben darum – ein brillanter Parlamentarier. Auch ohne die Inspiration des Visionären, das er immer ein wenig fragwürdig ... fand. Den Anspruch auf die geistige, die moralische Führung des Volkes wies er für die Politik ausdrücklich zurück – und erfüllte ihn dennoch, gleichsam hinter seinem eigenen Rücken.«[86]

Fast ein Vierteljahrhundert zuvor, als er Schmidt seinen öffentlichkeitswirksamen Besuch im Kanzleramt abstattet, sieht Schröder manches noch ganz anders. Die Jusos im Nacken und die Karriere im Blick, gilt es sorgfältig abzuwägen, wo man diesem Kanzler politisch folgen kann und wo nicht. Es sind heiße und bewegte Zeiten, in der internationalen Politik wie zu Hause. Abgesehen vom wieder erkaltenden ost-westlichen Klima, das sich vor allem im dramatisch eskalierenden Konflikt über die landgestützten Mittelstreckenraketen in Europa niederschlägt, sorgen die Verwerfungen im Mittleren Osten für nervöse Aufmerksamkeit. Seit Resa Pahlevi, der Schah von Persien, Mitte Januar 1979 fluchtartig das Land geräumt und es den Mullahs überlassen hat, kommt die Region endgültig nicht mehr zur Ruhe. In der Folge steigen die Öl- und damit die Spritpreise auch in der Bundesrepublik rasant an und verstärken die ohnehin krisenhafte Entwicklung der Wirtschaft. Ein sechswöchiger Streik in der Stahlindustrie, mit dem – Ende November 1978 beginnend – der Kampf für die Einführung der 35-Stunden-Woche eingeläutet worden ist, deutet darauf hin, dass harte Auseinandersetzungen anstehen. Auch in der Politik.

Niemand weiß, wie lange sich der Kanzler im Amt halten wird, ob er überhaupt die nächste Bundestagswahl im Herbst 1980 für sich und seine Partei entscheiden kann. Sollte das gelingen, stehen die großen Auseinandersetzungen, beispielsweise über die Umsetzung des sogenannten NATO-Doppelbeschlusses, ja erst noch bevor. Da ist es wichtig, dass die Reihen hinter der Regierung geschlossen sind. Kanzler Schmidt wird den Eindruck gewonnen haben, dass er sich auf den Noch-Juso-Vorsitzenden verlassen kann, sollte es hart auf hart kommen.

So ist es einstweilen auch, denn bis Gerhard Schröder in den Bundestag gewählt ist, hält er sich mit regierungs- oder gar kanzlerkritischen Äußerungen zurück, achtet aber, solange er noch Vorsitzender der Jusos ist, zugleich darauf, diese nicht zu verprellen. Wer weiß, wann man den einen oder die andere wieder braucht. Eine geradezu ideale Situation ergibt sich, als CDU und CSU Franz Josef Strauß als Kanzlerkandidaten für die Bundestagswahl nominieren. Hier lassen sich vorsichtige regierungskritische Töne, der Schulterschluss mit der Partei sowie von dieser wahrnehmbare Warnungen an die eigene Basis trefflich miteinander verbinden: »Es geht«, sagt der Vorsitzende der Jusos im Spätsommer 1979, »um bürgerliche Demokratie, vertreten von der SPD mit klaren Schwerpunkten in der Sozialpolitik gegen einen Polizeistaat … Unsere Wahlaussage für die SPD heißt nicht, daß die Jusos mit der gegenwärtigen Regierungspolitik einverstanden sind. Dennoch lassen sich die Dinge nur mit der Partei regeln. Wer das Spielchen ›denen wischen wir eins aus‹ machen will, wird zu spät erkennen, daß die Veränderungen der nächsten Jahre durch eine Unionsregierung nicht mehr rückgängig zu machen sind.«[87]

Eng wird es noch einmal Mitte Dezember 1979, als Schröder, noch immer Vorsitzender der Jusos, zur Wahl des SPD-Kandidaten für den Wahlkreis Hannover-Land I antritt. Das ist das Terrain der traditionsbewussten niedersächsischen Sozialdemokratie, und es ist die Heimatbasis Egon Frankes, des führenden »Kanalarbeiters« in der SPD. Zwar haben diese den Höhepunkt ihres Einflusses hinter sich, aber sie zu unterschätzen, wäre fahrlässig. Das weiß Schröder, denn er kennt Franke. Der gebürtige Hannoveraner des Jahrgangs 1913 hat 1947 dem ersten gewählten Niedersächsischen Landtag angehört, ist aber schon 1951 nach Bonn gegangen, um dort an seiner bundespolitischen Karriere zu arbeiten. Seit 1964 Mitglied des SPD-Präsidiums, zeitweilig auch der Fraktionsführung im Bonner Parlament, wird er mit Bildung der sozialliberalen Koalition im Herbst 1969 Bundesminister für innerdeutsche Beziehungen, wie das vormalige Bundesministerium für gesamtdeutsche Fragen jetzt heißt.

Zu diesem Zeitpunkt verfügt Franke über eine eigene Hausmacht. Diese »Kanalarbeiter«, eine Gruppierung von rund 100 SPD-Abgeordneten des Bundestages, treffen sich regelmäßig zunächst in der Bonner Kneipe »Rheinlust«, später im »Kessenicher Hof«. Wenn die Truppe auch »mehr durch intensive Geselligkeit als durch eine minuziös ausgeklügelte Strategie« auffällt,[88] sollte man den Einfluss der eher konservativen und traditionsbewussten, zudem numerisch starken Fraktion in der Fraktion nicht unterschätzen. Allerdings beginnt ihr Stern in der Ära des Kanzlers Brandt, die ja mit einer zunehmenden Orientierung der Partei nach links einhergeht, rasch zu sinken.

Zwar kann Egon Franke seinen Ministerposten bis zum Ende der sozialliberalen Koalition behaupten, muss aber schon 1973 seinen Sitz im Präsidium, zwei Jahre später auch den ersten Platz auf der niedersächsischen Landesliste an Karl Ravens, seinen auch nicht gerade linken Ministerkollegen für Raumordnung, Bauwesen und Städtebau im Kabinett Schmidt, abtreten. Unbeschadet dieses unaufhaltsamen parteiinternen Abstiegs kann Franke seine Truppen zusammenhalten: Die Kanalarbeiter beziehungsweise »Seeheimer«, die seit Mitte der siebziger Jahre an ihre Stelle treten, bleiben ein Faktor von Gewicht, ganz gleich ob sich die SPD an der Regierung oder in der Opposition befindet. Wenn sie rufen, findet sich auch im Terminkalender des Kanzlers Gerhard Schröder fast immer ein Platz.

Anfang der achtziger Jahre ist das lange von der Franke-Fraktion beackerte Hannoveraner Land für einen Mann mit dem politischen Profil des Juso-Vorsitzenden ein schwieriges Terrain. Weil er sich nicht sicher sein kann, dass die Genossen zwischen Neustadt am Rübenberge und Lehrte seine Kurskorrekturen der vergangenen zwei Jahre zu würdigen wissen oder überhaupt mitbekommen haben, fährt er zweigleisig. Zum einen besorgt er sich besagten Termin bei Kanzler Schmidt, der hier im Norden hoch im Kurs steht. Zum anderen lässt er während der Ochsentour durch die SPD-Ortsvereine in seinem künftigen Wahlkreis keinen Zweifel, dass er sich während des Bundestagswahlkampfes an die Mehrheitsentscheidungen des Berliner Parteitages halten werde, obgleich er dort zum Beispiel in der Energie- und NATO-Politik die Minderheitenmeinung vertreten hat.

Da zeigt sich eine weitere Stärke des inzwischen fünfunddreißigjährigen Anwalts aus Hannover. Wenn der Mann in Form ist und die Rahmenbedingungen passen, kann er sein Auditorium im Handumdrehen überzeugen. Selbst dann, wenn er heute eine ganz und gar andere Position vertritt als noch gestern. Und so nehmen ihm die Delegierten seine Läuterung ab, geben ihm den Vortritt vor der Fachhochschulprofessorin Monika Ganseforth, Stadträtin in Neustadt am Rübenberge, und bestimmen ihn mit 56 gegen 40 Stimmen als ihren Kandidaten für die Bundestagswahl 1980.

Muss man erwähnen, dass es nicht bei Schröders hehrer Absicht bleibt? Kaum dass er nominiert ist, stellt er auch schon die eine oder andere Entscheidung der Bundesregierung infFrage. So zum Beispiel ihre Empfehlung an das Nationale Olympische Komitee, der Aufforderung der amerikanischen Regierung zu folgen und den Einmarsch der Sowjets nach Afghanistan unter anderem mit einem Boykott der Olympischen Spiele in Moskau zu beantworten, den Schröder »immer für falsch gehalten« hat.[89] Oder den NATO-Doppelbeschluss vom 12. Dezember 1979, der auf eine Anregung des deutschen Bundeskanzlers zurückgeht und mit dem das Atlantische Bündnis auf die einseitige sowjetische Hochrüstung durch hochmobile, mit Mehrfachsprengköpfen ausgerüstete Mittelstreckenraketen vom Typ SS-20 reagiert. Danach gilt als beschlossen, die Mittelstreckensysteme der NATO »durch die Dislozierung von amerikanischen bodengestützten Systemen in Europa zu modernisieren. Diese Systeme umfassen 108 Abschußvorrichtungen für Pershing II, welche die derzeitigen amerikanischen Pershing Ia ersetzen werden, und 464 bodengestützte Marschflugkörper«, sogenannte Ground-Launched Cruise Missiles (GLCM). Der Beschluss zielt auf die Wiederherstellung einer glaubwürdigen Abschreckung durch die Modernisierung bestehender Systeme. Es geht nicht darum, den sowjetischen Vorsprung einzuholen. Deshalb betonten die Außen- und Verteidungsminister der NATO auch, dass sie im Zuge der Modernisierung der taktischen Nuklearwaffen »so bald wie möglich« 1000 amerikanische Nukleargefechtsköpfe aus Europa abziehen wollen.

Noch wichtiger aber ist der zweite Teil des Doppelbeschlusses, nämlich das Angebot an die Adresse Moskaus, »so bald wie möglich« Verhandlungen aufzunehmen. Über die weitreichenden taktischen Nuklearwaffen soll im Rahmen eines dritten Abkommens über die Begrenzung der strategischen Nuklearwaffen SALT verhandelt werden. Nach Auffassung der Minister sollen die Begrenzungen »in einer Form vereinbart werden, die de jure Gleichheit sowohl für die Obergrenzen als auch für die daraus resultierenden Rechte festlegt«.[90] Kaum ein zweites Thema hat die Regierung Schmidt nach den Wahlen des Herbstes 1980 derart belastet und maßgeblich zu ihrem vorzeitigen Ende beigetragen wie dieses. Und wie im Falle des Olympia-Boykotts ist Schröder auch in diesem der Ansicht, dass die Entscheidung »falsch« war.[91]

Beide Aussagen fallen in die letzten Maitage 1980, die zugleich die letzten Tage des Juso-Bundesvorsitzenden und die ersten Tage des aufziehenden Bundestagswahlkampfes sind. Gut möglich, dass Gerhard Schröder bei den langjährigen Weggefährten eine Art Vermächtnis hinterlegen will. Wahrscheinlicher ist, dass er diese Positionen im Wahlkampf für mehrheitsfähig hält. So oder so hinterlässt sein Taktieren einen schalen Beigeschmack. Von Rückgrat keine Spur, wohl aber von bedenklichem Opportunismus. Nun gehört eine ordentliche Portion Opportunismus zum Wesen der Politik. Wer gewählt und wiedergewählt werden will, muss der Stimmung im Lande Rechnung tragen. Und Stimmungen schwanken nun einmal. So gesehen agiert Schröder wie der typische Politiker. Andererseits stehen diese Anpassungsfähigkeit und Beliebigkeit in einem greifbaren Widerspruch zu der Verlässlichkeit, die den Mann im nichtöffentlichen Bereich auszeichnet. Schröder hält das aus, sieht den Widerspruch nicht einmal, ist in dieser Hinsicht mit sich im Reinen. Außenstehende, auch Betroffene dieser Wandlungsfähigkeit, nehmen das naturgemäß anders wahr. Sie gehen erst in Deckung und dann in die Offensive. Das ist nicht ungefährlich, zumal Schröders Gegner vor allem während der neunziger Jahre rudelweise auftreten. Dann wird ihn diese Attitüde des »Heute so und morgen eben anders« wie ein Bumerang treffen und fast aus der Bahn werfen.

Einstweilen scheint er mit dieser Haltung, die eben keine ist, ganz gut zu fahren. Immerhin hat Gerhard Schröder es auf der ersten Etappe seiner politischen Karriere zum Bundesvorsitzenden einer zwar schwierigen, aber eben auch medienpräsenten Organisation gebracht. Das ist ein gewaltiger Erfolg. Und schon ist die nächste Etappe in Sicht. Zunächst aber gibt es Wahlkampf. Für Gerhard Schröder ist es, von organisations- beziehungsweise parteiinternen Wettbewerben abgesehen, der erste, in dem er sich selbst zu stellen hat, und schon bald zeigt sich, dass er in seinem Element ist. Was man bis hin zu seinem letzten Wahlkampf im Sommer 2005 immer wieder beobachten wird, ist hier erstmals zu besichtigen: Während dieser Kampagnen ist der Kämpfer in Bestform, vor allem dann, wenn die Chancen nicht besonders gut sind.

In diesem Herbst 1980 sind sie allerdings gar nicht mal schlecht, weil er mit dem Listenplatz 17 aussichtsreich gesetzt ist. Aber natürlich hat Schröder den Ehrgeiz, seinen Wahlkreis direkt zu holen. Alles andere wäre überraschend. Und so macht er sich auf den Weg übers Land und legt mit dem parteieigenen weißen Bulli rund 15 000 Kilometer zurück. Kein Stammtisch und kein Sportverein, keine Freiwillige Feuerwehr und kein Verein sozialdemokratisch organisierter Frauen ist Schröder zu abgelegen oder zu weit entfernt, um nicht bedient zu werden. Auch die politische Konkurrenz nicht. Als die Junge Union Berenborstel per Plakat zu einem »Schröder-Tribunal« einlädt, um gegen den »Marx-Schröder« mobilzumachen, staunen die Organisatoren nicht schlecht, als der dort auftaucht und Rede und Antwort steht. Bei dieser Gelegenheit bekommt Schröder im Übrigen erstmals einen Vorgeschmack auf kommende Wahlkämpfe. Wenn es um die Verunglimpfung seiner Person geht, sind Niedersachsens Christdemokraten nicht zimperlich.

Der Einsatz auf dem Lande lohnt sich. Als am Abend des 5. Oktober die Stimmen im Wahlkreis Hannover-Land I ausgezählt werden, hat Gerhard Schröder auch die nächste Hürde seiner politischen Laufbahn genommen. Und zwar souverän. Mit 50 Prozent holt er mehr Erst- als seine Partei Zweitstimmen, gewinnt seinen Wahlkreis direkt und zieht jetzt für vier Jahre als Abgeordneter des Deutschen Bundestages an den Rhein. Jedenfalls geht er davon aus, dass es vier Jahre sein werden. Dass es anders kommen, dass die Legislaturperiode auf halber Strecke beendet wird, liegt nicht zuletzt an beträchtlichen Schwierigkeiten, die er und seinesgleichen dem eigenen Kanzler bereiten.

Der Kandidat

1980 – 1990

Es wird ein langer Weg. Als Gerhard Schröder am 4. November 1980 seinen Platz als Mitglied des Deutschen Bundestages einnimmt, schaut er von der Abgeordneten- auf die Regierungsbank. Da will er hin. Hinter ihm liegen, beginnend mit seinem Eintritt in die SPD, beinahe 18 Jahre, in denen er auf der politischen Linken gewirkt und gestaltet hat. Vor ihm werden weitere 18 Jahre liegen, in denen er in einer von ihm entdeckten »Neuen Mitte« seinen Platz finden und so die Voraussetzung für die Erfüllung seines Lebenstraums schaffen wird: den Einzug ins Kanzleramt.

Bis dorthin sind zahlreiche Hürden zu nehmen. Sie bestehen vor allem aus Kandidaturen. Immer wieder muss Gerhard Schröder in den kommenden Jahren seinen Hut in den Ring werfen, um erst einmal jene entscheidende Position, die des Ministerpräsidenten von Niedersachsen, zu erreichen, von der aus er die Erstürmung des Kanzleramtes in Angriff nehmen kann. Also bewirbt er sich – in allen Fällen wiederholt – um Listenplätze für die Wahlen zunächst des Deutschen Bundestages, dann des Niedersächsischen Landtages, um den SPD-Vorsitz im Bezirk Hannover und um den Vorsitz seiner Partei in Niedersachsen, um den Vorsitz seiner Fraktion im Landtag zu Hannover und damit um die Führung der Opposition, um die Nominierung als Kandidat seiner Partei für das Amt des Ministerpräsidenten und natürlich um dieses Amt selbst. Ein enormes Programm, das Kräfte kostet, die einmal fehlen könnten. Dabei ist es ja nur das Vorprogramm zum eigentlichen Stück, der Eroberung des Kanzleramtes.

Offiziell und öffentlich ist davon einstweilen noch keine Rede. Aber dass Gerhard Schröder diesen Traum spätestens mit dem Einzug in den Bundestag träumt und nicht zuletzt deswegen nach Bonn gegangen ist, hat mancher bezeugt, der ihn damals aus der Nähe erlebte. Zum Beispiel Heiko Gebhardt, Jahrgang 1942, der Schröder schon seit Jahren kennt, als Chefreporter des *Stern* nicht unwesentlich dessen öffentliches Profil mitgestalten und ihn später auch in den Wahlkämpfen beraten wird. Gebhardt gehört wie Schröder zu jenem »Quartett Infernal«, das es seit Ende der siebziger Jahre mehr oder weniger regelmäßig nach Ibiza zieht.[1] Schon in der engen, randvollen Chartermaschine, berichtet Gebhardt viele Jahre später, »malte er uns lautstark aus, wie es denn sein würde, wenn wir ihn später einmal in seiner viel komfortableren Kanzlermaschine begleiten dürften«. Abends am Strand griff er dann »auf seine Art nach den Sternen, trug vor, wie er sich neben Willy Brandt und Helmut Schmidt im Buch der deutschen Geschichte positionieren wollte ... So ging das in den nächsten Tagen weiter mit unserem ›Kanzler‹ – wie wir ihn längst nannten.«[2]

So ist es wohl gewesen. Wie es auch richtig ist, dass Schröder während der kommenden sechs Jahre, die er in Bonn zubringen wird, irgendwann einmal – nächtens und angetrunken – am Gitter des Kanzleramts gerüttelt und gerufen hat: »Ich will da rein!« Das ist später nicht nur von ihm selbst, sondern auch von anderen bestätigt worden, die wie Renate Schmidt dabei gewesen sind. Schmidt, Jahrgang 1943, hat, weil mit siebzehn schwanger, das Gymnasium vor dem Abitur verlassen müssen und war danach, von einigen Jahren der Selbstständigkeit abgesehen, beim Versandhaus Quelle in Fürth tätig. Seit 1972 Mitglied der SPD, zieht sie mit Gerhard Schröder in den Bundestag ein, ist wie dieser eine der Sprecher der parlamentarischen Linken und weiß zu berichten, dass Schröder nicht nur das eine Mal an besagtem Gestänge gerüttelt hat. Dass er da wirklich rein will, nimmt Renate Schmidt ihm aber erst ab, als er 1986 in Niedersachsen um das Amt des Ministerpräsidenten kämpft, nicht gewinnt und dennoch als Fraktionsvorsitzender und Oppositionsführer in Hannover bleibt.[3]

Um tatsächlich irgendwann in das zu jener Zeit von Helmut Schmidt souverän verwaltete Amt gewählt zu werden, bedarf es einer Portion Mut, harter Arbeit, natürlich auch des Glücks. Zunächst und vor allem muss die Mutation vom radikal linksbewegten jungen Sozialisten zum gleichermaßen moderaten wie profilierten Politiker mit staatsmännischem Potential bewerkstelligt werden. Daran arbeitet Schröder mit dem ihm eigenen Ehrgeiz und mit bemerkenswertem Geschick. Dass ihm knappe vier Jahre später die nicht gerade linkslastigen Genossen in Niedersachsen zutrauen, das Amt des Ministerpräsidenten erstens erkämpfen und zweitens ausfüllen zu können, ist beachtlich.

Allzu viele Möglichkeiten, sich zu profilieren, hat der sechsunddreißigjährige Anwalt aus dem Wahlkreis Hannover-Land I einstweilen nicht. Zum einen ist er einer von 228 Abgeordneten seiner Fraktion, die zehn Berliner eingerechnet. Und dann gehört er zu ihren insgesamt 67 Neulingen und hat sich, wie in diesem Geschäft üblich, mit und unter diesen hinten anzustellen. Und zwar in jeder Hinsicht – bei der Wahl des Büros und der Mitarbeiter, in den Ausschüssen, vor allem aber auf der Rednerliste. Fast ein halbes Jahr geht ins Land, bis Schröder im Plenum erstmals das Wort ergreifen kann, von Fragen oder Zwischenrufen einmal abgesehen. Nicht einfach für einen Mann, der sich als Vorsitzender eines medienwirksamen Verbandes wie der Jusos mehr oder weniger jederzeit an die Öffentlichkeit wenden konnte und der weiß, dass sein Weg nach oben mitten durch diese Öffentlichkeit führen muss.

Sein Quartier als Abgeordneter nimmt Schröder im siebten Stock des Abgeordnetenhochhauses am »Tulpenfeld«. Das mit 114 Metern lange Zeit höchste Gebäude Bonns ist vom Architekten Egon Eiermann entworfen und 1969 bezogen worden. Nach dem langjährigen Bundestagspräsidenten Eugen Gerstenmaier vom Volksmund »Langer Eugen« genannt, ist es eines der Wahrzeichen der Hauptstadt, von der 1980 kaum noch jemand glaubt, dass sie ein Provisorium ist. Um die räumlichen Verhältnisse etwas großzügiger als eigentlich zugestanden gestalten zu können, gründet Gerhard Schröder mit Peter Struck eine Bürogemeinschaft.

Schröder und der etwas ältere Zimmernachbar am Tulpenfeld kennen sich aus der Parteiarbeit in Niedersachsen. Peter Struck, am 24. Januar 1943 in Göttingen geboren, studierte nach dem Abitur in seiner Heimatstadt, später in Hamburg Rechtswissenschaften, schloss dieses Kapitel 1970/71 mit dem zweiten Staatsexamen und der Promotion ab und ist seit 1983 als Anwalt zugelassen. Seit 1964 Mitglied der SPD, beginnt Struck seine politische Laufbahn als Mitglied des Kreistages im Landkreis Uelzen und gelangt über diverse Stationen, darunter als Mitglied des Bezirksvorstandes der SPD in Hannover, in den Deutschen Bundestag, dem er seit 1980 mit einem Mandat der SPD-Landesliste Niedersachsen angehört.

Damit beginnt eine Partnerschaft, die nicht frei von Umwegen und manchem Zerwürfnis bis zum Ende von Schröders Kanzlerschaft dauern wird. Immer wieder werden sich die Wege der beiden kreuzen, und am Ende wird Struck einer der wichtigsten politischen Weggefährten des Bundeskanzlers sein. »Mehr als dreißig Jahre« werden sie im »gleichen Team« spielen, wie sich Struck erinnert, »mal enger, mal nur aus der Distanz verbunden. Mal gemeinsam im Bezirksvorstand, mal in einer Bonner Bürogemeinschaft, mal der eine im Land, der andere im Bund.«[4] Dass es Struck nicht lange in der Bürogemeinschaft mit Schröder hält, liegt weniger an politischen Fragen, über die man bald in Streit gerät, als vielmehr an der Lage des Langen Eugen. Struck ist der Weg zum Parlamentsgebäude zu weit.

Natürlich ist das eine Frage des persönlichen Empfindens, denn Bonn ist tatsächlich eine Kleinstadt, und selbst der Stadtteil Poppelsdorf ist im Zweifelsfall zu Fuß zu erreichen. Dort, in der Kirschallee 6, hat Gerhard Schröder sich eingemietet. Das Zimmer – 40 Quadratmeter für 500 D-Mark – kann er sich spielend leisten. Denn zum ersten Mal in seinem Leben verdient er ordentlich. Die Diäten von 7500 D-Mark zuzüglich 4500 D-Mark steuerfreier Pauschale reichen aus, um neben dem Bonner Zweitwohnsitz die Altbauwohnung am hannoverschen Stadtwald Eilenriede zu halten. Das ist wichtig, weil Schröders Frau Anne dort wohnen bleibt – und weil er den nächsten Schritt seiner Karriere in Niedersachsen plant. Die Bonner Bleibe gehört zu einer Gemeinschaft, in der sich sechs bis sieben Bewohner, zumeist jüngere Sozialdemokraten und Grüne, Küche, Wohnzimmer und zwei Bäder teilen.[5] Die eine oder der andere wird den Weg Gerhard Schröders in den kommenden Jahren wieder kreuzen. So gesehen ist die Bonner Wohngemeinschaft auch eine der Brutstätten rot-grüner Koalitionen.

Eine andere ist die schräg gegenüber dem Bundeskanzleramt gelegene Kneipe »Provinz«, wo sich Abgeordnete, Funktionäre und andere mehr oder weniger wichtige Repräsentanten beider Parteien nach getaner Arbeit auf das eine oder andere Bier einfinden. Folglich sieht man hier auch regelmäßig jene Journalisten, die sich für eben diese Klientel interessieren. Der neue SPD-Abgeordnete aus Niedersachsen ist ihnen natürlich schon ein Begriff, denn er hat inzwischen ein mediales Profil.

Gerhard Schröder kann mit den Medien, auch mit dem immer noch ziemlich jungen Fernsehen, das allerdings in den frühen achtziger Jahren auf gerade einmal drei Kanälen sendet, und das auch nicht rund um die Uhr. Die politische Berichterstattung besteht im Wesentlichen aus den Nachrichten, der gelegentlichen Direktübertragung von Bundestagsdebatten, noch seltener ausgestrahlten und nach parteipolitischem Proporz sortierten Magazinen sowie ab und an einer Reportage oder auch einer Interviewsendung wie der legendären von Günter Gaus bestrittenen Reihe *Zur Person*. Als Schröder am 4. Oktober 1979 erstmals in einer Fernsehdiskussion mit den Vorsitzenden der übrigen Partei-Jugendorganisationen auftaucht, sorgt er mit der Aufforderung, der Landesvorsitzende der Jungen Union Bayern, Alfred Sauter, solle »die zweite Silbe seines Namens« streichen, gleich für einen Paukenschlag; Sauter hatte insinuiert, auch die Nationalsozialisten seien Sozialisten gewesen. Zu den politischen Gegnern, mit denen sich der Juso-Häuptling im Fernsehen besonders gerne streitet, gehört der wenige Jahre ältere Edmund Stoiber, der es 1978 zum Generalsekretär der CSU gebracht hat. Bei allen

Gegensätzen in der Sache haben die beiden bald einen direkten Draht, der sich in den kommenden Jahrzehnten als belastbar erweisen wird.

Während seiner frühen Bonner Abgeordnetenjahre sieht man Schröder dann des Öfteren im Magazin *Panorama* und vor allem im *Bericht aus Bonn*. Bei *Panorama* ist es Stefan Aust, der sich für Horst Mahler und damit natürlich auch für dessen Verteidiger interessiert. Und weil er gute Verbindungen zu den beiden Fernsehjournalisten Harald Brand und Sven Kuntze, dem zeitweiligen Lebensgefährten seiner späteren vierten Ehefrau, unterhält, schafft er es auch immer wieder einmal in den wöchentlich ausgestrahlten *Bericht aus Bonn*, der in der gleichnamigen Republik eine Institution ist. Neben diesem staatstragenden Teil gibt es im Fernsehen den Schröder zum Anfassen, der in den Monaten und Jahren vor seiner ersten großen Wahl durch Niedersachsen tourt, für sich und, wenn nötig, auch für seine Sache wirbt und keine Kamera übersieht: »Gerd, du warst ja gestern schon wieder im Fernsehen«, sagt seine Mutter. »Wie kommste da eigentlich immer rein? Kennste da einen?«[6]

Richtig Bewegung kommt in die Fernsehlandschaft erst, als Anfang 1984 das Kabelfernsehen einen regional begrenzten Probebetrieb aufnimmt und das spätere Sat.1 sowie RTL plus ihren einstweilen noch sehr eingeschränkten Sendebetrieb starten. Schröder beobachtet und befürwortet diese nicht unumstrittene Öffnung des Fernsehmarktes für die Privaten, und er nutzt sie, als es so weit ist. In den neunziger Jahren tummelt er sich wie kein zweiter Politiker in den Talk- und sonstigen Shows der Zeit. Ein Novum ist auch sein Kurzauftritt in einem Spielfilm. In dem 1993 ausgestrahlten ZDF-Vierteiler *Der große Bellheim* spielt er den, den er am besten spielen kann: sich selbst, in diesem Falle als niedersächsischen Ministerpräsidenten; ein ähnlicher Auftritt folgt Jahre später in der Serie *Gute Zeiten, schlechte Zeiten*. Und als er sich Anfang 1992 halb im Scherz beklagt, dass ihm das ZDF keine Chance gebe, Interviews mit Fußballern zu führen (»Ich könnte das auch, ich würde … aus den Fußballern einiges herausholen.«), flattert ihm prompt eine durchaus ernst gemeinte Einladung des Geschäftsführers von Sat.1 auf den Tisch: Man sei »stets an neuen, hoffnungsvollen Talenten interessiert« und suche »unermüdlich neue TV-Persönlichkeiten«.[7]

Anfang der achtziger Jahre ist man noch nicht so weit. Noch sind die Printmedien das fürs politische Geschäft entscheidende Vehikel. Schröder sucht die Kontakte. Die Gelegenheit ist günstig, denn anders als später in Berlin hocken die Vertreter der kleinen wie großen Zeitungen und Zeitschriften im provinziellen Bonn auf engstem Raum beieinander. Da lassen sich, wenn es darauf ankommt, leicht mehrere Termine an einem Tag unterbringen. Schröder fährt zweigleisig. Zum einen bedient er regelmäßig die Lokalpresse von Hannover. Er hat ja dort noch einiges vor, weil der Weg von der Abgeordneten- auf die Regierungsbank in Bonn über die entsprechenden Bänke in Hannover führt.

Folglich ist sein Name zum einen und in rasch zunehmender Taktzahl in der einflussreichen *Hannoverschen Allgemeinen Zeitung* zu finden, einem aus dem *Hannoverschen Anzeiger* hervorgegangenen, 1949 neu gegründeten Blatt, das keinen Hehl aus seiner Nähe zur CDU macht, aber den politischen Werdegang Schröders bis 1998 insgesamt zuverlässig dokumentiert. Zu den Redakteuren des Blatts, die ihn beobachten, gehört Reinhard Urschel, der seit Ende der achtziger Jahre für die *HAZ* aus Bonn berichtet und 2002 eine Biographie Schröders vorlegt, die Insiderwissen erkennen lässt.[8] Und dann gibt es noch die zur selben Verlagsgruppe zählende *Neue Presse* – mit deutlich kleinerer Auflage, aber großer Tradition, da die Zeitung ihre Wurzeln im 1933 faktisch verbotenen sozialdemokratischen *Volkswillen* sieht. Die *Neue Presse* hat viel von einer Boulevardzeitung, und das heißt für Schröder: Der private Lebensbereich, den er seit Mitte der achtziger Jahre öffentlich inszeniert, ist vor allem hier abzubilden, und das auch im eigentlichen Sinne des Wortes. Nicht zuletzt aber bietet die *Neue Presse* Schröder mehr oder weniger regelmäßig Raum für – stets mit einem Fotoporträt verbundene – Interviews, die damals wesentlich seltener sind als in unseren Tagen. Keine Frage, dass Schröder die Chance nutzt – und damit, was ihn damals sicher weniger umtreibt, eine interessante historische Quelle produziert.

Die lokalen Medien sind eine Sache; die überregionale Presse ist die andere. Langfristig ist sie für die Karriere Schröders natürlich die wichtigere Plattform, aber sie ist auch die schwerer zu bespielende. Schon wegen der schieren Zahl der Zeitungen und Zeitschriften, aber auch wegen des relativ breiten politischen Spektrums. Schröders Chancen, Gehör zu finden, sind gut. Denn er tritt ja nicht wie die meisten Parlamentsneulinge als mehr oder weniger unbeschriebenes Blatt aus der Provinz an, sondern hat sich als Juso-Vorsitzender und als Verteidiger schon einen einschlägigen Namen gemacht. Er gilt in den meisten Sachfragen als Linker, und das hilft auch deshalb, weil in den Dämmerstunden der Ära Schmidt und in der aufziehenden Ära Kohl linke Positionen zu Minderheitenpositionen werden, und die fallen nun einmal auf. Gerhard Schröder nutzt dieses mediale Privileg, arbeitet sich unter den kritischen Blicken der Öffentlichkeit konsequent ins politische Zentrum vor, achtet bei alledem aber sorgfältig darauf, das linke, fortschrittliche Image nicht ganz zu verlieren.

Berührungsängste kennt er nicht. Von *Bild* bis *Konkret* werden über kurz oder lang alle bedient, so sie denn wollen. Natürlich setzt Schröder Prioritäten. Dazu gehört auch, dass er sich im Oktober 1981 – im Rahmen der »Aktion für mehr Demokratie« – gemeinsam mit weiteren 41 Bundestags- und 140 Landtagsabgeordneten der SPD einem Boykottaufruf gegen die Springer-Presse anschließt. Der ursprünglich 1967 von der Gruppe 47 formulierte Aufruf ist soeben von Heinrich Böll, Günter Grass, Peter Rühmkorf und Klaus Staeck erneuert worden und richtet sich vor allem gegen *Bild*, *Bild am Sonntag* und die Berliner *BZ*. Am Pressegespräch, mit der die Aktion am 6. Oktober 1981 im Bonner Restaurant »Tulpenfeld« um Aufmerksamkeit wirbt, nehmen auch die Bundestagsneulinge Freimut Duve, Renate Schmidt und Gerhard Schröder teil.[9]

Wie alle Bewohner des Bonner Biotops, ganz gleich ob sie darunter leiden oder davon profitieren, kennt auch Gerhard Schröder die Deutungshoheit der Hamburger Wochenblätter, also des *Stern*, der *Zeit* und des *Spiegel*. Vor allem dort geht er bald ein und aus, und damit rückt er in das Blickfeld Rudolf Augsteins, eines der mächtigsten Publizisten der Republik. Augstein, Jahrgang 1923 und in einem streng katholischen Elternhaus aufgewachsen, hat nach Abitur, Reichsarbeitsdienst, Einsatz an der Ostfront, in dem er wiederholt verwundet wird, und kurzer amerikanischer Gefangenschaft beim *Hannoverschen Nachrichtenblatt* den Einstieg in die journalistische Laufbahn gefunden, die rasant an Fahrt gewinnt, seit er von Januar 1947 an als Chefredakteur und Herausgeber des *Spiegel* die drei eigentlichen Gründer und ursprünglichen Lizenzträger des Blatts in den Hintergrund drängt.

Anfänglich schreiben auch beim oder für den *Spiegel* eine ganze Reihe von Leuten, die Funktionsträger im nationalsozialistischen System gewesen sind, allen voran Georg Wolff und Horst Mahnke. Das ändert sich Anfang der sechziger Jahre. Seit der vom damaligen Verteidigungsminister Franz Josef Strauß losgetretenen »*Spiegel*-Affäre«, die im Herbst 1962 unter anderem zur Festnahme Augsteins wegen Landesverrats führt, gelten der Herausgeber als »Märtyrer der Pressefreiheit« und das Blatt als Hort des Widerstands und des Fortschritts.[10] In den siebziger, achtziger und neunziger Jahren ist der *Spiegel* »ein Macho-Laden mit hypertrophem Selbstbewusstsein«, dessen Redakteure keinen Zweifel daran lassen, dass sie »das Leitmedium der Bundesrepublik« machen.[11] Damit verfügen sie über ein erhebliches Maß an Deutungshoheit und Macht, wenn es um die Frage geht, ob jemand im Einzelfall den Anforderungen an die richtige politische Gesinnung genügt oder auch nicht.

Wer in der Politik Karriere machen will, kommt am *Spiegel* nicht vorbei. Eben weil der als linkes Magazin gilt, betrifft das vor allem Sozialdemokraten mit Ambition. Also auch Gerhard Schröder, der mit dem Blatt und seinem Herausgeber über die Jahre ein Wechselbad der Gefühle erlebt. Natürlich sitzen die Hamburger zunächst am längeren Hebel: Der aufstrebende Politiker braucht das Blatt, nicht umgekehrt, und auf der letzten Etappe hilft der *Spiegel* auch kräftig mit, diesem den Weg ins Kanzleramt zu planieren. Dass man, einmal dort eingezogen, auch ohne das Magazin auskommen kann, zeigt Helmut Kohl, der sich beharrlich weigerte, dem *Spiegel* oder dann auch Spiegel TV ein Interview zu geben. Und man kann wahrlich nicht sagen, dass die Redaktion mit Gerhard Schröder, der es anders handhabt, in der Endphase seiner Kanzlerschaft pfleglicher umgegangen wäre als mit seinem Vorgänger in den langen Dämmerstunden von dessen Amtszeit.

Im Juni 1973 wird er in einer Reportage über den Streit der Sozialdemokraten über das imperative Mandat erstmals zitiert, mit der Wahl zum Juso-Vorsitzenden hat er einen mehr oder weniger festen Stammplatz im Magazin: Im Februar 1978 gibt es den ersten eigenen Bericht über den Nachwuchspolitiker, im März 1979 folgt das erste ausführliche *Spiegel*-Gespräch, dem bis zum Ende von Schröders Kanzlerschaft beinahe 50 und damit fast so viele folgen werden, wie sie Willy Brandt bis zum Auszug aus dem Palais Schaumburg dem Magazin gegeben hat. In Jürgen Leinemann findet Schröder schließlich einen Reporter, der das Potential des Mannes aus Hannover erkennt und ihm in drei Wahlkämpfen massive publizistische Schützenhilfe gibt.

Wie überhaupt auffällt, dass einige Journalisten ihren Schröder bis zum Ende seiner politischen Karriere, also bis zum Auszug aus dem Kanzleramt, publizistisch eng begleiten. Günter Bannas ist bald einer von ihnen. Bannas, Jahrgang 1952, der seit dem Frühjahr 1981 für die *Frankfurter Allgemeine Zeitung* aus Bonn berichtet, verfolgt damals vor allem den Aufstieg der Grünen, hat aber von Anfang an auch den ambitionierten Ex-Juso im Blick und registriert früh, dass sich der vorwärtsstürmende Niedersachse vor allem mit jüngeren Redakteuren einlässt.[12] Das ist durchaus sinnvoll und für beide Seiten eine Investition in die Zukunft. Sowohl der Politiker als auch seine Berichterstatter wollen ja noch etwas werden. Außerdem hat Schröder damals eine Neigung, die Journalisten sehr gelegen kommt: Er weiß alles, registriert mit sicherem Instinkt, was hinter den Kulissen so vor sich geht. Er »liebt den Tratsch«, wie Ulrike Posche beobachtet, die 1990 in diesen engen Zirkel stößt.[13]

Um für die Medien von Interesse zu sein, nutzt Schröder das Kapital seiner Juso-Vergangenheit und gibt auch weiterhin den temperierten innerparteilichen Kritiker. Die Regierung ist noch nicht gebildet, da meldet der Parlamentsneuling aus Hannover auch schon seine Bedenken gegen die Koalitionsverhandlungen von Sozial- und Freien Demokraten an. Vom *Vorwärts* zu einer Stellungnahme aufgefordert, ist die Redaktion des sozialdemokratischen Traditionsblatts doch arg irritiert, als sie das Ergebnis sieht, und schickt dem Autor das Manuskript zurück. Der reicht es an den *Stern* weiter, und dort ist Ende November 1980 zu lesen, was Gerhard Schröder von den Koalitionsgesprächen hält: Offensichtlich »hätten sich beide Parteien mit ihren jeweils konservativsten Positionen durchgesetzt« und damit ein »Stück sozialdemokratischer Identität preisgegeben«. Und wenn man als Fraktionsmitglied dann auch noch »neue Vorhaben der Regierung über die Presse verordnet bekommt«, ballt man »die Faust in der Tasche«.[14]

Als der Fraktionsvorsitzende das liest, lässt er die Faust nicht dort, sondern haut kräftig auf den Tisch und stellt den aufmüpfigen Abgeordneten in den Senkel. Herbert Wehner, 1906 in Dresden geboren, ist ein von der deutschen Geschichte und seiner eigenen Biographie gezeichneter Mann. Er hat eine frühe politische Karriere als Linkssozialist, Anarchist und Kommunist hinter sich, als er 1935 vor den Nationalsozialisten flieht und unter anderem über Prag ins sowjetische Exil geht, das sich in den kommenden Jahren für deutsche Emigranten zur Hölle entwickelt. In Moskau unterhält Wehner Kontakte zum sowjetischen Geheimdienst, denunziert in der Zeit des Großen Terrors wohl auch einige Genossen, entgeht, seinerseits wiederholt denunziert, knapp der Hinrichtung und überlebt die schlimmsten Jahre, die mit dem deutschen Überfall auf die Sowjetunion beginnen, in Schweden. Nach dem Krieg tritt Wehner in die SPD ein, wird bald einer der engsten Mitarbeiter seines Förderers Kurt Schumacher, sitzt von Beginn an im Bundestag, vollzieht dort 1960 unangekündigt den Friedensschluss der SPD mit der Westbindung, ist in der Zeit der Großen Koalition Minister für gesamtdeutsche Fragen und vor allem seit 1969 gleichermaßen gefürchteter wie respektierter Vorsitzender der SPD-Fraktion im Deutschen Bundestag.

Jetzt also liest er dem Jungabgeordneten aus Niedersachsen die Leviten. Wenn er schon zur Attacke blase, sagt Herbert Wehner zu Gerhard Schröder, dann doch bitte auf den politischen Gegner. Jedenfalls in der Öffentlichkeit. So hält es dieser dann auch. Kritik an Mitgliedern der Regierung oder der Fraktion, die Schröder durchaus gelegentlich anzumelden hat, wird fortan zunächst einmal mündlich oder schriftlich dem Fraktionsvorsitzenden vorgetragen. Etwa Ende November 1981, als er sich im Auftrag der sozialdemokratischen Arbeitsgruppe für Raumordnung, Bauwesen und Städtebau brieflich bei Herbert Wehner über eine Initiative des gleichfalls sozialdemokratischen Bundesjustizministers Jürgen Schmude zu Zeitmietverträgen empört.[15]

Gerhard Schröder ist einer der 27 Abgeordneten, die sich in diesem Ausschuss mit Fragen des Bauwesens und des Städtebaus beschäftigen. Dort kreuzen sich erstmals seine Wege mit denen Franz Münteferings. Der sitzt schon seit mehr als fünf Jahren im Bundestag und wird 1985 zum wohnungsbaupolitischen Sprecher der Fraktion aufsteigen. »Unsere Gespräche kreisten damals fast ausschließlich um Fachthemen der Wohnungspolitik und des Mietrechts«, schreibt ihm Schröder ein Vierteljahrhundert später zum Fünfundsechzigsten: »Wir beide haben damals keine Sekunde daran gedacht, dass du eines Tages Bundesbauminister in einem Kabinett Schröder sein würdest.«[16]

In diesem Ausschuss wie im Plenum lernt Schröder bald, dass auch die Parlamentsarbeit »Maloche« ist, wie er sich auszudrücken pflegt. Dass ihn diese Tätigkeit ausfüllt, kann man nicht sagen; und dass sich mit städtebaulichen oder Wohnungsfragen nicht die erhoffte Wirkung in den Medien entfalten lässt, weiß der Parlamentsneuling. Es sei denn, man findet Themen, die polarisieren und folglich die Opposition im Parlament – oder doch einige ihrer Abgeordneten – auf die Barrikaden treiben. Das ist zuverlässig beim Thema Häuserbesetzung der Fall, auf das Schröder einerseits über seine Ausschussarbeit und andererseits über seine Beschäftigung mit dem Jugendprotest stößt und das ihn prompt in die Medien bringt.

Seinen ersten Kurzauftritt im Parlament hat der Abgeordnete Gerhard Schröder in der Fragestunde des Deutschen Bundestages am 2. April 1981, als er sich nach einer Untersuchung des Kanzleramtes zum Rechtsextremismus erkundigt und in der anschließenden Erörterung das tut, was er gut kann: provozieren. Jedenfalls sind die Abgeordneten von CDU und CSU aktenkundig empört, als Schröder Gunter Huonker, den Staatsminister beim Bundeskanzler, um Bestätigung bittet, »daß 54,5 % des rechtsextrem eingestellten Wählerpotentials bei der Bundestagswahl die CDU/CSU gewählt haben, aber nur 20 % die SPD und 4 % die FDP«.[17]

So auch am 10. April 1981, als der Vizepräsident des Bundestages im Rahmen der Debatte über die Enquete-Kommission »Jugendprotest im demokratischen Staat« erstmals dem Abgeordneten Schröder das Wort für einen Redebeitrag erteilt. Es ist ein kurzer, aber typischer Auftritt, von denen man in den folgenden Jahren noch etliche erleben wird. Innerhalb und außerhalb des Parlaments. Schröder ist nicht unbedingt ein begnadeter Redner. Wenn er seine Vorträge abliest, wirkt das gleichermaßen routiniert und stereotyp,

»Jugendprotest im demokratischen Staat«: Der krawattenfrei polarisierende Abgeordnete Gerhard Schröder – hier Mitte Mai 1983 – weiß, wie man sich in Erinnerung hält.

vor allem in späteren Jahren, wenn die Texte vorformuliert und wie bei praktisch allen Politikern mit eng getaktetem Terminkalender von anderen geschrieben sind. Das gilt für den Ministerpräsidenten, erst recht natürlich für den Bundeskanzler.

Anders sieht die Sache aus, wenn er spontan formuliert, die Zuhörer unmittelbar anspricht und packt. Vor allem wenn diese ihm Steilvorlagen geben – wie an diesem Tag im Frühjahr 1981. Schröder trägt das Seine dazu bei, weil er nicht nur durch seine längeren Haare auffällt, die damals noch die Ohren touchieren und bis zum Hemdkragen reichen, sondern auch noch ohne Krawatte und mit offenem Hemd zum Rednerpult schreitet. Zwei Jahre, bevor die Grünen erstmals ins Bonner Parlament einziehen und dieses mit ihrer Haartracht und ihrer Kleiderordnung aufmischen, wirkt das auf viele Abgeordnete provozierend. Und so hat Schröder nicht einmal das Wort ergriffen, als einer der Abgeordneten der CDU/CSU ins Plenum ruft »Hat der keine Krawatte?« und ihn gleich nach dem ersten Satz mit dem durchaus ernst gemeinten Vorwurf unterbricht: »Sie wollen hier demonstrieren!« Demonstrieren will der Abgeordnete Schröder in der Tat. Allerdings nicht für oder gegen eine Kleiderordnung, sondern für sich und sein Anliegen, und das in dieser Reihenfolge. Jedenfalls an diesem Tag. Also reagiert er auf die Zwischenrufe so: »Sehen Sie, Herr Kollege, genau diese Frage hatte ich erwartet, nicht weil ich keine habe, sondern weil diese Frage – ob ich keine Krawatte hätte – … die Jugendlichen, über die Sie nur reden, mit Sicherheit nicht verstehen … Unser Verständnis von Würde des Parlaments … ist ein Verständnis, das sich auf die Inhalte bezieht.«[18]

Bei dieser Tonlage bleibt es. Man wird schwerlich einen zweiten Abgeordneten seiner Generation finden, der so häufig, so heftig und so emotional angegangen worden ist wie Schröder, schon gar niemanden, der später eine solche Karriere hingelegt hat. Etwa am 31. Januar 1986, als es unter anderem um die Änderung des Bundesdatenschutzgesetzes geht. Vom »Brunnenvergifter« über »ungeheuerlich« und »unverschämt«, »lachhaft« und »keine Ahnung«, »sozialistische Überheblichkeit« und »sozialistischer Schwachsinn« oder auch »bösartig«, »vergiftet« und »eine große Hetze« bis hin zu »Castro-Freund«, »halber Kubaner« und »geistiger Notstand« gibt es nichts, was sich ein durchschnittliches Abgeordnetenhirn ausdenken könnte und an diesem Tag von den Stenographen des Hohen Hauses nicht zu Protokoll genommen wird.[19]

Ganz offensichtlich provoziert Schröder durch sein Auftreten, seine Sprache, die Wahl seiner Themen und die Art und Weise, wie er diese behandelt, auch dann die heftigsten Reaktionen im Plenum, wenn er das gar nicht beabsichtigt. Mitunter wird das selbst ihm, der damit umgehen kann, zu viel. So dass er den Präsidenten fragt, ob er »diese pöbelnden Leute nicht zur Ruhe bringen« könne,[20] oder seinen pausenlos unterbrochenen Beitrag zum Haushalt 1986 mit dem Dank an die Pöbelnden beschließt: »Denjenigen, die mir zugehört haben …, sage ich sehr herzlichen Dank und denen, die es nicht getan haben: Machen Sie so weiter mit Ihrer Störerei; die Bürger werden Ihnen schon die Quittung geben.«[21]

Natürlich gibt es unter den Abgeordneten der Regierungsparteien auch den einen oder anderen, der die Talente und Fähigkeiten dieses Gerhard Schröder erkennt. Rainer Barzel – Christdemokrat mit bewegter Biographie und gescheiterter Herausforderer des Bundeskanzlers Willy Brandt – ist einer von ihnen: »Heute früh eine intelligente und stellenweise brillante Rede des früheren Juso-Vorsitzenden Gerhard Schröder«, notiert er Mitte Mai 1983 in sein Tagebuch.[22] Wolfgang Schäuble, der für die CDU seit 1972 im Bonner Parlament sitzt, ist ein anderer, dem schon früh das »überdurchschnittliche, polemische Talent« des Mannes auffällt.[23]

Bei dem Geplänkel und Getöse, die Gerhard Schröders Auftritte im Bundestag begleiten, geht gelegentlich unter, dass er ein kompetenter, konzentrierter, gut vorbereiteter Debattenredner sein kann. Seine Beiträge zur Verteidigungspolitik, namentlich zum NATO-Doppelbeschluss, zur Parteispendenaffäre, zu den Grund- und Menschenrechten, zur Lage der bäuerlichen Betriebe in Niedersachsen, zum Umweltschutz und nicht zuletzt zur Lage der Jugendlichen im Lande sind hörenswert. Weil sie in aller Regel eine eigenständige, eben nicht zwangsläufig partei- oder fraktionsgebundene Position erkennen lassen, und weil man spürt, dass der Abgeordnete aus eigenem Beobachten und Erleben weiß, wovon er spricht, zum Beispiel wenn es um den Dreh- und Angelpunkt seines politischen Denkens, soziale Gerechtigkeit und Chancengleichheit, geht. Man muss Schröder ernst und beim Wort nehmen, wenn er von der Erfahrung spricht, »daß eine Gesellschaft auf Dauer nur dann friedlich bleibt, wenn es auch das Recht des Schwachen und nicht nur das des Starken gibt, wenn die Chancen nicht von vornherein nach Geburt und Vermögen verteilt sind«. Dass Schröder auch hier aus den Reihen der Regierungskoalition unterbrochen und seine Äußerung zur Chancengleichheit mit einem »Pfui Teufel!« quittiert wird, gibt zu denken.[24]

Jugend und Jugendprotest bleiben eines der Themen, mit denen Schröder in Bonn anfänglich befasst ist. Wie erwähnt, gehört er der Enquete-Kommission »Jugendprotest im demokratischen Staat« an, die der Bundestag am 26. Mai 1981 einsetzt und die sich Anfang Juli konstituiert. Als der Ausschuss am 19. Mai 1983 nach 33 Sitzungen seinen Abschlussbericht vorlegt, ist man vor allem um einige praktische Erfahrungen reicher. Zur Kommissionsarbeit gehört nämlich unter anderem im Februar 1982 eine Busreise nach West-Berlin, wo die Kommissionsmitglieder unter Vorsitz des CDU-Politikers Matthias Wissmann – Vorsitzender der Jungen Union und wie Schröder ein Mann mit Ambitionen – mit Vertretern der wabernden Hausbesetzerszene ins Gespräch kommen wollen.

Treffpunkt ist unter anderem das Szene-Café »K.O.B.« an der Potsdamer Straße. Zum Dialog kommt es aber gar nicht erst, weil sich die Bonner Emissäre nicht auf die »Bedingung« der Hausbesetzer eingelassen und die »Gefangenen« der »Bewegung« mitgebracht haben. Tatsächlich gleicht das West-Berliner Biotop in einigen Bezirken einer Bürgerkriegslandschaft, in der Hundertschaften schwer bewaffneter Polizisten gegen Hausbesetzer aller Couleur und gestaffelter Gewaltbereitschaft vorgehen. Zwar ist der Scheitelpunkt der Eskalation überschritten, auch versucht der Berliner Senat, der Bewegung durch partielle Legalisierung der Besetzungen und andere Maßnahmen den Wind aus den Segeln zu nehmen. Aber ausgestanden ist die Sache noch lange nicht. Schröder hat durchaus Verständnis für eine Bewegung, die in ihren Ursprüngen eine Reaktion auf den von oben verordneten flächendeckenden Abriss alter Bausubstanz ohne zeitnahen Ersatz gewesen ist, fordert eine Amnestie für inhaftierte Hausbesetzer und wundert sich, »daß die überhaupt noch mit uns reden«.[25]

Das Thema ist heiß, es ist umstritten, und es holt Schröder immer wieder ein. So zum Beispiel im Hannoveraner Wahlkampf 1986, von dem noch zu berichten ist. Als Politiker und Anwalt danach befragt, wie es um die Rechtmäßigkeit der Häuserbesetzungen bestellt sei, antwortet er unmissverständlich: »Eine Hausbesetzung ist nicht gerechtfertigt. Es gibt Gesetze, die das Eigentum schützen, und diese Gesetze müssen aufrechterhalten werden, damit nicht alles drunter und drüber geht. Das ist das eine. Aber wenn die Wohnungssituation und die Tätigkeit der Spekulanten so ist wie zum Beispiel in Berlin, dann ist mit dem Einsatz des Gewaltmonopols zugleich die Verpflichtung verbunden, die Verhältnisse zu verändern, die zu den Hausbesetzungen geführt haben.«[26]

Eben das versucht ein Jahr später Hamburgs Erster Bürgermeister in einem bemerkenswerten Alleingang. Als im Herbst 1987 die seit fünf Jahren andauernde militante Auseinandersetzung um eine Gebäudezeile an der Hamburger Hafenstraße erneut eskaliert und in der Nacht zum 12. November Geschäfte geplündert, Autos angezündet und Straßen aufgerissen werden, kommt es zum politischen Showdown. Während auf der einen Seite eine Art informeller Großer Koalition aus Christdemokraten, Freidemokraten und rechtem Flügel der SPD, von den Medien namentlich des Hauses Springer gar nicht zu reden, in Stellung geht und zum finalen Sturm bläst, vollzieht Klaus von Dohnanyi – Hamburgs Erster Bürgermeister, Sozialdemokrat und Mann mit einer facettenreichen politischen Biographie – einen radikalen Kurswechsel, verbindet seine politische Zukunft mit einer friedlichen Lösung und handelt gleichsam über Nacht einen gangbaren Weg aus: Abbau der Befestigungsanlagen gegen Pachtvertrag.

Schröder zählt eigentlich nicht zu den politischen Freunden des Hamburger Sozialdemokraten mit großbürgerlichem Profil, schätzt aber dessen Courage und weiß dank eigener Anschauung der Berliner Szene, dass der Einsatz massiver polizeilicher Gewalt zwar rechtens, aber nicht zielführend ist. Also setzt er sich in den eigenen Reihen für den bedrängten von Dohnanyi ein, drückt im Parteivorstand ein klares Votum für dessen Linie durch, das dann vom Parteirat einstimmig als »Erklärung« verabschiedet wird,[27] und gibt – für die Öffentlichkeit und mit erkennbarem Respekt – zu verstehen: »Der hat wirklich hart gepokert. Er hat immer gewußt: ›Wenn das scheitert, bin ich dran.‹«[28]

Henning Scherf, der seit Jahren im Bremer Senat für die Jugend zuständig ist, hat fast zwei Jahrzehnte später bestätigt, dass der »praktische und pragmatische Vorschlag« zur Lösung des Konflikts im Kern von »Gerd« stammte: »Die Häuser in St. Pauli werden verselbständigt und per Vertrag wird eine selbstorganisierte Sanierung verabredet. Der Vorschlag machte Schule und wurde später auch anderswo aufgegriffen – z.B. in Berlin und Bremen.«[29]

So holt das Thema Jugend in der einen oder anderen Variante zwar Gerhard Schröder immer wieder ein – als Landes- und natürlich auch als Bundespolitiker, aber zu seinen favorisierten Themen zählt es nicht unbedingt. Allerdings lässt sich auf diesem Feld genauso wie auf jedem anderen das Einmaleins der Parlamentsarbeit erlernen. Dazu gehört, dass man sich in der Welt umschaut. Der in dieser Hinsicht noch ziemlich unerfahrene Politiker Schröder nutzt die Chance und begibt sich, kaum dass er in Bonn angekommen ist, auf Reisen ins Ausland sowie in die DDR beziehungsweise nach Ost-Berlin, die ja im bundesdeutschen Selbstverständnis kein Ausland sind.

Das Verhältnis Schröders zur DDR ist gespalten. Zum einen will er, wovon noch zu berichten ist, die Perspektiven einer Vereinigung der beiden deutschen Staaten »nicht aufgeben«.[30] Andererseits glaubt er nicht, dass ein Festhalten an den überkommenen Positionen in der Deutschlandpolitik sinnvoll und weiterführend ist. Was er nicht akzeptiert, sind die Willkürmaßnahmen des SED-Regimes gegen die eigene Bevölkerung, namentlich gegen Regimegegner wie Rudolf Bahro, dessen Buch *Die Alternative* 1977 in der Bundesrepublik veröffentlicht wurde und Bahro eine ursprünglich auf acht Jahre angesetzte Haft in Bautzen eintrug. Das hatte der Juso-Vorsitzende Schröder im Juli 1978 mit der Ausladung einer FDJ-Delegation quittiert.

Nachdem dieses Kapitel mit der Ausreise Bahros in die Bundesrepublik 1979 abgeschlossen ist und auch andere Hindernisse aus dem Weg geräumt sind, fährt Schröder im April 1981 nach Ost-Berlin. Dass er dort auf Schritt und Tritt beobachtet wird, ahnt er. Dass er spätestens seit dem Frühjahr 1973 von zwei Inoffiziellen Mitarbeitern IM des Ministeriums für Staatssicherheit der DDR MfS observiert wird, weiß »Jung« nicht. Unter diesem Decknamen wird Gerhard Schröder in den Akten der Staatssicherheit Stasi geführt. Die Informationen stammen in erster Linie von Gerhard Grunwald und seiner Frau Ruth, die von der Hauptverwaltung Aufklärung HVA im MfS seit Dezember 1959 beziehungsweise Mai 1962 als »Mai« und »Ruth Mai« geführt werden. Gerhard Grunwald – wie seine Frau (»Hausfrau«) Jahrgang 1926 – ist in Ostpreußen aufgewachsen, lebt nach Kriegsende in der Sowjetisch Besetzten Zone beziehungsweise in der DDR, zieht dann in die Bundesrepublik und ist dort bei der Bahnmeisterei Langenhagen tätig, arbeitet also bei der

Deutschen Bundesbahn.[31] Zuständig für die beiden ist die Bezirksverwaltung Magdeburg, Abteilung XV, deren operatives Zielterritorium seit den fünfziger Jahren Niedersachsen ist. Schwerpunktobjekte sind das dortige Innenministerium (»Bobby«), außerdem die Landesvorstände von CDU und SPD. Ende der achtziger Jahre verfügt die Bezirksverwaltung Magdeburg XV über 34 bundesdeutsche IM, darunter 18 – mithin eine sehr hohe Anzahl – von O-Quellen, die »direkt im Objekt verankert« sind.[32]

Was die »Mais« nach Magdeburg berichtet haben, füllte einmal 21 Bände. Von wenigen Ausnahmen abgesehen, scheinen auch in diesem Fall sämtliche Berichte der Vorvernichtung zum Opfer gefallen zu sein. Wie substantiell sie gewesen sind und welchen Raum die Observierung Gerhard Schröders in ihnen eingenommen hat, wissen wir daher nicht. Sicher ist, dass die Berichterstattung ungewöhnlich umfangreich gewesen ist; sicher ist auch, dass Gerhard Grunwald aufgrund seiner umfassenden und fortgebildeten Schulung (einseitiger KW-Funk, Geheimschreibmittel, Mikratfotografie, persönliche Kurierverbindung etc.)[33] als hochkarätiger IM gelten darf; gesichert ist schließlich, dass »Mai« und »Ruth Mai« noch Mitte November 1989 im »Operationsgebiet« aktiv sind und dass man in Magdeburg der Überzeugung ist, die »derzeitige Lage, insbesondere in der DDR«, biete für »›Mai‹ gute Möglichkeiten, die Abschöpfkontakte noch intensiver zu nutzen«.[34]

Ganz offensichtlich sind die Grunwalds über das, was in der SPD, insbesondere in ihrem niedersächsischen Landesverband, vorgeht, sehr gut unterrichtet. Als aktives SPD-Mitglied in Hannover verfügt Gerhard Grunwald über einen guten Zugang vor allem zu Egon Franke:[35] Die Kopien einiger seiner Briefe an Gerhard Schröder finden ihren Weg in die Stasi-Akte dieses aufstrebenden Sozialdemokraten, der mit seiner Wahl zum Juso-Vorsitzenden für die Stasi endgültig von erheblichem Interesse ist. Was die »Mais« über Schröder zusammentragen, zeigt das in Teilen erhaltene »Dossier ›Jung‹«. Zwar sind nicht alle Informationen, die »Mai« liefert, korrekt (»Vater war Studienrat«), doch zeichnet der auf seinen Informationen basierende »Fragespiegel zur Personeneinschätzung« vom 27. Juli 1978 ein bemerkenswertes Porträt des »Objekts«.

Und so nimmt die Stasi Gerhard Schröder wahr: »Gestalt: *kräftig*; Gang: *lässig*; … Dialekt/Mundart: *gepflegtes Hochdeutsch*; … Umgangsformen: *korrekt, bestimmend*; Sicherheit im Auftreten: *sehr sicher*; … Intelligenz, logisches Denken, geistige und sprachl. Beweglichkeit: *sehr gut entwickelt*; … Erinnerungs- und Merkfähigkeit: *sehr gut entwickelt*; Anpassungsverhalten: *Führungstyp*; Selbständigkeit im Denken und Handeln: *sehr selbständig*; … Lernbereitschaft: *sehr ausgeprägt, arbeitet sehr intensiv*; Willensstärke/Willenseigenschaften: *ausgeprägt*; Mut und Ausdauer: *gut entwickelt*; Kontaktfähigkeit und eigene Zugänglichkeit: *fühlt sich als eine Art besonderer Mensch*; Kollektivhaltung: *zur Durchsetzung seiner Interessen*; ... Charakterliche Besonderheiten und Schwankungen: *sehr von sich eingenommen, harter stabiler Typ*; Stellung zu Lob und Kritik: *verträgt Kritik*; ... Physische und psychische Belastbarkeit: *ausgeprägt*; ... Materielle Interessen: *abgesichert*; ... Motivationen für Handlungen: *rationaler Typ*; ... Risikobereitschaft: *vorhanden*; ... Beherrschungsvermögen: *gut*; Selbstkontrolle: *gut*; Verschwiegenheit: *verschwiegen*.«

Damit ist klar: Für die Zwecke der Stasi einspannen lässt sich der Mann nicht. Zwar gibt es »auffällige Lebensgewohnheiten: *trinkt gern und viel Bier (immer große Gläser)*«, aber zu »beeinflussen« ist er nur »*schwer*«. Folglich bleiben alle einschlägigen Fragen zur Personeneinschätzung – »operativ nutzbare DDR-Verbindungen«, »nutzbare Motive und Ansatzpunkte für die Zusammenarbeit«, »Operative Verbindungsaufnahme«, »Bereitschaft zur Zusammenarbeit«, »durchgeführte Werbung« – unbeantwortet.[36] Daran ändert sich in den kommenden Jahren nichts. Es liegt in der Logik dieses Geschäfts, dass Schröder für die ostdeutsche Staatssicherheit umso interessanter wird, je höher er steigt. Entsprechend eng wird er beobachtet und – während seiner Aufenthalte in der DDR, also »im Rahmen« dessen, was die dortigen Behörden »Polittourismus«[37] nennen – natürlich auch beschattet.

Aus den Akten des Ministeriums für Staatssicherheit geht hervor, dass Gerhard Schröder der DDR, wo er während seiner Besuche unter dem Decknamen »Sonne« geführt wird, insgesamt elf Besuche abgestattet hat. Der erwähnte erste im April 1981 gilt Egon Krenz, der im Zentralkomitee der SED für die Jugendarbeit zuständig ist und Schröder zu einem Gespräch eingeladen hat. Krenz bleibt in den kommenden Jahren ein vertrauter Ansprechpartner des aufstrebenden Sozialdemokraten und behält aus diesen Begegnungen Schröders »Fähigkeit, den politischen Gegner ernst zu nehmen«, in Erinnerung, wie er ihm Mitte November 1999 schreibt. Inzwischen hat es Gerhard Schröder zum Bundeskanzler gebracht, während Egon Krenz vom Landgericht Berlin wegen Totschlags in vier Fällen zu sechseinhalb Jahren Haft verurteilt worden ist.[38]

Der ersten Visite der DDR folgt noch im selben Jahr ein Besuch der USA. Im Herbst 1981 bereist der Abgeordnete Schröder erstmals die Vereinigten Staaten von Amerika. Dass der Besuch im Rahmen des Austauschprogramms »Young political leaders« erfolgt, zeigt nebenher, dass der inzwischen immerhin Siebenunddreißigjährige nicht nur für die Jugend zuständig ist, sondern im vergreisten Politikbetrieb jener Jahre noch selbst dieser Jugend zugerechnet wird. Die Reise führt ihn vier Wochen lang durch eine Reihe amerikanischer Metropolen und beeindruckt ihn tief, hinterlässt aber auch ambivalente Gefühle: »Das Maß an individueller und räumlicher Freiheit ist beeindruckend, aber die Armut ist schockierend.«[39]

Bei diesem gespaltenen Verhältnis zu Amerika bleibt es. Das liegt immer wieder auch an den führenden Persönlichkeiten auf der anderen Seite des Atlantiks, wie jetzt vor allem am Präsidenten Ronald Reagan, später dann, während seiner Zeit als Bundeskanzler, an George W. Bush. Es liegt aber vor allem an der spezifischen Konstellation des transatlantischen Verhältnisses. So wie die Dinge sich nach dem Zweiten Weltkrieg entwickelt haben, ist völlig klar, wer der Führende und wer der Geführte ist. Ohne die amerikanischen Sicherheitsgarantien wäre das westliche, das freie Europa und allen voran die geostrategisch exponierte Bundesrepublik dem sowjetischen Expansionsbestreben mehr oder weniger hilflos ausgeliefert.

Man mag ja darüber streiten, ob es ein solches Bestreben überhaupt noch gibt, seit die Sowjets im August 1961 quer durch Berlin, durch Deutschland und damit auch durch Europa eine Mauer gezogen und sich mit ihren ostzonalen Genossen dahinter verschanzt haben. Andererseits haben sie – und mit ihnen ihre osteuropäischen Satrapen – die weltrevolutionäre und damit per se offensive Rhetorik nicht nur nicht eingestellt, sondern ihr in den siebziger Jahren Taten folgen lassen. Wie sonst soll man das – wenn auch indirekte, nämlich mit Hilfe kubanischer Söldner forcierte – Engagement Moskaus in Angola oder Äthiopien verstehen? Welche Ziele verfolgt der Kreml mit seiner massiven militärischen Invasion in Afghanistan, von der man an Heiligabend 1979 erfährt und von der man annehmen muss, dass sie auf die strategisch sensible und ökonomisch lebenswichtige Region des Persischen Golfes zielt? Und warum um alles in der Welt eröffnen die Sowjets seit Mitte der siebziger Jahre, also ausgerechnet auf dem Höhepunkt der Entspannungspolitik, eine beispiellose militärische Offensive und stationieren in Serie einen nuklear bestückten neuen Typ von Mittelstreckenraketen, die Westeuropa elementar bedrohen?

Nein, an dem sehr realen Bedrohungsszenario dieser späten siebziger und frühen achtziger Jahre kann es keinen Zweifel geben. Und an der Tatsache, dass die Europäer dem aus eigener Kraft nichts oder doch nur sehr wenig entgegenzusetzen haben, auch nicht. Nur mit dem strategischen nuklearen Schirm der Amerikaner lassen sich die Sowjets beeindrucken oder gar abschrecken, so sie denn tatsächlich an einen Angriff oder, was wahrscheinlicher ist, an eine Erpressung des freien Europa denken. Da man aber nicht weiß und auch nicht wissen kann, was sie vorhaben, ist man auf die Amerikaner angewiesen. Das sehen auch jene Vertreter der deutschen Linken ein, die das

Denken noch nicht verlernt haben. Zu ihnen zählt grundsätzlich auch der Abgeordnete des Wahlkreises Hannover-Land I im Deutschen Bundestag.

Gerhard Schröder geht es eigentlich gar nicht um die Raketen. Ihm geht es auch nicht um das Abhängigkeitsverhältnis, an dem sich unter den gegebenen Umständen realistischerweise nichts ändern lässt. Gerhard Schröder geht es um die Art und Weise, wie die Amerikaner mit ihren Partnern umgehen. Das will und das kann er nicht hinnehmen. Als junger Abgeordneter nicht – und als Bundeskanzler auch nicht. Jemand wie er, der sich im Wesentlichen aus eigener Kraft und gegen alle Widerstände aus misslichen Verhältnissen hochgearbeitet und unter Beweis gestellt hat, dass man auch im Rahmen schwerlich änderbarer gesellschaftlicher und wirtschaftlicher Konditionierungen seinen Weg gehen kann – so einer lehnt Bevormundung rundweg ab.

An eher entlegenem Ort macht Schröder im Sommer 1981 deutlich, was ihn eigentlich bewegt, wenn er gegen die Umsetzung des NATO-Doppelbeschlusses zu Felde zieht: »Ich finde«, sagt er in einem Interview mit der *Neuen Presse*, »daß jetzt die Verpflichtung besteht, deutlich zu sagen, wenn eine derartige Politik der Amerikaner weitergeht, Distanz zu ihnen die einzige – weil lebensnotwendige – [Möglichkeit] ist, die die deutsche Politik noch hat ... Die Nato ist ein Bündnis unabhängiger und selbstbewußter Staaten und keiner, insbesondere die Bundesrepublik, kann den Führungsanspruch einer anderen Macht, auch nicht der stärksten, akzeptieren. Die USA hat diesen. Es ist gegen unsere Interessen ... wenn ein Militärbündnis von einer, auch der stärksten Macht, in dieser Weise vor Tatsachen gestellt wird, dann entspricht es den Selbstbehauptungsinteressen der anderen, daß sie sich das nicht gefallen lassen.«[40] Gewiss, da fehlt noch der diplomatische Schliff, und irgendwie klingt das alles noch unausgereift, beinahe naiv. Aber dass es Schröder mit dem deutschen »Selbstbehauptungsinteresse« ernst meint, steht außer Frage. Hier wird ein Punkt gesetzt, der für Schröder im Kern nicht verhandelbar ist. Auch zwei Jahrzehnte später nicht.

Was besagte »derartige Politik« der Amerikaner im Sommer 1981 angeht, hat der niedersächsische Abgeordnete vor allem zwei Themen vor Augen, zum einen die sich allerdings erst in Umrissen abzeichnende neue amerikanische Wirtschafts- und Finanzpolitik, die als »Reagonomics« in die Geschichte eingegangen ist und die nach Schröders zutreffender Analyse bewusst eine Destabilisierung der ökonomischen Verhältnisse in Europa in Kauf nimmt. Zum anderen und vor allem hat er die Umsetzung des erwähnten NATO-Doppelbeschlusses, also die anstehende Stationierung neuer amerikanischer Mittelstreckenraketen in Europa, und die »Neutronenbombe« im Visier.

Eigentlich hatte sich dieses Thema schon erledigt. Bei den Neutronenwaffen, den Enhanced Radiation Weapons ERW, handelt es sich um Bomben mit erhöhter Strahlenwirksamkeit. Sie rückten Mitte der siebziger Jahre ins Zentrum der amerikanischen und damit zwangsläufig auch der deutschen strategischen Planungen und sollten vor allem die Überlegenheit der Panzerwaffe des Warschauer Paktes neutralisieren. Sollte er angreifen, würden die Panzerbesatzungen getötet, das Gerät selbst bliebe unzerstört. Kritiker dieses Waffensystems wie Egon Bahr bezeichneten die Neutronenbombe als ein »Symbol der Perversion des Denkens«.[41] Diese Kritik nicht nur aus den eigenen Reihen, sondern auch aus großen Teilen der Bevölkerung machte es der Bundesregierung schwer, der Aufforderung des amerikanischen Präsidenten Jimmy Carter an die Verbündeten der USA nachzukommen und einen Beschluss über die Lagerung und – im Ernstfall – den Einsatz der Waffe durchzusetzen. Eben das taten Kanzler Helmut Schmidt und der liberale Außenminister Hans-Dietrich Genscher mit beträchtlichem persönlichen Engagement.

Dann aber mussten sie zur Kenntnis nehmen, dass sich die Regierung Carter inzwischen entschlossen hatte, die Entscheidung über die Produktion der Waffe zu verschieben. Auch diese Entscheidung, an der selbst ein Blitzbesuch des deutschen Außenministers in Washington Anfang April nichts mehr zu ändern vermochte, war ohne vorherige Konsultation der wichtigsten Verbündeten getroffen worden und brachte den Kanzler und seinen Außenminister, wie dieser am 4. April 1978 Carter vor Augen führte, in eine »schwere innenpolitische Lage«.[42] Er habe, sagte fast zeitgleich der Kanzler dem amerikanischen Botschafter in Bonn, »bei der Behandlung der Neutronenwaffe sein Äußerstes getan, um zu einer einvernehmlichen Haltung mit den USA zu kommen. Er sei dabei so weit gegangen, daß er sein persönliches Einvernehmen mit Brandt und Wehner aufs Spiel gesetzt habe ... Er habe gestern abend Brandt über die neue Lage unterrichtet und ihn gebeten, keinen falschen Applaus zu spenden.«[43]

Allerdings hatte Carter die Entscheidung über die Produktion der Waffe lediglich verschoben und zugleich angeordnet, im Zuge der Modernisierung des Boden-Boden-Raketensystems vom Typ »Lance« mit der Produktion einiger für die Neutronenoption erforderlichen Komponenten zu beginnen.[44] Sein Nachfolger Reagan übernimmt diese Entscheidung nicht nur, sondern beschließt Anfang August 1981, die einzelnen Elemente des Sprengkopfes zusammenzufügen und sie in den Vereinigten Staaten zu lagern.[45] Als dann Verteidigungsminister Caspar Weinberger vor der Presse bekannt gibt, dass die Vereinigten Staaten demnächst in der Lage sein würden, die Neutronenwaffe innerhalb weniger Stunden außerhalb der USA zu stationieren,[46] ist das Wasser auf die Mühlen der Friedensbewegung.

Auch Gerhard Schröder lässt wenige Tage später wissen, dass die Entscheidung »verhängnisvoll« sei und »die Kriegsgefahr in der Welt und Europa erhöht« habe.[47] Für den fachlich nicht geschulten Zeitgenossen, mithin für die überwältigende Mehrheit der Deutschen, ist das natürlich nicht überprüfbar, aber es klingt plausibel, wenn es auch in dieser verkürzten Form ein ziemlicher Unsinn ist. Überhaupt hat man nicht den Eindruck, dass Schröder, jedenfalls in dieser Phase und auf diesem Feld, zu den gut informierten Abgeordneten gehört. Eher ist er ein typischer Vertreter jener Mehrheit im Parlament, die allenfalls in groben Umrissen mit der militärischen wie der gleichermaßen wichtigen politischen Dimension des Komplexes vertraut ist. Dass auch der Parteivorsitzende Willy Brandt zu ihnen zählt, macht die Sache nicht besser, im Gegenteil. Denn das Gesagte gilt nicht nur für die Neutronenwaffe, sondern auch für den NATO-Doppelbeschluss.

Auch hier ist Schröders Position schwach. Sehr schwach. Das weiß er natürlich, und entsprechend verschlungen sind seine Pfade durch den politischen Dschungel, der dieses Terrain bedeckt. Bei dem Komplex geht es nämlich nicht nur um den Doppelbeschluss beziehungsweise die Auf- und Abrüstung im Allgemeinen. Es geht auch um sein Verhältnis zur politischen Linken, der er sich nach wie vor zurechnet, zum Kanzler, dem er verpflichtet ist, und nicht zuletzt zu den USA, an denen natürlich auch Schröder nicht vorbeikann.

Was die Abrüstung angeht, gehört er zu einer Gruppe von 24 Abgeordneten seiner Fraktion, die dort Anfang 1981 den Antrag einbringen, eine Milliarde D-Mark von den Rüstungsausgaben in die Entwicklungshilfe umzuleiten. Damit lässt sich in der Öffentlichkeit punkten, ohne dass der Konflikt in Partei und Fraktion verschärft wird. Denn jedermann weiß natürlich, dass so etwas nicht realisierbar ist. Letztlich, sagt Schröder, ging es bei dieser Initiative »um die Frage der Ernsthaftigkeit des Abrüstungswillens«. Das unzweideutige Bekenntnis der Partei zur Abrüstung ist nämlich die Voraussetzung für die Unterstützung des NATO-Doppelbeschlusses, an dem Schröder allem rhetorischen Getöse zum Trotz festhält: Erst wenn die Verhandlungsoption erschöpft ist, die Sowjets also nicht bereit sind, »die dortigen Raketen des Typs SS 20 zu vermindern … kann man überhaupt diskutieren über Stationierung«.[48]

Das sagt er im Januar 1981. Es ist die eine Seite des öffentlichen Gerhard Schröder in diesen bewegten Zeiten, die Seite der eher stillen Töne. Es gibt die andere, die Seite des rhetorischen Krawalls. Was Schröder hier aufführt, gehört nicht zu seinen besten Stücken. Dass er die Haltung der Bundesregierung und namentlich des sozialdemokratischen Kanzlers zum NATO-Doppelbeschluss hinterfragt, ihre Tragfähigkeit prüft, geht nicht nur in Ordnung, sondern gehört zu den Aufgaben eines Abgeordneten des Deutschen Bundestages. Schließlich hat er über kurz oder lang darüber abzustimmen, ob die Verhandlungen mit den Sowjets als gescheitert betrachtet werden müssen und die Stationierung neuer amerikanischer Raketen auch in der Bundesrepublik unausweichlich ist.

Aber was Schröder in diesen Wochen und Monaten treibt, geht weit über eine nüchterne Prüfung hinaus. Es ist politische Agitation reinsten Wassers – dazu noch an fragwürdigen Orten und mit zweifelhaften Kumpanen. So bezieht er zum Beispiel im März in der Zeitschrift *Konkret* und vor allem im August 1981 in einer vom Bundesvorstand der Jusos herausgegebenen Broschüre *Wider den NATO-Rüstungsbeschluss* öffentlich gegen die Politik der Bundesregierung Stellung. Co- und eigentlicher Hauptautor dieser knapp vierzigseitigen Denkschrift ist Gert Bastian. Der vormalige Berufssoldat, Jahrgang 1923, der zuletzt eine Panzerdivision der Bundeswehr kommandiert und sich dann der Friedensbewegung angeschlossen hat, ist Mitinitiator des »Krefelder Appells« gegen die Stationierung neuer amerikanischer Mittelstreckenraketen in Europa sowie Mitbegründer der Gruppe »Generale für den Frieden«. Beide Initiativen werden von der Ost-Berliner Stasi mitinitiiert und von ihr mitfinanziert.

Die Argumentation Gerhard Schröders im Einzelnen nachzuzeichnen erübrigt sich. Sie folgt dem bekannten Muster, ist zudem für einen Juristen bemerkenswert unstringent – und hält sich eine Hintertür offen. Indem Schröder die anstehende »Nachrüstung« den »Veränderungen in der amerikanischen Außen- und Sicherheitspolitik« anlastet, reduziert er den Bundeskanzler auf die Rolle des »Zauberlehrlings« und nimmt ihn so aus der Schusslinie.[49]

Bei diesem Erklärungsmuster bleibt Schröder auch in den kommenden Jahren. Das hat den Vorteil, die eigenen Leute, auch den inzwischen abgewählten, aber zusehends wieder an Popularität gewinnenden Altkanzler schonen zu können, ohne sich in der Sache revidieren zu müssen: Schmidt, sagt Schröder 1986 im niedersächsischen Wahlkampf, »wollte doch nicht mit aller Gewalt Pershings hierher bringen. In Wirklichkeit hat er doch versucht, in die laufenden Verhandlungen der Supermächte die Interessen der Westeuropäer einzubringen. Er wollte das Instrument des Nachrüstungsbeschlusses dazu benutzen, um die Amerikaner zu zwingen, das Problem der Mittelstreckenraketen zu verhandeln.« Allerdings, so Schröder, haben diese »eine politische Idee, die Abrüstung herbeiführen wollte, umgedreht und … ein Instrument zur Herbeiführung von Aufrüstung daraus gemacht«.[50]

Von der zweifelhaften Schlussfolgerung einmal abgesehen, bleibt es schwer vorstellbar, dass ihm die Logik dieses »Instruments« zwei oder drei Jahre zuvor, also in der Phase ungeschminkter Schmidt-Kritik, entgangen sein sollte. Aber wie dem auch sei, so weit wie Oskar Lafontaine, der Oberbürgermeister von Saarbrücken und Vorsitzende der saarländischen SPD, der im Sommer 1982 Schmidts Selbstverständnis von »Pflichtgefühl, Berechenbarkeit, Machbarkeit, Standhaftigkeit« als »Sekundärtugenden« abtut, mit denen »man auch ein KZ betreiben« könne,[51] ist Schröder jedenfalls nie gegangen.

Außerdem kann er sich zugutehalten, bei aller Polemik und auch Schärfe der Auseinandersetzung »niemals ... die Hand gegen Helmut Schmidt gehoben« und im Parlament gegen den Kanzler gestimmt zu haben.[52] Zwar tönt er gerade anfänglich, öffentlich, aber stets außerhalb des Bundestages wie im Juni 1981: »... da kann mit Rücktritt drohen, wer will, meine Stimme für die Stationierung der Raketen gebe ich nicht.«[53] Doch er weiß natürlich, dass noch einiges Wasser den Rhein hinunterfließen wird, bis der Bundestag tatsächlich über die Umsetzung des NATO-Doppelbeschlusses zu entscheiden hat. Außerdem hält er sich im Parlament in diesem Punkt auffallend zurück, zieht gerade anfänglich, also in der Phase der Orientierung, auch schon einmal eine Frage zu diesem Themenkomplex zurück, die den Kanzler in Verlegenheit bringen könnte,[54] oder beschränkt sich auf Informationsfragen, die in ihrem sachlichen Tenor in krassem Gegensatz zu Schröders öffentlichem Getöse stehen.[55]

Das wiederum unterscheidet ihn von den beiden SPD-Abgeordneten Karl-Heinz Hansen und Manfred Coppik, die sich schon seit einiger Zeit in der Rolle der Linksaußen gefallen und im Parlament immer wieder einmal gegen Schmidt und seine Regierung stimmen. Obgleich Schröder das missbilligt, entschließt er sich doch zur Verteidigung der beiden, als ihnen ein Parteiausschlussverfahren droht. Noch 1998, als er zum Sprung ins Kanzleramt ansetzt, steht er dazu und sagt, »nur getan« zu haben, »was sich gehört, wenn einer von Recht und Gerechtigkeit überzeugt ist und in solchen Fragen um Beistand gebeten wird«.[56] Geholfen hat den beiden Schröders juristische Unterstützung nicht. Hansen wird im Juli 1981 aus der Partei ausgeschlossen; Coppik kommt dem Rauswurf zuvor und tritt Ende Januar 1982 aus der SPD aus.

Gewissermaßen unterhalb all dieser Auseinandersetzungen und Gefechte brodelt ein weiterer Konflikt, von dem nicht wenige meinen, dass er die eigentliche Ursache für die schwere Krise ist, die den Sozialdemokraten das Wasser bis zum Hals steigen lässt. Willy Brandt – Parteivorsitzender, Galionsfigur und auf dem Weg zur lebenden Legende – macht seinem Nachfolger im Kanzleramt die Hölle heiß. Seit er ohne Not seinen Amtssitz geräumt hat, weiß er nicht mehr so recht, was er mit sich und seiner Zeit anfangen soll.

Geboren worden ist Willy Brandt am 18. Dezember 1913 in Lübeck. Er ist ein uneheliches Kind und erhält den Namen Herbert Ernst Karl Frahm. Die Mutter schlägt sich als Konsumverkäuferin durch; seinen Vater hat Brandt nie gesehen. Der vermeintliche Vater seiner Mutter Martha Frahm, Lastwagenfahrer und aktives SPD-Mitglied, übernimmt die Vaterrolle. Trotz dieser bedrückenden familiären Verhältnisse erfährt der Junge die richtige Förderung und erhält als Vierzehnjähriger einen Platz am angesehenen Lübecker Johanneum, einem Reformgymnasium, das er bis zum Abitur 1932 besucht.

Bereits während der Schulzeit schließt er sich der sozialistischen Jugendbewegung an, fällt dort als sprach- und schriftgewandter Wortführer auf, schreibt erste Artikel für den *Lübecker Volksboten*, ein sozialdemokratisches Blatt, und übt sich so im Traumberuf des Journalisten. Chefredakteur Julius Leber wird Ziehvater und Mentor, der dem erst Sechzehnjährigen den Weg in die SPD ebnet. Lange hält es Brandt dort nicht. 1931 wechselt er von den für sein Empfinden zu staatstragend gewordenen Sozialdemokraten zur linksoppositionellen Sozialistischen Arbeiterpartei.

Für sie ist Willy Brandt, wie er sich jetzt nennt, auch im norwegischen Exil tätig, das er im April 1933 nach der Machtübernahme durch die Nationalsozialisten ansteuern musste. Fortan kämpft er mit der Feder gegen die deutsche Diktatur, ist aber auch auf gefährlicher Untergrundmission in Deutschland, Spanien, Frankreich und der Tschechoslowakei unterwegs. Nach der deutschen Besetzung Norwegens muss Brandt im Mai 1940 erneut fliehen, findet in Schweden Unterschlupf, kehrt bald nach der deutschen Kapitulation in seine Heimat zurück und verfolgt als Kriegsberichterstatter den Nürnberger Prozess gegen die Hauptkriegsverbrecher.

Die Wiedereinbürgerung in Deutschland und nicht zuletzt die Fürsprache des SPD-Vorsitzenden Kurt Schumacher schaffen seit 1947 die Voraussetzung für eine schließlich große politische Karriere. Allerdings ist der Weg an die Spitze von zahlreichen Rückschlägen und üblen Verleumdungskampagnen flankiert, die Spuren hinterlassen. Der Aufstieg beginnt mit dem Einzug in den Deutschen Bundestag, dem Brandt ein erstes Mal von 1949 bis 1957 angehört, und der Wahl zum Regierenden Bürgermeister von Berlin im Oktober 1957. Von Anfang an fährt er zweigleisig, profiliert sich in der Partei, ist 1959 maßgeblich an der Formulierung und Durchsetzung des Godesberger Programms beteiligt und bringt es bis zum Februar 1964 als Nachfolger Erich

Ollenhauers zum Vorsitzenden der SPD. Seine Spitzenkandidaturen bei den Bundestagswahlen von 1961 und 1965 bleiben ohne Erfolg, markieren aber einen Anspruch, der eingelöst werden kann, als die SPD bei der Bundestagswahl Ende September 1969 mit knapp 43 Prozent der Stimmen zwar nicht stärkste Kraft wird, aber doch so zulegt, dass sich mit der FDP die erste sozial-liberale Koalition auf Bundesebene bilden lässt.

Seit 1966 hat Willy Brandt als Außenminister der Großen Koalition auch operative Erfahrung auf jenem Gebiet sammeln können, auf dem er sich wie auf keinem zweiten als Bundeskanzler einen Namen machen wird: Die sogenannte neue Ostpolitik, also die innenpolitisch nur mit Mühen durchsetzbare Anerkennung des Status quo in Europa, die zwischen 1970 und 1973 in Verträgen mit der Sowjetunion, Polen, der Tschechoslowakei und nicht zuletzt der DDR festgeschrieben wird, bringt Brandt den Friedensnobelpreis und den Deutschen den Ruf ein, sich endlich mit den Ergebnissen des Zweiten Weltkrieges abgefunden zu haben.

Aber der berufliche und persönliche Marathon fordern einen hohen Preis. Nach der spektakulär gewonnenen vorgezogenen Bundestagswahl vom 19. November 1972, aus der die SPD erstmals seit Gründung der Republik als stärkste Kraft hervorgeht, baut der Kanzler sichtlich ab. Eine Lappalie – ein spät enttarnter DDR-Agent in seiner unmittelbaren Umgebung – veranlasst den zu diesem Zeitpunkt mit sich und seinem Amt überforderten Mann am 5. Mai 1974 schließlich, am folgenden Tag vom Amt des Bundeskanzlers zurückzutreten. Eine übereilte Entscheidung, mit der Brandt zeitlebens zu kämpfen und wohl nie wirklich seinen Frieden gemacht hat. Fortan ergeht er sich in allen möglichen Aktivitäten, schreibt Bücher und Artikel am laufenden Band, engagiert sich in der Sozialistischen Internationale, der er seit 1976 präsidiert, kümmert sich um die Belange der südlichen Halbkugel – und hält seine Partei auf Trab.

Denn keinen Augenblick hat Willy Brandt mit dem Gedanken gespielt, auch vom Vorsitz der SPD zurückzutreten und die Führung an seinen Nachfolger im Kanzleramt zu übergeben. Ganz im Gegenteil ist die starke Position an der Spitze der Partei seit Ende der siebziger Jahre seine schärfste Waffe im Kampf gegen den NATO-Doppelbeschluss und damit gegen Helmut Schmidt. Bei allen Verdiensten, die sich Willy Brandt in diesen bewegten Jahren erwirbt, als er die SPD für linke und alternative Kräfte öffnet und um deren Integration kämpft: Wenn es um die vieles, wenn nicht alles entscheidende Frage des NATO-Doppelbeschlusses geht, lässt Brandt keinen Zweifel, auf welcher Seite jenes Grabens er steht, der sich quer durch die Gesellschaft und die eigene Partei zieht.

Zwar tritt er, solange Schmidt noch im Amt ist, nicht auf den Großdemonstrationen gegen die »Nachrüstung« auf, aber das ändert sich mit dem Regierungswechsel im Herbst 1982: Auf der letzten großen Massenkundgebung dieser Art im Oktober 1983 erscheint Willy Brandt – unangemeldet und, wie sich zu seinem Kummer zeigt, nicht gerade euphorisch begrüßt. Aber natürlich wussten auch zwei Jahre zuvor alle, Kanzler Schmidt eingeschlossen, dass der Parteivorsitzende mit jenen 250 000 Teilnehmern sympathisiert, die sich am 10. Oktober 1981 zur bis dahin größten Demonstration in der Geschichte der Bundesrepublik im Bonner Hofgarten eingefunden haben. Zu den rund 1000 Verbänden und Vereinen, die dazu aufgerufen haben, gehören die Jusos, und unter den Teilnehmern werden unter anderen Erhard Eppler, Bundesminister für wirtschaftliche Zusammenarbeit in der Ära Brandt, und Gerhard Schröder gesichtet.

Keine Frage, der Bundestagsabgeordnete aus Hannover steht in diesem Konflikt eindeutig auf der Seite des Parteivorsitzenden. Wie die meisten Sozialdemokraten seiner Generation zählt er zu dessen Bewunderern. Wobei im Falle Schröders neben dem Respekt für die politischen Leistungen des Mannes natürlich auch eine Rolle spielt, dass er weiß, was es bedeutet, in einfachste Lebensumstände hineingeboren zu werden und sich unter solchen Umständen zu behaupten, durchzusetzen und nach vorn zu kämpfen. Allerdings hatte Willy Brandt immerhin noch im Milieu der sozialdemokratischen Arbeiterbewegung und der sozialistischen Jugend ein Zuhause und damit einen Halt, war dank des Stipendiums in gewisser Weise sogar privilegiert. Gerhard Schröder kannte nichts von alledem.

Erstmals persönlich begegnet ist Schröder dem Vorsitzenden der SPD, als dieser sich 1969 zum dritten Mal um das Kanzleramt bewirbt und der Jungsozialist als Wahlkampfhelfer tätig ist. Nach den Wahlen von 1969 und 1972 ist er dabei, als Willy Brandts Anhänger vor der Bonner »Baracke« mit Fackeln die Siege feiern. Und er bleibt wie die meisten seiner Generation – nicht nur in den Reihen der Sozialdemokraten – tief beeindruckt von der Geste des 7. Dezember 1970. Kanzler Willy Brandt ist damals mit großem Gefolge zur Unterzeichnung des deutsch-polnischen Grenz- und Gewaltverzichtsvertrages in Warschau. Wie zuvor am Grabmal des Unbekannten Soldaten ist auch am Mahnmal für die Opfer des Aufstandes im Warschauer Ghetto eine Kranzniederlegung vorgesehen, als das Zeremoniell eine unerwartete Wendung nimmt und der Bundeskanzler spontan vor dem Mahnmal niederkniet. Ausgerechnet Willy Brandt, der in der Zeit des »Dritten Reiches« gewiss nicht zu den Tätern, sondern zu den Opfern der deutschen Diktatur gezählt hatte.

Häufig gesehen hat Schröder den viel Beschäftigten in seinen frühen Jahren nicht. Vier-Augen-Gespräche sind eine seltene Ausnahme. Bis er Mitte der achtziger Jahre zu einem der Hoffnungsträger der Sozialdemokraten wird, ist Schröder für den Parteivorsitzenden einer von vielen. Ungeachtet seines Bekanntheitsgrades, den er seiner Zeit als Juso-Vorsitzender verdankt. Dann ändert sich das, und wie sich Schröder später erinnert, erlebt er jetzt den gut drei Jahrzehnte Älteren »als einen außerordentlich widersprüchlichen Menschen ... Gelegentlich unnahbar bis zur Missachtung des Gegenübers, konnte er andererseits mit humorvoller Zuwendung auf andere eingehen. Was mich aber vor allem an ihm faszinierte, war sein Gespür für politische Entwicklungen in unserer Gesellschaft.«[57]

Schröders mitunter variierte, im Kern aber immer wiederholte Feststellung, dass Willy Brandt »geliebt«, Herbert Wehner »verehrt« und Helmut Schmidt »respektiert« worden sei, kann man durchaus auch so lesen, dass der Respekt vor »Willy« bei den jüngeren Genossen gelegentlich zu wünschen übrig ließ oder jedenfalls nicht so ausgeprägt war wie gegenüber dem Nachfolger im Amt des Bundeskanzlers, dem Gerhard Schröder 2002, da er selbst in der Verantwortung als Kanzler und Parteivorsitzender steht, bescheinigt: »Helmut Schmidt hat unsere Partei ... gleichsam die Normalität der Machtausübung gelehrt: pragmatisch und mit Augenmaß ... Für Brandt ... war es nicht leicht, den meist akademisch geprägten Zuzug aus den Reihen der Achtundsechziger ... zur notwendigen Disziplin einer Regierungspartei zu erziehen.«[58]

Dass Willy Brandt in seinen 1989 erschienenen *Erinnerungen* Gerhard Schröder nicht einmal erwähnt und ihn damit ebenso ignoriert wie Björn Engholm, Rudolf Scharping oder Oskar Lafontaine, den Willy Brandt immerhin zeitweilig als Nachfolger erkoren hat und auf den er jetzt gerade einmal zwei Halbsätze verwendet, hat einen einfachen Grund: Gattin Brigitte Seebacher-Brandt führt die Regie und in weiten Partien, schreibend und redigierend, auch die Feder. Entsprechend schlecht kommen die Herren in jenem *Willy Brandt* betitelten Buch weg, das Brigitte Seebacher, die inzwischen ihren Beinamen entsorgt hat, 2004 vorlegt. Das Stück, das mithin während der Kanzlerschaft Schröders erscheint und eine problematische Mixtur aus Biographie und Autobiographie darstellt, ist nicht nur eine Abrechnung mit der SPD, die Willy Brandt immerhin ein Vierteljahrhundert mit Leidenschaft geführt hat, sondern auch der ungenierte Versuch einer politischen Verortung und Vereinnahmung.

Was immer Willy Brandt später über Gerhard Schröder gedacht oder auch nicht gedacht haben mag, sicher ist, dass der niedersächsische Abgeordnete in den Wochen und Monaten, in denen der Machtkampf zwischen Brandt und Schmidt teils hinter den Kulissen, teils auf offener Bühne ausgetragen wird, auf der Seite des Parteivorsitzenden zu finden ist. Der betreibt seine eigene Raketendiplomatie und fliegt Ende Juni 1981 nach Moskau, um mit dem Generalsekretär des ZK der KPdSU Leonid Breschnew über den NATO-Doppelbeschluss zu sprechen. Zwar weist er dabei die Kritik am Bundeskanzler ausdrücklich zurück,[59] doch lässt er nach seiner Rückkehr die Bundesbürger wissen, dass Breschnew um den »Weltfrieden« zittere.[60] Schröder gehört zu denen in der SPD, die Willy Brandts Moskau-Expedition als »großes Verdienst« preisen.[61]

Da ist es konsequent, dass er sich selbst vor Ort einen Eindruck verschaffen will. Ende Januar 1982 reist Gerhard Schröder mit anderen linken Sozialdemokraten, darunter die Bundestagsabgeordneten Konrad Gilges, Renate Schmidt und Ottmar Schreiner, nach Moskau, um sich von führenden Abrüstungs- und Westexperten in ihrer Ablehnung einer Umsetzung des Doppelbeschlusses bestärken zu lassen.[62] Es ist nicht seine erste Expedition in dieser Angelegenheit. Schon im März 1980 ist er an der Spitze einer Juso-Delegation und von der Öffentlichkeit unbemerkt dort gewesen und hat mit der Leitung des Komitees der Jugendorganisation der UdSSR gesprochen. In dem von Gerhard Schröder unterzeichneten Kommuniqué vom 27. März 1980 finden sich auch Partien von außenpolitischer Relevanz und Brisanz, wie der irritierte Botschafter in Moskau, Hans-Georg Wieck, an das nicht minder irritierte für Abrüstung und Rüstungskontrolle zuständige Referat 220 des Auswärtigen Amtes drahtet. Dort missfällt den Diplomaten vor allem die »volle« Übernahme der sowjetischen Position durch Schröder, »die von einem bestehenden annähernden Gleichgewicht« bei den Mittelstreckenwaffen ausgeht.[63]

Später hat Gerhard Schröder seine Sicht der Dinge und vor allem seine eindeutige Stellungnahme zugunsten Brandts selbstkritisch in Zweifel gezogen und sich – inzwischen Nachfolger Brandts und Schmidts im Amt des Bundeskanzlers – öffentlich korrigiert: »In dieser zugespitzten Diskussion war die friedensbewegte Linke in- und außerhalb der Partei nicht mehr zu bändigen. Brandt selber neigte der Meinung zu, man komme ohne die ›Pershing‹ aus. Damit aber brach die innerparteiliche Mehrheit für Helmut Schmidt endgültig fort. Die Geschichte gab dem Kanzler Schmidt am Ende recht: ich sage dies, mein eigenes Urteil in jenen Jahren bewusst korrigierend.«[64]

Inzwischen weiß Schröder aus eigener Erfahrung, was es heißt, wenn ein Bundeskanzler bei einer weitreichenden außenpolitischen Entscheidung von den eigenen Leuten im Stich gelassen wird. Auch wenn er in den frühen achtziger Jahren wie die meisten seines Sinnes im Parlament davon absieht, gegen den Kanzler zu sprechen oder gar gegen ihn zu stimmen, schwächen ihre publizistischen Attacken dessen Position doch erheblich – parteiintern, in der innenpolitischen Auseinandersetzung und nicht zuletzt gegenüber den Verbündeten. Schmidt ist damals außer sich und sagt am 14. Januar 1982 vor dem Bundestag – auch an seine Partei gerichtet –, dass man nicht so tun solle, »als ob vorhandene sowjetische SS-20-Raketen, die auf Ziele auch in Deutschland gerichtet sind, weniger gefährlich seien als amerikanische Raketen, die es hier noch gar nicht gibt«.[65]

Die Genossen, unter ihnen der Parteivorsitzende Willy Brandt und der Abgeordnete Gerhard Schröder, der sich den Termin dick in seinem Kalender notiert hat,[66] staunen nicht schlecht, als fast auf den Tag genau ein Jahr darauf ausgerechnet der französische Präsident diese Sicht der Dinge bestätigt. Immerhin ist François Mitterrand Sozialist und zudem im Mai 1981 mit Unterstützung der Kommunisten ins Amt gekommen. Jetzt schreibt er den deutschen Abgeordneten anlässlich des 20. Jahrestages der Unterzeichnung des Élysée-Vertrages ins Stammbuch: »Wer immer auf ›Abkoppelung‹ des europäischen Kontinents vom amerikanischen setzt, stellt … das Gleichgewicht der Kräfte und damit die Erhaltung des Friedens in Frage.«[67]

Aber da sitzt Schmidt schon nicht mehr auf der Regierungsbank. Im Grunde ist das gesamte Jahr 1982 für die sozial-liberale Koalition und ganz besonders für Helmut Schmidt eine einzige Hängepartie. Zumal er gesundheitlich schwer angeschlagen ist. Wohl gelingt dem Kanzler am 5. Februar 1982 noch einmal der Befreiungsschlag, als ihm eine deutliche Mehrheit der Abgeordneten im Bundestag das Vertrauen ausspricht. Und auch der sich im April anschließende Münchener Parteitag ist auf den ersten Blick ein Erfolg, weil sich die Genossen, Gerhard Schröder inklusive, in den Fragen der Kernenergie und der Nachrüstung hinter der Führung scharen.

Allerdings ist die delikate Abstimmung über die Stationierung neuer amerikanischer Raketen wohlweislich auf den spätestmöglichen Zeitpunkt, nämlich auf den Herbst 1983, verschoben worden, wo ein Sonderparteitag – eben jener dann in Köln abgehaltene – darüber befinden soll. Auch wissen die meisten der Anwesenden ziemlich genau, dass die Beschlüsse des Parteitages zur Beschäftigungspolitik, mit denen man jedenfalls einen Teil der 1,8 Millionen Arbeitslosen von der Straße bekommen will, keine Chance haben, in Regierungshandeln umgesetzt zu werden. Und das liegt dieses Mal nicht an der parteiinternen Opposition, sondern am Koalitionspartner. Die Freien

Demokraten, allen voran ihr Vorsitzender Hans-Dietrich Genscher, scharren vernehmlich mit den Hufen. Ihnen passt die Linie nicht, auf die der Kanzler sowohl in Rüstungs- als auch in wirtschaftlichen und sozialpolitischen Fragen durch die Linken in seiner Partei und Fraktion gezwungen wird.

Ausschlaggebend für den Bruch sind dann von Genscher und seinen Leuten als unbegehbar konstruierte Brücken in der Wirtschafts- und Sozialpolitik. Hintergrund ist die schwere Rezession, die wiederum auch eine Folge der sogenannten zweiten Ölkrise ist: Ausgelöst durch den Sturz des Schah-Regimes im Iran, den Einmarsch der Sowjets in Afghanistan, dann auch den Irakisch-Iranischen Krieg, verteuert sich die Einfuhr von Rohöl und Mineralölerzeugnissen 1979 und 1980 um jeweils 45 Prozent. Im selben Zeitraum dreht die Leistungsbilanz kräftig ins Minus. Da bleibt nicht mehr viel sozialpolitischer Spielraum. Findet die FDP.

Schon die Beratungen über den Haushalt 1983 haben für die Zukunft der lethargischen sozial-liberalen Koalition nichts Gutes erahnen lassen. Im Spätsommer 1982 reicht dann der kleinere Partner die Scheidung ein. So nämlich empfinden die Sozialdemokraten, nicht zu Unrecht, die Vorlage des vierunddreißigseitigen »Konzepts für eine Politik zur Überwindung der Wachstumsschwäche und zur Bekämpfung der Arbeitslosigkeit«, das in der Grundsatzabteilung des Wirtschaftsministeriums unter Leitung von Ministerialdirektor Hans Tietmeyer, dem späteren Bundesbankpräsidenten, erarbeitet worden ist und am 9. September 1982 von Wirtschaftsminister Otto Graf Lambsdorff dem Bundeskanzler zugestellt wird. Die Marschrichtung ist klar: Eine wachstumsorientierte Wirtschaftspolitik muss tiefe Einschnitte ins soziale Netz, insbesondere beim Arbeitslosengeld, vornehmen, aber zum Beispiel auch das Mutterschaftsurlaubsgeld mehrere Jahre aussetzen, wenn nicht ersatzlos streichen und Eingriffe beim BAföG und beim Wohngeld vornehmen.[68]

Schmidt weiß, was die Liberalen wollen, und natürlich weiß er auch, dass der Oppositionsführer im Deutschen Bundestag nur auf das Signal wartet. Helmut Kohl will Kanzler werden, und dafür braucht er einen Partnertausch der Freien Demokraten. Am 17. September stellt Schmidt den FDP-Vorsitzenden, Vizekanzler und Außenminister Genscher zur Rede. Der ahnt, was die Stunde geschlagen hat, kommt wie auch die übrigen drei FDP-Minister umgehend um seine Entlassung ein und so dem Rauswurf durch den Kanzler zuvor, der jetzt auch das Außenministerium übernimmt und nichts weiter tun kann, als abzuwarten. Denn die Initiative liegt nicht mehr bei ihm, sondern beim Herausforderer Helmut Kohl und seinem prospektiven liberalen Koalitionspartner. Am 1. Oktober 1982 ist es dann so weit. Von den 495 Abgeordneten des Deutschen Bundestages sprechen 256 dem amtierenden Kanzler das Misstrauen aus und wählen den CDU-Vorsitzenden zu seinem Nachfolger. Es ist das erste Mal in der inzwischen dreiunddreißigjährigen Geschichte der Bundesrepublik Deutschland, dass ein konstruktives Misstrauensvotum zum Erfolg führt.

Der Pfälzer Helmut Kohl, der am 3. April 1930 in Ludwigshafen das Licht der Welt erblickt hat, ist im wahrsten Sinne des Wortes ein Kind der ausgehenden Weimarer Republik und des »Dritten Reiches«. In einem katholischen Elternhaus aufwachsend, erlebt er als Kind und Jugendlicher ganz unmittelbar und durchaus bewusst, wohin der Ruin eines parlamentarischen Systems und der ungehinderte Aufstieg einer populären Diktatur führen können. Der Tod des älteren Bruders im November 1944 und der Anblick der verwüsteten Heimat, in die er, noch im April 1945 als Hitler-Junge vereidigt, nach dem Krieg zurückkehrt, haben ihn tief geprägt und seinen beruflichen und politischen Lebensweg maßgeblich bestimmt.

In der Geschichte seiner pfälzischen und deutschen Heimat verwurzelt, ist es kein Zufall, dass Kohl nach der Gymnasialzeit neben den Rechts- und Staatswissenschaften vor allem die Neuere Geschichte studiert und in diesem Fach auch im Sommer 1958 an der Universität Heidelberg mit einer Arbeit über die Wiederentstehung der politischen Parteien in der Besatzungszeit promoviert wird. Zu diesem Zeitpunkt ist der Achtundzwanzigjährige nicht nur selbst in dieser Parteienlandschaft engagiert, sondern auf dem Weg zu einer großen Karriere, die er von Anfang an fest im Blick hat. Nur merkt das lange Zeit kaum einer, weil er kein Aufheben davon macht und weil die allermeisten den Pfälzer trotz seiner Statur, der allerdings noch nicht die Massigkeit späterer Jahre anhaftet, schlicht unterschätzen. Während andere einstweilen seinen Machtinstinkt und seinen Ehrgeiz, sein Stehvermögen und seine Dickfelligkeit übersehen, arbeitet er intensiv an jenem Netzwerk vielfältiger und persönlicher Kontakte vor allem in seiner Partei, das ihn auch in bewegten und außerordentlich gefährlichen Zeiten tragen wird.

Seit 1947, also nicht einmal volljährig, in der Jungen Union aktiv, rückte Helmut Kohl 1953 in den Vorstand der pfälzischen CDU, zwei Jahre später in den Landesvorstand von Rheinland-Pfalz auf. Von dort aus erobert Kohl in zwei Jahrzehnten die christdemokratische Partei und baut sie systematisch zu seiner Machtbasis aus. 1959 sitzt er als jüngster Abgeordneter im Mainzer Landtag, 1963 wird der Dreiunddreißigjährige dort Chef der Fraktion. Drei Jahre später übernimmt Helmut Kohl den Landesvorsitz der CDU, 1969 ist er Ministerpräsident von Rheinland-Pfalz. Was er dort in den kommenden Jahren auf die Beine stellt, überzeugt viele auch jenseits der Landesgrenze.

Bald eilt Kohl der Ruf eines Modernisierers voraus, weil er nicht nur seine CDU, sondern auch Rheinland-Pfalz durch überfällige Reformen auf Vordermann bringt.

Inzwischen pfeifen es die Spatzen von den Dächern: Dieser Helmut Kohl will mehr als die Macht in Mainz. Im ersten Anlauf zur Eroberung des CDU-Vorsitzes unterliegt er 1971 noch Rainer Barzel. Doch nachdem der im Frühjahr 1972 mit dem Versuch gescheitert ist, Willy Brandt aus dem Kanzleramt zu vertreiben, ist Kohl am Ziel. Seit 1973 führt er die Bundespartei – und wird von vielen nach wie vor unterschätzt, nicht zuletzt vom politischen Gegner. Die demonstrative, geradezu demütigende Geringschätzung, mit der Kanzler Schmidt den Herausforderer beobachtet, weicht vorsichtiger Distanz, als der in der Bundestagswahl 1976 knapp die absolute Mehrheit verfehlt und ein Ergebnis einfährt, von dem die SPD immer nur geträumt hat. Da ist Kohl gerade einmal sechsundvierzig.

Er hat also Zeit und kann warten, zumal die Gegner innerhalb und außerhalb der eigenen Reihen ihm zuspielen. Erst lernt der brillante Choleriker Franz Josef Strauß, einer seiner schärfsten Kritiker und Gegner im eigenen Lager, in der Bundestagswahl des Herbstes 1980 seine Lektion, und dann zerlegt sich die Regierung selbst: »Die CDU«, sagt der Abgeordnete Gerhard Schröder Ende März 1982, »ist nicht deswegen so stark, weil sie so gut ist, sondern weil wir im Bewußtsein der Leute – unverdientermaßen – schlechter sind als je zuvor.«[69] Fast mit denselben Worten wird er 20 Jahre später die Lage der von ihm geführten rot-grünen Koalition beschreiben.

Und so ist es dann nicht eine Frage des Ob, sondern des Wann und Wie die Sozialdemokraten auf die Oppositionsbänke des Bundestages geschickt werden. Dass sie dort 16 lange Jahre würden ausharren müssen, hat damals kaum jemand für möglich gehalten, schon weil sich praktisch niemand vorstellen konnte, dass ausgerechnet dieser Helmut Kohl das Amt des Bundeskanzlers sage und schreibe 16 Jahre lang ausfüllen würde.

Gemessen an seinem Vorgänger im Amt des Bundeskanzlers fällt der Neue dramatisch ab. Schmidt war ein kühler, schneidiger Machtmanager und scharfzüngiger Rhetor, ein Kosmopolit und Medienstar mit profunder Bildung und gutem Englisch. Das alles ist Helmut Kohl nicht. So intelligent und gebildet er auch sein mag, den intellektuellen Überflieger gibt er nicht, wirkt in Erscheinung und Rede unbeholfen und schwerfällig, altmodisch und provinziell. Selbst nach dem Coup des Oktobers 1982 wird er noch unterschätzt – vom politischen Gegner wie vom politischen Freund, von den Medien wie von weiten Teilen der Öffentlichkeit. Das ist ein Fehler. Denn davon, wie man Macht erwirbt und erhält, versteht Kohl eine Menge.

Zu denen, die das früh spüren und deshalb nicht dazu neigen, den neuen Kanzler falsch einzuschätzen, gehört Gerhard Schröder. Weil er Helmut Kohl genau beobachtet und weil er ihm in dieser Hinsicht erstaunlich ähnlich ist. Zwar hat er Anfang Februar 1982, als Helmut Schmidt im Bonner Parlament die Vertrauensfrage an die eigenen Leute richtete, im Fernsehen gegen den »Gimpel Kohl« gepoltert. Aber das war Polemik. Schröder zählt zu den wenigen, die schon früh vor einer Unterschätzung des schwergewichtigen Pfälzers warnen.

Zum Beispiel Anfang Oktober 1985, als der »SPD-MdB Gerhard Schröder« im *Spiegel* einen Sammelband über den seit drei Jahren amtierenden Kanzler rezensiert: »Ich will nicht verhehlen, daß etliche seiner Auftritte, etliche seiner Aussagen mich ebenfalls zum Lachen gereizt haben. Diese Mischung aus Selbstgefälligkeit und Verdrängungskunst, die Kohl wie kein anderer Kanzler vor ihm beherrscht, dieser augenfällige Widerspruch zwischen Anspruch und Realität ist vielfach wirklich erheiternd. Nur: Ich halte es für völlig falsch, diesen Mann zu unterschätzen, ihn zur Karikatur ..., gar zur Witzfigur zu machen.«[70]

Polemik ist da kaum im Spiel, wohl aber ein Sinn für die Realitäten in der Politik und nicht zuletzt eine Spur von Respekt. Dabei bleibt es. Viele Jahre später, im Frühjahr 1998, als sich Schröder auf den entscheidenden Machtkampf gegen Kohl vorbereitet, kommentiert er die wenig schmeichelhaften Auslassungen des Kanzlers zu seiner Person: »Ich glaube, was Helmut Kohl über andere, so auch über mich sagt, das soll man nicht so ernst nehmen. Das ist das Granteln eines alten Mannes, der spürt, daß seine Zeit sich überlebt hat. Und deswegen gehe ich immer sehr freundlich mit den Charakterisierungen des Helmut Kohl um, verliere trotzdem meinen Respekt vor ihm nicht. Das will ich auch gerne beibehalten ...«[71] Er hat es beibehalten, über den Amtswechsel im Herbst 1998 und den Verlust der Kanzlerschaft im Herbst des Jahres 2005 hinaus. Umgekehrt hat das nicht gegolten. Helmut Kohl, der spätestens seit 1994 wusste, dass Schröder ihm gefährlich werden würde, hat den Verlust der Macht nie verwunden und seinem Nachfolger den Respekt stets versagt.

Vielleicht sind sich die beiden Machtmenschen ähnlicher, als sie selbst es wahrhaben wollen. Zeitgenössische Beobachter sehen da wohl klarer. Jedenfalls stellt Gunter Hofmann in der *Zeit* im Sommer 1995 fest, dass Schröder nicht gerade »leidet ..., wenn er verglichen wird mit den Großen, mit Strauß oder Schmidt oder dem Machtinstinktmenschen Kohl ... Macht wollen, das ist die Leitmelodie ... Warum möchte er überhaupt Kandidat werden, mit ähnlicher Unbedingtheit wie früher der junge Kohl? ... In der Logik des politischen Engagements liege es doch, daß man sich das nächste Ziel vornehme, wenn man eines erreicht hat, hört man ... bei Schröder als Versuch einer Antwort heraus.«[72]

Mit der Abwahl Helmut Schmidts durch die Opposition ist zugleich die letzte Hemmschwelle aus dem Weg geräumt, die bislang einer offenen innerparteilichen Kritik am NATO-Doppelbeschluss im Wege stand. Auch für Gerhard Schröder. Allerdings bleibt er im Plenum um eine an der Sache orientierte Argumentation bemüht, und manches von dem, was er vorträgt, hätte in der aufgewühlten und phasenweise hochemotionalen Auseinandersetzung dieser Wochen und Monate ein offenes Ohr verdient. So die Beobachtung, die der Abgeordnete aus Hannover nicht zufällig während der abschließenden Debatte über den Bericht der Enquete-Kommission »Jugendprotest im demokratischen Staat« vorträgt: »Die Entschlossenheit zur Stationierung, von der man glaubt, sie nach außen demonstrieren zu müssen, verbaut nach innen die Möglichkeit, Kompromißbereitschaft zu signalisieren und Kompromisse tatsächlich zu machen. Eben weil der äußere Gegner angeblich unter massivsten Druck gesetzt werden muß, geschieht beinahe zwangsläufig – das ist das Tragische daran – das gleiche mit den Stationierungsgegnern im Innern.«[73]

Als der Deutsche Bundestag am 22. November 1983 über die Umsetzung des Beschlusses, also den Beginn der Raketenstationierung in der Bundesrepublik, zu entscheiden hat, lässt Schröder keinen Zweifel an seinem Votum. Inzwischen gilt er zum Beispiel den Beobachtern der *Frankfurter Allgemeinen Zeitung* als »einer der angeseheneren Mitglieder der Linken in der SPD-Bundestagfraktion«.[74] Erkennbar bemüht, die »historische Leistung« Helmut Schmidts namentlich »in der Doppelkrise um Afghanistan und Iran« angemessen zu würdigen, stellt er nunmehr auch im Parlament fest, dass er die Raketenpolitik für falsch gehalten hat und für falsch hält.[75] Drei Tage zuvor, am 19. November 1983, hat er zur überwältigenden Mehrheit der 400 Delegierten gehört, die auf einem Sonderparteitag in Köln gegen die Umsetzung des NATO-Doppelbeschlusses stimmen. Lediglich 14 Delegierte, unter diesen der Altkanzler Schmidt, votieren dafür. So gesehen hat Gerhard Schröder doch einmal seine Hand gegen Helmut Schmidt gehoben, aber eben nicht zu einer Zeit, als der noch Kanzler war.

Dass Schmidt seit Anfang Oktober 1982 nicht mehr Kanzler ist, hat Schröder zwar in Kauf genommen, aber natürlich nicht gewollt, als er gegen die Raketen zu Felde zog. Wer 1981 und 1982 genau hinhört, vernimmt vielmehr immer auch den Taktiker und Pragmatiker, der im selben Atemzug mit dem frontalen publizistischen Angriff auf den vermeintlich falschen Kurs der eigenen Regierung feststellt, dass auch die »außerparlamentarische Friedensbewegung ... ein Interesse daran haben« muss, diese »im Amt zu halten«.[76] Und weil er nur zu gut weiß, dass auch die friedensbewegte Linke innerhalb der eigenen Partei, ihn selbst eingeschlossen, einen erheblichen Anteil daran hat, dass die Regierung Schmidt zu Beginn des Jahres 1982 sturmreif geschossen ist, versucht er in letzter Minute das Steuer herumzureißen. Ende März 1982 fordert er »diejenigen in der SPD, die sich zur Linken zählen, eindringlich« auf, »sich zu überlegen, was es bedeutet, wenn sie sagen, wir müssen in die Opposition gehen«.[77]

Auch Helmut Kohl weiß natürlich, was das bedeutet, und geht davon aus, dass die Sozialdemokraten durch den Machtverlust derart verunsichert sein werden, dass sie eine Wahlschlacht kaum mit Aussicht auf Erfolg durchstehen können. Und so hat er noch vor der Entscheidung im Bundestag angekündigt, die neue christlich-liberale Koalition durch vorgezogene Wahlen bestätigen zu lassen. Dazu muss er die Vertrauensfrage stellen, und das heißt: Wenige Wochen, nachdem er seinen Vorgänger mithilfe des konstruktiven Misstrauensvotums aus dem Amt befördert hat, will er jetzt das Parlament einschließlich der eigenen Fraktion dazu bringen, ihm selbst das Vertrauen zu entziehen beziehungsweise zu verweigern. Ein verfassungsrechtlich nicht unbedenkliches Verfahren, das auch Willy Brandt im September 1972 schon einmal angewandt hatte.

Gerhard Schröder gehört zu denen, die sich ohne Wenn und Aber für diesen »Weg über Artikel 68« des Grundgesetzes aussprechen: »Ich halte es für richtig«, schreibt er Ende Oktober 1982, »davon auszugehen, daß der Artikel 68 GG wie alle derartigen Verfassungsnormen strikt formal gehandhabt werden muß. Das heißt, daß es zunächst darauf ankommt, ob dem Bundeskanzler das Vertrauen ausgesprochen wurde oder nicht. Steht fest, daß er das Vertrauen der Mehrheit nicht erhalten hat, ist es gleichgültig, aus welchen Motiven die Abgeordneten gehandelt haben. Eine Motivforschung ist nicht zulässig.«[78] Genau so wird Gerhard Schröder 23 Jahre später als Bundeskanzler argumentieren.

Schröders verfassungsrechtliche Argumentation ändert nichts an seiner politischen Einschätzung, dass es um die Chancen der SPD schlecht bestellt sein wird. Da ist er sich mit Helmut Kohl einig. Als Ende März 1982 in den eigenen Reihen laut darüber nachgedacht wurde, die Flucht nach vorn anzutreten und Neuwahlen anzustreben, hatte er das als »verheerend« bezeichnend.[79] Denn erst wenige Tage zuvor, am 21. März 1982, hatte die Wahl zum

Niedersächsischen Landtag gezeigt, was die Wähler von den Darbietungen der Sozialdemokraten in den Dämmerstunden der Ära Schmidt hielten. Schlimm genug, dass die SPD beinahe 6 Prozent der Stimmen verloren hatte, aber dass die CDU die absolute Mehrheit und im Übrigen 87 der 100 Wahlkreise direkt holen konnte, war ein Debakel.

Nachdem Kohl ins Kanzleramt eingezogen ist, glaubt Schröder erst recht nicht mehr an ein passables Abschneiden seiner Partei im Bund, von einem Sieg gar nicht zu reden. So oder so muss er früher als gedacht wieder in den Wahlkampf. Natürlich ist er in den vergangenen beiden Jahren immer auch in seinem Wahlkreis unterwegs gewesen, hat zum Beispiel im August 1981 die parlamentarische Sommerpause »auf ungewöhnliche Art zu Weiterbildung«[80] genutzt, um sich eine Woche lang auf einem Bauernhof zu verdingen und Einblick in die Probleme eines landwirtschaftlichen Familienbetriebs zu gewinnen. Auch im aufziehenden Wahlkampf greift Schröder zu dem ein oder anderen unkonventionellen Mittel. So verzichtet er auf das übliche Wahlplakat mit seinem Konterfei, wendet sich mit der Begründung, »irgendwo« müsse ein Anfang gemacht und dem Argument solle der Vortritt vor der Hochglanzbroschüre gelassen werden, an die Wähler des Wahlkreises Hannover-Land I und spendet die solchermaßen eingesparten 2000 D-Mark für behinderte Kinder.

Ein durchschlagender Erfolg ist diesem und anderen Manövern nicht beschieden: Als am Abend des 6. März 1983 ausgezählt wird, bringt es Gerhard Schröder in seinem Wahlkreis Hannover-Land I auf 44,6 Prozent der Stimmen. Das bedeutet nicht nur eine Niederlage im direkten Kräftemessen mit dem Kandidaten von der CDU, sondern auch einen Verlust von 5,4 Prozent der Erststimmen und damit des Direktmandats. Den neuerlichen Einzug in den Bundestag schafft Schröder nur dank seiner guten Platzierung auf der Landesliste seiner Partei.

Das ist bitter, zumal sein persönlicher Verlust noch über dem Durchschnitt der Gesamtpartei liegt, die 4,7 Prozentpunkte verliert und es jetzt auf 38,2 Prozent der Stimmen bringt. Andererseits hätte es noch viel schlimmer kommen können, wenn man den desaströsen Zustand der deutschen Sozialdemokratie bedenkt. Wenn die Öffentlichkeit auch nicht weiß, was sich Helmut Schmidt und Willy Brandt nach dem Regierungswechsel brieflich um die Ohren hauen,[81] ist das tiefe Zerwürfnis doch unübersehbar.

Unter solchen Umständen war es schwierig genug, kurzfristig überhaupt einen geeigneten Kanzlerkandidaten zu finden. Helmut Schmidt mochte und konnte wohl auch nicht mehr, obgleich ihm die Fraktion einstimmig eine erneute Kandidatur angetragen hatte. Wie hätte er auch im wenig wahrscheinlichen Falle eines Wahlsieges regieren sollen – mit einer Partei, die ihm in weiten Teilen die Gefolgschaft verweigert hatte? Und mit welchem Koalitionspartner? Etwa mit CDU/CSU und FDP, die ihn soeben gestürzt haben, oder gar mit den Grünen, die zu den lautesten Kritikern seiner Außen- und Sicherheitspolitik zählen? Also hat Schmidt dankend abgelehnt, und Johannes Rau, der Ministerpräsident von Nordrhein-Westfalen, tat es ihm unter Hinweis auf die Folgen für die SPD in seinem Bundesland gleich. Weil sich mithin der »Andrang anderer Bewerber … in engsten Grenzen« hielt, hatte Hans-Jochen Vogel es auf sich genommen, die Genossen in das nicht sonderlich aussichtsreiche Gefecht zu führen.[82]

Vogel, am 3. Februar 1926 in Göttingen geboren und damit gut vier Jahre älter als der herausgeforderte Kohl, teilt mit diesem das elementare Erlebnis von Krieg und Untergang des Deutschen Reiches, allerdings mit dem entscheidenden Unterschied, dass er sich nach dem Abitur im Sommer 1943 noch freiwillig zur Wehrmacht gemeldet und bis zum bitteren Ende, zuletzt als Unteroffizier, seinen Dienst getan hat. Nach dem Studium der Rechtswissenschaften, das er mit dem zweiten Staatsexamen und der Promotion abschließt, tritt Vogel 1952 in den bayerischen Staatsdienst ein. Parallel engagiert er sich in der SPD, der er 1950 beigetreten ist. Als er 1970 in den Bundesvorstand der Partei gewählt wird, blickt er bereits auf eine beachtliche politische Karriere zurück.

Im März 1960 hat Hans-Jochen Vogel, gerade einmal 34 Jahre alt, mit 64 Prozent der Stimmen die bayerische Hauptstadt erobert, es zum Münchener Oberbürgermeister gebracht und den Sozialdemokraten die Gewissheit vermittelt, dass dem »Genossen Trend« die Zukunft gehöre, weil sich bei den Kommunalwahlen eine klare Tendenz zugunsten der SPD abzeichnete.[83] Die bundespolitische Karriere beginnt im Herbst 1972 mit der Wahl in den Bundestag und der Ernennung zum Minister für Raumordnung, Bauwesen und Städtebau, gefolgt vom Amt des Justizministers in der Ära Schmidt. Das fünfmonatige Intermezzo als Regierender Bürgermeister von Berlin in der ersten Jahreshälfte 1981 bestätigt einmal mehr, dass Vogel loyal zur Stelle ist, wenn die Partei in Bedrängnis gerät und ihn ruft. Ein Volkstribun ist der wegen seines bürokratischen, aktenbezogenen Stils gelegentlich belächelte und unterschätzte Wahl-Münchener gewiss nicht, auch fehlen ihm das Charisma eines Willy Brandt oder die Autorität eines Helmut Schmidt. Hans-Jochen Vogel gilt als Integrationsfigur und Brückenbauer. Er gebe den Sozialdemokraten das Gefühl, dass er sie brauche, sagt Gerhard Schröder im November 1982: »Das kommt an.«[84] Nein, eine Verlegenheitslösung ist er gewiss nicht –

weder als Kanzlerkandidat noch an der Spitze der SPD-Fraktion im Bundestag, deren Vorsitz er nach der verlorenen Bundestagswahl am 6. März 1983 von Herbert Wehner übernimmt.

Als Gerhard Schröder mit den anderen Abgeordneten der SPD am 29. März 1983 wieder seinen Sitz im Deutschen Bundestag einnimmt, ist die Fraktion um 26 Abgeordnete geschrumpft: 202 sind es jetzt noch, die neun Berliner eingerechnet. Der Jurist Schröder gehört fortan dem Rechtsausschuss des Parlaments an. Tiefe Spuren hat er weder dort noch im Plenum des Bundestages hinterlassen, weil er sich seit dem Herbst 1983 immer stärker auf die niedersächsische Politik konzentriert. Zu diesem Zeitpunkt ist er in Bonn noch im sogenannten Flick-Untersuchungsausschuss engagiert, in den er von seiner Partei unter anderem gemeinsam mit Peter Struck entsandt worden ist.

Am 19. Mai 1983 beschließt der Deutsche Bundestag – auf Antrag der SPD-Fraktion und gemäß Artikel 44 des Grundgesetzes – die Einsetzung eines Untersuchungsausschusses, der klären soll, »ob – und falls ja in welcher Weise – es der Flick-Konzern unternommen hat, auf Entscheidungen von Mitgliedern des Deutschen Bundestages, der Regierung, der Verwaltung oder sonstiger Stellen der Bundesrepublik Deutschland Einfluß zu nehmen«.[85] Hintergrund sind die mehr oder weniger großzügigen Spenden deutscher Wirtschaftsunternehmen, mit denen die Parteien seit Jahrzehnten ihre klammen Kassen aufzufüllen pflegen. Zwar hat das Bundesverfassungsgericht 1958 steuerbegünstigte Parteispenden untersagt. Doch ist es den Parteien gelungen, den Geldzufluss über in- und ausländische Kanäle weiterhin sicherzustellen. Auch der SPD. Alfred Nau, von 1946 bis 1975 Schatzmeister der Partei und seit 1970 Vorstandsvorsitzender der Friedrich-Ebert-Stiftung, ist ein Meister im Spendensammeln und in der Konstruktion neuer Spendenkanäle, von denen einer über Israel führt. Der Tod Naus im Frühjahr 1983 erspart seiner Partei eine unangenehme Konfrontation mit diesem Kapitel ihrer Geschichte.

Da es alle etablierten Parteien so handhaben, nimmt innerhalb des Politikbetriebs kaum jemand Anstoß an dem Vorgang. Eberhard von Brauchitsch, rechte Hand Friedrich Karl Flicks, über den die Affäre ins Rollen kommt, hat später sogar der Politik als eigentlich treibender Kraft die Verantwortung zugeschoben: »Die permanenten Bitten sämtlicher Parteien und ihrer Schatzmeister um eine neue Spende enthielten im Kern die Aufforderung zu einer freiwilligen Leistung, von der jedermann wußte, daß es Nachteile für das eigene Unternehmen und für die Wirtschaft insgesamt mit sich brachte, falls man der Bitte nicht nachkam.«[86] Ihren Anfang nimmt die Geschichte im November 1981, also noch zu Zeiten der sozial-liberalen Koalition, als der Bonner Staatsanwaltschaft bei der Durchsuchung von Büros des Düsseldorfer Flick-Konzerns Listen mit den Empfängern von Zuwendungen der Konzernspitze in die Hände fallen. Die wiederum stehen in einem Zusammenhang mit dem Verkauf von Daimler-Benz-Aktien im Wert von 1,9 Milliarden D-Mark durch Flick und der Entscheidung des Bundeswirtschaftsministeriums von 1976 und 1978, eine Steuerbefreiung für die Neuanlage des Erlöses aus dem Verkauf von 29 Prozent dieser Aktien zu gewähren. Sind im Gegenzug die im Bundestag vertretenen Parteien mit Spenden bedacht worden?

Der reflexartige Versuch der Fraktionsführungen, die Affäre unter den Teppich zu kehren, scheitert, weil sich vor allem in der SPD-Fraktion Widerstand regt: »Denn was hier ins Auge gefaßt worden ist«, sagt der Abgeordnete Schröder am Ende des Jahres 1981, »verstößt in krasser Weise gegen das Parteienurteil des Bundesverfassungsgerichts.«[87] Schröder ist es auch, der am 19. Mai 1983 im Parlament klug und unpolemisch den Antrag seiner Partei auf Einsetzung des Untersuchungsausschusses begründet. Danach hat der Ausschuss vor allem die Fragen zu klären, »ob von Flick Geld eingesetzt und auf der anderen Seite genommen wurde, um ein bestimmtes politisches Handeln zu beeinflussen«, und ob dem in der Frage der Steuerbefreiung »zur Entscheidung befugten Wirtschaftsminister politisches, ja sogar justitiables Fehlverhalten vorzuwerfen ist«.[88]

Das betrifft konkret Hans Friderichs, der 1977 in die freie Wirtschaft gegangen ist, und seinen Nachfolger Otto Graf Lambsdorff, der auch nach dem Regierungswechsel des Oktobers 1982 als Wirtschaftsminister amtiert. Eine delikate Situation, zumal Lambsdorff Anfang April vor dem Ausschuss einräumt, als Schatzmeister der FDP – wie die Schatzmeister anderer Parteien auch – bewusst gegen das Parteiengesetz verstoßen zu haben. Aber nicht dieses Eingeständnis, sondern der Verdacht, auch als Minister den Geldgebern Vorteile verschafft zu haben, führt dazu, dass der Bundestag am 2. Dezember 1983 seine Immunität aufhebt und Lambsdorff am 27. Juni des kommenden Jahres zurücktritt, nachdem das Bonner Landgericht die Klage wegen Bestechlichkeit zugelassen hat. Als Schuldeingeständnis versteht er das nicht. Im Februar 1987 wird Lambsdorff von diesem schwerwiegenden Vorwurf freigesprochen, allerdings unter anderem wegen Beihilfe zur Steuerhinterziehung zu einer Geldstrafe von immerhin 180 000 D-Mark verurteilt, und kehrt in die Politik zurück. Schröder hat die Haltung Lambsdorffs in dieser Frage wie überhaupt die politische Statur des Mannes imponiert und ihn 1999, als es um die Frage der Entschädigung der Zwangsarbeiter geht, mit Erfolg um Vermittlung mit den zuständigen amerikanischen Stellen gebeten.

Am 19. Mai 1983 – wie der Zufall es will, einen Tag nach dem plötzlichen Tod Alfred Naus – wird der Untersuchungsausschuss des Bundestages eingesetzt. Ihm gehören als Ordentliche Mitglieder unter anderen die Rechtsanwälte Gerhard Schröder und Otto Schily an, der im Bundeshaus der Büronachbar des Hannoveraners ist und die Grünen im Parlament vertritt. Entstanden sind die Grünen aus lokalen Bürgerinitiativen vor allem gegen den Bau neuer Atomkraftwerke. Ein Schwerpunkt der Aktivitäten und Initiativen liegt von Anfang an in Niedersachsen, wo die vereinigte »Grüne Liste Umweltschutz« bei der Landtagswahl vom Juni 1978 auf Anhieb fast 4 Prozent der Stimmen holen kann. Angestoßen durch diesen Erfolg bilden sich im Jahresverlauf in Bremen, Hamburg und Schleswig-Holstein weitere »Grüne Listen«. Anfänglich ist die Zusammensetzung ausgesprochen heterogen. Das Spektrum reicht von konservativen und christlichen Lebensschützern bis hin zu linksextremen Ablegern der vormaligen Achtundsechziger-Bewegung. Entsprechend diffus sind die ersten Programme, sofern es solche überhaupt gibt. Am 10. Juni 1979 nimmt das Listenbündnis »Sonstige Politische Vereinigung/Die Grünen« an der Europawahl teil, scheitert zwar mit 3,2 Prozent an der da noch geltenden Fünf-Prozent-Hürde, kann sich aber immerhin rund 4,5 Millionen D-Mark Wahlkampfkostenerstattung sichern. Vier Monate später gelingt einer »Grünen Liste« bei der Wahl zur Bremer Bürgerschaft mit hauchdünnen 5,1 Prozent erstmals der Einzug in ein Länderparlament.

Es hat seinen Grund, warum die Bundespartei »Die Grünen«, die am 12. und 13. Januar 1980 in Karlsruhe das Licht der Welt erblickt, nicht eine Neu-, sondern eine Umgründung früherer Listenbündnisse ist: So sichert man sich die beträchtlichen Gelder aus den Wahlkampfkostenerstattungen und damit ein solides wirtschaftliches Fundament. Rund 12 000 Mitglieder zählt das rasant wachsende Unternehmen zu diesem Zeitpunkt. Mit ihren Leitthemen Umweltschutz, Anti-Atomkraft und Friedensbewegung positionieren sich die Grünen als junge Bewegung. Groß ist die Enttäuschung, als es bei ihrem ersten Bundestagswahlkampf nicht gelingt, die Jungen für ihre Sache zu mobilisieren. Gerade einmal 1,5 Prozent der Wähler entscheiden sich am 5. Oktober 1980 für die neue Partei. Deutlich besser sieht es bei der vorgezogenen Bundestagswahl des 6. März 1983 aus. 5,6 Prozent können die Grünen dieses Mal holen, und zu den Abgeordneten, die jetzt in den Bundestag einziehen, gehört unter anderem Otto Schily, Schröders Büronachbar und Mitstreiter im Flick-Ausschuss.[89]

Der gebürtige Bochumer, Jahrgang 1932 und aus einer großbürgerlichen Familie stammend, hat nach dem Jurastudium 1963 die Zulassung als Anwalt erhalten und 1968 in West-Berlin seine eigene Kanzlei eröffnet. Früh im SDS engagiert und mit Exponenten der studentischen Linken wie Rudi Dutschke und Horst Mahler befreundet, ist Schily einer breiteren Öffentlichkeit in der Republik ein Begriff, seit er in den siebziger Jahren verschiedentlich Mitglieder der RAF, darunter Mahler, vor Gericht verteidigt hat. Aber nicht in diesem Zusammenhang kreuzen sich erstmals die Wege Schilys und Schröders, denn als dieser die Verteidigung Mahlers übernimmt, hat sich Schily bereits anderen Horizonten zugewandt. Vielmehr ist es der Protest gegen den NATO-Doppelbeschluss, der die beiden zusammenführt.

Während Schröder den Beschluss als Sozialdemokrat, also gewissermaßen von innen her, bekämpft, arbeitet Schily von außen daran, seine Umsetzung zu verhindern. Schily hat 1980 zu den Gründungsmitgliedern der Grünen gehört und rechnet sich der Fraktion der Realpolitiker in der Partei zu, die Koalitionen im Parlament und damit eine Regierungsbeteiligung nicht nur nicht ausschließen, sondern ausdrücklich anstreben. So wie Schröder zu den Sozialdemokraten zählt, die sich schon früh eine wie immer geartete Zusammenarbeit mit der im Übrigen weitgehend gemiedenen neuen Partei vorstellen können. Wie Schröder ist auch Schily ein beliebtes Ziel von Angriffen aller Art aus den Reihen der Regierungskoalition, die in seinem Fall einen Tiefpunkt erreichen, als ein CDU-Abgeordneter, der sich auch gerne auf Schröder einschießt, ihn als »Mini-Goebbels« bezeichnet.[90]

Im Flick-Ausschuss ist Schily ein hartnäckiger und kompromissloser Inquisitor. Als Vertreter der einzigen Partei, die nicht mit mindestens einem Bein im Spendensumpf steckt, weil sie erst Ende der siebziger Jahre das Licht der Welt erblickt hat, muss er auch keine Rücksicht auf mögliche Täter oder Mitwisser in den eigenen Reihen nehmen. Kurz bevor der Untersuchungsausschuss nach insgesamt 86 Sitzungen seine Akten schließt, erstattet Schily am 29. Januar 1986 bei den Staatsanwaltschaften Bonn und Mainz Strafanzeige gegen Bundeskanzler Kohl wegen uneidlicher Falschaussage vor dem Bonner und vor dem Mainzer Untersuchungsausschuss. Dieser Ausschuss des Rheinland-Pfälzischen Landtages tagt eine Zeit lang parallel zu dem des Bundestages. Die Einzelheiten des Verfahrens sind in unserem Zusammenhang nicht von Interesse. Heute wissen wir, dass einige enge Vertraute Kohls, unter ihnen der Schatzmeister der CDU Walther Leisler Kiep, diesen wohl durch Falschaussagen entlastet haben. Jedenfalls werden die Ermittlungen eingestellt.[91] Was wäre andernfalls, wenige Monate vor der Bundestagswahl, wohl aus dem Kanzler und seiner Partei geworden?

Gerhard Schröder, der in den Verhandlungen keine prominente Rolle gespielt und sich vor allem an der Vernehmung von Brauchitschs beteiligt hat,[92] verfolgt den Untersuchungsausschuss inzwischen aus der Ferne. Zwar gehört er nach wie vor dem Deutschen Bundestag an. Auch meldet er sich im Plenum gelegentlich noch einmal in Sachen Spendenaffäre zu Wort und provoziert dort wieder wie gewohnt die schönsten Zwischenrufe und Reaktionen aus den Reihen der Reagierungsparteien – »saudummes Gequatsche«, »Unverschämtheit«, »Tiefpunkt der Verkommenheit« –, als er zu Protokoll gibt, dass nach »den veröffentlichten Rechenschaftsberichten der Parteien … in den Jahren 1969 bis 1983« die »SPD 8 % der Einnahmen, die CDU/CSU 25 % der Einnahmen und die FDP 33 % der Einnahmen« offiziell aus Spenden ausgewiesen haben.[93] Dem Ausschuss selbst gehört er seit dem 18. September 1984 nicht mehr an. Das hat weniger mit einem schwindenden Interesse am Thema des Untersuchungsausschusses zu tun als vielmehr mit den neuen Aufgaben, denen sich der Niedersachse Gerhard Schröder stellen will.

Seit 1984 ergreift er im Parlament zu Themen das Wort, zu denen man ihn bislang wenig, wenn überhaupt vernommen hat. Ganz gleich ob es um die wirtschaftliche Entwicklung des ländlichen Raums, die Futtermittelverordnung, die Perspektiven für den bäuerlichen Betrieb, die Verschuldung in der Landwirtschaft, die aktuelle Lage auf dem Getreidemarkt oder um die Auswirkung der Milchkontingentierung geht, es ist zuverlässig mit einer Wortmeldung des Abgeordneten aus dem Wahlkreis Hannover-Land I zu rechnen. Den Höhe- und Endpunkt dieser Etappe der Bundestagskarriere bildet Ende April 1986 seine lesenswerte Stellungnahme zum Agrar- und ernährungspolitischen Bericht der Bundesregierung, in der sich Schröder vor allem für die Erhaltung der kleinen und mittleren bäuerlichen Betriebe einsetzt.[94]

Der Grund für Gerhard Schröders inhaltliche Neujustierung ist offenkundig: Es zieht ihn in seine niedersächsische Wahlheimat. Dort bläst der Wind den Sozialdemokraten seit 1976 scharf ins Gesicht. Sage und schreibe drei Mal in Serie misslingt ihnen im Frühjahr 1976 der Versuch, einen Nachfolger für den aus Altersgründen zurückgetretenen Ministerpräsidenten Alfred Kubel zu wählen. Dabei haben sie mit ihrem liberalen Partner eine Mehrheit im Landtag von Hannover, eine knappe zwar, aber immerhin die Mehrheit. Gleich zwei Mal scheitert Helmut Kasimier, der Finanzminister mit niedersächsischem Stallgeruch. Nicht besser ergeht es in einem dritten Anlauf Karl Ravens, dem aus Bonn importierten Bundesminister für Städtebau und Wohnungswesen im Kabinett Schmidt. Beiden ist offenbar von den eigenen Genossen ein Bein gestellt worden.

Damit schlägt die Stunde Ernst Albrechts, den zu diesem Zeitpunkt kaum einer auf der Rechnung hat. Albrecht hat Ende Juni 1930 in Heidelberg als Sohn eines Arztes das Licht der Welt erblickt, die Schulzeit in Bremen und Niedersachsen verbracht und nach dem Abitur ein Studium der Philosophie und Theologie absolviert, das ihn über Tübingen hinaus unter anderem in die USA und in die Schweiz führte. Diesem ersten Studium schließt sich ein zweites der Rechts- und Wirtschaftswissenschaften an, das Albrecht 1954 in Bonn mit der Promotion abschließt. Es folgen mehrere berufliche Stationen bei der Montanunion und der Europäischen Wirtschaftsgemeinschaft, zuletzt als Generaldirektor für Wettbewerb bei deren Kommission, und seit 1971 die Tätigkeit als Finanzdirektor bei der Bahlsen Keksfabrik KG in Hannover, bis Ernst Albrecht am 6. Februar 1976 zum Nachfolger des populären Sozialdemokraten Kubel gewählt wird.

Eine beachtliche Karriere mit einem überraschenden vorläufigen Höhepunkt, der nur zu verstehen ist, wenn man den desolaten Zustand der SPD in Hannover kennt. Denn politisch ist der Fünfundvierzigjährige bislang kaum in Erscheinung getreten ist. Zwar gehört Albrecht seit Juni 1970 dem Landtag in Hannover an, war auch von 1971 bis 1974 Stellvertretender Vorsitzender der CDU-Landtagsfraktion und leitet seit 1970 den Parlamentsausschuss für Wirtschaft und Verkehr. Aber ein Berufspolitiker ist er nicht. Albrecht ist ein nüchterner Pragmatiker. Geschickt nutzt er das Durcheinander in den Reihen der Sozialdemokratie, bildet bis zur nächsten regulären Wahl zwei Kabinette – erst eines ohne, dann eines mit der FDP –, kann die CDU im Juni 1978 zum Wahlsieg führen und dank einer absoluten Mehrheit der Sitze eine auf Dauer tragfähige Regierung bilden.

Seither ist er bei den niedersächsischen Christdemokraten unangefochten. Für die Bundespolitik gilt das freilich nicht. Albrechts Versuche, dort zu punkten und sich zum Beispiel 1980 gegen Franz Josef Strauß als Kanzlerkandidat der Unionsparteien zu behaupten, schlagen fehl. Diese Schlappe, aber auch der geschliffene Auftritt des Ministerpräsidenten verleitet manchen Genossen zu abschätzigen, überheblichen Kommentaren. Gerhard Schröder zählt nicht dazu, warnt vielmehr, als er erstmals gegen ihn antritt, vor dessen Verharmlosung »zum lächelnden Keksonkel«.[95] Wie stark seine Stellung in Hannover ist, zeigt der 21. März 1982.

Der neuerliche Sieg des geschmeidigen, eloquenten, stets strahlenden Ministerpräsidenten Ernst Albrecht über den integren, aber blassen Landes- und Fraktionsvorsitzenden Karl Ravens ist für die Sozialdemokraten auch deshalb bitter, weil ihre Niederlage so deutlich ausfällt. Denn alle anderen profitieren von den knapp 6 Prozentpunkten, die der SPD abhandenkommen: die FDP, die – wenn auch mit mageren 5,9 Prozent der Stimmen – nach vier Jahren erneut in den Landtag kommt, die Grünen, die mit einem Stimmenanteil von immerhin 6,5 Prozent erstmalig den Einzug schaffen, und natürlich die CDU, der es sogar als erster Partei in Niedersachsen gelingt, die absolute Mehrheit der Stimmen zu holen.

Folglich kann Ernst Albrecht seine Regierung erneut mit eigenen Leuten stellen, und die können sich sehen lassen. Zwar gehört der drahtige und medienerfahrene Hamburger Walther Leisler Kiep, der einige Jahre als Wirtschafts- und Finanzminister über Niedersachsens Grenzen hinaus von sich reden gemacht hat, nach der Wahl des Frühjahrs 1982 nicht mehr der Regierung an. Doch kann Albrecht Birgit Breuel, die gleichfalls aus Hamburg stammende Ministerin für Wirtschaft und Verkehr, im Kabinett halten und damit zugleich sicherstellen, dass jedenfalls eine – zudem ambitionierte und zunächst auch noch durchsetzungsstarke – Frau für seine Regierung steht. Im Übrigen sorgen bodenständige Niedersachsen wie der Jurist Walter Remmers, der dem Landtag seit 1970 angehört und jetzt das Justizministerium übernimmt, oder Wilfried Hasselmann dafür, dass die Landeskinder am Kabinettstisch ausreichend vertreten sind. Hasselmann ist ein Routinier im politischen Geschäft, gehört nicht nur seit 1969 dem Bundesvorstand der CDU an, sondern er ist auch seit 1968 Landesvorsitzender der Partei, sitzt für diese seit 1963 im Landtag, hat seit 1965 diverse Ministerposten bekleidet und amtiert seit 1976 als Minister für Bundesangelegenheiten und Stellvertreter Albrechts.

Und Niedersachsens Sozialdemokraten? Was haben sie nach dieser bitteren Niederlage vom März 1982 zu bieten? Immerhin ist das Land bis Anfang 1976 fast durchgängig von ihnen regiert worden, und nach wie vor haben die von der SPD gestellten Ministerpräsidenten Hinrich Wilhelm Kopf und Alfred Kubel einen klingenden Namen. Ist man ehrlich zu sich und den Wählern, besteht das heutige Personal im Wesentlichen aus Leuten, die bei allen Verdiensten einer anderen Zeit angehören, gescheitert sind oder sich auf dem Weg in die Resignation beziehungsweise in den Ruhestand befinden.

Zu diesen gehört Peter von Oertzen, Jahrgang 1924, seit 1946 in der SPD und konflikterprobter Kultusminister der Jahre 1970 bis 1974. Oertzen hatte 1970 Egon Franke in einer Kampfabstimmung aus dem Vorsitz des SPD-Bezirks Hannover vertrieben und stand für einen Neuanfang, politisch ohnehin, aber auch organisatorisch. Viele hatten damals ein Gefühl, als würden endlich die Fenster aufgerissen und frische Luft in die Parteizentrale gelassen. Tatsächlich öffnete der neue Vorsitzende seinen auch in der Bundespolitik vertretenen Maximen folgend die Partei nach links und führte ihr neue Mitglieder und Wähler zu. Für mehr reichte es nicht, vor allem nicht für einen Neuaufbau der nach dem Debakel der gescheiterten Kubel-Nachfolge deprimierten Partei.

Wer immer von Oertzens Stelle einnehmen wird, muss sich diese Aufgabe zutrauen. Als dieser im Herbst 1982 bekannt gibt, im Zuge seines geordneten Rückzugs aus der Politik nicht mehr für den SPD-Bezirk Hannover kandidieren zu wollen, weiß der immer noch recht junge Anwalt und Bundestagsabgeordnete Gerhard Schröder, dass seine Stunde geschlagen hat. Oertzen hat übrigens einen anderen Kandidaten für die Nachfolge ins Auge gefasst, und manch einer rät Schröder in dieser Situation, als Stellvertreter des potentiellen Konkurrenten anzutreten. Aber für den steht fest: »Stellvertreter ist nicht. Entweder ganz oder gar nicht.«[96] Das ist schon damals eines seiner Lebensprinzipien. Und wer es innerhalb von nur zwei Jahren geschafft hat, einen vor der Spaltung stehenden Verband wie die Jusos nicht nur wieder handlungsfähig, sondern auch zu einem gesprächsfähigen Partner der Mutterpartei zu machen, darf sich wohl zutrauen, den noch immer einflussreichen, zudem stärksten SPD-Bezirk in Niedersachsen auf Vordermann zu bringen. Und er sollte es auch schaffen, von dieser konsolidierten Basis aus die Landespartei in eine Position zu manövrieren, aus der heraus sie unter seiner Führung 1986 den amtierenden Ministerpräsidenten aufs politische Altenteil schicken kann.

Ersteres sagt Schröder den Genossen, bevor sie ihn am 1. Oktober 1983 mit 215 Stimmen – bei 26 Gegenstimmen und fünf Enthaltungen – als Nachfolger Peter von Oertzens zum neuen Vorsitzenden des SPD-Bezirks Hannover wählen. Die Delegierten wissen, wen sie sich holen. Also sind sie auch nicht überrascht, als Schröder ihnen unter anderem erklärt, dass sich sein Plädoyer für ein Verbleiben der Bundesrepublik im Atlantischen Bündnis und seine Kritik an der »Militarisierung des außen- und sicherheitspolitischen Denkens«, sprich am NATO-Doppelbeschluss, nicht ausschließen; auch seine Forderung, dass die Arbeit anders organisiert werden müsse, um der Arbeitslosigkeit Herr zu werden, kennen sie; und dass er unter anderem deshalb die Forderung der IG Metall nach Einführung der 35-Stunden-Woche unterstützt, sagt er in diesen Tagen nicht zum ersten Mal.

Aber dass Gerhard Schröder schon das nächste Ziel fest im Blick hat, wissen die allermeisten nicht. Kaum hat er sein Büro an der Odeonstraße 15 bezogen, gibt er auch schon öffentlich seine Bereitschaft zur Spitzenkandidatur bei der Landtagswahl 1986 bekannt. Am 12. Oktober 1983 erscheint in der *Hessischen/Niedersächsischen Allgemeinen* ein Interview mit dem »Ex-Juso-Chef«, in dem dieser mit einer etwas verquirlten Wendung seinen Hut in den Ring wirft: Wer Spitzenkandidat in Niedersachsen werden wolle, der brauche »viel Mut und die Bereitschaft, zu arbeiten. Beides ist bei mir vorhanden.« Natürlich weiß der Kandidat in spe um die erheblichen Widerstände. »Ich glaube nicht, daß ich unter den gegenwärtigen Bedingungen im Landesvorstand meiner Partei und der SPD-Landtagsfraktion eine Mehrheit fände. Eine Kandidatur von mir stieße im Partei-Establishment nicht auf große Gegenliebe.«[97]

So ist es. Andererseits zählt Schröder nicht mehr zu den Anfängern im politischen Geschäft. Geschult und in gewisser Weise gestählt durch die Grabenkämpfe wie die offenen Feldschlachten der Jusos, weiß er, wie man eine Kandidatur einfädelt. Natürlich hat er zuvor Witterung aufgenommen, das Gelände sondiert und potentielle Verbündete gesucht. Außerdem hat er ein starkes Argument auf seiner Seite. Zwar prescht er öffentlich vor, aber erst nachdem er »spitzgekriegt« hat, dass »etliche Leute in Bonn schon verhandelten«, wenn auch hinter verschlossenen Türen, wie er dem *Spiegel* erläutert: »Da ich die Regeln verletzt sah, brauchte ich mich auch nicht mehr an sie zu halten.«[98] Das ist ein taktisch geschicktes Argument, das auch in den kommenden Jahren und Jahrzehnten immer wieder zum Einsatz kommt.

Nicht einmal drei Wochen nach Schröders Wahl zum SPD-Bezirksvorsitzenden in Hannover ist innerhalb der Partei eine heftige Diskussion über die eigentlich erst 1985 anstehende Frage entbrannt, wer 1986 gegen Albrecht in den Ring steigen soll. Neben den vom Kandidaten prognostizierten Reaktionen des Establishments gibt es erste Stimmen, die den Neununddreißigjährigen nicht nur für einen der »qualifiziertesten jüngeren SPD-Politiker«, sondern auch für einen »ausgezeichnete[n] Ministerpräsidenten-Kandidat[en]« halten. So sieht es der in Bonn immer noch einflussreiche Peter von Oertzen, und so sieht es beispielsweise auch der Stellvertretende Fraktionsvorsitzende der Partei im Niedersächsischen Landtag: Schröder, sagt Johann Bruns in diesen politisch bewegten Tagen des Oktobers 1983, ist »ein ernst zu nehmender Kandidat«.[99]

Damit hat die SPD in Niedersachsen nicht nur ein Thema, sondern auch einen handfesten Streit. Das liegt in der Natur der Sache, und es liegt im Naturell des selbst gekürten und aus seiner Sicht lediglich noch zu bestätigenden »unkonventionellen Kandidaten«. Gerhard Schröder hat die in der Politik eher selten anzutreffende Fähigkeit, ein über kurz oder lang klärungsbedürftiges Thema über die Medien hochzufahren, in der sich anschließenden erregten Debatte mit kühlem Kopf zu prüfen, ob sich für ihn und seine Position eine Mehrheit finden lässt, um dann den nächsten Schritt zu tun.

So auch jetzt, als Peter von Oertzen und Johann Bruns auf der einen Seite Flagge zeigen und auf der anderen Karl Ravens, immer noch Vorsitzender von Partei und Fraktion, Hermann Oetting, Mitglied des Parteivorstandes, oder auch Paul Neese, Schriftführer des Niedersächsischen Landtages, sich von Schröder »in tiefem Maße verletzt«, »in die Fresse« geschlagen beziehungsweise »hinters Licht geführt« fühlen.[100] Was in der niedersächsischen Provinz für derartigen Wellenschlag sorgt, kann – und soll, soweit es nach Schröder geht – in der rheinischen Provinz nicht ohne Folge bleiben. Tatsächlich gehen auch dort, vor allem in der Parteizentrale der SPD, bei diesem Thema die Wogen hoch.

Es ist die Zeit für Kämpfer, zumal wenn potentielle Konkurrenten ins Feld geführt werden, die einen über Hannover hinaus bekannten guten Namen haben. Zu ihnen zählt anfänglich vor allem der vormalige Bundesfinanz- beziehungsweise Verteidigungsminister Hans Apel, einer der letzten Getreuen Kanzler Schmidts bei der Umsetzung des NATO-Doppelbeschlusses. Aber der winkt ab, als er merkt, dass er in Hannover zweite Wahl ist und eigentlich nur als Saboteur fungieren soll. Dann kommt Anke Fuchs ins Spiel. Die gebürtige Hamburgerin – Jahrgang 1937, Tochter des populären ehemaligen Hamburger Bürgermeisters Paul Nevermann, seit 1956 Mitglied der SPD, Juristin und Gewerkschafterin – gehört seit 1979 dem Bundesvorstand der Partei an und ist in den Dämmerstunden der Regierung Schmidt kurzzeitig Ministerin für Jugend, Familie und Gesundheit gewesen.

Der einflussreichen Gruppe der Schröder-Verhinderer um Karl Ravens und Herbert Ehrenberg gelingt es, die in den Niederungen der niedersächsischen Landes- und Parteipolitik unerfahrene Fuchs zu einer Kandidatur zu überreden. Ehrenberg hat mit Gerhard Schröder noch eine Rechnung offen, weil der, als er die Jungsozialisten führte, ihn, als er unter Kanzler Schmidt Bundesminister für Arbeit und Sozialordnung war, gelegentlich frontal attackiert hat. Angesichts solcher Förderer überrascht es nicht, dass Anke Fuchs nicht nur die Kandidatin des Landesvorstandes in Hannover, sondern auch des Parteivorstandes in der Bonner »Baracke« ist. Wenn sich auch mancher, darunter der immer noch starke Parteivorsitzende, eher bedeckt hält.

Natürlich ist Schröder bewusst, dass Willy Brandt ihn nicht unterstützen kann, sondern intern die Linie des Parteivorstandes und damit die Kandidatur von Anke Fuchs vertreten muss: »Willst du trotzdem kandidieren?«, fragt er ihn unter vier Augen. »Ich sagte ja, das will ich. Dann lachte er sich kaputt, wie er so war, und sagte: Du weißt, dass ich als Parteivorsitzender dich nicht unterstützen kann. Ich sagte, ja, das weiß ich auch … Willy … grinste sich einen, er hatte sich längst entschieden, dass ein Neuanfang nötig war, hatte man das Gefühl, und sagte, na ja, man muss sich ja nicht so feste engagieren.«[101] So redet Willy Brandt dem jungen Genossen die Kandidatur nicht nur nicht aus, wozu viele ihn gedrängt haben, sondern hält sich tatsächlich offiziell zurück, nennt ihn später sogar einmal öffentlich ein »großes politisches Talent – und davon gibt's nicht viele in der SPD«.[102]

Ganz ähnlich sieht das einer der langjährigen Weggefährten des Parteivorsitzenden. Auch Günter Grass hält Schröder schon damals für eine »große politische Begabung«.[103] Der 1927 in Danzig geborene Bildhauer und Graphiker hat sich seit Ende der fünfziger Jahre und beginnend mit dem Roman *Die Blechtrommel* und der Novelle *Katz und Maus* in der ersten Reihe der deutschen Schriftsteller platziert. Seit der schweren Berlinkrise von 1961 steht Grass in Kontakt mit Willy Brandt, dem damaligen Regierenden Bürgermeister der Stadt, 1968 gehört er zu den Mitbegründern der »Sozialdemokratischen Wählerinitiative«, die Brandts Weg ins Kanzleramt wirksam flankiert.

In diesem Zusammenhang lernen sich Gerhard Schröder und Günter Grass kennen. Im Frühjahr 1969 vermerkt das Werktagebuch des Schriftstellers eine »erste Reise« mit dem gerade einmal fünfundzwanzigjährigen Studenten, den Grass für »sehr zuverlässig« hält.[104] Das beruht auf Gegenseitigkeit, und daran wird sich im Laufe der Jahrzehnte nichts ändern.[105] Wenig später rufen die beiden gemeinsam mit anderen in Hannover die lokale Initiative zur Wiederwahl Brandts ins Leben, und als Schröder sich 1985 anschickt, Albrecht abzulösen, gehört Grass zu seinen Förderern.

Bevor der forsche und talentierte Abgeordnete aber gegen den Ministerpräsidenten antreten kann, muss er durch seine Partei als Herausforderer nominiert werden. Die aber hat das offenbar nicht vor. Jedenfalls scheinen die Weichen Mitte Dezember 1983 gestellt zu sein, als sich der Landesvorstand der niedersächsischen SPD in geheimer Abstimmung mit deutlicher, wenn auch nicht überwältigender Mehrheit von zwölf zu acht Stimmen für Anke Fuchs als Spitzenkandidatin ausspricht. Nicht zuletzt mit dem »Argument Frau« haben sie einen Trumpf in der Hand, der »gerade dem linken Flügel in der Partei in seinem emanzipatorischen Gewissen besonders sauer aufstoßen muss«.[106] Allerdings ist die Rechnung ohne den Wirt gemacht, wenn Schröder auch artig davon spricht, dass Fuchs die »fähigste Gegenkandidatin« sei, »die die haben aufbauen können«.[107] Dank seiner überraschenden, frühen Kandidatur hat er einen entscheidenden strategischen Vorteil: Wo Fuchs jetzt antritt, ist er schon gewesen.

Da die definitive Entscheidung erst auf einem Landesparteitag fallen wird, fährt Schröder von Anfang an mehrgleisig. Zum einen versucht er sicherzustellen, dass auch der eigentlich Herauszufordernde, also der amtierende Ministerpräsident, weiß, dass er es mit ihm zu tun hat. Wenn der sich auf ihn einschießt, stärkt er zwangsläufig seine Favoritenrolle bei den Genossen. Am frühen Abend des 25. Januars 1984 trifft sich der Bundestagsabgeordnete in der niedersächsischen Landesvertretung zu Bonn mit Ernst Albrecht. Eine Stunde später gibt er in der Hauptstadt vor der Landesgruppe seiner Partei eine »Erklärung zur Spitzenkandidatur« ab.[108] Dass Albrecht das Spiel durchschaut und ihn danach eisig ignoriert, ändert nichts daran, dass Schröder dieses Spiel um die Macht inzwischen beherrscht.

Hinter den Kulissen prüft der selbst ernannte Kandidat zunächst die Machtverhältnisse und schließt Bündnisse. Vor allem mit Johann (»Joke«) Bruns, dem Stellvertretenden Vorsitzenden der SPD-Landtagsfraktion. Bruns, zwölf Jahre älter als Schröder, wird zwar »sicher eher dem rechten Parteiflügel« zugerechnet, wie Schröder sagt, unterstützt zunächst auch die Kandidatur von Anke Fuchs, ist aber zugleich ein Pragmatiker und Taktiker, der früh das Potential des potentiellen Kandidaten erkannt und sich deshalb in diesem Sinne geäußert hat. Drei Jahrzehnte später, als Schröder 70 wird, erinnert sich Bruns: »Ich kannte Gerhard Schröder nicht persönlich. Bis ich ihn bei einer Parteiveranstaltung in Oldenburg agieren sah. Da wusste ich: Das ist ein außergewöhnliches Kaliber, der spielt in einer anderen Liga, mit dem werden die niedersächsischen Karten neu gemischt.«[109] Also schließen die beiden am 10. April 1984 bei einem Essen in Oldenburg einen Pakt.[110] Weil der über alle Windungen und Wendungen beider Lebensläufe hinweg trägt, bleibt Schröder Bruns auch verbunden, als seine Karriere die des seinerzeit deutlich Stärkeren und Einflussreicheren längst in den Schatten stellt. Wenn der Kalender des Bundeskanzlers es zulässt, findet sich für Joke Bruns und seine Frau ein Termin: »Ein schönes Gefühl, wenn man nicht vergessen ist«, schreibt Bruns, nachdem ihn Schröder zum Geburtstag angerufen hat.[111]

Ihr Pakt vom Frühjahr 1984 sieht vor, dass der Ältere den Jüngeren bei der Kandidatur unterstützt. Im Gegenzug wird der sich nicht auch noch um die Nachfolge von Ravens als Landesvorsitzender bewerben, sondern Bruns den Vortritt lassen. Natürlich wird das bald bekannt, nicht nur weil es offensichtlich ist, sondern weil man mit solchen Geschichten – Männer des Wortes und der Tat bei Grünkohl und Pinkel, Bier und Korn – auch eine Geschichte schreiben kann. Als die sich dann allerdings verselbstständigt und die Vereinbarung als »Kuhhandel« durch die Gazetten geistert, steuert Schröder gegen. Zehn Jahre später, als er erstmals zum nächsten großen Sprung, also zur Kür als Kanzlerkandidat seiner Partei ansetzt, stellt er klar, dass es seinerzeit um die Annäherung des Städters und häufig in der Hauptstadt weilenden Bundestagsabgeordneten an die »Landespartei« und die »ländlichen Bezirke« gegangen sei.[112]

Die Generalprobe für die Nominierung als Ministerpräsidentenkandidat findet am 28. April in einem dieser ländlichen Bezirke, und zwar im Bezirksbeirat Weser-Ems, statt. Eigentlich ist es eine klare Sache – für die Konkurrentin. Der Bezirk gilt als traditionsverbunden, ist außerdem die politische Heimat des Schröder-Gegners Ehrenberg. Schröders Argument, dass man diejenigen, die wie Anke Fuchs in der Regierung Schmidt gewesen und folglich »für den Niedergang der SPD verantwortlich« seien, schlechterdings nicht wählen könne,[113] verfängt hier nicht. Karl-Heinz Funke, der später in drei Kabinetten Schröders als Minister für Ernährung, Landwirtschaft und Forsten zu einem engen Weggefährten wird, hat berichtet, warum er wie viele andere gegen ihn gestimmt hat: »Wir waren der Meinung, dass es dem ›linken Schröder‹ kaum gelingen werde, den bodenständigen Niedersachsen als aussichtsreiche Alternative zum populären Ministerpräsidenten zu erscheinen.«[114]

Tatsächlich geht die Entscheidung zu Gunsten von Anke Fuchs aus – allerdings mit 38 zu 31 Stimmen so knapp, dass der Unterlegene zu Protokoll gibt, noch nie so froh über eine Niederlage gewesen zu sein. Und weil auch die Siegerin weiß, dass sie nicht die Gewinnerin ist, zieht sie zurück. Schröder hat das stets respektiert, Anke Fuchs noch im Rückblick als faire innerparteiliche Gegnerin geschildert und 2003 ihre Berufung als Vorsitzende der Friedrich-Ebert-Stiftung unterstützt. Nicht gut bekommen ist die Trickserei dem eigentlichen Initiator ihrer Kandidatur, Herbert Ehrenberg. Auf dem folgenden Parteitag sorgt die Linke dafür, dass der vormalige Arbeitsminister Ende Mai 1984 nicht wieder in den Vorstand gewählt wird. Im Laufe der Jahre renkt sich das Verhältnis Ehrenbergs zu Schröder aber wieder ein. Vor allem in dessen Zeit als Bundeskanzler lässt der Ältere dem Jüngeren immer wieder einmal brieflich eine Ermunterung (»großes Kompliment für Dein Auftreten in dem TV-Duell«[115]) oder auch durchgerechnete Vorschläge insbesondere für die Steuerreform zukommen, auf die Schröder zu Ehrenbergs Bedauern zwar nicht immer eingeht, auf die er aber, wenn die Zeit es zulässt, reagiert.[116]

Da sein Bezirk Hannover beinahe die Hälfte der Delegierten auf dem für den 7. Juli angesetzten Krönungsparteitag stellt und dieser unter solchen Umständen ein Heimspiel ist, nutzt Gerhard Schröder die wenigen Tage, bis es so weit ist, um seinem Privatleben eine neue Wendung zu geben. Soweit überhaupt von einem solchen die Rede sein kann. Denn inzwischen ist das eine vom anderen nicht zu trennen, weil Schröder sein privates Leben gezielt als Teil seines beruflichen in Szene setzt. Funktionieren kann das nur, wenn die andere Seite das gleichfalls will und bedingungslos mitzieht. Und die andere

Seite will. Am 15. Juni 1984 heiraten Gerhard Schröder und Hiltrud Hampel im Standesamt von Lehrte.

Natürlich erfährt die Presse, dass »der Bräutigam darauf verzichtet hatte, sich groß in Schale zu werfen«, und »einen dunkelblauen Sommeranzug« trug, dass er gleich zwei Mal nach Immensen zurückfahren musste, um erst den Sekt und dann die Weißgoldringe zu holen,[117] und dass er eine klare Vorstellung von seinem Privatleben hat: »Ich werde nicht mit Albrecht wetteifern und die Familie als heimische Idylle vermarkten.«[118] Gemeint ist jene »heile Welt«, die »der Regierungschef nebst Gattin … und sechs Kindern mit pittoresken Laienspielen, innigen Rezitationen und familiärem Gesang privat aufzuführen pflegt«. So nimmt es der *Spiegel* wahr.[119] Das wird Schröder zwar nicht tun. Aber in der Vermarktung des heimischen Idylls wird er Albrecht nicht nachstehen, ihn vielmehr klar in den Schatten stellen. So will er es, und so will es seine neue Frau, die eine Familie in die Ehe einbringt.

Hiltrud Marion Hensen ist am 11. Dezember 1948 in Höver, unweit von Hannover, geboren worden. Der Vater hatte die Schule kurz vor dem Abitur abbrechen müssen, sich nach dem Krieg zunächst als Dolmetscher für die britischen Besatzungstruppen, später als »Handlanger« in den Höverschen Zementwerken durchgeschlagen, dort Lehrgänge und Abendkurse besucht, ein Fernstudium als technischer Zeichner absolviert und sich in den nächsten Jahren ohne Hochschulstudium bis zum Betriebsingenieur »hochgerackert«. Der Vater war ihr »Idol«,[120] und die Parallelen zum späteren Ehemann sind frappierend.

Nach der Hannoveraner Gymnasialzeit, die sie 1968 mit dem Abitur abschließt, arbeitet Hiltrud Hensen zunächst beim Finanzamt Hannover-Mitte, danach bei der Telefonauskunft der Post, scheitert an der Aufnahmeprüfung für die Beamtenlaufbahn, zu der ihr Vater sie gedrängt hat, und lässt sich auf ihre erste Ehe mit einem Berufssoldaten und späteren Polizisten ein, aus der 1971 und 1976 die Töchter Wiebke und Franca hervorgehen. Da die Ehe Hiltrud Hampel, wie sie jetzt heißt, nicht ausfüllt, belegt sie an der Volkshochschule einen Kurs in Marxismus, liest die großen und kleinen Klassiker, nimmt ein Studium der Politischen Wissenschaft auf, das aber nicht zum Ziel führt, geht auf Großdemonstrationen gegen die Atomindustrie, zum Beispiel in Brokdorf, tritt 1978 in die SPD ein – und lernt so Gerhard Schröder näher kennen.

Im Fernsehen hat sie »den Anwalt und Juso-Chef« ja schon des Öfteren gesehen, weiß also, »daß er Atomkraftgegner verteidigte und Menschen, die wegen des Radikalenerlasses ihre Jobs verloren … An dem Mann gefiel mir wirklich vieles. Seine Ansichten, die klare Sprache, die knappe Gestik, sein kantiges, offenes Gesicht ... Live gefiel er mir sogar noch besser.«[121] Also unterstützt sie Gerhard Schröder, als der 1980 um den Einzug in den Bundestag kämpft. Bei einer Radtour kommt man sich näher. Während Schröder in den kommenden Monaten und Jahren an seiner Bonner Karriere baut, engagiert sich seine neue Liebe bei den Jungsozialisten, in der Arbeitsgemeinschaft sozialdemokratischer Frauen oder auch im Arbeitskreis »Frauen für den Frieden«. Soweit die Zeit es zulässt, fährt sie mit dem Auto nach Bonn-Poppelsdorf, wo »der angehende Berufspolitiker Gerhard« eher bescheiden logiert.[122]

Bald trennen sich die beiden auch amtlich von ihren Partnern. Gerhard Schröders Ehe mit Anne, geborene Taschenmacher, wird am 1. März 1984 geschieden. Auch diesmal nimmt Gerhard Schröder nichts mit – außer »den Büchern, einigen Bildern und der Wäsche«. Und so endet diese Trennung wie schon die erste von seiner damaligen Frau Eva nicht in einem Zerwürfnis oder gar in einem Rosenkrieg. Vielmehr bleibt auch hier eine Verbindung zur Familie seiner ehemaligen Frau bestehen. Noch als niedersächsischer Ministerpräsident schreibt er seiner vormaligen Schwiegermutter aus privatem Anlass, und als ein Treffen während einer Wahlkampfstation Kanzler Schröders in Emden nicht zustande kommt, lässt er Alma Taschenmacher ein Schreiben und einen Blumenstrauß überbringen. Es hätte ihm »Spaß gemacht«, schreibt er der Zweiundachtzigjährigen, »dich wiederzusehen und uns gemeinsam an vergangene Zeiten zu erinnern«, und diese bedankt sich mit den besten Wünschen für eine »geruhsamere Zeit«.[123]

1982, als die Trennung von ihren Partnern zwar noch nicht amtlich, aber öffentlich ist, kaufen sich Gerhard Schröder und seine künftige Frau Hiltrud Hampel ein Bauernhaus in Immensen bei Lerthe, das nicht nur sie beide, sondern auch Hiltruds Töchter beziehen. Damit wird der inzwischen Achtunddreißigjährige erstmals Vater, und das gleich zweifach. Schröder nimmt die Rolle an. Und er akzeptiert, dass wenig später etliche Tiere – Hamster, Ponys sowie zwei große Neufundländer – dazukommen. Das alles spielt sich vor den Augen der Öffentlichkeit ab. Dass die sich für die Schröders interessiert, hat seine Gründe. Zum einen ist es eine bunte Familie. Sie ist lebendig, authentisch und attraktiv.

Und dann öffnet Gerhard Schröder gerne die Tür. Wenn er einen Menschen mag, zeigt er ihm alles, auch das Private. Günter Grass, der sehr genau beobachtet und hinhört, ist bei den ersten Begegnungen überrascht, wie »offen« der Mann über sein Privatleben spricht.[124] Man kann das als Ausdruck jenes Grundvertrauens betrachten, das Weggefährten immer wieder beobachtet haben. In späteren Jahren geht Schröder sparsamer damit um, weil das

»Eine Firma, die Politik verkauft«: Hiltrud und Gerhard Schröder am Wahlabend des 15. Juni 1986.

Risiko, dass Privates im politischen Grabenkampf gegen ihn Einsatz findet, umso größer wird, je höher er steigt, und weil die frühe Erfahrung ihn vorsichtig hat werden lassen. Denn es ist ja nicht so, dass man immer die Kontrolle behält, wenn man das Familienleben zum Teil der Karriere erhebt.

Der früheren Ankündigung zum Trotz wird die Familie Schröder bald sehr wohl als Alternative zur Familie Albrecht, später dann, wenn auch nicht mehr so gezielt, zur Familie Kohl in Szene gesetzt. Dazu gehört auch, dass die Gattin des Herausforderers ein eigenständiges politisches Profil besitzt. Hiltrud Schröder will es so. Ganz offensichtlich kompensiert sie damit auch den nicht geglückten universitären Abschluss. Ihr Mann nimmt diesen Geltungsdrang nicht nur hin, sondern setzt das Streben der Gattin nach einem eigenen Profil gezielt ein. Ihr alternativer, linker Dreh wird in dem Maße Teil der öffentlichen Gerd-Hillu-Schau, in dem Schröder sein Juso-Image ablegt und, beginnend mit der Bewerbung um die Ministerpräsidentenkandidatur seiner Partei, in die Rolle des Staatsmannes schlüpft: »… wir sind jetzt so etwas wie eine Firma, die Politik verkauft«, sagt er nach der Erinnerung seiner Frau wenige Monate nach der Hochzeit.[125]

1993, als es parteiintern um den nächsten Kanzlerkandidaten geht, ist Hiltrud Schröder zentraler Bestandteil seiner »Reifeprüfung«: »Was meine Frau so unersetzbar macht ist ihre Art, mich ständig zu fordern, so etwas wie mein politisches Gewissen zu sein. Dabei sind wir des öfteren unterschiedlicher Meinung; Hiltrud … vertritt in vielen Fragen Standpunkte, die ich als eher links von den meinen bezeichnen würde. Sie nimmt mich in die Pflicht, meine Handlungen immer wieder einer Rechtfertigung zu unterziehen … indem sie sich aktiv einmischt, entspricht sie … einem modernen Bild von Frauen in der Politik.«[126] Das ist nicht nur großartig inszeniert, sondern es wird von beiden lange Zeit auch so empfunden und kommt daher ausgezeichnet an. Kein Wunder, dass die beiden »über Jahre heiß begehrte Stargäste in Talk- und Samstagabend-Shows des Fernsehens« sind.[127]

Der Terminkalender Gerhard Schröders zeigt, dass die Hochzeit mit Hiltrud Hampel seine Tour durch die Bezirke und Unterbezirke der Partei allenfalls kurz unterbricht. Nach der standesamtlichen Trauung gibt es noch ein Essen im »Roma«. Der Italiener zählt seit Jahren zu Schröders favorisierten Restaurants in Hannover. Hier wurde und wird manche Weiche für seine Karriere gestellt. Am Tag nach der Trauung ist im Kalender noch ein »Fest bei Schröder« notiert, und auch der folgende Sonntag wird terminfrei gemacht. Aber schon am Montag sieht man den frisch vermählten Kandidaten schon wieder unterwegs, zunächst beim Geschäftsführenden Bezirksvorstand im Landtag, danach beim Unterbezirk Harz.[128]

Solchermaßen privat und politisch gut präpariert, stellt sich Gerhard Schröder am 7. Juli 1984 in der Stadthalle von Osnabrück den gut 200 Delegierten des SPD-Parteitags zur Wahl. Zwar gibt es einen Gegenkandidaten, aber Helmut Bosse, der Vizepräsident des Niedersächsischen Landtages, weiß, dass er chancenlos ist. Tatsächlich fällt das Ergebnis erstaunlich klar aus: 169 Delegierte stimmen für Schröder als Kandidaten für das Amt des Ministerpräsidenten bei der für den Frühsommer 1986 angesetzten Wahl, 42 für den Konkurrenten. Noch deutlicher ist das Ergebnis der Wahl zum Landesvorsitzenden der SPD: Johann Bruns, der ohne Gegenkandidaten antritt, kann 183 Stimmen auf sich vereinigen. Damit ist die Wochen zuvor vereinbarte Partnerschaft zwischen den beiden auch durch die Genossen abgesegnet.

Die *Hannoversche Allgemeine Zeitung*, die den Paarlauf eng begleiten und die beiden genau beobachten kann, weil vor allem der Jüngere keine Gelegenheit auslässt, die lokalen Medien auf dem Laufenden zu halten, kommentiert das »ungleiche Gespann«, den »Hilfsverein auf gegenseitigen Gedeih und Verderb«, so: Bruns sei »unbestritten einer der wichtigsten Leute des rechten Flügels«, allerdings »im lockeren Umgang mit den Meinungsmachern« ebenso »unerfahren« wie Schröder »in der Landespolitik«. Der aber gelte »in der SPD bei allen Schwächen« als »das größte Talent, die stärkste Figur. Die Entschlossenheit, mit der er als unterschätzter Außenseiter seine Chance in der Partei nutzte und … hasenfüßige Heldendarsteller an die Wand spielte, hat seine taktische Meisterschaft bewiesen.«[129] Wie der »schneidige Schröder … die Altvorderen Ravens, Ehrenberg und Anke Fuchs ausgebootet und sozusagen im Handstreich die niedersächsische Spitzenkandidatur der SPD an sich gebracht hat«, findet man auch jenseits der Landesgrenzen, zum Beispiel in der Redaktion der *Frankfurter Allgemeinen Zeitung*, durchaus beachtlich.[130]

Mit der Wahl zum Spitzenkandidaten für die Landtagswahl hat Schröder eine wichtige Hürde auf dem Weg in die Hannoveraner Staatskanzlei genommen. Aber es ist eine innerparteiliche. Die eigentliche Herausforderung sind jene Wähler, die 1982 nicht für die SPD gestimmt haben. Obgleich bis zum nächsten Urnengang noch zwei Jahre ins Land gehen werden, legt er sich mit ganzer Kraft ins Zeug. Das ist auch deshalb bemerkenswert, weil er ja nach wie vor als Anwalt, vor allem aber als Bundestagsabgeordneter in Bonn tätig ist. Erstaunlich, was sich der Mann zumutet, und wohl nur zu verstehen, wenn man den Weg kennt, der hinter ihm liegt.

Kaum hat ihn die Partei zum Kandidaten gekürt, lässt er 50 000 Plakate mit seinem Konterfei und der Aufschrift »Gerhard Schröder – der neue Kopf – SPD« drucken. Eine clevere und hintersinnige Idee, spielt sie doch auf Hinrich Wilhelm Kopf an, der als langjähriger Innen-, Finanz-, Landwirtschafts- und Justizminister, vor allem aber als Ministerpräsident von Niedersachsen einen geradezu legendären Ruf besitzt. Vermutlich ist Schröder und seinen Wahlkampfstrategen zu diesem Zeitpunkt nicht geläufig, dass Hinrich Kopf seit 1940 als Enteignungskommissar der Treuhandverwaltung Ost in dem Gebiet um Lublin an der Enteignung des polnischen Staates und polnischer Staatsangehöriger beteiligt gewesen ist.[131]

Die Idee zu dieser Kampagne kommt von Albrecht Müller. Der gelernte Industriekaufmann und studierte Volkswirt und Soziologe ist 1972 für den Bundestagswahlkampf der SPD zuständig gewesen und gilt als Erfinder des griffigen Slogans »Willy wählen«, hat danach zehn Jahre lang den Planungsstab im Kanzleramt geleitet, sich nach dem Einzug Helmut Kohls als politischer Berater selbstständig gemacht, ist als Oberbürgermeister-Kandidat in Heidelberg gescheitert und berät jetzt den Fahrt aufnehmenden Gerhard Schröder.

Der setzt auch sonst weniger auf Mitarbeiter aus dem alten Parteiapparat, denen er im Frühjahr 1985 öffentlich ihre Unfähigkeit vorhält, sondern auf neue Leute wie den promovierten Politologen Heinz Thörmer, der seit Mitte Mai 1985 in der Hannoveraner Parteizentrale den Wahlkampf leitet. Kaum ist die Schlacht im Juni 1986 geschlagen und verloren worden, beauftragt der

SPD-Bezirk Hannover – als erster bundesweit überhaupt – eine Unternehmensberatung, um den Parteiapparat »mal durchzupusten«, wie Schröder sagt. Das Ergebnis spricht für sich: Nicht weniger als 50 hauptamtliche Funktionäre einschließlich vier Geschäftsführer leistet sich der Bezirk Hannover.[132] Da fragt man sich, was die eigentlich zu tun haben, wo doch zum Beispiel der Wahlkampf im Wesentlichen vom Kandidaten selbst bestritten wird.

Schröder ist pausenlos auf Tour – sieben Tage in der Woche, und das von morgens bis spätabends: Niedersachsen müsse »mit dem Kopf, aber auch mit der Leber erobert werden«, kommentiert er im Frühjahr 1985 die spezifischen Erfordernisse dieses Engagements.[133] Unterwegs ist Schröder im Rahmen seiner Bonner Abgeordnetentätigkeit, im Pendelverkehr zwischen Bonn und Hannover, auf Werbetour quer durch Niedersachsen, auf Besuch in den Redaktionsbüros der Zeitungen und Rundfunkanstalten des Landes, darunter auch Ende Februar 1985 erstmals als Gast in einer Talkshow, aber auch auf Visite in der DDR und in der Sowjetunion, zu Gesprächen bei der EG-Kommission in Brüssel oder als Begleiter Willy Brandts, der Ende April in New York wieder einmal einen Preis in Empfang nimmt. Das alles innerhalb nicht einmal eines Jahres.

Auch wenn sich die Werbetouren durch die niedersächsische Provinz auf wenige Wochen konzentrieren, sind sie ein Kraftakt. Wann immer seine übrigen Verpflichtungen es zulassen, ist Schröder mit einem knallroten Bus unterwegs, der schon Johannes Rau bei seinem Wahlkampf in Nordrhein-Westfalen gute Dienste geleistet hat, um zunächst in den Bezirken und Unterbezirken der niedersächsischen SPD für seine Kandidatur zu werben und sich dann den Wählern als »Schröder auf Touren« zu präsentieren.[134] Bei dieser »gnadenlosen Fleißarbeit«,[135] so errechnet der *Spiegel*, bringt er es innerhalb eines halben Jahres während der »jeweils zwei sitzungsfreien Wochen, die einem Bonner Parlamentarier monatlich bleiben, auf nicht weniger als 98 Veranstaltungen«[136] und legt dabei 45 000 Kilometer zurück.[137]

Auch medial ist Gerhard Schröder im Dauereinsatz. Mit der Erhebung in den Stand des Albrecht-Herausforderers explodiert die Berichterstattung über ihn förmlich. Weil er für die Medien jetzt noch interessanter ist als zuvor, und weil er sich zu allem und jedem äußert. Vor allem zu sich selbst. Kaum ein zweiter Kandidat im politischen Geschäft der Republik hat sich bis dahin derart ungeniert und dabei kontrolliert in Szene gesetzt, wie der Niedersachse das seit Mitte der achtziger Jahre tut. Keine Frage: Der spätere »Medienkanzler« ist das Ergebnis aus Talent und Instinkt, harter Arbeit und dem riskanten Experiment mit Versuch und Irrtum.

Natürlich macht er mit, als ihm die *Neue Presse* Mitte Juli 1984 »20 Fragen« zur Person stellt.[138] Die Antworten sind aufschlussreich, weil sie allesamt irgendwie authentisch klingen. Dass er »beim Sturm auf die Bastille« gern dabei gewesen wäre und dass »August Bebel« sein Vorbild ist, nimmt man ihm ab. Dass er als Kind am liebsten »Fußball« gespielt hat und »Kohlrouladen« sein Lieblingsessen sind, weiß man; dass er »außergewöhnliche Leistungen« bewundert und dass ihn »Feigheit« am meisten ärgert, glaubt man ihm; dass er sich gern »in jeder Sprache unterhalten« würde, überrascht nicht; und dass »Text und Melodie von ›Sag mir, wo die Blumen sind‹« seine Lieblingsmelodie sind, hätte man vielleicht nicht gedacht, aber auch nicht unbedingt ausgeschlossen.

Selbstredend beschränkt sich die Medienoffensive nicht auf solche Auskünfte für die Galerie. Schröder lässt kein Thema aus, wendet sich gegen eine Arbeitszeitverkürzung mit vollem Lohnausgleich für den gesamten öffentlichen Dienst, kündigt nach einem Wahlsieg die Ablösung aller vier Regierungspräsidenten in Niedersachsen an, spricht sich für eine Direktwahl der Oberbürgermeister und Landräte aus, fordert die Einführung von Volksentscheid und Volksbegehren in Niedersachsen, bekräftigt seine Ablehnung einer atomaren Wiederaufbereitungsfabrik in Dragahn, warnt vor den Gefahren einer Konzentration des privaten Fernsehens bei wenigen Konzernen, kurzum: Was immer die Öffentlichkeit bewegt, bewegt auch den Kandidaten. Dass er sich dabei stets auch mit der politischen Prominenz des Landes anlegt, allen voran natürlich Ministerpräsident Ernst Albrecht, aber auch nicht den öffentlichkeitswirksamen Schlagabtausch mit eigenen Genossen scheut – wie Hannovers populärem Oberbürgermeister Herbert Schmalstieg, der später ein enger Weggefährte sein wird –, versteht sich von selbst. Dabei kommen ihm seine Erfahrungen als Juso-Vorsitzender und Bundestagsabgeordneter zugute. Sein Themenhorizont ist weit gespannt. Man hat nicht den Eindruck, als dilettiere er, wenn er sich mit Fragen von überregionaler oder internationaler Relevanz wie der wirtschaftlichen Entwicklung beschäftigt, auf die er sich umso intensiver konzentriert, je näher der Wahltermin rückt.

Auch bei seinen deutschlandpolitischen beziehungsweise internationalen Auftritten gibt sich Schröder keine Blöße. So zum Beispiel bei den Gesprächen, die er und Wolfgang Roth, einer seiner Vorgänger als Juso-Vorsitzender, Anfang September anlässlich der Leipziger Messe 1984 mit den Politbüro-Mitgliedern Günter Mittag und Egon Krenz sowie dem Bauminister der DDR, Wolfgang Junker, führen. Themen sind unter anderem die »Entwicklung der internationalen Handelsbeziehungen«, die »Leistungsfähigkeit des Bauwesens der DDR« sowie natürlich »aktuelle Fragen des Kampfes für den

Frieden und der europäischen Sicherheit«, wie das *Neue Deutschland* seine Leser wissen lässt.[139] Wenn Schröder in diesem Zusammenhang oder auch einige Monate später während einer Reise in die UdSSR über die Rüstung im nuklearen Mittelstreckenbereich sinniert, registrieren seine Gesprächspartner, dass er sich auf vertrautem Terrain bewegt. Doch ist er klug genug, sich nicht zu überschätzen, sondern beantwortet die Frage, ob es sich bei seiner Reise um einen »Kundschaftervorstoß« gehandelt habe, »um zu sehen, was sich unterhalb der neuen Ost-West-Eiszeit tut«, mit einem klaren »nein, das wäre weit über meinen Möglichkeiten«.[140]

So ist Gerhard Schröder neben dem Saarbrücker Oskar Lafontaine und dem Kieler Björn Engholm – sozusagen über Nacht und noch bevor der Wahlkampf richtig angefangen hat – zu einem Hoffnungsträger nicht nur der niedersächsischen SPD, sondern der Gesamtpartei geworden. Willy Brandt ist es gewesen, der nach dem Regierungsverlust in Bonn und im Zuge diverser Bemühungen, die Partei neu aufzustellen, die drei für den Generationenwechsel ins Spiel gebracht und davon gesprochen hat, dass »Großväter mit den Enkeln häufig weniger Probleme haben als mit den Dazwischenliegenden. Da gibt es keine competition.«[141] Wenig später werden auch Rudolf Scharping, Heidemarie Wieczorek-Zeul und Herta Däubler-Gmelin diesem Enkelkreis zugerechnet. Was wie eine en passant gefallene Bemerkung klingt, hält Gerhard Schröder im Rückblick für einen Geniestreich des Ehrenvorsitzenden, der allmählich in die Rolle des Übervaters aller Genossen hineinwächst: Durch die Enkel-Metapher stattet Willy Brandt eine Gruppe sozialdemokratischer Provinzpolitiker mit nationalem Format aus. Das ist eine Voraussetzung für die Karrieren, die sie alle hinlegen – als Bundesminister oder Ministerpräsidenten, als Parteivorsitzende oder auch als Bundeskanzler.

Anfang der achtziger Jahre sind Engholm und Lafontaine schon ein Stück weiter als die anderen, Gerhard Schröder eingeschlossen. Ersterer war in der Ära Schmidt seit 1977 Staatssekretär beim Bundesminister für Bildung und Wissenschaft, stand seit 1981 an der Spitze des Ministeriums und gehört seit 1984 dem Bundesvorstand an. Auch Lafontaine hat Mitte März 1985 mit einem grandiosen Wahlsieg an der Saar sein Gesellenstück schon abgeliefert und sich nach Schröders Einschätzung zum »Oberenkel« Willy Brandts befördert.[142] Mit gutem Grund. »Wir wussten«, erinnert sich Egon Bahr, »dass Oskar Lafontaine ein wirkliches Talent ist. Von Gerhard Schröder wussten wir das noch nicht.« Aber dass Schröder in Niedersachsen »etwas reißen konnte«, glaubte auch Willy Brandt, der Schröders Weg inzwischen »mit Interesse« verfolgte.[143]

Hoffnungsträger mit Patriarch: Gerhard Schröder und Willy Brandt im niedersächsischen Wahlkampf 1985.

Um Schröders Chancen zu steigern, verbinden die Sozialdemokraten am 22. Mai 1985 dessen offizielle Kür zum Ministerpräsidentenkandidaten mit der für damalige Verhältnisse spektakulären Eröffnung des Wahlkampfes. Dass sie dabei tatsächlich »einen großen Abend« erleben und die Krönung von Lehrte zu einem »bundesweit bedeutsamen Ereignis« wird, wie die *Hannoversche Allgemeine* zu berichten weiß,[144] liegt an dem prominenten Gast der Veranstaltung. Hunderte drängen sich in der Aula des Gymnasiums, etliche Fotografen, Journalisten und gleich zwei Fernsehteams des NDR sind angereist, um den Vorsitzenden der SPD zu erleben.

Und das ist nicht Willy Brandts letzter Auftritt an der Seite des neuen Hoffnungsträgers der deutschen Sozialdemokratie. Gerade einmal vier Wochen später »rollt« er erneut »an«,[145] dieses Mal in dem Wendlanddorf Gümse und begleitet von Gattin Brigitte. Anlass der zweiten Visite ist die Gründung einer Wählerinitiative »Niedersachsen für Gerhard Schröder«, die dessen Anwaltskollegin und Freundin Hela Rischmüller-Pörtner ins Leben gerufen hat. Zu den Initiatoren gehört der Lehrer und Künstler Karl Schaper, der sich vor allem durch seine gesellschaftskritischen, geschnitzten Holzbriefe einen Namen macht. Die Verbindung zu Gerhard Schröder reicht bis in dessen Kanzlerzeit, in der Schaper – Mitschüler von Joseph Beuys an der Düsseldorfer Kunstakademie und an der zweiten Kasseler documenta beteiligt –

Schröder regelmäßig mit handgeschriebenen beziehungsweise handgeschnitzten Briefen bedenkt, für die sich dieser in der Regel artig bedankt.[146]

Zahlreiche Größen aus dem Kultur- und Medienbetrieb der Republik haben sich Mitte Juni 1985 in Gümse eingefunden, um auf dem Schloss des Malers Uwe Bremer, das hinter dem Elbdeich liegt, ein ordentliches Fest zu feiern. Schröder schätzt den Maler und seine Gastfreundschaft. Als er, längst Bundeskanzler, fast zwei Jahrzehnte später gebeten wird, anlässlich einer Ausstellungseröffnung ein »Grußwort an die Gäste zu richten«, ist er zu Stelle,[147] obgleich es im Januar 2003 in Berlin drunter und drüber geht. Gerhard Schröder ist ein dankbarer Mensch und hat nicht vergessen, wie wichtig der »Gipfel« zu Gümse für seine weitere Laufbahn gewesen ist. Bis zur Wahl wird die Initiative auf eine »Hundertschaft von Malern, Bildhauern, Schriftstellern« anwachsen, wie die Presse nicht ohne Staunen registriert.[148] Immerhin hat Schröder noch im Oktober 1979, anlässlich der Frankfurter Buchmesse danach befragt, welches Buch er zuletzt gelesen habe, die Auskunft erteilt: »Ich lese keine Bücher mehr, weil das von eigenem Nachdenken abhält.«[149]

Inzwischen hat sich zumindest sein Verhältnis zu den Schriftstellern offenbar geändert. Jedenfalls sind schon in Gümse nicht nur der Zeichner und Graphiker Horst Janssen, die Fernsehmoderatorin Lea Rosh, der jetzt als Schauspieler und Drehbuchautor tätige vormalige Bankräuber Burkhard Driest, die Moderatorin und Schauspielerin Désirée Nosbusch und die Sängerin Katja Ebstein mit von der Partie, sondern auch der emigrierte sowjetische Schriftsteller Lew Kopelew und nicht zuletzt Günter Grass. Der bleibt auch nach Gümse am Ball und plant, wie er Willy Brandt schreibt, »im Hinblick auf die bevorstehende Wahl in Niedersachsen« die »neuerdings« sogenannten Enkel einzuladen, um die »Wählerinitiative unter veränderten Bedingungen wieder aufleben« zu lassen.[150]

Natürlich war der SPD-Vorsitzende der eigentliche Star des »Gümser Gipfels«, und dass sich Willy Brandt Anfang Mai 1986 sogar noch ein drittes Mal mit Gerhard Schröder zeigt, um mit dem Kandidaten in Hannover die heiße Phase des Wahlkampfes einzuläuten, weiß dieser natürlich zu schätzen. Auch Journalisten wie Jürgen Leinemann, die ihn in dieser Zeit aus nächster Nähe beobachten, entgeht nicht, dass Willy Brandt Gerhard Schröder, als es im Vorfeld der Landtagswahlen in Niedersachsen darauf ankam, »besonders liebevoll in den Enkelstand erhob«.[151]

Der studierte Historiker, Germanist und Philosoph Leinemann hat 1937 in Celle das Licht der Welt erblickt. Seine journalistischen Lehrjahre verbringt er für die dpa in West-Berlin, Hamburg und Washington, bis er dort 1971 zum *Spiegel* stößt und hier seine publizistische Heimat findet. Seit 1974 zurück, beobachtet er von Bonn, seit 1990 von Berlin aus das politische Geschehen in der Republik.

Jürgen Leinemann hat Gerhard Schröders Aufstieg im *Spiegel* drei Mal eng begleitet und einen nicht zu unterschätzenden Beitrag geleistet, um diesem – bei aller kritischen Distanz, von der die Artikel leben – den Weg ins Kanzleramt zu ebnen. Im Januar 2007, als Leinemann sich vom *Spiegel* und dieser sich von Leinemann verabschiedet, sagt Schröder, dass er »ja selbst ein regelmäßiges Opfer« von Leinemanns »Sezierkunst« gewesen sei: »Der Montag, als der Montag noch Spiegel-Tag war, war deshalb nicht immer ein fröhlicher Wochenauftakt für mich.«[152] Auf alle Fälle musste er wie alle Politiker der Republik, die in dieser Klasse spielen, rechtzeitig wissen, was das Magazin zu Beginn der Woche über ihn zu berichten oder auch nicht zu berichten hatte. Kein Wunder, dass er sich im Herbst 1998 bei Stefan Aust, seit Ende 1994 Chefredakteur des Blattes, beschwert, als ihm der *Spiegel* nicht mehr wie gewohnt schon am Sonntag zu Hause zugestellt wird.[153] Zwar hat Schröder nicht selten unter Leinemanns »Analysen gelitten. Gelegentlich habe ich mich dann damit getröstet: Der versucht ja nur zu entlasten, indem er die eigenen Schwächen und Fehler auf andere projiziert. Aber das half irgendwann nicht mehr weiter, weil du auch über dich so ehrlich warst ... Hut ab für diese Tat.«[154]

Begegnet sind sich die beiden 1975 auf einem rechtspolitischen Kongress der SPD. Leinemann hat den Namen Schröders bis dahin nie gehört, und einen künftigen Kanzler wittert er in ihm auch dann noch nicht, als der »immerhin schon als Juso-Vorsitzender mit größeren Sprüchen kleine Schlagzeilen« produziert.[155] Im Dezember 1979 taucht Schröder als Juso-Vorsitzender erstmals in einem namentlich gezeichneten Artikel Leinemanns auf. Dessen Bericht über den Berliner Parteitag der Sozialdemokraten ist vor allem ein präzises Gruppenporträt des Führungstrios im Zustand galoppierender Agonie: Der Parteivorsitzende Willy Brandt, der Fraktionsvorsitzende Herbert Wehner und der Bundeskanzler Helmut Schmidt »starren ... aneinander vorbei, und ihre Hände, oft beide, umklammern sich, als wollten sie sich gegeneinander wehren. Verblüffend und erschreckend.« Da bleibt Jüngeren wie dem Juso-Vorsitzenden Gerhard Schröder nur die Resignation: »Ich komme mir vor wie in einem Käfig. Wenn ich artig an den Stäben rüttle, kriege ich eine Banane, wenn ich unartig rüttle, schickt mich der Kanzler zum Stelzvögelpflegen auf eine Hallig.«[156]

Wirklich nahe kommen sich der Journalist und der Politiker während der frühen Bonner Jahre des Abgeordneten Schröder, vor allem im niedersächsischen Wahlkampf, als Leinemann den Kandidaten drei Jahre lang – alle fünf bis sechs Wochen für zwei bis drei Tage – in der Absicht begleitet, eine Serie, vielleicht auch ein Buch über ihn zu schreiben. So ist es mit dem Kandidaten vereinbart und vom *Spiegel* genehmigt: »Wir fuhren … nach Aurich und Goslar, nach Wolfsburg und Bad Karlshafen, hangelten uns von Ortsverein zu Ortsverein, von Landjugendtreffen zu Betriebsversammlungen, von Feuerwehrfesten zu Skatturnieren. Wir besuchten seine Mutter, … seine Anwaltskollegen, … seinen Malerfreund … Er melkte Kühe für Fotografen, ließ sich im Watt mit Schlick beschmieren, aß Grünkohl mit und ohne Pinkel, spielte Fußball.«[157]

Die ersten eigenen Berichte, die offensichtlich von Leinemann stammen, bekommt Schröder, nachdem er als Herausforderer Albrechts feststeht, im November 1983 und im Oktober 1985. Schon im Dezember 1985 ist der noch zu schildernde Ausflug von »Niedersachsens SPD-Spitzenkandidaten« zu Fidel Castro dem Nachrichtenmagazin erneut einen von Leinemann verfassten Bericht wert.[158] Dass Schröder auch in den Artikeln des Magazins über die SPD, die Bundes- und die Landtagswahlkämpfe, nicht nur in Niedersachsen, ständig präsent ist, versteht sich von selbst.

Im Mai und Juni 1986, also im Umkreis der Landtagswahl, führt das Hamburger Magazin dann regelrechte Schröder-Festspiele auf. In seinen drei namentlich gezeichneten Artikeln über den Albrecht-Herausforderer, von denen zwei nach Schröders Niederlage erscheinen, zeichnet Leinemann 1986 eines der besten Porträts, die es in dieser frühen Karrierephase von dem »motzige[n] Ex-Juso-Vorsitzende[n]« gibt, dem »krassen Außenseiter, der sich seiner Partei selbst als Kandidat aufgenötigt hat«, der »noch bei den exotischsten Auftritten eine Ahnung von Authentizität aufkommen läßt«[159] und der nach dem Sturz Helmut Schmidts »beschloß, Bundeskanzler zu werden«, allerdings wusste, dass er zunächst »Niedersachsen gewinnen« müsse, wie er damals in der »Provinz«, der linken Bonner Politik-Kneipe, »dröhnte«.[160]

Dass aus dem Sieg in Hannover vorerst nichts wird und aus den Ambitionen aufs Kanzleramt folglich auch nichts, hat erhebliche Folgen – für den Kandidaten sowieso, aber auch für den Journalisten. Da Schröder weder strahlend siegt noch krachend scheitert, kann »es kein Buch und keine Serie geben«. Tatsächlich darf es von Leinemann »überhaupt keine Schröder-Geschichte mehr geben, wenigstens nicht auf absehbare Zeit«. Dass dann tatsächlich der eine zehn Jahre lang »keine einzige Zeile« mehr über den anderen schreibt,[161] heißt nicht, dass die beiden sich aus dem Weg gehen, im Gegenteil: Auch in dieser Zeit tauschen sie sich aus, besuchen sich mit ihren Familien –»gelegentlich in Hannover, gelegentlich vor den Toren der Stadt«, also in Immensen.[162]

Zum Zerwürfnis kommt es Anfang 1994, als Schröder Leinemann die Freundschaft aufkündigt, wie dieser schreibt und Hiltrud Schröder, die dabei gewesen ist, bestätigt.[163] Auslöser ist ein anerkennendes Wort Leinemanns über einen der parteiinternen Konkurrenten Schröders, das bei diesem die Sicherungen durchbrennen lässt. Zwei Jahre herrscht Funkstille, dann arrangieren sich die beiden auf einer Arbeitsebene. Leinemann greift, rechtzeitig für den Kampf ums Kanzleramt, wieder zur Feder und stimmt die Leser des *Spiegel* sowohl 1998 als auch 2002 auf Gerhard Schröder ein. Das geschieht in Form namentlich gezeichneter Artikel, in zahllosen von Leinemann mitverfassten Stücken und nicht zuletzt in einer Reihe von *Spiegel*-Gesprächen, die Leinemann als einer der Interviewer führt. Wer genau hinschaut, stellt aber fest, dass die harsche Aktion Schröders am Jahresbeginn 1994 nicht ohne Folgen geblieben ist. Seither fehlt die unbekümmerte Sympathie früher Jahre.

Für Schröders Niederlage im Juni 1986 gibt es vor allem einen Grund: Am 30. September 1985 hat der Kandidat in einem Interview mit Radio Luxemburg erklärt, er »glaube nicht, daß die Grünen bündnisfähig« seien. Als der überraschte Moderator nachfragt, ob er Schröder »richtig verstanden« und er soeben »der Koalition mit den Grünen eine Absage erteilt« habe, antwortet der: »Sie haben mich richtig verstanden.«[164] Das erstaunt. Denn kein anderer Sozialdemokrat hat sich so früh für eine Zusammenarbeit mit den Grünen ausgesprochen wie Gerhard Schröder.

Kaum haben sich im September beziehungsweise Dezember 1979 erste Landesverbände in Baden-Württemberg und Nordrhein-Westfalen gegründet, denkt Schröder laut über eine Zusammenarbeit nach. Kein Zweiter erkennt zu diesem Zeitpunkt so klar wie der Juso-Vorsitzende, dass der Sozialdemokratie in der vorerst noch chaotischen Truppe eine ernst zu nehmende Konkurrenz erwächst. Präzise seziert er Ende 1979 in seinem Positionspapier für den Bundesvorstand der von ihm geführten Organisation die drei Strömungen, von denen zwei, nämlich die »eher konservativ ausgerichtete« und die »kommunistisch orientierte«, für ein Zusammengehen nicht in Frage kommen. Anders die »linkssozialistischen Kräfte«, mit denen ein offener, »alle innen- und außenpolitischen Themen« einbeziehender »Dialog begonnen werden« müsse: »Die Denunziation der Bewegung ist unsinnig. Sie ist inhaltlich falsch und schafft Solidarisierung, wo Differenzierung das Gebot der Stunde ist.«[165]

Aber dann gehen doch Jahre ins Land, bis Schröder ernst zu nehmende und ernst gemeinte Kontakte zu führenden Köpfen der Grünen aufbaut. Auslöser ist ihr Erscheinen im Bundestag nach der Wahl vom März 1983. Ort des feucht-fröhlichen Austauschs ist die Bonner Szene-Kneipe »Provinz«. Nachdem Schröder hier im Herbst des Jahres 1983 erstmals mit Joschka Fischer, Hubert Kleinert und Otto Schily »im Gefolge« aufgetaucht ist, wird die Gaststätte gegenüber Kohls Kanzleramt zur »Brutstätte des rot-grünen Chaos«.[166] Fortan sind auch, beginnend mit einem Essen bei »Giani« Ende Oktober 1983,[167] gelegentliche Treffen mit führenden Vertretern der Grünen in Schröders Terminkalendern verzeichnet.

Nun sind solche informellen Treffen eine Sache, förmliche Kontakte oder gar mehr sind eine andere. Nicht nur Schröder hat sich geändert, ist in den vergangenen Jahren vom Linksaußen zum seriösen Bundestagsabgeordneten mit linkem Einschlag und Ambition auf höchste Ämter im Staat mutiert. Auch die Grünen haben sich mehrfachen Häutungen unterzogen. Die Partei des Herbstes 1985 ist nicht mehr die des Herbstes 1979. Da bleiben Kurskorrekturen nicht aus. Daher ist das eigentliche Problem an Schröders Kehrtwende vom 30. September 1985 weniger diese selbst, für die es Gründe gibt, als vielmehr die Art und Weise, wie sie vollzogen wird.

Nicht wenige sehen darin einen Anflug von Hochmut oder Selbstüberschätzung des Kandidaten, der sich in einem Umfragehoch sonnen kann. Mit 49 Prozent platzieren die Demoskopen im Juli 1985 die niedersächsischen Sozialdemokraten weit vor Albrechts CDU, die es gerade einmal auf 38 Prozent der Stimmen bringt und damit noch schlechter abschneidet als bei den Europawahlen, bei denen sie im Juni immerhin noch 43 Prozent der Stimmen holen konnte. Aber das ist wohl nicht der Grund für Schröders riskanten Salto mortale. Wohl gibt er sich selbstbewusst, widerspricht allerdings, wenn auch verhalten, Überlegungen, nach denen er als SPD-Kanzlerkandidat in Frage komme, falls er 1986 die Landtagswahl gewinnen sollte.[168] Auch ist er inzwischen im politischen Geschäft erfahren genug, um zu wissen, dass sich Demoskopen irren können und dass im Verlauf eines Jahres noch viel Wasser die Leine hinuntergeht.

Nein, hinter der Absage an die Grünen stehen vor allem Entwicklungen, die mit Niedersachsen nur bedingt etwas zu tun haben. Ausschlaggebend ist die Entscheidung von Johannes Rau, als Kanzlerkandidat der SPD die absolute Mehrheit im Bund anzupeilen. Rau, der am 16. Januar 1931 als Sohn eines Kaufmanns und Predigers in Wuppertal geboren worden ist, verbindet in seiner Biographie das Bodenständige mit provinziellem Einschlag, das er zeitlebens nicht ablegt, mit dem Willen des Aufsteigers. Den Besuch der höheren Schule bricht er ab und schlägt stattdessen den Weg des Verlagsbuchhändlers ein, der ihn von der Lehre bis zur Verlagsleitung führt.

Seine politische Heimat findet Johannes Rau zunächst nicht zufällig in der GVP, der Gesamtdeutschen Volkspartei, die 1952 durch Gustav Heinemann gegründet worden ist. Heinemann – Jahrgang 1899, in der Zeit des »Dritten Reiches« Mitglied der Bekennenden Kirche, seit 1969 als Bundespräsident einer der Stifter der ersten sozial-liberalen Koalition auf Bundesebene – ist ursprünglich ein Parteifreund Konrad Adenauers und auch Innenminister in dessen erstem Kabinett gewesen. Die Pläne des Kanzlers für eine Wiederbewaffnung veranlassen Heinemann aber bereits ein Jahr später zum Rücktritt, 1952 auch zum Austritt aus der CDU und zur Gründung der GVP. Da die nicht den Status einer politischen Sekte hinter sich lassen kann, löst Heinemann die Partei 1957 wieder auf und schließt sich der SPD an.

Heinemann und den mehr als drei Jahrzehnte jüngeren Rau verbindet unter anderem, dass sie bis heute die beiden einzigen Bundespräsidenten sind, welche die SPD, zudem für jeweils nur eine Amtszeit, gestellt hat. Dass Rau spät eine Enkelin Heinemanns heiratet, hat dieser nicht mehr erlebt. Gemeinsam ist den beiden auch ein gewisser Hang zum politischen Sektierertum, das Politik im Grunde als Glaubensbekenntnis begreift und mit einer schwerlich korrigierbaren Überzeugung dessen einhergeht, was Recht und was nicht rechtens ist.

1957 folgt Rau Heinemann in die SPD, ein Jahr später nimmt seine politische Karriere mit der Übernahme des Juso-Vorsitzes in Wuppertal und dem Einzug in den Düsseldorfer Landtag ihren Anfang. Fortan bilden die beiden Städte die politischen Koordinaten dieser Laufbahn. In Wuppertal, dem er zeitlebens verbunden bleibt, bringt es Rau bis zum Amt des Oberbürgermeisters, das er aufgibt, als ihn Nordrhein-Westfalens Ministerpräsident Heinz Kühn 1970 als Minister für Wissenschaft und Forschung in sein Kabinett beruft und Schritt für Schritt als Kronprinz und Nachfolger aufbaut. Der wenn auch nicht ganz freiwillige Rückzug Kühns in der Mitte der folgenden Legislaturperiode macht 1978 den Weg für den Ministerpräsidenten Johannes Rau frei. Seit 1968 Mitglied des Bundesvorstandes der SPD, seit 1978 auch ihres Präsidiums, ist Rau jetzt in der Bundespolitik angekommen.

Dort festigt der nordrhein-westfälische Ministerpräsident seine Stellung, als er sich und seiner Partei 1980 und 1985 an Rhein und Ruhr die absolute Mehrheit der Mandate, beim zweiten Mal sogar mit gut 52 Prozent die absolute Mehrheit der Stimmen sichert. Seit 1982 trägt auch die Position des Stellvertretenden Parteivorsitzenden der SPD, also des zweiten Mannes hinter dem Übervater Willy Brandt, dem gewachsenen bundespolitischen Gewicht des Wuppertalers Rechnung. So gesehen spricht einiges dafür, dass Johannes Rau der rechte Mann ist, um Kanzler Kohl 1987 herauszufordern. Zwar wird er erst Mitte Dezember 1985 offiziell inthronisiert, doch da der Ministerpräsident im Frühjahr 1985 noch einmal seine Position in Düsseldorf ausgebaut hat und dort komfortabel ohne Partner regieren kann, ist er faktisch der neue Kanzlerkandidat. Dass die Grünen bei den Wahlen an Rhein und Ruhr zwar leicht zugelegt haben, aber an der Fünf-Prozent-Hürde gescheitert sind, bestärkt Rau in seinem Entschluss, auch in Bonn die absolute Mehrheit anzusteuern.

In den eigenen Reihen trifft er damit nicht nur auf Zustimmung. Hält Schröder »Raus Wahlziel ..., um es mal sehr freundlich zu sagen«, für »höchst anspruchsvoll«,[169] so ist der Parteivorsitzende Willy Brandt davon überzeugt, dass für die SPD eine Mehrheit links von der Mitte zu holen ist, und zwar nur dort. Zunächst intern, 1987 dann auch öffentlich spielt Brandt mit dem Gedanken einer rot-grünen Koalition auf Bundesebene und fällt damit dem wahlkämpfenden Kandidaten in den Rücken. Jedenfalls empfindet Rau das so. Denn der setzt auch deshalb auf eine absolute Mehrheit im Bund, weil das erste rot-grüne Experiment auf Länderebene kaum zur Nachahmung einlädt.

Holger Börner, langjähriger loyaler Weggefährte Willy Brandts und seit 1976 Ministerpräsident in Hessen, hat sich nach langwierigen Verhandlungen im Oktober 1985 für eine rot-grüne Koalition entschieden, weil die FDP nicht mehr für ein sozial-liberales Regierungsbündnis zur Verfügung steht und eine Große Koalition die SPD zerrissen hätte. Das kann – in dieser Konstellation und zu dieser Zeit – nicht gutgehen. Eine traditionsbewusste, grundsätzlich staatstragende Partei mit Bodenhaftung wie die SPD und eine junge, vom Selbstverständnis her alternative, antiautoritäre Kraft wie die Grünen finden in kaum einem Punkt zusammen. Und so erschöpfen sich Hessens rot-grüne Koalitionäre in einem konfrontativen Dauerdiskurs, der Schröder Mitte Oktober 1985, als er den Grünen bereits öffentlich abgesagt hat, von einem »quälenden Prozess des ständigen Verhandelns« sprechen lässt.[170]

Nicht zuletzt wegen dieser Erfahrungen will Kanzlerkandidat Johannes Rau Anfang 1987 im Bund die absolute Mehrheit holen – und hält daher, wie sich Schröder erinnert, eine niedersächsische Landesregierung mit grünem Koalitionspartner für unpassend. Tatsächlich setzt Rau den Kandidaten in Hannover schon dadurch unter Druck, dass er ihm vor Ort Wahlkampfhilfe leistet und damit das Widerspruchspotential Schröders einzäunt. Außerdem schickt er seine Wahlkampfmanager Wolfgang Clement und Bodo Hombach nach Immensen, um Schröder deutlich zu machen, dass eine doppelte Strategie in parallel geführten Wahlkämpfen – in Niedersachsen mit den Grünen als Partner, im Bund ohne sie – nicht glaubwürdig sei. So schließt Gerhard

Gute Miene zum schlechten Spiel: Johannes Rau (links) zwingt Gerhard Schröder – hier 1986 in Hannover –, seine Koalitionsaussage zugunsten der Grünen zurückzuziehen.

Schröder am 15. Oktober vor der Bundestagsfraktion »ein Zusammengehen mit den Grünen« aus und revidiert »insoweit seine eigene frühere Einschätzung hinsichtlich der Kooperationsfähigkeit der Grünen«,[171] und am 26. November 1985 macht Rau dem Kandidaten in einem Vier-Augen-Gespräch in der Düsseldorfer Staatskanzlei klar, dass es keine Rückkehr zu seiner alten Position geben kann.[172]

Von da an ist das Verhältnis zwischen den beiden, wenn nicht beschädigt, so doch ausgesprochen schwierig. Einerseits hat Schröder hohen Respekt vor der politischen Leistung Raus. Dessen Wahlerfolge, aber auch dessen unangefochtene Position in der nordrhein-westfälischen SPD imponieren ihm. Andererseits irritiert ihn die Verlogenheit eines Mannes, der den Ruf des »Bruder Johannes« kultiviert und hinter dieser Fassade des guten Menschen trickst und foult, was das Zeug hält. Politische Freunde sind die beiden nicht mehr geworden. Als sich Schröder Ende der achtziger Jahre über den Wuppertaler wenig vorteilhaft auslässt, ist Rau mit ihm »restlos fertig«.[173] Diese Beobachtung des *Spiegel* trifft grundsätzlich auch noch zu Beginn der neunziger Jahre zu. Man ahnt, dass die beiden sich einige Disziplin werden auferlegen müssen, sollten sie einmal auf Gedeih und Verderb auf eine gute Zusammenarbeit angewiesen sein.

Mitte der achtziger Jahre sitzt der Ältere und Erfolgreiche am längeren Hebel. Also gibt Schröder nach – und hat, da sich CDU und FDP in Hannover bereits auf eine Koalitionsaussage festgelegt haben, fortan »keine Siegesoption mehr«, wie er im Rückblick festhält.[174] Ganz so ist es allerdings nicht gewesen. Denn der Kandidat hat auch zuvor keineswegs konsequent auf die Grünen gesetzt, sondern ganz im Gegenteil bei der Ankündigung seiner Kandidatur für den Landesvorsitz der Partei Mitte Oktober 1983 zunächst klargestellt, dass er sich eine »Koalition zwischen SPD und Grünen … zur Zeit in Niedersachsen nicht denken« könne und auf ein »Zwei-Parteien-System« hinarbeiten wolle.[175] Erst in den folgenden Wochen und Monaten hat er diese Linie verlassen, schließlich im Spätsommer 1984 erklärt, dass er »zu einer Zusammenarbeit mit den Grünen grundsätzlich bereit« sei,[176] um einen Tag nach Raus großem Düsseldorfer Wahlsieg wieder auf den ursprünglichen Kurs zurückzukehren und kundzutun: »Wir wollen es möglichst alleine schaffen.« Natürlich wolle man sich Optionen offenhalten, und was im Übrigen »die Zukunft der Grünen« angehe, so könne er nur sagen, das sei »das Problem dieser Truppe selbst«.[177]

Nach dem Werben um einen Wunschpartner sieht das nicht aus, und wenn man die erhebliche Skepsis in den Reihen der niedersächsischen Genossen gegenüber dieser Partei in Rechnung stellt, kann das auch nicht überraschen. Seine »Position« in der Frage einer Koalition mit den Grünen sei eine »taktische«, hat er schon Mitte Dezember 1985 bei seinem noch zu erläuternden Besuch Erich Honecker erklärt: »Er werde es nicht zurückweisen, auch mit den Stimmen der Grünen zum Ministerpräsidenten gewählt zu werden. Doch proklamiere er keine Rot-Grün-Konstellation, damit es andere nicht ausnutzen.«[178] Man kann das verstehen, sind die Grünen doch damals nicht der handzahme Klub verbürgerlichter Ex-Spontis und anderer Radikaler unserer Tage, sondern auch und gerade dort der Schrecken bürgerlicher Wähler aller Couleur, wo sie im Parlament sind. Als sie dann auch noch im unmittelbaren Vorfeld der Wahl und ausgerechnet in Hannover »eine linksradikale Erweckungsmesse« zelebrieren,[179] woran Joschka Fischer anlässlich Schröders 70. Geburtstag erinnert, kann sich der in seiner Skepsis bestätigt fühlen.

Das ist die eine Seite. Auf der anderen wirft der rabiate Schwenk natürlich Fragen nach der Verlässlichkeit dieses Kandidaten auf, und das keineswegs nur bei den Grünen, wo im Übrigen der Eindruck vorherrscht, dass Schröder diese Rolle nicht gerne spiele. So schildert Otto Schily Ende März 1986 die Stimmung in den Reihen der Grünen, fügt allerdings mahnend hinzu, dass Schröder es bei »ein, zwei Pflichtübungen« belassen sollte, denn auch die Grünen hätten ein »gutes Gedächtnis«.[180] Im Falle Schilys ist dort unter anderem gespeichert, dass Schröder ihm erst ein halbes Jahr zuvor öffentlich signalisiert hat, ihn auch dann in sein Kabinett aufnehmen zu wollen, wenn er nicht der SPD beitrete. Ein »Bruch mit den Grünen alleine würde reichen«.[181]

Was für ein Eiertanz, der sich auch damit erklärt, dass der Kandidat nach seiner brüsken Absage an die friedensbewegte Ökopartei darüber nachdenken muss, wie eine rein sozialdemokratisch geführte Regierung denn besetzt sein solle. So fragt er zum Beispiel Klaus Bölling, Regierungssprecher und zeitweilig Ständiger Vertreter der Bundesrepublik in Ost-Berlin während der Kanzlerschaft Helmut Schmidts, ob er im Falle eines Wahlsieges als Bundesratsminister in sein Kabinett eintreten möge, was der »sehr gern getan« hätte.[182]

Knapp sechs Wochen vor der Wahl berichtet Leinemann im *Spiegel*, dass Schröder nach dem abrupten Kurswechsel zwei Wochen lang »wie ein Geschlagener« durch die Lande gezogen sei und dass er im folgenden »endlosen Gezerre, ob er nun mit den Grünen oder ohne oder gegen sie in Hannover regieren wolle, … durch Ungeschicklichkeiten und Übertaktieren jeden verläßlichen Hinweis auf seine Position verwackelt« habe.[183] So ist es. Und so sieht es zum Beispiel auch der hessische Staatsminister für Umwelt und Energie: »Ich habe an Schröders Sieg nie geglaubt«, sagt Joschka Fischer im Juni 1986 nicht ohne Genugtuung.[184]

Wie unsicher und angreifbar Gerhard Schröder in dieser, und nur in dieser Frage ist, zeigt ein bemerkenswertes Gespräch, das er im Vorfeld der Wahl mit Peter Gatter führt. Gatter hat eine Laufbahn als Fernsehmoderator und Reporter unter anderem für den WDR in Polen hinter sich und arbeitet jetzt als Chef von *Panorama*«beim NDR. Das lange Gespräch, das er mit Schröder führt und das im März 1986 unter dem Titel *Der Herausforderer* in Buchform erscheint, ist ausgesprochen aufschlussreich.

Zum einen eröffnet der Band eine kleine Reihe von Büchern mit Gesprächen beziehungsweise Briefen Schröders, von denen bis 1998 insgesamt drei erscheinen, 2002 ergänzt durch ein lesenswertes, ursprünglich als Fernsehgespräch gesendetes Interview mit Ulrich Wickert,[185] mit einigem Abstand gefolgt von einem Interview mit Georg Meck, in dem Schröder 2014 eine Bilanz seiner Kanzlerschaft zieht.[186] Die Bücher der Jahre 1986 bis 1998 werden jeweils im Zusammenhang mit einer Kandidatur vorgelegt und von einem Journalisten – das erste von Peter Gatter, die beiden folgenden von Reinhard Hesse – zu Papier gebracht.

Gerhard Schröder hat nie einen Hehl daraus gemacht, dass er sich nicht zu den Intellektuellen der Republik rechnet. Gelegentlich hat er sogar mit seiner Leseabstinenz kokettiert. Das ändert sich nun allmählich. 1986 gibt Gerhard Schröder zu erkennen, dass er durchaus auch ein breit interessierter Leser ist: »Ich kann von keinem einzelnen Buch sagen: Die ist die überragende politische Veröffentlichung, die mich nachhaltig beeinflusst hat«, erzählt er Gatter: »Ich hab' so viel gelesen, daß ich irgendwann auf die Frage, was ich lese, gesagt habe, ich lese gar nicht mehr. Aber den Witz haben die Leute leider nicht verstanden. Es gibt keinen Schlüssel für meine Lektüre. Ich habe versucht, an alles heranzukommen, weil ich unheimlich neugierig bin.«[187]

Lesen ist eine Sache, Schreiben ist eine andere. Zur Feder greift Schröder selten. Gelegentlich erscheint ein Artikel oder ein Aufsatz von ihm beziehungsweise unter seinem Namen, als Buchautor im engeren Sinne tritt er erst 2006 in Erscheinung, als er seine Lebenserinnerungen vorlegt. Davon ist noch zu berichten. Von der seriellen Produktion mehr oder minder lesenswerter Bücher, die man von seinen beiden sozialdemokratischen Vorgängern im Amt des Bundeskanzlers kennt, kann keine Rede sein. Das bewahrt seine Leser wie natürlich auch seinen Biographen vor Redundanzen und Plattitüden, die sich zwangsläufig einstellen, wenn Politiker mit intellektueller Ambition über Gott und die Welt reflektieren.

Davor ist Gerhard Schröder gefeit. Seine Bücher haben nur ein Thema: Gerhard Schröder. Das ist immerhin ehrlich – wie er auch ehrlicherweise stets die Ko-Autoren namentlich nennt. Und es ist aufschlussreich. Denn die Bücher wie auch eine überschaubare Reihe von Artikeln sind jeweils politische und persönliche Moment- und Nahaufnahmen. So auch *Der Herausforderer*. Wenn man wissen will, in welche Sackgasse sich der Kandidat im Herbst 1985 mit seiner Absage an die Grünen manövriert hat, muss man das letzte Kapitel lesen, in dem Gatter ihn mit seinen früheren Aussagen zum Thema konfrontiert.

Insgesamt ist dieses erste Buch Gerhard Schröders ein Feuerwerk eindeutiger, kompromissloser Analysen und Positionen – so gesehen das undiplomatischste und deshalb auch sein bestes. Natürlich stehen innenpolitische Themen im Mittelpunkt. Mit ihnen werden Wahlen gewonnen. Weil sich der Kandidat aber auf der nationalen Ebene immer wieder auch zu außen- und sicherheitspolitischen Fragen geäußert und zudem ein – wenn auch in diesem Zusammenhag nicht genanntes – nächstes Ziel im Blick hat, nimmt er auch zu diesen Stellung. Schnörkellos, dezidiert und durchaus plausibel. So zum Beispiel, wenn er sein »Mißtrauen« gegenüber den »Sicherheitsexperten aller Parteien« zum Ausdruck bringt und es damit begründet, dass »die Geschichte der Abrüstungsverhandlungen ... in Wirklichkeit die Geschichte limitierter

Aufrüstungen« sei.[188] Bis zum Ende kommenden Jahres, als im Dezember 1987 der INF-Vertrag unterzeichnet wird, bleibt diese Feststellung allen übrigen politischen Beteuerungen zum Trotz richtig.

Und hat Schröder nicht auch recht, wenn er die Befürchtung, »die Russen könnten kommen und uns ihr System aufzwingen«, als »Quatsch« abtut? »In Wirklichkeit haben die nämlich viel zu viele eigene Probleme bei dem Versuch, die Ergebnisse des Zweiten Weltkrieges politisch und leider gelegentlich auch militärisch abzusichern. Deren Neigung, in einer im wesentlichen durch Stabilität gekennzeichneten Region wie Europa auf Abenteuer auszugehen, dürfte höchst unterentwickelt sein.«[189]

Und die DDR? Gibt der Kandidat der Wiedervereinigung noch eine Chance? Auf der einen Seite hält Schröder jeden für einen »Tor«, »der glaubt, Wiedervereinigung könne bedeuten, daß die DDR in der Bundesrepublik in irgendeiner Form aufgeht«, und weiß sich in diesem Punkt mit den allermeisten seiner Zeitgenossen einig. Andererseits ist er aber 1986 dezidiert der »Meinung, daß die Einheit der Nation nicht für alle Zeiten verloren, der Weg dorthin nicht für alle Zeiten verbaut ist ... die Perspektive der Vereinigung der beiden Staaten, die sollten wir nicht aufgeben.« Ganz gegen den Trend setzt Gerhard Schröder auf »die kulturelle Einheit, die Einheit der Sprache, der Kunst. Auf diesen Gebieten gibt es ja viele auseinanderstrebende Tendenzen. Diese Einheit will ich bewahren, und ein solches Ziel setzt die Erkenntnis voraus, daß staatliche Trennung die Bedingung für kulturelle Einheit darstellt, jedenfalls auf absehbare Zeit.« Im Übrigen ist er davon überzeugt, dass die »Emanzipation der Deutschen ... nur als Teil eines gesamteuropäischen Emanzipationsprozesses« funktionieren könne, und lehnt schon deshalb eine »Neutralität der Deutschen« strikt ab.

Und warum will Gerhard Schröder die »Einheit der Nation« nicht »verloren« geben? Die Begründung, die er 1986 liefert, überrascht nur dann, wenn man nicht weiß, welche herausragende Bedeutung die Würde – des Einzelnen, aber eben auch einer Gemeinschaft – für ihn seit eh und je besitzt: »Es ist eine unwürdige Angelegenheit, ... daß es vierzig Jahre nach dem Ende des Krieges immer noch keinen Friedensvertrag gibt. Das ist ja nicht einfach irgendeine ganz bedeutungslose Formalie ... der Zustand, so wie er jetzt herrscht, mit all den Einschränkungen von Politik und Politikmöglichkeiten, ist nichts was ich gerne meinen Kindern hinterlassen möchte ... Es kann doch wohl kein Dauerzustand sein, daß wir ... faktisch – jedenfalls in einigen wichtigen Bereichen – immer noch die Rolle eines besetzten Landes spielen.« Und als Gatter nachfragt, ob es denn »außer dem Abgeordneten Schröder« noch jemanden gebe, der dafür sei, »die Diskussion um einen Friedensvertrag zu eröffnen«, antwortet der auf die ihm eigene entwaffnende Art: »Ich weiß nicht, ob es da noch andere Leute gibt, die meiner Meinung sind. Ich kenne jedenfalls keine.«[190]

Keine Frage, der Mann weiß, was er tut. Dazu gehört, dass man sich in der Welt umschaut, soweit der eng getaktete Terminkalender des Anwalts, Abgeordneten und Wahlkämpfers das zulässt. Ein mehrtägiger Informationsbesuch, den Schröder Ende Februar 1986 Israel abstattet, findet in der Presse wohl deshalb kaum Beachtung, weil solche Besuche inzwischen zum Pflichtprogramm deutscher Politiker zählen. Anders sieht es aus, als sich der Albrecht-Herausforderer mit Erich Honecker und Fidel Castro trifft. Nachdem ihn die Delegierten des Landesparteitags in Oldenburg – auch rechtsverbindlich und bei nur einer Gegenstimme und zwei Enthaltungen – auf Platz 1 der Landesliste gesetzt haben, reist Gerhard Schröder im Dezember 1985, jeweils begleitet von Gattin Hiltrud, zunächst nach Kuba und dann in die DDR.

Kuba-Visiten westlicher Politiker sind Mitte der achtziger Jahre noch eine Ausnahme. Und obgleich der monologisierende Fidel Castro gewiss keine intellektuelle Bereicherung ist, gehört er doch wie Ho Chi Minh oder Mao Zedong zu den »Figuren«, die Schröder nicht nur in dieser Zeit faszinieren, weil sie »wirklich Weltgeschichte gemacht« haben.[191] Hilfreich fürs Image und gut für den einen oder anderen Zwischenruf im Bundestag ist die Begegnung allemal, und einen eigenen Bericht im *Spiegel*, der vom mitreisenden Leinemann stammt, liest man auch nicht alle Tage.[192] Den gibt es im Falle des zweistündigen Gesprächs mit Honecker zwar nicht, dennoch ist diese Begegnung nicht ohne Brisanz. Immerhin hat die Bonner Regierung einen geplanten Besuch des Staats- und Parteichefs der DDR in der Bundesrepublik aus allen möglichen Gründen wiederholt verschoben: Mal torpediert der bayerische Ministerpräsident Franz Josef Strauß den Plan, mal führt der Tod eines Lkw-Fahrers während eines Verhörs durch DDR-Grenzer zu einem empfindlichen Rückschlag, mal lehnt die Führung der DDR das Ausweichquartier für die gerade in der Renovierung befindliche Villa Hammerschmidt ab.

Es sind die westdeutschen Sozialdemokraten, die den Bann brechen. Seit Johannes Rau im Januar und vor allem Willy Brandt im September 1985 Erich Honecker besucht haben, geben sich, beginnend mit Oskar Lafontaine im November 1985, führende Sozialdemokraten die Klinken der Ost-Berliner Türen in die Hand. Dass der Oppositionsführer aus Hannover dazugehört, der ja aus Sicht der DDR-Führung noch in einer zweiten Liga spielt, geht zum einen auf dessen Drängen zurück. Am 13. September ist Gerhard Schröder mit einem Angehörigen der Ständigen Vertretung der DDR in Bonn zusammengetroffen und hat sich um einen Termin bei Honecker bemüht: »Ein kurzes Gespräch und ein ›Bild‹ mit de[m] Staatsratsvorsitzenden wären für ihn ganz sicher hilfreich.«[193] Ob das freilich ohne die persönliche Empfehlung Willy Brandts gegenüber Erich Honecker zustande gekommen wäre, ist fraglich: »Er würde es begrüßen, wenn Schröder die DDR besuchen könne«, sagt der Vorsitzende der SPD wenige Tage später dem Generalsekretär des ZK der SED. Der Oppositionsführer aus Hannover »gehöre zu den tüchtigsten jungen Leuten, zur nachrückenden Generation der SPD«.[194]

Acht Wochen später ist es dann so weit. Begleitet von seiner Frau trifft Gerhard Schröder am 17. Dezember 1985 in der DDR ein. Das Gespräch mit Erich Honecker ist der Höhepunkt eines dreitägigen Besuchs, der Schröder – mit »14 Journalisten im Reisebus«[195] – auch nach Quedlinburg, Meißen und Dresden führt. Neben der Besichtigung der Staatlichen Porzellanmanufaktur sowie der Semperoper stehen weitere politische Gespräche, unter anderem mit dem Minister für Umweltschutz und Wasserwirtschaft, auf dem dichten Programm. Es versteht sich von selbst, dass die Beamten des Ministeriums für Staatssicherheit die Vorbereitung und den Verlauf des Besuchs auf ihre Weise eng begleiten und alle Mittel, das Abhören von Telefonaten eingeschlossen, einsetzen, um möglichst nichts einem unkontrollierbaren Zufall zu überlassen. Das gelingt nicht ganz, kommt Schröder alias »Sonne« doch in der Nacht des 18. Dezember außerhalb des Programms unter anderen mit den Schriftstellern Stefan Heym und Stephan Hermlin sowie Bischof Albrecht Schönherr zusammen.[196] Treffpunkt ist die Wohnung der *Zeit*-Korrespondentin Marlies Menge (Deckname »Blase«), die im Vorfeld über Schröders Reisepläne und dessen Einschätzung der Lage berichtet hatte.[197]

Am Vormittag des 18. Dezember 1985 trifft der »stellvertretende Vorsitzende des Landesverbandes Niedersachsen der SPD, Gerhard Schröder«, begleitet von Karl Ravens, dem Vorsitzenden der SPD-Fraktion im Niedersächsischen Landtag, Peter Struck, dem Bundestagsabgeordneten aus Uelzen, und Heinz Thörmer, seinem persönlichen Referenten, mit dem »Generalsekretär des Zentralkomitees der SED und Vorsitzenden des Staatsrates der DDR, Erich Honecker« zusammen. Zur Runde gehören neben dem Kanzleileiter des Staatsratsvorsitzenden die ZK-Mitglieder Hermann Axen und Gunter Rettner. Rettner leitet seit einigen Wochen im ZK die Abteilung Internationale Politik und Wirtschaft und gehört fortan neben Egon Krenz zu den Ansprechpartnern Schröders.

Man muss die von beiden Seiten angefertigten Gesprächsprotokolle nebeneinanderlegen, um den gesamten Gesprächsverlauf zwischen Schröder und Honecker vor Augen zu haben. Während die Niederschrift von Honeckers

Kanzleileiter unerwähnt lässt, dass Schröder dem Generalsekretär »15 Wünsche nach Familienzusammenführung bzw. Ausreise« übergibt,[198] übergeht der von Thörmer angefertigte Gesprächsvermerk die Elogen Schröders auf Honeckers »historische Leistung«, die »Entspannung als Chance« offengehalten zu haben. Dass die beiden in großzügigen Schritten den gesamten Horizont der Entspannungswelt abgeschritten haben, ist dem einen wie dem anderen Dokument zu entnehmen.

Das gilt auch für die drei Punkte des Gesprächs, die Honecker erstmals in einer Rede in Gera am 13. Oktober 1980 genannt hat und die ihm und seinen Mannen besonders wichtig, in der Bundesrepublik folglich entsprechend umstritten sind. So sagt Schröder seinem Gastgeber zu, dass hinsichtlich »der Elbgrenze ... nicht an dogmatischen Positionen festgehalten« werden solle. So steht es im ausführlicheren Protokoll des Kanzleileiters. Man kann sich das heute kaum noch vorstellen, aber in den achtziger Jahren waren Heerscharen von Bürokraten beider Seiten mit der Frage beschäftigt, ob die Grenze zwischen den deutschen Staaten, die nach dem Rechtsverständnis Bonns keine Staatsgrenze war, in der Mitte des Flusses verlief, wie von Ost-Berlin behauptet, oder nicht. Schröder hält die »dogmatischen Positionen« für überlebt und denkt vielmehr daran, was man tun kann, um die Elbe »sauberer« zu bekommen.

Daheim nicht minder umstritten ist die faktische Anerkennung der DDR-Staatsbürgerschaft: »Richtig sei, wenn die DDR darauf verweise, daß sie ein Staat mit seinem Territorium, seinem Staatsvolk und seiner Staatsbürgerschaft ist. Die Erwartung an jeden, der staatliche Beziehungen unterhält, dies zu respektieren, sei gerechtfertigt und sinnvoll.«[199] Wohl wahr, wenn man zum Beispiel bedenkt, dass in etlichen internationalen Gremien, darunter den Vereinten Nationen, beide Staaten ohne Einschränkung gleichberechtigt ihre Interessen vertreten. Natürlich weiß Schröder, dass es einen feinen juristischen Unterschied zwischen der »Respektierung« und der »Anerkennung« der Staatsbürgerschaft gibt, und überschreitet diese Linie nicht. Dass der eine Staat seine Bürger unter anderem mit Selbstschussanlagen daran hindert, in eben jenen anderen zu wechseln, von dem er diese Respektierung und den Respekt erwartet, ist allerdings auch Teil dieser Geschichte. Keiner der Besucher Honeckers, ganz gleich welcher Partei er angehörte, hat dieses Thema je angesprochen. Auch Schröder nicht.

Anders die Ende November 1961 in Reaktion auf den Mauerbau errichtete zentrale Erfassungsstelle der Landesjustizverwaltungen in Salzgitter, in der ursprünglich »an der Zonengrenze und in der DDR durch die SED-Regierung und ihre Organe begangene Gewaltverbrechen« registriert wurden.[200] Inzwischen liegt der Schwerpunkt der Arbeit der Erfassungsstelle, deren Dienstherr der niedersächsische Minister der Justiz ist, auf der Ermittlung von Taten in der DDR. Schon Brandt hatte Honecker gesagt, »wenn Schröder Ministerpräsident werde, mache er den Laden dicht«.[201] Tatsächlich hat der seit geraumer Zeit die Auflösung verlangt und bestätigt jetzt, »daß eine von ihm geführte Regierung Niedersachsens die ›Erfassungsstelle‹ Salzgitter aufkündigen würde«.[202] Natürlich erfährt die Öffentlichkeit von den Einzelheiten dieser Gespräche wie üblich nichts, und auch dass Erich Honecker ihn »besonders ... beeindruckt« hat, schreibt Schröder – nach der Rückkehr und in seiner Eigenschaft als Bundestagsabgeordneter – lediglich an Egon Krenz. Der Brief taucht im Wahlkampf 2005 in der Öffentlichkeit auf, zeitigt aber keine Folgen.[203]

Andererseits lässt Schröder die Öffentlichkeit gerade über die drei zentralen Punkte, in denen er eine von der Bundes- wie von der Landesregierung abweichende Position vertritt, auch nicht im Unklaren, sondern geht zu Hause in die Offensive und verteidigt sie. Ganz nebenbei lässt sich so demonstrieren, dass der Herausforderer des Ministerpräsidenten auf der anderen Seite der Elbe wie ein Staatsgast empfangen worden ist – Polizeieskorte, grüne Ampelschaltung, Blaulicht, Absperrung für die Volvo-Kolonne inbegriffen. Der Ministerpräsident selbst kann so etwas bislang nicht vorweisen. Ob das nur daran liegt, dass Albrecht die Pilgerfahrten zu Honecker nicht mitmachen will, wie er sich später zugutehält, sei dahingestellt.[204] Sicher ist, dass auch er den Kontakt gesucht und im September 1987 beim Besuch Honeckers in der Bundesrepublik gefunden hat,[205] so dass er sich im April 1989 gemeinsam mit seinem Bundes- und Europaminister Heinrich Jürgens auf den Weg zum Staatsratsvorsitzenden nach Ost-Berlin macht.

Für Schröder bleiben die Visiten in Havanna und Ost-Berlin Episode. Denn kaum ist er aus der großen weiten Welt zurück, holen ihn die Niederungen des Wahlkampfs ein. Dort setzt er sich jetzt unter anderem für die Frauen ein, verspricht ihnen »gleichgewichtige« Beteiligung an einer Regierung, die Einrichtung einer dem Ministerpräsidenten zugeordneten Stelle für Gleichberechtigung oder auch eine Verstärkung der Frauenforschung und spricht im Übrigen zur Freude der Gattin von »Mitgliedern« und »Mitgliederinnen« der Partei.[206] Einige Jahre später schiebt er eine Erklärung für seine großzügige Förderung der Frauen nach: »Die Welt«, sagt Schröder im November 1988, »ist in den Führungspositionen mit so vielen Trotteln ausgekommen, daß sie durch Frauen gar nicht schlechter werden kann.«[207]

Er hält das für ein Kompliment. Viele Frauen, unter ihnen Niedersachsens Finanzministerin Birgit Breuel, einzige Frau im niedersächsischen Kabinett, sehen das anders. An dem insgesamt guten Verhältnis der beiden ändert das nichts. Mehr als zwei Jahrzehnte später, als die Schlachten geschlagen sind und Schröder auf seine Zeit als Ministerpräsident und Bundeskanzler und Breuel auf ihre Tätigkeiten als Präsidentin der Treuhandanstalt und Generalkommissarin der Weltausstellung Expo 2000 zurückblickt, denken beide noch gerne an die gemeinsamen Jahre, in denen sie »doch eigentlich ziemlich gut zusammengearbeitet haben«.[208]

Auf dem Programm, mit dessen Hilfe es Schröder in die Staatskanzlei schaffen will, stehen außer der verstärkten Frauenförderung die Ankündigung, nach dem Wahlsieg die amtierenden politischen Beamten, Staatssekretäre, Regierungspräsidenten und Generalstaatsanwälte in den Ruhestand zu versetzen; die Aussicht auf eine Stärkung der beruflichen Bildung; die Ankündigung eines großen gesellschaftlichen Bündnisses zwischen der Arbeitnehmerschaft und der Landwirtschaft; und natürlich die Auflistung wirtschaftlicher Maßnahmen, wie gezielte Investitionen, vor allem im Umweltbereich, zur Sicherung der Arbeitsplätze bei der mittelständischen Industrie oder auch die Förderung zukunftsträchtiger Technologien. Das alles klingt nicht sehr aufregend. Wie die den Kandidaten eng begleitende Lokalpresse schon im Sommer 1985 vermerkt, ist das »eigentlich Überraschende an den politischen Thesen Schröders … gerade ihre Bravheit«.[209]

Von dem revolutionsaffinen, Terroristen und Radikale verteidigenden, mit den Grünen anbändelnden Linken, den der politische Gegner an die Wand gemalt hat, ist offenbar nichts übrig geblieben. Der Mann ist mehrheitsfähig. Das spüren sie natürlich auch in der Bonner Parteizentrale und greifen dem Kandidaten in der heißen Phase des Wahlkampfs kräftig unter die Arme. So sind auch Willy Brandt und Johannes Rau dabei, als diese Phase am 3. Mai mit 20 000 Menschen auf dem Opernplatz zu Hannover eingeläutet wird. Und als Schröder danach im kleinen Kreis die Bitte äußert, dass die Bundespartei ihm zusätzliche Unterstützung zukommen lassen möge, sagt der Parteivorsitzende ihm diese zu: »Ja, das machen wir. Das geht klar.« So ist es dem wie stets exzellent informierten Martin E. Süskind zu Ohren gekommen.[210] Der studierte Historiker Süskind, Jahrgang 1944, der seine journalistische Karriere von 1975 bis 1977 unterbrochen hat, um Reden für den Parteivorsitzenden zu schreiben, kennt die deutsche Sozialdemokratie dieser Jahre so gut wie kaum ein Zweiter seiner Zunft.

Wenig später treffen Wolfgang Clement und Bodo Hombach, die Schröder ein halbes Jahr zuvor zu dem fatalen Kurswechsel in Sachen Koalitionspartner gezwungen hatten, an der Leine ein. Dieses Mal mit dem Auftrag, ihn nach Kräften zu unterstützen. Welchen Einfluss ihr Einsatz auf das Ergebnis genommen hat und ob er messbar ist, sei dahingestellt. Auf jeden Fall legen die Genossen am 15. Juni 1986 deutlich zu: Mit 42,1 Prozent holt Schröder 5,6 Prozentpunkte mehr, als die SPD vier Jahre zuvor einfahren konnte, und auch bei den Sitzen ist ein Plus von drei auf nunmehr 66 zu verzeichnen. Entsprechend schwer sind die Verluste von Albrechts CDU, die 6,4 Prozent der Stimmen und damit die absolute Mehrheit verliert, während sich der künftige freidemokratische Koalitionspartner mit einem marginalen Stimmenzuwachs im Wesentlichen halten kann. Dass die Grünen ihren Anteil etwas weniger marginal auf nunmehr gut 7 Prozent steigern können, ist ein Achtungserfolg – nicht mehr, aber eben auch nicht weniger, wie sie selbstbewusst festhalten. Für eine rot-grüne Koalition hätte es dennoch nicht gereicht, selbst wenn Schröder bei seinem ursprünglichen Plan geblieben wäre – es sei denn, der plötzliche Schwenk vom vorigen Sommer und das folgende Hin und Her in dieser Frage hätten das Wahlergebnis um die entscheidenden 1,1 Prozentpunkte nach oben gedrückt, die Rot-Grün und Schwarz-Gelb schließlich noch voneinander trennen.

Als sich das Ergebnis abzeichnet, sagt Schröder zu den Mitarbeitern und Getreuen, die seit Stunden in seinem Wahlkampfbüro ausharren, er werde »in etwa einer Stunde ... folgende Erklärung abgeben: Wir haben gewonnen, aber weil wir siegen wollten, haben wir auch verloren.«[211] »Jetzt gehen wir rüber in den Landtag und sind gute Verlierer!«[212] Dann macht er sich, seine nach wie vor wie vom Blitz getroffene Ehefrau Hiltrud zur Rechten, auf den Weg in den Landtag – zu Fuß, quer durch Hannovers Innenstadt, begleitet von den Blicken der erstaunten Bürger. Offenkundig steht er also nicht für das zwei Jahre zuvor identifizierte »Elend der deutschen Politik, daß stets und ständig versucht wird ..., aus jeder Niederlage einen Sieg zu machen«.[213]

Es ist die erste schwere Niederlage seines politischen Lebens. Es wird nicht die letzte sein. Andere werden kommen, auch schwerere als diese erste. Ob Gerhard Schröder die Weichen im Sommer dieses Jahres anders gestellt hätte, wenn ihm ein Blick in seine nähere politische Zukunft möglich gewesen wäre? Vermutlich nicht. Denn dass er scheitern könnte, ist ihm auch vor dem 15. Juni 1986 durchaus klar gewesen. Er hätte ja mit dem Anwaltsberuf und der Bonner Abgeordnetentätigkeit »zufrieden sein können«, erklärt er Leinemann. »Aber dann sagte ich mir: Du mußt doch mal gucken, ob es nicht die ganze Grütze gibt und nicht nur einen Teller voll.«[214] Das ist keine Momentaufnahme, das ist das Selbstverständnis eines Mannes, der sich schon als Kind und Jugendlicher nicht mit dem einen Teller zufriedengeben wollte, weil er nie sicher sein konnte, ob es für einige Zeit nicht der letzte sein würde. Auch das ist übrigens Ausdruck der tief sitzenden Angst, dass ihm einer etwas wegnehmen könnte. Diese Angst hat Gerhard Schröder zeitlebens nicht verlassen. So einer gibt nicht auf, wenn er die ganze Grütze nicht erwischt. Im Gegenteil. Und wenn er sie einmal erwischt hat, gibt er sie nicht wieder her, jedenfalls nicht freiwillig. Wie es im Innern aussieht, wenn er sie doch hergeben muss, kann man sich vorstellen.

Sichtbar ist das für Außenstehende kaum, weil dieser Schröder nicht verletzlich wirkt. Das unterscheidet ihn von Willy Brandt, dessen Karriere als Niederlagen-Verkrafter die des politischen Enkels unter dem Strich noch in den Schatten stellen dürfte. Vielmehr teilt Schröder auch in solchen Situationen kräftig aus und gilt schon damals, Mitte der achtziger Jahre, als einer, der früh gelernt hat, »um einer kleinen Zeitungsüberschrift willen selbst solche Genossen kräftig vor das Schienbein zu treten, deren Unterstützung unverzichtbar ist«.[215] Als er einige Monate nach der eigenen Wahlniederlage in einem Zeitungsinterview erklärt, dass in der Parteiführung schon über einen potentiellen Nachfolger Raus nachgedacht werde, falls der im Januar kommenden Jahres als Kanzlerkandidat scheitern sollte, spricht dessen Wahlkampfberater Wolfgang Clement ebenso öffentlich von »Gerhard Schröders feinsinnige[r] Art zu holzen«.[216] Dass Schröder mit den Genossen an Rhein und Ruhr noch eine Rechnung offen hat, interessiert dort wenig.

Klar ist, dass sich so einer in der eigenen Partei auf Dauer keine Freunde, wohl aber erbitterte Gegner macht, und zwar in stattlicher Zahl. Sie wissen nicht, dass diese Konstellation auf einen Typen wie Schröder eher stimulierend wirkt – jedenfalls bis zu einem bestimmten Punkt und nur dann, wenn sie mit offenem Visier kämpfen. Auch unterschätzen sie seinen Willen und seine Fähigkeit, Niederlagen als Ansporn zu nehmen, um jetzt erst recht auf Sieg zu setzen, sofern es, wie in Niedersachsen, eine zweite Chance gibt. Schon im Sommer 1984, also noch vor der förmlichen Kür zum Spitzenkandidaten, hatte Schröder öffentlich erklärt, er »kämpfe um das Amt des Ministerpräsidenten. Für den Fall, daß die Wähler das anders entscheiden« sollten, werde er sich »auf alle Fälle auch um eine zweite Chance bemühen«.[217]

Voraussetzung für diese zweite Chance ist seine Stellung in der Partei nach der Niederlage. Tatsächlich geht Gerhard Schröder aus der Wahl erstaunlich unbeschädigt hervor. Das liegt am guten Ergebnis. Mit einem Stimmenanteil deutlich jenseits der 40 Prozent zwingt er seine zahlreichen Kritiker und Gegner zur Zurückhaltung. Während Kanzler Kohl dem französischen Staatspräsidenten Mitterrand erklärt, Niedersachsen sei nun einmal ein »klassisches SPD-Land«, so dass sich die Lage jetzt wieder »normalisiert habe«,[218] gratulieren die innerparteilichen Frondeure wie Johannes Rau dem Normalisierer immerhin artig. Lediglich der Parteivorsitzende Willy Brandt sagt auch öffentlich, dass »Gerhard Schröder … einen großartigen Wahlkampf geführt« und »ein richtig schönes Gesellenstück hingelegt« habe.[219] Und er macht dem zeitweilig Deprimierten Mut: »Gerhard zerrede deinen Erfolg nicht«, sagt er ihm am Telefon.[220]

Und dann ist da noch Hans-Jochen Vogel. Der Fraktionsvorsitzende der SPD im Deutschen Bundestag, der als Kanzlerkandidat seiner Partei 1983 selbst eine schwere Niederlage hat einstecken müssen, ahnt, wie es in dem Wahlverlierer wirklich aussieht, und lädt Gerhard Schröder zu einem Gespräch in ein italienisches Restaurant nach Bonn ein: Dort redet ihm Vogel »schwer ins Gewissen« und sagt: »Was willst du denn, das ist ein Riesenerfolg für uns.«[221] Schröder hat sich stets mit Dankbarkeit an dieses Gespräch erinnert und nach dem Ende seiner Kanzlerschaft kaum einem zweiten politischen Weggefährten dieser Generation, von Erhard Eppler abgesehen, eine vergleichbar schöne und eindeutige Würdigung angedeihen lassen.

Tatsächlich ist das Bonner Gespräch der »Beginn einer sehr erfolgreichen gemeinsamen Arbeit«, die, durch den einen oder anderen Streit unterbrochen, bis zum Ende seiner Kanzlerschaft dauert: »In meiner Kanzlerzeit wurde er mir zu einem unentbehrlichen Berater, der öffentlich nie auch nur in Andeutungen auf diese Rolle hingewiesen hat. Es gab kaum eine wichtige Entscheidung, die nicht … mit ihm abgestimmt worden wäre.«[222] Eine ungewöhnliche Feststellung, die aber die Realität dieser Jahre korrekt wiedergibt. Im Übrigen beruht dieser hohe Respekt auf Gegenseitigkeit.

Vogel hat den Abgeordneten ja einige Jahre im Bonner Parlament beobachten können und dabei den Eindruck gewonnen, dass da jemand mit einem »starken, gefestigten Selbstbewusstsein« auftritt, der auch keine Scheu hat, seine gelegentlich von der Fraktion abweichende Meinung mit Nachdruck zu vertreten. Zwar gerät man – in den neunziger Jahren stärker noch als in den Achtzigern – gelegentlich in der Sache aneinander, aber Schröders Zielstrebigkeit, sein Geschick im Umgang mit unvorhersehbaren Situationen und die Unbekümmertheit, mit der er gelegentlich die eigene Partei anspricht, haben auch in dieser Zeit ihre Wirkung nicht verfehlt. Die Geschichte mit dem Rütteln am Tor des Kanzleramts hält Vogel zwar eher für einen Scherz zu fortgeschrittener Stunde bei erweitertem Bewusstsein nach einer Kneipennacht; aber dass Schröder jemand ist, »der für seine eigene Entwicklung Ziele verfolgt«, steht für ihn schon in den frühen achtziger Jahren außer Frage.[223]

So gesehen ist die Karriere Gerhard Schröders ohne Hans-Jochen Vogel schwerlich vorstellbar. Schon dass er vier Jahre später erneut den Mut aufbringt, in Niedersachsen anzutreten, führt er im Rückblick auf das Gespräch mit Vogel zurück. Bis dahin ist es ein langer Weg. Will er 1990 Erfolg haben, muss er wissen, woran er 1986 gescheitert ist, sofern man einen beachtlichen Stimmenzuwachs als Scheitern werten will. Natürlich gab es Fehler und Schwächen, darunter die halbherzige Absage an die Grünen, die Spuren hinterlassen hat. Anderes war nicht aus eigener Kraft steuerbar oder auch nur zu beeinflussen. Dazu gehört die »Sudelkampagne« des politischen Gegners.

Dass Albrechts Leute Schröders politische Vergangenheit zur Gefahr für Land und Leute hochstilisieren, ist nicht gerade schön, aber gehört zum politischen Geschäft. Aber dass sie den Herausforderer als nicht bindungsfähig hinstellen und dafür Frauen aus seiner Umgebung als Zeugen nennen, macht der Familie Schröder und namentlich den Töchtern doch zu schaffen. Jahre später, als sich Informationen verdichten, dass die Schröders während des Wahlkampfes vom niedersächsischen Verfassungsschutz abgehört worden sind, wird ein Gesprächsmitschnitt bekannt, in dem der amtierende Ministerpräsident Albrecht gegenüber einem Journalisten über Schröders Ehen geplaudert hat: »Wenn ich es ganz offen sagen soll, auch die Frauen die mit ihm umgehen, sagen: der kennt nur sich …«[224] Es macht die Sache nicht besser, dass die Wahlkämpfer der CDU nachher behaupten, sie hätten nichts mit den gelben Bändern »Schröders vorläufig 3. Frau« zu tun, die quer über das Porträt von Hiltrud geklebt worden sind. Wohl wahr, dass einer mit so etwas rechnen muss, der sich und sein Privatleben derart öffentlich zur Schau stellt, wie der Kandidat das tut, und zum Beispiel auch seine Frau auf einem Wahlplakat mit ablichten lässt. Aber in Ordnung ist das nicht. Und irgendetwas bleibt immer hängen, auch im eigenen Nervenkostüm.

Zu den unkalkulierbaren äußeren Umständen, welche die Wahl beeinflusst haben, gehört die Reaktorkatastrophe im fernen Tschernobyl. Am 26. April, also nicht einmal acht Wochen vor dem Wahltermin, ist es in Block 4 des Kernkraftwerks zu einem unkontrollierten Leistungsanstieg gekommen, der zur Explosion des Reaktors und zu massivem radioaktivem Niederschlag führt. Von diesem sind nicht nur die Ukraine, sondern auch Weißrussland und Polen, aber auch die skandinavischen Länder sowie – in nennenswertem Maße – selbst noch weiter westlich gelegene Staaten wie die Bundesrepublik betroffen. Die anfänglich restriktive Informationspolitik der sowjetischen Führung tut ein Übriges, um bei der Bevölkerung erhebliche Beunruhigung hervorzurufen.

Selbstverständlich auch bei den Wählern in Niedersachsen, denn von Tschernobyl nach Hannover sind es gerade einmal 1400 Kilometer Luftlinie, ungefähr so weit wie von Hannover nach Helsinki oder Rom. Dem Herausforderer bleibt nicht viel mehr zu tun, als dem amtierenden Ministerpräsidenten vorzuwerfen, dass er »nicht fähig oder nicht gewillt« sei, »die Widersprüche bei der Aufklärung der Bevölkerung über die möglichen Gefährdungen aufzulösen«, oder einen misslichen Befund zu benennen: Es gibt nämlich »derzeit keine Möglichkeit«, den durch eine Abschaltung vorhandener Kernkraftwerke entstehenden Ausfall durch alternative »Energieträger zu ersetzen«.[225] Öffentlichkeitswirksames Handeln bleibt anderen vorbehalten. Am 6. Juni 1986 hebt Kanzler Helmut Kohl »mit dem Instinkt dafür, dass … die Wähler dringend von ihren Ängsten entlastet werden« wollen, so Schröder im Rückblick,[226] das Bundesministerium für Umwelt, Naturschutz und Reaktorsicherheit aus der Taufe. Dass es eine Gruppe von SPD-Abgeordneten, unter ihnen Gerhard Schröder, gewesen ist, die gut zwei Jahre zuvor, Ende Mai 1984, vergeblich versucht hat, den Umweltschutz gesetzlich im Grundgesetz zu verankern,[227] weiß da schon kein Mensch mehr.

Ob und gegebenenfalls in welchem Maße das von einem Kanzler und seiner christlich-liberalen Koalition nicht erwartete Manöver die Wahlen in Hannover beeinflusst hat, lässt sich nicht ermitteln. Bekanntlich wechseln die Wähler ungern das Pferd, wenn Gefahr im Verzug ist. Und sicher ist, dass der politische Gegner mit dem Bonner Vorstoß ein Feld besetzt, auf dem die Sozialdemokraten bislang kaum Flagge gezeigt haben. Auch der Kandidat aus Immensen nicht. Das wird sich bald ändern, weil Schröder, je näher die nächsten Wahlen rücken, umso fester eine Koalition mit den Grünen ins Auge fasst. Und für die ist der Ausstieg aus der Kernenergie als Thema gesetzt.

Erst einmal macht Gerhard Schröder seine Ankündigung wahr, legt zum 1. Juli sein Bundestagsmandat nieder und geht nach Hannover. Dass er dort nicht von jedem mit offenen Armen empfangen wird, zeigt die Wahl zum Fraktionsvorsitzenden und damit zum Oppositionsführer im Niedersächsischen Landtag. Am 19. Juni 1986 stimmen drei aus den eigenen Reihen gegen ihn. Aber natürlich reicht das Ergebnis, und damit hat er ein wichtiges Zwischenziel erreicht.

Unverändert gilt, was Schröder seinerzeit den Kumpanen in der Bonner Kneipe »Provinz« erklärt hat: Da er Bundeskanzler werden wolle, müsse er zunächst »Niedersachsen gewinnen«. Wohl wird er jetzt erstmals vom *Spiegel*, der in solchen Dingen häufig das Thema vorgibt, als potentieller »künftiger Kanzlerkandidat« gehandelt.[228] Doch der Weg zur Kandidatur, vom Amt gar

Abgehört: Jahre später wird bekannt, dass Gerhard Schröder und seine Familie während des Wahlkampfes im heimischen Immensen wohl vom niedersächsischen Verfassungsschutz abgehört worden sind.

nicht zu reden, ist lang und steinig. Ein notwendiger Reifungsprozess. Schröder selbst weiß ja ganz gut, dass es »reichlich übermütig und gewagt« gewesen ist, »sich so unvorbereitet seiner Partei als künftigen Ministerpräsidenten aufgenötigt zu haben«. Nach wie vor fehlt es ihm an jener »inneren Festigkeit«, die Peter von Oertzen schon immer vermisst hat und die auch sein publizistisches Alter Ego Jürgen Leinemann registriert.[229] Im Rückblick kann es keinen Zweifel geben, dass Gerhard Schröder diese Zeit als Oppositionsführer »auch mental dringend gebraucht« hat, um sich auf andere und höhere Aufgaben vorzubereiten. So sieht das Doris Scheibe, die jetzt sein Sekretariat managt.[230]

Andererseits füllt ihn die Rolle als Oppositionsführer, die ja nur eine Zwischenetappe sein kann, nicht wirklich aus. Sicher, da ist noch der Anwaltsberuf, und im März 1987 übernimmt Schröder zum Beispiel die Verteidigung eines Richters, der mit anderen seines Standes an einer Blockade des amerikanischen Raketendepots in Mutlangen teilgenommen hat. Das Depot spielt eine Schlüsselrolle für die Stationierung der Pershing II und damit bei der Umsetzung des NATO-Doppelbeschlusses. Auch hat die Familie, wie sich Gattin Hiltrud erinnert, »eine Menge nachzuholen«, »schöne Urlaubsreisen zum Beispiel«, Fahrten mit dem roten Passat-Kombi nebst Pony-Anhänger in die Ferienwohnung hinter dem Elbdeich[231] oder auch, wie man der Lokalzeitung entnehmen kann, »gemeinsames Jogging«, um der »Gewichtszunahme ihres Mannes entgegenzuwirken«.[232] Aber kann das alles sein?

Jedenfalls legt sich Schröder wieder stärker und mit offenkundiger Lust am Raufen mit allen Möglichen an. Anfang November 1986 macht er zum Beispiel Heiner Geißler als Gefahr für die Republik aus. Als der Generalsekretär der CDU Kritiker einer von der Bundesregierung geplanten Kronzeugenregelung bei der Terroristenbekämpfung hart angeht, attestiert ihm Schröder eine »Sprache, die vernichtend ist. Und diese vernichtende Sprache war wirklich die Sprache der Nazis.«[233] Um die Jahreswende ertappt er dann Kanzler Helmut Kohl, den bayerischen Ministerpräsidenten Franz Josef Strauß und Teile der Unionsparteien bei dem Versuch, die Vergangenheit im Sinne einer »Neuen Rechten« umzudeuten und den »antifaschistischen Grundkonsens des Grundgesetzes« in Frage zu stellen.[234] Die Reaktionen lassen nicht lange auf sich warten.

Ärger nicht nur von Seiten der Opposition handelt sich Schröder zuverlässig dann ein, wenn es um die DDR geht. Solange er, wie zum Beispiel im September 1986, im Juli 1987 oder im Mai 1988, mit diesem oder jenem Mitglied des Politbüros über Abrüstung und Entspannung spricht,[235] ist in aller Regel keine Gefahr im Verzug, weil der Oppositionsführer hier für die Mehrheitsmeinung der SPD steht. Als er aber Anfang März 1987 nach einem neuerlichen Besuch in der DDR nicht nur seine bekannten Forderungen bezüglich Salzgitter, Staatsbürgerschaft und Elbgrenze wiederholt und konkrete Vereinbarungen mit der DDR zum Beispiel über den Umweltschutz anregt, sondern jetzt auch die Hoffnung auf eine Wiedervereinigung der beiden deutschen Teilstaaten als »Lebenslüge« bezeichnet, ziehen sich dunkle Wolken zusammen.[236]

Dabei hat Willy Brandt schon im November 1984 jene Metapher verwandt, und im September 1988 tut er das noch einmal, spricht davon, dass »die Hoffnung auf Wiedervereinigung geradezu zur Lebenslüge der zweiten Deutschen Republik geworden sei«. Egon Bahr, von dem diese Wendung ursprünglich stammt, hat ja recht, wenn er es wenige Wochen später »objektiv und subjektiv« als »Lüge« bezeichnet, dass »die Wiedervereinigung vordringlichste Aufgabe deutscher Politik« bleibe.[237] Das ist sie längst nicht mehr. Wie sonst ließe es sich erklären, dass Staats- und Parteichef Erich Honecker im September 1987 nicht nur seinen wiederholt verschobenen Besuch in der Bundesrepublik absolvieren darf, sondern in Bonn und andernorts wie jeder ausländische Staatsgast mit allen protokollarischen Ehren empfangen wird? Niemand sieht damals voraus, dass die DDR binnen Kurzem implodieren wird.

So gesehen bewegt sich Schröder auf gesichertem Terrain, wenn er ganz im Sinne der »neuen« Ostpolitik verlangt, »die staatliche Trennung als schmerzliche Folge des Zweiten Weltkrieges [zu] respektieren« und »ehrlich mit uns selbst« umzugehen: Denn man »wisse« doch, »daß es auf Sicht Bündnispartner für einen … Nationalstaat und für eine Politik, die darauf hin zielt, nicht gibt«. Im Osten nicht, und »im Westen auch nicht«.

Andererseits sagt Schröder aber in diesen Wochen und Monaten auch, dass es darum gehe, die »kulturellen Gemeinsamkeiten der Deutschen« zu bewahren, ohne die es »niemals wieder einen Nationalstaat geben« wird: »Wir wollen die Einheit der Nation als eine historische Chance … behaupten« und die »Möglichkeit offenlassen«. In dieser Perspektive gedacht, ist das Festhalten an alten Rechtspositionen nicht nur anachronistisch, sondern dieser Sache abträglich. Es ist eine »Lebenslüge«.[238] Keine Frage, Gerhard Schröder will es nicht bei einem Entweder-oder belassen, sondern eine alternative Perspektive aufzeigen. Sein Festhalten an der historischen Chance, die in einer überlebensfähigen Kulturgemeinschaft steckt, klingt heute selbstverständlicher, als es damals gewesen ist. In der zweiten Hälfte der achtziger Jahre ist Schröders Sicht der Dinge eine Außenseiterposition.

Wenn man diese »historische Chance« aber wahren will, spricht nach wie vor alles dafür, auf einen pragmatischen Umgang mit den Forderungen des SED-Regimes zu setzen. Tatsächlich scheinen das im Spätsommer 1987 auch

Schröders politische Gegner allmählich einzusehen und sich zum Beispiel in der Frage der Elbgrenze bewegen zu wollen. Jedenfalls kann der Oppositionsführer am 9. September 1987 in seiner zweiten Begegnung mit Honecker berichten, dass die niedersächsische Landesregierung »in letzter Zeit in einigen politischen Fragen konstruktiver geworden sei«.[239] Nicht zufällig kommt es vor diesem Hintergrund und im Zusammenhang mit der deutschen Frage Ende Oktober 1987 sogar zu einem ersten Vier-Augen-Gespräch des Ministerpräsidenten mit dem Oppositionsführer seit der Wahl.

Keine Frage, Gerhard Schröder hat sich binnen Kurzem eine ziemlich starke Position erarbeitet – in der niedersächsischen Politik und in seiner eigenen Partei. Das liegt an seinem eisernen Behauptungswillen, es liegt aber auch am Wahlergebnis des Juni 1986. Und das strahlt umso heller, je schlechter die Sozialdemokraten ansonsten abschneiden. Vor allem bei der Wahl zum Deutschen Bundestag, bei der die SPD am 25. Januar 1987 mit 37 Prozent der Stimmen nicht nur Lichtjahre von dem Wahlziel ihres Kandidaten Johannes Rau, der absoluten Mehrheit, entfernt bleibt, sondern auch noch gut 1 Prozentpunkt gegenüber der letzten Wahl verliert, bei der Hans-Jochen Vogel sein Glück als Spitzenkandidat versucht hatte. Schröder hat das kommen sehen. Wie er Anfang März 1987 Egon Krenz erzählt, der das gleich an Erich Honecker weitergibt, habe man schon in der sogenannten Elefantenrunde unmittelbar vor der Wahl »spüren« können, »wie schwach die Argumente von Rau waren«.[240]

Dass der politische Hauptgegner CDU/CSU noch schlechter davonkommt und mit 44,3 bei einem Verlust von 4,5 Prozent der Stimmen das schlechteste Wahlergebnis seit 1949 einfährt, lindert den Schmerz ein wenig, ändert aber nichts an der schweren Niederlage. Zumal die nach wie vor von Hans-Dietrich Genscher geführte FDP ihr Ergebnis auf gut 9 Prozent verbessert und damit die Fortführung der Regierung Kohl sicherstellen kann. Besonders aber muss es die Genossen wurmen, dass auch die Grünen ihren Anteil deutlich auf nunmehr 8,3 Prozent der Stimmen ausbauen können. Gewiss, zu einer rot-grünen Koalition hätte es auch so nicht gereicht. Allerdings weiß man nicht, wie sich die Dinge ohne die kategorische Absage Raus entwickelt hätten. Gerhard Schröder muss im Lichte dieser krachenden Niederlage gar nicht mehr laut fragen, wie die Lage in Niedersachsen wohl aussähe, wäre ihm Rau nicht in die Parade gefahren und hätte das Projekt einer rot-grünen Koalition nicht sabotiert.

Unter dem Strich steht also auf der Seite des Hannoveraner Oppositionsführers ein klares Plus. Das weiß er, und das nutzt er. Schon wenige Tage nach der Bundestagswahl sagt er in einem Gespräch mit dpa: Wenn »die

Bedingungen, die jetzt stimmen, auch in den nächsten Jahren stimmen, wovon ich ausgehe, dann stehe ich zur Verfügung«[241] – als Spitzenkandidat für die Landtagswahlen 1990. Und da die Bedingungen einstweilen stimmig bleiben und eine ernst zu nehmende personelle Alternative weit und breit nicht in Sicht ist, schlägt der Landesvorstand der SPD unter Johann Bruns schon Ende August 1987 Gerhard Schröder offiziell als Spitzenkandidaten vor.

Auch in der Bundespartei macht er nun seinen Weg. Erste Etappen hat er schon auf dem Parteitag hinter sich gebracht, der vom 25. bis 29. August 1986 – also wenige Wochen nach der Katastrophe von Tschernobyl und der Niedersachsenwahl – in Nürnberg stattgefunden hat. Dort ist Gerhard Schröder nämlich mit 322 von 430 gültigen Stimmen, einem vorzeigbaren Ergebnis, in den Parteivorstand der SPD gewählt worden. Außerdem hat er mit Harald B. Schäfer, dem Stellvertretenden Vorsitzenden der baden-württembergischen SPD, den Antrag eingebracht und durchgesetzt, dass die Partei »alles tun« werde, »damit innerhalb des Zeitraums von zehn Jahren eine Energieversorgung ohne Atomkraft für die Bundesrepublik Deutschland verwirklicht wird«.[242]

Der Antrag hat durchaus eine revolutionäre Dimension, war doch das Bekenntnis zur friedlichen Nutzung der Kernenergie bislang fester Bestandteil sozialdemokratischer Programmatik. Sie stand für Fortschritt, und die SPD verstand sich als dessen Speerspitze. Warum das so war, hatte Carlo Schmid – Jahrgang 1896, Jurist und sozialdemokratisches Urgestein, Bonner Parlamentarier der ersten Stunde und bis 1953 Vorsitzender, hernach Stellvertretender Vorsitzender des Auswärtigen Ausschusses des Deutschen Bundestages – 1955 so auf den Punkt gebracht: »So wenig eine Nation bisher weltpolitisch unabhängig, und damit Gestalterin ihres Schicksals, sein konnte, die nicht über Kohle verfügte ..., so wenig kann es heute eine Nation sein, die nicht über die Möglichkeit verfügt, Atomenergie zu erzeugen.«[243] Dementsprechend ist im Godesberger Programm vom November 1959 mit Blick auf die »Urkraft des Atoms« von der »Hoffnung dieser Zeit« die Rede, »daß der Mensch im atomaren Zeitalter sein Leben erleichtern, von Sorgen befreien und Wohlstand für alle schaffen kann, wenn er seine täglich wachsende Macht über die Naturkräfte nur für friedliche Zwecke einsetzt«.[244]

Mit diesem Bekenntnis ist es seit dem Nürnberger Parteitag vorbei, und dass Gerhard Schröder für den Ausstiegsbeschluss steht, ist kein Zufall. Schon im Frühjahr 1980 hatte der in Hannover tagende Bundeskongress der Jusos – es war der letzte in der Ära Schröder – beschlossen, den Bewohnern des sogenannten Anti-Atom-Dorfes am Bohrloch 1004 in Gorleben einen Solidaritätsbesuch abzustatten. Einige Jahre nachdem 1967 in Gundremmingen das erste kommerzielle Kernkraftwerk der Republik seinen Betrieb aufgenommen hatte, wurde die Frage akut, was mit dem nuklearen Abfall geschehen solle. Irgendwo muss der ja zwischengelagert, weiterbehandelt und schließlich entsorgt werden. 1977 haben sich die von Helmut Schmidt geführte sozial-liberale Bundesregierung und die niedersächsische Landesregierung unter dem Christdemokraten Ernst Albrecht darauf verständigt, im Landkreis Lüchow-Dannenberg das erste deutsche Entsorgungszentrum zu errichten und zugleich seine Eignung als Endlagerstätte zu prüfen.

Seither formiert sich dort, politisch flankiert von den darüber erstarkenden Grünen, der Protest. Aber weder dieser noch die jungsozialistische Solidaritätsvisite in Gorleben vermochten etwas an den Entscheidungen zu ändern. Wenige Wochen später ließ Kanzler Helmut Schmidt das Hüttendorf von der Polizei räumen. Mit dessen Abwahl durch den Bundestag am 1. Oktober 1982 haucht dann allerdings auch der Widerstand der SPD gegen die Anti-Atomkraft-Bewegung den Rest seines noch verbliebenen Lebens aus. Nachdem eine Kommission beim Parteivorstand in einem Zwischenbericht erste Perspektiven einer »sicheren Energieversorgung ohne Atomkraft« entwickelt hat, legt der Nürnberger Parteitag im August 1986 die SPD verbindlich auf eine »Änderung des Atomgesetzes mit dem Ziel der Stillegung aller Atomkraftwerke« und auf die »Untersagung der Erteilung von Bau- und Betriebsgenehmigungen für weitere Atomkraftwerke« innerhalb von zehn Jahren fest.[245]

Fortan wiederholt der dafür maßgeblich Verantwortliche, eben Gerhard Schröder, die Forderung bei jeder Gelegenheit, geißelt die »Unhaltbarkeit der konservativen These, daß man auf diese Form der Energiegewinnung weiterhin setzen dürfe«,[246] vermeidet es allerdings, sich auf konkrete Ausstiegsszenarien festlegen und fragen zu lassen, was die Umsetzung des Programms zum Beispiel für die Arbeitsplätze vor Ort bedeutet. Dabei kannte schon der junge Sozialist Ende der siebziger Jahre sehr wohl das Dilemma, dass die Hoffnung auf ein alternatives Energieprogramm mit »daran geknüpften neuen Arbeitsmöglichkeiten … sehr abstrakt«, die Angst der vom Atomausstieg betroffenen Arbeitnehmer um ihren Arbeitsplatz hingegen »ganz konkret« ist.[247]

Keine Frage, der Nürnberger Parteitag ist ein Wendepunkt – für Gerhard Schröder, für die SPD, aber auch für ihren Vorsitzenden. Am Rande der Großveranstaltung werden nämlich erstmals, wenn auch einstweilen noch hinter vorgehaltener Hand, Zweifel an den Führungsqualitäten des inzwischen Zweiundsiebzigjährigen laut. Sie verdichten sich im Laufe der kommenden Wochen und Monate zu regelrechten Rücktrittsforderungen und führen nach der Wahlniederlage vom Januar 1987 dazu, dass Willy Brandt beschließt, 1988, also im Umfeld seines fünfundsiebzigsten Geburtstags, von diesem Amt zurückzutreten. Um den geordneten Rückzug zu organisieren, trifft sich Brandt Mitte Februar 1987 mit Johannes Rau, Hans-Jochen Vogel und Oskar Lafontaine im Politischen Club der Friedrich-Ebert-Stiftung zu Bonn. Nachdem Rau klargemacht hat, dass er »keinesfalls die Nachfolge übernehmen wolle«, wirft der Vorsitzende »die Frage auf, ob nicht an einen baldigen Generationenwechsel gedacht werden müsse«, und nennt »in diesem Zusammenhang den Namen Oskar Lafontaines«.[248]

Oskar Lafontaine ist am 16. September 1943 in Saarlouis geboren worden und wächst ohne leiblichen Vater auf, der im Zweiten Weltkrieg gefallen ist – eine Erfahrung, die er mit dem beinahe gleichaltrigen Gerhard Schröder teilt. Da er während der Gymnasialzeit in einem katholischen Internat untergebracht ist und nach dem Abitur durch ein Stipendium des katholischen Cusanuswerks gefördert wird, ist sein Weg in die deutsche Sozialdemokratie nicht unbedingt vorgezeichnet. Dass er 1966 gleichwohl der SPD beitritt, hat auch damit zu tun, dass er hier Maximen der christlichen Soziallehre wie das Solidaritätsprinzip besser aufgehoben sieht als in der CDU.

Die Karriere in der Partei und in der Politik, die Lafontaine danach hinlegt, ist rasant, wenn auch lange Zeit auf das kleine Saarland beschränkt. 1968, ein Jahr bevor er sein Studium der Physik mit dem Diplom abschließt, wird er in den Landesvorstand der Partei gewählt, neun Jahre später übernimmt er den Vorsitz, und bereits seit 1979 gehört er dem Präsidium der Bundespartei an. Die Aufnahme in dieses Schlüsselgremium der SPD erfolgt mit Blick auf die bevorstehende Wahl an der Saar, bei der die Sozialdemokraten im April 1980 ihren Stimmenanteil um gut 3,5 Prozentpunkte steigern, aber die Koalition aus CDU und FDP doch nicht überrunden können.

Lafontaine nimmt sein Landtagsmandat nicht an, bleibt, was er seit 1974 ist, nämlich zunächst Bürger-, bald Oberbürgermeister von Saarbrücken, nutzt fünf Jahre später die neuerliche Chance und erobert im März 1985 mit seiner Partei knapp die absolute Mehrheit der Sitze im Saarländischen Landtag. Zu diesem Zeitpunkt ist er der breiten Öffentlichkeit vor allem als Friedensaktivist ein Begriff. Denn Lafontaine hat sich nicht nur dezidiert gegen den NATO-Doppelbeschluss, sondern auch für ein »Ausscheiden aus der militärischen Integration der NATO« ausgesprochen[249] und im September 1983 an einer mehrtägigen Sitzblockade des amerikanischen Militärdepots in Mutlangen teilgenommen.

Dass Oskar Lafontaine zu den politischen Talenten und insofern zu den Ausnahmeerscheinungen in diesem Geschäft gehört, haben auch die anerkannt, die wie Gerhard Schröder über kurz oder lang mit ihm aneinandergeraten sind. Schröder hält über das Ende seiner Kanzlerschaft hinaus daran fest, »nie wieder einen so begabten politischen Menschen kennengelernt zu haben. Er hatte ein breites Spektrum an Erfahrungen und besaß die Gabe, sich schnell in fremde Sachverhalte einzuarbeiten. Komplizierte Zusammenhänge konnte er in der Öffentlichkeit klar und einfach darstellen. Und vor allem verfügte er über glänzende rhetorische Fähigkeiten.« Allerdings blitze alles das immer dann auf, »wenn er sich in der Opposition befand«.[250] Mit einer professionellen Administration eine Stadt wie Saarbrücken oder ein überschaubares Bundesland wie das Saarland zu verwalten, ist eine Sache. Ein um zusätzliche Kompetenzen aufgeblasenes Schlüsselministerium in der Bundeshauptstadt an der Seite eines machtbewussten Kanzlers zu führen, ist eine andere. Selten ist jemand an dieser Herausforderung innerhalb kürzester Zeit so krachend gescheitert wie Lafontaine. Selten auch hat jemand die Gründe seines Scheiterns so konsequent bei anderen gesucht wie der Mann von der Saar. Das ist die Saat, aus der die Rache sprießt.

Schwer zu sagen, wann diese Charakterzüge erkennbar geworden sind. Nicht klar zu benennen sind auch die Gründe, die den Parteivorsitzenden Anfang 1987 bewogen haben, Oskar Lafontaine die Nachfolge anzutragen. Willy Brandt selbst hat sich dazu nicht eindeutig geäußert. Auf den ersten Blick haben der saarländische Provinzgenosse und der weltgewandte Staatsmann ja auch wenig gemeinsam. Andererseits hat Oskar Lafontaine in den innerparteilichen Auseinandersetzungen der zurückliegenden Jahre, so auch in der Frage des NATO-Doppelbeschlusses, wiederholt die Position Brandts bezogen, und man darf davon ausgehen, dass er 1987 den Sprung auf den Posten eines Stellvertretenden Parteivorsitzenden nicht gegen dessen Widerstand geschafft hätte. Ganz offensichtlich hat der Alte an dem Saarländer einen Narren gefressen, sieht in ihm die Zukunft. Zudem kann er sicher sein, dass dieser Nachfolger von Alter und Statur her auf den Parteivorsitzenden im Ruhestand keinen Schatten werfen wird.

So wie umgekehrt der 30 Jahre Jüngere vermuten darf, dass er nicht ständig an der Übervaterfigur der deutschen Sozialdemokratie gemessen wird. Diese Gefahr besteht hingegen für Hans-Jochen Vogel, der sich, pflichtbewusst und loyal, aber auch respektiert, wie er nun einmal ist, nicht vor der Verantwortung drückt und neben dem Fraktionsvorsitz im Bonner Parlament auch noch den Parteivorsitz in der Bonner »Baracke« übernimmt. Dahin ist es gekommen, nachdem Oskar Lafontaine dem Noch-Vorsitzenden eine Absage erteilt hat.

Wann genau er abgewinkt hat, ist nicht mehr mit Gewissheit feststellbar. Sicher ist, dass er sich in der Bonner Februar-Runde alle Türen offen gehalten, also keinesfalls Nein gesagt hat.[251] Offenbar will Lafontaine die Lage erst einmal sondieren. Damals kann weder er noch sonst jemand ahnen, dass sich diese Lage binnen weniger Wochen grundlegend verändern würde. Anlass ist Willy Brandts Entscheidung, den Posten des Pressesprechers der Partei mit einer Außenseiterin zu besetzen. Die Stelle ist vakant, seit Wolfgang Clement aus Empörung über Brandts unschönen Umgang mit dem Kanzlerkandidaten Rau den Bettel hingeschmissen hat. Allerdings trifft die junge, eloquente, parteilose Politologin griechischer Abstammung, für die sich der Parteivorsitzende entscheidet, in den Reihen der Genossen bestenfalls auf geteilte Zustimmung: »Intellektuell nicht ohne Reiz«, findet Gerhard Schröder, »aber am Herzen der Partei vorbei.«[252] Neben Reserven und offensichtlichen Vorurteilen gegen die Dame ohne Stallgeruch werden allerdings auch erwägenswerte Argumente laut, an die sich mancher erinnert fühlt, als Brandts Kandidatin 25 Jahre später von der Bonner Universität der Doktorgrad aberkannt wird. Im rechtsrheinischen Unkel, wo Willy Brandt seit einigen Jahren mit seiner neuen Gattin lebt, finden die Bedenken freilich kein Gehör – bei ihm nicht und, was den Ausschlag gibt, bei der Gattin auch nicht.

Willy Brandts Reaktion auf die Reaktion kommt überhastet und steht, wie schon der Rücktritt vom Amt des Bundeskanzlers, in keinem Verhältnis zum Anlass. Nicht bis zum nächsten Jahr will er warten, sondern schnellstmöglich demissionieren. Also wird für den 23. März 1987 eine Sitzung des Parteivorstandes einberufen. Dort teilt er den Versammelten offiziell mit, was inzwischen die Spatzen von den Dächern pfeifen: Für »diese Abart von Auseinandersetzung« stehe er »nicht mehr zur Verfügung« und gedenke, sich auf einem Sonderparteitag, der dann für den 14. Juni anberaumt wird, »vorzeitig« als Parteivorsitzender »ablösen« zu lassen.[253]

Damit ist die Frage der Nachfolge unmittelbar akut, und das heißt auch, dass sich Lafontaine entscheiden muss. Offensichtlich ist diese Entscheidung erst unmittelbar vor der Sitzung des Parteivorstandes gefallen, die wie immer an einem Montag abgehalten wird. Am Wochenende zuvor hat sich Willy Brandt mit seinen »Enkeln« in Norderstedt getroffen, um die Frage der Zukunft der Partei im Allgemeinen, der Nachfolge im Besonderen zu erörtern. Dabei sind neben Oskar Lafontaine: Björn Engholm, Rudolf Scharping, Heidi Wieczorek-Zeul, Herta Däubler-Gmelin und nicht zuletzt Gerhard Schröder. Wie die übrigen Teilnehmer dieses Treffens, von Brandt und Lafontaine natürlich abgesehen, weiß auch der nichts von den Verhandlungen der Bonner

Februar-Runde, über die alle vier den Mantel des Schweigens gehängt haben. So kommt es, dass Schröder in den zurückliegenden Tagen die Trommel für den von ihm geschätzten und wohl auch wegen seines Durchmarsches im Saarland bewunderten Lafontaine gerührt und ihn als geeigneten Nachfolger des scheidenden Parteivorsitzenden empfohlen hat, so wie er ihn schon in der Endphase des Bundestagswahlkampfes als künftigen Kanzlerkandidaten ins Gespräch gebracht hatte.

Der wiederum sieht dem Treiben zu, seit Mitte Februar wohl wissend, dass Brandt ihn vorschlagen wird. Als Brandt das in Norderstedt tatsächlich tut, lehnt Lafontaine ab, so dass der Noch-Vorsitzende – auf der folgenden Sitzung des Parteivorstandes und in Anwesenheit des Saarländers – »Hans-Jochen Vogel zum Parteivorsitzenden« vorschlägt und »Oskar Lafontaine »bittet …, die Aufgabe des Stellvertretenden Parteivorsitzenden zu übernehmen«.[254] Am Ende ist also Lafontaine nicht überrascht, dass Brandt ihn im Kreis der »Enkel« tatsächlich als seinen Nachfolger vorschlägt, Brandt enttäuscht, dass Lafontaine ablehnt, und Schröder alarmiert, dass Lafontaine ihn über den Tisch gezogen hat: »Das macht der mit uns nur einmal«, ist er sich mit Heidemarie Wieczorek-Zeul einig.[255] Man ahnt, was sich da zusammenbrauen kann. Nicht wenige, die beiden eingeschlossen, fühlen sich an diese »Provokation« des Frühjahrs 1987 erinnert, als Lafontaine zwölf Jahre später und zu diesem Zeitpunkt völlig unerwartet das Handtuch schmeißt.[256] Er selbst spricht von einem »Charakterzug« in seinem Wesen, der ihn in schwierigen Entscheidungssituationen wie dieser »ambivalent, schwankend und nicht gefestigt« habe agieren lassen.[257] Auch daran wird man wiederholt erinnert, so auch 1998, als es um die Kanzlerkandidatur geht.

Keine Frage, die Reihen der eigenen Genossen geschlossen zu halten, ist eine Herausforderung – im Bund und in den Ländern, in den Kreisen und in den Kommunen. Die SPD ist eine launische Partei. Gerhard Schröder kann ein Lied davon singen, er ist ja ein Vierteljahrhundert dabei. Dass es zum Beispiel im April 1988 in der niedersächsischen SPD und ihrer Fraktion wegen einer Lappalie wieder einmal hoch hergeht, liegt am Gemüt der Partei und am Temperament des Kandidaten. Sofern der Konflikt offen ausgetragen wird, kann Schröder damit leben. Außerdem ist die anschließende Versöhnung umso schöner. So auch jetzt, als den Genossen klar wird, dass es tatsächlich keine überzeugende Alternative zu diesem Gerhard Schröder gibt, und sie den Oppositionsführer am 15. Oktober 1988 auf ihrem Landesparteitag mit 188 von 201 Stimmen zum Spitzenkandidaten für die kommende Wahl nominieren.

Willy mit Enkeln: Der zum Rücktritt entschlossene Parteivorsitzende Willy Brandt mit (von links nach rechts) Gerhard Schröder, Heidemarie Wieczorek-Zeul, Oskar Lafontaine, Rudolf Scharping, Björn Engholm und Herta Däubler-Gmelin am 22. März 1987 in Norderstedt. Die vier Männer in der Runde werden ihm zwischen 1991 und 2004 in diesem Amt nachfolgen.

Die Aussichten, es dieses Mal zu packen, sind gut, denn die Regierung Albrecht hat erhebliche Probleme, die sich in zwei Skandalen verdichten. Eigentlich sind es sogar drei, von denen einer den Oppositionsführer unmittelbar betrifft. Seit Januar 1988 wird etappenweise ruchbar, dass der niedersächsische Verfassungsschutz Gerhard Schröder und seine Familie während des zurückliegenden Wahlkampfes beobachtet hat und dass er offenbar auch als Anwalt abgehört worden ist. Die Affäre erreicht im Sommer durch große Enthüllungsgeschichten in *Stern* und *Spiegel* einen Höhepunkt. Jetzt sehen sich sowohl der Innenminister als auch der Ministerpräsident genötigt, vor dem Landtag zu erklären, dass weder beim Verfassungsschutz noch bei der Polizei ein »Dossier über Herrn Schröder« existiere und dass es »keine nachrichtendienstlichen Maßnahmen irgendwelcher Art« gegen ihn, seine Familie oder Mitglieder beziehungsweise Mitarbeiter seiner Kanzlei gegeben habe.[258]

Inzwischen treiben die beiden anderen Skandale, in welche die Regierung Albrecht verwickelt ist, immer neue Blüten. Sie lassen die nie wirklich aufgeklärten »angeblichen« Geheimdienstoperationen »gegen den niedersächsischen Oppositionsführer«[259] in den Hintergrund treten beziehungsweise zur Begleitmusik bei der Aufklärung der beiden anderen Affären werden, weil die

Opposition hier gute Chancen sieht, gegen die Regierung zu punkten. Denn in beiden Fällen werden Untersuchungsausschüsse eingesetzt.

Der eine Ausschuss zur »Überprüfung der Tätigkeit niedersächsischer Sicherheitsbehörden, insbesondere Kripo und Verfassungsschutz, auf evtl. Rechtsverletzungen ... mit dem ... Sprengstoffanschlag auf die JVA Celle 1978« beschäftigt sich mit den Verantwortlichen für dieses sogenannte Celler Loch. Während die Regierung über Jahre an ihrer Version festhält, wonach Angehörige der RAF versucht hätten, einen einsitzenden Gesinnungsgenossen zu befreien, stellt sich, ausgelöst durch einen Artikel in der *Hannoverschen Allgemeinen Zeitung* vom 25. April 1986, heraus, dass der Anschlag tatsächlich vom Verfassungsschutz inszeniert worden ist, um im Rahmen dieser »Aktion Feuerzauber« V-Leute in die Terrorszene einschleusen zu können.

Natürlich nutzt der Oppositionsführer und praktizierende Anwalt Gerhard Schröder die Chance, sich und seine Partei als Garanten der freiheitlichen Ordnung zu präsentieren und den ohnehin wenig gelittenen Innenminister Wilfried Hasselmann mit Attacken zu zermürben. Seit der im vergangenen Wahlkampf die Schmutzkampagne gegen Schröder gesteuert hat, ist noch eine Rechnung offen. Dass Hasselmann, als das Loch in die Justizvollzugsanstalt gesprengt wurde, noch gar nicht in diesem Amt war; dass sein Vorgänger Mitte Oktober 1982 die Parlamentarische Kontrollkommission des Landtages, also auch die sozialdemokratische Opposition, über die wahren Hintergründe ins Bild gesetzt hatte; dass die damalige sozial-liberale Bundesregierung informiert und insoweit auch involviert gewesen ist; dass sogar die Sondereinheit GSG 9 am Celler Loch mitgewirkt hat – all das spielt jetzt keine Rolle.

Zu Fall kommt der Innenminister dann allerdings nicht über diesen, sondern über den zweiten Skandal, die sogenannte Spielbankenaffäre. Losgetreten wird sie im November 1987, als der Mehrheitsgesellschafter und Aufsichtsratschef zweier Kasinos Konkurs anmelden muss. Die vielseitige Geschichte, in der es unter anderem um die jährlich verlängerte Lizenz für die Banken und – im Gegenzug – um in die CDU-Kassen gespülte Gelder geht, mündet schließlich in die Frage, ob Hasselmann gesellschaftliche Kontakte zu den Spielbankbetreibern unterhalten hat – oder nicht, wie der Minister behauptet. Als der Untersuchungsausschuss das als Unwahrheit enttarnt und Wilfried Hasselmann sowie Kultusminister Wolfgang Knies zurücktreten, wittern Schröder und die SPD ihre Chance, den schwer angeschlagenen Regierungschef Ernst Albrecht zu stürzen.

Ein riskantes Unterfangen. In mehrfacher Hinsicht. Zum einen ist am 21. November 1988 die zwölf Tage zuvor vom Oppositionsführer beantragte »Selbstauflösung des Landtages«, mit der Schröder »auf den Ausnahmezustand in der Landespolitik« reagieren und vorgezogene Wahlen erzwingen wollte,[260] auf ganzer Linie gescheitert. Nicht einmal die einfache Mehrheit der Stimmen kommt zustande und die erforderlichen zwei Drittel schon gar nicht. Zum anderen sind konstruktive Misstrauensvoten, wie Schröder jetzt eines anstrebt, in Niedersachsen während der fünfziger Jahre zwei Mal schiefgegangen, und auch im Bund, wo sich Rainer Barzel Ende April 1972 versucht hat, ist die Sache nicht gut gelaufen. Damals sind es Überläufer gewesen, die die Anträge scheitern ließen.

So wird es auch jetzt in Niedersachsen sein. Als am 19. Dezember die 155 Stimmzettel ausgezählt sind, steht fest: Kein Abgeordneter der Regierungsparteien CDU und FDP hat sich gegen Albrecht gestellt, was die Voraussetzung für den Erfolg gewesen wäre, vielmehr hat der Ministerpräsident darüber hinaus eine Stimme aus den Reihen der Opposition, also von einem der 77 Abgeordneten der SPD oder der Grünen, erhalten. Ein Triumph für Ernst Albrecht. Eine schlimme Niederlage für Gerhard Schröder. Die zweite innerhalb von zweieinhalb Jahren.

Wer der oder die Abtrünnige gewesen ist, kommt nie heraus. Manches spricht dafür, dass er oder sie in den eigenen Reihen zu suchen ist. Schröder hat sich hier ja nicht nur Freunde gemacht. Hinzu kommt, dass mancher Genosse bei der Entscheidung bedacht haben dürfte, ob er bei vorgezogenen Wahlen wieder auf einen sicheren Listenplatz rangieren würde. Seit Schröder die Frauenquote akzeptiert hat (»Ich hab's kapiert, auch unter häuslichem Zwang.«[261]), ist das nicht mehr so sicher. Und was bei den Sozialdemokraten die Quote, ist bei den Grünen die Rotation. Dennoch werden die wohl bei der Stange geblieben sein. Sofern sie wirklich an die Regierung wollen, können sie dieses Ziel nur in einer Koalition mit der SPD erreichen. Andere Optionen sind Ende der achtziger Jahre nicht vorstellbar, für die Grünen nicht und für die sogenannten bürgerlichen Parteien schon gar nicht. Schließlich ist es Jürgen Trittin, ihr taktisch beweglicher Fraktionsvorsitzender gewesen, der den Oppositionsführer gedrängt hat, das Misstrauensvotum zu wagen.

Der Diplom-Sozialwirt Jürgen Trittin, 1954 in Bremen geboren, hat sich während seiner Göttinger Studienjahre zunächst beim maoistischen Kommunistischen Bund engagiert. Seine politische Karriere im engeren Sinne beginnt er 1982 als Geschäftsführer der Göttinger Ratsfraktion der Grünen, denen er 1980 beigetreten ist, orientiert sich aber schon bald nach Hannover. Infolge des damals noch praktizierten Rotationsprinzips zieht Trittin während der laufenden Legislaturperiode 1985 in den Niedersächsischen Landtag ein und ist dort als Fraktionsvorsitzender der Ansprechpartner des sozialdemokratischen Kandidaten für den Posten des Ministerpräsidenten. Zweieinhalb Jahrzehnte später, als die beiden drei gemeinsame Regierungen hinter sich haben, zwei davon im Bund, sagt Schröder über Trittin: »Wenn es um die Wurst ging, stand er … Ein Ja heißt bei ihm ja, ein Nein heißt nein.«[262] Bei Schröder war es nicht anders.

Natürlich ist das gemeinsame Agieren gegen die angeschlagene Albrecht-Regierung nicht der Anfang einer wunderbaren Freundschaft, kann es gar nicht sein. Weniger weil der Versuch gescheitert ist und die Regierung deutlich besser dasteht als zuvor, als vielmehr wegen der unzureichenden Belastbarkeit dieses taktischen rot-grünen Zweckbündnisses. Letztlich erschöpft es sich im Kampf gegen die Regierung. Es ist ein Wettbewerb: Wem gelingt es am effektivsten, Albrecht und seine Leute vor sich herzutreiben und ihnen das »Image einer Skandaltruppe« anzuheften? Dabei lernen beide Seiten, dass dieses Klischee nicht wahlentscheidend sein wird, aber hilfreich für ein späteres Zusammengehen ist die gemeinsame Arbeit an der Demontage der Regierenden allemal.[263] Noch überwiegen freilich die inhaltlichen Differenzen zwischen Rot und Grün die Gemeinsamkeiten bei Weitem, jedenfalls in einigen der zentralen Fragen. Außerdem sind vor allem die Sozialdemokraten jetzt erst einmal damit beschäftigt, die neuerliche schmerzliche Niederlage zu verarbeiten.

Mit am besten und schnellsten gelingt das dem, der für das Debakel politisch verantwortlich ist. Gerhard Schröder geht scheinbar ungerührt zur Tagesordnung über. Zum Beispiel Mitte Mai 1989 zum alten Streit um die deutsche Frage, der sich dieses Mal nach einer DDR-Reise des Ministerpräsidenten Albrecht entzündet. Auch Schröder ist in den vergangenen Monaten immer wieder einmal in die DDR gereist. Anders als bei seinem spektakulären Besuch Honeckers geht es ihm jetzt vor allem um Kontakte zur mitteldeutschen Kunstszene.[264] So trifft er sich 1987 und 1988 wiederholt – mal in Naumburg, mal in Weimar und schließlich in Dresden – und stets begleitet von der Gattin mit dem Maler Willi Sitte. Die Besuche sind nicht ohne eine gewisse Brisanz, denn Sitte ist nicht nur Präsident des Verbandes Bildender Künstler der DDR, sondern er sitzt auch im Zentralkomitee der SED.

Aber Schröder geht es tatsächlich nicht um Politik, sondern um Kunst. Und wer sich für deren Entwicklung in der DDR interessiert, dort zum Beispiel die eine oder andere Ausstellung besuchen oder eben einen Mann wie Sitte treffen will, der muss nun einmal den Weg über den Kulturapparat Ost-Berlins und dabei in Kauf nehmen, dass er dort rund um die Uhr durch die

Staatssicherheit beobachtet wird (»Lagefilm«):[265] Buchstäblich Schritt für Schritt – und »auf Grundlage der 2. Durchführungsbestimmung zur Dienstanweisung Nr. 3/75 des Genossen Minister« – protokollieren die »Operativen Informationen« der »Hauptabteilung VIII, Operatives Leitzentrum«, was Gerhard Schröder bei seinen Besuchen in der DDR unternimmt. Da er inzwischen als »Einzelperson ... von besonderer Bedeutung« gilt, bleiben ihm und seinen Begleitern immerhin der verbindliche Mindestumtausch in DDR-Mark, die Entrichtung der Straßenbenutzungsgebühr und nicht zuletzt die Zollkontrolle erspart.[266]

Was die offiziellen und inoffiziellen Informanten über ihn zusammentragen, erfährt Gerhard Schröder natürlich nicht. So hat er keine Ahnung, dass zum Beispiel Willi Sitte nach dem Besuch, den er diesem am 19. Februar in dessen Hallenser Wohnung abstattet, auf eigenen »Wunsch« das Ministerium für Staatssicherheit »über den Inhalt« dieser Unterredung und speziell über Schröders »Loyalität« zur DDR »informiert«.[267] Weil der von diesen unanständigen Aktivitäten nichts ahnt, überlebt seine Beziehung zu Sitte die folgenden Wendungen und Windungen der deutschen Geschichte: Im März 2006, als er schon nicht mehr Bundeskanzler ist, kommt Schröder nach Merseburg, wo die beiden anlässlich Sittes Fünfundachtzigstem eine Galerie mit Arbeiten des Malers einweihen. Als er bei dieser Gelegenheit erfährt, dass die »Willi-Sitte-Stiftung« in finanziellen Schwierigkeiten steckt, setzt sich Gerhard Schröder bei einer Reihe von Vertretern aus Politik und Wirtschaft für den Maler und dessen Anliegen ein. Ein Jahr später kann Sitte sich beim Altkanzler bedanken.[268]

In den ausgehenden achtziger Jahren scheinen ihn die Visiten, wie immer sie motiviert sind, in seiner Sicht der Dinge zu bestärken. Jedenfalls bleibt Schröder mit bemerkenswerter Konsequenz bei der Auffassung, die er schon in seinem Wahlkampfbuch *Der Herausforderer* vertreten und seither ständig wiederholt hat: Wenn im Grundgesetz von der Einheit Deutschlands die Rede sei, dann beziehe sich das vier Jahrzehnte später nicht auf die territoriale Einheit, sondern auf die gemeinsame Vergangenheit, die gemeinsame Sprache und die gemeinsame Kultur. Als er das im Mai 1989 wieder einmal im Landtag zu Protokoll gibt, halten selbst »sonst eher müde Zuhörer ... den Atem an«, wie der Berichterstatter der *FAZ* beobachtet: Der Landtag »hatte seinen Eklat«.[269] Und wieder einmal hat man den Eindruck, dass der heftige Widerspruch, den der Oppositionsführer damit provoziert, nicht von der Hoffnung auf eine staatliche Wiedervereinigung Deutschlands geleitet ist, an die auch jetzt noch niemand denken kann, als vielmehr von der Weigerung, einem Mann wie Gerhard Schröder zu folgen und von vertrauten Denkmustern Abschied zu nehmen. Dass sie alle falsch liegen und dass die Wiedervereinigung bald in greifbare Nähe rücken wird, ahnen Ende September 1989 natürlich auch Schröders Gegner von der CDU nicht, als sie im aufziehenden Wahlkampf 10 000 Plakate mit der Aufschrift drucken lassen: »›Hoffnung auf Wiedervereinigung ist eine Lebenslüge.‹ Gerhard Schröder. SPD«. Das sitzt.

Zwar gibt es, was seine Position in der deutschen Frage angeht, auch Widerstände in der eigenen Partei und der eigenen Fraktion, insgesamt aber ist Schröders Stellung im Landesverband unangefochten. Anfang März 1989 ist er, wenn auch nicht einstimmig, erneut als Kandidat für den Wahlkreis Lehrte gekürt worden, und es mehren sich die Hinweise, dass er Ende Mai ins elfköpfige Präsidium der Bundespartei gewählt werden könnte. Dort ist ein Nachfolger für Erhard Eppler zu bestimmen, der sich mit dem Argument zurückzieht, dass seine Arbeit in der Programmkommission abgeschlossen sei, aber ausdrücklich auch den Weg für Gerhard Schröder frei machen will, um dessen Chancen bei der anstehenden Wahl in Hannover zu erhöhen.

Erhard Eppler, im Dezember 1926 in Ulm geboren, gehört wie Hans-Jochen Vogel einem Jahrgang an, dem das Kriegserlebnis, in diesem Falle als Flakhelfer und Wehrmachtsangehöriger, nicht erspart geblieben ist. Wie auch Gustav Heinemann oder Johannes Rau gehört er zum Gründungspersonal der GVP, die er allerdings schon vor ihrer Liquidation 1956 verlässt, um sich den Sozialdemokraten anzuschließen. 1951 mit einer Arbeit zum Thema *Der Aufbegehrende und der Verzweifelnde als Heldenfigur der Elisabethanischen Tragödie* promoviert, ist Eppler zunächst im höheren Schuldienst tätig, bis er 1961 über die Landesliste Baden-Württemberg für die SPD in den Bundestag einzieht und eine politische Laufbahn einschlägt, auf der er es 1970 beziehungsweise 1973 bis in den Parteivorstand und ins Präsidium schafft.

Das politische Profil Epplers gewinnt bleibende Kontur, als er im Oktober 1968 – auf Vorschlag Außenminister Willy Brandts und in der Nachfolge Hans-Jürgen Wischnewskis – das Bundesministerium für wirtschaftliche Zusammenarbeit übernimmt und dieses während der gesamten folgenden Ära Brandt leitet. Kein Zweiter hat diesem Amt ein vergleichbar klares, allerdings auch zum Widerspruch einladendes Profil gegeben wie Erhard Eppler. Das gilt für die Konzeption der sogenannten Entwicklungspolitik, es gilt aber auch für ihre Verankerung im Haushalt. Vor allem über dieser Frage verschärfen sich dann die ohnehin subkutan schlummernden Differenzen zu Helmut Schmidt, so dass Eppler kurz nach dessen Einzug ins Kanzleramt Anfang Juli 1974 zurücktritt, sich 1976 auch aus dem Bundestag zurückzieht und auf die Landespolitik in Baden-Württemberg konzentriert.

Allerdings ist der Konflikt zwischen den beiden damit nicht ausgestanden. Er eskaliert, als der Kanzler zum Initiator und Protagonisten des NATO-Doppelbeschlusses wird und Erhard Eppler zu jenen prominenten Sozialdemokraten gehört, die Anfang Oktober 1981 an der Großdemonstration im Bonner Hofgarten teilnehmen. Die Quittung wird ein Jahr später ausgestellt, als der streitbare Schwabe auf Druck Schmidts aus dem Parteipräsidium ausscheiden muss. Nachdem Schmidt, nicht zuletzt dank der parteiinternen Opposition durch Eppler und andere, im Herbst 1982 das Kanzleramt hat räumen müssen, macht der Parteitag 1984 den Weg für die Rückkehr Epplers ins Präsidium frei. Gleichzeitig übernimmt er für zwei Jahre den Stellvertretenden Vorsitz der Programmkommission der SPD, ihre Grundwertekommission leitet er schon seit 1973.

Vor diesem Hintergrund ist der Rückzug aus diesem Präsidium für Erhard Eppler kein Schritt wie andere, sondern auch ein Symbol und ein Signal. Dass er ihn nicht zuletzt tut, um Schröder den Rücken im Wahlkampf zu stärken, hat der ihm damals nicht gedankt.[270] Während der neunziger Jahre lässt Erhard Eppler, ähnlich wie auch Hans-Jochen Vogel, kaum ein gutes Haar an Schröder. Als der dann aber während seiner Kanzlerschaft in schwerste See gerät, gehört Eppler neben Vogel zu den Granden der Partei, auf die Schröder sich verlassen kann. Für ihn bleibt Eppler nicht nur ein »Visionär« und »Vordenker«, sondern auch »einer der integersten Menschen, die in der deutschen Politik je eine Rolle gespielt haben«.[271]

Schon 1988 hat Schröder einmal mit dem Gedanken gespielt, für das SPD-Präsidium zu kandidieren, dann aber seinerseits die Bewerbung zu Gunsten Epplers zurückgezogen. Jetzt will er ihn beerben. Sicher ist ihm der Platz nicht, weil zunächst mit Volker Hauff, dem vormaligen Forschungs- beziehungsweise Verkehrsminister in der Regierung Schmidt und jetzigem Frankfurter Oberbürgermeister, Dieter Spöri, dem Oppositionsführer in Baden-Württemberg, und Renate Schmidt, Stellvertretende Vorsitzende der Fraktion im Deutschen Bundestag, ernst zu nehmende Konkurrenten ihr Interesse anmelden. Schließlich ist nur noch Christoph Zöpel, Minister für Stadtentwicklung, Wohnen und Verkehr im Düsseldorfer Kabinett von Johannes Rau, im Rennen. Auch weil Nordrhein-Westfalen mit seinem Ministerpräsidenten schon prominent im Präsidium vertreten ist, kann Schröder die Wahl am 22. Mai knapp für sich entscheiden. Von den 36 in Bonn versammelten Mitgliedern des Parteivorstandes votieren 20 für ihn.

Schon im Vorfeld hat Schröder die Genossen mit dem Argument konfrontiert, dass er nach den Erfahrungen des Jahres 1986 an der Koordinierung der kommenden Wahlkämpfe im Bund, im Saarland, in Nordrein-Westfalen sowie nicht zuletzt in Niedersachsen unmittelbar beteiligt sein wolle. Vor allem aber spricht für seine Aufnahme in das Präsidium, »daß die Bundesrepublik anders aussehen werde, wenn Niedersachsen gekippt werden könne«. So sieht das auch Eppler in der entscheidenden Vorstandssitzung und prognostiziert für den Fall der Wahl ins Präsidium eine »Aufwertung Gerhard Schröders«.[272]

Und so zieht der Kandidat gestärkt in den Wahlkampf, der jetzt Fahrt aufnimmt. Am 8. August beginnt der Oppositionsführer im Künstlerdorf Worpswede seine dreiwöchige Sommerreise, die ihn durch alle Landesteile führt und auf der er, je nach Klientel, die Punkte seines Programms anspricht, die er nach einem Wahlsieg zu realisieren gedenkt. Der Bogen ist, wie gehabt, weit gespannt und reicht vom Versprechen, ein Frauenministerium einzurichten, bis hin zur Ankündigung, sich nach den Wahlen für ein striktes Tempolimit – 120 auf Autobahnen, 80 auf Landstraßen, 30 in Ortschaften – einsetzen, außerdem die Kraftfahrzeugsteuer abschaffen und stattdessen den Benzinpreis um bis zu 40 Pfennige anheben zu wollen. Daran mag er später nur ungern erinnert werden. Jetzt aber lässt ihm der Eindruck massenhaft absterbender Bäume, den er im Harz gewinnt, erklärtermaßen keine andere Wahl. Außerdem meldet sich ausgerechnet in dieser Zeit der linke Flügel des von ihm geführten SPD-Bezirks Hannover lautstark zu Wort.

Was sich dort Ende Oktober 1989 auf einem zweitägigen Parteitag abspielt, müsste eigentlich jedem realpolitisch und pragmatisch denkenden Genossen die Sprache verschlagen. Meint Schröder. Hintergrund ist das sensationelle Scheitern Peter von Oertzens, Schröders Vorgänger als Vorsitzender des Hannoveraner Bezirks, in der Programmkommission der Bundespartei. Beginnend mit einem gemeinsamen Essen Schröders und Lafontaines in der Bonner Vertretung des Saarlandes am 12. Dezember 1988 haben sich die beiden auf eine gemeinsame Position in der Kommission verständigt, die vier Wochen später in der Hauptstadt tagt.[273] Dort stellt sich der saarländische Ministerpräsident, flankiert von Schröder, gegen die planwirtschaftlichen und rätedemokratischen Ideen von Oertzens und kann jetzt wie auch bei den folgenden Beratungen die Mehrheit der Kommissionsmitglieder hinter sich versammeln.

Verziehen hat Oertzen das den beiden nie. Fortan irrlichtert der vormalige Kultusminister, der in der Wahrnehmung Erhard Epplers ohnehin eine Neigung zur Konspiration besitzt,[274] mit seinen absurden Theorien durch Hannover und stimmt die Delegierten auf die Attacke gegen Schröder ein. Der wiederum weiß längst, dass Oertzen sich zwar »als revolutionär stilisiert«, aber im Grunde ein »feiger Mensch« ist.[275] Dass die meisten jetzt Oertzen folgen und ihren Spitzenkandidaten für die Landtagswahl in zwei die Wirtschafts- und Umweltpolitik betreffenden Punkten klar überstimmen, liegt aber nicht nur am agitatorischen Talent des geschliffenen Debattenredners Oertzen, sondern auch an der Enttäuschung, die viele Delegierte über das laue Engagement Schröders in genuin landespolitischen Fragen empfinden. Sie schlägt sich auch erkennbar im Wahlergebnis nieder: Gerade einmal 178 von 226 Delegierten geben ihm am 22. Oktober 1989 bei der Wiederwahl zum Vorsitzenden des SPD-Bezirks Hannover ihre Stimme.

Tatsächlich hat sich Schröder, von seinen werbewirksamen Touren durchs Land abgesehen, in den vergangenen Jahren eher verhalten mit kommunal- oder regionalpolitischen Fragen beschäftigt. Sie interessieren ihn eigentlich nur insofern, als er aus ihnen Honig für die großen politischen und wirtschaftlichen Themen saugen kann. Außerdem lässt sich in der Provinz nicht jene nationale Aufmerksamkeit generieren, auf die Schröder bedacht sein muss, weil sein langfristiges Ziel ja jenseits von Hannover liegt. Will er dieses Ziel beziehungsweise das wichtigste Etappenziel einer Nominierung als Kanzlerkandidat seiner Partei erreichen, muss er an seinem nationalen und internationalen Profil arbeiten.

Also ist der Oppositionsführer und Spitzenkandidat seiner Partei für die Staatskanzlei in Hannover weniger in den Niederungen Niedersachsens als vielmehr in der Bundespolitik und, wenn möglich, auch in der großen weiten Welt unterwegs. Mitte April 1988 zieht es ihn für einige Tage nach Polen, und Anfang August fast eine Woche nach Großbritannien, wo der Fraktionsvorsitzende der SPD im Niedersächsischen Landtag Gespräche unter anderem mit Vertretern der Labour Party und der Gewerkschaften, aber auch des Umweltministeriums führt. Anfang Oktober 1988 weilt er dann ein zweites Mal auf Einladung der Kommunistischen Partei auf Kuba und wird erneut von Fidel Castro empfangen.

Für besondere Aufmerksamkeit sorgt allerdings ein Besuch, den Gerhard Schröder vom 14. bis 20. Oktober 1989 der Sowjetunion abstattet.[276] In seiner Funktion als Präsidiumsmitglied der SPD ist er vom ZK der KPdSU, dem Zentralkomitee der Kommunistischen Partei der Sowjetunion, zu einem zweitägigen Besuch Kasachstans eingeladen worden, um sich dort ein Bild von der Lage der Deutschstämmigen zu machen. Diese waren nach dem deutschen Überfall auf die Sowjetunion, noch im Juni 1941 beginnend, aus deren westlichen Gebieten zwangsweise hierher umgesiedelt worden. Ihre Rolle für die bundesdeutsche Politik hat sich inzwischen grundlegend geändert. War es jahrzehntelang erklärtes Ziel deutscher Außenpolitik, möglichst vielen Deutschstämmigen aus Polen, Rumänien oder auch der Sowjetunion die Übersiedlung in die Bundesrepublik zu ermöglichen, so stellt sich die Lage nunmehr ganz anders dar. Vorbei sind die Zeiten, als Leonid Breschnew, der Generalsekretär des ZK der KPdSU, dem wahlkämpfenden Bundeskanzler Willy Brandt 1972 rund 5000 Deutschstämmige ohne Gegenleistung überließ und dieser das wahlwirksam einsetzen konnte, oder als Kanzler Kohl Mitte Januar 1983 gegenüber dem sowjetischen Außenminister auf die große Bedeutung der Familienzusammenführung für die Bundesregierung hinwies. Hintergrund war der Rückgang der Zahl der Aussiedler von knapp 10 000 im Jahr 1976 auf gut 2000 sechs Jahre später.[277] Jetzt geht es darum, den Deutschstämmigen Optionen vor Ort anzubieten, »damit die Menschen nicht weglaufen«, wie Schröder der Presse erläutert.[278] Dieser Linie wird er auch als Ministerpräsident treu bleiben.

Große Resonanz findet Schröders Kasachstan-Visite nicht. Anders sieht es mit dem medienträchtigen Besuch aus, den er unmittelbar anschließend Michail Gorbatschow, dem amtierenden Generalsekretär des ZK der KPdSU, abstattet. Das liegt auch an der prominenten Gesellschaft, in der er sich befindet: Neben Gerhard Schröder gehören Egon Bahr, der führende außenpolitische Stratege der SPD, Hans Koschnick, Mitglied des Verteidigungsausschusses im Deutschen Bundestag und Vorsitzende der SPD-Kommission für Internationale Beziehungen, sowie nicht zuletzt Willy Brandt, der Ehrenvorsitzende der Partei, der Delegation an. Außerdem findet das Treffen in einem Augenblick statt, in dem sich die politischen Entwicklungen in der Sowjetunion wie auch in der DDR zu überschlagen beginnen. Keiner vermag zu sagen, was die nächsten Wochen und Monate bringen werden. Sicher aber ist, dass vieles vom Verhalten des Generalsekretärs des ZK der KPdSU abhängt.

Als er am 11. März 1985 das Amt übernimmt, ist Michail Gorbatschow ein im Westen relativ unbekannter Mann und zunächst einmal nicht mehr als der nach Jurij W. Andropow und Konstantin U. Tschernenko dritte Nachfolger des im November 1982 gestorbenen Breschnew. 1931 geboren, gehört Gorbatschow allerdings zu den Jüngsten in der vergreisten Führungsspitze. Als Generalsekretär steht er für ein Programm, das seit Januar 1987 auch öffentlich als »Perestroika« firmiert und auf die Reform der gesellschaftlichen, wirtschaftlichen und politischen Strukturen der Sowjetunion zielt. Am Ende des Weges sollen eine reformierte Partei und ein erneuertes Staatswesen stehen, die sich im Wettlauf der Systeme gegenüber der westlichen Konkurrenz behaupten und durchsetzen können.

Dass sich der Prozess rasch verselbstständigt und die Reise gewissermaßen am falschen Ziel, nämlich in der Auflösung von Partei, Staat und Imperium endet, darf nicht über Gorbatschows eigentliche Zielsetzung hinwegtäuschen. Auch für diesen Generalsekretär steht außer Frage, dass die Sowjetunion unter allen Umständen ihren Gegnern und Herausforderern gewachsen sein muss. Koste es, was es wolle. Daher ist die Außen- und Sicherheitspolitik ursprünglich sakrosankt. Ein Tabu. Dass sich das bald ändert und Gorbatschow auf eine spürbare Verlangsamung des Rüstungswettlaufs setzt, hat einen einfachen Grund: Die drastische Reduzierung der Militärausgaben und die von ihr erhoffte Erholung der sowjetischen Wirtschaft sollen die Rahmenbedingungen für die Umsetzung der Perestroika verbessern oder gar erst schaffen. Die physischen und politischen Kollateralschäden der Reaktorkatastrophe von Tschernobyl tun seit April 1986 ein Übriges, um den zusehends unter innerem und äußerem Druck stehenden Mann auf den Weg der Rüstungskontrolle und der Abrüstung zu bringen.

Kaum einer, schon gar nicht Gorbatschow, erwartet, dass ausgerechnet der amerikanische Präsident zu einem seiner verlässlichsten Partner wird. Immerhin hat Ronald Reagan noch im März 1983 die Sowjetunion als das »Reich des Bösen« bezeichnet. Jetzt drängt das Repräsentantenhaus mit seiner demokratischen Mehrheit auf eine Umsetzung unter anderem jener Abrüstungsvorschläge, die der Präsident selbst Mitte November 1981 der damals erstaunten Weltöffentlichkeit bekannt gegeben hat. Heute wissen wir, dass Reagan diese von Anfang an ernst gemeint und nicht nur taktisch ins Gespräch gebracht hat, um der friedensbewegten Linken in Europa, zu der damals auch Gerhard Schröder zählt, den Wind aus den Segeln zu nehmen.

Und so unterzeichneten Reagan und Gorbatschow am 8. Dezember 1987 in Washington den INF-Vertrag über die Intermediate-Range Nuclear Forces. Er sieht die Vernichtung sämtlicher landgestützter nuklearer Mittelstreckenraketen mittlerer und kürzerer Reichweite in Europa vor. Er ist damit ein Beleg, wenn nicht der Beweis, dass der NATO-Doppelbeschluss des Dezembers 1979 die politisch richtige Antwort auf den durch die Sowjets losgetretenen, hochgefährlichen Wettlauf in diesem Segment gewesen ist.

Das bringt die erklärten Gegner des Doppelbeschlusses wie Gerhard Schröder in einige Erklärungsnot. Tatsächlich war die Nachrüstung eben keine »Strategie des amerikanischen Kapitals, die letzte sozialdemokratisch geführte Regierung in Westeuropa zu beseitigen«, wie der vormalige Juso-Vorsitzende und Bundestagsneuling Schröder im Frühjahr 1981 diagnostiziert hatte[279] – daran haben die Genossen dann bekanntlich selbst maßgeblich mitgewirkt. Die Umsetzung des NATO-Doppelbeschlusses war die alternativlose Voraussetzung, um die Sowjets zur Demontage ihres Waffensystems zu zwingen. So gesehen hat die Vernichtung der nuklearen Mittelstreckenraketen in Europa keineswegs denen »recht« gegeben, »die sich schon immer gegen die Stationierung neuer Mittelstreckenraketen in Europa gewehrt haben«, wie Schröder im Dezember 1987 dem Allgemeinen Deutschen Nachrichtendienst der DDR sagt.[280] Vielmehr ist es wohl so, dass die immensen Kosten, welche die sowjetische Antwort auf den Doppelbeschluss verschlingen, den Zustand des siechen Patienten rasant verschlechtert haben.

Dass selbst die militärische Maschinerie der Sowjets erhebliche Betriebsstörungen aufweist, weiß man, als die Teilnehmer des Bukarester Gipfeltreffens der Warschauer-Pakt-Staaten am 7. und 8. Juli 1989 ausdrücklich vom Recht eines jeden Volkes reden, »das gesellschaftspolitische und ökonomische System, die staatliche Ordnung, die es für sich als geeignet betrachtet, zu wählen ... Stabilität setzt ... die Unzulässigkeit einer direkten und indirekten Einmischung in die inneren Angelegenheiten anderer Staaten voraus. Kein Land darf den Verlauf der Ereignisse innerhalb eines anderen Landes diktieren, keiner darf sich die Rolle eines Richters oder Schiedsrichters anmaßen.«[281]

Mit dieser Erklärung, die faktisch die sogenannte Breschnew-Doktrin vom Herbst 1968 außer Kraft setzt, reagiert der Kreml auf eine offenbar nicht mehr aufhaltbare Entwicklung. Denn in der zweiten Hälfte der achtziger Jahre bricht endgültig jener Damm, der während des Kalten Krieges mühsam – oft mit Gewalt – gehalten worden ist. Jetzt klagen die unterdrückten Völker und Nationen die Rechte ein, die ihnen genommen und jahrzehntelang vorenthalten worden sind. Es geht um ihre Freiheit, um die Befreiung von weltanschaulicher und nationaler Bevormundung.

Im Westen wird vor allem die Entwicklung in den baltischen Republiken aufmerksam verfolgt. Im Oktober 1988 formieren sich in Estland, Lettland und Litauen die ersten Volksfronten, deren erklärtes Ziel die Wiederherstellung der staatlichen Unabhängigkeit ist. Öffentlich fordern sie von Gorbatschow, sich für den Kreml zu den geheimen Absprachen zu bekennen, auf deren Basis Stalin und Hitler seit dem Sommer 1939 die Aufteilung Ostmitteleuropas umgesetzt haben. Als die sowjetische Führung das am 18. August 1989 tut, ist klar, dass sich der Zusammenbruch der Sowjetunion nicht mehr aufhalten lässt. Am 16. Dezember 1991 erklärt Kasachstan als letzte der früheren Sowjetrepubliken seine Unabhängigkeit.

Inzwischen befindet sich auch das außersowjetische Imperium des Kreml in der Auflösung. Eine Vorreiterrolle bei dessen Atomisierung spielt Polen. Der Weg in die Unabhängigkeit von sowjetischer Bevormundung und kommunistischer Zwangsherrschaft, der 1980 mit der Gründung der Gewerkschaft Solidarność eingeschlagen worden ist, konnte durch das Kriegsrecht und andere Maßnahmen seit Dezember 1981 zwar zeitweilig, aber nicht mehr gänzlich versperrt werden. 1988 überziehen erneut Streikwellen das Land, seit Februar 1989 wird unter Beteiligung der nach wie vor illegalen Solidarność am Runden Tisch über die Zukunft Polens beraten, und am 4. Juni 1989 können erstmals »halbfreie« Wahlen durchgeführt werden.

In dieser bewegten Zeit besucht Generalsekretär Gorbatschow Mitte Juni 1989 die Bundesrepublik und gibt am 13. Juni 1989 mit Kanzler Kohl eine gemeinsame Erklärung ab, die gewissermaßen die Bukarester Liquidation der Breschnew-Doktrin vorwegnimmt und in der unter anderem festgestellt wird: »Das Recht aller Völker und Staaten, ihr Schicksal frei zu bestimmen und ihre Beziehungen zueinander auf der Grundlage des Völkerrechts souverän zu gestalten, muß sichergestellt werden.«[282]

Gilt das nicht auch für das deutsche Volk und die beiden deutschen Staaten? Das sehen die Mitglieder der senilen Führungsspitze in Ost-Berlin, allen voran Staats- und Parteichef Erich Honecker, durchaus nicht so. Man kann das sogar nachvollziehen. Offenbar haben ihn die vorzeigbaren Erfolge vergangener Jahre darin bestärkt, dass die DDR auf dem richtigen Kurs sei. Sein Besuch der Bundesrepublik und die mannigfache, auch finanzielle Unterstützung vom Rhein scheinen, wenn man es denn so interpretieren will, insgesamt für stabile Verhältnisse zu sprechen. Mit sich und seiner Welt im Reinen prophezeit Honecker im Januar 1989, dass die Mauer auch noch in 50 und 100 Jahren stehen werde, sofern die »dazu vorhandenen Gründe« noch bestünden.[283]

Das ist ein Irrtum, denn das Volk will raus. Im Sommer bekommt es die Chance und nutzt sie wie schon einmal in den ausgehenden fünfziger und beginnenden sechziger Jahren zu einer eindrucksvollen Abstimmung mit den Füßen. Anders als damals haben die Machthaber jetzt keine Chance, den Strom der Flüchtlinge durch eine Mauer aufzuhalten, ganz im Gegenteil. Als die ungarische Regierung am 10. September 1989 offiziell die Öffnung der Grenze zu Österreich bekannt macht, gibt es kein Halten mehr. Innerhalb von 48 Stunden passieren 10 000 Flüchtlinge aus der DDR diese jahrzehntelang nicht überwindbare Hürde und lösen damit auch andernorts eine nicht mehr kontrollierbare Bewegung aus. Als am 1. und 4. Oktober Tausende von DDR-Bürgern die von ihnen besetzten Vertretungen der Bundesrepublik in Warschau und Prag verlassen und in Sonderzügen ausreisen, sind die Tage des Regimes gezählt.

Am 18. Oktober 1989 wird Erich Honecker, formal auf eigenen Wunsch, von seinen Funktionen als Staats- und Parteichef entbunden. Zu seinem

Nachfolger wird Egon Krenz, zuständiger Sekretär des ZK für Sicherheitsfragen, Jugend, Sport, Staats- und Rechtsfragen, gewählt. Der neue Mann, den man im Westen recht gut kennt und dem auch Gerhard Schröder verschiedentlich begegnet ist, kündigt noch am selben Tag die Vorbereitung eines Gesetzentwurfs über »Reisen von DDR-Bürgern ins Ausland« an.[284]

Am 9. November, kurz vor 19.00 Uhr, verliest Günter Schabowski, der Informationssekretär des tags zuvor deutlich verkleinerten Politbüros, auf einer Pressekonferenz eine Erklärung zum Stand der Ausarbeitung dieses Reisegesetzes, in der davon die Rede ist, dass bis zu dessen Inkrafttreten einige Regelungen Gültigkeit besäßen, darunter die folgende: »Ständige Ausreisen können über alle Grenzübergangsstellen der DDR zur BRD bzw. zu Berlin (West) erfolgen. Damit entfällt die vorübergehende Erteilung von Genehmigungen in Auslandsvertretungen der DDR bzw. über die ständige Ausreise mit dem Personalausweis der DDR über Drittstaaten.«[285] Durch einen italienischen Journalisten befragt, wann die Regelung in Kraft trete, antwortete Schabowski: »Sofort, unverzüglich!«

Als sich darauf hin die Ost-Berliner in Scharen auf den Weg machen, um vor Ort zu überprüfen, wie es um die Wahrheit der Meldung bestellt ist, öffnen die verunsicherten Grenzsoldaten gegen 23.20 Uhr den ersten Schlagbaum. Das ist der Anfang vom Ende der Mauer. Das noch wenige Tage zuvor für unmöglich gehaltene Ereignis war das Ergebnis von Zufall, Chaos, Druck, Ratlosigkeit und zugleich Teil eines revolutionären Prozesses, der längst weite Teile Ost-, Ostmittel- und Südosteuropas erfasst hatte.

Der Fall der Mauer trifft auch das Land Niedersachsen mehr oder weniger unvermittelt und unerwartet – seine Bürger, seine Politiker, und selbstverständlich auch Gerhard Schröder. »Ja, ich war wie alle überrascht«, antwortet er 20 Jahre später auf die Frage eines Schülers: »Zwar hatte ich damals schon längere Zeit die Einschätzung, dass die DDR in wirtschaftlichen Schwierigkeiten steckte. Und auch die Flüchtlingsströme über Ungarn und die Tschechoslowakei waren ein Signal ... Als die Menschen am Abend des 9. November 1989 einfach von Ost nach West gehen und fahren durften, waren wir alle zu Tränen gerührt. Ich habe die Geschehnisse an diesem Abend mit Freunden vor dem Fernseher verfolgt, denn ich war bei einer politischen Veranstaltung in Niedersachsen unterwegs. Ich war ergriffen von den Bildern, und ich habe mich unglaublich gefreut für die Menschen ...«[286]

Wie alle führenden Mitglieder seiner Partei verbringt Schröder die Stunden und Tage danach in den entscheidenden Bonner Gremien – Parteivorstand, Präsidium, Antragskommission.[287] In Hannover muss er sich jetzt die

Frage gefallen lassen, ob seine Rede von der »Wiedervereinigung« als einer »Lebenslüge« immer noch gelte, und beantwortet sie am 13. November so: »Nun, die Mauer ist praktisch gefallen. Ich hätte mir das vor wenigen Wochen noch nicht träumen lassen. Soweit der Begriff Wiedervereinigung, den es im Grundgesetz nicht gibt, suggeriert, es ginge um staatliche Einheit – womöglich noch in den Grenzen von 1937 –, habe ich von meiner Kritik nichts abzustreichen.«[288] Keine Frage, der Mann ist längst ein mit allen Wassern gewaschener Taktiker.

Im Übrigen schätzt er die Entwicklung so ein, wie es die allermeisten in diesen Tagen und Wochen tun, Kanzler Helmut Kohl und der Ehrenvorsitzende der SPD Willy Brandt eingeschlossen: Eine Vereinigung der beiden deutschen Staaten wird es, wenn überhaupt, nicht vor einer Einigung Europas, in jedem Falle aber nur als Teil derselben geben. Für alle politisch Verantwortlichen, ganz gleich ob sie sich bundes- oder landespolitisch in einer Regierung oder in der Opposition befinden, kommt es nun vordringlich darauf an, einen Zusammenbruch der Produktion und der Versorgung in der DDR und damit einen Massenexodus ihrer Bevölkerung in die Bundesrepublik zu verhindern. »Wir müssen vermeiden, was einen Anreiz gibt, daß sie kommen«, sagt Schröder Anfang März 1990.[289]

Das wird teuer. Auf der Suche nach Geldquellen macht sich die Politik so ihre Gedanken, von denen die meisten erst gar nicht in das Stadium der Vertiefung geraten. Auch nicht die Idee, die der Oppositionsführer im Niedersächsischen Landtag Anfang Februar 1990 den Abgeordneten zu Gehör bringt. Denn Schröders Vorschlag, die nach dem Zerfall des Warschauer Paktes »im Verteidigungshaushalt freiwerdenden Gelder für die Sanierung der DDR zu verwenden«,[290] scheitert ausgerechnet am Zwang zur Abrüstung: Die Auflösung der Nationalen Volksarmee der DDR und ihre teilweise Überführung in die Bundeswehr – übrigens eine der größten Leistungen der neueren deutschen Militärgeschichte –, aber auch die Abrüstungsmaßnahmen, denen sich die Bundeswehr als Folge der Verhandlungen über die Konventionellen Streitkräfte in Europa (VKSE) unterziehen muss, werden Unsummen verschlingen. Aber auch das kann zu diesem Zeitpunkt noch niemand absehen.

Hingegen ist absehbar, dass ein unmittelbares Nachbarland der untergehenden DDR wie Niedersachsen von dem, was dort vor-, aber nicht vorangeht, unmittelbarer betroffen sein muss als die weiter westlich gelegenen Bundesländer. Hinzu kommt, dass die großen Folgeprobleme des Mauerbruchs hier auf die heiße Phase des Wahlkampfes treffen. Schröder weiß das zu nutzen. So reist er zum Beispiel am 14. und 15. März 1990 medienwirksam nach Paris, um dort allen voran mit dem deutschen Botschafter, einigen französischen

Ministern, darunter Außenminister Roland Dumas, und – im prächtigen Élysée-Palast – mit Staatspräsident François Mitterrand über die deutsche Einigung zu konferieren.[291] Willy Brandt hat ihm dieses wichtige Tor geöffnet.

Auf dem Hinweg, den er mit dem Auto zurücklegt, macht Gerhard Schröder in Saarbrücken Station, nimmt Oskar Lafontaine dann auch mit nach Paris. Das Verhältnis der beiden ist zu dieser Zeit gut, wenn es auch seitens Schröders seit dem Vorfall um die Nachfolge Brandts im Parteivorsitz unter einem Vorbehalt steht. So wie die Dinge jetzt liegen, ist der niedersächsische Oppositionsführer eher auf den saarländischen Ministerpräsidenten angewiesen als umgekehrt. Zwar hat Lafontaine Ende Dezember 1989 in einem *Spiegel*-Gespräch ausdrücklich auch Schröder als möglichen Kanzlerkandidaten genannt, allerdings waren da die Wahlen im Saarland noch nicht gelaufen.[292] Mitte März 1990 stellt sich das anders dar, hat Lafontaine doch inzwischen seinen Wahlkampf bravourös abgeschlossen und am 28. Januar 1990 mit sagenhaften 54,4 Prozent das ohnehin schon gute Ergebnis von 1985 noch einmal ordentlich übertroffen. Schröder ist am Wahlabend in Saarbrücken gewesen, hat mit Lafontaine gemeinsam die ersten Hochrechnungen verfolgt und dann mit den Genossen im Südwesten gefeiert. Ihm war klar, dass für sein eigenes Abschneiden Mitte Mai viel von diesem Ergebnis abhängen würde. So wie er jetzt weiß, dass von seiner Kanzlerkandidatur keine Rede mehr sein kann – bei Lafontaine nicht, und bei anderen maßgeblichen Sozialdemokraten auch nicht.

Das saarländische Ergebnis strahlt noch heller, als die Sozialdemokraten am 18. März 1990 in der Volkskammerwahl brutal abgestraft werden. In den letzten Parlamentswahlen der in Abwicklung befindlichen DDR, die zugleich die ersten freien in ihrer gut vierzigjährigen Geschichte sind, bringt es die SPD gerade einmal auf knapp 22 Prozent der Stimmen, während die CDU mit gut 40 Prozent ein fast doppelt so gutes Ergebnis einfahren kann. Und das in den traditionellen Hochburgen der Linken. Daraus ziehen alle Seiten ihre Konsequenzen, auch Kanzler Kohl. War der zunächst ganz selbstverständlich davon ausgegangen, dass die nächste reguläre Wahl im Dezember ohne die Deutschen jenseits der Elbe durchgeführt würde, ändert sich das mit diesem Ergebnis schlagartig.[293]

Zu den Konsequenzen, die der Vorstand der SPD und allen voran ihr Vorsitzender Hans-Jochen Vogel einen Tag nach dem Debakel der Volkskammerwahl ziehen, zählt die Aufforderung an den strahlenden Sieger von der Saar, bei den ersten gesamtdeutschen Wahlen als Kanzlerkandidat anzutreten. Dass der sich zunächst ziert, ist keine Koketterie. Vielmehr weist Lafontaine die Spitzen seiner Partei und auch sonst jeden, der das hören oder auch

Zur Zeit gut: Gerhard Schröder und Oskar Lafontaine Mitte März 1990 in Paris.

nicht hören will, darauf hin, dass er bekanntlich nicht gerade pflegeleicht sei. Auch »dränge« er sich »nicht in die Rolle. Seine persönlichen Wünsche seien andere. Doch er sei gebeten worden …«, sagt er am Tag nach der Volkskammerwahl im Vorstand seiner Partei und kündigt an, dass er als Kanzlerkandidat »zunächst eine Auseinandersetzung über die notwendige soziale Absicherung einer Währungsunion suchen« werde.[294] Die Chronistenpflicht gebietet es, das zu Protokoll zu nehmen. Denn als Lafontaine – wenig später und sekundiert von Gerhard Schröder – in der Frage des deutsch-deutschen Staatsvertrages auf Konfrontationskurs zur Parteiführung geht, mögen deren Vertreter sich daran nicht mehr erinnern. Wovon noch zu berichten ist.

Das Kalkül ihrer Entscheidung, Lafontaine die Kanzlerkandidatur anzutragen, ist leicht durchschaubar: Die überwiegende Mehrheit der Wähler, um die es im Dezember gehen wird, lebt im Westen, und da gehen die Uhren anders als in der auseinanderfallenden DDR. Auch Schröder sieht das so und hofft, dass Lafontaine ihn in seinem eigenen Wahlkampf unterstützt, der – wie auch der nordrhein-westfälische – dem gesamtdeutschen ein halbes Jahr vorausgeht. Insgesamt sind 15 Auftritte des Saarländers geplant, von dem man weiß, dass er die Leute in Stimmung bringen kann. Das tut Oskar Lafontaine auch, bis ihn am 25. April 1990 auf einer Wahlveranstaltung in Köln-Mühlheim eine geistig verwirrte Frau mit einem Messer lebensgefährlich verletzt. Die Attentäterin hat sich erst in letzter Minute für Lafontaine und damit gegen Johannes Rau entschieden. So kommt der Ministerpräsident und Spitzenkandidat von Nordrhein-Westfalen mit dem Schrecken davon.

Zwar überlebt Lafontaine schwer verletzt, fällt aber als Zugpferd in der heißen Endphase der Landtagswahlkämpfe in Niedersachsen und Nordrhein-Westfalen aus und kann sich auch im Bundestagswahlkampf nur eingeschränkt einbringen. Als Schröder von dem Anschlag erfährt, ist er fassungslos, sagt am folgenden Tag bis auf eine abendliche Pressekonferenz sämtliche Termine ab[295] – und macht sich seine Gedanken. Was in einem Menschen vorgeht, der so etwas durchmacht, kann auch er nur ahnen. Aber er fühlt und sieht natürlich, dass der Anschlag nicht ohne Folgen bleibt, und führt später manche Aktion des Mannes auf dieses Ereignis zurück. Lafontaine selbst schließt nicht aus, dass die erheblichen Folgen, die das Attentat gezeitigt hat, auch in seinem politischen Verhalten greifbar sind. Dass der Vorfall seinen Hang zu zögern eher noch verstärkt, kann man leicht nachvollziehen. Und dass man seinem Gang und seiner Körperhaltung die Bereitschaft zur instinktiven Gefahrenabwehr ansieht, sagt er auch.[296]

Gerhard Schröder hat den saarländischen Wahlkampf Lafontaines aufmerksam verfolgt und kommt zu dem Schluss, dass dessen Umgang mit dem Thema der Übersiedler aus der DDR eine wichtige Rolle für den durchschlagenden Erfolg gespielt hat. Diesem Thema widmet sich jetzt auch der Kandidat für das Amt des Ministerpräsidenten in Niedersachsen. Schon Anfang Februar hat er klargemacht, dass sich die »DDR-Bürger … bei aller Hilfe für den Aufbau des Landes selbst krummlegen müssen. Die DDR-Hilfen dürfen nicht dazu führen, daß am sozialen Netz der Bundesrepublik gerüttelt wird … Es entspräche nicht dem Prinzip der sozialen Gerechtigkeit, wenn man zum Beispiel Arbeiter sowie Rentnerinnen und Rentner, die ihre Lebenszeit in den Aufbau der Bundesrepublik gesteckt haben, nun zwingen würde, das bißchen erworbenen Wohlstand preiszugeben.«[297] Noch deutlicher wird er vor dem Landtag: »Wenn das Sofortprogramm greifen soll«, sagt er am 7. Februar,

»dann muß der Zustrom von Übersiedlern gestoppt werden.«[298] Als er das vor dem Landtag feststellt, zieht es Tag für Tag bis zu 2500 Menschen gen Westen. Geht das so weiter, befinden sich über kurz oder lang erst die DDR und dann die Bundesrepublik in einer ernsten Lage.

Das Thema taugt also für den Wahlkampf, und es kommt an. Indessen wird man Schröder nicht vorhalten können, dass er die Übersiedlung nur deshalb zum Thema macht. Er bleibt nämlich bei seiner Einschätzung, nachdem er es in die Staatskanzlei geschafft hat, wendet sich dann aber entschieden gegen ein Instrument, das er jetzt, wenn auch nur für ein oder zwei Tage, ins Gespräch bringt, um des Zustroms Herr zu werden: »eine Währungsunion«.[299] Im Übrigen gehört er zu den wenigen, die eine Volksbefragung fordern: »Auch die 60 Millionen Bundesbürger müssen über die Bedingungen und Folgen des Prozesses zur Einheit befragt werden«, sagt er Mitte März in einem Interview mit der *Neuen Presse*. »Es kann nicht sein, daß 16 Millionen DDR-Bürger bestimmen, was die restlichen 60 Millionen zu tun haben.«[300] Da hat er zweifellos recht, auch wenn oder gerade weil man davon ausgehen muss, dass die Mehrheit – über die zu dieser Zeit absehbaren Konsequenzen ehrlich ins Bild gesetzt – einer Vereinigung Deutschlands kaum zugestimmt hätte.

Das also ist die vom Spitzenkandidaten intonierte Begleitmusik zu einem niedersächsischen Wahlkampf, der von der herausgeforderten CDU erneut unsauber geführt wird. Schröder nimmt das gelassen, konzentriert sich auf sein Ziel und stellt im Januar 1990 sein aus fünf Frauen und sechs Männern bestehendes Schattenkabinett vor, das zwei Überraschungen bereithält. So soll die Ingenieurin Helga Schuchardt, die lange für die FDP im Bundestag gesessen, die Partei aber nach dem Kurswechsel vom Oktober 1982 verlassen hat, das Wissenschaftsressort übernehmen. Und für das Umweltministerium ist die ebenfalls parteilose Soziologin Monika Griefahn vorgesehen, die seit einem Jahrzehnt für Greenpeace aktiv ist.

Da Schröder realistischerweise nicht davon ausgehen kann, es Oskar Lafontaine gleichzutun und für seine Partei die absolute Mehrheit zu holen, stellt sich die Frage, wer denn der künftige Koalitionspartner sein wird: die FDP oder die Grünen? Der Kandidat hat aus dem Debakel von 1986 gelernt, hält sich so lange wie möglich bedeckt und versucht keinen von beiden zu verprellen: »Schröder steht mit beiden Beinen fest in der Luft«, kommentiert sein wahrscheinlicher Koalitionspartner von den Grünen, Jürgen Trittin.[301]

Inzwischen spürt Ernst Albrecht, dass ihm die Felle davonschwimmen. Offensichtlich sind die Bürger seiner überdrüssig – weil er nun schon fast 15 Jahre im Amt ist, aber auch weil sein maskenhaft wirkendes Dauerlächeln in keinem Verhältnis zu den sich häufenden politischen und wirtschaftlichen

Problemen des Landes steht. Also tritt er die Flucht nach vorn an und zaubert mit Rita Süssmuth eine Nachfolgerin aus dem Hut. Die Idee ist nicht schlecht, denn die Erziehungswissenschaftlerin, die von 1985 bis 1988 in Kohls Regierung als Bundesministerin für Jugend, Familie, Frauen und Gesundheit tätig gewesen ist und seither als Bundestagspräsidentin amtiert, ist populär. Allerdings sticht der Trumpf dann doch nicht wirklich, weil sich schnell herausstellt, dass Albrecht nicht an einen sofortigen Rückzug aus der Politik denkt, und weil sein Herausforderer klug genug ist, sich nicht auf den Import aus Bonn einzuschießen, sondern Süssmuth ignoriert. Wobei ignorieren für Schröder nicht, wie für manchen anderen in diesem Geschäft, eine Variante des Verunglimpfens ist. Der Kandidat neigt grundsätzlich nicht zu öffentlichen Verunglimpfungen. Außerdem hat er früh verinnerlicht, dass man sich im Leben noch ein zweites Mal sieht. Wenn er auf Rita Süssmuth angesprochen wird, nennt er sie »integer«.[302] Dass sie Jahre später seiner Einladung folgt und während seiner Kanzlerschaft die Leitung der Zuwanderungskommission übernimmt, ist bezeichnend.

Ganz offensichtlich hat Schröder aus den Pannen und Fehlern des letzten Wahlkampfes gelernt. Es gelingt ihm sogar, ein derart polarisierendes Thema wie den Ausstieg aus der Kernenergie innerhalb von zehn Jahren, für den er sich seit 1986 starkgemacht hat, aus dem Wahlkampf herauszuhalten. Und dann spielen ihm auch noch der Mauerfall und seine Folgen zu. Sie sind, wenn man so will, ein Geschenk des Himmels, und man kann verstehen, dass Gerhard Schröder in seiner Osterbotschaft die »lieben Mitbürgerinnen und lieben Mitbürger« daran erinnert, »daß Ostern – und nicht Weihnachten – das Urereignis des Christentums ist. Es bedeutet Neuanfang, heraus aus altem Denken, Hoffnung auf den Sieg der Freiheit«.

Tatsächlich haben die Wähler und der Himmel am 13. Mai 1990 ein Einsehen. Als am Abend dieses strahlenden Frühlingstages die Stimmen ausgezählt sind, bringt es die SPD auf 44,2 Prozent der Stimmen – und in Gerhard Schröders Leben ist fortan vieles nicht mehr wie zuvor. Das Amt mit seinen zahlreichen, vor allem auch repräsentativen Verpflichtungen, das nunmehr auf ihn wartet, verlangt manche Umstellung. Die souveräne Gestaltung des Terminkalenders gehört der Vergangenheit an, und auch der Bewegungsfreiheit sind engere Grenzen gesetzt. Noch am Wahlabend tauchen erstmals »5 LKA-Beamte« in Schröders Leben auf.[303] Fortan steht er unter besonderem Schutz und damit auch unter dauernder Beobachtung.

Zwar ist das Wahlergebnis, zumal gemessen an dem des Saarlandes, nicht spektakulär, aber ein beachtlicher Erfolg ist es allemal. Denn die Sozialdemokraten legen nicht nur um gut 2 Prozentpunkte zu, sondern sie verweisen auch die CDU, die in etwa so viele Anteile verliert, auf den zweiten Platz. Der Erfolg an der Leine wird den Sozialdemokraten noch dadurch versüßt, dass sie am Rhein ähnlich gut abschneiden. Zwar verlieren sie dort gut 2 Prozent der Stimmen, aber der Vorsprung zu den leicht verbesserten Christdemokraten ist immer noch haushoch, und so lässt sich die absolute Mehrheit knapp, aber immerhin behaupten.

Kein Wunder, dass Kanzler Kohl diesen 13. Mai 1990 noch im Rückblick auf sein Leben als »Desaster« und »auch ganz persönlich als herben Rückschlag empfand. Besonders die Niedersachsenwahl war eine bittere Enttäuschung«.[304] Immerhin hatte Ernst Albrecht, der jetzt seinen Hut nehmen muss, beinahe 15 Jahre lang für die CDU die Stellung in Hannover gehalten. Der ehrgeizige Niedersachse war zwar vor allem anfänglich immer auch ein Konkurrent des ambitionierten Pfälzers, aber er galt zugleich als Garant für stabile Verhältnisse im hohen Norden, sorgte dafür, dass die Sozialdemokraten dort die zweite Geige spielten. Und jetzt kommt dieser Schröder, zudem ein in der Wolle gefärbter Linker, und erobert die Staatskanzlei.

Der wiederum achtet darauf, den schwer geschlagenen Christdemokraten nicht zu demütigen. Eigentlich hätte Gerhard Schröder durchaus Veranlassung, mit dem im Abgang befindlichen Vorgänger nicht gerade zimperlich umzugehen. Aber der Mann ist nun einmal nicht nachtragend, und nie zuvor oder danach hat er einen geschlagenen politischen Gegner mit Triumphgeschrei in den Ruhestand verabschiedet. Und so bleiben die beiden im Gespräch, nehmen zum Beispiel auch Ende Oktober 1999 gemeinsam die Landesmedaillen für außergewöhnliche Leistungen für das Land Niedersachsen entgegen, und wenn der niedersächsische Amtsvorgänger einmal das Gespräch mit dem Bundeskanzler sucht, wird ihm das nicht verwehrt. Als Gerhard Schröder Ernst Albrecht zum Siebzigsten gratuliert, antwortet der: »Viele Menschen können es nicht verstehen, dass wir jetzt ein gutes persönliches Verhältnis zueinander haben. Für mich ist eben dies wichtig. Die kämpferische Auseinandersetzung, die zum Wesen der Politik – auch der Demokratie – gehört, sollte nicht in persönlicher Feindschaft enden. Deshalb freue ich mich über den Gesprächskontakt, den wir in den vergangenen 10 Jahren gepflegt haben.«[305]

Das ist im Sommer 2000, als Schröder vier Regierungsbildungen hinter sich hat. Im Frühjahr 1990 steht er vor seiner ersten und ist dabei in einer ziemlich komfortablen Situation, denn die FDP stagniert bei 6, und die Grünen haben es mit einem nennenswerten Verlust auf 5,5 Prozent der Stimmen gebracht.

Allerdings kommen die Freien Demokraten wegen einer klaren Festlegung als Koalitionspartner nicht in Betracht. Schröder hat auch ihnen Verhandlungen über eine gemeinsame Regierung angeboten, und sicher wären die Liberalen der leichtere, jedenfalls routiniertere Koalitionspartner gewesen. Tatsächlich ist ja eine rot-grüne Koalition für Schröder »nicht unbedingt sein Herzenswunsch«, wie er noch einige Jahre später Frank-Walter Steinmeier erklärt, sondern »eine reine Vernunftentscheidung«.[306] Zum Glück sind die sprunghaften und als unberechenbar geltenden Grünen dank des wenig schmeichelhaften Wahlergebnisses aber in keiner Position, um große Forderungen stellen und etwa das Umweltministerium erobern zu können.

Also bezieht Jürgen Trittin, der zuletzt Fraktionsvorsitzender gewesen ist, das Ministerium für Bundes- und Europaangelegenheiten und ist außerdem für Aussiedler, Umsiedler, Flüchtlinge sowie jene jüdischen Migranten zuständig, die dem Chaos in der implodierenden Sowjetunion zu entkommen suchen. Offensichtlich unterschätzt Schröder zunächst die Möglichkeiten, die das Ministerium seinem wichtigsten Koalitionspartner bietet. Jedenfalls nutzt Trittin die Verbindung in die Bundespolitik konsequent – für sich und für seine Partei: Immerhin ist er, nachdem die Grünen in den Bundestagswahlen vom Dezember 1990 spektakulär an der Fünf-Prozent-Hürde scheitern, für einige Zeit der Einzige, der für seine Partei im Bonner Parlament sprechen kann.

Das neu geschaffene Frauenressort übernimmt die Lehrerin Waltraud Schoppe, die sich mit anderen prominenten Realos schon früh gegen eine reine Oppositions- beziehungsweise Obstruktionspolitik ihrer Partei ausgesprochen hat. Die Personalie zeigt, wie stark die Stellung Schröders und seiner Partei in den Koalitionsverhandlungen ist: Der designierte Ministerpräsident kennt Schoppe aus seinen Bonner Parlamentsjahren und will sie »unbedingt« im Kabinett sehen, wie sich Trittin erinnert. Immerhin können die Grünen mit dieser Entscheidung leben. Auch kommen sie auf den zweiten Blick nicht so schlecht weg, wie es auf den ersten scheint. Johann Bruns und Thea Dückert, die seit 1986 für die Grünen im Landtag sitzt und jetzt die Fraktion führt, setzten nämlich im Koalitionsvertrag durch, dass die Fraktionsvorsitzenden an den Kabinettssitzungen teilnehmen können. Und so ist auch Dückert, gewissermaßen durch die Hintertür kommend, ins Regierungsgeschehen eingebunden.

Als »Demütigung«,[307] als regelrecht »feindlichen Akt« werten die Grünen hingegen die Berufung Monika Griefahns, die wie geplant im Umweltministerin Einzug hält, fortan bei Trittin und seinen Leuten nur als »die Griefhahn« firmiert und sich in einem Stellungskampf mit ihren grünen

Staatssekretären aufreibt.[308] Das gilt allerdings auch für die Grünen selbst. Jedenfalls ist das Schröders ursprüngliche Absicht, wie Jörg Bremer für die *FAZ* beobachtet: »Er will sie offenbar in der Mitverantwortung zermürben. Das geschieht in aller Offenheit.«[309]

Neben Monika Griefahn und der ebenfalls parteilosen Helga Schuchardt, die ihr Zelt im Wissenschaftsministerium aufschlägt, stellen die Sozialdemokraten das Gros der Kabinettsmitglieder. Die Juristin Heidi Alm-Merk, die unter anderem dem Bundesvorstand von Amnesty International angehört hat, wird Justizministerin; der Volkswirt Peter Fischer, bislang Wirtschaftsdezernent von Hannover, übernimmt das Wirtschaftsministerium, nachdem sich kein mittelständischer Unternehmer für den Posten auftreiben ließ; Karl-Heinz Funke, Landwirt, Berufsschullehrer und Bürgermeister, bezieht das Landwirtschaftsministerium; der gelernte Industriekaufmann Walter Hiller, der zuletzt als Gesamtbetriebsratsvorsitzender bei VW tätig gewesen ist, wechselt ins Sozialressort; der Braunschweiger Oberbürgermeister und Landtagsabgeordnete Gerhard Glogowski, der wie Schröder über den zweiten Bildungsweg nach oben gekommen ist, wird Innenminister; der Industriekaufmann und langjährige Landrat Hinrich Swieter bezieht das Finanzressort; und der Pädagoge Rolf Wernstedt, der schon seit 1974 dem Landtag angehört, übernimmt das Kultusministerium.

Nachdem die leidigen Personalfragen schließlich geklärt sind, können Gerhard Schröder und Johann Bruns für die SPD und Jürgen Trittin für die Grünen am 19. Juni den Koalitionsvertrag unterzeichnen. Natürlich ist er, wie alle Vereinbarungen dieser Art, ein Kompromiss, der manches im Vagen lässt. Und so gehen nicht viele Monate ins Land, bis es zu ersten handfesten Auseinandersetzungen kommt. Alles andere wäre auch eine Überraschung – angesichts der Erfahrungen, die Ministerpräsident Börner und seine Sozialdemokraten in Hessen und inzwischen auch die Berliner SPD mit der Alternativen Liste gesammelt haben. Dort haben die Genossen Ende Januar 1989 unter Walter Momper überraschend auf 37,3 Prozent zugelegt, kommen fast an die schwer abgestürzte CDU heran und können mit der leicht verbesserten Alternativen Liste eine Regierung bilden. Als diese nicht einmal zwei Jahre später, Mitte November 1990, zerbricht, sehen sich die Skeptiker innerhalb und außerhalb der SPD bestätigt. Wird es der dritten rot-grünen Koalition, Schröders Regierung in Niedersachsen, besser ergehen?

Es wird. Weil sich trotz mitunter tumultuöser Zustände beide Seiten, wenn es darauf ankommt, am Riemen reißen, vor allem aber weil der Ministerpräsident unter allen Umständen diese Legislaturperiode erfolgreich durchstehen will. »Das war keine Harmonieveranstaltung«, sagt Jürgen Trittin, viele

»Keine Harmonieveranstaltung«: Gerhard Schröder und Jürgen Trittin (links) proben in Niedersachsen Rot-Grün.

Jahre später, »aber erfolgreich, ... weil Gerhard Schröder nie den Eindruck erweckte, ein Gesinnungs-Rot-Grüner zu sein.«[310] Der Pragmatiker braucht diesen Erfolg, weil die vier Jahre in der Staatskanzlei zu Hannover eine Etappe auf dem Weg zum nächsten, zum eigentlichen Ziel sein sollen: zum Kanzlerkandidaten seiner Partei und zum Kanzler der Bundesrepublik Deutschland. Das wird er nur schaffen, wenn er das neue Amt nicht nur über die vier Jahre hinweg ausübt, sondern in dieser Zeit auch so ausfüllt, dass man ihm, wann immer es so weit sein wird, die Übernahme größerer Aufgaben zutraut.

Das gelingt ihm erstaunlich schnell. Dass der soeben vereidigte Ministerpräsident am 21. Juni 1990 aus Gewohnheit auf seine Abgeordnetenbank zusteuert und erst auf halber Strecke feststellt, dass die Richtung nicht stimmt, vermerkt selbst die ihm wenig zugetane Lokalzeitung lediglich als Fußnote. So etwas wird ihm auch nie wieder passieren. Denn der Mann ist angekommen. Gerhard Schröder hat nicht »darauf gewartet, dass man ihn rufe«, wird viele Jahre später Martin E. Süskind über ihn schreiben, sondern sich »mit kalkulierter Rücksichtslosigkeit und freilich auch hoher Risikobereitschaft an die Spitze von Niedersachsen gearbeitet«.[311] Mit sechsundvierzig Jahren hat er eine Position erreicht, die er sich beim Aufbruch aus Bexten nicht einmal erträumt hat. Kaum einer hat ihm das zugetraut, von ihm selbst einmal abgesehen. Aber eben das ist sein Erfolgsrezept. Jetzt weiß er, dass es das richtige ist.

Der Kämpfer

1990 – 1998

Es ist eine Option auf die Zukunft. Gerhard Schröder muss beweisen, dass er beides kann: den Regierungschef geben und die Grünen domestizieren. Er ist sich sicher, dass er das schafft. Die erste Regierungserklärung, die er am 27. Juni 1990 vor dem Niedersächsischen Landtag abgibt, klingt jedenfalls selbstgewiss und routiniert. Immerhin kann der Ministerpräsident inzwischen auf eine zehnjährige Erfahrung zunächst im Bonner, hernach im Hannoveraner Parlament zurückblicken. Dass er sein nächstes Ziel bereits vor Augen hat, ahnt man, wenn man ihm zuhört. Rund drei Jahre später, als er sein Buch *Reifeprüfung* vorstellt, weiß man es.

Es ist kein Zufall, dass Schröder seine erste Regierungserklärung mit einer nationalen beziehungsweise europäischen Perspektive eröffnet.[1] Das entspricht seinen Ambitionen, und es reflektiert die dominante Rolle, welche die Vereinigung Deutschlands in diesen Tagen und Wochen spielt. Der komplexe Vorgang betrifft die Bundesländer, auch Niedersachsen, schon deshalb, weil sie im Bundesrat zu den Einigungsverträgen Stellung beziehen müssen. Da die von der SPD regierten Länder seit Schröders Wahlsieg dort erstmals seit 1949 eine Mehrheit haben, sind die Sozialdemokraten in einer starken Position.

Zur Debatte steht zum einen der Vertrag über die Herstellung der Einheit zwischen der Bundesrepublik und der DDR, der den Beitritt der DDR zum Geltungsbereich des Grundgesetzes gemäß Artikel 23 vorsieht und am 31. August 1990 unterzeichnet wird. Weil die von Gerhard Schröder ursprünglich favorisierte Lösung einer neu zu erarbeitenden gesamtdeutschen Verfassung inklusive Volksabstimmung nicht durchsetzbar war, die Situation aber eine rasche Lösung verlangt, stimmt Niedersachsen dem Vertrag in der Länderkammer zu. Das gilt auch für den Vertrag über die abschließende Regelung in Bezug auf Deutschland, der als »Zwei-plus-Vier-Vertrag« in die Annalen eingegangen ist. Am 12. September wird er nach erstaunlich zügigen Verhandlungen von den Außenministern der beiden deutschen Teilstaaten sowie der USA, der Sowjetunion, Großbritanniens und Frankreichs, also der vier alliierten Siegermächte des Zweiten Weltkrieges, unterzeichnet. Mit ihm erhält das vereinigte Deutschland seine volle Souveränität. Der Vertrag ist im Rahmen des Möglichen optimal verhandelt worden und tangiert die Bundesländer nur mittelbar.

Anders sieht es im Falle des Staatsvertrages zwischen der Bundesrepublik Deutschland und der DDR über die Schaffung einer Währungs-, Wirtschafts- und Sozialunion aus, den die beiden Finanzminister am 18. Mai 1990 in Bonn unterzeichnet haben. Tatsächlich sind die Verhandlungen über diesen Vertrag im Wesentlichen ohne die davon erheblich betroffenen Länder geführt worden. Formal ist das in Ordnung, weil das Aushandeln von Staatsverträgen in der Hoheit der Bundesregierung liegt. Außerdem drängen die Umstände und damit die Zeit. Jedenfalls sieht das der Bundeskanzler so.

Allerdings gibt es zahlreiche Stimmen, die vor einer überstürzten, nicht mehr korrigier- oder gar revidierbaren Entscheidung warnen und die »blühenden Landschaften«, die Kanzler Kohl seinen Landsleuten anlässlich des Inkrafttretens des Staatsvertrages am 1. Juli 1990 in Aussicht stellt,[2] für eine Illusion halten. Praktisch alle führenden Experten, allen voran Bundesbankpräsident Karl Otto Pöhl, halten es für einen Fehler, die ostdeutschen Löhne, Renten und Sparguthaben bis zu einer bestimmten Höhe im Verhältnis 1:1, danach 1:2 umzutauschen, da es nicht einmal Anfänge einer Bilanzierung der Volkswirtschaft des untergehenden Arbeiter-und-Bauern-Staates gibt. Kanzler Kohl stellt aber die Frage, wie man es den Bewohnern der DDR erklären solle, dass ihr bisheriges Leben nur ein Drittel oder die Hälfte des Lebens ihrer westdeutschen Landsleute wert gewesen sei. Zudem zieht es die Menschen massenweise von Ost nach West. Will man verhindern, dass die Bewohner der DDR zur D-Mark gehen, muss man ihnen die D-Mark bringen. Ein bedenkenswertes Argument, das auch Gerhard Schröder – allerdings noch als Oppositionsführer und nur für einen Augenblick – benutzt hat.

Jetzt sehen er und der Ministerpräsident des Saarlandes das anders. Genau genommen halten Oskar Lafontaine und Gerhard Schröder an den früh geäußerten Bedenken ihrer Partei fest, die von Anfang an die »unzureichende« Beteiligung der Länder bemängelt und eine bessere Information durch die Bundesregierung verlangt.[3] So im Bundestag, wo die Sozialdemokraten Mitte Mai den »beispiellosen Zeitdruck« kritisieren, unter dem der Staatsvertrag zustande kommen soll,[4] oder auch in einer Besprechung, die der Bundeskanzler zwei Tage vor der Unterzeichnung des Staatsvertrages mit den Ministerpräsidenten der Länder anberaumt und an der für Niedersachsen noch Schröders Vorgänger teilnimmt. Hier werden ihre Einwände durch Helmut

Kohl mit dem Argument beiseitegewischt, eng bemessene »Fristen«, die »auf den immensen Zeitdruck zurückzuführen« seien, ließen keinen Spielraum. Immerhin stellt der Kanzler »regelmäßige« Gespräche, »etwa im Abstand von vier Wochen«, in Aussicht.[5] An den Bedenken der Länder ändert das wenig.

Gleichwohl bleiben am Ende nur das Saarland und Niedersachsen bei ihren Vorbehalten. Anders als die allermeisten Entscheidungsträger und Beobachter im Lande setzen Lafontaine und mit ihm Schröder darauf, dass die Mehrheit der westdeutschen Wähler beim ersten gesamtdeutschen Urnengang am 2. Dezember 1990 eine Ablehnung des Staatsvertrages und damit einer überstürzten Einführung der Wirtschafts- und Währungsunion durch die Sozialdemokratie honorieren werde. Abwegig ist dieses Kalkül durchaus nicht. Die führenden Meinungsforschungsinstitute gehen nämlich davon aus, dass »etwa 60 Prozent der Bevölkerung in Niedersachsen nicht bereit« sind, »Einbußen an Besitzständen oder eine Verringerung der eigenen Zukunftsperspektiven für die Einheit in Kauf zu nehmen«, wie auch der Kanzler zur Kenntnis nehmen muss.[6]

Allerdings spricht sich inzwischen die Mehrheit der Sozialdemokraten um den Vorsitzenden Hans-Jochen Vogel für ein »Ja, aber« aus: Man will den Vertrag passieren lassen, freilich unter dem Vorbehalt späterer Korrekturen. Vor allem das eindeutige Votum der ostdeutschen Genossen lässt wenig Spielraum. Lafontaine bleibt stur. Er droht mit Rücktritt als Kanzlerkandidat. Dass diese Drohung die deutsche Sozialdemokratie für einen Augenblick in eine tiefe Krise stürzt, sagt viel über ihren Zustand in diesen bewegten Zeiten. Gewiss, der Wahltermin rückt näher. Aber ebenso sicher wäre der Öffentlichkeit ein Rücktritt Lafontaines unter Verweis auf das Attentat und seine Folgen leicht zu vermitteln gewesen. Nur hätte man damit noch keinen besseren Kandidaten zur Hand gehabt.

Also setzt sich die erste Garnitur der Partei in Bewegung. Und das wiederholt. Den Anfang macht am 18. Mai Gerhard Schröder, der in diesen Wochen und Monaten einen ziemlich guten Draht zu Lafontaine hat, anderntags gefolgt vom SPD-Vorsitzenden Hans-Jochen Vogel und seinem Vize Johannes Rau. Knapp drei Wochen später gehen die Bittgänge in eine neue Runde. Nachdem am 7. Juni zunächst Willy Brandt mit Lafontaine gesprochen hat und von diesem aufgefordert worden ist, »die Kanzlerkandidatur der SPD selbst zu übernehmen«,[7] macht sich am folgenden Tag fast die gesamte Riege der Co-Enkel, unter ihnen wiederum Schröder, auf den Weg.

Den Höhepunkt erreicht die Pilgerfahrt an die Saar am 10. Juni, als auch Hans-Jochen Vogel ein zweites Mal bei Lafontaine vorspricht. Mit von der Partie sind Björn Engholm und Reinhard Klimmt, zwei engere Vertraute

Lafontaines; Johannes Rau, der ebenfalls dabei sein wollte, muss witterungsbedingt kurzfristig absagen. In diesem Gespräch geht Vogel immerhin so weit, dem Kanzlerkandidaten, sofern dieser das nach einer Bedenkzeit will, schon für den bevorstehenden Vereinigungsparteitag der SPD den Vorsitz anzubieten. Jedenfalls begreift Vogel das als Angebot.

Lafontaine nimmt das ganz anders, nämlich als »Instinktlosigkeit« wahr. Wie er überhaupt den Massenauftrieb der Genossen daheim als Zumutung empfindet. Das Attentat liegt ja erst wenige Wochen zurück. Und natürlich sind die körperlichen Folgen noch nicht überwunden, von den seelischen gar nicht zu reden. Und da kommen sie nun gleich scharenweise und bedrängen ihn nicht nur, zur Kanzlerschaft zu stehen und damit einen kräftezehrenden Wahlkampf zu führen, sondern muten ihm auch noch diese Doppelbelastung zu. Auch wenn die Genossen das allesamt anders gemeint haben, kann man verstehen, dass der Betroffene selbst die »Erfahrung« macht, dass sie ihm in dieser Situation »nicht die Solidarität« gewähren, die er eigentlich erwartet hat.[8]

Die massive Intervention zeitigt schließlich insofern Erfolg, als Lafontaines Rücktrittsbrief in der Schublade bleibt. Dabei hat er sich, was das Abstimmungsverhalten der SPD im Falle des Staatsvertrages angeht, nicht gegen den Parteivorsitzenden durchsetzen können. Ob er das geschafft hätte, wäre er bei Kräften gewesen, sei dahingestellt.

Sicher ist, dass der Vertrag die parlamentarischen Hürden auch ohne Zustimmung der SPD nehmen wird. Im Bundestag ist eine komfortable Mehrheit der Regierungsparteien sicher, und im Bundesrat wird Hamburg wegen des freidemokratischen Koalitionspartners nicht gegen den Staatsvertrag stimmen. Gleichwohl besteht Hans-Jochen Vogel auf einem klaren Bekenntnis seiner Partei zur Währungs-, Wirtschafts- und Sozialunion. Tatsächlich folgen die Genossen ihrem Partei- und Fraktionsvorsitzenden und lassen den Staatsvertrag im Bundestag bei 25 Gegenstimmen passieren und beschädigen damit – von den meisten wohl ungewollt – ihren nach wie vor auf eine Ablehnung setzenden Kanzlerkandidaten Lafontaine. Auch in der Länderkammer stimmen fast alle dafür. Mit zwei Ausnahmen: Das Saarland und Niedersachsen lehnen den Staatsvertrag ab.

Kann man ernsthaft annehmen, mit einem derart dilettantischen und chaotischen Taktieren eine Mehrheit der Wähler auf seine Seite zu ziehen? Und so werden die Sozialdemokraten Anfang Dezember 1990 in der ersten gesamtdeutschen Wahl zum Bundestag mit einem Minus von 3,5 Prozent der Stimmen abgestraft und mit den verbleibenden 33,5 Prozent fast auf das Niveau der fünfziger Jahre zurückgeworfen. Dass die Grünen, die die Wirtschafts- und Währungsunion schon im Bundestag abgelehnt haben, verhältnismäßig noch schlechter davonkommen, ist kein Trost, im Gegenteil: Wer wie der niedersächsische Ministerpräsident auf eine rot-grüne Zukunft auch im Bund setzt, hat schlechte Karten.

Gerhard Schröder ahnt das, als er, nicht zufällig ganz zu Beginn seiner ersten Regierungserklärung, auf das Thema zu sprechen kommt. Am 22. Juni, einen Tag nach seiner Vereidigung, hat er im Bundesrat sein ablehnendes Votum zum Staatsvertrag abgegeben. Jetzt liefert er den Abgeordneten in Hannover die Begründung nach, und man muss sagen, dass er das ziemlich geschickt anstellt. Natürlich wolle auch die niedersächsische Landesregierung »diese Einheit«, folglich sei auch ihr »Nein ... zum Staatsvertrag ... kein Nein zur deutschen Einheit«. Allerdings dürfe man dabei »Niedersachsen und seine Menschen nicht auf den zweiten Platz der Politik verweisen ... Wer die Lebensinteressen der eigenen Bürgerinnen und Bürger vernachlässigt, der entwickelt weder die Kraft, noch erhält er die Akzeptanz der Menschen für großzügige Hilfen in der DDR und anderswo.«[9] So ist es dann zwar nicht gekommen. Aber wie wir heute wissen, lag Gerhard Schröder mit dieser Prognose seiner ersten Regierungserklärung auch nicht ganz falsch.

Neben dem Nein zum Staatsvertrag hat der Ministerpräsident vor seiner Regierungserklärung noch eine zweite Entscheidung getroffen. Über sie informiert er das Parlament an eher versteckter Stelle, obgleich sie sowohl die Stammbevölkerung Niedersachsens als vor allem auch, und zwar in einem noch nicht absehbaren Ausmaß, Bürger aus den neuen Bundesländern betrifft, sofern sie in den Öffentlichen Dienst eintreten wollen. »Das Kabinett«, gibt Gerhard Schröder an diesem 27. Juni 1990 zu Protokoll, »hat gestern den Radikalenerlaß aufgehoben. Die Opfer dessen, was man zu Recht Berufsverbote genannt hat, werden in dem Rahmen, der uns rechtlich möglich ist, rehabilitiert.«[10] Auch damit folgt er dem Beispiel Oskar Lafontaines, der unmittelbar nach seiner Wahl zum saarländischen Ministerpräsidenten im April 1985 ähnlich entschieden hatte.

Der sogenannte Radikalenerlass soll einem »Bewerber, der verfassungsfeindliche Aktivitäten entwickelt«, den Eintritt in den öffentlichen Dienst verwehren.[11] Der Erlass der Länder stammt vom 28. Januar 1972, mithin aus der Zeit des Bundeskanzlers und SPD-Vorsitzenden Willy Brandt, und ist zum einen eine Reaktion auf den sich formierenden Linksterrorismus, der 1970 mit der Gründung der RAF seinen Anfang genommen hat. Zum anderen hat der Erlass, soweit er von Sozialdemokraten initiiert und mitgetragen wird, den eigenen renitenten Nachwuchs im Visier. Denn der stellt nach Auffassung der

Parteiführung die staatstragende Ausrichtung der SPD in Frage und soll durch die Androhung eines möglichen Berufsverbots zur Räson gebracht werden.

Gerhard Schröder zählt zu denen in der SPD, die von Anfang an gegen Radikalenerlass und Berufsverbot zu Felde gezogen sind – politisch, publizistisch und nicht zuletzt juristisch. Schon bevor der Erlass in Kraft trat, hatte er sich 1971 in seiner zitierten Examensarbeit mit dem Thema befasst, damals allerdings aus einer rein juristischen Perspektive. Seither konzentriert er sich auf das politische Argument: »Jede Beteiligung von SPD-Politikern an Berufsverboten und anderen Freiheitseinschränkungen muß aufhören«, erklärt er im Frühjahr 1980 kategorisch.[12] Deshalb übernimmt Schröder immer wieder einmal die Verteidigung von Mandanten, die mit einem Berufsverbot belegt worden sind oder werden sollen.

Da sind zum Beispiel die beiden Lehrerinnen, die 1984 und 1986 wegen ihrer Mitgliedschaft in der Deutschen Kommunistschen Partei (DKP) den Schuldienst verlassen sollen. Dieser Fall ist nicht ohne Brisanz, weil eine von ihnen Verfassungsbeschwerde eingelegt hat und ihre Verteidigung durch Schröder in die heiße Phase des Landtagswahlkampfes fällt. Dessen Linie ist klar. Seine Verteidigung, sagt Schröder im September 1984, »hat nichts mit einer Sympathie für die Partei DKP zu tun, sondern ausschließlich mit meinem Eintreten für die Rechte der Minderheiten ... Meiner Meinung nach darf ein Mitglied des Öffentlichen Dienstes nur wegen nachgewiesenem gesetzwidrigem Handeln belangt werden, nicht wegen seiner Gesinnung.«[13]

Dabei bleibt er und bei seiner Forderung nach Aufhebung des Radikalenerlasses auch. Kaum hat er die Möglichkeit, setzt er sie in die Tat um. Die Entscheidung des neuen niedersächsischen Kabinetts vom 26. Juni 1990 hat aber auch noch einen unmittelbaren Anlass: Was macht man mit ehemaligen Mitgliedern der SED, die in den Öffentlichen Dienst drängen? Auch hier bezieht Schröder eine unzweideutige Position. Danach kann die Mitgliedschaft in diesem Fall in der SED kein Grund sein, einen Kandidaten »für alle Zeiten davon abzuhalten, seinen Beruf auszuüben«. Stasi-Leuten würde der Ministerpräsident zwar von einer Bewerbung im Öffentlichen Dienst Niedersachsens »abraten«, doch müsse es bei höheren Funktionären eine Einzelfallprüfung geben – auf der Grundlage des Beamtenrechts »und nach Gesichtspunkten praktischer Vernunft«. Warum könne beispielsweise Günter Schabowski, der vormalige Informationssekretär des ZK der SED, »nicht beim Amt für Wasserwirtschaft« beschäftigt sein? »Von mir aus kann der hier auch Lokomotivführer werden.«[14]

Zu den Überraschungen, mit denen Gerhard Schröder in seiner ersten Regierungserklärung aufwartet, gehört die Reihenfolge der angesprochenen Themen. Sieht man von seinen Ausführungen zur Deutschlandpolitik ab, macht nämlich die Wirtschaft den Anfang. »Ich bin der Türöffner«,[15] sagt er im Februar 1991 anlässlich einer viertägigen Russlandvisite, die zugleich seine erste Auslandsreise als Ministerpräsident ist. Während des Ausflugs kommt es zwar nicht zu dem geplanten Treffen mit dem russischen Präsidenten Boris Jelzin,[16] weil sich der Machtkampf zwischen diesem und dem sowjetischen Präsidenten Gorbatschow zuspitzt. Doch ändert das nichts an Schröders Zusage, dass Niedersachsen der darbenden russischen Landwirtschaft unter die Arme greifen werde. Ganz selbstlos sind die Hilfsmaßnahmen nicht. Sie konzentrieren sich nämlich unter anderem auf das westsibirische Tjumen und damit auf eine Region, in der die Russlanddeutschen immer noch rund ein Drittel der Bevölkerung stellen. Jetzt kommt es darauf an, sie zum Bleiben zu bewegen, um den erheblichen, auch innerdeutschen Migrationsdruck nicht noch weiter zu erhöhen. Außerdem hat Tjumen etwas zu bieten. Mit Beginn der sogenannten Erdgas-Röhren-Geschäfte sind Anfang der achtziger Jahre die Erdgasreserven der Region ins Blickfeld gerückt.

Kaum hat Gerhard Schröder die Staatskanzlei in Hannover bezogen, wird Niedersachsen aktiv. Im Frühjahr 1992 reist erst der zuständige Minister Trittin in die Gegend, dann unterzeichnet man eine »Gemeinsame Erklärung zur Aufnahme der partnerschaftlichen Beziehungen«, und noch im selben Jahr eröffnet der Verein der Niedersächsischen Erdölproduzenten ein eigenes Büro vor Ort. Im Laufe der Jahre wird der Austausch in den Bereichen Bildung und Kultur, Recht und Gesundheit, Technik und Wirtschaft weiter intensiviert, und als sich abzeichnet, dass der Ministerpräsident als Kanzler nach Bonn gehen wird, gibt's zum Abschied am 2. Oktober 1998 eine Erfolgsbilanz der »Entwicklungsperspektiven der freundschaftlichen Beziehungen zwischen Niedersachsen und Tjumen«.[17]

Von kurz- und mittelfristig weiter reichender Bedeutung als die Beziehungen zu einer fernen russischen Provinz sind naturgemäß die wirtschaftlichen Verhältnisse daheim. Und hier stehen für den neuen Ministerpräsidenten Themen auf der Tagesordnung, von denen er schlicht keine Ahnung hat. Zum Beispiel eine Übernahme des Hannoveraner Traditionsunternehmens Continental durch den Konkurrenten Pirelli. Offenbar hat sich Gerhard Schröder, ein Neuling auf der großen Bühne der Wirtschaftspolitik, über den Tisch ziehen lassen, als ihm der Miteigentümer, Unternehmerveteran und Bonvivant Leopoldo Pirelli am 19. September 1990 bei einem Blitzbesuch das

Geschäft schmackhaft machte. Jedenfalls erklärt der Ministerpräsident anschließend »bemerkenswert entschieden«, es gehe »nicht mehr um die Frage des Ob, sondern nur um das Wie des Zusammengehens«[18] des viert- und des fünftgrößten Reifenherstellers der Welt, und für Conti sei das eine Frage des Überlebens. Damit schwächt er die Verhandlungsposition des Continental-Vorstandes, stellt seinen eigenen Wirtschaftsminister ins Abseits und bringt auch noch die Betriebsräte von Conti gegen sich auf.

Lernfähig, wie er ist, macht Schröder angesichts solcher Widerstände auf dem Absatz kehrt und stellt sich den Realitäten. Und die sehen so aus, dass Pirelli inzwischen mit 5 Prozent an Continental beteiligt ist und gemeinsam mit befreundeten Firmen Optionen auf weitere rund 33 Prozent der Aktien hält. Um zu verhindern, dass diese in die falschen Hände kommen, werden hinter den Kulissen die Strippen gezogen, auch durch den niedersächsischen Ministerpräsidenten. Es geht darum, für den Fall des Falles potentielle Käufer der italienischen Anteile zu finden. Anfang April 1993 ist es dann so weit. Unter aktiver Beteiligung der Deutschen Bank, die ihre eigenen Anteile bei dieser Gelegenheit aufstockt, übernimmt eine Gruppe niedersächsischer Firmen und Banken, unter diesen die Norddeutsche Landesbank, die italienischen Anteile bis auf einen symbolischen Rest.

Schon wegen dieses Engagements der Landesbank sind die finanziellen Risiken, welche die Regierung in Hannover eingeht, beträchtlich, zumal die Transaktion in einer Zeit über die Bühne geht, als der Automobil- und mit ihr der Zulieferindustrie infolge der schweren Rezession das Wasser bis zum Hals steht, wovon noch zu berichten ist. Andererseits hat Schröder mit Erfolg die »Abwanderung einer Konzernzentrale und damit von Entscheidungskompetenz und Reputation aus einer strukturell ohnehin geschwächten Landeshauptstadt« verhindert.[19] Wenn man die weitere Karriere des Mannes kennt, muss man sagen: Hier läuft er sich warm.

Schon im Herbst 1991, als Gerhard Schröder gerade einmal ein Jahr in der Staatskanzlei residiert, reiben sich Unternehmer und Gewerkschafter, Sozialdemokraten und Pressevertreter die Augen ob der wundersamen Wandlung des vormaligen Linksaußen zum »geschickten Akquisiteur« der heimischen Wirtschaft und zum Trommler für den Standort Niedersachsen.[20] Ganz gleich ob er in Ungarn oder in Finnland, in Norwegen oder – zur »Bestandspflege«[21] – in Japan unterwegs ist, immer kehren die mitreisenden Unternehmer mit zufriedenen Gesichtern nach Hannover zurück: »Er meidet Unverbindlichkeiten, ist immer gut vorbereitet und kommt rasch auf den Punkt«, heißt es im Herbst 1992 aus dem Verband der Chemischen Industrie,[22] und in diesen Tagen gibt es nicht eine einzige Stimme in Unternehmerkreisen, die anders tönte. Dass sich Schröder dort inzwischen offenbar »wohler fühlt als mit manchen Parteigenossen«, führt der *Spiegel* auch darauf zurück, »daß die Erinnerung an seinen Berufsstart als Ladenschwengel in einem Haushaltswarengeschäft ... noch nicht verblaßt ist«.[23]

Bei dieser Entwicklung, die ja auch ein Lernprozess ist, kommt Schröder zugute, dass er qua Amt Mitglied in mehreren Aufsichtsräten ist, so in denen der Norddeutschen Landesbank und der Deutschen Messe AG. Von besonderer Bedeutung ist der Sitz im Aufsichtsrat der in Wolfsburg ansässigen Volkswagen AG, in den er sich im Juli 1990 als erster Ministerpräsident delegieren lässt. Zuletzt war die Landesregierung in dem Gremium durch die Minister Birgit Breuel und Walter Hirche vertreten, dem wiederum Walter Hiller, Sozialminister im Kabinett Schröder, als zweites Aufsichtsratsmitglied nachfolgt.

Der VW ist nicht irgendein Auto, und die Volkswagen AG ist nicht irgendein Automobilkonzern. Sie sind der Inbegriff der deutschen Autoindustrie, trotz oder wegen der Geschichte, die hinter ihnen liegt. Es ist eine kurze Geschichte, selbst gemessen an der ohnehin überschaubaren Tradition, auf die der Automobilbau zurückblickt. Am 22. Juni 1934 beauftragen die im Reichsverband der Deutschen Automobilindustrie zusammengeschlossenen Unternehmen den Konstrukteur Ferdinand Porsche mit der Entwicklung eines »Volkswagens« und kommen damit einer Forderung des Reichkanzlers Adolf Hitler nach. Ende Mai 1937 wird durch die nationalsozialistische Freizeitorganisation »Kraft durch Freude« (KdF) die »Gesellschaft zur Vorbereitung des Deutschen Volkswagens« gegründet, am 16. September 1938 in »Volkswagenwerk GmbH« umbenannt und wenig später ins Handelsregister eingetragen. Inzwischen ist auf der grünen Wiese unweit der Gemeinde Fallersleben und des Schlosses Wolfsburg mit den Arbeiten an der bald größten Automobilfabrik Europas begonnen worden.

Während des Krieges ruht die Produktion der zivilen Variante des »Käfers«, weil auch VW im Wesentlichen für die Wehrmacht produziert und unter anderem Kübel- und Schwimmwagen herstellt. Wie praktisch bei allen vergleichbaren deutschen Unternehmen werden dafür auch bei VW in zunehmendem Maße Zwangsarbeiter eingesetzt. 20 000 Menschen aus aller Herren Länder, unter ihnen Kriegsgefangene und Insassen von Konzentrationslagern, schuften in den Werken bei Wolfsburg. Jahrzehnte später wird Deutschland von diesem Kapitel seiner Geschichte wieder eingeholt, und dann ist es der Bundeskanzler Gerhard Schröder, der in einer konzertierten Großaktion von Politik und Wirtschaft eine Lösung herbeiführt, die zwar für die meisten der vormals bei VW schuftenden Zwangsarbeiter zu spät kommt, aber immerhin dieses politisch brisante Kapitel juristisch und politisch schließt.

Es gehen 15 Jahre ins Land, bis nach Kriegsende die Privatisierung des nach wie vor in Staatsbesitz befindlichen Unternehmens auf den Weg gebracht werden kann. Am 16. März 1960 beschließt der Deutsche Bundestag eine weitgehende Privatisierung, und am 22. August des Jahres erfolgt die Umwandlung in eine Aktiengesellschaft mit dem Namen »Volkswagenwerk AG«. Jeweils 20 Prozent der Anteile bleiben beim Bund, der sich bis Ende der achtziger Jahre von diesen trennt, und bei Niedersachsen. Das erklärt die Schlüsselrolle, die das Land in Wolfsburg spielt. Längst ist der millionste, inzwischen leicht modifizierte »Käfer« vom Band gelaufen, 22 Millionen werden es schließlich sein, als 2003 der letzte im mexikanischen Werk Puebla vom Band rollt.

Allerdings hat sich früh gezeigt, dass die Konzentration auf ein Pkw-Modell keine Zukunft haben würde. Mit Aufnahme eines Transporters in das Programm, der seit 1950 vor allem als »VW-Bus« Karriere macht, beginnt der zunächst noch zaghafte Ausbau der Produktpalette. Mit der Übernahme der Auto Union GmbH, der späteren Audi AG, in Ingolstadt zum 1. Januar 1965, die frische Impulse bringt, und der Einführung einer Reihe neuer Modelle in den frühen siebziger Jahren, allen voran des »Golf« im Januar 1974, werden die Weichen neu gestellt und von einem intensiven Engagement im Ausland – darunter nicht zuletzt die Eröffnung einer eigenen Montage in der Volksrepublik China im September 1985 – flankiert. Heinrich Nordhoff, Toni Schmücker und Carl H. Hahn sind die Namen der Generaldirektoren beziehungsweise seit 1960 der Vorstandsvorsitzenden, die sich mit dieser Karriere des Konzerns, aber auch mit seinen Krisen verbinden.

Im Sommer 1990, als Gerhard Schröder in den Aufsichtsrat einzieht, ist Volkswagen mit seinen 268 000 Mitarbeitern, darunter 172 000 im Inland, seinen weltweit gut 3 Millionen produzierten Autos und einem Umsatz von gut 68 Milliarden D-Mark eines der größten deutschen Unternehmen und ein Synonym für den deutschen Automobilbau. Zugleich ist VW das Paradebeispiel für den enormen Reformbedarf, vor dem die deutsche Industrie steht. Gerhard Schröder erkennt das frühzeitig, erfasst zudem »die Zusammenhänge, in denen ein Weltkonzern agiert, blitzschnell«, wie der langjährige Personalvorstand des Unternehmens, Peter Hartz, später berichtet hat: »Vor allem aber hatte er sehr schnell begriffen, wer welche Position im Aufsichtsrat und im Vorstand vertrat. Er hatte ein faszinierendes Gespür für die Machtverhältnisse.«[24] Niemand hat dem Sozialdemokraten mit tiefroter Vergangenheit diese Entwicklung zugetraut. Von ihm selbst einmal abgesehen.

Als Entgelt für die drei Aufsichtsratsmandate, das bei VW eingeschlossen, bezieht er übrigens 10 800 D-Mark – insgesamt, jährlich und mit dem Höchstsatz von 53 Prozent zu versteuern. Diese Begrenzung sieht das Ministergesetz für Nebeneinkünfte vor. Selbst Gerhard Schröders Tätigkeit als »Testfahrer« für VW fällt unter diese Bestimmung, findet jedenfalls die Opposition. Daher zieht er Anfang 1993 die Notbremse und lässt 3300 D-Mark in die Landeskasse überweisen, als sich die Öffentlichkeit darüber erregt, dass der Ministerpräsident privat einen »Ökogolf« benutzt. Der Konzern hatte ihm das noch nicht in Serie produzierte Gefährt zur Verfügung gestellt und war damit einer entsprechenden Empfehlung des VW-Vorstandes an die Aufsichtsratsmitglieder gefolgt, für jeweils sechs Monate einen Wagen aus eigener Produktion Probe zu fahren. Dass selbst Niedersachsens Polizei den »Ökogolf« erprobt, hilft in diesem Fall nicht weiter.

Am 18. und 19. Juli 1990 nimmt der Ministerpräsident in Berlin erstmals an einer Aufsichtsratssitzung und einer Hauptversammlung von VW teil.[25] Fortan bildet die Automobilindustrie mit ihrem Wolfsburger Zentrum einen der Dreh- und Angelpunkte seiner Wirtschafts- und Sozialpolitik, und der starke Mann an der Spitze des Konzerns wird schon deshalb zu einem seiner wichtigsten Partner, weil VW zu diesem Zeitpunkt ein Sanierungsfall ist. Ferdinand Piëch, im April 1937 in Wien geboren, ist mütterlicherseits ein Enkel Ferdinand Porsches. Nach dem Studium des Maschinenbaus in der Schweiz beginnt Piëch 1963 seine automobile Laufbahn bei seinem Onkel Ferry Porsche in Stuttgart-Zuffenhausen, muss sich aber wie alle Mitglieder der Familie aufgrund einer vertraglichen Regelung aus der Geschäftsführung von Porsche zurückziehen und findet, nach einem Intermezzo als selbstständiger Konstrukteur, im August 1972 seinen Weg zur VW-Tochter Audi NSU Auto Union AG in Ingolstadt. Damit nimmt eine in der deutschen Automobilindustrie beispiellose Karriere ihren Anfang, die ihn bis 1988 zunächst zum Vorstandsvorsitz bei Audi führt. In den knapp zwei Jahrzehnten, die Piëch in Ingolstadt tätig ist, formt er das Unternehmen unter anderem mit der Einführung eines Fünf-Zylinder-Motors sowie des Allradantriebs für Pkw zu einem respektierten Produzenten konkurrenzfähiger Hightechautomobile.

Als der Fünfundfünfzigjährige 1992 seinen Hut in den Wolfsburger Ring wirft und sich um die Nachfolge Carl H. Hahns bewirbt, ist er ein ernst zu nehmender Kandidat. Allerdings hat Ferdinand Piëch in Daniel Goeudevert einen beachtlichen Mitbewerber. Der studierte Literaturwissenschaftler, der im Januar 1942 in Reims das Licht der Welt erblickt hat, ist gewissermaßen der Gegenentwurf zum Vollbluttechniker österreichischer Herkunft. Erst auf einem Umweg hat er seine Leidenschaft zum Beruf gemacht und es über verschiedene führende Positionen bei französischen Herstellern 1981 zum Vorstandsvorsitzenden bei Ford in Köln gebracht. Nach einem kurzen Ausflug in den akademischen Bereich, bei dem Goeudevert an seinem Profil als Querdenker und Paradiesvogel arbeitet, ist er seit 1990 bei VW für den zentralen Bereich Marken verantwortlich und so gesehen ein ernst zu nehmender Bewerber um die Nachfolge Hahns.

Dass am 19. Januar 1993 nicht Daniel Goeudevert, sondern Ferdinand Piëch in das Amt des Vorstandsvorsitzenden der Volkswagen AG eingeführt wird,[26] geht maßgeblich auch auf den niedersächsischen Ministerpräsidenten zurück. Gegen die Stimme Niedersachsens ist kein Vorstandsvorsitzender in Wolfsburg installierbar, jedenfalls nicht ohne größere Verwerfungen. Die Entscheidung Schröders ist nicht unumstritten. So hat sich die IG Metall vor Ort gegen Piëch in Stellung gebracht.

Nun legt sich kein führender Landes- oder Bundespolitiker ohne Not mit den Gewerkschaften an. Schon gar kein sozialdemokratischer Ministerpräsident oder Bundeskanzler, weil die darauf setzen, dass die Gewerkschaften in Wahlzeiten eher für einen Kandidaten der SPD als für einen der Union votieren. Das hat mit der ziemlich langen, in mancher Hinsicht gemeinsamen Geschichte beider Organisationen zu tun. Mitte des 19. Jahrhunderts fast zeitgleich entstanden, haben sie häufig dieselben Ziele verfolgt, wurden gemeinsam unterdrückt und verfolgt. Daher überrascht es nicht, dass die Gewerkschaften mit einer sozialdemokratisch geführten Regierung stets hohe Erwartungen verbanden. Aus den Erwartungen wurden Forderungen, und die wiederum haben, vor allem seit 1949, jeden sozialdemokratischen Kanzler über kurz oder lang einmal in eine schwierige Situation gebracht.

Gerhard Schröder ist seit 1973 Mitglied dieser ÖTV, die 2001, also während seiner Kanzlerschaft, in der Vereinten Dienstleistungsgewerkschaft (Ver.di) aufgehen und ihm und seiner Reformagenda den Kampf ansagen wird. Außerdem gehört er einer Reihe von Wohlfahrts- und Sozialverbänden wie der Arbeiterwohlfahrt, dem Arbeiter-Samariter-Bund oder auch dem Sozialverband Deutschland an. Allerdings hat er in keinem dieser Fälle über die Mitgliedschaft hinausgehende Aktivitäten entfaltet, auch nicht bei der ÖTV.

Als sich der niedersächsische Ministerpräsident Anfang 1992 auf Ferdinand Piëch als Vorstandsvorsitzenden von VW festlegt, riskiert er einen Konflikt mit der IG Metall. Zwar weiß er deren Bundesvorsitzenden Franz Steinkühler an seiner Seite, doch spricht sich die Betriebsgruppe und im Hintergrund auch die Bezirksleitung der Gewerkschaft unter Führung von Jürgen Peters nachdrücklich für Goeudevert aus. Peters – Jahrgang 1944, gelernter Maschinenschlosser und wie die meisten Funktionäre dieser Generation

Mitglied der SPD – ist über die Bildungsarbeit in die Funktionärsriege der IG Metall gekommen und seit 1988 Bezirksleiter in Hannover. 1998 verlassen der Ministerpräsident und der Gewerkschafter fast gleichzeitig die niedersächsische Hauptstadt. Während Schröder als Bundeskanzler an den Rhein zieht, wechselt Peters als Stellvertretender Vorsitzender der IG Metall in deren Zentrale an den Main. Sie bleiben im Gespräch und werden, vor allem seit Peters im Sommer 2003 die Führung der Gewerkschaft übernommen hat, zu Gegnern.

Schröder schließt später nicht aus, dass die Art und Weise, wie er die Diskussion mit dem Gewerkschaftsfunktionär über die Besetzung des Vorstandsvorsitzes bei VW beendet hat, ein Grund für dessen Kampf gegen seine Reformpolitik gewesen ist. Peters sieht das anders, zumal er damals keiner der entscheidenden Gesprächspartner gewesen ist, sagt im Rückblick aber auch, dass Piëch die richtige Wahl gewesen sei.[27] Tatsächlich spricht 1992 einiges für den medial sehr präsenten »Visionär« Goeudevert, dessen Vorstellungen »von einer integrierten Verkehrspolitik« denen der rot-grünen »Reformkoalition« in Hannover »durchaus nahe« sind. Sagt auch der Ministerpräsident damals. »Ganz bestimmt ist auch Goeudevert kein schlechter Manager«, wäre auch »ohne weiteres für den Vorstandsvorsitz geeignet« gewesen. Aber, so das gleichermaßen typische wie unschlagbare Schröder-Argument: »Das gilt ... in noch höherem Maße fraglos für ... Ferdinand Piëch.«[28] Punkt.

Klingt vertraut. Genau so, nämlich ohne ein Wort über Inhalte, Theorien oder Konzepte zu verlieren, hat der Anwalt und Juso-Profi 16 Jahre zuvor die Wahl Klaus Uwe Benneters zum Vorsitzenden der Organisation durchgesetzt. Schröder bringt es sogar fertig, seine neue Liaison mit führenden Unternehmern des Landes zur Erfüllung eines »alten Traums« zu stilisieren: »Die sogenannten Antirevisionisten bei den Jusos legten hohen Wert auf Selbstbestimmung«, schreibt der Ministerpräsident im Umfeld der Inthronisation des neuen Vorstandsvorsitzenden, »und das Reformbündnis, über das wir nächtelang diskutierten, an das wir aber nicht zu glauben wagten, sollte eines zwischen der Partei der Arbeiterschaft und einem aufgeklärten Unternehmertum sein.«[29]

Ferdinand Piëch gehört zu den wenigen Menschen, denen Gerhard Schröder nicht nur mit förmlichem, sondern mit tief empfundenem, instinktivem Respekt begegnet. Schröder wittert in Piëch, was das Verhältnis zur Macht und den Umgang mit ihr angeht, seinesgleichen. Seine Maxime »Ich mag es einfach lieber, etwas zu bewegen, als bewegt zu werden«[30] könnte auch von Piëch stammen. Kein Wunder, dass sich die beiden auch persönlich näherkommen. Tatsächlich bewegen sie zusammen eine ganze Menge. Was für den

Augenblick und im Klartext heißt, dass der Ministerpräsident die Pläne und Entscheidungen des Vorstandsvorsitzenden politisch flankiert, wo es geht.

Das beginnt mit dem erfolgreichen Bemühen, den skeptischen grünen Koalitionspartner trotz dieses oder jenes Kurswechsels bei der Stange zu halten. Wenn sich das wie im Falle der Mineralölsteuer und des Tempolimits mit grünen Vorstellungen verbinden lassen sollte, umso besser. Wenn das nicht möglich ist, wird es gleichwohl gemacht. So hört man von Schröders Forderung, die Finger von der Mineralölsteuer zu lassen, weil eine weitere Erhöhung »sozial nicht zu verantworten« wäre, und stattdessen auf Autobahnen und Fernstraßen ein Tempolimit einzuführen und damit der »praktischen Vernunft« zu folgen,[31] seit dem November 1991 nichts mehr.

Den Interessen von VW, des Landes Niedersachsen und nicht zuletzt seines Ministerpräsidenten gleichermaßen förderlich sind auch gemeinsame Ausflüge, zum Beispiel nach Japan, wo die härteste automobile Konkurrenz dieser Jahre zu Hause ist. Wobei mal der eine, mal der andere im Gefolge reist. Begleitet Ende Mai 1992 der angehende Konzernchef den Ministerpräsidenten, reist Ende Oktober 1993 der Ministerpräsident in seiner Eigenschaft als VW-Aufsichtsratsmitglied mit diesem nach Tokio. Was die beiden dort beobachten, ist für den Politiker oft neu und ruft zu Hause nach einschneidenden Maßnahmen, wenn man auf Dauer den Standort Deutschland sichern will.

Man muss diese früh gesammelten Einsichten und Erkenntnisse des Ministerpräsidenten Gerhard Schröder kennen, um die Entscheidungen des Bundeskanzlers zu verstehen. Die große öffentliche Aufmerksamkeit und Sympathie nutzend, die ihn auf der ersten Japanreise begleitet, richtet er Ende Mai 1992 noch von Tokio aus die Botschaft nach Niedersachsen, »daß nicht alles[,] was ist, geschützt werden kann[,] ... weil wir uns nicht freiwillig in den Kreis der Verlierer begeben dürfen«.[32] Ganz ähnlich formuliert er das, als er ein gutes Jahrzehnt später im Bundestag seine Reformagenda vorstellt.

Zu den Erkenntnissen, die Schröder aus Japan mitbringt, zählt der »Abschied von der Produktion aus einem Guß«. Dass die »drastischen Reformen« zunächst bei der Produktionsorganisation und beim Management umgesetzt werden müssen, ist für die meisten Beschäftigten eine gute Nachricht. Dass aber andererseits die Löhne kein Tabu sein dürfen und außerdem ein zunehmender Teil der Produktion über Zulieferbetriebe abgewickelt werden muss, ist die schlechte, jedenfalls für die Stammbelegschaft von VW. Gefragt sind tragfähige Kompromisse nicht zuletzt zwischen Land und Unternehmen. Und da der niedersächsische Ministerpräsident und Aufsichtsratsangehörige von VW in beiden Verantwortung trägt, muss er »in seinen widerstreitenden Rollen« einen Teil des Dialogs »mit sich selbst führen«.[33]

Tabus darf es bei diesem öffentlichen Selbstgespräch nicht geben. Was von der Vorgängerregierung hinterlassen worden ist, wird nüchtern geprüft und, falls brauchbar, übernommen, andernfalls verworfen und neu angepackt. So die Erweiterung der Hafenanlagen in Cuxhaven. Statt, wie von der Regierung Albrecht geplant, eine neue Mehrzweckumschlaganlage in einem Biotop zu bauen, wird der Containerhafen in einer Industriebrache errichtet. Voraussetzung dafür ist die Abtretung dieses Areals, das als »Amerikahafen« bekannt ist. Der allerdings gehört der Stadt Hamburg, ist also »gewissermaßen Hamburger Kolonialbesitz in Niedersachsen«.[34] Für den zunächst skeptischen niedersächsischen Ministerpräsidenten überraschend, stimmt Hamburgs Bürgermeister Henning Voscherau schon im Januar 1991 zu. 1993 geht der Kauf des Amerikahafens über die Bühne, vier Jahre später wird der Tiefseewasserhafen in Betrieb genommen.

Ein willkommener Nebeneffekt ist das Signal an die Adresse der Grünen. Das gilt erst recht für die Gespräche über einen Energiekonsens, geht es doch hier um den »Einstieg in den Ausstieg« aus der Kernenergie. Es gibt gute Gründe, warum ausgerechnet der niedersächsische Ministerpräsident die Initiative ergreift. Zum einen drängt die Zeit, hat der Nürnberger Parteitag doch 1986 nicht zuletzt auf seinen Antrag hin beschlossen, dass spätestens in zehn Jahren mit dem Abschalten der Kernreaktoren begonnen werden soll. Und dann hat die Regierung in Hannover mit dem Entsorgungszentrum Gorleben ein Problem geerbt, an dem schon die Jusos unter ihrem Vorsitzenden Gerhard Schröder nichts zu ändern vermochten, als sie 1980 den Demonstranten vor Ort einen Solidaritätsbesuch abstatteten.

Zehn Jahre später ist man nicht nur keinen Schritt weiter, sondern der hochradioaktive Abfall aus der Wiederaufbereitung in Frankreich und Großbritannien steht vor der Tür. Seit das Projekt einer deutschen Wiederaufbereitungsanlage im bayerischen Wackersdorf 1989 nicht zuletzt am Widerstand der SPD gescheitert ist, muss dieser Umweg über das Ausland genommen werden. Zunächst hatte der Ministerpräsident, kaum im Amt, Mitte Oktober 1990 mit einer forschen Absage an die Atommülldeponie punkten wollen. Aber das ist rasch Geschichte. Weniger wegen des lauten Protests der Beschäftigten der Deutschen Gesellschaft zum Bau und Betrieb von Endlagern DBE, die um ihre Arbeitsplätze fürchten, als vielmehr wegen der Rechtslage. Und die ist nicht nur im Fall Gorlebens mehr oder weniger eindeutig, sondern auch im Fall des Schachts Konrad.

Seit die zuständige Bundesbehörde im Sommer 1982 ein Planfeststellungsverfahren beantragt hat, laufen die Verhandlungen mit Niedersachsen über die

Errichtung eines Endlagers für radioaktiven Müll mit geringer Strahlkraft. Das stillgelegte Eisenerz-Bergwerk in Salzgitter, unweit von Braunschweig gelegen und nach dem vormaligen Vorstandsvorsitzenden der Salzgitter AG, Konrad Ende, benannt, soll als Endlager für den bundesrepublikanischen Berg schwach strahlenden Materials dienen, der inzwischen auf 45 000 Kubikmeter angewachsen ist. War in den Koalitionsvereinbarungen von 1990 noch von einem möglichst raschen Abbruch des Genehmigungsverfahrens die Rede, macht der Ministerpräsident auch hier auf dem Absatz kehrt und verweigert zum Beispiel Mitte April 1993 vor Hunderten aufgebrachter Bürger sein klares Nein.

Gerhard Schröder ist kein Dogmatiker. Seine Lern- und Anpassungsfähigkeit, die allerdings die in der Politik niemals risikolose Bereitschaft zur Korrektur voraussetzt, ist beträchtlich. Wer sich auf diesen Weg begibt, braucht guten Rat. Schröder war dafür stets empfänglich, hat ihn auch gezielt gesucht. Für die strategische Planung seiner Wirtschafts- und Energiepolitik ist eine in unmittelbarer Nachbarschaft der Hannoveraner Staatskanzlei angesiedelte Stabsgruppe unter Leitung der promovierten Agrarökonomin Christel Möller zuständig. Möller ist nicht nur maßgeblich an der Formulierung des Energiekonsenses beteiligt, sondern hinterlässt ihre Handschrift auch in dem Thesenpapier zum Thema Innovation und Wachstum in Deutschland, mit dem Gerhard Schröder im Sommer 1997 in die Schlacht um die Kanzlerkandidatur seiner Partei ziehen wird. Nach dem Bonner Regierungswechsel geht Möller als Abteilungsleiterin für Energie und Umwelt ins Bundeswirtschaftsministerium.

An dessen Spitze steht seit dem Herbst 1998 ein Mann, der bislang eher im Hintergrund gewirkt, aber für die Wirtschafts- und Energiepolitik des Ministerpräsidenten Gerhard Schröder eine erhebliche Rolle gespielt hat: der studierte Volkswirt, Philosoph und Linguist Werner Müller. Der am 1. Juni 1946 in Essen Geborene hat sich auch eine Laufbahn als Pianist vorstellen können und sieht selbst auf den zweiten Blick nicht wie der typische Spitzenmanager der deutschen Industrie aus. Das hat dazu geführt, dass man ihn häufig unterschätzt oder übersehen und daher nicht gemerkt hat, dass Müller immer auf der Überholspur unterwegs ist. Nach der sprachwissenschaftlichen Promotion zunächst als Lehrbeauftragter für Wirtschaftsmathematik und Statistik tätig, beginnt er 1973 bei der RWE als Referatsleiter Marktforschung, wechselt 1980 zur VEBA und von dort als Vorstand zu deren Tochter VEBA Kraftwerke Ruhr AG. Seit 1997 ist Müller als selbstständiger Industrieberater tätig, einer Partei hat er nie angehört.

Während der Jahre in der niedersächsischen Staatskanzlei wird Werner Müller zu einem der wichtigsten Ratgeber Gerhard Schröders und ist schließlich sein »dollar-a-year man«. Das ist durchaus wörtlich zu verstehen, stellt Schröder seinem Berater doch – einmal jährlich und selbstverständlich aus seiner Privatschatulle – einen Scheck über einen US-Dollar aus. Dass Werner Müller einmal als Bundeswirtschaftsminister seine Unterschrift unter den Atomkonsens des Bundeskanzlers Gerhard Schröder setzen würde, haben die beiden nicht ahnen können.

Die Anfänge des »Entwurfs zum Kernenergie-Konsens« gehen auf ein Treffen des Ministerpräsidenten mit dem Vorsitzenden der VEBA, Klaus Piltz, und anderen zurück, das am Abend des 24. Juli 1990, also gerade einmal vier Wochen nach der Amtsübernahme, beim favorisierten Italiener stattfindet.[35] Piltz hat von seinem Vorgänger Rudolf von Bennigsen-Foerder nicht nur die Aufgabe einer Neuordnung des Riesenkonzerns, sondern auch einen bemerkenswerten energiepolitischen Neuanfang übernommen. Bennigsen hatte sich nämlich nach der Katastrophe von Tschernobyl dafür starkgemacht, die Kernenergie als Übergangs-, mithin als auslaufende Technologie zu definieren. Auf ihn geht auch die Entscheidung zurück, die Brennelemente deutscher Kernkraftwerke im französischen La Hague wiederaufbereiten zu lassen, was im Übrigen das endgültige Aus für Wackersdorf bedeutete.

Das ist der Hintergrund des ersten Treffens zwischen dem neuen Ministerpräsidenten Schröder und dem routinierten VEBA-Manager Piltz, dem bis Ende August 1992 vier weitere folgen, wobei an der letzten Besprechung unter anderen auch die Vorstandsvorsitzenden von RWE und Ruhrgas, Friedhelm Gieske und Klaus Liesen, sowie der Vorsitzende der Industriegewerkschaft Chemie-Papier-Keramik, Hermann Rappe, teilnehmen.[36] Neben Piltz wird Gieske auf Seiten der Industrie zu einer treibenden Kraft. Die beiden sind überzeugt, dass sich neue Kernkraftwerke auf die Dauer nicht gegen den Widerstand der Bevölkerung durchsetzen lassen. Da sowohl VEBA als auch RWE, zum Teil über ihre Töchter, auf andere Energieträger wie Braun- und Steinkohle oder auch Gas zurückgreifen können, verfügen sie über Alternativen.

Von den Gesprächen, die zumeist im Gästehaus der Landesregierung in Hannover stattfinden, dringt zunächst nichts an die Öffentlichkeit. Erst Anfang Dezember 1992 wird bekannt, dass Gieske und Piltz einige Tage zuvor dem Bundeskanzler einen Brief geschrieben und darin zwar nicht den raschen Ausstieg aus der Kernenergie, wohl aber nach dem Ende der Betriebszeit bestehender Meiler deren Ersatz durch Kohle- und Gaskraftwerke angekündigt haben. Bei dieser Gelegenheit erfahren zunächst Helmut Kohl und dann auch die Öffentlichkeit von der Rolle Gerhard Schröders bei den zurückliegenden Sondierungen. Keine Frage, dass der Ministerpräsident in der nächsten Runde auf nationaler Ebene ebenfalls eine maßgebliche Rolle spielen wird. Schröder weiß, dass es harte und zähe Verhandlungen mit bescheidenen Erfolgsaussichten sein werden.

Um nicht schon früh zu scheitern, packt er die Sache richtig an, lässt sich zunächst vom Präsidium seiner Partei grünes Licht für förmliche Gespräche mit den Stromversorgern und der Bundesregierung geben und trifft sich dann zu Sondierungen mit Bundesumweltminister Klaus Töpfer, der durch den Bundeskanzler beauftragt ist. Bei diesem Verfahren bleibt er: Erst werden die Genossen konsultiert, dann folgen, im März 1993 beginnend, die parteiübergreifenden Konsensgespräche.[37] Bevor es im Herbst 1993 in die letzte Gesprächsrunde geht, legt Schröder unter dem aufschlussreichen Motto »Nicht die Absicht schon für die Tat nehmen« dem Präsidium seiner Partei einen umfangreichen Bericht der bis dahin geführten »Energiekonsensgespräche« vor. Ihm ist zu entnehmen, dass sich der Ministerpräsident seit Monaten in einer Art Dauergespräch mit allen möglichen Vertretern der Parteien, »gesellschaftlicher Gruppen« und natürlich der Energiewirtschaft befindet.[38] Als er Bundeskanzler wird, muss ihm keiner mehr erklären, was er sich mit der neuerlichen Runde der Energiekonsensgespräche antut.

Für das Scheitern dieser Runde Ende Oktober 1993 sind vielfältige Gründe anzuführen, die hier im Einzelnen nicht betrachtet werden müssen. Was Gerhard Schröder und die SPD angeht, so liegt das an einem Thema, über das schon auf der erweiterten Präsidiumssitzung des 25. Oktobers 1993 keine Einigung erzielt werden kann. Es ist nämlich so, dass die Firma Siemens/Framatome derzeit einen neuen Reaktortypus entwickelt, der Ende der neunziger Jahre gebaut werden soll. Das geschieht unter geltendem Atomrecht, ist also durch die Politik nicht zu verhindern. Die einzige Möglichkeit, den Prozess aufzuhalten, besteht in der »überparteilichen Festlegung« eines neuen Sicherheitsziels im Atomgesetz. Das würde den Bau des Prototyps, eines »inhärent sicheren Referenzreaktors«, schon deshalb in weite Ferne rücken lassen, weil eine solche Reaktorgeneration »auf lange Zeit keine ökonomische Chance haben wird«. So steht es in Schröders Bericht für das Präsidium seiner Partei, und man sieht wieder einmal: Von Taktik versteht der Mann eine ganze Menge.

Allerdings hat der Plan einen Haken. Die Umsetzung setzt die Genehmigung zum Bau des neuen Referenzreaktors voraus. Und genau das ist mit seinen Sozialdemokraten nicht zu machen. Schröder mag noch so sehr beteuern, dass der Ausstieg »nicht verhandelbar« und mit ihm »nur über Wege und Zeiten« zu reden sei; er mag die Genossen noch so eindringlich darauf hinweisen, dass viele von ihnen seine Zustimmung zum Bau dieses Reaktors schlicht mit einem »Wiedereinstieg« verwechseln; er mag sie auf die Rechtslage und auf mögliche Schadensersatzansprüche von Siemens hinweisen: Es nutzt alles nichts. Am Ende streicht das Präsidium die »Formulierungen zum inhärent sicheren Referenzreaktor als Verhandlungsgrundlage für das Energiekonsensgespräch« aus dem Papier. Gerhard Schröder selbst hat das vorgeschlagen, um den Rest zu retten.[39]

Dass dieser Eingriff dem Verhältnis Gerhard Schröders zu seiner Partei nicht gerade förderlich gewesen ist, liegt auf der Hand. Zwar hatte die Diskussion seines Papiers im Präsidium gezeigt, dass selbst Johannes Rau und Wolfgang Clement den Vorschlägen etwas abgewinnen konnten, aber amputiert haben sie diese eben doch. Womöglich ist das auch eine Quittung für Schröders Präsidiumsarbeit. Dass er davon nicht allzu viel hält, weiß man. »Es ist ein Irrtum zu glauben, im Präsidium seien die Debatten tiefgründiger als im Ortsverein«, sagt er Anfang Mai 1995 Herlinde Koelbl. Die Fotografin führt einmal jährlich Gespräche mit bekannten Gesichtern der Republik, die 1999 unter dem Titel *Spuren der Macht* in Buchform erscheinen. Bevor sie in Druck gehen, bittet Koelbl Schröder, der inzwischen Kanzler ist, um Freigabe. Die erfolgt, nachdem seine Büroleiterin die Interviews »kritisch durchgesehen, ein wenig geändert + gestrichen« hat. So auch jene Passage.[40]

Die Fronten zwischen Gerhard Schröder und seiner Partei verhärten sich in dem Maße, in dem die SPD der Auffassung zuneigt, dass die Wirklichkeit ihren Vorstellungen zu folgen habe. So ließe sich zum Beispiel ihre Forderung, den Bau neuer Atomreaktoren durch eine Änderung des Grundgesetzes zu verhindern, im Bundestag nur mit einer Zweidrittelmehrheit realisieren, und an die glaubt niemand. Vor allem aber bestehen die Parteigremien auf dem faktischen Verbot, über den »Referenzreaktor« auch nur zu reden, und ignorieren damit beharrlich die bestehende Rechtslage. Mitte November 1993 bestätigt der in Wiesbaden tagende Parteitag der SPD nicht nur dieses Gesprächsverbot, sondern ausdrücklich auch den Ausstiegsbeschluss des Nürnberger Parteitages von 1986. Dass Schröder dieser Entscheidung »nicht« zustimmt[41] und damit indirekt den von ihm selbst in Nürnberg durchgedrückten Ausstiegsbeschluss jetzt in Frage stellt, lässt eine grundlegende Kurskorrektur erkennen. Viele Beobachter sehen darin einen weiteren Beleg für den »Schlingerkurs« des Ministerpräsidenten;[42] andere loben seine Lernfähigkeit; alle wissen: Unter solchen Umständen hat die Fortsetzung der Energiekonsensgespräche keinen Sinn.

Unter koalitionsarithmetischen Gesichtspunkten kommt Schröder das Scheitern der Gespräche nicht ganz ungelegen, hat er die Grünen – wie auch die Umweltverbände – doch »bis an die Schmerzgrenze getrieben«.[43] Anfang Dezember 1992 ist Hessens grüner Umweltminister Joschka Fischer eigens an die Leine gereist, um gemeinsam mit seiner niedersächsischen Kollegin Monika Griefahn gegen den Konsens mobilzumachen. Der Versuch Schröders, Fischer beim Frühstück umzustimmen, scheitert ebenso wie spätere Anläufe, zum Beispiel Anfang Februar 1993, den einflussreichen Hessen doch noch von dem Vorhaben zu überzeugen.[44] Darauf bezieht sich Gerhard Schröder Jahre später, als er auf dem Sprung ins Kanzleramt in einem offenen Brief an seinen künftigen Koalitionspartner Joschka Fischer schreibt: »Du hast es damals vorgezogen, das Gespräch aufzukündigen, es gar nicht erst zu versuchen, eventuelle Kompromisse Deiner Parteibasis vermitteln zu müssen. Ich habe mich weiter auf die Suche nach einem Konsens eingelassen – und bin einstweilen an den Betonköpfen beider Seiten gescheitert. Aber das darf uns doch nicht ernsthaft daran hindern, es weiter zu versuchen ...«[45]

Je vehementer Gerhard Schröder nach vorne drängt, je stärker er auf bislang wenig vertrautem Terrain wie der Wirtschafts- und Energiepolitik Profil gewinnen will und muss, umso mehr ist er auf guten Rat, aber auch auf eine zuverlässige Kommunikation dieser Politik angewiesen. Wohl ist er gerade auf diesem Feld kein Anfänger, doch kann er nicht ständig vor die Presse treten, um auch den letzten Winkel der Regierungsarbeit auszuleuchten. Dafür ist jetzt, von Hiltrud Schröder empfohlen, Uwe-Karsten Heye zuständig. Der gelernte Journalist, 1940 im Sudetenland geboren, seit 1976 Mitglied der SPD, hat zunächst eine Reihe von Jahren für die *Süddeutsche Zeitung* in Bonn gearbeitet, sich 1974 gemeinsam mit Martin E. Süskind von dort in den »Dunstkreis der Politik« begeben und als Redenschreiber, später als Pressereferent Willy Brandts gearbeitet. Seit 1979 als freier Journalist, von 1984 an als Redakteur der ZDF-Sendung *Kennzeichen D* tätig, geht er 1990 erneut in die Politik, wird Leiter der Presse- und Informationsstelle des Landes Niedersachsen und Pressesprecher der Landesregierung.

Heye hat mithin das Nachrichtengeschäft »von der Pike auf gelernt«, wie Süskind schreibt, ist »beredt ..., wiewohl zuweilen etwas langatmig«.[46] In jedem Fall, so bilanziert die *Stern*-Redakteurin Ulrike Posche, »verkaufte« Heye seinen Chef »kongenial: Wenn Schröder etwas sagte, gab Heye ihm Gewicht.«[47] Und so wird es ein langfristiges Engagement, denn Heye bleibt nicht nur während der kommenden gut acht Jahre Schröders Pressesprecher in Hannover, sondern begleitet ihn auch nach Bonn beziehungsweise Berlin.

Das gilt im übertragenen Sinne auch für Roland Berger. Der ist der klassische Selfmademan, wie man während der fünfziger und sechziger Jahre einen wie ihn nennt, der neben dem Studium der Betriebswirtschaft ein eigenes Unternehmen betreibt und bald wieder gewinnbringend verkauft. Nach beruflichen Erfahrungen in den USA gründet der Dreißigjährige 1967 seine Unternehmensberatung und wird zu einem der Gefragtesten seines Standes. Schröder schätzt Bergers mit großem Sachverstand und professioneller Erfahrung gepaarte Unabhängigkeit und sucht immer wieder seinen Rat, seit er ihm 1990 auf der Hannoveraner Messe erstmals begegnet ist. Als er sich um die Nachfolge Engholms als Kanzlerkandidat bewirbt und für alle Fälle schon einmal ein Schattenkabinett zusammenstellt, denkt er an Berger als Wirtschaftsminister.

Hingegen ist Alfred Tacke immer ein Mann der zweiten Reihe geblieben, was in diesem Fall gerade seinen großen Einfluss auf Schröder bis in die Kanzlerzeit hinein erklärt. Der studierte und promovierte Ökonom, der sich nebenher auch in der Industriesoziologie umgetan hat, ist Ende dreißig und Referent für Wirtschafts- und Umweltpolitik beim DGB in Hannover, als der gerade ins Amt gewählte Ministerpräsident auf ihn aufmerksam wird, ihn zunächst als Referatsleiter in die Staatskanzlei holt und ihn wenig später als Staatssekretär im Wirtschaftsministerium platziert. Ein ziemlicher Sprung auf der Karriereleiter, der Tacke die Ochsentour erspart. Dank seiner theoretischen Beschäftigung mit dem Industriestandort Deutschland und den praktischen Erfahrungen, die er beim DGB gesammelt hat, ist er für Schröder der ideale Mann, zumal er zu keinem Zeitpunkt das Bedürfnis verspürt, sich in den Vordergrund zu drängen.

Das gilt auch für die Mitarbeiterinnen im engsten Umfeld Gerhard Schröders, allen voran seine Büroleiterin und seine Sekretärin. Frank-Walter Steinmeier hat später einmal festgestellt, dass nur zwei Personen – in frühen Jahren von seiner Mutter, später dann vielleicht von Hiltrud Schröder und Doris Schröder-Köpf abgesehen – Gerhard Schröder besser kennen als er, Steinmeier, selbst: Doris Scheibe und Sigrid Krampitz.[48] Doris Scheibe, geborene Cadsky und Jahrgang 1949, kommt wie viele im engeren Umfeld Gerhard Schröders aus sehr bescheidenen Verhältnissen. Sie ist die jüngste Schwester dreier deutlich älterer Brüder und sieht sich nach dem Tod des Vaters in der Pflicht, für sich und die Mutter zu sorgen. Daher verlässt sie das Gymnasium, das sie als Erste aus der Familie besucht hat, geht auf die höhere Handelsschule, macht dort einen Abschluss als Bürokauffrau, durchläuft verschiedene berufliche Stationen und wird 1981, inzwischen Mutter zweier Kinder, Mitarbeiterin der SPD-Fraktion im Niedersächsischen Landtag.

Geschäftsführer der Fraktion ist seit 1974 Reinhard Scheibe. Nachdem die beiden beschlossen haben zu heiraten, ist ihnen klar, dass einer von ihnen seine Position im engsten Umfeld des Ministerpräsidenten aufgeben muss: Reinhard Scheibe leitet inzwischen die Staatskanzlei, seine zukünftige Frau ist seit 1987 persönliche Mitarbeiterin des damaligen Oppositionsführers und nunmehrigen Regierungschefs. Gerhard Schröder besteht nicht auf dieser Entscheidung, hält sie aber für angemessen. Als sie im Juli 1991 ansteht, verlässt Reinhard Scheibe die Staatskanzlei, weil er überzeugt ist, dass seine Frau in dieser Situation für den Ministerpräsidenten unabkömmlich ist. Außerdem hat er als Geschäftsführer der Toto-Lotto GmbH eine Alternative.

Gerhard Schröder und Doris Scheibe kennen sich aus frühen Juso-Zeiten, sind sich auch später – jenseits der Politik und eher zufällig – immer wieder einmal über den Weg gelaufen. Den Wahlkampf des Jahres 1986 hat sie mit organisiert. Nach der Übernahme des Sekretariats wird Doris Scheibe zu einer der wichtigsten Personen im Leben des Gerhard Schröder – und zu einer engen Vertrauten. Bei ihr und ihrem Mann wird Schröder Unterschlupf finden, als er im März 1996 nach der Trennung von seiner dritten Ehefrau Schutz vor den neugierigen Blicken der Öffentlichkeit sucht. Beinahe 13 Jahre lang organisiert Doris Scheibe das Leben des Oppositionsführers und des Ministerpräsidenten, des Bewerbers um den Parteivorsitz und des Kanzlerkandidaten, des Geschlagenen und des Siegers. Weil sie sich und ihrem Mann keine Wochenendbeziehung zumuten möchte, geht sie dann aber nicht mit nach Bonn, als Gerhard Schröder dort das Kanzleramt bezieht. An dessen gutem Verhältnis zu Doris und Reinhard Scheibe ändert das nichts. Für die beiden findet sich auch im überbordenden Terminkalender des Bundeskanzlers immer ein Platz, und sie gehören zu der kleinen Runde, die nach der Berliner Fernsehrunde den Wahlabend des 18. September 2005 in der Dienstwohnung Gerhard Schröders im Kanzleramt ausklingen lässt.

Sigrid Krampitz, Tochter eines Bauarbeiters und einer Hausfrau, wird am 22. Februar 1954 in Rotenburg an der Wümme geboren, besucht dort die Realschule und wechselt nach Erlangung der Mittleren Reife aufs Wirtschaftsgymnasium. 1973 verlässt sie, das Abitur in der Tasche, ihre Heimatstadt, nimmt in Göttingen das Studium der Germanistik und der Geschichte auf, hört unter anderem bei Rudolf von Thadden und Helga Grebing Neuere Geschichte und schließt diese Lebensetappe mit einer Examensarbeit über die *Rezeption der französischen Revolution in der deutschen Sozialdemokratie* ab.

Sigrid Krampitz will Lehrerin werden, teilt aber das Schicksal vieler ihrer Jahrgänge und wird nach dem Referendariat im Lüneburger Johanneum nicht in den Schuldienst übernommen. Also behilft sie sich einstweilen mit Gelegenheitsjobs unter anderem an der Volkshochschule, bis ein Zufall sie zum niedersächsischen Verfassungsschutz führt. Dessen Präsident ist der Überzeugung, dass sich Öffentlichkeitsarbeit und Geheimdienst nicht nur nicht

Die Vertraute: Seit 1992 ist Sigrid Krampitz – hier Ende Mai 1997 im Niedersächsischen Landtag – die rechte Hand Gerhard Schröders.

ausschließen, sondern dass es darauf ankommt, die Öffentlichkeit von der Notwendigkeit dieser Einrichtung zu überzeugen. So wird Krampitz 1985 als Referentin im Referat Öffentlichkeitsarbeit des niedersächsischen Verfassungsschutzes tätig – »mit Leib und Seele«, wie sie später erzählt, weil die Tätigkeit ihrem Traumberuf ziemlich nahekommt.[49] Andererseits füllt ein Beruf mit überschaubarem Anspruch an die intellektuelle Leistungsfähigkeit die zielstrebige Frau nach einiger Zeit nicht mehr aus, so dass sie sofort zugreift, als sich ihr 1989 die Chance bietet, als Referentin für Öffentlichkeitsarbeit der Landesfrauenbeauftragten der niedersächsischen Regierung in die Staatskanzlei zu wechseln. Kaum dort angekommen, steht mit dem Regierungswechsel der Umzug in das durch Gerhard Schröder eingerichtete Frauenministerium bevor. In dem grün gefärbten Haus fühlt sich Krampitz jedoch deplatziert, hält folglich nach neuen Horizonten Ausschau. Wieder einmal kommt ihr der Zufall zu Hilfe. Der niedersächsische Ministerpräsident wird auf sie aufmerksam, als Krampitz auf Bitten von Heinz Thörmer, inzwischen Büroleiter des Chefs der Staatskanzlei, eine Rede für den Empfang einer chinesischen Delegation entwirft. Weil Gerhard Schröder gefällt, was er da liest, wird die Redenschreiberin am 19. Dezember 1991 bei ihm vorstellig.[50]

Offenbar stimmt die Chemie auf Anhieb. Für Sigrid Krampitz zählt, dass ihr neuer Chef offen, direkt, nicht verstellt in das Gespräch kommt. Wann und wo Gerhard Schröder einmal den Gipfel seiner beruflichen Laufbahn erreicht haben wird, weiß seine neue Mitarbeiterin natürlich nicht. Aber dass der Posten des niedersächsischen Ministerpräsidenten nicht die letzte Station sein wird, ist ihr »von Anfang an klar«.[51] Nicht nur bleibt Krampitz auf allen diesen Stationen an Schröders Seite; sie wird für den Ministerpräsidenten auch zusehends unverzichtbar, soweit für ihn Menschen überhaupt unverzichtbar sind. Im Juli 1994 übernimmt sie von Frank-Walter Steinmeier die Leitung des persönlichen Büros von Gerhard Schröder. Etwa seit dieser Zeit sind sie und der Ministerpräsident per Du, seither nimmt sie auch während der vielen Autofahrten im Fond des Wagens neben ihrem Chef Platz. Damit ist protokollarisch sichtbar, welche Rolle Sigrid Krampitz inzwischen spielt. Beim »Du« bleibt man auch während der Kanzlerzeit, wobei es der informellen Kommunikation vorbehalten ist. In der offiziellen Kommunikation gilt, auch intern, das »Sie«.

Die Büroleiterin Gerhard Schröders sorgt nicht nur für den reibungslosen Ablauf des Tagesgeschäfts, sondern wird auch eine seiner wichtigen Ratgeberinnen. Wer den Weg zu Schröder sucht, kommt an Sigrid Krampitz nicht vorbei. Es ist eine in vieler Hinsicht symbiotische Beziehung, in der sich schon bald nicht mehr eindeutig sagen lässt, wer die Regie führt. Sie übersteht alle Höhen und Tiefen im Leben des Gerhard Schröder, die privaten wie die politischen, den Auszug aus dem Kanzleramt eingeschlossen.

Im Sommer 2000, als die beiden in Berlin angekommen sind und beinahe zehn gemeinsame Jahre hinter ihnen liegen, widmet der *Spiegel*, ungewöhnlich genug, der Büroleiterin des Kanzlers ein eigenes Porträt: »Wie Pfauen spreizen sich die Abteilungsleiter im Lichtkegel der Herrschenden … Nur eine drängt nie mit. Sigrid Krampitz hat irgendwann … den Raum betreten – und sitzt nun einfach da, mit stetem Augenkontakt zum Kanzler. Ein Blick genügt, und sie weiß, was er will … Sie denkt mit ihm, und sie plant für ihn. Jeder Termin, jede Anfrage geht über ihren Tisch. Blind weiß sie, mit wem sie ihn abends um neun verabreden kann und wen er garantiert nicht sehen will … Nie verfügt sie, immer weiß sie Rat, so sanft wie entschieden … Getarnt im glatt-grauen Kostüm, gleitet Sigrid Krampitz auf flachen Schuhen im Windschatten des Kanzlers durch die Weltpolitik.«[52]

Ausnahmslos alle, die Krampitz und ihren Chef während der Kanzlerschaft aus der Nähe beobachten können, bestätigen diesen Eindruck. So auch Kurt Kister, der bis 1996 für die *Süddeutsche Zeitung* aus Washington berichtet, dort Schröder und damit natürlich auch Krampitz nicht wahrnimmt, weil man einen Ministerpräsidenten, jedenfalls solange er nicht Kanzlerkandidat ist, in Amerika nicht zur Kenntnis nimmt. Je länger und näher Kister die beiden danach beobachtet, desto überzeugter ist er, dass Sigrid Krampitz, »die Fleisch gewordene Loyalität und Organisation«, Gerhard Schröder »mit gemacht« hat.[53] Weil sie weiß, wo sie den größeren Einfluss ausüben kann, bleibt sie in diesem Windschatten. Ehrgeiz auf höhere administrative Weihen, etwa auf den Posten einer Staatssekretärin, den Schröder ihr wiederholt anbietet, entwickelt Sigrid Krampitz nicht.

Kein zweiter Mensch hat über so lange Zeit eine derart wichtige Rolle für Gerhard Schröder gespielt wie Sigrid Krampitz. Auch Frank-Walter Steinmeier nicht, der schon einige Jahre in der Staatskanzlei tätig ist, als er im November 1996 deren Leitung übernimmt. Dort hat es zuvor eine Reihe von Wechseln gegeben. Auf Reinhard Scheibe ist zunächst der Jurist Wolf Weber gefolgt, der zuletzt kurzzeitig Regierungspräsident in Oldenburg gewesen ist und die Staatskanzlei 1994 wieder verlässt, um als direkt gewählter Abgeordneter im Niedersächsischen Landtag von Johann Bruns die Führung der SPD-Fraktion zu übernehmen. Sein Nachfolger Willi Waike, der eine lange Karriere als Ratsherr, Kreistags- und Landtagsabgeordneter hinter sich hat, als er 1994 in die Staatskanzlei kommt, übernimmt 1996 das niedersächsische Finanzministerium. Keiner von ihnen hat in der Biographie Gerhard Schröders bleibende Spuren hinterlassen.

Anders Frank-Walter Steinmeier, der am 5. Januar 1956 in Detmold das Licht der Welt erblickt hat. Der Sohn eines Tischlers und einer heimatvertriebenen Fabrikarbeiterin findet über das Abitur und nach Ableistung des Wehrdienstes 1976 ohne Umwege zum Studium der Rechts-, später ergänzend auch der Politischen Wissenschaften in Gießen. Die Gymnasialzeit verbringt er übrigens auf jener Schule in Blomberg, die Gerhard Schröder verschlossen blieb. Auf die beiden juristischen Staatsexamina folgt eine fünfjährige Tätigkeit als Wissenschaftlicher Mitarbeiter am Lehrstuhl für Öffentliches Recht und Wissenschaft, die Steinmeier im Mai 1991 mit der Promotion abschließt.

Aus der gemeinsamen Studienzeit rührt die Bekanntschaft Steinmeiers zu Brigitte Zypries. Die beiden rechnen sich damals zur Linken, redigieren die Quartalszeitschrift *Demokratie und Recht*, die von Steinmeiers Doktorvater Helmut Ridder mit herausgegeben wird. Zypries, im November 1953 in Kassel als Tochter eines Unternehmers geboren, findet nach Ablegung ihrer beiden juristischen Staatsexamina über berufliche Stationen in der Wiesbadener Staatskanzlei und als Wissenschaftliche Mitarbeiterin am Bundesverfassungsgericht 1991 zur SPD und in die niedersächsische Staatskanzlei. Dort ist sie in unterschiedlichen Funktionen tätig, bis sie 1997 als Staatssekretärin in das Ministerium für Frauen, Arbeit und Soziales wechselt, wo sie allerdings weder Schröder noch Steinmeier aus dem Auge verliert.

Der hat zeitweilig mit dem Gedanken einer wissenschaftlichen Laufbahn gespielt. Das ändert sich unter dem Eindruck der atemberaubenden politischen Entwicklungen. Während Steinmeier in seiner Studierstube an der Dissertation schreibt, zerfällt um ihn herum die alte Weltordnung, ohne auf ihn zu warten. Fortan will er es nicht bei der weltabgewandten Gelehrtentätigkeit belassen, sondern gestalten. Also bewirbt er sich – blind und im Ergebnis hier wie dort erfolgreich – sowohl bei der nordrhein-westfälischen als auch bei der niedersächsischen Staatskanzlei. Zwar liegt ihm Düsseldorf aufgrund seiner Herkunft eigentlich näher, doch spielt die Musik offensichtlich in Hannover: Spannende Dinge seien dort im Gange, und Hilfe werde dringend gesucht, sagt ihm Brigitte Zypries.

Nach ersten Vorstellungsgesprächen, unter anderem bei Reinhard Scheibe, kommt es im April 1991 zum Treffen Frank-Walter Steinmeiers mit Gerhard Schröder. Der Ministerpräsident mustert den Bewerber, der mit brombeerfarbenem Anzug und grüner Brille angetreten ist, von oben bis unten und holt ihn dann mit den Worten »Sie passen zu uns« an Bord. Das ist ihre erste persönliche Begegnung. Obgleich sie nur wenige Kilometer voneinander entfernt aufgewachsen sind, haben sich ihre Wege bis dahin nicht gekreuzt. Allerdings trennt die beiden ein Altersunterschied von zwölf Jahren, und das ist in der Politik fast eine ganze Generation. So erlebt das Steinmeier.

Im Frühjahr 1991 haben sie sich nicht vorstellen können, dass aus der ersten Begegnung eine schließlich 15 Jahre währende, enge Partnerschaft werden und der Jüngere am Ende einer der wichtigsten Ratgeber des Älteren sein würde. Grundlage dieser äußerst belastbaren Beziehung ist das gegenseitige Vertrauen. Naturgemäß setzt es bei Schröder als dem Älteren und Vorgesetzten den größeren Schritt voraus. Er habe nie mehr einen Mann in der Politik erlebt, der so viel »Grundvertrauen« entwickeln konnte, wie seinen langjährigen Chef. Entsprechend leicht tut sich Gerhard Schröder damit, Aufgaben zu delegieren, sagt Frank-Walter Steinmeier. In diesen 15 Jahren habe er »keinen Moment erlebt«, in dem Schröder das von ihm »verhandelte Ergebnis nachträglich zurückgeholt oder infrage gestellt« habe. Das ist wichtig, denn für einen Mann mit »gesundem Bauchgefühl«, für einen »mündlichen Menschen mit schneller Auffassungsgabe« und »reduzierter Neigung zum stundenlangen Aktenfressen«, der wie Schröder nach ganz oben will, ist ein effizient arbeitendes Umfeld unentbehrlich.[54]

Sein Stratege: Frank-Walter Steinmeier – hier mit Gerhard Schröder Anfang Oktober 1998 beim Wechsel von Hannover nach Bonn – sorgt im Zentrum der Macht für die effiziente Koordinierung der Regierungsarbeit.

Steinmeier beginnt seine Laufbahn an Schröders Seite als Referent für Medienrecht und Medienpolitik. Schon auf diesem Posten landet auf seinem Schreibtisch alles, »was durch die Ritzen von Zuständigkeiten und Verantwortlichkeiten« fällt.[55] So lernt er das Management eines Regierungschefs von der Pike auf. 1993 wird er Büroleiter des Ministerpräsidenten, übernimmt wenig später die politische Abteilung der Staatskanzlei und wird im November 1996 zum Staatssekretär und Leiter der Staatskanzlei ernannt. Nachdem der Vorgänger die Nachfolge des zurückgetretenen Finanzministers angetreten hat, trägt ihm der Ministerpräsident die Verantwortung an: So eine »Bilderbuchkarriere«, sagt Schröder nach dem Ende seiner Kanzlerschaft, »hat es überhaupt noch nicht gegeben«.[56] Obgleich inzwischen mit den Geschäften vertraut, ist es für Steinmeier ein Sprung ins kalte Wasser.

Steinmeiers Rolle in der niedersächsischen Staatskanzlei und dann im Kanzleramt lässt sich schwerlich überschätzen. Da Schröder – im Unterschied zu seinen dortigen sozialdemokratischen Vorgängern – nicht zu den großen Aktenlesern gehört, verlässt er sich auf den Mann an seiner Seite, und zwar sowohl was den Informationszufluss als auch was die Umsetzung von Beschlüssen angeht. Damit ist Steinmeier faktisch in einer Machtposition. Das wissen beide. Jahre später, als die Regierung Schröder in Berlin vor der Ablösung steht, schreibt ihm der Unternehmer Jürgen Großmann, der in den neunziger Jahren in das Blickfeld Schröders und Steinmeiers rückt, er sei »schwerer zu erreichen als der Papst. Das liegt wahrscheinlich auch daran, dass Du wichtiger bist.« So ist es, jedenfalls was Steinmeiers Stellung bei Schröder angeht.[57]

Mit Sigrid Krampitz und Brigitte Zypries, Uwe-Karsten Heye und Alfred Tacke, später auch Bodo Hombach bildet Frank-Walter Steinmeier jenen Kreis der Berater und Vertrauten, den sich Schröder im Laufe seiner Hannoveraner Jahre aufbaut und auf den er sich unbedingt verlassen kann. Sie alle werden ihm nach Bonn folgen: »Es gibt einen Kreis von Menschen«, sagt er ein halbes Jahr, nachdem er dort angekommen ist, »denen ich vertrauen kann, die Kenntnisse haben, die ich natürlich intern nutze. In diesem Kreis kommt alles, was es an Fragen gibt, auf den Tisch.«[58] Zu den gemeinsam gemachten Erfahrungen dieses Kreises gehört der Umgang mit den Grünen, zunächst vier Jahre lang als Koalitionspartner, danach als Oppositionspartei im Niedersächsischen Landtag. Ob Rot-Grün auch nur die erste Legislaturperiode in Bonn beziehungsweise Berlin ohne diese in Hannover gesammelten Erfahrungen überstanden hätte, darf man bezweifeln.

Die Grünen. Wenn Gerhard Schröder in den ersten Jahren seiner Ministerpräsidentschaft zu kämpfen hat, dann kaum mit der Opposition im Niedersächsischen Landtag. Denn Christdemokraten wie Liberale laborieren entweder noch an der Schockstarre, die sie nach der Wahl befallen hat, oder sind schlicht sprachlos, was der vormalige Juso-Häuptling alles auf die Beine stellt. Selbst Stefan Dietrich, der ihn jetzt für die *FAZ* beobachtet, Schröder bis zu seinem Wechsel nach Bonn eng begleiten und in der Regel wenig Vorteilhaftes über ihn zu berichten weiß, zieht den Hut: »Die verletzende Aggressivität des Oppositionsführers ist jovialer Gelassenheit gewichen, das verkrampfte Imponiergehabe des 1986 gescheiterten Herausforderers dem lockeren Amtsstil eines unangefochtenen Ministerpräsidenten … Vorläufig wird selbst bei CDU und FDP im Land zähneknirschend eingestanden, daß Schröder sich grobe Führungsfehler bislang nicht geleistet habe. Bewahrt hat ihn davor ein waches Gespür für Gefahrenmomente.«[59]

Und das ausgerechnet auf einem Feld, auf dem die vormaligen Regierungsparteien ihn schon krachend scheitern sahen. Ganz gleich ob es um die Interessen der niedersächsischen Wirtschaft in der Welt oder um eine Verständigung mit den großen Energieunternehmen über die Zukunft der Kernenergie geht, ob eine Papenburger Werft die Vertiefung der Ems oder ein Stuttgarter Automobilkonzern den Bau einer Teststrecke im Emsland durchsetzen will, Schröder macht stets eine gute Figur und steht auf der richtigen Seite. Jedenfalls aus Sicht der ihn missgünstig beäugenden Opposition im Landtag.

Beim eigenen Koalitionspartner sieht das anders aus. Was immer Schröder in dieser Hinsicht anpackt, missfällt der regierungsinternen grünen Opposition. Allerdings spielt sie numerisch kaum eine Rolle, und überdies zählen ihre Vertreter im Kabinett wie im Parlament nicht gerade zu den Schwergewichten. Wenn man einmal von Jürgen Trittin absieht, der aber häufig in Bonn zugange ist und deshalb nicht immer und unmittelbar in den Hannoveraner Angelegenheiten mitmischen muss. Das stabilisiert und stärkt die Beziehung zwischen dem Regierungschef und dem Minister, die bei allen politischen Gegensätzen und zum Teil auch heftigen Auseinandersetzungen am Ende der Legislaturperiode gut und belastbar ist. Trittin weiß, wer der Koch und wer der Kellner ist, und Schröder lernt, dass sich der kleinere Partner in einer Koalition wiederfinden muss, dass er seine Themen und auch seine Erfolge braucht. Für die künftige Bonner beziehungsweise Berliner Herausforderung ist diese Sozialisation unverzichtbar.[60]

Vor allem aber steht der Ministerpräsident auch in brenzligen Situationen zu seinem grünen Partner. Das ist wichtig, denn Trittin bringt mit seiner Fähigkeit zu polarisieren, die er mit Schröder teilt, immer wieder die Opposition, manchmal auch die Sozialdemokraten in Rage. So zum Beispiel im Februar 1993, als er in London davon spricht, dass die Deutschen durch die Bank rassistisch infiziert seien. Die Reflexe funktionieren zuverlässig, und das auf beiden Seiten, wie der Ministerpräsident Anfang 1994 in der Debatte über die Änderung des Asylrechts feststellt: »Sie brauchen einander. Auf der einen Seite … braucht die CDU jemanden, an dem sie sich reiben kann, und zwar als Person. Auf der anderen Seite braucht Herr Trittin jemanden, um auf sich aufmerksam zu machen.«[61]

Man darf vermuten, dass die gelegentliche räumliche Distanz, Folge von Trittins Tätigkeit als Minister für Bundes- und Europaangelegenheiten, dem Verhältnis der beiden zuträglich gewesen ist. Zum Beispiel bei den Kontroversen um den Bau einer Autoteststrecke und die Vertiefung der Ems. Die 1795 gegründete Meyer Werft GmbH ist auf den Bau von Container- und Transportschiffen fast aller Art, seit den achtziger Jahren zunehmend auch auf den Bau von Kreuzfahrtschiffen spezialisiert, die eines gemeinsam haben: Sie werden immer größer, mit der Folge, dass ihr Transport auf dem 40 Kilometer langen Abschnitt der Ems zwischen Papenburg und Emden zusehends schwieriger wird. Theoretisch sind zwei Lösungen des Problems denkbar: eine Verlagerung der Werft oder doch Teile derselben, zum Beispiel nach Emden, oder eine Vertiefung der Ems. Die Grünen befürworten die erste, die Eigentümer der Werft und der Ministerpräsident die zweite Lösung.

Die Grünen haben die Umwelt auf ihrer Seite, die Vertreter der Werft die Fakten. Selbst geschaffene Fakten. Denn ihrem Argument, dass ein gerade im Trockendock entstehendes Kreuzfahrtschiff schlicht zu groß ist, um zum vorgesehenen Zeitpunkt ohne eine Vertiefung des Flusses ausgeliefert werden zu können, ist schlechterdings nichts entgegenzusetzen. Also macht es Karriere. So auch 1992. Weil Meyer für einen 1995 abzuliefernden Luxusliner eine Wassertiefe von 7,30 Metern braucht, wenn nicht bis zu 650 Arbeitsplätze oder schlimmstenfalls gar die ganze Werft dran glauben sollen, wirft sich der Ministerpräsident – im Übrigen im seltenen Schulterschluss mit dem christdemokratischen Bundesinnenminister Rudolf Seiters, direkt gewählter Abgeordneter des Wahlkreises Unterems – ins Zeug, erklärt das Unternehmen für ökologisch verantwortbar und freut sich natürlich über den Dank, den der Betriebsratschef der Werft dem »lieben Gerhard« im Namen aller Mitarbeiter abstattet.[62] Als das Oberverwaltungsgericht Lüneburg Mitte August 1993 einen Beschluss des Verwaltungsgerichts Oldenburg aufhebt und die vorübergehend eingestellten Baggerarbeiten weitergehen, ist der Weg vorerst frei – und der Ministerpräsident erleichtert. Immerhin hat das Land eine Bürgschaft von 500 Millionen D-Mark für Meyer übernommen.

Allerdings ist damit auch die Grenze erreicht. Eine weitere Ausbaggerung des Flusses kommt nicht in Frage. Da aber Meyer weiter Schiffe bauen will und diese, den Kundenwünschen folgend, noch größer werden sollen, kommt jetzt ein sogenanntes Sperrwerk ins Gespräch: 476 Meter breit, soll es die Ems von der Mündung her zeitweilig aufstauen, um Schiffen mit einem Tiefgang von bis zu achteinhalb Metern die Passage zu ermöglichen. Seit dem Herbst 1996 setzt sich der inzwischen wiedergewählte Ministerpräsident für das Vorhaben ein. Neben dem bekannten Argument der Arbeitsplatzsicherung ist jetzt ein zweites im Spiel, und dem ist ebenfalls kaum etwas entgegenzuhalten: »Beim Sperrwerk«, sagt Schröder Anfang März 1997 vor dem Landtag, »geht es … um die Verbesserung der Situation im Küstenschutz, also um Schutz vor Sturmfluten.« Baut man die Anlage unter diesem Gesichtspunkt, hat man zudem andere »Finanzierungsmöglichkeiten zur Verfügung«.[63] Tatsächlich begründet das Planfeststellungsverfahren der Bezirksregierung Weser-Ems den Sofortvollzug vom 14. August 1998 mit dem Sturmflutschutz, und auch die Europäische Kommission in Brüssel stuft das Emssperrwerk als Infrastrukturmaßnahme ein. Als es Anfang September 2002 – anlässlich der Einweihung der großen Erweiterung des Emder Hafens »durch Kaiser Wilhelm II.«[64] – in Betrieb genommen wird, reist Bundeskanzler Gerhard Schröder an und drückt den roten Knopf.

Es war ein langer Weg. Während die immer noch in der Opposition befindlichen Christdemokraten das Projekt von Anfang an so überzeugend fanden, dass sie sich der Regierung anschlossen, lehnten es die 1994 vom Wähler ebenfalls auf die Oppositionsbänke geschickten Grünen ab. Auch die wegen möglicher Fangausfälle beunruhigten Emsfischer, die dann aber dank einer großzügigen Entschädigung durch die Werft kalmiert werden, und die Umweltverbände wie der Naturschutzbund Deutschland stellten sich quer. Als dessen Präsident im Februar 1999 das Projekt als »gedankenlos« und die »Haltung der Befürworter als starrsinnig« qualifiziert, reagiert der Bundeskanzler ausgesprochen ungehalten und sagt seine Teilnahme an einer Veranstaltung der Naturschützer ab: »Für mich … gehören Ökologie und Ökonomie … untrennbar zusammen. Vor dem Hintergrund Ihrer Kommentare zum Ems-Sperrwerk müßte meine Teilnahme bei Ihrer Veranstaltung … von den Beschäftigten der Meyer-Werft in Papenburg und ihren Familien, deren soziale Sicherheit und materielle Zukunft mir sehr am Herzen liegt, völlig mißverstanden werden.«[65]

Keine Frage, Gerhard Schröder hat während der Jahre als Ministerpräsident seine Argumentationsstruktur verfeinert und dabei gelernt: Führt man erstens die Sicherung der Arbeitsplätze und zweitens den Schutz der Umwelt ins Feld, kann man praktisch jedes Vorhaben durchziehen. Auch gegen den Widerstand derer, deren Aufgabe oder Berufung der Naturschutz ist. Und Niedersachsens Grünen passt die Umweltpolitik des Ministerpräsidenten gar nicht. Zu Wasser nicht, und zu Lande auch nicht.

1991 wird bekannt, dass Mercedes-Benz bei Papenburg eine 12,8 Kilometer lange Teststrecke bauen will. Dafür bedarf es einer Genehmigung der Landesregierung. Anfang Mai macht der Ministerpräsident die Öffentlichkeit in einem *Spiegel*-Gespräch mit den Plänen vertraut. Danach will das Land, dem ein großer Teil des Geländes gehört, dieses an Mercedes-Benz verkaufen – sofern die beiden Gutachten, eines durch die Landesregierung, eines vom Autobauer in Auftrag gegeben, keine grundsätzlichen Einwände zutage fördern. Vom »Arbeitsplatz-Argument« habe man sich »überhaupt nicht leiten lassen«, weil man »diesen Tauschhandel, Arbeitsplätze gegen Umwelt« nicht wolle.[66]

Allerdings wird allen Beteiligten bei einem Besuch vor Ort »klar, daß sich ein schlimmerer Raubbau an der Natur als die weitere Abtorfung, die auf dem Gelände noch bis zum Jahr 2005, teilweise sogar bis 2030, genehmigt war, kaum vorstellen läßt«.[67] Mit anderen Worten: Nicht die geplante Teststrecke, sondern der Torfstich schadet der Umwelt. So gesehen ist die Strecke sogar ein Beitrag zum Umweltschutz. Zwar wird Mercedes-Benz »130 Hektar

Landschaft für die Teststrecke und dazugehörige Gebäude zubetonieren«, doch erwartet die Landesregierung, dass der Autobauer »gleichzeitig auf circa 980 Hektar Kompensationsmaßnahmen durchführt, beispielsweise Moorschutzprogramme verwirklicht«.[68]

Ein starkes Argument, das aber die skeptischen Grünen noch nicht ganz überzeugt, zumal sie ein politisches Problem mit Daimler-Benz haben. Denn das Unternehmen, dem unter anderem die Deutsche Aerospace Aktiengesellschaft (DASA) gehört, produziert auch Rüstungsgüter. Das lehnt eine ganze Reihe von Sozialdemokraten, zu diesem Zeitpunkt den niedersächsischen Ministerpräsidenten eingeschlossen, ebenfalls grundsätzliche ab. Allerdings geht es hier nicht um Kampfflugzeuge, sondern um Personenkraftwagen – und damit die Interessen aller.

Selbstverständlich kann auch Gerhard Schröder angesichts »der Raserei auf unseren Straßen, der unzähligen Verkehrsopfer und der Umweltbelastung, die der Individualverkehr mit sich bringt, ... den Wahn nicht nachvollziehen, immer größere und schnellere Autos haben zu müssen ... Nur zählt ein gewisses Interesse an Mobilität zu den Grundbedürfnissen unserer Gesellschaft; die Parole kann nicht lauten, keine Autos mehr zu bauen, ... sondern bessere Autos zu bauen und sie vernünftiger zu nutzen.« Mit anderen Worten: Die Teststrecke dient nicht nur dem Umweltschutz, sondern auch der Sicherheit. Kann man da noch widersprechen? Kann man nicht, jedenfalls nicht mit guten Gründen. Und so ist das rot-grüne »Reformbündnis« am Ende des Diskurses »nicht nur nicht belastet, sondern stabilisiert worden: Der Kabinettsbeschluß erging einstimmig.«[69] Kein Wunder, dass es Gerhard Schröder als erster Ministerpräsident und als erster Bundeskanzler fertiggebracht hat, jeweils eine rot-grüne Koalition über eine ganze Legislaturperiode zu bringen.

Der Trick, mit dem Schröder die erheblichen Widerstände insbesondere der Grünen aus dem Weg geräumt hat, ist ebenso simpel wie wirkungsvoll. Erstens muss man die Bedenken ernst nehmen, zweitens muss man sie noch deutlich verschärfen, um dann von diesem hohen Niveau aus mit dem Abbau zu beginnen und mit einer »Kultur des Diskurses« oder wahlweise auch mithilfe einer »diskursiven Politik« da anzukommen und zu bleiben, wo der Diskurs begonnen worden ist.[70] Feinste Juso-Taktik.

Ganz ähnlich operiert der Ministerpräsident auch bei der sogenannten Europipe, einer rund 670 Kilometer langen Erdgasleitung vom norwegischen Erdgasfeld »Troll« zum Anlandepunkt im niedersächsischen Emden. Seit 1990 wird darüber zwischen Norwegen und dem Bund beziehungsweise Niedersachsen verhandelt, nachdem die Sondierungen mit den ursprünglich favorisierten Niederlanden eingestellt worden sind. Im April 1993 wird die politische Grundlage zwischen Deutschland und Norwegen vertraglich fixiert. Das 1979 in der Nordsee entdeckte Gasfeld gilt als das größte Offshorefeld Westeuropas und eines der ergiebigsten der Welt. Mit Hilfe der rund 45 Milliarden Kubikmeter Gas, die dereinst Jahr für Jahr durch die neue Pipeline strömen sollen, will man die Diversifizierung der Gasversorgung nicht nur Deutschlands, sondern Europas insgesamt vorantreiben. Momentan kommen 23 Prozent des Gases aus heimischen Quellen, 32 Prozent aus den Niederlanden, 30 Prozent aus Russland und 15 Prozent aus Skandinavien.

Gegen den Plan laufen internationale und deutsche Umwelt- und Naturschützer Sturm. Anlass ist insbesondere das rund zwei Kilometer lange Endstück der Gasleitung, die den Nationalpark niedersächsisches Wattenmeer queren soll. Um die Bedenken aus der Welt zu schaffen, will man das Endstück nicht durch ein Aufreißen des Bodens, sondern durch eine Unterfahrung des trockenfallenden Watts, also durch ein Pressverfahren verlegen. Allerdings ist noch nie ein Tunnelbau dieser Länge im Vorpressverfahren ausgeführt worden. Gerhard Schröder glaubt an den Erfolg, erklärt das Projekt zur Chefsache und setzt sich in den Verhandlungen mit dem norwegischen Statoil-Konzern, dem Betreiber der Pipeline, für die technisch neue Horizontalbohrung unter dem Wattenmeer ein. Wenige Tage bevor ein neues niedersächsisches Naturschutzgesetz in Kraft tritt, liegt am 29. Oktober 1993 die Genehmigung der zuständigen Behörde vor. Knapp zwei Jahre später wird die Europipe in Betrieb genommen.

Wieder einmal hat Schröder sämtliche Bedenken mit einer Mischung aus brachialer politischer Gewalt und argumentativer List aus dem Weg geräumt und es fertiggebracht, die Europipe im Allgemeinen und ihr Endstück im Besonderen als Beitrag zum Umwelt- und Naturschutz zu verkaufen. Das war in diesem Fall allerdings nicht besonders schwer, weil die Idee der Unterfahrung ursprünglich von den Grünen stammt und von ihnen als Preis für Schröders Entscheidung in Sachen Meyer-Werft gefordert worden war. Nach den heftigen Vorwürfen, denen sich die Regierung, den kleineren Koalitionspartner eingeschlossen, wegen der Emsvertiefung ausgesetzt sieht, ist das von ihnen durchgesetzte Endstück der Pipeline jetzt aber nicht mehr als Erfolg zu verkaufen, sondern gilt als weiterer Beleg für das Einknicken der Grünen vor dem selbstherrlich auftretenden Ministerpräsidenten.[71]

Tatsächlich sind die Argumente, die Schröder mobilisiert, auch in diesem Fall nicht schlecht. Zum einen leistet der Betreiberkonzern einen erklecklichen Beitrag zum Naturschutz und zahlt 50 Millionen D-Mark an eine neu gegründete Stiftung zum Schutz des Wattenmeers. Das nimmt der grünen Kritik endgültig den Wind aus den Segeln, zumal nicht »die Griefahn«, sondern Jürgen Trittin faktisch über diese Mittel verfügen kann. Und dann macht der Ministerpräsident eine Rechnung auf: Wenn man, was selbstverständlich auch die Grünen fordern, die vier niedersächsischen Atommeiler über kurz oder lang dichtmachen will, muss man alternative Energieerzeuger generieren. Solange dafür erneuerbare Energien bestenfalls in zarten Anfängen zur Verfügung stehen, bleibt nur der Rückgriff auf verfügbare Brennstoffe. Und da ist Erdgas nun einmal »der sauberste«: »Wir brauchen Erdgas, um endlich das Atomkraftwerk Stade vom Netz« nehmen und »insgesamt die Stromerzeugung aus Kernkraft ersetzen zu können«.[72] Kann man dagegen ein tragfähiges Argument ins Feld führen? Kann man nicht. Vor allem dann nicht, wenn man das Ganze noch mit einem arbeitspolitischen Argument unterfüttert: »Wird die Gasleitung aus Norwegen nicht durchs Wattenmeer gebaut«, kann sie »auch nicht in Emden ankommen«. Folglich ist das Projekt für die »strukturschwache Region« unverzichtbar.[73]

Nicht einmal drei Jahre im Amt, beherrscht Gerhard Schröder die Klaviatur der Machtpolitik, und das nicht nur auf der insgesamt doch überschaubaren Länderebene, sondern auch in der Bundespolitik, in der er zwangsläufig mitmischt. Der Weg zum Asylkompromiss ist ein Paradebeispiel für das Spektrum an politischen Möglichkeiten, das dem Politiker Schröder inzwischen zur Verfügung steht. Es reicht von Erfahrungen des mit allen Wassern gewaschenen Jungsozialisten über die Utensilien des in delikaten Fällen erprobten Juristen bis hin zu den Machtmitteln eines Ministerpräsidenten mit weiter wachsendem Selbstbewusstsein.

Hintergrund für die Anfang der neunziger Jahre aufkommenden, zum Teil emotional und irrational geführten Debatten um eine Änderung von Artikel 16 des Grundgesetzes sind die gewaltigen Migrationen. Ausgelöst durch den Zusammenbruch der alten Weltordnung und seine Folgen, allen voran den Ausbruch von Krieg und Bürgerkrieg auch in Europa und an seinen Rändern, suchen Millionen ihr Heil oder auch eine bessere Zukunft in der Flucht. Ihr Ziel ist nicht zuletzt die geostrategisch exponierte, wohlhabende und mit einem liberalen Asylverfahren ausgestattete Bundesrepublik Deutschland: »Die Ursache für die gegenwärtige Wanderungsbewegung – jedenfalls für den Teil, der uns am meisten drückt –, ist die Tatsache, daß es den Eisernen Vorhang nicht mehr gibt«, analysiert der niedersächsische Ministerpräsident auf gewohnt schnörkellose Art im Spätsommer 1992 vor dem Parlament: »Dieser Eiserne Vorhang hat uns nicht nur getrennt, sondern auch geschützt … vor einer Zuwanderung zumindest aus Rumänien, Bulgarien, Polen und auch aus Jugoslawien.«[74]

Auf Dauer kann das Land diesen Zustrom nicht verkraften. Darin sind sich alle einig. Gerhard Schröder zählt zu denjenigen, die von Anfang an das Problem nicht nur sehen und offen ansprechen, sondern auch eine klare Position vertreten und – fast – durchhalten. Das gilt für alle drei großen Gruppen von Migranten, auch die binnendeutschen. Für ihn wie für die große Mehrheit der politisch Verantwortlichen in der Republik steht fest, dass man das politisch und wirtschaftlich Mögliche tun muss, um den Zustrom der Zuwanderer aus den neuen Bundesländern zu stoppen, schon um zu verhindern, dass sich die von Kanzler Kohl voreilig ausgerufenen blühenden in brache Landschaften verwandeln.

Vergleichbar stellt sich für Schröder die Lage bei den sogenannten deutschstämmigen Um- und Übersiedlern aus Ost- und Südosteuropa dar, nur dass hier die Motivation eine andere ist. Schon bei seinem geschilderten Besuch Kasachstans im Herbst 1989 ist er für einen weitgehenden Stopp eingetreten, und wo er als Ministerpräsident die Möglichkeit hat, wie in der Region um Tjumen auf eine Eindämmung der Zuwanderung hinzuwirken, nutzt er sie. Es gehe nicht an, argumentiert er jetzt offensiv, dass sich die Aussiedler noch in dritter oder vierter Generation auf ihre deutsche Abstammung und auf fortwährenden Vertreibungsdruck beriefen.[75] Außerdem solle man bedenken, dass »niemand vor den Nationalsozialisten … ›Deutschstämmigkeit‹ zur bestimmenden Grundlage von Politik gemacht« habe.[76] Sagt er im Frühjahr 1992.

Ähnlich konsequent, wenn auch mit genau umgekehrten Vorzeichen, ist seine Haltung zur Aufnahme von Asylbewerbern, an denen sich die erhitzten Debatten entzünden. Waren 1989 gut 121 000 Anträge auf Asyl in der Bundesrepublik gestellt worden, sind es 1992 bereits rund 438 000. Jeder einzelne Fall muss rechtlich geprüft und jede und jeder einzelne Asylsuchende bis zum Entscheid irgendwie untergebracht werden. Zwischen 1989 und 1992 sind das immerhin rund eine Million Menschen. Eine verwaltungsmäßig, organisatorisch, zusehends aber auch finanziell kaum mehr zu stemmende Herausforderung, die ja neben den übrigen, vor allem einigungsbedingten Problemen zu lösen ist. Gleichwohl spricht sich Schröder schon im September 1990 ohne Wenn und Aber gegen eine Änderung des Asylrechts aus, die nicht wenige auch in der eigenen Partei fordern, unter ihnen Oskar Lafontaine. Schröder bleibt auch dann bei seiner Position, als sich im Herbst 1991 eine Art informeller großer Koalition aus SPD und Regierungsparteien zur Lösung des Problems abzeichnet. Der niedersächsische Ministerpräsident ist daran nicht beteiligt: »Mit mir«, sagt er Anfang 1992, »hat keiner geredet, bevor da Gemeinsamkeiten festgestellt wurden.«[77]

Und offenkundig hat eine ganze Reihe führender Genossen auch in Zukunft nicht vor, Schröder in die Gespräche einzubinden. Zu ihnen zählen neben Hans-Ulrich Klose, dem Fraktionsvorsitzenden der Partei im Deutschen Bundestag, oder auch Oskar Lafontaine, nach der verlorenen Bundestagswahl nur noch Ministerpräsident im Saarland, nicht zuletzt Björn Engholm, Ministerpräsident von Schleswig-Holstein und einer der seinerzeit durch Willy Brandt zum »Enkel« beförderten Hoffnungsträger der Partei.

Engholm – Jahrgang 1939, zweiter Bildungsweg, Diplompolitologe – hat eine ziemlich steile politische Karriere hinter sich. Seit 1962 Mitglied der SPD und seit 1969 direkt gewählter Abgeordneter des Deutschen Bundestages, bringt er es mit 38 Jahren zum Parlamentarischen Staatssekretär beim Bundesminister für Bildung und Wissenschaft und leitet von Januar 1981 bis zum Ende der Kanzlerschaft Schmidts das Ministerium. 1983 wechselt Engholm in die Landespolitik, gewinnt im Mai 1988 mit beeindruckenden fast 55 Prozent die Wahl in Schleswig-Holstein und steht fortan für höhere Weihen bereit. Nachdem Hans-Jochen Vogel, der für die katastrophale Wahlniederlage der SPD im Bund die geringste Verantwortung trägt, aus Altersgründen nicht mehr für den Parteivorsitz kandidieren und Oskar Lafontaine sich nicht zur Wahl stellen will, nominiert der Vorstand am 17. Dezember 1990 Björn Engholm. Ende Mai 1991 wird er vom Parteitag mit überwältigender Mehrheit zum Vorsitzenden gewählt und ist damit faktisch auch Kanzlerkandidat der Partei.

Politische Freunde sind die Ministerpräsidenten Schleswig-Holsteins und Niedersachsens nicht geworden. Dabei hat Schröder anfänglich Engholm durchaus unterstützt und auch öffentlich gesagt, »daß ein Erfolg Engholms die letzte Chance ist, auf Bundesebene wieder mehrheitsfähig zu werden«.[78] Da Engholm aber zu jenen Genossen zählt, die ihn beispielsweise in der Asylfrage ausbremsen wollen, ist es mit der Solidarität bald vorbei. Schließlich muss Gerhard Schröder, ähnlich wie Hans Eichel in Hessen, Rücksicht auf den grünen Koalitionspartner nehmen, der jede Änderung des Asylrechts ablehnt. Außerdem nimmt Schröder Witterung auf und prüft die Stimmungslage der Öffentlichkeit. Der zu Juso-Zeiten geschulte Instinkt signalisiert ihm, dass zwar eine Mehrheit der Bevölkerung, nämlich die schweigende, eindeutig für eine rasche Verschärfung des Asylrechts ist, dass aber das linksliberale Milieu, allen voran die Hamburger Wochenblätter mit ihrer Meinungsführerschaft, für eine Beibehaltung des Artikels 16 in seiner bestehenden Form eintritt.

Allerdings würde man Schröder nicht gerecht, wollte man seine Position in der Asylfrage auf tagespolitische und so gesehen opportunistische Erwägungen reduzieren. Seine juristisch geprägte Argumentation ist »substantiell, stark und konsequent«, wie mit Bayerns Innenminister Edmund Stoiber auch einer der Verhandlungspartner auf Unionsseite wahrnimmt.[79] In einem lesenswerten Namensbeitrag für den *Spiegel* plädiert der niedersächsische Ministerpräsident Anfang März 1992 dafür, die Voraussetzungen für rechtsstaatliche, humane und schnelle Asylverfahren, und zwar in »dieser Reihenfolge«, zu schaffen, verweist auf die dafür in Niedersachsen bereits neu eingerichteten Stellen für Sozialarbeiter oder auch für Richter und stellt klar, dass innenpolitische Erwägungen bei der Asylgesetzgebung keine Rolle spielen »*dürfen*«. Dafür gibt es den historischen Grund, dass »Zehntausende von Deutschen ... das Dritte Reich nur überlebt« haben, »weil sie im Ausland Asyl fanden«, und es gibt die politische Erwägung, dass die Bundesrepublik Zuwanderer braucht: »Oder wir können ausrechnen, wann mit dem Generationenvertrag die Grundlage unseres sozialen Systems zusammenbricht.« Das ist kein taktisches Argument für den Tag und die Stunde. Das ist ein strategischer Gedanke, den Schröder weiterverfolgt und entwickelt. Es ist eben kein Zufall, dass Reformen der Zuwanderung, des Arbeitsmarktes und des Rentenwesens, die diesen Namen verdienen, in seine Kanzlerschaft fallen.

Statt am Asylrecht zu drehen, schreibt er schon im März 1992, sei es an der Zeit, die gleichermaßen notwendige und für ein »Einwanderungsland« wie die Bundesrepublik letztlich unaufhaltsame Zuwanderung in geordnete Bahnen zu lenken. Nicht der von der Bundesregierung unterstellte »›offensichtlich unbegründete‹ Asylantrag« sei »verwerflich«, verwerflich sei vielmehr, »daß wir heute zahllose Menschen mit unserer Gesetzgebung zwingen, sich als politisch verfolgt auszugeben, weil wir sie sonst gar nicht erst über die Grenze lassen würden«.[80] Ein starkes Argument, zugleich ein massiver Brückenschlag in Richtung grüner Koalitionspartner – derzeit noch in Hannover, bald aber, wenn es nach Schröder geht, auch in Bonn.

Solchermaßen argumentativ gut gerüstet, geht Gerhard Schröder aufs Ganze. Schon Mitte Januar 1992 hat er dezidiert gegen den Bonner Kompromiss und damit gegen den Parteivorsitzenden und Kanzlerkandidaten der SPD, aber auch gegen die Fraktion der SPD im Bundestag Position bezogen. Die Kritik an der Fraktion bringt der Ministerpräsident in einem elfseitigen Brief an ihren Vorsitzenden zu Papier. Sie gipfelt in der Aufforderung an Klose, »in der Asyldebatte für ein Mindestmaß an Vernunft und die Einhaltung rechtsstaatlicher Verfahrensregeln zu sorgen«. Und damit auch außerhalb der Fraktion alle wissen, wie er in der Asylfrage denkt, weist Schröder per Autotelefon die niedersächsische Landesvertretung in Bonn an, seinen Brief an jene Journalisten weiterzugeben, die sich dort gerade zu einem Hintergrundgespräch eingefunden haben. Martin E. Süskind berichtet davon zwei Tage später in der *Süddeutschen Zeitung*.[81]

Der Reflex auf Schröders Fraktionskritik kommt prompt, in diesem Fall durch Peter Struck, den Parlamentarischen Geschäftsführer der Bundestagsfraktion mit traditionell gespaltenem Verhältnis zu Schröder, der dessen Kritik an der Fraktion öffentlich als »unsinnig« bezeichnet.[82] Seither kann sich der Ministerpräsident wachsender Aufmerksamkeit sicher sein. Weil das auch Engholm, Lafontaine und Klose, seinen Widersachern in dieser Frage, nicht entgeht, einigen sich diese im August 1992 in kleiner Runde auf dem Petersberg bei Bonn ohne ihn, aber beispielsweise auch ohne Rudolf Scharping und Hans-Jochen Vogel, darauf, das Asylrecht künftig je nach Herkunft der Flüchtlinge stark einzuschränken und so den Weg für einen Kompromiss mit der Bonner Koalition frei zu machen. Mit diesem Affront zwingen Engholm und seine Mitstreiter den Niedersachsen aber nicht etwa auf ihre Linie, sondern bewirken das glatte Gegenteil. Erstaunlich, wie wenig diese Leute ihren Schröder kennen.

Als er sich Mitte September 1992 auf einer Klausurtagung in Bad Salzuflen mit acht weiteren Mitgliedern des SPD-Vorstandes, unter ihnen Hans-Jochen Vogel, gegen eine Ergänzung des Artikels 16 und damit gegen das klare Votum der Mehrheit ausspricht, gilt Gerhard Schröder als »Wortführer der Gegner einer Asylgesetzänderung in seiner Partei«.[83] Das wiederum ist eine Voraussetzung für den überraschenden Salto, den Schröder im Herbst 1992 in dieser Frage vollführt.

Natürlich weiß der Außenseiter, dass sich sein Kampf gegen jede Änderung des Artikels 16 auf Dauer nicht durchhalten lässt. Und dann begreift Gerhard Schröder, dass die Basis mit der bestehenden Regelung schlicht nicht mehr zurande kommt: Wie soll man beispielsweise sozialdemokratischen Bürgermeistern das Festhalten an hehren Prinzipien verkaufen, wenn sie – bedrängt von zugewiesenen Asylantenkontigenten auf der einen und wachsenden Ressentiments einer noch schweigenden Mehrheit auf der anderen Seite – nach Hilfe rufen? Also votiert Niedersachsens Ministerpräsident im Oktober unerwartet doch für eine Grundgesetzänderung, sofern bestimmte Standards und Maximen beachtet werden. Und damit es nicht wie eine radikale Umkehr aussieht, sagt er der erstaunten Öffentlichkeit, dass er »95 Prozent dessen, was in Petersberg beschlossen worden« sei, »immer für richtig gehalten« habe.[84]

Die Genossen nehmen die Kurskorrektur erleichtert zur Kenntnis, sehen sie doch eine Chance, den öffentlichkeitswirksamen Ausreißer einzufangen und in die Parteiräson einzubinden. Daher schlägt Oskar Lafontaine in seiner Eigenschaft als Vorsitzender der Antragskommission Gerhard Schröder für die entscheidende Aufgabe vor, auf dem kurzfristig anberaumten Sonderparteitag Mitte November 1992 den Leitantrag zum Asylrecht vorzutragen und zu begründen. Dort erlebt ihn Martin E. Süskind so: »Es ist ihm in allererster Linie zuzuschreiben, daß die ursprünglich unfertigen asylrechtlichen Vorstellungen des Parteivorsitzenden in eine Form gebracht worden sind, der die Parteitagsdelegierten schließlich mit neunzigprozentiger Mehrheit zustimmen können. Schröder hat, Seite an Seite streitend mit Hans-Jochen Vogel, für die Bewahrung des individuellen Asylrechts und des grundgesetzlich verankerten Rechtsweges gesorgt, der jedem Asylbewerber die richterliche Überprüfung seines Falles garantiert.«[85]

Zu den Vorteilen des maßgeblich von Schröder formulierten parteiinternen Kompromisses zählt, dass er die Regierung in Zugzwang bringt. Deshalb ist es konsequent, dass er von seiner Partei auch in die Verhandlungskommission geschickt wird, die mit den Vertretern der Regierungsparteien eine Lösung finden soll. Gerhard Schröder bereitet sich sorgfältig auf diese Verhandlungen vor, führt eine Serie von Telefonaten und Vier-Augen-Gesprächen, unter anderem mit Hans-Jochen Vogel, und stellt so sicher, dass die eigenen Reihen stehen. Vorläufiger Höhepunkt sind am 27. und 28. November parteiinterne Feinabstimmungen, für die Schröder alle übrigen Termine abgesagt hat.[86]

Am 6. Dezember ist es dann geschafft. Nach einem insgesamt fünfzigstündigen Verhandlungsmarathon einigen sich die Unterhändler von Regierung und Opposition, unter ihnen eben auch Gerhard Schröder, auf einen ergänzenden Artikel 16a des Grundgesetzes, nach dem sich auf das Asylrecht »nicht berufen« darf, »wer aus einem Mitgliedstaat der Europäischen Gemeinschaften oder aus einem anderen Drittstaat einreist, in dem die Anwendung des Abkommens über die Rechtsstellung der Flüchtlinge und der Konvention zum Schutze der Menschenrechte und Grundfreiheiten sichergestellt ist«.[87] Am Ende gehört Schröder sogar zu denen, die unmittelbar vor der entscheidenden Abstimmung im Bundestag öffentlich dazu aufrufen, die Vereinbarungen wie beschlossen in Kraft zu setzen. Seine Zustimmung zum Kompromiss sei »kein moralisches Versagen, sondern Rücksicht auf objektive Bedingungen«, sagt er als Gast der entscheidenden Fraktionssitzung.[88] Tatsächlich zeigt die Abstimmung, wie umstritten der Kompromiss ist: 132 Abgeordnete sprechen sich am 26. Mai 1993 gegen die Änderung von Artikel 16 aus, darunter 101 Sozialdemokraten.

Im Laufe dieser Auseinandersetzungen um eine Neuregelung des Asylrechts ist der ganze, im Wesentlichen fertige Gerhard Schröder zu besichtigen. Vor allem sieht man einen zum Kompromiss fähigen Politiker, der weiß, wann der Zeitpunkt für einen Rückzieher oder ein Einlenken gekommen ist. Weil Schröder kein Dogmatiker ist, kann er eine längere Zeit gehaltene Position vergleichsweise unauffällig räumen, ohne dass es wie eine krachende Niederlage aussieht. Das Kunststück besteht darin, sich im Rückzug zu sortieren, für die angepeilte neue Position Mehrheiten zu finden, mit diesen Mehrheiten Resultate zu erzielen und sich selbst bei dieser Gelegenheit wirksam in Szene zu setzen.

Das ist in diesem Fall ziemlich riskant. Denn im Augenblick des taktischen Rückzugs ist Schröder angreifbar. Er weiß, dass seine Widersacher – zu diesem Zeitpunkt vor allem Engholm, Klose und Lafontaine – nur darauf warten, ihm sein Beidrehen oder gar seine Kapitulation vorhalten zu können. Tatsächlich hat Gerhard Schröder seine Position ja in einem entscheidenden Punkt geräumt und sich dem Votum der Mehrheit gebeugt. Andererseits wissen auch seine Gegner, dass nur ein Genosse mit seinem Profil einen nennenswerten Teil der Parteilinken von einer Kurskorrektur in der Asylfrage überzeugen, sie also im wahrsten Sinne des Wortes mitnehmen konnte. Natürlich ist der Ministerpräsident gerade in diesen Wochen und Monaten des Jahres 1992 auch der »Taktierer und Trickser«, den die *Hannoversche Allgemeine* schon seit einiger Zeit am Werke sieht.[89] Auch während der Debatte um das Asylrecht bastelt er an seiner Karriere. So gesehen ist sie auch Zwischenstation auf dem Weg zu Horizonten, die er unverändert im Blick hat. Und sie ist ein Testlauf. Wie weit kann er gehen? Und wie weit werden die Genossen gehen, um den Ausreißer einzufangen und einzubinden? Wie reagieren die Medien und mit ihnen die Öffentlichkeit?

Zur Antwort auf diese Frage trägt auch ein Versuchsballon bei, den Schröder im Frühjahr 1992 aufsteigen lässt. Anlass ist der angekündigte, längst überfällige Rücktritt Hans-Dietrich Genschers vom Amt des Außenministers und der damit verbundene Rückzug aus der Bundesregierung. Tieferer Grund sind die zahlreichen, vor allem durch die direkten und die mittelbaren Folgen der Vereinigung aufgeworfenen Fragen, die nach einer breiten parlamentarischen Mehrheit rufen. Ist das nicht ein Fall für die Große Koalition, die zwischen 1966 und 1969 schon einmal ausgeholfen und die SPD an die Macht geführt hat? Also bringt Gerhard Schröder diese Große Koalition im Mai 1992 unangekündigt ins Gespräch – und sich damit parteiintern in die Isolation sowie medial noch stärker ins Scheinwerferlicht, als das ohnehin schon der Fall ist. Buchstäblich alle, die in der Bundespolitik seiner Partei etwas zu sagen haben – Klose, Lafontaine, Rau –, rufen vernehmlich »Nein« und nennen dabei seinen Namen. Und Schröder hat seinen Punkt gemacht, zeigt sich auch im Nachhinein überzeugt, dass die SPD, wenn sie »mit unverbrauchten Leuten da reingegangen wäre, ihre Wahlchancen für 1994 nicht minimiert, sondern maximiert hätte«,[90] und gibt damit zu Protokoll, dass er selbstverständlich zu diesen Leuten zählt.

So kommt es, dass Gerhard Schröder am Ende des Jahres 1992 alle anderen aus den eigenen Reihen in den Schatten stellt, obgleich oder weil er in der Asylfrage beigedreht hat beziehungsweise, wie Schröder das sieht, weil vieles von ihm abhing. »Schröder auf den Bildschirmen, in den Schlagzeilen«,[91] registriert Hannovers *Neue Presse* Mitte Dezember, und *Bild* fragt am Tag nach dem Kompromiss: »Will er Engholm stürzen?«[92]

Eine naheliegende Frage, die sich – und ihm – eben deshalb im Spätsommer des Jahres auch schon die Redakteure des *Spiegel* gestellt haben. In einem bemerkenswerten Interview hatte Gerhard Schröder wenig Zweifel gelassen, was er vom amtierenden Kanzlerkandidaten seiner Partei hält. Zwar blieb er knapp unterhalb der Grenze eines direkten Angriffs und beantwortete die Frage, ob er mit seinen ständigen Alleingängen nicht eine »Zerreißprobe in der SPD« riskiere, so: »Ja und? Ich kann keinen Grund erkennen, warum wir diesen Dissens nicht austragen sollten.« Im Übrigen hätten die Bundestagswahlkämpfe Raus und Lafontaines 1987 und 1990 verdeutlicht, dass es nicht ausreiche, »einen guten Spitzenmann zu haben. In beiden Wahlkämpfen hat die Mannschaft gefehlt.« Allerdings stehe er für das Team des aktuellen Kanzlerkandidaten »leider aus schlicht zeitlichen Gründen nicht« zur Verfügung. Da lag schon die Frage auf der Hand, ob er weitere vier Jahre in Hannover bleiben wolle, sollte er 1994 als Ministerpräsident wiedergewählt werden. Und auch die Antwort auf diese Frage war ein echter Schröder: »Ja. Wo soll ich denn sonst hin? Bei der Uno in New York ist nichts frei.«[93]

Keine Frage, der Mann will nicht nach New York, und er will auch nicht länger als nötig in Hannover bleiben. Er will nach Bonn, und dort an die Macht. Gerhard Schröder will Kanzler werden. Das aber wird nur gelingen, wenn die SPD wieder stärkste Kraft im Bund wird. Und damit sie das wird, muss sie es wollen. Aber wollen die Sozialdemokraten wirklich an die Macht? Mitunter wird man das Gefühl nicht los, als hätten sie sich im Biotop der Opposition wohlig etabliert. Verwunderlich ist das nicht. In den 130 Jahren, welche die Partei inzwischen zählt, hat sie gerade einmal 16 Jahre den Kanzler gestellt und damit die Regierung geführt, gut drei Jahre im Berlin der Weimarer Republik, 13 Jahre in Bonn. Dass die SPD – wie die anderen Parteien auch – in der Zeit des Kaiserreichs an der Regierungsbildung gehindert wurde, weil die Verfassung keine parlamentarisch getragene Regierung kannte, ändert nichts an dem Befund: Die SPD ist seit ihrer Geburt eine Oppositionspartei. Und sie bleibt es auch in der Bundesrepublik, weil die CDU, deren Gründung mit der Geburt dieser Republik zusammenfällt, von Anfang an den Anspruch erhebt, dass sie und nur sie fähig, wenn nicht legitimiert ist, in Bonn zu regieren.

So sahen sich die Genossen, kaum dass sie nach Diktatur und Krieg wieder handlungsfähig waren, auch in Bonn in ihrer oppositionellen Grundhaltung bestätigt. Das wiederum hatte zur Folge, dass sie sich in der Regierungsverantwortung nie wirklich wohlfühlten und ihre oppositionelle Attitüde selbst dann nicht ablegten, wenn einer der Ihren Kanzler war. Hinzu kommt, dass die Sozialdemokraten die Machtfülle, die ein Kanzler nun einmal in Händen hält, immer mit Argusaugen und Misstrauen betrachtet haben – weil ihnen Macht per se verdächtig ist und sie das Gefühl nicht loswurden, ein der Partei entfremdeter Kanzler könnte seine Macht gegen sie wenden. Keine parlamentarische Opposition hätte einen sozialdemokratischen Kanzler so effizient demontieren können, wie die eigene Partei und insbesondere die eigene Fraktion das immer wieder getan haben. Das musste zuletzt Helmut Schmidt erfahren, und so wird es auch Gerhard Schröder ergehen.

Sage keiner, er habe nicht gewusst, was auf ihn zukommt. Die Widerstände gegen seine Person und seine Politik, mit denen er während der neunziger Jahre zu kämpfen hat, sind ja ein Probelauf: Die SPD redet von der Macht, Schröder will sie. Man müsse klar sagen, »die SPD wolle regieren«, gibt er Mitte Mai 1992 im Parteivorstand zu Protokoll.[94] So gesehen ist der Aufsteiger immer auch ein Ausbrecher aus dem kollektiven Zweckverband einer oppositionsverliebten Gemeinschaft, und damit ein Außenseiter. So einer wird nicht gerufen, er braucht seine Chance. Dass sie 1993 kommen wird, ahnt Gerhard Schröder 1992 nicht, weil natürlich auch er nicht vorhersieht, dass der amtierende Vorsitzende und Kanzlerkandidat der SPD über eine Affäre stolpern wird, die eigentlich die CDU bis ins Mark erschüttert. Als es dann aber dahin kommt, ist er bereit.

1993 sieht es aber zunächst so aus, als könnte Gerhard Schröder auf dem falschen Fuß erwischt werden. Denn zu Beginn des Jahres braut sich über der Staatskanzlei in Hannover ein Gewittersturm zusammen, den Schröder zu Beginn seiner Amtszeit kaum unbeschadet überstanden hätte. Auslöser ist Jürgen Möllemann von der FDP, der Anfang Januar seinen Rücktritt vom Amt des Bundeswirtschaftsministers bekannt gegeben hat, nachdem er über die sogenannte Briefbogenaffäre – eine mit dem Briefkopf seines Hauses versehene Produktempfehlung – unter Druck geraten ist. Offensichtlich hat der im Abgang befindliche Minister noch eine Rechnung mit den Genossen offen, die ihn in der Affäre vorgeführt haben. Jetzt schlägt er zurück und trifft »eher zufällig Gerhard Schröder«.[95]

Am 13. Januar 1993 berichtet Möllemann vor dem Bundestag fast beiläufig, dass »am Abend, nach einer Konferenz der Ministerpräsidenten der Länder« Schröder »mit einer Botschaft« der Ministerpräsidenten Niedersachsens, Schleswig-Holsteins, Hamburgs und Bremens zu ihm gekommen sei: Wir hätten es »gern«, sagt Schröder zu Möllemann, »wenn die Bundesregierung diese Kriegswaffenexporte genehmigen würde, aber, sagt er, wir hätten es nicht so gerne, wenn die SPD als Partei dafür in Anspruch genommen würde.« Gemeint ist die »Genehmigung zum Export von U-Booten an Taiwan«.[96]

Tatsächlich haben sich die sozialdemokratischen Regierungschefs der vier Länder am 24. August 1992 auf ein solches Vorgehen verständigt. Allerdings hat sich Engholm durch seinen Sozialminister vertreten lassen, der auch noch verspätet erschien. Vereinbart wurde, eine entsprechende Anfrage des Kanzlers dahin gehend zu beantworten, dass die U-Boot-Angelegenheit Sache des Bundessicherheitsrates sei und die vier sozialdemokratischen Regierungschefs dessen Entscheidung, ganz gleich wie sie ausfalle, akzeptieren und keinesfalls öffentlich kritisieren würden. In diesem Sinne informierte Schröder am 7. September Kohl.[97]

Möllemanns Offenbarung setzt Niedersachsens Ministerpräsidenten gewaltig unter Druck, hat der doch in den vergangenen Monaten und Jahren in außen- und sicherheitspolitischen Fragen eine glasklare Position vertreten. Dazu gehörte zum einen eine äußerst fragwürdige, wenn auch seinerzeit in Deutschland populäre Haltung zum zweiten Golfkrieg. Nachdem Iraks Diktator Saddam Hussein den ersten Krieg, den er im September 1980 mit dem Überfall auf den Iran eröffnet hatte, nach acht Jahren ohne Erfolg beenden musste, lässt er am 2. August 1990 seine Truppen in Kuwait einmarschieren und das ölreiche Emirat wenige Tage später annektieren. Obgleich dem am 16. Januar 1991 mit einer Luftoffensive beginnenden Feldzug einer alliierten Koalition unter amerikanischer Führung eine eindeutige Resolution des Weltsicherheitsrates zugrunde liegt, machen große Teile der deutschen Öffentlichkeit gegen die Alliierten mobil.

Zu den Gegnern des alliierten Einsatzes zählt der niedersächsische Ministerpräsident, der auch noch zwei Jahre später ohne Abstriche zu seiner damaligen Position steht: »Ich habe nie ein Hehl daraus gemacht, daß ich diesen Krieg für falsch und verhängnisvoll gehalten habe. Ich habe eine Initiative gegen den Krieg unterstützt, die meine Frau gemeinsam mit den vier

Ministerinnen des niedersächsischen Kabinetts ins Leben gerufen hat. Ich habe an Demonstrationen teilgenommen und auf mehreren Kundgebungen das Wort ergriffen. Ich habe meinem Kultusminister den Rücken gestärkt, der erklärt hat, diejenigen Schüler nicht disziplinieren zu wollen, die während der Unterrichtszeit demonstriert haben. Ich habe für den Rückzug der Bundeswehrsoldaten plädiert, die während des Konfliktes aus dem niedersächsischen Oldenburg in die Türkei verlegt worden waren ...«[98] Schröders Position ist wahrlich keine isolierte, ganz im Gegenteil. Unangemessen ist sie gleichwohl, »ein verkürzter Denkansatz«, wie er nach dem Ende seiner Kanzlerschaft hinter verschlossenen Türen gesteht.[99] Immerhin gibt es Befürchtungen, dass der Irak den NATO-Partner Türkei in den Konflikt ziehen und so den Bündnisfall auslösen könnte.

Aber Schröder belässt es nicht bei dieser äußerst fragwürdigen Positionierung in der Irakkrise, sondern lehnt sich auch in anderen außen- und sicherheitspolitischen Fragen weit aus dem Fenster. Dass er auf diesem Feld eher unerfahren ist, mag wohl sein. Allerdings sagt er, was er sagt, immer auch als Ministerpräsident. So auch das, was er zum Auslandseinsatz der Bundeswehr äußert. Eigentlich müsste der in Sachen Asyl gut informierte Politiker wissen, dass ein Grund für die unkontrolliert ansteigenden Flüchtlingszahlen in der rasant zunehmenden Zahl von Kriegen und Konflikten aller Art zu suchen ist, dass man dem Morden, sofern man es denn beenden will, in vielen Fällen kaum ohne eine massive militärische Intervention von außen beikommen kann und dass die Weltgemeinschaft mit diesem Problem zusehends überfordert ist.

So richtig es ist, dass gerade die Deutschen allen Grund haben, ein militärisches Engagement außerhalb des Bündnisfalls sorgfältig zu prüfen, und so eindeutig das Grundgesetz in seiner bestehenden Fassung ein solches Engagement ausschließt, so unüberhörbar werden doch die Rufe der Völkergemeinschaft nach einer deutschen Beteiligung an Kampfeinsätzen mit einem Mandat der Vereinten Nationen. Schröder ficht das nicht an: »Ich habe von Anfang an in jedem Gremium der SPD und auch öffentlich klargemacht«, sagt er Mitte September 1992 dem *Spiegel,* »daß ich es für falsch halte, wenn die SPD einer Verfassungsklarstellung oder -änderung zustimmt, die über Blauhelm-Aktionen hinausgeht.«[100] Kaum zu glauben, dass derselbe Mann nicht einmal sieben Jahre später den ersten Kampfeinsatz deutscher Soldaten politisch zu verantworten hat – und das ohne ein Mandat der Vereinten Nationen.

In unmittelbarem zeitlichem Zusammenhang mit seiner Positionierung während der Irakkrise steht Schröders unmissverständliche Positionsbestimmung in der Diskussion über genehmigte Waffenexporte. Hier hat der

Ministerpräsident am 24. Januar 1991, also auf dem Höhepunkt des Ersten Golfkrieges, vor dem Niedersächsischen Landtag ausgeführt, »daß diese Waffenexportpolitik die größte Gefährdung für das Ansehen der Bundesrepublik Deutschland in der Welt« sei und überdies eine hochproblematische Verbindung zwischen dieser Politik und »der spürbaren Abneigung gegen Deutschland« namentlich in Israel hergestellt. Es ist nur schwer vorstellbar, dass Schröder nicht um die Rolle weiß, welche die Bundesrepublik schon seit den fünfziger Jahren als einer der wichtigsten Waffenlieferanten Israels spielt. Und er legt noch nach: »Arbeitsplätze in der Rüstungsindustrie sind unsichere Arbeitsplätze.«[101]

Entsprechend delikat sind die Enthüllungen Möllemanns vor dem Bundestag. Denn das Taiwan-Geschäft ist – schon für sich genommen und gleich in mehrfacher Hinsicht – heikel. Seit sich Chiang Kai-shek, der politische und militärische Führer der Nationalchinesischen Volkspartei, Ende 1949 mit 1,5 Millionen Getreuen, dem gesamten Parlament sowie der Staatskasse nach Taiwan abgesetzt hatte, gibt es den Konflikt mit der Volksrepublik China. Die war am 1. Oktober 1949 durch Mao Zedong, den Führer der chinesischen Kommunisten, in Peking proklamiert worden.

Hatten die USA und mit ihnen die gesamte westliche Welt anfänglich auf Taiwan gesetzt, so begann sich das seit den ausgehenden sechziger Jahren in dem Maße zu ändern, in dem die Volksrepublik aus politischen, strategischen und zunehmend auch ökonomischen Gründen für die USA und ihre Verbündeten an Interesse gewann. Das galt auch für die Bundesrepublik Deutschland. Als die am 11. Oktober 1972 diplomatische Beziehungen zur Volksrepublik aufnahm, akzeptierte sie faktisch deren »Ein-China-Politik«. Der damit erhobene Anspruch auf eine Wiedervereinigung des geteilten Landes wurde in Bonn schon deshalb sehr ernst genommen, weil sich das geteilte Deutschland in einer ähnlichen Situation befand. Entsprechend konsequent verhielt sich Bonn gegenüber Taiwan, stellte beispielsweise dem führenden politischen Personal vom Präsidenten über den Premierminister bis hin zum Verteidigungs- und Außenminister keine Visa aus und sah auch von Rüstungsexporten auf die Insel ab.

Daran hat sich 1992 nichts geändert, obgleich Deutschland inzwischen vereinigt und damit außenpolitisch vollständig souverän ist und obwohl es die eigenen Verbündeten mit Waffenverkäufen ohnehin nie so genau genommen haben. Jedenfalls geben sich die Rüstungslobbyisten anderer Staaten, allen voran der USA, in Taipeh die Klinke in die Hand. Aber die Mittelmacht Deutschland, die weltpolitisch gerade das Laufen lernt, spielt nun einmal in einer anderen Liga als die Weltmacht USA. Außerdem will man es sich mit den in dieser Hinsicht sehr empfindlichen Festlandschinesen nicht verderben. Die Volksrepublik zählt längst zu den interessantesten Märkten für die deutsche Exportwirtschaft.

Politisch kommt die Anfrage Taiwans daher äußerst ungelegen. Andererseits aber ist das schiere Volumen – neben zehn U-Booten sind auch zehn Korvetten im Gespräch – mit einem Gesamtwert von 12 Milliarden D-Mark für die darbende deutsche Werftindustrie zu verlockend, um auf dem Altar außenpolitischer Rücksichtnahmen und Prinzipientreue geopfert zu werden. Das sieht Kanzler Kohl so, und das sieht Ministerpräsident Schröder nicht anders, der »zusehends in die Rolle eines neuen Helmut Schmidt« hineinwächst.[102] Daher gibt es eine informelle Arbeitsteilung. Während Kohl Geschäfte dieser Art möglichst geräuschlos durch den hinter verschlossenen Türen tagenden Bundessicherheitsrat bringt, halten die an anderslautende Parteitagsbeschlüsse gebundenen sozialdemokratischen Ministerpräsidenten der Küstenländer still.

Das funktioniert jetzt, da die Geschichte durch Möllemann öffentlich geworden ist, nicht mehr. Björn Engholm, Ministerpräsidentenkollege in Kiel und SPD-Vorsitzender im Bund, spricht sich strikt gegen das Vorhaben aus. Die Parteibasis, auch in Niedersachsen, ist sowieso dagegen, und natürlich warnen die Grünen vor dem »Geschäft mit dem Tod«. Die Koalition steht auf des Messers Schneide. Die Presseerklärung über die Auflösung der rot-grünen Landesregierung ist bereits formuliert,[103] als Jürgen Trittin die Notbremse zieht und die Grünen nachgeben. Es kann nicht anders sein, denn Schröder rückt keinen Millimeter von seiner Position ab, geht vielmehr in die Offensive und erklärt vor dem Landtag, die schweren wirtschaftlichen Verwerfungen im Gefolge der Vereinigung hätten ihn veranlasst, »gegen die prinzipielle Position« zu »verstoßen«,[104] die immerhin in einem Kabinettsbeschluss festgeschrieben ist.

»Empörung, Bestürzung – auch Tränen« registrieren die Beobachter der Lokalpresse,[105] als Gerhard Schröder – einen Tag später und erneut vor dem Parlament – zum Besten gibt: »Ich werde mir … auch künftig das Recht herausnehmen, zu politischen Fragen, die nicht in der Kompetenz der Landesregierung zu entscheiden sind, so Stellung zu nehmen, wie ich das für richtig halte.«[106] Wochen später, als das Geschäft Geschichte ist, bringt er vor dem Untersuchungsausschuss des Landtages noch einmal seinen atemberaubenden Alleingang auf den Punkt: »Ich habe nie einen Hehl daraus gemacht, daß meine Unterstützung für die U-Boot-Exporte weder den Kabinettsbeschlüssen entsprach noch der Beschlußlage der SPD-Bundesparteitage.«[107]

In diesen Januartagen des Jahres 1993 geht Gerhard Schröder aufs Ganze, riskiert die Koalition und damit die Karriere. Da drängt sich die Frage auf, ob in dem Mann vielleicht doch ein Spieler steckt. Aber so einfach ist das nicht. Abgesehen davon, dass jeder Machtmensch auch eine Spielernatur hat, weil Macht mit Sucht und Sucht mit Risiko zu tun hat, kalkuliert Schröder scharf – und im Ergebnis richtig. Zum einen sind SPD und Grüne, wie die *Hannoversche Allgemeine* präzise beobachtet, »viel zu verliebt ins Regieren und in die damit verbundenen Vorzüge des Lebens, als daß sie wegen eines Rüstungsauftrags aus Taiwan wieder getrennte Wege gehen würden«.[108] Und dann ahnt Schröder natürlich, dass der Bundeskanzler in diesem tumultuösen Szenarium kaum seine Zustimmung zu dem Rüstungsdeal geben kann. So kommt es dann auch: Am 28. Januar untersagt der Bundessicherheitsrat das Taiwan-Geschäft mit dem Argument, dass es sich um ein Spannungsgebiet handle, in das die Bundesrepublik nun einmal keine Waffen liefere. So rettet Kohl Schröder. Es wird nicht das letzte Mal sein.

Der hat inzwischen gegenüber der Fraktion und Koalition Abbitte geleistet, öffentlich beteuert, künftig »um die Zustimmung bei möglichen … Abweichungen von Beschlüssen« kämpfen und »eine derartige Überforderung der anderen vermeiden« zu wollen.[109] Aber von seiner Position abgerückt ist er nicht. Natürlich weiß Schröder nur zu gut, wie dünn das Eis gewesen ist, auf dem er sich da bewegt hat. Die Argumentation klemmt hinten und vorne. Noch Wochen später versucht er, einer erstaunten Öffentlichkeit diesseits und jenseits der niedersächsischen Landesgrenzen zu erklären, warum sich sein striktes Eintreten für den Verzicht »auf jeglichen Waffenexport außerhalb des Bündnisses« und – »mit Blick auf die besondere Situation der norddeutschen Werften« – der Einsatz »für den Bau von U-Booten und Fregatten im Auftrag Taiwans« nicht ausschließen.[110] So ist es in einem Buch zu lesen, das im Frühjahr 1993, also wenige Wochen, nachdem die Hannoveraner »U-Boot-Affäre« ausgestanden ist, mit großem Tamtam auf den Markt geworfen wird.

Am 2. April stellt der Autor Schröder das Buch *Reifeprüfung. Reformpolitik am Ende des Jahrhunderts* in Hannover vor, zweieinhalb Wochen später der Ur-Grüne und Soziologe Hubert Kleinert in der niedersächsischen Landesvertretung. Bereits Ende März hatte Erhard Eppler das Werk vorab ausführlich im *Spiegel* besprochen und dessen Autor »einmal mehr als ein ›political animal‹« ausgemacht, »wie es in dieser Republik bisher noch kein halbes Dutzend gegeben hat, und … ein mutiges dazu«, einen »machtbewußte[n], wohl auch machthungrige[n] und überdies blitzgescheite[n] Vollblutpolitiker«.[111]

Das Buch ist ein Schnellschuss. Dieses Schicksal teilt es mit allen Büchern Gerhard Schröders. Während der ersten Januarwoche hat er mit dem Lektor des Verlages in Hannover zusammengesessen und in einer insgesamt sechzehnstündigen Besprechung letzte Hand an den Entwurf gelegt.[112] Dabei ist auch Reinhard Hesse, der von Schröders Büroleiter angeheuert worden ist. Er ist der eigentliche Verfasser des Textes und auch als Co-Autor namentlich genannt. Hesse – Jahrgang 1956, Sohn eines Ägyptologen, in Hannover geboren und in Kairo aufgewachsen – stößt 1979 als studierter, aber unvollendeter Germanist und Historiker zu der gerade gegründeten Tageszeitung *taz*, schreibt dann auch für diverse Magazine, darunter *TransAtlantik*, *Die Woche* und das Magazin der *Süddeutschen Zeitung*. Sein Weg kreuzt den Schröders, als der Abgeordneter in Bonn ist.

Schröder ist nicht nur einer der wenigen Politiker, die überhaupt mit der alternativen *taz* sprechen, er findet auch rasch Gefallen an dem »Grenzgänger«. Hesse war ein »aufgeklärter Linker mit vielfältigen internationalen Erfahrungen«, erinnert er sich später. »Er beherrschte Englisch, Französisch und Arabisch wie seine Muttersprache, hatte Freunde in aller Welt.« Er konnte »aus der Distanz zum Regierungsalltag mit seinen Ideen und Lebenserfahrungen eine gehörige Portion Frische und Originalität in behördliche Arbeitsstrukturen bringen. Aus seiner Feder stammten die Entwürfe zu wichtigen Reden und Texten.«[113] Als bei Hesse im Herbst 2004 eine weit fortgeschrittene Krankheit diagnostiziert wird, kümmert sich Schröder rührend um den unheilbar Kranken: »Er ist einer meiner engsten Berater und ein langjähriger Weggefährte. Sein Gesundheitszustand bedrückt mich sehr«, schreibt er an einen der führenden Onkologen, der auf Bitten des Kanzlers kurzfristig nach Berlin gekommen ist.[114] Der Brief, mit dem sich die Witwe Hesses bei Gerhard Schröder für die persönliche Anteilnahme bedankt,[115] zeigt: Er ist ein treuer Mensch.

Der zweideutige Titel, den Gerhard Schröder und Reinhard Hesse ihrem ersten gemeinsamen Buch verpassen, markiert einen Machtanspruch. Gerhard Schröder, konzediert selbst der im Allgemeinen kritische Beobachter aus Frankfurt anlässlich der Buchpräsentation, »ist nicht ein Pharisäer, der so tut, als sei ihm die Macht nur Bürde, und er ist auch nicht wie die Drogenabhängigen von der ›Saumagen-Fraktion‹ in der CDU, denen schon ›die Gebärde der Macht‹ genüge. Er will sie einfach, weil er Freude am Gestalten hat.«[116] Auch wenn er das nicht sagt, will Gerhard Schröder die Führung in der Partei und in der Bonner Regierung. Er ist »reif«, hat mit seiner rot-grünen »Reformkoalition« die »Prüfung« hinter sich.

Schröder weiß, was die Partei braucht, um einen Regierungswechsel in Bonn herbeizuführen, und natürlich weiß er auch, was sie nicht gebrauchen kann. Jedenfalls hat er seine »Zweifel daran, ob die SPD ihre eigenen politischen Produktivkräfte bereits ausreichend mobilisiert hat. Es kommt augenblicklich weniger darauf an, in -zig Gesprächsrunden die amtierende Regierung aus dem Schlamassel herauszukungeln.«[117] Das zielt frontal auf den seit gut zwei Jahren amtierenden Vorsitzenden Björn Engholm, mit dem Schröder immer wieder aneinandergeraten ist, zuletzt in der »U-Boot-Affäre«. Dass Schröder ihm vorhält, mehr als einmal »ohne hinreichende Absprachen vorgeprescht« zu sein,[118] ist schon ein starkes Stück, wenn man an seine eigenen Sololäufe in der Asylfrage, in Sachen Große Koalition oder zuletzt bei den Waffenlieferungen an Taiwan denkt.

Aber wahrscheinlich ist gerade diese eigenständige, selbstgewisse, zupackende Art der Grund, warum Niedersachsens Ministerpräsident in den ersten Wochen und Monaten des neuen Jahres »eine Wertschätzung durch die Medien« erfährt, »als habe er gerade eine Erdrutschwahl gewonnen … Schröder ist es gelungen, … sich am Markt neu zu positionieren.«[119] Er ist der Star der Zeitungen und Magazine, des Hörfunks und immer stärker auch des Fernsehens. Jetzt kann er sein Talent im Umgang mit diesem entscheidenden Medium voll entfalten. Schröder sucht die Kameras, und die suchen ihn. Schröder auf allen Kanälen, in Talkshows und in politischen Magazinen, mit oder ohne Gattin Hiltrud, die ihren Part glänzend spielt. Selbst den U-Boot-Untersuchungsausschuss versteht der Ministerpräsident noch in eigener Sache zu nutzen.

Bei alledem kommt ihm seine Fähigkeit zugute, praktisch jedes Thema in wenigen Worten verständlich und in der Regel druckreif auf den Punkt bringen zu können. Außerdem hat er – Ende vierzig und noch nicht übergewichtig – eine beachtliche Konstitution und Kondition. Gerhard Schröder ist und bleibt lange ein sportlicher, trainierter Mann. Noch im Sommer 1991 macht der inzwischen Siebenundvierzigjährige das Goldene Sportabzeichen, und zwar mit beachtlichen Werten. In allen Disziplinen, darunter Kugelstoßen, 200 Meter Brustschwimmen, Weitsprung und 20 Kilometer Radfahren, knackt er die Mindestmarken deutlich. Besonders beeindruckend ist die Sprintfähigkeit des Mannes: Gerade einmal 12,7 Sekunden benötigt er für die 100 Meter.

Gelegentlich zieht es ihn zwar auch noch einmal auf den Fußballplatz, mit zunehmender beruflicher Beanspruchung aber vor allem zum Tennis. Gerhard Schröder ist ein ziemlich guter und daher gefragter Tennisspieler. Heinrich von Pierer, seit 1993 Vorstandsvorsitzender von Siemens und einer seiner gelegentlichen Partner und Gegner im Doppel, erlebt ihn als Vollblutsportler mit »großem Kampfgeist«, immer am Netz zu finden, außerdem –

Gut in Schuss: Im Sommer 1991 macht der Siebenundvierzigjährige das Goldene Sportabzeichen.

wie alle Fußballer in diesem Sport – »sehr beweglich«.[120] Als Ministerpräsident spielt Schröder in der Regel einmal die Woche, als Kanzler schafft er es kaum noch einmal im Monat. Einstweilen hilft der regelmäßige morgendliche Spaziergang mit dem Hund, die fehlende regelmäßige sportliche Ertüchtigung zu kompensieren und den Vierzehnstundentag scheinbar spielerisch zu bewältigen. Außerdem kommt er mit »fünf, sechs Stunden Schlaf aus«,[121] auch dann, wenn die Abende außerhalb vom heimischen Immensen mal feucht und fröhlich werden. So gesehen ist er für weitere und höhere Ämter gut gerüstet.

Aber dass er sich so bald um die Posten des Parteivorsitzenden und Kanzlerkandidaten seiner Partei bewerben würde, wie es dann der Fall ist, hat sich Gerhard Schröder in diesen Märztagen nicht vorstellen können. Als wenig später die *Reifeprüfung* erscheint, sieht das schon anders aus; jedenfalls wird er Mitte April vor dem Hintergrund einer für Engholm zusehends existenzieller werdenden Krise nicht nur vom *Spiegel* als »Schattenkandidat« gehandelt.[122] Und als Engholm am 3. Mai von den Ämtern des Ministerpräsidenten und des Parteivorsitzenden zurücktritt und natürlich auch nicht mehr als Kanzlerkandidat zur Verfügung steht, gibt es endgültig eine völlig neue Lage. 14 Tage später erklärt Gerhard Schröder dem *Spiegel*: »... ich will Kanzler werden.«[123]

Auslöser für den Rücktritt Engholms ist die sogenannte Barschel-Affäre, eine facettenreiche Geschichte mit einer Reihe von Opfern, zu denen nicht zuletzt der im Oktober 1987 in einem Genfer Hotel tot aufgefundene Namensgeber zählt, Schleswig-Holsteins vormaliger christdemokratischer Ministerpräsident Uwe Barschel. Die Einzelheiten des Skandals sind hier nicht von Interesse. Entscheidend ist, dass am Samstag vor der auf den 13. September 1987 angesetzten Landtagswahl in Schleswig-Holstein bekannt wird, der *Spiegel* werde in seiner nächsten Ausgabe über »Barschels schmutzige Tricks« berichten. Gemeint ist eine Verleumdungskampagne gegen den Herausforderer Engholm. Sieht der zunächst wie der große Gewinner aus, da er in den Neuwahlen vom Mai 1988, wie gesehen, satt die absolute Mehrheit schafft, holt ihn die Geschichte ein, als wiederum der *Spiegel* im Frühjahr 1993 scheibchenweise aufdeckt, dass Engholm vor dem Untersuchungsausschuss des Landtags nicht die Wahrheit gesagt hat. So ist er nicht erst am Wahltag, sondern bereits sechs Tage zuvor über die Machenschaften informiert worden. Tatsächlich waren es, wie weitere Untersuchungen enthüllen, sechs Wochen.

Weil Schröder weiß, dass der Rücktritt Engholms nur eine Frage der Zeit ist, hält er sich in diesem Punkt öffentlich konsequent bedeckt. Auch am 1. Mai, als er zum Tag der Arbeit auf einer Kundgebung in Oldenburg spricht. Weder er noch Regierungssprecher Heye lassen sich auf die drängenden Fragen der zahlreich anwesenden Journalisten ein, ob der Ministerpräsident als Kandidat für die Engholm-Nachfolge zur Verfügung stehe. Allerdings sagt Heye, dass es in der niedersächsischen SPD natürlich die Erwartung gebe, Schröder werde antreten. Das bekommt eine freie Mitarbeiterin der Nachrichtenagentur Associated Press in den falschen Hals und textet: »Regierungssprecher Heye bestätigt: ›Schröder wird antreten!‹«[124]

Damit ist Gerhard Schröder Anwärter für den Parteivorsitz und die Kanzlerkandidatur, ob er das will oder nicht. Ein Dementi wäre zwecklos und kontraproduktiv. Und er will ja. Das wissen auch die anderen, haben sie ihn doch in den zurückliegenden Wochen gesehen und gehört, und natürlich haben sie zumindest einen Blick in die druckfrische *Reifeprüfung* geworfen. Nicht wenige finden auch, dass Schröder antreten müsse, dass er der richtige sei, um den Vorsitzenden ohne Biss und Bodenhaftung zu beerben. In den Reihen derer, die ihn im Frühjahr nach Israel begleitet und abends an der Bar mit ihm darüber gesprochen haben, bestand Einigkeit.[125]

Für seine zahlreichen Gegner ist die forsche Wortmeldung allerdings eine Steilvorlage, ganz gleich ob sie Schröder tatsächlich so abgegeben hat oder auch nicht. Noch bevor sich Engholm öffentlich aus seinen Funktionen verabschiedet, treffen sich die Schröder-Verhinderer in kleiner Runde. Und da der Mann aus Hannover in den letzten Monaten praktisch allen führenden Sozialdemokraten einmal auf die Füße getreten ist, kommt ein stattlich besetzter Kreis zustande: »Der Gerd hat … zu viele charakterliche Defizite«, sagt einer seiner Gegner damals. Das Zitat macht die Runde. Es wird Rudolf

Scharping zugeschrieben, nachdem der *Stern* es so kolportiert hat, stammt aber nicht von ihm, sondern »wahrscheinlich«, von »irgendein[em] unbedeutende[n] Licht aus dem Kreise der zahllosen Schröder-Gegner«, vermutet Martin E. Süskind.[126]

Neben Engholm finden sich ein: Johannes Rau und Oskar Lafontaine, die Ministerpräsidenten von Nordrhein-Westfalen und dem Saarland sowie Stellvertretende Parteivorsitzende, außerdem Hans-Ulrich Klose, Fraktionsvorsitzender im Bundestag, und Karlheinz Blessing, Bundesgeschäftsführer. Sie wollen sicherstellen, dass sich der von Klose öffentlich zitierte Spruch »Frühe Vögel kriegt die Katze«[127] im Falle Schröders auch bewahrheitet. Und der trägt anfänglich nach Kräften dazu bei. Nachdem er schon am 1. Mai, wenn auch zu diesem Zeitpunkt wider Willen, zum Kandidaten ausgerufen worden ist, kennt er kein Halten mehr: »Wie ein Rollkommando kommt er jetzt über seine Genossen«, beobachtet der *Focus*.[128] Als einziger Spitzenmann der Sozialdemokraten tummelt sich Schröder am Abend des 3. Mai, also unmittelbar nach Engholms Rücktritt, auf allen Fernsehkanälen und ignoriert oder überhört im Eifer des Gefechts den Rat des interimistischen Parteivorsitzenden Johannes Rau, dass der Weg zum Telefon hilfreicher sei als der Weg zum Mikrophon.

Unter normalen Umständen hätte ein Sonderparteitag über die Nachfolge Engholms zu befinden. Aber die Umstände sind nicht normal, weil man nicht ausschließen kann, dass Schröder, kraftstrotzend und populär, wie er im Augenblick ist, eine Mehrheit hinter sich bringt. Also fassen die Drahtzieher in der »traditionell nach Funktionärsregeln geführten ehemaligen Arbeiterpartei« den geradezu kulturrevolutionären Beschluss, eine Befragung ihrer in 11 000 Ortsvereinen organisierten rund 900 000 Mitglieder durchzuführen.[129] Das weiß der exzellent informierte *Spiegel* schon in seiner nächsten Ausgabe zu berichten. Mit deutlicher Mehrheit sprechen sich am 10. Mai Präsidium beziehungsweise Vorstand gegen die – von Schröder eine Woche später erneut geforderte – »Durchführung eines außerordentlichen Parteitages vor der Sommerpause«[130] und für die Mitgliederbefragung aus. »Dies ist eine Schröder-Verhinderungsstrategie«, sagt der Parlamentarische Geschäftsführer der Bundestagsfraktion, Peter Struck, der damals nicht unbedingt zu den Freunden des Ministerpräsidenten zählt, nach den Sitzungen von Präsidium und Vorstand zu Journalisten.[131] Am 13. Juni soll es so weit sein.

Und damit nichts anbrennt, stimmen die Gegner Schröders, die nur diese Gegnerschaft wirklich eint, ihr Vorgehen gegen ihn ab: »Schröder anzupinkeln scheint eine Art SPD-Volkssport zu werden«,[132] kommentiert die Hannoveraner *Neue Presse*. Mitte Mai treffen sich die Gegner beziehungsweise ihre Abgesandten in der saarländischen Vertretung in Bonn. Inzwischen sind Lafontaine und Schröder nicht mehr die guten politischen Freunde, als die sie wenige Jahre zuvor von der Öffentlichkeit wahrgenommen wurden: »Wir haben uns ein bißchen auseinanderentwickelt«, sagt Schröder Ende Mai, »weil Oskar sehr häufig politische Zusammenarbeit mit Gefolgschaft verwechselt.«[133] Und Lafontaine, dem wie vielen anderen dessen unabgesprochene Alleingänge zusehends auf die Nerven gehen, will die Mitgliederbefragung, weil er weiß, dass der Solotänzer dabei »keine Chance« hat.[134] In seiner Landesvertretung mit von der Partie sind neben dem Hausherrn, der nicht ins Rennen um den Parteivorsitz geht, aber sich seither wieder die Option des Kanzlerkandidaten offenhält, die beiden Mitbewerber Gerhard Schröders.

Der Politikwissenschaftler Rudolf Albert Scharping, Anfang Dezember 1947 im Westerwald geboren, gehört der SPD seit 1966 an, war von 1969 bis 1974 Landesvorsitzender der Jusos in Rheinland-Pfalz und anschließend bis 1976 Stellvertretender Bundesvorsitzender der Organisation. Seit 1975 Mitglied des Landtages von Rheinland-Pfalz, führt er dort seit 1985 die Fraktion, gewinnt im April 1991 mit einem Stimmenzuwachs von beachtlichen 6 Prozentpunkten die Wahlen für die SPD und amtiert seit Mai 1991 als erster sozialdemokratischer Ministerpräsident in Mainz. Erst seither einer breiten Öffentlichkeit ein Begriff, kann er es an Bekanntheit nicht mit dem drei Jahre älteren Schröder aufnehmen.

Anders Heidemarie Wieczorek-Zeul, die Konkurrentin der beiden, obgleich sie es bis dahin nicht zu höheren Ämtern in Land oder Bund gebracht hat. Aber zum einen ist sie eine Frau, und damit immer noch eine Ausnahme auf den Führungsetagen der Parteien, und zum anderen hat sie sich als junge Sozialistin den Rufnamen »rote Heidi« zugelegt, der für nicht wenige ein Markenzeichen, für sehr viele ein Ausdruck des Bürgerschrecks, in jedem Falle aber ein Alleinstellungsmerkmal ist. Die Haupt- und Realschullehrerin für Englisch und Geschichte ist im November 1942 in Frankfurt am Main geboren worden, mithin die Älteste der drei. Seit 1965 Mitglied der SPD, wurde Wieczorek-Zeul 1979 in das Europäische Parlament, 1987 in den Bundestag gewählt. Der Öffentlichkeit ist vor allem ihre Zeit als erste Frau an der Spitze der Jusos während der Jahre 1974 bis 1977 in Erinnerung geblieben. Aus dieser Zeit kennt sie die beiden Mitbewerber. Anders als im Falle Scharpings ist ihre Kandidatur für den Parteivorsitz nicht auch oder gar in erster Linie ein Beitrag zur Verhinderung Gerhard Schröders, mit dem sie sich ganz gut versteht, sondern eine Konsequenz aus der Frauenquote, die der Münsteraner Parteitag der SPD im Sommer 1988 beschlossen hat. Also ruft Wieczorek-Zeul ihn an und sagt: »Du, ich kandidiere auch. Niemand würde es verstehen, wenn die Kandidatur um den Vorsitz nur unter Männern ausgetragen würde.«[135]

Die Ziele, mit denen die drei in die Mitgliederbefragung gehen, sind nur zum Teil deckungsgleich. Dass sie allesamt nach dem Parteivorsitz streben, versteht sich von selbst. Denn darum geht es am 13. Juni. Allerdings will es Wieczorek-Zeul dabei belassen, während Scharping eiert und die Frage, ob er auch die Kanzlerkandidatur anstrebe, letztlich offenlässt. Lediglich Schröder sagt von Anfang an klipp und klar, dass er mit dem Parteivorsitz auch die Kanzlerkandidatur anstrebe: »Er selbst werde für beide Ämter antreten«, erklärt er am 18. Mai im Parteirat,[136] und öffentlich fügt er hinzu: »Ich arbeite nie mit Netz und doppeltem Boden oder mit Rückfahrkarten.«[137]

Das ist ehrlich – und es ist riskant. Denn inzwischen ist klar, dass die »Mitgliederbeteiligung« nicht nur »konsultativen Charakter« haben wird, wie von Schröder im Parteivorstand gefordert.[138] Außerdem hat er sich darauf verlegt, dass ein Regierungswechsel in Bonn 1994 »nur in einer rot-grünen Konstellation geht«.[139] Seine augenblickliche Situation in Hannover, aber auch seine eindeutige Festlegung in der *Reifeprüfung* lassen ihm keine Wahl. Allerdings ist Rot-Grün für viele Sozialdemokraten gerade im mitgliederstarken Landesverband unter dem Schröder-Gegner Johannes Rau eher ein Albtraum denn eine Vision. Außerdem stößt der Machtanspruch, der sich im Doppelanspruch auf Parteivorsitz und Kanzlerkandidatur manifestiert, vielen Genossen sauer auf. Das stellt der damals noch unterschätzte Rivale Scharping klüger an. Zwar verfolgt er eben diesen Anspruch, hält sich aber bis zur Selbstkasteiung bedeckt. Kaum hat er es geschafft, lässt er die Katze aus dem Sack, fordert die Kanzlerkandidatur und bremst damit nicht zuletzt den in Wartestellung verharrenden Rivalen Lafontaine aus.

Noch am Tag der Befragung stellen sich die drei mittags auf einer vierstündigen Veranstaltung des Unterbezirks Düsseldorf in der dortigen Stadthalle den Genossen, präsentieren ihre Programme, beantworten Fragen und geben den Mitgliedern bundesweit die Möglichkeit, sich ein Urteil zu bilden, denn die Veranstaltung wird von einem Fernsehsender übertragen. Als sich Gerhard Schröder danach mit dem Auto auf den Weg nach Hannover macht, weiß er, dass er nicht punkten konnte: »Du hast der Partei nicht die Seele gewärmt«, sagt ihm sein Pressesprecher übers Telefon, und Schröder gibt das so an Ulrike Posche weiter, die mit ihm zurückfahren darf.[140] Es ist nicht das erste und auch nicht das letzte Mal, dass ihm Wohlmeinende diese Botschaft übermitteln.

Der Partei nicht die Seele gewärmt: Die Kandidaten für den SPD-Vorsitz (von links) Rudolf Scharping, Heidemarie Wieczorek-Zeul und Gerhard Schröder am 13. Juni 1993 beim abschließenden Schaulaufen in Düsseldorf.

Die weitere Entwicklung wartet der Ministerpräsident in der Staatskanzlei ab, wo ihm hin und wieder die Resultate einzelner Ortsvereine durchgegeben werden. Das Endergebnis ist eindeutig und auch wieder nicht. Zum einen ist die Beteiligung mit 56,6 Prozent höher als erwartet. Und dann geht Scharping mit 40,3 Prozent der abgegebenen Stimmen zwar als klarer Sieger aus dem Rennen hervor, gefolgt von Schröder mit 33,2 und Wieczorek-Zeul mit 26,5 Prozent, aber er verfehlt ziemlich deutlich die absolute Mehrheit.

Immerhin räumt Scharping in Nordrhein-Westfalen, Bayern, Hessen und sämtlichen ostdeutschen Landesverbänden ab, während Schröder nur in Niedersachsen, Bremen und Berlin die Mehrheit holt. Ausschlaggebend für den Ausgang war die Stimmung an Rhein und Ruhr. »Bis heute bleibt offen«, hat Peter Struck noch 2010 geschrieben, »ob es ein vermeintlich genialer Einfall der Rau-Leute war, Schröder in der mächtigen NRW-SPD zum Vorsitzenden non grato zu erklären, oder ob Lafontaine in seiner Spezialdisziplin ›Zwietracht säen‹ diesen Coup gestartet hatte, in der leisen Hoffnung – oder, wie er später immer wieder behauptete, aufgrund der Zusage –, der neu gewählte Vorsitzende Scharping werde sich mit der Führung der Partei begnügen und ihm 1994 erneut die Kanzlerkandidatur antragen.«[141] Schröder ist jedenfalls überzeugt, dass Scharping und Lafontaine einen »Deal« zu seinen Lasten gemacht haben.

Das weiß Béla Anda zu berichten. Anda, Jahrgang 1963, gelernter Journalist, examinierter Politikwissenschaftler und seit 1992 in der Hannoveraner Redaktion von *Bild* tätig, interessiert sich für Schröder, seit er ihn 1986 als Volontär für die *Welt am Sonntag* gesprochen hat. Jetzt gehört der Journalist zu jenen Berichterstattern, denen der Ministerpräsident gerne Einblicke in seine Welt gewährt, weil er sich von ihnen ein längerfristiges Engagement verspricht. Anda wiederum ist von Schröders Fähigkeit angetan, sich in unterschiedlichen Situationen aus dem Stand heraus souverän zu bewegen – politisch, persönlich, medial. Mitte April 1993 besucht er ihn im heimischen Immensen. Daraus entsteht ein erstes Porträt für *Bild*, dem etliche weitere Berichte und schließlich ein Buch folgen werden. Die 1996 gemeinsam mit Rolf Kleine vorgelegte Biographie, die vielen Lebensbildern Schröders als Vorlage dient, lässt erkennen, wie eng Béla Anda den mächtig nach vorne drängenden Mann beobachten konnte. Er ist auch als einziger Journalist dabei, als Schröder in seinem Büro das Ergebnis des Mitgliederentscheids erfährt.[142]

Aus unerfindlichen Gründen hat man sich in Hannover nicht die Frage gestellt, was eigentlich in einem Fall wie dem jetzt eingetretenen geschehen solle.[143] Weil die drei vor dem Urnengang erklärt haben, das Ergebnis ohne Wenn und Aber akzeptieren zu wollen, kommt es nicht zur Stichwahl, die in den Augen Wieczorek-Zeuls »eigentlich fällig gewesen wäre«[144] und von der Schröder annimmt, dass er sie gewonnen hätte. Davon geht auch Scharping aus (»Ich hätte sie gewonnen.«), der es später als »Fehler« ansieht, dem Rivalen nach dem 13. Juni nicht eine »zweite Runde« angeboten und damit einer Legendenbildung vorgebeugt zu haben.[145]

Als das Ergebnis feststeht, tritt Gerhard Schröder kurz vor zehn vor die Kameras und sagt, die Entscheidung habe »zu gelten« und müsse »von Dauer sein«. Auf die Frage nach dem Kanzlerkandidaten antwortet er: »Mein Rat ist: beides zu machen.«[146] Äußerlich wirkt er ruhig und gefasst, aber natürlich ist das Ergebnis eine schwere Niederlage. Dass seine neunundsiebzigjährige Mutter Erika Vosseler noch rasch in die Partei eingetreten ist, um für »ihren Jungen« stimmen zu können, ist rührend und tröstlich, vermag aber nichts an der Lage zu ändern: Gerhard Schröder ist von der Parteibasis abgestraft worden, weil er sich wohl doch zu weit aus dem Fenster gelehnt und seinen Machtanspruch zu vernehmlich angemeldet hat; weil die in Niedersachsen praktizierte und für den Bund als einzige Lösung angepeilte Koalition mit den Grünen offensichtlich nicht mehrheitsfähig ist; weil Schröder sich mit seiner Haltung zum Staatsvertrag und zuletzt vor allem zum Solidarpakt in den

Reihen der mitteldeutschen Genossen keine Freunde gemacht hat; und weil er die Entschlossenheit seiner parteiinternen Gegner, allen voran die an Rhein und Ruhr, wohl doch unterschätzt hat – oder, anders gewendet: weil er zu vielen Genossen zu heftig auf die Füße getreten ist.

Das alles ist bitter, aber nun mal nicht zu revidieren. Daher nimmt Schröder die schlimme Niederlage an und lernt aus ihr. Die Art und Weise, wie er sie wegsteckt, ist beachtlich und typisch. Er ist ein auf die Fünfzig zugehender, in Rückschlägen und Niederlagen erfahrener, aber von ihnen nicht gezeichneter Mann, der früh verstanden hat, Dinge ruhen zu lassen, die man nicht mehr ändern kann. Die Fähigkeit, aus vergangenen Fehlern zu lernen und sie kein zweites Mal zu begehen, nicht im Rückblick zu verharren oder gar zu erstarren, sind Voraussetzungen, um bruchlos weitermachen zu können. Im Beruf wie im Privatleben. Und es gehört auch dazu, auf Schuldzuweisungen zu verzichten. Natürlich hat Schröder während der Schlacht gelegentlich unfaires oder hinterhältiges Taktieren des politischen Gegners wie des in der Regel noch schlimmeren Parteifreundes verurteilt. Aber nie hat er im Nachhinein die Schuld für eine Niederlage bei anderen gesucht. 1970 nicht, 1986 nicht, und 1993 auch nicht.

Natürlich verabschiedet sich der Ministerpräsident nicht aus der Bundespolitik. Das will er nicht, und das könnte er auch gar nicht. Einmal weist ihm sein Amt im föderalen System der Republik auch eine bundespolitische Rolle zu, zum anderen ist er nach wie vor Mitglied im Vorstand und im Präsidium seiner Partei und will das auch bleiben. Dort wiederum weiß man, dass man an Schröder, Niederlage hin oder her, nicht vorbeikann. »Gerhard Schröder einzubeziehen, wäre mehr als nur ein Gebot taktischer Klugheit«, hatte der Beobachter aus München nach dem Entscheid geschrieben, denn »dessen Loyalität und Engagement werden Voraussetzung für das Gelingen des Experiments Scharping sein«.[147] So sieht der das wohl auch und beruft Schröder in die vierzehnköpfige Kommission »Regierungsprogramm 1994« und damit in jene Kernmannschaft, mit der er die Bundestagswahl gewinnen will.

Schröder hält sich in dieser Hinsicht einstweilen zurück, unterlässt auch spektakuläre Alleingänge und konzentriert sich auf Niedersachsen. Hier stehen Anfang März 1994, also in nicht einmal einem Jahr, Wahlen an, und die will er mit einem klaren Ergebnis gewinnen. Das muss er auch. Denn der Weg ins Kanzleramt, den er unbeirrt verfolgt, führt über die erfolgreiche Verteidigung seiner Position in Hannover. Also kümmert er sich jetzt wieder stärker um die Landespolitik, die er zwar auch in den vergangenen Wochen und Monaten nicht aus dem Blick verloren hat, aber zwangsläufig etwas vernachlässigen musste. Ende Juli macht sich Schröder erneut auf seine dreiwöchige Sommerreise durch Niedersachsen, redet mit Kommunalpolitikern und Vertretern von Bürgerinitiativen, mit Bauern und Fischern, Feuerwehrleuten und Polizeibeamten, Gastwirten und Arbeitern. So findet er nicht nur heraus, wo die Leute der Schuh drückt, sondern er testet und lernt auch, wie er mit den anstehenden heiklen Themen umzugehen hat.

Im Mittelpunkt stehen naturgemäß die größeren und kleineren Probleme der Region. Ganz gleich ob sich das Fremdenverkehrsgewerbe im niedersächsischen Mittelgebirge angesichts sterbender Wälder um seine Zukunft sorgt, ob 300 Milchbauern im Raum Stade gegen eine Absprache der Landesregierung mit der Hansestadt Hamburg protestieren, bis zu 280 000 Tonnen giftigen Hafenschlick zu lagern, um im Gegenzug Berge niedersächsischen Sondermülls in den Verbrennungsanlagen der Hansestadt entsorgen zu können, oder ob die Mitglieder des Hannoveraner Kleingartenvereins Buchholz über Pachtzins und Kleingartengesetz, fehlende Ampeln und Anliegergebühren lamentieren – das offene Ohr des Landesvaters ist ihnen gewiss. Das muss man können. Und man muss es wollen.

Schließlich gibt es die großen und heiklen Themen, denen gemeinsam ist, dass sie alle eine Brücke von der niedersächsischen Provinz zur nationalen oder auch internationalen Bühne schlagen. Zum Beispiel der Komplex Rüstungsproduktion, Rüstungsexporte und Auslandseinsätze der Bundeswehr. Dreh- und Angelpunkt ist das Werk der DASA in Lemwerder. Im Verlauf der brisanten Geschichte riskiert der niedersächsische Ministerpräsident eine neuerliche Konfrontation mit seiner Partei und den Bruch seiner Hannoveraner »Reformkoalition«.

Verstehbar ist das nur, wenn man Schröders Prioritäten kennt: Es geht darum, die 1139 Arbeitsplätze in dem zwischen Oldenburg und Bremen gelegenen Werk zu erhalten. Koste es, was es wolle. Die angekündigte Schließung ist Teil eines gewaltigen Sanierungsprogramms, in dessen Verlauf sich der Mutterkonzern der DASA, die Daimler-Benz AG, bis 1996 aus bis zu zehn seiner 50 Standorte ganz zurückziehen und von insgesamt 16 000 der rund 80 000 Stellen trennen will. Mit der Schließung von Lemwerder, wo Flugzeuge der Typen Airbus A 310 und Transall gewartet und umgerüstet werden, soll zum 30. März 1994 der Anfang gemacht werden.

Am 27. Oktober 1993 hat Schröder auf einer Betriebsversammlung erklärt, alles tun zu wollen, um die Schließung abzuwenden, und die Belegschaft im Beisein von Hartmut Mehdorn, dem Luftfahrtchef der DASA, aufgerufen, ihren Widerstand fortzusetzen.[148] Das ist ein nicht unproblematischer Appell, hatten Demonstranten doch wenige Tage zuvor die Autobahn A 28 bei

Oldenburg sowie die Weserfähren blockiert.[149] Zehn Tage später geht Niedersachsens Ministerpräsident noch einen Schritt weiter und erklärt die Bereitschaft des Landes, in die unternehmerische Mitverantwortung für den Betrieb einzusteigen.

Währenddessen laufen auch hinter den Kulissen die Bemühungen um den Erhalt von Lemwerder auf Hochtouren. Zum einen bemüht sich Schröder im direkten Gespräch mit Jürgen Schrempp, dem Vorstandsvorsitzenden der DASA, um eine Rücknahme der Entscheidung. Zum anderen sucht er nach einer gemeinsamen Strategie mit seinem bayerischen Amtskollegen Edmund Stoiber, dessen Bundesland ebenfalls von dem radikalen Schließungs- und Abbauprogramm betroffen ist. Nach einer Reihe vertraulicher Vorgespräche, unter anderem Anfang August in der Münchener Staatskanzlei,[150] treffen sich Schröder und Stoiber am 12. November 1993 erneut, versuchen – zusammen mit den Ministerpräsidenten Schleswig-Holsteins und Baden-Württembergs, aber im Ergebnis ohne Erfolg – Jürgen Schrempp umzustimmen, gehen dann gemeinsam vor die Presse und signalisieren ein weiteres koordiniertes Vorgehen Bayerns und Niedersachsens. Allerdings bezieht sich die »absolute Identität aller Meinungen«, von der Schröder nach der Begegnung spricht,[151] allenfalls auf die Analyse der desolaten Situation, nicht aber auf die Schlussfolgerungen, welche die beiden Ministerpräsidenten daraus ziehen. Während Stoiber seinen »Widerstand« gegen die Werksschließung aufgibt,[152] will Schröder alles tun, um diese zu verhindern: »Jeder, der dabei hilft, ist hochwillkommen, und jeder, der dabei hinderlich ist, ist Gegner«, sagt der niedersächsische Ministerpräsident zwei Jahre später vor dem Landtag.[153]

Der Preis, den er dafür zu zahlen bereit ist, gilt vielen als zu hoch – betriebswirtschaftlich wie auch politisch. Der Einsatz für die von der Schließung bedrohten DASA-Werke bedeutet nämlich nichts anderes als das – jedenfalls indirekte – Eintreten für die krisengeschüttelten Zweige der deutschen Rüstungsindustrie. Anders als die meisten Sozialdemokraten teilt Schröder inzwischen die ursprünglich auch von ihm bekämpfte Position etwa des bayerischen Ministerpräsidenten, wonach man in der Luftfahrtindustrie nicht konsequent zwischen einem zivilem und einem militärischem Bereich unterscheiden könne. Dass er das auf einer gemeinsamen Pressekonferenz in der Bayerischen Staatskanzlei auch öffentlich zu Protokoll gibt, bevor er sich auf den Weg zum SPD-Parteitag macht, nötigt Stoiber Respekt ab.[154]

Konkret geht es zum einen um die Wartung der Transall-Maschinen der Bundeswehr in Lemwerder, zum anderen und vor allem aber um die Fertigung von Rumpfteilen für den inzwischen sogenannten Eurofighter, eine

Neubewertung: Mit seinem Einsatz für den Erhalt der Arbeitsplätze in Lemwerder – hier Ende Oktober 1993 auf einer Betriebsversammlung – beginnt Gerhard Schröders Kurskorrektur gegenüber der Rüstungsindustrie.

abgespeckte Version des jahrelang als »Jäger 90« gehandelten Kampfflugzeugs mehrerer europäischer Staaten und Unternehmen, darunter der DASA. Haben die Sozialdemokraten das Projekt stets abgelehnt, fordert der niedersächsische Ministerpräsident jetzt eine Neubewertung. Später bringt er das Thema so auf den Punkt: »In die Entwicklung dieses Fliegers sind sieben oder 8 Milliarden Mark investiert worden. Die Frage ist nicht mehr, ob, sondern nur, wo der gebaut wird.«[155]

Die Reaktionen kommen umgehend. Kein Wunder. Denn so »schnell, wie sich der entschiedene Antimilitarist, Gegner von Blauhelm-Einsätzen der Bundeswehr und Befürworter schärferer Rüstungsexport-Kontrollen ... zu einem Lobbyisten für Rüstungsaufträge gemausert hat, können ihm nur wenige folgen«, findet der Beobachter der *Frankfurter Allgemeinen Zeitung* vor Ort.[156] Als Erster tritt Jürgen Trittin auf und bescheinigt dem Ministerpräsidenten: »Schröder hat einen Knall.« Zwar rudert der Koalitionspartner gleich wieder zurück und sagt, dass er diesen mit seinen Äußerungen nicht habe »herabsetzen wollen«, aber in der Sache bleibt der streitbare Grüne unnachgiebig: Ein Festhalten am »Eurofighter« werde zum Bruch der Koalition in Hannover führen.[157] So weit kommt es dann nicht, weil der Jet erst einmal aus den Schlagzeilen verschwindet und die Wartung von Transall-Flugzeugen der Bundeswehr auch mit dem grünen Selbstverständnis vereinbar ist. Irgendwie jedenfalls.

Kaum ist die akute Krise überstanden, gewinnt der Konflikt Schröders mit seiner eigenen Partei an Schärfe. Wie der Zufall es will, fallen der Kampf um den Erhalt der Arbeitsplätze in Lemwerder und der Parteitag der SPD zeitlich zusammen. Vom 16. bis zum 19. November 1993 wollen sich die Delegierten unter Führung des bei dieser Gelegenheit im Amt bestätigten Rudolf Scharping ein modernes Profil geben. Ein »neues Godesberg« hat der Wiesbadener Parteitag werden sollen. Tatsächlich aber fallen die Genossen wie gewohnt übereinander, genauer gesagt über Gerhard Schröder her, der mitten im Getümmel zu finden ist. Wo auch sonst. Er kennt das ja seit Kindesbeinen und nicht zuletzt aus kampferprobten Juso-Tagen, und wieder hat man den Eindruck, dass er sich in dieser Rolle nicht unwohl fühlt. Wenn einer gegen alle kämpft, darf der sich des medialen Interesses sicher sein, jedenfalls dann, wenn es sich bei diesem einen um ein Schwergewicht handelt.

Und Schröder ist inzwischen ein Schwergewicht, was sich schon an den Themen zeigt, die er dem Parteitag aufzwingt. Zum Beispiel den Energiekonsens. Dass ihn die Delegierten mit dem Beschluss, an der Nürnberger Ausstiegsentscheidung von 1986 festzuhalten, im Regen stehen lassen würden, wusste er, bevor er angereist ist. Davon war schon die Rede. Ähnlich bei der Frage, ob sich ein sozialdemokratischer Ministerpräsident direkt oder auch nur indirekt für die Interessen der Rüstungsindustrie starkmachen darf – oder eben nicht, wie Scharping, Lafontaine und mit ihnen die Mehrheit der Delegierten meinen. In diesem Zusammenhang befragt, ob sich denn ein Ministerpräsident nicht um Parteitagsbeschlüsse zu scheren brauche, antwortet Schröder: »Grundsätze und programmatische Basis darf man nicht vergessen. Doch als Ministerpräsident muß ich damit leben, daß die Wirklichkeit noch nicht so ist, wie ich sie gern hätte. Diesen Widerspruch muß eine SPD-Opposition in Bonn nicht aushalten.«[158]

Schließlich die Frage der Auslands- und Kampfeinsätze der Bundeswehr. Hier bewegt sich Niedersachsens Ministerpräsident zur Abwechselung einmal auf der Linie der Mehrheit, wenn er Einsätze der Bundeswehr außerhalb des Bündnisgebietes auch mit einem Mandat der Vereinten Nationen ablehnt. Seit er die SPD führt, bemüht sich Rudolf Scharping vorsichtig, die Genossen zu einer überfälligen Kurskorrektur zu bewegen. Vorerst ohne, aber mittelfristig doch mit Erfolg. Das ist eine der bleibenden Leistungen dieses Mannes. In einer gründlichen Verkennung der Realität, welche die SPD allerdings zu dieser Zeit mit der Mehrheit der Bevölkerung teilt, beschließt der Parteitag, dass deutsche Soldaten allenfalls an friedenserhaltenden Maßnahmen teilnehmen dürfen – mit »rein defensiver Bewaffnung« und unter »höchst restriktivem Waffengebrauch mit dem Ziel der Vermeidung von Gewaltanwendung«.[159]

Dem entspricht die harsche Kritik Schröders zum Beispiel am Einsatz der Bundeswehr in Somalia, wo amerikanische und andere Streitkräfte seit Ende 1992 im Auftrag der UNO versuchen, den somalischen Bürgerkrieg zu beenden, damit auch eine Ursache der Hungerkatastrophe zu beheben und zugleich den Zerfall des Staates am strategisch wichtigen Horn von Afrika aufzuhalten. Den Beschluss des Bundeskabinetts, den Vereinten Nationen zur Unterstützung ihrer Operationen innerhalb »befriedeter Regionen« Somalias bis zu 1500 Mann »für humanitäre Aufgaben« zur Verfügung zu stellen, hatte der Ministerpräsident Anfang Juni als »vorsätzliche Täuschung« abgetan.[160] Dass er sich am Rande des Parteitages die Frage gefallen lassen muss, ob es nicht einen Widerspruch zwischen der »pragmatischen Position zum Rüstungsgeschäft« und seiner Haltung zum Auslandseinsatz deutscher Soldaten gebe, überrascht nicht; dass Schröder ihn »nicht zu sehen« vermag, allerdings auch nicht.[161]

Obgleich Roland Berger in einem vom Land Niedersachsen in Auftrag gegebenen Gutachten zu dem Schluss kommt, dass eine Fortführung Lemwerders betriebswirtschaftlich kaum zu vertreten ist, einigt sich Schröder mit Schrempp darauf, die Flugzeugwerft zum 1. September 1994 aus der DASA herauszulösen und einer Gesellschaft der Norddeutschen Landesbank zu übertragen. Mitte November 1996 übernehmen drei Privatinvestoren die Aircraft Services Lemwerder GmbH (ASL) zum symbolischen Preis von 1 D-Mark, im November 2003 reichen Jürgen Großmann und seine beiden Mitinvestoren ihre Mehrheitsanteile an die European Aeronautic Defence and Space Company (EADS) weiter, in der die DASA weiterlebt. Als diese zum Jahresende 2010 die ASL stilllegt, wird vollzogen, was 17 Jahre zuvor von diesem Unternehmen geplant, aber von der Politik verhindert worden war. Immerhin sind seit dem Herbst 1994 rund 15 000 »Mannjahre finanziert« worden. Auch gibt es am Standort Lemwerder nach wie vor industrielle Aktivitäten, wie Jürgen Großmann im Rückblick festhält.[162]

Großmann, Jahrgang 1952, hat zunächst in Deutschland Eisenhüttenwesen und Wirtschaftswissenschaften studiert, dann an der Purdue University im amerikanischen Indiana einen Master of Business Administration erworben und schließlich an der Technischen Universität Berlin im Fach Ingenieurwissenschaften promoviert. Die Grundlagen für eine bemerkenswerte Karriere in der deutschen Großindustrie legt Großmann, als er 1980 bei den Duisburger Klöckner-Werken als Assistent des technischen Vorstands beginnt, 1988 die Leitung der Tochterfirma in Georgsmarienhütte und knapp drei Jahre später die Führung in der Holding der Klöckner-Werke AG in Duisburg übernimmt. Aufgrund seiner Heirat finanziell unabhängig und mit dem Mut zum Risiko des Vollblutunternehmers ausgestattet, übernimmt Großmann mit einem Partner nach der Insolvenz von Klöckner im Frühjahr 1993 für einen symbolischen Kaufpreis von 2 D-Mark die hochdefizitäre, fast 140 Jahre alte Georgsmarienhütte GMH, saniert sie und macht sie binnen Kurzem wieder zu einem profitablen Unternehmen. Es folgen unter anderem ein Versuch, mit einer Investorengruppe die Commerzbank zu übernehmen, der Vorstandsvorsitz bei RWE und seit November 2012 der Vorsitz des Kuratoriums der RAG-Stiftung, um nur diese Stationen zu nennen. Nicht alles, was der lebensfrohe, gewichtige, dabei sportliche Mann anpackt, führt zum Erfolg, aber alles ist auf die eine oder andere Weise spektakulär.

Gerhard Schröder und Jürgen Großmann kennen sich seit dem Frühjahr 1988. Damals stattet der Vorsitzende der SPD-Landtagsfraktion der Georgsmarienhütte einen Besuch ab, spricht erst mit dem Betriebsrat, dann mit dem Vorstand. Nach seinem Wahlsieg zeigt sich Schröder erneut und beeindruckt Großmann durch seine guten Kenntnisse der Schwerindustrie vor Ort. Obgleich nach dem Management-Buy-out zunächst keineswegs sicher ist, dass die marode GMH die Kurve kriegt, sieht der Ministerpräsident, der ja auch im Aufsichtsrat von VW sitzt, keinen Grund, warum die Wolfsburger nicht auch weiterhin einen Teil ihres Stahls von dort beziehen sollten. Schröders Engagement und seine Verlässlichkeit imponieren Großmann.

Danach kühlt das Verhältnis ab, bis der Ministerpräsident den inzwischen erfolgreichen Unternehmer, der seit seinem Studienaufenthalt in den USA fließend Englisch spricht, im Frühjahr 1997 einlädt, ihn auf seiner noch zu beschreibenden Reise in die USA zu begleiten. Daraus entwickelt sich eine enge, alle Windungen und Wendungen zweier bewegter Leben überstehende Freundschaft. Schröder schätzt die Lebensart Großmanns, wohl auch seinen gediegenen Wohlstand. Dieser führt ihn in diese Welt ein, zeigt ihm, wie Ulrike Posche später einmal berichtet hat, »die Art des gepflegten Reisens und des kultivierten Trinkens«.[163] Während seiner Kanzlerschaft gehört Großmann zu den engsten Ratgebern und Weggefährten Schröders und ist neben dem Maler Markus Lüpertz, Innenminister Otto Schily und zeitweilig auch dem Filmproduzenten Hanno Huth Mitglied der bald legendären Skatrunde. Kein zweiter Unternehmer hat in der Korrespondenz des Bundeskanzlers eine so breite Spur hinterlassen wie Jürgen Großmann. Beide sind in hohem Maße instinktgeleitet und risikobereit. Beide inhalieren und verarbeiten Anregungen und Eindrücke in geradezu atemberaubendem Tempo.

Gerhard Schröder gehört zu den Menschen, für die sich auf den ersten Blick unvereinbare Positionen nicht ausschließen müssen. Auch deshalb ist er Anwalt und Politiker geworden. Für den Ministerpräsidenten sind Fragen wie die nach Krieg und Frieden eine Sache, der Erhalt der Arbeitsplätze in Niedersachsen ist eine andere, auch wenn sie in der Rüstungsindustrie angesiedelt sind. Dafür wird ein hoher, aber nicht jeder Preis bezahlt, weil sich Schröder, je länger er im Amt ist, einerseits immer besser in die Situation der Unternehmer hineinfinden kann, weil er aber andererseits als Sozialdemokrat eine besondere Verbundenheit mit den Belegschaften empfindet. Auch das schließt sich für Schröder nicht aus. Ganz im Gegenteil, wie der Fall VW zeigt.

Auch der Wolfsburger Automobilbauer ist von der schweren Krise erfasst worden, die praktisch keinen Bereich der deutschen Wirtschaft unberührt lässt. Zunächst hat es ja so ausgesehen, als stünde nach der Vereinigung Deutschlands ein nachhaltiges Wachstum ins Haus. Aber das ist ein Irrtum. Die Krise der Weltwirtschaft trifft Deutschland zeitversetzt, weil die Nachfrage aus den neuen Bundesländern der Republik eine flüchtige Sonderkonjunktur beschert hat – jeweils über 5 Prozent Wachstum in den Jahren 1990 und 1991.

Dann werden die Folgen der internationalen Konjunkturkrise auch hierzulande spürbar, und wie bei den Wirtschaftskrisen Mitte der siebziger und Anfang der achtziger Jahre ist es auch in diesem Falle die Entwicklung im Nahen und Mittleren Osten, welche der ohnehin lahmenden Konjunktur einen zusätzlichen Rückschlag versetzt. Im Zuge des Zweiten Golfkrieges schnellen die Ölpreise kurzfristig in die Höhe und verstärken die allgemeinen Verwerfungen auch in der Weltwirtschaft. Hinzu kommt der Zusammenbruch der Sowjetunion und ihres Imperiums, der gerade die deutsche Exportwirtschaft mit Wucht trifft. Damit nicht genug, machen ihr wieder einmal die starke D-Mark und der schwache Dollar zu schaffen, und dann scheiden im September 1992 schließlich die italienische Lira und das britische Pfund aus dem Europäischen Währungssystem aus.

Besonders hart trifft die »tiefste Rezession« der vergangenen 20 Jahre, von der Schröder vor dem Landtag spricht,[164] neben dem deutschen Maschinen- vor allem den deutschen Automobilbau. Auch VW. Jetzt rächt sich, dass die Arbeitskosten in der deutschen Industrie mehr oder minder unkontrolliert aus dem Ruder gelaufen sind. Zumindest in dieser Hinsicht sind die deutschen Autobauer nicht mehr konkurrenzfähig. Kostet 1992 eine Beschäftigtenstunde in der deutschen Automobilindustrie rund 47 D-Mark, sind es in den USA knapp 34, in Japan gut 33 und in Frankreich und Großbritannien deutlich unter 30 D-Mark. Da ist guter Rat teuer. Im wahrsten Sinne des Wortes.

Die Senkung der Herstellungskosten ist das Gebot der Stunde. Zur Debatte stehen, wenn schon an eine Lohnkürzung nicht zu denken ist, eine Flexibilisierung der Arbeitszeit, die aber harte Auseinandersetzungen mit den Gewerkschaften erwarten lässt, eine Verlagerung großer Teile der Herstellung ins Ausland und eine Auslagerung substantieller Produktionsbereiche von den Autoherstellern zu den Zulieferern. Seit Anfang der neunziger Jahre beackert die deutsche Automobilindustrie konzentriert alle drei Felder. Auch Volkswagen. Dort hat das Reform- und Restrukturierungsprogramm zwei Namen. Der eine ist Peter Hartz, von dem noch zu berichten ist. Der andere ist José Ignacio López de Arriortúa.

López, der Ingenieur spanischer Abstammung, Jahrgang 1941, hat seine automobile Karriere 1980 als Leiter eines spanischen Werkes von General Motors GM begonnen und es über Zwischenstationen unter anderem bei Opel in Rüsselsheim bis 1992 zum Executive Vice President in Detroit gebracht. Hier ist López für den weltweiten Einkauf zuständig. Seit seiner Rüsselsheimer Zeit eilt dem Manager bei den großen Herstellern ein legendärer, bei den Zulieferern ein gefürchteter Ruf als knallharter Drücker von Herstellungskosten voraus. Die Fachwelt staunt nicht schlecht, als es dem neuen Vorstandsvorsitzenden von VW im März 1993 gelingt, López gemeinsam mit sieben seiner wichtigsten Mitarbeiter nach Wolfsburg zu holen. Als Mitglied des Vorstandes ist der Spanier für Produktionsoptimierung und Beschaffung zuständig. Ferdinand Piëch hofft, dass der Konzern dank seiner Hilfe mit der Entwicklung, dem Bau und dem Verkauf von Automobilen endlich wieder Geld verdient. Während die Produktion zwischen 1988 und 1992 von knapp 2,85 Millionen auf 3,5 Millionen Pkw zugelegt hat, ist der Gewinn alleine von 1991 auf 1992 von gut 1,1 Milliarden auf 147 Millionen D-Mark eingebrochen.

Allen direkt und indirekt an dem Transfer Beteiligten ist klar, was jetzt auf die Mitarbeiter, auf die Zulieferer, aber auch auf die Konkurrenten zukommt. Damit rücken die Hauptverantwortlichen ins Visier der Betroffenen, und zu den Hauptverantwortlichen gehört auch Gerhard Schröder. Dass David J. Hermann, Vorstandsvorsitzender der Adam Opel AG, Anfang Juni dem Ministerpräsidenten und Aufsichtsratsmitglied von VW in einem bösen Brief offensichtliche »Unkenntnis der Fakten« vorwirft, ist eine Reaktion auf

Schröders Vorwurf, Opel wolle VW Schaden zufügen. Anlass für den öffentlichen Schlagabtausch ist die Ende April von GM/Opel bei der Staatsanwaltschaft Darmstadt gegen López und seine sieben Mitarbeiter erstattete Strafanzeige wegen Geheimnisverrats, Unterschlagung und Untreue, der sich wenig später ein strafrechtliches Ermittlungsverfahren in den USA anschließt.[165]

Nunmehr entfaltet sich vor der Öffentlichkeit eine abenteuerliche Geschichte, die Schröder jahrelang beschäftigen wird, wenn auch zumeist hinter den Kulissen. Anlass für den Haftbefehl sind Kisten voll vertraulichen Datenmaterials über den vor der Markteinführung stehenden neuen Opel »Corsa« und andere Modelle aus Rüsselsheimer Produktion, die López vor seinem Wechsel nach Wolfsburg angefordert und mit dessen Vernichtung er nach dem Bekanntwerden erster Details begonnen haben soll. Seit der *Spiegel* die Geschichte im Mai 1993 entdeckt und hochgefahren hat, geraten VW und nicht zuletzt der Aufsichtsrat Schröder zusehends unter Druck. Und weil es diesem, wie das Magazin im August 1993 richtig beobachtet, »nicht gleichgültig sein« kann, »wenn der Volkswagen-Konzern … wegen ungeklärter Vorwürfe nicht aus den Schlagzeilen kommt«,[166] sorgt der *Spiegel* dafür, dass er dort bleibt, bis die Öffentlichkeit im Sommer das Interesse an der Geschichte verliert.

Man kann nicht sagen, dass der Ministerpräsident dabei gut wegkommt. Rudolf Augstein, der in diesen Jahren ein gespaltenes Verhältnis zu Gerhard Schröder (»armer Leute Kind«) hat, zeigt sich Mitte August 1993 »beinahe froh, daß nicht Schröder, sondern Scharping … Kanzlerbewerber geworden ist … Was ich nicht glauben mochte, ist ja nun erwiesen. Kriegermannschaften à la López genießen die Hilfe des SPD-Politikers.« Das sitzt. Anlass für diesen Tiefschlag ist die Feststellung Schröders, er wolle »nicht darauf warten, daß die Japaner sich auch noch des deutschen Automobilmarktes bemächtigen, weder dem der Hersteller noch dem der Lieferanten. Piëch und López möchten dies verhindern, und ich werde ihnen helfen«.[167]

Nun ist Schröder ein hartgesottener Mann. Daher lässt er sich auch von unschönen Angriffen wie denen des *Spiegel* nicht aus der Bahn werfen, sondern bleibt, ganz Jurist, bei seiner Empfehlung an den Aufsichtsrat, dass jemand so lange als unschuldig zu gelten habe, bis seine Schuld in einem ordentlichen Verfahren erwiesen sei, und wendet sich im Übrigen wieder seinen Verpflichtungen als Ministerpräsident und Aufsichtsratsmitglied zu. Dazu gehört zum Beispiel im Mai 1994 der gemeinsame Besuch Piëchs und Schröders beim spanischen Ministerpräsidenten Felipe González in Madrid, von dem sie Finanzhilfen in beträchtlicher Höhe erwarten, um die Tochtergesellschaft Seat als eigenständige Marke von Volkswagen fortführen zu können. Bei derartigen Missionen ist Schröder in seinem Element – und er wirkt entspannt wie lange nicht. Das hat sicher auch damit zu tun, dass die López-Affäre vorerst aus den Schlagzeilen verschwunden ist. Vor allem aber hat er wenige Wochen zuvor einen schönen politischen Erfolg verbuchen können.

Am 16. Januar haben die niedersächsischen Sozialdemokraten ihren Wahlkampf eröffnet. 15 000 Anhänger sind in die Hallen des Hannoveraner Kongresszentrums geströmt, um Hiltrud Schröders »Talk-Einlage« – »ein Publikumsrenner«[168] – zu lauschen, den SPD-Vorsitzenden Rudolf Scharping zu sehen und natürlich vor allem um dem Spitzenkandidaten zu huldigen. Die Kampagne ist ganz auf ihn zugeschnitten. Die SPD kommt auf den Plakaten mit Schröders Konterfei (»Zuhören, entscheiden, handeln«) gar nicht mehr vor.

Wer in die Staatskanzlei zu Hannover einziehen will, muss nicht gegen die SPD, sondern gegen Gerhard Schröder gewinnen. Ein Anfänger wie Christian Wulff hat da keine Chance. Dabei haben die beiden einiges gemeinsam. Denn auch der im Juni 1959 in Osnabrück geborene Herausforderer hat früh die harte Seite des Lebens kennengelernt. Praktisch ohne Vater aufgewachsen und für eine schwerkranke Mutter sowie zwei jüngere Halbschwestern verantwortlich, weiß Wulff, was ein Aufstieg ist. Der seit 1990 als Anwalt tätige Wulff ist schon mit sechzehn in die CDU eingetreten, hat es bis 1978 zum Bundesvorsitzenden der Schüler-Union gebracht, von dort aus diverse Karrierestationen der Jungen Union, zuletzt als deren Landesvorsitzender in Niedersachsen, durchlaufen, ist jetzt Ratsherr seiner Heimatstadt und gehört dem Landesvorstand der CDU an. Eine beachtliche Laufbahn. Aber neben dem mit allen Wassern gewaschenen Amtsinhaber wirkt Wulff doch wie ein Schuljunge. Das weiß auch Schröder und ignoriert ihn schlicht.

Aufregendes ist aus dem Wahlkampf, in dem der Ministerpräsident die Themen und die Tonlage vorgibt, nicht zu vermelden. Bemerkenswert ist aber doch, dass Schröder ein Thema aufgreift, von dem man eigentlich nicht vermutet hätte, dass es ihm von einiger Bedeutung ist. So spricht er sich nicht nur auf dem Neujahrsempfang der Evangelisch-lutherischen Landeskirche gegen eine Abschaffung der staatlichen Einziehung der Kirchensteuer aus, zumal dieses Verfahren nicht die »Freiheit eines Christenmenschen« beeinträchtige. Sondern er sperrt sich auch nicht gegen den Versuch von Kirchenkreisen, den Gottesbezug ausdrücklich in der Präambel der niedersächsischen Verfassung zu verankern, sollte über ihre Neufassung beraten werden, bringt dem Gedanken sogar ausdrücklich »Respekt« entgegen.[169]

Das ist kein dem Wahlkampf geschuldetes Manöver, sondern entspricht seiner Überzeugung. Als Bundeskanzler wird Schröder zu den europäischen Staats- und Regierungschefs gehören, die sich, wenn auch ohne Erfolg, für einen Gottesbezug in der europäischen Verfassung aussprechen, über die man nach der Jahrtausendwende verhandelt. Er hätte sich, sagt er später im Bundestag, eine »Formulierung« vorstellen können, »die die griechisch-römischen, die jüdisch-christlichen und die humanistischen Traditionen und Überlieferungen unseres Kontinents klarer zum Ausdruck bringt«.[170] Das ist im Sommer 2004. Nachdem Gerhard Schröder das Amt des Bundeskanzlers vorzeitig verlassen hat, danken ihm die Kirchen ausdrücklich »für so manche Hilfen«. Der Kanzler hat nie öffentlich Aufhebens davon gemacht, auch nie auf eine Unterstützung der Kirchen für seine Politik oder in Wahlkampfzeiten spekuliert, aber für »sie stets offene Ohren« gehabt.[171]

Selbst in seiner Zeit an der exponierten Spitze der Jusos hat sich Gerhard Schröder offensiv zu seiner Kirchenzugehörigkeit und auch dazu bekannt, sich »– ich sage das einmal so pathetisch – dafür totschlagen [zu] lassen …, daß in einer sozialistischen Gesellschaft Glaubensfreiheit herrscht. Ich würde, obwohl ich der Amtskirche sehr skeptisch gegenüberstehe, mich immer dafür einsetzen, daß jemand der glaubt, das auch ausüben kann und nicht administrativ eingeschränkt wird.« Zwar habe er oft darüber nachgedacht, ob es sinnvoll sei, auszutreten, es aber nicht getan, weil er beispielsweise in der Sozialarbeit der Kirche oder auch in ihrer Einstellung zur Dritten Welt eine »Menge sehr positiver Ansätze« sehe.[172] Das ist – 1978 wenig überraschend – ein im weitesten Sinne politisches Argument, doch erklärt das alleine nicht Schröders Einstellung zu Kirche und Religion.

Diese Einstellung ist nicht die eines strenggläubigen oder kirchentreuen Christen, aber sie ist greifbar, und sie ist eigenständig. Schröder fällt es daher auch nicht schwer, seine Position zu beschreiben. Er sei »kein im klassischen Sinn ›religiöser‹ Mensch«, erläutert er im Mai 1999 dem Landesbischof der Evangelisch-lutherischen Landeskirche Hannover, obgleich »die christliche Ethik« bei seinen »Entscheidungen vielfach Grundlage« sei.[173] Jahre später, als er nicht mehr im politischen Geschäft ist, antwortet er den Schülern eines Berufskollegs: »Die Fundierung von Politik, zum Beispiel durch die Bergpredigt als zentrales Element christlicher Politik, ist für mich als Person als auch für die SPD von großer Bedeutung.«[174] Auf den Punkt gebracht versteht sich Gerhard Schröder als »zweifelnder Protestant, der weiß, dass in schwierigen Lebenslagen der Glaube eine große Hilfe ist«. Das schreibt er im Januar 2001 an Veronica Carstens. Die Ärztin, Witwe des Bundespräsidenten und engagierte Christin, hatte ihn gemahnt, er könne »so viel erfolgreicher sein«, wenn er Gott in sein Leben »einbeziehen« würde: »Ganz einfach – reden Sie mit ihm, u[nd] er wird sich bemerkbar machen.«[175] Gerhard Schröder gehört nicht zu den Zeitgenossen, die sich über einen solchen Rat zu amüsieren pflegen.

Von diesem Thema abgesehen, spielt Überregionales im niedersächsischen Landtagswahlkampf 1994 praktisch keine Rolle. Lediglich mit seinem klaren Nein zur Magnetschwebebahn Transrapid, die von Siemens und Thyssen im Emsland getestet wird, löst der Ministerpräsident kurzzeitig einen ziemlich heftigen Streit aus. Schröders Einstellung zum Transrapid überrascht zunächst einmal, hat er sich doch in den vergangenen Jahren entschieden für den Industriestandort Deutschland eingesetzt. In diesem Falle aber ist es so, dass Niedersachsens Premier in der geplanten Transrapid-Verbindung von Hamburg nach Berlin »keinen verkehrspolitischen Nutzen« sieht, vielmehr ein unsinniges Konkurrenzunternehmen zur ohnehin defizitären Deutschen Bahn. Außerdem ist er dagegen, dass »ganze Häuserzeilen plattgemacht werden«.[176] Dass ausgerechnet der Bundeskanzler Gerhard Schröder sechs Jahre später den weder in Deutschland noch sonst wo in Europa verkäuflichen Transrapid in der Volksrepublik China an den Mann bringen wird, ist nicht ohne Ironie.

Jenseits der kurzen Meinungsaufwallung über Sinn und Unsinn der schwebenden Bahn ist die Tonlage des Wahlkampfs moderat. Auch gegenüber den Grünen, mit denen Schröder für den Fall erneut eine Koalition eingehen will, dass es nicht für eine absolute Mehrheit reichen sollte. Die Lokalpresse vergleicht Schröder und Trittin bei einem gemeinsamen Auftritt vor einem Kreis von Journalisten mit einem »alten Ehepaar, das Jungvermählten Ratschläge geben will«.[177] Auch wenn kurz vor der Wahl noch einmal die Fetzen fliegen, bleibt es insgesamt bei einem erstaunlichen Einvernehmen: »Wir haben die erste rot-grüne Regierung, die vier Jahre überstanden hat. Dies ist der Tag, an dem die Kanzlerdämmerung in Bonn eingeläutet wird.« Sagt Jürgen Trittin am Wahlabend.[178] Er wird recht behalten, und die beiden Protagonisten der Hannoveraner »Reformkoalition« werden zu den Architekten zählen.

Schon jetzt gilt: Mit diesem Erfolg ist Niedersachsen unter den sozialdemokratisch geführten Bundesländern zum »Führungsland« geworden.[179] Als die Genossen im Mai 1995 in Nordrhein-Westfalen die absolute Mehrheit verlieren und Johannes Rau mit den ungeliebten Grünen eine Koalition eingehen muss, gilt Rot-Grün dank der in Niedersachsen gesammelten Erfahrungen als Modell mit Zukunft. Und es war Gerhard Schröder, der als Erster gezeigt hat, dass man so eine Koalition durch eine ganze Legislaturperiode führen kann.

Der Wähler will es, dass die Grünen in Niedersachsen einstweilen nicht mehr gebraucht werden. Dabei legen sie am 13. März 1994 um fast 2 auf 7,4 Prozent zu und sind damit die eigentlichen Wahlgewinner. Hingegen stagnieren die Sozialdemokraten bei 44,3 Prozent – kein berauschendes Ergebnis, aber doch ein beachtlicher Erfolg. Immerhin können sie ihre Stellung halten, und damit steht die niedersächsische SPD gegen den im Allgemeinen ungünstigen Stimmungstrend in Deutschland. Dass dieses gute Ergebnis vor allem auf das Konto des Spitzenkandidaten geht, stellt kaum jemand in Abrede, schon gar nicht dieser selbst. Nach ersten Wahlanalysen von Infas bescheinigen 58 Prozent der Wähler dem Ministerpräsidenten Pragmatismus, 44 Prozent stufen seinen Einsatz für die Arbeitsplätze als wirkungsvoll ein, und seine Wirtschaftspolitik findet gar bei 70 Prozent der Wähler Zustimmung.

Tatsächlich haben die niedersächsischen Wähler den Ministerpräsidenten Gerhard Schröder nicht nur im Amt bestätigt, sondern ihm bei dieser Gelegenheit auch noch einen zweiten Wunsch erfüllt. »Wir wollen allein regieren«, hat er von Anfang an gesagt[180] und ist dafür von so manchem Parteifreund wie etwa Günter Verheugen, dem Nachfolger Karlheinz Blessings im Amt des Bundesgeschäftsführers, öffentlich getadelt worden.

Der studierte Geisteswissenschaftler Verheugen, Jahrgang 1944, ist ein politischer Ziehsohn Hans-Dietrich Genschers, hat es in der FDP zum Generalsekretär gebracht, gehört zu der kleinen Gruppe prominenter Freidemokraten, die nach dem Koalitionswechsel vom Oktober 1982 in die SPD eingetreten sind, und ist jetzt der erste und bislang einzige deutsche Politiker, der als Generalsekretär beziehungsweise Bundesgeschäftsführer zweier im Bundestag vertretenen Parteien amtiert hat. In den neunziger Jahren schärft Verheugen sein außen- und sicherheitspolitisches Profil und wird nach der Bundestagswahl vom Herbst 1998 auf diesem Feld zeitweilig zu einem der wichtigsten Berater Gerhard Schröders.

Während seiner Zeit als Bundesgeschäftsführer zählt Verheugen nicht gerade zu den politischen Freunden des Niedersachsen. Der wiederum lässt sich durch die mitunter heftige Kritik nicht beirren, bleibt auch nach der Wahl dabei, dass Koalitionen die zweitbeste Lösung seien, und sagt das jedem, der es hören will – oder auch nicht, wie die meisten in seiner eigenen Partei. Als der strahlende Wahlsieger am Abend seines Triumphs von den eigenen Leuten mit der Parole »Rot-Grün«, »Rot-Grün« empfangen wird, ist Gerhard Schröder sichtlich perplex. Offenbar sind alle von der neuen Perspektive einer Alleinregierung überrascht – die Grünen sowieso, aber eben auch die Genossen. Gerade erst hatten ihre führenden Leute in einer langen Nacht mit viel Rotwein beim Griechen zusammengesessen und über das Wie der weiteren Zusammenarbeit geredet. Dass es nicht dahin kommen würde, hat innerhalb und außerhalb dieses Kreises keiner für möglich gehalten.

Ohne das schlechte Abschneiden der FDP, die nicht mehr in den Landtag einzieht, wäre ja auch alles beim Alten geblieben. So aber profitieren nicht nur die Sozialdemokraten vom Auszug der Liberalen, sondern auch die CDU, die eigentliche Wahlverliererin: Trotz ihres Stimmenverlustes von 5,6 Prozentpunkten können die Christdemokraten ihre 67 Sitze im Landtag halten. Dort verfügt die SPD nunmehr über 81 der 161 Sitze. Das ist die absolute, aber keine komfortable Mehrheit, außerdem eine Konstellation, die bei den niedersächsischen Genossen nicht gerade angenehme Erinnerungen wachruft. 1976 hatte eben diese knappe Mehrheit drei Mal gefehlt, als es um die Nachfolge Alfred Kubels ging, und 1988 dürfte mindestens ein Abgeordneter aus den eigenen Reihen gegen Schröder gestimmt haben, als der versuchte, sich mit Hilfe eines konstruktiven Misstrauensvotum auf Albrechts Sessel zu hieven.

Andererseits ist eine Stimme eine Stimme. Und wer weiß, ob die knappen Mehrheitsverhältnisse bei den Sozialdemokraten nicht eine alte Tugend wachrufen, die ihnen über die Jahre abhandengekommen ist: die Disziplin. Dass der Ministerpräsident am 23. Juni bei der Wiederwahl 83 Stimmen erhält, außerdem eine Enthaltung und eine ungültige Stimme gezählt werden, dass also mindestens zwei Abgeordnete der Oppositionsparteien CDU und Grüne für ihn gestimmt haben, eröffnet sogar eine ganz neue Perspektive: Ist es denn ausgeschlossen, dass Schröder, wenn es darauf ankommt, auf Hilfe von außen hoffen kann?

Das wird man sehen. Erst einmal ist das Wahlergebnis des 13. März ein beachtlicher Erfolg. Auch jenseits der Landesgrenzen haben alle gespannt nach Hannover geschaut. Zwar hat Schröder immer in Abrede gestellt, dass es sich an diesem 13. März um eine Testwahl handle. Tatsächlich aber ist sie eine, jedenfalls ist sie der Auftakt zu einem Wahlmarathon. Sage und schreibe 17 weitere Wahlen werden bis zum Jahresende folgen, neun Kommunal- und sechs Landtagswahlen, eine Europa- und natürlich die Bundestagswahl. Außerdem markiert das Hannoveraner Ergebnis eine Trendwende, wenn man es an den letzten Wahlen, nämlich denen zur Bürgerschaft in Hamburg, misst, bei denen die SPD gut 7,5 Prozentpunkte verloren hat.

Der schöne Erfolg hilft Schröder endgültig über die Niederlage vom Juni vergangenen Jahres hinweg. Nicht dass die ihn auf- oder abgehalten hätte, aber natürlich wirkt so etwas nach. Jetzt ist er auch bundespolitisch wieder in der Offensive. Die ihn seit Jahren aus der Nähe beobachten, spüren die Kraft, die der Mann aus diesem Sieg des Frühjahrs 1994 zieht. Mehr noch als zuvor ist

Gerhard Schröder jetzt überzeugt, dass er alles erreichen, dass er »die Welt aus den Angeln heben« kann.[181]

Außerdem ist der Wahlsieg ein willkommenes Geburtstagsgeschenk. 570 Gäste finden sich ein, um am 7. April 1994 mit Gerhard Schröder den Fünfzigsten zu feiern. Stolz kann er sein. Was er in den vergangenen Jahren und Jahrzehnten geleistet hat, kann sich sehen lassen. Niemand weiß besser als er selbst, von seiner Mutter und seiner Schwester einmal abgesehen, von wo er einst aufgebrochen ist und was hinter ihm liegt. Vom randständigen Milieu zum Ministerpräsidenten. Zum wiedergewählten Ministerpräsidenten. Hat das vor ihm schon einmal jemand geschafft? Und es ist nicht die Endstation. Wohl liegt das größte Stück des Lebensweges nach menschlichem Ermessen hinter ihm. Aber die Jahre, die er noch vor sich hat, reichen allemal aus, um das Ziel zu erreichen, das er im Blick hat, seit er in die Politik gegangen ist. Es liegt in Bonn beziehungsweise bald in Berlin. Wenig überraschend hat Schröder die Frage, ob er noch Ambitionen habe, dorthin zu gehen, im Wahlkampf mit einem raschen »Nein, nein« beantwortet und die Nachfrage, es müsse »ja nicht als Bundeskanzler sein« und wie es denn »mit einem Ministerposten« aussehe, so pariert: »Auch das nicht. Lieber erster in der Provinz als zweiter in Rom ... Wenn ich keinen Spaß mehr an der Arbeit habe, höre ich auf. Und ein Kanzler Scharping – das ist doch in Ordnung ... Klar, lieber hätte ich es gesehen, wenn es anders gekommen wäre ... Die Sache ist entschieden, das macht mich fröhlich.«[182] Als ihm nach der Wahl der *Spiegel* vorhält, dass ihm »niemand« glaube, »in Hannover die Erfüllung« seiner »politischen Lebensziele schon jetzt gefunden« zu haben, variiert ein vor Selbstbewusstsein strotzender Sieger seine Antwort auf diese Frage vom September 1992 so: »Ich kenne welche, die hätten mich am liebsten bei der Uno.«[183]

Könnte es sein, dass sich Schröder zumindest auf absehbare Zeit mit dem zufriedengibt, was er in Niedersachsen hat? Dafür spricht, dass er jetzt auch die Kontrolle im Landesverband seiner Partei übernimmt. In einem ersten Schritt hat er schon Anfang Juni 1993 das Amt als Vorsitzender im SPD-Bezirk Hannover an seinen Stellvertreter und Kampfgefährten aus alten Juso-Tagen Wolfgang Jüttner abgetreten und damit auch ein Kapitel seiner politischen Biographie beendet; immerhin hatte Gerhard Schröder zehn Jahre zuvor mit der Eroberung dieses mitgliederstärksten und nach wie vor einflussreichsten Bezirksverbandes die entscheidende erste Stufe auf seiner steilen politischen Karriereleiter genommen. Jetzt lässt er sich Mitte Juli 1994 zum Landesvorsitzenden der SPD in Niedersachsen wählen und tritt damit die Nachfolge von Johann Bruns an. Zehn Jahre zuvor, als die beiden ihren Pakt schlossen, war Bruns der starke Mann der niedersächsischen SPD. Jetzt ist er es. So gesehen kann man nachvollziehen, dass Gerhard Schröder nicht »zweiter in Rom« werden will. Aber dass er die Ambition auf das Kanzleramt begraben hat, nimmt ihm eigentlich niemand ab. Auch Rudolf Scharping nicht, und Helmut Kohl schon gar nicht.

Der Kanzler hat den Hannoveraner seit Jahren im Blick und hält ihn als einzigen der Brandt-Enkel für einen ernst zu nehmenden Herausforderer. Natürlich kennen sich die beiden aus diversen Besprechungen des Bundeskanzlers mit den Ministerpräsidenten. Auch ist es gelegentlich zu einem Vier-Augen-Gespräch gekommen, so zum Beispiel im September 1991, als Schröder Kohl im Kanzleramt nicht ohne Erfolg davon zu überzeugen suchte, dass sich der Bund an den Kosten für die Hannoveraner Expo 2000 beteiligen müsse. Schon damals hat Schröder, halb belustigt, halb bewundernd, registriert, wie Kohl in solchen Situationen seine Gesprächspartner für sich einzunehmen versucht: intimes Ambiente, kumpelhafter Umgangston. Der Kanzler pflegt seine Gäste dann gerne auf eine unverbindlich einnehmende Art zu duzen.

Wohl ist Schröder im Sommer 1991 noch nicht der zu fürchtende Gegner, weil bei der SPD andere am Zuge sind, doch wird der instinktgetriebene Machtmensch Kohl gespürt haben, dass ihm da einer mit ähnlicher Ausstattung gegenübersaß. Als die beiden im Juni 1992 auf der Hannoveraner Nutzfahrzeugmesse in größerer geselliger Runde, darunter mehrere Vorstandsvorsitzende der deutschen Automobilindustrie, zusammenkommen, gibt Kohl erstmals, scheinbar im Scherz, zu erkennen, dass er in Schröder seinen Nachfolger sieht. Weil Kohl aber davon ausgeht, dass er selbst 1994 noch einmal antreten und den SPD-Herausforderer – das ist zu diesem Zeitpunkt noch Engholm – schlagen wird, kann das nur heißen, dass er frühestens 1998 mit Schröder rechnet. Als Zweifel laut werden, greift sich Kohl eine Speisekarte, versieht sie mit dem Vermerk »Schröder wartet bis 1998« und lässt sie zur Unterschrift kursieren.[184] Als Engholm dann über die Barschel-Affäre stürzt, ist Kohl überzeugt, dass der Niedersachse 1994 »als Herausforderer« gegen ihn antreten wird.[185] Das entspricht den Umfragen, zum Beispiel von Forsa. Das Meinungsforschungsinstitut sieht bei der Frage, wem die Deutschen im Falle einer Direktwahl ihre Stimme geben würden, Anfang Juni 1993 Schröder mit 36 Prozent deutlich vor Kohl, für den sich 28 Prozent entscheiden würden.

Nachdem die Sozialdemokraten dann aber doch Scharping nominiert haben, verschiebt Kohl das Szenario wieder in den Herbst 1998. Das sagt er Schröder auch, als sie am Abend des 19. April 1994 wieder einmal anlässlich einer Messe in Hannover aufeinandertreffen. Natürlich widerspricht Niedersachsens Ministerpräsident. Zwar hält er sich schon jetzt für den geeigneten

Herausforderer, doch muss er gegenüber Kohl davon ausgehen, dass Scharping den Kanzler 1994 schlagen und damit 1998 um eine zweite Amtszeit kämpfen wird. So wenig er auch daran glaubt. Also wetten die beiden um eine Kiste Rotwein und kritzeln die Modalitäten auf einen Bierdeckel. Dass Schröder ihm gefährlich werden kann, sagt Kohl in diesen Wochen immer wieder, auch am Rande von Kabinettssitzungen. Wobei er in diesen Runden hinzufügt, er habe damit in vier Jahren »glücklicherweise nichts mehr zu tun«.[186]

Das sagt Kohl aber nur, weil er die skeptischen Kameraden in den eigenen Reihen nicht weiter verunsichern will. Dass er tatsächlich davon ausgeht, von seiner Partei auch 1998 als Kanzlerkandidat nominiert zu werden, spricht für die kolossale Selbsteinschätzung des Mannes. Dabei hat der gewichtige Pfälzer 1994 den Zenit der Macht erkennbar überschritten. Das unterscheidet ihn von dem auf der Lauer liegenden niedersächsischen Ministerpräsidenten, und der erinnert, wie schon gesehen, in mancher Hinsicht an den frühen Helmut Kohl. Falls es nicht im ersten Anlauf klappt, dann eben im zweiten und, falls nötig, in einem dritten.

Wenn er eine Chance sieht, das nächste Ziel zu erreichen, ist dem Machtinstinktmenschen Gerhard Schröder fast jedes Mittel recht, schon gar, wenn es um den Partner geht. Dem liegt die Überzeugung zugrunde, dass man den Koalitionspartner mit Zuckerbrot und Peitsche schon bei der Stange halten werde – ganz gleich ob es sich dabei um die Grünen, um CDU/CSU, die FDP oder auch um die PDS handelt, die alle vor der Bundestagswahl 1994 bei Schröder einmal auftauchen. Auch die PDS. Die Partei des Demokratischen Sozialismus, wie sie nach einem Intermezzo unter anderem Namen seit Februar 1990 heißt, ist die Nachfolgepartei der SED. Und darin liegt für die deutsche Sozialdemokratie schon deshalb das Problem, weil sich mit der parallelen Existenz zweier sozialistischer Parteien im vereinten Deutschland eine Situation einstellt, die man seit 1917 kennt, die aber nach dem Zweiten Weltkrieg in den beiden deutschen Teilstaaten auf unterschiedliche Weise aufgelöst worden ist – im April 1946 durch die Zwangsvereinigung von KPD und SPD zur SED in der späteren DDR, im August 1956 durch das Verbot der KPD in der Bundesrepublik. Mit der Gründung der PDS sind nicht nur die alte Konkurrenz und der zeitweilig mit allen Mitteln ausgetragene Konflikt potentiell in die deutsche Politik zurückgekehrt, sondern es gibt auch eine neue Dimension.

Die PDS ist insbesondere für die Bewohner der neuen Bundesländer eine interessante Alternative zu den etablierten Parteien der Bonner Republik. Enttäuscht vom Tempo und von den Begleiterscheinungen der Vereinigung, laufen die Wähler ihr dort in Scharen zu. Hinzu kommt, dass sich die SPD –

anders als die CDU – nach dem Zusammenbruch der DDR konsequent geweigert hat, ehemalige SED-Mitglieder wie den Dresdner Oberbürgermeister Wolfgang Berghofer aufzunehmen. Dass ihnen dann die PDS eine Perspektive bietet, trägt wiederum nicht unerheblich zur Stabilisierung und zur Akzeptanz dieser Partei im Osten Deutschlands bei.[187]

Damit stellt sich für die alten Parteien die Frage, wie sie es mit der PDS halten wollen. Auch für die SPD, die eine schwierige Gratwanderung vor sich hat: Zum einen ist die ideologische Abgrenzung ohne Alternative, zum anderen aber muss vermieden werden, dass die Wähler der PDS als un- oder nichtdemokratisch ausgegrenzt werden. Denn einmal davon abgesehen, dass die Partei nicht verboten ist, hieße das, die nicht zuletzt biographisch erklärbaren Motive der Wähler zu verunglimpfen, wenn nicht gar zu kriminalisieren.

Schließlich aber ist ein vorsichtiger Umgang mit den ungeliebten Halbgenossen ein Gebot politischer Klugheit. Denn es zeichnet sich ab, dass die in den neuen Bundesländern arg gebeutelte SPD in Zukunft öfter auf eine Koalition mit der PDS oder doch auf deren aktive Duldung angewiesen ist, will sie die Regierung stellen. So wirbt die sozial-liberale Minderheitsregierung von Ministerpräsident Manfred Stolpe in Brandenburg seit März 1994 um die Stimmen der PDS-Abgeordneten, und in Sachsen-Anhalt gibt es nach der Wahl vom 26. Juni mit jeweils rund 34 Prozent für CDU und SPD eine Pattsituation, die aufgelöst wird, indem der Sozialdemokrat Reinhard Höppner auf die Unterstützung durch die Zwanzigprozentpartei PDS setzt.

Gerhard Schröder hatte sich im Präsidium seiner Partei für diese Lösung unter anderem mit dem Argument starkgemacht, dass die PDS »bei einer Einbeziehung in die Regierungsverantwortung nicht lange ihre Eigenkraft bewahren könne«.[188] In dieser Frage weiß er Oskar Lafontaine an seiner Seite. Auch der vermutet, dass die »plumpe Stigmatisierung« namentlich durch CDU und CSU der PDS eher noch Stimmen zuführt, plädiert dafür, die PDS auf Länderebene in die Verantwortung zu nehmen und ihr damit die Grundlage für ihren »handgestrickten Populismus«[189] zu entziehen. Es überrascht folglich nicht, dass Lafontaine und Schröder ihre Schwierigkeiten mit der »Dresdner Erklärung« haben, in der die Parteiführung, vom Parteivorsitzenden und Kanzlerkandidaten Scharping gedrängt, am 11. August 1994 feststellt: Eine Zusammenarbeit mit der PDS »kommt für uns nicht in Frage«. Gerhard Schröder hält das nicht für klug und warnt im Vorstand davor, »die eigenen Handlungsmöglichkeiten zu erschweren«.[190]

Zu denen in den Reihen der PDS, die Schröders Kurs aufmerksam verfolgen, zählt Gregor Gysi. Der promovierte Rechtsanwalt, Jahrgang 1948, zu Zeiten der DDR Mitglied der SED, seit 1990 der PDS, war schon vor dem

Mauerfall über das Westfernsehen auf den medienpräsenten Mann aufmerksam geworden. Seither verfolgt er mit einer Mischung aus Amüsement und Respekt, wie der Kandidat auf den Wahlplakaten der SPD »immer größer« und seine Partei entsprechend »immer kleiner« wird. Gysi registriert auch, dass es sich bei Schröder um einen Mann handelt, der nicht nur ein beträchtliches Durchsetzungsvermögen und die dazugehörige Beweglichkeit, sondern auch Humor, mithin eine Eigenschaft besitzt, die in der Politik eher selten anzutreffen ist. Man versteht, warum die beiden in einer Zeit, als Gysi und seine Partei zu einer ernst zu nehmenden Herausforderung für den Kanzler und zeitweiligen SPD-Vorsitzenden Schröder werden, im Gespräch bleiben können.

Im Sommer 1994 sehen Gysi und andere natürlich, dass hinter Schröders Bereitschaft zu einer begrenzten Kooperation mit der PDS eine Neutralisierungsstrategie steckt, kommen aber zu dem Schluss, dass unter dem Strich die Vorteile überwiegen. Vor allem lässt sich mit der Tolerierungspolitik die potentielle Regierungsfähigkeit der PDS dokumentieren, sofern sie auf eine Legislaturperiode begrenzt und nicht zu einer längerfristigen Steigbügelhalterschaft für die Sozialdemokratie wird. So gesehen ist es konsequent, dass Gysi wie Schröder 1998 eine zweite Runde in Sachsen-Anhalt ablehnen: Gysi, der allerdings inzwischen nicht mehr dem Vorstand der Partei angehört, fordert jetzt eine förmliche Koalition der SPD mit der PDS, Schröder, der die Optionen auf Bundesebene für die Zeit nach der Bundestagswahl prüft, will eine rot-rote Koalition keinesfalls, zu diesem Zeitpunkt nicht einmal mehr eine Tolerierung.[191]

Während die PDS lediglich für Koalitionen dieser oder jener Art auf Länderebene im Gespräch ist, kommt die FDP grundsätzlich auch als Partner im Bund in Frage. Zwar ist eine solche Konstellation zurzeit wenig aussichtsreich, weil die Liberalen im Frühjahr 1994 eine klare Aussage zugunsten der Unionsparteien getroffen haben. Ausschließen kann und will Schröder ein sozialliberales Bündnis aber schon deshalb nicht, weil es ein tragfähiges Fundament für das politische Wirken der beiden sozialdemokratischen Bundeskanzler gewesen ist. Außerdem hat die FDP eine in der deutschen Nachkriegsgeschichte beispiellose Karriere als »Umfallerpartei« hinter sich, wie man vor allem während der sechziger Jahre zu sagen pflegte. »Wenn die nicht anders können, dann kommen die auf dem Bauch in die »Baracke« gekrochen, um mit der SPD eine Koalition zu bilden«, sagt Schröder im Juni 1994.[192] Und schließlich kann man nie wissen, welche Möglichkeiten sich in einem derart unberechenbaren Geschäft wie der Politik auftun werden.

Im Frühjahr 1994 scheint sich für einen Moment eine solche Chance zu eröffnen. Sie ergibt sich während der Wahl des Bundespräsidenten, die für den 23. Mai anberaumt ist. Schon im Vorfeld hat es Verwerfungen gegeben. Martin E. Süskind, der sein Ohr nach wie vor nahe an den Akteuren hat, weiß zu berichten, dass Helmut Kohl lange vor dem Termin mit dem Gedanken gespielt hat, Johannes Rau als gemeinsamen Kandidaten von CDU/CSU und SPD als Nachfolger Richard von Weizsäckers vorzuschlagen, der nach zwei Amtszeiten nicht mehr antreten kann. Als dann aber Helmut Schmidt, der davon nichts weiß, öffentlich anregt, die Sozialdemokraten sollten Rau als Kandidaten nominieren, was sie dann auch tun, ist die Sache natürlich gelaufen. Denn »einem Vorschlag seines sozialdemokratischen Vorgängers zuzustimmen, hätte Kohl nie und nimmer über sich gebracht«.[193]

Jetzt will der Kanzler den sächsischen Justizminister Steffen Heitmann ins Rennen schicken. Der studierte Theologe und Jurist, Jahrgang 1944, ist keine schlechte Wahl. Immerhin hat Heitmann seinerzeit den Wehrdienst verweigert, was in der DDR eine mutige Ausnahme gewesen ist. Außerdem hätte endlich mal ein Jüngerer das Präsidialamt bezogen, zudem aus den neuen Bundesländern. Aber dann äußert sich der im medialen Haifischbecken unerfahrene und unbeholfene Kandidat zu politisch brisanten Themen wie dem Holocaust derart unglücklich, dass er nicht mehr zu halten ist.

So etwas kann dem gleichermaßen integren wie farblosen Kandidaten Roman Herzog nicht passieren. Der grundsolide Jurist, Jahrgang 1934, hat nicht nur – 1973 beginnend als Staatssekretär in der Mainzer Regierung Helmut Kohls und zuletzt als Innenminister Baden-Württembergs – eine tadellose politische Karriere hinter sich. Vielmehr bringt Herzog dank seiner Tätigkeit als Richter am Bundesverfassungsgericht, dem er seit 1983 angehört, seit 1987 als dessen Präsident, auch Erfahrung auf einem Gebiet mit, das für die deutsche Politik seit der Vereinigung eine immer größere Rolle spielt. Gegen ihn schicken die Sozialdemokraten Johannes Rau, Bündnis 90/Die Grünen den Mediziner und Biologen Jens Reich, der sich als Bürgerrechtler in der DDR einen Namen gemacht hat, und die FDP Hildegard Hamm-Brücher ins Feld, die einer breiten Öffentlichkeit als Staatsministerin im Auswärtigen Amt während der Jahre 1976 bis 1982 ein Begriff ist.

Angesichts der Mehrheitsverhältnisse in der Bundesversammlung stehen die Chancen für Johannes Rau nicht sonderlich gut. Doch hofft der eine oder andere Sozialdemokrat, dass sich jedenfalls ein Teil der Liberalen – nämlich jener, »der sich von dem angeschlagenen Bundeskanzler abkoppeln möchte«[194] – nach dem Ausscheiden ihrer Kandidatin für Johannes Rau entscheiden könnte. Damit gäbe es, zu diesem Zeitpunkt unerwartet, die Option einer kommenden sozial-liberale Koalition unter einem Kanzler Rudolf Scharping. Dabei schwebt den Protagonisten dieser Idee die allerdings kaum vergleichbare Situation des Jahres 1969 vor, als Gustav Heinemann mit den Stimmen der FDP zum Bundespräsidenten gewählt wurde. Damals wollte das Gros der Liberalen den »Machtwechsel«, von dem Heinemann sprach. Jetzt wollen sie ihn mehrheitlich nicht.

Will die SPD gleichwohl ihr Ziel erreichen, gibt es nur einen Weg: Der eigene Kandidat muss verzichten, die Sozialdemokraten müssen den Liberalen ihre Zustimmung für Hamm-Brücher signalisieren, die FDP damit spalten und einen Keil in die schwarz-gelbe Koalition treiben. Der Gedanke ist verwegen, aber nicht ganz abwegig, weil die Freie Demokratin parteiübergreifend eine beachtliche Reputation genießt. Viele sehen die Chance, einer spricht sie aus, als sich die Sozialdemokraten nach dem zweiten Wahlgang zur Beratung zurückziehen. An Mut hat es Gerhard Schröder nie gemangelt, und Prügel ist er gewohnt. Fortan wird er nicht nur von den Delegierten aus Nordrhein-Westfalen »wie ein Feind behandelt«. Und dann hat die Geschichte noch eine Pointe: »Hätte sich Schröder damals durchgesetzt, wäre er wahrscheinlich nicht Bundeskanzler geworden.« Sagt Renate Schmidt, die dabei gewesen ist.[195]

So vergeben die Sozialdemokraten im Frühjahr 1994 diese – wenn auch vage – Chance auf den »Machtwechsel« im Präsidial- und damit auch eine Möglichkeit für den späteren Wechsel im Kanzleramt. Zumal sich ihr Kanzlerkandidat nach der Wahl Herzogs zum Bundespräsidenten nicht sonderlich kanzlertauglich verhält. Denn Scharping nimmt nicht nur die Liberalen für ihre Entscheidung und den Präsidenten wegen seines politischen Profils aufs Korn, sondern ruft auch die Wähler bei der bevorstehenden Europawahl zum Referendum über die Entscheidung der Bundesversammlung auf.

Das hätte er besser nicht getan. Denn am 12. Juni verlieren die deutschen Sozialdemokraten gut 5 Prozent der Stimmen und landen mit 32,2 Prozent klar abgeschlagen hinter CDU und CSU, die einen gut einprozentigen Stimmengewinn verzeichnen. Auch in Niedersachsen bleibt die SPD bei diesen Europawahlen knapp hinter der CDU, schneidet aber – bei einer Wahlbeteiligung von gerade einmal 52 Prozent – mit 39 Prozent überdurchschnittlich gut ab. Mindestens so alarmierend wie das Ergebnis der SPD bei der Europawahl ist ein anderes: Auf Anhieb kann die erstmals antretende PDS fast 5 Prozentpunkte holen und damit in etwa den Stimmenanteil einfahren, der den Sozialdemokraten abhandengekommen ist. Heute wissen wir: Das war ein Fanal. Damals kann allerdings noch kaum jemand die Karriere der PDS beziehungsweise der aus ihr hervorgehenden Linken vorhersehen, weil keiner die wenige Jahre später einsetzende, elementare Zerstörungswut Oskar Lafontaines auf dem Schirm hat. Aber dass hier für die Sozialdemokraten Gefahr im Verzug ist, lässt sich seit dem Frühjahr 1994 schlechterdings nicht mehr übersehen. Und dass ihnen die Liberalen nach der Bundestagswahl kaum als Koalitionspartner zur Verfügung stehen dürften, zeichnet sich ebenfalls schon jetzt ab.

Dieses Problem hat der niedersächsische Ministerpräsident nicht. Gerhard Schröder kann seit dem Juni 1994 alleine regieren. Das tut er im Wesentlichen mit derselben Mannschaft. Für die beiden Grünen am Kabinettstisch ist rasch Ersatz gefunden. Eigentlich hatte Schröder beide Ministerien nicht wieder besetzen wollen, schon um den Beitrag der Regierung an der Haushaltskonsolidierung zu dokumentieren. Im Falle des Frauenministeriums scheitert der Vorsatz an der Partei wie an der Gattin, so dass die Stellvertretende Landesvorsitzende Christina Bührmann zum Zuge kommt, von der man vorher und nachher wenig gehört hat. Hingegen wird das Ministerium für Bundes- und Europaangelegenheiten nach dem unfreiwilligen Ausscheiden Jürgen Trittins nicht wieder besetzt. Für die Zuwanderer aller Kategorien ist fortan Innenminister Gerhard Glogowski zuständig. Und die Vertretung Niedersachsens im Bundesrat nimmt der Ministerpräsident selbst in die Hand. Das ist ein Anspruch, es ist eine Ankündigung, und es ist, jedenfalls für andere wie den Parteivorsitzenden und Kanzlerkandidaten Rudolf Scharping, auch eine Warnung.

Einstweilen verlagert Schröder seine Kritik an dem zusehends unglücklich operierenden Spitzenmann ins Parteipräsidium und hält sich in der Öffentlichkeit zurück, so schwer ihm das fällt. Indem er diese Zurückhaltung zu Protokoll gibt, macht er auf seine Weise gerade deutlich, was er von seinem rheinland-pfälzischen Kollegen hält. Zum Beispiel im *Spiegel*, in dem Gerhard Schröder in diesem Jahr 1994 in einem Maße präsent ist wie kein zweiter Spitzenpolitiker dieser Riege, unter anderem mit einem Namensartikel zum Umgang mit den Republikanern.[196]

Außerdem kommt er allein drei Mal in einem *Spiegel*-Gespräch zu Wort, sagt bei einer dieser Gelegenheiten, dass er sich auch dort »in einem Maße zurückgenommen« habe, wo er »– wie in der Frage einer rot-grünen Koalitionsaussage – bekanntermaßen anderer Auffassung« sei, vernimmt »mit Schmerz«, wie »aus dem gleichen Mann«, eben Scharping, »bei gleicher Politik innerhalb weniger Tage, ja, beinahe Stunden das Gegenteil gemacht wird«, und glaubt »nicht, daß die Bundestagswahl mit Rudolf Scharping nicht zu gewinnen ist«.[197] Nein, ein direkter Angriff auf den Spitzenkandidaten ist das nicht (»Daran beteilige ich mich nicht.«), aber ein wirkungsvoller Beitrag zu seiner Demontage ist es allemal. Und es ist ein geschickter Zug. Indem Schröder indirekt andeutet, dass er nicht mit einem Sieg Scharpings rechnet, vielmehr wie viele in seiner Partei davon ausgeht, dass es im Herbst des Jahres nach Vogel, Rau und Lafontaine einen vierten gescheiterten Kanzlerkandidaten der SPD geben wird, stellt er auch die Frage in den Raum: Kann es nach einer Wahlniederlage noch einen anderen ernst zu nehmenden Aspiranten für diesen Schleudersitz geben?

Flankiert wird die Demontage Scharpings durch die Hintertür von Vorstößen auf sensiblen und innenpolitisch heftig umstrittenen Feldern der Politik. Bei einigen Themen fällt das weniger auf, bei anderen umso mehr. Zum Beispiel bei denen, die Schröder zwei Tage nach der Wahl zum Niedersächsischen Landtag vor der Presse anspricht. So lehnt er das im Programmentwurf der Bundespartei vorgesehene Tempolimit auf Autobahnen und Landstraßen ab und spricht sich überdies gegen eine Erhöhung der Mineralölsteuer aus.[198] Bleibt Schröder bei der Steuer seiner Linie treu, vollzieht er beim Tempolimit eine radikale Kehrtwende. Dass er nach seinem ersten Hannoveraner Wahlsieg selbst eine solche Begrenzung gefordert hat, ist längst vergessen. Offenkundig haben ihn seine guten Kontakte zu den Führungsetagen der deutschen Automobilindustrie, allen voran zu Ferdinand Piëch, eines anderen belehrt, und auf die Grünen muss er jetzt keine Rücksicht mehr nehmen.

Wenn es sein muss, vollzieht der Ministerpräsident eine seiner inzwischen berüchtigten Kehrtwenden nicht erst nach Jahren, sondern auch schon einmal nach wenigen Monaten oder Wochen. Hat er noch Mitte Juni 1994 erklärt, dass er »wegen der Bindung an Niedersachsen für ein Team nicht verfügbar« sei,[199] also nicht in das Schattenkabinett Scharpings eintreten werde, nimmt er am 22. August vor aller Augen in demselben Platz. Die Frage nach den Beweggründen ist nicht eindeutig zu beantworten. Da kommt einiges zusammen. Nicht zuletzt die wenig überraschende, aber dann doch irgendwie ernüchternde Tatsache, dass Rudolf Scharping am 22. Juni – auf einem Sonderparteitag in Halle an der Saale und mit dem Schlachtruf »Jetzt geht's los« – zum Kanzlerkandidaten der SPD gewählt worden ist.

Ausschlaggebend für Schröders Entschluss, in das Schattenkabinett des Kohl-Herausforderers einzutreten, ist aber wohl die Einsicht, dass die goldenen Jahre in Hannover hinter ihm liegen. »Gesunkene Steuereinnahmen, steigende Belastungen aus dem Solidarpakt und dazu eine Bugwelle von Problemen, die er sich selbst aufgehalst hat, verdüstern den Horizont«, schreibt der ihn mit notorisch kritischem Blick verfolgende Beobachter der *FAZ*:

»... eine Berufung nach Bonn, wenn auch ›nur‹ als Minister, käme einer Erlösung gleich.«[200] Denn selbstverständlich ahnt Schröder im Frühjahr, was am Jahresende in den Bilanzen steht: Trotz einer Ausgabensperre schließt der Haushalt mit einem Minus von 576 Millionen D-Mark ab. Vor allem die 9000 Stellen für zusätzliche Lehrer, Polizisten und weitere Landesbeamte, welche die rot-grüne Koalition geschaffen hat, reißen mächtige zusätzliche Löcher in die Kasse. 42 Prozent der Ausgaben entfallen auf die Personalkosten.

Dabei sind nicht alle Probleme hausgemacht, ganz im Gegenteil. Gerhard Schröder kann sich jetzt in seinen Warnungen vor den Folgekosten der deutschen Einheit bestätigt sehen. Von 1995 an wird Niedersachsen, wie er in seiner ersten Regierungserklärung nach der Wiederwahl zu Protokoll gibt, statt zuletzt 2,5 »über 4 Milliarden DM jährlich weniger für Ausgaben zur Verfügung« haben, »um die deutsche Einheit zu finanzieren«.[201] Unter solchen Umständen läuft das im Frühjahr als »Modernisierung der Landesverwaltung« angekündigte Programm zum Abbau von 8000 Stellen im öffentlichen Dienst bestenfalls auf eine Wiederherstellung alter Haushaltslagen hinaus. Daher muss man im Laufe der kommenden Jahre auch an den Verkauf des Tafelsilbers denken, sich von »entbehrlichen Liegenschaften und Immobilien« sowie von diversen Beteiligungen trennen, wie zum Beispiel an den Harzwasserwerken, den Öffentlichen Versicherungen in Braunschweig und Oldenburg oder auch der Toto/Lotto-Gesellschaft. So die rückschauende Bilanz des Ministerpräsidenten Ende März 1998.[202]

Das sind zu Beginn seiner zweiten Amtszeit keine tollen Aussichten. Nicht besser sieht es beim Atommüll aus. Hier hat Gerhard Schröder ein besonderes, weil ganz persönliches Problem, das ihm die Berichterstatter gerne unter die Nase reiben. Hat er als Juso-Vorsitzender vor Ort gegen die Umwandlung des Salzstocks von Gorleben in eine Deponie für den strahlenden Abfall demonstriert, muss er 15 Jahre später als Ministerpräsident die Polizei gegen seine protestierenden Nachfolger aufmarschieren lassen. Die nämlich versuchen mit allen, auch illegalen Methoden wie dem Zerlegen von Eisenbahngleisen den ersten sogenannten Castor-Transport aus dem baden-württembergischen Reaktor Philippsburg zu unterbinden: Wie Schröder im Präsidium seiner Partei darlegt, ist dieser Transport sachlich »nicht notwendig«, vielmehr wolle der Bundesumweltminister die »Beharrlichkeit der Länderseite« testen.[203] Man kann sich leicht vorstellen, was passieren wird, wenn die ersten Transporte aus den französischen und englischen Wiederaufbereitungsanlagen in Gorleben eintreffen.

Zwar kann der Ministerpräsident darauf verweisen, dass Niedersachsen mit dem Schacht Konrad seinen Teil zur Endlagerung beiträgt, und erklären:

»Niedersachsen wird nicht zum Atomklo der Republik werden.«[204] Aber das hilft alles nichts. Solange keine Alternative zu Gorleben gefunden ist, muss er die reibungslose Durchführung der Transporte und der Lagerung garantieren: »Wer sich querstellt, muß mit Konsequenzen rechnen, es gibt keine Zivilcourage zum Nulltarif.«[205]

Vor diesem Hintergrund ist die Aussicht auf einen Ministerposten im Bonner Kabinett eines Kanzlers Scharping nicht ohne Reiz. Zumal er sich ausrechnen kann, dass der Mann aus Mainz, sollte er tatsächlich im Herbst den Amtsinhaber schlagen, seinen Sessel so schnell nicht räumen wird, schon gar nicht freiwillig. Die erträumte Kanzlerschaft würde dann erst einmal in weite Ferne rücken. Irgendwie erinnert die Situation an diejenige Helmut Schmidts seit 1969. Auch der hatte sich praktisch keine Chance mehr ausrechnen können, Kanzler zu werden, und hätte es auch gewiss nicht ins Kanzleramt geschafft, hätte Brandt nicht das Handtuch geworfen. Dass er, als es so weit war, ohne jeden Zweifel als Nachfolger galt, lag nicht zuletzt an der großen Erfahrung, die Schmidt in einigen Bonner Schlüsselministerien gesammelt hatte.

Wenn Schröder auch weiß, dass sich Geschichte nicht wiederholt, spricht doch einiges dafür, dabei zu sein, wenn die Karten jetzt neu gemischt werden. Dass mit Lafontaine auch der andere ernsthafte Konkurrent und Quertreiber in Scharpings Mannschaft geht und dort den künftigen Finanzminister stellt, gibt Schröder zu denken. Außerdem ist nicht er, Schröder, derjenige, der drängt, sondern es ist Scharping, der ihn am 22. August im »Wahlkampfteam« haben will, wie die Truppe jetzt heißt. Die Idee, den Querschläger aus Hannover in die Regierungsmannschaft einzubinden, stammt von Oskar Lafontaine. Sagt dieser. Rudolf Scharping sieht das naturgemäß anders.[206]

Jedenfalls ist Schröder an Bord. Es wird auch Zeit, denn bis zur Bundestagswahl sind es gerade noch acht Wochen hin. Zuvor hat sich der Kanzlerkandidat bereit erklärt, Schröder im Falle eines Kabinetteintritts eine Art Superministerium für Wirtschaft, Verkehr und Energie zu zimmern. Und so präsentieren sich die drei am 29. August, feixend und selbstbewusst, der Bonner Presse. Dass neben ihnen auch noch die übrigen Minister des Schattenkabinetts sowie die Berater eines künftigen Kanzlers Scharping präsentiert werden, nehmen die Beobachter angesichts des eigentlichen Paukenschlags mit mäßigem Interesse, wenn überhaupt zur Kenntnis.

Aus Schröders Perspektive ist interessant, dass seine Hannoveraner Umweltministerin Monika Griefahn auch für das entsprechende Ressort in

Wer lacht zuletzt? Gerhard Schröder, Oskar Lafontaine und Rudolf Scharping (von links) präsentieren sich am 29. August 1994 in Bonn als neue Troika.

Bonn vorgesehen ist und dass Scharping zwei Kandidatinnen beziehungsweise Kandidaten präsentiert, die Schröders Wege einmal in Niedersachsen gekreuzt haben: So soll Anke Fuchs, die einst als Gegenkandidatin Schröders um den SPD-Landesvorsitz angetreten ist und im Übrigen als einzige des Teams über Erfahrungen an der Spitze eines Bundesministeriums verfügt, für Familie und Senioren zuständig sein. Und der Automanager Daniel Goeudevert, der mit Schröders tatkräftiger Unterstützung hinter Ferdinand Piëch auf der Strecke blieb, als es um den Vorstandsvorsitz bei VW ging, ist als persönlicher Berater namentlich für die deutsch-französischen Beziehungen im Gespräch.

Scharping, Schröder und Lafontaine firmieren in Bonn, der Sprachregelung des Kandidaten folgend, sogleich als neue »Troika«. Sofern das Gespann an die legendäre sozialdemokratische Troika aus Willy Brandt, Helmut Schmidt und Herbert Wehner erinnern soll, ist das keine besonders gute Idee, auch wenn sich die Herren wenige Tage später bei Helmut Schmidt, dem letzten Überlebenden des ersten Dreigestirns, zur intimen Beratung einfinden.[207] Denn diesen Brandt-Enkeln fehlt nun einmal die eiserne Disziplin, mit der die Granden viele Jahre lang ihre Differenzen ausgeräumt und zuletzt wenigstens noch in der Öffentlichkeit überdeckt haben. Und selbst diese Troika ist, als sich nichts mehr überdecken ließ, schließlich gescheitert. Dass dem neu aufgelegten Dreigespann eher früher als später der Untergang bevorstehen dürfte, lässt sich, wenn man es denn so interpretieren will, schon auf ihrer ersten Pressekonferenz beobachten. Nicht der Parteivorsitzende und Kanzlerkandidat Scharping sitzt in der Mitte, sondern der Strippenzieher Lafontaine; und nicht Scharping setzt sich »gekonnt und ausführlich« in Szene, sondern der »kraftstrotzende« Niedersachse.[208]

Außer Frage steht, dass sich drei Politiker präsentieren, deren Fähigkeiten sich im Idealfall – Disziplin und konzentrierter Einsatz in der jeweiligen Funktion vorausgesetzt – gut ergänzen können. Zwei von ihnen, Lafontaine und Schröder, wird man zudem als Ausnahmeerscheinungen sehen können – mit erheblichem Synergiepotential, wenn es gut geht, mit folgenreicher Zerstörungskraft, falls es schlecht läuft. Und es läuft immer wieder ziemlich schlecht, bis die Troika Mitte März 1999, also immerhin nach fünf langen Jahren, auseinandergeht. Als weitere sechseinhalb Jahre später der Letzte der drei nach der verlorenen Bundestagswahl vom September 2005 von Bord geht, gibt es nur Verlierer, und wenn man es auf den Punkt bringen will, hat jeder von ihnen, gewollt oder auch nicht, an der Demontage der anderen mitgearbeitet, besonders verbissen Lafontaine am Sturz Schröders. Erst damit hat sich erledigt, was im Sommer 1994 begonnen worden ist.

Damals sieht es für einige Wochen so aus, als sei das Gespann tatsächlich eine Option auf die Zukunft. Die arbeitsteilige, dabei gleichermaßen disziplinierte und temperamentvolle Präsentation von Personen und Programm im Dortmunder Westfalenstadion und im Berliner Reichstagsgebäude am 4. und 9. September sind ein großer Erfolg.[209] Aber dann schaffen es die drei Egozentriker nicht einmal bis zum Wahltermin am 16. Oktober 1994, die Reihen ganz geschlossen zu halten. In allerletzter Minute schert einer aus. Kurz vor der Wahl erklärt Gerhard Schröder einer niedersächsischen Provinzzeitung, er wolle »keine große Koalition«. Damit hätte sich der kommende Superminister in schönster Übereinstimmung mit dem kommenden Kanzler und Vorsitzenden der SPD befunden, hätte er nicht hinzugefügt: »Aber wenn die Wähler den Politikern dennoch ein Wahlergebnis bescheren sollten, das allein eine solche Möglichkeit offenläßt, will ich nicht ausschließen, daß sich die SPD auch dafür entscheidet – und das bedeutet dann zugleich, daß der jeweilige Partner sein Personal aussucht.« Mit anderen Worten: Der niedersächsische Ministerpräsident kann sich durchaus vorstellen, auch in einer Regierung Kohl ein entsprechend zugeschnittenes Superministerium zu übernehmen, und damit der Angesprochene noch rechtzeitig vor der Wahl das Signal vernimmt und richtig deutet, fügt Schröder hinzu: »Ich habe nie zu denen gehört, die die Lebensleistung von Kohl in Abrede gestellt haben. Ich habe nur gesagt: Es wird Zeit, daß er abgelöst wird. Aber für mich war er nie eine Unperson – und wird's auch nicht werden …«[210]

Einmal davon abgesehen, dass Letzteres zutrifft und Schröder Kohl tatsächlich niemals zur »Unperson« erklärt hat – vorher nicht, nachher nicht, und hinter verschlossenen Türen auch nicht –, ist die Positionierung für die Zeit nach der Wahl ein starkes Stück. Das Kalkül ist offenkundig: Schafft es die SPD, den Kanzler zu stellen, kommt es so wie vereinbart. Schafft sie es aber nicht, wofür jetzt einiges spricht, bietet sich Schröder auch dem alten und neuen, allerdings aller Voraussicht nach arg gerupften Wahlsieger als Partner an. Dass Kohl Respekt vor ihm hat, weiß er vom Hörensagen und aus eigener Erfahrung. Sollte es zu einer Großen Koalition unter einem Kanzler Kohl und mit einem Superwirtschaftsminister Schröder kommen, böte ihm diese Konstellation eine ideale Chance, sich neben dem Mann mit der großen »Lebensleistung« als Anwärter für die Kanzlerschaft nach der nächsten Bundestagswahl zu profilieren. Klingt gut, ist plausibel, enthält aber einen Denkfehler: Selbst Gerhard Schröder kann sich nicht vorstellen, dass Kohl auch 1998 noch einmal antreten könnte. Dabei müsste er seit der denkwürdigen Wette vom April 1994 doch wissen, dass der Kanzler das durchaus vorhat.

Aber dann kommt es sowieso anders. Gerhard Schröder wird weder Wirtschaftsminister in einem Kabinett Scharping noch Wirtschaftsminister in einem Kabinett Kohl, sondern bleibt Ministerpräsident im Kabinett Schröder. Zwar müssen die Regierungsparteien am 16. Oktober Federn lassen – die FDP mit gut 4 Prozentpunkten deutlich mehr als CDU und CSU, die mit einem Verlust von knapp 2,5 Prozentpunkten davonkommen –, können aber nach wie vor die Regierung aus eigener Kraft stellen. Für SPD und Grüne, die 2,9 beziehungsweise 2,2 Prozentpunkte zulegen können, reicht es hinten und vorne nicht. Selbst eine Koalition mit der PDS, die aber praktisch alle Sozialdemokraten, auch Gerhard Schröder, vor der Wahl kategorisch ausgeschlossen haben, hätte schon rein rechnerisch nicht zum Ziel geführt. Die PDS ist zwar knapp unter der Fünf-Prozent-Hürde geblieben, hat aber vier Direktmandate geholt und kann daher in den Bundestag einziehen.

Bitter ist das vor allem für den gescheiterten Kandidaten. Zwar hat er die SPD auf 36,4 Prozent der Stimmen gehievt, aber die Hoffnungen, die eine Mehrheit der Genossen Mitte Juni mit seiner Erhebung in den Kandidatenstand verbunden hat, konnte er nicht erfüllen. Rudolf Scharping weiß, dass ihm jetzt harte Zeiten bevorstehen. Noch in der Nacht der Niederlage werden die Messer gewetzt, und es ist nur eine Frage der Zeit, bis die Troika erst einmal in Trümmern liegt. Zweckbündnisse wie diese tragen, solange die Legionäre ein gemeinsames Ziel verfolgen und solange sie sich und jeder für sich vom koordinierten Vorgehen mehr versprechen als vom Sololauf. Wenn überhaupt. Danach brechen die alten Gegensätze und Animositäten wieder auf, und in aller Regel heftiger und brutaler als zuvor.

Auch das weiß Scharping, kündigt unmittelbar nach der Wahl an, die Führung der SPD-Fraktion im Bundestag übernehmen zu wollen, und stellt klar, dass er 1998 erneut als Kanzlerkandidat antreten werde, gegebenenfalls auch früher, sollte das christlich-liberale Bündnis vorzeitig an Altersschwäche verscheiden, was Scharping annimmt. Bis zu diesem oder jenem Zeitpunkt aber gilt, wie er dem *Focus* noch in der Wahlnacht sagt: »Ich bin Parteivorsitzender und bleibe es, ich werde Fraktionsvorsitzender. Ich werde die Nummer eins bleiben, das ist gar keine Frage.«[211]

Das bestätigt zwar auch Gerhard Schröder in dieser Nacht, sieht es aber schon sehr bald anders und macht dem Vorsitzenden der SPD und selbst designierten Kanzlerkandidaten für 1998 das Leben schwer. Dabei geht es ihm zunächst weniger um eine Demontage oder gar die Vernichtung des anderen. Vielmehr ist es die Lust am Spiel mit der Macht. Schröder fühlt sich stark, weiß, dass er die Wahl gewonnen hätte, und sagt das auch. In aller Öffentlichkeit und vor einem Millionenpublikum. Als ihn Thomas Gottschalk am 11. Januar 1995 in seiner *Late-Night-Show* fragt: »Der Kollege Scharping war ja auch vor der Wahl bei mir und hat gesagt: ›Ich pack's.‹ Hätten Sie's gepackt?«, sagt Gerhard Schröder, seine Frau Hiltrud neben sich und ohne zu zögern: »Ich hätt's gepackt.«[212]

Was für ein Affront. Knapp drei Jahre später befragt, ob er etwas bereue, sagt Schröder, sicher habe er »Leuten weh getan«, und auf die Nachfrage »Wem?« antwortet er, auch dieses Mal ohne zu zögern: »Rudolf Scharping habe ich in einer Art und Weise kritisiert, wie ich es nicht hätte tun sollen.« Selbst wenn er hinzufügt, auch ihm sei man »nicht durchwegs freundlich begegnet«,[213] und selbst wenn man in Rechnung stellt, dass er 1998 im Wahlkampf und bei den bevorstehenden Verhandlungen über eine rot-grüne Regierung auf Scharping angewiesen ist, bleibt das doch eine bemerkenswerte Feststellung.

Dabei hat Schröder Anfang 1995 den Affront gar nicht nötig. Denn auch die anderen wissen natürlich, dass er die besseren Chancen gehabt hätte. Außerdem dokumentiert der Partei- und Fraktionsvorsitzende nach der Wahl unfreiwillig, aber mit Nachdruck, warum er gescheitert ist. Schwer zu sagen, was davon auf seine eigene Kappe geht, was seinem eher drögen Naturell, seinem notorischen Misstrauen oder seinem auch daher rührenden Hang zu Alleingängen geschuldet ist. So drückt er Otto Schily, der im November 1989 von den Grünen zu den Sozialdemokraten gewechselt ist, als Stellvertretenden Fraktionsvorsitzenden durch, ohne zuvor seine Stellvertreter im Parteivorstand, darunter Rau und Lafontaine, oder auch den dritten Troikisten Schröder zu informieren. Übel stößt bei vielen Genossen auch sein lahmer Widerstand gegen den Plan der Drahtzieher von Union und Grünen im Bundestag, Wolfgang Schäuble und Joschka Fischer, auf, die Grüne Antje Vollmer zur Vizepräsidentin des Bundestags wählen zu lassen: Wie lässt sich das mit dem von Schröder seit Langem angepeilten rot-grünen Zusammengehen im Bund vereinbaren?

Um die Jahreswende 1994/95 befindet sich Schröder, was seine Vorbehalte gegen den Stil des Partei- und Fraktionsvorsitzenden angeht, noch in guter Gesellschaft. Auch andere haben dessen Alleingänge satt. So setzen sich Rau, Lafontaine und Schröder am 16. Januar 1995 nach einer Präsidiumssitzung mit Scharping zusammen und reden ihm – letztlich ohne Erfolg – ins Gewissen. Auch weitere Versuche der drei, Mittel und Wege zu finden, um den autistischen Vorsitzenden auf Kurs zu bringen, schlagen letztlich fehl.[214]

Also macht sich Schröder jetzt im Alleingang ans Demontagewerk. Er mag das anders sehen, aber so wirkt sein Umgang mit Scharping in diesen Sommermonaten 1995, und man fragt sich, was ihn umtreibt. Hat er die Niederlage des Frühjahrs 1993 doch nicht verkraftet? Oder ist es Frustration, vielleicht sogar Langeweile? Für Schröder sind die Dinge ja nicht in Bewegung. Zu Hause in Hannover sind ein riesiges Defizit und ein ständig wachsender Berg strahlenden Mülls zu verwalten, und in der Bundespolitik tut sich nichts, wenn er nichts tut. Kohl sitzt noch einmal fest im Sattel, und Scharping scheint ihm helfen zu wollen, dass er dort auch bleibt. Das macht den Vorsitzenden angreifbar, wie Schröder mit sicherem Instinkt wittert. Und so greift er an. Er kann nicht anders. Schon die »grandiose Herablassung«, mit der Schröder Scharping signalisiert, er »müsse ihn als Konkurrenten nicht fürchten«,[215] ist eine Attacke. Man kann das natürlich auch anders sehen und – wie Alfred Tacke, Staatssekretär im niedersächsischen Wirtschaftsministerium und Ratgeber des Ministerpräsidenten – diesem nicht ohne Sarkasmus zugutehalten: »Wenn Schröder nicht wäre, wüßte keiner, wer Scharping ist.«[216]

Der Angriff kommt in einer Serie von Alleingängen daher. Dagegen ist zunächst einmal nichts einzuwenden, weil die Rolle des Ministerpräsidenten ihm eine gewisse Unabhängigkeit von Parteitagsbeschlüssen einräumt. Aber was Schröder in diesem Sommer medienwirksam aufführt, ist ein einziger Sololauf, dargeboten mit der »Lust« an der »Rolle des Wiederholungstäters«, wie selbst wohlmeinende Berichterstatter beobachten. Damit aber bringt der »Sünder ohne Reue«[217] nicht nur den Parteivorsitzenden, sondern alsbald auch diejenigen wieder gegen sich auf, die wie Rau und Lafontaine vorübergehend den Schulterschluss gesucht haben, um Scharping zur Räson zu bringen. Jetzt ordnet Schröder erneut die Reihen seiner Gegner. »Will Gerhard Schröder eine andere SPD, oder geht es ihm um seine eigene Lebensplanung«, fragt der ebenfalls aus Niedersachsen stammende SPD-Linke Detlev von Larcher über die Medien und unter Verweis auf eine Reihe von Fällen, in denen Schröder gegen Beschlüsse von Partei und Fraktion verstoßen hat.[218] Zum Beispiel bei der Wiederaufnahme der Energiekonsensgespräche im März 1995.

Sicher hat der Parteivorsitzende Scharping kaum eine andere Wahl, als Schröder bei diesen Gesprächen mit der Regierungskoalition die Leitung der sozialdemokratischen Unterhändlertruppe anzuvertrauen; immerhin stammt die Idee von ihm. Dass sie wie schon 1993 auch jetzt im Sande verlaufen, liegt nicht, jedenfalls nicht in erster Linie, an den Emissären, die FDP und CDU/CSU in die Gespräche schicken. Zu denen gehört unter anderem die Nachfolgerin Klaus Töpfers an der Spitze des Umweltministeriums, die in den eigenen christdemokratischen Reihen mal gönnerhaft, mal abfällig als »Kohls Mädchen« firmiert. Das erste Mal haben sich Gerhard Schröder und Angela Merkel am 16. Januar 1995 zusammengesetzt, bis Juni kommt es dann zu mehreren Begegnungen in größerer Runde,[219] die aber ohne Ergebnis bleiben.

Sollte Scharping im März 1995 gehofft haben, den Mann aus Hannover durch die Verhandlungsführung bei den Konsensgesprächen zu beschäftigen und von anderen Aktivitäten, zum Beispiel gegen ihn gerichteten, abzuhalten, irrt er. Dafür birgt das Thema, so wie Schröder es anpackt, zu viel Konfliktpotential. So hat er wiederholt verlauten lassen, dass der Atomausstieg »länger dauern« werde, »als mancher SPD-Parteitag beschlossen hat. Ich glaube nicht, daß man das wesentlich schneller machen kann als in einem Zeitraum von 30 Jahren.«[220] Auch besteht Schröder immer noch darauf, dass die Genossen unter bestimmten Voraussetzungen die Option für den Neubau von Kernkraftwerken »ausübbar« halten sollen. Mit Scharping ist das nicht zu machen. Mit Lafontaine auch nicht.

Und Schröder legt nach. In einem Gastbeitrag für die *FAZ*, der auch noch unter der Überschrift »Kein Stoff für Sommertheater« erscheint, lässt der Ministerpräsident keinen Zweifel, woran die Konsensgespräche und damit auch der Ausstieg aus der Kernenergie gescheitert sind, nämlich am fehlenden »Mut …, risikoreich einen Weg zu gehen, der nicht mit Parteitagsbeschlüssen gepflastert ist«: »Ein gesellschaftlicher Konsens in wichtigen Zukunftsfragen unserer Gesellschaft«, so Schröders Fazit, »läßt sich nicht auf der Grundlage der Durchsetzung von Parteitagsbeschlüssen erzielen – und diese noch auf Punkt und Komma.«[221] Die Gesichter der Zeitungsleser in der »Baracke«, der Bonner Parteizentrale, kann man sich vorstellen.

Wenig Freude hat der Partei- und Fraktionsvorsitzende der SPD auch mit Schröders Alleingängen beim sogenannten Automobilgipfel am 11. August 1995, der den vorläufigen Höhepunkt einer regelrechten Serie von Begegnungen des niedersächsischen Ministerpräsidenten mit seinem bayerischen Amtskollegen bildet. Es ist schon erstaunlich, aber Edmund Stoiber, der das politische Handwerk bei Franz Josef Strauß erlernt hat und nicht wenigen in der SPD als Inbegriff politischer Reaktion gilt, und Gerhard Schröder, dank seiner linksradikalen politischen Biographie das ideale Feindbild vieler christlicher Unionisten, scheinen sich gut zu verstehen.

Sicher hat Stoiber registriert, dass sich Schröder in einem Gespräch mit der *FAZ* im Mai 1993 bemerkenswert positiv zum 1988 verstorbenen Übervater der CSU geäußert hat: »Bei aller Ablehnung dessen, was Strauß inhaltlich vertreten habe, sei er doch mehr gewesen als ›die Figur der Reaktion‹, die der Jungsozialist Schröder in ihm sah. Erst später habe er die ›ungeheure politische Begabung‹ des Bayern entdeckt. Das sei ›ein faßbarer Mensch gewesen, einer, an dem man sich reiben konnte, und einer, der etwas gewagt hat. Und das hat mir zunehmend imponiert‹«, sagt Schröder.[222] Und Stoiber erinnert sich jetzt, dass ihm Schröder vor Jahren nach einem Fernsehstreitgespräch unvermittelt signalisiert hat, »den Strauß« würde er »gerne einmal kennen lernen«.[223]

Die Friedenszeichen aus Hannover kommen gerade zur rechten Zeit. Zwar haben die beiden – Stoiber noch als bayerischer Innenminister – zuletzt Anfang April 1993 im *Spiegel* über Einwanderung und doppelte Staatsbürgerschaft gestritten.[224] Aber industriepolitisch gibt es bald eine ganze Reihe von Fragen, in denen Bayern und Niedersachsen an einem Strang ziehen. Zum Beispiel im Herbst 1993, als sich die beiden wie berichtet gemeinsam bei den Konzernspitzen von Daimler-Benz für die Erhaltung der DASA-Werke einsetzen. Oder im September 1994, als sich Edmund Stoiber und Gerhard Schröder grundsätzlich einig sind, dass es in Deutschland noch lange Atomkraftwerke geben müsse, und das auch – zum Ärger vieler Sozialdemokraten – gemeinsam öffentlich sagen.

Besonders groß ist das Einvernehmen zwischen den beiden, wenn es um das Auto geht. Zu viel hängt in Bayern wie in Niedersachsen an dieser Schlüsselindustrie: »Stellen Sie sich vor«, sagt der niedersächsische Ministerpräsident in seiner Regierungserklärung am 23. Juni 1994, »die 30 000 Menschen, die bei Volkswagen einen garantierten Arbeitsplatz erhalten haben, würden dem Arbeitsmarkt, wie man so schön sagt, zur Verfügung stehen: eine soziale wie auch ökonomische Katastrophe für unser Land!«[225] Damit sind jene 30 000 Arbeiter und Angestellte gemeint, die wohl entlassen worden wären, hätten sich VW und die Gewerkschaften nicht zum 1. Januar 1994 auf die Einführung der sogenannten Vier-Tage-Woche geeinigt. Durch sie sollen betriebsbedingte Kündigungen verhindert werden, die angesichts der schweren Absatz- und Strukturkrise der deutschen Automobilindustrie andernfalls wohl unvermeidlich geworden wären. Da sich aber die Beteiligten und Betroffenen darauf verständigen, die wöchentliche Arbeitszeit von 36 auf 28,8 Stunden und die Bruttomonatseinkommen um ein Fünftel zu kürzen, können praktisch alle der rund 100 000 Beschäftigten in den sechs westdeutschen Werken, die leitenden Angestellten eingeschlossen, ihre Arbeitsplätze behalten. Um die Einkommensverluste abzufedern, werden Sonderzahlungen wie das Urlaubs- und Weihnachtsgeld, mit denen die Mitarbeiter von VW bislang auf 14 Monatsgehälter gekommen sind, auf die monatlichen Zahlungen umgelegt. Gerhard Schröder hat sich mit ganzer Energie für den Kompromiss eingesetzt. Immerhin arbeitet jeder fünfte Niedersachse für Volkswagen – direkt oder indirekt bei einem der gut 2400 Zulieferbetriebe.

Weil er »als erstes Ministerpräsident und dann erst Parteipolitiker« ist, kann und will er die Strukturprobleme der deutschen Industrie nicht ignorieren. Er nennt sie beim Namen und fordert Konsequenzen, und das hören die Genossen gar nicht gern. Je mehr Schröder damit in eine Außenseiterposition gerät, umso radikaler tritt er verbal auf, und je radikaler er auftritt, umso weniger hört man hin. Natürlich lesen alle die Schlagzeile eines Interviews mit dem *Stern*: »Eine stumme Partei ist eine dumme Partei«. Aber kaum jemand nimmt die völlig richtige Analyse der »Standortprobleme« zur Kenntnis. Wenn man schon, so das Argument, die im Vergleich zu anderen Ländern kaum noch konkurrenzfähigen Lohnnebenkosten nicht durch Lohnsenkungen korrigieren könne, dann dürfe man jedenfalls »bei den Sozialkosten nichts mehr draufsatteln« und müsse »das investierte Kapital, also die Maschinen, besser ausnutzen«. Auch müsse man »gewisse Produktionen in Niedriglohnländer« verlagern, »um in einer Mischkalkulation höherwertige Produktionen hierzulande zu erhalten«.[226]

Was in der eigenen Partei reflexartige Abwehrreaktionen hervorruft, stößt natürlich bei der heimischen Industrie, aber auch bei den Ministerpräsidenten jener Bundesländer auf offene Ohren, in denen der Automobilindustrie eine ähnliche Bedeutung zukommt. Daher gehört Gerhard Schröder von Anfang an zu jenem handverlesenen Kreis von Politikern und Spitzenmanagern, der sich seit Februar 1994 auf Einladung von Hans Merkle, Aufsichtsratsvorsitzender des größten deutschen Automobilzulieferers Bosch, zu vertraulichen Gesprächen trifft. Dabei sind für VW Ferdinand Piëch, für BMW Bernd Pischetsrieder, für Mercedes-Benz Helmut Werner und für Porsche Wendelin Wiedeking, außerdem die Ministerpräsidenten Baden-Württembergs und Bayerns, Erwin Teufel und Edmund Stoiber, sowie eben Gerhard Schröder aus Hannover, der einzige Sozialdemokrat in dieser Runde.

Am 11. August 1995 stellen die sieben Herren der Öffentlichkeit ihren auf zehn Jahre angelegten »Automobilkonsens« auf einem Autogipfel in Bonn vor. Nimmt man ihn unter die Lupe, öffnet man eine Mogelpackung. Gegen die Zusage der Automobilhersteller, umweltfreundliche Produkte und vor allem ein sogenanntes Drei-Liter-Auto anzubieten, außerdem die Kohlendioxidmenge um 25 Prozent senken zu wollen, votieren die Politiker unter anderem gegen die Einführung eines Tempolimits sowie für eine Senkung der Steuer auf Dieselautos, die der von 1996 an geltenden Euro-II-Norm entsprechen. Das ist natürlich eine Einladung zum Bau und zum Kauf leistungsstarker Automobile, aber es ist eben auch der Versuch, den schwer unter Druck stehenden Standort Deutschland auf Dauer zu erhalten.

Die Reaktionen auf den Kompromiss sind heftig und durchweg ablehnend. Sie kommen von den Umweltverbänden, von einer nicht unbedeutenden Gruppe der Automobilproduzenten und nicht zuletzt von der SPD, die sich wie gehabt von Schröder überrumpelt fühlt. Dass der sich ausgerechnet mit Teufel und Stoiber auf ein solches Geschäft eingelassen hat, trifft bei manchen Genossen und Genossinnen wie Renate Schmidt, nach wie vor Herausforderin des bayerischen Ministerpräsidenten, auf wenig Verständnis: Ob er noch alle Tassen im Schrank habe, fragt sie ihn abends am Telefon.[227] Und dass die Ministerpräsidenten anderer sozialdemokratisch geführter Bundesländer mit einer nennenswerten Automobil- beziehungsweise Zuliefererindustrie wie Hessen, Rheinland-Pfalz und Nordrhein-Westfalen erst gar nicht eingeladen, sondern demonstrativ außen vor gehalten worden sind, bringt auch die eher mäßig temperierten Landesväter Hans Eichel, Kurt Beck und Johannes Rau auf die Barrikaden. Das ist weder dem Standort Deutschland noch dem Zustand der Partei zuträglich. Findet Gerhard Schröder. Als man sich wenig später im Präsidium trifft, nennt der Niedersachse dann auch »die öffentlichen Kommentare von SPD-Seite« den »blanken Wahnsinn«.[228]

Er hat ja wahrlich genug mit den Angriffen zu tun, die zum Beispiel von Ford in Köln und Opel in Rüsselsheim kommen. Dort hat man erst durch die Zeitung von den exklusiven Treffen und von der Begründung für die Nicht-Einladung erfahren: Ford und Opel, so heißt es jetzt, seien schließlich Tochterfirmen amerikanischer Aktiengesellschaften. Ein juristisch zutreffendes, politisch und volkswirtschaftlich hingegen abwegiges Argument. Immerhin beliefern die beiden rund 30 Prozent des deutschen Automarktes. Und dann wecken der Autogipfel und namentlich die Teilnahme des niedersächsischen Ministerpräsidenten und Vorstandsvorsitzenden von VW bei den Rüsselsheimern unangenehme Erinnerungen an den unerfreulichen öffentlichen Schlagabtausch, den sich Gerhard Schröder mit der Opel-Führung nach dem Wechsel des Sanierers López von General Motors zu Volkswagen geliefert hat.

Eine Sache ist, dass López bei VW eine deutliche Spur hinterlassen hat und etliche der erwähnten 30 000 gefährdeten, wenn auch mit einschneidenden Maßnahmen geretteten Arbeitsplätze auf das Konto seiner Methoden gehen. Dass der Rechtsstreit zwischen GM und VW immer noch schwelt und durch den Autogipfel neue Nahrung erhält, ist eine andere. Allerdings haben beide Seiten ein Interesse daran, den in der Öffentlichkeit als »Autokrieg« firmierenden Konflikt durch einen Waffenstillstand zu beenden. Zwar hat VW bei der Wirtschaftsprüfergesellschaft KPMG eine ganze Serie unabhängiger Gutachten in Auftrag gegeben, die keinen Anhaltspunkt auf Geheimnisverrat ergeben, doch kann man in Wolfsburg nicht abschätzen, wie sich die Anfang März 1996 von GM und Opel in Detroit erhobene Zivilklage auf Schadensersatz unter anderem gegen Piëch und López sowie die Anfang Dezember 1996 von der Staatsanwaltschaft Darmstadt erhobene Anklage gegen López und drei Mitarbeiter wegen Unterschlagung entwickeln werden. Vor diesem Hintergrund einigen sich am 9. Januar 1997 GM/Opel und VW in Washington auf einen Vergleich: VW verpflichtet sich, 100 Millionen Dollar an GM zu zahlen, für eine Milliarde Dollar Zubehör vom Konkurrenten zu beziehen und López zu entlassen. Dafür lassen GM und Opel ihre Klage fallen.

Die Weichen sind am 16. September 1996 bei Geheimverhandlungen in London gestellt worden, an denen – auf ausdrücklichen Wunsch der Amerikaner – auch Schröder teilgenommen hat. Vorbereitet worden ist der Ausgleich durch Walther Leisler Kiep, der nicht nur mit einer kurzen Unterbrechung seit 1976 für den Anteilseigner Bund im Aufsichtsrat von VW sitzt, sondern auch beste Verbindungen zur Wirtschafts- und Finanzwelt der USA hat. Als Leisler Kiep in Vorbereitung des Londoner Treffens seinen amerikanischen Gesprächspartner fragt, warum er den niedersächsischen Ministerpräsidenten dabeihaben wolle, antwortet der: »Dem gehört der VW-Laden doch, oder?«[229]

Zu Hause erfährt man von dem Londoner Treffen, wenn auch nicht von seinem Ergebnis, erst einige Wochen später, als Martin E. Süskind ihm auf die Spur kommt. Bei dieser Gelegenheit wird auch bekannt, warum der Ministerpräsident am Abend jenes 16. September verspätet in der niedersächsischen Landesvertretung in Bonn erscheint. Dort wird gerade die Biographie der *Bild*-Redakteure Béla Anda und Rolf Kleine vorgestellt. Von einem

»unvorhergesehnen Termin« ist die Rede, auch von einer »plötzlichen Auslandsreise«, aber Genaueres ist dem Ministerpräsidenten nicht zu entlocken, als er mit anderthalbstündiger Verspätung doch noch auftaucht. Inzwischen hat Jürgen Trittin, seit dem Ende von Rot-Grün in Niedersachsen Vorstandssprecher der Grünen in Bonn, die Vorstellung des flott geschriebenen Buches weitgehend abgeschlossen und Schröder dabei ziemlich auseinandergenommen. Der nimmt es gelassen, teilt seinerseits noch kurz in Richtung Trittin aus, und dann begrüßen »die beiden Machtmenschen einander in aller Herzlichkeit – bevor sie, als wäre gar nichts gewesen, an der Bar ihr Pils« ordern.[230]

Inzwischen steht bei der SPD kaum noch ein Stein auf dem anderen, weil zunächst der Konflikt zwischen Schröder und Scharping seinen Siedepunkt erreicht und dann Lafontaines Stunde schlägt. Längst verfolgt das Publikum den Dauerstreit in der Führungsspitze der SPD mit ungläubigem Staunen, auch Joseph Fischer. Den Fraktionssprecher der Grünen im Bundestag kann zwar wenig wirklich überraschen, doch sorgt er sich allmählich um die Regierungsfähigkeit des potentiellen Koalitionspartners: »Es macht doch keinen Sinn«, sagt er Ende Juni 1995 der Presse, »wenn der Kandidat und der Kandidat in spe sich so zerlegen und zerkratzen, daß nachher ein verbrauchter Kohl noch attraktiver ist.«[231]

Und sie zerlegen sich weiter. Ob es nun Schröders Alleingänge auf dem automobilen Gipfel oder Scharpings einsame Entscheidung ist, den Kanzlerkandidaten für 1998, also sich selbst, schon auf dem Parteitag im November zu nominieren, es geht nichts mehr zusammen: »1995 festzulegen, wer Kanzlerkandidat für die nächsten drei Jahre ist, halte ich für einen Fehler«, erklärt Schröder am 13. August via *Bild am Sonntag* und fügt hinzu: »Auf dem Parteitag bin ich kein Konkurrent für Scharping. Das habe ich schon mehrfach erklärt. Was soll ich denn noch alles tun? … Ich bin nicht auf Jobsuche, aber es ist doch kein Fehler, ehrgeizig zu sein … Warum läßt man mich eigentlich nicht in Ruhe?«[232]

Am 28. August geht es im Präsidium, das seit Längerem einmal nicht als Telefonkonferenz tagt, richtig zur Sache. Weil eine der Damen im Südpazifik weilt und zwei andere im Urlaub sind, weil sich die meisten Ministerpräsidenten »wegen Terminschwierigkeiten entschuldigen« ließen und andere aus ungenanntem Grund nicht erscheinen, ist nur gut die Hälfte der Mitglieder anwesend, unter ihnen Oskar Lafontaine, Rudolf Scharping, Johannes Rau und der, über den man im Grunde zu Gericht sitzt: Gerhard Schröder. Es ist müßig, die Vorwürfe im Einzelnen zu wiederholen. Sie sind bekannt. Wenn Rau dem Niedersachsen vorhält, seine »›Knallerbsen-Interview-Politik‹ mache aus der SPD eine Partei der Beliebigkeit«, hält der dagegen: »Die Erfolgsorientierung sei ... wichtiger als Ruhe im Laden«; und wenn Scharping zu Protokoll gibt, er »wolle keine Beschneidung der Kompetenzen von Gerhard Schröder, da dies die Fortsetzung des Streites bedeuten würde«, dreht der geschmeidig bei, ohne in der Sache nachzugeben: »Er habe selbst gesagt, daß der Parteivorsitzende den ersten Zugriff auf die Kanzlerkandidatur habe. Dies sei kein Problem. Gebe es aber eine Festlegung auf dem Parteitag, dann stimme er dagegen.« Weil Schröder einem anderslautenden Beschluss des Präsidiums nicht zustimmen wird, schlägt Rau schließlich als Formulierung vor: »Der Parteivorsitzende ist der geborene Anwärter auf die Kanzlerkandidatur.«[233]

Darauf bezieht sich Gerhard Schröder in einem Interview, das er unmittelbar danach der *Woche* gibt und in dem er feststellt, dass zwar gelte, was »das Präsidium beschlossen« und dass der »Parteivorsitzende ... das Recht des ersten Zugriffs« habe, doch solle über den Kandidaten erst im Wahljahr 1998, nicht also auf dem kommenden Parteitag entschieden werden. Damit stellt er sich, ohne diesen zu erwähnen, gegen Scharping, der eben das vorhat. Und dann sagt Schröder noch, dass dieser Parteitag nicht, wie bislang geplant, über die »Modernisierung der öffentlichen Verwaltung«, sondern über die Frage debattieren solle, »welche Folgen für den Standort Deutschland die Wiedervereinigung und die Internationalisierung der Wirtschaft haben«. Sollte die öffentliche Verwaltung doch zum Thema werden, »müßte ich darauf hinweisen, daß es gegen meinen Willen geschieht«. Im Übrigen gehe es »nicht mehr um sozialdemokratische oder konservative Wirtschaftspolitik, sondern um moderne oder unmoderne«.[234]

Als das zwei Tage nach der Präsidiumssitzung durch Vorabmeldungen publik wird, überschlagen sich die Ereignisse. Noch am selben Tag, es ist der 30. August, ein Mittwoch, sagt Bundesgeschäftsführer Günter Verheugen in einer Mitteilung für die Presse, er sei es »leid, daß Gerhard Schröder permanent Falschinformationen über die SPD in die Welt setzt; seine Maulerei am Bundesparteitag der SPD ist nicht nur überflüssig, sondern völlig unakzeptabel«. Vor allem Schröders Versuch, so Verheugen weiter, »eine Diskussion über den Kanzlerkandidaten der SPD nach der Einigung am Montag dieser Woche neu zu beginnen, kann nicht hingenommen werden«.[235] Nicht minder deutlich positioniert sich – von Beifall begleitet – zur gleichen Zeit der Vorsitzende vor der SPD-Bundestagsfraktion. Als Scharping am folgenden Donnerstagmorgen, inzwischen schreibt man den 31. August, Schröder, der sich gerade die Sorgen und Nöte nordfriesischer Krabbenfischer anhört, endlich ans Telefon bekommt, setzt er ihm den Stuhl vor die Tür. Es ist ein einsamer Entschluss. Johannes Rau oder auch Oskar Lafontaine, die in die-

Was ist los? Am 31. August 1995 erfährt Gerhard Schröder durch den SPD-Vorsitzenden Rudolf Scharping telefonisch von seiner Entlassung als wirtschaftspolitischer Sprecher der Partei.

sen Wochen und Monaten sicher eher bei Scharping als bei Schröder sind, haben abgeraten.

Es gibt ein Bild von der Szene, weil Schröder auch auf dieser Tour von Béla Anda begleitet wird und der wiederum einen Fotografen im Schlepptau hat.[236] Die Aufnahme zeigt einen Ministerpräsidenten – rechte Hand in der Hosentasche, linke Hand am Handy, mit verschränkten Beinen an ein Geländer gelehnt –, der nicht glauben mag, was er da hört. Danach hat der Parteivorsitzende ihm das Recht entzogen, weiterhin in Wirtschaftsfragen für die SPD sprechen zu dürfen. Weil Schröder ahnt, dass sich die Nachricht schnell verbreiten wird, und er keinesfalls als geprügelter Junge dastehen will, reagiert er umgehend: Noch vom Auto aus diktiert er einen Brief an Scharping, teilt ihm mit, dass er unter den obwaltenden Umständen, insbesondere den Äußerungen von Geschäftsführer Verheugen, nicht mehr als wirtschaftspolitischer Sprecher zur Verfügung stehe, und schickt die Zeilen über sein Büro in der Staatskanzlei per Fax an den Parteivorsitzenden.

Natürlich steht Scharpings Reaktion in keinem Verhältnis zum Anlass. »Eine Nichtigkeit war der Tropfen, der das Faß zum Überlaufen brachte«, schreibt Günter Bannas, der Schröder gleichfalls dicht auf den Fersen ist.[237] Und das Fass war randvoll. Rückblickend sagt Scharping, dass es sich um einen überflüssigen, einen »dummen Konflikt« gehandelt habe, da ihn und Schröder ja keine Welten trennten. Außerdem habe der Rivale ja nur abwarten müssen, wie die Dinge sich entwickelten. Aber Schröder sei »unbremsbar« gewesen.[238] Und weil das nicht nur dem Parteivorsitzenden auf den Nerv geht, macht sich jetzt in der Partei allgemein Erleichterung breit.

Kaum jemand, von einigen Genossen im heimischen Niedersachsen abgesehen, dem ein Wort des Bedauerns über die Lippen käme. Dass nicht wenige hinter vorgehaltener Hand sagen, Schröder habe in der Sache ja häufig recht gehabt, ist wohl wahr. Richtig ist auch, dass viele innerhalb und außerhalb der Partei ihn für den aussichtsreicheren Kanzlerkandidaten gehalten haben. Zumal die Umfragewerte, so vorsichtig sie zu genießen sind, das bestätigen. So sieht Forsa Schröder Mitte August 1995, also vor dem Rausschmiss, mit 40 zu 26 Prozent deutlich vor dem Amtsinhaber, während es bei Scharping genau umgekehrt ausschaut: Mit 46 zu mageren 22 Prozent für den Partei- und Fraktionsvorsitzenden würde Kohl in diesem Fall das Rennen für sich entscheiden.

Mag ja alles sein, finden die meisten Genossen. Aber musste sich Schröder so in Szene setzen? Musste er gleich der gesamten Führungsriege das Label »Kartell der Mittelmäßigkeit« anheften? Musste er dem Konkurrenten seine Überlegenheit, wenn nicht sogar seine Verachtung derart unkaschiert demonstrieren? War da nicht vielleicht doch noch eine alte Rechnung offen? Oder war alles vielleicht ganz anders? Waren die exaltierten Auftritte ein Versuch, der offenkundigen Isolierung zu trotzen? Man muss ja sehen, dass Gerhard Schröder in dieser Zeit so gut wie keine Freunde mehr hat, jedenfalls keine in der eigenen Partei. Der Besuch der Gremien ist ein Albtraum. Der »Kampf gegen die Bonner Riege« scheint ihn zu »zerfressen«, Gerhard Schröder ist regelrecht »wundgescheuert«, wie seine Frau Hiltrud sich erinnert,[239] »schwer angeschlagen«, wie Peter Struck im Rückblick festgehalten hat: »Viele nahmen nicht einmal mehr seinen Namen in den Mund, sondern sprachen nur noch verächtlich von dem ›Niedersachsen‹.«[240] Es ist diese Phase, in der Schröder die Nerven durchgehen und er dem *Spiegel*-Reporter Jürgen Leinemann die Freundschaft aufkündigt.

Wie getroffen Gerhard Schröder ist, zeigt ein Interview, das er unmittelbar nach seinem Sturz gemeinsam mit seiner Frau dem *Stern* gibt. Wie die *Woche* gehört der *Stern* zu den Blättern, auf die sich Schröder in diesen Zeiten verlassen kann. Ist es im Falle der *Woche* Manfred Bissinger – Gründer, Chefredakteur und Herausgeber der 1993 ins Leben gerufenen Wochenzeitung und Freund Gerhard Schröders –, der hilft, kann der Ministerpräsident beim *Stern* mit seinem Kumpel Heiko Gebhardt aus dem Ibiza-Quartett rechnen, von dem schon die Rede war.

Gebhardt ist auch einer der beiden Interviewer, die jetzt von den Schröders wissen wollen, wie es denn zu erklären sei, dass die Abgeordneten in Bonn »die Kaltstellung des populärsten Sozialdemokraten mit Jubel quittierten«. Während Hiltrud Schröder Klartext redet – »Das widert mich an« – und keinen Zweifel hat, dass man »versucht, die politische Existenz meines Mannes zu zerstören, und das alles im Namen der innerparteilichen Solidarität«, räumt der immerhin ein, »den einen oder anderen Fehler gemacht zu haben. Aber die mich jetzt mit Verbalinjurien belegen, sind doch nun mindestens so weit weg von der Realität wie ich.« Doch rastet Schröder förmlich aus, als er auf Peter Struck angesprochen wird, der ihn als »durchgeknallt« bezeichnet hat: »Dieser Abgeordnete aus Uelzen, der noch nie seinen Wahlkreis gewonnen hat? … Dieser Mann repräsentiert das, was ich kritisiere an meiner Partei. Er organisiert ein Kartell der Mittelmäßigkeit.«[241]

Ganz in diesem Sinne hatte er schon am Abend seines Rauswurfs – in der Kneipe und im Kreis vertrauter Journalisten – Luft abgelassen: »Nicht die Partei entscheidet, das Volk entscheidet.«[242] Da schwingt vieles mit – Trotz und Selbstgewissheit, aber auch Verletzung und Enttäuschung:

»Den Haien entrann ich
Die Tiger erlegte ich
Aufgefressen wurde ich
Von den Wanzen.«

Die Zeilen, 1951 geschrieben von Bertolt Brecht, hat Gerhard Schröder auf einem Zettel notiert, der an der Wand seiner Küche in Immensen hängt. Ulrike Posche ist er aufgefallen.[243] Die *Stern*-Reporterin begleitet ihn seit 1990. Schröder vertraut ihr, öffnet sich und gibt ihr Einblicke in sein Innenleben wie allenfalls noch Jürgen Leinemann. So entstehen im Laufe der kommenden 25 Jahre mehr als 100 Berichte für den *Stern*, außerdem ein Buch mit dem bezeichnenden Titel *Nah-Aufnahme*, das unmittelbar nach dem grandiosen Wahlsieg von 1998 erscheint und auf den bis dahin publizierten Magazinbeiträgen basiert. Schröder und Posche bleiben beim »Sie«. Das unterscheidet die Journalistin von den anderen – ausnahmslos männlichen – Kollegen des engeren Zirkels, und es hilft, besser mit der abrupten, schroffen Zurückweisung umzugehen, die sie alle gelegentlich erfahren haben.

Nein, mit Gerhard Schröder steht es in diesem Spätsommer 1995 nicht zum Besten. Man kann es drehen und wenden, wie man will, auch dieser Rausschmiss ist eine herbe Niederlage, gerade weil er durch einen exekutiert worden ist, dem sich Schröder immer überlegen gefühlt hat. Dass sich das Ganze vor den Augen der Öffentlichkeit abspielt, macht die Sache noch unerträglicher, als sie ohnehin schon ist. Buchstäblich keiner, der ihn damals beobachtet, glaubt an ein Comeback in absehbarer Zeit. Und praktisch alle sehen den Partei- und Fraktionsvorsitzenden gestärkt aus den Auseinandersetzungen hervorgehen.

Sie werden eines anderen belehrt. Dass dieser Gerhard Schröder bald wieder auf die Beine kommt, dass er zweieinhalb Jahre später der unangefochtene Kanzlerkandidat seiner Partei, im Herbst 1998 der strahlende Wahlsieger und wenig später der Kanzler der Bundesrepublik Deutschland sein wird, hat mehrere Gründe. Allen voran die schon wiederholt beobachtete Fähigkeit des Mannes, auch schwerste Rückschläge und Niederlagen wegzustecken, den Blick nach vorne zu richten und sein Ziel im Blick zu behalten, das er selbstredend auch im Herbst 1995 nicht aufgegeben hat. Zu resignieren, sich gar aufzugeben, kommt für Gerhard Schröder nicht in Frage. Wer so kämpft wie er, lässt sich nicht wirklich beeindrucken – von einem starken Gegner wie dem nordrhein-westfälischen Landesverband nicht und von einem Parteivorsitzenden ohne Killer-Gen schon gar nicht.

Ob das alleine genügt hätte, das anvisierte Ziel tatsächlich zu erreichen, ist doch sehr fraglich. Wie so oft in seinem Leben kommen ihm auch jetzt günstige Umstände zu Hilfe. Und sie haben einen Namen. Genau genommen sind es zwei. Der eine ist Helmut Kohl, der andere Oskar Lafontaine. Kohl greift Schröder erst zu einem späteren Zeitpunkt unter die Arme, als er sich entscheidet, 1998 noch einmal als Kanzlerkandidat anzutreten. Oskar Lafontaine ist früher zur Stelle. Nicht dass Schröder darauf gehofft oder gar damit gerechnet hätte, dass ausgerechnet der Rivale aus dem Saarland ihn ein entscheidendes Stück auf dem Weg zur Kanzlerkandidatur voranbringen könnte; aber im Rückblick kann es keinen Zweifel geben, dass die Entthronung des Parteivorsitzenden Rudolf Scharping durch Oskar Lafontaine, also die Demütigung des Mannes, der Gerhard Schröder so böse vorgeführt hat, der Beginn der entscheidenden Etappe gewesen ist. Diese Entthronung wird Mitte November 1995 auf dem Mannheimer Parteitag der SPD vollzogen, also gerade einmal zweieinhalb Monate nach Schröders Entlassung als wirtschaftspolitischer Sprecher der SPD.

Taten- und kommentarlos zu warten, bis andere das Heft des Handelns in die Hand nehmen oder neue Themen der aktuellen politischen Diskussion setzen, entspricht nicht Schröders Naturell und Temperament. Während sich die Konkurrenten und Rivalen auf den Parteitag konzentrieren, hält er nach neuen Profilierungschancen Ausschau und entdeckt ein Thema, das vielen Deutschen Unruhe und Sorge bereitet. Wenn es ein Symbol mit hoher Identifikationskraft gibt, auf das sie stolz sind, dann ist es die D-Mark. Die Währung der Bundesrepublik Deutschland steht für Erfolg und Wohlstand, für politische Eigenständigkeit und nationale Identität. Damit soll es nun, an der Wende zu einem neuen Jahrhundert, vorbei sein. Für alle Deutschen, auch für die Bewohner der neuen Bundesländer, für die der Drang zur D-Mark eines von mehreren Motiven für den Wunsch nach einer raschen Vereinigung der beiden deutschen Teilstaaten gewesen ist, und gewiss nicht das letzte.

Richtig ist, dass eine einheitliche Währung seit den siebziger Jahren auf der europäischen Tagesordnung steht, weil sie in der Logik der politisch gewollten, umfassenden Integration liegt. Richtig ist aber auch, dass die dritte und letzte Stufe der 1989 in Angriff genommenen Wirtschafts- und Währungsunion deutlich früher als geplant in Kraft tritt, weil die westlichen Nachbarn in der damit einhergehenden Einbindung des vereinigten Deutschland einen gewissen Schutz vor dessen Übergewicht sehen. Zum 1. Januar 1999 soll die Europäische Zentralbank ihre Arbeit aufnehmen, und für Anfang 2002 ist die Einführung der neuen Währung, des Euro, vorgesehen. Wichtigste Grundlage ist jener Vertrag über die Europäische Union, den die Staats- und Regierungschefs am 7. Februar 1992 in Maastricht unterzeichnet haben. Gegen die Art und Weise, wie er verhandelt worden ist, zieht Gerhard Schröder im Herbst 1995 zu Felde.

Die Geschichte ist aufschlussreich, denn sie dokumentiert aufs Schönste seine enorme Wandlungs- beziehungsweise Lernfähigkeit. Immerhin hat er als Ministerpräsident den Vertrag mit ratifiziert. Da sich das nicht leugnen lässt, zeigt er demonstrativ Reue und macht sich »heute selbst den Vorwurf«, sich »viel zu spät mit den Einzelheiten des Vertrages und ihren Auswirkungen beschäftigt zu haben«.[244] Nachdem er das also jetzt nachgeholt und bei dieser Gelegenheit öffentlich Asche auf sein Haupt gestreut hat, fühlt er sich verpflichtet, ja geradezu berufen, auf die Schwächen des Vertrages aufmerksam zu machen. Allerdings ist es inzwischen so, dass die Öffentlichkeit in diesen Tagen und Wochen gar nicht mehr hinhört, was Schröder eigentlich sagt, weil sie davon ausgeht, dass er sowieso auf Krawall gebürstet ist. Dabei macht der gelernte Anwalt in aller Regel und mit sicherem Gespür für den wunden Punkt auf ein korrekturbedürftiges Problem aufmerksam, ganz gleich ob er sich zum Ausstieg aus der Kernenergie, zum Industriestandort Deutschland, zur Flexibilisierung der Arbeitszeit oder eben zur Währungsunion äußert.

Tatsächlich kündigt oder droht der Ministerpräsident keineswegs für den Wahlkampf eine Diskussion über den Euro an, wie die meisten Beobachter unterstellen, sondern er gibt zu bedenken, dass der Bundestag nach dem aktuellen Fahrplan mitten im Wahljahr 1998 über den Beitritt zur Währungsunion entscheiden müsse und dass es naiv sei zu glauben, das Thema ließe sich aus dem Wahlkampf heraushalten. Bedenkenswert und im Lichte der weiteren Entwicklung durchaus weitsichtig ist seine Kritik an den Konstruktionsfehlern des »mit heißer Nadel« gestrickten Vertrages von Maastricht: »Es besteht die Gefahr riesiger Transferzahlungen von Nord nach Süd, wenn wir nicht aufpassen. Wird die Finanz- und Wirtschaftspolitik nicht koordiniert, dann könnten erhebliche ökonomische Unterschiede auftreten, die die wohlhabenden Länder zu enormen Ausgleichszahlungen innerhalb Europas zwingen.«[245] Dabei bleibt er.

Ein halbes Jahr vor der Bundestagswahl des Herbstes 1998 prägt er dann die Wendung von der Währungsunion als »kränkelnder Frühgeburt«, die inzwischen zum geflügelten Wort geworden ist:[246] »Es gibt in der Geschichte kein Beispiel für eine gemeinsame Währung ohne eine gemeinsame Wirtschaftspolitik. Die müssen wir jetzt nachliefern.«[247] Wer würde dem nach der Krise, die den Euro seit 2009 erfasste, widersprechen? Allerdings sagt Schröder jetzt auch, dass »Kohls Entscheidung … trotzdem nicht falsch« gewesen sei. »Weil es damals einfach nicht die Möglichkeit gab, schon die politische Union zu liefern. Und weil man nicht vergessen darf: Der Euro hatte auch mit der deutschen Einheit zu tun.«[248]

2012 wie auch schon im Spätsommer 1998, als er zum Sprung ins Kanzleramt ansetzt, hört man Gerhard Schröder zu. Im Herbst 1995 sehen viele in seiner Mahnung kaum mehr als einen Versuch, »sich mit diesem Thema persönlich zu sanieren«.[249] Zwei, die jetzt besonders hart mit Schröder ins Gericht gehen, sind seine früheren Förderer und späteren Ratgeber Erhard Eppler und Hans-Jochen Vogel. Eppler, in dieser Zeit so etwas wie das linke Gewissen seiner Partei, fällt im *Spiegel* das vernichtende Urteil: »Schröder – das ist eine reine Lotterie … ich weiß nicht, ob ich heute noch für Schröder werben würde. An seiner Begabung zweifele ich nach wie vor nicht. Aber ein sozialdemokratischer Politiker, bei dem man nicht weiß, wofür er morgen und erst recht übermorgen steht, wird auf Dauer wohl auch nicht erfolgreich sein.«[250]

Auch Hans-Jochen Vogel, von den Genossen hoch respektierter vormaliger Fraktions- und Parteivorsitzender, kann in dieser Zeit ganz und gar nichts mit dem Mann aus Hannover anfangen: »Sein Machtwille ist sicher eindrucksvoll. Aber mehr und mehr stellt sich die Frage, wofür er die Macht, um die er kämpft, eigentlich einzusetzen gedenkt. Und ob ihm die eigene Medienpräsenz nicht wichtiger ist als das Gesamtinteresse der deutschen Sozialdemokratie, die keiner als Trampolin für eigene hohe Sprünge mißbrauchen darf. Das alles würde ich weniger kritisch beurteilen, wenn Schröder mit offenem Visier auf dem kommenden Parteitag als Gegenkandidat zu Rudolf Scharping antreten würde. Meine Zustimmung würde er auch dann nicht finden ... So wie Schröder bislang agiert, hat er nicht nur der Partei Schaden zugefügt, sondern sich auch selbst beschädigt. Und das bedaure ich angesichts der großen Aufgaben, vor denen er in seinem eigenen Land steht, und seiner unbestreitbaren politischen Begabung, die mit einer hochentwickelten Kunst der Selbstdarstellung einhergeht.«[251]

Viele der Delegierten, die sich vom 14. bis 17. November zum alljährlichen Parteitag in Mannheim eingefunden haben, sehen das nicht anders. Die Luft ist dünn für Schröder, und wie immer, wenn ihm Reserve, Unmut, ja sogar Zorn, wenn nicht Hass entgegenschlagen, geht er in die Offensive, polarisiert und provoziert: »Bei den Fehlern, die gemacht worden sind, kann Besserung versprochen werden. In bezug auf die Art und Weise, politisch zu arbeiten – es tut mir leid –, werde ich es nicht schaffen.« Und als er mit seiner Rede fertig ist, ruft er den Delegierten zu: »Gleichwohl ... werdet ihr euch entscheiden müssen. Ich kandidiere nämlich«, geht zu seinem Platz, schenkt sich einen Kaffee ein – und sorgt für Verwirrung, Unruhe und wenig freundliche Zurufe. Offenbar nehmen die Delegierten an, Schröder habe seine Kandidatur für den Parteivorsitz angekündigt. Zuzutrauen wäre es ihm ja. Aber dann macht er sich noch einmal auf zum Rednerpult, fügt hinzu »für den Parteivorstand natürlich«[252] und sorgt damit erst recht für Tumult.

In den Vorstand wird er auch wiedergewählt, aber erst im zweiten Anlauf. Ursprünglich hatte er nicht ein zweites Mal antreten wollen. Doch dann drängen ihn Frank-Walter Steinmeier, Sigrid Krampitz und Doris Scheibe – mit Erfolg und sehr zum Unmut Hiltrud Schröders, die inzwischen abgereist ist und dem Gatten telefonisch die Hölle heißmacht, als sie davon hört.[253] Mit vereinter Überzeugungskunst führen die drei ihrem Schröder vor Augen, dass es den weiteren Karriereplänen nicht gerade zuträglich ist, wenn er sich aus dem Entscheidungszentrum der Partei verabschiedet. Auch andere ihm Wohlgesinnte wie Renate Schmidt, die es selbst in den Führungsgremien der Partei noch gibt, reden auf ihn ein.[254] Also unternimmt er einen zweiten Anlauf. Das

Ergebnis ist ernüchternd. Dass Gerhard Schröder überhaupt – wenn auch mit 303 Stimmen der 520 Delegierten äußerst knapp – wieder in den Vorstand gewählt wird, ist nicht zuletzt dem Einsatz Lafontaines zu danken.

Ein noch schlechteres Ergebnis fährt lediglich Rudolf Scharping ein. Allerdings stellt sich der Parteivorsitzende einer Kampfabstimmung, und auch das liegt an Oskar Lafontaine. Der hat schon im Vorfeld angekündigt, dass es »sicherlich ein kritischer Parteitag werden« würde.[255] Sofern er damit den Auftritt des Parteivorsitzenden meint, behält er recht. Scharping war nie ein mitreißender Redner. Aber der hölzerne Vortrag, mit dem er die Genossen an diesem Tage auf die Geduldsprobe stellt, ist schon gar nicht geeignet, sie für sich und seine Sache einzunehmen. Das gelingt Lafontaine. Mit seiner Rede reißt er die Delegierten von den Stühlen und ist damit ein Kandidat für den Parteivorsitz.

Was danach geschieht, ist bis heute unter den Beteiligten umstritten. Während Lafontaine darauf besteht, er sei »ohne die Absicht zu kandidieren« nach Mannheim gekommen und von Scharping »aufgefordert« worden, »für den Parteivorsitz zu kandidieren«, hält dieser seinen Sturz für »von langer Hand vorbereitet«. In Mannheim seien dann »zwei Abgesandte der Parteilinken«, eine davon Edelgard Bulmahn, zu ihm gekommen und hätten ihn aufgefordert, »am nächsten Tag Lafontaine für den Parteivorsitz vorzuschlagen«.[256] Dass sich nicht einmal drei Jahre später alle, Bulmahn, Lafontaine, Scharping und Schröder, am Bonner Kabinettstisch wiederfinden, kann man sich auf der Zunge zergehen lassen. In Mannheim sagt Scharping den beiden Emissären, sie kämen zu spät. Tatsächlich ist sein Entschluss, eine Entscheidung herbeizuführen, inzwischen gefasst.

Als Lafontaine seine Rede hält, ist Scharping zunächst nicht im Saal. Nachdem er realisiert hat, was der Rivale plant, berät er sich am späten Nachmittag mit Johannes Rau, der ja auch den stärksten Landesverband führt, ruft dann Franz Müntefering an und fordert ihn auf, für den kommenden Vormittag eine Präsidiumssitzung anzusetzen. Scharping hat Müntefering gerade erst zum Nachfolger Verheugens als Bundesgeschäftsführer berufen. Seit er ihn Mitte 1993 bei der Mitgliederbefragung gegen Schröder unterstützt hat, zählt Scharping auf ihn.

Franz Müntefering hat Mitte Januar 1940 im sauerländischen Neheim-Hüsten das Licht der Welt erblickt. Der Sohn eines Fabrikarbeiters, der den Vater erst kennenlernt, als dieser aus mehr als sechsjähriger Kriegsgefangenschaft heimkehrt, wächst in ärmlichen Verhältnissen auf und sagt später einmal, er sei dankbar für die Sozialisation im katholischen Milieu, weil ihm dort Werte wie Nächstenliebe und Solidarität vermittelt worden seien.[257] Nach

Ernüchternd: Auf dem Mannheimer Parteitag konfrontieren die Genossen Gerhard Schröder Mitte November 1995 mit ihrem Verständnis von Parteidisziplin.

der Schule, die er mit vierzehn verlässt, erlernt er den Beruf des Industriekaufmanns und ist bis 1975 in der metallverarbeitenden Industrie tätig. Seit 1966 Mitglied der SPD, legt er in Nordrhein-Westfalen das Fundament seiner parteipolitischen Karriere, an die er aber erst denkt, als er 1975 in den Deutschen Bundestag einzieht und bei dieser Gelegenheit seinen Beruf an den Nagel hängt. 1992 folgt Franz Müntefering einem Ruf des nordrhein-westfälischen Ministerpräsidenten Johannes Rau und tritt als Minister für Arbeit, Gesundheit und Soziales in dessen Kabinett ein. Gleichzeitig übernimmt er den Landesvorsitz im SPD-Bezirk Westliches Westfalen, in dessen Vorstand er seit 1974 sitzt.

In Mannheim also setzt Müntefering – in seiner Funktion als Bundesgeschäftsführer und der Aufforderung Scharpings folgend – kurzfristig eine Sitzung des Präsidiums an. Dort fragt der Parteivorsitzende den sich zunächst betont ahnungslos gebenden Lafontaine, ob seine Rede vom Vortag als Bewerbung zu verstehen sei. Als der das bejaht, geht Scharping in die Offensive: »Dann muss es entschieden werden.« Grundsätzlich stimmt Lafontaine der Erzählung dieser Geschichte zu, allerdings mit der entscheidenden Nuance, dass er vom Nochvorsitzenden direkt aufgefordert worden sei: »Ich fordere Dich auf zu kandidieren.«[258]

Rudolf Scharping bleibt überzeugt, dass Lafontaine ihn stürzen wollte und Gerhard Schröder die Aktion »mindestens billigend in Kauf genommen« hat. Alles Unsinn, sagt der im Rückblick auf die entscheidenden Stunden von Mannheim. Für einen »kalkulierten Auftritt«, gar für einen »Putsch« gebe es »keinerlei Beleg«. »Es war der begeisternde Oppositionspolitiker Lafontaine mit einem mitreißenden Appell«,[259] der den in Mannheim versammelten Ge-

Wohlgesinnt: Auf Renate Schmidt kann sich Schröder auch in schwierigen Zeiten – wie hier im Jahr 1997 – verlassen.

nossen die Hoffnung vermittelt habe, dass ihnen nach der Niederlage des vergangenen Herbstes doch wieder die Zukunft gehören könne. Wenn man die Bilder des Parteitags sieht, wenn man erst Scharping, dann Lafontaine zuhört, dann weiß man, dass es so gewesen ist. Sofern Putschisten mutige Menschen sind, ist Lafontaine nie ein Putschist gewesen: »Welche Garantien habe ich?« – fragt er Renate Schmidt wie andere, die ihn nach seiner Rede auffordern, jetzt auch anzutreten.[260]

Wohl aber ist Lafontaine wie Schröder davon überzeugt, dass Scharpings schwache Führung der Partei über kurz oder lang schaden werde und es daher so nicht weitergehen könne. Richtig ist auch, dass die beiden, die ja in dieser Zeit wieder einmal gut miteinander auskommen, seit dem Frühjahr über alternative Szenarien nachdenken. Und dann haben sie in den Wochen und Monaten vor dem Parteitag Rudolf Scharping »nach allen Regeln der Kunst fertiggemacht«, wie Günter Bannas beobachtet.[261] Aber mit dem Plan, ihn zu stürzen, ist weder der eine noch der andere nach Mannheim gefahren. Das brauchten sie auch gar nicht, denn der Vorsitzende bringt sich mit seiner schwachen Vorstellung selbst zur Strecke.

Das Ergebnis in Mannheim ist eindeutig: 190 Delegierte stimmen für den damit entmachteten Scharping, 321 für den neuen Parteivorsitzenden Lafontaine. Erstmals in der langen Geschichte ihrer Partei haben die Sozialdemokraten einen amtierenden Vorsitzenden abgewählt und durch einen anderen ersetzt. Der Neue ist »gerne« Parteivorsitzender und hat den Eindruck, dass es jedenfalls im Augenblick »kein anderer mit ähnlicher Aussicht auf Erfolg machen könne«.[262] Tatsächlich macht er seine Sache gut und wird erheblichen Anteil daran haben, dass die Partei drei Jahre später glänzend dasteht. Das sagen später auch diejenigen, die nach seinem Abgang im Frühjahr 1999 wenig Vorteilhaftes über Oskar Lafontaine mitzuteilen haben.

In diesem Punkt ist also für Klarheit gesorgt. In einem anderen ist jetzt wieder alles offen. Wie immer sich die Frage nach dem Kanzlerkandidaten der SPD entwickeln wird – Gerhard Schröder ist im Spiel. Die Ergebnisse des Mannheimer Parteitages, erklärt er zu Beginn des folgenden Jahres Herlinde Koelbl, haben »meiner Popularität nicht geschadet. Ich liege bei Umfragen an erster Stelle vor Scharping und Lafontaine. Das heißt also, ich werde von der Bevölkerung nicht als Lump gesehen ... Und wenn die öffentliche Wertschätzung politischen Erfolg signalisiert, dann muß ich nicht in Sack und Asche laufen.« Auch diese Aussage wird übrigens drei Jahre später, als Koelbls Buch in Druck geht, gestrichen.[263]

Was ihn angeht, lebt die Troika nach Mannheim in gewandelter Formation fort: Oskar Lafontaine als Partei-, Rudolf Scharping als Fraktionsvorsitzender, Gerhard Schröder als Kanzlerkandidat. Eigentlich ein zukunftsfähiges Gespann. Lafontaine mit dem Talent, die Partei zu begeistern und wohl auch zusammenzuhalten; Scharping, der sich auf Lafontaines Vorschlag hin zu dessen Stellvertreter wählen lässt, mit dem Potential, die Fraktion zu disziplinieren, in der Außenpolitik an die neuen Gegebenheiten zu gewöhnen und auf den eher früher als später zu erwartenden »Realitätstest« vorzubereiten;[264] Schröder mit der Fähigkeit, die bürgerliche Mitte zu erreichen. Dass er bald wieder von sich reden machen wird, bezweifelt kaum jemand. Schröder wird »eine Weile stillhalten«, prognostiziert Rudolf Augstein, »und auf die Verstrickungen und Schwächen seiner Gegner warten. Die Partei wird es bald wieder zu spüren bekommen.«[265]

Genau so kommt es. Schröder hält zunächst still, wird Ende November durch Lafontaine wieder zum wirtschaftspolitischen Sprecher der SPD berufen und koordiniert in dieser Eigenschaft auch das von Scharping eingerichtete Wirtschaftsforum der Partei, auf dem sich Unternehmer und Manager, Wissenschaftler und Politiker über die grundlegenden Fragen von Wirtschaft und Gesellschaft austauschen. Mitte Dezember wird der niedersächsische Ministerpräsident, gleichfalls auf Vorschlag des Parteivorsitzenden, ins Präsidium der SPD wiedergewählt. Damit ist der Status quo ante wiederhergestellt, verglichen mit der Zeit vor seinem Rausschmiss sogar leicht aufgewertet.

Acht weitere Wochen währt die Schonfrist, dann ist Gerhard Schröder wieder an der Front. Aber dieses Mal nutzt er nicht in erster Linie die Verstrickungen und Schwächen seiner Gegner, wie von Augstein prognostiziert, sondern legt den Finger in die Wunde des deutschen Versorgungsstaates. Im Rückblick auf den Vorstoß wird man sagen müssen, dass damit die Karriere des Reformpolitikers Schröder beginnt. Ob ihm das seinerzeit bewusst gewesen ist, ob er das auch nur geahnt oder gar gewollt hat, sei dahingestellt. Sicher ist, dass sich seine politische Biographie mit keinem zweiten innenpolitischen Thema so eng verbindet wie mit diesem. Sicher ist auch, dass seine Karriere als Politiker ein knappes Jahrzehnt später an diesem Thema zerbricht.

Am 13. Februar 1996 spricht sich der Ministerpräsident in einer Rede vor seiner Landtagsfraktion in Hannover zum einen gegen die baldige Einführung der »ökologischen Steuerreform« und zum anderen für »soziale Einschnitte« aus. Natürlich machen diese Äußerungen im politisch-publizistischen Biotop des Bundeslandes wie der Republik alsbald die Runde. Was die Steuerreform angeht, hält Schröder sie zwar perspektivisch für richtig, aber für verfrüht, weil eine Verteuerung der Energie den ohnehin in voller Fahrt befindlichen Verlust von Arbeitsplätzen beschleunigen werde. Auch wenn er das nicht ausdrücklich sagt, hat er natürlich vor allem die deutsche Automobilindustrie vor Augen.

Die Reaktionen namentlich des potentiellen Partners im Bund, der Grünen, aber auch weiter Kreise der eigenen Partei, den Vorsitzenden eingeschlossen, auf die Absage an die Ökosteuer sind heftig bis verhalten, verlaufen aber alsbald im Sande. Anders die Debatten über die Notwendigkeit tiefer Einschnitte in das soziale Netz. Sie lösen eine erstaunlich differenzierte, insgesamt nachdenklich gestimmte Diskussion aus, die trotz mancher Flaute schon deshalb nicht einschläft, weil Gerhard Schröder ihr immer wieder neue Nahrung zuführt. Im Kern bleibt er bei seiner vor der Landtagsfraktion abgegebenen Diagnose: »Es geht nicht mehr um den Umbau des Sozialstaates, es sind tatsächlich tiefe Einschnitte nötig.«

Schröders Thesen stehen im Zusammenhang mit parteiübergreifenden Gesprächen über ein Bündnis für Arbeit. Es ist von den Ländern angeboten worden, und zwar, so Schröder vor dem Landtag, »unabhängig davon, welche parteipolitische Überzeugung sie haben«.[266] Dafür sind drei Arbeitsgruppen gebildet worden, eine für den Komplex des Arbeitsmarktes. Sie wird von den Ministerpräsidenten Niedersachsens und Sachsens, Gerhard Schröder und Kurt Biedenkopf, geleitet, die sich Mitte Februar 1996 erstmals in dieser Angelegenheit zusammensetzen.[267] Am Ende bleiben die Beratungen der Ministerpräsidenten mit dem Bundeskanzler auch deshalb ergebnislos, weil es, wie nicht anders zu erwarten, auf allen Seiten zahlreiche Bedenkenträger gibt. Außerdem waren die Gespräche »unverbindlich angelegt«, wie Schröder später sagt.

Das wird er anders machen, sollte er als Kanzler die Möglichkeit dazu haben. In Hannover hat er gelernt, welche Voraussetzungen gegeben sein müssen, wenn man Gespräche über ein Bündnis für Arbeit zum Erfolg führen will. So muss man sich zunächst und vor allem »zwischen den großen volkswirtschaftlichen Akteuren – Gewerkschaften, Arbeitgebern und Staat – auf eine gemeinsame Beschreibung der Realität einigen«.[268] Das klingt einfach, ist es aber nicht. Wie die Linke im Allgemeinen neigen auch die Sozialdemokraten im Besonderen zu der Auffassung, dass sich die Wirklichkeit im Zweifelsfall den hehren Vorstellungen des Programms zu fügen habe. Und dieses sieht nun einmal keine tiefen Einschnitte in das soziale Netz vor, wie sie Niedersachsens Ministerpräsident schon 1996 als unvermeidlich ankündigt. Zu den plausiblen Argumenten, die Schröders innerparteiliche Kritiker gegen diese Initiative ins Feld führen, zählt der Zeitpunkt, weil er damit ohne Not, vorab und einseitig Konzessionsbereitschaft signalisiere und die Verhandlungsposition der Länder beziehungsweise der SPD schwäche. Dass die Parteilinke gegen Schröder mobilmacht und seine neuerliche Abberufung als wirtschaftspolitischer Sprecher fordert, gehört hingegen inzwischen zum Ritual.

Aber so weit kommt es dieses Mal nicht. In den Parteigremien wird nicht einmal ernsthaft über eine wie immer geartete Abstrafung des Provokateurs diskutiert. Schröder macht nämlich scheinbar einen Rückzieher und erklärt, seine Diagnose habe sich auf Niedersachsen bezogen. Das ist taktisch geschickt, weil er natürlich weiß, dass sich die Debatte, wenn sie denn Fahrt aufnimmt, sowieso nicht auf sein Land beschränken wird. Außerdem gibt er damit dem Parteivorsitzenden die Möglichkeit, sich bedeckt zu halten, was Lafontaine auch deshalb tut, weil Schröder neben aller Kritik auch Unterstützung aus den eigenen Reihen erfährt, darunter von unerwarteter Seite.

Dass ausgerechnet Wolfgang Clement Schröders Thesen zustimmt, überrascht dann doch. Immerhin hat Nordrhein-Westfalens Wirtschaftsminister in den zurückliegenden Jahren, teils als Sprachrohr von Ministerpräsident Rau, teils aus eigenem Antrieb, zu den entschiedenen Kritikern des Niedersachsen gezählt. Der gebürtige Bochumer Clement – Jahrgang 1940, gelernter Journalist und examinierter Jurist – ist erst mit dreißig der SPD beigetreten, hat dort aber rasch reüssiert und es 1981 zum Sprecher des Bundesvorstandes gebracht. Seit er diesen Job 1986 wegen der wenig hilfreichen Querschläge Willy Brandts gegen den um die absolute Mehrheit im Bund kämpfenden Johannes Rau aufgegeben hat, konzentriert er sich auf die nordrhein-westfälische Landespolitik. 1989 wird Clement Chef von Raus Staatskanzlei und bringt es Mitte Juli 1995 zum Minister für Wirtschaft und Mittelstand, Technologie und Verkehr an Rhein und Ruhr.

Seither lassen die Schüsse aus der Hüfte gegen Schröder nach, vielmehr ziehen die beiden immer häufiger an einem Strang. So in der von Schröder losgetretenen Diskussion über die »sozialen Einschnitte« oder in der von Clement eröffneten Kampagne gegen die sogenannte Ausbildungsplatzabgabe. Hier schlägt sich Schröder auf dessen Seite. Und das auch noch auf dem Jugendparteitag, den die SPD am 25. November 1996 in Köln ausrichtet und mit dem die Karriere von Andrea Nahles, der amtierenden Juso-Vorsitzenden, ihren Anfang nimmt. Abgesehen von der Übereinstimmung in der Sache spielt für Schröders Einsatz an der Seite Clements eine Rolle, dass er mit Blick auf die Kanzlerkandidatur seine Kontakte zum einflussreichen und mitgliederstärksten Landesverband verbessern will. Nicht zufällig bereist er im Frühjahr 1997 das sozialdemokratische Stammland, um sich den Genossen an Rhein und Ruhr als geeigneter Bewerber um höchste Aufgaben zu präsentieren.

Der Schulterschluss mit Clement ist punktuell und themenbezogen. In anderen Hinsichten steht Schröder allein auf weiter Flur. Zum Beispiel beim Konflikt um das ungelöste Problem der Endlagerung atomaren Mülls im niedersächsischen Gorleben. Nachdem die Energiekonsensgespräche mit der Regierungskoalition nicht zuletzt an Widerständen aus den sozialdemokratischen Reihen gescheitert sind, besteht die nächste Runde in einem Schlagabtausch zwischen dem niedersächsischen Ministerpräsidenten und der Bundesumweltministerin. Hintergrund und Anlass sind die Transporte des nuklearen Mülls nach Gorleben. Die führen nämlich inzwischen zu bürgerkriegsartigen Zuständen und bringen der niedersächsischen Regierung, ähnlich wie die sogenannten Chaostage von Hannover, negative Schlagzeilen ein. In der Landeshauptstadt, wo diese Tumulte 1983 erstmals in Szene gesetzt worden waren, sind Anfang August 1995 bis zu 3000 Polizisten und Bundesgrenzschutzbeamte im Einsatz gewesen, um die Punks zu bändigen.

Wenn auch die Proteste gegen die Castor-Transporte andere Teilnehmer, Ursachen und Ziele haben, gleichen sich die Bilder von den Schlachtfeldern doch sehr. Das kann der Ministerpräsident nicht wollen, zumal die Aktionen mit 30 bis 50 Millionen D-Mark an Bewachungskosten je Transport zu Buche schlagen. Folglich will Schröder sie auf solche begrenzen, die aufgrund bestehender Verträge unvermeidlich sind. Hingegen bringt Merkel zusätzliche Transporte, zum Beispiel aus dem schwäbischen Gundremmingen, ins Gespräch und Schröder damit in Wallung. Denn der irgendwie ahnungslos wirkenden, tatsächlich aber präzise kalkulierenden Ministerin ist es dabei weniger um die Entsorgung zu tun, zumal Gundremmingen zurzeit noch über ausreichende Lagerkapazitäten verfügt, als vielmehr um medienwirksamen Ärger für den Regierungschef von Hannover. Sagt Schröder.

Zwar werden die Gespräche, unter anderem auch zwischen Schröder und Merkel, Ende März 1997 noch einmal aufgenommen, aber sie führen zu nichts. Die Bundesministerin fühlt sich vom Ministerpräsidenten bloßgestellt, nimmt ihm übel, dass er mit allem, was in diesen Wochen und Monaten zum Thema Entsorgung verhandelt wird, gleich an die Öffentlichkeit geht und ihr Ende Mai 1996 sogar über die Zeitung vorhält, »nicht nur inkompetent, sondern politisch auch reichlich naiv« zu sein.[269] Im Januar 1997 sagt Merkel der Fotografin Herlinde Koelbl, die auch an ihr Langzeitstudien betreibt: »Das ist billige Polemik. Es ist von ihm auch nicht souverän, sondern eher kaltschnäuzig. Ich habe ihm gesagt, dass ich ihn irgendwann genauso in die Ecke stellen werde. Ich brauche dazu noch Zeit, aber eines Tages ist es so weit. Darauf freue ich mich schon.«[270]

Bereits wenig später gibt es einen Vorgeschmack, als die Ministerin zunächst auf eigene Faust und unangekündigt in Gorleben auftaucht, um sich ein Bild von der Lage zu machen, und Schröder dann zeigt, dass mit ihr zu rechnen ist: Am 16. Juli beschließt das Bundeskabinett den Entwurf zur achten Atomgesetznovelle, die nicht der Zustimmung des Bundesrates bedarf, mithin am niedersächsischen Ministerpräsidenten vorbei ins Werk gesetzt wird und am 1. Mai 1998 in Kraft tritt. Auch dieses Gesetz mit seinen Bestimmungen unter anderem zur funktionellen Privatisierung der Endlagerung ist eine Übergangslösung, aber immerhin eine Lösung.

Und es ist ein Punktsieg im Schlagabtausch mit Schröder: »Mit seiner SPD«, erklärt Merkel Ende 1997 der Fotografin, »konnte er keinen Deal machen und ist gescheitert … Herr Schröder kann es nun gar nicht haben, wenn ihm auch noch eine Frau seine Spiele durchkreuzt. Niederlagen kann er sowieso nicht gut vertragen.« Andererseits könne man sich auf ihn, wenn es darauf ankomme, durchaus verlassen. So etwa bei der Verabschiedung der Altauto- und der Verpackungsverordnung: »Wir machen also schon ab und zu pragmatische Deals.«[271] Das ist weder generös noch zynisch gemeint, wie einige annehmen, sondern durchaus anerkennend. Damals habe sie Schröder eben von seinen verschiedenen Seiten kennengelernt, sagt Merkel, auch von seiner »pragmatischen« und nicht zuletzt von seiner »ungemein situativen«. Da sei der instinktsichere Taktiker »fast unschlagbar«. Ihrerseits mit gutem Witterungsvermögen ausgestattet, sieht sie allerdings auch die Kehrseite dieser Fähigkeit, die ihn angreifbar macht: »Er denkt die Sache nicht bis zum Ende durch.«[272] Das ist in der Tat eine wiederholt beobachtete Schwäche.

Der Ministerpräsident weiß, dass nicht wenige Parteifreunde ihre Freude an den Schwierigkeiten haben, in denen er nicht nur in der Entsorgungsfrage steckt. Daher ist es taktisch nicht verkehrt, immer neue Themen aufzunehmen und so von den heimischen Schwierigkeiten, wie Gorleben oder auch dem klaffenden Haushaltsloch, abzulenken. Also bringt Gerhard Schröder jetzt den Dienst von Frauen in Kampfverbänden der Bundeswehr, die Abschaffung des Berufsbeamtentums in weiten Teilen des öffentlichen Dienstes oder auch eine Verschiebung der Einführung des Euro ins Gespräch. Damit stößt er, je nach Thema, mal bei vielen, mal bei eher wenigen auf Kopfschütteln oder auch offene Ablehnung.

Inzwischen macht unter den Genossen in Bonn der hämische Spruch die Runde: »Keiner fragt, Schröder antwortet.«[273] Aber so falsch kann er mit seinen Themen und der Art und Weise, wie er sie unter die Leute bringt, nicht liegen. Denn dass er »immer neue Themen erfindet, immer für eine Geschichte gut ist«, macht ihn ja für die Medien interessant und hält ihn dort, wo er sein will: in den Schlagzeilen. Sagt Ulrike Posche, die dabei ist.[274] So ist er im Sommer 1996 populär wie kein zweiter Sozialdemokrat, und so populär wie der kolossale Kanzler ist er allemal. Das ist nicht selbstverständlich, weil noch Wochen zuvor niemand zu sagen vermochte, welche Folgen eine nur auf den ersten Blick rein persönliche Entscheidung für die politische Zukunft Gerhard Schröders haben würde.

Im März 1996 hat das »Vorzeige-Ehepaar der deutschen Politik … den Konkurs der ›Firma Schröder‹« angemeldet.[275] Am 3. März setzt Hiltrud Schröder ihrem Mann in Immensen den Stuhl vor die Tür und fährt ihn zur Staatskanzlei, wo der Ministerpräsident die Nacht verbringt, bevor er beim Ehepaar Scheibe und einige Tage später in einer Einliegerwohnung seines Freundes Götz von Fromberg unterkommt. Der Anwalt und Notar von Fromberg, Jahrgang 1949, ist eine ebenso schillernde wie in Hannover bekannte Figur. Aus der gemeinsamen Referendariatszeit hat sich längst eine Freundschaft entwickelt. Der Anwalt lädt gerne zu einem Herrenabend ein, mit dem er seinen Geburtstag zu begehen pflegt und zu dem Freunde aus Hannover und Umgebung eingeladen sind. In diesem Rahmen organisiert Fromberg dann auch den Freundeskreis »FROGS«, der »Friends of Gerd Schröder«, von dem noch zu berichten ist.

Spätestens seit Schröder bei Fromberg nächtigt, ist das Scheitern seiner Ehe öffentlich. Sie hat sich erschöpft und mit ihr die beiden Akteure. Als Gerhard Schröder wenige Tage zuvor in der ZDF-Sendung *Was nun …?* die Bitte des Moderators, den angefangenen Satz »Hiltrud und Gerhard Schröder sind …« zu vervollständigen, mit »… ach, das ist auch so eine Legende« nach-

Konkurs der »Firma Schröder«: Im März hat sich die öffentlich aufgeführte Ehe von Gerhard und Hiltrud Schröder – hier wenige Monate zuvor bei *Wetten, dass ..?* – erschöpft.

kommt, ahnt man, was die Stunde geschlagen hat. Den Eingeweihten war natürlich nicht entgangen, dass sich Hiltrud Schröder immer stärker in das Berufsleben ihres Mannes eingemischt hat, zum Beispiel in Besprechungen oder auch in Kabinettssitzungen reingeplatzt ist und Gerhard Schröder regelrecht drangsaliert hat. Der letzte gemeinsame Auftritt der beiden am 15. Februar 1996 auf dem Wiener Opernball, dem eine Einladung des Ehepaars Piëch zugrunde lag, war für ihn wie für sie wenig erfreulich verlaufen. Das Ereignis ist gut dokumentiert, weil es natürlich Fotos der Piëchs und Schröders unter anderem in der Loge der Wiener Oper gibt und weil Roland Deleau die Szene später in einem Bild *Die Loge* verewigt, das er Gerhard Schröder und Ferdinand Piëch widmet. Schröder, inzwischen Bundeskanzler, findet das Bild »gelungen«, wenn es auch Erinnerungen weckt, »die nicht nur positiv sind«.[276]

Denn schon nach der Rückkehr aus Wien hat der Ministerpräsident an diesem Ausflug wenig Freude. Erst sind da diese Schlagzeilen, ob »ein Sozi zu solchen Veranstaltungen« überhaupt gehen dürfe.[277] Und dann stellt die CDU-Opposition im Landtag unter anderem wegen dieser Schlagzeilen den Antrag, die »Vorteilsannahme des VW-Aufsichtsratsmitgliedes und Ministerpräsidenten Gerhard Schröder im Zusammenhang mit der Finanzierung des Besuchs des Wiener Opernballes durch den VW-Vorstandsvorsitzenden« zu missbilligen. Die Begründung macht deutlich, warum die Sache politisch so brisant ist: »Wenige Stunden, nachdem der Ministerpräsident Schröder

›tiefe soziale Einschnitte‹ gefordert hatte, besuchte er auf Einladung des VW-Vorstandsvorsitzenden den Wiener Opernball … Der VW-Vorstandsvorsitzende finanzierte die Kosten der Loge, die sich nach Presseberichten auf DM 24 286,– belaufen, sowie den Eintritt.«[278]

Da mag Schröder vor dem Parlament noch so selbstbewusst feststellen: »Welche Einladung ich zu welcher Veranstaltung von wem akzeptiere, entscheide ich allein. Das war in der Vergangenheit so, und das wird auch in Zukunft so bleiben.«[279] Die Angelegenheit bleibt heiß, zumal der Ministerpräsident im März des Vorjahres seine Umweltministerin Monika Griefahn beurlauben musste, weil sie den Expo-Machern ihren Ehemann als Gutachter empfohlen hatte. Als dann auch noch bekannt wird, dass Piëch die Kosten für die Anreise des Ehepaars Schröder mit einer »VW-Masch[ine]«[280] in Höhe von jeweils 1800 D-Mark übernommen hat, droht sich die Affäre zu einem Skandal zu verdichten. Schröder entgeht ihm nur, weil er umgehend handelt und vor dem Parlament erklärt, »daß für meine Frau und mich jeweils die Kosten eines Linienfluges nach Wien – und natürlich zurück – bereits bezahlt worden sind«.[281] Außerdem stellt die Trennung von seiner dritten Frau einstweilen alles andere in den Schatten.

Der Preis, den Gerhard Schröder dafür zu zahlen hat, ist hoch. Einmal in einem ganz unmittelbaren Sinne. Als er am 25. September 1997 durch das Amtsgericht Lehrte von Hiltrud Schröder, geborene Hampel, geschieden wird, steht fest, dass er einen Teil seiner als Ministerpräsident erworbenen Ansprüche an seine Ex-Frau abtreten, einem zeitlich unbegrenzten Unterhaltsanspruch für den Fall ihrer Erwerbslosigkeit zustimmen, eine Pauschalzahlung in beträchtlicher Höhe leisten und Zins und Tilgung für das gemeinsame Haus in Immensen übernehmen muss. Weitgehend abgetragen wird der Berg erst mit Einnahmen, die Schröder nach Auszug aus dem Kanzleramt mit dem Verkauf seiner Memoiren erzielt. Aber auch danach holt ihn die Geschichte, wenn auch indirekt, immer wieder ein. So zum Beispiel im Frühjahr 2007, als seine vormalige Frau die 85 Gemälde, Zeichnungen, Grafiken und Holzobjekte, darunter auch Porträts Gerhard Schröders, die ihr bei der Scheidung zugesprochen worden waren, in eine Auktion gibt und damit 44 000 Euro erlöst.[282]

Zum anderen aber ist schlicht und einfach nicht vorhersehbar, wie die Öffentlichkeit auf die Trennung des Ehepaars Schröder reagieren wird. Als dpa diese am Morgen des 4. März um 9.21 Uhr in dürren Worten bekanntmacht, gedeiht der Fall »unvermittelt zum Thema der Windsor-Kategorie«. So der *Spiegel*.[283] Nie zuvor ist eine Scheidung in Deutschland von den Medien derart detailliert beschrieben und von der Öffentlichkeit so fasziniert verfolgt worden wie diese. Und weil die Öffentlichkeit eben auch aus potentiellen Wählern besteht, ist der kurzzeitig abwärts weisende Trend der Umfragewerte so beunruhigend, dass sich Schröder hinter den Kulissen für alle Fälle schon einmal nach Möglichkeiten eines Wechsels in die Wirtschaft umhört. Selbst ein exzellenter Kenner Schröders, der SPD und des Bonner Biotops wie Martin E. Süskind ist sich »sicher ..., daß dieser Mann nun ein ganzes Stück weiter unten, als er schon einmal gewesen ist in der Politik, wieder neu anfangen, neu aufbauen muß«.[284]

Das ist der Preis für die Inszenierung seiner von Anfang an öffentlichen Ehe, wie Ulrike Posche bilanziert: »Hillu war fester Bestandteil von Schröders Programm. Sie war seine Frauenquote, ein Charmequotient, seine Sparringspartnerin. Er machte den Polter- und sie den guten Geist. Das war neu in der deutschen Politik ... Hillu und Gerd – beide perfektionierten ihre Rolle zu der des Traumpaars auf dem SPD-Dampfer ... Hillu Schröder bildete sich je länger, je mehr ein, als mitgewählte Ehefrau auch Anteil am Machtapparat zu besitzen. Selbstbewußt verkündete die abgebrochene Jura-Studentin in einer Reinhold-Beckmann-Sendung ... sie traue sich aus dem Stand zu, ein Ministeramt zu übernehmen – egal welches.«[285]

Gerhard Schröder hat nie in Abrede gestellt, dass es am Anfang wohl eine große Liebe gewesen und es lange Zeit geblieben ist. Dass ihn die Geschichte mitnimmt, zeigen die Bilder jener Tage und Wochen. »Was schiefgegangen ist«, sagt er zweieinhalb Jahre später, »hat sicher mit mir zu tun und jener Unbedingtheit, mit der ich meine Arbeit verrichte. Ich hätte es gern vermieden. Auch das ist Teil meines Lebens.«[286] Schröder sieht davon ab, öffentlich schmutzige Wäsche zu waschen. Das tun andere. Dass sich die Medien auf den Fall stürzen, kann ihn, der sie über Jahre mit der Geschichte gefüttert hat, nicht überraschen. Und dass die tief gekränkte Ehefrau eben diese Medien nutzt, um ihre Geschichte ans Publikum zu bringen, wundert ihn nicht wirklich. Immerhin kennt er sie seit mehr als 15 Jahren. Und Hiltrud Schröder nutzt ihre Chance, verbreitet noch 1996 mit ihrer Autobiographie *Auf eigenen Füßen* eine insgesamt ausgewogene Sicht der Geschichte, tritt im August des folgenden Jahres, unmittelbar vor dem Scheidungstermin, in einem Zeitungsinterview kräftig nach und gibt sich überzeugt, dass der Ex sie zuletzt »als Konkurrenz empfunden« habe.[287]

So komisch das klingt und so problematisch die bei dieser Gelegenheit in die Welt gesetzten falschen Informationen zum Beispiel über eingestellte oder ausstehende Zahlungen sind, man kann die Kränkung nachempfinden. Immerhin ist ein auf Lebenszeit angelegtes Projekt gescheitert. Soweit es nach Gerhard Schröder geht, muss die Trennung nicht zwangsläufig mit dem Ende der Kommunikation einhergehen. Vielmehr ist es auch jetzt so, dass er die Verbindung hält, soweit das gewollt und gewünscht ist.

Im Falle von Franca Hampel, der jüngeren Tochter seiner Ex-Frau, ergreift Gerhard Schröder, inzwischen Bundeskanzler, die Initiative, nachdem sich diese in einem Artikel des Jugendmagazins der *Süddeutschen Zeitung* über das vormalige Leben und die Trennung der Eltern geäußert hat,[288] und lädt sie im Mai 2000 zu einem Abendessen ein. Es ist Franca, die dieses erste Treffen mit dem vormaligen Stiefvater nach vier Jahren öffentlich macht und in einem Interview mit der *Bunten* davon, aber auch von der Vergangenheit berichtet und außerdem erzählt, dass sie »wahnsinnig gern eine Koalition aus CDU und den Grünen« hätte und sich durchaus Angela Merkel als Bundeskanzlerin vorstellen könnte.[289] Jahre später, im Frühjahr 2005, gibt Franca dann über einen Freund zu erkennen, dass sie sich über eine Teilnahme Gerhard Schröders an ihrer kirchlichen Trauung freuen würde. Der muss zwar aus Termingründen absagen, erklärt ihr das aber telefonisch und lädt sie und ihren Mann einige Wochen später zu einem Besuch Berlins und bei dieser Gelegenheit ins Kanzleramt ein.[290] Dieses Mal erfährt die Öffentlichkeit nichts von dem Wiedersehen.

Die öffentliche Trennung Gerhard Schröders von seiner aktuellen Gattin geht mit der nicht minder öffentlichen Hinwendung zu seiner künftigen einher. Man kann es auch so sagen: Ohne die künftige hätte Schröder den Bruch mit der seit Jahren vertrauten Frau nicht vollzogen, wie immer ihre Beziehung zuletzt auch aussah. Er braucht eine feste Beziehung. Ohne sie kommt dieser Mann nicht zurecht, wissen die zu berichten, die ihn wirklich kennen. Das heißt aber auch: Der Einfluss der Frau an seiner Seite auf ihn und auf das, was er tut, ist erheblich. Je höher er steigt, desto mehr zählen ihre Erfahrung, ihre Souveränität, ihre Menschenkenntnis. Schröders vierte Frau ist sehr jung. Ist sie so weit?

Doris Köpf, Anfang August 1963 als Tochter eines Mechanikermeisters und einer Hausfrau in Neuburg an der Donau geboren, ist gelernte Journalistin. Nach einem Volontariat bei der *Augsburger Allgemeinen* arbeitet sie einige Jahre für *Bild* und *Express*, bis sie 1990 dem Privatleben den Vortritt lässt und mit ihrem Lebenspartner, dem ARD-Korrespondenten Sven Kuntze, nach New York geht, wo die gemeinsame Tochter geboren wird. Dass die beiden sich nicht zerstreiten, als Köpf 1992 nach Deutschland zurückgekehrt ist, liegt an ihr, sagt Kuntze.[291] Nach der Heimkehr fasst die gleichermaßen zierliche wie entschlossene Frau beim soeben gegründeten *Focus* Tritt, berichtet unter anderem über die SPD und hat damit zwangsläufig, wenn auch eher beiläufig und zunächst nicht vorrangig den »Kraftmeier aus Hannover« im Blick.[292]

Zu einer ersten Begegnung kommt es im November 1995 am Rande des Parteitages von Mannheim. Zumindest auf den Ministerpräsidenten wirkt sie so nachhaltig, dass der ersten schon am 4. Januar 1996 eine zweite Begegnung in Frankfurt folgt. Öffentlich wird die Affäre, als sich Schröder vom 29. Februar bis 1. März in Norwegen aufhält, bei dieser Gelegenheit eine Öl-Bohrinsel in der Nordsee besucht[293] und die eingeladene Berichterstatterin in seinem Schlepptau nicht mehr zu übersehen ist, wohl auch nicht mehr übersehen werden soll. Ende März zeigt Focus TV die ersten Bilder, und zwei Tage später macht *Bild* groß mit der Geschichte auf: »Schaut her, sie sind glücklich ... Der niedersächsische Ministerpräsident Gerhard Schröder (51) und seine schöne Geliebte, die Journalistin Doris Köpf (32), stehen jetzt ganz offen zu ihren Gefühlen.«[294] Der Zufall will es, dass seine Entführer den Millionenerben Jan Philipp Reemtsma ausgerechnet diesen Titel in die Kamera halten lassen, als sie sich anderntags an die Familie des Opfers wenden, um ihrer Erpressung Nachdruck zu verleihen. Da die Polizei eine Nachrichtensperre verhängt hat, wird das Polaroidbild des Entführten mit dem *Bild*-Titel der Öffentlichkeit erst Wochen später bekannt.[295]

Das Foto Gerhard Schröders und seiner »schönen Geliebten« ist ein »kontrollierter Abschuss«. Kai Diekmann hat ihn abgesprochen. Diekmann, Jahrgang 1964, hat seine journalistische Laufbahn 1985 als Volontär bei Axel Springer begonnen. Seither ist er, von einem zweijährigen Intermezzo bei der *Bunten* abgesehen, für den Verlag tätig, seit 1992 als Politikchef von *Bild* in Hamburg. Diekmann kennt Köpf, weil die beiden als junge Redakteure in der Bonner *Bild*-Redaktion Zimmernachbarn gewesen sind. Und den Aufstieg des ambitionierten Niedersachsen verfolgt er, seit Schröder die Staatskanzlei bezogen hat. Diekmann war es auch, der seine *Bild*-Kollegen Béla Anda und Rolf Kleine animierte, ihre erwähnte Biographie Gerhard Schröders zu verfassen, nachdem er selbst mit Ralf Georg Reuth eine »Darstellung von Helmut Kohls Beitrag zur Wiedervereinigung Deutschlands« abgeschlossen hat,[296] welche die Grundlage für sein bald freundschaftliches Verhältnis zu Kohl legt. Man ahnt, dass sich zwischen Kai Diekmann und Gerhard Schröder eine Beziehung anbahnt, die es in sich hat.[297]

In der Bilanz verursachen die öffentliche Trennung Gerhard Schröders von seiner dritten und die nicht minder öffentliche Hinwendung zu seiner vierten Frau keinen irreparablen Karriereknick, sondern tragen eher dazu bei, das Bild des entschlossenen, handlungsfähigen, nicht unterzukriegenden Politikers zu festigen. »Schröder stellt etwas dar«, schreibt der ihn nach wie vor eng und kritisch beobachtende Niedersachsen-Korrespondent der *FAZ* einige Monate später: »Unverwechselbar ist er, gut aufgelegt ..., kraftstrotzend ... So ist Schröder der Anchorman der SPD in der Fernsehdemokratie, ein Starmatador in der Arena des politischen Entertainments – Garant für Einschaltquoten, aber nicht für Inhalte. Damit ist Schröder genau der Richtige für eine SPD, die 1998 den Machtwechsel in Bonn schaffen will.«[298] Wohl wahr, wenn der böse Seitenhieb auf die Inhaltsleere des Kandidaten auch unterstellt, dass die Wähler dumm oder doch jedenfalls nicht an Inhalten interessiert sind. Richtig ist, dass sich inzwischen die Kandidaten bei der SPD warmlaufen. Und dass der eine die Nase vorn hat, weiß auch der andere. Nur gegen wen sie antreten werden, wissen Schröder und Lafontaine im Frühjahr 1997 noch nicht. Denn der Amtsinhaber hüllt sich einstweilen in Schweigen.

Für Schröder ist das kein Nachteil, weil er so Zeit gewinnt. Je weiter die Kandidatenentscheidung hinausgezögert wird, umso näher liegt sie am Termin der nächsten Wahl in Niedersachsen, und dass er diese gewinnen wird, steht für den Ministerpräsidenten außer Frage, populär, wie er nun einmal ist. Eben weil Schröder in dieser Situation zunächst Niedersachsen und erst in zweiter Linie den Bund im Blick hat, neigt er stärker als andere Spitzenvertreter seiner Partei dazu, sich »sinnvollen ökonomischen und sozialen Konzepten« der Bundesregierung »nicht zu verschließen«, so zum Beispiel Reformen in den Bereichen der Lohnnebenkosten oder auch der Gewerbekapitalsteuer. Allerdings gelte für den Umgang mit solchen »vernünftigen Vorschlägen« der Bonner Koalition: »Der Bundesrat als Verfassungsorgan müsse die Interessen der Länder wahrnehmen.« Erklärt Niedersachsens Ministerpräsident Ende April 1997 im Parteivorstand.[299]

Hintergrund ist das schwere Dilemma, in das die Bundesregierung mit ihrer Ankündigung einer massiven Steuersenkung geraten ist. Waren 1996 noch 60 Milliarden D-Mark im Gespräch, sind es jetzt immerhin 30 Milliarden. Mit dem erklärten Ziel, auf diese Weise etwas gegen die steigende Arbeitslosigkeit tun zu wollen, hofft Kohl, die »Sozen«, wie er sie zu nennen pflegt, ins Boot zu holen. Denn wie man aus den alljährlichen Verhandlungen des Jahressteuergesetzes weiß, ist in Steuerfragen gegen die SPD-Mehrheit im Bundesrat nichts durchzusetzen. Der Handlungsbedarf der christlich-liberalen Koalitionäre nimmt sogar noch zu, weil man sich, den näher rückenden Wahltermin im Visier, auf eine Senkung des Solidaritätszuschlages verständigt hat. Nachdem der vor der letzten Bundestagswahl ganz ausgesetzt und 1995 wieder eingeführt worden war, soll er jetzt um 2 auf 5,5 Prozent gesenkt werden. 7,5 Milliarden D-Mark wird das von der FDP durchgedrückte Wahlgeschenk kosten. Diese Änderung bedarf zwar nicht der Zustimmung der Länderkammer. Da aber die Einnahmeausfälle durch Steuereinnahmen an anderer Stelle ausgeglichen werden müssen, sind die Genossen auch hier irgendwie mit von der Partie.

Das bringt sie in eine starke Position gegenüber der Regierung – sofern sie sich einig sind. Und eben das ist bis in den Sommer 1997 hinein nicht oder doch nicht immer der Fall. Darauf setzt Kohl, der mit einer Mischung aus Amüsement und Respekt beobachtet, wie Niedersachsens Ministerpräsident in dieser Frage die eigenen Reihen aufmischt. Schon 1992, als es um die Erhöhung der Mehrwertsteuer ging, war Schröder vorgeprescht, hatte unter bestimmten, von der Bundesregierung allerdings kaum akzeptablen Voraussetzungen seine Zustimmung signalisiert und sich damit in den »Mittelpunkt der Debatte« gedrängt.[300]

Auch jetzt kündigt Schröder immer wieder einmal an, er werde seinen Widerstand gegen die Steuerpläne der Regierung aufgeben. Ein Grund für seine eigenwillige Steuerstrategie ist in den hohen Belastungen zu sehen, die dem Landeshaushalt durch den Solidarpakt entstehen und auf die Schröder – vom ersten Tag an, konsequent und penetrant – verwiesen hat: Die Abgaben, hatte er Anfang Februar 1993 gesagt, seien ein »föderales Belastungsprogramm zur Konsolidierung des Bundeshaushaltes«.[301] Daher geht Schröder nicht grundsätzlich auf Kollisionskurs zu den Steuerplänen der Bundesregierung, sofern er sich, wie im Frühjahr 1997, davon einen direkten oder indirekten Beitrag zur Sanierung des maroden Hannoveraner Haushaltes verspricht.

Aber dann ändern sich die Voraussetzungen doch grundlegend. Zum einen rechnen sich die Steuerreformpläne für die Länder nicht wirklich. Und dann liefert Kohl den Sozialdemokraten auch noch eine Steilvorlage für den Wahlkampf: Ist nicht die angekündigte Senkung des Spitzensteuersatzes von 53 auf deutlich unter 40 Prozent ein weiterer Beleg für den sozial ungerechten Kurs der Regierung? Fragen die Sozialdemokraten. Auch Gerhard Schröder, der zwar seinerseits durchaus schon einmal mit der Senkung des Spitzensteuersatzes geliebäugelt hat, sich jetzt aber hinter Lafontaine in die Front der Ablehner einreiht. Schließlich braucht er den Parteivorsitzenden, der von Anfang an gegen Konsensgespräche in Steuerangelegenheiten gewesen ist, für die Umsetzung seiner ganz persönlichen Pläne. Und so scheitern die von der Regierung eingebrachten Steuerreformgesetze am 17. Oktober 1997 endgültig im Bundesrat.

Interessanterweise setzt sich aber in der Öffentlichkeit der Eindruck fest, dass die Steuerreformgesetzgebung, die sowieso kaum jemand versteht, letztlich nicht an der Blockadepolitik der Sozialdemokraten, sondern an der

Unfähigkeit der Koalition zum Kompromiss in den eigenen Reihen gescheitert ist. Tatsächlich bildet die Regierung in dieser Frage ein Bild des Jammers. Die Ermüdungs- und Erschöpfungserscheinungen, aber auch die Unlust und Frustration nach fünfzehnjähriger Regierungstätigkeit sind schlicht nicht mehr zu übersehen. Auch deshalb geht Lafontaines Kalkül auf, und Kanzler Kohl sieht in diesen Wochen ziemlich alt aus.

Das alles hilft dem Herausforderer, der natürlich nicht vergisst, dass die Schlacht ein Jahr vor der Wahl zwar begonnen hat, aber noch lange nicht geschlagen, ja dass er formal nicht einmal als Herausforderer des Amtsinhabers nominiert ist. Im Übrigen kennt Gerhard Schröder seine Stärken und seine Schwächen. Er weiß, woher seine Popularität rührt, er weiß aber auch, wo seine Defizite im direkten Kräftemessen mit dem amtierenden Kanzler liegen. Dazu gehört vor allem die mangelnde Auslandserfahrung. Wie Schröder Jahre später, als er diese Erfahrung besitzt, Günter Gaus bestätigt, kann man Außenpolitik »eigentlich nur im Amt wirklich machen«.[302] Und da hat Kohl nun einmal einen Vorsprung, der zwar nie und nimmer eingeholt, wohl aber verkürzt werden kann.

Also hat sich Schröder in den vergangenen Jahren immer wieder in der Welt umgetan. So ist er zum Beispiel Ende März 1993 zu Gesprächen mit Ministerpräsident Jitzchak Rabin, Außenminister Shimon Peres und Jerusalems Bürgermeister Teddy Kollek in Israel oder Mitte August 1995 in Südafrika. Wie auf den meisten Auslandsreisen wird Schröder auch auf dieser Visite von einer Wirtschaftsdelegation aus Vorstandsvorsitzenden, Vorstandsmitgliedern und Inhabern großer und mittelständischer Unternehmen aus Niedersachsen begleitet. Während des Besuchs kommt es zu Gesprächen mit einer ganzen Reihe von Ministern sowie mit Erzbischof Desmond Tutu. Das Treffen mit dem Würdenträger beeindruckt Schröder sichtlich, wie ihn schon eine Begegnung mit Papst Johannes Paul II. während einer Privataudienz wenige Wochen zuvor, am 6. Juli 1995,[303] durchaus berührt hat: »Wahrscheinlich ist Papst das einzige Amt, das ein Mensch auf dieser Welt innehaben kann, vor dem Schröder noch Respekt hat«, schreibt Ulrike Posche, die auch auf dieser Reise dabei ist.[304]

Im November des folgenden Jahres zieht es Gerhard Schröder wieder einmal nach Kuba. Es ist sein dritter Besuch der Insel seit 1985 und 1988. Der Ausflug hat längst nicht mehr die politische Brisanz und damit auch nicht die öffentliche Resonanz wie die erste Reise, auf der es immerhin zu einer Begegnung mit Fidel Castro gekommen war. Jetzt muss das Schnuppern des Zigarrenkenners an Havannas für eine Meldung in der Heimat reichen.[305] Dass der

Ministerpräsident auf dem Rückweg in München Station macht und abends seinen bayerischen Amtskollegen Stoiber trifft, erfährt die Öffentlichkeit nicht, ist ja inzwischen auch schon Routine.[306]

Großer Aufmerksamkeit kann Schröder sich hingegen sicher sein, als er Ende März 1997 Polen besucht. Dort hat man die innerdeutschen Debatten aufmerksam verfolgt, kennt Schröders Positionen in der Europafrage gut und sieht in ihm offenbar nicht nur den kommenden Kanzlerkandidaten der deutschen Sozialdemokraten, sondern auch den nächsten Kanzler der Bundesrepublik Deutschland. Es ist bei dieser Gelegenheit, dass Gerhard Schröder Leszek Miller kennenlernt. Zu dieser Zeit Innenminister, wird Miller in den kommenden Jahren immer wieder die Wege Schröders kreuzen. Schließlich verbindet sie eine Freundschaft, und als die beiden nicht mehr in ihren politischen Ämtern sind, besorgt Schröder Miller einen Verlag für die deutsche Ausgabe seiner Erinnerungen und versieht sie mit einem Vorwort.[307] Dort kann man nachlesen, dass Miller 1997 dem niedersächsischen Ministerpräsidenten einen Empfang beim polnischen Staatspräsidenten Aleksander Kwaśniewski verschafft hat,[308] und auch Polens Ministerpräsident sowie der Außen- und der Schatzminister sprechen mit dem kommenden Mann. Und natürlich besucht Schröder, eine potente Wirtschaftsdelegation im Gefolge, das Automobilwerk eines deutschen Herstellers und legt den Grundstein für das Montagewerk eines anderen. Da ist er in seinem Element, und auch auf dem internationalen Parkett macht er eine gute, wenn auch noch nicht routiniert wirkende Figur.

Den Höhepunkt seiner außenpolitischen Profilbildung aber stellt ohne Zweifel der fast vierzehntägige Besuch dar, den Gerhard Schröder vom 29. April bis 9. Mai 1997 den Vereinigten Staaten abstattet. Die Amerikavisite ist nicht nur gründlich vorbereitet worden, sondern sie wird auch medial sorgfältig inszeniert und publizistisch geschickt aufgearbeitet. Noch ein Jahrzehnt später erinnert sich Schröder an diese »ungewöhnliche Reise«, wie er im November 2006 an Nina Gruneberg schreibt.[309] Die berichtet damals für die *Zeit*, hat dem Ministerpräsidenten bereits das eine oder andere Porträt gewidmet (»›So isser halt, unser Gerd‹«[310]) und beobachtet jetzt (»Gerhard in Amerika«), dass »keiner« in den USA den »Noch-nicht-Kanzlerkandidaten der SPD« kannte: Aber »der Schwarm der Journalisten in seinem Schlepptau glich den Mangel an übernationaler Statur locker aus«.[311]

Die Berichterstattung über die Expedition nach Amerika bildet den Auftakt einer wohl dosierten Pressekampagne, mit der Gerhard Schröder im Sommer 1997 in die Offensive geht und dank derer es ihm gelingt, sowohl in der breiten Öffentlichkeit als auch in den Reihen der Genossen in zentralen wirtschafts- und sozialpolitischen Fragen zumindest zeitweilig die Deutungshoheit zu erlangen. Zum ersten Mal verlässt er sich nicht auf mehr oder weniger spontane, instinktgeleitete Vorstöße, sondern legt die Sache systematisch an. Das zeigen die Themen, die er besetzt, und das zeigen die Medien, die er dafür wählt.

Die treibende und organisierende Kraft hinter den Kulissen ist Bodo Hombach. Hombach, im August 1952 in Mühlheim an der Ruhr geboren, hat zu diesem Zeitpunkt bereits eine Karriere als politische und organisatorische Mehrzweckwaffe hinter sich. Zunächst als Fernmeldehandwerker ausgebildet, teilt er mit Gerhard Schröder die Erfahrung des zweiten Bildungswegs, findet danach in den Beruf des Sozialarbeiters und wechselt 1974 zu den Gewerkschaften, zuletzt als Landesgeschäftsführer der Gewerkschaft Erziehung und Wissenschaft, bevor er 1979 in die Politik geht. Seit 1979 arbeitet Hombach als Stellvertretender, zwei Jahre später als Geschäftsführer der nordrhein-westfälischen SPD, der er seit 1971 angehört. Seine große Stunde schlägt in den drei Wahlkämpfen der Jahre 1980 bis 1990, aus denen die SPD in Düsseldorf als klare Siegerin hervorgeht. Die erfolgreichen, auf den Spitzenkandidaten zugeschnittenen Kampagnen, die dem SPD-Landesvorsitzenden und Ministerpräsidenten dauerhaft das Image des fürsorglichen Landesvaters eintragen, setzen Maßstäbe und bleiben in Erinnerung.

Gerhard Schröder hat das aufmerksam verfolgt. Auch imponiert ihm, dass Bodo Hombach es fertigbringt, seit 1990 beziehungsweise 1991 die Funktionen eines Abgeordneten im Düsseldorfer Landtag und des wirtschaftspolitischen Sprechers seiner Fraktion mit dem des Geschäftsführers der Preussag-Handel GmbH unter einen Hut zu bringen, eines Unternehmens, das dem Ministerpräsidenten bald sehr zu schaffen machen wird. Die beiden haben sich während der Wahlkämpfe der Jahre 1985 und 1986 in Nordrhein-Westfalen und Niedersachsen näher kennengelernt, als zunächst Schröder gelegentlich an Rhein und Ruhr für Johannes Rau die Trommel gerührt und dann der als strahlender Sieger vom Rhein in Schröders Wahlkampf aufgetreten ist. Wie berichtet, ist es dann auch Hombach gewesen, der gemeinsam mit Wolfgang Clement Schröder eröffnet hat, dass Rau im Bundestagswahlkampf 1987 eine absolute Mehrheit für die SPD anstrebe, daher eine Koalitionsaussage des Ministerpräsidentenkandidaten von Hannover zugunsten der Grünen für abträglich halte, und so dessen folgenreiche öffentliche Kurskorrektur erwirkte.

Schröder weiß, dass Hombach lediglich Emissär und Bote Raus gewesen ist, trägt ihm seine Mission nicht nach, sondern hält den Kontakt zu dem

Pragmatiker und Taktiker, mit dem ihn manches verbindet. Als er sich auf die heiße Phase im Kampf um die Kanzlerkandidatur und dann das Amt selbst vorbereitet, ist Hombach sein Mann. Der wiederum spürt, dass Schröder die Zukunft gehört, und will dabei sein, wenn es so weit ist. Also hilft Hombach dem ehrgeizigen Niedersachsen, den wichtigen nordrhein-westfälischen Landesverband durch die Hintertür zu erobern, stellt Verbindungen zu Schlüsselfiguren der Unternehmerszene an Rhein und Ruhr her, öffnet die Türen mancher einflussreicher Lokalredaktion und macht sich so irgendwie unentbehrlich – soweit für Gerhard Schröder überhaupt jemand unentbehrlich ist.

Seit 1997 zieht Bodo Hombach, zunächst im Hintergrund, für den Kandidaten in spe die Strippen im anbrechenden Kanzlerwahlkampf. Auch die Idee zur Amerikareise geht auf ihn zurück. Hombach hat die USA in den siebziger Jahren kennengelernt und nicht zuletzt die dortigen Wahlkämpfe studiert. Wie es überhaupt bemerkenswert ist, dass ausgerechnet Vertreter der traditionsbewussten deutschen Sozialdemokratie schon früh die zukunftsträchtige Qualität amerikanischer Kampagnen erkannt und sich vor Ort schlaugemacht haben, welche Elemente man wohl für den heimischen Wahlkampf übernehmen könne. Als erster ist Willy Brandt auf diese Idee gekommen und hat 1960 zwei seiner engeren Mitarbeiter, darunter Klaus Schütz, zur Beobachtung von Kennedys Wahlkampf über den Atlantik geschickt.

In den USA wird ein klug zusammengestelltes Programm abgespult. Einige Stationen hat Jürgen Großmann vorbereitet, der den Ministerpräsidenten auch zu den entsprechenden Treffen mit Vertretern der amerikanischen Wirtschafts- und Finanzwelt, unter ihnen zum Beispiel Bill Gates, begleitet.[312] In Detroit trifft Schröder, vermittelt durch Walther Leisler Kiep, mit Jack Smith, dem Vorstandsvorsitzenden von General Motors, und anderen führenden Vertretern des amerikanischen Automobilproduzenten zusammen. Dabei liegt der Konflikt mit VW gerade einmal ein Jahr zurück. Aber Smith hat wohl rasch erkannt, dass er es mit einem Politiker zu tun hat, der weiß, was er will, und der für pragmatische Lösungen empfänglich ist. Und so erklären die beiden endgültig die »Kriegshandlungen für beendet«.[313] Lediglich die Tür zum Weißen Haus bleibt dem Ministerpräsidenten verschlossen, weil ein amerikanischer Präsident einen Kanzlerkandidaten erst dann empfängt, wenn er tatsächlich einer ist.

Schon von Amerika aus meldet sich Schröder vernehmlich zu Wort und verlangt in einem Interview mit dem *Focus* von den Genossen eine Übernahme des Konzepts von New Labour, die soeben in Großbritannien von ihrem strahlenden Heilsbringer Tony Blair zurück an die Macht geführt worden sind. Anpassung an die Erfordernisse der Globalisierung ist das eine, was man von den Briten lernen kann. Eine den Herausforderungen angemessene Prüfung nicht originär sozialdemokratischer Wertvorstellungen ist das andere: »Fundamental-Opposition haben wir nie gemacht. Aber moderne Sozialpolitik läßt sich ohne eine Veränderung des sozialen Besitzstands nicht machen … Wir müssen uns … überlegen, was wir uns an staatlicher Fürsorge noch leisten können. Das bedeutet nicht die Abschaffung des Sozialstaats, sondern seine Neudefinition.«[314]

Kaum aus Amerika zurück, eröffnet der nach eigenem Verständnis beste Kanzlerkandidat, den die SPD ins nächste Rennen gegen den Mann aus der Pfalz schicken kann, die publizistische Offensive mit einem Artikel im *Spiegel*, der am 19. Mai 1997 erscheint und aus der Feder Hombachs stammt. Selbstbewusst, wie Schröders Manager nun einmal ist, setzt er sich bei dieser Gelegenheit gleich selbst mit ins rechte Licht und lässt sich durch den niedersächsischen Ministerpräsidenten ausdrücklich in seiner Auffassung bestätigen, wonach es in der von Hombach so genannten »Malefiz-Gesellschaft … wichtiger erscheint, anderen Barrieren in den Weg zu legen, als selber zum Zuge zu kommen«. Das will Schröder, der sich – einladend lächelnd, mit dunklem Dreiteiler, feiner Krawatte und edler Zigarre – als praktizierende Fusion aus Unternehmer und Politiker präsentiert, lieber heute als morgen ändern: »Angesichts der Geschwindigkeit, mit der in den USA und anderswo Innovationen umgesetzt werden, werde ich unruhig … Wir haben zweifellos Innovationskompetenz, aber unser Problem ist der Umsetzungsstau … Statt eines Aufbruchs nach vorne leisten wir uns den Luxus der Langsamkeit.«[315]

Natürlich ist der Gastauftritt im *Spiegel* eine Inszenierung. Schließlich kennt Schröder dieses Geschäft. Und doch ist ihm die Sache ernst. Die Reise durch die USA und seine Gespräche haben ihn beeindruckt und beunruhigt: »Wir müssen uns beeilen – sonst geht Deutschland wirtschaftlich den Bach runter«, sagt er abends an der Bar des Detroiter »Ritz-Carlton« zu den ihn begleitenden Journalisten.[316] Dass er damit in den Reihen der Wirtschaft auf offene Ohren stößt, weiß er; dass es bei den eigenen Genossen einstweilen noch anders aussieht, weiß er auch. Das gilt nicht nur für dieses Thema. Ein wirklich heißes Eisen packt er wenig später an.

Pünktlich zum Sommerloch erscheint am 20. Juli 1997 unter der Überschrift »Schröder: Kriminelle Ausländer raus!«[317] ein Interview mit *Bild am Sonntag*, das drei Wochen später durch ein Interview mit *Focus* ergänzt wird und für erheblichen Wirbel sorgt. Hat Schröder noch drei Jahre zuvor erklärt, mit Law-and-Order-Themen könne die SPD beim Wähler nicht punkten, stellt er nunmehr fest, dass es »[u]nbemerkt von der Öffentlichkeit … immer eine

Zusammenarbeit der großen Parteien in Sicherheitsfragen gegeben« habe und dass man »deutlich« machen müsse, dass und warum die SPD »daran teilgenommen« hat.[318]

Deshalb redet Schröder jetzt Tacheles und lässt nicht unerwähnt, dass er als »ehemaliger Strafverteidiger« genau weiß, wovon er spricht. Vor allem aber macht er sich zum Anwalt derer, die in aller Regel nicht gehört werden, also der schweigenden Mehrheit, sagt »mal« das, was gesagt werden muss, »selbst wenn es manche« – also die Vertreter der meinungsführenden Minderheit – »nicht gern hören: Beim organisierten Autodiebstahl sind Polen nun mal besonders aktiv, das Geschäft mit der Prostitution wird dominiert von der Russen-Mafia, Drogenkriminelle kommen besonders häufig aus Südosteuropa und Schwarzafrika ... Wer unser Gastrecht mißbraucht, für den gibt es nur eins: raus, und zwar schnell!« Und was nicht therapierbare Sexualstraftäter angeht, ist er der »Meinung«, selbst wenn ihn »manche« – also die Vertreter besagter, aber nicht genannter Minderheit – »für reaktionär halten: im Zweifelsfall in geschlossene Anstalten wegschließen!«

Und da Schröder nun einmal die Aufmerksamkeit vieler Millionen *BamS*-Leser daheim oder auch im Sommerurlaub hat, werden diese in ergänzenden Berichten gleich noch darüber in Kenntnis gesetzt, dass zum einen sein »Freund« Bodo Hombach seine »Strategie für den niedersächsischen Landtagswahlkampf« entwirft und zum anderen exklusiv informiert, dass »Niedersachsens Ministerpräsident ... seit Anfang Juli ... in seiner Wohnung in der Innenstadt von Hannover eine Frau im Haus« hat. Die beigegebenen Bilder zeigen ihn und »Freundin Doris Köpf« in Hannover »verliebt beim Einkaufsbummel«: Melonen mag er im Übrigen »am liebsten reif, weshalb er beim Einkauf sorgsam abwägt«.[319]

Die enorme mediale und politische Resonanz auf seinen Vorstoß zeigt, wie gut Schröders Riecher für Themen funktioniert. Zustimmung kommt, für manchen Beobachter unerwartet, sogar aus den eigenen Reihen, zum Beispiel in Form einer Mitgliederbefragung unter den Genossen im Bezirk Hannover, und sie kommt, für viele nicht überraschend, vom politischen Gegner. Immerhin hat Niedersachsens Ministerpräsident den christlichen Demokraten und Unionisten ein Thema weggenommen, mit dem sie zu punkten pflegen. Mithin bleibt denen gar nichts anderes übrig, als Schröder beizupflichten oder ihn gar noch zu überholen. Und so zeichnet sich Anfang September im Bundesrat – und unter Führung der Ministerpräsidenten Niedersachsens und Bayerns, Schröder und Stoiber – ein breiter Konsens in den Fragen der inneren Sicherheit und der Kriminalitätsbekämpfung ab. Da mögen sich die Kritiker dieser Umarmungsstrategie, die es auch noch gibt, über das all-

»Verliebt beim Einkaufsbummel«: Gerhard Schröder und Doris Köpf, die neue Frau an seiner Seite, im August 1996.

gemeine »Schrödern« dieser Wochen echauffieren; es bleibt bei dem, was Martin E. Süskind schon im Sommer 1994 beobachtet hatte: Niedersachsens Ministerpräsident ist »der Lieblingssozialdemokrat aller Nicht-Sozialdemokraten« und damit mehrheitsfähig.[320]

Die Pressekampagne ist der eine und sicher der stärkste Strang der strategischen Offensive, mit der sich Gerhard Schröder auf die Wiederwahl in Hannover und auf die Kandidatur für Bonn vorbereitet. Es gibt einen anderen, und der ist für die Öffentlichkeit nicht ohne Weiteres erkennbar. Der Kandidat bereitet sich nämlich gewissenhaft und für seine Verhältnisse geduldig auf den wirtschaftspolitischen Leitantrag zu einer sozialdemokratischen Modernisierungs- und Reformpolitik vor, den er Anfang Dezember dem Parteitag vorlegen will. Zu diesem Zweck trifft er sich im Sommer 1997 wiederholt mit Ulrich Beck, seines Zeichens Direktor des Soziologischen Instituts der Ludwig-Maximilians-Universität München. Einen Namen hat sich Beck mit seinem 1986 erschienenen Buch *Risikogesellschaft* gemacht, das dem Geist der Zeit entsprechend die Moderne kritisch unter die Lupe nimmt, unter anderem einen relativen Bedeutungsverlust sozialer Klassen prognostiziert und damit die Frage nach der Zukunft der Industriegesellschaft aufwirft.

Schon Anfang Juni 1997 haben Schröder und Beck für ein Streitgespräch zusammengesessen, das später im *Vorwärts* erscheint.[321] Dabei ging es um die Frage, ob in Zeiten schwindender Erwerbsarbeit »öffentliche« beziehungsweise »Bürgerarbeit«, also bezahltes ehrenamtliches Engagement, nicht ein zukunftsfähiger Weg sei. Dem kann Schröder nur folgen, wenn öffentliche Arbeit »nicht als Gegenentwurf zur existierenden Erwerbsgesellschaft« verstanden wird, die er natürlich nicht als auslaufendes Modell sieht, sondern »als deren Ergänzung«.[322] Im Sommer treffen sich die beiden erneut, dieses Mal in Becks Münchener Wohnung, um über die »Zukunft der Arbeit« im Zeitalter der Globalisierung zu sprechen.[323]

Die Ergebnisse dieser Gespräche Schröders mit Beck und anderen fließen in ein Thesenpapier zum Thema Innovation und Wachstum in Deutschland ein, das der Ministerpräsident gemeinsam mit Wolfgang Clement verfasst. Es erlebt verschiedene Varianten und Versionen, darunter eine Fassung als Leitantrag für den Parteitag. Außerdem wird es zum Beispiel am 10. September in Form von zwölf »Dresdner Thesen« gemeinsam von Schröder und Clement in der sächsischen Landeshauptstadt vorgestellt. Am 19. September 1997 erscheinen die Thesen unter Schröders Namen als »Eckpunkte einer sozialdemokratischen Modernisierungs- und Reformpolitik« in der *Zeit*. Sie lassen erkennen, wie stark die in Amerika gesammelten Eindrücke nachwirken.

Schwer zu sagen, wer in diesem Sommer 1997 der eigentliche Gerhard Schröder ist – der lauthals nach Abschiebung krimineller Ausländer oder Sicherheitsverwahrung für Sexualstraftäter rufende Mann des Volkes oder der über das Innovationspotential der Republik reflektierende Staatsmann. Vermutlich trifft beides zu. Jedenfalls ist er auf beiden Feldern sicher unterwegs, und auf keinen Fall darf man den Staatsmann in ihm unterschätzen oder gar übersehen. Wer die »Agenda 2010« des Kanzlers Schröder verstehen will, muss die »sozialdemokratische Modernisierungs- und Reformpolitik« des Ministerpräsidenten Schröder am Ende seiner zweiten Amtszeit kennen. Zumal zwischen der Formulierung der einen und der Umsetzung der anderen nicht einmal sechs Jahre liegen, so dass man mit Fug und Recht von einem Konzept sprechen kann, das mit Blick auf die angestrebte Kanzlerschaft entwickelt, gelegentlich den sich wandelnden Verhältnissen angepasst oder auch wegen akuter Probleme zurückgestellt, nie aber verworfen, sondern vielmehr schließlich mit äußerster Konsequenz umgesetzt wird. Dass es sich in der Substanz auf einige wenige wesentliche Punkte reduzieren lässt, ist beachtlich.

Natürlich will und muss der niedersächsische Ministerpräsident zunächst die eigenen Parteifreunde überzeugen. Schon deshalb gilt ohne Wenn und Aber, »daß die breiten Massen der arbeitenden Bevölkerung ihren gerechten Anteil am Erarbeiteten bekommen«. Auch seine Absage an den »sozial blinden Steuerungsmechanismus Markt« ist eindeutig. Wer diesem Aufgaben zuschiebe, die eigentlich Führungsaufgaben demokratischer Politiker seien, der produziere »nicht nur immer mehr Ungleichheit und soziale Polarisierung unter den Menschen und Völkern«, sondern gefährde den »Bestand unserer Demokratie« und anderes mehr.

Nachdem das klargestellt ist, kommt Schröder zu dem, was ihm vorschwebt, um »schneller werden« zu können: »Wir werden den Faktor Arbeit entlasten und echte Unternehmertätigkeit wieder attraktiv machen ... Wir werden die Unternehmertätigkeit steuerlich entlasten und die Bereitstellung von haftendem Kapital für Unternehmen steuerlich begünstigen ... Wir werden Arbeit statt Arbeitslosigkeit finanzieren, denn: Ein soziales Mindestniveau an Einkommen und der Abbau der Arbeitslosigkeit können miteinander in Einklang gebracht werden, indem wir für eine Übergangszeit die Aufwendungen für Arbeitslosigkeit für die Subventionierung von Löhnen und Einkommen verwenden ... Im Gegenzug zu diesen Lohnsubventionen werden wir die nach geltendem Recht schon möglichen Sanktionen bei der Ablehnung zumutbarer Arbeit voll ausschöpfen.«[324]

Das ist nicht die »Agenda 2010«, die Schröder Mitte März 2003 im Deutschen Bundestag vortragen wird. Das sind Schröders Thesen vom Sommer 1997. Ein selbstbewusster, aber inzwischen nur noch in Maßen riskanter Vorstoß. Immerhin hat sich die Partei, wie Schröder im Zuge seiner sommerlichen Presseoffensive dem *Spiegel* erklärt, in zwei Punkten »nach vorn«, sprich in seine Richtung, »entwickelt: Die Bedenken gegenüber Innovationen und technischem Fortschritt sind gewichen; und die SPD begreift Arbeitsmarktpolitik nicht mehr vorrangig als Sozialpolitik.« Damit beantwortet er zugleich die ihm vom *Spiegel* gestellte Frage, wer eigentlich das »letzte Wort habe«, wer »den Kurs« bestimme – er oder Lafontaine. Wenn Schröder also recht und die Partei dank seiner Vorstöße und Vorschläge inzwischen die »Hinwendung zu den ökonomischen Notwendigkeiten und Zusammenhängen« vollzogen hat, dann allerdings dürfte er mit seinen Thesen auch die nächsten parteiinternen Hürden nehmen.[325]

Und offenbar hat er recht. Denn seine Thesen haben inzwischen ihren Niederschlag in einem Leitantrag zum Thema »Innovation für Deutschland« gefunden, den Schröder gemeinsam mit Sachsen-Anhalts Ministerpräsident Reinhard Höppner und Anke Fuchs – seiner vormaligen Gegenkandidatin um den Landesvorsitz der niedersächsischen SPD und nunmehrigen Stellvertretenden Vorsitzenden der Bundestagsfraktion – verfasst hat und der im Dezember dem Hannoveraner Parteitag vorgelegt werden soll. Seit Mitte September darf es als sicher gelten, dass Gerhard Schröder damit durchkommen wird. Am Tag bevor der Parteivorstand zusammentritt, unterstützt nämlich Oskar Lafontaine diesen Antrag und damit Schröders Thesen öffentlich. Auch der Parteivorsitzende weiß, dass die Positionen des innerparteilichen Konkurrenten alles andere als abwegig, vielmehr in weiten Kreisen der Gesellschaft und der SPD durchaus mehrheitsfähig sind. Am 15. September lassen auch die 45 Vorstandsmitglieder Schröders Papier mit lediglich fünf Gegenstimmen passieren.

Spätestens Anfang August 1997, als sie medienwirksam mit ihren Gattinnen im Saarland wanderten, haben Schröder und Lafontaine vereinbart, was der niedersächsische Ministerpräsident und der Parteivorsitzende seither mantraartig wiederholen: Man sei übereingekommen, »daß über die Kanzlerkandidatur wie geplant erst nach der Niedersachsenwahl im März entschieden wird«.[326] Dass Schröder sich selbst für den geeigneteren Kandidaten hält, weiß längst alle Welt, weil er diese Botschaft direkt oder indirekt, bei jeder passenden oder auch nicht passenden Gelegenheit verkündet hat. Lafontaine dagegen zögert. Wieder einmal. Jedenfalls lässt er nicht erkennen, dass er die Kandidatur wirklich anstrebt. Wollte er sie, dürfte er sich nicht auf die Niedersachsenwahl als entscheidendes Datum einlassen. Denn er weiß, dass Schröder das schaffen wird. Umgekehrt gilt, dass der selbst »keine Chance« auf die Kanzlerkandidatur gehabt hätte, wenn Lafontaine sie »wirklich gewollt hätte«: Im Parteivorstand wäre diesem eine mindestens achtzigprozentige, »auf jedem Parteitag« eine Zweidrittelmehrheit sicher gewesen.[327]

Vieles spricht dafür, dass Lafontaine nicht noch einmal das Risiko einer Niederlage eingehen will. Offenbar steckt ihm die Wahl des Jahres 1990, die sich für ihn ja aufs Engste mit dem lebensbedrohlichen Attentat verbindet, immer noch in den Knochen. Nachdem er im Frühjahr 1999 alles hingeschmissen und so gesehen die Konsequenz aus seiner Niederlage gegen Schröder gezogen hat, muss sich Lafontaine argumentativ arg verrenken, um sein damaliges Zögern zu erklären: Hätte Schröder »gewußt, daß ich mich für seine Kanzlerkandidatur entschieden hatte, dann hätte er größere Schwierigkeiten bei der Koordination der Arbeit im Bundesrat gemacht«.[328] Das ist mit Blick auf die Alleingänge des Niedersachsen während der voraufgegangenen Jahre nicht abwegig, aber die ganze Wahrheit ist es eben auch nicht. Denn tatsächlich hält sich der Saarländer wie stets eine Hintertür offen.

Neu seit diesem Sommer 1997 ist allerdings, dass Schröder nunmehr öffentlich sein »persönliches Maastricht-Kriterium« für die kommende Wahl in Niedersachsen definiert: Sollte er am 1. März 1998 2 Prozent der Stimmen weniger einfahren als bei der letzten Landtagswahl, stehe er als Kanzlerkandidat nicht zur Verfügung: »Ein Minus von zwei Prozentpunkten wäre ein normaler Schwund bei einer Regierung, die acht Jahre im Amt ist. Wenn der Schwund größer ausfällt, werde ich mir um andere Aufgaben keine Gedanken machen … 2,0 ist 2,0 ist 2,0.«[329] Gerhard Schröder wählt diesen Weg, weil er annimmt, dass er unter normalen Umständen im Parteivorstand wohl auch dann keine Mehrheit für seine Kandidatur finden wird, wenn der Vorsitzende sich für ihn starkmacht. Daher geht er – wieder einmal – in die Offensive und entscheidet sich im Alleingang für »eine Volksabstimmung oder eine Art Volksabstimmung«.[330]

Das ist riskant und auch wieder nicht. Selbst ein Verlust von bis zu 2 Prozentpunkten kann ja unter diesen selbst definierten Voraussetzungen als Erfolg verkauft werden. Also bleibt er dabei. Das wiederum ist nicht selbstverständlich, weil das Überschreiten selbst gezogener Linien zum politischen Geschäft gehört und Gerhard Schröder diese Art der Fortbewegung bis zur Perfektion entwickelt hat. Das bislang ohne Beschädigung überstanden zu haben, ist eine beachtliche Leistung. Andererseits kennt Schröder seine Pappenheimer: Keinen Augenblick werden die Parteifreunde zögern und ihn vom Kandidatensockel stürzen, sollte er im März an der negativen Zwei-Prozent-Hürde scheitern. Und das Risiko, dass es schiefgeht, ist nicht gering.

Denn während der laufenden Legislaturperiode hat er sich in Niedersachsen nicht nur Freunde gemacht. Seine erklärtermaßen unternehmerfreundliche Politik hat zwar einiges zur Konsolidierung des Standortes und damit zum Erhalt gefährdeter Arbeitsplätze beigetragen, aber die Zugeständnisse, die der Ministerpräsident dafür an die einen gemacht und von den anderen gefordert hat, sind beträchtlich.

Der Unmut hat auch in den eigenen Reihen Spuren hinterlassen und dazu geführt, dass Schröder von den Genossen immer wieder einmal ein Denkzettel verpasst worden ist. So zum Beispiel Ende Februar 1995, als sich der einflussreiche Hannoversche Bezirksparteitag, dem er einmal seinen Aufstieg verdankte, mit rund 200 zu gerade einmal 29 Stimmen gegen den Plan des Ministerpräsidenten ausgesprochen hat, die Bürgermeister künftig direkt wählen zu lassen. Nicht gerade berauschend war auch das Ergebnis seiner Wiederwahl zum Landesvorsitzenden und damit als Spitzenkandidat für die Wahl im März 1998: Mit 146 von 188 abgegebenen Stimmen fiel der Zuspruch Mitte November 1996 deutlich zurückhaltender aus als noch zwei Jahre zuvor. Aber natürlich macht es einen Unterschied, ob frustrierte Genossen auf Bezirks- oder Landesparteitagen ihr Mütchen kühlen oder ob es um die Sicherung der sozialdemokratischen Position in der Staatskanzlei geht. Darauf setzt Schröder.

Völlig offen ist hingegen die Antwort auf die Frage, ob der raue Wind, der den Sozialdemokraten seit ihrem Mannheimer Parteitag ins Gesicht bläst, an der niedersächsischen Landesgrenze Halt machen wird. Die Landtagswahlen vom 24. März 1996 waren ein Debakel: In Baden-Württemberg kann der Christdemokrat Erwin Teufel jetzt mit der FDP regieren und damit das Kapitel der ungeliebten Großen Koalition zu den Akten legen. In Schleswig-Holstein und Rheinland-Pfalz haben Heide Simonis und Kurt Beck zwar ihre Wahlen gewonnen, aber dabei herbe Verluste einstecken müssen, so dass die Sozialdemokraten in Mainz nach wie vor auf die Liberalen und in Kiel fortan auf die Grünen als Koalitionspartner angewiesen sind. Wer gehofft oder erwartet hatte, dass sich dieser Trend 1997 umkehrt, wird am 21. September eines anderen belehrt. Denn auch bei der Bürgerschaftswahl in Hamburg setzt die SPD ungebremst ihre in diesem Fall seit 1991 anhaltende Talfahrt fort und verliert gut 4 Prozentpunkte. Obgleich die Sozialdemokraten mit rund 36 Prozent immer noch deutlich stärkste Partei, allerdings fortan auf die Grünen angewiesen sind, quittiert der Erste Bürgermeister Henning Voscherau das Ergebnis mit seinem Rücktritt.

Für den niedersächsischen Ministerpräsidenten sind solche Wahlergebnisse kein gutes Omen. Aber er hat keine andere Wahl, als bei seiner Aussage zu bleiben. Also hält Schröder nicht nur an seinem »persönlichen Maastricht-Kriterium« fest, sondern zeigt es so ostentativ her, dass er den Parteifreunden zusehends auf die Nerven geht. Dafür verschont er sie jetzt mit dem Dauerbeschuss provokativer Vorschläge und verschafft ihnen so auch eine Verschnaufpause vom allwöchentlichen Ritual, das seit Monaten gleich abläuft: Schröder prescht vor, Präsidium oder Vorstand beraten – in der Regel in Abwesenheit des Delinquenten – mehr oder weniger erregt über das, was aus Hannover verlautbart wurde, schließlich geht der Parteivorsitzende vor die Presse und moderiert. Eine Attacke gegen Schröder hat man von Lafontaine lange nicht erlebt, und von einem anderen Sozialdemokraten der ersten Garnitur auch nicht. Einige warten ab, andere haben sich arrangiert und wollen den möglichen Kanzlerkandidaten nicht ohne Not beschädigen. Der weiß das zu schätzen – und nimmt sich bis zum Parteitag zurück.

Außerdem ist Gerhard Schröder zunächst einmal anderweitig beschäftigt. Mitte August begibt er sich auf seine alljährliche Sommertour durchs Land. Vieles ist in diesem Jahr anders als zuvor. So ist die Reise auf zwei Wochen eingedampft, und die rund 40 Stationen, die er in dieser knapp bemessenen Zeit anläuft, lassen einen klaren Schwerpunkt erkennen: Betriebsbesichtigungen stehen im Mittelpunkt. Und dann ist er in diesem Jahr nicht nur als Ministerpräsident zur Wiederwahl, sondern auch als wahrscheinlicher Herausforderer Helmut Kohls unterwegs.

Wenn man aus der Stärke des mitreisenden Journalistentrosses Rückschlüsse auf seine Chancen ziehen darf, ist die Sache längst gelaufen: Gerhard Schröder ist der nächste Kandidat der SPD, und er ist der nächste Kanzler der Bundesrepublik Deutschland. Glaubt man denen, die für seine Vermarktung zuständig sind, türmen sich auf dem Schreibtisch seines Pressesprechers Heye Tag für Tag mehr als 50 unerledigte Anfragen von Medien aus aller Welt, allenfalls 10 Prozent können mit einer Zusage rechnen. Das reicht, um auf allen Kanälen und in allen Zeitungen und Zeitschriften präsent zu sein. Mitunter sind die örtlichen Gegebenheiten dem medialen Andrang nicht gewachsen. So droht ein für 50 Fahrgäste ausgelegtes Ausflugsboot, mit dem Schröder vor der Nordseeküste patrouilliert, zu kentern, weil sich um die 100 Journalisten auf dem Kahn drängen. Keine Frage, es ist »Schrödersommer«.[331]

Vor dem Hintergrund dieser Dauerbeobachtung des erklärten Modernisierers und Kanzlerkandidatenaspiranten mit dem »persönlichen Maastricht-Kriterium« findet der alljährliche Parteitag der SPD in diesem Jahr vom 2. bis 4. Dezember ausgerechnet in Hannover statt. Je näher der Termin in der Messehalle rückt, umso nervöser wirkt Gerhard Schröder. Er hat ja mit diesen Veranstaltungen ganz eigene und insgesamt wenig erfreuliche Erfahrungen gemacht. Immer wieder hat sich gezeigt, wie stark die Truppen sind, die der Schröder-Verhinderungsverein in der eigenen Partei mobilisieren kann. Sein Auftritt wird zum Kraftakt. Am Ende ist er sichtlich erschöpft. Das liegt auch an der Regie des Parteitages, die den Ministerpräsidenten und seinen Leitantrag auf den 4. Dezember und damit ans Ende des Konvents gelegt hat. Und das Warten auf den entscheidenden Auftritt geht eben an die Nerven. Alle Versuche, den Fahrplan zu ändern, sind an Franz Müntefering gescheitert.

Der hat gute Gründe für seine Regie. Mindestens so entscheidend wie die Platzierung Schröders auf den letzten Tag ist die Überlegung, zwischen den beiden Konkurrenten um die Kanzlerkandidatur einen ordentlichen Abstand herzustellen, um es nicht auf ein mehr oder weniger direktes Kräftemessen ankommen zu lassen. Zwar herrscht zwischen Lafontaine und Schröder zurzeit eitel Sonnenschein, wie die erstaunten Beobachter auf dem gerade einmal sechs Wochen zurückliegenden großen Innovationstag der SPD in der Dortmunder Westfalenhalle beobachten konnten. Aber bei derart eigenwilligen Egomanen wie den beiden weiß man nie, was als Nächstes kommt.

Dass der Parteivorsitzende den Marathon eröffnen muss, ist klar, und er tut das auf seine, nämlich die Genossen mitreißende Art. Ganz anders

Schröder, wie der *Spiegel*-Reporter Jürgen Leinemann beobachtet, der sich jahrelang zurückgehalten hat, jetzt aber seine Berichterstattung verstärkt und im Umfeld des Parteitages ein Doppelporträt Lafontaines und Schröders zeichnet. Dieses lässt erst auf den zweiten Blick erkennen, dass sich Leinemann ebenso wie Olaf Ihlau, seit 1994 Leiter des Bonner *Spiegel*-Büros, »voll für eine Kanzlerkandidatur Lafontaines« ins Zeug legt.[332]

Allerdings spiegelt der distanzierte Bericht über Schröders nervösen Auftritt dessen Vorstellung an diesem 2. Dezember. Dabei ist der von ihm eingebrachte Leitantrag nur einer von 388, die der Parteitag abzuhaken hat. Aber erstens musste er kurzfristig in zwei Punkten abgeändert werden, und zweitens verfolgen viele Genossen seinen Auftritt nach wie vor mit erheblichen Vorbehalten. Außerdem spielt sich das Ganze vor den Augen und Objektiven Hunderter von Berichterstattern, Fotografen und Kameraleuten ab. Unter normalen Umständen ist das zwar für Gerhard Schröder ein Heimspiel, aber eben weil der Parteitag im heimischen Hannover aufgeführt wird und so viel von seiner Darbietung abhängt, ist an diesem Tag manches anders.

Eine Stunde trägt der Mann mit der großen Ambition vor, löst sich keinen Augenblick von seinem Manuskript und verzichtet so auf den Einsatz einer seiner stärksten Waffen, der freien, direkten, spontanen Ansprache des Auditoriums. Dieses quittiert das »rhetorische Großunternehmen«, so Leinemann, mit sparsamem, höflichem Applaus, bevor Schröder »fahl vor Erschöpfung« von der Bühne abtritt und auf seinen Stuhl »sackt …, als habe er sich einen Weltrekord im Gewichtheben zugemutet«.[333] Was aber auch damit zu tun hat, dass Schröder, seiner neuen Linie folgend, es nicht bei Attacken auf die Regierung belässt oder mit hohlen Phrasen zu punkten versucht, sondern an konkreten Beispielen zeigt, vor welchen Herausforderungen der Standort Deutschland steht. Da wird es sehr still im Saal. Zwar schafft Schröder die Wiederwahl in den Vorstand jetzt im ersten Anlauf. Allerdings nehmen sich die knapp 75 Prozent der Stimmen, die er dafür mobilisieren kann, neben den gut 92 Prozent, die Lafontaine bei der Wahl zum Vorsitzenden holt, ziemlich bescheiden aus.

Immerhin halten die beiden ihre Show souverän durch. Seite an Seite wollen sie sich der Herausforderung stellen und Kanzler Kohl im Herbst kommenden Jahres endlich aufs Altenteil schicken. Sie haben auch keine Alternative zum Schulterschluss. Denn wenn die erste Hürde, die Wahl zum Niedersächsischen Landtag, im März nicht eindrucksvoll genommen und damit zugleich der Abwärtstrend der SPD aufgehalten und umgekehrt wird, ist nicht nur Schröder als Kanzlerkandidat erledigt, sondern wohl auch Lafontaine als Parteivorsitzender nachhaltig geschwächt. Gelingt Schröder aber ein überzeugender Sieg, ist er darauf angewiesen, dass Lafontaine die Reihen der Partei geschlossen hält, wenn es zum großen Duell um die Macht am Rhein kommen soll. Daher ist es konsequent, dass Schröder zwei Wochen später auch ins Präsidium der Partei wiedergewählt wird, im ersten Anlauf und mit einem vorzeigbaren Ergebnis von 28 der abgegebenen 36 Stimmen.

Als der Parteitag in der Halle 2 der Hannoveraner Messe zu Ende geht, löst sich die Anspannung bei Gerhard Schröder. Jetzt kann er loslegen und zunächst Hannover, dann Bonn holen. Längst laufen die Vorbereitungen – auch für den Kampf ums Kanzleramt, wenn das auch nach außen kaum sichtbar ist. Mehr noch als ohnehin schon geht Schröder die Sache systematisch an und überlässt wenig dem Zufall. So gibt es einen engen Kreis von Ratgebern, zu dem auch seine Frau Doris Schröder-Köpf gehört.

Seit die Trennung, wenn auch noch nicht die Scheidung von seiner dritten Frau hinter ihm liegt und das Verhältnis zu seiner neuen Lebenspartnerin nicht nur öffentlich, sondern auch offiziell ist, wird sie Teil seines Lebens. In der Regel macht sich Schröder übers Wochenende – mit dem ICE und begleitet von Sicherheitsbeamten – auf den Weg nach München, wo die neue Liebe lebt. Dann vermerkt der Terminkalender des Öfteren die Anwesenheit von »Fr. Köpf« in Hannover, Ende Mai 1997 beziehen die beiden dort eine gemeinsame Wohnung.

Ende August wird Tochter Klara in der niedersächsischen Hauptstadt eingeschult. Am anschließenden Mittagessen nimmt auch Schröders Mutter Erika Vosseler teil. Die Vierundachtzigjährige wohnt bei ihrer ältesten Tochter, Gerhard Schröders Schwester Gunhild, in Paderborn. Wann immer sich eine Möglichkeit ergibt, kommt der Sohn zu Besuch und macht dabei ein Versprechen seiner frühen Jahre wahr: Einmal werde er sie in einem Mercedes abholen und zum Essen ausführen. Dass sie dabei auch schon mal ein Restaurant aufsuchen, in dem die Mutter einst geputzt und für den Lebensunterhalt ihrer fünf Kinder gesorgt hat, bereitet den beiden stille Freude. Solange Erika Vosseler noch bei guter Gesundheit ist, lässt der Sohn sie zu familiären Angelegenheiten holen.

Selbstverständlich ist Erika Vosseler auch dabei, als Gerhard Schröder und Doris Schröder-Köpf, wie sie jetzt heißt, am 17. Oktober 1997 im kleinen Kreis Hochzeit feiern. Das offizielle Fest findet am 7. März 1998, eine Woche nach der Landtagswahl, mit 114 geladenen Gästen im Hotel »Grüner Pelikan« zu Hannover statt. Es ist eine öffentliche Angelegenheit, über die der Norddeutsche Rundfunk anderntags berichtet, »als wär's die Oscar-Verleihung gewesen«.[334] Namhafte Vertreter der Medienwelt wie Ulrich Wickert, Helmut Markwort oder Patricia Riekel haben sich eingefunden; natürlich ist die Anwaltszunft vertreten, zum Beispiel durch Schröders Freund Götz von Fromberg; führende Repräsentanten der Wirtschaft wie Ferdinand Piëch dokumentieren durch ihre Präsenz, dass sie auf den Ministerpräsidenten setzen; und selbstredend zeigt auch das Showbusiness Flagge, zum Beispiel in Person von Klaus Meine, dem Sänger der »Scorpions«, zugleich ein Tennispartner Schröders. *Bild am Sonntag* informiert seine Leser außerdem über diejenigen, die absagen mussten, weil sie wie Udo Lindenberg wegen eines Konzerts beruflich verhindert oder wie Rudolf Scharping und Oskar Lafontaine von der Gelbsucht beziehungsweise der Grippe heimgesucht worden sind.[335]

Spätestens von nun an steht die neue Frau an Schröders Seite im Mittelpunkt des medialen Interesses, ob ihr das gefällt oder nicht. Dass unmittelbar vor der Hochzeit die *Bunte* aus einem Interview eine Titelgeschichte über Schröder und seine Frauen gedreht hatte, ärgert sie, kann sie aber nicht wirklich überraschen.[336] Da sie viele Jahre für die Medien, darunter *Bild*, gearbeitet hat, kennt sie den Betrieb, weiß, dass er für den weiteren Aufstieg ihres Mannes unverzichtbar und dass dafür ein Preis zu entrichten ist. Das prädestiniert sie zugleich als seine Ratgeberin. »Doris liest die internationale Presse und wertet sie für mich aus«, verrät der Gatte Anfang Mai 1998 in einem Interview mit *Bild am Sonntag*: »Sie ist ja … politische Redakteurin und durch die Heirat mit mir kein politisches Neutrum geworden.«[337] Anders als Hiltrud Schröder hält sich Doris Schröder-Köpf freilich zumeist im Hintergrund und hat keine erkennbaren eigenen politischen Ambitionen, jedenfalls solange ihr Mann in diesem Geschäft ist. Erst Jahre nachdem der sich aus der aktiven Politik zurückgezogen hat, wirft sie ihren Hut in den Ring der Landespolitik.

Ohne Zweifel hat Doris Schröder-Köpf ihren Anteil daran, dass die letzte Etappe des Weges ins Kanzleramt schließlich genommen werden kann. Ein Spaziergang ist sie nicht. Das liegt an unerwartet auftauchenden Problemen, und es liegt an denen, die für einen Teil dieser Probleme die Verantwortung tragen. Die finden sich, wie könnte es anders sein, auch in den Reihen der Parteifreunde, vor allem in Nordrhein-Westfalen. Einiges spricht dafür, dass der eine oder andere der Schröder-Verhinderer, die es ja immer noch gibt, in letzter Minute versucht, ihm vor der Wiederwahl noch einen Knüppel zwischen die Beine zu werfen, oder doch zumindest nicht einschreitet, als sich Ungemach abzeichnet. Das Kalkül liegt auf der Hand: Scheitert der Ministerpräsident am 1. März 1998 in Niedersachsen an seinem »persönlichen Maastricht-Kriterium«, ist er als Kanzlerkandidat erledigt.

Entsprechend indigniert ist Gerhard Schröder, als er im November 1997, also drei Monate vor der entscheidenden Wahl, erfährt, dass die in Hannover ansässige Preussag ihre Tochter Preussag Stahl AG loswerden will. Als Käufer im Gespräch sind zunächst British Steel, wenig später auch die österreichische Voest Alpine. Die Preussag Stahl AG, die bis 1989 und erneut von 1998 an als Salzgitter AG firmiert, geht im Wesentlichen auf eine Gründung in der Zeit des »Dritten Reiches« zurück und ist bis zur Übernahme durch die Preussag gerade einmal zehn Jahre zuvor in Bundesbesitz gewesen.

Der Weiterverkauf liegt ganz auf der Linie einer Neuordnung der deutschen Stahlindustrie. Erst im Sommer 1997 hatten die Ruhrkonzerne Krupp und Thyssen die Fusion ihrer Stahlaktivitäten beschlossen, und dieser Schritt wiederum hatte die Dominanz der Rheinschiene gegenüber den übrigen Standorten wie denen der Preussag Stahl AG (Salzgitter) untermauert. Dort geht jetzt die Sorge um, dass im Fall eines Verkaufs an einen ausländischen Stahlhersteller zumindest ein nennenswerter Teil der rund 12 000 Arbeitsplätze insbesondere in Peine und Salzgitter gefährdet sein könnte. Und weil diese Stimmungslage im Vorfeld der Landtagswahlen brisant ist, warnt der Ministerpräsident seit Mitte Dezember 1997 vor dem Verkauf an die Österreicher und kündigt seinerseits ein sogenanntes Investorenmodell an, mit dessen Hilfe die Kontrolle des Stahlproduzenten durch das Land gesichert werden soll.

Für Gerhard Schröder liegt der eigentliche Skandal weniger in der Verkaufsabsicht, gegen die grundsätzlich nichts einzuwenden ist, als vielmehr in der Art und Weise, wie er davon erfährt. Sowohl Michael Frenzel, der Vorstandsvorsitzende des Mutterkonzerns Preussag, als auch Friedel Neuber, der einflussreiche Vorstandsvorsitzende der Westdeutschen Landesbank (WestLB), die mit ihrer vierunddreißigprozentigen Beteiligung zugleich der größte Einzelaktionär der Preussag ist, sind Sozialdemokraten. Es ist nicht das erste Mal, dass der Ministerpräsident mit dem umtriebigen Banker aneinandergerät. Als Neubers WestLB 1992 nach der in Hannover ansässigen Touristik Union International (TUI) zu greifen versuchte und sich zudem noch um eine Beteiligung an der Landesbank in Kiel bemühte, für die sich die NordLB sehr interessierte, hatte Schröder von »geschäftspolitischem Imperialismus« gesprochen.[338]

Erschwerend kommt hinzu, dass Friedel Neuber auch die besten Beziehungen zu Schröders Parteifreunden Johannes Rau und Heinz Schleußer, Ministerpräsident beziehungsweise Finanzminister von Nordrhein-Westfalen, unterhält, wo die WestLB ihren Sitz hat. Erst einige Jahre zuvor hatte Rau der Bank das Wohnungsbauvermögen des Landes übertragen und sie so vor

In letzter Minute: Kurz vor der entscheidenden Landtagswahl erfährt Gerhard Schröder, dass ihn einige seiner innerparteilichen Gegner offenbar doch noch ausbremsen wollen.

der Pleite gerettet. Das Ganze ist ein Sumpf. Feinster Genossenfilz, der noch der gründlichen Aufarbeitung harrt. Wie gefährlich das kontaminierte Gelände ist, wird Gerhard Schröder auch in den kommenden Jahren immer wieder erleben. Mal stehen Unternehmen wie Philipp Holzmann oder Babcock-Borsig, an denen die WestLB beteiligt ist, vor der Pleite und rufen nach des Kanzlers Hilfe; mal will die Öffentlichkeit wissen, ob und wie oft Johannes Rau, der es inzwischen zum Bundespräsidenten gebracht hat, und Heinz Schleußer, der immer noch Finanzminister in Düsseldorf ist, Flugzeuge auf Kosten der Bank für private Zwecke genutzt haben. Für den SPD-Vorsitzenden Gerhard Schröder ist das eine delikate Angelegenheit.

Ende 1997 wird der Ministerpräsident weder durch Frenzel noch durch Neuber über die Pläne ins Bild gesetzt. Es ist vielmehr Jürgen Peters, der Bezirksleiter der IG Metall in Hannover, der Schröder steckt, dass da etwas im Busch ist und Frenzel einen Verkauf, zu diesem Zeitpunkt noch an British Steel, ventiliert. Von der atmosphärischen Irritation, die über die Installierung Ferdinand Piëchs an der Spitze von VW entstanden war, ist offenbar nichts geblieben. Als es um die Zukunft von Salzgitter geht, ziehen die beiden an einem Strang.[339] Mit im Bunde ist Hans-Joachim Selenz, Vorstandssprecher der Preussag Stahl AG (Salzgitter) und zugleich Mitglied im Vorstand des Mutterkonzerns.

Der Konflikt eskaliert um die Jahreswende. Als Schröder erfährt, dass Frenzel mit Voest Alpine einen Vorvertrag abgeschlossen hat, reagiert er umgehend. Am Abend des 8. Januar 1998 trifft er sich zu Hause mit Peters und Selenz, der einige Stunden zuvor im Vorstand des Mutterkonzerns als Einziger gegen den Verkauf der Preussag Stahl AG (Salzgitter) an die Österreicher votiert hat, sagt für den kommenden Tag alle Termine ab und macht sich mit

Selenz und Alfred Tacke auf den Weg an den Rhein. Dort treffen die drei am 9. Januar zunächst in Düsseldorf mit Neuber zusammen. Ausgerüstet mit Informationen über Bilanzmanipulationen bei der Preussag, die Selenz ihm gesteckt hat, gelingt es Schröder, den Chef der WestLB zur Kehrtwende zu veranlassen.[340]

Am Nachmittag des 9. Januar 1998, gegen 15 Uhr, kommt es dann in der Bonner Vertretung des Saarlandes zum Showdown mit Oskar Lafontaine, Johannes Rau, Rudolf Scharping und nicht zuletzt Franz Müntefering.[341] Während der neunziger Jahre ist Schröders Verhältnis zu Müntefering ziemlich kompliziert. Zwar haben sich die beiden nach anfänglichen Missverständnissen während ihrer gemeinsamen Zeit im Bundestag zusammengerauft, aber der Niedersachse rechnet den Sauerländer nach wie vor jener sozialdemokratischen »NRW AG« zu, die ihn mit teils unsauberen Mitteln an seinem Aufstieg zu hindern sucht. Das scheint sich jetzt zu bestätigen. Spätestens bei diesem Gespräch gewinnt Schröder nämlich den Eindruck, dass die Parteifreunde, oder jedenfalls der eine oder andere von ihnen, doch noch vorhaben, ihn als Kanzlerkandidaten zu verhindern. Dass Rau eine Schlüsselfigur im Verkaufspoker der Preussag Stahl AG (Salzgitter) ist, weiß oder ahnt Schröder sowieso. Ob er auch der Strippenzieher ist, sei dahingestellt. Lafontaine hält das für »Quatsch«, sagt es Schröder auch. Der Parteivorsitzende nimmt eher an, dass Rau andere, namentlich Neuber und Schleußer, diese Dinge erledigen lässt.[342] Das ergibt einen Sinn.

Für Schröder ist die Frage nach der Urheberschaft zweitrangig. Sicher ist aber, dass Rau bei der Bonner Besprechung ohne Vorwarnung mit dem Vorschlag aus der Deckung kommt, die Nominierung des Kanzlerkandidaten nicht, wie vereinbart, unmittelbar nach der Niedersachsenwahl, also am 1. März, sondern eher im April vorzunehmen. Gerhard Schröder hat jetzt keinen Zweifel mehr: »Die Jungs fangen wieder an zu tricksen.«[343] Das sagt er im kleinen Kreis, und der wiederum sorgt dafür, dass diese Einschätzung sowie die Information über das Bonner Treffen an die Öffentlichkeit kommen. Als Schröder wenig später vom *Spiegel* gefragt wird, ob er die Quelle sei, kann er das dementieren und die Frage, ob Rau den »Deal« mit den Österreichern »eingefädelt« habe, als »völlig abwegig und falsch« zurückweisen.[344]

Aber das Thema ist nicht mehr einzufangen. Und weil sich bald herausstellt, dass Schröder als »Retter der Standorte« mit einem Punktsieg aus dieser Geschichte hervorgehen wird,[345] rudert vor allem Rau zurück. Vom April als möglichem Zeitrahmen für die Nominierung des Kanzlerkandidaten ist keine Rede mehr, auch nicht davon, dass diese erst auf der nächsten Sitzung des Parteivorstandes nach der Wahl, das wäre der 16. März, festgelegt werde.

Jetzt heißt es, dass man die Zeit bis zu dieser Sitzung »nicht damit vertun« wolle, Tagesordnungen zu verschicken: »... sicher wird vorher deutlich, mit wem ... die SPD den Versuch unternimmt, die Bundesregierung abzulösen«, sagt Rau zehn Tage nach der Bonner Entrevue, und dieses Mal öffentlich.[346]

Keine Frage, diese Runde geht an Schröder, auch deshalb, weil er bald eine Lösung für Preussag vorzeigen kann: Bereits im Februar, so erläutert er im Januar 1998 dem Landtag, werden das Land Niedersachsen und die Norddeutsche Landesbank 51 Prozent der Aktien der Preussag Stahl AG (Salzgitter) übernehmen; die restlichen Anteile sollen »abgestuft bis spätestens 31. Dezember 1999« übernommen werden.[347] Dafür muss gut eine Milliarde D-Mark auf den Tisch gelegt werden. Das ist viel Geld, aber unter dem Strich ein vorzeigbares Geschäft. Am 30. März 1998, als alles in trockenen Tüchern, die Landtagswahl – auch deshalb – gewonnen und Schröder der designierte Kanzlerkandidat seiner Partei ist, bekräftigt er noch einmal, warum es für ihn keine Alternative geben konnte: Das Stahlwerk sei eben nicht nur das »Herzstück der Region um Salzgitter und Peine«, sagt der Ministerpräsident vor dem Landtag, sondern vergebe »Jahr für Jahr Aufträge in Höhe von 350 Millionen DM an Handwerk und Mittelstand in der Region«. Allein diese Aufträge hätten das »Engagement schon gerechtfertigt«.[348]

Obgleich Gerhard Schröder ein halbes Jahr später Hannover politisch den Rücken kehrt und zunächst nach Bonn, später nach Berlin geht, wird ihn die Geschichte auch noch über das Ende seiner Kanzlerschaft hinaus immer wieder einholen. Denn Hans-Joachim Selenz, der Anfang Februar 1998 aus dem Vorstand der Preussag AG gefeuert wird und ein gutes Jahr später als Vorstandsvorsitzender der inzwischen neu gegründeten Salzgitter AG zurücktritt, macht sich die Aufhellung der Geschichte zur Lebensaufgabe.

Ob und gegebenenfalls in welchem Maße Gerhard Schröder auf den letzten Metern zum dritten Wahlsieg in Niedersachsen eine großzügige Anzeigenkampagne geholfen hat, lässt sich nicht sagen. Sicher ist, dass am 28. Februar, also am Tag vor dem Urnengang, in allen niedersächsischen Regional- und Lokalzeitungen großformatige Anzeigen eines »Kuratoriums zur Förderung von Gerhard Schröder« erscheinen, die im Falle der niedersächsischen Blätter die Überschrift tragen: »Der nächste Kanzler muß ein Niedersachse sein«. Erfinder des »Killersatzes«, der seine Wirkung nicht verfehlt, ist der Werbetexter Jean-Remy von Matt.[349] Das ist in der Öffentlichkeit nicht bekannt, und schon gar nicht weiß man, wer die Kampagne finanziert hat. Zunächst vermutet man dahinter VW-Chef Ferdinand Piëch. Rund drei Wochen nach der Wahl teilt dann aber der Unternehmer Carsten Maschmeyer mit, dass er die

Anzeige veranlasst habe. Damals kennt der Unternehmer den Politiker noch nicht persönlich, und der weiß nicht, dass Maschmeyer der »Initiator« ist.[350]

Für die Anzeige muss Maschmeyer tief in die Tasche greifen. Er kann es sich leisten. Der gebürtige Bremer, Jahrgang 1959, ist der klassische Typ des Aufsteigers, der es aus schwierigen Verhältnissen über einen ordentlichen Schulabschluss, in diesem Falle das Abitur, mit sicherem Instinkt zu einem Vermögen gebracht hat. Die Erfahrungen, die er zunächst als Mitarbeiter in einer Vermögensberatung sammelt, lassen das Medizinstudium bald in den Hintergrund treten und den Gedanken reifen, sich auf eigene Füße zu stellen. Ende der achtziger Jahre kontrolliert er den Finanzvertrieb Allgemeiner Wirtschaftsdienst (AWD), baut ihn zu einem international tätigen Unternehmen aus und führt den AWD zu spektakulären Erfolgen. 1997 setzt das inzwischen zweitgrößte deutsche Unternehmen der Finanzdienstleistungsbranche rund 1,7 Milliarden D-Mark um.

650 000 D-Mark kostet diese Anzeige. Weitere 150 000 D-Mark fließen über einen Mittelsmann in eine zweite, die in der überregionalen Presse geschaltet wird und in der 53 zum Teil namhafte Vertreter aus »Handwerk und Mittelstand« ihre Unterstützung für Schröder bekunden.[351] Eine vergleichbare Geschichte hatte es im vorangegangenen Wahlkampf gegeben. Jedenfalls hatte die *Welt am Sonntag* danach berichtet, die Gewerkschaft Handel, Banken und Versicherungen habe 10 000 Plakate für den Wahlkampf der SPD in Niedersachsen drucken lassen. Damals, das war Anfang August 1994, hatte die Regierung vor dem Landtag festgestellt, das treffe nach ihrer Kenntnis »nicht zu«.[352] Dieses Mal gehen 13 Jahre ins Land, bis Ende April 2011 in einem Fernsehbericht der Vorwurf auftaucht, die Spende von 150 000 D-Mark sei aus der Staatskanzlei in Hannover heraus organisiert worden, womit Frank-Walter Steinmeier kurzzeitig am Pranger steht. Erstaunlicherweise verschwindet das Thema aber auch dieses Mal so schnell aus den Schlagzeilen, wie es in dieselben geraten war. Maschmeyer jedenfalls konnte sich »nicht erinnern«, und Belege ließen sich nicht finden.[353]

Klar ist hingegen Maschmeyers Motiv für die Großanzeige. Es geht ihm nicht etwa darum, Christian Wulff, den christdemokratischen Herausforderer Schröders in Niedersachsen, zu verhindern, zu dem der Unternehmer einen guten Draht hat. Nein, Maschmeyer will verhindern, dass Oskar Lafontaine Kanzlerkandidat der SPD und damit nächster Bundeskanzler wird, geht doch auch er davon aus, dass Helmut Kohl es im Herbst nicht noch einmal packen wird. Von einem Kanzler Schröder erwartet man in diesen Kreisen eine Politik, die den Unternehmern aufgeschlossen entgegentritt, von Lafontaine erwartet man das nicht.

Messbar ist der Einfluss der Anzeigenkampagne auf das Wahlergebnis natürlich nicht. Dass sie dieses entscheidend beeinflusst hat, ist auszuschließen. Dafür ist das Ergebnis zu eindeutig. Und auch ohne die Kampagne ist die Wahl ein mediales Ereignis ersten Ranges. Denn 6,3 Millionen niedersächsische Wähler, also etwa 10 Prozent der wahlberechtigten Deutschen, stellen an diesem 1. März – gewollt und bewusst oder auch nicht – die Weichen für die Bundespolitik. Mehr als 2000 Journalisten aus aller Welt sind angereist, und alleine der NDR hat 200 Kräfte – Journalisten, Kameraleute, Techniker – vor Ort.

Schon am Wahlabend steht fest, dass Schröder einen spektakulären Sieg errungen hat: 3,6 Prozentpunkte können die Sozialdemokraten zulegen, insgesamt knapp 48 Prozent der Stimmen holen und damit ihr bestes Ergebnis bei einer Landtagswahl in Niedersachsen einfahren. Gefühlt ist der Zuwachs noch größer, weil alle noch Schröders negative Zwei-Prozent-Hürde im Kopf haben. Von der FDP abgesehen, die marginal zulegt, aber auch dieses Mal den Sprung in den Landtag nicht schafft, müssen alle übrigen Parteien – CDU, Grüne, Republikaner – mehr oder weniger leichte Verluste von unter 1 Prozentpunkt hinnehmen. Damit bleiben die Sozialdemokraten stärkste politische Kraft im Lande und können ihre absolute Mehrheit im Parlament sogar deutlich ausbauen.

Jetzt gibt es kein Zurück mehr, für Gerhard Schröder nicht und für Oskar Lafontaine auch nicht. Schon im Laufe des Nachmittags, als sich das Ergebnis abzeichnet, ruft der Parteivorsitzende in Hannover an und gratuliert dem Ministerpräsidenten zur Kanzlerkandidatur, und Geschäftsführer Franz Müntefering sagt kurz nach Schließung der Wahllokale in die Fernsehkameras: »Morgen ist Gerhard Schröder der Kanzlerkandidat der deutschen Sozialdemokraten.«[354] Der solchermaßen Prädesignierte selbst hat sich mit dieser Ankündigung zurückgehalten und ist damit einem Rat Rudolf Scharpings gefolgt.

Die Missverständnisse, die aus der dramatischen Situation im Vorfeld des Mannheimer Parteitages herrühren, sind zwar nicht vergessen, aber einstweilen vergeben. Seit sich Scharping auf die Fraktionsführung in Bonn konzentriert, ist sein Verhältnis zu Schröder, dem Rivalen seines eigentlichen innerparteilichen Gegners Lafontaine, deutlich entspannter. Obgleich er noch an den Folgen einer Gelbsucht laborierte, ist Scharping wiederholt im niedersächsischen Wahlkampf aufgetreten, hat auch am Wahltag mehrmals mit Schröder telefoniert und ihm eindringlich geraten, sich zurückzuhalten und die bundespolitischen Konsequenzen seines sich abzeichnenden Sieges durch die Parteiführung kundtun zu lassen.[355] Und so spricht sich das Präsidium der SPD am folgenden Montag, es ist der 2. März 1998, einstimmig für den Wahlsieger aus Hannover als Kanzlerkandidaten der SPD aus, im Vorstand stimmen – Gerhard Schröders Bitte folgend geheim – 38 Mitglieder für ihn, drei enthalten sich.[356]

Das Wahlergebnis von Hannover sorgt in den Reihen der Bonner Regierungsparteien für erhebliche Unruhe. Auch bei Kanzler Helmut Kohl. Seine Wette vom April 1994, dass Schröder gegen ihn antreten werde, war ja ernst gemeint. Und schon damals schwang neben dem Respekt vor dem potentiellen Herausforderer auch Angst vor dieser Schlacht mit. Zwar hat er zuletzt darauf gehofft, dass doch Lafontaine gegen ihn antreten werde, weil er sich einfach nicht vorstellen kann, dass ein Parteivorsitzender freiwillig auf die Kanzlerkandidatur verzichtet. Aber seit jener niedersächsischen Wahlnacht steht fest, dass es genau so kommen wird. Mit Gerhard Schröder hat Kohl seit dem 1. März 1998 »einen kaum zu bezwingenden Gegner«, wie sein Biograph bilanziert.[357] Denn der Kandidat hat nicht nur durch das glänzende Wahlergebnis zusätzlichen Auftrieb erhalten, sondern er ist auch wie kaum ein zweiter vor ihm fähig und willens, in der bürgerlichen Mitte zu wildern.

Von den fünf Herausforderern, mit denen Kohl es seit seiner Wahl zum Bundeskanzler zu tun hatte – Hans-Jochen Vogel, Johannes Rau, Oskar Lafontaine, Rudolf Scharping und jetzt eben Gerhard Schröder –, ist dieser der gefährlichste. Das zeigen schon die ersten Umfragen. Selbst wenn man nicht allzu viel auf sie gibt, ist doch an der Eindeutigkeit des Trends nicht zu rütteln. Kein anderer, der zuvor gegen ihn angetreten ist, konnte auch nur in die Nähe eines solchen Ergebnisses kommen. Zwei Wochen nach der Hannoveraner Wahl liegt die Zustimmung für Kohl bei rund 25, für Schröder bei etwa 60 Prozent.

Kann da noch etwas anbrennen? Ist Gerhard Schröder dieser Triumph noch zu nehmen? So wie die Dinge in diesem Frühjahr liegen, eigentlich nicht. Die SPD ist eindeutig im Aufwind, hat das scheinbar jüngere, unverbrauchte Personal und vor allem einen Kandidaten, der bei den Leuten ankommt. Die Unionsparteien hingegen wirken müde, zerstritten, verbraucht. Allerdings ist dieser Helmut Kohl niemals zu unterschätzen. Das hat schon der junge Schröder 1985 gesehen und öffentlich gesagt, und das beherzigt er auch jetzt. Im Wahlkampf läuft der Kanzler erfahrungsgemäß zur Hochform auf, vor allem dann, wenn es eng wird. Auch das haben die beiden gemeinsam.

Und dann gibt es Unwägbarkeiten auf der eigenen Seite. Keiner vermag zuverlässig zu sagen, wie die Wähler der bürgerlichen Mitte, wenn es darauf ankommt, die Koalitionsaussage zu Gunsten der Grünen quittieren werden, für die und zu der Schröder stehen muss, ohne die Option einer Großen

Koalition aufzugeben: Ein Schwenk wie 1986 ist jedenfalls zu diesem Zeitpunkt nicht vorstellbar. Die eigentliche und größte Frage aber ist die nach dem Verhalten der eigenen Leute. Haben die Schröder-Verhinderer endgültig aufgegeben? Wird das Gros der Genossen die in jüngster Zeit gezeigte Disziplin beibehalten, die so viele Beobachter überrascht hat? Man kann die Frage auch anders formulieren: Kann und vor allem will der Parteivorsitzende Lafontaine die Reihen hinter dem Kandidaten geschlossen halten? Wie wichtig das für Schröders Erfolg ist, weiß kaum einer besser als dieser selbst: »Das Ergebnis in Niedersachsen wäre ohne die große Integrationsleistung, die Oskar Lafontaine auf Bundesebene vollbracht habe, nicht möglich gewesen«, erklärt er anderntags im Parteivorstand,[358] und natürlich gilt das erst recht für den 27. September.

Der Wahlkampf wird generalstabsmäßig vorbereitet, aufgezogen und abgespult. Eigentlich hat man damit schon ein Jahr vor der Wahl begonnen, als Anfang Oktober 1997 im Bonner Erich-Ollenhauer-Haus die »Kampa 98« ins Leben gerufen, aber sogleich in ein eigenes, unscheinbares Gebäude ausgelagert wurde, in dem einmal der Verfassungsschutz residierte. Inzwischen ist auch eine neue Werbeagentur engagiert: Die Hamburger KNSK/BBDO Werbeagentur GmbH mit Hauptsitz New York, die unter anderem für Henkel das Waschmittel »Weißer Riese« vermarktet, soll dem angestaubten Bild der Partei frische Farben geben.

Die strategischen Köpfe hinter der Kampagne und die Frontmänner vor den 60 Mitarbeitern sind der Bundesgeschäftsführer Franz Müntefering und sein Büroleiter Matthias Machnig, der im Zuge der Vorbereitung der »Kampa 98« unter anderem nach Amerika gereist ist, um den zweiten Wahlkampf Bill Clintons zu studieren. Der gebürtige Westfale Machnig, Jahrgang 1960 und studierter Soziologe und Pädagoge, ist über eine Referententätigkeit im Bundestag 1992 zum damaligen nordrhein-westfälischen Arbeitsminister Müntefering gestoßen und mit diesem 1995 in die Bonner »Baracke« umgezogen. In ihren Anfängen ist die Kampa kandidatenoffen angelegt: Weil man aber für die Entwürfe der Plakate und der Spots einen Kopf braucht, hat man ersatzweise das Gesicht des amerikanischen Schauspielers Michael Douglas einmontiert. Ursprünglich haben sich Müntefering und Machnig sehr gut einen Kanzlerkandidaten Lafontaine vorstellen können, jetzt aber legen sie sich ganz für Schröder ins Zeug. Der bleibt skeptisch.

Anfänglich hat man den Eindruck, dass Schröders Leute, allen voran Hombach und Heye, ihre eigene Kampagne fahren. Die beiden waren auch maßgeblich daran beteiligt, dass Schröder im Herbst 1997 an der Parteizentrale und der Kampa vorbei Initiativen ergriffen und Ausschau nach originellen und erfolgreichen Vermarktungsstrategien gesucht hat. Beeindruckt von der Art und Weise, wie Tony Blair seinen Wahlkampf vorbereitet, geführt und gewonnen hat, ist es schon im Oktober zu ersten Kontakten mit dessen umtriebigem Wahlkampfmanager Peter Mandelson gekommen. Am 14. Oktober 1997 war Gerhard Schröder mit Tony Blair in Downing Street 10 zusammengetroffen, anschließend auch mit Finanzminister Gordon Brown.[359] Zehn Tage nach seinem spektakulären Hannoveraner Wahlsieg ist er erneut beim britischen Premierminister, der ihn seinerseits schon wieder am 20. März 1998 am Rande seines Deutschlandbesuchs in der Residenz des britischen Botschafters in Bonn empfängt.[360] Einer, der die mögliche Wirkung dieser Verbindung auf die Wähler spürt, ist Kanzler Kohl. Daher warnt er schon Ende Mai 1997 im Vorstand seiner Partei, »daß wir nicht diese Masche mitmachen, Herr Schröder wäre der Tony Blair Deutschlands«.[361]

Inzwischen dienen solche Begegnungen mit dem britischen Premier auch der außenpolitischen Profilbildung des Kandidaten, denn nach wie vor gilt: Der Vorsprung, den der Kanzler auf diesem Gebiet hat, ist immens. Einzuholen ist er ohnehin nicht, aber eine gewisse Statur lässt sich bis zur Wahl doch gewinnen. Dabei kommt Schröder zugute, dass er seit dem 17. Oktober 1997 turnusmäßig Präsident des Bundesrates ist und in dieser Funktion die eine oder andere Einladung ins Ausland erhält. So zum Beispiel durch Dan Tichon, den Sprecher der Knesset. Am 23. und 24. März hält sich der niedersächsische Ministerpräsident in Israel auf, besucht die Gedenkstätte für die Opfer des Holocaust Yad Vashem und das Grab des ermordeten israelischen Ministerpräsidenten Jitzchak Rabin, spricht mit Ministerpräsident Benjamin Netanjahu, führenden Repräsentanten der Arbeiterpartei wie Ehud Barak und Shimon Peres sowie mit dem Vorsitzenden des Palästinensischen Autonomierates Jassir Arafat.

Da Schröder sich hier in einem schwierigen Gelände bewegt, verzichtet er möglichst auf öffentliche Stellungnahmen, insbesondere zum Friedensprozess, grenzt sich aber ausdrücklich von Kohl ab, der 1984 von der »Gnade der späten Geburt« gesprochen hatte, und präsentiert sich als Vertreter der »jungen Generation«. Was im Vergleich mit Kohl gerade noch hinhauen mag, aber ansonsten für einen Dreiundfünfzigjährigen irgendwie komisch wirkt. Leichter tut sich der niedersächsische Ministerpräsident bei dem sich anschließenden zweitägigen Besuch des Libanon. Hier ist er in seinem Element, weil es vor allem um den Wiederaufbau des vom Bürgerkrieg zerstörten Landes geht und weil er in Gestalt von rund 30 Unternehmern, die ihn begleiten, auch gleich Antworten auf die drängenden Fragen anbieten kann.

Wie leicht man auf dem weiten Feld der Außenpolitik ins Schleudern geraten kann, merkt Schröder vier Wochen später, als er sich am Rande der Hannoveraner Messe angelegentlich mit dem weißrussischen Präsidenten Alexander Lukaschenko über Exportchancen der deutschen Automobilbranche austauscht, dann gerade noch die Notbremse zieht, dem Autokraten einen Brief hinterherschickt, sich für die Freilassung einiger weißrussischer Sozialdemokraten einsetzt und Lukaschenko auffordert, ihm das »Ergebnis« seiner »Bemühungen um rechtsstaatliche Gepflogenheiten« mitzuteilen.[362] Verglichen damit sind Besuche im benachbarten Ausland die reinsten Spaziergänge. So die Konsultationen Schröders und Lafontaines mit führenden französischen Sozialisten, unter ihnen Premierminister Lionel Jospin und der Parteivorsitzende François Hollande, am 1. April in Paris oder auch die Visite beim niederländischen Regierungschef Wim Kok, die gut zwei Wochen später auf dem Programm des Bundesratspräsidenten steht.

Dieses Amt verschafft Schröder auch eine Begegnung besonderer Art. Nachdem der amerikanische Präsident Bill Clinton ihm während seines Amerika-Aufenthalts im Frühjahr zuvor eine Audienz verweigert hat, weil Schröder nicht der offizielle Kanzlerkandidat seiner Partei war, kommt er jetzt nicht um ein Gespräch mit dem amtierenden Präsidenten des Bundesrates herum. Zwar hat das Bundeskanzleramt alles versucht, ein Treffen zu verhindern, muss aber schließlich beidrehen. Und so empfängt Bill Clinton Gerhard Schröder am 13. Mai 1998 – am Rande der Feierlichkeiten zum 50. Jubiläum der Luftbrücke im Schauspielhaus am Berliner Gendarmenmarkt – zu einem dreiviertelstündigen Gespräch. Laufende Bilder oder O-Töne gibt es gleichwohl nicht, weil Clinton sich Kanzler Kohl verpflichtet fühlt, mit dem ihn ein beinahe freundschaftliches Verhältnis verbindet. Andererseits verstehen sich die beiden auf Anhieb gut, im Übrigen auch deshalb, weil Schröder mit Lena Hassinger-Lees eine kongeniale Übersetzerin zur Seite hat. Gerhard Schröder ist auf Dolmetscher angewiesen. Zwar hat er im Sommer 1981 gemeinsam mit seiner späteren Ehefrau Hiltrud Hampel einen zweiwöchigen Sprachkurs in England besucht,[363] aber für eine Unterredung zumal über heikle Themen reicht das natürlich nicht. Schröder beherrscht keine fremde Sprache. Das hat er mit dem amtierenden Bundeskanzler gemeinsam. Willy Brandt hingegen konnte sich gleich in mehreren Sprachen mühelos verständigen, und Helmut Schmidt beherrscht das Englische so gut, dass er im Zweifelsfall auch ohne Hilfe zurechtkommt. Bei offiziellen Anlässen haben aber auch diese beiden Kanzler stets auf Dolmetscher zurückgegriffen.

Die freiberufliche Übersetzerin aus Leverkusen ist Schröder 1995 durch Hombach empfohlen worden, und weil »die Zusammenarbeit hervorragend klappt«, wie Büroleiterin Sigrid Krampitz Mitte Oktober 1998 an die Leiterin des Sprachendienstes im Auswärtigen Amt schreibt, wird sie ihn auch als Bundeskanzler dolmetschen.[364] Tatsächlich funktioniert die Kooperation zwischen dem Kanzlerbüro und der Übersetzerin so gut, dass sich der Sprachendienst des Auswärtigen Amtes übergangen fühlt und anlässlich des Regierungsumzugs im Sommer 1999 anregt, Hassinger-Lees in die »Besprechungen« einzubeziehen, welche die Leiterin des Sprachendienstes »vor längeren Einsätzen« abzuhalten pflegt.[365]

Inzwischen ist die Frau mit dem fröhlichen Naturell zu einem vertrauten Gesicht an der Seite des Kanzlers geworden. Und zu einem gern gesehenen. Die dabei gewesen sind, wissen zu berichten, dass die Zuhörer die sprachlich und emotional gewandte Übersetzung Hassinger-Lees' gelegentlich auf offener Szene mit Applaus bedacht haben. Als sie eine Weile nicht dabei ist, weil sie nach der Geburt ihrer Tochter eine »Auszeit« nimmt,[366] kann es durchaus vorkommen, dass sich die Gesprächspartner, wie Ende Februar 2004 George W. Bush beim Besuch des Bundeskanzlers in Washington, nach dem Verbleib Lena Hassinger-Lees' erkundigen.

Öffentlichkeitswirksame Begegnungen wie die mit Bill Clinton haben gewiss einen Einfluss auf das Profil des Wahlkämpfers, aber entscheidend sind sie nicht. Die Musik spielt zu Hause, und da stellt sich mit der Nominierung des Kandidaten sogleich die Frage nach der Koalition, mit der er regieren will. Grundsätzlich bleibt Schröder bei seiner Aussage, dass Rot-Grün die wahrscheinlichste Lösung ist, dass aber, wenn es rechnerisch nicht reichen oder politisch nicht zusammengehen sollte, auch eine Große Koalition nicht auszuschließen ist. Die einzige Konstellation, die der Kandidat von vornherein verwirft, ist eine Beteiligung der PDS an einer von ihm geführten Regierung.

Aber wer immer der Partner sein wird, fest steht jedenfalls schon jetzt: Das Wahlprogramm, das der Parteivorsitzende Oskar Lafontaine Mitte März in Bonn vorstellt, wird sich so nicht umsetzen lassen, jedenfalls nicht eins zu eins. Zwar wollen die Sozialdemokraten am Haushaltsvolumen und an der Höhe der Nettokreditaufnahme so wie gegenwärtig festgeschrieben festhalten, doch die von der Koalition verabschiedeten Gesetze zur Senkung des Rentenniveaus, zur Einschränkung der Lohnfortzahlung im Krankheitsfall sowie zum Kündigungsschutz sollen postwendend zurückgenommen werden. Schwer vorstellbar, dass die Unionsparteien oder auch die Freien Demokraten so etwas mitmachen werden.

Natürlich trägt Schröder das 33 Seiten umfassende Programm mit. Aber daraus zu schließen, dass er sich von den Thesen und Forderungen des vergangenen Jahres verabschiedet hätte, wie mancher Beobachter mutmaßt und mancher Genosse hofft, wäre falsch. Ganz im Gegenteil stimmt der Kandidat seine Partei ausgerechnet auf dem Leipziger Sonderparteitag, der ihn am 17. April offiziell in den Kandidatenstand erhebt, auf harte Zeiten ein. Das ist auch deshalb erstaunlich, weil seine Rede in einem deutlichen Gegensatz zur spektakulären Inszenierung der »Krönungsmesse« steht, als die der Parteitag von den Medien wahrgenommen wird: »Es ist«, beschreibt Jürgen Leinemann die Szene, »als kriegten viele Sozialdemokraten zum erstenmal eine Ahnung davon, daß Gerhard Schröder auch sie gemeint haben könnte, als er sagt: ›Die Sicherheiten, die der Sozialstaat bieten wird, werden nicht mehr die alten sein.‹ … daß keiner klatscht, als Gerhard Schröder zum Schluß behauptet, nie sei das Programm einer Partei so nahe an ihrem Kandidaten und ein Kandidat so nahe an seinem Programm gewesen, ist wohl kein Wunder. Ein Wunder ist eher, daß darüber weder Gezeter anhebt noch der gemeinsame Siegeswille beeinträchtigt scheint.«[367] Das wird sich ändern. Das Gezeter wird bald nach der Wahl einsetzen, ziemlich genau fünf Jahre später zu einem Orkan anschwellen und dazu beitragen, dass der gemeinsame Siegeswille erlahmt.

Erst einmal ist allerdings Aufbruchsstimmung angesagt. Zwar sind die 93,4 Prozent, mit denen die Delegierten Gerhard Schröder in Leipzig zum Kandidaten küren, nicht überwältigend, aber verglichen mit den Ergebnissen, die er sonst bei solchen Gelegenheiten mit nach Hause nimmt, doch ein beachtlicher Erfolg. Außerdem ist Altkanzler Helmut Schmidt nach Leipzig gereist, und das kommt höheren Weihen gleich: Das Verhältnis der beiden war ja zeitweilig alles andere als spannungsfrei, und die Beziehungen Schmidts zu seiner Partei mussten gar als zerrüttet gelten. Viele der jüngeren Delegierten können sich gar nicht erinnern, Helmut Schmidt je auf einem Parteitag gesehen zu haben. Jetzt aber ist er da, freut sich mit dem Kandidaten, dass »alles so gekommen ist«, und wünscht ihm die »Tapferkeit, das Notwendige auch dann zu tun, wenn es zunächst unpopulär ist«.[368] Gerhard Schröder wird sie brauchen.

Nachdem der Wahlkampf der SPD offiziell eröffnet ist, geht es Schlag auf Schlag. Am 23. April tritt Gerhard Schröder im Bundestag zum Rededuell mit dem Kanzler an. Weil er dessen Verdienste weder in Abrede stellen will noch wegwischen kann und weil es um ein Thema geht, das ihn im Falle der Kanzlerschaft mächtig beschäftigen wird, bemüht er sich mit Erfolg um einen staatsmännischen Auftritt. Vor allem vermeidet er jene offensive Polemik, mit der er an diesem Ort mehr als ein Jahrzehnt zuvor die damalige Opposition zu heftigsten Reaktionen zu treiben pflegte.

Ziemlich polemisch fällt dagegen zumindest der Beginn von Wolfgang Schäubles Rede aus. Schon dass der Vorsitzende der CDU/CSU-Fraktion unmittelbar auf den niedersächsischen Ministerpräsidenten antwortet, ist bemerkenswert; erst recht, wie er das tut. Der Vortrag Schäubles macht nämlich schlagartig deutlich, was alle im Haus wissen – die Regierungs- und die Oppositionsparteien, der Kanzler und sein Herausforderer: Wenn die Unionsparteien im Herbst noch eine Chance haben wollen, dann mit diesem Wolfgang Schäuble als Kanzlerkandidaten. Kohl, sagt Schröder, ist »leichter als Wolfgang Schäuble, weil sich mit Kohl nichts mehr an Neuanfang verbindet«.[369] Denn der war »seit der Einheit selbstgerecht im Schaukelstuhl verschwunden«, erinnert sich Franz Müntefering Jahre später.[370]

Da Kohl aber nicht daran denkt, den Stab noch rechtzeitig weiterzugeben, bleiben die Unionisten verzagt und die Sozialdemokraten siegesgewiss. Gerhard Schröder, sagt einer, der ihn sehr gut kennt, wenige Wochen vor der Wahl, »hat das unverschämte Glück, daß die Union sich darauf einließ, ihm den einfacheren Kontrahenten zu servieren«.[371] Gefragt, ob er 1998 Gerhard Schröder geschlagen hätte, antwortet Wolfgang Schäuble: »vermutlich nicht«. Aber Rot-Grün hätte es nicht gegeben, sondern eine Große Koalition.[372]

Schröders Rede ist aufschlussreich. Weniger weil er die »Einführung der Wirtschafts- und Währungsunion zum 1. Januar 1999« nunmehr ohne Wenn und Aber für »richtig« erklärt; auch seine Hinweise, dass diese Einführung von weiteren Maßnahmen wie der »Harmonisierung der Unternehmensbesteuerung« oder der »Bekämpfung der Arbeitslosigkeit« flankiert werden müsse, sind ebenso richtig wie bekannt. Aufschlussreich ist vor allem eine beinahe nebenher getroffene Feststellung: »Wir scheuen uns vor dem Hintergrund unserer europäischen Einbindung eben nicht«, sagt er an diesem 23. April 1998 vor dem Bundestag, »auch die nationalen Interessen der Deutschen als selbstbewußte und gleichberechtigte Partner zu vertreten.«[373]

Erstaunlich, dass es darauf keinerlei messbare Reaktion gibt, im Plenum nicht und in den Medien auch nicht. Dabei steht Schröder mit dieser glasklaren Position gegen das allgemeine Verständnis nationaler Interessen, das sich dahin gehend auf den Punkt bringen lässt, dass es sie für die meisten schlicht und einfach nicht gibt. Die Frage nach den nationalen Interessen, die sich mit der Vereinigung Deutschlands stellt, ist während der Ära Kohl praktisch ignoriert worden. Dass sie von einem Sozialdemokraten offensiv aufgegriffen wird, kann nur diejenigen überraschen, die sich nicht mehr an das dezidierte Bekenntnis der Sozialdemokraten zum Nationalstaat in der Ära Kurt Schumachers erinnern können oder wollen. So gesehen ähneln sich die Zeiten nach dem Zweiten und dem Dritten, dem Kalten Weltkrieg doch sehr. Und im Übrigen gilt einmal mehr: Wer den Bundeskanzler Schröder verstehen will, muss den Ministerpräsidenten Schröder kennen.

Der stellt der Presse am 26. Mai 1998 sein »Kernteam« genanntes Schattenkabinett vor. Keine Überraschung ist die Zuständigkeit für die Finanz- und Europapolitik. Schon Anfang des Monats hatte es Schröder Lafontaine über *Bild am Sonntag* freigestellt, sich zu entscheiden, »ob er in die Bundesregierung eintreten oder Fraktionsvorsitzender werden möchte. Er hat da die freie Auswahl.« Allerdings hatte Schröder die Einrichtung eines »Superministeriums für Wirtschaft und Finanzen« abgelehnt (»Eine solche Konstruktion wollen wir beide nicht.«) und im Übrigen klargestellt, dass »der Zuschnitt der Ministerien … der Richtlinienkompetenz des Bundeskanzlers« unterliegt. »Davon werde ich Gebrauch machen.«[374]

Auch ein zweiter Kandidat für das Kernteam war schon gesetzt. Ende April hatte Schröder die Öffentlichkeit wie die eigene Partei wissen lassen, dass Walter Riester das Arbeitsministerium übernehmen solle, und damit in den Reihen der Genossen für einige Unruhe gesorgt. Wegen der Art und Weise der Nominierung, aber auch wegen des Kandidaten. Die meisten haben nämlich für diesen Posten Rudolf Dreßler auf dem Schirm. Der Gewerkschafter, Jahrgang 1940 und seit 1969 SPD-Mitglied, ist mit Schröder 1980 in den Deutschen Bundestag eingezogen und hat sich hier als allseitig respektierter Sozialexperte einen soliden Ruf erworben. Dass er im Herbst 1998 nicht zum Zuge kommen wird, entnimmt Dreßler der Zeitung. Erst Monate später kommt es auf Druck Lafontaines zu einer Aussprache zwischen den beiden, die wenig ändert. Für Dreßler ist es daher eine Genugtuung, dass er im September 2000 zum Botschafter in Israel ernannt wird, obgleich sich einflussreiche Persönlichkeiten wie die Verlegerin Friede Springer beim Kanzler für einen anderen Kandidaten eingesetzt haben.[375] Bis es so weit ist, macht Dreßler allerdings dem Kanzler, aber auch der zuständigen Ministerin bei der Gesundheitsreform das Leben schwer.

Schröders Entscheidung in dieser wichtigen Personalfrage ist weniger eine Entscheidung gegen Dreßler als vielmehr eine für Walter Riester. Es ist ein kluger Schachzug. Der gelernte Fliesenleger des Jahrgangs 1943, der seit 1966 der SPD angehört, hat eine steile Karriere bei der IG Metall hinter sich und es bis 1993 zum zweiten Vorsitzenden der mächtigen Gewerkschaft gebracht. Die Möglichkeit, als Personalchef zu VW zu gehen, hat er kurz zuvor ausgeschlagen, so dass dort Peter Hartz zum Zuge kommt. Riester gilt als Chefdenker der Gewerkschaft, bringt außerdem reiche Erfahrung aus seiner

Tätigkeit in den Aufsichtsräten diverser Großunternehmen mit. So gesehen ist er nicht nur ein idealer Kandidat für den Posten des Arbeitsministers, sondern zugleich eine Art Garantie, dass dem Kanzler Schröder von den Gewerkschaften nicht ständig Knüppel zwischen die Beine geworfen werden, soweit es denn überhaupt eine solche Garantie geben kann.

Erstaunlich wenig öffentliche Überraschung löst auch Schröders Entscheidung aus, Rudolf Scharping vom Fraktionsvorsitz auf den Sessel des Außen- und Sicherheitsexperten zu befördern. Dass ihn die jahrelange Tätigkeit an der Spitze der Fraktion und namentlich sein Versuch, die Sozialdemokraten an die neuen weltpolitischen Realitäten heranzuführen, für diese Aufgabe prädestinieren, steht außer Frage. Sicher ist auch, dass Scharping nicht ein neues außen- und verteidigungspolitisches Superministerium beziehen wird. Denn erstens hat Gerhard Schröder ein solches nicht im Sinn, zweitens muss ja ein politischer Freiraum für den Koalitionspartner bleiben, und den werden aller Voraussicht nach die Grünen stellen. Sie wie alle anderen potentiellen Partner, zu denen auch die Unionsparteien zählen, werden wohl auf dem Posten des Außenministers bestehen.

Unter ähnlichen Perspektiven muss man die Zuständigkeiten für den Komplex Bildung, Forschung, Technologie und Umwelt betrachten, da davon auszugehen ist, dass die Grünen das Umweltministerium beanspruchen werden. Was für Edelgard Bulmahn bleibt, ist immer noch stattlich genug. Die Studienrätin, Jahrgang 1951 und seit 1969 in der SPD, gehört dem Bundestag seit 1987 an, ist zur Zeit bildungspolitische Sprecherin der Fraktion und hat sich von Anfang an als Mitglied des jetzt sogenannten Bundestagsausschusses für Bildung, Wissenschaft, Forschung, Technologie und Technikfolgenabschätzung engagiert, ihn auch zeitweilig geleitet. Kein anderes Kabinettsmitglied ist »besser auf sein Ressort vorbereitet als sie«, urteilt der Chronist von Rot-Grün.[376] Da Schröder der Bildungspolitik nicht zuletzt unter Verweis auf seinen eigenen Werdegang stets eine große Bedeutung beigemessen, auch für seine Kanzlerschaft eine »neue bildungspolitische Epoche« angekündigt hat,[377] wird die Bildungsministerin kaum das Schicksal vieler Vorgänger teilen und die Bedeutungslosigkeit verwalten.

Langjährige politische Bekannte Schröders sind auch Herta Däubler-Gmelin, die für das Justizressort vorgesehen ist, und Otto Schily, der sich um die Innenpolitik kümmern soll. Die 1943 in der Slowakei geborene promovierte Rechtsanwältin Däubler-Gmelin gehört der SPD seit 1965 und dem Deutschen Bundestag seit 1972 an, hat dort von 1980 bis 1983 den Rechtsausschuss geleitet und ist zurzeit Justiziarin der Fraktion. Schröder kennt die Schwäbin aus der gemeinsamen Zeit im Bundestag. Außerdem wurde sie dem informellen Kreis der sogenannten Brandt-Enkel zugerechnet und ist eine der wenigen, die Schröders Kanzlerkandidatur im Präsidium schon früh und offen unterstützt haben. Auch Schröder und Schily sind sich vor allem während der gemeinsamen Zeit im Bundestag nähergekommen, und schon im Herbst 1985 hatte Schröder, wie berichtet, dem damals noch grünen Schily – ohne dass dieser der SPD hätte beitreten müssen – einen Ministerposten angeboten, sollte er nach der Absage an die Grünen doch noch die niedersächsische Landtagswahl gewinnen.

Die neuen Bundesländer sind im virtuellen Kabinett Schröder durch Christine Bergmann und Rudolf Schwanitz vertreten. Der 1959 im thüringischen Gera geborene Jurist Schwanitz ist als Beauftragter für Angelegenheiten der Neuen Länder vorgesehen. Die gebürtige Dresdnerin und promovierte Apothekerin Bergmann, Jahrgang 1939, hat nach dem Mauerfall in der Berliner Politik unter anderem als Senatorin für Arbeit, Berufliche Bildung und Frauen Karriere gemacht und soll, wenn alles glattgeht, künftig bundespolitisch für Jugend, Familie und Gesundheit zuständig sein. Als Mitglied der »Kernmannschaft« ist schließlich Franz Müntefering gesetzt, allerdings vorerst ohne Arbeitsbereich. Das liegt auch an Unstimmigkeiten zwischen ihm und Lafontaine auf der einen und Schröder auf der anderen Seite. Während Lafontaine Müntefering, der in dieser Zeit eher noch seinen Leuten zugerechnet wird, auf den Sessel des Kanzleramts hieven will, lässt Schröder diese wichtige Entscheidung bis zuletzt offen.

Zu den Überraschungen dieser Kernmannschaft gehört ihr Alter. Irgendwie ist es Schröder gelungen, seine Truppe als jung, dynamisch und überhaupt ganz anders als Kohls Kabinett zu verkaufen. Bezogen auf den Altersunterschied zwischen ihm und dem Amtsinhaber, der allerdings mit vierzehn Jahren auch nicht gerade Generationen ausmacht, mag das ja noch angehen, und sicher machen Kohls Männer und Frauen nicht gerade einen frischen und zukunftsfähigen Eindruck. Tatsächlich liegt das Durchschnittsalter von Schröders prospektivem Kabinett mit 53,2 zu 52,9 Jahren sogar, wenn auch unwesentlich, über dem des amtierenden Kanzlers.

Weiterhin fällt an dieser Kernmannschaft auf, dass der Posten des Wirtschaftsministers nicht besetzt ist und dass es einen Kern im Kern gibt. Es ist eben nicht selbstverständlich, dass Gerhard Schröder mit Oskar Lafontaine und Rudolf Scharping zwei Männer seiner Generation auf zentralen Positionen in die Kabinettspflicht einbinden will, die ihm das Leben nicht immer leicht gemacht haben. Andererseits ist eben darin die Logik zu sehen: Eingebunden sind sie besser zu kontrollieren und von Sabotageaktionen abzuhalten. Außerdem sind sie beide einmal als Kanzlerkandidaten gescheitert, während er es dieses Mal wohl packen wird. Das ist im Binnenverhältnis dieses Dreigestirns ein nicht zu unterschätzender Vorteil und stärkt seine Stellung zusätzlich.

Eine wirkliche Überraschung ist der Kandidat für das Amt des Wirtschaftsministers, den Schröder Mitte Juni 1998 aus dem Hut zaubert. Jost Stollmann, Anfang 1955 in Düsseldorf geboren, hat nach einer international angelegten Ausbildung eine glänzende Karriere als Unternehmer hingelegt, ist 1990 als »Euro-Unternehmer des Jahres« ausgezeichnet worden, hat 1996 mit dem Verkauf einer von ihm gegründeten Computerfirma ein Vermögen gemacht und denkt seither öffentlich über die Verbindung von Bildung und Technik, Wissenschaft und Wirtschaft nach. Schröder ist Stollmann zwei Jahre zuvor bei einer Talkshow begegnet, hat ihn dann aus dem Auge verloren, bis er sich gezielt auf die Suche nach einem Wirtschaftsminister macht, der zu dem öffentlich angekündigten Profil passt. Anfang Juni 1998 weiht Schröder Stollmann in seine Pläne ein.[378] Als der Unternehmer zusagt, trägt er nicht nur zur erkennbaren Senkung des Altersdurchschnitts der Kernmannschaft bei, sondern hilft dem Kandidaten auch aus einer Verlegenheit. Schröder hat nämlich »immer gewollt, daß es einen Austausch gibt zwischen Politik und Wirtschaft«,[379] und sich insbesondere vorgenommen, einen Unternehmer auf den Posten des Wirtschaftsministers zu setzen, ist aber bislang abgeblitzt. So war es ihm auch 1990 ergangen, als er vergeblich nach einem mittelständischen Unternehmer für den Posten des niedersächsischen Wirtschaftsministers Ausschau hielt.

Die Reaktionen in den Reihen der Partei sind durchwachsen. Zwar wiederholt Schröder nicht den Fehler, der ihm bei der Nominierung Riesters unterlaufen ist, sondern präsentiert Stollmann verabredungsgemäß erst einmal Lafontaine, der den Unternehmer durchwinkt. Andererseits hat Stollmann keinen Stallgeruch, ist nicht einmal Mitglied der SPD, sondern war sogar, für manchen Genossen unerhört, Mitglied der Jungen Union. Andere wie Wolfgang Clement, der wenige Wochen zuvor von Johannes Rau das Amt des nordrhein-westfälischen Ministerpräsidenten übernommen hat, begrüßen die Berufung des jungen, erfolgreichen, politisch noch nicht verschlissenen Unternehmers und wissen sich darin mit der Mehrheit der Bevölkerung einig.

Dies alles irritiert einen ganz besonders: Helmut Kohl spürt, dass ihm die Felle davonschwimmen. Denn sein Herausforderer hat inzwischen nicht nur diverse Felder erfolgreich besetzt, sondern er wildert seit einiger Zeit auch in der »Neuen Mitte«, von der zwar niemand so recht weiß, wo und was sie ist. Aber

Charmant, klug, nobel: Brigitte Sauzay, Gerhard Schröders Beraterin für die deutsch-französischen Beziehungen, Ende September 1998 in Paris.

offenbar erreicht man mit dieser Ansprache eine ganze Reihe bürgerlicher Wähler, die bislang Kohls 1982 proklamierter »Koalition der Mitte« ihre Stimme gegeben haben. Entdeckt hat den Begriff Schröders Berater Werner Müller. Wie seinerzeit Kohl geht jetzt auch Schröder davon aus, dass der Begriff »Mitte« bei den Deutschen positiv besetzt ist: Mittelschicht und Mittelstand waren und sind Synonyme für das solide, erfolgreiche, zukunftsfähige Deutschland, das durch den designierten Wirtschaftsminister geradezu ideal repräsentiert wird.

Überhaupt wirken die Mitglieder seiner Truppe, mit der Schröder die Neue Mitte in diese gute Zukunft führen will, frisch und zielstrebig. Auch die der zweiten Reihe, allen voran Brigitte Sauzay. Die Ende November 1947 in Toulon geborene »Vertreterin des aufgeklärten französischen Bürgertums«, so Schröder, hat als Chefdolmetscherin für die französischen Staatspräsidenten von Pompidou bis Mitterrand gearbeitet und 1993 mit dem Göttinger Historiker Rudolf von Thadden das Berlin-Brandenburgische Institut für deutsch-französische Zusammenarbeit in Europa gegründet. Im Mai 1998 vereinbaren Schröder und Sauzay, dass sie im Falle des Wahlsieges seine »Beraterin des deutschen Bundeskanzlers in Fragen der deutsch-französischen Beziehungen« werden solle. So kommt es dann auch. Kaum ernannt, entwickelt Madame Sauzay selbstbewusst präzise Vorstellungen von den Arbeitsbedingungen für sich und ihre Mitarbeiter und erwartet unter anderem, dass der Botschafter vor Ort »sich gemeinsam mit mir Gedanken macht, wie er mir in Paris behilflich sein kann«.[380] Im Übrigen hat Brigitte Sauzay mehr oder weniger ständigen Zugang zum Kanzler. Immediatrecht nannte man dieses Privileg im kaiserlichen Deutschland.

Wenigen Menschen hat Gerhard Schröder in seinen Erinnerungen ein solches Denkmal gesetzt wie dieser Frau, deren »Charme, gepaart mit Klugheit, profundem Wissen und großer Noblesse« er sich »nicht entziehen« konnte und deren früher Tod im November 2003 für ihn »ein sehr schmerzhafter Abschied« gewesen ist.[381] Was sie ihm bedeutet hat, zeigt die »außergewöhnliche Anteilnahme« am Tod Brigitte Sauzays, die »weit« über die hinausgeht, »die man einer Mitarbeiterin normalerweise entgegenbringt«. So formuliert es später der Witwer in seinem Dank an den Bundeskanzler.[382] Denn der hat nicht nur in großen Zeitungen Anzeigen schalten lassen, sondern ist auch zur Trauerfeier nach Paris gereist. Gerhard Schröder ist ein treuer Mensch.

Wenn einer weiß, was die Berufung Sauzays bedeutet, dann ist es Helmut Kohl. Aber nicht nur die Berater, die Parteilosen und natürlich die Sozialdemokraten in Schröders »Kernmannschaft« bereiten ihm Sorge, sondern auch die Grünen, Schröders wahrscheinliche Partner. So tief suspekt dem Kanzler diese Figuren in politischer Hinsicht auch sind, so genau studiert er, wie sein Biograph beobachtet hat, »die grünen Häuptlinge, die … im Bundestag das große Wort führen. Am meisten imponiert ihm Joschka Fischer, eben weil er so frech ist«,[383] und, so könnte man hinzufügen, weil er offenbar zeitweilig versucht hat, die Leibesfülle des Kanzlers zu erreichen. Damit ist jetzt allerdings erst einmal Schluss, weil Fischer infolge eines Dauermarathons zu sich selbst, den er 1999 in Buchform vermarktet,[384] innerhalb weniger Monate um mehr als 30 auf 75 Kilo abspecken und bald eher wie ein Strich in der Landschaft und nicht wie der Koloss aus der Pfalz aussehen wird. Auslöser ist die Trennung von seiner dritten Frau, die ihm wenige Monate nach der Trennung Schröders von seiner Dritten abhandengekommen ist. Immerhin lebt der eine wie der andere jetzt privat in geklärten Verhältnissen. In einer kräftezehrenden Lebensetappe wie dem anbrechenden Wahljahr 1998 ist das ein Vorteil.

Joseph Martin Fischer hat am 12. April 1948 als drittes Kind einer lange in Ungarn ansässigen Familie das Licht der Welt erblickt. Im Hohenlohischen geboren und im Schwäbischen aufgewachsen, aus bescheidenen Verhältnissen stammend und streng katholisch erzogen, bricht er den Besuch des Gymnasiums nach fünf Jahren ab, ebenso eine Lehre als Fotograf. Angezogen von der außerparlamentarischen Opposition, findet Fischer in Frankfurt am Main zur Gruppe Revolutionärer Kampf, die sich aus einer Betriebsprojektgruppe bei Opel entwickelt hat und der unter anderem Daniel Cohn-Bendit und Tom Koenigs angehören. Fischer ist dort für die Zeitschrift *Wir wollen alles* mitverantwortlich.

Die meisten Mitglieder des Revolutionären Kampfes akzeptieren die Anwendung von Gewalt. Für Fischer hat das auch etwas mit Selbstverteidigung zu tun. Nachdem er bei den Osterunruhen 1968 von der Polizei »grün und blau geschlagen« worden ist, will er nicht mehr nur geprügelt werden, sondern sich »zu wehren wissen«.[385] Mit der sogenannten Putzgruppe trainiert er im Taunus den Straßenkampf und ist im September 1975 am Angriff auf das spanische Generalkonsulat und im folgenden Frühjahr an einer Demonstration durch die Frankfurter Innenstadt beteiligt, bei denen es zum Einsatz von Molotow-Cocktails unter anderem gegen Polizeifahrzeuge und zu schweren Verletzungen kommt. So ringt ein dreiundzwanzigjähriger Beamter im Frühjahr 1976 tagelang mit dem Tod. 14 Verdächtige werden in Untersuchungshaft genommen, unter ihnen Joschka Fischer, der jedoch entlassen wird, noch bevor es zur Vorführung beim Haftrichter kommt. Fischer hat stets bestritten, bei den fraglichen Anlässen Steine oder Molotow-Cocktails mit sich geführt zu haben. Anfang 2001, als die Geschichte wieder in den Schlagzeilen ist, antwortet er auf die Frage, ob er denn »ausschließen« könne, »für Molotow-Cocktails« gewesen zu sein: »Das hat nicht meiner Haltung und Überzeugung entsprochen. Insoweit kann ich das ausschließen.«[386]

Dabei bleibt er. In anderer Hinsicht gibt sich Joschka Fischer geläutert und bekennt 2013 in einem Gespräch mit dem Historiker Fritz Stern, dass seit jenen Frankfurter Tagen »etwas in mir arbeitete, nämlich diesen wirklich großen Fehler gemacht zu haben, die Bedeutung des Rechts zu unterschätzen. Heute kann ich im Grunde ohne jeder Bitterkeit sagen, Ihre Generation, Fritz, hatte einfach Recht, wenn sie gesagt hat: So geht es nicht, die Anwendung von der Gewalt ist ein großer Fehler.« Was zu Ende gedacht nur heißen kann, dass auch die Vorwürfe an die Adresse dieser Generation nicht frei von Fehlern und »Selbstgerechtigkeit« gewesen sind. »Manchmal denke ich mir: Mein Gott, waren wir gnadenlos.«[387] Die Eskalation und Eigendynamik jener Aktionen, aber auch eine gewisse emotionale Erschöpfung lassen Fischer seit 1977 auf Distanz zu der sich ohnehin fragmentierenden Frankfurter Szene gehen. Fortan steht für den umtriebigen Autodidakten, der sich als Taxifahrer und Buchhändler verdingt, eine bürgerliche Karriere auf dem Programm.

Da sich aus der Läuterung Legenden machen lassen, will und muss Fischer den Bruch mit seiner Vergangenheit vermeiden. Daher bieten sich die noch in der Phase der Selbstfindung verharrenden Grünen für die Mutation geradezu an. Nicht dass sich Fischer zuvor für das Thema Umwelt interessiert hätte, im Gegenteil. »Seien wir doch ehrlich«, schreibt er 1978, »wer von uns interessiert sich denn … für Atomkraftwerke irgendwo, weil er sich persönlich betroffen fühlt?« Nein, es geht um Alternativen zur täglichen Tristesse: »Die Perspektivlosigkeit, das Rumhängen, das Nichtwissen-was-tun wird immer unerträglicher ... Was Wunder also, daß die Möglichkeit, realpolitisch endlich wieder etwas zu machen ... wie ein Rettungsanker erschien ... Wer würde da nicht schwach werden? Und wenn ich auch dieses Mal noch nicht Grüne Liste gewählt habe, so hat sie doch mein Selbstverständnis ganz gehörig angeknackst.« Denn eigentlich kann ja nichts »schief gehen ... Gewinnt die Grüne Liste, wird man weitersehen, und verliert sie, so hat es wenigstens nichts geschadet.«[388]

Sie gewinnt, und für Joseph Fischer beginnt eine atemberaubende politische Karriere, die ihn innerhalb von zwei Jahrzehnten vom Frankfurter Straßenkämpfer zum international respektierten Bonner Außenminister führen wird. Nicht nur Hans-Jochen Vogel, dessen Politikverständnis sich von dem des grünen Frontmannes in vielem grundlegend unterscheidet, sieht in solchen Karrieren auch ein Beispiel für die »Leistungsfähigkeit unserer Demokratie«.[389] Wie viele politische Gegner, unter ihnen eben auch Kanzler Kohl, verfolgt Vogel den Aufstieg des geistig beweglichen, eloquenten, schlagfertigen Grünen, der 1983 mit dem Einzug in den Bundestag beginnt, nicht ohne eine gewisse Sympathie. Zumal Fischer, seither Parlamentarischer Geschäftsführer der Fraktion, von Anfang an einen dezidiert realpolitischen Kurs vertritt. Er will von der Abgeordneten- auf die Regierungsbank, und er weiß, dass der Weg zur Macht über die Annäherung seiner Partei an die politische und wirtschaftliche Wirklichkeit führt. Gehen sie ihn nicht, werden die Grünen nicht koalitionsfähig sein.

Pragmatismus und der Wille zur Macht stehen auch Pate, als Fischer 1985 erstmals, 1991 ein zweites Mal als Umweltminister am hessischen Kabinettstisch Platz nimmt. Jahre später sagt er, die Arbeit der ersten rot-grünen Koalition in Hessen sei seine »schlimmste« Erfahrung gewesen, »das war furchtbar, in der Zeit bin ich richtig alt geworden«. Die Bundespartei »war gegen mich ..., die Medien waren gegen mich, die SPD war nicht für mich, die Opposition ... war heftig gegen mich – und ich hatte keine Ahnung vom Regieren, ich hatte keine Ahnung von Umweltpolitik ... Das Regieren habe ich in diesen 16 Monaten gelernt, indem ich alles falsch gemacht habe, was möglich war.«[390]

Nach dem neuerlichen Einzug der Grünen in den Bundestag legt Fischer das Amt endgültig nieder, geht 1994 als einer der beiden Sprecher der Bundestagsfraktion nach Bonn und ist maßgeblich dafür verantwortlich, dass sich die Grünen nicht zuletzt den außen- und sicherheitspolitischen Realitäten stellen und damit auch im Bund regierungsfähig werden. Es ist ein Balanceakt, und zunächst sieht es so aus, als würde er scheitern. Denn auf ihrem Magdeburger Parteitag bekräftigen die Grünen am 8. März 1998 nicht nur ihre alte Formel »Fünf Mark für einen Liter Benzin« innerhalb von zehn Jahren, sondern sie lassen mit einer Stimme Mehrheit auch einen hinter den Kulissen ausgehandelten Kompromiss scheitern, wonach die Bundestagsabgeordneten der Grünen im Parlament für die Verlängerung des Bosnienmandats der Bundeswehr im Rahmen der internationalen Friedenstruppe stimmen dürfen, um nur diese Beschlüsse zu nennen.

Damit ist Fischers Versuch, die Grünen am »Selbstmord« zu hindern, auf ganzer Linie gescheitert.[391] Natürlich kann und will der potentielle sozialdemokratische Koalitionspartner, allen voran Kanzlerkandidat Schröder, den Fünf-Mark-Beschluss nicht mittragen; und wenig überraschend brechen die Grünen postwendend bei den Umfragen ein. Warum das so ist, kann man anderntags *Bild* entnehmen: »… ein Horrorkatalog! Beispiele: Ein Liter Benzin soll bald 5 Mark kosten. Haschisch und Marihuana sollen legalisiert werden. Die NATO soll abgeschafft, das Asylrecht aufgeweicht werden.«[392]

Lernfähig, wie er ist, ändert Fischer die Taktik und setzt im Schulterschluss mit Trittin im Hauruckverfahren eine Änderung der Parteitagsbeschlüsse durch. Forum der kühnen Aktion ist der vom Bundesvorstand gewählte kleine Parteitag, der bei den Grünen als »Länderrat« firmiert. Das dort am 7. Juni 1998 verabschiedete sogenannte Wendepapier übergeht die Fünf-Mark-Forderung und hält am Bosnienmandat der Bundeswehr fest. Damit ist der Weg frei, und zwar sowohl für die Abstimmung im Bundestag, bei der eine Mehrheit der Grünen für den Bosnieneinsatz votiert, als auch für Rot-Grün in Bonn. Sofern zunächst die Wähler und dann die Sozialdemokraten mitspielen.

Die Genossen befinden sich zu dieser Zeit im Endspurt. Vor allem Gerhard Schröder. Zu dessen Programm gehören medienwirksame Begegnungen mit den Großen der Welt. Jetzt, da er Kanzlerkandidat ist, bleibt ihm keine Türe mehr verschlossen. Größere oder kleinere Probleme gibt es dennoch, schon weil einige der Gespächspartner mit Helmut Kohl befreundet sind und weiterhin zum noch amtierenden Kanzler stehen. Zum Beispiel Boris Jelzin, der sich dank einer Initiative des russischen Botschafters in Bonn am 9. Juni zu einem Frühstück mit Schröder trifft: »Ich konnte nicht nein sagen«, erklärt er später Kohl; immerhin waren keine Kameras zugelassen.[393]

Hindernisse anderer Art sind zu nehmen, bevor der Kanzlerkandidat am 5. August schließlich zu Bill Clinton vorgelassen wird. Dass die Uhrzeit wiederholt in letzter Minute verschoben wird, liegt an den Auswirkungen der sexuellen Vorlieben des amerikanischen Präsidenten, die als sogenannter Lewinsky-Skandal in die Geschichte eingegangen sind. Schröder ist übrigens tief beeindruckt, wie Clinton diese existenzielle Krise meistert. Überhaupt schätzt und bewundert er diesen Präsidenten, sieht in ihm – ähnlich wie auch in Tony Blair – ein Vorbild. Clinton wiederum ist erkennbar an dem Mann mit den großen Aussichten und dem telegenen Talent interessiert und widmet ihm eine ganze Stunde. Das reicht, um dem Präsidenten und anderen Gesprächspartnern die Sorge vor einer rot geführten beziehungsweise rot-grünen Bundesregierung zu nehmen. So wie es aussieht, bekommt man eher einen zweiten Kanzler Schmidt als einen zweiten Juso Schröder.

Auf fast schon vertrautem Terrain bewegt sich der Kandidat in Polen und Frankreich. In Warschau, wo man Schröder schon seit geraumer Zeit aufmerksam verfolgt, steht am 17. Juni unter anderem ein weiteres Gespräch mit Präsident Aleksander Kwaśniewski auf dem Programm. Und in Paris kommt sich Schröder inzwischen wie bei einem Heimspiel vor, als er am 3. Juli mit Premier, Außen- und Innenminister fast die gesamte sozialistische Führungsriege trifft und auch prominente Oppositionspolitiker wie Nicolas Sarkozy den künftigen Kanzler kennenlernen möchten. Lediglich der als schwierig geltende Staatspräsident Jacques Chirac, mit dem auch Kanzler Kohl seine Probleme hat, lässt sich wegen Terminschwierigkeiten entschuldigen.

Unterdessen geht daheim die mediale Offensive weiter. Zu ihr gehört, wie kaum erwähnt werden muss, die Pressearbeit im engeren Sinne und in diesem Rahmen wiederum, was der Erwähnung wert ist, das dosierte Eingeständnis von Defiziten, die sich aus mangelnder Erfahrung erklären. Da erstaunt es schon, dass sich der Amtsinhaber partout nicht auf ein direktes Fernsehduell mit Schröder oder auch Fischer einlassen will. Zwar klagt Kohl noch Anfang September in der Fraktion: »Sie haben immer noch einen Medienvorsprung, der enorm ist«,[394] aber Schröders Aufforderung, sich mit ihm vor laufender Kamera zu messen, weist er bis zum Schluss zurück. Der Kanzler ahnt wohl, dass sein Herausforderer seine Defizite, zum Beispiel auf dem Feld der Außenpolitik, leicht mit seinen medientauglichen Talenten kompensieren kann.

Einen gewissen Nachholbedarf hat Schröder auch im Bereich der Wissenschaften und der Künste. Hier kann der Bundeskanzler zum Beispiel mit den beiden großen historischen Museen punkten, die er in Bonn und Berlin auf die Bahn gebracht hat. Schröder stellt sich dieser Herausforderung zum einen, der Idee eines Beraters von Tony Blair folgend, mit seinem erwähnten Buch *Und weil wir unser Land verbessern … 26 Briefe für ein modernes Deutschland*, das im Wesentlichen von Reinhard Hesse verfasst worden ist und am 23. Juli von Sten Nadolny im Berliner Willy-Brandt-Haus vorgestellt wird. Zwar sind die Adressaten der fiktiven Briefe durchweg Vertreter aus Politik und Wirtschaft im In- und Ausland, aber entscheidend ist in diesem Fall das Format Buch, das als Ausweis geistiger Augenhöhe gilt.

Zum anderen versucht der Kandidat, namhafte Schriftsteller, Künstler und Wissenschaftler für seine Sache zu gewinnen. Das hat bei den Sozialdemokraten Tradition, seit Günter Grass für Willy Brandt die Trommel gerührt und später mit anderen, unter ihnen Gerhard Schröder, die Sozialdemokratische Wählerinitiative ins Leben gerufen hat. Auch jetzt ist Grass, ein früher Förderer des Niedersachsen und Adressat eines der 26 Briefe, wieder dabei. Als er am 20. März 1998 in Halle an der Saale eine »Rotgrüne Rede« hält, bittet er übrigens fast beiläufig, einen Bundeskanzler Schröder nicht zu »überfordern«. Denn er brauche erhebliche Kräfte, um das Land nach der Ära Kohl aus der »lähmenden Stagnation« zu befreien.[395]

Einer der wichtigsten Gesprächspartner und – im Rahmen seiner Möglichkeiten – auch Wahlhelfer Gerhard Schröders ist der Soziologe und Philosoph Oskar Negt. Der gebürtige Ostpreuße des Jahrgangs 1934 ist ein Spross der Frankfurter Schule, hat dort 1962 bei Theodor W. Adorno promoviert und war bis zu seiner Berufung an die Universität Hannover 1970 als Assistent von Jürgen Habermas tätig. Anfang Juni 1998 stellen sich Habermas und Negt auf dem Kulturforum im Berliner Willy-Brandt-Haus für eine Diskussion mit dem Kandidaten zur Verfügung. Das ist eine jener Veranstaltungen, die Vertreter des einen oder anderen Feuilletons nicht ohne Spott und Häme kommentieren. Wie sie auch den Dialog zwischen Macht und Geist mit hochgezogenen Augenbrauen verfolgen, den der Kandidat und seine Partei Mitte August im Berliner Brecht-Theater mit 150 Vertretern aus Wissenschaft, Kunst und Kultur des In- und Auslandes veranstalten.

Oskar Negt, der auch im Brecht-Theater dabei ist, kennt Schröder seit vielen Jahren und ist inzwischen einer seiner Mentoren. Der Jüngere ist dem Älteren Mitte der siebziger Jahre aufgefallen, als sich Schröder in der Rolle des Stamokap-Kritikers profilierte und es so bis an die Spitze der Jusos schaffte. Den Soziologen mit philosophischem Profil beeindruckt schon damals »die undogmatische Art« des jungen Anwalts und aufstrebenden Politikers, »selbst schwierige Probleme offen und klar auf den Punkt zu bringen«. Außerdem schätzt Negt dessen seltene »Fähigkeit zuzuhören«, die Schröder auch auf den Höhepunkten seiner Laufbahn nicht verlieren wird.[396]

Daraus entwickelt sich ein Dialog, den die beiden über das Ende ihrer aktiven Karrieren hinaus fortsetzen. Schon als Gerhard Schröder Mitte der achtziger Jahre erstmals um das Amt des niedersächsischen Ministerpräsidenten kämpft, gehört Oskar Negt zu jenem Kreis, der sich regelmäßig trifft, um aktuelle »soziale und ökologische Probleme« zu besprechen und den Herausforderer Ernst Albrechts »mit einer intellektuellen Argumentationsschicht zu umgeben«.[397] Der Hannoveraner Staatsrechtler Hans-Peter Schneider hat die Runde angeregt. Obgleich man sich – reihum und beginnend bei den Schröders in Immensen – im privaten Umfeld trifft und Hiltrud Schröder auch einmal bei Negt studiert hat, ist es ein »reiner Männerkreis«: Wenn es zur Sache geht und man sich beispielsweise über Negts neues Buch *Lebendige Arbeit, enteignete Zeit* unterhält, ziehen sich die Frauen der Gastgeber diskret zurück. Nach Schröders Amtsantritt in der Staatskanzlei stoßen Vertreter aus dem Umfeld der Regierung hinzu, während einige der ursprünglichen Teilnehmer dem Kreis gerade deshalb den Rücken kehren. Entsprechend verändert sich der Charakter der Gespräche, die jetzt stark »anwendungsbezogen« sind. Als sich schließlich ein Fernsehteam ansagt, ist klar, dass der Geist vor der Macht kapituliert hat.[398]

Am längst vertrauensvollen Verhältnis Oskar Negts zu Gerhard Schröder ändert das nichts, zumal der Wissenschaftler von der frappierenden »Kontinuität« in den sozialpolitischen Vorstellungen des Politikers angetan ist und ihm auch künftig beratend zur Seite steht. Und da er nun einmal den guten Draht zu ihm hat, hofft Negt, als Schröder tatsächlich im Kanzleramt angekommen ist, »daß die Intellektuellen, die Künstler, Wissenschaftler, also alle jene, die auch ein bißchen zum Klimawechsel beigetragen haben, in ihrer Funktion der öffentlichen Kritiker anerkannt bleiben und von Dir und Deiner Mannschaft gestützt und gefördert werden«.[399]

Die institutionellen Voraussetzungen sind jedenfalls inzwischen geschaffen. Angestoßen wurde die Einrichtung eines »Bundesbevollmächtigten für kulturelle Angelegenheiten« durch den Feuilleton-Chef der *Süddeutschen Zeitung* Johannes Willms.[400] »Maler, Schriftsteller, Theater- und Filmleute«, kündigt Schröder Anfang Juni 1998 an, »wünschen sich einen eigenen Ansprechpartner in der Bundesregierung. Natürlich können wir kein Bundeskultusministerium machen, da würden wir uns unnötigen Ärger mit den Ländern einhandeln. Aber ich möchte da jemanden haben, der den Kulturleuten zur Verfügung steht. Daran arbeiten wir noch.«[401] »Wir« – das ist eine von Schröder Jahre später einmal so genannte »Kulturministerfindungskommission« (KMFK), die im Sommer 1998, von der Öffentlichkeit nicht wahrgenommen, wiederholt im Landhaus Manfred Bissingers an der Elbe tagt. Dabei sind neben Schröder und Bissinger – dem »verlässlichen und aufrichtigen Freund«, der »sprichwörtlich treuen Seele«, dem »Mann des Wortes und der Schrift« – Pressesprecher Uwe-Karsten Heye, die Schriftsteller Günter Grass und Erich Loest, die Musiker Dieter Gorny und Marius Müller-Westernhagen, der Theatermann Jürgen Flimm und nicht zuletzt Oskar Negt.[402] Tatsächlich greift Schröder den hier gesponnenen Faden nach der Wahl wieder auf und richtet das Amt eines Beauftragten der Bundesregierung für Kultur und Medien ein, der als Staatsminister beim Bundeskanzler Leiter einer Bundesbehörde ist. Auch diese Neuerung hat die nach ihm benannte Ära überstanden.

Schon seit Mitte Juli steht der erste Kandidat für diesen Posten fest. Er war nicht der Kandidat der an der Elbe Versammelten. Wäre es nach Oskar Negt und anderen gegangen, hätte sich Gerhard Schröder für den Juristen und Grafiker Klaus Staeck entschieden. Aber der künftige Kanzler sucht nach einem Maître de Plaisir für seinen Amtssitz[403] und findet ihn in Michael Naumann: Der sechsundfünfzigjährige Journalist und Verlagslektor soll sich um die Kultur kümmern. Offensichtlich steigt dem, kaum dass er designiert ist, der Erfolg zu Kopf. Da Naumann über kein Bundestagsmandat verfügt und daher nicht zum Staatsminister berufen werden kann, kommen die Strategen im Umfeld Schröders auf die Idee, das 1974 verabschiedete Gesetz über die Rechtsverhältnisse der Parlamentarischen Staatssekretäre so zu ändern, dass auch Seiteneinsteiger ohne Bundestagsmandat diese Funktion ausüben können. Diese Konstruktion ist als »Lex Naumann« in die Annalen eingegangen.

Obgleich sie also eigens für ihn ersonnen und nicht ohne Weiteres durchzusetzen ist, mag sich Naumann nicht mit dieser Lösung anfreunden und lässt den einstweilen noch als Ministerpräsidenten amtierenden Kanzler in spe Mitte Oktober wissen, dass seine »geplante Funktion im schlecht sitzenden Frack des ›Staatsministers‹ nicht sinnvoll auszuüben« sei. Erstens dauere ihm das alles zu lange, und zweitens werde die »Lex Naumann« sein Ansehen »innerhalb der Fraktion und in den Medien belasten«: »Diese Aufgabe kann ich nicht übernehmen – und werde es auch nicht.« Ein »Bundesminister ohne Portefeuille mit Sitz und Stimme im Kabinett« müsse es schon sein.[404] Aber dann bleibt es doch beim Staatsminister, und natürlich übernimmt der Umworbene die Aufgabe.

Die Entscheidung zur Einrichtung eines Staatsministers für Kultur und Medien ist ein kluger Schachzug. Einmal weil Schröder damit im Wahlkampf alle überrumpelt, auch die Regierung, die dem nichts entgegensetzen kann. Und dann hilft ihm der Vorstoß, »eigene Defizite … zu begleichen«. So sieht das zum Beispiel Hilmar Hoffmann, seit 1993 Präsident des Goethe-Instituts, der Schröder unter anderem aus der gemeinsamen Arbeit im Kulturforum Sozialdemokratie kennt.[405]

Schröder hat aus diesen Defiziten nie einen Hehl gemacht. Da, wo er herkommt, nimmt man das Verständnis für Kunst und Literatur ja nicht unbedingt mit der Muttermilch auf: »... nur sehr tastend«, sagt er im Februar 1998, »erschließe ich mir Bereiche wie Kunst, Musik, Kultur. Sehr mühsam kann ich mir zum Beispiel so etwas wie Muße vorstellen, weil ich es selten erlebt habe.«[406] Allerdings ist er überzeugt, »daß jemand, der die schöpferische Kraft und die kritischen Impulse, die in der Auseinandersetzung mit der bildenden Kunst, der Musik, dem Theater und der Literatur liegen, gering schätzt, keinen wirklich wichtigen Beitrag zur Gestaltung unserer Zukunft wird leisten können. Er wird auch nicht die nötige Sensibilität für Politik entwickeln.«[407]

Schröders »Annäherungen« an die Kultur erfolgen über die Musik und die Literatur, vor allem aber über »Bilder und Künstler«, wie er seine kleine Sammlung von Reden aus dem Jahr 1990 betitelt hat. Zu ihnen pflegt er mitunter freundschaftliche und ganz und gar unverkrampfte Beziehungen. Horst Janssen, Uwe Bremer und Karl Schaper sind frühe Beispiele, Markus Lüpertz, Jörg Immendorff, Georg Baselitz und andere mehr gesellen sich später hinzu.

Anders sieht es mit den Wissenschaftlern in einem engeren Sinne aus, die bezeichnenderweise, von Oskar Negt abgesehen, in besagter Findungskommission nicht vertreten sind. Eine natürliche Distanz und ein gespaltenes Verhältnis zu einem bestimmten Typ des Intellektuellen beziehungsweise des Feuilletonisten sind unübersehbar. Sosehr er das »orientierende, anwendungsbezogene Denken« respektiert, so wenig mag er es, belehrt zu werden.[408] Gelegentlich ist die Überlegenheit, die Schröder gegenüber dieser Spezies entwickelt und die auch schon einmal die Grenze zur Verachtung überschreiten kann, mit Händen zu greifen. Vor allem wenn es um sein großes Thema einer gerechten Gesellschaft geht. Da kann ihm keiner etwas vormachen. Andere mögen von oben und unten reden. Schröder weiß, wie es unten aussieht und was es bedeutet, oben angekommen zu sein.

Die Kehrseite dieses Selbstbewusstseins ist eine gewisse distanzierte Scheu und Unsicherheit, die Gerhard Schröder nie ganz ablegt. Dass man sie ihm im Allgemeinen kaum anmerkt, ist bei einem Routinier seines Formats nicht überraschend, und da es vor allem in den Kanzlerjahren die Wissenschaftler und Literaten sind, die ihrerseits die Nähe zur Macht suchen, hat er ein zusehends unverkrampftes Verhältnis zu ihnen. Jedenfalls rechnet Negt es Schröder hoch an, dass dieser Anfang August 1999 zu seinem Fünfundsechzigsten – wie dann auch zu seinem Siebzigsten und dem Achtzigsten – erscheint und sich »so umkompliziert wie möglich in diesen Intellektuellenhaufen« einfindet.[409]

Welchen Anteil die öffentlich inszenierten Begegnungen des Kandidaten Gerhard Schröder mit Vertretern von Kultur und Wissenschaft für seinen Erfolg haben, weiß man nicht. Vermutlich ist er kaum messbar. Messbar sind hingegen die Stimmungen der Wähler. Hat es im Sommer 1998 so ausgesehen, als ginge der Durchmarsch ins Kanzleramt glatt über die Bühne, so ziehen sich im letzten Moment dichte Wolken über dem Siegerhimmel zusammen. Dieses Mal werden sie nicht von den eigenen Genossen verursacht, die in erstaunlicher Disziplin den Auftritt ihres Kandidaten verfolgen und unterstützen, auch dann, wenn sie unter anderem Anfang Juli kräftig schlucken müssen, als Schröder seine bekannte These wiederholt, ohne einen Atomkonsens könne der Ausstieg aus der Kernenergie bis zu 30 Jahre dauern.

Dass keine Querschläger aus Partei und Fraktion kommen, liegt nicht zuletzt an Oskar Lafontaine. Mit beachtlicher Konsequenz ordnet der Parteivorsitzende seine eigenen Ambitionen dem Erfolg des Rivalen unter und unterstützt ihn mit ganzer Kraft. Und auch der Dritte im vormaligen Bunde, Rudolf Scharping, »arbeitet seit der von Schröder und Lafontaine betriebenen Entmachtung als loyaler und effektiver, von den Medien kaum beachteter Fraktionschef, als wäre nichts gewesen«. Das beobachtet Evelyn Roll anderthalb Wochen vor der Wahl in einem dichten Porträt Schröders und fügt den wohl entscheidenden Grund für die geradezu gespenstische Ruhe in den Reihen der Genossen hinzu: Neben »seinem Talent zum Pop-Star und der großen Kanzlerdämmerung« hat der Kandidat seinen vier gescheiterten Vorgängern »vor allem eines voraus: Kein Gerhard Schröder aus Hannover kann ihm mit kleinen und großen Gemeinheiten in die Parade fahren.«[410]

Nein, es ist der Kanzler, der den Kandidaten bedrängt. Denn Helmut Kohl läuft noch einmal zu höchster Form auf. Eröffnet wird die letzte Runde am 3. September mit einem Rededuell vor dem Bundestag. Die Haushaltsdebatte sieht einen selbstbewussten Kanzlerkandidaten, der nicht bestreitet, dass der Amtsinhaber sich »Verdienste um die Herstellung der staatlichen Einheit« erworben hat, der aber dessen Wirtschafts- und Sozialpolitik Punkt für Punkt auseinandernimmt, eine »gewaltige Gerechtigkeitslücke« anprangert und damit die Koalition auf dem falschen Fuß erwischt. Und Schröder ist dabei witzig, schlagfertig und bemerkenswert selbstironisch. Um die Selbstsicherheit, die er an diesem Tag ausstrahlt, zu verstehen, muss man wissen, dass er Mitte Februar in einem *Spiegel*-Gespräch gesagt hat: »Ich bin ja kleiner, als ich wirke. Ich sage den Leuten immer, ich bin ein Sitzriese.«[411] Jetzt also steht er da vor diesem massigen Kanzler, der sitzend fast so groß wirkt wie der hinter dem Rednerpult stehende, ziemlich drahtige Kandidat, hält Kohl sein Kneifen vor dem Fernsehduell vor und sagt, ihm zugewandt, er –

Schröder – müsse »immer lesen«, er sei für ihn – Kohl – nicht zu greifen. »Greifen Sie doch einmal. Warum denn nicht, meine Damen und Herren?«[412]

Und Helmut Kohl greift. Auf seine Weise. Er greift an. Die »Kampfmaschine«, wie der *Spiegel* Kohl nicht ohne Respekt jetzt nennt, steht richtig unter Dampf. Und das scheint sich auszuzahlen. Auch wenn Bayern ein Ausnahmefall ist, die Ergebnisse der Wahl zum Landtag geben doch zu denken. Kann die CSU am 13. September ihr Ergebnis von knapp 53 Prozent sogar noch marginal verbessern, fallen die zum zweiten Mal von Renate Schmidt in den Wahlkampf geführten Sozialdemokraten mit einem Verlust von 1,3 Prozentpunkten sogar wieder hinter die vier Jahre zuvor gerade erreichte Dreißig-Prozent-Marke zurück. Gewiss, das ist kein Erdrutsch, aber 14 Tage vor der Bundestagswahl ist das Ergebnis doch ernst zu nehmen, zumal die Wahlplakate die Spitzenkandidatin mit dem Kanzlerkandidaten zeigen.

Der sozialdemokratische Patzer von München wird dann aber durch törichte Fehler mehr als wettgemacht, die sich einige Minister in Bonn auf den letzten Metern leisten. Wenn zum Beispiel die junge und unerfahrene Familienministerin herausposaunt und auf Nachfrage ausdrücklich bestätigt, die Regierung habe nach der Wahl eine Erhöhung der Mehrwertsteuer fest eingeplant, ist das für die Sozialdemokraten eine Steilvorlage. Die wiederum schieben ihrem Wahl- in letzter Minute ein Sofortprogramm nach, in dem sie eine Schließung besagter »Gerechtigkeitslücke« ankündigen, und zwar 100 Tage nach dem Wahlsieg. Das betrifft die allmähliche Absenkung des Rentenniveaus, die Neuregelung beim Schlechtwettergeld oder bei der Lohnfortzahlung im Krankheitsfall und anderes mehr.

Schließlich tut auch die Schröder wohlgesinnte Presse in der Endphase des Wahlkampfes ihr Bestes. Allen voran der *Spiegel*. Dass die Hamburger den amtierenden Kanzler unfair behandeln, kann man, aufs Ganze gesehen, nicht sagen. Weil Kohl aber viele Jahre zuvor einmal beschlossen und sich seither konsequent daran gehalten hat, nicht mehr mit dem Magazin zu kommunizieren, ist ihm jetzt die Möglichkeit verschlossen, dessen gewichtige Leserschaft direkt zu erreichen. Hingegen gibt der Herausforderer dem *Spiegel* alleine bis zur Wahl sechs Interviews, die von einer beispiellos dichten Berichterstattung über den Kandidaten beziehungsweise sein engeres und weiteres politisches Umfeld eingerahmt werden.

Für diese Linie zeichnet Stefan Aust verantwortlich. Der Vollblutjournalist mit intimer Kenntnis des »Baader-Meinhof-Komplexes«, Jahrgang 1946, hat nach frühen Stationen bei *konkret* und beim Norddeutschen Rundfunk von 1972 bis 1986 als Redakteur für das Fernsehmagazin *Panorama* gearbeitet. In dieser Zeit kreuzt sein Weg denjenigen Schröders. Aust nimmt den auf-

Das Duell: Helmut Kohl – hier in der Haushaltsdebatte am 3. September 1998 – ahnt, dass Gerhard Schröder ihn schlagen wird.

strebenden Politiker und Anwalt wahr, als sich dieser an die Spitze der Jusos manövriert. Das erste längere Fernsehinterview führen die beiden, als sich Gerhard Schröder wenig später erfolgreich für die vorzeitige Haftentlassung seines Mandanten Horst Mahler einsetzt. Je höher die beiden auf ihren jeweiligen Karriereleitern steigen, umso interessanter werden sie füreinander. Aust weiß früh, dass Schröder – »nett und angenehm, durchsetzungsfähig und mit einem enormen Kommunikationstalent versehen« – das Zeug zum Kanzler hat, weil er ihm zutraut, dass er »einen Wahlkampf durchstehen und gewinnen« kann. Und Schröder weiß natürlich, dass Aust seit Mai 1988 als Chefredakteur des *Spiegel TV Magazin* und vor allem seit Dezember 1994 als Chefredakteur des *Spiegel* eine mediale Macht verkörpert, an der kein Kanzlerkandidat vorbeikommt. Im Herbst 2005, als es um alles oder nichts geht, wird er nicht zuletzt am *Spiegel* und seinem Chefredakteur scheitern. Auf dem Weg zur Kanzlerkandidatur und zum Einzug ins Kanzleramt stehen Aust und sein Magazin jedenfalls auf seiner Seite.

Die Berichte über Schröder stammen zumeist aus der Feder von Jürgen Leinemann. Da der bei diesen Gelegenheiten wie kein anderer Eindrücke und Erfahrungen in seine Porträts einbauen kann, die er während der achtziger Jahre gesammelt hat, sind sie von einer hohen authentischen Dichte. Das gilt auch für jene Studie, die – im Zusammenhang mit einem der *Spiegel*-Gespräche – im letzten Heft vor der Wahl erscheint. Jetzt, da Schröder den Konkurrenzkampf mit Lafontaine zu seinen Gunsten entschieden hat, ist Leinemanns Porträt wieder kräftiger und konturierter: »Er lernt im Gespräch, und er führt im Gespräch. Er argumentiert und konspiriert, er wirbt und brüskiert. Wo immer Schröder spricht, vermittelt er den Eindruck, daß er keine Pflichtübung ableistet, sondern gern mit Menschen umgeht ... sobald sich die Rede dialogisch öffnet, wenn er – wie unlängst im Parlament – mit Witz, Aggressivität und im Alltagsjargon loslegen kann, gewinnt er ... Es ist Schröders Markenzeichen, daß er sich verbal an Autoritäten reibt, daß er anrennt gegen die Bastionen der Etablierten, ganz gleich, ob die im unionsgeführten Kanzleramt sitzen oder im Präsidium der Sozialdemokratischen Partei. Das breite Publikum honoriert das.«[413] So ist es.

Tausende von Medienvertretern sind am 27. September 1998 angereist, um den Endspurt des Kandidaten und die Ereignisse am Wahlabend zu verfolgen. Kein Wunder, wenn man bedenkt, dass der Mann, der jetzt als erster Kanzler der Bundesrepublik Deutschland abgewählt werden soll, weltweit zu den bekanntesten Deutschen zählt. 16 Jahre ist Helmut Kohl nun im Amt. Das erklärt, warum auch Gerhard Schröders Gesicht mehr oder weniger überall bekannt ist. Alleine sieben japanische Fernsehanstalten haben den Herausforderer des »Kanzlers der Einheit« auf den letzten Etappen begleitet. Sie sehen ein scheinbar nicht zu erschöpfendes Kraftpaket, das sich mit einer Mischung aus konzentrierter Entschlossenheit und tänzelnder Leichtigkeit auf den letzten Etappen eines langen Weges in Richtung Ziel bewegt. Aber wenn die Lichter der Kameraleute ausgestellt, die Mikrophone abgebaut und die Stifte weggelegt sind, kann, wer ihn kennt, in den grauen, konturlos zerfließenden Gesichtszügen des Kandidaten für einen Augenblick die ungeheure Anstrengung erkennen, die ihn dieser Kampf kostet. Es ist nicht der erste große seines Lebens, und es wird auch nicht der letzte sein. Aber wie in jedem dieser Kämpfe geht er an die Grenze dessen, was Körper, Geist und Seele zulassen.

Und dann ist es geschafft. »Am Abend des 27. September 1998 verwandelte sich Gerhard Schröder in ein triumphales körperliches Siegessignal. Beide Arme hochgerissen und V-förmig gen Himmel gereckt, Zeige- und Mittelfinger beider Hände zum Victory-Zeichen gespreizt, das Gesicht von einem fast kindlichen Lachen erleuchtet, stand der SPD-Kandidat ... am Ziel seiner Wünsche.«[414] 18 Jahre, nachdem er in den Bundestag eingezogen ist und beschlossen hat, von der Abgeordneten- auf die Regierungsbank zu wechseln, ist er dort so gut wie angekommen. Eine unglaubliche Geschichte. Nicht nur weil das immer nur einer schaffen kann, sondern auch wegen der 18 Jahre, die vor dem ersten Einzug in den Bundestag liegen. So lange nämlich ist es her, dass Gerhard Schröder 1962, zu diesem Zeitpunkt 18 Jahre alt, beschloss, seinem Leben eine Wendung zu geben, die Mittlere Reife nachzuholen und so das Milieu hinter sich zu lassen, in das er 1944 hineingeboren worden ist.

Die beiden Menschen, die das miterlebt haben und ihn folglich am längsten kennen, verfolgen das Ganze am Fernseher. Beide sind stolz. Gerhard Schröders Mutter Erika Vosseler ist fasziniert, weil ihr Junge schon wieder im Fernsehen ist (»Wie kommste da eigentlich immer rein? Kennste da einen?«). Dass es um das Amt eines Bundeskanzlers geht, ist dabei nicht von Bedeutung, weil sie sich »nicht bewusst ist, was dieses Amt vorstellt«. Aber dass ihr Sohn jetzt »nicht mehr so oft kommen wird«, ahnt die Mutter. Ihre Tochter Gunhild hat früh daran geglaubt, dass ihr Bruder das schaffen wird. Denn seit sie als Kinder zusammen aufwuchsen, wusste sie, dass dieser »Gerd kein Typ ist, der etwas anfängt, das er nicht zu Ende bringen kann«. Er »hat sich genau angeguckt, was er wollte, und wenn er es wollte, dann wollte er es ganz«.[415]

Jetzt hat Gerhard Schröder, was er wollte. Man sieht es, als er sich seinen jubelnden Anhängern und den in Bataillonsstärke vertretenen Berichterstattern aus aller Welt zeigt, die ersten telefonischen Glückwünsche des französischen und des amerikanischen Präsidenten, Jacques Chirac und Bill Clinton, entgegennimmt und damit zwangsläufig den Blick in die Zukunft richtet. Aber Gerhard Schröder weiß auch, dass es schwer werden wird. »Ich habe keine Sorge, der Arbeit nicht gewachsen zu sein«, sagt er am nächsten Tag. »Aber ich hoffe, auch den Erwartungen gerecht zu werden vor dem Hintergrund der Zuwendung und Unterstützung, die ich in diesem Wahlkampf erfahren habe ... Die größten Herausforderungen liegen in der Innenpolitik, weil es dort konkret um die Menschen und deren Erwartungen ... geht.«[416]

Tatsächlich bringt der Vierundfünfzigjährige alles mit, was man für eine ordentliche und erfolgreiche Amtsführung braucht. Vor allem ein ideales Wahlergebnis. Mit beinahe 41 Prozent der Stimmen legen die Sozialdemokraten verglichen mit der letzten Bundestagswahl nicht nur um 4,5 Prozentpunkte zu und holen damit ihr bestes Ergebnis bei Bundestagswahlen seit 1980, sondern die beiden potentiellen Koalitionspartner bauen auch entsprechend ab. Bei CDU/CSU sind die Verluste mit 6,3 Prozentpunkten so erheblich, dass sie deutlich unter die Vierzig-Prozent-Marke auf 35,1 Prozent der Stimmen gedrückt werden, und auch die Grünen verlieren 0,6 Prozentpunkte, bleiben aber mit 6,7 Prozent der Stimmen knapp vor der FDP, die ähnliche Verluste verzeichnet. Die Sitzverteilung im neuen Bundestag fällt noch eindeutiger zugunsten der SPD aus, weil die Partei dank der 13, vor allem in den neuen Bundesländern errungenen Überhangmandate auf 298 Sitze kommt, das sind gut 50 mehr, als die Unionsparteien holen können.

Auch sonst scheint alles zu stimmen, vor allem das persönliche Umfeld. So kann sich der neue Kanzler auf einen eingespielten Kreis enger Mitarbeiter verlassen, die mit ihm von Hannover nach Bonn und von dort weiter nach Berlin ziehen. Sie wurden schon vorgestellt. Zudem ist im privaten Bereich alles so weit geregelt, dass nach menschlichem Ermessen keine Turbulenzen zu erwarten sind, die auch einen wie Schröder für einige Zeit beeinträchtigen können. Die Trennung von seiner dritten Frau ist verarbeitet und rechtlich vollzogen. Und Doris Schröder-Köpf wächst rasch in die Rolle der Politikergattin hinein.

Schließlich bringt der kommende Kanzler beträchtliche Erfahrungen in sein neues Amt mit. Kampferprobt, wie er seit Juso-Tagen ist, traut er sich die Abwehrschlachten nach allen Seiten, die er realistischerweise erwarten muss, wohl zu. Auch an parlamentarischer Routine, seit 1980 gesammelt im Bundestag, im Landtag und im Bundesrat, mangelt es nicht. Und dann hat er eben fast achteinhalb Jahre als niedersächsischer Ministerpräsident amtiert und in dieser Funktion Energiekonsensgespräche geführt, für Arbeitsplätze gekämpft, um ein Bündnis für Arbeit geworben und vieles andere mehr getan. Und nicht zuletzt kennt er sich im Umgang mit den Medien aus. Wenn einer dieses Metier beherrscht, dann ist es Gerhard Schröder.

Alles richtig, alles wahr. Und doch helfen diese Erfahrungen im neuen Amt nur bedingt weiter. Denn das hier ist eine andere, eine größere Welt, schon weil die Außenpolitik mit ihren vielen Facetten eine Zeit und Energie beanspruchende neue Dimension ins tägliche Geschäft bringt. Und es ist eine Welt, die einsam macht. Nicht dass der Kanzler über einen Mangel an Kontakten und Terminen klagen könnte, im Gegenteil. Macht zieht Menschen an, auch solche, mit denen man eigentlich nichts zu tun haben will. Aber Kontakte und Termine sind eine Sache; das vertraute und entspannte, das beiläufige und tastende Gespräch ist eine andere. Als er schon einige Zeit im Amt ist, begegnet ihm am späten Abend Jürgen Leinemann, der später davon berichtet hat: »Er bat mich in sein Büro. Müde sah er aus, ganz und gar nicht mehr strahlend. Und er war sauer. ›Warum kommst du nicht mal? Keiner

Die Sieger: Gerhard Schröder und Doris Schröder-Köpf in der Wahlnacht.

meldet sich mehr. Früher habt ihr wegen jedem Scheiß angeklopft.‹ – ›Ja‹, sagte ich, ›früher warst du auch nicht Kanzler. Beim Kanzler kann man nicht einfach mal so vorbeikommen.‹ Schröder winkte ab. Im Grunde wusste er es selbst.«[417]

Kaum sind die Sektgläser geleert und Fahnen eingerollt, geht es zur Sache. Am folgenden Tag gibt Gerhard Schröder dem *Spiegel* ein Interview, und dem kann am Dienstag nach der Wahl jeder, auch der hoch gehandelte Koalitionspartner entnehmen, dass es für den vom Volk designierten Kanzler nach wie vor zwei Möglichkeiten gibt: »Rot-Grün ohne PDS oder Große Koalition. Das bleiben die beiden Optionen. Der Rest wird in den Verhandlungen zu erörtern sein.«[418] Schröder bleibt also bei seinen vor der Wahl getroffenen Festlegungen, und zwar in jeder Hinsicht. Im Falle der PDS, die leicht zugelegt, es auf 5,1 Prozent der Stimmen gebracht und damit die Fünf-Prozent-Hürde genommen hat, ist das problem- und folgenlos zu machen, weil es so oder so für eine Mehrheit ohne diese vor allem in den neuen Bundesländern stark vertretene Partei reicht. Das ist eine Erleichterung, denn ein »Machtwechsel mit Hilfe der PDS«, hatte Schröder im Sommer festgestellt, »wäre ein Geburtsfehler, den ich nie loswürde«.[419]

Bleibt die Frage: Rot-Grün oder Große Koalition? Für ein Bündnis der beiden Volksparteien selbstverständlich unter seiner Führung, das Schröder in den vergangenen Jahren immer wieder ins Gespräch gebracht hat, gibt es gute Argumente. Vor allem verfügt der potentielle Juniorpartner CDU/CSU – anders als die eigene Partei, von den Grünen gar nicht zu reden – über eine satte Regierungserfahrung auf Bundesebene. Wie nützlich diese Routine für eine neu in die Regierungsverantwortung tretende Partei sein kann, zeigen die Regierungswechsel von 1969, 1982 und 2005. Ob die SPD 1969 ohne die Große Koalition der voraufgegangenen drei Jahre und CDU/CSU 1982 und 2005 ohne die regierungserprobten Partner FDP im ersten beziehungsweise SPD im zweiten Fall einen ziemlich reibungslosen Start hätten hinlegen können, ist doch sehr fraglich. So wie umgekehrt der schwere Start Schröders im Lichte dieser Erkenntnis kaum überrascht.

Auch deshalb hat er seit dem Frühjahr 1997 gebetsmühlenartig wiederholt, dass sich die SPD nicht »vor der Wahl festlegen«, vielmehr deutlich machen solle, dass »demokratische Parteien zueinander koalitionsfähig sind«.[420] Das sagt ihm der Pragmatismus: »Für den Fall, daß Rot-Grün schon rechnerisch nicht geht oder politisch nicht, wonach es allerdings nicht aussieht, dürfen wir die Option einer großen Koalition nicht verbauen. Man kann sie nicht als strategisches Ziel ausgeben. Aber man darf sie auch nicht als nationale Katastrophe an die Wand malen.«[421] Außerdem könne »man am 27. September schlecht sagen: Liebes Volk, das Wahlergebnis paßt uns nicht, wähl noch mal.«[422] Und dass Schröder nach der Landtagswahl in Sachsen-Anhalt vom 26. April 1998 den sozialdemokratischen Ministerpräsidenten Höppner bedrängt hat, fortan von einer Tolerierung durch die PDS abzusehen und eine Große Koalition mit der schwer gerupften CDU einzugehen, ließ sich sowohl als Absage an die PDS als eben auch als Angebot an die CDU verstehen.

Auch ist es nicht nur ein Versuchsballon gewesen, den Schröder Anfang August in einem Interview mit der *Zeit* losgelassen hat. Seine Bemerkung, dass Verteidigungsminister Volker Rühe, der seit 1992 auf der Hardthöhe eine allgemein respektierte Arbeit macht, »vielleicht zunächst offener« als zum Beispiel Schäuble »für die Gegenseite« und »zusammenarbeitstauglich« sei,[423] unterstrich, dass er diese Option nach wie vor im Blick hatte. Tatsächlich war ja bei den Christdemokraten der Unmut über die Art und Weise, wie Kohl mit der Frage seiner Nachfolge hantierte, nicht zu überhören. Und Rühes Warnungen an die eignen Strategen, den Wahlkampf nicht auf die Attacke gegen mögliche Bündnisse von SPD und PDS zu reduzieren, sondern positive eigene Zielsetzungen zu formulieren, war ja durchaus interpretationsfähig.[424]

Natürlich hatte Rühe postwendend dementiert und Schröders Versuchsballon als Manöver »zum Ablenken von der durch Schröder in Wirklichkeit angestrebten rot-grünen Koalition« qualifiziert.[425] Aber dass Schröder ihn schätzt, weiß er. Als 1999 ein Nachfolger für NATO-Generalsekretär Javier Solana gesucht wird, bietet der Bundeskanzler, nachdem Scharping abgelehnt hat, Rühe den Posten an, der ihn aber ablehnt, weil er sich zu diesem Zeitpunkt nicht unbegründete Hoffnungen auf einen Wahlsieg in Schleswig-Holstein macht; und als im Oktober 2005 feststeht, dass Gerhard Schröder das Kanzleramt verlassen wird, ist Rühe der einzige Oppositionspolitiker, den der scheidende Kanzler außerhalb seiner amtlichen Termine zum Gespräch empfängt.[426]

Jedenfalls lesen sich die Festlegungen, die Schröder in den Wochen vor der Wahl in einer Serie von Interviews zum Beispiel mit *Bild* oder *Super Illu* gibt, nicht wie eine Einladung an die Grünen: »Wenn Fischer & Co. am Kabinettstisch Platz nehmen wollen, dann ohne die Forderung etwa nach Austritt aus der NATO ... In einer von mir geführten Bundesregierung wird der radikalpazifistische Flügel der Grünen keine Rolle spielen können.«[427] Da ist kein Spielraum für Kompromisse – in der Außenpolitik nicht und in der Frage der inneren Sicherheit oder in entscheidenden wirtschaftspolitischen Fragen auch nicht. Die umstrittenen Großprojekte wie die Ostsee-Autobahn A 20 und – hier wieder einmal eine radikale Abkehr von früheren Festlegungen vornehmend – der Transrapid würden gebaut. Punkt. »Wer immer mit uns zusammenarbeiten will, muß wissen: Dies ist die Bedingung dafür, daß wir überhaupt in Koalitionsverhandlungen eintreten.«[428]

Nein, der alternativlose Wunschpartner Schröders sind die Grünen nicht. Nachdem die Partei bei den Wahlen in Sachsen-Anhalt fast 2 Prozent der Stimmen verloren hatte, aus dem Landtag geflogen und im Vergleich mit der vier Mal so starken rechten Deutschen Volksunion (DVU) regelrecht marginalisiert worden war, hatte Schröder Anfang Mai 1998 in einem Interview mit *Bild am Sonntag* erklärt: »In der Politik gibt es keine Traumpartner ... über das Abschneiden der Grünen vergieße ich keine Tränen.«[429] Er weiß eben, dass die Grünen ein schwieriger Koalitionspartner sein werden, und er weiß das deshalb so genau, weil er eine Legislaturperiode lang mit ihnen gemeinsam regiert hat, und zwar eine ganze.

Vor allem aber ist Schröder, und das sagt er natürlich öffentlich nicht, davon überzeugt, dass die Deutschen das zum »Aufbruch« stilisierte rot-grüne Experiment im Grunde gar nicht wollen. Zweieinhalb Monate nach der Wahl, als seine Regierung im Sperrfeuer der öffentlichen Kritik liegt, schreibt er an Oskar Negt: »Die Menschen in Deutschland verlangen nicht nach gewaltigen Zukunftsversprechen ..., sondern nach konkreten und pragmatischen Lösungen ... Insofern bedeutet das Wahlergebnis vom 27. September aus meiner Sicht tatsächlich keinen Bruch und auch keinen Aufbruch. Politisch war es eine Zäsur, denn erstmals ist eine Regierung abgewählt worden. Bezogen auf die ... kollektive Befindlichkeit ... bin ich mir allerdings sicher, daß die Menschen weder nach einem rot-grünen Aufbruch noch nach der neuen Republik verlangen.«[430] Geht es deutlicher?

Nein, ein »Projekt« war und ist Rot-Grün für Gerhard Schröder nicht. Anders als viele Sozialdemokraten und die meisten Grünen hat er die Koalition auch nie in diesem Sinne stilisiert. Er geht sie ein, weil sie – alles zusammengenommen – unter den gegebenen Umständen das einzig einsatzfähige Vehikel auf seinem Weg zur Kanzlerschaft ist: »Für mich war es nie eine Liebesheirat, sondern ... eine Zweckehe«, sagt Gerhard Schröder, als er nach dem Verlust der Kanzlerschaft in einem sich über Wochen erstreckenden Monolog sein Leben Revue passieren lässt.[431] Er hat ja eine begründete »Vorstellung von den Schwierigkeiten« sowohl »in der eigenen Partei« als auch bei den Grünen. Weil er aber unter allen Umständen Kanzler werden will, beugt sich Gerhard Schröder der Realität. Als er, Oskar Lafontaine und Rudolf Scharping für die SPD und Joschka Fischer, Jürgen Trittin und Gunda Röstel für die Grünen kurz vor Mitternacht zusammenkommen, bekräftigt er: »Wir machen das.«[432] Das bestätigen ausnahmslos alle Beteiligten.

Noch bevor die Koalitionsverhandlungen beginnen, begibt sich der designierte Kanzler auf seine ersten Auslandsreisen. Das wirft im Übrigen am Rande ein Problem auf, über das man in dieser Situation begreiflicherweise nicht nachdenkt: Wer zahlt sie? »Die niedersächsische Landesregierung kann diese Kosten nicht übernehmen, weil er nicht als Ministerpräsident gereist ist. Und die Bundesregierung kann diese Rechnungen deshalb nicht übernehmen, weil er noch nicht offiziell Bundeskanzler war«, schreibt Schröders Büroleiterin Anfang Juni 1999 an die Schatzmeisterin beim SPD-Parteivorstand,[433] der dann einspringt.

Mit den Zielen seiner ersten Reisen setzt Gerhard Schröder eine Tradition Helmut Kohls fort: Am 30. September 1998 ist er, begleitet und beraten von Brigitte Sauzay, zu Gesprächen mit Staatspräsident Jacques Chirac, Ministerpräsident Lionel Jospin und anderen Mitgliedern des französischen Kabinetts in Paris und signalisiert so seine Bereitschaft zur Kontinuität in den deutsch-französischen Beziehungen bei gleichzeitiger Modernisierung »dort, wo sich Staub angesammelt hat«.[434] Ein gemeinsamer Besuch mit Jospin im

Am Anfang schwierig: Der Bundeskanzler – hier am 30. September 1998 bei seinem Antrittsbesuch in Paris – und Frankreichs Staatspräsident Jacques Chirac suchen einen gemeinsamen Weg.

Museum des Bildhauers François-Auguste-René Rodin in Meudon soll das gleich belegen.

Eine Woche später geht's zur Antrittsvisite nach Washington. Dieses Mal nimmt Schröder Fischer mit, außerdem die außenpolitischen Experten von SPD und Grünen, Günter Verheugen und Ludger Volmer. Auf dem dichten Programm stehen Gespräche mit Präsident Bill Clinton, den Schröder wie schon Jospin zum dritten Mal in diesem Jahr trifft, aber auch mit dem Sicherheitsberater des Präsidenten, dem Schatzminister und dem Präsidenten der Weltbank. Der Empfang ist warm und freundlich, die Themen sind brisant: Wird sich Deutschland gegebenenfalls an einem Militärschlag gegen Jugoslawien beteiligen, falls dessen Präsident sich in der Kosovofrage nicht an die Resolutionen der Vereinten Nationen hält? Schröder sagt »Ja«, verweist aber darauf, dass die Entscheidung noch durch die amtierende Bundesregierung zu fällen und durch den alten Bundestag zu bestätigen sei, zerstreut so erneut die Sorgen vor der rot-grünen Regierung und hinterlässt in Amerika die besten Eindrücke.

Kaum dass die Regierung gebildet ist, wird der Gesprächsreigen am 2. November mit einem Besuch beim britischen Premier Tony Blair fortgesetzt, gefolgt von Unterredungen mit dem niederländischen Ministerpräsidenten Wim Kok oder auch mit Polens Ministerpräsidenten Jerzy Buzek. Konsultationen mit der russischen Führung, allen voran Präsident Boris Jelzin, schließen diesen Marathon Mitte des Monats erst einmal ab. So schön kann Politik sein, wenn einem der rote Teppich ausgerollt wird. Und das ist nun einmal in der Regel im Ausland der Fall. Kein Wunder, dass sämtliche Bundeskanzler spätestens an dem Punkt die Vorzüge der Außenpolitik entdeckt haben, an dem zu Hause die Schwierigkeiten begannen. Auch Schröder.

Kaum aus Paris und Washington zurück, holt ihn die Wirklichkeit der zu zimmernden Koalition schneller ein, als ihm lieb sein kann. Am 1. Oktober trifft Schröder die Partner der am folgenden Tag offiziell eröffneten Koalitionsverhandlungen zum Mittagessen in der Bonner Vertretung des Saarlandes. Mit von der Partie sind für seine Partei Oskar Lafontaine, Franz Müntefering und Rudolf Scharping. Für die Grünen Joschka Fischer, die Sprecherin der Bundestagsfraktion, Kerstin Müller, sowie die Sprecher des Bundesvorstandes der Partei, Gunda Röstel und Jürgen Trittin, der offizielle Wortführer der grünen Verhandlungskommission.[435]

Die entscheidenden Verhandlungsrunden finden zwischen 7. und 17. Oktober statt und werden bezeichnenderweise mit einer Sitzung zum Komplex »Finanzstatus, Bekämpfung der Arbeitslosigkeit, Bündnis für Arbeit« etc. eröffnet, es folgen Sitzungen zu »Gerechte Steuern, solide Finanzen, ökologische Steuerreform«, dann und an einem einzigen Tag »Umwelt, Energiepolitik, Innovation, Bildung, neue Technologien, Verkehr, Landwirtschaft«. Auch der Außen- und Sicherheitspolitik ist lediglich einer von sechs Tagen vorbehalten.[436] Die Verhandlungen könnten »mehrere Wochen« dauern, »besonders mit einem so selbstbewußten und schwierigen Verhandlungspartner«, hatte Schröder am Tag vor Verhandlungsbeginn vor der Presse in Paris erklärt.[437] Gemeint sind die Grünen, tatsächlich kommen aber in der nordrhein-westfälischen Landesvertretung in Bonn, wo die Koalitionsverhandlungen geführt werden, nicht die Vertreter von zwei, sondern von vier Parteien zusammen: Rote und grüne Linke neben grünen und roten Pragmatikern. Da sind alle möglichen Konstellationen denkbar. So erlebt das nicht nur Rudolf Scharping.[438]

Außerdem sitzen sich in den Koalitionsverhandlungen und aller Voraussicht nach auch am Kabinettstisch mit Gerhard Schröder, Oskar Lafontaine und Joschka Fischer drei Alphatiere gegenüber, die mit ähnlichem Machtinstinkt und gleichem Machtwillen ausgestattet sind, und das heißt: Einer von ihnen muss klarstellen, wer führt. Das kann nur der kommende Kanzler sein. Und er tut das auch – hinter den Kulissen und öffentlich, kompromisslos und keinen Zweifel zulassend. Diese Entscheidung gehört zu den richtigen und wichtigen, die der alte Juso-Kämpfer trifft. Im Falle Lafontaines in dem Augenblick, als die Wahllokale geschlossen sind, im Falle Fischers lange vor der Wahl, als sie die Konditionen einer möglichen Koalition testen.

Die Wucht und wohl auch die Wut, mit der Schröder und Fischer damals aufeinander losgegangen sind, haben nicht nur die beiden selbst, sondern auch diejenigen lange nicht vergessen, die dabei gewesen sind. Mitte Februar 1997 sind Schröder und Fischer mit zwei Reportern des *Stern* im Frankfurter Literaturhaus zu einem gemeinsamen Interview verabredet. Offenbar will der eine dem anderen zeigen, wer die Marschrichtung vorgibt, sollten sie im Herbst kommenden Jahres die Regierung in Bonn bilden. Schröder befindet sich gerade im Aufwind. Seit Scharping in Mannheim durch Lafontaine gestürzt worden ist, gilt der Niedersachse als aussichtsreicher, wenn auch noch lange nicht als einziger Kanzlerkandidat der Sozialdemokraten. Da er die Medien zuverlässig und gekonnt mit immer neuen Themen zu füttern weiß und seine Partei wie ein aufgeschreckter Hühnerhaufen reagiert, wenn er das tut, ist er in diesen Wochen und Monaten öffentlich präsent wie kaum ein Zweiter. Auch in Hannover hat Schröder freie Bahn, weil er zum einen politisch ohne Partner, also auch ohne die Grünen, agieren kann und weil zum Zweiten die Ehe- und Trennungskrise hinter ihm liegt. Das muss man in Rechnung stellen, wenn man seinen Auftritt mit Fischer verstehen will: Er saß da, hat sich dieser erinnert, »in der einen Hand ein Glas Weißwein, in der anderen eine dicke Havanna, in seinem Sessel und legte nach der ersten Frage auch sofort los, und zwar mit einem schweren rechten Aufwärtshaken, der mich völlig überraschte«.[439] Erst in dieser Situation, sagt Fischer in der Rückschau, habe er den unbändigen »Machtwillen« des Mannes wirklich erkannt.

Gewiss, es gab Hinweise. Zum Beispiel nach einem der öffentlichkeitswirksamen Auftritte des damaligen hessischen Umweltministers Fischer zulasten des sozialdemokratischen Ministerpräsidenten Hans Eichel: »Das machst du mit mir nicht«, hatte Schröder ihm danach erklärt. Aber was der Sozialdemokrat damit meinte, wurde dem Grünen erst im Februar 1997 klar: »Das hat mich dauerhaft geprägt.«[440] Von den *Stern*-Reportern gefragt, ob Rot-Grün mit einem Kanzler Schröder und einem Vizekanzler Fischer »Traumehe, Alptraum oder Traum« sei, antwortet Schröder: »In einer rot-grünen Konstellation muß klar sein: Der Größere ist Koch, der Kleine ist Kellner. Dies nicht zu akzeptieren ist eine typische Form grüner Überheblichkeit.«

Was dann folgt, darf in der Geschichte des politischen Interviews als beispiellos gelten. Wohl nie zuvor und auch nie danach hat man zwei Politiker gesehen, von denen man annimmt, dass sie die kommende Regierung stellen werden oder doch jedenfalls stellen wollen, die aber jetzt aufeinander losgehen, als seien sie die ärgsten Gegner. Einig sind sie sich nur darin, dass sie sich in keinem, aber auch wirklich keinem Punkt einig sind: »du redest mit den falschen Leuten«, sagt Schröder, »du anscheinend auch«, antwortet ihm Fischer, der sich gar nicht mehr einkriegt: »Mein Gott, ein Gespräch mit Herrn Henkel vom Arbeitgeberverband ist fortschrittsorientierter als eines mit dir«; »er läßt sich in der Sänfte tragen. Das ist deine dir angemessene Bewegungsform«; »Hochwohlgeboren scheint es nicht mehr gewohnt zu sein, daß es andere Meinungen gibt. Wenn Reformpolitik nicht neue Rahmenbedingungen setzt, dann macht ein Regierungswechsel für mich keinen Sinn.« Was die beiden Interviewer folgerichtig zu der Frage nach dem Kanzlerkandidaten der SPD führt, die Fischer so beantwortet: »Ich wäre ein Depp, wenn ich dazu auch nur ein Hüsteln äußern würde.« »Und ich auch«, ergänzt Schröder hüstelnd: »Da sind wir endlich mal wieder einer Meinung.«

Obgleich die übrigen Runden des Schlagabtauschs den Anfang in den Schatten stellen, hat sich doch kein Bild dauerhaft so festgesetzt wie das vom Koch und vom Kellner, auch wenn später niemand mehr genau zu sagen wusste, wann und wo es eigentlich entstanden ist. Aber das Bild ist nun einmal griffig, und es trifft die Konstellation eines politischen Bündnisses. Hinzu kommt, dass Schröder eine volle Legislaturperiode seine Erfahrungen mit einem grünen Partner gesammelt hat und natürlich auch Fischer kennt. Außerdem ist Schröder in der stärkeren Position, während Fischer nur die Option eines rot-grünen Bündnisses hat, kann sein Gegenüber gelassen zu Protokoll geben, er wolle nicht, »daß die SPD in eine Situation kommt, wo sie nur eine einzige Möglichkeit hat«.[441] Auch das sitzt.

Vor allem aber ist Fischer von der Koch-und-Kellner-Geschichte getroffen. So wie bestimmte Sequenzen von Boxkämpfen immer wieder gezeigt werden, wird er wieder und wieder mit diesem Zitat konfrontiert. Und da auch er kein Kind von Traurigkeit ist, schlägt er zu, als Schröder nicht damit rechnet: Mitte August 1997, also ein halbes Jahr später, vom *Spiegel* danach befragt, wie denn die Grünen Schröder, den »Epigonen« Helmut Schmidts, »zum Regierungschef wählen« können, antwortet der: »Wie Sie richtig sagen stilisiert er sich. Wenn die Mehrheit es morgen erfordert, daß er sich morgen zu Kaiser Wilhelm stilisiert, würde er sich einen wunderbaren Zwirbelbart zulegen. Und wenn es notwendig wäre, als bayerischer König Ludwig II. ins Kanzleramt zu kommen, würde er im Starnberger See schwimmen und einen Schwan küssen. Aber nach der Wahl würden wir dann mit ihm Punkt für Punkt abhaken, wohin die Reise geht: Besatzung, Route und Ziel, alles wird genau definiert sein. Dann erst findet eine Kanzlerwahl statt – und die ist nach unserer Verfassung geheim.«[442] Keine Frage, auch der Schlag sitzt: Ein Jahr vor der Wahl lässt der künftige Partner offen, ob er den prospektiven Kanzler im Bundestag überhaupt wählen wird.

Dass die beiden es schließlich schaffen, mehr als sieben Jahre Seite an Seite Politik zu machen und dass ihre Koalition schließlich nicht an ihnen, sondern an Schröders Partei, an Oskar Lafontaine und natürlich am Wähler scheitert, ist erstaunlich. Zumal ursprünglich Oskar Lafontaine dem kommenden Außenminister »persönlich und emotional ... sehr viel näher« stand als Gerhard Schröder: »Mit Oskar gab es so etwas wie eine persönliche Beziehung, ja Freundschaft, die über die Politik hinausreichte, mit Gerhard Schröder war damals Vergleichbares nicht vorhanden ... Und im Vorfeld von 1998 hätte ich mir viel mehr Oskar Lafontaine als Kanzlerkandidaten gewünscht ... Zu Gerhard Schröder war meine Beziehung weitaus distanzierter, inhaltlich gab es wesentlich weniger Gemeinsamkeiten.«[443] Bis Lafontaine im März 1999 die Flucht antritt, bleibt Fischer nach eigenem Bekunden »subjektiv ein Lafontaine-Mann«. »Objektiv« ist er seit der Wahlnacht ein »Schröder-Mann«, weil das die Loyalität gebietet, aber auch weil Fischer bald realisiert, dass die Kanzlerschaft den Saarländer »überfordert« hätte.[444]

So wird das Misstrauen zwischen Schröder und Fischer nie ganz aus dem Weg geräumt. Spätestens seit Fischer im Frühjahr 1993 gegen den von Schröder angestrebten Atomkompromiss mobilgemacht hat, ist dieser auf der Hut, und dass der Grüne mehr oder weniger offen mit Lafontaine sympathisiert, ist auch nicht gerade vertrauensbildend. Fischer wiederum weiß, dass Schröder eine alternative Koalitionsoption hat und bis zur Wahlnacht eine Große Koalition unter seiner Regie Rot-Grün vorgezogen hätte. Und er sieht natürlich auch, dass dessen dosierter Flirt mit der Großen Koalition nach der Wahlnacht das Ziel verfolgt, die Grünen von ihren hohen Erwartungen herunterzuholen und die Gespräche nicht schon vor Aufnahme der eigentlichen Verhandlungen an überzogenen Zielsetzungen scheitern zu lassen.

Gerhard Schröder und Joschka Fischer sind sich eben in vielem sehr ähnlich: Instinktgesteuerte Machtmenschen sind sie beide, und sie sind die typischen Aufsteiger. Allerdings mit einem markanten Unterschied: Während Fischer in den Straßen Frankfurts Polizisten mit Steinen traktierte, hat Schröder den steinigen Weg der schulischen, universitären und beruflichen Ausbildung eingeschlagen und mit Erfolg abgeschlossen. Schröder ist auch in formaler Hinsicht ein gebildeter Mann, Fischer nicht. Schröder hat einen bürgerlichen Beruf erlernt und praktiziert, Fischer nicht.

Fischer hat dieses Manko nie verwunden. Sein erwachsenes Leben seit den Frankfurter Tagen war auch ein einziger Versuch, dieses Handicap zu überspielen und in der Rolle des Intellektuellen zu glänzen. Schaut man auf die Reaktion des Publikums, ist ihm das in einem beachtlichen Maß auch gelungen. Sein beweglicher Verstand, seine schnelle Auffassungsgabe und sein rhetorisches Talent haben ihm gute Dienste geleistet. Und doch ist Fischer ein Dilettant geblieben – mit allem, was den Dilettanten ausmacht und auszeichnet, unter anderem der unbändige Wille, eben diesen Stand zu überwinden.

Joschka Fischer weiß, dass er nie die erste Geige spielen wird. Wegen seiner Biographie, vor allem aber wegen der politischen Gegebenheiten im Deutschland der Jahrtausendwende, die zu diesem Zeitpunkt keinen grünen Wahlsieger vorsehen, schon gar nicht auf Bundesebene. Fischer weiß auch, dass er selbst auf seinem Feld, der Außenpolitik, immer im Schatten des Kanzlers stehen wird. So sehen es die Verhältnisse in Deutschland seit den Tagen Otto von Bismarcks vor. Was bleibt, ist viel. Vor allem die Chance, auf dem internationalen Parkett zu glänzen. Fischer hat sie genutzt, hat seinen Ehrgeiz und seine Talente eingesetzt, in sieben Jahren eine respektable Leistung abgeliefert und so die Voraussetzung geschaffen, um nach dem Rückzug aus der großen Politik das große Geld zu machen.

Aber im Gespann mit Schröder ist er der Kellner geblieben. Dass es so kommen würde, wusste Schröder vor der Wahl, und Fischer wusste es natürlich auch. So gesehen ist die Formatierung des Duos in Koch und Kellner »die eigentliche Essenz des Koalitionsvertrages, den sie dann in Bonn aushandelten«.[445] Sie trägt, weil die beiden »nach teilweise schmerzhaften Erfahrungen in der Bundesregierung« ihre »typisch männliche Rivalität ... durch gegenseitigen Respekt und Akzeptanz des jeweils anderen« ablösen,[446] weil Schröder Fischers »Gespür für Politik und für Macht, Machterwerb und Machterhalt in der Politik« respektiert[447] – und weil sich Joschka Fischer bis zuletzt an die Spielregeln hält.

Oskar Lafontaine tut das nicht, weil er die Spielregeln nie akzeptiert hat beziehungsweise überzeugt ist, dass Schröder sie verletzt hat. Der ist gerade aus Washington zurück, als er hört, dass der Parteivorsitzende für den 12. Oktober eine Sondersitzung des Vorstandes anberaumt hat. Thema ist der Fraktionsvorsitz im Bundestag. Ultimativ konfrontiert Lafontaine den Kanzler in spe mit seiner Forderung, dass entweder Scharping von diesem oder er vom Parteivorsitz zurücktreten werde. Lafontaine hat über diese und andere Vorfälle unmittelbar nach seinem – dann doch noch um fünf Monate hinausgeschobenen Rücktritt – in einem autobiographisch gehaltenen Buch berichtet. Man muss es gelesen haben, um zu verstehen, warum das mit der Doppelspitze Schröder-Lafontaine nicht funktionieren konnte: Selbstverständlich geht der Parteivorsitzende davon aus, dass sich der kommende Kanzler an die am 26. Februar in Braunschweig »mit einem Schnaps besiegelte« Absprache hält, wonach »Personalentscheidungen ... künftig gemeinsam« zu treffen seien.[448] Und er geht davon aus, dass seine Stimme für den Fall den Ausschlag gibt, dass man sich im Vorfeld einer solchen Entscheidung nicht sogleich einig werden sollte. Das gilt selbst für den Chef des Bundeskanzleramtes, und es gilt für den Fraktionsvorsitz.

In diesem Fall ist es so, dass Lafontaine dem Fraktionsvorsitzenden Scharping unterstellt, sich nicht an die Absprache gehalten, sondern schon während des Bundestagswahlkampfes und erst recht danach öffentlich den Anspruch angemeldet zu haben, auch künftig die Fraktion zu führen. Das trifft zu. Und weil Scharping bei seinem Anspruch bleibt, sieht sich Lafontaine aus seiner Sicht »gezwungen«, zum »letzten Mittel zu greifen« und sich »ebenfalls« um das Amt des Fraktionsvorsitzenden zu »bewerben«.[449] Das hat er später so aufgeschrieben, in diesem Zusammenhang aber nicht vermerkt, dass Schröder es ihm schon vor der Wahl öffentlich freigestellt hatte, im Falle eines Sieges seinerseits die Führung der Fraktion zu übernehmen. Das bestreitet Lafontaine im Rückblick nicht, denkt auch gelegentlich darüber nach, ob er das Angebot nicht hätte annehmen sollen, sieht in dem Angebot sogar einen Beleg, dass Schröder jedenfalls zu diesem Zeitpunkt nicht so »perfide und hinterfotzig« war, wie mancher damals annahm. Nein, der Parteivorsitzende geht nicht deshalb in die Offensive, weil er tatsächlich den Fraktionsvorsitz, sondern weil er »Scharping verhindern« will.[450] Warum auch immer.

Der aber hat sich dank seiner geräuschlosen, effizienten und loyalen Arbeit bei den Abgeordneten einen ausgezeichneten Ruf erworben. Und so geht Lafontaines Schuss nach hinten los. Als klar wird, was der Parteivorsitzende plant, schließt die Fraktion die Reihen hinter ihrem Vorsitzenden. Der erinnert sich, nie zuvor eine derart eisige Situation erlebt zu haben: »Es war gespenstisch.« Und so kommt es, wie von Scharping erwartet. Weil Lafontaine weiß, dass er als Parteivorsitzender zurücktreten muss, sollte er bei der Wahl zum Fraktionsvorsitzenden scheitern, macht er einen Rückzieher. Und Rudolf Scharping sieht sich in dem Urteil bestätigt, das sehr viele über den bald Flüchtigen fällen: Oskar Lafontaine ist »ein feiger Mann«.[451]

Erst einmal aber hat der Parteivorsitzende 14 Tag nach der Wahl für eine existenzielle Krise der nicht einmal gebildeten rot-grünen Koalition gesorgt. Man muss lange suchen, um in der zu diesem Zeitpunkt fast fünfzigjährigen Geschichte der Republik etwas Vergleichbares zu finden. Sicher ging es nach der Bundestagswahl des Herbstes 1961 zur Sache, als der wieder benötigte liberale Koalitionspartner Kanzler Adenauer die Pistole auf die Brust setzte und ihm unter anderem die Zusage seiner vorzeitigen Abdankung abnötigte. Und auch die Art und Weise, wie der SPD-Fraktionsvorsitzende Herbert Wehner dem erschlafften Kanzler Willy Brandt nach der vorgezogenen Bundestagswahl vom September 1972 die Kabinettsliste unterjubelte, hatte es in sich. Aber dass ein Parteivorsitzender einen Kanzler der eigenen Partei ohne mit der Wimper zu zucken zu erpressen versucht, bevor der überhaupt im Amt angekommen ist, das hat es vorher und seither nicht gegeben. Und es lässt schlagartig deutlich werden, welche Risiken in der Trennung von Parteivorsitz und Kanzleramt schlummern können. Zumal bei den Sozialdemokraten. Schon Helmut Schmidt hatte damit einschlägige Erfahrung gemacht. Hinzu kommt in diesem Fall allerdings ein Faktor, den man in einer derartigen Ausprägung bislang und wohl auch danach nicht mehr beobachtet hat. Wohl weiß jeder, der in die Politik geht, wie beinhart dieses Geschäft ist und wie gnadenlos sich allen voran die eigenen Parteifreunde verhalten können. Aber dass einer, der sein nicht einmal mit letzter Entschlossenheit angestrebtes Ziel nicht erreicht hat, fortan alles daransetzt, den anderen, der es gewollt und geschafft hat, zu vernichten, ist ohne Beispiel.

Spätestens seit Schröder aus Washington zurück ist, ahnt er etwas von dieser dunklen Seite Lafontaines. Und so stellt sich in der Rückschau die Frage, ob er, den strahlenden Wahlsieg im Rücken und das Kanzleramt sicher im Blick, nicht diese Situation hätte nutzen, die unausweichliche totale Konfrontation suchen und Lafontaine an diesem 11. oder 12. Oktober den Stuhl vor die Tür setzen müssen. So wie Brandt den Fraktionsvorsitzenden Wehner hätte rausschmeißen müssen, als der sich – ausgerechnet in Moskau und gegenüber den Medien – Anfang Oktober 1973 abfällig über ihn äußerte. Hätte, könnte, sollte. Natürlich gilt auch hier, dass der rückschauende Betrachter stets klüger ist als der unter Handlungsdruck stehende Zeitgenosse. Ob Schröder tatsächlich vorhersehen konnte, ob, wann und wie Lafontaine zuschlagen würde, darf man bezweifeln.

Vor allem darf man nicht vergessen, dass Lafontaines Stellung in der Partei in diesen Oktobertagen völlig unangefochten zu sein scheint, wenn auch die Reaktion der Fraktion auf seinen Angriff gegen Scharping und damit Schröder zu denken geben könnte. Der entscheidet sich für eine doppelte Strategie. Zum einen gelingt es ihm, Scharping zum Einlenken zu bewegen, ihn von der Übernahme des Verteidigungsministeriums zu überzeugen und damit seinen ursprünglichen Plan in die Tat umzusetzen. Scharping willigt unter der Voraussetzung ein, dass der Wehretat insofern unangetastet bleibt, als eine bestimmte Grenze nicht unterschritten wird. Jedenfalls versteht er Schröder so – und verzichtet darauf, sich diese Garantie schriftlich geben zu lassen. Das ist ein Fehler.

Die Lösung hat für den Kanzler in spe mehrere Vorteile: Lafontaine ist fürs Erste kalmiert, mit Scharping ist die Hardthöhe gut besetzt, außerdem –

man weiß ja nie – ein potentieller Rivale in die Kabinettsdisziplin eingebunden, und mit Peter Struck findet die Fraktion eine ideale Lösung für den Vorsitzenden. Dieser hat es soeben geschafft, nach 18 Jahren endlich seinen Wahlkreis Celle/Uelzen direkt zu holen, aber vor allem bringt er aus seiner achtjährigen Tätigkeit als Parlamentarischer Geschäftsführer der Fraktion beste Voraussetzungen für eine erfolgreiche Amtsführung mit. Und schließlich ist der Fraktionsvorsitz auch ein angemessener Ersatz für den Posten des Kanzleramtschefs, den Lafontaine – nach seiner Lesart – Struck im Einverständnis mit Schröder angetragen hatte, nachdem Müntefering, Lafontaines erster Kandidat für diesen Posten, nach einem Krach mit Schröder nicht mehr wollte.[452] Da sich das früher einmal ziemlich getrübte Verhältnis zwischen Schröder und Struck inzwischen entspannt hat, sind die Voraussetzungen für eine ordentliche Zusammenarbeit zwischen Regierung und Fraktion nicht schlecht. Schröder vertraut darauf, dass Struck die wenig kontrollierbare Position des Fraktionsvorsitzenden nicht gegen ihn ausspielen wird, wie man das von Lafontaine, vielleicht auch von Scharping hätte erwarten können, die jetzt im Kabinett unter des Kanzlers Aufsicht stehen.

Die Absicherung gegenüber der Fraktion ist wichtig, weil Schröder die vergangenen knapp anderthalb Jahrzehnte in der Landespolitik verbracht und folglich keinen gewachsenen Rückhalt in der Bundestagsfraktion hat und weil er seit eh und je einen eigenwilligen Führungsstil pflegt. Entscheidungen werden einsam, Entschlüsse rasch gefasst. Die eigene Partei, vom Koalitionspartner gar nicht zu reden, wird in der Regel vor vollendete Tatsachen gestellt. In diesem riskanten Verständnis von Politik spiegeln sich sowohl biographische Konstanten als auch über Jahrzehnte mit Fraktionen, Parteitagen, Koalitionspartnern und welchen Gremien auch sonst noch gemachte Erfahrungen: Je länger die Diskussion, um so mehr zerredet das Ergebnis. Der Juso-Vorsitzende im Bund und der Partei- und Fraktionsvorsitzende, Ministerpräsident und Koalitionspartner in Niedersachsen hat mit diesem Stil reüssiert. Der Bundeskanzler und Bundesvorsitzende der SPD wird damit an seine Grenzen stoßen.

Dass Struck nun die Fraktion führen soll, passt allerdings Lafontaine nicht, weil der für diesen Posten seinen saarländischen Landsmann Ottmar Schreiner favorisiert hat, und das wiederum ist für Schröder Grund genug, auf der Hut zu sein. Schröder und Schreiner kennen sich, seit sie in Juso-Tagen auf verschiedenen Seiten gestanden haben und 1978 im Kampf um den Vorsitz mit bekanntem Ergebnis gegeneinander angetreten sind. Tatsächlich unternimmt Schreiner seinen Versuch dann aber nicht auf Geheiß Lafontaines, sondern »auf eigene Faust«, wie sein Freund Peter Struck später berichtet hat, und scheitert damit. Der Geschäftsführende Vorstand der Fraktion bleibt bei seinem einstimmigen Vorschlag, und Struck wird zum Vorsitzenden der »mit 298 Abgeordneten stärksten SPD-Bundestagsfraktion aller Zeiten« gewählt.[453] Somit droht dem Kanzler dort von Ottmar Schreiner keine unmittelbare Gefahr, aber dass Schreiner durch Lafontaine zum Nachfolger Franz Münteferings als Bundesgeschäftsführer der SPD gekürt wird, verheißt auch nichts Gutes.

Am 14. Oktober kommt es am Rande der Koalitionsverhandlungen, die Lafontaine als seine Domäne betrachtet, zum nächsten Showdown. Das ist die nach außen nicht erkennbare Seite der Schröderschen Strategie dieser Tage. Schröder zeigt Lafontaine, wo der Hammer hängt. Er wird deutlich: »Er sei der Kanzler, nicht Lafontaine, der solle sich nur keine falschen Vorstellungen machen.« Lafontaine gehen die Nerven durch, er bricht »vor Wut in Tränen aus«. Schröder steht auf, knallt die Tür und geht seiner Wege.[454] Lafontaine droht, nicht in das Kabinett einzutreten. Abends telefoniert dann Christa Müller, Lafontaines Ehefrau, mit Doris Schröder-Köpf, und die beiden bringen noch einmal so etwas wie eine Versöhnung zustande.

Lafontaine nimmt, wie er später schreibt, die Entschuldigung Schröders an und gibt seinerseits »das Vorhaben auf, die Bundespressekonferenz einzuberufen«, um mitzuteilen, dass er »dem Kabinett Schröder nicht angehören wolle«.[455] Der Kanzler weiß, dass Lafontaine es nicht dabei belassen wird, und schickt einen Tag vor seiner Wahl zum Kanzler noch einmal eine unzweideutige Warnung an den Konkurrenten. Vom *Spiegel* befragt, ob es nicht eine »Nummer eins« in der Regierung geben müsse, antwortet Schröder: »Ich könnte keinem raten, das in Frage zu stellen. In der Bundesregierung ist die Reihenfolge, also auch die Nummer eins, von den Wählerinnen und Wählern entschieden worden. In der Partei ist es Oskar Lafontaine.«[456] Zu dem Zeitpunkt weiß Gerhard Schröder, dass die nächste Konfrontation nur eine Frage der Zeit ist. Wann sie stattfinden und wie sie ausgehen wird, weiß er nicht. Seit der Bundestagswahl sind gerade einmal vier Wochen ins Land gegangen.

Hintergrund und Anlass für Schröders Klarstellung im *Spiegel*-Interview ist neben dem Ärger um den Fraktionsvorsitz der sich abzeichnende erste Abgang eines designierten Ministers, bevor dieser überhaupt sein Amt angetreten hat: Am 19. Oktober hat es Jost Stollmann endgültig satt und wirft das Handtuch. Zwar sei er nach wie vor »fasziniert von der Modernisierungsidee des künftigen Kanzlers Gerhard Schröder und seiner Vorstellung der Neuen Mitte«, erklärt er wenige Tage später in einem Interview, aber was er bei der SPD beobachtet habe, stimme ihn »sorgenvoll«: »Zu sehen bekommen habe ich eine nach wie vor sehr geschlossene Welt, hierarchisch strukturiert, geführt von einem Parteivorsitzenden, der eindeutig auch den inhaltlichen Prozeß dominiert.«[457]

Sicher ist der Unternehmer denkbar ungeeignet für den Posten, fehlen ihm doch nicht nur jedes Verständnis für die Spielregeln der Politik und jede Erfahrung im politischen Nahkampf, sondern auch der Stallgeruch, der den Genossen so wichtig ist. Aber der offizielle Anlass seines Abgangs, erinnert sich Gerhard Schröder, lag doch »vor allem in dem Versuch Oskar Lafontaines, sich ein ›Schatzministerium‹ zu schneidern, was die Konsequenz hatte, dass dem Wirtschaftsministerium wichtige Kompetenzen entzogen wurden: Für den Jahreswirtschaftsbericht, Strukturpolitik und europäische Fragen sollte fortan das Finanzministerium zuständig sein ... Oskar war entschlossen, sich im Kabinett als eine Art Schatzkanzler britischer Provenienz zu etablieren – nach dem Motto: Es ist mir gleich, wer unter mir Bundeskanzler ist.«[458]

Für Stollmann wird ein Ersatz gefunden, der eigentlich kein Ersatz, sondern ursprünglich die erste Wahl gewesen ist. Gerhard Schröder hatte den Posten nämlich im Frühjahr zunächst Werner Müller, seinem langjährigen Ratgeber in Sachen Wirtschaft und Energie, angeboten, sich aber eine Abfuhr eingeholt, weil der Manager und Industrieberater die freie Wirtschaft für das lukrativere Geschäftsfeld hält. Nachdem Stollmann ausgestiegen ist und Hombach abgelehnt hat, weil er Chef des Kanzleramtes werden will, schafft Schröder vollendete Tatsachen. »Ich wollte ein Kästchen im Kanzleramt, auf dem stehen sollte: Berater Müller«, hat der später erzählt. »Schröder hatte mich nach Bonn bestellt, ohne mir zu sagen, worum es ging. Im Autoradio hörte ich dann, dass ich Wirtschaftsminister werde. Ich war wirklich sehr überrascht. Ich wollte in der Wirtschaft bleiben. Das wusste Schröder.«[459] Aber dann sagt Müller zu, weil er Schröder nicht im Regen stehen lassen will und sich wohl auch geschmeichelt fühlt. Bundesminister wird nun einmal nicht jeder.

Werner Müller ist der ideale Kandidat für den Posten des Ministers für Wirtschaft und Technologie. Erstens ist er der Mann der freien Wirtschaft, den Schröder dem Publikum versprochen hat, zweitens weiß er aus seiner Zeit bei der VEBA, wie der politische Apparat funktioniert, und drittens hat er mit dem Machtanspruch Oskar Lafontaines kein Problem, weil er unabhängig ist und sich nicht wie dieser ausschließlich über die Politik definiert. Müller kann jederzeit zurück in einen auskömmlichen Beruf, Lafontaine kann das nicht.

Der Saarländer geht tatsächlich als Minister eines großzügig dimensionierten Finanzministeriums ins Kabinett. Eine schwer nachvollziehbare Entscheidung, zumal man als Finanzminister »eine Aufgabe« hat, »bei der man eigentlich nur verlieren kann«, wie Lafontaine nach seiner Flucht festgestellt hat.[460] Einige Beobachter wie Egon Bahr sind sich sicher, dass Lafontaine den Fraktionsvorsitz im Falle eines knappen Wahlsieges übernommen hätte, dass er sich aber nach dem klaren Votum – nicht zuletzt der ostdeutschen Wähler – mit dem Einzug ins Finanzministerium seinen »Traum« erfüllt habe.[461] Andere wie Hans-Jochen Vogel haben nie nachvollziehen können, »dass ein Parteivorsitzender ins Kabinett« geht.[462] Natürlich ist Lafontaine geläufig, dass er als Fraktionsvorsitzender gerade auch gegenüber dem Kanzler in einer unabhängigeren und damit stärkeren Position ist als ein der Richtlinienkompetenz unterworfener Minister. Und es sieht so aus, als habe er während seines Aufstandes gegen Scharping einen Augenblick lang mit dem Gedanken gespielt, doch den Vorsitz der Fraktion zu übernehmen.

Warum also dann das Finanzministerium? Von nicht zu unterschätzender Bedeutung ist wohl die Ambition, die Rolle eines global agierenden, international gefragten und gehörten Akteurs mit starker heimischer Machtbasis zu übernehmen: »Ich verwies auf die Ministerien des amerikanischen Finanzministers Bob Rubin, des englischen Schatzkanzlers Gordon Brown und des französischen Finanzministers Dominique Strauss-Kahn.«[463] Fünf Staatssekretäre und nicht zuletzt die Eingliederung der von Ludwig Erhard eingerichteten Europaabteilung des Wirtschaftsministeriums in das neue Superministerium sollen die einzigartige Stellung des deutschen Finanzministers innerhalb und außerhalb der Landesgrenzen unterstreichen. Offenbar ist Oskar Lafontaine überzeugt, die Welt habe nur darauf gewartet, dass er endlich die Ideen in die Tat umsetzt, die er soeben mit Gattin Christa Müller unter dem Titel *Keine Angst vor der Globalisierung* als Buch unter die Leute gebracht hat.[464]

Als dann auch noch Bodo Hombach, der längst zum Lieblingsgegner des Saarländers avanciert ist, mit einem Buch zum Thema *Aufbruch. Die Politik der Neuen Mitte* den Anti-Lafontaine macht, treiben Zorn und Ehrgeiz den Saarländer weiter in Richtung Finanzministerium. Schon am 5. Oktober, also rechtzeitig zum Beginn der Koalitionsverhandlungen, kann jedermann in einem vom *Spiegel* verbreiteten Vorabdruck lesen, was Hombach beobachtet hat. Danach haben sich »die meisten längst« von »der Vorstellung schnell wirksamer und allein seligmachender keynesianischer Rezepte« – lies: von Oskars Ideen – »verabschiedet«: »Innovative Branchen und Existenzgründer brauchen eine ganz neue Art von Wirtschaftspolitik.« Das Stichwort ist der »aktivierende Staat«, und zur »Politik der Verteilung führt kein Weg zurück«.[465] Schröder weiß, was er in dieser Phase an seinem »Querdenker« hat.[466]

Weil Lafontaine das auch weiß, steht für ihn fest, dass er ins Kabinett gehen muss, schon um diesen Hombach und seine Leute an die Leine zu legen. Denn das ist das eigentliche Motiv des Oskar Lafontaine: Er will die Kontrolle über den Kanzler und sein Amt – und der will die Kontrolle über den schwer berechenbaren Parteivorsitzenden. So gesehen kommt Schröder die Entscheidung Lafontaines gerade recht. An der Spitze der Fraktion ist er unabhängig und uneingeschränkt handlungsfähig; im Kabinett ist er zwar, wie zu vermuten steht, eine Quelle immer neuer Querelen und Konflikte, aber eben doch in die kollektive Disziplin eingebunden. Unter dem Strich ist das allemal die bessere Lösung. Auch deshalb hat Schröder wenige Tage später das größte Interesse daran, dass Scharping dem Ultimatum Lafontaines nachgibt, auf den Fraktionsvorsitz verzichtet und so einen Zugriff Lafontaines auf diesen Posten verhindert.

Wie wenig Schröder seinem kommenden Finanzminister über den Weg traut, zeigt eine Personalie, die man durchaus als Affront verstehen kann. Es mag ja noch angehen, dass der Kanzler einen »Quereinsteiger ohne Parteibuch, ohne Hausmacht«[467] zum Leiter der einflussreichen Abteilung 4 seines Amtes beruft, die für die Wirtschafts- und Finanzpolitik zuständig ist. Aber dass er den neunundvierzigjährigen Ökonomieprofessor Klaus Gretschmann auch noch mit der Funktion des Persönlichen Beauftragten für die wirtschaftlichen Gipfeltreffen betraut, wirkt wie eine Ohrfeige. Selbstverständlich ist der Finanzminister davon ausgegangen, dass diese sogenannte Sherpa-Funktion von einem seiner Staatssekretäre, in diesem Fall von Heiner Flassbeck, wahrgenommen wird, so wie das über viele Jahre üblich war. Die Berufung Gretschmanns, eine Idee Hombachs, ist auch deshalb ein starkes Stück, weil Deutschland im aufziehenden ersten Halbjahr 1999 sowohl die Präsidentschaft in der EU als auch den Vorsitz beim Treffen der führenden sieben beziehungsweise acht Industrienationen innehat.

Damit ist der Dauerkonflikt programmiert, und er wird von Anfang an als Doppelkonflikt des Finanzministers mit Gerhard Schröder und mit Bodo Hombach aufgeführt, der seit Anfang Oktober als Chef des Kanzleramtes gesetzt ist. Im Falle des Kanzlers bleibt es bei der Feststellung der Richtlinienkompetenz, von der er natürlich keinen Millimeter abrückt, hinter den Kulissen nicht und öffentlich natürlich auch nicht. Befragt, wie er denn mit seinem »Schatzkanzler« umzugehen gedenke, antwortet Schröder vor der Bundespressekonferenz: »Bei dem Schatzkanzler ist das so eine Sache. Es fehlt der Schatz, und der Kanzler bin ich.«[468] Und was das Verhältnis Lafontaines zu Hombach angeht, so ist der zwischen Chaos und Lähmung oszillierende Zustand der Regierung Schröder im ersten halben Jahr auch diesem Kleinkrieg geschuldet. Dass er sich nur lösen lässt, wenn einer abtritt, ist bald allen klar; dass schließlich beide von Bord gehen, überrascht dann aber doch.

So kommt es, dass das erste rot-grüne Kabinett gleich zu Anfang mit zwei Namen aufwartet, die vor der Wahl niemand auf der Rechnung hatte, jedenfalls nicht für diese Posten: Werner Müller wird anstelle von Jost Stollmann im Wirtschaftsministerium Quartier nehmen, und Bodo Hombach soll das Kanzleramt leiten. Später wird man schwerlich einen Zeitzeugen finden, der sagt, er habe diese Entscheidung für richtig oder klug gehalten. Mit ihr überrascht Schröder natürlich auch diejenigen, die schon Frank-Walter Steinmeier auf diesem Posten gesehen hatten – nur diesen selbst angeblich nicht. »Ich bin oft gefragt worden«, hat er später einmal gesagt, »ob ich mich getäuscht gefühlt hätte, als Bodo Hombach Chef des Bundeskanzleramtes wurde. Das konnte ich nicht, weil es dazu keinerlei Verabredungen vor der Wahl gab.«[469] Begründete Hoffnungen gab es aber schon, hat Steinmeier doch die Niedersächsische Staatskanzlei in Hannover gleichermaßen geräuschlos und effizient gemanagt.

Dass Hombach den Zuschlag erhält, eröffnet der designierte Kanzler seinem überraschten Hannoveraner Amtschef während einer Autofahrt nach Bonn. Da laufen die Koalitionsverhandlungen schon, und Steinmeier hat seine Zelte an der Leine abgebrochen. Hombach solle für die Außendarstellung des Kanzleramtes zuständig sein, Steinmeier für dessen interne Organisation. So erläutert Schröder diesem seinen Plan.[470] Vermutlich wäre dem Kanzler mancher Ärger erspart geblieben, hätte er den loyalen Vertrauten nicht erst nach Hombachs Verabschiedung auf den Balkan auf den strategisch wichtigen Posten gesetzt. So kommt Steinmeier einstweilen als Staatssekretär und Beauftragter für die Geheimdienste zum Zuge.

Überhaupt wird der unmittelbare Verantwortungsbereich des Kanzlers in der Ära Schröder mächtig ausgebaut. Neben seinem eigenen Amt und dem von Uwe-Karsten Heye geleiteten Presse- und Informationsamt der Bundesregierung ist dem Kanzler nicht nur der »Beauftragte der Bundesregierung für Kultur und Medien« direkt zugeordnet, wie die zunächst von Michael Naumann geleitete Behörde schließlich heißt; der Staatsminister wird zudem durch die Eingliederung der vormals im Innenministerium angesiedelten Kulturabteilung von Anfang an vergleichsweise üppig ausgestattet.

Und dann ist da noch das neu geschaffene, von Rolf Schwanitz geleitete Amt »Aufbau Ost«. Die direkte Zuordnung zum Kanzleramt deutet auf die hohe Bedeutung hin, die Schröder diesem Thema zumisst. Und sie zeugt vom erheblichen Sinneswandel eines lernfähigen Mannes, der noch als Ministerpräsident den deutsch-deutschen Staatsvertrag über die Schaffung einer Währungs-, Wirtschafts- und Sozialunion abgelehnt hatte. Inzwischen weiß er längst, wie ausschlaggebend die Wahlergebnisse in den neuen Bundesländern sein können, und macht das Thema zur Chefsache: »Die Veränderungsleistung, die den Ostdeutschen nach der Vereinigung abverlangt wurde, war ohne Frage ungleich größer als die ihrer westdeutschen Landsleute«, sagt der Kanzler in seiner Regierungserklärung zum zehnten Jahrestag der Maueröffnung und lässt keinen Zweifel, dass seine von Kindesbeinen an geltende Generalmaxime auch auf jene anzuwenden ist: »Einheit heißt Gleichwertigkeit unterschiedlicher Lösungen und Wege, heißt auch Wettbewerb, heißt aber vor allen Dingen Chancengleichheit.«[471]

Diese drei Personalien – Heye, Schwanitz, Naumann – waren schon vor der Wahl bekannt. Aber auch sonst hält die Kabinettsliste im Vergleich mit dem von Schröder vor der Wahl präsentierten SPD-Kompetenzteam keine wirklichen Überraschungen bereit. Natürlich haben die Grünen ihre Leute in der Regierung untergebracht. Wegen des schlechten Abschneidens bei der Wahl können sie allerdings nicht die geforderten vier, sondern lediglich drei Ministerposten besetzen. Dass Joschka Fischer das Auswärtige Amt übernehmen und fortan auch als Stellvertreter des Bundeskanzlers firmieren würde, ist immer klar gewesen: Das war »keine Prestigefrage«, sondern es war wichtig »wegen der Frage der Augenhöhe« auf der »Steuerungsachse der rotgrünen Koalition«, wie Fischer später einmal erklärt hat.[472]

Auch die Übernahme des Umweltministeriums durch Jürgen Trittin, der dem ersten Kabinett Schröders in Niedersachsen angehörte und zu einer tragenden Säule der Koalition werden wird, überrascht nicht. Einer breiten Öffentlichkeit weniger bekannt ist die neue Gesundheitsministerin. Die achtunddreißigjährige Andrea Fischer, gelernte Offsetdruckerin und Volkswirtschaftlerin, hat 1985 über die Gruppe Internationale Marxisten, eine trotzkistische Fraktion, zu den Grünen gefunden, also eine Joschka Fischer und Jürgen Trittin vergleichbare politische Sozialisation hinter sich, sitzt seit 1994 im Bundestag und hat sich dort als sozialpolitische Sprecherin der Fraktion profiliert. Mit der Aufwertung, die das Gesundheitsministerium dank der Eingliederung der vormals beim Bundesminister des Innern angesiedelten Drogenpolitik erfährt, wird der fehlende vierte Ministersitz optisch kompensiert.

Bei den Sozialdemokraten kommen neben Oskar Lafontaine, Bodo Hombach und dem parteilosen Werner Müller sämtliche Kandidaten des Kompetenzteams zum Zuge, also Otto Schily als Innenminister und Herta Däubler-Gmelin als Justizministerin, Walter Riester als Arbeits- und Rudolf Scharping als Verteidigungsminister, Christine Bergmann und Edelgard Bulmahn als Ministerinnen für Familie, Senioren, Frauen und Jugend beziehungsweise Bildung und Forschung, und Franz Müntefering, der gesetzt, aber noch nicht zugeordnet gewesen ist, übernimmt die zusammengelegten Ministerien für Verkehr sowie für Bau- und Wohnungswesen. Neu auf der Liste und damit im Kabinett, aber alte Bekannte Schröders sind die Ministerin für wirtschaftliche Zusammenarbeit und Entwicklung, Heidemarie Wieczorek-Zeul, mittelbare Vorgängerin des Kanzlers als Juso-Vorsitzende, und der Minister für Ernährung, Landwirtschaft und Forsten, Karl-Heinz Funke, der diesen Posten schon in Schröders Hannoveraner Kabinetten ausgefüllt hat.

Wie in jeder Runde dieser Art gibt es schwache und starke Figuren. Zu den starken zählt, bis er die Flucht ergreift, zweifellos Lafontaine, weil er Vorsitzender der Kanzlerpartei und Finanzminister ist und in der einen wie der anderen Funktion die Handlungsfähigkeit des Regierungschefs beeinträchtigen, ihn im schlimmsten Fall sogar sabotieren kann. Zu den starken Kabinettsmitgliedern gehören auch die beiden Grünen Joschka Fischer und Jürgen Trittin. Scheitert die Zusammenarbeit zwischen Fischer und Schröder, scheitert Rot-Grün. Und Trittin bindet und bändigt die Linken beziehungsweise Fundamentalisten in seiner Partei. Außerdem weiß Schröder seit den Tagen ihrer rot-grünen Koalition in Hannover, dass auf den Mann im Zweifelsfall auch Verlass ist, wenn man gerade einmal wieder über Kreuz liegt.

Und dann ist da noch Otto Schily. Schon die Tatsache, dass der designierte Kanzler ihn ins Innenministerium schicken und der auch dahin gehen will, ist ein starkes Stück. Und es zeugt von einigem Mut. Wie wird wohl ein Mann, dessen Name sich mit der Verteidigung von Terroristen verbindet, der zu den Gründungsmitgliedern der Grünen zählte und der SPD angehört, in einem Ministerium empfangen, an dessen Spitze niemals, von einem zweiwöchigen Intermezzo am Ende der Ära Schmidt abgesehen, ein Sozialdemokrat gestanden hat, seit es vor fast 50 Jahren eingerichtet worden ist?

Für Gerhard Schröder ist Otto Schily von Anfang an eine der »überragenden Figuren« im Kabinett, und am Ende verbindet sie eine »zuverlässige Freundschaft«.[473] Der »persönliche Werdegang« Schilys, der »ein hohes Bildungsniveau hat, musiziert, viel von Musik versteht«, kurzum auf einen ganz und gar anderen Lebensweg zurückblickt als Schröder, hat den Kanzler »immer fasziniert«. Wohl wahr, Schily ist ein »unbequemer, gelegentlich auch schroffer Mensch, das hängt natürlich mit einem hochentwickelten Selbstbewusstsein zusammen. Aber damit muss man leben können, wenn man mit außergewöhnlichen Leuten arbeiten will. Ich habe immer damit leben können.«[474] Es war ein weiter, auf einigen Etappen auch gemeinsamer Weg, der die beiden aus den Reihen der Verteidiger und der Bundestagsabgeordneten auf die Regierungsbank geführt hat, auf der sie im Herbst 1998 Platz nehmen.

Der Macher

1998 – 2002

Der Start ist furios. Als Gerhard Schröder am 27. Oktober 1998 durch die Abgeordneten des Deutschen Bundestages zum siebten Kanzler der Bundesrepublik Deutschland gewählt wird, erhält er 351 der abgegebenen 666 Stimmen. Da ein Grüner entschuldigt ist, haben sieben Abgeordnete der Oppositionsparteien CDU/CSU, FDP oder PDS für ihn gestimmt, außerdem gibt es 27 Enthaltungen, und das bedeutet ungewöhnlich viele.[1] Dass die zusammen 34 Stimmen in etwa den 36 Abgeordneten entsprechen, mit denen die PDS im Parlament vertreten ist, mag ein Zufall sein. Vielleicht aber auch nicht. Erst Jahre später wird bekannt, dass tatsächlich sieben Abgeordnete der PDS für Gerhard Schröder gestimmt haben.[2] Vergleichbares hat es bei einer Kanzlerwahl bis dahin nicht gegeben.

Und auch in einer anderen Hinsicht erlebt dieser Tag eine Premiere: Gerhard Schröder ist der erste Kanzler, der bei der anschließenden Vereidigung auf die Formel »So wahr mir Gott helfe« verzichtet. So hält er es, seit er acht Jahre zuvor erstmals als Ministerpräsident vereidigt worden ist. Über Schröders Einstellung zu Religion und Kirche sagt das nichts aus. Davon ist schon berichtet worden. Jahre später, als er nicht mehr im politischen Geschäft tätig ist, beantwortet er die Nachfrage einer Schulklasse so: »Mit dem Verzicht auf den Zusatz ›So wahr mir Gott helfe‹ … wollte ich dokumentieren, was ich über das Schwören in der Bergpredigt gelernt habe: ›Eure Rede aber sei: Ja, ja oder nein, nein – Was darüber ist, das ist von Übel.‹ … Für mich gilt, dass ich meine eigenen Zweifel am Glauben nicht leugnen will. Aus vermeintlicher politischer Korrektheit so zu tun, als gäbe es diese Zweifel nicht, wäre für mich nicht in Frage gekommen.«[3]

Vereidigt wird der neue Kanzler durch den tags zuvor gewählten neuen Präsidenten des Deutschen Bundestages. Mit dem 1943 in Breslau geborenen, in Ost-Berlin sozialisierten Wolfgang Thierse, der über das Neue Forum zur SPD gekommen ist und in den neunziger Jahren nicht gerade zu den politischen Freunden Schröders zählte, besetzen die Sozialdemokraten jetzt auch dieses zweithöchste Amt im Staat. Wie Scharping im Falle des Fraktionsvorsitzes hat Thierse seinen Hut für das Parlamentspräsidium schon vorzeitig in den Ring geworfen und damit die Frauen der Fraktion brüskiert, die eine aus ihren Reihen als Nachfolgerin Rita Süssmuths sehen wollten. Nunmehr formieren sie sich für die im Mai 1999 anstehende Wahl des Bundespräsidenten, womit ein nächster Konflikt ins Haus stehen könnte. Es gibt nämlich bereits eine Zusage an Johannes Rau.[4]

Helmut Kohl ist nach der Wahl einer der Ersten aus den Reihen der Oppositionsparteien, der auf den neuen Kanzler zugeht und ihm gratuliert. Wie es sich gehört. Angespannt, enttäuscht oder gar verbittert wirkt er in diesem Augenblick nicht, eher erleichtert. So wie er schon in der Wahlnacht eine »gute Figur« gemacht hatte.[5] Auch die vier Wochen des Übergangs, in denen Kohl offiziell noch amtierte und zu entscheiden hatte, der Nachfolger aber das Land schon in Washington oder auf einem EU-Sondergipfel in Österreich vertrat, wurden von beiden geräuschlos und routiniert abgewickelt. Anlässlich des Tags der Deutschen Einheit, den man am 3. Oktober in Hannover feierlich beging, war es zu einer ersten Begegnung der beiden nach der Bundestagswahl gekommen. »Wir bemühen uns beide um normalen menschlichen Umgang«, notiert der Unterlegene in sein Tagebuch. Fünf Tage später hatten sie »die Modalitäten für die geplante Amtsübergabe« besprochen.[6] Am Abend der Kanzlerwahl übergibt der scheidende Kanzler dann seinem Nachfolger das Amt und sein Büro, und dieser begleitet seinen Vorgänger zum Fahrstuhl. Eine »noble Haltung« habe Kohl bei der Amtsübergabe an den Tag gelegt, wird Schröder in seiner ersten Regierungserklärung vor dem Bundestag feststellen.[7]

Für Gerhard Schröder ist die Übernahme des Amtes nicht nur ein Neubeginn, sondern sie ist auch ein Abschluss. Seit er sich vor nunmehr zwölf Jahren aus dem Bundestag verabschiedet und seine Zelte in Hannover aufgeschlagen hat, ist Niedersachsen seine politische Heimat gewesen. Schon 1983 wurde hier mit der Eroberung des Bezirksvorsitzes in Hannover, 1994 dann des Landesvorsitzes in Niedersachsen die Grundlage für seine Machtbasis in der Partei gelegt. Hier hat er 1986 beim Versuch, die Staatskanzlei zu erobern, die erste schwere politische Niederlage seines Lebens einstecken müssen; hier hat er von 1990 bis 1998 drei bravouröse Wahlsiege errungen und gut acht Jahre als Ministerpräsident amtiert; hier hat er die Spielregeln der modernen Industriewirtschaft kennengelernt; und hier hat er nicht zuletzt die Höhen und Tiefen der Ehe durchlebt.

Jetzt heißt es Abschied nehmen – von Freunden, Ämtern und Mandaten. Für und mit den Freunden gibt Götz von Fromberg ein »rauschendes Fest«.[8]

Der Rückzug aus den Aufsichtsräten der Volkswagen AG, der Norddeutschen Landesbank Girozentrale, der Betreibergesellschaft für die Weltausstellung Expo sowie der PreussenElektra folgt den Spielregeln. Der Abschied von der Landespolitik vollzieht sich in Etappen: Am 10. Oktober küren die Delegierten eines Sonderparteitages der niedersächsischen SPD Edelgard Bulmahn, die künftige Bundesbildungsministerin, zur Nachfolgerin Schröders im Amt des Landesvorsitzenden, und am 28. Oktober wählt der Niedersächsische Landtag auf einer Sondersitzung und in Anwesenheit des Bundeskanzlers den langjährigen Innenminister Gerhard Glogowski zum neuen Ministerpräsidenten. Schröder nimmt die Gelegenheit wahr, wirft einen Blick zurück auf seine Jahre an der Leine und spricht mit einem erkennbaren Schuss von Wehmut von einer zweifellos »ganz wichtigen Zeit« in seinem Leben.[9] Und damit sich auch die Zurückbleibenden daran erinnern können, lässt er sich von dem in Dresden und Ost-Berlin ausgebildeten Maler Max Uhlig 1998 »für die sogenannte Ahnengalerie der Niedersächsischen Landesregierung« porträtieren.[10]

Das Kanzleramt, das Gerhard Schröder jetzt bezieht, hat seinen Sitz nach wie vor am Rhein. Der Umzug nach Berlin ist zwar in der Planung, und der neue Amtssitz an der Spree ist im Bau, allerdings sind die Dinge noch nicht so weit gediehen, dass Regierung und Parlament in der neuen Hauptstadt Quartier nehmen können. Also muss der Kanzler, der es gar nicht erwarten kann, Bonn endlich den Rücken zu kehren, auch privat zunächst mit einem Provisorium vorliebnehmen. Ohnehin bleibt sein nichtberuflicher Lebensmittelpunkt Hannover. Ehefrau und Tochter ziehen vor allem deshalb nicht mit nach Bonn beziehungsweise Berlin, weil man dem Mädchen einen neuerlichen Schulwechsel ersparen will.

Die Wohnsituation Schröders am Rhein ähnelt kurzzeitig derjenigen der ersten frühen Bonner, also der Jahre 1980 bis 1986. Wie damals lebt er auch jetzt zunächst in einer Wohngemeinschaft. Weil er den von Ludwig Erhard 1964 bei Sep Ruf in Auftrag gegebenen Kanzlerbungalow nicht beziehen mag, können Helmut Kohl und seine Frau dort wohnen bleiben, bis sie im nächsten Jahr nach Berlin ziehen. Natürlich zahlen die beiden »weiterhin« ihre Miete, worauf Kohl Wert legt.[11] Der neue Kanzler nimmt derweil im Gästehaus des Auswärtigen Amtes auf dem Bonner Venusberg Quartier, bevor er Mitte November ins Palais Schaumburg weiterzieht, das den Kanzlern bis zum Neubau eines Kanzleramtes in der Ära Schmidt als Amtssitz diente. Dort werden einige Räume für ihn hergerichtet, in denen bislang das Petitionsreferat des Amtes untergebracht war.

Das Gästehaus am Kiefernweg 12 blickt auf eine bemerkenswerte Geschichte zurück. Hier wohnte unter anderem Willy Brandt mit seiner Frau

Rut und den beiden jüngsten Söhnen. Viele oft geschilderte, teils dramatische und entscheidende, teils bewegende oder auch amüsante Szenen haben sich hier abgespielt. Der Spion Günter Guillaume, der, ohne es ursprünglich zu wollen, den ersten sozialdemokratischen Bundeskanzler zu Fall brachte, ging einst ein und aus. Jetzt nächtigt hier »Deutschlands wahrscheinlich mächtigste WG«, wie sich Frank-Walter Steinmeier, einer der Mitbewohner, erinnert: Gerhard Schröder und Michael Naumann, Kanzler und Kulturstaatsminister, teilen sich das mittlere Geschoss, das aus zwei größeren Wohnungen besteht. Im hinteren Teil des Hauses logiert unter anderem Alfred Tacke, nunmehr Staatssekretär im Bundesministerium für Wirtschaft und Technologie, Sigrid Krampitz und Frank-Walter Steinmeier sind im Dachgeschoss untergebracht: »Wenn ich spätabends mit Sigrid Krampitz aus dem Kanzleramt nach Hause kam, war selten mehr da als die Tüte Chips und ein paar Dosen Bier von der nahen Esso-Tankstelle. Dann saßen wir um Mitternacht … in Willy Brandts blauer Polstergarnitur und versuchten fassungslos die Ereignisse des Tages nachzuvollziehen.«[12]

Krampitz und Steinmeier bilden, wie schon berichtet, den Mittelpunkt des Kreises enger Vertrauter, den der Kanzler aus der Hannoveraner Staatskanzlei mit nach Bonn nimmt. Dazu gehören Schröders alter und neuer Pressesprecher Uwe-Karsten Heye, die Staatssekretäre im Innen- beziehungsweise Wirtschaftsministerium, Brigitte Zypries und eben Alfred Tacke, außerdem, wenn auch im eigentlichen Sinne kein Niedersachsenimport, die Allzweckwaffe Bodo Hombach. Unentbehrlich ist vom ersten bis zum letzten Tag seiner Kanzlerschaft auch Marianne Duden. Sie hatte schon dem letzten sozialdemokratischen Kanzler als Chefsekretärin gedient und war nach dessen Auszug aus dem Amt bei Helmut Schmidt geblieben. Jetzt kehrt sie zurück und übernimmt die Schlüssel von jener Kollegin, der sie diese 16 Jahre zuvor übergeben hatte: Juliane Weber, die längst einen legendären Ruf genießt, folgt ihrem Chef Helmut Kohl in sein neues Leben. Auch die zweite Sekretärin ist ein Glücksgriff: Renate von Ahlften – diskret, zuverlässig, mehrsprachig – hat schon für Helmut Kohl gearbeitet, und Gerhard Schröders Nachfolgerin wird sie gleichfalls übernehmen.

Zu den Verstärkungen des inneren Kreises im Kanzleramt zählen mit Béla Anda und Thomas Steg zwei Angehörige der jüngeren Generation. Der fünfunddreißigjährige Anda, der Schröder seit 1993 für *Bild* eng begleitet hat, wird im Februar 1999 als Stellvertreter von Regierungssprecher Uwe-Karsten Heye für die Öffentlichkeitsarbeit des Kanzleramtes mit zuständig. Steg geht ins Kanzlerbüro. Der promovierte Sozialwissenschaftler des Jahrgangs 1960 hat in seiner Heimatstadt einige Jahre für die *Braunschweiger Zeitung* gearbeitet, bis er sich 1988 für den Beruf des Pressesprechers entschied. In dieser Funktion erst beim niedersächsischen DGB in Hannover tätig, führte ihn der Weg über das Sozialministerium in Hannover 1995 zur niedersächsischen SPD und damit in die unmittelbare Nähe Schröders. Der nimmt Thomas Steg mit ins Kanzleramt, wo er als Stellvertretender Leiter seines Büros für die »Verbindungen zu gesellschaftlichen Gruppen« zuständig ist und nicht zuletzt als Redenschreiber Wirkung entfaltet.

Dieser engere Kreis vertrauter Mitarbeiter wird, den wachsenden Anforderungen und den neuen Aufgaben entsprechend, konsequent erweitert. Das gilt insbesondere für jene Politikfelder, auf denen ein Ministerpräsident so gut wie keine eigenen, jedenfalls keine wirkungsmächtigen Aktivitäten entwickelt, allen voran die Außen- und Sicherheitspolitik.

Leiter der damaligen Abteilung 5 des Kanzleramtes wird der studierte Politologe, Soziologe und Volkswirtschaftler Ernst Uhrlau. Der Sozialdemokrat des Jahrgangs 1946 hat seine politische Karriere in der Inneren Verwaltung Hamburgs begonnen und es bis 1996 zum Polizeipräsidenten der Hansestadt gebracht. Im Kanzleramt ist er für den Bundesnachrichtendienst (BND), außerdem für die Koordinierung der Nachrichtendienste des Bundes, also des BND, des Militärischen Abschirmdienstes (MAD) und des Bundesamtes für Verfassungsschutz (BfV), zuständig. Im Dezember 2005 übernimmt er das Amt des Präsidenten des BND. Dass sich Uhrlau bis zum Ende der rot-grünen Koalition auf dem einen und bis zu seinem Eintritt in den Ruhestand auf dem anderen Posten halten kann, spricht für ein beachtliches Geschick und Stehvermögen.

Und dann ist da noch die Außenpolitik, eines der wichtigsten Betätigungsfelder der Bundeskanzler, zugleich ein Terrain, auf dem die kleineren und größeren Konflikte mit den Bundesministern des Auswärtigen programmiert sind. Das liegt zum einen an der Richtlinienkompetenz des Kanzlers und zum anderen am zunehmenden Bedeutungsverlust des Auswärtigen Amtes. Dieser wiederum hat seine Ursache in der Konstruktion des Amtes selbst, das schon bei seiner Einrichtung durch Otto von Bismarck, den ersten Kanzler des Deutschen Reiches, als dem Kanzleramt nach- und zugeordnete Behörde angelegt war.

Hinzu kommt die mehr oder weniger freiwillige Abgabe vormals zentraler Politikbereiche seit den sechziger Jahren: So wurde Ende 1961 die entwicklungspolitische Abteilung des Auswärtigen Amtes ausgegründet und in das Bundesministerium für wirtschaftliche Zusammenarbeit überführt, weil man

Kompetenter Rat: Günter Verheugen, Joschka Fischer belehrend, Anfang Oktober 1998 mit Uwe-Karsten Heye und dem designierten Bundeskanzler auf dem Weg nach Washington.

nach der Rückkehr der FDP in die Bundesregierung unter Kanzler Adenauer für den ambitionierten Walter Scheel ein solches benötigte. Im Falle der auswärtigen Kulturpolitik wurde der Abschied Ende Juni 1976 besiegelt, als sich das Auswärtige Amt durch einen Rahmenvertrag mit dem Goethe-Institut auf die Rolle des »Geldgebers« reduzieren ließ.[13] Mit der Einrichtung einer eigenen Europaabteilung im Kanzleramt, die Gerhard Schröder zu Beginn seiner zweiten Amtszeit im Herbst 2002 durchdrücken wird und von der zu berichten ist, geraten die Zuständigkeiten für die Europapolitik endgültig dorthin, wo diese ohnehin gemacht wird.

Denn das ist der unaufhaltsame Trend in der Außenpolitik der Bundesrepublik Deutschland seit ihren Anfängen: Je dichter die internationalen Beziehungen im Rahmen von Gipfeltreffen bilateralen oder multilateralen Formats geplant und gestaltet werden, umso mehr außen- und sicherheitspolitische Kompetenz zieht das Kanzleramt an sich – ein Trend, der sich auch in der Ära Schröder fortsetzt. Der Außenminister tritt dann und dort in Erscheinung, wenn und wo der Kanzler, aus welchen Gründen auch immer, nicht in Erscheinung treten kann, will oder muss. Dass Joschka Fischer diesen Job mit Bravour erledigt hat, stellen am Ende seiner Amtszeit selbst die Kritiker und Skeptiker nicht in Frage.

Da der Bundeskanzler sein Amt ohne nennenswerte außenpolitische Erfahrung antritt, ist er gerade anfänglich auf kompetenten Rat angewiesen. Der kommt zum einen von Günter Verheugen, der Schröder schon vor dem Einzug ins Kanzleramt zur Seite steht, auch auf den ersten Auslandsreisen begleitet und dann als Staatsminister ins Auswärtige Amt geht. Zum anderen ist natürlich der Sachverstand des Auswärtigen Amtes gefragt, dessen Angehörige sich ihrerseits gerne auf Spitzenpositionen im Zentrum der Macht begeben. So folgt auch Michael Steiner dem Ruf Gerhard Schröders und übernimmt die Leitung der Abteilung 2. Der im November 1949 in München geborene Jurist ist 1981 in den Auswärtigen Dienst eingetreten und in Zaire, den USA, der Tschechoslowakei, in Kroatien sowie in Bosnien-Herzegowina auf Posten gewesen, als ihn der Ruf des Kanzlers ereilt.

Der dem Außenminister in gegenseitiger Abneigung verbundene Diplomat begleitet den Kanzler gerade anfänglich auf seinen zahlreichen Auslandsreisen und führt ihn in die auswärtigen Angelegenheiten ein. Gleichermaßen durchsetzungswillig wie gelegentlich cholerisch, neigt Steiner zu Alleingängen und bringt »durch Vorenthaltung von Informationen« selbst eine ausgeglichene Natur wie Frank-Walter Steinmeier immer wieder einmal gegen sich auf:[14] »Ich will nur endlich einen Überblick«, fordert der Kanzleramtschef Mitte August 1999 den Abteilungsleiter ultimativ auf – unter dem Titel »Mißverständnis oder Mißachtung?« und unter Berufung auf nicht umgesetzte »Richtlinien und Verordnungen«.[15]

Dass Steiner den Bundeskanzler am 20. November 2001 brieflich bittet, ihn von seinen »vor drei Jahren verliehenen Funktionen zu entbinden«, geht dann auch auf eine seiner extravaganten Touren, in diesem Fall auf eine wenig freundliche Bemerkung zurück, die er bei einem nächtlichen Zwischenstopp auf dem Moskauer Flughafen über einen Unteroffizier aus der dortigen Botschaft hat fallen lassen. Als *Bild* die Geschichte hochfährt und am Ball bleibt, zieht Steiner die Konsequenzen und kommt damit seiner Entmachtung zuvor.[16] Nachfolger wird Dieter Kastrup. Der vormalige Staatssekretär im Auswärtigen Amt und jetzige Ständige Vertreter bei den Vereinten Nationen, der maßgeblich an den Zwei-plus-Vier-Verhandlungen beteiligt war, ist allerdings eine Übergangslösung, da er nach einem Jahr in den Ruhestand geht.

Zu diesem Zeitpunkt dominieren die Folgen der Terroranschläge und damit die Außen- und Sicherheitspolitik die Regierungsgeschäfte in einem Maße, wie man sich das im Herbst 1998 nicht hat vorstellen können. Die »Koalitionsvereinbarung«, die am 20. Oktober unter anderem von Gerhard Schröder und Oskar Lafontaine für die SPD sowie Joschka Fischer und Jürgen Trittin

Im Zentrum der Macht: Der Kanzler im Gespräch mit seinem außenpolitischen Berater Michael Steiner. Sigrid Krampitz und Frank-Walter Steinmeier verfolgen den Disput Anfang November 2001 im neuen Kanzleramt. Willy Brandt – von Rainer Fetting in Bronze gegossen und von Gerhard Schröder vors Fenster gestellt – ist stummer Zeuge.

unterzeichnet worden ist, trägt den Titel »Aufbruch und Erneuerung – Deutschlands Weg ins 21. Jahrhundert« und hat eindeutig innenpolitische Prioritäten: »Der Abbau der Arbeitslosigkeit ist das oberste Ziel«, das »Bündnis für Arbeit und Ausbildung« ist der Weg, der zu diesem Ziel führen soll.[17]

Ein ambitioniertes Vorhaben, an dem Gerhard Schröder gemessen werden wird, und ein riskantes dazu. Immerhin haben die Koalitionspartner mit dem Bündnis für Arbeit oder auch mit der Steuerreform Großprojekte auf die Agenda gesetzt, an denen sich die alte Regierung nicht zuletzt wegen der Blockadepolitik der SPD die Zähne ausgebissen hat. Und mit einem modernen Staatsbürgerrecht, einer »ökologischen Steuer- und Abgabenreform« oder auch mit dem »Ausstieg aus der Nutzung der Kernenergie«, die »innerhalb dieser Legislaturperiode umfassend und unumkehrbar gesetzlich geregelt« werden soll, stehen Vorhaben auf dem Programm, bei denen der Teufel im noch auszuhandelnden Detail steckt. Für andere Themen wie ein Tempolimit, eine grundlegende Kurskorrektur bei der Drogenpolitik oder auch eine deutliche Senkung des Spitzensteuersatzes gilt das nicht, weil Schröder und Lafontaine sich mit Erfolg gegen eine Aufnahme dieser grünen Forderungen in den Koalitionsvertrag gestemmt haben.

Und doch ist das Regierungsgeschäft und gerade die Reformpolitik von vornherein mit einer großen Hypothek belastet: Vieles von dem, was die rotgrünen Koalitionäre, kaum dass sie ihre Büros bezogen haben, auf den Weg bringen, ist »natürlich dem Wahlkampf geschuldet und nur bedingt richtig«. Sagt Gerhard Schröder, als er nach dem Ende seiner Kanzlerschaft auf sein Leben zurückblickt.[18] Das gilt für die von der Vorgängerregierung beschlossenen Änderungen beim Kündigungsschutz und bei der Lohnfortzahlung im Krankheitsfall, vor allem aber für die Rücknahme des demographischen Faktors in der Rentenversicherung. Joschka Fischer hat die Verankerung dieser Hypothek im Koalitionsvertrag darauf zurückgeführt, dass »Schröder und die Seinen« immer dann, wenn Lafontaine unter Berufung auf die Wahlversprechen der SPD mit seinen »linkskonservativen« Positionen ankam, »besonders intensiv in die Akten oder zum Fenster hinaus« geschaut hätten.[19] Dafür bleibt Schröder in zwei Punkten hart: Weder die Wiedereinführung der Vermögenssteuer noch eine Ausbildungsplatzabgabe finden sich im Koalitionsvertrag.

Vielleicht erklärt dieser parteiinterne Kompromiss, warum der Sonderparteitag der vom Wahlsieg euphorisierten Sozialdemokraten am 25. Oktober alles durchwinkt. Gerade einmal sechs Minuten braucht die Antragskommission für ihre Sitzung, und die Delegierten belassen es anschließend, wie von den Organisatoren vorgeschlagen, bei der Abstimmung über diesen einen Antrag. Wann hat man so etwas zuletzt gesehen? Das grüne Parteitagsritual erstreckt sich hingegen erwatungsgemäß am 23. und 24. Oktober über volle zwei Tage. Aber dann ist es auch dort geschafft, und am 10. November 1998 gibt Gerhard Schröder vor dem Deutschen Bundestag seine erste Regierungserklärung als Bundeskanzler ab.[20]

Erfahrungen mit Verlautbarungen dieser Art hat Gerhard Schröder, seit er mehr als acht Jahre zuvor, Ende Juni 1990, seine erste Regierungserklärung als niedersächsischer Ministerpräsident verlesen hat. Aber an diesem Tag ist vieles anders. Die nationale Bühne ist wesentlich größer als die eines Bundeslandes. Auch die Verantwortung, die das neue Amt mit sich bringt, wiegt schwerer als die des alten. Viel schwerer. Man spürt es, wenn man Schröder zuhört. Gewiss, der Kanzler beginnt mit einer selbstbewussten Fanfare: »Erstmals in der Geschichte der Bundesrepublik Deutschland haben die Wählerinnen und Wähler durch ihr unmittelbares Votum einen Regierungswechsel herbeigeführt. Sie haben Sozialdemokraten und Bündnis 90/Die Grünen« – und damit ihn, Gerhard Schröder – »beauftragt, Deutschland in das nächste Jahrtausend zu führen.« Nicht mehr, aber eben auch nicht weniger. Der Kanzler weiß, was das bedeutet: »Die Hoffnungen, die auf uns ruhen, sind fast übermächtig.« So heißt es an eher versteckter Stelle, aber so steht es, ungewöhnlich genug für eine Regierungserklärung, schwarz auf weiß in seinem Manuskript.

Da hilft es, sich in einer großen Tradition zu wissen: Willy Brandt und Helmut Schmidt, die beiden sozialdemokratischen Vorgänger in diesem Amt, standen vor »vergleichbar schwierigen« Herausforderungen. Wie diese beiden Kanzler will auch Gerhard Schröder »nicht alles anders, aber vieles besser machen« und vor allem »den Begriff der Reform wieder in sein Recht setzen«. Das hat er im Wahlkampf gesagt, und das wiederholt er jetzt. Aber selbst seine politischen Freunde glauben nicht, dass er damit, wenn auch erst in seiner zweiten, unvollendeten Amtszeit, in äußerster Konsequenz Ernst machen und damit eben dieses Amt riskieren würde. Und er selbst weiß noch nicht, dass es »ein Grundproblem bei Reformen« gibt: »Wenn sie durchgesetzt werden, tun sie weh. Bis sie wirken, dauert es Jahre. Und wenn Sie sich als Politiker zwischendrin einer Wahl stellen müssen, dann kann man dafür abgestraft werden. Das habe ich erlebt.« So sagt er es im Sommer 2012, zehn Jahre nach Vorstellung seiner Agenda 2010. Da »ist« er, auch für *Bild*, längst »der Kanzler der Reformen«.[21]

Im Übrigen umfasst das rot-grüne Reformprogramm sämtliche Bereiche des wirtschaftlichen und sozialen Lebens in der Bundesrepublik. Von der Steuerreform, die nicht zufällig den Anfang macht, über eine moderne Mittelstandspolitik, eine reformierte Altersvorsorge, den Einstieg in eine »zukunftsfähige Energieversorgung«, eine grundlegende Justizreform, eine Bildungs- und Qualifizierungsoffensive, ein Bündnis für Arbeit und Ausbildung, den eher am Rande erwähnten und nicht näher spezifizierten »Umbau des Sozialstaates«, die Fortsetzung des Aufbaus Ost bis hin zur Reform der Reform des Kündigungsschutzes und der Lohnfortzahlung, zum Umbau des Gesundheitswesens oder auch zur Etablierung eines »modernen« Staatsangehörigkeitsrechts ist buchstäblich alles dabei, was in Deutschland irgendwie reform- oder umbaufähig ist.

Ein anspruchsvolles Programm. Was der Kanzler in seiner ersten Regierungserklärung in Aussicht stellt, ist, auf den Punkt gebracht, nicht weniger als eine »Republik der Neuen Mitte«: »Diese ... grenzt niemanden aus. Sie steht für Solidarität und Innovation, für Unternehmungslust und Bürgersinn, für ökologische Verantwortung und eine politische Führung, die sich als modernes Chancenmanagement begreift.« Viele belächeln das, andere ignorieren es. Man kann das verstehen. Seit Bodo Hombach im Frühjahr 1997 das mediale Trommelfeuer eröffnet hat, sind die Deutschen mit dieser längst zur Phrase verkommenen Wendung eingedeckt worden, ohne dass ihnen deutlich geworden wäre, was es mit dieser Neuen Mitte auf sich hat.

Den meisten geht es jetzt nicht anders. Und so überhören sie den Zusammenhang, in den der Kanzler die Neue Mitte rückt. Nämlich dorthin, wo sie bereits Willy Brandt – von dem die Wendung, wenn auch nicht die Formulierung stammt – kurz vor dem großen Wahlsieg vom November 1972 verortet hatte: in Europa.[22] Für dessen vormaligen politischen Enkel und jetzigen Nachfolger im Amt des Bundeskanzlers ist die »ganz und gar unaggressive Vision« der neuen Rolle Deutschlands »mitten in Europa« schon deshalb unverzichtbar, weil er eine Koalition zweier visionsanfälliger Parteien durch die Unwägbarkeiten der tagespolitischen Wirklichkeit lenken muss. Jahre später, als er nicht mehr Kanzler ist, schreibt er einem Schüler einen »Spruch von Antoine de Saint-Exupéry« ins Poesie-Album, der ihm »ganz besonders gut« gefällt: »Wenn Du ein Schiff bauen willst, so trommle nicht Männer zusammen, um Holz zu beschaffen, sondern lehre die Männer die Sehnsucht nach dem endlosen weiten Meer.«[23]

Nicht zufällig bildet die Passage der Regierungserklärung über die Neue Mitte den Übergang zu ihren außen- und sicherheitspolitischen Partien, die sich wie ein Appendix zum Eigentlichen lesen. Fast hat man den Eindruck, als wolle Schröder von dem ablenken, was er in diesem Zusammenhang zum »Nationalbewußtsein« sagt: »Wir sind stolz auf dieses Land ... Was ich hier formuliere, ist das Selbstbewußtsein einer erwachsenen Nation, die sich niemandem über-, aber auch niemandem unterlegen fühlt.« Knapp vier Jahre werden ins Land gehen, bis der Kanzler im Zuge der Irakkrise dieses Thema offensiv aufgreift und klarstellt, dass sich Deutschland als »selbstbewusstes Land« nicht den Vormachtansprüchen der Vereinigten Staaten unterwerfen, sondern mit ihnen auf »gleicher Augenhöhe« verkehren werde. Viele glauben im Sommer 2002 ihren Ohren nicht zu trauen, aber sie haben eben schon im Herbst 1998 nicht richtig zugehört.

Einstweilen noch skeptisch vernimmt man des Kanzlers Bekenntnis zu den USA und zur Atlantischen Allianz. Es fällt unzweideutig aus. Denn Schröder weiß nur zu gut, dass etliche, »die heute in diesem Deutschen Bundestag sitzen, und auch manche, die jetzt Mitglieder der Regierung sind« – ihn selbst, was er nicht sagt, aber jeder weiß, eingeschlossen –, »nicht immer mit allem einverstanden« gewesen sind, »was unsere amerikanischen Partner … getan und vorgeschlagen haben«. Genauso eindeutig ist sein Bekenntnis zu Europa, insbesondere zu einer gemeinsamen Außen- und Sicherheitspolitik, zur weltweiten Abrüstung und Rüstungskontrolle und nicht zuletzt zur Rolle der Bundeswehr – »von der Eindämmung von Naturkatastrophen bis hin zu aktiver Demokratisierungshilfe« und der »Friedenssicherung vor Ort«, auch auf dem Balkan.

Mit dem Balkan ist ein Konflikt berührt, der die rot-grüne Regierung, wie noch zu berichten ist, gleich zu Beginn ihrer Amtszeit vor eine große Bewährungsprobe stellt und den Kanzler viel schneller, als ihm das lieb sein kann, mit den weltpolitischen Realitäten konfrontiert. Das kostet Energie, und es kostet Zeit, und die wiederum fehlen bei der Konzeption und der Umsetzung jener Reformpolitik, auf der erklärtermaßen das Schwergewicht rot-grüner Regierungsarbeit liegen soll. Das trägt einiges dazu bei, dass die Koalition schon wenige Wochen nach der Wahl den Eindruck hilflosen, wenn nicht dilettantischen Hantierens vermittelt: »Die wirkliche Wirklichkeit der Politik erreichte uns unmittelbarer als gedacht«, schreibt Franz Müntefering Jahre später, als Gerhard Schröder seinen Siebzigsten feiert.[24]

Die Regierung ist gerade erst im Amt, da legen die Fraktionen von SPD und Grünen am 9. November schon den ersten umfangreichen Entwurf »eines Steuerentlastungsgesetzes 1999/2000/2002« vor, das Wachstum und Beschäftigung verbessern, Arbeitnehmer und Familien entlasten, mehr Steuergerechtigkeit schaffen und das Steuerrecht erleichtern soll.[25] Tatsächlich tritt die erste Stufe, die Senkung des Eingangssteuersatzes um 2 auf 23,9 Prozent, gemeinsam mit einer Erhöhung des Kindergeldes schon zum 1. Januar 1999 in Kraft. In rascher Taktzahl folgen das Vorschaltgesetz zur Gesundheitsreform, das unter anderem eine Reihe von Maßnahmen der Vorgängerregierung in diesem Bereich rückgängig macht und Mitte Dezember Tausende von demonstrierenden Kassenärzten auf die Straße zieht, sowie die Gesetze zur Neuregelung der geringfügig Beschäftigten und zum Einstieg in die ökologische Steuerreform, die zum 1. April 1999 in Kraft treten.

Mit den Erträgen aus der sogenannten Ökosteuer sollen die Sozialsysteme unterstützt, die Senkung der Sozialbeiträge ermöglicht und insbesondere die anvisierte Verringerung des Rentenversicherungsbeitrages von 20,3 auf 19,5 Prozent finanziert werden. Im internationalen Vergleich ist diese Ökosteuer weniger revolutionär, als die vielfältigen Proteste in deutschen Landen vermuten lassen. Beginnend mit Finnland, haben inzwischen fast ein Dutzend europäische Staaten Umweltaspekte in ihre Steuersysteme eingeführt. Hierzulande sind die Grünen seit ihren Anfängen die treibende Kraft. Jetzt wird diese Forderung umgesetzt. Jedenfalls ansatzweise, denn die Widerstände auf Seiten der Sozialdemokraten sind seit den Koalitionsgesprächen beträchtlich. Auch der Kanzler selbst hat Bedenken, argumentiert mit seiner aufs Auto angewiesenen Schwiegermutter[26] und räumt seine Position nur zögernd und partiell.

Die erste Stufe sieht unter anderem eine Erhöhung der Mineralölsteuer auf Benzin um sechs Pfennige pro Liter sowie die Einführung einer Stromsteuer vor. Allerdings kann das produzierende Gewerbe mit einem ermäßigten Steuersatz rechnen, und gut zwei Dutzend energieintensive Betriebe hat man einstweilen sogar ganz von der Stromsteuer befreit, um ihre internationale Wettbewerbsfähigkeit nicht zu gefährden. Hier hat sich der Wirtschaftsminister – flankiert vom Bundeskanzler – gegen den Umweltminister durchgesetzt, womit der Kleinkrieg zwischen Müller und Trittin eröffnet ist.

Der Kompromiss ist gerade in trockenen Tüchern, da wird er auch schon wieder in Frage gestellt, weil bei der berechneten weiteren Entlastung der Rentenbeiträge eine Panne passiert ist und zudem die Genossen an Rhein und Ruhr wegen einer vermuteten Benachteiligung des heimischen Kohlebergbaus mobilmachen. Die Sache ist so brisant, dass Schröder und Fischer Ende November 1999 selbst in den Ring steigen, um den alten Kompromiss durch einen neuen, nicht weniger anfälligen zu ersetzen.

Von vornherein Chefsache ist die Einführung der Sozialversicherungspflicht für geringfügig Beschäftigte, welche an die Stelle der Lohnsteuerpauschale treten soll. Für den Kanzler zählt sie zu jenen Reformmaßnahmen, mit deren Hilfe er den Sozialstaat zukunftsfähig machen will. Wo das Dilemma dieser sogenannten 620-D-Mark-Jobs liegt, die in den neuen Bundesländern lediglich 520-D-Mark-Jobs sind, hat Schröder – vor der Wahl und dieses Mal das Beispiel seiner Mutter mobilisierend – so auf den Punkt gebracht: Auf der einen Seite werden immer mehr Vollerwerbsarbeitsplätze in solche Teilzeitjobs ohne soziale Sicherung umgewandelt. Das hat nichts mit der auch von ihm befürworteten Flexibilisierung der Arbeit zu tun und ist nicht akzeptabel. »Andererseits sind diese Beschäftigungsverhältnisse nötig. Ich weiß nicht, wie meine Mutter sich und uns Kinder hätte durchbringen sollen, wenn sie sich nicht als Putzfrau in solchen Jobs hätte verdingen können.«[27]

Mithin hat das geplante Gesetz zum Ziel, der Scheinselbstständigkeit zu Leibe zu rücken und dabei zugleich die Flucht aus der Sozialversicherung zu stoppen, ohne die sogenannten geringfügigen Beschäftigungsverhältnisse selbst in Frage zu stellen. Als der Kanzler das Reformvorhaben am 19. November persönlich im Bundestag vorstellt, hat er ein Déjà-vu-Erlebnis eigener Art. Wie bei seinen Auftritten in den frühen achtziger Jahren wird auch diese – jenseits der Regierungserklärung – erste Wortmeldung Gerhard Schröders von lautstarken Zwischenrufen der Opposition unterbrochen, und wie damals quittiert der Redner diese mit der Antwort: »Warten Sie doch erst einmal ab, ehe Sie weiter herumschreien!«

Aber vom Ton einmal abgesehen: Die Kritik der Opposition geht keineswegs ins Leere. Wohl ist die von den Koalitionären formulierte Zielsetzung, nämlich die »Erosion der Finanzierungsgrundlagen des Sozialstaates« zu stoppen, ohne die »Belastungen der Arbeitnehmerinnen und Arbeitnehmer« zu erhöhen, plausibel.[28] Doch weist die Umsetzung gravierende Mängel auf. Zwar müssen die Arbeitgeber fortan nicht mehr eine Pauschalsteuer, wohl aber insgesamt 22 Prozent Kranken- und Rentenversicherung zahlen, was unter dem Strich zu einer Verteuerung der Arbeitskosten und in der Folge zu einem signifikanten Abbau dieser Beschäftigungsverhältnisse führen dürfte.

Selbst wenn man der rot-grünen Regierung zugutehält, dass sich Stärken und Schwächen einer Reform immer erst im Zuge ihrer Umsetzung zeigen, sind die zum Teil haarsträubenden handwerklichen Fehler nicht zu übersehen. Sie sind nicht zuletzt eine Folge des hohen Tempos, das insbesondere die Sozialdemokraten vorlegen. Immerhin haben sie 16 lange Jahre auf diese Chance gewartet: »Wir haben uns … am Anfang zu viel vorgenommen und es zu schnell realisieren wollen«, sagt Schröder, nachdem die ersten 100 Tage hinter ihm und seiner Regierung liegen.[29] Dieser Ehrgeiz hat unter anderem zur Folge, dass sie das Gesetz vier Mal nachbessern müssen. Noch nimmt man das gelassen, noch ist die »Stimmung in der Koalitionsspitze locker und eher fröhlich«, wie sich Franz Müntefering zehn Jahre später in einem Schreiben an Schröder erinnert: »… wir waren tatendurstig und lässig, selbstsicher und zuversichtlich, überzeugt von unserer Fähigkeit, Gutes für unser Land daraus zu machen.«[30] Aber eben auch, überwältigt von der Höhe des Wahlsieges, »voller Illusionen« – und »nicht gut vorbereitet«, sagt Müntefering im Rückblick.[31]

Ganz offensichtlich unterschätzen Schröder und sein engster Hannoveraner Kreis die Komplexität des Geschäfts. Zwar herrscht im Kanzleramt auf den ersten Blick eingespielte Routine; schließlich hat man ja zunächst einmal nur das Büro gewechselt. Tatsächlich haben sie aber allesamt lediglich Erfahrung in der Landespolitik, und da geht es zwar gelegentlich hektisch, insgesamt aber doch beschaulicher zu als in der Schaltzentrale der drittgrößten Industrienation: Es gibt ja nicht den »Lehrberuf des Bundeskanzlers, den man sozusagen ergreifen kann, und wenn man im Amt ist, ist man gleichsam fertig«, resümiert Gerhard Schröder, nachdem er das Kanzleramt verlassen hat: »… gerade Regierungspolitik ist ein Prozess. Und ein Prozess auch, in dem man aus gemachten Erfahrungen, auch aus schlechten Erfahrungen, lernen muss.«[32]

Im Maschinenraum dieser Regierungspolitik produziert vor allem die faktische Doppelspitze erhebliche Reibungsverluste. Außenstehende wissen nie, wer nun eigentlich zuständig ist: der über den Dingen schwebende, zugleich die Themen und die Tonlage vorgebende Kanzleramtschef Hombach oder der das Tagesgeschäft unauffällig und – im Rahmen des unter solchen Umständen Möglichen – effizient koordinierende Staatssekretär Steinmeier: »Hombach führt die Ferngespräche, Steinmeier bleibt das Tagwerk im Ortsnetz«, schreibt der *Spiegel*.[33] »Es war eher Dschungelkampf«, sagt der für das Tagwerk Zuständige Jahre später.[34] Kein Wunder, dass Steinmeier selbst dann noch gelegentlich »mit leicht verklärtem Blick« auf die »überschaubaren politischen Verhältnisse« in Hannover zurückblickt,[35] als er im Kanzleramt auch die Ferngespräche führt.

Vor allem ein Defizit macht den Koalitionären anfänglich zu schaffen: Als sie im Herbst 1998 antreten, gibt es auf Bundesebene keine administrative Kontinuität, weder in der Partei des Kanzlers, die vor anderthalb Jahrzehnten die Regierungsbühne verlassen hat, noch gar beim grünen Koalitionspartner, der sie nie betreten und überhaupt erst seit 15 Jahren bundespolitische Erfahrungen gesammelt hat, und das mit Unterbrechungen. Außerdem haben sich die Koalitionäre das Leben ohne Not ziemlich schwer gemacht. So sind, wie bei Regierungswechseln üblich, zahlreiche Spitzenbeamte mit den nicht mehr richtigen Parteibüchern in den einstweiligen Ruhestand versetzt worden. Von den 136 Staatssekretären und Ministerialdirektoren muss immerhin rund die Hälfte gehen. Deren Erfahrung fehlt jetzt natürlich. Und das Riesenheer der

Disharmonien: Im ersten Kabinett Schröder – hier am 22. Oktober 1998 bei der Vereidigung im Bundestag – geht es anfänglich drunter und drüber. Sechs seiner Mitglieder werden dem Kanzler bis zum Ende der Legislaturperiode abhandenkommen. Von links nach rechts: Oskar Lafontaine, Joschka Fischer, Gerhard Schröder (erste Reihe); Werner Müller, Herta Däubler-Gmelin, Otto Schily, Bodo Hombach (zweite Reihe); Andrea Fischer, Christine Bergmann, Rudolf Scharping, Walter Riester, Karl-Heinz Funke (dritte Reihe); Heidemarie Wieczorek-Zeul, Edelgard Bulmahn, Jürgen Trittin, Franz Müntefering (vierte Reihe).

während der Kohl-Ära politisch sozialisierten, nunmehr zumeist frustrierten Mitarbeiter, der Apparat, ohne den keine Regierung auskommen kann, blockiert die Neuen.

Zu all diesen Anlaufschwierigkeiten kommt noch hinzu, dass Rot-Grün ursprünglich nicht die Wunschkoalition des Bundeskanzlers ist und folglich auch keine harmonische Veranstaltung: »Wir haben uns ja mehr mit uns auseinandersetzen müssen als mit der Opposition«, sagt er, nachdem es vorbei ist.[36] Kaum im Amt, laufen auch schon die ersten Kabinettsmitglieder aus dem Ruder. Allen voran Jürgen Trittin. Vereinbart war, dass der Umweltminister innerhalb der ersten 100 Tage eine Novelle des Atomgesetzes in den Bundestag einbringt, die der Förderung der Kernenergie ein Ende setzt. An einen Ausstieg ist vorerst nicht zu denken, weil der einen Konsens sowohl mit den Energieversorgungsunternehmen als auch mit jenen europäischen Nachbarländern voraussetzt, in denen zurzeit abgebrannte Brennelemente aus deutschen Meilern wiederaufbereitet werden. So sieht das jedenfalls Wirtschaftsminister Werner Müller, der folglich in einer Notiz für den Kanzler davor warnt, den Ausstieg per Gesetz erzwingen zu wollen. Das hätte »unübersehbare Folgen für den Standort Deutschland, würde ferner Unternehmerverbände und alle Gewerkschaften uni sono auf den Plan rufen« – von Regressforderungen der Versorgungsunternehmen oder auch Frankreichs und Englands gar nicht zu reden.[37]

Im Wirtschaftsministerium wie im Kanzleramt weiß man sehr wohl, dass die wiederaufbereitenden Länder »uns gegenüber ein ganz erhebliches *Druckpotential*« in der Hand haben:[38] Einstweilen gibt es nämlich keine Alternative zur Wiederaufbereitung in Frankreich, und Deutschland ist vertraglich zur Rücknahme der dabei entstehenden nuklearen Abfälle verpflichtet. Folglich kann es nur darum gehen, die Nachbarn um Geduld zu bitten, denn was in Deutschland los sein wird, wenn die nächsten sogenannten Castor-Transporte mit dem aufbereiteten strahlenden Müll anrollen, weiß kaum einer besser als der vormalige niedersächsische Ministerpräsident Gerhard Schröder.

Entsprechend irritiert reagiert er, als im Januar 1999 die »Eckpunkte« eines im Umweltministerium erstellten Papiers bekannt werden, wonach der Ausstieg aus der Kernenergie, außerdem ein Verbot der Wiederaufbereitung und anderes mehr bereits in der Novelle verbindlich festgeschrieben werden sollen. Jetzt eskaliert der seit Wochen schwelende Konflikt zwischen dem Umweltminister und dem Kanzler. Während der Mitte Dezember schon einmal mit führenden Vertretern der Atomindustrie spricht, dabei Müller, der ja aus dieser Branche kommt, hinzuzieht, Trittin hingegen nicht einmal informiert und am 24. Januar 1999 auch noch dessen Atomnovelle storniert, gibt der Umweltminister jetzt erst richtig Gas: Ohne den Bundeskanzler zuvor zu unterrichten, kündigt Trittin in London und Paris das Ende der atomaren Wiederaufbereitung an und löst in Bonn unter anderem kurzerhand die Reaktorsicherheits- und die Strahlenschutzkommission auf.

Was folgt, hat das staunende Publikum so noch nicht erlebt. Erst watscht der Kanzler seinen Umweltminister öffentlich ab und zwingt ihn unter anderem bei der Neubesetzung der beiden Kommissionen zur Abstimmung mit seinem Haus, dann vollzieht er einen doppelten Salto – und landet wieder am Ausgangspunkt. Denn kaum ist am 26. Januar 1999 das Konsensgespräch zwischen Schröder, Müller und Trittin auf der einen, Vertretern der Energiewirtschaft auf der anderen Seite aufgenommen und die überarbeitete Atomnovelle des Umweltministers durch den Kanzler öffentlich gewürdigt worden, tritt Schröder am nächsten Tag, inzwischen durch den BDI-Präsidenten eines anderen belehrt, auch schon wieder den Rückzug an.

Kenner der Szene, welche die beiden schon während ihrer vierjährigen niedersächsischen Liaison beobachtet haben, nehmen das gelassen: »Trittin und Schröder haben Erfahrung darin, Streit professionell ausufern zu lassen, um ihn dann wieder zu drosseln … Das Ergebnis war immer das gleiche: Schröder setzte sich durch, Trittin wahrte seinen Ruf als linker Kämpfer.«[39] Wohl wahr, nur ist das hier eine andere Nummer. Für beide. Es ist das einzige Mal, sagt Trittin in der Rückschau, dass Schröder ihm gegenüber sein Wort gebrochen hat.[40] Und für den steht nicht weniger als sein Ruf auf dem Spiel. Als Ministerpräsident ist er während der neunziger Jahre wiederholt mit seiner Idee der Atomkonsensgespräche gescheitert, vor allem an der eigenen Partei, aber auch an den Grünen, soweit die seinerzeit an den Gesprächen beteiligt gewesen sind. Als Kanzler will und muss er unter Beweis stellen, dass vernünftige Lösungen, so wie er sie versteht, verhandel- und durchsetzbar sind.

Wenn Schröder daher am 10. Februar 1999 öffentlich bemerkt, in der »Politik der Grünen brauchen wir mehr Fischer, weniger Trittin«,[41] und eine Woche später hinterherschickt: »Die Richtlinie bestimmt Gerhard Schröder, nicht Herr Trittin. Wer das nicht glauben will, muß es fühlen«,[42] dann ist das mehr als die Fortschreibung ihres »professionellen« Streits. Es ist auch eine Reaktion auf das verheerende Bild, das die Medien von den ersten 100 Tagen der rot-grünen Koalition gezeichnet haben. Dabei kennen die nicht einmal die amtliche Zurechtweisung des »sehr geehrten Herrn Ministers« durch den Bundeskanzler. Als Trittin Anfang Juni gegenüber seinen europäischen Ministerkollegen, dieses Mal in Sachen »Altautorichtlinie«, erneut eigenmächtig handelt, nimmt der Kanzler ihn sich schriftlich zur Brust und stellt klar, dass »in dieser zwischen den Ressorts hochumstrittenen Angelegenheit … sicherlich nicht allein vom Bundesumweltminister entschieden wird. Um weiteren außenpolitischen Schaden zu verhindern, erwarte ich, daß Sie umgehend Ihre europäischen Kollegen darüber unterrichten, daß ein Kabinettsbeschluß in dieser Angelegenheit noch aussteht. Im übrigen behalte ich mir eine Richtlinienentscheidung vor. Mit freundlichen Grüßen.«[43]

Kein Wunder, dass die Regierung in den ersten Wochen und Monaten einen jämmerlichen Eindruck macht. Man muss sich nur einmal die handschriftlichen Notizen des Bundeskanzlers zum Beispiel für die Haushaltsdebatte vom 24. Februar 1999 ansehen. Eigentlich fallen solche Papiere aus der Feder Gerhard Schröders durch ihre systematische Struktur, die für den geschulten Juristen charakteristisch ist, und die feine, fast zierlich wirkende, gut lesbare Handschrift auf, die auch dann noch gleichmäßig ist, wenn er sich unter größtem Druck an die Arbeit macht. Die Handschrift ist ausgereift, seit Schröder die Schule hinter sich hat, also mit Anfang zwanzig. Sie lässt eine seltene Mischung aus Souveränität und Sensibilität erkennen, zeigt im

Übrigen eine gewisse Ähnlichkeit mit der Handschrift Willy Brandts. Auf den ersten Blick steht dieses Schriftbild in einem überraschenden Gegensatz zur rauen Schale und zum gelegentlich polternden Auftritt des Mannes. Auf den ersten Blick, denn man darf davon ausgehen, dass die Schrift mehr von seinem Wesen und Charakter freigibt als die Rüstung, die er in jungen Jahren angelegt hat.

Bezeichnenderweise ist von alledem in den Februarnotizen für die Haushaltsdebatte kaum etwas zu erkennen. Das Schriftbild ist chaotisch und zeigt weder eine klare Gliederung, noch lässt es auf eine Vorstellung von dem schließen, was man vorhat und wo Prioritäten liegen. Eine Ausnahme machen Anfang des Jahres 1999 lediglich die Partien, in denen es um die Außen- und Europapolitik geht. Sie lassen eine klare Linie erkennen. Hier ist der Kanzler mit seiner Politik im Reinen.[44]

Natürlich spiegelt sich die interne, papierne Unübersichtlichkeit im beobachtbaren, handfesten Tagesgeschäft, und das ist Wasser auf die Mühlen der Kritiker. Die sind zahlreich, und sie sind unerbittlich. Bei einigen Medien hat man den Eindruck, als könnten sie es sich nicht verzeihen, Rot-Grün nicht verhindert zu haben. Mit einer Verbissenheit, wie man sie ähnlich nach dem »Machtwechsel« des Jahres 1969 beobachtet hat, sollen Schröder und sein Kabinett regelrecht niedergeschrieben werden. Die Regierung ist gerade einmal zwei Wochen im Amt, da kann man in der *Frankfurter Allgemeinen Zeitung* lesen: »Die Wirtschaftspolitik der Bundesregierung läßt keine Konzeption und keine Konturen erkennen. Sie ist nicht rot, sie ist nicht grün, sie ist nicht rechts und nicht links: sie ist eine schwer zu durchschauende Anhäufung von Wursteleien, von inneren Widersprüchen, von oberflächlichster Erfüllung einiger Wahlversprechen; sie ist ein einziges Durcheinander von Verteilungseingriffen, deren Saldo von niemandem zu kalkulieren ist; sie klingt ... so abenteuerlich, daß die Vorstellung schwerfällt, hier sei Vernunft am Werk ... Diese Politik ist ein Standortrisiko.«[45]

So geht das in einem fort. Nicht nur in dieser Zeitung. Natürlich gibt es auch die Ausnahmen, wie die Herausgeberin der *Zeit*, Marion Gräfin Dönhoff, deren Blatt sich einerseits an der Prügelei beteiligt, die aber dem Kanzler andererseits immer wieder einmal ein aufmunterndes Wort zukommen lässt (»Sie waren hervorragend.«[46]), sich überzeugt zeigt, dass seine Regierung »ungeachtet allen Gezeters ..., wenn auch mit holterdiepolter, weiter bestehen wird«,[47] oder ihm zum Jahresbeginn 1999 die »Fähigkeit« wünscht, »zwischen ernst zu nehmender Kritik und der, die man am besten überhört, zu unterscheiden«. Diesen Rat hat Schröder »bereits beherzigt«. Ohne diese Fähigkeit, antwortet er der Gräfin, hätte er es »in den letzten Monaten schwer« gehabt.[48]

Er braucht sie auch weiterhin. Denn die Presse macht unverdrossen weiter, bis Anfang Februar anlässlich der Hundert-Tage-Bilanz der Höhepunkt erreicht wird. Danach geht es etwas ruhiger zu, weil sich das Trommelfeuer der Kritik auf Dauer erschöpft und somit nicht mehr verkäuflich ist, aber auch weil der Kanzler inzwischen eine Notbremse gezogen hat. Anfang Dezember 1998 richtet Gerhard Schröder sogenannte Koalitionsgespräche ein. Sie sollen, so hält er handschriftlich fest, fortan einmal im Monat stattfinden, »keine feste Tagesordnung« haben und »keine Presseverlautbarungen« zeitigen. Und was das »Auftreten in der Öffentlichkeit« angeht, gilt fortan: »keine gegenseitige Kritik«. Auch sollen »Einzelstimmen« aus der Koalition künftig nicht mehr durch die »Führung pers[önlich]« beantwortet werden.[49]

Das geht eine Zeit lang gut, dann taucht das nächste Problem auf. Anfang Februar des kommenden Jahres muss Frank-Walter Steinmeier den Bundeskanzler bitten, »daß Sie in der Kabinettssitzung die Kabinettsmitglieder auffordern, zukünftig politisch bedeutsame Vorhaben … – vor Information der Öffentlichkeit – dem Kabinett zur Kenntnis zu bringen«.[50] Als das nicht zum Ziel führt, ergreifen Bodo Hombach und Frank-Walter Steinmeier gemeinsam die Initiative, erinnern Gerhard Schröder an die Verantwortung der Ressortminister, lassen in ihrem sechsseitigen Papier auch sonst keinen Zweifel an den vielfältigen »Koordinierungsdefiziten« und legen gleich einen Acht-Punkte-Plan zur »Verbesserung der politischen Koordination« vor.[51]

Einen Kollateralschaden des frühen Tohuwabohus vermögen auch diese Maßnahmen, sofern sie überhaupt dauerhaft umgesetzt werden, nicht zu beheben: Der rot-grünen Bundesregierung eilt fortan der Ruf voraus, es einfach nicht zu können. »Die neue Bundesregierung hat ganz gewiß keinen Fehlstart gehabt«, schreibt der Kanzler Mitte Dezember 1998 an Oskar Negt: »Aber, was auch ich zur Kenntnis nehmen mußte, ist die Tatsache, daß über eine bestimmte Form der medialen Vermittlung von Politik in die Köpfe der Zuschauer und Zeitungsleser gleichsam eingebrannt werden kann, eine Regierung sei nicht erfolgreich, arbeite dilettantisch und begehe handwerkliche Fehler.«[52]

Der Mann weiß, wovon er spricht, schon weil er selbst die Medien – konsequent und seit nunmehr rund zwei Jahrzehnten – benutzt hat, um bestimmte Botschaften in die Köpfe der Wähler einzubrennen. Hinzu kommt, dass es eine ganze Reihe von Leuten gibt, die ein Interesse daran haben, dass sich diese Bilder einbrennen – auch in den eigenen Reihen. Denn Schröder hat Neider. Viele Neider. Es ist nun einmal so, dass nur einer Bundeskanzler werden konnte, dass aber deutlich mehr als dieser eine ins Kanzleramt einziehen wollten. Manche arrangieren sich. Andere warten auf ihre Chance und ihre Stunde, hoffen auf einen Sturz des Amtsinhabers oder stellen ihm, der Beschleunigung des Vorgangs halber, ein Bein. Aber auch in den Reihen derer, die nie und nimmer in die Nähe des Kanzleramtes kommen werden, wuchert die Missgunst. Die ständige mediale Präsenz, das Gefragtsein rund um die Uhr, das Heer von eilfertigen Helfern, die Aura von Macht und Einfluss – das kann bei denen, die immer auf der Strecke bleiben werden, einiges in Bewegung setzen. Und auf Schröders langem Weg ins Kanzleramt sind sehr viele auf der Strecke geblieben. Erstaunlich ist es jedenfalls nicht, dass er jetzt immer wieder Briefe in der Post findet, in denen ihn der eine oder andere dieser vielen unaufgefordert seiner Loyalität versichert.

Einen Grund zur Freude haben diese Leute schon am 7. Februar 1999. Denn schneller als erwartet werden der Kanzler und seine Regierung von der Enttäuschung der Wähler eingeholt. Bei der Wahl zum Hessischen Landtag verliert Rot-Grün in Wiesbaden die Mehrheit. Für den beträchtlichen Stimmenzuwachs von gut 4 Prozentpunkten, der den Christdemokraten mit 43,4 Prozent ihr bestes Ergebnis seit 1982 beschert, gibt es eine ganze Reihe von Gründen, darunter das schlechte Bild, das die Regierung in Bonn abgeliefert hat: »Der Grund für die Niederlage ist nicht in Hessen zu suchen«, sagt der abgewählte Ministerpräsident Hans Eichel zu Kanzler Gerhard Schröder, »das hat mit euch zu tun!«[53]

Ganz so eindeutig und einfach ist es dann aber auch wieder nicht. Zu den landesspezifischen Gründen im engeren Sinne, die für die empfindliche rot-grüne Schlappe in Hessen verantwortlich sind, zählt vor allem die miserable Vorstellung der Grünen, die in der vergangenen Legislaturperiode alleine »zwei Umweltministerinnen verschlissen« haben und im Übrigen »durch schlechte Regierungsführung aufgefallen« sind. So Joschka Fischer, einst erster grüner Minister vor Ort, im Rückblick.[54] Entsprechend saftig fällt die Rechnung der Wähler aus. Um ganze 4 auf nur mehr 7,2 Prozent bricht der Stimmenanteil in der einstmaligen Hochburg der Grünen ein. Obgleich die SPD ihr Ergebnis um 1,4 auf beinahe 40 Prozent leicht verbessern kann, ist die Mehrheit für Rot-Grün in Wiesbaden dahin.

Entscheidend für den Wahlerfolg der hessischen Christdemokraten ist aber weniger diese trostlose grüne Vorstellung als vielmehr eine bundespolitische Kampagne. Mit ihr reagieren die Unionsparteien auf die von der Bundesregierung beabsichtigte Reform des Staatsangehörigkeitsrechts. Das stammt im Wesentlichen aus dem Jahr 1913 und wird den Realitäten des aufziehenden 20. Jahrhunderts schlicht nicht mehr gerecht. Seit Mitte der fünfziger Jahre sind rund 36 Millionen Menschen in die Bundesrepublik

Beistand: Der Kanzler und sein Amtschef Bodo Hombach (Mitte) setzen bei der Reform des Staatsbürgerrechts auf prominente Unterstützung durch Marius Müller-Westernhagen, Thomas Gottschalk und Boris Becker (von links nach rechts).

gezogen. Zieht man die Aus- und Abwanderer ab, sind es netto immer noch rund 9 Millionen. Diesen nicht mehr zu übersehenden Realitäten eines »unumkehrbaren« Zuwanderungsprozesses Rechnung tragend, wie es im Koalitionsvertrag heißt, ist unter anderem geplant, Ausländern die Einbürgerung zu erleichtern und ihnen unter bestimmten Voraussetzungen die doppelte Staatsbürgerschaft zuzugestehen.[55] Davon sind vor allem die in Deutschland geborenen Kinder der hier seit vielen Jahren lebenden sogenannten Gastarbeiter betroffen.

Noch bevor Innenminister Otto Schily einen ersten Gesetzesentwurf einbringen kann, kündigen die Unionsparteien zu Beginn des Jahres 1999 unter dem Motto »Integration ja, doppelte Staatsangehörigkeit nein« eine Unterschriftenaktion an. Die Union wähnt sich nicht zu Unrecht in einer ziemlich starken Position, weil es wegen des »erheblichen Umfangs der erforderlichen Rechtsänderungen ... einen *erheblichen Abstimmungsbedarf*, insbesondere mit den für die Durchführung des Staatsangehörigkeitsrechts zuständigen Bundesländern« gibt. So steht es in einem Positionspapier des Innenministeriums.[56]

Zu den Befürwortern der in der Union nicht unumstrittenen Unterschriftenaktion zählt der christdemokratische Oppositionsführer in Hessen Roland Koch, der sie in den Mittelpunkt des dortigen Wahlkampfes rückt und damit ganz offensichtlich punkten kann. Diesen Trend vermag selbst eine großflächige Werbekampagne des Bundespresseamtes nicht zu stoppen, in der sich Boris Becker, Thomas Gottschalk und Marius Müller-Westernhagen – allesamt per Du mit dem Kanzler – für ein zeitgemäßes Staatsbürgerrecht aussprechen. Geholfen hat die Aktion nicht. Jedenfalls nicht den Initiatoren, die sich fragen lassen müssen, ob hoch bezahlte, zudem im Ausland lebende Jetsetter die Ängste vieler Deutscher auch nur kennen. Von der Vergeudung von Steuermitteln für eine abgehobene Kampagne gar nicht zu reden.

Der Verlust der Mehrheit in Wiesbaden zieht den Verlust der Mehrheit im Bundesrat nach sich. Seit Roland Koch am 7. April 1999 vom Hessischen Landtag zum Ministerpräsidenten gewählt worden ist, sind Kanzler Schröder und seine Regierung bei der Umsetzung ihrer Reformvorhaben auf eine punktuelle Zusammenarbeit mit der Opposition angewiesen. Was das heißt, wissen sie. Es ist ja noch nicht so lange her, dass die Sozialdemokraten ihrerseits wichtige Vorhaben der christlich-liberalen Koalition wie die Steuerreform in der Länderkammer scheitern ließen. Da sein Gesetzesentwurf unter diesen Umständen im Bundesrat keine Chance mehr hat, zieht Schily ihn zugunsten eines Gruppenantrags zurück, den SPD und Grüne gemeinsam mit den Liberalen im Bundestag einbringen und am 7. Mai 1999 beschließen. 14 Tage später passiert er auch den Bundesrat.

Das Gesetz sieht zwar unter anderem für die Feststellung der Staatsbürgerschaft das Prinzip des Geburtsortes, aber für diejenigen, die beispielsweise über die Eltern eine zweite Staatsbürgerschaft besitzen, die Möglichkeit vor, bis zur Vollendung des 23. Lebensjahres an beiden festzuhalten. Danach müssen sie für eine optieren. Dass knapp anderthalb Jahrzehnte später eine unionsgeführte Regierung diesen Optionszwang unter bestimmten Voraussetzungen aufheben und damit die ursprünglich vorgesehene doppelte Staatsangehörigkeit durchsetzen könnte, hat man sich damals nicht vorstellen können. Heute wissen wir, dass Rot-Grün das Terrain für die Unionsparteien nicht nur in dieser Frage planiert hat.

Seit der Hessenwahl ist klar, dass die rot-grüne Reformpolitik nicht mehr im Hauruckverfahren und ohne mehr oder weniger starke Korrektur zu realisieren ist. Das ist die schlechte Nachricht. Es gibt auch gute, jedenfalls für den Bundeskanzler. Zu denen gehören das insgesamt passable Abschneiden seiner eigenen Partei in Hessen sowie das Debakel des Koalitionspartners. Man kann es drehen und wenden, wie man will, aber dass die Wähler vor allem den Grünen die Quittung für das Chaos in Bonn ausgestellt haben, steht außer Frage. Das dürfte sie zur Räson bringen und künftig von irritierenden Alleingängen abhalten. Hofft Gerhard Schröder. Und auch an einer zweiten koalitionsinternen Front gibt es seit dem Frühjahr eine Perspektive. So problematisch sich die Flucht Oskar Lafontaines aus der Verantwortung zunächst darstellt, so hilfreich ist sie in der Konsequenz.

Als Oskar Lafontaine am 11. März dem Bundeskanzler schreibt, »hiermit trete ich von meinem Amt als Bundesminister der Finanzen zurück«,[57] zieht er den überfälligen Schlussstrich unter ein ihn offensichtlich überforderndes Kapitel seines politischen Lebens. Der Rücktritt kommt einerseits aus heiterem Himmel, andererseits aber auch nicht. Für außenstehende Beobachter war er jedenfalls nicht vorhersehbar. Entsprechend groß ist im In- und Ausland die Überraschung. »Selbst der Abgang von Bundeskanzler Willy Brandt 1974 … hat in den westlichen Ländern nicht soviel Aufsehen erregt wie der nun allerdings sehr spektakuläre Rücktritt Oskar Lafontaines.« Notiert Rudolf Augstein.[58]

Augstein hält auch nach Schröders Einzug ins Kanzleramt Kontakt zu dem Niedersachsen, dessen Aufstieg er und sein Blatt über viele Jahre eng, meistens wohlwollend, manchmal aber auch mit einem bösen Zungenschlag verfolgt haben. Jetzt schreibt Augstein, dass sich ihre Beziehungen »ja nun ein wenig verschoben« haben: »… sie können nicht so bleiben, wie sie waren. Ich werde Dich also künftig mit ›Sie‹ anreden.« Natürlich hält er sich nicht konsequent daran, wählt später mal die vertraute, mal die förmliche Anrede, lädt Schröder zur betriebsinternen Feier seines Fünfundsiebzigsten ein und gibt dabei zu erkennen, dass die Redaktion des *Spiegel* »noch nie einen amtierenden Kanzler in ihren Räumen gesehen« habe, was in der Tat überrascht. Und auch dass der *Spiegel* in Augsteins Geburtsstadt Hannover nur Schröders wegen »das dortige Büro vor Jahren nicht geschlossen« hat, ist diesem neu.[59]

Also ist Gerhard Schröder der erste Bundeskanzler, der dem Hamburger Magazin in dessen mehr als vierzigjähriger Geschichte während seiner Amtszeit einen Besuch abstattet. Man bleibt in Verbindung, persönlich wie beruflich. Als Augstein früh wittert, dass sich Lafontaine aus dem Staub machen könnte, schreibt er dem Kanzler Mitte November 1998, dass er an seiner Stelle »Oskar nichts in den Weg legen« würde, »wenn er Papst werden wollte. Ihm diese Stelle zu verschaffen, sind wir beide wohl denkbar ungeeignet … Versuchen Sie bitte alles, ihn zu halten. Aber auf Dauer kann man Reisende ja nicht aufhalten.«[60]

Lafontaine hat später, wenig glaubhaft, behauptet, den Rücktritt »für den Tag der Bundespräsidentenwahl«, also für den 23. Mai des Jahres, »fest geplant«, ihn mithin lediglich vorgezogen zu haben.[61] Hinweise darauf gibt es vor dem 11. März nicht, auch wenn Eingeweihte vor allem seit der Hessenwahl zunehmende Unstimmigkeiten zwischen dem Parteivorsitzenden und dem

Kanzler registrieren. Zwar geben sich die beiden nach außen große Mühe, den Eindruck ungetrübter Harmonie aufrechtzuerhalten. Doch hört man jetzt zum Beispiel auf einem Treffen der Parlamentarischen Linken der Partei, wie irritiert Lafontaine darüber ist, dass Schröder nicht nur die Grünen, sondern zunehmend auch ihn vor vollendete Tatsachen stellt. Spätestens auf der Sitzung des Parteivorstandes zu Beginn der Woche, so hat Hans Eichel später berichtet, war »für den sensiblen Beobachter sichtbar«, dass »da etwas zwischen den beiden nicht mehr zusammenging«.[62] Tatsächlich tagte der Parteirat, und von dessen Sitzung ist kein Protokoll überliefert.

Offensichtlich hat es der Kanzler satt, wie einzelne Mitglieder der Bundesregierung nicht nur hinter verschlossenen Türen, sondern auch öffentlich mit der Wirtschaft umspringen. Damit müsse Schluss sein, sagt Gerhard Schröder im Kabinett. Alles andere sei mit ihm nicht zu machen. Als es an diesem 10. März zur Sache geht, reagieren die Anwesenden »konsterniert«. Im Kabinettssaal, erinnert sich der Außenminister, »herrschte bedrückende Stille. Alle verstanden sofort, dass es hier und heute zu einer direkten Konfrontation ... um die wirtschafts-, finanz- und sozialpolitische Grundrichtung der rot-grünen Bundesregierung und der sozialdemokratischen Partei kam. Oskar Lafontaine hörte dem Kanzler wie versteinert zu«[63] – stellt ihn aber nicht zur Rede und weicht dem direkten Duell aus.

Dabei bleibt es. Oskar Lafontaine kapituliert vor dem Machtanspruch Gerhard Schröders. Man musste darauf gefasst sein, weiß Béla Anda, dass Schröder diesen Anspruch »sehr deutlich machte: Entweder man parierte oder man schwieg dauerhaft.«[64] Lafontaine wählt diesen Weg, jedenfalls was den direkten Kontakt angeht. Eine Aussprache hat es nie gegeben, persönlich nicht, telefonisch nicht und brieflich auch nicht. Lediglich zwei dürre Zeilen lässt der demissionierende Finanzminister dem Kanzler anderntags zukommen, dann räumt er sein Büro, setzt sich ins Auto und fährt nach Hause.

Letzter Anstoß für den Rücktritt ist ein Bericht in *Bild*. Am Morgen nach der denkwürdigen Kabinettssitzung kann dort alle Welt unter der Schlagzeile »Schröder droht mit Rücktritt!« nachlesen, was der Bundeskanzler tags zuvor seinen Ministern gesagt hat: »Paukenschlag gestern morgen im Kabinett: Nach wochenlanger Kritik von Arbeitgebern und Gewerkschaften hat Kanzler Gerhard Schröder (SPD) seinen Ministern gewaltig die Leviten gelesen.« Was folgt, ist eine ziemlich genaue Wiedergabe dessen, was dieser tags zuvor gesagt hat: »Es ist weltweit einmalig, was sich da zusammenbraut, daß sich die gesamte Wirtschaft zurückhält mit Investitionen und bei der Schaffung von Arbeitsplätzen. Es wird einen Punkt geben, wo ich die Verantwortung für eine solche Politik nicht mehr übernehmen werde!«[65]

Bis heute ist nicht geklärt, wer die beiden »Kabinettsmitglieder« gewesen sind, die diese Informationen aus dem engeren Zirkel durchgestochen haben. An Spekulationen mochten sich weder Lafontaine noch Schröder beteiligen. Sicher ist, dass Lafontaine in den Wochen zuvor hinter den Kulissen wiederholt über Indiskretionen aus dem Regierungsapparat geklagt hatte, die zu seinen Lasten gingen und hinter denen er Hombach vermutete. Sicher ist auch, dass der Kanzler die Meldung von *Bild* über seinen Regierungssprecher umgehend dementieren lässt. Dass Lafontaine den Vorfall im Kabinett und die Indiskretion von Kabinettskollegen zum Anlass nehmen könnte, die Brocken, und zwar alle, hinzuschmeißen, hat Gerhard Schröder nicht für denkbar gehalten.

Denn an diesem 11. März 1999 tritt Oskar Lafontaine nicht nur vom Amt des Bundesfinanzministers zurück, sondern er legt auch sein Mandat als Abgeordneter des Deutschen Bundestages nieder und tritt als Vorsitzender der Sozialdemokratischen Partei Deutschlands zurück. Lediglich das Parteibuch behält er noch so lange, bis es seine Funktion im jetzt erst richtig einsetzenden Krieg gegen Gerhard Schröder erfüllt hat. Der wiederum schreibt ihm – in seiner Eigenschaft als Parteivorsitzender und anlässlich des Sechzigsten – noch ein einziges Mal einen Satz: »Lieber Oskar Lafontaine, zu deinem Geburtstag gratuliere ich Dir im Namen des Parteivorstandes.«[66]

Was hat diesen Oskar Lafontaine veranlasst, sich Knall auf Fall aus sämtlichen Ämtern und Funktionen zu verabschieden? Alle suchen damals nach einer Antwort. Viele machen ihre öffentlich. Einige wenige, die ihren Oskar aus diesem oder jenem Grund gut kennen oder doch jedenfalls gut kannten, liegen richtig. Egon Bahr nimmt an, dass der »unverzeihliche« Schritt, von dem er wie die meisten gestandenen Genossen spricht, auf einen »Blackout« zurückgeht.[67] So gesehen, diagnostiziert Joschka Fischer, war der Abgang in letzter Konsequenz eine »irrationale« Aktion.[68] Sie haben recht.

Seine Entscheidung, sagt Oskar Lafontaine, war eine »Kurzschlussreaktion«, und er fügt hinzu, dass eine »rationale Abwicklung sinnvoller« gewesen wäre. Später fragt er sich oft, ob es nicht doch klüger gewesen wäre, den Parteivorsitz und das Bundestagsmandat zu behalten, um politisch das durchzusetzen, was er für richtig hielt. Aber da hat er die Distanz, die ihm in jenen dramatischen Stunden fehlte. Denn der Kurzschluss ist die geradezu unvermeidliche Konsequenz eines »Zusammenbruchs«, und in dem wiederum verdichtet sich eine Reihe von Erfahrungen, Ereignissen und Entwicklungen. Allen voran die aus seiner Sicht zerrüttete, weil von Gerhard Schröder einseitig aufgekündigte »kameradschaftliche, partnerschaftliche Zusammenarbeit«.

Lafontaine bleibt überzeugt: »In dem Augenblick, als ich ihn zum Kanzlerkandidaten ausgerufen hatte«, also unmittelbar nach Schröders Hannoveraner Wahlsieg im März 1998, »fing er an sich abzusetzen«. Und weil Schröder damit die »Vereinbarung brach«, ist sich Lafontaine sicher, dass der ein schlechtes Gewissen hat.

Warum sollte man heute zweifeln, dass es sich tatsächlich um einen Zusammenbruch gehandelt hat? Buchstäblich niemand ist eingeweiht. Von handfesten Hinweisen hat selbst im Nachhinein keiner gesprochen. Auch fällt natürlich auf, dass Oskar Lafontaine, vom Parteibuch abgesehen, alles hinwirft, was in irgendeiner Form belastend sein kann. Sein im Rückblick mobilisiertes Argument, vom Vorsitz aus »Loyalität zur Partei« zurückgetreten zu sein, weil anderenfalls der Dauerkonflikt mit dem Kanzler programmiert gewesen wäre, leuchtet jedem ein, der sich an die Kanzlerschaft Helmut Schmidts erinnert. Dass Lafontaine darüber nachgedacht hat, als sich der Konflikt mit Schröder zuspitzte, nimmt man ihm ab. Aber als Argument ist es zu reflektiert, um in einer Situation des Zusammenbruchs formuliert worden zu sein. Es ist ein Kurzschluss. Das ist plausibel.[69]

Und weil das an diesem 11. März 1998 niemand weiß und kaum einer ahnt, sind sie alle ratlos. Selbst Reinhard Klimmt, enger Weggefährte aus Saarbrücken, gibt anderntags im Parteivorstand zu Protokoll, »daß die Beweggründe Oskar Lafontaines auch ihm nicht bekannt seien. Wohl aus Befürchtungen wieder umgestimmt zu werden, habe er vorab mit niemandem über seine Entscheidung gesprochen.« Schon gar nicht mit dem Kanzler. Als der in dieser Runde sagt, es »habe … wenig Sinn, über die Gründe des Rücktritts zu spekulieren«, außerdem verbiete das der »Respekt vor der Person«, schließen sich ausnahmslos alle an.[70]

Aber natürlich macht sich Schröder, der ihn ja seit zwei Jahrzehnten ziemlich gut kennt, seine Gedanken: »Lafontaine, dessen Begabung, … dessen Intelligenz, dessen Kenntnisse ganz unzweifelhaft sind, hat ein Manko«, sagt er im März 2006, »die tief sitzende Angst, Verantwortung für Dinge zu übernehmen, die nicht die Zustimmung der eigenen Klientel erbringen können und erbringen dürfen. Also das, was in der Politik einfach nötig ist, wenn man herausgehobene Verantwortung übernehmen will, nämlich auch mal gegen den Konsens … der eigenen Gruppe und derjenigen zu verstoßen, die einen sozusagen publizistisch tragen. Das ist ihm absolut fremd, das kann er nicht.« So gesehen ist er »eigentlich der geborene Oppositionspolitiker«.[71]

Keine Frage, Oskar Lafontaine ist ein ebenso talentierter wie von der Wirklichkeit überforderter Politiker. Das liegt sicher auch an dem Blickwinkel, aus dem heraus er diese Wirklichkeit wahrnimmt. Es mag die Vogelperspektive sein oder die provinzielle Sicht der großen weiten Welt, am Ergebnis ändert das nichts. Lafontaine »unterschätzte die Dimension« seines Amtes und seiner Aufgabe, sagt Renate Schmidt, die damals sicher nicht zu seinen schärfsten Kritikern zählt,[72] und das heißt im Umkehrschluss: Er überschätzte seine Möglichkeiten. Wer ernsthaft annimmt, Italiener, Briten und namentlich Franzosen für weit ausholende deutsche Vorstellungen gewinnen und die dann auch noch in Gremien wie dem Internationalen Währungsfonds gegen die Amerikaner in Stellung bringen zu können, darf sich nicht wundern, wenn er unsanft auf dem Bauch landet. Und wer sich öffentlich und lautstark mit einer unabhängigen Institution wie der Bundesbank anlegt, muss damit rechnen, dass er auf Granit beißt, wenn er seinen Kandidaten für den Präsidentenstuhl durchbringen will.

»Ich habe die Auseinandersetzung mit der Bundesbank immer für unsinnig gehalten«, sagt Schröder Monate später einmal: »Die kann man in Deutschland sowenig gewinnen wie einen Kulturkampf.«[73] Als die Entscheidung fällt und die Bundesregierung am 11. Mai 1999 den hessischen Finanzminister Ernst Welteke als Nachfolger Hans Tietmeyers nominiert, sind weder Oskar Lafontaine noch sein Staatssekretär Heiner Flassbeck, den Lafontaine durchdrücken wollte, noch in ihren Ämtern. Aus dem Rennen sind damit natürlich auch diejenigen, die in den vergangenen Monaten beim Kanzler mit dem »Ziel, Bundesbankpräsident zu werden«, vorstellig geworden sind, zum Beispiel Norbert Wieczorek, mit einer kurzen Unterbrechung seit 1980 Mitglied des Bundestages und vormaliger Ehemann der Ministerin für wirtschaftliche Zusammenarbeit, der nicht ganz aussichtslos ins Rennen gegangen ist.[74]

Man muss den peinlich verlegenen Bundesfinanzminister am 10. Februar in Bonn erlebt haben, um zu wissen, wo seine Grenzen liegen, wenn es jenseits großer Entwürfe und medienwirksamer Schaukämpfe mit der Bundesbank ans Eingemachte geht. Auf die Frage, wie denn nun die »retrograde Wertermittlung« geregelt werde, muss Lafontaine vor der versammelten Bundespressekonferenz passen: Er habe ja »nicht ahnen können«, dass man es »so genau wissen« wolle. Immerhin geht es um die Steuerreform. Da zeigt sich nicht nur eine beunruhigende Überforderung durch einen Job, den der Mann ja eigentlich gar nicht wollte. Vielmehr treten auch die markanten Unterschiede zum Rivalen klar hervor: Oskar Lafontaine ist beratungsresistent und dialogunfähig, anmaßend und selbstgerecht. Gerhard Schröder ist all dieses nicht.[75]

Auch deshalb ist jetzt Schröder und nicht Lafontaine Kanzler. Hinzu kommt, dass Lafontaine, wie gesehen, in der entscheidenden Phase nicht erkennen ließ, dass er die Kanzlerschaft und damit das Amt wirklich wollte. Das bestätigt er im Rückblick, ist aber auch überzeugt, dass er dieses Amt erfolgreich hätte ausüben können – wegen seiner erwiesenermaßen integrierenden Rolle als Parteivorsitzender sogar besser als Schröder.[76] Andere sind sich da nicht so sicher, nehmen an, dass der Job ihn überfordert hätte, so wie er schon mit dem Amt des Finanzministers überfordert gewesen ist. Denn diesem Oskar Lafontaine gehen jene »Sekundärtugenden« – Pflichtgefühl, Berechenbarkeit, Machbarkeit, Standhaftigkeit – ab, die Lafontaine einst Kanzler Schmidt in böser Polemik attestiert hatte. Das sagt Jahre später nicht Helmut Schmidt, sondern Jürgen Trittin, der gewiss nicht zu den Gegnern Lafontaines zählte.[77]

Folglich spielt der jetzt eine Geige in einem mittelgroßen Orchester, die »zweite« zwar, aber mehr eben nicht. Das wollte er nie, beobachtet Günter Grass.[78] Zumal der andere am Dirigentenpult steht. Ursprünglich hatte Lafontaine angenommen, Gerhard Schröder aus einem Superministerium heraus steuern zu können, gemäß dem Motto: »Wer unter mir Kanzler wird, ist mir egal.« Er war sich so sicher, dass er das zum Beispiel in einem Gespräch, das Oskar Negt und Klaus Staeck seit Jahren mit den jeweiligen Vorsitzenden der SPD organisieren, offen gesagt hat.[79] Aber dann kommt es ganz anders. Dass der siegreiche Rivale den Ton und die Richtung vorgibt, muss für Lafontaine schwer erträglich gewesen sein. Als die Regierung ihre Arbeit aufnimmt, wird ihm vollends klar, dass er selbst mit seiner starken Stellung in der Partei und im Kabinett an diesem alles entscheidenden Umstand nichts zu ändern vermag. Daher sind sich die meisten, die ihn wie Otto Schily am Kabinettstisch erlebt haben, sicher, dass er, wenn nicht aus diesem, dann aus einem anderen Anlass die Flucht angetreten hätte. Gut, dass es jetzt und nicht später passiert ist.

Schily ist einer der ganz wenigen, die der Flüchtige noch einmal telefonisch an sich heranlässt. Bei dieser Gelegenheit fordert der Minister Lafontaine auf, einen Schlussstrich unter seine politische Laufbahn zu ziehen und sich künftig in dieser Hinsicht bedeckt zu halten.[80] »Halt's Maul! Trink deinen Rotwein, fahr in die Ferien, such dir eine sinnvolle Beschäftigung«, ruft ihm Günter Grass über die Zeitung nach.[81] Als der das nicht tut, verspielt er auch bei denen, die ihn vormals mit Wohlwollen und Freundschaft begleitet haben, den Rest von Sympathie. Selbst ein Mann wie Hans-Jochen Vogel, der dem Saarländer sogar wie gesehen 1990 den Parteivorsitz zugetraut und angetragen hat, wendet sich ab: »Er hat eine Funktion, die vor ihm ein August Bebel, ein Kurt Schumacher und ein Willy Brandt innegehabt hatten und die er sich durch den Sturz seines Vorgängers errungen hatte, weggeworfen wie einen schmutzigen Anzug.«[82]

Das ist schlimm. Aber eine noch schlimmere Verfehlung ist für vormalige Weggefährten wie Vogel oder Grass die Entscheidung des Dissidenten, ausgerechnet die Springer-Blätter als Sprachrohr für seinen Rachefeldzug gegen Schröder zu benutzen.[83] Denn auf eben den hat sich Lafontaine unmittelbar nach seiner Flucht begeben. Er will den Mann zur Strecke bringen, der ihn, gewollt oder auch nicht, durch das Erreichen seines Ziels vor aller Augen gedemütigt hat, auch wenn das natürlich nicht Sinn und Zweck von Schröders Einzug ins Kanzleramt gewesen ist. Und er wird nicht lockerlassen, bis er sein Ziel erreicht hat.

Die Kampagne, die Lafontaine unmittelbar nach seinem Rückzug an die Saar aufnimmt, dient zunächst der eigenen öffentlichen Rechtfertigung. Sie beginnt mit einer regelmäßigen Kolumne in *Bild* und findet ihren vorläufigen Höhepunkt in der autobiographischen Rechtfertigungsschrift *Das Herz schlägt links*, von der mehr als 300 000 Exemplare verkauft werden. Den beinharten Kampf um den Vorabdruck des Opus gewinnt Kai Diekmann für Springer. Diekmann ist nach einer beruflichen Auszeit in Mittelamerika seit 1998 Chefredakteur der *Welt am Sonntag* und beschert dem Blatt mit dem Vorabdruck die höchste Einzelauflage seiner Geschichte. Fortan wird Gerhard Schröder »gequält«, von Oskar Lafontaine – und von Kai Diekmann. Als der zum 1. Januar 2001 die Chefredaktion von *Bild* übernimmt, ist er einer der gefährlichsten Gegner des Kanzlers. Dass sein vormaliger Redaktionskollege Béla Anda in dessen Diensten steht, gibt diesem Konflikt, der im Kampf gegen die Agenda 2010 seinen Höhepunkt erreichen wird, eine zusätzlich pikante Note.[84]

Um 16 Uhr trifft Lafontaines Brief beim Kanzler ein, der sich umgehend mit Frank-Walter Steinmeier, Sigrid Krampitz, Peter Struck und Uwe-Karsten Heye, also mit seinen engsten Vertrauten, bespricht. Währenddessen versucht Marianne Duden den Flüchtigen telefonisch zu erreichen, wird aber abgewimmelt (»Mit dir spreche ich gern, aber mit ihm nicht mehr.«) und benachrichtigt dann Joschka Fischer. Der Außenminister joggt gerade am Rhein, als ihn der Kanzler bitten lässt, ihn stante pede aufzusuchen. Noch in seiner Sportmontur trifft er gegen 16.30 Uhr im Kanzleramt ein. Um 19 Uhr stoßen Heidemarie Wieczorek-Zeul, Herta Däubler-Gmelin, Otto Schily, Ottmar Schreiner, Hans Eichel und Bodo Hombach zum engsten Kreis hinzu. Franz Müntefering, der sich gerade in Weimar aufhält, als die Rücktritte Lafontaines bekannt werden, ist im Anmarsch. Um 20 Uhr tritt der Kanzler vor die Presse, danach stoßen die führenden Grünen zu der Gruppe der im Kanzleramt tagenden Sozialdemokraten. Ein Gespräch mit Johannes Rau beendet am

»Auf merkwürdige Weise vorbereitet«: Gerhard Schröder und Oskar Lafontaine am 24. Februar 1999 auf der Regierungsbank des Bundestages.

späten Abend einen Tag, der wie einer unter anderen begonnen und dann eine dramatische Wende genommen hat.[85]

Joschka Fischer hat sich erinnert, einen »sichtlich geschockten« Kanzler vorgefunden zu haben.[86] Dass Schröder erkennbar unter dem Eindruck des dann doch überstürzten Rückzugs steht, kann nicht überraschen. Aber geschockt? Alle Welt weiß doch, dass es mit der Regierungsarbeit so nicht weitergeht. Selbst einen Koalitionswechsel hält der eine oder andere für eine Möglichkeit, um Gerhard Schröder Luft zu verschaffen. Jedenfalls rät Ernst Albrecht, sein Vorgänger als Ministerpräsident in Niedersachsen, mit dem er sich inzwischen ganz gut versteht, dem Kanzler am 9. März beim Mittagessen zu einer Großen Koalition. Das ist einerseits nicht abwegig, weil den meisten noch in Erinnerung ist, dass der Kanzler eigentlich mit einer solchen regieren wollte. Andererseits wäre eine Große Koalition zu diesem Zeitpunkt mit den Sozialdemokraten nicht zu machen gewesen.

48 Stunden später hat sich mit dem Rücktritt Lafontaines, den natürlich auch Albrecht nicht auf dem Schirm haben kann, die Lage des Regierungschefs grundlegend geändert. Der ist einerseits überrascht, andererseits aber auch nicht. »Ich war auf eine merkwürdige Weise vorbereitet«, hat Gerhard Schröder nach dem Ende seiner Kanzlerschaft hinter verschlossenen Türen bekannt. Als der Brief kam, dachte er: »Das kann ja nur ein Rücktrittsschreiben sein«, und fragte sich: »Wie wirst du damit jetzt fertig?«[87] Dabei geht es nicht um eine emotionale Bewältigung der Krise, sondern um ihr politisches

Management. Denn bei allem Handlungsdruck ist eben auch klar, dass der Kanzler auf einen Schlag ein schwerwiegendes Problem vom Hals hat. Nunmehr müssen er und seine Leute nicht mehr spekulieren, was Lafontaine wohl vorhat, wo er sich querstellen, wann er zur Attacke blasen oder ob er vielleicht doch noch nach dem Fraktionsvorsitz greifen wird. Aus und vorbei. Ein und für allemal.

Mit der schnöden Art seines Rückzugs tut Lafontaine dem Kanzler sogar einen Gefallen, weil sie dazu beiträgt, dass der bislang in der Partei beliebte Vorsitzende rasch an Popularität und vor allem an Ansehen verliert. »Lafontaine war der unangefochtene Star der Partei. Ich dagegen galt als zu pragmatischer und machtbewusster Mensch, der die Seele der Partei nicht wirklich wärmen konnte … In dieser Kombination als Kopf und Herz der Partei hatten wir eine Spannweite entfaltet, die nun aufgekündigt war.«[88] Und zwar von Lafontaine. Das ist wichtig.

So unerwartet, wie sich Lafontaine aus dem Staub gemacht hat, muss nun entschieden werden, wer den Vorsitz der Partei übernehmen soll. Nicht einmal 14 Tage ist es her, da hat Schröder die Frage, ob es nicht »im Interesse der Effizienz« seiner »Arbeit als Bundeskanzler sinnvoll wäre«, wenn er »auch den Parteivorsitz innehätte«, mit einem klaren »Nein« beantwortet und hinzugefügt: »… heute jedenfalls wäre diese Doppelbelastung nicht zu leisten. Mein Amt erfordert 14 bis 16 Stunden Arbeit am Tag … Die Kombination meines Amtes mit dem Parteivorsitz würde zwar keine intellektuelle, aber doch eine physische Überforderung mit sich bringen, die sich dann auch bald intellektuell bemerkbar machen würde.«[89] Das ist ein vorgeschobenes Argument. Schröder will unbedingt einen Konflikt vermeiden, der sich aus solchen Gerüchten ergeben könnte. Aber Überforderung oder Überlastung? Nein, davor hat er keine Angst. Schröder »kennt dieses Wort nicht«. Sagt Sigrid Krampitz, und die muss es wissen.[90]

Jetzt gibt es ohnehin keine Alternative. Wer sonst hätte in dieser explosiven Lage den Parteivorsitz beanspruchen und übernehmen sollen, wenn nicht der Kanzler? Zwar werden Alternativen ventiliert; so schlägt Heidemarie Wieczorek-Zeul Franz Müntefering vor, der aber abwinkt. Doch wissen letztlich alle, dass Schröder es machen muss. Dafür sprechen schon die schlechten Erfahrungen, welche die Sozialdemokraten mit der Trennung von Kanzleramt und Parteivorsitz gesammelt haben – in der Ära Schmidt und erneut während der ersten Monate von Schröders Amtszeit. Dass bei den beiden großen Volksparteien »eine Ämtertrennung nicht funktionieren« könne, weil die »zentrifugalen Kräfte … viel zu groß« seien, vermerkt aus diesem Anlass auch Helmut Kohl in seinem Tagebuch, der im Übrigen wie die meisten

Beobachter bei der Nachricht von Lafontaines Rücktritt »sprachlos« ist und es »nicht fassen« kann.[91]

Außerdem lässt sich kurzfristig kein ernst zu nehmender, mehrheitsfähiger Kandidat aus dem Hut zaubern, und die Wortmeldungen halten sich ohnehin in überschaubaren Grenzen. In dieser Hinsicht ähnelt die Situation derjenigen nach der überstürzten Ankündigung Brandts vom März 1987, die Parteiführung in andere Hände übergeben zu wollen. Verglichen mit der jetzigen Situation hat es sich damals, wie berichtet, sogar noch um einen geordneten Rückzug gehandelt. Aber auch da haben die Bewerber um die Nachfolge nicht Schlange gestanden, im Gegenteil. Es war dann der loyale Hans-Jochen Vogel, der sich bereit erklärte, das schwierige Erbe anzutreten. So einer ist jetzt nicht in Sicht.

Keine Frage, der Kanzler muss das richten – und kann bei dieser Gelegenheit nach innen wie nach außen Handlungsfähigkeit demonstrieren. Eine schwierige Entscheidung ist es gleichwohl. Schröders Verhältnis zu seiner Partei ist immer ein gespaltenes gewesen: »Sie liebt Dich nicht«, schreibt ihm Hans-Ulrich Klose am Tag nach Lafontaines Rücktritt, »weil sie noch immer auf ›der anderen Seite‹ steht und Dir nur widerwillig folgen wird.«[92] Gerhard Schröder war und ist ein Einzelkämpfer, auch in seiner Partei. Wenige Wochen zuvor hat er Herlinde Koelbl ein Interview gegeben – es ist das letzte der Serie – und darin auf die Frage der Fotografin »Müssen Politiker … Einzelkämpfer sein?« geantwortet: »Natürlich müssen sie auch mal Einzelkämpfer sein, wenn sie sich durchsetzen wollen. Aber wenn sie nicht zugleich gemeinschaftsfähig sind, funktioniert das nicht. Da braucht es eine ausgewogene Mischung. In meinem Fall liegt der Schwerpunkt wohl eher beim Einzelkämpfer.« Als sein Büro das Gespräch nach Lafontaines Flucht freigibt, streichen sie dort den letzten Satz.[93]

Sicher, Schröder hat den Stallgeruch, ohne den es nicht geht. Aber die Seilschaften, ohne die es auch nicht geht, hat er nicht. Und es gab Zeiten, vor allem Mitte der neunziger Jahre, da waren die Schröder-Verhinderer eindeutig in der Mehrheit. Jedenfalls auf den oberen Etagen der Partei. Dass er damals nicht vom Fenster verschwunden ist, lag an den Menschen, den Wählern, der Basis, die ihm in Niedersachsen seine Erfolge bescherten – jenseits und trotz des Parteiestablishments. Auf die zählt er auch jetzt. Wenn die Basis nicht mitzieht, hat er ohnehin keine Chance und gefährdet, wenn es schlimm kommt, das Amt des Bundeskanzlers.

Weil sie das spüren, greifen viele Genossen in den Stunden und Tagen nach Lafontaines Rückzug zum Hörer oder zur Feder, geben Rat und reden zu. Darunter mit Peter Glotz oder, wie gesehen, Hans-Ulrich Klose auch solche, die den Weg Schröders in den zurückliegenden Jahren nicht immer mit Sympathie begleitet haben. Peter Glotz, der in den achtziger Jahren auch einmal Bundesgeschäftsführer der SPD gewesen ist, hatte lange ein durchaus gespaltenes Verhältnis zu Schröder. Bis Mitte der neunziger Jahre stand er »nicht gut« mit ihm, weil er viel von Schröders Zorn auf Scharping für »archaisch« hielt. Mitte November 1993 notierte er: »Der Mann [ist] klug, witzig, ironisch, selbstironisch: Aber hinter der Maske der eleganten Gelassenheit das Elend.«[94] Das lag nun beinahe sechs Jahre zurück. Jetzt rät Glotz dem Kanzler in »Kenntnis des Parteiapparates ... dazu, die Parteizentrale nicht gänzlich abzurüsten, wie Kohl das mit dem Adenauer-Haus getan hatte ... es sollte nach außen deutlich werden, daß es die Partei noch gibt, und zwar nicht nur auf der Ebene der Regierung«.[95] Schröder hat Glotz trotz oder wegen seines offenen Wortes stets geschätzt und nach dem Tod Ende August 2005 dessen »vitalen und inspirierenden Geist« in einem Nachruf gewürdigt.[96]

In eine ähnliche Richtung wie der Rat von Glotz geht der Kloses, vormaliger Erster Bürgermeister von Hamburg, seit 1983 Mitglied des Deutschen Bundestages, dort einige Jahre Fraktionsvorsitzender und während der laufenden Legislaturperiode Vorsitzender des Auswärtigen Ausschusses. Klose hat sich dem vorwärtsstürmenden Schröder in den vergangenen Jahren des Öfteren in den Weg gestellt, gibt ihm aber jetzt den gut gemeinten Rat: »... nimm Dir Zeit (mehr als bisher), um mit wichtigen Leuten aus der Fraktion zu reden. Sie können und werden Dir helfen, wenn sie das Gefühl haben, daß Du ihre Hilfe willst. Du mußt sie ja nicht alle lieben ... Allein mit den Medien kannst Du nicht regieren.« Und dann rät Klose dem Kanzler noch, »daß Du einen Bundesgeschäftsführer hast, der die Partei auch emotional mitnimmt. Ottmar Schreiner, den ich als Parlamentarier und ›ehrliche Haut‹ schätze, kann das nicht. Müntefering wäre der beste.«[97]

Wie schwierig das Verhältnis zwischen Schröder und seiner Partei nach wie vor ist, zeigen die Tage und Wochen nach Lafontaines Rücktritt: Am 12. März bestätigen 23 Mitglieder des Vorstands auf einer Sondersitzung seine Nominierung als Parteivorsitzender, eines stimmt ungültig, drei enthalten sich, und sechs stimmen dagegen – oder anders gewendet: Immerhin jedes dritte anwesende Mitglied des Vorstandes stimmt nicht für den einzigen Kandidaten.[98] Und auch die Delegierten des Bonner Sonderparteitages signalisieren am 12. April ihre Skepsis. Gerade einmal 76 Prozent wollen den Kanzler auch als neuen Parteivorsitzenden sehen. Ein schlechteres Ergebnis hat bislang nur Oskar Lafontaine eingefahren: 62,6 Prozent der Genossen hatten sich im November 1995 für ihn als Vorsitzenden entschieden. Allerdings handelte es sich dabei um eine Kampfabstimmung, nämlich die inzwischen legendäre Herausforderung Rudolf Scharpings auf dem Mannheimer Parteitag. Im Übrigen weiß Schröder, was er Lafontaine und dessen Anhängern schuldig ist, nämlich »Respekt und Dank. Ich sage ohne jede Einschränkung, gerade auch in Oskars Abwesenheit: Oskar, ohne deine Arbeit wären wir am 27. September nicht so weit gekommen.« Der »Beifall« der Delegierten ist ihm gewiss.[99]

Sowenig ihn das Ergebnis seiner Wahl zum Parteivorsitzenden vom Hocker haut, so erleichtert ist der Kanzler über die Rückendeckung, die er auf dem Bonner Sonderkonvent für die Politik und Kriegführung der Regierung gegenüber Jugoslawien erhält, von der noch zu berichten ist. Offenbar tragen die durch Lafontaines Rücktritt ausgelösten Turbulenzen einiges dazu bei, die Reihen der Genossen hinter der Parteiführung zu schließen. Eine große Rede Erhard Epplers tut ein Übriges. Mit ihr beginnt die wichtige Stützung des Kanzlers durch den in den Reihen der Sozialdemokraten hoch geschätzten, vor allem auch von der Parteilinken respektierten Vordenker. »Ich will Dir sagen, daß mich Deine Rede auf dem Parteitag sehr beeindruckt hat«, schreibt Schröder wenig später an Eppler: »Sie hat das sensibel wiedergegeben, was ich fühle.«[100] Und als Eppler im Dezember 2001 seinen Fünfundsiebzigsten feiert, schreibt ihm Schröder, dass er zu einem »unschätzbaren Gesprächspartner und Ratgeber« geworden sei.[101]

Bis dahin hat Eppler Schröder eher aus der Distanz wahrgenommen. Und auch dieser wichtige Auftritt auf dem Parteitag ist zunächst weniger auf die Person gerichtet als vielmehr der Erkenntnis geschuldet: »Wenn Schröder dort scheitert, ist das schlecht für ihn, für das Amt und für die Partei.« Aber dann wächst der Respekt. Eppler unterscheidet nämlich, wie er dem Kanzler im Sommer 2001 schreibt, seit geraumer Zeit zwischen Politikern, »die im politischen Geschäft nur deformiert werden, und solchen, die dabei reifer werden. Inzwischen rechne ich Dich zur zweiten Sorte, für die Willy Brandt das schönste Beispiel ist. Dies ist das höchste Kompliment, das ein so knausriger Schwabe zu vergeben hat.«[102]

Natürlich wird die Wahl des Kanzlers zum Parteivorsitzenden im In- und Ausland aufmerksam registriert. Aus aller Welt treffen die Glückwünsche in der Bonner »Baracke« ein, darunter vom Generalsekretär des Zentralkomitees der Kommunistischen Partei Chinas Jiang Zemin. Auch die politischen Gegner daheim gratulieren, wie es sich gehört, so zum Beispiel die Ministerpräsidenten Sachsens und Bayerns, Kurt Biedenkopf und Edmund Stoiber, der seinerseits seit Mitte Januar Vorsitzender der CSU ist. Mit beiden hat Schröder ja als Ministerpräsident, wenn es darauf ankam, gut und effizient zusammengearbeitet, und natürlich weiß der Kanzler, dass er im Bundesrat auf Unterstützung aus den Reihen der Opposition angewiesen ist. Da sind solche Signale willkommen.[103]

Die Leitung von Schröders Büro im Willy-Brandt-Haus übernimmt Rainer Sontowski. Der studierte Historiker und promovierte Politikwissenschaftler, Jahrgang 1959, hat die Angewohnheit, die Verhandlungen insbesondere im Parteivorstand stichwortartig festzuhalten. Die Quelle versiegt, als er knapp drei Jahre später den Posten aufgibt und über Zwischenstationen im Bundesumweltministerium und in der niedersächsischen Landesvertretung im Herbst 2003 als Abteilungsleiter im Bundespresseamt unterkommt.

Keine Frage, mit dem Rücktritt Lafontaines und der Wahl zum Vorsitzenden der SPD ist Gerhard Schröder innerhalb weniger Wochen »zur Verkörperung der Sozialdemokratie« geworden, wie Peter Glotz prophezeite.[104] »Zwar gibt es auch noch andere in der Partei«, schreibt Günter Bannas in der *FAZ*, »den fleißigen Rudolf Scharping, den redlichen Franz Müntefering, den Strippen ziehenden Peter Struck, dazu einige Landesfürsten und natürlich die Frauen, die darauf achten, daß die ›Kerle‹ nicht alles allein bestimmen. Doch wegen seiner Wirkung und Dominanz in einigen Medien (voran in der Boulevardpresse und im Fernsehen) überstrahlt Schröder alle anderen … Lafontaine packte die Verantwortung, die er trug, auf die Schultern seines ungeliebten Parteifreundes. Schröder ist nun Alleinherrscher und Alleinunterhalter der Partei. Schröder wird die Einsamkeit des demokratisch kontrollierten Absolutismus kennenlernen.«[105] Das weiß auch sein Vorgänger im Kanzleramt, der einerseits findet, dass Schröder »das einzig Richtige in der jetzigen Situation getan« habe, allerdings in seinem Tagebuch auch festhält: »Sobald … Schwierigkeiten auftreten, wird sich der Zuspruch verflüchtigen.«[106]

Zunächst aber ist er Alleinherrscher und Alleinunterhalter, und Letzteres nicht nur im übertragenen Sinne des Wortes. Gerhard Schröder tourt durch die Magazine und die Talkshows, ist am 20. Februar wieder einmal bei Gottschalks *Wetten, dass ..?* zu Gast, besucht am nächsten Tag mit Gattin Doris eine Benefiz-Modenschau bei Versace und lässt sich vom Starfotografen Peter Lindbergh für das Magazin *Life & Style* ablichten. Das hätte er besser nicht getan. Es war »ein Fehler«, sagt er einige Jahre später, »aber diesen Fehler habe ich gemacht, aus Sympathie für einen Fotografen, den ich hochschätze. Und deswegen stehe ich auch dazu.«[107]

Kaum hat *Bild* am 9. März vorab ein Foto Schröders im Kiton-Anzug und im Kaschmirmantel von Brioni und das Magazin dann die ganze Serie inklusive eines Interviews veröffentlicht, setzt sich die Lawine in Bewegung. Wohl wahr, dass jeder nach seiner Façon glücklich werden solle, wie der

Kanzler meint. Und es mag ja durchaus sein, dass ihm italienische Anzüge nun einmal am »besten sitzen« und »stehen«. Aber dass die Fraktion vor »Wut« kochen würde, »weil ausgerechnet der Publikumsmagnet dabei war, sein Renommee zu verspielen«,[108] und dass man zu Zeiten chaotischer Regierungsarbeit in vielen Redaktionsstuben nur auf solche Geschichten warten würde, hätte er wissen müssen oder doch jedenfalls ahnen können.

Einmal in der Welt, können sie nicht mehr eingefangen werden, sondern verselbstständigen sich in atemberaubendem Tempo. Dabei ist die Kleidung des Kanzlers an sich weder auffällig noch gar extravagant. Sie ist dezent, elegant, in Maßen modebewusst und zeugt von sicherem Geschmack. Das selbst in härtesten Wahlkampfzeiten stets frische, korrekt gebügelte weiße Hemd wird zum Markenzeichen dieser Jahre. Schrille Freizeitkleidung mit einem Hang zur Verwahrlosung, die in dieser Zeit zur uniformen Alltagsausstattung der Deutschen wird, entspricht nicht Schröders Stil. Dass er »keine Jeans« besitzt, erfährt die Öffentlichkeit nicht, wohl aber im Frühjahr 2003 die Redaktion einer Münchener Zeitung, die den Kanzler für ein Interview »in offensichtlich privater Kleidung (... Jeans statt Anzughose)« ablichten will.[109]

Im Frühjahr 1999 werden Gerhard Schröder und die Brioni-Anzüge zum Synonym. Dabei hat er »nur einen davon«, und als ihn Mainhardt Graf von Nayhauss-Cormons, allseits geschätzter Buchautor und Bonner beziehungsweise Berliner Kolumnist, Jahre später an sein Versprechen erinnert, »ihm irgendwann mal das Etikett« seines wohl »berühmtesten Anzugs zur Verfügung« zu stellen, ist auch der »längst ›ausgemustert‹«.[110] Die Karriere, die er einst gemacht hat, ist lange nicht vergessen. Kaum begonnen, nimmt die mediale Beschäftigung mit des Kanzlers Kleidern solche Formen an, dass sich die für Deutschland zuständige Pressesprecherin von Brioni Ende März 1999 veranlasst sieht, dem Kanzler zu schreiben, »daß die kürzlich von den Medien verbreiteten Meldungen, daß Sie in einem Frühjahr/Sommer Katalog von Brioni werben oder gar von uns die handelsüblichen Rabatte erhalten, weder aus dem Hause Brioni in Rom, noch von mir ... lanciert worden sind. Meldungen dieser Art scheinen eine eigene Mediendynamik zu entwickeln, von der wir uns ... distanzieren möchten, zumal sie nicht der Wahrheit entsprechen, und es noch nicht einmal einen Brioni Frühjahr/Sommer Katalog in unserem Hause gibt.«[111]

Fortan ist der Kanzler auf der Hut. Mehr noch als ohnedies ist er jetzt auch darauf bedacht, Präsente aller Art weiterzureichen. Das gilt insbesondere für die Attribute des erfolgreichen Mannes, des Aufsteigers mit Fortune – feine Kleidung, teure Zigarren und erlesene Weine. Als ihm zum Beispiel Bulgari, der in Rom ansässige traditionsreiche Hersteller von Luxusartikeln, im Dezember 1999 einige »wunderschöne Krawattencreationen« zukommen lässt, bedankt sich der Kanzler angemessen, hätte auch »diese schönen Modelle liebend gerne persönlich genutzt. Leider ist mir dieses aus dienstrechtlichen Gründen versagt. Ich habe sie deshalb an Mitarbeiter weiterverschenkt, die sich normalerweise Krawatten aus dem Hause Bulgari nicht leisten können. Ein Exemplar habe ich für mich persönlich behalten und werde es bei entsprechenden dienstlichen Anlässen gerne tragen.«[112]

Finden Anzüge, Krawatten oder auch Fußballschuhe, von denen Uwe Seeler dem Kanzler im Sommer 2001 ein Paar zukommen lässt,[113] eher selten ihren Weg in Gerhard Schröders Amtssitz, treffen dort Weine und Zigarren in Unmengen ein. Zum einen sind sie eine ideale Aufmerksamkeit, um den Dank für ein Gespräch, für die Aufnahme in eine Delegation oder auch für einen Besuch des Kanzlers zum Ausdruck zu bringen. Zum anderen kennt man die Vorlieben Gerhard Schröders für gute Weine im Besonderen und die »Liebe zu guten alkoholischen Getränken« im Allgemeinen. Das schreibt Jürgen Großmann, bei dem diese Liebe gleichfalls »vorhanden« ist, als er den Kanzler zum Dank für die »so nette Abendessen-Einladung« wieder einmal mit einer Kiste bedenkt.[114]

Seit er 1985 in Havanna auf den Geschmack gekommen ist, steht Schröder auf die dort hergestellten Zigarren. Das weiß alle Welt, weil er es dieser schon damals erzählt hat und weil der *Playboy* im Dezemberheft 2000 – ohne Schröders Wissen – ein Foto bringt, das den Kubareisenden jenes Jahres mit einer Cohiba im Mundwinkel zeigt. Prompt erinnert sich Udo Jürgens bei einer Kubavisite an diese Geschichte und lässt dem Kanzler – »als Dankeschön für zwei höchst interessante Abendessen mit Ihnen« – im März 2002 24 Fundadores zukommen. Wie stets in solchen Fällen werden »diese wunderbaren Zigarren in den Bestand für die Gästebewirtung aufgenommen … Auf diese Weise«, so Schröder, »habe auch ich die Chance, im Beisein von Gästen das eine oder andere Exemplar aus diesem Fundus zu genießen.«[115] Sicher ist sicher.

Selbstverständlich handhaben es seine Mitarbeiter ebenso. Wenn zum Beispiel Schröders Büroleiterin während und nach der Orientreise Anfang 2005 mit allen möglichen Geschenken – einer Uhr, einer Silbermünze, Ketten, Armreifen und anderem mehr – bedacht wird, die man nicht ablehnen oder zurückweisen kann, übergibt sie diese »zur weiteren Verwendung« an den zuständigen Abteilungsleiter. Mit kleineren Geschenken, wie zum Beispiel Datteln oder Kaffeeproben, werden, das »Einverständnis vorausgesetzt«, Gäste des Kanzlerbüros verköstigt.[116]

Wenige Klischees haben diesen Kanzler so lange und so eng begleitet wie das vom »Brioni-Kanzler«. Bei einigen, zum Beispiel den Italienern, wird es für alle Zeiten zu einem Markenzeichen: Noch 2010 lässt die Botschaft Gerhard Schröder die »Kreation« einer »weltweit berühmten Krawattenmanufaktur« zukommen.[117] In Deutschland löst es sich erst auf, als ein neues, nämlich das des »Basta-Kanzlers«, zur Hand ist. Dass jenes Klischee eine derartige Karriere machen kann, hat sicher auch mit den üblichen Motiven wie Neid und Missgunst zu tun. Aber sie alleine erklären es nicht. Es ist wohl die provozierend wirkende Selbstverständlichkeit, mit der Gerhard Schröder die Attribute des Wohlstands herzeigt. Er hat sie ja nicht entwendet oder auf Kosten anderer erworben. Er hat sie sich erkämpft und erarbeitet. Das merkt man, und das weckt jedenfalls in dieser Gesellschaft abstoßende Reaktionen. Zumal sich der Kanzler damit, wenn auch ungewollt, von der großen Mehrheit seiner Landsleute absetzt, die sich das alles nicht leisten können, die auch nicht von einem Pulk dienstbarer Geister umgeben, von dicken Limousinen vorgefahren und von einer ständig einsetzbaren Flugbereitschaft in die große weite Welt transportiert werden. Dass vieles von dem bald lästige Routine ist, entzieht sich diesem Blickwinkel.

Vor allem aber hebt sich der Kanzler, auch hier ungewollt, von der Mehrheit der Genossen ab. Umberto Angeloni, der Chef von Brioni, hat das im Frühjahr 2000 in einem griffigen Vergleich auf den Punkt gebracht: »Oskar Lafontaine hatte diese speckigen Anzüge, während Gerhard Schröder in exklusivstem, perfektest geschneidertem Zwirn in die Wahl '98 marschierte. Er musste einfach siegen.«[118] Man kann verstehen, dass Lafontaine irritiert war (»Der macht uns noch alles kaputt.«), als die *Life&Style*-Fotos in der »Baracke« eintrafen.[119] Und man versteht auch, warum sich Schröder in dieser Hinsicht radikal zurücknimmt, als er nach dem Rückzug Lafontaines die Führung der Partei übernehmen muss. So gesehen hat der Rivale ihm auch in dieser Hinsicht einen Gefallen getan.

Überhaupt zeitigt der Rücktritt Lafontaines durchaus erfreuliche Konsequenzen. Kurzfristig legt zum Beispiel der DAX um glatte sieben Prozent zu, der Euro-Kurs, der durch die von Lafontaine losgetretene Debatte über Zinssenkungen auf Talfahrt gelangt war, erholt sich deutlich, und die Erleichterung, mit der die Wirtschafts- und Finanzwelt den Rücktritt quittiert, ist Musik in des Kanzlers Ohren. Mittelfristig erweist sich die Wahl Hans Eichels zum Nachfolger als geschickter Schachzug. Der Studienrat aus Passion, Jahrgang 1941 und seit 1964 Mitglied der SPD, hat seine politische Laufbahn als Stadtverordneter seiner Heimatstadt Kassel begonnen, es dort 1975 zum Oberbürgermeister gebracht und seit 1991 als Ministerpräsident mit beachtlichem Geschick ein rot-grünes Regierungsbündnis, seine »Wunschkonstellation«, durch die schwierigen politischen Verhältnisse in Hessen geführt. Schon das prädestiniert ihn für ein Ministeramt in einer entsprechend gefärbten Regierung am Rhein.

Zwar haftet Eichel die Niederlage der Landtagswahl vom Februar 1999 an, doch geht der Machtverlust nicht auf die Kappe seiner Partei, die wie gesehen leicht zulegen konnte, sondern auf das Konto der Grünen. Dass er viele Jahre lang in der Bundespartei den Kurs Lafontaines unterstützt hat, muss für den Kanzler kein Handicap sein. Ganz im Gegenteil bietet sich der neue Finanzminister als potentieller Ansprechpartner der heimatlos gewordenen Linken in der Partei an. Und dann eilt Hans Eichel der Ruf eines gewissenhaften Haushälters voraus. Zwar kann man im Wahlergebnis des Februars auch eine Quittung für den Sparkurs des Ministerpräsidenten namentlich in der Schulpolitik sehen, doch hat er seinem Nachfolger von der CDU eine ordentlich gefüllte Staatskasse hinterlassen. So einer kommt jetzt in Bonn gerade recht. Denn wer den Sozialstaat reformieren und damit zukunftsfähig machen will, kann nicht zulassen, dass die Zinslasten die Ressourcen fressen.

In diesem Sinne formuliert Gerhard Schröder in einem für seine Verhältnisse ungewöhnlich langen handschriftlichen Konzept für die Haushaltsdebatte Mitte September 1999: »Klar haben alle gesündigt. Auch wir ..., weil wir zu lange an die Lösbarkeit der Probleme im nationalen Maßstab geglaubt haben. Keine Chancen des Ausweichens mehr, weil die Zahlen klar sind. 1,5 Bio. Schulden, 82 Mrd. Mark Zinsen, 150 000 DM jede Minute. Deshalb [ist] Handeln unumgänglich. Für jede Regierung. Es geht um die Politikfähigkeit unseres Gemeinwesens, um Rückgewinnung nationaler und internationaler Handlungsfähigkeit ... Unsere Konsolidierungspolitik ist also nicht Selbstzweck. Sie ist Mittel zum Zweck ... Nur Konsolidierung erlaubt pol[itische] Prioritäten in der Zukunft. *Konsolidierung* schafft die Möglichkeit zu mehr *sozialer Gerechtigkeit* ... Nachhaltigkeit ist nicht nur eine ökologische Kategorie ... Wir dürfen nicht aufessen, was unsere Kinder und Enkel ernähren soll. *Fazit:* Wir sparen nicht aus Mangel an pol[itischer] Kreativität. Wir sparen, weil dies die Bedingung ist, um *Kreativität Realität* werden zu lassen ...«[120]

Ein ernstes Anliegen, zugleich ein außerordentlich ambitioniertes Vorhaben. Dass seine Umsetzung Widerstände aller Art hervorrufen wird, weil es an überkommene Besitzstände geht, ist absehbar. Mit Lafontaine wäre das kaum machbar gewesen. Jetzt ist die Bahn frei, und mit Eichel steht just zur rechten Zeit der richtige Mann zur Verfügung. Also ruft der Kanzler Eichel am Tag von Lafontaines Rücktritt nach Bonn und schließt das kurze Gespräch mit der Frage: »›Du, ich muss jetzt runter in die Pressekonferenz. Wir müssen … in der *Tagesschau* sagen, was nun passieren wird. Kann ich sagen, dass du das Finanzministerium übernimmst?‹ Und da habe ich ja gesagt.«[121] Für den Kanzler ist das ein Glücksfall. »Charismatisch wie ein Opel Kadett, dabei unaufgeregt und … routiniert«, so der *Spiegel*,[122] macht sich der Hesse über einen Spar- beziehungsweise Streichhaushalt an die Sanierung der Staatsfinanzen. Und zunächst sieht es danach aus, als könne ihm das gelingen. Auch deshalb, weil Eichel nicht nur viel Erfahrung mitbringt, sondern auch die »Fähigkeit, schwierige Sachzusammenhänge sowohl im Parlament als auch in der Öffentlichkeit, in Fernsehdebatten, darzustellen«. Schröder weiß, wie wichtig das ist.[123]

Auch mittelfristig hat der Rückzug Lafontaines für Schröder durchaus sein Gutes. Wenn er sich an sein großes Reformvorhaben macht, muss er fortan nicht mehr mit dem Widerstand des Rivalen rechnen. Dieses Vorhaben besteht in nicht weniger als in der Modernisierung der Sozialen Marktwirtschaft. Das sagt Gerhard Schröder nicht erst, seit er Kanzler ist, sondern das hat er schon als Ministerpräsident angekündigt. Je näher die Bundestagswahl des Herbstes 1998 rückte, umso intensiver meldete sich Gerhard Schröder zur Reform von Wirtschaft und Gesellschaft zu Wort. Er tat das, wie berichtet, über die Massenmedien wie zum Beispiel den *Spiegel*, aber auch an eher entlegenen Orten wie der Zeitschrift *Die neue Gesellschaft – Frankfurter Hefte*. Das Magazin ist aus zwei 1946 beziehungsweise 1954 gegründeten Zeitschriften hervorgegangen und erreicht vor allem die Klientel der SPD.

So gesehen trifft der später erhobene Vorwurf, Schröder habe die Genossen mit seiner Reformpolitik überrumpelt, nicht zu. Richtig ist, dass er sie in der Regel über die Medien ins Bild setzt und so vor mehr oder minder vollendete Tatsachen stellt. Aber er sagt der Öffentlichkeit eben immer, was er vorhat. Die Frage ist, ob die hören will, was er zu sagen hat. Hört sie zu, tut sie das mit einer Mischung aus Erstaunen und Ungläubigkeit, weil sich Schröders Vorstellungen kaum »mit dem gepflegten Oberflächenbild des stromlinienförmigen ›Medienkanzlers‹ … in Einklang bringen ließen«, wie Martin E. Süskind beobachtet: »Derlei Überlegungen fügten sich schwer in die Legende vom ›Machtmenschen‹ Gerhard Schröder, der seine Partei angeblich zeitlebens vor allem als Steigbügel für die eigene Karriere betrachtete.«[124]

Dabei hat er selbst einmal Positionen vertreten, die noch weit jenseits der überlebten Parteilinie angesiedelt gewesen sind. 20 Jahre ist es her, seit der oberste Jungsozialist in der *Neuen Gesellschaft* »der Macht des Kapitals durch gesellschaftlichen Druck und partielle Indienstnahme des Parlaments« entgegentreten wollte.[125] Er habe nun einmal, schreibt Schröder im Sommer 1998, »früher an die Vergesellschaftung von Produktionsmitteln geglaubt« und schäme sich »dessen keineswegs«. Das Eintreten für die Schwachen der Gesellschaft, die Bereitschaft, sich auch mit starken Interessengruppen anzulegen, sei ihm – »August Bebel und Willy Brandt sei dank« – »erhalten geblieben, auch wenn der Weg in die Zukunft eben nicht über den Sozialismus« führe: »Brüche und Entwicklungen finden sich nun mal im Leben jedes wachen Politikers.«[126]

Jetzt sagt Gerhard Schröder, dass »alle Politikkonzepte falsch« sind, die »nicht zur Kenntnis nehmen: Die fiskalischen Möglichkeiten der öffentlichen Haushalte sind strukturell erschöpft.«[127] Eine »Sozialpolitik, die die Kreativität und die Möglichkeiten der Menschen fördert, statt auf nachträgliche Umverteilung zu setzen«, ist daher das Gebot der Stunde.[128] Auch am eigentlichen Ziel der Großoperation – soziale Gerechtigkeit und Chancengleichheit für alle – ändert sich mit der Regierungsübernahme nichts. Weil sie für Gerhard Schröder keine dem Wahlkampf geschuldeten Floskeln, sondern aus eigener Erfahrung früh formulierte Maximen sind, muss man zwei Fragen stellen – und beantworten: Wie definiert man soziale Gerechtigkeit und Chancengleichheit am Ende des sozialdemokratischen Jahrhunderts, und wie finanziert man sie? Wie immer die Antwort im Einzelnen ausfallen mag, sicher ist, dass man sich im 21. Jahrhundert »nicht mehr auf Verteilungsgerechtigkeit beschränken« kann.

Die Alternative besteht in »mehr Eigenverantwortung, die zu Gemeinwohl führt«. Ein unscheinbar anmutender, beinahe beiläufig geäußerter Grundsatz, hinter dem sich allerdings, wenn man ihn denn ernst nimmt, nicht weniger verbirgt als der komplette Umbau der an ungehemmten Zuwachs gewöhnten Umverteilungsgesellschaft. Gelingen kann die Generalsanierung von Grund auf nur, wenn zum einen eine Mehrheit der Deutschen von der Notwendigkeit dieses Umbaus überzeugt und bereit ist, Eigenverantwortung zu übernehmen – sprich: die Quittung für jahrzehntelange kollektive Selbstbedienung zu zahlen, und wenn sich zum anderen der »Staat … darauf konzentriert, die Bedingungen für Gerechtigkeit zu schaffen und die Infrastruktur gesellschaftlicher Solidarität zu garantieren«.[129]

Am Anfang des Weges steht der Versuch, ein »Bündnis für Arbeit« zu schmieden. Als solches ist es in die Geschichte eingegangen. Tatsächlich finden die Gespräche unter dem Motto »Bündnis für Arbeit, Ausbildung und Wettbewerbsfähigkeit« statt. So will es der Kanzler. Für ihn stehen die drei

Elemente der Arbeitssteuerung in einem unmittelbaren, nicht auflösbaren Zusammenhang, und dass die »Ausbildung« im Zentrum angesiedelt ist, hat seinen Grund: Die »Einsicht, daß die Schaffung einer vor allem auch materiell gesicherten Existenz entscheidend vom Bildungsgrad abhäng[t], veranlaßte mich, mir Gedanken über meine Weiterbildung zu machen«, hatte der dreiundzwanzigjährige Gerhard Schröder in seinem Lebenslauf geschrieben.[130] Daran hat sich nichts geändert. Im Gegenteil.

Der Versuch, das Vorhaben in überschaubarer Zeit zum Erfolg zu führen, ist anspruchsvoll. Ein Vorläufer, die 1995 vom Vorsitzenden der IG Metall, Klaus Zwickel, angeregten Gespräche über ein solches Bündnis, war nach nicht einmal einem halben Jahr gescheitert. Insbesondere die erwähnte Entscheidung der christlich-liberalen Regierung, die Lohnfortzahlungen im Krankheitsfall einzuschränken, hatte dem Bündnis die Basis entzogen. Kohls »größter Fehler war«, sagte Schröder vor der Wahl, »aus Gründen des Wahlkampfs die Gewerkschaften vor die Tür zu stellen«.[131] Den will er nicht wiederholen, weil er die Gewerkschaften für seine Reformpolitik braucht. Also sitzen in der ersten Gesprächsrunde, die für den 7. Dezember 1998 im Kanzleramt anberaumt ist, neben dem Bundeskanzler, dem Chef des Kanzleramtes sowie vier weiteren Regierungsmitgliedern sowohl Vertreter der großen Arbeitgeberorganisationen wie des Deutschen Industrie- und Handelskammertages als auch die Spitzenvertreter der Industriegewerkschaften Metall sowie Bergbau, Chemie, Energie, der Gewerkschaft Öffentliche Dienste, Transport und Verkehr (ÖTV) sowie des Deutschen Gewerkschaftsbundes (DGB), also der Dachorganisation, und der zu dieser Zeit noch eigenständigen Deutschen Angestellten-Gewerkschaft (DAG) mit am Tisch.

Schon am 25. Februar des folgenden Jahres tagt das Bündnis für Arbeit ein zweites Mal. Insgesamt neun dieser Spitzentreffen finden bis März 2003 statt, vorbereitet von einer Steuerungsgruppe und flankiert von Arbeitsgruppen sowie einem aus fünf Wissenschaftlern bestehenden Kreis, der die international vorbildlichen Standards, sogenannte Benchmarks, prüfen und Lösungsvorschläge für die deutsche Politik erarbeiten soll. Überhaupt haben ausländische Vorbilder, allen voran das niederländische Poldermodell, Pate gestanden. Dieses Konsensmodell geht auf ein Abkommen zurück, das der damalige Gewerkschaftsführer und jetzige Ministerpräsident Wim Kok im November 1982 mit den Arbeitgebern geschlossen hat. Es umfasst ein ganzes Paket von Maßnahmen, zu denen unter anderem eine Reduzierung der staatlichen Sozialleistungen, eine Senkung und Flexibilisierung der Arbeitszeit, die Förderung von Zeitarbeit und andere Maßnahmen mehr zählen. Von besonderer Bedeutung ist der Selbstverzicht der Gewerkschaften auf hohe Lohnforderungen, um die Kostenspirale – höhere Löhne, höhere Arbeitskosten, höhere Preise – in den Griff zu bekommen.

Das ist in Deutschland offenbar nicht mehrheitsfähig. Jedenfalls teilt IG-Metall-Chef Zwickel Ende November 1998, also noch bevor die Runde überhaupt erstmals zusammengetreten ist, öffentlich mit, dass sich die Gewerkschaften durch ein Bündnis für Arbeit nicht zu einer moderaten Lohnpolitik verpflichten lassen wollen, sondern auf die Kaufkraft setzen: Reale Einkommensverbesserungen stärken die Kaufkraft und schaffen damit Beschäftigung, lautet die Parole. Im Herbst des folgenden Jahres fragt Zwickel dann auf dem Gewerkschaftstag, also wiederum öffentlich, »was die Gewerkschaften über kurz oder lang noch im Bündnis für Arbeit sollen«, wenn bei der sogenannten Rente mit 60 »nur halbherzig gehandelt« werde.[132] Und im April 2001 droht er erneut, das Bündnis zu verlassen, dieses Mal mit dem Vorwurf zu unternehmerfreundlicher Absprachen der Runde.

Offensichtlich geht die IG Metall davon aus, dass sie am längeren Hebel sitzt. So hoch, wie Schröder die Erwartungen an das Bündnis für Arbeit geschraubt hat, braucht er den Erfolg, und der ist ohne oder gar gegen die Gewerkschaften nun mal nicht zu haben. Das demonstrieren sie ihm vom ersten Tag an. Kaum hat der Kanzler sein Büro bezogen, flattert ihm auch schon ein ziemlich pampig gehaltenes Schreiben aus der Frankfurter Metaller-Zentrale auf den Tisch: Da Bildungsministerin Bulmahn bei der Besetzung des Abteilungsleiterpostens im Bereich der beruflichen Bildung nicht ihrem Vorschlag gefolgt ist, sind der Vorsitzende und das für die Gewerkschaftliche Bildungsarbeit zuständige Mitglied des Vorstands »sehr betroffen, ja verärgert«: »Du wirst verstehen, daß wir unter diesen Umständen unsere Berufsbildungspolitik neu adressieren müssen.«[133]

Hinzu kommt ein nur schwer lösbarer Grundkonflikt: Während die auf Export ausgerichtete Industrie »längst international aufgestellt« ist und zusehends Arbeitsplätze ins Ausland verlagert, organisiert sich die Arbeit »noch national«. So stehen die Konsensgespräche von Anfang an unter keinem guten Stern, zumal rasch deutlich wird, dass »der ernsthafte Wille zur Einigung schlechterdings nicht vorhanden war«.[134] Und dann fahren auch noch die erklärten Gegner des Bündnisses große Geschütze auf. Die Opposition im Bundestag argwöhnt, dass die außerparlamentarische Konsenssuche »das parlamentarische System aushöhlen« werde, und die maßgeblichen Zeitungen sind ohnehin mehr oder weniger strikt gegen das Bündnis für Arbeit und erklären es schon nach der zweiten Runde »längst zur Farce«.[135]

Fünf Jahre später ist es tatsächlich erledigt. Zwar hat der Kanzler, wie er den Genossen auf dem Bonner Sonderparteitag im April 1999 erläuterte, die

Gespräche als »perspektivisch angelegte Veranstaltung« begriffen, »von der man nicht erwarten kann, daß sie bereits in den ersten Wochen und Monaten ... Erfolge zeitigt«.[136] Aber dass Jahre ins Land gehen und man schon punktuelle Vereinbarungen wie die Neuregelung des Schlechtwettergeldes am Bau als ein »kleines Bündnis für Arbeit« verkaufen muss,[137] hat er sich nicht vorstellen können. Also erklärt Gerhard Schröder das Bündnis für Arbeit nach einer letzten Runde im März 2003 »für gescheitert«: »Vierzehn Tage später stellte ich dann im Deutschen Bundestag mein Modernisierungsprogramm der Agenda 2010 vor.«

Vielfältige Gründe haben zum Scheitern des Bündnisses beigetragen, darunter die Weigerung, den Tarifkomplex zum Thema zu machen, obgleich es während des fünften Treffens im Januar 2000 vorübergehend so aussah, als könne das gelingen. Offensichtlich versuchen Arbeitgeber wie Gewerkschaften, »die Regierung für die eigenen Ziele zu instrumentalisieren«. Durchdachte und formulierte eigene Beiträge sind Mangelware. Ob Arbeitgeber und Gewerkschaften das nötige »Maß an Reflexion und Kenntnis der weltwirtschaftlichen Abläufe« abging, wie Schröder im Rückblick enttäuscht und nicht ohne eine Spur von Hochmut festgestellt hat, sei dahingestellt.[138]

Zu diesem Zeitpunkt ist auch von einer anderen Initiative längst keine Rede mehr. Das sogenannte Schröder-Blair-Papier, das der Bundeskanzler und der britische Premierminister am 8. Juni 1999 in London vorgestellt haben, gehört zu den am wenigsten gelesenen, aber besonders heftig kritisierten Dokumenten aus der Kanzlerschaft Gerhard Schröders. Das liegt auch an den wenig glücklichen Umständen, unter denen es bekannt gemacht wird, und an der kurzen Karriere, die dem Papier in der öffentlichen Diskussion beschieden ist: Kaum ist es publik, kommt es auch schon in den Europa- und Kommunalwahlen unter die Räder.

Das Papier ist ähnlich wie die Konferenzen »Modernes Regieren« eine von mehreren Initiativen, die aus deutscher Sicht die im Bündnis für Arbeit verfolgten Konsensgespräche international flankieren sollen. Hintergrund ist eine günstige politische Konstellation: In Europa, aber beispielsweise auch in den USA, haben zurzeit sozialistische beziehungsweise sozialdemokratische oder ihnen verwandte Parteien und Politiker das Heft des Handelns in der Hand. Da liegt es nahe, dass man sich zusammensetzt und nach einem gemeinsamen »Dritten Weg« sucht. Stichwortgeber ist der britische Soziologe Anthony Giddens, der soeben unter dem Titel *Der dritte Weg* seinen Entwurf für *Die Erneuerung der sozialen Demokratie* vorgelegt hat. Wie überhaupt Blair, New Labour und ihr intellektuelles und organisatorisches Umfeld als

Vorbild dienen. Schon im Mai 1995, als er zwar schon Parteivorsitzender, aber noch nicht Premier war, hatte die Bundestagsfraktion der SPD Blair zu einer Rede eingeladen.[139] Anfang 1999 ist dann der Politologe Bernd Becker für ein Jahr nach London gegangen, um sich »Organisation, Arbeitsabläufe und interne Kommunikation No. 10 Downing Street« anzusehen.[140]

Initiator der Mission war Kanzleramtschef Bodo Hombach, der auf deutscher Seite auch für die Koordination der Beratungen über den Dritten Weg zuständig ist. »Tatsächlich war es so«, hat er im Rückblick festgehalten, »dass wir eine große Gruppe europäischer Sozialdemokraten zusammengeholt hatten, nämlich alle die, die dicht an ihren Ministerpräsidenten waren. Das waren Pierre Moscovici von Lionel Jospin aus Frankreich, das war Peter Mandelson von Tony Blair, das war Andreas Rudas aus Österreich, das war Pär Nuder aus Schweden und eine ganze Reihe anderer. Selbst aus Amerika kam ein enger Mitarbeiter von Bill Clinton. Es ging immer um die inhaltliche Debatte, um den Dritten Weg: Wie schafft man eine moderne volkswirtschaftliche Konzeption bei gleichzeitig wahrgenommener und finanzierbarer sozialer Verantwortung.«[141]

In diesen Zusammenhang gehört auch das besagte Papier mit dem Titel »Der Weg nach vorne für Europas Sozialdemokraten«. Womit deutlich wird, dass Schröder hier nicht als Kanzler agiert: Es sei »nicht irgendein Papier, sondern das des Parteivorsitzenden«, sagt er wenig später vor der Fraktion.[142] Es ist das vorläufige Ergebnis von Beratungen, die im November 1998 während eines Besuchs von Schröder bei Blair vereinbart worden waren. Seither befasst sich eine von Hombach und Mandelson geleitete Arbeitsgruppe mit dem Komplex. Grundlage des Schröder-Blair-Papiers ist eine nüchterne Bestandsaufnahme: In der Vergangenheit ist der Weg zu sozialer Gerechtigkeit mit »immer höheren öffentlichen Ausgaben gepflastert« gewesen, die im Wesentlichen durch eine entsprechend hohe steuerliche Belastung finanziert worden sind. Diese aber hat zunehmend problematische Rückwirkungen auf »Wettbewerbsfähigkeit, Beschäftigung oder private Ausgaben«. Mithin bedarf es einer grundlegenden Reform des Sozialstaates. Die Initiatoren wollen ihn »modernisieren, nicht abschaffen«.

Was folgt, ist ein umfassender Katalog von Maßnahmen, der in vielen Punkten die Reformvorhaben der rot-grünen Bundesregierung aufgreift, in einigen weit darüber hinausgeht und im Wesentlichen drei Ziele verfolgt: Erstens sollen die staatlichen Sozialsysteme entschlackt und damit der exzessiven Staatsverschuldung gegengesteuert werden. Zweitens müssen die Entfaltungs- und Gestaltungsmöglichkeiten der Wirtschaft durch ein »gestrafftes und modernisiertes Steuer- und Sozialleistungssystem« flankiert werden.

Drittens sollten die Pflichten des Einzelnen mindestens so hoch bewertet werden wie seine Rechte: »Es reicht ... nicht, die Menschen mit den Fähigkeiten und Kenntnissen auszurüsten, die sie brauchen, um erwerbstätig zu werden. Das System der Steuern und Sozialleistungen muß sicherstellen, daß es im Interesse der Menschen liegt, zu arbeiten.«

Wohl auch weil die Verfasser ihr Papier ausdrücklich als »Entwurf ..., nicht als abgeschlossenes Programm« begreifen,[143] findet es in Großbritannien, obgleich dort vorgestellt, kaum Beachtung. Blairs Sprecher Alastair Campbell, dessen Tagebuch buchstäblich alles festhält, erwähnt zwar die Pressekonferenz, vermerkt auch, dass Schröder seine Erklärung aus dem Ärmel geschüttelt habe, verliert aber kein Wort über das Papier.[144] Dabei ist der Bundeskanzler eigens für die neunzigminütige Pressekonferenz nach London geflogen; andere Termine nimmt er dort nicht wahr. In Deutschland hingegen, wo vor allem jene auf die Pflichten des Einzelnen bezogenen Aussagen Beachtung finden, gehen die Wogen hoch. Während Schröder Beifall von den Arbeitgebern, den Freien Demokraten und indirekt auch von den Unionsparteien – also von der falschen Seite – erhält, geht die eigentlich angesprochene Linke auf die Barrikaden. Kein Wunder. Nimmt man Schröder nämlich »ernst«, wie der Beobachter der *Süddeutschen Zeitung* das tut, »dann bedeutet dies in fundamentalen Politikbereichen eine radikale Abkehr von herrschenden sozialdemokratischen Doktrinen, ja Dogmen ... Hier wird für eine Politik geworben und deren Linien vorgezeichnet, die darauf abzielt, daß möglichst wenig Sozialfälle entstehen.«[145]

Ganz gleich ob Gewerkschaften, Arbeitnehmerflügel der SPD oder Jusos, sie alle sind sich darin einig, dass es so nicht geht: Stellt man in Rechnung, dass im Frühjahr 1999 kein einziger namhafter Unternehmer mehr für die SPD im Bundestag sitzt, gleichzeitig aber 244 der 298 sozialdemokratischen Abgeordneten einer Gewerkschaft angehören, wird in dem Schröder-Blair-Papier gegen die Stimmung der überwältigenden Mehrheit in der Fraktion argumentiert. Wie groß die »Mißverständnisse« zwischen den Gewerkschaften und den Namensgebern des Papiers sind, zeigt ein ellenlanges Schreiben, in dem der Vorsitzende des DGB dem Vorsitzenden der SPD seine Bedenken erläutert.[146] Auch die Linken anderer Länder, namentlich Frankreichs Sozialisten, gehen entschlossen auf Distanz zu dem, was sie aus London vernehmen. Es sei »falsch so zu tun, als ob auf der einen Seite die Modernen und auf unserer Seite die Rückständigen stünden«, lässt sich Frankreichs Europaminister Pierre Moscovici vernehmen.[147]

Ein Problem des Papiers ist sein Umfang. In der den Journalisten übergebenen Fassung sind es immerhin 18 Seiten, zu viele für eine programmatische

Erklärung von solcher Tragweite – jedenfalls dann, wenn man davon ausgeht oder doch hofft, dass diejenigen, die am nächsten Tag darüber berichten werden, das Papier auch gelesen haben. Davon kann man nicht einmal bei den Mitgliedern des SPD-Präsidiums ausgehen. Weil Schröder seine Kameraden kennt, rät er ihnen, »sich nicht an den Überschriften der Kommentare zu orientieren, sondern das Papier zu lesen«.[148] Der Umfang verrät dessen konzeptionelle Schwächen. Das Ganze ist nicht konsequent durch- oder gar zu Ende gedacht. Vieles bleibt vage und im Ungefähren. Im Grunde ist das Papier noch gar nicht publikationstauglich, wenn Schröder es auch eigenhändig redigiert hat. Ursprünglich sollte es schon am 21. April, anlässlich eines Besuchs von Tony Blair in Bonn, vorgestellt werden. Sechs Wochen später ist man zwar nicht wesentlich weiter, aber Schröder will nun mal mit seinen Ideen an die Öffentlichkeit.

Und das ist das eigentliche Problem. Weil der Vorsitzende seine Partei kennt, werden die Genossen via Öffentlichkeit vor vollendete Tatsachen gestellt: Lässt man derart brisante Pläne, wie die ins Auge gefasste Aufkündigung des herkömmlichen Wohlfahrts- und Versorgungsstaates, in den diversen Gremien vom Ortsverein bis zum Bundesparteitag diskutieren, werden sie nie und nimmer in die Tat umgesetzt, es sei denn in einer bis zur Unkenntlichkeit mutierten Fassung. Das sagt Schröder die Erfahrung. Also bleibt nur die Tat. Das ist ein plausibles, ein pragmatisches Kalkül, an dem grundlegenden Kommunikationsdefizit ändert es nichts und an der Erwartungshaltung der Partei auch nicht.

Schon bei der Präsentation des Papiers im Juni 1999 kann man sehen, was die beiden Initiatoren in dieser Hinsicht unterscheidet. Tony Blair hat die Diskussion um diese Ideen bereits hinter sich, weil er zunächst seine gleichermaßen traditionsverliebte wie rückwärtsgewandte Partei zu New Labour umgebaut und sich dann mit diesem Modell den Wählern gestellt hat. Gerhard Schröder hat sich zunächst den Wählern gestellt und macht sich jetzt ohne Diskussion an den konzeptionellen Umbau seiner Partei. Die Situation ist allerdings auch ziemlich günstig. Denn zum einen fehlt der Linken nach dem Abgang Lafontaines die durchsetzungsstarke und mehrheitsfähige Stimme, und zum anderen steht der Kanzler nach dem glücklich überstandenen Krieg im Kosovo stark und stabil da wie selten zuvor. Meint er jedenfalls.

Aber dann kommt schneller als erwartet die kalte Dusche. Am 13. Juni werden nicht nur die Wahl zum Europäischen Parlament, sondern zeitgleich auch in sechs Bundesländern Kommunalwahlen abgehalten. Für Sozialdemokraten und Grüne ist das Ergebnis verheerend. Eigentlich hatte nach dem wenig erbaulichen Ergebnis der Europawahl 1994 kaum jemand damit gerechnet, dass sich die Talfahrt noch fortsetzen könnte. Aber das tut sie. Auch weil die Wahlbeteiligung gegenüber den letzten Wahlen dramatisch von 60 auf gerade einmal 45 Prozent zurückgeht, schaffen es die Sozialdemokraten bei einem neuerlichen Verlust von jetzt 1,5 Prozentpunkten der Stimmen gerade einmal über die Dreißig-Prozent-Hürde. Noch ärger werden die Grünen gebeutelt, die mehr als ein Drittel ihres Stimmenanteils einbüßen und bei schlappen 6,4 Prozent landen.

Regelrecht alarmierend sind die Ergebnisse der Kommunalwahlen. Dass die CDU in Mecklenburg-Vorpommern, Sachsen-Anhalt, Sachsen und Thüringen mit satten Zuwächsen als klare Gewinnerin dasteht und die SPD mehr oder weniger leicht verliert, ist beunruhigend, aber dass sie in Sachsen mit 18,7 Prozent noch hinter die PDS zurückfällt und dort nur noch drittstärkste politische Kraft in den Kommunen ist, gibt doch sehr zu denken. Zumal es in Rheinland-Pfalz, wo die SPD ihre Hochburgen verliert, und im Saarland nicht besser aussieht. Auch hier geht die CDU mit Zuwächsen von 6,6 beziehungsweise von 8,7 Prozentpunkten als klare Siegerin vom Platz. Vor allem in den Kommunen sind die Verantwortlichen für das Debakel rasch ausgemacht: Die Weichenstellungen der Bundesregierung, allen voran die Gesetze zur Scheinselbstständigkeit und den mittlerweile aufgestockten 630-Mark-Jobs, haben die Menschen verschreckt. Vereinzelt hört man auch, dass das zu Beginn der Wahlwoche vorgestellte Schröder-Blair-Papier Wirkungen gezeitigt habe. Schwer zu sagen, ob und gegebenenfalls in welchem Maße das zutrifft. Aber dass der Tenor des Papiers, so wie er von den Medien kommuniziert wird, ins Stimmungsbild passt, ist gewiss. So wie es nicht überrascht, dass die papiernen Visionen bis Ende des Monats wieder aus den Schlagzeilen verschwunden sind.

Erst einmal steht das Papier aber zwei Tage nach der »schweren Niederlage«, so Peter Struck, ganz oben auf der Tagesordnung der Fraktionssitzung.[149] Er eigne sich »nicht dafür«, erläutert Schröder den Abgeordneten seiner SPD an diesem 15. Juni, »diese berühmte Diskussion anzufangen, die dann heißt: Das ist nicht gut, was wir beschert bekommen haben, aber verglichen mit der Kommunalwahl 1928 stehen wir immer noch besser da. Ich finde diese Form der öffentlichen Darstellung falsch.« Und da er nun schon einmal dabei ist, den Finger in die Wunde zu legen, sagt er den Genossen auch gleich »sehr deutlich ...: ich werde es nicht länger zulassen, daß sozusagen jemand den Kopf abbildet und den Namen nimmt für eine Politik, die nicht meine ist ... Das geht nicht, weil das kann ich nicht auf Dauer mit mir machen lassen und werde ich auf Dauer mit mir nicht machen lassen.« Er stehe auch weiterhin zu dem, »was mit der neuen Mitte formuliert worden ist« – und das »ist nichts, über das man sich in Presseerklärungen lächerlich machen sollte. Das ist nämlich die Basis für unseren Wahlsieg ...«[150]

Also macht Gerhard Schröder in dieser Frage nicht auf dem Absatz kehrt, sondern bleibt am Ball und behält den Dritten Weg im Blick. Das geschieht zum einen im Rahmen des Bündnisses für Arbeit. Es geschieht zum anderen durch gelegentliche Wortmeldungen. Und es geschieht schließlich auf dem Forum einiger großer Konferenzen zum Thema »Modernes Regieren«. Die warten zwar in der Sache mit eher überschaubarem Ergebnis auf, sorgen aber für schöne Schlagzeilen. Und sie haben einen willkommenen Nebeneffekt: Die Konferenzen öffnen immer wieder »Zeitfenster für bilaterale Gespräche« auch mit Staats- und Regierungschefs,[151] die man nicht ohnehin alle naselang zum Beispiel auf den EU-Gipfeln sieht.

Geboren worden ist die Konferenzidee während einer Begegnung Tony Blairs mit Bill Clinton im Mai 1997. Schon im November des Jahres kommt es in England zur ersten, 1998 in den USA zur zweiten und dritten Begegnung in diesem Rahmen. Neben Blair und Clinton nehmen jeweils aus Politikern und Fachleuten zusammengesetzte Delegationen an den Gesprächen teil. Beim dritten Treffen an der New York University sind im September 1998 auch die Ministerpräsidenten Italiens und Schwedens mit von der Partie.[152] Fortan finden die Gespräche stets im größeren Kreis statt, so auch das Treffen von Florenz am 20. und 21. November 1999, das Bill Clinton, nach wie vor die treibende Kraft hinter den Begegnungen, im Rückblick als »das bislang mit Abstand gehaltvollste« bezeichnet. Sieben Staats- und Regierungschefs haben sich dieses Mal im Palazzo Vecchio eingefunden, »um einen progressiven Konsens für die Innen- und die Außenpolitik im 21. Jahrhundert und für Reformen des internationalen Finanzsystems zu formulieren«,[153] darunter auch der deutsche Bundeskanzler.

Gerhard Schröder hat sich auf das Treffen vergleichsweise gründlich vorbereitet und wird von einigen Wissenschaftlern begleitet, darunter Oskar Negt und Ulrich Beck. Auch Erhard Eppler und Reinhard Hesse sind dabei.[154] Die Zusammensetzung des Kreises, mit dem sich der Kanzler auf der Konferenz berät, ändert sich im Laufe der Jahre. Einerseits wird er größer, andererseits stoßen jetzt weitere Sozial-, Wirtschafts- und Politikwissenschaftler hinzu.[155] Mit den Mitgliedern dieses »merkwürdigen Nach-Florenz-Kreises« hat Oskar Negt seine Schwierigkeiten: »Wenn ich von Eppler und Ulrich Beck absehe, sind es doch überwiegend hartgesottene Technokraten, die da ihre Meinung kundgeben.«[156]

Die Konferenz »Modernes Regieren im 21. Jahrhundert«, zu der Schröder 14 Staats- und Regierungschefs für den 2. und 3. Juni 2000 nach Berlin eingeladen hat, ist für den Bundeskanzler zugleich der Höhepunkt dieser Serie. Zu den Gästen gehört auch Bill Clinton, der zu seinem vermutlich letzten offiziellen Besuch nach Deutschland kommt. Neben der Konferenz steht eine Reihe von Gesprächen, selbstredend auch mit dem Kanzler, auf dem Programm, außerdem nimmt der amerikanische Präsident in Aachen den Karlspreis für seinen Beitrag zur europäischen Einigung in Empfang. Schröder hält in Aachen die Laudatio, und Clinton nahm stets an, dass ihm der Preis »von Gerhard verliehen« worden sei.[157]

Für den Bundeskanzler ist der Besuch eine schöne Gelegenheit, sich und sein Anliegen in Szene zu setzen, ohne dass die zahlreichen Probleme im transatlantischen Verhältnis im Vordergrund stehen. Der auch in Deutschland außerordentlich populäre Amerikaner, der zu den Medien ein ähnlich affines Verhältnis hat wie der Gastgeber, zieht Hunderte von Schaulustigen an. Selbst als man in einem Berliner Lokal zu Abend isst – auf Bitten Clintons deutsches Essen, kein Edelrestaurant, Lokalkolorit – kommen Dutzende, als sich das herumgesprochen hat.

Natürlich wertet der Besuch des Stars von der anderen Seite des Atlantiks die Konferenz erheblich auf. Auch das Gruppenfoto vor dem Charlottenburger Schloss ist ein gelungener Pressetermin für Schröder. Denn es ist ja nicht selbstverständlich, dass eine stattliche Zahl von Staats- und Regierungschefs ohne den äußeren Zwang eines EU-, NATO- oder sonstigen Gipfels dem Ruf eines deutschen Bundeskanzlers folgt. Dass einige wie Israels Ministerpräsident Ehud Barak oder auch Tony Blair nicht kommen können, fällt da kaum noch auf.

Verpassen tun sie eigentlich nichts. Denn in der Sache bleiben die Gespräche an der Oberfläche, und eine Fortsetzung in dieser oder ähnlicher Besetzung finden sie auch nicht: Die Konzepte, wie die Idee der zivilen Bürgergesellschaft, die der deutsche Bundeskanzler auch hier vorstellt, sind schlicht zu komplex, um in einer Runde von notorisch unter Zeitdruck stehenden Teilnehmern auch nur annähernd angemessen diskutiert zu werden; der opulente Tagungsband, der wie bei solchen Veranstaltungen üblich auch jetzt erscheint, hat mit dem Verlauf der Konferenz nicht viel zu tun.[158]

Allerdings zeigt die Berliner Konferenz mit ihrem Aufgebot prominenter Staatsmänner, wie souverän Gerhard Schröder inzwischen das internationale Parkett beherrscht. Als er das Amt vor gut anderthalb Jahren übernahm, hatte er sich zwar in seinen diversen Funktionen als Juso-Vorsitzender und Bundestagsabgeordneter, Oppositionsführer und niedersächsischer Regierungschef in der Welt umgetan; auch hatte Schröder als Ministerpräsident gelernt, dass Autoteststrecken im Emsland und Gasleitungen durchs Wattenmeer, U-Boot-Geschäfte mit fernöstlichen Auftraggebern und nukleare Entsorgungsabkommen mit europäischen Nachbarstaaten, Lohnnebenkosten in der deutschen Industrie und Geschwindigkeitsbegrenzungen auf deutschen Autobahnen zwar in erster Linie unter sozial- und wirtschaftspolitischen, umwelt- oder auch friedenspolitischen Gesichtspunkten zu betrachten, aber ohne die internationalen Rahmenbedingungen weder verstehbar noch handhabbar sind.

Mit dem außenpolitischen Geschäft selbst ist er aber in der Staatskanzlei kaum in direkte Berührung gekommen. Erfahrungen, wie man sie als Minister im Bundeskabinett oder als Fraktionsvorsitzender im Bundestag sammelt, hat er nicht. Das unterscheidet ihn sowohl von seinen drei Vorgängern und von seiner Nachfolgerin im Amt als auch von seinem Verteidigungs- und seinem Außenminister. Und es erklärt auch, warum sich Rudolf Scharping anfänglich im Bereich der internationalen Politik sicherer bewegt als der Kanzler. Das ändert sich bald, weil Schröder mit Michael Steiner einen mit allen Wassern gewaschenen außen- und sicherheitspolitischen Berater an seiner Seite hat – und weil ihm gar keine Wahl bleibt: Der neuerlich eskalierende Balkankonflikt und die Ratspräsidentschaft in der EU fordern den ganzen Mann.

Ähnlich wie im Fall der inneren Reformen zeigt sich auch hier, dass Gerhard Schröder nicht der Mann differenzierter Konzepte und Strategien ist. Wohl aber hält er einen festen Bestand von Grundsätzen und Maximen vor, an denen er sich konsequent und so lange orientiert, wie sie der Wirklichkeit standhalten. Schröder war nie überzeugt, dass sich im Zweifelsfall die Wirklichkeit irrt. Dieser nicht von Ideologien oder Illusionen verstellte Blick auf die weltpolitischen Realitäten führt den Kanzler schon sehr bald zu einer doppelten Erkenntnis: Erstens hat sich Deutschlands Rolle in der Welt mit dem Zusammenbruch der alten Weltordnung und der Vereinigung des Landes grundlegend geändert, und zweitens muss die deutsche Außen- und Sicherheitspolitik dieser neuen Rolle Rechnung tragen. Das kann sie aber nur leisten, wenn sie ihre Rolle definiert, und diese Definition wiederum setzt voraus, dass sie ihre Interessen kennt und nennt. Das sind die Deutschen nicht nur sich selbst schuldig, sondern auch ihren Partnern und Verbündeten, den Hilfesuchenden und Fordernden, den Neidern und Gegnern, die es auch gibt.

Man mag darin eine Stärke, man mag darin eine Schwäche sehen, sicher ist, dass Gerhard Schröder auch als Bundeskanzler stets Klartext redet. Missverstehen kann man ihn eigentlich nicht, es sei denn, man will es. Auch nicht den Außenpolitiker, der mit seiner Überzeugung nicht hinterm Berg hält, sondern für jedermann nachlesbar zu Protokoll gibt: »Jede Außenpolitik ist zunächst einmal Interessenpolitik.«[159] Als er sich wenige Wochen nach der Wahl auf eine Rede zum Thema Europa vorbereitet, füttert der Kanzler diese Grundeinsicht mit einem schlauen Argument, als er handschriftlich notiert: »Angekommen und aufgehoben in Europa: Das gibt uns die Chance, deutsche Interessen selbstbewußt in den europäischen Prozeß einzubringen, nicht gegen andere, sondern für Europa und damit für uns.«[160]

Das vereinigte Deutschland als Chamäleon der Weltpolitik – willens und in der Lage, die feste Verankerung in den internationalen Gemeinschaften aller Art nicht als Beschränkung, sondern als Voraussetzung und Legitimation eigenständiger Interessenpolitik zu begreifen. Ein originelles und legitimes Verständnis deutscher Außenpolitik, das der Kanzler auch im Ausland gelassen und wenn nötig offensiv vertritt. So bei seinem Besuch in Washington am 11. Februar 1999. Danach befragt, ob er in seiner Außenpolitik die deutschen Interessen tatsächlich robuster und unbefangener wahrnehme als sein Vorgänger, sagt Schröder, ihm missfalle der Begriff »robust«, und fügt dann hinzu: »Vielleicht sollte man sagen, unbefangen in dem Sinn, daß man deutlich macht, daß es legitim ist, Interessen zu haben in Staatengemeinschaften und innerhalb von Bündnissen, daß es nur darauf ankommt, die Interessen so durchzusetzen, daß die … Partner nicht verletzt werden. Vielleicht ist es gelegentlich so gewesen, daß alle Interessen hatten, nur immer die Deutschen nicht. Wir haben auch welche.«[161]

Nicht zufällig markiert der Umzug nach Berlin, von dem zu berichten ist, den Punkt, an dem das unübersehbar wird. Anfang September 1999 erläutert Schröder vor der Deutschen Gesellschaft für Auswärtige Politik im Zusammenhang, was unter deutscher Interessenpolitik zu verstehen ist: »Jede Außenpolitik, die behauptet, keine Interessen zu verfolgen, wäre reine Heuchelei. Wie alle unsere Nachbarn, haben auch die Deutschen vernünftig verstandene nationale Interessen.« In Abhebung von »der Zeit des deutschen ›Sonderwegs‹ und seiner verhängnisvollen Folgen« sollte deutsche Außenpolitik »eine Politik des ›aufgeklärten Eigeninteresses‹ sein«, und das heißt: »1. Man soll sein eigenes Interesse nicht leugnen … 2. Man soll sein Interesse definieren … 3. Die Kunst besteht darin, die nationalen Interessen mit denen unserer Freunde abzugleichen …«[162] Kein deutscher Bundeskanzler hat solches je gesagt – hinter verschlossenen Türen nicht und öffentlich schon gar nicht. Aber erstens haben sich die Zeiten seit der Wiedererlangung voller nationalstaatlicher Souveränität geändert, und zweitens weiß Schröder von Kindesbeinen an, dass in der Regel den Kürzeren zieht, wer seine Interessen nicht namhaft macht, sie vielleicht nicht einmal kennt.

Entscheidend ist, dass sich der Kanzler, der ja durchaus ein Mann der robusten Sprache ist, dabei nie im Ton oder in der Tonlage vergreift. Er wisse, erläutert er Anfang 2001 dem britischen Premier, »dass Deutschland sich sehr vorsichtig bewegen müsse ... Deutsche dürfen nie wieder Sieger sein wollen, aber gleichzeitig nicht das Selbstvertrauen verlieren.«[163] Der Fernsehmoderator und Autor Ulrich Wickert, der ihn lange kennt und während seiner Amtszeit journalistisch eng begleitet, hat bemerkt, dass sich Schröder nie »als Regierungschef einer Großmacht« gebärdet habe: »Er hat nicht den starken Mann dargestellt, der ein Volk von achtzig Millionen Menschen führt.«[164]

Anlass und wichtigstes Thema der dreistündigen Unterredung, die Schröder mit Clinton in Washington führt, wie auch seiner Gespräche mit dem russischen Präsidenten Boris Jelzin, die sich am 18. Februar 1999 anschließen, sind die gefährlich eskalierenden Spannungen auf dem Balkan. Dort hat die rotgrüne Regierung von ihren Vorgängern ein nicht gelöstes Problem übernommen. Es ist in der ersten Regierungserklärung des Kanzlers nur am Rande aufgetaucht, bildete aber schon den Tagesordnungspunkt 2 der Sitzung des Deutschen Bundestages an jenem 10. November 1998: »Deutsche Beteiligung an der NATO-Luftüberwachungsoperation über den Kosovo«. Diese Entscheidung bedeutet für die Koalition gleich zu Beginn ihrer Amtszeit eine enorme Herausforderung. Das liegt an der Art und Weise, wie die beiden Parteien bislang mit dem Thema umgegangen sind.

Im Verlauf des Jahres 1991 zerbrach nach einer verwickelten Vorgeschichte jener Vielvölkerstaat Jugoslawien, der am 1. Dezember 1918 als Königreich der Serben, Kroaten und Slowenen gegründet und – nach der Zerschlagung und Besetzung durch die deutsche Wehrmacht während der Jahre 1941 bis 1944 – Ende November 1945 als Föderative Volksrepublik Jugoslawien neu gegründet worden war. Im Sommer 1991 griff die serbisch kontrollierte Jugoslawische Nationale Volksarmee Slowenien und Kroatien an und eröffnete damit den Krieg zwischen den Nachfolgestaaten des ehemaligen Jugoslawien.

Obgleich sich die nunmehr einsetzenden Vertreibungen und Genozide vor der Haustür Westeuropas abspielten, sah man dort dem Treiben lange tatenlos zu und setzte auf die USA. Ohne deren massive politische und militärische Intervention wäre es tatsächlich kaum gelungen, die jugoslawische Armee zum fast vollständigen Rückzug aus den besetzten Gebieten Kroatiens zu zwingen. Und schon gar nicht hätte Serbien in einen Waffenstillstand für Bosnien-Herzegowina und die Respektierung der UN-Schutzzone Sarajevo eingewilligt, wären nicht Präsident Slobodan Milošević und seine Schergen durch schwere Luftschläge, die NATO-Bomber im Auftrag der UNO gegen serbische Stellungen flogen, dazu gezwungen worden. Inzwischen waren im belagerten Sarajevo 11 500 Menschen, darunter 1600 Kinder, ums Leben gekommen.

Deutschland war von diesen Vorgängen unmittelbar betroffen, schon weil im Laufe der Jahre Hunderttausende Flüchtlinge und Vertriebene hier Zuflucht suchten. Überdies zeigte der Balkankrieg, wie schwierig es war, der Last der Geschichte, den Erwartungen und Befürchtungen der Nachbarn und dem neuen Gewicht gleichermaßen Rechnung zu tragen. Zwar war die deutsche Außenpolitik zunächst vorgeprescht und hatte die auf eigenen Druck für den 15. Januar des kommenden Jahres vorgesehene gemeinsame Anerkennung Sloweniens und Kroatiens durch die Staaten der EG bereits am 23. Dezember 1991 vollzogen. Doch hielt sie sich in den folgenden Jahren, als es um die Eingrenzung beziehungsweise Beilegung des Konflikts – auch mit militärischen Mitteln – ging, für den Geschmack ihrer Partner auffallend zurück.

Kaum einer von ihnen ließ sich noch von dem Bonner Argument überzeugen, dass dort, wo die Wehrmacht durchmarschiert sei, ein Einsatz deutscher Soldaten nicht in Betracht kommen könne. Die Anpassung der deutschen Außenpolitik an die Wirklichkeit der neuen Weltordnung war das Gebot der Stunde. Ob die allerdings in dem dann eingeschlagenen Tempo ohne die Geburtshilfe durch das Bundesverfassungsgericht gelungen wäre, kann man bezweifeln. So lehnten es die Karlsruher Richter am 8. April 1993 ab, eine einstweilige Anordnung gegen die Teilnahme deutscher Soldaten an den Aufklärungsflügen über Bosnien zu erlassen, welche die NATO im Auftrag der Vereinten Nationen mit ihren multinational besetzten AWACS-Maschinen flog. Noch einen Schritt weiter ging das Gericht am 12. Juli 1994: Das Grundgesetz, so sein Urteil, autorisiere den Bund »nicht nur zum Eintritt in ein System gegenseitiger kollektiver Sicherheit und zur Einwilligung in damit verbundene Beschränkungen seiner Hoheitsrechte«, sondern biete auch die verfassungsrechtliche Grundlage »für die Übernahme der mit der Zugehörigkeit zu einem solchen System typischerweise verbundenen Aufgaben«.[165]

Das kam der Aufforderung zu handeln gleich. Und so stimmte der Bundestag am 6. Dezember 1995 einem Einsatz der Bundeswehr im Rahmen der multilateralen Friedenstruppe IFOR, ein gutes Jahr später dann auch einer Beteiligung an der NATO-Schutztruppe für Bosnien und Herzegowina SFOR zu. Die Truppen sollten jenen Friedensvertrag für Bosnien-Herzegowina implementieren beziehungsweise sichern, der nach massiver militärischer und diplomatischer Intervention der Vereinigten Staaten Ende November 1995 paraphiert worden war – bezeichnenderweise in Dayton, Ohio, also in den

USA. Als die deutschen Parlamentarier am 19. Juni 1998 den Weg für die Verlängerung der Bundeswehrmission im Rahmen von SFOR frei machten, war offenkundig, dass auch die damaligen Oppositionsparteien die Zeichen der Zeit erkannten. Hatte die große Mehrheit der sozialdemokratischen Abgeordneten, von ihrem Fraktionsvorsitzenden Scharping an die Realitäten herangeführt, schon im Dezember 1995 und im Dezember 1996 für die Missionen gestimmt, so schlossen sich ihnen jetzt auch die meisten Abgeordneten der Grünen an. Allerdings konnte sich damals kaum jemand vorstellen, dass dieses Engagement der Bundeswehr schließlich 16 lange Jahre dauern würde.

Noch einen entscheidenden Schritt weiter gingen die Abgeordneten des Deutschen Bundestages am 16. Oktober 1998, also nach der Bundestagswahl, aber noch vor der Konstituierung des neuen Bundestages. An diesem Tag stimmten sie nämlich mit der überwältigenden Mehrheit von 500 Abgeordneten einem möglichen Militärschlag der NATO gegen die Bundesrepublik Jugoslawien und damit auch einem ersten Kampfeinsatz deutscher Soldaten seit dem Zweiten Weltkrieg zu. Anlass für den Entschluss zu einer humanitären Intervention war der wiederholt bekundete Entschluss des serbischen Präsidenten Slobodan Milošević, die Unabhängigkeit des Kosovo von der jugoslawischen Restrepublik unter allen Umständen und mit allen Mitteln zu verhindern.

Bei der SPD votierten 21 Abgeordnete dagegen, sieben enthielten sich; bei den Grünen waren es neun beziehungsweise acht. Hintergrund dieses erstaunlichen Sinneswandels waren die »traumatischen Erfahrungen«, welche Sozialdemokraten und Grüne 1994/95 gemacht hatten.[166] Sah die Staatengemeinschaft zunächst mehr oder weniger tatenlos zu, als im Frühjahr 1994 im ostafrikanischen Ruanda innerhalb weniger Monate fast eine Million Menschen massakriert wurde, unternahm sie auch im Sommer 1995 nichts, als dieses Mal im bosnisch-herzegowinischen Srebrenica, also mitten in Europa und vor aller Augen, mehr als 7500 muslimische Männer exekutiert wurden. Danach stand auch für die allermeisten sozialdemokratischen und grünen Abgeordneten im Bundestag fest, dass sich so etwas nicht wiederholen dürfe. Im Falle der SPD kam hinzu, dass im Herbst 1998 die Mehrheit der europäischen NATO-Mitgliedsstaaten sozialdemokratisch geführt war. Das erhöhte den Handlungsdruck.

Natürlich war die fundamentale parlamentarische Kurskorrektur in den Reihen der Mitglieder und Wähler nicht unumstritten und daher erklärungsbedürftig. Das galt auch für die SPD. Es war ja deren eigene Bundestagsfraktion unter dem damaligen Vorsitzenden Hans-Ulrich Klose gewesen, die vor dem Bundesverfassungsgericht besagte einstweilige Anordnung gegen die

Teilnahme deutscher Soldaten an den AWACS-Aufklärungsflügen über Bosnien erwirken wollte. Die Genossen hatten damals die Geschichte bemüht und argumentiert, dass ein Einsatz deutscher Soldaten einen Rückfall in jene Zeiten bedeute, in denen die Großmacht Deutsches Reich wiederholt ihre Macht missbraucht habe.

Nicht einmal sechs Jahre später wurde eben dieses Argument erneut mobilisiert, um die eigene Achse gedreht und in die Forderung überführt, dass aus der eigenen Geschichte gerade die Verpflichtung erwachse, dem Machtmissbrauch durch Miloševićs Serbien ein Ende zu setzen. Nicht minder radikal war der Kurswechsel bei den Grünen. Ausgelöst durch das Massaker von Srebrenica änderte sich auch bei ihnen die Argumentationsstruktur grundlegend: »›Nie wieder Auschwitz‹«, brachte Außenminister Fischer im Juni 1999 die Läuterung rückblickend auf den Punkt, »heißt heute ›Wehret den Anfängen‹.«[167]

Der Kanzler hält diesen Vergleich übrigens für unzulässig und sagt das auch, ohne seinen Außenminister namentlich zu nennen, in aller Öffentlichkeit, »weil der Holocaust eine solche Singularität in der Geschichte überhaupt hat. Diese Singularität aufzuweichen, indem man Vergleiche mit anderen Ereignissen anstellt, so schrecklich sie sind, ist ein gefährliches Spiel, das man nicht machen darf.«[168] Womit sich einmal mehr zeigt, dass diejenigen, die vollmundig die Geschichte als Zeugin bemühen, nicht immer auch zur Erhellung der Gegenwart beitragen. Für die Instrumentalisierung gerade dieses Kapitels der deutschen Vergangenheit hat Gerhard Schröder nie zur Verfügung gestanden.

Als Fischer den Kampfeinsatz deutscher Soldaten historisch legitimiert, ist er weitgehend abgeschlossen. Politisch ist der Weg frei, seit der Bundestag – zwar nach der Wahl, aber noch in seiner alten Besetzung – am 16. Oktober 1998 die Weichen für die Beteiligung an einer möglichen NATO-Luftoperation gestellt und diese Linie bis zum 25. Februar 1999 mit drei weiteren Entscheidungen fortgeschrieben hat. Und auch im Kabinett gab es keine nennenswerten Widerstände. Anders als er selbst das später behauptet und als einen Grund für seinen Rücktritt bezeichnet hat, kam von Oskar Lafontaine kein Einspruch. Das haben alle, die dabei gewesen sind, bestätigt. Der Einzige, der sich gegen eine Bombardierung Jugoslawiens aussprach, war Otto Schily, und der steht dazu.[169]

Nachdem sämtliche diplomatische Bemühungen, ein Besuch des deutschen Außenministers bei Milošević eingeschlossen, gescheitert sind und Russland ein entsprechendes Mandat im Sicherheitsrat der Vereinten Nationen blockiert hat, schreitet die NATO am 24. März zur Tat. »Am 20. März 1999«, so schildert Fischer die dramatischen Stunden im Rückblick, »begann die serbische Armee ihre Offensive im Kosovo. An jenem Tag – und nicht ..., als die Nato ihren Luftkrieg eröffnete – hatte der Kosovokrieg begonnen. In Deutschland und Europa war kein Demonstrant dagegen auf der Straße zu sehen. Nirgendwo. Das Schicksal der Kosovo-Albaner schien die radikale Linke in Europa nicht zu interessieren.«[170] Eine bemerkenswerte Abrechnung – auch mit der eigenen Biographie. Daher hat der Kanzler recht, als er nach Abschluss der militärischen Operationen sagt, dass die Entscheidung zum Krieg eine »fundamentale Veränderung der deutschen Außen- und Sicherheitspolitik« bedeutet habe: »Keine andere Regierung als unsere hätte sie so treffen können und so ausgehalten.«[171]

Als der Bundeskanzler am Abend des 24. März 1999 »alle Mitbürgerinnen und Mitbürger« aufruft, »in dieser Stunde zu unseren Soldaten zu stehen«,[172] denkt er an die Besatzungen der 14 Luftwaffen-Tornados, die seit den frühen Morgenstunden im Rahmen der NATO-Operation »Allied Force« strategische Ziele in Jugoslawien angreifen. Die Rede wird übrigens in einem Berliner Hotel aufgezeichnet, weil Schröder wegen des gleichzeitig stattfindenden Sondergipfels der EU nicht eigens nach Bonn kommen kann. Ernst sieht er aus, brüchig klingt die Stimme. Es ist die Situation, in der aus dem Medienstar der Staatsmann wird. Darauf sowie auf die noch zu erläuternde Entscheidung, die Bundeswehr nach Afghanistan zu schicken, bezieht sich Gerhard Schröder, als er 15 Jahre später in seiner Bürgerpredigt in der Marktkirche zu Hannover bekennt: »Meine Seele hat im politischen Leben schweren Schaden genommen – ... weil in meinen Händen das Schicksal und das Leben anderer Menschen lagen.«[173]

Tatsächlich ist es ja »das erste Mal seit dem zweiten Weltkrieg ..., daß deutsche Soldaten in einem Kampfeinsatz stehen«, wie er zwei Tage nach Kriegsbeginn den Abgeordneten des Bundestags bestätigt. Nicht nur habe das Belgrader Regime »alle, aber auch wirklich alle Vermittlungsversuche scheitern lassen«, sondern in dieser Zeit seinen Krieg gegen die Bevölkerung des Kosovo noch intensiviert. »Es wäre zynisch und verantwortungslos gewesen, dieser humanitären Katastrophe weiter tatenlos zuzusehen«, sagt Schröder in seiner Regierungserklärung und findet damit auch den Beifall der Abgeordneten von CDU/CSU und FDP.[174]

Und dann ist die Bundesregierung bei den Verbündeten im Wort: »In der Diskussion sei gelegentlich der Eindruck entstanden, man könne souverän über die deutsche Außenpolitik entscheiden«, sagt der Kanzler wenige Tage nach Kriegsbeginn im Parteivorstand: »Dies sei insofern ein Trugschluß, als daß man es sich nicht erlauben könne, anders zu handeln als unsere Partner. Tue man dies[,] sei man erst recht in Schwierigkeiten.«[175] Kein Wunder, dass er – sowohl die Verbündeten als auch die schwankenden und ablehnenden Mitglieder der eigenen Koalition im Blick – in einer neuerlichen Regierungserklärung die NATO als »Wertegemeinschaft« preist: »Die Einbindung Deutschlands in die westliche Staatengemeinschaft ist Teil der deutschen Staatsräson. Einen Sonderweg kann und wird es mit uns nicht geben.«[176]

Entsprechend kompromisslos geht Schröder gegen Aufforderungen vor, die Kampfhandlungen einzustellen, jedenfalls dann, wenn diese Wortmeldungen aus den hinteren Reihen kommen: »Wer jetzt meint, die NATO-Strategie relativieren oder gar bekämpfen zu müssen«, antwortet er Ende April einem niedersächsischen Landtagsabgeordneten der eigenen Partei, »muß acht geben, nicht selbst zum faktischen Erfüllungsgehilfen der Belgrader Vertreibungspolitik zu werden.«[177] Natürlich hat er nicht vergessen, dass sich beinahe 30 Mitglieder der eigenen Fraktion gegen den Einsatz ausgesprochen beziehungsweise enthalten haben, als der Bundestag den Einsatz beschloss.

Diplomatischer fallen die Reaktionen auf die Vorbehalte renommierter Zeitgenossen aus, auch wenn sie in dieselbe Richtung gehen. Als Helmut Schmidt Anfang April 1999 in einem Interview mit dem in Lausanne erscheinenden Nachrichtenmagazin *L'Hebdo* beklagt, »daß wir uns unter der Vormundschaft der Amerikaner wiederfinden, im Schlamm des Balkan-Dilemmas stecken«,[178] lädt ihn sein sozialdemokratischer Nachfolger zum Gedankenaustausch nach Bonn.[179] Und auch der vormalige Vizepräsident des Bundesverfassungsgerichts Ernst Gottfried Mahrenholz empfängt den Dank des Kanzlers für die »profunden Ratschläge«, obgleich er ihnen nicht folgen kann. »Du – und mehr oder weniger Du allein –«, hatte Mahrenholz am 14. April 1999 an Schröder geschrieben, »repräsentierst die größte europäische NATO-Nation. Du hast ein Recht zum kritischen Wort, auch ggf. zum öffentlichen kritischen Wort.«[180]

Jahre später wird sich Gerhard Schröder dieses Recht nehmen. Jetzt geht es zunächst einmal um den Beweis, dass seine rot-grüne Bundesregierung, allen Unkenrufen zum Trotz, ein zuverlässiger Bündnispartner ist. Diese Bündnistreue hat Schröder nicht nur dem amerikanischen Präsidenten Bill Clinton zugesagt, sondern er ist auch zu Hause im Wort, nicht zuletzt gegenüber der neuen Opposition im Bundestag: Joschka Fischer und in diesem Fall auch Oskar Lafontaine waren dabei, als der designierte, aber noch nicht vereidigte, dem abgewählten, aber noch amtierenden Kanzler am 12. Oktober versicherte, dass er »die Position der Kohl-Regierung – begrenzte Teilnahme an

Keine Kompromisse: Kanzler Gerhard Schröder, der Fraktionsvorsitzende Peter Struck (Mitte) und Verteidigungsminister Rudolf Scharping – hier am 22. April im Plenum des Bundestages – sind im Dauereinsatz, als es im Frühjahr 1999 darum geht, die Reihen der SPD in der Kosovokrise geschlossen zu halten.

einer militärischen Intervention – übernehmen« werde.[181] Schröder hat der Bereitschaft Kohls, ihn an der Entscheidung zu beteiligen, auch öffentlich Respekt gezollt, und der wiederum hat durchaus gesehen, dass der Nachfolger in dieser schwierigen Lage um Kontinuität und Verlässlichkeit bemüht gewesen ist.

Aber es bleibt ein schwieriges Erbe, und niemand vermag zu sagen, wie lange die rot-grünen Koalitionäre die Reihen ihrer eigenen Parteien noch geschlossen halten können. Der Farbbeutel, der Joschka Fischer auf dem Bielefelder Sonderparteitag der Grünen am 13. Mai 1999 am Kopf trifft, ist ein Fanal. Die beiden Fraktionssprecher Kerstin Müller und Rezzo Schlauch leisten Schwerstarbeit. Der Jurist, Jahrgang 1947, zählt zu den verlässlichen Garanten des rot-grünen Bündnisses, und er hat einen sehr guten Kontakt zum Kanzler. Ihre joviale Art verbindet die beiden und hilft bei der informellen Kommunikation: Lädt Schlauch zu einem »Partyabend in Berlin« ein, versucht der Kanzler – »wenn es geht« – vorbeizuschauen.[182] Das Verhältnis Schröders zu Fischer ist pragmatisch, förmlich, professionell; das zu Schlauch ist bis zu einem bestimmten Punkt instinktgesteuert und frei von Umwegen. Dass es auch frei von Konkurrenzen ist, hilft bei der Suche nach Lösungen.

Wie lange der Koalitionsfriede bei andauernden Kampfhandlungen auf dem Balkan oder bei deutschen Verlusten gehalten hätte, weiß man nicht. Nicht auszudenken, was passiert wäre, wenn der Kanzler oder sein Verteidigungsminister auf dem Köln-Bonner Flughafen Särge mit gefallenen Soldaten hätten in Empfang nehmen müssen. So gesehen hat man Glück. Nach einem mehr als siebzigtägigen Bombardement der NATO und nach Vermittlung unter anderem durch den finnischen Präsidenten Martti Ahtisaari lenkt Serbiens Präsident Milošević ein und stimmt am 3. Juni 1999 einem Friedensplan der führenden westlichen Nationen sowie Russlands zu. Dass es der Bundesregierung gelungen ist, »im glücklichen Zufall« ihrer »europäischen Präsidentschaft« die Russen mit ins Boot zu holen, ist in der Tat ein beachtlicher Erfolg.[183]

Dafür gibt es jetzt andere, neue Probleme. Teile Serbiens, vor allem die Infrastruktur des Landes, liegen in Schutt und Asche, und dass viele Flüchtlinge einstweilen nicht in ihre zerstörte kosovarische Heimat zurückkehren beziehungsweise sie jetzt verlassen wollen, kann man verstehen. Die Position des Kanzlers klingt vertraut. Er hat sie schon als Oppositionsführer und Ministerpräsident in Hannover vertreten, als es um die Zuwanderung Deutschstämmiger aus der Sowjetunion oder – nach dem Mauerfall – um die Abwanderung der Ostdeutschen gen Westen ging: »Wir stehen nur vor der Frage, ob wir materiell eine Völkerwanderung bewältigen wollen oder ob wir Geld ausgeben, damit die Leute da bleiben, wo sie geboren sind, wo sie leben und arbeiten können.«[184] Und dann muss die Einhaltung des Friedens überwacht werden. Dafür werden Soldaten gebraucht, auch deutsche. Am 11. Juni 1999 stimmt der Bundestag der Teilnahme von 8500 Bundeswehrangehörigen an der sogenannten Kosovo Force (KFOR) zu, die einen Tag zuvor durch die Vereinten Nationen eingerichtet worden ist.

Und so geht das in einem fort. Jetzt profitiert Gerhard Schröder von der Entscheidung Oskar Lafontaines, den dritten vormaligen Troikisten »nicht als Fraktionsvorsitzenden zu lassen …, sondern ihn gleichsam ins Kabinett zu zwingen«. Denn Rudolf Scharping genießt in der Bundeswehr »hohes Ansehen«, schon weil er die mit dem Kanzler und dem Außenminister getroffenen Entscheidungen »sachorientiert und ruhig« umsetzt und die »öffentliche Kommunikation« im Griff hat. An diesem Urteil hat Schröder auch nach dem unglücklichen Abgang seines Verteidigungsministers und dem Ende seiner Kanzlerschaft festgehalten.[185]

Die souveräne Amtsführung zählt viel, weil jede Entscheidung für einen Einsatz der Bundeswehr, ganz gleich wie sie ausfällt und welche Konsequenzen sie zeitigt, eine politische Signalwirkung hat. Wenn sich zum Beispiel seit

Oktober 1999 eine Sanitätseinheit der Bundeswehr an einer Friedenstruppe der Vereinten Nationen in Ost-Timor beteiligt, die verhindern will, dass marodierende Milizen und pro-indonesisches Militär die Unabhängigkeit von Indonesien sabotieren, oder wenn deutsche Hubschrauberpiloten im März 2000 an der Bekämpfung der Flutkatastrophe in Mosambik mitwirken, hat das immer auch eine symbolische Bedeutung: Eine Nichtteilnahme hätte der Bundesregierung angesichts der massiven militärischen Präsenz deutscher Soldaten auf dem Balkan den Vorwurf eintragen können, ihre Entscheidung über die Teilnahme oder Nichtteilnahme an Militäreinsätzen der Völkergemeinschaft hänge von der geographischen Nähe des jeweiligen Krisenherdes, also von rein nationalen Erwägungen ab. Und so ist die Bundesrepublik zu Beginn des 21. Jahrhunderts nach den USA der weltweit größte Truppensteller bei internationalen Friedensmissionen im Ausland.

Es kommt also in diesen Wochen und Monaten einiges zusammen, erklärt, warum der Bundeskanzler von Anfang an mit Fragen befasst ist, die viel Zeit und Energie beanspruchen, und die stehen bei der Umsetzung der Reformpolitik, seinem eigentlichen politischen Anliegen, nicht zur Verfügung. Man muss das in Rechnung stellen, wenn man verstehen will, warum die Regierung in den ersten Wochen und Monaten »als Chaostruppe wahrgenommen« wird, wie der Kanzler Mitte April – intern und im Rückblick auf die sich allmählich beruhigende Lage – selbstkritisch vermerkt.[186] Zudem hat Deutschland während der ersten Jahreshälfte 1999 nicht nur den Vorsitz im Rat der Europäischen Union inne, sondern bis zum Ende dieses Jahres auch noch den Vorsitz in der Gruppe der führenden Wirtschaftsnationen G 8.

Vor allem die Präsidentschaft der EU hat es in sich. Neben der überfälligen Formalisierung der Europäischen Sicherheits- und Verteidigungspolitik ESVP geht es um das Inkrafttreten der dritten Stufe der Wirtschafts- und Währungsunion, mit der auch der Euro, einstweilen noch als Buchgeld, auf den Weg gebracht wird. Außerdem steht der Gemeinschaft eine bislang nicht gekannte Erweiterungswelle ins Haus. War die Aufnahme Finnlands, Österreichs und Schwedens zum 1. Januar 1995 noch unproblematisch, weil die wirtschaftliche Struktur der Neuankömmlinge derjenigen der meisten Mitgliedsstaaten vergleichbar ist, muss die Osterweiterung die Europäische Union überfordern, zumal die Erweiterung nach Süden, also die Aufnahme Griechenlands, Spaniens und Portugals in den Jahren 1981 beziehungsweise 1986, noch nicht vollständig verkraftet ist.

Aber wie man seinerzeit die Überwindung der autoritären Strukturen in diesen Ländern mit der Aufnahme in die Gemeinschaft honorierte, geht es auch jetzt, jedenfalls im Falle der vormals kommunistisch regierten Staaten, in erster Linie um ein politisches Signal. So hatte es Helmut Kohl gesehen, so sieht es Gerhard Schröder, der auch die Europapolitik seines Vorgängers ohne grundlegende Korrekturen oder gar Revisionen fortführt. Seit März 1998 wird mit Estland, Polen, Slowenien, der Tschechischen Republik, Ungarn und Zypern, seit Februar 2000 auch mit Bulgarien, Lettland, Litauen, Malta, Rumänien und der Slowakei verhandelt, am 16. April 2003 werden in Athen die Beitrittsverträge unterzeichnet. Lediglich Bulgarien und Rumänien müssen sich einstweilen noch gedulden. Aber auch ohne sie hat die Europäische Union am 1. Mai 2004 zehn neue und damit jetzt 25 Mitglieder.

Ohne eine grundlegende Agrar- und Finanzreform ist das nicht zu stemmen. Deren Anfänge fallen in die deutsche Präsidentschaft, der es mithin gelingen muss, eine Lösung der »Finanzarchitektur für 2000 bis 2006« zu finden, die intern als »Agenda 2000« firmiert.[187] Diese Finanzreform ist schon deshalb unumgänglich, weil Deutschland »nicht mehr in der Lage« ist, »noch ein paar Milliarden auf den Tisch zu legen, um den Verhandlungen zum Durchbruch zu verhelfen«.[188] So der Außenminister. Die Deutschen werden ohnedies kräftig zur Kasse gebeten. Denn die Bundesrepublik bleibt der mit Abstand größte Nettozahler, wie man ein Mitgliedsland zu nennen pflegt, das mehr Mittel in den gemeinsamen Topf zahlt, als zum Beispiel in Form von Struktur- und Regionalbeihilfen von dort zurückfließen. 1997 beträgt die Differenz gewaltige 22 Milliarden D-Mark. Damit kommt Deutschland, so der Kanzler vor dem Bundestag, »allein für 60 Prozent der Nettozahlungen im europäischen Haushalt auf«.[189] Wie sein Vorgänger mahnt auch Gerhard Schröder die Korrektur dieser krassen Schieflage an, tritt dabei aber robuster auf. Seine Bemerkung, in Brüssel werde deutsches Geld »verbraten«, trifft vor allem im Ausland auf empörte Reaktionen. Später sagt Schröder, dass er es damals »mal mit Populismus« versucht habe: »Dann kam Jean-Claude Juncker«, Luxemburgs Premier- und Finanzminister, »und sagte: Gerd, innenpolitisch verstehe ich das. Aber das wirst du nicht durchhalten. Er hatte recht.«[190]

Folglich nimmt man die zu erwartende Rückruderaktion deutlicher wahr als bei seinem Vorgänger. Auch in der EU ist nun einmal die Mehrheit entscheidend, und unter solchen Umständen wird die Durchsetzung besagter nationaler Interessen eine Herkulesaufgabe. Jedenfalls stattet der Bundeskanzler im Vorfeld des Reformgipfels den Regierungen sämtlicher 15 Mitgliedsstaaten einen Besuch ab, und was er dabei zum Beispiel in Paris zu hören bekommt, stimmt ihn nicht gerade optimistisch. Schon Helmut Kohl hatte seine Schwierigkeiten mit Jacques Chirac.

Das Vermächtnis: Gerhard Schröder schreibt die Europapolitik seines Vorgängers fort.

Chirac, Jahrgang 1932, hat nach dem Studium der politischen Wissenschaft, dem freiwillig in Algerien verbrachten Militärdienst und der Ausbildung an Frankreichs berühmter Kaderschmiede École nationale d'administration (ENA) in die Politik gefunden und seit Ende der sechziger Jahre immer wieder führende Ämter bekleidet, darunter von 1974 bis 1976 und 1986 bis 1988 auch das des Premierministers. Im zweiten Fall übt er das Amt gleichzeitig mit dem des Bürgermeisters von Paris aus, das Jacques Chirac seit 1977 innehat, bis ihm 1995 im dritten Anlauf endlich der Sprung an die Spitze der Fünften Französischen Republik gelingt. Die Präsidentschaft beginnt mit zwei Paukenschlägen, die deutlich machen, dass der Nachfolger François Mitterrands klare Vorstellungen von seinem Amt, seiner Nation und seiner Rolle in der Geschichte hat. So nimmt er Anfang September 1995 die Atomtests auf dem pazifischen Mururoa-Atoll wieder auf und stellt sich damit auch außenpolitisch in die Tradition, die aufs Engste mit dem Namen Charles de Gaulle verbunden ist und der Chirac parteipolitisch schon 1976 mit der Gründung des Rassemblement pour la République Tribut gezollt hat.

Dass ausgerechnet dieser Präsident Mitte Juli 1995, also gleich zu Beginn seiner Amtszeit, ein offenes Bekenntnis zur Mitverantwortung seines Landes an der Deportation der französischen Juden in die deutschen Vernichtungslager ablegt, steht nur scheinbar im Widerspruch zu jener Tradition: Jacques Chirac weiß, dass es ohne ein Bekenntnis zur eigenen Geschichte keine gestaltungsfähige Zukunft geben kann. Mit einer Relativierung der ausschlaggebenden Verantwortung Deutschlands und der Deutschen für die Verbrechen in der Zeit des Nationalsozialismus hat das nichts zu tun. Und an seiner skeptischen Haltung gegenüber dem wiedervereinigten Deutschland ändert das auch nichts, eher im Gegenteil.

Chirac gehört zu den Franzosen, bei denen die Bewunderung vor der deutschen Leistungsfähigkeit mit der Sorge vor einem vielleicht nicht mehr kontrollierbaren Übergewicht des großen Nachbarn Hand in Hand gehen: »Deutschland, seit der Wiedervereinigung mit einem erhöhten politischen, ökonomischen und demographischen Gewicht ausgestattet, erwartete, dass sich in den gemeinsamen [europäischen] Institutionen das durchsetzte, was es als Vorteil oder Vorrang betrachtete.« So erinnert sich der Präsident im Rückblick auf sein Leben. Entsprechend nimmt er den neuen Kanzler wahr: Gerhard Schröder »machte auf mich den Eindruck eines sehr bestimmten, hartnäckigen und kämpferischen *Leaders*, voller Feuer, sogar Hochmut. Sein Stil war geradlinig, seine Ansichten entschieden. Hinter seiner zur Schau gestellten großen Offenheit nahm ich einen geschickten, gewandten, pragmatischen Verhandler wahr.«[191]

Fast könnte man meinen, Chirac charakterisiere sich selbst. Man ahnt, wie schwer sich die beiden anfänglich miteinander getan haben. Denn auch Schröder bekommt den Hochmut und den gewandten Verhandlungsstil seines Gegenübers bald zu spüren. Hinzu kommt, dass Chirac, so Schröder, ein Mann ist, »dem man sich erst annähern muss, wenn er es denn zulässt, um zu erschließen, wer sich da hinter der großen Geste des überzeugten Franzosen verbirgt«. Aber es »lohnt sich, Chirac zuzuhören, wenn er von seinen politischen Erfahrungen und Erinnerungen erzählt, von seinen Begegnungen in den letzten vierzig Jahren«. Für den Kanzler ist der Präsident nicht erst im Rückblick »eine der überragenden politischen Persönlichkeiten des vergangenen und des angebrochenen Jahrhunderts«.[192] Und der freut sich natürlich, als er diese Seiten liest, auf denen Schröder nach seiner Kanzlerschaft von ihrer »Freundschaft« spricht.[193] Im Herbst 2006 ist es tatsächlich eine belastbare. Es brauchte seine Zeit, bis die beiden so weit waren.

In diesem Falle sogar besonders viel Zeit, weil Schröder nicht nur deutscher Bundeskanzler, sondern auch noch Sozialdemokrat und damit politischer Freund des sozialistischen Premierministers Lionel Jospin ist. Diese sogenannte Cohabitation, also die politische Zwangsehe eines konservativen Staatspräsidenten mit einem sozialistischen Premierminister, bringt den Kanzler in einige »Verlegenheit«, wie sich Jospin erinnert.[194] Wenn man sieht, wie Chirac seinem Premier bei internationalen Begegnungen über den Mund fährt, muss man als deutscher Sozialdemokrat schon an sich halten. Das sind keine guten Ausgangsbedingungen. Tatsächlich ist das Verhältnis Chiracs zu Schröder zu Beginn der Kanzlerschaft distanziert, wenn nicht frostig. So muss sich Schröder im Anschluss an seinen den Gipfel vorbereitenden Besuch auf einer gemeinsamen Pressekonferenz im Élysée-Palast anhören, die deutschen Vorschläge für den bevorstehenden Reformgipfel seien »weder ausreichend noch zufriedenstellend«. »Um es offen zu sagen«, so der Präsident am 19. März: »Die Divergenzen zwischen uns bestehen fort.«[195]

Schöne Aussichten, zumal es die deutsche Ratspräsidentschaft seit wenigen Tagen auch noch mit einem unvorhergesehenen Problem zu tun hat. Am 16. März 1999 hat die komplette Europäische Kommission einschließlich ihres Präsidenten, des Luxemburgers Jacques Santer, die Konsequenz aus massiven Vorwürfen wegen Amtsmissbrauchs, Vetternwirtschaft und Korruption gezogen und ihren Rücktritt erklärt. Die Einzelheiten des bis dahin in der Geschichte des integrierten Europa beispiellosen Skandals müssen hier nicht betrachtet werden, wohl aber die mannigfachen Konsequenzen, die der Rücktritt für die Bundesregierung zeitigt. Dazu zählt die delikate Frage nach den deutschen Vertretern in der neuen Kommission, die Mitte September 1999 – nach einer Interimslösung – von Romano Prodi gebildet wird. Schröder favorisiert ursprünglich den niederländischen Ministerpräsidenten Wim Kok. Als der nicht mehrheitsfähig ist, unterstützt er die Kandidatur Prodis ohne Vorbehalt.

Für die Bonner Koalitionäre steht fest, dass Sozialdemokraten und Grüne, ihrem Koalitionsvertrag folgend, jeweils einen der beiden Kommissare stellen, auf die Deutschland damals noch einen Anspruch hat. Das heißt aber auch, dass es Schröder und die Seinen nicht der Opposition überlassen wollen, einen der Posten zu besetzten, wie das bei der zurückgetretenen Kommission der Fall gewesen ist. Kein geringes Risiko, weil die neue Kommission durch das Europäische Parlament bestätigt werden muss, und da hat die Fraktion der Europäischen Volkspartei, der auch die deutschen Christdemokraten zuzurechnen sind, ein erhebliches Gewicht. Aber dann nehmen die Grüne Michaele Schreyer als Haushaltskommissarin und der Sozialdemokrat Günter Verheugen als für die Erweiterung zuständiger Kommissar auch diese Hürde. Verheugen hatte dem Kanzler bei seinen anfänglichen außenpolitischen Gehversuchen gute Dienste erwiesen und ist zurzeit Staatsminister im Auswärtigen Amt.

Mit seiner Nominierung stellte sich allerdings die Frage nach der Zukunft von Monika Wulf-Mathies, die bislang für die Sozialdemokraten in Brüssel saß. Die gleichermaßen kampferprobte wie medienerfahrene Gewerkschafterin war als Kommissarin für Regionalpolitik und Kohäsion mit den anderen zurückgetreten. Um ihr die »Nicht-Wiederernennung« schmackhaft zu machen, trifft Schröder mit Wulf-Mathies die »Vereinbarung«, sie als europapolitische Beraterin ins Kanzleramt zu berufen. Als »Sprachregelung« schlägt diese dem

Kanzler vor, »daß *Du mit dem personellen Wechsel ein Zeichen für den von Prodi angekündigten Neuanfang der Kommission setzen wolltest.* Außerdem hoffe ich, daß Du deutlich machst, daß Du nach wie vor Vertrauen in meine Leistungen und meine persönliche Integrität hast.«[196] So wird es gemacht. Rund anderthalb Jahre residiert Wulf-Mathies für ein symbolisches Gehalt als Beraterin im Kanzleramt, dann geht's ab zur Post, wo sie bis zum Eintritt in den Ruhestand den Zentralbereich Politik und Umwelt leitet.

Zunächst aber ist sie noch als erfahrene Kommissarin gefordert, da nicht einmal zwei Wochen nach dem Rücktritt des Gremiums in Berlin der Sondergipfel der EU zusammentritt. Dort steht am 24. und 25. März 1999 der Bericht der Kommission »Agenda 2000: Eine stärkere und erweiterte Union« auf der Tagesordnung. Erstmals muss Schröder als Gastgeber auf einem internationalen Gipfel unter Beweis stellen, dass er der rechte Mann am rechten Platz ist. Keine geringe Herausforderung, zumal das Treffen mit dem Beginn des alliierten Bombardements in Serbien zusammenfällt. Als die Teilnehmer am Morgen des 26. März gegen sechs Uhr den Konferenzsaal räumen, liegen hinter dem Bundeskanzler nicht nur die Plenarsitzung, sondern auch eine Serie bilateraler Gespräche.

Die Ergebnisse sind bescheiden, jedenfalls für Deutschland. Schon vor dem Treffen war von Schröders ursprünglicher Forderung nach einer drastischen Reduzierung des deutschen Beitrags keine Rede mehr. Andere hingegen, allen voran Franzosen und Briten, stellen sich stur – und haben Erfolg. So schafft es Jacques Chirac, der auch einmal französischer Landwirtschaftsminister gewesen ist, die Agrarausgaben, die fast die Hälfte des europäischen Budgets ausmachen, auf sieben Jahre einzufrieren. Schröder lernt, dass Chirac unter den obwaltenden Umständen keine Alternative hat: »In Deutschland kannst du, wenn du das für richtig hältst, locker eine Politik gegen den Deutschen Bauernverband machen. Das ist überhaupt kein Problem für eine rotgrüne Regierung.« In Frankreich, das ja »weit mehr Agrarland« ist als sein großer Nachbar, ist das »sehr viel schwerer«. Sagt er nach dem Ende seiner Kanzlerschaft.[197] Immerhin steigen die Ausgaben nicht weiter an, wie ursprünglich gefordert. Auch kann der Kanzler durchsetzen, »daß die Kurve der deutschen Nettozahlungen in der Tendenz gestoppt« wird,[198] wie er hernach den Abgeordneten des Bundestages erklärt. Allerdings ist auch die durchgreifende Strukturreform wieder einmal vom Tisch. Man versteht, warum Frankreichs Präsident einen zufriedenen Eindruck macht.

Den Vogel aber schießt Tony Blair ab. Denn ihm gelingt es, den 1984 von Margaret Thatcher durchgedrückten britischen »Rabatt« bei den Zahlungen zum gemeinsamen Haushalt – rund 6 Milliarden D-Mark jährlich – bei marginalen Konzessionen über die Runden zu bringen. Daher meint der Premierminister es durchaus ernst, als er, kaum in die Downing Street zurückgekehrt, zur Feder greift und dem »lieben Gerhard« zwei Zeilen zukommen lässt: »Gutgemacht in Berlin. Dies war ein großer Erfolg und unglaublich schwierig für Dich zu erreichen.«[199] Das »Du« ist im Übrigen kein Zeichen besonderer Vertrautheit, sondern auf dieser Ebene Comment. Das weiß Schröder seit Chirac, bei einer frühen Begegnung vom Bundeskanzler als »Herr Präsident« begrüßt, ihm gesagt hat: »... auf dieser Ebene duzt man einander und spricht sich mit dem Vornamen an.«[200] Das kann zur Folge haben, dass Unstimmigkeiten oder auch Gegensätze überspielt werden. Gelöst sind sie damit nicht, und irgendwann kommt das Problem doch wieder auf den Tisch.

Im vorliegenden Fall liegt Blair aber gar nicht einmal so falsch. Tatsächlich hat der Gipfel unter äußerst schwierigen inneren und äußeren Umständen ein Ergebnis gezeitigt. Mehrfach stand man vor dem Abbruch der Verhandlungen. So ist immerhin eine »gute Basis gelegt, um die Osterweiterung der Europäischen Union voranzutreiben«, und das war ja der eigentliche Zweck der Veranstaltung. Auch dass eine Obergrenze der Ausgaben festgeschrieben werden konnte, liegt im deutschen Interesse. Schröder weiß, dass es »dem einen oder anderen« im Bundestag ob dieser Bilanz »an Begeisterung mangeln« wird: »Denjenigen, bei dem das so ist, kann ich trösten: Bei mir ist das nicht anders.«[201]

Jedenfalls ist Gerhard Schröder heilfroh, als der Gipfel Geschichte ist und die beiden härtesten Wochen seiner gesamten bisherigen politischen Laufbahn endlich hinter ihm liegen. Man muss sich das vorstellen: Erst macht sich Oskar aus dem Staub und veranlasst den Kanzler, innerhalb weniger Tage einen neuen Finanzminister zu finden und selbst das Amt des Parteivorsitzenden anzupeilen; dann tritt die komplette EU-Kommission zurück und zwingt Schröder nicht nur, einen neuen Kommissionspräsidenten aus dem Hut zu zaubern, sondern auch vor der eigentlich vorgesehenen Zeit eine Antwort auf die Frage zu finden, wer die Deutschland zustehenden Posten in der Kommission besetzen soll; währenddessen laufen die Bemühungen auf Hochtouren, den irrlichternden serbischen Despoten Milošević doch noch zur Vernunft und an den Verhandlungstisch zu bringen, und als die scheitern und der Bundeskanzler erstmals seit 1945 wieder deutsche Soldaten in den Krieg schicken muss, treffen gerade die auf Konfrontation gebürsteten Staats- und Regierungschefs der EU zu ihrem Sondergipfel in Berlin ein. Das alles innerhalb von 14 Tagen. Eine ungeheure Belastung.

Der Mann muss eine beachtliche Kondition haben, muss nicht nur körperlich, sondern auch mental und psychisch über Reserven verfügen. Vielleicht ist es der mit der Muttermilch aufgesogene Behauptungswille, der ihn das durchstehen lässt. Und zwar lächelnd und scheinbar gut gelaunt. Wüsste man es nicht, könnte man kaum glauben, dass 20 Stunden nervenaufreibender EU-Verhandlungen einschließlich einer durchverhandelten Berliner Nacht hinter ihm liegen, als er wenige Stunden später vor dem Parlament in Bonn seine Regierungserklärung zum Krieg gegen Jugoslawien und zum Gipfel von Berlin zu Protokoll gibt. Dass er auch da noch einen erstaunlich frischen Eindruck macht, stellen sogar diejenigen fest, die eifrig weiter an seiner publizistischen Demontage arbeiten. Gerhard Schröder nimmt es gelassen. Denn er wollte ja dahin, wo er jetzt ist: »Auch wenn Ihr es nicht glauben mögt«, schreibt der Parteivorsitzende einige Wochen später an die Vorsitzende eines bayerischen Ortsvereins: »Mir macht das Regieren Spaß.«[202]

Spaß macht das Regieren vor allem auf dem internationalen Parkett. Hier hat der Kanzler erstaunlich schnell an Statur gewonnen und genießt im Kreis der Großen und Mächtigen erkennbar Respekt. Das tut gut und hilft ihm, im heimischen Tohuwabohu festen Grund unter die Füße zu bekommen. Die großen Gipfeltreffen des Frühjahrs und Sommers 1999 lenken den Blick der Medien zwangläufig auf den Staatsmann Gerhard Schröder. Den Anfang macht am 24. April 1999 der NATO-Gipfel in Washington, der mit der erstmaligen Teilnahme Polens, der Tschechischen Republik und Ungarns die große Erweiterung der Allianz um schließlich zwölf Staaten namentlich Südost- und Ostmitteleuropas einleitet.

Ende Juni zieht der Gipfeltross nach Rio de Janeiro, wo sich 48 Staats- und Regierungschefs der Europäischen Union und Lateinamerikas über den Weg ins 21. Jahrhundert unterhalten. Für Schröder, einen der Präsidenten des Gipfels, ist das eine Gelegenheit, nach beinahe 15 Jahren wieder einmal den inzwischen zweiundsiebzigjährigen Fidel Castro zu treffen. Schon am 30. Juli sehen sich viele der aus Brasilien zurückgekehrten Europäer erneut, dieses Mal in Sarajevo, um gemeinsam mit den Staats- und Regierungschefs unter anderem der USA, Japans und Russlands einen Stabilitätspakt für Südosteuropa auf den Weg zu bringen, der die Handschrift der Bundesregierung, namentlich des deutschen Außenministers, trägt.

Von besonderer Bedeutung für Gerhard Schröder sind naturgemäß jene beiden Gipfeltreffen, die zwischen Washington und Rio in Köln abgehalten werden. Denn hier empfängt er die Großen der Welt. Der Europäische Rat, der am 3. und 4. Juni, also gerade einmal zehn Wochen nach dem Berliner

Sondergipfel, am Rhein tagt, erlebt einen zielstrebigen Kanzler. Überhaupt ist Gerhard Schröder entgegen dem ihm vorauseilenden Ruf ein ausgesprochen konsequenter Politiker. Hat er ein Ziel als richtig und wichtig identifiziert, hält er unbeirrt an ihm fest. So auch am Aufbau einer gemeinsamen Außen- und Sicherheitspolitik, »die diesen Namen wirklich verdient«.[203] Seit er die Verantwortung übernommen hat, wird Schröder nicht müde, diese zentrale Botschaft zu verkünden – vor dem Parlament, in Interviews und nicht zuletzt auf den Gipfeltreffen der Europäer. Das ist kein Alleingang. Und es gibt einen Vorläufer. Ende 1998 haben sich Frankreichs Staatspräsident Chirac und der britische Premier Blair in Saint-Malo für eine autonome militärische Handlungsfähigkeit Europas starkgemacht. Weder ihnen noch jetzt dem Bundeskanzler schwebt dabei eine Abnabelung von den USA und der NATO vor, wohl aber eine Stärkung des europäischen Gewichts »in der NATO«.[204] Tatsächlich stellt der Kölner Gipfel mit seiner Erklärung zur Stärkung der gemeinsamen europäischen Sicherheits- und Verteidigungspolitik die Weichen in diese Richtung.

Weniger Erfolg ist dem Kanzler hingegen bei dem Versuch beschieden, die Beziehungen zwischen der Europäischen Union und der Türkei fortzuentwickeln. Man mag darüber streiten, ob der Zeitpunkt klug gewählt ist. Immerhin operiert die Gemeinschaft angesichts der Aufnahmewelle, die ihr bevorsteht, an der Grenze ihrer Leistungsfähigkeit. Aber Schröder ist überzeugt, dass Europa mittel- und langfristig gar nicht umhinkommt, die Bindungen zu dieser Schlüsselnation an der Grenze zwischen Okzident und Orient zu stärken. Daher wird die Türkei zu einem Dreh- und Angelpunkt seiner Europapolitik.

Im Augenblick ist allerdings das deutsch-türkische Verhältnis auf einem Tiefpunkt, weil die Bundesregierung im November 1998 darauf verzichtet hatte, den von der Türkei gesuchten Vorsitzenden der kurdischen Terrororganisation PKK, Abdullah Öcalan, aus italienischem Polizeiarrest nach Deutschland überstellen zu lassen. Hintergrund sind gewaltsame Aktionen der PKK, darunter Besetzungen griechischer Generalkonsulate in mehreren deutschen Städten. Jetzt greift der Kanzler das Angebot von Walther Leisler Kiep auf, den Kontakt zur türkischen Regierung herzustellen. Schröder und Leisler Kiep – CDU-Mann mit vielfältiger Verwendung, der beste internationale Verbindungen unterhält – kennen und schätzen sich seit vielen Jahren, sind auch per Du. Schon Helmut Schmidt hatte sich der Dienste des gebürtigen Hamburgers bedient.

Nachdem Außenminister Fischer seinen anfänglichen Widerstand aufgegeben hat, firmiert Leisler Kiep seit Anfang März 1999 als persönlicher Beauftragter des Bundeskanzlers für internationale Sondermissionen. In dieser Funktion wird er aktiv, als es um eine Verbesserung der Beziehungen zwischen der Türkei und Deutschland beziehungsweise Europa geht. So führt Leisler Kiep unter anderem zwei Gespräche im amerikanischen State Department, wo man traditionell auf eine Aufnahme des NATO-Partners Türkei in die EU drängt. Vor allem aber spricht er mit dem türkischen Ministerpräsidenten Bülent Ecevit und überbringt ihm einen Brief des Bundeskanzlers, in dem Schröder am 10. März seiner Hoffnung Ausdruck gibt, »die seit längerer Zeit wachsende Sprachlosigkeit zwischen unseren beiden Ländern zu überwinden« und das Land an die EU heranzuführen.[205]

Tatsächlich können sich die europäischen Staats- und Regierungschefs dann aber »auf Grund der Bedenken einiger weniger Partner« in Köln doch nicht auf einen »klaren Zeitplan für die Heranführung« der Türkei an die EU verständigen.[206] Erst ein halbes Jahr später ist man so weit. Auch weil sich Gerhard Schröder mit allem Nachdruck dafür ins Zeug gelegt und zudem im Vorfeld mit Jacques Chirac ein koordiniertes Vorgehen verabredet hat, gewährt man Mitte Dezember in Helsinki der Türkei den Status eines Beitrittskandidaten. Dem vorausgegangen war das türkische Bekenntnis zu Artikel 6 des Vertrages von Amsterdam, in dem sich die Mitglieder der EU unter anderem zur Wahrung der Menschenrechte verpflichten. Was man mithin in Europas Metropolen von Ankara erwartet, bringt der Bundeskanzler in der ihm eigenen direkten Sprache so auf den Punkt: »Wir wollen eine europäische Türkei.«[207]

Vergleichbares erwartet Schröder von Russland, auch wenn er das nicht offen und öffentlich sagt. Dafür ist das Land bei allen augenblicklichen Schwierigkeiten zu autonom, zu groß und zu stark. Eben deshalb nimmt Russlands Präsident auch am Gipfel der Staats- und Regierungschefs der führenden Wirtschaftsnationen der Erde teil, der vom 18. bis zum 20. Juni, also gerade einmal 14 Tage nach dem Europäischen Rat, in zum Teil identischer Besetzung in Köln tagt. Die zunächst sechs Staats- und Regierungschefs der USA, Großbritanniens, Frankreichs, der Bundesrepublik, Italiens und Japans hatten sich – erstmals Mitte November 1975 und maßgeblich angeregt durch Kanzler Helmut Schmidt – zusammengesetzt, um gemeinsam eine Lösung der großen Probleme ins Auge zu fassen, die seinerzeit unter anderem durch die erste große Ölkrise entstanden waren. Seit dem zweiten Treffen gehört Kanada zur »Gruppe der Sieben« G 7, wie sie fortan heißt, und Mitte der neunziger Jahre wurde Russland sukzessive in die G 8 aufgenommen.

Kanzler Schröder plädiert entschieden für die Einbeziehung Russlands in die Entscheidungsprozesse aller ursprünglich rein westlichen Veranstaltungen, also sowohl der NATO als auch der Europäischen Union und eben des Weltwirtschaftsgipfels. Zwar meldet Helmut Schmidt beim Kanzler Zweifel an, ob es sinnvoll ist, »den kranken weltökonomischen Zwerg Rußland einzuladen« und »das außenwirtschaftlich gesunde China« außen vor zu halten.[208] Doch Gerhard Schröder bleibt dabei: »Russland ist viel zu wichtig, als dass Europa, speziell auch Deutschland, es sich leisten könnte, nicht eine strategische Partnerschaft zu Russland aufzubauen.«[209] Das hat der Kosovokonflikt gezeigt, dafür spricht aber auch die interessante Mischung aus hohem russischen Modernisierungs- und Nachholbedarf und zunehmender deutscher Energienachfrage. Der Bundeskanzler zählt zu den Ersten hierzulande, die nicht nur das schlummernde Potential erkennen, sondern auch versuchen, das riesige Land umfassend an das integrierte Europa heranzuführen – und auf diese Weise den schleppenden Modernisierungs- und Demokratisierungsprozess zu flankieren und zu stützen.

Unter den obwaltenden Verhältnissen ist das allerdings ziemlich schwierig, wenn nicht aussichtslos. So gelingt es Schröder und Chirac am Rande des G-8-Gipfels nicht, Jelzin zu einem Kompromiss in Tschetschenien zu bewegen, dessen proklamierte Unabhängigkeit Russland seit 1994 mit allen Mitteln bekämpft. Jelzin weist die deutsch-französische Intervention zurück, fühlt sich sogar in seiner harten Haltung bestätigt, als die russische Hauptstadt Ende August durch mehrere Sprengstoffanschläge erschüttert wird. Natürlich bietet der Kanzler dem Präsidenten deutsche Hilfe an, zum Beispiel nachrichtendienstliche Erkenntnisse über international operierende Terrorgruppen oder Hilfe bei der Versorgung von Schwerverletzten, doch ändert das nichts an dessen sturer Haltung. Offensichtlich ist der Mann – gezeichnet von den jahrelangen Kämpfen um die Macht, aber auch von großzügigem Alkoholkonsum – mit seinen Kräften ziemlich am Ende. Auf Michael Steiner, der in der Regel die Vermerke über die Gespräche und Telefonate des Kanzlers mit dem Präsidenten anfertigt, wirkt Jelzin jedenfalls »bemerkenswert matt«. Das glatte Gegenteil des kraftstrotzenden deutschen Kanzlers. Zu Recht geht Jelzin davon aus, dass der Nachfolger Kohls – »ein Politiker der jüngeren undogmatischen Generation« – frischen Wind in die deutsch-russischen Beziehungen bringen und für »einen anderen«, »einen nüchterneren, rationaleren« Umgangston sorgen werde.[210] Da es Jelzins Nachfolger ebenso hält, werden sich Wladimir Putin und Gerhard Schröder auf Anhieb sehr gut verstehen.

Nein, mit Jelzin sind in Köln keine tragfähigen Ergebnisse zu erzielen. Mit Erfolg prüft Schröder am Rhein hingegen den Plan, Bodo Hombach möglichst elegant aus dem Kanzleramt zu befördern. Äußerer Anlass für die Entsorgungsmaßnahme ist der fragwürdige Vorwurf, Hombach habe beim Bau seines Eigenheims Preisvergünstigungen eines Konzerns in beträchtlicher Höhe erhalten. Eigentlicher Grund aber sind die Eigenwilligkeiten und Eigenmächtigkeiten des selbstherrlichen Kanzleramtschefs, welche die Regierungsgeschäfte zusehends belasten. In der Fraktion macht sich Unmut breit, so dass deren Vorsitzender Struck die Trennung des Kanzlers von seinem Amtschef betreibt.[211] Vor allem aber kommt der enge Kreis, auf den sich Schröder seit Jahren verlässt, mit der Konstruktion nicht mehr zurecht. Schließlich hat sich ein entscheidender Grund für die Installierung Hombachs erledigt: Seit Lafontaines Flucht wird er eigentlich nicht mehr gebraucht.

Schröder fällt die Trennung von Hombach nicht leicht. Die beiden haben durchaus harmoniert. Außerdem ist er dem schwergewichtigen Mann für die Hilfe und Unterstützung während der neunziger Jahre dankbar. Dankbar ist er ihm auch jetzt, weil Hombach von sich aus entscheidet, die vermeintliche Affäre um den Hausbau nicht im Amt auszusitzen. Also trennt man sich nach einem langen Spaziergang im Park des Kanzleramts einvernehmlich. Der Kanzler zaubert für Hombach eine neue Stelle aus dem Hut, deren Einrichtung für jedermann plausibel ist und die zugleich die »Hombach angemessene Großartigkeit« besitzt, wie der *Spiegel* nicht ohne Süffisanz, zugleich aber mit Respekt für die »bemerkenswert stilvolle Operation« Schröders vermerkt.[212] Nachdem am Rande der beiden Kölner Gipfel mit Wissen des Betroffenen sondiert und von allen Seiten grünes Licht eingeholt worden ist, scheidet Bodo Hombach zum 7. Juli 1999 aus dem Kanzleramt aus und geht als »Sonderkoordinator des Stabilitätspaktes für Südosteuropa« in neuer Mission auf den Balkan.

Seine Nachfolge als Chef des Kanzleramtes tritt wenig überraschend Frank-Walter Steinmeier an. Teile seiner bisherigen Funktion übernimmt der gerade einmal dreiunddreißigjährige, allerdings fraktionserfahrene Betriebswirt Hans Martin Bury. Er führt den Titel eines Staatsministers. Das trägt zu einer gewissen Verwirrung bei, zumal Steinmeier, also Burys Vorgesetzter, den Titel Staatssekretär behält. Steinmeier erspart sich so die »tägliche Medienkonkurrenz zu den Ressortministern, die alle noch um Bekanntheit rangen«. Sagt er im Rückblick.[213] Und der Kanzler kann einen guten Teil von Hombachs Ministerstelle, vor allem die auf diesen zugeschnittene, üppig ausgestattete Grundsatzabteilung als seinen Beitrag ins große Sparpaket Hans Eichels einbringen. Der Finanzminister hat nämlich einen Sparkurs »ohne Tabus« angekündigt, sich Mitte Mai auf eine Summe von 30 Milliarden D-Mark festgelegt und von allen Ressorts »solidarische Konsolidierungsbeiträge«, sprich Etatkürzungen von gut sieben Prozent, verlangt.

Die Verabschiedung Hombachs passt gut in die allgemeine Aufbruchsstimmung dieser Wochen. Bereits am 19. April 1999 hat der Bundestag seine erste Plenarsitzung im umgebauten Reichstagsgebäude zu Berlin aufgenommen: Der in der Zeit des Reichskanzlers Otto von Bismarck begonnene Bau von Paul Wallot ist grundlegend renoviert und mit einer begehbaren gläsernen Kuppel des britischen Architekten Norman Foster versehen worden. Von der Entscheidung des Ältestenrats, das neue Domizil des Bundestags künftig als »Plenarbereich Reichstagsgebäude« zu bezeichnen, hält Gerhard Schröder nichts: »Hätte ich das zu entscheiden gehabt«, sagt er im März 1999 dem ZDF, »hätte ich das wunderschöne Gebäude, das wirklich eine gute Mischung aus Modernität und Tradition ist, genannt, wie es genannt werden wird von den Menschen: Nämlich Reichstag.«[214] Genauso kommt es dann auch, weil der Umzug nach Berlin für die Deutschen tatsächlich »kein Bruch in der Kontinuität deutscher Nachkriegsgeschichte« ist, wie der Kanzler beim Bezug des Gebäudes feststellt, und man »selbstverständlich« auch »in Berlin die Bundesrepublik Deutschland sein und bleiben« werde.[215]

Am 1. Juli 1999 verabschieden sich Bundestag und Bundesrat in einer gemeinsamen Sitzung aus der alten Bundeshauptstadt Bonn. Anlass ist die Vereidigung des neuen Bundespräsidenten. Eine provisorische Lösung sollte es sein, als man sich anlässlich der Gründung der Bundesrepublik Deutschland für die rheinische Universitätsstadt provinziellen Zuschnitts entschied. Doch je mehr die Wiedervereinigung Deutschlands im Nebel einer ungewissen Zukunft verschwand, umso sichtbarer war das Definitive. Erst wurden die alten Regierungs- und Parlamentsgebäude durch neue, stattlichere und repräsentativere ersetzt, dann verflüchtigte sich, zunächst unmerklich, das Bewusstsein einer provisorischen Existenz. Daher war es keineswegs ausgemacht, dass die Entscheidung über den Regierungssitz zugunsten von Berlin ausgehen würde. In den beiden großen Volksparteien gab es keine Mehrheiten für Berlin. Es war knapp, und wer weiß, wie die Sache ausgegangen wäre, hätten sich nicht Willy Brandt und andere mit Verve für die vormalige Reichshauptstadt ins Zeug gelegt und die PDS nahezu geschlossen für Berlin gestimmt.

Für Bonn ist das keine gute Nachricht. Aber eine Katastrophe ist sie auch nicht. Immerhin wird der Stadt die Abwanderung der Regierung und der meisten Ministerien mit einem Ausgleichspaket versüßt. Nicht nur verbleiben dank des sogenannten Berlin-Bonn-Gesetzes einige Ministerien am Rhein – und erschweren so das tägliche Regierungsgeschäft. Vielmehr fließen auch noch rund 2,8 Milliarden D-Mark in die Kassen Bonns und der Region. Damit kann Bonn unter anderem die Einrichtung eines musealen Areals in Angriff nehmen. Zu diesem gehört das Gelände des Kanzleramtes – mit dem

Palais Schaumburg, dem Kanzlerbungalow oder auch der monumentalen Plastik Henry Moores. 1979 ist diese von Helmut Schmidt hierhergeholt und vor dem Eingang aufgestellt worden. Mitte Juli 1999 macht Kanzler Gerhard Schröder sie in einem Festakt der Stadt Bonn zum Geschenk.

Er selbst kann gar nicht schnell genug an die Spree kommen. Tatsächlich hat sich Gerhard Schröder »in der Hauptstadtdebatte von vornherein eindeutig für Berlin als Parlaments- und Regierungssitz, als politisches Zentrum der Bundesrepublik ausgesprochen«.[216] Das überschaubare Bonn kennt er in- und auswendig, seit er dort Anfang der achtziger Jahre die Abgeordnetenbank gedrückt hat. Er findet die Stadt angenehm und langweilig, will es sich aber mit den Bonnern im Besonderen und den Rheinländern im Allgemeinen natürlich nicht verderben. Also setzt der Kanzler sein bestes Lächeln auf, folgt einer Einladung der Seeheimer, der eher Konservativen in der SPD-Fraktion, zu denen er inzwischen ein belastbares Verhältnis hat, und nimmt einen ganzen Tag lang radelnd »Abschied vom Rhein«.[217]

Als erstes Verfassungsorgan ist 1994 der Bundespräsident nach Berlin gezogen. Da Roman Herzog, der seither im Schloss Bellevue residiert und wohnt, nicht wieder antreten will, erhält Johannes Rau im Frühjahr 1999 eine zweite Chance. Fünf Jahre zuvor war er Herzog unterlegen, jetzt ist der Lebenstraum zum Greifen nahe. CDU und CSU schickten mit Dagmar Schipanski eine der breiten Öffentlichkeit bis dahin kaum bekannte Kandidatin ins Rennen. Die parteilose Physikerin des Jahrgangs 1943 lehrt als Professorin an der Technischen Universität Ilmenau, deren Rektorin sie einige Jahre zuvor gewesen ist. Die Idee, Dagmar Schipanski antreten zu lassen, stammt vom thüringischen Ministerpräsidenten Bernhard Vogel, dem jüngeren Bruder Hans-Jochen Vogels, und hat zumindest auf den zweiten Blick einiges für sich.

Indem sie eine Frau ins Rennen um das höchste Amt im Staat schickt, realisiert die Bonner Opposition eine Forderung, die von vielen in Deutschland, nicht zuletzt den Frauen in der SPD, schon seit Längerem erhoben wird. Außerdem stammt die Kandidatin aus den Neuen Bundesländern, und das wiederum erhöht ihre Aussichten, auch die Stimmen der PDS auf sich zu vereinigen. Ohne die hat Schipanski keine Chance. Das weiß sie, und das sagt sie auch. Aber dann nominiert die PDS doch eine eigene Kandidatin. Dass ausgerechnet Uta Ranke-Heinemann für die gewendete SED ins Rennen geht, gibt der Wahl eine pikante Note. Denn die Theologin ist die Tochter Gustav Heinemanns, des dritten Bundespräsidenten und geistigen Ziehvaters von Johannes Rau, der überdies mit einer Enkelin Heinemanns, also einer Nichte der PDS-Kandidatin verheiratet ist.

Rau seinerseits hat am 27. Mai 1998 mit dem Rücktritt vom Amt des nordrhein-westfälischen Ministerpräsidenten und der Übergabe desselben an Wolfgang Clement den Weg für seine Kandidatur frei gemacht. Schon drei Wochen zuvor hatte er in einem Radiointerview zu erkennen gegeben, dass er einer entsprechenden Anfrage gegebenenfalls folgen werde. »Aber man bewirbt sich nicht um dieses Amt, und darum sagt man nichts, bevor man nicht gefragt wird.«[218] Womit er sich beworben hat. Es war der Parteivorsitzende Oskar Lafontaine, der ihn dann für das Amt vorschlug. Gerhard Schröder folgte dem Vorschlag und hat auch nach Lafontaines Rücktritt »keinen Anlaß«, von seiner »Festlegung abzugehen«.[219]

Am 23. Mai 1999 wählt die elfte Bundesversammlung Johannes Rau zum achten Bundespräsidenten der Bundesrepublik Deutschland. Allerdings braucht der Achtundsechzigjährige zwei Wahlgänge und dann die FDP, um es schließlich auf 51,6 Prozent der Stimmen und damit auf ein eher knappes Ergebnis zu bringen. Damit besetzt die SPD erstmals wieder seit den kurzen Jahren 1972 bis 1974 zugleich drei der höchsten Staatsämter. Bundespräsident, Bundestagspräsident und Bundeskanzler sind Sozialdemokraten. Ob das die Zusammenarbeit zwischen den dreien erleichtert oder eher nicht, wird man sehen. An Johannes Rau soll sie jedenfalls nicht scheitern: »Ich bin froh darüber«, schreibt er am 9. Juni 1999 an Gerhard Schröder, »daß wir in den neuen Funktionen, die uns seit dem September und im Mai zugewachsen sind, viel Gelegenheit zu vertrauensvoller Zusammenarbeit haben werden.« [220] Und damit die funktioniert, vereinbaren die beiden, sich einmal monatlich zu treffen. Dass Schröder dieser Stunde entgegengefiebert hätte, lässt sich nicht sagen.

Tatsächlich ist vor allem Rau daran gelegen, dass sich das Verhältnis zwischen ihnen entspannt – politisch wie persönlich. Er weiß, warum. Seit er Gerhard Schröder 1986 zu einer öffentlichen Absage an die von diesem angepeilte rot-grüne Koalition in Niedersachsen gezwungen und ihm damit die Aussicht auf den Wahlsieg ruiniert hat, ist das Verhältnis der beiden ausgesprochen kompliziert. Dass Rau dem aufstrebenden Niedersachsen auch danach manchen Knüppel zwischen die Beine geworfen oder doch nichts unternommen hat, als andere das taten, hat der nicht vergessen, wohl aber vergeben.

Jetzt schickt der Präsident dem Kanzler mal mit schönen Grüßen zu den Feiertagen ein Buch, das es ihm angetan hat, mal laden er und seine Familie die Schröders in ihr Feriendomizil auf Spiekeroog ein.[221] Mitte Februar 2004, also wenige Wochen vor dem Ende seiner Amtszeit, macht Johannes Rau dann vorab sowohl dem Kanzler als auch Franz Müntefering, zu diesem Zeitpunkt Partei- und Fraktionsvorsitzender der SPD, die Fahnen eines Buches zugänglich, in dem er in Form eines Gesprächs mit Evelyn Roll über sein

Leben spricht. Er habe »weder indiskret« sein noch sich »zum Zeugen wohlfeiler Kritik an der Bundesregierung oder der SPD machen lassen« wollen, aber man kenne ja die »möglichen Zuspitzungen und Verfremdungen«, wie sie »in den Medien ... inzwischen leider zur Gewohnheit geworden sind«.[222]

Kaum hat der Bundespräsident seine Amtsgeschäfte in Berlin aufgenommen, folgt ihm der Kanzler. Am 23. August bezieht Gerhard Schröder endlich sein Amt in Berlin. Allerdings nicht den neuen Bau im Spreebogen, der noch nicht fertiggestellt ist, sondern ein Provisorium. Immerhin atmet dieses Geschichte. Ein Teil der Fassade des vormaligen Staatsratsgebäudes der DDR besteht nämlich aus dem Portal IV des durch die SED-Funktionäre gesprengten Stadtschlosses der Hohenzollern, für dessen Rekonstruktion sich der Kanzler einsetzt. Dass ausgerechnet dieses Segment erhalten blieb, ist dem Umstand zu danken, dass der exkommunizierte Sozialdemokrat Karl Liebknecht am 9. November 1918 von seinem Balkon aus die Räterepublik ausgerufen hatte.

Nun residiert dahinter der Vorsitzende der Sozialdemokratischen Partei Deutschlands in seiner Eigenschaft als Bundeskanzler. Hier findet am 25. August die erste Kabinettssitzung statt, und zwar in jenem Saal, in dem Erich Honecker seinerzeit, von Willy Brandt vermittelt, den Bundestagsabgeordneten und Kandidaten für das Amt des niedersächsischen Ministerpräsidenten Gerhard Schröder zu einem Gespräch empfangen hatte. 14 Jahre ist das jetzt her. Dass er einmal Kanzler der Bundesrepublik sein würde, hat Gerhard Schröder damals gehofft und angestrebt; dass er in dieser Funktion für eine Weile ausgerechnet hier residieren würde, hat er sich schlechterdings nicht vorstellen können.

Gut anderthalb Jahre muss sich der Kanzler mit dem merkwürdigen Provisorium begnügen, dann geht es ab in den 36 Meter hohen Neubau im Spreebogen, der noch von seinem Vorgänger in Auftrag gegeben und von Axel Schultes und Charlotte Frank entworfen worden ist: Am 2. Mai 2001 wird der Amtssitz mit dem »Einstecken des Schlüssels in das Modell einer Betonstele durch BK« bezogen.[223] Sechs Tage später begrüßt der Hausherr den Stellvertretenden Ministerpräsidenten und Außenminister Israels als ersten offiziellen ausländischen Gast. Diejenigen, die wie Shimon Peres den monumentalen Amtssitz auch von innen in Augenschein nehmen, kommen, wie könnte es anders sein, zu sehr unterschiedlichen Urteilen. Die meisten finden ihn mit Marion Gräfin Dönhoff oder Günter Grass »bombastisch« beziehungsweise »teils filmkulissenhaft, teils virtuell«, andere wie Hubert Burda sind überzeugt, »daß er insgesamt international Bestand haben wird«.[224]

465 Millionen D-Mark hat der Palast mit seinen rund 73 000 Kubikmetern umbauten Raums, einer Hauptnutzfläche von 19 000 Quadratmetern und 370 Büros für bis zu 510 Mitarbeiter gekostet, das heißt: Es gibt sehr viel umbauten Raum, gewissermaßen nicht nutzbare beheizte Luft, so dass 2015 eine Abteilung ausgelagert werden muss. Üppig dimensioniert sind das Arbeitszimmer und das persönliche Büro des Bundeskanzlers: 145 Quadratmeter – in seinem Bonner Amtssitz waren es 100 – stehen dem Regierungschef in seinem Berliner Arbeitszimmer zur Verfügung. Nachhaltigen Einfluss auf die Architektur hat Schröder nicht mehr nehmen können, doch gab es, vom Architekten unmittelbar nach der Amtsübernahme angeboten, durchaus noch Möglichkeiten, »korrigierend« einzugreifen«.[225] Aber der Kanzler findet die Architektur insgesamt »schön«, »gut« und »funktional«, nimmt lediglich hie und da eine kleine Ergänzung oder Korrektur vor und entscheidet zum Beispiel, »daß Bäume auf die hohen Stelen vor dem Haupteingang kommen und das Dach ein bißchen luftig – und damit lustig – wird«.[226]

Erkennbar ist des Kanzlers Handschrift vor allem bei der inneren Gestaltung. In ihr spiegelt sich das große Engagement Gerhard Schröders für die Kunst, für die er sich einsetzt, wo immer es ihm möglich ist, und als Kanzler ist ihm manches möglich. So engagiert er sich beispielsweise »maßgeblich für den Verbleib der Sammlung Berggruen in Berlin«. Die Sammlung der Kunst der Klassischen Moderne ist über Jahrzehnte von Heinz Berggruen, der vor den Nazis hatte fliehen müssen, zusammengetragen und seiner Heimatstadt für einen im Grunde symbolischen Preis angeboten worden. Da sich die Vertreter der Wirtschaft zunächst zurückhalten, ist der Einsatz der Bundesregierung besonders »hoch anzurechnen«. So Berlins Regierender Bürgermeister an den Kanzler.[227]

Vor allem aber wird das neue Kanzleramt auf Schröders ausdrücklichen Wunsch hin »ein Ausstellungsort für zeitgenössische Kunst«,[228] der bei überschaubarem Etat konsequent ausgebaut wird. Noch im Sommer 2004 wird die Sammlung durch Bilder von Lothar Böhme und Jürgen Böttcher, alias Strawalde, ergänzt.[229] Das innere Ambiente des Amtssitzes zeigt einen kenntnisreichen, stilsicheren Mann, für den zeitgenössische Kunst weder beliebiges Accessoire noch auswechselbare Kulisse ist, sondern unverzichtbares, zugleich Kontinuität stiftendes Element in einem bewegten Leben. Das macht ihn für die Künstler interessant. Gerhard Schröder zieht sie an, so wie sich auch Schriftsteller und Wissenschaftler gern mit ihm treffen, wovon zu berichten ist.

Damit wird er in diesem Amt auch und nicht zuletzt seiner Verantwortung gerecht. Denn Politiker, allen voran die Bundeskanzler, haben eben auch eine »ästhetische Verantwortung«. So sieht das Markus Lüpertz. Der 1941 im Böhmischen geborene Maler und Bildhauer, Lyriker und Musiker, Hochschullehrer und langjährige Rektor der Düsseldorfer Kunstakademie mit ungewöhnlich bewegter Biographie ist mit dem Politiker befreundet. Auf den ersten Blick scheint die beiden wenig zu verbinden. Tatsächlich verstehen sie sich auf Anhieb, als sich ihre Wege Ende der neunziger Jahre erstmals in einer Kölner Galerie kreuzen. Der intellektuelle Hunger und die Überzeugung, dass die soziale Herkunft auch in Fällen wie den ihren nicht Schicksal, sondern Chance ist, bringen sie zusammen. Das »Charisma des Tribunen und Tycoons«, die »Begreifbarkeit der Figur« im wahren wie im übertragenen Sinn des Wortes faszinieren den Künstler;[230] die ästhetische Durchdringung einer komplexen Wirklichkeit und ihre Vermittlung durch Verfremdung beeindrucken den Politiker.

Kein Wunder, dass Markus Lüpertz bei der inneren Ausgestaltung des neuen Kanzleramtes eine bedeutende Rolle spielt und Gerhard Schröder dessen Arbeit an seinem künftigen Dienstsitz mit »Begeisterung« verfolgt.[231] Lüpertz gestaltet das repräsentative Eingangsfoyer mit dem aus großen Farbwänden bestehenden Wandbild *Die sechs Tugenden* und begreift seine Arbeit im künftigen Regierungssitz als »Gesamtkunstwerk«, das eine große Bronzeskulptur im Eingangsbereich einschließt:[232] Folgt man dem Blick dieser *Philosophin*, wird man vor dem Amtssitz einer monumentalen Plastik des baskischen Bildhauers Eduardo Chillida gewahr.

Der Kanzler hatte sich nachdrücklich für *Berlin*, so ihr Name, eingesetzt und sie Mitte September 2000 bei einem Besuch des Baskenlandes schon einmal vorab, also gewissermaßen *in statu nascendi*, begutachtet. Die »Rosttentakel«, so der *Spiegel*,[233] steht für die Wiedervereinigung Deutschlands. Irene und Rolf Becker haben die 90 Tonnen schwere Plastik aus Eisen gestiftet und machen sich auch sonst als stille Förderer der Kunst im Kanzleramt verdient. Einwände kommen von Architekt Schultes, der »am liebsten ganz auf das Werk verzichten« würde, dann »zumindest nichts dagegen«[234] hat, sich allerdings gegen den »Aufstellungsort« vor dem Haupteingang wehrt, da man sie »aus dem als übermächtig empfundenen Umgriff der Architektur befreien« müsse.[235] Das überzeugt weder Rolf Becker noch Gerhard Schröder, und so kommt die Skulptur dann doch dorthin, wo sie niemand übersehen kann.

Einen eigenen Geschmack offenbaren schließlich die Bilder und Skulpturen, die der Kanzler für seine Arbeitszimmer und andere Räumlichkeiten des Regierungssitzes aussucht. Einige von ihnen hat er aus Hannover mitgebracht, so das *Rot-Schwarze Bild* von Lienhard von Monkiewitsch, das ihm als

Künstler und Kanzler: Markus Lüpertz (links) und Gerhard Schröder Anfang August 2005 auf dem Weg zur Philosophin.

Ministerpräsidenten von einer Galerie zur Verfügung gestellt worden war und jetzt sein Büro im Reichstag ziert,[236] oder auch das Bild *Der 9. November 89* von Hans Peter Zimmer. Der inzwischen verstorbene Künstler, den Schröder seit vielen Jahren schätzt,[237] hatte das Werk dem niedersächsischen Ministerpräsidenten »auf privater Basis« für sein Dienstzimmer überlassen. Von dort tritt es die Reise in den kleinen Kabinettssaal des Kanzleramts an, obgleich sich die Kunstkommission aus »konzeptionellen Gründen« gegen einen Ankauf ausgesprochen hat. Weil aber Zimmers Witwe das Bild für ein »historisches Dokument« hält, »das in ein öffentliches Gebäude gehört«, und es dem Kanzler als Leihgabe zur Verfügung stellt, wird das Budgetschwert der Kommission stumpf.[238]

In seinem Arbeitszimmer im Kanzleramt fällt die Miniaturversion der Willy-Brandt-Statue Rainer Fettings ins Auge, deren Original sich in der Parteizentrale befindet. Schröder schätzt die eigenwillige Skulptur mit hohem Gewöhnungseffekt, steht auch im Kontakt mit dem Künstler und schaut sich in dessen Atelier um.[239] Sehr unterschiedliche Reaktionen ruft der kopfüber stürzende Adler von Georg Baselitz bei denen hervor, die in die Amtsräume des Regierungschefs vorgelassen werden. Das Werk *Fingermalerei III – Adler* von 1972, eine Leihgabe, war anfangs in der Berliner Dienstwohnung zu besichtigen. Mit dem Bezug des neuen Amtssitzes im Spreebogen hängt das Bild hinter dem Schreibtisch des Bundeskanzlers – »also an sehr prominenter Stelle, wo man herkömmlicherweise die Nationalflagge erwartet«, erinnert sich der Kanzler später.[240] Und das ist gut so, findet der Künstler.[241]

Selbstverständlich hat die Kunst auch im privaten Ambiente des Kanzlers ihren Platz. Gerhard Schröder ist seit 1977 Mitglied des Kunsthauses Lübeck, sozusagen ein Mann der ersten Stunde, wie der Betreiber Frank-Thomas Gaulin berichtet. Der kennt ihn seit der gemeinsamen Göttinger Studentenzeit und weiß daher, dass man Schröder auf diesem »Sektor wohl eher unterschätzt … Schröder macht das mehr im Stillen.« Was ihm als Kanzler allerdings kaum mehr möglich ist. Der Öffentlichkeit soll auch gar nicht verborgen bleiben, wenn er während des Wahlkampfes in Schleswig-Holstein dem Lübecker Kunsthaus einen zweistündigen Besuch abstattet. Zwar bleibt die Tür währenddessen geschlossen, aber dass der Kanzler das eine oder andere Stück von Günter Grass, Alfred Hrdlicka und Stewens Ragone erworben hat, erfährt man von Gaulin dann doch.[242] Dieser Tradition bleibt Gerhard Schröder treu, zahlt regelmäßig auf sein Lübecker Kunstkonto ein und bereichert so seine Sammlung immer wieder einmal um das eine oder andere Stück.

Bestimmt sind die Objekte für die Privatwohnung, von denen Schröder als Kanzler zwei hat. In der Hauptstadt nutzen er und – sofern sie nach Berlin kommt – auch seine Familie eine Villa in Dahlem. Den ursprünglich vom Kanzleramtsarchitekten Schultes vorgesehenen Bungalow auf dem Areal im Spreebogen, den schon Kohl nicht wollte, hat Schröder endgültig auf die Streichliste Hans Eichels gesetzt und damit einen repräsentativen Beitrag zur Haushaltskonsolidierung seines Finanzministers geleistet. Die Berliner Bleibe in der Pücklerstraße ist 1912 von Richard Walter für einen Fabrikanten geplant, hernach wiederholt umgebaut, 1962 durch die Bundesregierung als Gästehaus erworben und jetzt durch Gesine Weinmiller für den privat-repräsentativen Zweck hergerichtet worden. Der pompös anmutende Bau der Wilhelminischen Ära mit seinem von zwei Säulen flankierten Eingang, der hohen Halle mit zwei angrenzenden Salons, von denen einer als Arbeitszimmer dient, entspricht nicht unbedingt dem Geschmack Schröders, ist aber auch keine Katastrophe, wenn man einmal von der Miete absieht: Selbstverständlich hat ein Kanzler diese für seine Amtswohnung zu entrichten. Gemäß Bundesministergesetz sind das im Falle der Villa gut 1800 D-Mark monatlich – Strom, Wasser, Reinigung nicht inbegriffen. Zwei Jahre hält er es hier aus, bis er zum 1. Oktober 2001 in der Dienstwohnung im achten Obergeschoss des Kanzleramts auch privat Quartier nimmt.

Ihren Hauptwohnsitz behält die Familie in Hannover, schon weil man der Tochter nach New York, München und jetzt Hannover einen neuerlichen Umzug und den damit verbundenen Schulwechsel ersparen will. Dort leben die drei ziemlich bescheiden. Als Gerhard Schröder Bundeskanzler wird, bewohnt die Familie »eine 90 Quadratmeter große Dachgeschoss-Wohnung in einem Mehrfamilienhaus in der Mitte Hannovers«, berichtet seine Frau: »Der kieselfarbene Außenputz erinnerte an Vorkriegszeiten, der Bodenbelag im Treppenaufgang zu unserer Wohnung (fünftes Stockwerk ohne Aufzug!) bestand aus jahrzehntealtem Linoleum-artigem Material, und danach roch es auch. Man gewöhnt sich daran. Das war kein Zuhause, in dem man Staats- oder Regierungschefs aus anderen Ländern hätte empfangen können.«[243] Im Grunde gilt das auch noch für die Vierzimmerwohnung in der Ludwig-Barnay-Straße, in der die Familie während der ersten Legislaturperiode des Kanzlers lebt. Luxus sieht anders aus. Erst Ende Februar 2002 ziehen die Schröders in ein Haus an der Plathnerstraße.

Man bleibt also in der Stadt, und das hat seine Vorteile. »Halb Hannover ist ohnehin schon mit Autogrammkarten versorgt, da können wir auch mal relativ unbehelligt in den Zoo gehen.«[244] Außerdem ist Berlin »wirklich nicht so weit weg«, findet Doris Schröder-Köpf. Wenn sie dorthin fährt, nimmt sie den Zug. Sonntagabends bringt der Kanzler seine Frau dann zum Bahnhof Zoo, wo die Fernzüge bis zur Fertigstellung des neuen Hauptbahnhofs haltmachen. Dort warten die beiden – Händchen haltend, von Sicherheitsleuten umringt und von Kameras beobachtet –, bis sich der ICE nach Hannover in Bewegung setzt. Den nutzt in der Regel auch der Kanzler, wenn er sich ins Wochenende verabschiedet.

Hannover bleibt sein eigentliches Zuhause, einige seiner treuesten Weggefährten leben hier, und die »FROGS«, die »Friends of Gerhard Schröder«, treffen sich mehr oder weniger regelmäßig in der niedersächsischen Hauptstadt. Anlass der jährlichen Treffen sind die Herrenabende, die Götz von Fromberg im Umkreis seines Geburtstages mit seinen »ältesten Freunden« veranstaltet. Dabei sind unter anderem der Finanzunternehmer Carsten Maschmeyer, der Preussag- beziehungsweise TUI-Manager Michael Frenzel, der EnBW-Vorstandsvorsitzende Utz Claassen, der Personalvorstand von VW Peter Hartz, aber auch Politiker wie Sigmar Gabriel und Gerhard Glogowski, Entertainer und Musiker wie Karl Dall und Klaus Meine oder auch der Hells-Angels-Chef von Hannover Frank Hanebuth. Den lädt man aber während der Kanzlerschaft Schröders nicht ein, um nicht dem »Vorwurf der Nähe zwischen Hells Angels und Politik« Vorschub zu leisten.[245] Tatsächlich ist Schröder Hanebuth nie begegnet, worauf er Wert legt. Weil der Bundeskanzler ein gern gesehener Gast ist, richtet man die Treffen, die in der Regel im Januar oder Februar stattfinden, nach seinen terminlichen Möglichkeiten aus.

Diese Welt und seine Familie schirmt Schröder von der Öffentlichkeit ab, so gut es geht: »Jemand wie ich«, sagt er Anfang 2001, »ist nur in den eigenen vier Wänden privat.«[246] Aber natürlich lässt sich das nicht konsequent durchhalten. Ein Kanzler ist nun einmal rund um die Uhr eine öffentliche Person, und in diesem Falle kommt hinzu, dass Schröder sein privates Leben jahrelang in die Inszenierung seines politischen einbezogen hat. Außerdem sind weder Hiltrud Schröder noch Doris Schröder-Köpf vor den Kameras und Mikrophonen geflohen. Die aktuelle Kanzlergattin, von Hause aus Journalistin, kennt das Spiel und seine Tücken: Wer die Tür einen Spalt weit öffnet, muss damit rechnen, dass sie im Zweifelsfall ganz aufgestoßen wird.

Um das zu verhindern, wird die Öffentlichkeit – regelmäßig und dosiert – über das Leben in den heimischen vier Wänden ins Bild gesetzt. Ende Februar 1999 befragt, was »eigentlich Sonntag« für ihn sei, antwortet der Kanzler: »Zeit zum Lieben.«[247] Im Übrigen, auch das teilt er den Deutschen mit, halten es die Schröders wie die allermeisten von ihnen. Sie sehen fern. Früher habe er *ran* geschaut, jetzt guckt er mit Frau und Tochter »immer mal wieder Gottschalks ›Wetten dass ..?‹«. Aber »nie« käme er »auf die Idee, meiner Familie um 20.15 Uhr Fußball zuzumuten … Meine Frau und unsere Tochter sind ja nicht gerade an Fußball interessiert, und daher habe ich meine Wünsche zurückzustellen. Das wird in vielen Familien so sein …«[248] Zu Silvester schaut der Kanzler *Dinner for one*, erklärt er später einmal *Bild am Sonntag*: »Ich freue mich jedes Mal neu darüber, obwohl ich es fast auswendig kenne. An Weihnachten sehe ich immer meinen Lieblingsfilm ›Der kleine Lord‹. Das ist wunderbar.«[249]

Und wie schaut dieses Leben aus der Sicht der Gattin aus? Schwierig ist es, aber spannend, und Doris Schröder-Köpf ist »dankbar und glücklich, dass es so gekommen ist«. Auch wenn sie ihren Mann jetzt mitunter tagelang nicht sieht, steht sie mit ihm in ständigem Kontakt: »Mein Mann ruft mich oft zwischen zwei Terminen schnell auf dem Handy an – ganz kurz, oft nur Sekunden.« Natürlich war es eine gewaltige Umstellung – von der beobachtenden Journalistin zur beobachteten Kanzlergattin. »Zu 90 Prozent ist es angenehmer, … zu beobachten statt beobachtet zu werden«, sagt sie im April 2000 in einem Gespräch mit *Super Illu*: »Als größten Einschnitt habe ich es empfunden, von einem Tag auf den anderen nicht mehr anonym zu sein.« Daher war sie dankbar, dass sie unmittelbar nach dem Wahlsieg ihres Gerhard »ein langes, sehr persönliches Gespräch mit Hannelore Kohl« führen konnte, die sie auf »ein paar Dinge hingewiesen« hat.[250] Dass die beiden Frauen in Kontakt bleiben, dass sie sich verstehen, gelegentlich miteinander telefonieren und sich schreiben, erfährt die Öffentlichkeit nicht.

Die dosierte Information über die Ratschläge Hannelore Kohls führt aber auch in die Irre. Denn anders als die Gattin des Altkanzlers, die sich öffentlich sehr zurückgenommen hatte und niemals auf die Idee gekommen wäre, offiziell in die Rolle einer Beraterin zu schlüpfen, nimmt Doris Schröder-Köpf das für sich in Anspruch. Begnügte sich Hannelore Kohl mit einem Büro in der CDU-Parteizentrale, bezieht Doris Schröder-Köpf ein eigenes im neuen Kanzleramt, das sie schon während der Bauarbeiten, von ihrem Mann begleitet, in Augenschein genommen hat. Zur Ausstattung gehört eine Mitarbeiterin, die einige Zeit Referentin im Petitionsreferat des Bundeskanzleramts gewesen ist, jetzt im Kanzlerbüro arbeitet und gewissermaßen für Doris Schröder-Köpf freigestellt wird. Folglich hinterlässt die Frau des Kanzlers auch in den Akten seines Büros eine eigene Spur, nicht aufdringlich, aber doch greifbar.

Schon im Frühsommer 1999, als sich der Regierungstross auf den Weg an die Spree macht, zeichnet der *Spiegel* ein ziemlich zutreffendes Bild von ihrer Rolle: »Die zierliche Blonde drängt sich nicht in den Vordergrund, aber als Minensucherin, Trendforscherin und als eine Art permanente Standleitung zum wirklichen Leben und auch zu wichtigen Presseorganen wirkt sie perfekt. Was immer sie hört und liest, meldet sie ihrem Ehemann. Gemeinsam machen sie Politik daraus.«[251] Das hat es bislang nicht gegeben. Dass diese Sonderstellung die Neugier der Öffentlichkeit an der Person eher stärkt, als dass sie zu einem diskreteren Umgang mit des Kanzlers Gattin beiträgt, ist ein Effekt ihrer prominenten Präsenz im Amtssitz Gerhard Schröders: Als Doris Schröder-Köpf, wie vor ihr zum Beispiel schon Angela Merkel oder Jil Sander, im Februar 2005 durch »Europas größtes People-Magazin Bunte« mit dem Preis »Frau des Jahres« ausgezeichnet wird, geschieht das insbesondere für ihre diversen, vom Kanzleramt aus organisierten Schirmherrschaften etwa der Stiftung »Deutsches Kinder-, Jugend- und Elterntelefon«.[252]

Die kontrollierte Öffnung des Privatlebens für die Medien bleibt riskant, ist aber wohl alternativlos. Deshalb legen das Kanzleramt wie auch das Presse- und Informationsamt der Bundesregierung Wert darauf, dass offizielle beziehungsweise offiziöse Porträts über den Politiker Gerhard Schröder immer auch »Einblicke auf den Menschen ... gewähren«.[253] Soweit das mit Hilfe der Fotografie geschieht, ist Konrad Rufus Müller zuständig, der den Kanzler sozusagen pausenlos fotografisch festhält. Müller hat auch die meisten Vorgänger Gerhard Schröders porträtiert. Jetzt ist er auf vielen Kanzlerreisen im In- und Ausland dabei, begleitet ihn auch schon einmal eine ganze Woche durch den dichten Alltag, ist sozusagen omnipräsent.

Ende Januar 2000 fragt das Presse- und Informationsamt beim Filmregisseur Thomas Schadt an, ob man ihn für einen »Bericht über den Werdegang des Kanzlers, über seine Arbeit, seine politischen Leitideen, aber auch seinen Alltag« gewinnen könne. Schadt hatte 1998 eine Dokumentation über den Kanzlerkandidaten Schröder im Wahlkampf gedreht, mit der man sehr zufrieden war. Jetzt sagt Schadt unter der Bedingung zu, dass er sein »Material auch für ein gesondertes Porträt« verwenden darf. Das wird dann Mitte Februar 2001 vom SWR gesendet und vermittelt ein ziemlich schonungsloses Bild von der Isolation und Einsamkeit in diesen luftigen Höhen der Politik. Mit der Zustimmung des Kanzlers zum zweiten Film entgleitet natürlich zu einem Gutteil die Kontrolle über dessen Botschaften.

Die Schröders wissen, worauf sie sich einlassen, wenn sie den Medien Einblick auch in ihr privates Leben geben. Es ist ein Spiel mit dem Feuer, wie man im Herbst 2000 sehen kann, als vor allem die Magazine des Bauer-Verlages groß mit Schröder-Geschichten aufmachen. Mal ist es das »Baby-Drama um seine Ehefrau Doris«, mal sind es die beiden Beamtinnen im Personenschutz des Kanzlers, die ihm angeblich zu nahe gekommen sind. Eine Geschichte lässt sich immer finden, man muss sie nur suchen. So wie der Reporter der Zeitschrift *Das Neue*, der sich, vorgeblich als Vater einer Schülerin, Zutritt zur Grundschule von Tochter Klara verschafft, diese aber nicht mehr erwischt, weil sie gerade abgeholt worden ist.

Da ist die Grenze überschritten: »Wir haben klar gesagt«, gibt die Mutter zu verstehen: »Wir möchten nicht, dass unser Kind fotografiert wird. Wir nehmen Klara nie mit zu öffentlichen Veranstaltungen, haben uns entschieden, sie ganz herauszuhalten.« Wenn jemand diese Grenze überschreitet, gar in die Schule der Tochter eindringt, wird des Kanzlers Gattin »rabiat«. Und wenn die beiden Beamtinnen im Begleitschutz ihres Mannes, »die mit ihrem Polizistengehalt nicht wirklich entschädigt werden für die Gefahren, denen sie jeden Tag ausgesetzt sind«, derart verunglimpft werden, dann geht das nicht nur »zu weit«, sondern »hat einen extrem frauenfeindlichen Ansatz«.[254] Gegen all das kann man politisch beziehungsweise publizistisch vorgehen. Aber im Zweifelsfall, finden die Schröders, muss man auch mit rechtlichen Mitteln gegen solche Kampagnen einschreiten.

Die beiden haben sich immer wieder für diesen Schritt entschieden. Im Falle der Berichterstattung der Bauer-Blätter, aber beispielsweise auch wegen einer scheinbar banalen Geschichte, die Ende Januar 2002 erstmals auftaucht: Hat der Bundeskanzler seine Haare gefärbt? Das jedenfalls suggerieren mit abgestufter Eindringlichkeit zunächst Franz Josef Wagner, Kolumnist von *Bild*, dann Sabine Schwind von Egelstein, eine Imageberaterin, in einem Interview mit der Nachrichtenagentur ddp. Mit der Aufmerksamkeit, die sie so erzielt, hat jedenfalls Frau von Egelstein nicht gerechnet: Per Anwalt veranlasst Gerhard Schröder die Nachrichtenagentur, eine sogenannte strafbewehrte Unterlassungserklärung abzugeben und den Sachverhalt richtigzustellen, was allerdings nicht vollständig geschieht. Daher trifft bei ddp sechs Tage später eine einstweilige Unterlassungsverfügung ein, wonach bei Verstoß bis zu 250 000 Euro Strafe oder zwei Jahre Haft fällig werden. Die Nachrichtenagentur geht bis vor das Bundesverfassungsgericht, das Ende August 2003 im Sinne des Kanzlers entscheidet.[255]

Die Erwägungen, die Gerhard Schröder und seine Frau dabei leiten, sind nicht von der Hand zu weisen. Denn die beiden sind sich sicher, was eigentlich »bezweckt war«, wie der Kanzler Ende 2002 sagt: »Meine persönliche Glaubwürdigkeit zu zerstören. Wenn der Haare fälscht, fälscht der auch Bilanzen.«[256] Gleichwohl ist die Entscheidung, den Rechtsweg einzuschlagen, riskant. Denn dieses Vorgehen bietet Stoff für eine weitere beziehungsweise für das Aufwärmen der alten Geschichte, und das nicht nur in Deutschland.

Schon wenige Tage nach der ersten Agenturmeldung gibt es zum Beispiel in Großbritannien keine Zeitung, keine Radiostation und keinen Fernsehsender, die BBC eingeschlossen, die sich nicht mit dem Haar des Kanzlers befassen. Und seit das Hamburger Landgericht über dessen Unterlassungsklage gegen die Agentur verhandelt, hat die Republik zeitweilig nur ein Thema: »Wenn das das größte Problem von uns Deutschen ist«, lässt sich Starfriseur Udo Walz vernehmen, von dem man nunmehr weiß, dass er des Kanzlers Coiffeur ist, »dann scheinen wir keine Probleme zu haben.«[257] Mit dem Urteil des Hamburger Landgerichts, das es der Agentur untersagt, das Zitat weiter zu verbreiten beziehungsweise verbreiten zu lassen, kocht dann die Geschichte Mitte Mai 2002 erwartungsgemäß wieder hoch.

War das den Einsatz wert? War nicht absehbar, dass, wenn man ein erstes Mal gegen solche Gerüchte zu Felde zieht, es bei einem nächsten Mal ebenfalls tun muss? So zum Beispiel Ende 2002 und Anfang 2003, als in verschiedenen Zeitungen von Eheproblemen oder von Affären des Kanzlers die Rede ist und dabei eine Fernsehmoderatorin ins Spiel kommt. Während diese, obgleich verunglimpft und verletzt, sich nicht wehren will, um dem Skandal nicht noch zusätzlichen Auftrieb zu verleihen, versuchen die Schröders, diesen auf dem Rechtsweg zu beenden. Doch einmal mehr geht der juristische Feldzug, in diesem Falle gegen die englische *Mail on Sunday*, die aus dem Gerücht eine vermeintliche Tatsache gemacht und den Namen der Moderatorin genannt hat, prompt als Schuss nach hinten los. Unerwartet ins Zentrum der internationalen Öffentlichkeit gerückt, richtet das Blatt eine »Schröder Hotline« für Denunzianten mit der Einladung ein: »Wenn Sie irgendwelche Geschichten kennen, die Herr Schröder peinlich finden würde und die die deutsche Presse veröffentlichen sollte, bitte rufen Sie an.«[258]

Kein Wunder, dass es immer wieder Trittbrettfahrer gibt, die sich in Erwartung einer entsprechenden Reaktion des Kanzlers mediale Aufmerksamkeit versprechen. So der Autor eines Krimis mit dem Titel *Das Ende des Kanzlers – Der finale Rettungsschuss*, in dem ein Bundeskanzler, der nicht den Namen des amtierenden trägt, aber ihm in vielem ähnelt, auf dem Bahnhofsplatz in Hannover von einem insolventen Drogisten erschossen wird. Das geht dem wirklichen Kanzler begreiflicherweise auch dann noch zu weit, als das Titelbild der ersten Auflage, das ein verschwommenes Konterfei Schröders im Fadenkreuz eines Zielfernrohrs zeigte, entfernt worden ist. Daher wird die Verbreitung des Romans im Juni 2004 endgültig gerichtlich untersagt. Der Kanzler bleibt mithin seiner Linie treu und besteht auf dem »Recht dessen, der ansonsten jede Form harter Kritik zu akzeptieren hat, sich gegen die Verletzung der Intimsphäre zu wehren«. Und »wenn das nicht aus Einsicht unterbleibt, muss man es mit den Mitteln abstellen, die der Rechtsstaat bietet«.[259]

Dennoch bleibt ein Nachgeschmack. Wer in die Politik geht, sucht das Rampenlicht. Und wer im Rampenlicht steht, kann nicht erwarten, dass dieses nur einen definierten Aspekt seiner Persönlichkeit ausleuchtet. Zumal dann, wenn er wie Schröder über viele Jahre und der Karriere wegen die Aufmerksamkeit der Medien gezielt auch auf sein Privatleben gelenkt hat. Natürlich gibt es Grenzen. Sie sind bei Gerhard Schröder oft überschritten worden, schon in seiner Zeit als Ministerpräsident. Manchmal ist er ganz gut gefahren, wenn er nicht reagiert hat; manchmal hat seine Reaktion das gerade Gegenteil bewirkt. Der Wirbel, den er mit den juristischen Schritten gegen eine ursprünglich beiläufig gefallene Äußerung über gefärbte oder nicht gefärbte Haare verursacht hat, steht jedenfalls in keinem Verhältnis zum Anlass. Zumal er doch wissen muss, dass es in dieser Hinsicht in Berlin anders hergeht als in Bonn oder Hannover.

Berlin liegt ihm. Nicht nur fand Gerhard Schröder die Stadt »immer schon doll«, wie er Jürgen Leinemann erzählt, sie ist auch eine angemessene Residenz für einen Kanzler seines Formats. Da ist er sich ganz sicher. Mit der vielfach gebrochenen Geschichte Berlins hat er kein Problem: »Ich bin schließlich nicht Willy« Brandt, »der das alles miterlebt hat«.[260] Tatsächlich ist er der erste Kanzler dieser Republik, der zwar noch im Krieg geboren worden ist, aber im eigentlichen Sinne einer Nachkriegsgeneration angehört. Das erklärt ein eher unverkrampftes Verhältnis gerade zur jüngeren deutschen Vergangenheit, das allerdings nicht mit Gleichgültigkeit oder Ignoranz verwechselt werden darf.

Als Gerhard Schröder ins Amt kommt, erreicht die Debatte über den Umgang der Deutschen mit ihrer Nazi-Vergangenheit gerade einen Höhepunkt. Dass sie immer rational und in Kenntnis der komplexen Thematik geführt wird, lässt sich nicht sagen. Allerdings zeigt die Entscheidung über das Mahnmal für die Opfer des Holocaust, die in den Tagen des Regierungsumzugs nach Berlin fällt, dass die Deutschen durchaus in der Lage sind, sich ihrer Geschichte zu stellen. Außer Frage steht auch, dass Projekte wie die vom Hamburger Institut für Sozialforschung organisierte Ausstellung über die Verbrechen der Wehrmacht trotz erheblicher, später korrigierter Unzulänglichkeiten Hunderttausende anziehen. Was darauf hindeutet, dass die breite Öffentlichkeit sich bislang nicht angemessen über dieses Thema informiert fühlt. Fest steht schließlich, dass Bücher wie das des amerikanischen Soziologen Daniel Goldhagen über *Hitlers willige Vollstrecker*, in dem sich nichts findet, was man nicht schon weiß, von dieser Konjunktur profitieren und ungeahnte Auflagenrekorde erzielen.

Gerhard Schröder vertritt zu alledem eine entschiedene, dabei gelassene Meinung, ob sie nun gerade in die aufgewühlte Landschaft passt oder auch nicht. So hat er seine Zweifel, ob es neben dem Holocaust-Mahnmal eine »zusätzliche zentrale Gedenkstätte«, in diesem Fall ein »Zentrum gegen Vertreibungen«, geben muss.[261] Für die Umsetzung dieses Vorhabens ist im September 2000 durch Erika Steinbach und Peter Glotz eine gleichnamige Stiftung ins Leben gerufen worden. Dass sich mit Glotz auch ein prominenter Sozialdemokrat an der Initiative beteiligt, den man gewiss nicht chauvinistischer Umtriebe zeihen kann, und dass andere prominente Genossen, wie Innenminister Otto Schily, das Vorhaben begrüßen, macht die Ablehnung für den Kanzler nicht gerade leichter. Hingegen ist die federführende Rolle des Bundes der Vertriebenen und namentlich seiner Vorsitzenden ein Argument, das zu greifen scheint. Erika Steinbach gehört nämlich zu jenen 13 Unionsabgeordneten, die Mitte Oktober 1991 im Bundestag gegen den deutsch-polnischen Grenzvertrag gestimmt haben, da sie die Frage einer Entschädigung der während und nach dem Zweiten Weltkrieg aus ihrer Heimat Vertriebenen noch nicht für abschließend geklärt hielten.

Gerhard Schröder sucht nicht die Konfrontation mit den Vertriebenenverbänden und ihrer Vorsitzenden, schon weil sich das bei den nächsten Wahlen rächen könnte. Auch weiß er zu würdigen, dass die Organisation eine gewisse außenpolitische Bewegung erkennen lässt, und hält Anfang September 2000 die Festrede anlässlich des 50. Jahrestages der Charta der deutschen Heimatvertriebenen, in der auch er eine wegweisende Absage an Rache und Vergeltung liest. Auf der anderen Seite will der Kanzler erklärtermaßen die Beziehungen insbesondere zu Tschechien und Polen »nicht mit politischen und rechtlichen Fragen belasten, die aus der Vergangenheit herrühren«.[262] Auch deshalb lehnt er das geplante Zentrum gegen Vertreibungen von Anfang an ab, und es ist kein Zufall, dass er der Bundeskanzler sein wird, der sich schließlich in der Entschädigungsfrage die polnische Position zu eigen macht.

Auf der anderen Seite argumentiert der Kanzler in diesen Wochen nicht immer glücklich, wenn es um Erinnerungskultur geht. Natürlich lässt sich darüber streiten, ob die Mitte Berlins der richtige Ort und das monumentale Stelenfeld des Amerikaners Peter Eisenman die passende Lösung für das geplante Holocaust-Mahnmal sind. Schröder möchte jedenfalls nicht, »daß da Schulklassen hingeschleppt werden, weil es sich so gehört«. Er hätte es für angemessen gehalten, »wenn an den Orten des Grauens, wo die Opfer gelitten haben, Stätten des Sicherinnerns wie der Auseinandersetzung geschaffen worden wären«. Darüber kann man in der Tat reden. Allerdings ist die grundsätzliche Entscheidung längst gefallen, und »tragfähig« ist sie schon deshalb, weil das »wichtige Leute, vielleicht ... auch die Mehrheit im Volk« so wollen.[263] Also stellt er sich nicht quer, was auch ganz sinnlos wäre, sondern trägt die Entscheidung mit, die der Bundestag Ende Juni zugunsten des überarbeiteten Eisenman-Entwurfes fällt.

Gerhard Schröder ist gewiss keiner »dieser jüngeren Schlußstrich-Politiker«. Das liegt ihm »ganz fern«. Aber zu denen, die jede Wendung deutscher Erinnerungskultur mitmachen, gehört er auch nicht. Wenige Tage, bevor er Anfang Februar 1999 in einem Interview mit der *Zeit* Auskunft über sein Verständnis des Mahnmals gibt, hat der französische Philosoph und Publizist Bernard-Henri Lévy den Kanzler zu den jüngsten Diskussionen über die deutsche Vergangenheit und den Umgang mit derselben befragt. Der Anstoß zu diesem Gespräch kam von Brigitte Sauzay.

Lévy gehörte zu jenem Kreis ausländischer Künstler und Schriftsteller, die den Kandidaten Schröder während des Wahlkampfes gelegentlich unterstützt haben. Jetzt reist er durch Deutschland, um sich einen Eindruck von der mentalen Befindlichkeit der nunmehr rot-grün eingefärbten Berliner Republik zu verschaffen. »Nein«, antwortet ihm der Kanzler, das Buch von Goldhagen habe er »nicht gelesen«. Und er glaube auch nicht, »daß es Sinn hätte zu behaupten, daß das ganze Deutschland nicht nur vom Judenmord wußte, sondern ihn wollte«.[264] Das entspricht zu diesem Zeitpunkt nicht unbedingt der Auffassung einer Mehrheit. Als Helmut Schmidt rund ein Jahrzehnt später zu Protokoll gibt, das »Wort Auschwitz ... erst nach dem Krieg« gehört zu haben, rührt sich kein Widerspruch mehr.[265]

Zu mancher Irritation führt auch Schröders Kommentar zur Wanderausstellung des Hamburger Instituts. Zwar habe er auch die nicht gesehen, gesteht er Lévy. Doch könne er es »nicht zulassen, daß man sagt, eine Armee habe in ihrer Mehrheit derartige Verbrechen begehen können«. So wird der Kanzler jedenfalls zitiert. Aber gesagt haben will er es nicht: So etwas, schreibt er an Jan Philipp Reemtsma, den Stifter und Vorstand des Hamburger Instituts, »wäre in der Tat nicht meines Amtes, und ich würde mir das Zulassen oder Nichtzulassen von Meinungsäußerungen auch niemals anmaßen«.[266] Und doch will er, der Sohn eines im Krieg gefallenen Vaters, »persönlich nicht akzeptieren ..., wenn die gesamte Armee pauschal verbrecherischer Handlungen bezichtigt wird«.[267]

Tatsächlich ist es so, dass Schröder sehr sensibel auf die »Instrumentalisierung unserer Schande zu gegenwärtigen Zwecken« reagiert, von der Martin Walser Mitte Oktober 1998 anlässlich der Verleihung des Friedenspreises des Deutschen Buchhandels gesprochen hat.[268] Diese ritualisierte Reduzierung historischen Erklärens auf die deutsche Schuld fördert nicht das Verständnis für das Geschehene. Findet der Kanzler. Ganz im Gegenteil leistet der floskelhafte Rückzug auf die deutsche Kollektivschuld gerade der Gleichgültigkeit im Umgang mit der Vergangenheit Vorschub – und macht es schwierig, endlich die überfälligen Konsequenzen aus dem zu ziehen, was Deutschland und die Deutschen zu verantworten, aber in mancher Hinsicht immer noch nicht abgegolten haben. Zum Beispiel im Falle der überlebenden Zwangsarbeiter.

Die Geschichte der Zwangsarbeit ist eines von vielen bedrückenden Kapiteln der in dieser Hinsicht nicht gerade armen Geschichte des Zweiten Weltkrieges. Weil der Bedarf an Arbeitskräften in der deutschen Rüstungsindustrie während der ausgehenden dreißiger Jahren immer größer, gleichzeitig aber eine rasch zunehmende Zahl von ihnen zum Wehr- beziehungsweise Kriegsdienst eingezogen wurde, hatte die Reichsregierung schon vor dem Überfall auf Polen sowohl dort als auch in Italien, Jugoslawien, Ungarn, Bulgarien oder den Niederlanden systematisch Arbeitskräfte angeworben. Mit Kriegsbeginn kamen ins Deutsche Reich deportierte Kriegsgefangene aus Polen, Belgien und vor allem Frankreich hinzu, gefolgt von polnischen Zivilarbeitern, die seit November 1939 zum Dienst in Deutschland gezwungen wurden. Je länger der Krieg dauerte, je höhere Verluste er forderte und je mehr deutsche Arbeitskräfte aus der Produktion abgezogen wurden, umso größer wurde der Bedarf an Fremdarbeitern und umso weniger spielten rassenideologische Vorurteile eine Rolle.

So kamen nach dem Überfall auf die Sowjetunion nicht nur fast 2 Millionen sowjetische Kriegsgefangene in Deutschland zum Arbeitseinsatz, sondern auch zivile sogenannte Ostarbeiter aus der Sowjetunion, allen voran aus der Ukraine, und schließlich sogar Insassen der Konzentrationslager, darunter zahlreiche Juden. Schätzungsweise 13,5 Millionen ausländische Arbeitskräfte wurden bis zum Ende des Zweiten Weltkrieges im Großdeutschen Reich eingesetzt. Im August 1944 stellten sie in der Land- und Forstwirtschaft fast die Hälfte aller Arbeitskräfte, im Bergbau und in der Baubranche etwa ein Drittel, in der Industrie bis zu einem Viertel. Zum Einsatz kamen sie überdies bei den Kommunen, bei den Kirchen und nicht zuletzt in Privathaushalten. Ende der neunziger Jahre leben schätzungsweise noch rund 1,6 Millionen von ihnen, viele in schwierigen materiellen Verhältnissen.

Die Regierung Kohl hatte es wiederholt abgelehnt, eine Entschädigung vorzunehmen. Formal konnte sie sich dabei auf eine Reihe von Abkommen und Erklärungen aus den fünfziger und frühen sechziger Jahren berufen, so auf das Wiedergutmachungsabkommen mit Israel aus dem Jahr 1952, das Londoner Schuldenabkommen von 1953, den im selben Jahr erklärten Verzicht der Sowjetunion und Polens auf Zahlungen aus diesem Abkommen – den sogenannten Reparationsverzicht – oder auch auf die Entschädigungsabkommen, welche die Bundesrepublik in der Folge mit elf Staaten vor allem West- und Nordeuropas geschlossen hatte. Diese Position ist nicht mehr haltbar. Sind zunächst Schweizer Firmen und Banken mit Geschäftsverbindungen zum nationalsozialistischen Regime ins Fadenkreuz der amerikanischen Justiz geraten, gilt das jetzt zunehmend auch und namentlich für solche deutschen Konzerne, die auf die eine oder andere Weise in den USA verankert sind.

Diese unwürdige Debatte zu Lasten der Opfer will Gerhard Schröder schon aus prinzipiellen Erwägungen baldmöglichst beenden. Hinzu kommt, dass sich die Zahl der Klagen, die in den USA hohe Entschädigungsansprüche gegen deutsche Firmen geltend machen, ständig erhöht; 68 werden es schließlich sein. Auch wirft die Angelegenheit längst einen langen Schatten auf die Außenpolitik, wie zum Beispiel Ende April 1999 die deutsch-polnischen Regierungskonsultationen in Danzig zeigen. Noch als Ministerpräsident hatte Gerhard Schröder daher elf Vorstandsvorsitzende der größten DAX-Unternehmen – darunter Allianz, Daimler, Deutsche Bank, Krupp, Siemens, VW – in das Gästehaus der niedersächsischen Landesregierung gebeten, um nach einer grundlegenden Lösung zu suchen. Einen Tag nach Unterzeichnung des Koalitionsvertrages findet die erste Gesprächsrunde statt.[269] Klar ist, dass man es nicht bei einigen Hundert Millionen D-Mark Entgelt belassen kann, wie die Vertreter der Wirtschaft annehmen. Denen bleibt der entschlossene Auftritt des Kanzlers in dieser Angelegenheit nachhaltig in Erinnerung.[270]

Die Verhandlungen werden deutscherseits zunächst durch Bodo Hombach, nach dessen Rückzug auf den Balkan durch den vormaligen Wirtschaftsminister Otto Graf Lambsdorff geführt. Die Wege Schröders und Lambsdorffs haben sich gelegentlich gekreuzt. Und auch wenn sich die beiden dabei, wie zum Beispiel Anfang der achtziger Jahre im Flick-Untersuchungsausschuss, gelegentlich auf die Füße getreten sind, ist der Jüngere dem Älteren doch nie den Respekt für seine politische Leistung und seine persönliche Integrität schuldig geblieben. »Unterschiedliche parteipolitische Ausgangspunkte verhindern ja keine vernünftigen Lösungen«, schreibt Lambsdorff Anfang 2003, als das Entschädigungsthema zu den Akten gelegt worden ist: »Allerdings haben wir es wohl in Deutschland so weit gebracht, dass es nur noch unpopuläre vernünftige Lösungen gibt.«[271]

Lambsdorff vor allem ist es zu verdanken, dass sich die Bundesregierung Mitte Dezember 1999 mit ihrer Forderung nach Rechtssicherheit im Wesentlichen durchsetzt.[272] Dafür hat die deutsche Seite am Ende in einem dritten Angebot 10 Milliarden D-Mark zugesagt. Sie werden je zur Hälfte von rund 6500 Unternehmen und vom Bund aufgebracht. Zu diesem Zweck beschließt das Kabinett »in der Kontinuität deutscher Wiedergutmachungspolitik«[273] im März 2000 ein Gesetz zur Errichtung einer Stiftung »Erinnerung, Verantwortung und Zukunft«. Am 6. Juli 2000 stimmt der Bundestag diesem zu, elf Tage später kann das entsprechende Regierungsabkommen in Berlin unterzeichnet werden, am 30. Mai 2001 stellt der Bundestag mit großer Mehrheit fest, dass die Rechtssicherheit für deutsche Unternehmen hergestellt ist, und am folgenden Tag kann der Bundeskanzler Clintons Nachfolger George W. Bush mitteilen, dass damit der Weg für die Auszahlung der Stiftungsmittel endlich frei ist. Als Mitte Juni 2007 deren »formelles Ende« festgestellt wird, sind insgesamt 4,4 Milliarden Euro an 1,66 Millionen ehemalige Zwangsarbeiter in 98 Ländern ausgezahlt worden. Inzwischen ist Schröder nicht mehr Kanzler, aber sein Name bleibt dauerhaft mit dem »außerordentlichen Erfolg« dieses Programms verbunden. So bilanziert es der Vorstandsvorsitzende der Stiftung.[274]

Die Entschädigungszahlungen waren ein politischer Kraftakt, der nicht nur in formaler Hinsicht die Handschrift Schröders trägt. Zudem ein weiteres Beispiel für die Zeit und die Energie, die der Kanzler auf die internationale Politik verwenden muss. Inzwischen hat er dieses Terrain kennen- und schätzen gelernt – und macht dabei eine gute Figur. Auch in China. Die Planungen für Schröders erste Reise sind abgeschlossen, als ein Zwischenfall im Kosovokrieg zu einer radikalen Programmänderung führte. Am 7. Mai 1999 feuert ein amerikanischer Stealth-Bomber Raketen auf das Gebäude der chinesischen Botschaft in Belgrad ab. Versehentlich, wie es heißt. Der Angriff fordert drei Tote und mehr als 20 Verletzte. Da Schröder der erste Chinabesucher eines NATO-Landes nach dem Vorfall ist, wird die Reise zu einer heiklen Mission. Aus dem ursprünglich geplanten offiziellen Besuch von drei Tagen wird an diesem 12. Mai ein knapp sechzehnstündiger Aufenthalt, und statt der mehr als 30 führenden Vertreter der deutschen Wirtschaft sind lediglich Schröders außenpolitischer Berater Steiner, der Stellvertretende Regierungssprecher Anda sowie einige Journalisten an Bord.

Diese Begleiter wissen von einem souveränen Auftritt des Kanzlers zu berichten, der ja auch als Ratspräsident der Europäischen Union auftritt. Demonstrativ hatte er sich vor dem Abflug durch den Generalsekretär der

NATO über den Angriff unterrichten und auch erkennen lassen, dass die Bundesregierung mit dem Stand der Informationen nicht zufrieden sei; und nach seiner Rückkehr hält er die chinesische Regierung über seine Kontakte zu Javier Solana auf dem Laufenden. Dass die Kanzlermaschine fast zeitgleich mit jenem Flugzeug in Peking eintrifft, das die Verwundeten und Angehörigen der Opfer des Belgrader Zwischenfalls zurück in die Heimat bringt, macht die Mission nicht leichter. »Das hätte auch schief gehen können«, kommentiert der Beobachter der *Süddeutschen Zeitung*. »Und wie.«[275] Aber es geht gut, weil Schröder zunächst einmal zuhört und dann nicht zögert, die Entschuldigung für den Angriff sowohl im Namen der deutschen Regierung als auch des Generalsekretärs der NATO vorzutragen. Dass diese nur Stunden später in den Hauptnachrichten des Fernsehens landesweit ausgestrahlt wird, zeigt, dass er richtig handelt. So baut Gerhard Schröder eine solide Brücke, die über seine Kanzlerschaft hinaus trägt. Im Reich der Mitte bleibt er ein gern gesehener Gast.

Im Herbst 1999 wird dann nachgeholt, was eigentlich für das Frühjahr geplant gewesen ist. Die siebentägige Asienreise führt den Kanzler seit dem 31. Oktober zunächst zu einem Antrittsbesuch nach Japan und von dort am 2. November das zweite Mal nach China. Damit bewegt er sich in den von seinem Vorgänger eingeschlagenen Bahnen. Im Herbst 1993 hatte die Regierung Kohl im Bundestag ein neues »Asien-Konzept« vorgestellt und im Falle der »*wichtigsten asiatischen Staaten*, Japan, China, Indien«, außerdem jeweils einem Staat der ASEAN-Gruppe jährliche Besuche »unter den Außenministern und den Regierungschefs« in Aussicht gestellt.[276]

Am Ende brachte es Helmut Kohl in seiner sechzehnjährigen Amtszeit auf vier Besuche im Reich der Mitte, Helmut Schmidt war in seinen acht Jahren einmal dort. Gerhard Schröder wird China einmal jährlich besuchen und es im Falle Indiens, Pakistans und Japans auf jeweils zwei Visiten bringen. Die Tokioter Gespräche unter anderem mit Ministerpräsident Keizo Obuchi gestalten sich problemlos, weil man die heiklen Themen, wie die künftige Nutzung der Kernenergie, ausspart. In der Tat lassen sich die deutschen Ausstiegspläne kaum mit den Planungen der Japaner unter einen Hut bringen, die in den kommenden drei Jahrzehnten weitere 20 Meiler in Dienst stellen wollen. Einig sind sich die beiden Regierungschefs hingegen darin, im Zuge der Reform der Vereinten Nationen jeweils einen Ständigen Sitz im Sicherheitsrat anzustreben. Einstweilen handhabt Schröder das Vorhaben ähnlich wie sein Vorgänger. Auch Kohl hatte diese Idee, die nach der Vereinigung auftauchte, anfänglich lustlos verfolgt und die Angelegenheit dann dem Auswärtigen Amt überlassen. Fischers Vorgänger Klaus Kinkel war ein entschiedener

Befürworter des Strebens nach einem ständigen deutschen Sitz gewesen und hatte seine Diplomaten auf diese Linie eingestellt.

In Peking wiederum vernimmt man gerne, dass der Bundeskanzler in Tokio die Aufnahme Chinas in die Gruppe der führenden Industrienationen (G 8) empfohlen hat. Im Zentrum des dicht gedrängten Programms steht die Wirtschaft. Wie stets auf solchen Reisen wird der Kanzler von einer Delegation hochrangiger Unternehmer und Manager begleitet. Für Schröder spielen diese Delegationen eine deutlich größere Rolle als für seinen Vorgänger. Natürlich gehören ihnen immer auch Vertreter der DAX-Unternehmen an, wie in diesem Fall VW-Chef Ferdinand Piëch, mit dem Gerhard Schröder in Schanghai eine Fabrik des Konzerns in Augenschein nimmt. Besuche von Autofabriken zählen zum Standardprogramm aller vergleichbaren Auslandsreisen. Von Anfang an legt der Kanzler zudem großen Wert darauf, dass Vertreter mittelständischer Unternehmen zur Delegation gehören.

Fast immer dabei ist Heinrich von Pierer, der nicht nur an der Spitze von Siemens, also einem der größten deutschen Unternehmen steht, sondern auch Vorsitzender des im Herbst 1993 gegründeten Asien-Pazifik-Ausschusses der Deutschen Wirtschaft ist. Pierer, Jahrgang 1941, der praktisch sein ganzes berufliches Leben bei Siemens verbracht hat und das Technologieunternehmen seit 1992 leitet, kennt Schröder, seit sie während der neunziger Jahre gemeinsam im Aufsichtsrat von VW gesessen haben. Damals hat der Manager den wirtschaftspolitischen Sachverstand des Politikers schätzen gelernt. Seit Schröder Kanzler ist, stehen sie in engem Kontakt: Wenn der Vorstandsvorsitzende von Siemens ruft, hat der Kanzler stets ein offenes Ohr. Das gilt auch umgekehrt. Dass sie gelegentlich im Doppel gegeneinander Tennis spielen, ist der Arbeitsbeziehung förderlich; dass von Pierer der CSU angehört, stört den sozialdemokratischen Kanzler nicht.

Misst man den Erfolg der zweiten Chinavisite an den am Ende unterzeichneten Wirtschaftsabkommen im Gesamtwert von beinahe 6 Milliarden D-Mark, ist er beachtlich. Voraussetzungen für solche Erfolge sind Schröders Zurückhaltung bei öffentlicher Kritik an der chinesischen Führung, sein klares Bekenntnis zur Ein-China-Politik und seine Aufforderung an die Adresse der Europäischen Union, das Waffenembargo gegen die Volksrepublik aufzuheben. Das Embargo ist nach dem Massaker auf dem Platz des Himmlischen Friedens verhängt worden, bei dem im Juni 1989 wohl Tausende von Demonstranten ums Leben gekommen waren. Alle übrigen Sanktionen sind inzwischen aufgehoben worden, lediglich das symbolträchtige Waffenembargo, das Peking als diskriminierend empfindet, ist noch in Kraft. Der Bundeskanzler hält das für einen Fehler, zumal die Aufhebung des Embargos, die einen entsprechenden einvernehmlichen Beschluss der europäischen Staats- und Regierungschefs voraussetzen würde, ja weder automatisch den chinesischen Wunsch nach europäischen Waffenlieferungen noch die Bereitschaft der Europäer nach sich ziehen würde, tatsächlich auch zu exportieren. Im deutschen Fall wären solche Lieferungen aufgrund der restriktiven Exportbestimmungen ohnehin praktisch ausgeschlossen.

Gerhard Schröders Forderung nach Aufhebung des Embargos ist ein politisches Signal an die Adresse der chinesischen Führung, und sie ist eine logische Ergänzung seines klaren Bekenntnisses zur Ein-China-Politik. Daran werde man festhalten, sagt der Kanzler in Peking, auch wenn das zeitweilig zu gewissen wirtschaftlichen Nachteilen führe. Dass er diese Ein-China-Politik erst wenige Jahre zuvor, als es um die Lieferung von U-Booten aus deutscher Produktion für Taiwan ging, noch glatt ignoriert beziehungsweise im Sinne Taipehs interpretiert hat, ist jetzt Geschichte. Politiker haben, wenn es darauf ankommt, kein gutes Gedächtnis. Man kann es auch so formulieren: Ein guter Politiker ist lernfähig.

Dass Schröder zu ihnen gehört, stellt er in China unter Beweis. Wie vor seiner Reise angekündigt, macht er vor Ort den »Rechtsstaatsdialog« zum Thema, der bislang ein mit rund 56 Millionen D-Mark geförderter Schwerpunkt der »bilateralen Entwicklungszusammenarbeit« gewesen ist und jetzt als regelmäßig tagendes Forum etabliert werden soll. Der Kanzler ist überzeugt, dass die Dynamik, mit der sich China zu einer Industriegesellschaft entwickelt, über kurz oder lang eine Demokratisierung erzwingen wird – schon weil der »Kapitalismus … per se ein dezentrales System« ist, das sich mit autoritären Strukturen nicht verträgt, wie er viele Jahre später sagt.[277] Allerdings reagieren Ministerpräsident Zhu Rongji und Parteichef Jiang Zemin, Schröders wichtigste Gesprächspartner, im Allgemeinen ziemlich ungehalten, wenn man ihnen öffentlich vorhält, was sie in dieser Hinsicht zu tun und zu lassen haben. Das gilt insbesondere für die sensible Thematik der Menschenrechte. Der Kanzler versteht, dass man die Gastgeber keinesfalls an den Pranger stellen darf, und macht deutlich, dass es ihm um einen seriösen, in gegenseitigem Respekt geführten Menschenrechtsdialog geht. Damit kann Staatspräsident Jiang leben. Fortan werden auch Listen mit Namen bedrängter Oppositioneller oder Künstler, für die sich die deutsche Seite verwendet, nur noch übergeben, nicht mehr erörtert.

Verglichen mit diesem äußerst sensiblen Thema des neuen Rechtsstaatsdialogs ist ein zweites leichter handhabbar und zugleich für die deutsche Seite wesentlich drängender. Es geht um Rechtssicherheit für die in China tätigen Unternehmen: Produktpiraterie zählt zu den von ausländischen Investoren am häufigsten beklagten Missständen. Schröder geht es an, indem er seinen Gastgebern zum einen Unterstützung bei der Entwicklung eines modernen Wirtschafts-, Verwaltungs- und Verwaltungsverfahrensrechts anbietet, auf der anderen Seite aber auch keinen Zweifel lässt, dass Rechtssicherheit Voraussetzung auch für ein verstärktes Engagement der deutschen Industrie in China sei. Das ist ein kluges Argument, dem selbst Kritiker von Schröders Chinapolitik wie Jürgen Trittin zustimmen können.[278]

Und es ist ein Junktim, das sich folglich auch umkehren lässt. Dass die Chinesen hier an einem sehr langen Hebel sitzen, demonstriert ihr Ministerpräsident dem Kanzler, als er unvermittelt diesen Hebel umlegt, gleichsam aus dem Stand vom Rechtsstaat zur Wirtschaft wechselt und den verblüfften deutschen Gästen signalisiert, dass man über den Einsatz der deutschen Magnetschwebebahn Transrapid auf der Strecke zwischen Peking und Schanghai nachdenke. Eine interessante Perspektive, ist es doch bis dato nicht gelungen, das von ThyssenKrupp und Siemens entwickelte Hightechprodukt an den Mann zu bringen – in Deutschland nicht und im Ausland auch nicht. Fortan stimmt zwischen Gerhard Schröder und Zhu Rongji die Chemie.

Den wenigsten, zu diesem Zeitpunkt den Kanzler eingeschlossen, ist geläufig, dass der Anstoß zum Transrapid auf einen Sozialdemokraten zurückgeht. Er kam von Georg Leber. Der Sozialdemokrat und Gewerkschafter, Jahrgang 1920, ist von 1966 bis 1972, also während der Großen Koalition und der ersten Regierung Brandt, Verkehrsminister gewesen, hernach bis 1978 respektierter Chef der Hardthöhe. Als er achtzig wird, kommt der Kanzler. Die Idee zum Transrapid wurde im Rahmen des von Leber in Auftrag gegebenen verkehrspolitischen Gesamtprogramms geboren, das 1968 vorlag. Gesucht wurde ein Verkehrsmittel, das es mit dem Flugzeug nach Zeit und Preis, Wirtschaftlichkeit und Umweltfreundlichkeit aufnehmen konnte. Ursprünglich war eine Strecke in Form einer großen 8 geplant, mit dem Schnittpunkt Frankfurt am Main sowie zwölf Haltepunkten.[279] Aus Gründen, die hier nicht interessieren müssen, gibt es rund 30 Jahre später lediglich eine Teststrecke im Emsland – und seit Neuestem einen Interessenten in Fernost.

Tatsächlich unternimmt der technikbegeisterte chinesische Ministerpräsident Anfang Juli des kommenden Jahres eine Probefahrt auf der Teststrecke. Wenig später wird in Peking die Errichtung einer Versuchsstrecke vereinbart. Dabei bleibt es. Nicht die 1300 Kilometer zwischen Peking und Schanghai werden seit Ende 2003 mit Hilfe des Transrapid überbrückt, sondern der rund 30 Kilometer entfernte Flughafen der pazifischen Metropole ist jetzt vom Finanzzentrum aus mit der Magnetschwebebahn in acht Minuten zu erreichen. Dafür müssen ThyssenKrupp und Siemens, die das Betriebssystem liefern, erhebliche Preisnachlässe gewähren, die Regierung Schröder einen ungebundenen Zuschuss von 100 Millionen D-Mark auf den Tisch legen[280] und der Kanzler sich verpflichten, persönlich an der offiziellen Jungfernfahrt der Bahn teilzunehmen, was er zu Silvester 2002 auch tut. Immerhin sind die Chinesen von der deutschen Technik derart begeistert, dass sie sich, auch in diesem Falle, an ihr bedienen: Fahrweg und Infrastruktur werden von einem chinesischen Unternehmen gebaut, das von einem deutschen Bau- und Planungskonsortium das Know-how erworben hat.

Für den Kanzler zählt die Chinapolitik eindeutig zu den Pluspunkten seiner politischen Bilanz für das Jahr 1999. Gleichwohl wird das Reich der Mitte in der nächsten Zeit »keine herausgehobene Rolle« in seiner »politischen Arbeit« spielen können. »Die Schwerpunkte im Januar bis Mai liegen eindeutig in der Innenpolitik … Ich werde mir viel Zeit für Reisen durch bestimmte Bundesländer nehmen müssen.«[281] Das hat seinen Grund: Daheim brennt die Hütte.

Dabei hatte es im Sommer so ausgesehen, als könne der »Kraftmensch«, den der *Spiegel* »im Kanzleramt« ausmacht,[282] die ungünstige Stimmung drehen. Doch dann kommt es knüppeldick. Konnte die von Henning Scherf geführte Bremer SPD bei den Landtagswahlen vom 6. Juni 1999 noch um beinahe 10 Prozentpunkte zulegen und damit den mit der Hessenwahl eingeläuteten Trend zumindest stoppen, braut sich nur eine Woche später bei den erwähnten Wahlen insbesondere zum Europäischen Parlament über der deutschen Sozialdemokratie erneut ein Unwetter zusammen. Im Herbst entlädt es sich in einem Gewittersturm, der um ein Haar den Kanzler und seine Koalition hinweggefegt hätte. Dass die CDU am 12. September die Kommunalwahlen in Nordrhein-Westfalen mit knapper absoluter Mehrheit gewinnt und die SPD in ihren traditionellen Hochburgen mit gerade einmal 34 Prozent der Stimmen eindeutig auf den zweiten Rang verweist, ist bitter genug; dass sich dieser Trend durch die Ergebnisse der Landtagswahlen in fünf Bundesländern zu einem klaren Votum verdichtet, ist ein Desaster.

Zwischen 5. September und 10. Oktober 1999 endet an der Saar nach 14 Jahren nicht nur die Alleinregierung der SPD, sondern die Amtszeit des sozialdemokratischen Ministerpräsidenten Reinhard Klimmt; in Brandenburg kann die SPD mit Ministerpräsident Manfred Stolpe zwar weiterhin die Regierung stellen, muss aber bei Verlusten von sage und schreibe 15 Prozentpunkten eine Große Koalition eingehen. In Thüringen kann die CDU die absolute Mehrheit holen; in Sachsen kann sie diese halten. Und in Berlin fahren die Genossen mit gerade einmal 22 Prozent ihr schlechtestes Ergebnis seit 1946 ein. Fast müßig zu fragen, welches Ergebnis besonders schmerzt. Aber dass die SPD in Sachsen mit 10,7 Prozent gerade noch zweistellig bleibt und nicht einmal die Hälfte der Stimmen holen kann, welche die PDS auf sich vereinigt, macht selbst hartgesottene Sozialdemokraten sprachlos.

Schlimmer hat es nicht kommen können. Man mag es drehen und wenden, wie man will, mag die Besonderheiten dieser Kommunen oder jener Bundesländer ins Feld führen – die Verantwortung für dieses Ergebnis tragen der Kanzler und Parteivorsitzende Gerhard Schröder sowie seine Berliner Koalition. So sehen es die Wähler, so sehen es die Medien, so sieht es die Opposition – und so sieht es die eigene Partei. Die Briefe, die Gerhard Schröder jetzt erreichen, lassen keinen Zweifel zu. Sie kommen von jungen und von gestandenen Genossen, aus den alten und aus den neuen Bundesländern.

Zum Beispiel von Josef Krings, dem inzwischen legendären ehemaligen Oberbürgermeister der Stadt Duisburg. Der Brief, der an seinen Bundestagsabgeordneten und von diesem weiter an den Parteivorsitzenden geht, zeugt von Enttäuschung und Entsetzen über »die Arbeit der Regierung und auch die der Fraktion«.[283] Andere wie der »noch« rechts- und innenpolitische Sprecher der SPD-Fraktion im Sächsischen Landtag rasten regelrecht aus: »Du hast weder die Parteigenossen noch Bürger auf Deinen in der Richtung richtigen Weg mitgenommen … Würde ein kleines Parteimitglied sich weit geringere Fehler leisten, würde man ihm ein Parteiordnungsverfahren anhängen. Viele Menschen, die Dich im vergangenen Herbst gewählt haben, werden Dich nie wieder wählen.«[284] Am Ende des Jahres, als die Krise überstanden ist, sagt Hans Eichel in einem Interview mit dem *Stern*, man habe in jenen Wochen »mal richtig in den Abgrund gesehen … Wir wussten im Herbst zwischenzeitlich nicht, ob wir die Wahlperiode zu Ende bringen. Da waren wir nicht weit davon entfernt, die Macht zu verlieren. Innerlich haben wir uns das … eingestanden.«[285]

Eingestehen muss sich der Kanzler – er vor allem – auch, dass die erstaunliche Ruhe, die während des Sommers an den koalitions- und parteiinternen Frontlinien herrschte, trügerisch gewesen ist. Anlass für den neuerlichen, öffentlich aufgeführten Streit ist ein Thema, das die Republik mit zuverlässiger Regelmäßigkeit beschäftigt, weil es sich besonders gut für empörte Reaktionen eignet. Längst nämlich zählt Deutschland zu den führenden Waffenexporteuren der Erde. Es gibt bindende Vorschriften, die zum Beispiel den Export in Krisengebiete untersagen, doch das kann nicht verhindern, dass immer wieder Grenzfälle auftauchen. Ein solcher ist die Türkei, also ein NATO-Partner, der einen Auftrag über 1000 neue Kampfpanzer ausgeschrieben hat. Im

Gespräch sind außerdem 350 gebrauchte. Zu den Favoriten Ankaras zählt der von Krauss-Maffei Wegmann produzierte »Leopard 2«. Um seine Aussichten auf den lukrativen Auftrag zu verbessern, will das Münchener Unternehmen einen Panzer zu Testzwecken an den Bosporus liefern.

Dafür ist die Zustimmung des Bundessicherheitsrates erforderlich, der am 20. Oktober 1999 grünes Licht für den Testpanzer gibt. Fünf Tage später votiert auch der Koalitionsausschuss für die Lieferung des Testpanzers. Die Entscheidungen fallen knapp aus, weil insbesondere zahlreiche Grüne dagegen sind. Namentlich die Vorsitzende des Menschenrechtsausschusses im Bundestag, Claudia Roth, sowie die Fraktionssprecher Kerstin Müller und Rezzo Schlauch machen öffentlich gegen die Anbahnung des Panzergeschäftes mobil. Schröder kennt das schon. Damit kann er leben. Seit er sich 1992 als niedersächsischer Ministerpräsident für das besagte U-Boot-Geschäft mit Taiwan starkgemacht hat, ist er mit den politischen Fronten und mit den Argumenten vertraut. Zu diesen zählen – seinerseits und damals wie heute – Tausende von Arbeitsplätzen, die im Falle des auf 14 Milliarden D-Mark geschätzten Auftrages erhalten und geschaffen werden oder eben gefährdet sind.

Im Übrigen ist es nicht seine Aufgabe, die Grünen zu überzeugen oder doch jedenfalls ruhig zu halten. Da muss schon der Außenminister ran. Tatsächlich versucht Joschka Fischer seine Partei vorsichtig von einer Korrektur ihrer Position zu überzeugen. Das Argument, mit dem er operiert, ist nicht schlecht: Kann man nicht die Rüstungsexportpolitik als Hebel nutzen, um die Türkei auf die Fortsetzung ihres Reformkurses festzulegen? Nein, der Aufstand der Grünen macht dem Kanzler keine Sorge. Viel beunruhigender ist, dass die Panzergeschichte die Turbulenzen in der eigenen Partei verstärkt.

Zahlreiche Sozialdemokraten sind ebenfalls gegen die Lieferung des Testpanzers, unter ihnen Heidemarie Wieczorek-Zeul, die im Bundessicherheitsrat dagegen stimmt. Dass sie an dieser Entscheidung beteiligt ist, geht auf frühe Weichenstellungen der rot-grünen Koalition zurück. Weil das Auswärtige Amt offenbar die im Koalitionsvertrag vereinbarte Reanimierung des Bundessicherheitsrates als Hebel benutzen will, um in der deutschen Außen- und Sicherheitspolitik wieder eine führendere Rolle zu übernehmen, drängt Frank-Walter Steinmeier mit Erfolg darauf, den Chef des Kanzleramtes – das ist zu dieser Zeit noch Bodo Hombach – als Mitglied in dem Gremium zu etablieren. Dem Bundessicherheitsrat gehören bislang neben dem Bundeskanzler die Bundesminister des Auswärtigen, der Verteidigung, der Justiz, der Finanzen und der Wirtschaft an. Und da man nun schon einmal beim Umbau ist, wird auch die Ministerin für wirtschaftliche Zusammenarbeit aufgenommen. So beschließt es das Kabinett am 15. Dezember 1998, und am 21. Mai des folgenden Jahres liegt die ursprünglich aus dem Jahre 1959 stammende Geschäftsordnung des Bundessicherheitsrates in einer neuen Fassung vor.

So kommt es, dass die Entwicklungshilfeministerin an der Entscheidung über den Export eines Testpanzers in die Türkei beteiligt wird – und dass schließlich auch noch die »Politischen Grundsätze der Bundesregierung für den Export von Kriegswaffen und sonstigen Rüstungsgütern« vom April 1982 überarbeitet werden. Das ist zwingend nötig, weil der Bundessicherheitsrat seine »Zustimmung zur zeitweisen Überlassung eines Leopard 2 zur Erprobung an den NATO-Partner Türkei« mit der ausdrücklichen Einschränkung versehen hat, dass damit noch keine Entscheidung über einen späteren Export gefallen ist. Weil diese Entscheidung aber unter »Berücksichtigung der tatsächlichen und überprüfbaren Fortschritte in der Menschenrechtslage« zu treffen ist, müssen die »Politischen Grundsätze« in diesem Sinne ergänzt und überarbeitet werden. Am 21. Dezember akzeptieren die Mitglieder des Bundessicherheitsrates die überarbeitete Fassung der Grundsätze. Noch am selben Tag lässt Heidemarie Wieczorek-Zeul den Kanzler wissen, dass sie nunmehr die Weiterentwicklung der »Politischen Grundsätze« mittrage.

Keine Frage, Gerhard Schröder steht in diesem Herbst 1999 politisch gewaltig unter Druck. Längst haben auch die Medien wieder die Jagd eröffnet. Einige lassen jetzt einen Trend zur Geschmacklosigkeit erkennen und schlagen gezielt unter die Gürtellinie. Als Anfang September auch *RTL* ein schon andernorts gesendetes »Kanzler-Interview« ausstrahlt, in dem eine Gummipuppe in der Gestalt Gerhard Schröders Auskunft über das Sexualleben des Kanzlers im Besonderen und das Intimleben von Politikern im Allgemeinen gibt, geht das selbst der Geschäftsführung des nicht unbedingt zimperlichen Senders zu weit: Die Entschuldigung für die Überschreitung der »Grenzen des guten Geschmacks« kommt mit der Versicherung, dass ein solcher Beitrag »nicht wieder erscheinen wird«, sowie mit der Bitte einher, auch der Gattin das »aufrichtige Bedauern zum Ausdruck zu bringen«.[286] Die Hatz auf den Mann und die Geschmacklosigkeit der Karikatur nehmen solche Formen an, dass zum Beispiel Gunter Sachs dem Kanzler vorsorglich vorab einen an den *Spiegel* gerichteten Leserbrief zu der »beschämenden Affäre« zukommen lässt, da er »nicht recht weiss, was bei Kürzungen heraus kommt«.[287]

Viele Monate später, als er sich mal wieder im Aufwind befindet, sagt Gerhard Schröder zu Jürgen Leinemann: »Drei Monate lang ist mir nichts als Müll um die Ohren geflogen. Das ist eine Erfahrung, die man sich nicht wünschen kann.« Und seine Frau ergänzt: »Ich habe die ganze Bandbreite der Verletzungen mitgekriegt. Man braucht ein großes Maß an Abhärtung, um das durchzustehen.«[288] Schröder hat diese Abhärtung, er hat sie von Kindesbeinen an. Das verhindert Verletzungen nicht, aber es hilft sie zu kurieren. Und vor allem hilft die Feuertaufe früher Jahre, nicht im Schmerz zurückzublicken und die Wunden zu lecken, sondern den Blick nach vorn zu richten und sich neuen Horizonten zuzuwenden.

Der Kanzler reagiert zunächst hinter den Kulissen. Er sucht den Rat gestandener Genossen. Dazu gehört die Aufnahme eines Vorschlags von Heinz Ruhnau – Sozialdemokrat und Politiker, Gewerkschafter und Manager des Jahrgangs 1929 –, »in einem kleineren Kreis erfahrene Sozialdemokraten, die kein politisches Amt mehr ausüben«, darunter Hans Koschnick, Georg Kronawitter und Hermann Rappe, »zu einem Gespräch zusammenzubringen«.[289] Vor allem aber bittet der Bundeskanzler Erhard Eppler und Hans-Jochen Vogel nach Berlin. Mitte September 2000 sucht der Vorsitzende der SPD den Rat der beiden erfahrenen, in der Partei hoch respektierten Sozialdemokraten und bittet sie um ihre Unterstützung.

Die ist Gold wert, denn selbstverständlich ist nicht vergessen, dass Eppler wie Vogel Mitte der neunziger Jahre zu den schärfsten Kritikern des ambitionierten Niedersachsen zählten, und auch aus ihren Vorbehalten gegen das Schröder-Blair-Papier haben sie keinen Hehl gemacht. Jetzt stehen sie dem Kanzler und Parteivorsitzenden loyal zur Seite, vermitteln, gehen auf die Parteitage und appellieren an die Solidarität der Genossen. Gerhard Schröder hat ihnen das hoch angerechnet: »Bei aller kritischen Distanz, die Du mir gegenüber am Anfang meiner Arbeit hattest«, schreibt er Anfang März 2001 an Hans-Jochen Vogel, »hast Du mir doch eine Chance gelassen, Dein Urteil über mich zu korrigieren … – dafür bin ich Dir außerordentlich dankbar.«[290]

Schließlich kommt ihm der Zufall zu Hilfe. Erst schlittert die CDU in eine ihrer schwersten Krisen, und dann ruft ein vor der Pleite stehender Baukonzern nach des Kanzlers Hilfe. Als das Amtsgericht Augsburg am 4. November 1999 einen Haftbefehl gegen Walther Leisler Kiep wegen des Verdachts der Steuerhinterziehung erlässt und sich der ehemalige Schatzmeister der CDU am folgenden Tag der Justiz stellt, entfaltet sich vor den Augen des ungläubigen Publikums eine Geschichte, die alle Aufmerksamkeit auf das führende Personal der Christdemokraten lenkt – und die SPD nebst ihrem Kanzler aus der Schusslinie bringt. So gesehen kann man sagen, dass Helmut Kohl Gerhard Schröder gerettet hat. Nicht zum ersten Mal, wenn es auch 1993, wie erinnerlich, nicht so dramatisch um Gerhard Schröder stand, wie das jetzt der Fall ist. Aber dass der damalige Bundeskanzler im Bundessicherheitsrat den geplanten

Kanzler mit Putschistin: Mitte Juni 2000, ein halbes Jahr nachdem Angela Merkel Helmut Kohl zur Niederlegung seiner Ämter aufgefordert hat.

U-Boot-Verkauf an Taiwan unterbinden ließ, hat dem Ministerpräsidenten doch Anfang 1993 aus einer ziemlichen Verlegenheit geholfen.

Jetzt geht es um wesentlich mehr. Für beide. Denn binnen Kurzem stehen der Ehrenvorsitzende der CDU und sein System der »schwarzen Kassen« im Zentrum der sogenannten Spendenaffäre, die im Einzelnen hier nicht weiter verfolgt werden muss. Festzuhalten ist aber doch, dass bald auf der Führungsetage der CDU kein Stein mehr auf dem anderen steht, und das hat mittelfristig durchaus Folgen, auch für Gerhard Schröder. Am 18. Januar 2000 brechen Vorstand und Präsidium der CDU offen mit Kohl, der daraufhin den Ehrenvorsitz niederlegt. Am 16. Februar erklärt Wolfgang Schäuble, der nach der Wahlniederlage vom Herbst 1998 endlich die Nachfolge Kohls als Parteivorsitzender angetreten hatte, seinen Verzicht auf den Partei- wie auch auf den Fraktionsvorsitz. Und seit dem 10. April 2000 ist Angela Merkel Vorsitzende der Christlich Demokratischen Union Deutschlands. Ende des vorangegangenen Jahres hatte sie Helmut Kohl über die Zeitung, also öffentlich, zur Niederlegung seiner Ämter aufgefordert,[291] mit diesem kühnen Schritt die Initiative an sich gerissen und signalisiert, dass mit ihr zu rechnen und was von ihr zu erwarten sei.

Angela Dorothea Merkel, geborene Kasner, hat am 17. Juli 1954 als Tochter eines Theologiestudenten und einer Lehrerin in Hamburg das Licht der

Welt erblickt, ist aber dann mit ihren Eltern nach Quitzow in der Mark und später nach Templin gezogen, wo der Vater als Pfarrer tätig ist. Dem Abitur, das sie dort 1973 ablegt, folgen ein Studium der Physik in Leipzig und seit 1978 die Tätigkeit als Wissenschaftliche Mitarbeiterin am Zentralinstitut für physikalische Chemie der Akademie der Wissenschaften. 1986 wird Angela Merkel, nach fünfjähriger Ehe inzwischen wieder geschieden, dort promoviert.

Im Jahr der Maueröffnung tritt Merkel dem Demokratischen Aufbruch bei, 1990 der CDU. Als sie die politische Bühne durch die Hintertür betritt, ist sie mithin Mitte dreißig und Seiteneinsteigerin. Das unterscheidet sie von der gesamten Politelite der Bundesrepublik, deren mehrheitlich männliche Repräsentanten »Kohls Mädchen« folglich, wenn überhaupt zur Kenntnis, so doch nicht ernst nehmen. Als Stellvertretende Pressesprecherin des letzten Ministerpräsidenten der DDR, Lothar de Maizière, erlebt sie die Vertreter dieser Kaste, Kanzler Helmut Kohl eingeschlossen, von Anfang an aus der Nähe. Was folgt, ist ein Parforceritt, mit dem es Angela Merkel – über die Stationen einer Stellvertretenden Vorsitzenden der Bundespartei seit 1991, der Landesvorsitzenden der CDU in Mecklenburg-Vorpommern seit 1993 und der Generalsekretärin der CDU seit November 1998 – innerhalb nicht einmal eines Jahrzehnts zur Bundesvorsitzenden der Partei bringt. Flankiert wurde dieser Aufstieg bis zum Ende der Ära Kohl von den Regierungsämtern als Ministerin für Frauen und Jugend, seit November 1994 für Umwelt, Naturschutz und Reaktorsicherheit. Eine beispiellose Karriere, die auch Gerhard Schröder inzwischen nicht ohne Respekt verfolgt.

Einstweilen verschafft die Spendenaffäre der CDU dem Kanzler Luft – weil die Bürger wie die Medien gebannt auf dieses Spektakel schauen. Außerdem demontiert sich der Altkanzler in einem geradezu unglaublichen Maße selbst, verliert zum Beispiel am 24. November 1999 in der Haushaltsdebatte des Bundestages vor den Augen der Öffentlichkeit die Nerven und wird vom Vorsitzenden der SPD-Fraktion regelrecht auseinandergenommen. An diesem Vorgänger, so viel ist gewiss, wird sich der amtierende Kanzler auf absehbare Zeit nicht mehr messen lassen müssen. Als Kohl im folgenden Frühjahr seinen Siebzigsten feiert, greift Schröder zur Feder, gratuliert, wie es sich gehört, würdigt Kohls Verdienst um die deutsche Einigung und schließt seinen Brief nicht ohne Süffisanz mit einem Hinweis auf den Sumpf, in dem dieser festsitzt: »Zu dem Respekt, den die Deutschen Ihnen entgegen bringen, haben sich in letzter Zeit Mißtöne gesellt, die zu bewältigen Ihnen aufgegeben bleibt. Die deutsche Bevölkerung wäre Ihnen dafür sicher so dankbar, wie sie es für Ihr Wirken als europäischer Staatsmann ohnehin ist.«[292]

Für die insgesamt zurückhaltende Tonlage hat der Kanzler Gründe. Denn auch seine eigene Partei ist erst jüngst knapp an dem einen oder anderen Skandal vorbeigeschrammt. Die Sprengkräfte ließen sich, als sie öffentlich wurden, nicht absehen, und niemand weiß, ob nicht noch die eine oder andere Leiche im roten Keller liegt. Dass die Affären glimpflich ausgehen, liegt am entschlossen wirkenden Handeln der Betroffenen in Hannover und Düsseldorf. Am 26. November 1999 tritt Gerhard Glogowski, der langjährige Innenminister und Nachfolger Gerhard Schröders als Ministerpräsident, von diesem Amt zurück und zieht damit die Konsequenz aus den letztlich kaum haltbaren Vorwürfen, sich durch dieses Amt materielle Vorteile beispielsweise bei seiner Hochzeitsfeier und -reise verschafft zu haben. Zum Nachfolger küren die Sozialdemokraten den vierzigjährigen Fraktionschef im Landtag Sigmar Gabriel. Er gilt vielen, auch dem zum Krisenmanagement angereisten Kanzler und Parteivorsitzenden, als politisches Talent mit beachtlichen taktischen und rhetorischen Fähigkeiten, allerdings auch mit einem Hang zum Tritt ins Fettnäpfchen.

Noch gefährlicher ist die sogenannte Flugaffäre, die in Nordrhein-Westfalen hochkocht, als in Niedersachsen gerade das Feuer ausgetreten ist. Am 27. November 1999 wird bekannt, dass Heinz Schleußer, dienstältester Finanzminister der Republik, Chartermaschinen der landeseigenen Westdeutschen Landesbank für private Zwecke genutzt haben soll. Wenige Tage später räumt Bundespräsident Johannes Rau ein, als Ministerpräsident für Dienstflüge Maschinen benutzt zu haben, die von der Landesbank gebucht worden waren. Am 17. Dezember setzt der Düsseldorfer Landtag einstimmig einen Untersuchungsausschuss ein. Fünf Wochen später ist die Zeitbombe entschärft. Am 24. Januar 2000 legen Raus Anwälte eine Liste mit 45 Flügen vor, aus der hervorgeht, dass der damalige Ministerpräsident die Maschinen der Landesbank nicht für private Zwecke genutzt hat. Zwei Tage später tritt Schleußer zurück, weil er im Zusammenhang mit den Flügen Falschaussagen einräumen muss.

Da haben die Genossen noch einmal Glück gehabt. Schwer zu sagen, ob die Affären ohne den Spendenskandal der CDU die Öffentlichkeit überhaupt nennenswert interessiert hätten beziehungsweise ob die Sozialdemokraten ohne diesen Skandal so leicht davongekommen wären. So aber hinterlässt das Krisenmanagement an der Leine wie am Rhein den Eindruck entschlossenen Handelns, das sich wohltuend von der christdemokratischen Hängepartie mit ihren immer neuen Enthüllungen abhebt. Das ist nicht zuletzt das Verdienst des Kanzlers und Parteivorsitzenden, der überhaupt in diesen Wochen den Eindruck eines effizienten Krisenmanagers macht und die

Schlacht gegen den skandalumwitterten politischen Gegner seinen Leuten überlässt.

Diese Schlacht wird auch im Fall Leuna ausgetragen. Der Kauf der sanierungsbedürftigen Erdölraffinerie, vormals Teil eines Volkseigenen Betriebs der DDR, durch den französischen Mineralölkonzern Elf Aquitaine ist seinerzeit auf Vermittlung Kanzler Kohls zustande gekommen. Jetzt wird die Beschuldigung laut, die Franzosen hätten dafür 1992 rund 30 Millionen D-Mark in die Wahlkampfkassen der CDU fließen lassen, und aus dem Kanzleramt ist zu hören, dass sich die Akten zu dem Vorgang nicht mehr auffinden lassen. Sind sie aus dem Verkehr gezogen, gar vernichtet beziehungsweise gelöscht worden? Um das zu ergründen, ordnet der Chef des Kanzleramtes im Februar 2000 nicht nur eine disziplinarische Vorermittlung, sondern auch eine Suche nach den verschwundenen Akten in dieser und anderen Angelegenheiten an, darunter Waffengeschäfte mit Saudi-Arabien.

Nachdem Hans Otto Bräutigam, parteiloser Diplomat und unter anderem von 1982 bis 1989 Ständiger Vertreter der Bundesrepublik in der DDR, abgesagt hat, beauftragt Frank-Walter Steinmeier den Freidemokraten, ehemaligen Innenminister von Nordrhein-Westfalen, vormaligen Bundestagsvizepräsidenten und bekennenden Kohl-Gegner Burkhard Hirsch mit der Suche. Erst Jahre später wird das in diesem Zusammenhang angestrengte Verfahren endgültig und ohne Folgen für die vormalige Regierung Kohl eingestellt. Zur Sache teilt der Kölner Generalstaatsanwalt mit, dass zwar im Herbst 1998 »Datenbestände gelöscht« und auch einige »original Aktenbände« zum Leuna-Komplex »verschwunden« seien, dass es aber bezüglich der Datenlöschung »keinen hinreichenden Tatverdacht« gebe.[293] Das weiß Hirsch schon am Ende des Jahres 2001, findet es »ärgerlich und unbefriedigend, daß nicht mehr dabei herausgekommen ist«, glaubt im Übrigen nicht, »daß Herr Kohl bestochen wurde«, lässt sich aber gleichwohl nicht von einem üblen Vorurteil gegen den Altkanzler abhalten.[294]

Als die Geschichte zu Beginn des Jahres 2000 bekannt wird und sich zu einem Skandal verdichtet, bleibt Schröder demonstrativ im Hintergrund. Für ihn ist die Skandalserie, was auch immer am Ende von ihr übrig bleiben wird, eine Gelegenheit, den Staatsmann zu geben, der über diesen Dingen steht und von der Sorge umgetrieben wird, dass sich die Krise der CDU zu einer Krise der Demokratie ausweiten könnte.[295] Wenn man nicht aufpasst. Und der Kanzler passt auf, kümmert sich, meistert offenbar eine Krise nach der anderen, rettet sogar ganze Konzerne und sichert Tausende von Arbeitsplätzen. So zuletzt rechtzeitig zum Weihnachtsfest 1999.

Der in Frankfurt am Main ansässige Baukonzern Philipp Holzmann, einer der größten und erfolgreichsten, hat gerade sein 150. Jubiläum gefeiert, als er vor dem Konkurs steht. Nicht dass es an Aufträgen mangelte, ganz im Gegenteil: Holzmann ist prächtig im Geschäft, allerdings zu einem hohen Preis. Am 15. November wird eine Überschuldung aus bislang unentdeckten Altlasten bekannt, eine Woche später scheitern die Verhandlungen mit den Banken. Allein in Deutschland sind 17 000 Arbeitsplätze bedroht, und das vier Wochen vor Weihnachten.

Ein Fall für Gerhard Schröder, findet der Kanzler. Wenn er auf einem Gebiet Erfahrung hat, dann auf diesem. Glaubt er jedenfalls. Wiederholt hat er als niedersächsischer Ministerpräsident Unternehmen unter die Arme gegriffen, die wie Conti und Preussag-Salzgitter Gefahr liefen, unter ausländische Kontrolle zu geraten, oder wie das DASA-Werk in Lemwerder vor der Schließung standen. Auch jetzt ergreift er die Initiative, bietet sich öffentlich als Vermittler an und trifft am 24. November die Vertreter der Gläubigerbanken in Frankfurt. Ein Darlehen der bundeseigenen Kreditanstalt für Wiederaufbau in Höhe von 150 Millionen D-Mark und eine Bürgschaft des Bundes über 100 Millionen D-Mark verfehlen ihre Wirkung nicht. Noch einmal werden Übergangskredite in Milliardenhöhe lockergemacht. Als Schröder gegen 21.30 Uhr vor die wartenden Holzmänner tritt und ihnen ein »Liebe Freunde, wir haben es geschafft« zuruft, wird es ihm mit lauten »Gerhard, Gerhard«-Rufen gelohnt.

Da dreht selbst die Opposition im Bundestag klein bei, obgleich die Rettung nicht unproblematisch ist. Denn nicht nur verstößt die Subventionspolitik, um die es hier geht, gegen Grundprinzipien des Wettbewerbs, sondern die Rettung könnte zu einem Präzedenzfall werden: Welche Argumente hätte man im Kanzleramt zur Hand, wenn der nächste Wackelkandidat ans Tor klopft? Und dann ist der Fall Holzmann, schlechtes Management hin oder her, eben auch ein Beispiel für die veränderten Spielregeln in der gerade angebrochenen Ära der Globalisierung. Die berühmte Deutschland AG, die mit ihrem Geflecht aus Unternehmen, Banken und Versicherungen für die überschaubaren Verhältnisse der geteilten Welt stand, ist Geschichte. Dafür hat nicht zuletzt die rot-grüne Bundesregierung gesorgt, als sie im Dezember 1999 die Verkäufe von Anteilen an Kapitalgesellschaften steuerfrei stellte und damit die Feste Deutschland AG zum Angriff freigab.

Was jetzt auf deutsche Unternehmen zukommen kann, zeigt die parallel zur Holzmann-Rettung verlaufende Abwehrschlacht von Belegschaft, Gewerkschaft und Politik gegen eine Übernahme der traditionsreichen, ursprünglich vor allem im Rohrgeschäft, seit zehn Jahren zudem im Mobilfunk tätigen Mannesmann AG durch den britischen Vodafone-Konzern. Einen Tag bevor Schröder in Frankfurt den Erfolg verkündet, ist in Düsseldorf – und auch dort mit massiver Unterstützung des Kanzlers – ein Etappensieg errungen worden: »Ohne Dich haetten wir es nicht geschafft«, telegraphiert danach Nordrhein-Westfalens erleichterter Ministerpräsident Wolfgang Clement an Kanzler Schröder. »Ich danke Dir herzlich fuer Deinen Einsatz. Du kannst auch kuenftig auf mich zaehlen.«[296]

Es bleiben Etappen- und Pyrrhussiege. Am 4. Februar 2000 stimmt der Aufsichtsrat der Übernahme von Mannesmann durch Vodafone zu. Dem nordrhein-westfälischen Ministerpräsidenten wie dem Bundeskanzler bleibt nichts anderes übrig, als die Entwicklung zur Kenntnis zu nehmen und sich vom Chief Executive des neuen Eigentümers brieflich wie persönlich versichern zu lassen, dass man am »System der ›Mitbestimmung‹« festhalten werde.[297] Wie stark die Stellung von Vodafone und seinem Chef ist, zeigt der bemerkenswerte Umstand, dass der Herr über weltweit knapp 67 000 Mitarbeiter und einen Umsatz von rund 23 Milliarden D-Mark auch danach beim Kanzler ohne Schwierigkeiten einen Termin bekommt, ihm später auch seinen Nachfolger vorstellen darf.

Knapp zwei Jahre nach dem Vodafone-Coup ist auch die Schlacht von Frankfurt verloren: Am 21. März 2002 meldet Holzmann Insolvenz an. Offenbar hat Gerhard Schröder, wenn er industriepolitisch aktiv wird, keine glückliche Hand. Das gilt für diesen Fall, und es gilt für andere, die noch folgen werden. Diese negative Bilanz steht in einem merkwürdigen Kontrast zu den gefeierten Erfolgen seiner Außenwirtschaftspolitik und lässt sich leicht erklären, denn die Berufe des Politikers und des Unternehmers erfordern nun einmal sehr verschiedenartige Fähigkeiten. Allerdings gilt auch im Falle Holzmann, dass man im Nachhinein immer klüger ist. Und dann muss man die Frage nach der Alternative stellen. Es ist doch kein Zufall, dass Schröder bei der Verkündung der frohen Botschaft vom Vorsitzenden der Industriegewerkschaft Bau Klaus Wiesehügel auf der einen und Hessens Ministerpräsident Roland Koch sowie Frankfurts Oberbürgermeisterin Petra Roth, beide CDU, auf der anderen Seite eingerahmt wurde. Und war die Aussicht, aus dem Umfragetief herauszukommen, nicht einfach zu verlockend, um die Chance ungenutzt verstreichen zu lassen?

Jetzt stimmt auf einmal alles. Nachdem es noch im September und bis in den Oktober hinein so ausgesehen hatte, als sei Gerhard Schröder erledigt, hat sich der Wind kräftig gedreht. Weil die Umstände – Helmut Kohl und Philipp Holzmann sei Dank – günstig sind, und weil die Regierung in diesen

Tagen und Wochen alles richtig zu machen scheint. Endlich zeigt sie auch in den inneren Angelegenheiten das Durchsetzungsvermögen, das die Anhänger – die Gegner sowieso – in den letzten Wochen und Monaten so arg vermisst haben. Denn gerade einmal zwei Tage nach der Rettung von Holzmann kann die Regierung Hans Eichels Sparhaushalt mit komfortabler Mehrheit endgültig durch den Bundestag bringen. Gewiss hat man nach harten Verhandlungen im Vermittlungsausschuss den einen oder anderen Kompromiss schließen müssen; insgesamt aber ist die Reformpolitik mit einem tragfähigen finanzpolitischen Fundament versehen worden. Reichlich spät, aber immerhin. Außerdem steht jetzt fest, dass Reformpolitik auch Sparpolitik und Sparpolitik auch Kürzungspolitik ist. So werden beispielsweise die sogenannte originäre, also nicht an den vorherigen Bezug von Arbeitslosengeld gekoppelte Arbeitslosenhilfe gestrichen und die Rentenerhöhungen auf den Inflationsausgleich begrenzt.

Und dann präsentieren der Kanzler und der Finanzminister rechtzeitig zum Weihnachtsfest und zur Jahrtausendwende noch eine Überraschung. Am 21. Dezember 1999 geben die beiden vor der Presse eine umfassende Steuerreform bekannt, die in den Jahren 2001, 2003 und 2005 realisiert werden soll. Damit wollen sie die positiven Signale verstärken, welche die Koalitionäre aus der Wirtschaft und vom Arbeitsmarkt vernehmen. Und es sollen die inzwischen offenbar gewordenen Mängel des seinerzeit Hals über Kopf eingebrachten »Steuerentlastungsgesetzes« korrigiert werden, ohne dass das Ziel der Sparpolitik, insbesondere der für 2006 angepeilte Etat ohne neue Schulden, aufgegeben wird. Geplant ist unter anderem eine deutliche Senkung der Einkommensteuer, und zwar sowohl des Spitzensatzes um 8 als auch des Eingangssatzes um fast 9 Prozentpunkte bis 2005. Als geradezu sensationell, weil von einer rot-grünen Regierung nicht unbedingt erwartet, gilt die schon 2001 vorgesehene Reform der Unternehmensbesteuerung. Tatsächlich wird nicht mehr zwischen einbehaltenen und ausgeschütteten Gewinnen unterschieden. Außerdem will sich der Staat, wie von Schröder schon Mitte Mai vor dem Parlament angekündigt, »mit einem Körperschaftsteuersatz von 25 Prozent begnügen«.[298]

Natürlich ließe sich auch das Gute noch besser machen. Aber dass es ein großer Wurf ist, steht außer Frage. Und mutig ist er auch. Denn bei der Steuerreform geht man davon aus, dass die übrigen Teile der Reformpolitik so überzeugend greifen, dass der solchermaßen angestoßene wirtschaftliche Aufschwung die auf der einen Seite fehlenden Steuereinnahmen auf der anderen wieder in die Kassen spült. Gar nicht hoch genug ist der Effekt der Reforminitiative auf das Koalitionsklima zu veranschlagen: »Plötzlich, von einer Stunde auf die andere, sind die jüngsten Querelen … nur noch schemenhafte Erinnerung«, notiert der Beobachter der *Süddeutschen Zeitung:* »Der größte Gewinner der Steuerreform 2000 aber heißt Gerhard Schröder.« Er »muss sich bremsen, damit er sich nicht selbst auf die Schulter klopft«.[299]

Keine Frage, der Mann verlässt das Jahrtausend kraftvoll und entschlossen. Sicher hatte er in den vergangenen Wochen auch Glück; die Umstände, allen voran die desolaten Zustände bei den Christdemokraten, haben ihm zugespielt. Vor allem aber hat Gerhard Schröder sich und der Welt ein weiteres Mal bewiesen, welche Energien und welche Kraft er mobilisieren kann, wenn er sich, wie im Spätsommer dieses Jahres, in einer Situation befindet, in der ihn nicht wenige schon abgeschrieben haben. Es ist die Kraft des Aufsteigers, die nur derjenige freisetzen kann, der einmal unten gewesen ist. Wer weiß, dass es tiefer geht, schaut nie zurück.

Dass Gerhard Schröder sich aus der fatalen Herbstlage befreien kann, liegt auch an einer folgenreichen organisatorischen Änderung an der Parteispitze. Am 29. September tritt Franz Müntefering von seinem Posten als Minister für Verkehr, Bau- und Wohnungswesen zurück. Es ist nach Stollmann, Lafontaine und Hombach der vierte Abgang eines Ministers beziehungsweise Ministerkandidaten innerhalb eines Jahres. Nachfolger Münteferings wird Reinhard Klimmt. Der gebürtige Berliner, Jahrgang 1942, ist ein enger Weggefährte Oskar Lafontaines, hat von diesem im Herbst 1998 auch das Amt des saarländischen Ministerpräsidenten übernommen.

Seit er Anfang September die Wahl verloren und dieses Amt an den christdemokratischen Herausforderer abgegeben hat, steht er zur Disposition. Die Aufnahme Klimmts in das Bundeskabinett ist eine einsame Entscheidung, die viele in der Partei und der Fraktion, deren Vorsitzenden Peter Struck eingeschlossen, überrascht. Und sie ist nicht selbstverständlich. Immerhin hatte sich der Ministerpräsident während seines Wahlkampfes von der Berliner Koalition abgesetzt, um nicht vom Abwärtssog erfasst zu werden, hatte auf der einen Seite der Wiedereinführung der Vermögenssteuer, die der Kanzler ablehnt, das Wort geredet und auf der anderen dessen Pläne zu einer lediglich moderaten Rentenerhöhung abgelehnt. Aber im Grunde bleibt Schröder seiner Strategie treu: Mit Reinhard Klimmt hält ein Anhänger Lafontaines und zugleich ein in der Regierungsarbeit erfahrener Minister Einzug ins Kabinett. Lange wird es ihn dort nicht halten. Schon Anfang Dezember gibt es im Bundestag eine erste Anfrage wegen einer von Klimmt eingegangenen Wette.[300]

Klimmts Vorgänger Müntefering hatte für seinen Rücktritt einen triftigen Grund. Als die Situation für den Kanzler, seine Regierung und seine Partei im Sommer außer Kontrolle zu geraten droht, setzt er sich hin, entwirft eine Satzung für den Posten eines Generalsekretärs und zeigt sie Gerhard Schröder. Das Klima zwischen den beiden, das Mitte der neunziger Jahre ziemlich frostig gewesen ist, hat sich in den vergangenen Wochen und Monaten deutlich erwärmt. Müntefering, der ja einen vergleichbaren Aufstieg aus bescheidenen Verhältnissen hinter sich hat, hält Schröder zwar für einen Rüpel, aber eben nicht für anmaßend und selbstgerecht wie Lafontaine, außerdem für willensstark und bereit, sich mit aller Kraft für die gemeinsame Sache ins Zeug zu legen. Als der Kanzler seinen Minister fragt, wer denn das Amt eines Generalsekretärs der SPD übernehmen solle, und sich Müntefering bereit erklärt, das zu tun, stimmt Schröder zu, obgleich er sich wundert, dass der Mann aus dem Sauerland dafür das Ministeramt fahren lässt. Aber Franz Müntefering will den Job.[301]

Also wird es so gemacht. Nachdem Müntefering zunächst kommissarisch von Ottmar Schreiner den Posten des Bundesgeschäftsführers der SPD übernommen hat, wählt ihn wenige Wochen später der Parteitag in das neue Amt des Generalsekretärs. Damit beginnt die enge Zusammenarbeit zwischen Gerhard Schröder und Franz Müntefering, von der man ohne zu übertreiben sagen kann, dass sie zum Dreh- und Angelpunkt der Partei- und Regierungsarbeit während der Ära Schröder wird. »Münte soll das machen« zählt zu den häufigsten parteibezogenen Aktenvermerken des Kanzlers und Parteivorsitzenden.[302]

Zudem schließt die Personalie nach einem Jahr die Sicherung einer eigenen Machtbasis durch den Parteivorsitzenden und Bundeskanzler ab. Man muss sich das vor Augen halten: Als Schröder nach Bonn geht, ist er ein Fremder – in der Regierungszentrale, in der Bundestagsfraktion und in der Parteizentrale. Sein wichtigstes politisches Steuerungsinstrument sind die Medien. Das konnte auf Dauer nicht gut gehen und wurde Schritt für Schritt korrigiert. Mit Peter Struck bewährt sich ein schwieriger, aber zuverlässiger Weggefährte an der Spitze der Fraktion; Frank-Walter Steinmeier sorgt seit dem Sommer für eine effiziente Koordinierung der Regierungsarbeit; und mit Franz Müntefering kann sich Schröder jetzt an den Aufbau einer eigenen Machtbasis in der Partei machen oder doch jedenfalls seine dortigen mächtigen Gegner neutralisieren.

Seit dem Herbst 1999 tagt die Runde mit Struck, Steinmeier und Müntefering mehr oder weniger regelmäßig, flankiert von einer Runde ihrer Büroleiter, die der Kanzleramtschef organisiert.[303] Seither gibt es ein tragfähiges Fundament für Schröders Regierungs- und Parteiarbeit. So sehen das auch gestandene Sozialdemokraten, die in den Kabinetten Willy Brandts und Helmut Schmidts Dienst getan haben und wissen, wie schwer es für einen Kanzler sein kann, »in dem Gestrüpp der Dreiheit von Regierungsaufgaben, Partei und Fraktion zu rudern«. Georg Leber erscheint jedenfalls das »Verhältnis zwischen Partei, Fraktion und Regierung« am Jahresende 2000 »harmonischer als es damals zeitweise war«.[304]

Die Handschrift Münteferings, mit dem auch Matthias Machnig wieder in die Parteizentrale einzieht, zeigt sich schon bald. Auf vier Regionalkonferenzen haben die Genossen im November die Möglichkeit, ihre »Perspektiven sozialdemokratischer Regierungspolitik« zu formulieren und in die Vorbereitung des Parteitags einzubringen.[305] Der wird dann auch zu einem großen Erfolg, vor allem für den Vorsitzenden. Dass Schröders Mitarbeiter die fällige Rede systematisch vorbereiten, ist an sich nichts Besonderes. Bemerkenswert ist, dass sie sich dieses Mal am Beispiel und Vorbild Helmut Schmidts orientieren, der zwar nie Vorsitzender, aber immerhin Stellvertretender Vorsitzender der Partei sowie Bundeskanzler und vor allem stets ein überzeugender Redner gewesen ist. Also studieren sie jetzt seine Reden auf diversen Parteitagen, Arbeitnehmerkonferenzen und Gewerkschaftstagen.[306]

Der Kanzler selbst belässt es nicht beim Studium der Reden seines Vorgängers durch die Mitarbeiter, sondern trifft sich im November in Vorbereitung auf den Parteitag mit Helmut Schmidt, außerdem mit Erhard Eppler und Hans-Jochen Vogel.[307] Unmittelbar vor dem Konvent werden dann noch etliche Termine abgesagt oder verschoben: »Er benötigt die Woche vor dem SPD-Bundesparteitag für interne Gespräche etc.«, notiert die Leiterin des Kanzlerbüros.[308] Es geht eben um sehr viel. Am Ende holt er mit 86,3 Prozent der Stimmen rund 10 Prozentpunkte mehr als bei seiner Inthronisation im April. Ein stolzes Ergebnis für Gerhard Schröder, der einen selbstgewissen, dabei aber nicht auftrumpfenden Eindruck hinterlässt, und zweifellos auch ein Beweis des Vertrauens in die Arbeit der rot-grünen Bundesregierung: »Es scheint ja so zu sein, daß diese Koalition wirklich Tritt faßt«, drahtet ihm Jürgen Trittin (»Sehr geehrter Herr Bundeskanzler, lieber Gerd«) zum »überwältigenden Ergebnis« aus dem fernen Johannesburg.[309] Dass der Friede nicht auf alle Zeiten geschlossen ist, zeigt ein Initiativantrag, der sich gegen die Lieferung deutscher Panzer an die Türkei ausspricht und am Abend vom Parteitag mit klarer Mehrheit angenommen wird.

So gesehen ist bei den nächsten Wahlen alles möglich, auch eine schallende Ohrfeige. Jedenfalls liegt die SPD in Schleswig-Holstein, wenn man nach den Umfragen geht, glatte 10 Prozent hinter der CDU. Als dann aber am Abend des 27. Februars 2000 das Ergebnis vorliegt, ist nicht nur Heide Simonis als

Ministerpräsidentin bestätigt, sondern die SPD kann ihr Ergebnis nach einer furiosen Aufholjagd auch um 3,3 Prozentpunkte verbessern und damit die Vierzig-Prozent-Hürde deutlich nehmen. Da lassen sich auch die Verluste der Grünen verschmerzen, die aber im Landtag bleiben. Der Ausgang dieser Wahl ist nicht zuletzt ein ganz persönlicher Erfolg für Gerhard Schröder, der sich vor allem in der heißen Phase der Kampagne mit aller Energie eingebracht hat.

Ähnlich hält er es in Nordrhein-Westfalen. Schröder weiß natürlich, dass sich das Schicksal der Sozialdemokraten an Rhein und Ruhr entscheidet. Hier liegen ihre Hochburgen, hier hat Heinz Kühn nach seinem Wahlsieg 1966 die sozial-liberale Ära eingeleitet, hier hat Johannes Rau 1980, 1985 und 1990 die absolute Mehrheit geholt. Seither allerdings ist es kontinuierlich bergab gegangen, und die sensationell niedrige Wahlbeteiligung von nicht einmal 57 Prozent lässt nichts Gutes erahnen. Aber dann kommt die SPD am 14. Mai 2000 doch mit einem blauen Auge davon und landet mit einem neuerlichen Verlust von gut 3 Prozentpunkten bei knapp 43 Prozent der Stimmen.

Das ist durchaus beachtlich, weil die christdemokratische Konkurrenz kurzfristig ein Thema wiederentdeckt hat, mit dem sie ein Jahr zuvor die Wahlen in Hessen für sich entscheiden konnte. Hintergrund ist ein Vorschlag des Bundeskanzlers, eine Arbeits- und Aufenthaltserlaubnis für Computerfachleute unter anderem aus Indien, die sogenannte Greencard, einzuführen und so kurzfristig den in der Branche beklagten krassen Personalmangel zu lindern. Am 23. Februar 2000 stellt Schröder der Öffentlichkeit die Idee, über die zuvor im Kanzleramt beraten, aber noch nicht entschieden worden ist, in einem spontanen Alleingang vor und düpiert damit unter anderem die Beauftragte der Bundesregierung für Ausländerfragen. Von der Presse danach befragt, müsse sie »aus Verlegenheit immer an die Decke gucken«, beschwert sich Marieluise Beck telefonisch bei Steinmeier über die »unhaltbare Situation«.[310]

Als die Verordnung zum 1. August in Kraft tritt, hat sich längst der Staub gelegt, den Jürgen Rüttgers mit seiner »in höchstem Maße unanständigen«, zudem »wirtschaftsfeindlichen« Kampagne – so Schröder Anfang April vor dem Bundestag[311] – aufgewirbelt hatte. Angelehnt an die erfolgreiche Unterschriftenaktion gegen die doppelte Staatsbürgerschaft, mit deren Hilfe sich die hessische CDU im Februar 1999 die Macht sichern konnte, gibt der christdemokratische Spitzenkandidat in Nordrhein-Westfalen jetzt die Parole »Kinder statt Inder« aus und empört sich medienwirksam mit der Prognose: »Statt sich um die Integration der hier lebenden Ausländer zu kümmern, sollen jetzt noch Hindus hinzukommen.«[312]

Das hätte für die Sozialdemokraten an Rhein und Ruhr böse enden können, da die deutschen Gemüter sich in diesen Wochen und Monaten ohnehin an einer aberwitzigen Debatte über die deutsche Leitkultur erhitzen. So aber heben der allgemeine eigene Auftrieb sowie der Rückenwind, den ihnen die Konkurrenz dank des Spendenskandals verschafft, die Genossen knapp, aber immerhin über die Hürde. Dass die CDU trotz des aggressiven Wahlkampfs in Düsseldorf nicht zulegen kann, sondern marginal verliert, ist immerhin ein Trost. Und dann ist da noch das Ergebnis der Grünen, die wie zuvor in Kiel jetzt auch in Düsseldorf Federn lassen müssen. Einerseits reicht es für die Fortsetzung der rot-grünen Regierung, andererseits hat der alte und neue Ministerpräsident Wolfgang Clement mit der FDP, der eigentlichen Gewinnerin der Wahl, eine Option, und das fördert weder in Düsseldorf noch in Berlin das Selbstbewusstsein des kleineren Partners. Gerhard Schröder kommt das zu diesem Zeitpunkt nicht ungelegen.

Überhaupt stellt sich die Lage für den Kanzler und SPD-Vorsitzenden in diesem Frühjahr 2000 ziemlich entspannt dar. Unbeschadet gewisser Verluste in Nordrhein-Westfalen ist es immerhin gelungen, den unkontrollierten Sturzflug der SPD abzufangen. Damit sind auch die Kritiker in der Partei fürs Erste zum Schweigen gebracht. Denn die haben seit dem vergangenen Herbst vernehmlich mit den Hufen gescharrt. Vor allem Rudolf Scharping, der sich offenkundig nicht damit abfinden mag, dass Hans Eichel auch das Verteidigungsministerium nicht von den Streichmaßnahmen verschont und dabei die volle Rückendeckung des Kanzlers hat.

Die Anfänge der Geschichte liegen im Sommer 1999. Ob sich die Atmosphäre zwischen dem Verteidigungsminister und seinem Kanzler ohne die Verwerfungen in der Mitte der neunziger Jahre so eingetrübt hätte, wie man das jetzt beobachten kann, sei dahingestellt. Jedenfalls probt Scharping auch öffentlich den Aufstand und zwingt so das Kanzleramt zu einer klaren internen Stellungnahme für das auf den 21. Juli angesetzte Gespräch Schröders mit Scharping und Eichel: Das Bundesministerium der Verteidigung »muß grundsätzlich wie jedes andere Ressort auch seinen solidarischen Konsolidierungsbetrag erbringen. Neue finanzwirksame Vorhaben müssen im eigenen Bereich durch Umschichtung finanziert werden«, heißt es in einem Vermerk des zuständigen Referats für Kanzleramtschef Frank-Walter Steinmeier, der diesen mit der Bitte an den Kanzler weiterleitet, ihn »nicht aus der Hand« zu geben.[313]

Als sich wenig später über Schröder das schwere Unwetter zusammenbraut, deutet Scharping – wiederholt und auch gegenüber Journalisten – an, dass es mit diesem bergab gehe und er als Nachfolger bereitstehe. So hat Ulrich Wickert später einmal von einem gemeinsamen Essen berichtet, in dessen Verlauf ihm der Verteidigungsminister bei »sehr viel Rotwein« erläuterte, »warum Schröder nur noch ein paar Monate als Kanzler habe. Im Frühjahr werde die SPD die Wahl in Schleswig-Holstein verlieren, und dann würde die Fraktion in Berlin rebellieren.«[314] Scharping selbst weist das weit von sich und sieht die Quelle dieser Gerüchte unter anderem bei denen, die wie die Amerikaner nicht verstehen mochten, warum er im Sommer 1999 nicht als NATO-Generalsekretär nach Brüssel wollte.[315] Tatsächlich wird die Wahl in Schleswig-Holstein gewonnen, die Fraktion rebelliert nicht, und Scharping schreibt Schröder Anfang April 2000 zu dessen Geburtstag: »Ich hoffe, daß unsere Zusammenarbeit eng und vertrauensvoll bleibt, also so, wie ich sie erlebe – dabei wohl wissend, daß es in den letzten Monaten auch zwar ungewollte, aber doch objektiv belastende Irritationen gegeben hat, die ich bedaure.«[316]

Nichts zu bedauern hat Renate Schmidt, die Schröder aus demselben Anlass schreibt und ihn mit ihren Zeilen treffend charakterisiert: »Bleib einfach der Du bist, der sich kümmert, der zuhört und hin und wieder auftretende Meinungsunterschiede nicht als Loyalitätskonflikte sieht. Mit einem Satz: Werde nie wie Kohl.«[317] Das hat der auch nicht vor. Man müsse sich klarmachen, sagt er am Ende des Jahres 1999 dem *Spiegel*, »dass nach einer gewissen Zeit in diesen anspruchsvollen Ämtern zwei Dinge auftreten: Man nutzt selber ab ... Und bei langer Verweildauer im Amt kann man sich da keinen anderen als sich selber mehr vorstellen ... Ich kenne mein Zeitmaß.«[318] Ganz ähnlich hatte seinerzeit übrigens Willy Brandt, allerdings hinter verschlossenen Türen, davon gesprochen, noch einige Jahre als Bundeskanzler »wirken« zu wollen, »wenn auch nicht so lange wie ... Adenauer«.[319] Tatsächlich war es dann nicht einmal mehr ein Jahr.

Das Zeitmaß von Brandts politischem Enkel wird großzügiger bemessen sein, nachdem dieser die schwere Krise überstanden hat. Spätestens seit am 14. Mai 2000 die Wahllokale an Rhein und Ruhr geschlossen sind, hat der Kanzler erst einmal Luft. Er nutzt sie, um in der Außenpolitik nachzuarbeiten, was liegen geblieben ist. Natürlich hat Schröder die internationalen Beziehungen auch während der ersten Wochen und Monate des Jahres 2000 nicht aus den Augen verloren, doch musste er wegen der Wahlkämpfe, aber auch weil er einige seiner großen Reformvorhaben bis zur Sommerpause in trockenen Tüchern sehen will, von größeren Expeditionen absehen.

Auch die Kontakte zu den Vereinigten Staaten und ihrem Präsidenten wurden auf das Nötigste beschränkt. Aber im neuen Jahr braucht Gerhard Schröder Bill Clinton. Die Bundesregierung will nämlich Caio Koch-Weser, Staatssekretär im Finanzministerium, als Nachfolger von Michel Camdessus nominieren, dessen Amtszeit als Direktor des Internationalen Währungsfonds (IWF) Mitte Februar ausläuft. Traditionell ist dieser Posten einem Europäer vorbehalten, während die Weltbank von einem Amerikaner geführt wird. Aber nicht, wie man annehmen könnte, an Widerständen oder auch potentiellen Konkurrenten aus Europa scheitert die Kandidatur, sondern an den Amerikanern, die offenbar über die Art und Weise ungehalten sind, wie die Bundesregierung ihren Favoriten durchzudrücken versucht. Da hört die Freundschaft auf, auch für Bill Clinton. Womit sich einmal mehr zeigt, dass demokratische Präsidenten für sozialdemokratische deutsche Bundeskanzler nicht unbedingt die pflegeleichteren transatlantischen Partner sind. Ein freundlicher Akt ist die rüde Zurückweisung des deutschen Kandidaten für den Direktorenposten des IWF jedenfalls nicht. Mit der bemerkenswerten Begründung, »einem besseren Verständnis mit den USA nicht im Wege« stehen zu wollen,[320] verzichtet Koch-Weser daher Anfang März auf seine Kandidatur und macht den Weg aus der Sackgasse frei.

Allerdings ist der Bundeskanzler nicht gewillt, sich durch den amerikanischen Präsidenten das Heft des Handelns aus der Hand nehmen oder gar einen Kandidaten aufs Auge drücken zu lassen. Er folgt seinem Instinkt und tut das, was er am besten kann, wenn er in die Defensive gedrängt wird: Er kämpft sich frei. Dass er sich in dieser Frage gegen Clinton behauptet, hat wohl auch damit zu tun, dass die beiden in einer entscheidenden Hinsicht wesensverwandt sind. Clinton, wie Schröder aus wenig geordneten Verhältnissen kommend, kennt und respektiert die Energie, die der Aufsteiger, wenn es drauf ankommt, freizusetzen vermag. Daheim kann der Kanzler mit seinem Erfolg, denn ein solcher ist es geworden, ordentlich punkten: »Wenn du gegen die Amis antrittst und verlierst, sagen alle: Na klar, musste ja so kommen. Die sind Nummer eins und wollen es auch bleiben«, erzählt er einige Wochen später Leinemann. »Aber wenn du dich durchsetzt – Mann, dann bist du wer.«[321] Und er setzt sich durch – gegen Clinton, aber zum Beispiel auch gegen Blair, wie dessen Sprecher später bekannt hat.[322]

Nachdem sich der Bundeskanzler am Abend des 12. März mit dem Finanz- und dem Außenminister über einen Kandidaten verständigt hat, wird Clinton gut 24 Stunden später telefonisch ins Bild gesetzt. Am 14. März treffen sich Schröder und Eichel mit dem neuen Mann zur Feinabstimmung.[323] Der promovierte Volkswirt Horst Köhler, Jahrgang 1943, ist unter anderem Staatssekretär im Bundesfinanzministerium gewesen und war an den Verhandlungen sowohl des Vertrages über die Wirtschafts- und Währungsunion als auch des Vertrages von Maastricht beteiligt, hat von 1993 bis 1998 den Deutschen Sparkassen- und Giroverband und seither die Europäische Bank für Wiederaufbau und Entwicklung geleitet. Für den neuen Posten ist er also bestens ausgewiesen. Dass er einmal als Bundespräsident den Weg des Bundeskanzlers kreuzen und dessen Richtung an einem entscheidenden Punkt mitbestimmen würde, hat sich im März 2000 weder der eine noch der andere vorstellen können; dass sie sich nach Köhlers Amtsantritt in Washington regelmäßig zu einem »Informationsaustausch« treffen, hilft ihnen später im Berliner Betrieb.

Die Reibungsverluste im Verhältnis zu Amerika, aber auch Zweifel an der Konzentration auf Tony Blair, New Labour und Großbritannien, die von vielen als zu einseitig betrachtet wird, tragen dazu bei, dass sich der Kanzler jetzt doch stärker um Frankreich und seinen Präsidenten bemüht. Zu denen, die das von ihm fordern, zählen einige seiner Ratgeber wie Brigitte Sauzay oder Erhard Eppler und Hans-Jochen Vogel. Sauzay weist Schröder im Herbst 2001 in einem eindringlichen Vermerk auf die »Ängste« der Franzosen hin, »isoliert zu werden, die *Angst, die eigene französische Identität in der angelsächsisch-pragmatisch geprägten Globalisierung zu verlieren*«.[324] Eppler und Vogel sind sowieso schon Kritiker des Schröder-Blair-Papiers gewesen und empfehlen dem Kanzler jetzt, seinen Blick zu justieren: Wenn man von Hannover aus nach Westen schaue, gehe der Blick nach London. Schaue man aber von Stuttgart oder München aus gen Westen, sehe man zunächst Paris. Das eine zu tun, ohne das andere zu lassen, sei wohl der richtige Weg.[325]

Nun sind französische Staatspräsidenten schwierige Partner. Jedenfalls für deutsche Bundeskanzler. Das hat sich seit den Tagen Konrad Adenauers nicht geändert, wenn man auch feststellen muss, dass besonders ungünstige Ausgangsbedingungen zu ungewöhnlich gutem Einvernehmen führen können. So ist es zuletzt bei dem Sozialisten François Mitterrand und dem Christdemokraten Helmut Kohl gewesen, und so wird es auch beim Konservativen Jacques Chirac und dem Sozialdemokraten Gerhard Schröder sein. Aber anfänglich stehen die Chancen auf eine enge und vertrauensvolle Zusammenarbeit gar nicht gut, weil sich seit der Vereinigung Deutschlands die Gewichte ziemlich einseitig zugunsten Deutschlands verschoben haben, und weil mit Gerhard Schröder jetzt auf deutscher Seite einer Regie führt, der ganz selbstverständlich der Auffassung ist, dass sich diese Gewichtszunahme auch in der binneneuropäischen Machtstruktur niederschlagen müsse. Der demonstrative Schulterschluss mit den Briten tut ein Übriges.

Natürlich will der Kanzler den Präsidenten nicht düpieren, schon weil er weiß, dass sich ohne oder gar gegen die Franzosen in Europa nichts bewegen lässt. Außerdem haben sie dort in der zweiten Jahreshälfte die Ratspräsidentschaft inne, und da wird es nicht nur um die neue Gewichtung der Stimmen im Europäischen Rat, sondern zum Beispiel auch um den Zeitpunkt und die Konditionen der Aufnahme Polens in die EU gehen, auf die Gerhard Schröder drängt. Daher achtet er jetzt darauf, dass bei seinen Besuchen im europäischen Ausland nicht der Eindruck entsteht, man konspiriere gegen Paris. So gesehen sitzt der französische Staatspräsident irgendwie immer mit am Tisch. Zum Beispiel in Gnesen, wo am 27. April 2000 die dritten deutsch-polnischen Regierungskonsultationen nach 1997 und 1999 stattfinden und der Kanzler bekräftigt, dass Deutschland die anstehenden institutionellen Reformen der EU im engen Einvernehmen mit Frankreich zum Erfolg führen wolle. Ganz ähnlich verfährt er in Chequers beziehungsweise Oxford, wo er am 24. und 25. März im Anschluss an einen Lissabonner Sondergipfel haltmacht: »Die deutsch-britischen Beziehungen«, erklärt er öffentlich, »stehen nicht in Konkurrenz zu anderen Beziehungen.« Und die »privilegierte« Partnerschaft, von der Schröder immerhin spricht, richtet sich »nicht gegen Frankreich«.[326]

An Gelegenheiten, das unter Beweis zu stellen, fehlt es nicht, da sich Schröder und Chirac in den folgenden Wochen mehr oder weniger regelmäßig sehen, etwa Ende Juni 2000, als der französische Staatspräsident zum Staatsbesuch in die Bundesrepublik kommt. Dass der mehrtägige Aufenthalt am Abend des 25. Juni mit einem Essen der Chiracs mit dem Ehepaar Schröder beginnt, ist kein Zufall. Die persönliche Atmosphäre gerade auch zwischen den beiden Familien ist gut und trägt einiges zur Besserung des politischen Klimas bei.

Anderntags steht dann ein Besuch der gerade eröffneten Expo 2000 auf dem Programm. Begonnen hatte die von Pannen und Überraschungen nicht freie Geschichte der Weltausstellung am 14. Juni 1990, als das in Paris ansässige Bureau International des Expositions Hannover mit dem hauchdünnen Vorsprung von einer Stimme, nämlich der in ihren allerletzten Zügen liegenden DDR, den Zuschlag vor Toronto gab. Schröder hatte die in der niedersächsischen Hauptstadt nicht unumstrittene Expo von Anfang an befürwortet, auch vom März 1995 bis zur Ernennung zum Bundeskanzler dem Aufsichtsrat der Gesellschaft zur Vorbereitung und Durchführung der Ausstellung angehört,[327] allerdings schon 1990 klargestellt, dass sie ohne eine Beteiligung des Bundes »nicht finanzierbar« sei.[328] 3,5 Milliarden D-Mark kostet die Mammutschau unter dem Strich, die man durch Eintrittsgelder und Steuermehreinnahmen wieder einzuspielen hofft. 155 Nationen zeigen auf einer Fläche von rund 160 Hektar, wer sie sind und was sie können, wo sie stehen und wohin sie gehen.

Nachdem er schon am 31. Mai und 1. Juni dem Eröffnungsspektakel beigewohnt hat, lässt sich der Bundeskanzler regelmäßig auf der Expo blicken, in der Regel mit einem ausländischen Gast. Einer der ersten ist Frankreichs Präsident, der von der Schau sichtlich angetan ist, wie sich Jacques Chirac überhaupt von Land und Leuten beeindruckt zeigt. Jedenfalls sagt er das anderntags unter der Kuppel des Reichstagsgebäudes, wo er als »erster ausländischer Staatsgast« im neu gestalteten Plenarsaal »zu ganz Deutschland sprechen kann«. Mit diesem Auftritt erwidert Frankreichs Staatspräsident den Besuch Gerhard Schröders in der französischen Nationalversammlung. Der hatte dort am 30. November 1999 als erster deutscher Bundeskanzler zu den Abgeordneten gesprochen und betont, dass deutsche Außenpolitik »genauso wie die Politik unserer Partner ... ›aufgeklärte‹ Interessenpolitik« sei.[329]

Jetzt nutzt Jacques Chirac die Gelegenheit unter anderem für die ausdrückliche Würdigung der deutschen Bereitschaft, »erstmals seit über einem halben Jahrhundert ... Soldaten zu einem Auslandseinsatz zu entsenden«, lobt »die Qualität und die Intensität des Dialogs zwischen unseren Intellektuellen und Künstlern«, die tags zuvor auf der ersten Sitzung der deutsch-französischen Filmakademie deutlich geworden sei, und spricht natürlich über Europa.[330]

Bei alledem ist weniger bemerkenswert, was er sagt, denn das ist im Wesentlichen bekannt und vertraut. Bemerkenswert ist vielmehr, was Chirac hier lediglich andeutet, nämlich die künftige Stimmenverteilung im Europäischen Rat, also jene Frage, über die es ein halbes Jahr später in Nizza zu einem Zerwürfnis zwischen ihm und dem Bundeskanzler kommen wird. Wenn der Präsident in diesem Zusammenhang erklärt, dass er auf die Fähigkeit der beiden Regierungen zur Problemlösung vertraue,[331] ist das eine optimistische Sicht auf den Zustand angespannter Ruhe, in dem sich das französisch-deutsche Verhältnis gerade befindet.

Dass es nicht schlechter aussieht, ist auch der federführenden Rolle zu danken, die Deutschland in dem erbitterten Konflikt der EU mit Österreich gespielt hat. Auslöser ist die Entscheidung der dortigen Christdemokraten unter Wolfgang Schüssel, eine Koalition mit der FPÖ, der Freiheitlichen Partei des Landes, einzugehen. An deren Spitze steht seit 1986 Jörg Haider, der nicht nur ein erklärter Gegner der österreichischen EU-Mitgliedschaft ist, sondern sich auch in der Rolle des Rechtspopulisten gefällt und in der Vergangenheit immer wieder einmal mit dem Versuch aufgefallen ist, die Verbrechen der Nationalsozialisten zu relativieren. Obgleich Haider nicht in die Regierung eintritt und sich diese ausdrücklich zur Einhaltung der Menschenrechte bekennt, reagieren die übrigen 14 Mitglieder der EU mit bis dahin nicht gekannter Konsequenz.

Eigentlich will die portugiesische Ratspräsidentschaft von einer formellen Erklärung absehen, um nicht alle Brücken abzubrechen, die ja irgendwann wieder aufgebaut werden müssen. Aber dann geht der Bundeskanzler in die Offensive. Bei einem informellen Gespräch mit dem portugiesischen Ministerpräsidenten Antonio Guterres übergibt Gerhard Schröder diesem am 29. Januar einen Maßnahmekatalog, ein sogenanntes *non paper*, der Bundesregierung. Obgleich Guterres dem Papier im Grundsatz zustimmt, schiebt der Kanzler selbst moderate Zweifel des Gastes beiseite. Nicht einmal »bilaterale Besuche auf politischer« Ebene in Österreich will er zulassen. Zwei Tage später geht das Kanzleramt mit dem Maßnahmenkatalog an die Öffentlichkeit und unterläuft so den Versuch des Portugiesen, übers Wochenende eine »gemeinsame Linie« auf der Basis des deutschen Papiers zu erzielen. Jetzt gibt es keinen Weg mehr zurück.

Bevor sie überhaupt gebildet ist, wird die Wiener Regierung praktisch unter Quarantäne gestellt. Vergleichbares hat es noch nicht gegeben – in den auswärtigen Beziehungen der Bundesrepublik Deutschland nicht und in der Geschichte des integrierten Europa auch nicht. Die Selbstgerechtigkeit und Überheblichkeit, die sich hier Bahn brechen, ist beträchtlich, zumal eine ernsthafte Auseinandersetzung mit dem Phänomen des Rechtspopulismus ausbleibt. Wie gefährlich dieses Spiel mit dem Feuer ist, wird sich am Ende des Jahres zeigen, als die deutsche Öffentlichkeit auf vermeintliche Verbrechen rechter Täter mit einer Hysterie reagiert, die der Politik keine Wahl lässt, als ihr Tribut zu zollen.

Jenseits des Empörungsrituals hat die Bundesregierung allerdings auch handfeste Gründe, auf die Entwicklung in Österreich zu reagieren. Da ist zum einen die Sorge vor dem Aufwind, den die deutsche NPD erfahren könnte, sollte die verwandte Freiheitliche Partei Österreichs durch die politische Liaison mit den Christdemokraten salonfähig werden. Entscheidender noch ist die Rücksicht auf die Regierungen Belgiens und Frankreichs, die entschlossen gegen die Wiener Koalition mobilmachen. So gesehen hat sich Deutschland lediglich »der Gemeinschaft der anderen EU-Partner angeschlossen«, wie der Bundeskanzler im Vorstand seiner Partei erläutert.[332] Richtig ist, dass Jacques Chirac bislang der Versuchung widerstanden hat, Jean-Marie Le Pen und seinen Front National in die Regierung zu holen und so die ungeliebte Koalition seiner konservativen Partei mit den französischen Sozialisten zu beenden, die ihn jetzt massiv bedrängen, gegen Österreich vorzugehen. Chirac will sogar eine Intervention der konservativen Parteien

Europas in Wien organisieren und dafür auch Altkanzler Helmut Kohl gewinnen, der dazu grundsätzlich bereit ist. Das berichtet Chirac Schröder, der es wiederum dem israelischen Ministerpräsidenten Ehud Barak erzählt, als sich die beiden in Stockholm sehen.

Um die keineswegs auf Europa beschränkte Erregung verstehen zu können, muss man nämlich wissen, dass in den Tagen, in denen die ÖVP die Gespräche mit Haiders Partei aufnimmt, in Schwedens Hauptstadt eine große Holocaust-Konferenz tagt. Sie ist nicht die erste ihrer Art, aber zum ersten Mal haben sich vom 26. bis 28. Januar auch zahlreiche Staats- und Regierungschefs angesagt, unter ihnen eben auch Schröder und Barak. Als die Nachricht von der Aufnahme der Wiener Gespräche in die Verhandlungen platzt, spricht der Premier von einem sehr beunruhigenden Signal für die Juden in aller Welt. Wenig später zieht Israel seinen Botschafter aus Österreich ab, und auch die USA reagieren diplomatisch unmissverständlich.

Die Bundesregierung steht mithin nicht allein auf weiter Flur. Aber dass sie als strahlende Siegerin aus dem Konflikt mit Österreich hervorgeht, lässt sich nicht sagen. Denn am 12. Juli werden drei Berichterstatter, unter ihnen der deutsche Staats- und Völkerrechtler Jochen Frowein, durch den Präsidenten des Europäischen Gerichtshofs für Menschenrechte mit dem Mandat ausgestattet, das »Eintreten der österreichischen Regierung für die gemeinsamen europäischen Werte« zu prüfen. Das Ergebnis liegt am 8. September vor und bestätigt einerseits die »Beschreibung der FPÖ als eine rechtspopulistische Partei mit radikalen Elementen«. Andererseits attestiert das Gutachten aber der Wiener Regierung ihr Eintreten »für die gemeinsamen europäischen Werte … In manchen Bereichen, vor allem bei den Rechten nationaler Minderheiten, können die österreichischen Standards als den in anderen EU-Staaten überlegen angesehen werden.«[333] Der in Berlin abgefeuerte Schuss ist nach hinten losgegangen.

Ziemlich beschädigt sind auch die Beziehungen Österreichs zu seinem großen Nachbarn. Wohl weiß Schüssel zu würdigen, dass Schröder am 17. November an der Trauerfeier für die Opfer der Brandkatastrophe in der Gletscherbahn Kaprun teilnimmt, und reist einige Tage später sogar zu Gesprächen mit ihm nach Berlin. Doch das Verhältnis bleibt »angespannt«,[334] erlebt sogar im Mai 2001 einen weiteren Tiefpunkt, als Schröder bei einem Wien-Besuch zunächst mit dem Vorsitzenden der österreichischen Sozialdemokraten Alfred Gusenbauer konferiert, der ihn allerdings auch eingeladen hat, und sich erst danach zu Gesprächen mit dem Bundeskanzler sowie mit Bundespräsident Thomas Klestil aufmacht, der ein erklärter Gegner der Koalition von ÖVP und FPÖ ist.

Bis die Misshelligkeiten zwischen Schüssel und Schröder vergessen sind, geht noch einige Zeit ins Land. Natürlich sieht man sich alle naselang auf einem der zahlreichen Gipfel, eine sichtbare Entkrampfung bringt aber erst ein »*persönliches* Gespräch« der beiden im Sommer 2004 »*ohne Berater* und *ohne feste Gesprächsagenda*«.[335] Als der österreichische Bundeskanzler seinen deutschen Amtskollegen einlädt, das für Österreich wichtige Gedenkjahr 2005 unter anderem mit einem gemeinsamen Besuch des Neujahrskonzerts zu eröffnen, sind die beiden mit sich und der Welt wieder im Reinen.[336] Dabei bleibt es, nachdem sie ihre Ämter verlassen haben. Man sieht sich gelegentlich, verfolgt auch mitunter gemeinsame Interessen.

Manchem Beobachter der abenteuerlichen Geschichte fällt auf, dass Deutschland und Frankreich, die Vorreiter der Kampagne, keinerlei Berührungsängste kennen, wenn es um Kontakte aller Art zu Staaten und Regierungen geht, denen man anders als der kleinen Alpenrepublik nicht gerade einen vorbildlichen Umgang mit ihren Minderheiten nachsagen kann. Zum Beispiel die Volksrepublik China oder Russland. Am 14. Juni 2000, zwölf Tage bevor Chirac nach Berlin kommt, trifft Russlands Staatspräsident Wladimir Wladimirowitsch Putin zu einem ersten Deutschlandbesuch in der Hauptstadt ein.

Putin – Jahrgang 1952, wie Schröder aus äußerst bescheidenen Verhältnissen stammend und wie dieser studierter Jurist – hat die Grundlage seiner Karriere im sowjetischen Auslandsgeheimdienst KGB gelegt, für den er von 1985 bis 1990 in der DDR tätig war. Seither spricht er fließend Deutsch – und das hat zur Folge, dass sich Schröder mit Putin gegebenenfalls unter vier Augen unterhalten kann. Seit 1990 zurück in Russland, arbeitet Putin zunächst in verschiedenen Funktionen in der Stadtverwaltung von St. Petersburg, wo er erstmals in seiner beruflichen Laufbahn scheitert. Die zweite, eigentliche Karriere beginnt 1996 im Verwaltungsapparat des russischen Präsidenten Boris Jelzin, der zu seinem Förderer wird, ihn zum Chef der Nachfolgeorganisation des KGB macht, schließlich im August 1999 zum Ministerpräsidenten ernennt und ihm zum Jahresende interimistisch das Präsidentenamt überträgt. Am 26. März 2000 kann Putin die Präsidentschaftswahlen im ersten Anlauf für sich entscheiden, am 7. Mai tritt er sein Amt offiziell an, sechs Wochen später ist er zu einem zweitägigen Staatsbesuch in Berlin.

Das ist kein Zufall. Putin kennt die Bedeutung Deutschlands als Motor für den Aufbau der maroden postsowjetischen Wirtschaft und als traditionell zuverlässigen Absatzmarkt der wichtigsten russischen Exportgüter Gas und Öl. So gesehen steht er in der Tradition der sowjetischen Außenpolitiker seit den Tagen Lenins, die stets wussten, was sie an Deutschland auch in jenen

Zeiten hatten, in denen es mit den politischen Beziehungen nicht zum Besten stand. Jetzt hingegen sieht es ordentlich aus im deutsch-russischen Verhältnis. Weil die Vorgänger Schröders und Putins, Kohl und Jelzin, ein tragfähiges Fundament gelegt haben, müssen die beiden in der Sache nicht von vorn anfangen.

Entscheidend für die weitere Entwicklung des deutsch-russischen Verhältnisses wird sein, dass sie von Anfang an Chefsache ist. Das liegt nicht nur an der Entscheidung des Bundeskanzlers, die Beziehungen zu Russland in der Hand zu halten, sondern auch am Desinteresse des Außenministers an diesem Teil der Welt, China eingeschlossen. Europa, Amerika und der Nahe Osten bilden den Aktionsradius Joschka Fischers, soweit Gerhard Schröder ihm den Vortritt lässt.

Zum Fundament der deutsch-russischen Beziehungen gehört die Bereitschaft Berlins, die russischen Sicherheitsinteressen ernst zu nehmen. So hatte es Helmut Kohl zum Beispiel konsequent abgelehnt, Estland, Lettland und Litauen zu besuchen, von der Teilnahme am sogenannten Ostsee-Gipfel im Januar 1998 einmal abgesehen, auf dem allerdings auch Russland vertreten gewesen ist. Gerhard Schröder sieht das unbefangener, reist Anfang Juni 2000 ins Baltikum, befürwortet auch die Aufnahme der vormaligen Sowjetrepubliken in die EU, ohne sich freilich auf einen Zeitpunkt festzulegen. Wenig Hoffnung macht Schröder den dreien auf eine baldige Mitgliedschaft in der NATO. In den baltischen Staaten weiß man natürlich, dass dafür die Rücksichtnahme auf Russland maßgeblich ist und dass Schröder gerade in dieser Hinsicht nahtlos an seinen Vorgänger anknüpft. Andererseits lässt der Bundeskanzler aber im Herbst 2001 keinen Zweifel an deren Recht, einem Verteidigungsbündnis beizutreten, und betont auch, dass Russland kein Veto zustehe. Als der Kanzler Litauens Ministerpräsident diesen Rat gibt, kennt er Putin schon ziemlich gut und weiß um dessen Sensibilitäten, wenn es um die Sicherheit Russlands geht.

Für Russland ist die Frage eines NATO-Beitritts vormaliger Sowjetrepubliken eine Frage der eigenen Sicherheit. Das gilt erst recht für das amerikanische Raketenabwehrsystem, das schon während Putins erster Deutschlandvisite auf der Tagesordnung steht. Es ist nämlich so, dass die Amerikaner wieder einmal laut über ein solches Programm nachdenken. Das hatten sie schon zu Zeiten Ronald Reagans getan, dem man so etwas zutraute. Jetzt aber ist es mit Bill Clinton ein demokratischer Präsident, der sehr konkrete Pläne für das National Missile Defence NMD entwickeln lässt. Zwar stoppt er die begonnene Stationierung im Spätsommer 2000, weil er seinem Nachfolger nicht die Hände binden will, aber auch, wie er den Bundeskanzler wissen lässt, weil zunächst das bislang wenig erfolgreiche Testprogramm weiterentwickelt werden soll.

An dem militärischen und politischen Kernproblem der geplanten Raketenabwehr ändert das nichts. Aus russischer Sicht muss NMD den ABM-Vertrag verletzen. Am 26. Mai 1972 hatten sich Amerikaner und Sowjets im Zusammenhang mit ihrem ersten Vertrag über den verlangsamten Aufbau ihrer strategischen Atomarsenale (SALT) auf eine strikte Begrenzung der Raketenabwehrsysteme Anti-Ballistic Missiles (ABM) verständigt. Mit dem solchermaßen festgeschriebenen Erhalt ihrer jeweiligen Zweitschlagfähigkeit im Bereich der strategischen Nuklearwaffen wollten sie ausschließen, dass einer von ihnen auf die Idee käme, als Erster zuzuschlagen. Dass die USA mit Blick auf ihr NMD-Programm Mitte Juni 2002, also während der Präsidentschaft von George W. Bush, tatsächlich vom ABM-Vertrag zurücktreten, ist daher nur konsequent.

Schon weil die amerikanischen Pläne direkt oder indirekt auch die NATO betreffen, müssen die Partner der USA über kurz oder lang Stellung zu NMD und damit zwangsläufig auch zu Russland beziehen. Wenige Tage bevor der russische Präsident in Berlin eintrifft, haben sich das Kanzleramt, das Verteidigungsministerium und das Auswärtige Amt auf eine Ablehnung von NMD verständigt. Viele Jahre später, als er nicht mehr Kanzler ist, legt Gerhard Schröder mit Blick auf diese Festlegung großen Wert darauf, das Programm von Anfang an und konsequent abgelehnt zu haben. Aber das stimmt so nicht.

Zwar hört er sich die russischen Bedenken an, macht bündnisintern auf mögliche Auswirkungen von NMD auf Staaten wie Russland und China aufmerksam und signalisiert den Amerikanern, das Thema müsse Teil eines umfassenden sicherheitspolitischen Dialogs mit Russland werden. Doch lässt sich die Argumentation Washingtons, dass man sich mit dem NMD-Projekt gegen neue Bedrohungen etwa durch den Iran oder – wenn auch nicht ausdrücklich erwähnt – durch China wappnen müsse, nicht rundweg von der Hand weisen. Zudem betrachtet der Bundeskanzler das Programm stets »auch unter dem industriepolitischen Aspekt«. Alles andere wäre bei ihm überraschend. Den Amerikanern, sagt der Kanzler im Sommer 2000 dem NATO-Generalsekretär, sei daran gelegen, »den rüstungstechnischen und -technologischen Vorsprung zu erhalten. Das dürfe man nicht übersehen.«[337]

Und weil Deutschland nach Auffassung Schröders bei der Entwicklung dieser zukunftsweisenden Technologie nicht außen vor bleiben darf, wendet er sich Ende März 2001 bei seiner ersten Begegnung mit Clintons Nachfolger Bush, von der noch zu berichten ist, ausdrücklich gegen eine »vorzeitige«, undifferenzierte Festlegung in Deutschland oder Europa gegen das Abwehrsystem,[338] schließt wenig später gegenüber dem amerikanischen Präsidenten sogar eine Beteiligung an NMD nicht mehr grundsätzlich aus und stellt eine konstruktive Zusammenarbeit in Aussicht.

Dem russischen Präsidenten gefällt die pragmatische Sicht des Bundeskanzlers, soweit Schröder sie in dieser Hinsicht offenlegt. Überhaupt verstehen sich die beiden auf Anhieb. Politisch und persönlich. Sie sind sich ja auch sehr ähnlich. Putin gilt nach der zuletzt bleiernen Jelzin-Zeit im Kreis der westlichen Staats- und Regierungschefs als zupackend und dynamisch, zukunftsfähig und realistisch, als »aufgeklärter Nationalist«, wie Blair einmal sagt. Das alles trifft so auch auf Schröder zu, wenn der sich auch eher als aufgeklärten Patrioten sieht. Die beiden wissen voneinander, aus welchen Verhältnissen sie stammen, sie empfinden, auch deshalb, voreinander einen natürlichen Respekt, und sie setzen auf Verlässlichkeit. Für Putin ist es ungemein wichtig, dass Schröder ihm einige Wochen nach seinem Deutschlandbesuch am Rande der Generalversammlung der Vereinten Nationen in New York anbietet, kurzfristig nach Moskau zu reisen, falls der Präsident einen solchen Beweis der Solidarität für richtig halte. Hintergrund sind die Katastrophen des Augusts 2000: Erst versinkt das russische Atom-U-Boot »Kursk« nach einer Explosion in der Barentssee, dann bricht auf dem Moskauer Fernsehturm ein Brand aus.

Tatsächlich fährt der Kanzler drei Wochen später nach Moskau, und schon in der Weihnachtszeit sieht man sich, wie in Berlin vereinbart, in der russischen Hauptstadt wieder. Dieses Mal »privat« und in Begleitung der Ehefrauen. Anfang Januar feiern die Familien zusammen das orthodoxe Weihnachtsfest. Natürlich bleibt die Politik nicht außen vor. Dass der Präsident am Ende des Besuchs öffentlich bekräftigt, Russland werde für die Altschulden der Sowjetunion aufkommen, hilft dem Kanzler, der in dieser Frage unnachgiebig ist. Als die beiden im Juni des folgenden Jahres über das Thema sprechen, verweist Schröder »auf die Tatsache, dass bei einem sofortigen Schuldenerlass 26 M[illiarden] DM in den Haushalt eingestellt werden müssten … Man könne über alles sprechen, nur nicht über einen Schuldenerlass.« Im Übrigen sei »Russland eines der reichsten Länder der Welt«.[339]

Die klare Sprache des Kanzlers, aber auch seine verlässliche, solidarische Haltung haben zur Folge, dass er gegenüber Russlands Präsidenten Fehlentwicklungen beim Namen nennen kann, ohne dass ihr Verhältnis Schaden nimmt. Auch öffentlich. So zum Beispiel im Vorfeld und Verlauf der jährlich stattfindenden deutsch-russischen Konsultationen im April 2001. Vor dem Hintergrund massiver Angriffe auf die freie Presse des Landes hat Schröder schon vor Beginn der zweitägigen Visite dazu aufgerufen, »freie Medien zu

Putin privat: Anfang 2001 feiert das Ehepaar Schröder mit der Familie des russischen Präsidenten unweit von Moskau die orthodoxe Weihnacht.

garantieren, die Missstände anprangern und überbordende politische Macht kontrollieren können«.[340] Jetzt richten Präsident und Kanzler den »Petersburger Dialog« mit Vertretern aus Wirtschaft, Wissenschaft und Kultur beider Staaten ein, der künftig parallel zu den regulären Konsultationen geführt wird. Er ist das Forum, auf dem auch über die innere Entwicklung beider Länder gesprochen werden kann. Als er sich 15 Jahre später in seiner ursprünglichen Struktur überlebt hat und reformiert wird, ist Schröder lange nicht mehr im Amt, Putin hingegen immer noch an der Macht.

Im Übrigen hält der Bundeskanzler wie auch schon sein Vorgänger wenig davon, die russische oder irgendeine andere Führung, wie zum Beispiel die chinesische, öffentlich an den Pranger zu stellen. Zum einen müsse man bedenken, dass eine funktionierende Demokratie nach Jahrzehnten totalitärer

Herrschaft nicht von einem auf den anderen Tag installiert werden könne. Zum anderen hat Schröder den Verdacht, dass die ständige Forderung, dieses zu tun, weniger mit der Sorge um die inneren Verhältnisse Russlands als vielmehr mit den innenpolitischen Profilierungsversuchen deutscher Weltverbesserer zu tun hat. In diesem Sinne weist er zum Beispiel Mitte März 2004 die Mitglieder der Arbeitsgemeinschaft Außenpolitik der SPD-Fraktion, »deutlich darauf hin, dass es nicht Aufgabe der Regierungspolitik sein könne, auf [die] russ[ische] Zivilgesellschaft Einfluss zu nehmen. Dieser Anspruch sei überzogen.«[341]

Seine Aufgabe ist es, die Interessen Deutschlands optimal zu vertreten. Immerhin haben Russland und sein Präsident einiges zu bieten, mittelfristig einen aussichtsreichen Markt für die exportorientierte deutsche Wirtschaft, kurzfristig Öl und Gas in Hülle und Fülle. Schon bei Putins erster Deutschlandvisite werden Mitte Juni 2000 eine Reihe von Absichtserklärungen zwischen dem russischen Gasmonopolisten Gazprom auf der einen und deutschen Energieunternehmen, unter ihnen Wintershall und Ruhrgas, auf der anderen Seite geschlossen. Vereinbart werden Projekte im Wert von rund 4 Milliarden D-Mark, darunter die gemeinsame Erschließung von Lagerstätten, Maßnahmen zur Energieeinsparung sowie der Bau von Pipelines in Russland.

Auch deshalb kann sich der Kanzler mit einer vorzeigbaren außenpolitischen Bilanz in den Sommerurlaub verabschieden. Immerhin haben sich im Juni 2000 die führenden Staatsmänner der Welt die Klinken der Berliner Türen in die Hand gegeben. Erst sind der amerikanische Präsident Bill Clinton und ein gutes Dutzend weiterer Staats- und Regierungschefs Schröders Einladung gefolgt und haben an seiner Konferenz über Regieren im 21. Jahrhundert teilgenommen, dann ist Russlands Präsident Wladimir Putin gekommen, und zuletzt hat der französische Staatspräsident Jacques Chirac die Hauptstadt besucht, zu dem das Verhältnis zwar nach wie vor unterkühlt ist, der sich aber bei der Deutschlandvisite von seiner besten Seite gezeigt hat.

Die sommerliche Bilanz fällt noch besser aus, wenn man die beiden spektakulären Erfolge in Rechnung stellt, mit denen Kanzler Schröder innenpolitisch punkten kann. Erst kommt der Energiekonsens zustande, dann nimmt die Steuerreform die letzten Hürden. Nicht viele können ermessen, was der Energiekonsens für den Bundeskanzler bedeutet: »Fast über ein Jahrzehnt hinweg wurde … versucht, einen solchen Konsens zu vereinbaren«, sagt er vor dem Bundestag, nachdem alles unter Dach und Fach ist.[342] Tatsächlich hatte sich Gerhard Schröder unmittelbar nach seiner Wahl zum niedersächsischen

Ministerpräsidenten mit Vertretern der Energiewirtschaft zusammengesetzt, um eine entsprechende Vereinbarung auf den Weg zu bringen. Zwei Mal ist er damit gescheitert, und zwar nicht zuletzt an seiner Partei – das erste Mal 1993 nach immerhin dreijährigen Verhandlungen und erneut 1995. Davon wurde berichtet.

Beinahe wäre auch dieser dritte Versuch fehlgeschlagen. Denn hier geht es ja nicht nur um ein zwischen Energiewirtschaft und Politik umstrittenes Thema. Vielmehr müssen auch beide Seiten jeweils einen internen Konsens finden. Ist das auf Seiten der Energieunternehmen schon schwierig genug, scheint es im Falle der Politik zeitweilig aussichtslos zu sein. Hier verlaufen die Konfliktlinien zum einen quer durch die SPD, zum anderen zwischen SPD und Grünen, zum Dritten zwischen Bund und Ländern und schließlich auch noch zwischen Umwelt- und Wirtschaftsministerium. Nachdem die beiden zuständigen Minister, Jürgen Trittin und Werner Müller, im Verlauf des Jahres jeweils mit einem Versuch gescheitert sind, Bewegung in die Gespräche zu bringen, soll es jetzt Kanzleramtschef Frank-Walter Steinmeier richten.

Der hat später glaubhaft versichert, »nie« in seinem Leben »Verhandlungen von solcher Intensität und Ausdauer erlebt« zu haben »wie jene im Frühjahr des Jahres 2000 … Hunderte Stunden haben wir miteinander verbracht, Tage und Nächte … Häufig war das Scheitern näher als der erhoffte Erfolg.«[343] Dass der Durchbruch gelingt, hat auch mit einer Verlegenheit der Energieversorgungsunternehmen zu tun. Im Mai 1998 hatte die damalige Umweltministerin Angela Merkel einen Transportstopp des strahlenden Mülls in die französische Wiederaufbereitungsanlage angeordnet, der nicht wieder aufgehoben worden ist. Jetzt kommen einzelne Kernkraftwerke an die gesetzlich festgesetzte Grenze ihrer Lagerkapazitäten für den abgebrannten Brennstoff. Daher hat der Bundeskanzler den Konzernchefs schon im allerersten Gespräch zugesagt, »dass eine Verstopfung der Kraftwerke verhindert werden soll«, woran diese Mitte September 1999 wiederum die Bundesminister Fischer und Trittin erinnern.[344]

So steht es dann auch in der »Vereinbarung zwischen der Bundesregierung und den Energieversorgungsunternehmen«, die am Abend des 14. Juni 2000 nach einer dramatischen Sitzung im Speisesaal des Kanzleramtes von deren Bevollmächtigten und den zuständigen Staatssekretären paraphiert wird. Unmittelbar davor hat Schröder noch ein letztes Mal mit dem Umwelt- und dem Wirtschaftsminister konferiert.[345] Am 11. Juni 2001, also ein Jahr später, setzen dann für die Bundesregierung neben Gerhard Schröder auch Jürgen Trittin und Werner Müller ihre Unterschriften unter das Dokument, für die Energieversorger zeichnen die Vorstandsvorsitzenden von E.ON, RWE, Energie Baden-Württemberg und Hamburger Electricitäts-Werke.

Vereinbart wird vor allem eine Flexibilisierung der Laufzeiten, was aber nicht bedeutet, wie Schröder vor dem Parlament betont, »dass die Betriebsdauer der Anlagen in das Belieben der Unternehmen gestellt worden sei. Vielmehr wurde für jedes Atomkraftwerk auf der Basis der Regellaufzeiten eine feste Strommenge vereinbart, welche das Kraftwerk in der verbleibenden Restlaufzeit noch produzieren darf. Nur wenn ein Kraftwerk früher als vereinbart vom Netz geht, darf ein anderes länger laufen.«[346] Klingt gut, ist aber vor allem für die grüne Basis ein schwerer Rückschlag: »Unsere Forderung«, so eine der beiden Bundesvorstandssprecherinnen, »wochenlang gebetsmühlenartig in jedes Mikrofon gesprochen, lautete: für alle Atomkraftwerke eine Laufzeit von deutlich unter dreißig Jahren und in dieser Legislaturperiode bereits erste Abschaltungen von Kraftwerken!«[347]

Daraus wird nichts. Jetzt zeigt sich, was der Kanzler an seinem Fischer und in diesem Falle vor allem an seinem Trittin hat. Teils mit Druck, teils mit operettenhafter Dramaturgie zwingen die beiden ihre Leute, die kaum verdauliche Kost zu schlucken: Wann der erste Meiler vom Netz muss, bleibt vorerst offen. Mit Sicherheit wird das aber nicht vor der nächsten Bundestagswahl der Fall sein. Sicher ist auch, dass die Laufzeit von 25 Jahren für die 19 deutschen Meiler deutlich überschritten wird. Tatsächlich sind es 32, und die kommen so zustande: Die Grünen wollen 25, die Betreiber 40 Jahre, was addiert 65 Jahre macht. Teilt man sie durch 2, hat man einen Kompromiss und die Restlaufzeit. So hat es Gerhard Schröder den Beteiligten vorgerechnet. Im Kanzleramt firmiert dieser Kompromiss als »Bierdeckel-Lösung«.[348]

Zudem versichert die Bundesregierung, »keine Initiative« zu ergreifen, »mit der die Nutzung der Kernenergie durch einseitige Maßnahmen diskriminiert wird«. So sind nicht nur Transporte zur Wiederaufbereitung bis Mitte des Jahres 2005 »zulässig«, sondern innerhalb der nächsten 32 Jahre werden auch keine Steuern auf Brennelemente erhoben. Im Gegenzug zieht unter anderem RWE sowohl den »Genehmigungsantrag« für den nie ans Netz gegangenen Reaktor Mülheim-Kärlich als auch »die Klage auf Schadensersatz gegen das Land Rheinland-Pfalz« zurück. Vor allem aber verzichten die Energieversorger auf die ursprünglich verbriefte unbefristete Betriebsgenehmigung der Anlagen.[349] Als er unmittelbar nach dem Ende seiner Kanzlerschaft hinter verschlossenen Türen über sein Leben nachdenkt, sagt Gerhard Schröder, »was da eigentlich passiert ist«: Wolle man es »in der marxistischen Terminologie« beschreiben, »dann ist ohne Revolution hochkonzentriert Kapital enteignet worden. Und zwar mit Zustimmung der Kapitalseite.«[350]

Auf beiden Beinen steht der Kompromiss allerdings erst mit der Lösung einiger Folgeprobleme. So muss ein Gesetz über erneuerbare Energien, also über den Ersatz für die Atomenergie, her, ohne das der Konsens wenig Sinn hat. An ihm arbeiten regierungsseitig die Staatssekretäre des Kanzleramtes sowie des Wirtschafts- und des Umweltministeriums, Frank-Walter Steinmeier, Alfred Tacke und Rainer Baake, ein weiteres Jahr, bis die Feinabstimmung mit den Unternehmen steht und der Konsens die parlamentarischen Hürden nehmen kann. Die wesentlich schwieriger zu lösende Frage nach der Endlagerung lässt man vorsichtshalber erst einmal liegen. Hier hat man ja noch Zeit. Als dann der Umweltminister und sein Staatssekretär, denen das alles zu lange dauert, im Herbst 2004 im Alleingang Fakten schaffen, die Einrichtung eines Zwangsverbandes der Abfallverursacher erzwingen und ihr Ein-Endlager-Konzept durchdrücken wollen, ist auch der ausgleichende Kanzleramtschef – wieder einmal – mit seiner »Interventionsfähigkeit am Ende«. Um den Rückzug der Energiewirtschaft und damit eine Gefährdung des Atomkonsenses zu verhindern, muss der Kanzler ran und den Umweltminister in einem Spitzengespräch mit dem Wirtschaftsminister und dem Kanzleramtschef zur Räson zu bringen.[351] Weil sich Gerhard Schröder und Jürgen Trittin so lange kennen und aufeinander verlassen können, geht das noch einmal gut: Das heiße Eisen wird bis zum Ende der Legislaturperiode nicht mehr angepackt.

So ist der Ausstieg aus der Atomtechnologie bis zum unerwartet vorzeitigen Ende der Kanzlerschaft Gerhard Schröders hinweg gerettet. Es ist ein ganz persönlicher Triumph für den Bundeskanzler. Ob ihm das ohne den vierjährigen Probelauf von Rot-Grün in Niedersachsen gelungen wäre, ist doch sehr zweifelhaft. Auch darf man bezweifeln, dass die Energieversorgungsunternehmen die ihnen von einer rot-grünen Regierung abverlangten Zugeständnisse ohne das Vertrauen in die Zuverlässigkeit und die Kompetenz Gerhard Schröders gemacht hätten. Es zahlt sich also aus, dass Schröder über Jahre die Kontakte gepflegt und über manches böse oder auch spöttische Wort von Genossen und politischen Gegnern, Gewerkschaftern und Journalisten hinweggehört hat.

Die jetzt ihre Unterschriften unter den Konsens setzen, kennen ihren Schröder. Die erste Runde der Konsensgespräche liegt ja gerade einmal acht Jahre zurück. Einige, die schon damals in Hannover dabei waren, sind auch jetzt wieder mit von der Partie. Ulrich Hartmann beispielsweise, der für E.ON unterzeichnet, hat Anfang der neunziger Jahre für die VEBA mitsondiert, zunächst als Finanzvorstand und seit 1993 als Nachfolger des verunglückten Vorstandsvorsitzenden Klaus Piltz; und auch Werner Müller, der den Konsens als Wirtschaftsminister unterschreibt, ist, wie berichtet, nach einer ersten beruflichen Station bei RWE seinerzeit als Vorstandsmitglied der Kraftwerke Ruhr AG, ihrerseits eine Tochter der VEBA, an den Konsensgesprächen der neunziger Jahre beteiligt gewesen. Die VEBA wiederum ist gerade erst, nämlich am 14. Februar 2000, mit der Viag zu E.ON und damit zum größten privaten Energieversorger Europas fusioniert.

Gewiss findet der Konsens nicht nur Freunde. Alles andere wäre überraschend, wenn nicht verdächtig. Den einen geht er zu weit, anderen geht er nicht weit genug. Sie halten es für einen faulen Kompromiss, dass die Suche nach einer sicheren Endlagerstätte für maximal zehn Jahre ruhen soll und die Unternehmen in dieser Zeit darauf verzichten, ihre Vorleistungen für die Erkundungen in Gorleben zurückzufordern. Da die hochradioaktiven Abfälle in dieser Zeit irgendwo gelagert werden müssen, kann das nur auf eine Zunahme der Zwischenlager hinauslaufen.

Keiner der Beteiligten hat sich vorstellen können, dass zehn Jahre später eine christlich-liberale Regierung den Konsens nach einer vorausgegangenen doppelten Kehrtwende noch einmal radikalisieren und das Jahr 2022 als verbindliches Enddatum für den Ausstieg aus der zivilen Nutzung der Kernenergie festlegen würde. So gesehen gilt auch hier, was schon bei den Kampfeinsätzen deutscher Soldaten festzustellen war: Mit Rot-Grün bringt das vereinigte Deutschland die politische Pubertät hinter sich.

Der Atomkonsens ist ein mühsam erarbeiteter Erfolg. Die Steuerreform, die ihm auf dem Fuße folgt, ist das Ergebnis einer taktischen Meisterleistung. Rechtzeitig zum Weihnachtsfest 1999 angekündigt, sind nun die Niederungen des Gesetzgebungsverfahrens zu durchschreiten. Aus den lähmenden Versuchen der letzten Kohl-Regierung, die Steuerreform mithilfe der Opposition über die entscheidende Hürde des Bundesrates zu bringen, hat man gelernt. Entweder das Mitte Februar 2000 in den Bundestag eingebrachte, inzwischen vom Vermittlungsausschuss ins Parlament zurückgereichte Steuersenkungsgesetz nimmt diese Hürde handstreichartig im ersten Anlauf, oder es wird scheitern.

Die Chancen, dass es gelingt, stehen nicht schlecht. Zum einen zwingen die klammen Kassen das eine oder andere Bundesland zu Konzessionen, zum anderen sind wie so häufig auch persönliche Eitelkeiten im Spiel, und schließlich weiß der Bundeskanzler, der sich voll einbringt, um den Dominoeffekt in der Politik. Was die Eitelkeiten angeht, hat Schröder in den Tagen vor der entscheidenden Abstimmung diesen oder jenen Wackelkandidaten im Kanzleramt empfangen. Dass die Hofierten einstweilen noch mit dem äußeren

Ambiente des Staatsratsgebäudes vorliebnehmen müssen, tut der Ehre keinen Abbruch. Sie kommen alle, sie kommen von sämtlichen Parteien, und keiner verlässt das Gespräch mit leeren Händen. Auch nicht die Herren von der PDS. Da die Sozialdemokraten geführt von Ministerpräsident Harald Ringstorff in Mecklenburg-Vorpommern seit dem Herbst 1998 gemeinsam mit der PDS die Regierung stellen, wird der Stellvertretende Ministerpräsident Helmut Holter vom Kanzler zum Gespräch empfangen. Als er von dannen zieht, hat er Zusagen für den Ausbau der Bahnstrecke Rostock – Berlin und die PDS die Zusicherung in der Tasche, künftig an den sogenannten Konsensrunden, zum Beispiel zur Rentenpolitik, beteiligt zu werden.

Als Bittsteller ohne finanziellen Spielraum kommt Berlins Regierender Bürgermeister Eberhard Diepgen. Der Christdemokrat, der einer Großen Koalition vorsteht, hat schlechte Karten, da die Hauptstadt am Finanztropf des Bundes hängt. Rund 120 Millionen D-Mark, darunter 75 Millionen für die Sicherheit, ist dem Kanzler die Stimme Berlins im Bundesrat wert. Allerdings will Diepgen dort nicht den ersten Schritt tun und den Zorn seiner Bundespartei auf sich ziehen. Zwar ist er nicht der einzige CDU-Mann mit Wackelkontakt; auch Bremens Finanzsenator Hartmut Perschau knickt ein, und Brandenburgs Innenminister Jörg Schönbohm lässt widerwillig zu, dass der sozialdemokratische Ministerpräsident Manfred Stolpe gegen beträchtliche Finanzspritzen für heimische Verkehrsprojekte das Land zur Zustimmung drängt. Aber Berlin ist nun einmal ein anderes Gewicht.

Also wartet Diepgen, wie sich Rheinland-Pfalz verhält, wo der Sozialdemokrat Kurt Beck mit der FDP regiert. Deren Vorsitzender Rainer Brüderle weiß die Schlüsselrolle, in die er da geraten ist, geschickt zu nutzen. In diesem Falle ist es auch für den Kanzler nicht mit einem Gespräch getan. Über eine Woche erstrecken sich die Verhandlungen, bei denen der umtriebige Liberale herausholt, was herauszuholen ist, unter anderem die Zusage für eine nennenswerte steuerliche Entlastung des Mittelstandes und nicht zuletzt eine weitere Absenkung des Spitzensteuersatzes auf nunmehr 42 Prozent. So gesehen braucht der Kanzler »aus seiner Sicht die Stimmen Berlins nicht mehr«, wie sich Diepgen erinnert. Gleichwohl hält der »gewiefte Taktiker« sein Angebot aufrecht, wohl wissend, dass er damit insbesondere die Union in erhebliche Turbulenzen stürzen wird.

Jetzt zeigt sich, welchen Tribut zum einen der Verlust der Regierungsverantwortung und zum anderen die Spendenaffäre fordern. Da geht nicht mehr viel zusammen. Während die einen, Diepgen und Schönbohm, mit der Regierung paktieren, setzen andere, allen voran Bayerns Ministerpräsident Edmund Stoiber und der Fraktionschef der Unionsparteien im Bundestag

Friedrich Merz, auf Konfrontation. Schröder kann es recht sein. In diesem Dschungel kennt er sich aus. Wer aus den Schlachten der Jusos, meistens jedenfalls, als Sieger hervorgegangen ist, weiß, was in solchen Situationen zu tun ist. Tatsächlich enden die internen Vorbesprechungen der Union im »Chaos«,[352] während der Kanzler die Lage mit den Ministerpräsidenten der SPD gelassen berät.

Unter diesen Auspizien findet am 14. Juli 2000 die Sitzung des Bundesrates in Bonn statt. Es ist zugleich die letzte Sitzung der Länderkammer in der alten Hauptstadt. 15 Minuten vor Sitzungsbeginn trifft Diepgen mit dem Kanzler, der an den Beratungen teilnehmen wird, die vorbesprochene Verabredung. Als gegen 9 Uhr Rheinland-Pfalz seine Zustimmung signalisiert, zeichnet sich ab, dass die Regierung ihre Steuerreform ins Ziel bringen wird, um 11.30 Uhr stimmen Berlin und Brandenburg zu, um 12.30 Uhr gibt Schröder noch ein Interview für den *Bericht aus Berlin,* dann macht er sich wieder auf den Weg. Und weil alles so gut gelaufen ist, kann er anderntags endlich mal wieder einer Neigung nachgehen: »ab 13.00 Uhr Tennisturnier – open end – Tennisanlage Hiddestorf« hält die Terminakte fest.[353] Ein Samstag wie dieser ist eher die Ausnahme.

Misst man die Dimension des Erfolgs an der Zahl und der Tonlage der Glückwünsche, dann zählt dieser Coup gewiss zu den größten seiner ersten Amtszeit. Etliche sprechen sie ihm hernach auch brieflich aus, darunter Helmut Schmidt, der Schröder schreibt, dass »Euer Erfolg im Bundesrat« auch einer für ihn gewesen sei, »denn ich hatte ihn der ungläubigen Zeit-Redaktion vorausgesagt«.[354] Und selbst die Konkurrenz zollt ihm auf ihre Weise Respekt: »Die Unverfrorenheit ..., mit der Herr Schröder Stimmenkauf betrieben hat, ist bemerkenswert«, schreibt Helmut Kohl in sein Tagebuch: »Doch der Erfolg hat ihm leider Recht gegeben.«[355]

»Das Geschick, mit dem der Kanzler Brüderle, Diepgen und die anderen Länderfürsten gleichermaßen einfing, beschert ihm seinen größten Erfolg seit der gewonnenen Bundestagswahl vom September 1998«, vermeldet der *Spiegel,* der seither nicht mehr allzu viel Positives über Gerhard Schröder zu berichten wusste.[356] Und er steht damit nicht allein. Der Respekt ist einhellig. Selbst die notorisch kritische *FAZ* lobt das »System Schröder« über den grünen Klee: »Es ist eine stolze Bilanz, die der Bundeskanzler und SPD-Vorsitzende kurz vor seinem Urlaub und zur Halbzeit der Wahlperiode vorlegen konnte. Es scheint, dass ihm – nach schwierigem Anfang – zurzeit alles gelingt.«[357]

Kanzler mit Kaiser: Gerhard Schröder und Franz Beckenbauer – hier im Mai 2002 in einer Transall auf dem Weg nach Afghanistan – verbindet der Wertekanon des Sportlers.

Irgendwie hat man das Gefühl, als hätten die meisten Beobachter das diesem Gerhard Schröder nicht mehr zugetraut. Sie übersehen, dass der Mann, seit er in der Politik ist, bestimmten Handlungsmustern folgt. Im Grunde operiert der Kanzler in diesen Wochen nicht anders als der Juso-Vorsitzende zwei Jahrzehnte zuvor. Langfristige Strategien sind auch heute nicht seine Sache. Das Prüfen von Optionen, das schnelle und instinktive Entscheiden und das Spiel mit dem kalkulierten Risiko erklären den Erfolg.

So fährt er unmittelbar vor besagter Abstimmung über die Steuerreform zur nicht minder entscheidenden Abstimmung über die Vergabe der Fußballweltmeisterschaft 2006. »Da haben mir doch meine Berater gesagt«, erzählt er später im kleinen Kreis, »ich solle nicht nach Zürich fahren, um mit Franz Beckenbauer für die Endauswahl zu werben.«[358] Zu groß sei das Risiko, dass Deutschland durchfalle und der Kanzler als Verlierer heimkehre. Mit England und Südafrika sind exzellent aufgestellte Konkurrenten am Start. Aber der Kanzler ist Optimist, wettet zum Beispiel mit dem skeptischen Günter Netzer, einem der Stars der legendären Europameisterschaftself des Jahres 1972, dass Deutschland es schaffen wird.[359]

Und so fährt er nach Zürich, weil er seinem Instinkt folgt und weil er bei Franz Beckenbauer im Wort steht. Der Sportler und Unternehmer, der als

Spieler und Trainer so ziemlich alles gewonnen hat, was man im Fußball gewinnen kann, und der bei den Deutschen inzwischen als »Kaiser« firmiert, arbeitet seit 1997 daran, die Weltmeisterschaft ein zweites Mal nach Deutschland zu holen. Seither kennt der Fußballer den Politiker, der sich zunächst noch als niedersächsischer Ministerpräsident, dann vor allem als Bundeskanzler ohne Wenn und Aber für die Vergabe des Turniers nach Deutschland einsetzt. Schröder weiß eben genau, »warum die Weltmeisterschaft nach Deutschland« muss. Er kennt die über den Sport hinausgehende »Langzeitwirkung« des Großereignisses. Im engen Schulterschluss mit Finanzminister Lafontaine sagt der Kanzler die Freistellung von der Ertragssteuer zu, stellt Beckenbauer auch sonst jede mögliche Unterstützung in Aussicht und geht dabei »volles Risiko«. Auch in Zürich.

Die Inszenierung der deutschen Bewerbung stammt vom österreichischen Allroundentertainer André Heller und sieht vor, dass der präsentierende »Kaiser« im Hintergrund von einer Gruppe prominenter deutscher Fans unterstützt werden soll. Unter ihnen Boris Becker, Claudia Schiffer, Günter Netzer – und Gerhard Schröder. Man versteht, dass Franz Beckenbauer mit einem mulmigen Gefühl ins Kanzleramt geht, um dem Hausherrn, mit dem er damals noch per Sie verkehrt, die Statistenrolle schmackhaft zu machen. Aber der sagt spontan zu und kommt dann auch. Schwer zu sagen, ob der Bundeskanzler den Ausschlag für die äußerst knappe Entscheidung von 12 : 11 zugunsten Deutschlands gegeben hat. Aber dass sein Auftritt »Eindruck« gemacht hat, steht für Beckenbauer außer Frage. Er selbst ist jedenfalls sehr beeindruckt – von Gerhard Schröders »Verlässlichkeit«, von »seiner Disziplin, seiner Ordnung und seinem Respekt«, kurzum von jenen Werten, die auch im Sport eine große Rolle spielen.[360]

Und Schröder hat Glück, steht in Zürich als Gewinner da und zieht, nunmehr erst recht selbstgewiss, in die große Steuerschlacht. Die Abstimmung im Bundesrat, vor allem aber der Weg dorthin, sind eine taktische Meisterleistung. Und sie sind ein schönes Halbzeitergebnis. Zwar bleibt noch vieles zu tun. Vor allem das Renten- und das Gesundheitssystem harren weiterhin der angekündigten Reformen, um nur die dicksten Brocken zu nennen. Aber wenn er den Kurs halten kann und das Glück ihm weiter hold ist, wird er auch diese hohen Hürden am Ende nehmen. Und offenbar hat er das Glück zurzeit auf seiner Seite: Ebenfalls im Sommer spült die Versteigerung der Lizenzen für das Universal Mobile Telecommunications System (UMTS) beinahe 100 Milliarden D-Mark in die klamme Staatskasse. Das freut Hans Eichel, der die Gelder in voller Höhe für die Schuldentilgung einsetzt und so seinem Ruf alle Ehre macht; und es freut den Kanzler, der sich gegenüber seinem inzwischen sehr populären Finanzminister insoweit durchsetzt, als die solchermaßen eingesparten Zinsen in ein sogenanntes Zukunftsinvestitionsprogramm für Bildung und Soziales fließen.

Entsprechend gut gelaunt geht es erst in den alljährlichen Urlaub mit der Familie, diesmal nach Mallorca, und von dort gleich weiter auf die Sommerreise, die den Kanzler durch die neuen Bundesländer führt. Man kann nicht behaupten, dass es Gerhard Schröder gefühlsmäßig dorthin zieht. Außerdem ist es mit der Reise nicht getan; die »Nachbereitung«, zum Beispiel in Form zweier Gespräche mit den DGB-Landesvorsitzenden vor Ort, zieht sich bis tief in den Herbst hinein. Aber er hat nun einmal den »Aufbau Ost« zur Chefsache erklärt. Dass Schröder beinahe zwei Wochen vor Ort bleibt, länger als sein Vorgänger sich dort je aufgehalten hat, wird ihm hoch angerechnet. Und seit den Sommerreisen, die er als Ministerpräsident Jahr für Jahr durch Niedersachsen unternommen hat, weiß er, wie man das macht und was den Leuten gefällt. Der Empfang ist freundlich, die Stimmung insgesamt gut, und so wird die Tour zu einer erfolgreichen Werbekampagne für Gerhard Schröder, seine Politik und seine Koalition.

Bevor der politische Normalbetrieb wieder einsetzt, sieht man den Kanzler für wenige Tage in New York. Dort wird ihm unter anderem durch Henry Kissinger der World Statesman Award verliehen. Gerhard Schröder erhält die seit 1965 vergebene Auszeichnung, die vor ihm unter anderem schon Michail Gorbatschow, Václav Havel, Margaret Thatcher oder Richard von Weizsäcker entgegengenommen haben, für seine Verdienste um die »Schaffung der wirtschaftlichen und politischen Grundlagen, die Deutschlands Demokratie und seine führende Rolle im integrierten Europa stärken werden«. Das ist eine Allerweltswürdigung, und nur um die in Empfang zu nehmen, wäre er kaum eigens über den Atlantik gereist.

Der eigentliche Anlass der Visite ist die 55. Generalversammlung der Vereinten Nationen. Diese zählen nicht zu den favorisierten Veranstaltungen Gerhard Schröders: zu viele hochrangige Teilnehmer, zu wenig Zeit für eine Rede, für die sich in der Regel sowieso keiner interessiert. Daher vereinbart er mit dem Außenminister eine Arbeitsteilung. 1999 ist Joschka Fischer nach New York gereist, jetzt ist Gerhard Schröder an der Reihe. Es ist zugleich der sogenannte Millenniumsgipfel, auf dem die Staats- und Regierungschefs vom 6. bis 8. September über die Bekämpfung der Armut in der Welt beraten. Rund 150 sind gekommen, mehr denn je. Unter ihnen eben auch der deutsche Bundeskanzler. Kofi Annan, der Generalsekretär der Vereinten Nationen, hatte ihn schon ein Jahr zuvor ausdrücklich darum gebeten.[361] Das ist immerhin eine

Gelegenheit, deutsche Anliegen und Forderungen zu benennen. In diesem Falle trägt der Kanzler in seiner ersten Rede vor den Vereinten Nationen den deutschen Wunsch nach einem Ständigen Sitz im Sicherheitsrat der UN vor.

Inzwischen hat sich Gerhard Schröder diesen Wunsch zu eigen gemacht. Sein Amtsvorgänger hatte das Thema zunächst vor allem deshalb mit spitzen Fingern angefasst, weil er verhindern wollte, dass Deutschland als Ständiges Ratsmitglied immer stärker in die Pflicht genommen und insbesondere zur Teilnahme an Militäreinsätzen verpflichtet würde. Jetzt argumentiert der Kanzler mit eben diesen Einsätzen der Bundeswehr an allen Ecken und Enden der Welt. Die haben nämlich inzwischen ein Ausmaß angenommen, das eine ständige Mitwirkung an der Entscheidungsfindung gerade nahelegt. Außerdem ist Deutschland nach den USA und Japan der drittgrößte Beitragszahler. Da die Erfüllung des deutschen Wunsches nach einem Ständigen Ratssitz eine Reform der Vereinten Nationen voraussetzt, wird man sich allerdings auch dann in einiger Geduld üben müssen, wenn sich, worauf Schröder setzt, die Präsidenten Frankreichs und Russlands, Chirac und Putin, öffentlich dafür aussprechen. Putin ist einer seiner Gesprächspartner in New York, der amerikanische Präsident Clinton ist ein anderer. Außerdem trifft sich der Kanzler mit Israels Ministerpräsident Ehud Barak und mit dem Chef der palästinensischen Autonomiebehörde, Jassir Arafat. Nur wenige Wochen später sieht er diese beiden wieder.

Ursprünglich hatte sich Gerhard Schröder eine ganze Woche Zeit für seine Reise in den Nahen Osten nehmen wollen. Ein Jahr lang ist sie vorbereitet worden, auf dem Programm stehen Ägypten und Jordanien, Israel und die palästinensischen Gebiete, außerdem Syrien und der Libanon, wohin bislang noch kein deutscher Bundeskanzler gereist ist. Bei dem Fahrplan bleibt es auch, nur wird die Reise kurzfristig auf fünf Tage zusammengestrichen, und bis Schröder am 28. Oktober tatsächlich in Kairo eintrifft, ist nicht einmal sicher, ob sie überhaupt stattfinden kann. Grund für die geänderten Planungen ist der Ausbruch der zweiten, der Al-Aqsa-Intifada, also des Aufstandes der Palästinenser gegen Israel. Die Erhebung ist ausgebrochen, nachdem der Vorsitzende der oppositionellen Likud-Partei, Ariel Scharon, begleitet von mehr als 1000 Polizisten den Jerusalemer Tempelberg besucht hat. Am 12. Oktober eskaliert der Konflikt militärisch.

Schröder ist zwar als niedersächsischer Oppositionsführer und Ministerpräsident wiederholt in Israel, einmal auch im Libanon gewesen, aber diese Reise hat eine andere Dimension und seit dem Ausbruch der Intifada auch eine besondere Brisanz. Daher konzentriert sich der Kanzler auf die Perspektiven der wirtschaftlichen Zusammenarbeit oder auch, wie im Falle Syriens, auf die Anerkennung ausstehender Schulden und übt sich im Übrigen in kommunikativer Disziplin. Zwar hatte Barak ihn – wie auch eine Reihe anderer Staats- und Regierungschefs von Clinton bis Castro – am Rande der UN-Vollversammlung gebeten, auf Arafat einzuwirken, und war damit bei Schröder auf ein gewisses Verständnis gestoßen. Aber dann hält sich der Kanzler mit Vermittlungsinitiativen noch mehr zurück, als er das auch ohne die krisenhafte Zuspitzung getan hätte, betont vielmehr vor Reiseantritt öffentlich, Deutschland könne allenfalls eine »unterstützende Rolle« spielen, und es werde »keine deutsche Nahost-Politik« geben.[362]

Damit fügt sich die Bundesregierung in ihre Grenzen und beschränkten Möglichkeiten. Wie leicht man hier Schiffbruch erleiden kann, hatte im Frühjahr 1973 Willy Brandt bei dem Versuch einer Vermittlung im Konflikt Israels mit seinen arabischen Nachbarn erleben müssen. Gewiss haben sich die weltpolitischen Rahmenbedingungen seither geändert, doch gilt nach wie vor: Wenn es eine Macht gibt, die einen Frieden in der Region vermitteln kann, dann sind es die USA. Deutschland hat diese Macht nicht, so respektiert das Land im Nahen und Mittleren Osten auch ist. Diesen allseits bekundeten Respekt wissen die Betroffenen und Beteiligten zu nutzen, wenn es um informelle, diskrete, unterhalb offizieller Verhandlungen angesiedelte Sondierungen geht. Etwa beim Gefangenenaustausch zwischen Israel und der libanesischen Hisbollah. Dank des geduldigen Bemühens deutscher Institutionen wie des Kanzleramts und des Bundesnachrichtendienstes kann man hier immer wieder einmal erfolgreich vermitteln. Das war schon während der Kanzlerschaft Kohls so, und jetzt ist es nicht anders.

Während Gerhard Schröder auf seiner schwierigen Nahostreise eine allgemein respektierte Vorstellung abliefert, ist er zu Hause beinahe wieder da, wo er im Sommer 1999 gewesen ist und wo er keinesfalls wieder hinwollte. Und daran hat er selbst kräftig mitgewirkt. Als der *Spiegel* Anfang Dezember 2000 mit dem Titel »Die hysterische Republik« aufmacht, wird diese von zwei Skandalen erschüttert, die bei Lichte betrachtet keine sind, jedenfalls nicht die, für die man sie hält: BSE und NPD sind Synonyme für kontaminiertes Tiermehl beziehungsweise für verseuchte Politik.

Die Nationaldemokratische Partei Deutschlands (NPD) hat sich 1964 aus einer Reihe kleinerer national- und rechtskonservativer Parteien gebildet, darunter auch jene Deutsche Reichspartei, die sich der junge Gerhard Schröder auf der Suche nach einer politischen Heimat im September 1963 einmal angesehen hatte. Zunächst ohne radikalnationalistische Spitze und politische

Fortune, erfährt die NPD im Zuge der ersten Rezession, welche die Republik seit 1967 streift, erheblichen Aufwind. Ende der sechziger Jahre ist sie in einer Reihe von Landtagen vertreten und bringt es bei der Bundestagswahl 1969 auf immerhin 4,3 Prozent der Stimmen. Hätte sie die Fünf-Prozent-Hürde genommen, wäre Willy Brandt nicht Bundeskanzler geworden, und wer weiß, was dann aus ihm, der SPD und Gerhard Schröder geworden wäre. Danach wird die NPD zur politischen Marginalie. Übrig bleibt ein harter, immer offenkundiger zum Nationalsozialismus tendierender Kern, der sich vor allem durch spektakuläre Aufmärsche und durch kriminelle Aktionen in Erinnerung hält.

Und so ist die Politik überzeugt, dass die NPD beziehungsweise ihr nahestehende Gruppen nicht nur hinter dem Sprengstoffanschlag auf einen Düsseldorfer S-Bahnhof steckt, bei dem am 27. Juli zehn Menschen mit Migrations-, sechs zudem mit jüdischem Hintergrund schwer verletzt worden sind. Praktisch die gesamte politische Elite des Landes, Schröder eingeschlossen, glaubt auch, dass sie für den Brandanschlag verantwortlich sind, den zunächst unbekannte Täter am 2. Oktober 2000 auf die Düsseldorfer Synagoge verüben. Der zum Tatort geeilte Kanzler hat keinen Zweifel, dass die Täter im braunen Sumpf zu suchen sind, und fordert am 4. Oktober den »Aufstand der Anständigen«.[363] Aber dann stellt sich heraus, dass zwei arabischstämmige Jugendliche die Täter sind.

Die vorschnellen Reaktionen auf die Vorfälle von Düsseldorf lassen keine glückliche Hand erkennen, und das zeigt sich in der Großdemonstration gegen rechts, zu der für den 9. November sämtliche im Bundestag vertretenen Parteien, die beiden großen Kirchen, der Zentralrat der Juden, der DGB und die Arbeitgeberverbände aufgerufen haben. Der Bundeskanzler hat die Schirmherrschaft übernommen und reiht sich in den Demonstrationszug ein. Da fragt sich mancher, gegen wen sich der Massenauftrieb eigentlich richtet, wo doch Rechtsextreme definitiv nicht hinter den spektakulären Fällen dieser Wochen steckten. Und damit hat die Welle aus Hysterie und Empörung noch nicht ihren Scheitelpunkt erreicht.

Am 27. November empfängt Gerhard Schröder im Willy-Brandt-Haus die Eltern eines Jungen, der am 13. Juni 1997 im sächsischen Sebnitz bei einem Badeunfall ums Leben gekommen war. Obwohl die Staatsanwaltschaft die Ermittlungen eingestellt hat, lässt die Mutter des Kindes nicht locker, ermittelt auf eigene Faust weiter, bietet Zeugen auf, legt vermeintliche Beweise vor und bringt es schließlich fertig, dass *Bild* am 23. November 2000 titelt: »Neonazis ertränken Kind«. Was sich in den folgenden Tagen in Deutschland abspielt, hätte man, bis es so weit ist, nicht für möglich gehalten. Obgleich alle seriösen Indizien dagegensprechen, obgleich der Hauptzeuge bei der Vernehmung durch die Polizei 2,8 Promille Alkohol im Blut hat und obgleich ursprünglich von der Tat überzeugte Beobachter, wie der nach Sebnitz gereiste Filmregisseur Volker Schlöndorff, die Mutter des Jungen schlicht für verrückt halten – brechen alle publizistischen Dämme.

Als dpa am Morgen des 29. November um 7.51 Uhr erklärt, ab sofort werde die Berichterstattung zu dem Fall nicht mehr unter dem Stichwort »Extremismus«, sondern im Ressort »Vermischtes« fortgesetzt, ist es zu spät. Auch für Schröder. Obwohl die Eltern des Kindes mit dem Lift direkt aus der Tiefgarage zum Büro des Kanzlers und Parteivorsitzenden gebracht worden sind – die Mutter gehört der SPD an und ist Stadträtin in Sebnitz – und keine Kameras zugelassen waren, wird der Empfang, für den sich Schröder immerhin rund zwei Stunden Zeit genommen hat, natürlich publik.[364] Wenn er nachher sagt, das Gespräch habe nichts mit dem laufenden Ermittlungsverfahren zu tun, sondern mit dem »Anspruch« der Mutter, »daß man ihr zuhört und ihr soweit möglich hilft«,[365] hat man allerdings den Eindruck, dass Stimmen den Ausschlag gegeben haben, die in dieser Situation stärker waren als die aus dem amtlichen Beraterkreis des Kanzlers, der geschlossen gegen den Empfang votiert hatte. Auch muss man in Rechnung stellen, dass in der Republik fast gleichzeitig eine wenig ergiebige, aber hochemotionale Debatte über die Frage geführt wird, ob es eine »deutsche Leitkultur« gebe beziehungsweise geben müsse und wie sie zu verstehen sei. Friedrich Merz, der Fraktionsvorsitzende der Unionsparteien im Bundestag, hat sie Ende Oktober mit einem Zeitungsartikel losgetreten. Zwar hält der Kanzler sich in dieser Debatte sehr zurück und schlägt demonstrativ einen sachlichen Ton an, doch zeigt sich jetzt, dass er in einer selbst gebauten Zwickmühle sitzt: Hinter die klare Position, die er in dieser Hinsicht vor Monaten zu den Vorgängen in Österreich bezogen hat, kann Gerhard Schröder schlechterdings nicht mehr zurück.

Dass er seine Äußerungen und Entscheidungen nicht für korrekturbedürftig hält, zeigt das Beharren auf einem Verbot der NPD. Obwohl es auch im Kabinett ernst zu nehmende Bedenken gibt, obwohl mit Otto Schily und Herta Däubler-Gmelin selbst die unmittelbar zuständigen Ressortminister abraten beziehungsweise widersprechen, hält Schröder daran fest. In seiner Haltung bestärkt wird der Kanzler durch das Vorpreschen des bayerischen Innenministers Günther Beckstein. In dieser gleichermaßen sensiblen wie brisanten Frage, so des Kanzlers Argument, dürfe man sich die Initiative nicht durch die Opposition aus der Hand nehmen lassen.

Am 31. Januar 2001 reicht die Bundesregierung, vertreten durch den Innenminister, beim Bundesverfassungsgericht einen Antrag auf Verbot der NPD ein. Bundestag und Bundesrat schließen sich mit eigenen Verbotsanträgen an und dokumentieren so die Eigendynamik des Prozesses. Die überstürzte Aktion scheitert. Weil V-Leute des Verfassungsschutzes auch in führenden Funktionen der Partei tätig gewesen sind, vertagt das Gericht das Verfahren zunächst auf die Zeit nach der Bundestagswahl und stellt es dann am 18. März 2003 ein. Ein herber Rückschlag, wird es doch jetzt wesentlich schwieriger, die inzwischen – jedenfalls in Teilen – ins schwerkriminelle Milieu abgewanderte NPD zu verbieten. Und eine Niederlage für den Innenminister, eine der tragenden Säulen der Koalition und der Regierung, ist es auch.

Zeitgleich mit den Vorgängen in Sebnitz und Düsseldorf spielt sich eine zweite Geschichte ab, die den Bundesbürgern nicht nur die Sprache verschlägt, sondern im wahrsten Sinne des Wortes auch noch den Appetit verdirbt. Noch am 20. November hat Landwirtschaftsminister Karl-Heinz Funke, ein bodenständiger, von Aufgeregtheiten freier Mann, sich »felsenfest« überzeugt gezeigt, »dass deutsches Rindfleisch sicher ist«.[366] Anlass für dieses Bekenntnis, das ihn den Job kosten wird, ist ein Phänomen, von dem die allermeisten Deutschen noch nie etwas gehört haben: Die Bovine spongiforme Enzephalopathie BSE, auch »Rinderwahn« genannt, ist eine das Gehirn aufweichende Tierseuche, von der vor allem Rinder befallen werden und die bislang insbesondere in Großbritannien aufgetreten ist. Der Verdacht, dass die Seuche auch den Menschen angreifen und die als unheilbar geltende Creutzfeldt-Jakob-Krankheit auslösen könnte, alarmiert selbst besonnene Zeitgenossen.

Als am 24. November der erste BSE-Fall in Deutschland bekannt wird, brechen erst die Bürger und dann die Politiker in Panik aus. Mit »Hohn und Erschrecken« verfolgen Erstere, wie Letztere dem Geschehen »hinterherhecheln«.[367] Tatsächlich jagt eine Krisensitzung die nächste. Innerhalb von drei Tagen wird das Eilgesetz, das die Verfütterung von Tiermehl – der vermuteten Quelle der Seuche – verbietet, im Kabinett aus dem Boden gestampft, von Bundestag und Bundesrat verabschiedet und vom Bundespräsidenten in Kraft gesetzt.

Natürlich ist die Geschichte damit nicht aus der Welt, im Gegenteil. Nachdem die Schockstarre gewichen ist, geht's um die Wurst. Offenbar spricht des Kanzlers Gattin den Deutschen aus der Seele, als sie via *Bild* fragt, was sie ihrer »Familie jetzt zu essen« machen solle. Gerhard Schröder selbst sieht das weniger dramatisch: »Die Currywurst wird weiter gegessen – aber ich will künftig wissen, wo sie herkommt«,[368] sagt er dem *Spiegel*, und dem *Stern* erklärt er, dass Frau und Tochter »ohnehin nur wenig Fleisch« äßen. »Doris guckt schon sehr genau. Außerdem haben wir in der Markthalle in

Hannover einen Bioschlachter, den wir kennen und bei dem wir einkaufen.«[369] Weil aber auch dieses Bekenntnis zur Wurst nicht wirklich hilft und über die Feiertage keine Ruhe einkehrt, zieht der Kanzler im Januar Konsequenzen. Sie sind personeller Natur, und sie sind, da sie anderweitig bedingte Abgänge ergänzen, Teil eines ursprünglich nicht geplanten umfangreichen Kabinettsumbaus.

Die Kabinettsumbildung ist eines der auffallendsten Merkmale der ersten Amtszeit Gerhard Schröders. Sage und schreibe zehn Ministerinnen, Minister und Ministerkandidaten, um nur von diesen zu reden, werden ihm bis zum Ende der Legislaturperiode aus verschiedenen Gründen abhandenkommen. Die Staatsminister und Stollmann eingerechnet. Das hat es vorher und nachher nicht gegeben. Kein Wunder, dass sich viele fragen, wann wohl die nächste Runde ansteht, wer gehen muss und wer zum Zuge kommt. Während einige, wie Manfred Bissinger, immer wieder einmal gehandelt werden und entschieden dementieren,[370] melden andere, die nicht im Gespräch sind, ihr Interesse an. So zum Beispiel der Ökonom Bert Rürup, der seit 1999 dem Expertenkreis zur Vorbereitung der Rentenreform und seit 2000 dem Sachverständigenrat zur Begutachtung der gesamtwirtschaftlichen Entwicklung angehört: Sollte an der kolportierten Kabinettsumbildung etwas dran sein, schreibt er Ende Oktober 2001 an den Kanzler, könne der »vielleicht einmal daran denken, auf einen bewährten ›Wirtschaftsweisen‹ zurückzugreifen«.[371] Daran denkt Schröder zwar nicht, aber auf den Sachverstand des umtriebigen Professors zählt er auch weiterhin.

Zu dem Revirement der Jahreswende gehört, von der Öffentlichkeit wenig beachtet, der eine oder andere Wechsel im Kanzleramt. So streicht Klaus Gretschmann die Segel als Leiter der Abteilung 4 und wird durch Bernd Pfaffenbach ersetzt. Selbstverständlich ist das nicht, weil der gelernte Volkswirt die Grundlagen seine Karriere während der Ära Kohl gelegt hat und zuletzt als Stellvertretender Leiter besagter Abteilung tätig gewesen ist. Jetzt übernimmt Pfaffenbach diese nicht nur, sondern firmiert offiziell auch als wirtschaftspolitischer Berater des Kanzlers, bis er zur Jahreswende 2004/05 als Staatssekretär ins Wirtschafts- und Arbeitsministerium geht. Neuer Leiter der Abteilung 4 wird zum April 2005 Thomas Mirow, der zuletzt in der Privatwirtschaft tätig gewesen ist. Die Rolle des »Sherpa«, die zuvor auch Gretschmann eingenommen hat, wird Alfred Tacke übertragen, der im Übrigen Staatssekretär im Bundeswirtschaftsministerium bleibt.

Spielen sich diese Wechsel eher hinter der Bühne ab, darf Michael Naumann mit einer gewissen Aufmerksamkeit rechnen, als er sich im Januar 2001 aus dem Kanzleramt verabschiedet. Julian Nida-Rümelin – Jahrgang 1954, habilitierter Philosoph und zuletzt Kulturreferent der Stadt München –, der ihn ablöst, ist allenfalls Eingeweihten ein Begriff. Er wird durch die informelle, 1998 von Manfred Bissinger und Gerhard Schröder ins Leben gerufene, jetzt wiederbelebte »Kulturministerfindungskommission« ermittelt.[372]

Grund für den Abgang Naumanns ist ein Angebot, die Herausgeberschaft der *Zeit* zu übernehmen, für die er verschiedentlich tätig gewesen ist. Das Angebot lag zwei Jahre zuvor schon einmal auf dem Tisch, jetzt ist es »mit einer gewissen Dringlichkeit erneuert« worden, wie Naumann dem Kanzler in seinem Rücktrittsgesuch erläutert.[373] Und da es mit einer ordentlichen Verbesserung des Gehalts einhergeht, greift Naumann zu. Sein Verdienst ist die Verankerung der neuen Institution in der öffentlichen Wahrnehmung. Ansonsten hat Naumann nicht viel auf die Beine gestellt, sieht man von einer Reform des Stiftungsrechts oder auch der Einrichtung eines Kulturausschusses im Bundestag ab. Schröder kann sich nicht wirklich mit dem Gedanken anfreunden, dass Naumann »unverständlicherweise die Seiten gewechselt« hat, wie er ihm noch ein Jahr später zum Sechzigsten schreibt.[374] Immerhin hatte die Findungskommission seinerzeit einen anderen favorisiert, und dann war die Stelle eines Staatsministers für Kultur und Medien auf ihn zugeschnitten worden.

Geht dieser Stabwechsel über die Bühne, ohne dass politischer Staub aufgewirbelt wird, sind die Rochaden in den drei Ministerien für Verkehr, Gesundheit und Landwirtschaft allesamt das Ergebnis handfester Skandale. Den Anfang macht, nicht ganz überraschend, der Minister für Verkehr, Bau- und Wohnungswesen. Kaum war Reinhard Klimmt Franz Müntefering im Amt gefolgt, gab es einen ersten Brandherd, der aber noch ausgetreten werden konnte. Im Herbst lässt sich nichts mehr löschen, obgleich der Kanzler lange – und wie nicht wenige meinen: zu lange – an Klimmt festgehalten hat, an dessen Integrität er nicht zweifelt. Damit ist Schluss, als das Amtsgericht Trier gegen Klimmt wegen Beihilfe zur Untreue einen Strafbefehl in Höhe von etlichen Tagessätzen verhängt. Anlass ist eine wenige Jahre zurückliegende Finanzaffäre beim darbenden Fußballklub 1. FC Saarbrücken: Der Chef der Caritas-Trägergesellschaft Trier greift dem Verein mit einer ansehnlichen Summe unter die Arme, und Klimmt, seinerzeit ehrenamtlicher Vereinspräsident und Fraktionsvorsitzender der SPD im Saarländischen Landtag, ist diesem dafür zum Beispiel bei der Sicherung des Besitzstandes der Krankenhäuser behilflich.

Es ist vor allem der Druck aus den Reihen der Bundestagsfraktion, der Schröder und Struck zu der Einsicht finden lässt, dass die Rückfallposition einer Anerkennung des Strafbefehls durch den Delinquenten nicht mehr haltbar ist: Die Spendenaffäre des Altkanzlers Kohl, obgleich in ganz anderen Sphären angesiedelt, hat die Abgeordneten sensibilisiert. Dass der Kanzler den Fall »treiben« lässt und dem »Kabinettsfreund«, »der ein anständiger Mensch ist«, die Hängepartie der letzten Tage nicht erspart, halten auch grundsätzlich wohlmeinende Beobachter wie Martin E. Süskind für unklug und nicht sehr fürsorglich.[375] Nachfolger Klimmts, der am 15. November zurückgetreten ist, wird der fünfundvierzigjährige Parlamentarische Staatssekretär im Verkehrsministerium Kurt Bodewig.

Im Nachhinein liest sich der Abtritt Klimmts wie das Präludium zum Doppelabgang des Januars 2001, obwohl diese Abgänge in der Sache nichts miteinander zu tun haben. Am 9. Januar fordert der BSE-Skandal seinen Tribut. Seit wenige Tage zuvor bekannt geworden ist, dass der zuständige EU-Kommissar der deutschen Gesundheitsministerin schon Anfang November einen alarmierenden Bericht über die Seuche zugestellt hat, ist Andrea Fischer nicht mehr zu halten. Zumal es ohnehin schon seit geraumer Zeit in den Koalitionsfraktionen rumort. Insbesondere bei den Sozialdemokraten, allen voran bei ihrem frustrierten gesundheitspolitischen Experten Rudolf Dreßler, gibt es erhebliche Widerstände gegen die Ministerin. Ganz offensichtlich torpedieren starke Kräfte in der SPD-Fraktion und in den sozialdemokratisch geführten Ländern alle Versuche Fischers, ein Gesetz zur Modernisierung der Gesetzlichen Krankenversicherung auf den Weg zu bringen. Jedenfalls hält ihr Staatssekretär Erwin Pico Jordan, der nicht gerade zu den Vordenkern zählt und dann mit seiner Ministerin den Hut nehmen muss, die Trickserei der »Achse Dreßler/NRW« Ende Oktober 1999 »so ungefähr« für »das schweinischte Verhalten in einer Koalition[,] was man sich denken kann«.[376]

Kanzler Schröder hatte die Zusammenarbeit mit der zupackenden, stets gut aufgelegt wirkenden Ministerin bislang gefallen, jetzt aber muss er sich dem Druck beugen. Dieser kommt außer aus den Reihen seiner Partei nicht zuletzt von Joschka Fischer und Fritz Kuhn, einem weiteren grünen Frontmann, der seit Juni des Vorjahres gemeinsam mit Renate Künast die Partei führt. Die beiden Herren sind schon seit einiger Zeit damit beschäftigt, die Ministerin aus dem Amt zu mobben. Als die beiden ihr jetzt – wenig überraschend – signalisieren, dass sie ihr keine Rückendeckung geben werden, geht Andrea Fischer in die Offensive und gibt ihren Rücktritt bekannt, ohne dem dann doch überraschten Kanzler die Möglichkeit einer Mitwirkung zu lassen, von der Initiative gar nicht zu reden. Der von Marianne Duden aktualisierte Terminakt hält lapidar fest: »16.00 Uhr[:] BM'in Andrea Fischer[.]

Überreichung Entlassungsschreiben an BK«, gefolgt von etlichen Telefonaten, unter anderem »Bundespräsident, zweimal«, »Peter Struck, mehrmals« sowie »anschl[ießend:] Ausscheiden als B[undes]M[inister] für Landwirtschaft, Herr Funke«.[377]

Diese Entscheidung mag Schröder nicht leichtgefallen sein. Immerhin hat Karl-Heinz Funke seinen drei niedersächsischen Kabinetten seit der ersten Stunde angehört, und dass er ihm dann contre cœur nach Bonn und Berlin gefolgt ist, war der ausdrückliche Wunsch Schröders. Allerdings lässt diesem das katastrophale Krisenmanagement seines Ministers, das durch den Grabenkrieg zwischen Funke und Andrea Fischer noch offenkundiger wird, keine Wahl. Nachdem der Kanzler den Minister, wie Funke später berichtet,[378] schon durch die Ankündigung einer nicht mit ihm abgesprochenen »Agrarwende« brüskiert hat, teilt er ihm nun telefonisch mit, dass man sich wohl trennen müsse, was der sogleich akzeptiert.

Was dann folgt, ist ein typisches Schröder-Manöver. Ist ihm die Kontrolle in der BSE-Krise zeitweilig entglitten und hat er beim Rücktritt der Gesundheitsministerin das Heft des Handelns kurzzeitig aus der Hand geben müssen, geht er jetzt mit einem überraschenden taktischen Zug in die Offensive. So vermittelt der Kanzler dem staunenden Publikum den Eindruck einer von Anfang an geplanten und durchdachten Operation, und das trifft insoweit auch zu, als er die Grundzüge der nunmehr verkündeten Rochade noch vor den Rücktritten der beiden BSE-geschädigten Minister mit Joschka Fischer und Fritz Kuhn abgestimmt hat.

Und auch Doris Schröder-Köpf spielt ihren Part – im Hintergrund, versteht sich. Als zuverlässige Seismographin weiß sie, wie verunsichert und sensibilisiert die Menschen durch die BSE-Krise sind, und empfiehlt dem Gatten, den Verbraucherschutz auch in seinem Kabinett sichtbar zu verankern. Also wird das Landwirtschaftsministerium in Bundesministerium für »Verbraucherschutz, Ernährung und Landwirtschaft« umbenannt und geht jetzt an die Grünen. Folglich fällt das Gesundheitsministerium an die SPD, wohin es nach dem Selbstverständnis vieler Genossen ohnehin gehört. Schließlich tut man auch noch etwas für die Gleichberechtigung, weil fortan beide Ministerien von Frauen geführt werden.

Die neue Verbraucherschutzministerin Renate Künast – Jahrgang 1955, studierte Sozialarbeiterin und Juristin und Kandidatin Joschka Fischers für den neuen Posten – hat ihre politische Karriere im Wesentlichen im Berliner Abgeordnetenhaus vorangetrieben, dem sie allerdings mit der Wahl zur Vorsitzenden der Bundespartei den Rücken kehren musste. Schröder hat die Entscheidung nie bereut, hält die neue Ministerin zwar für ein »bisschen zickig«, aber in dem schwierigen Gelände auch für ausgesprochen »erfolgreich«.[379] Der Einzug ins Ministeramt hat zur Folge, dass ihre Position in der Partei neu zu besetzen ist. Mit Claudia Roth rückt eine Vertreterin der Parteilinken in die erste Reihe, die nicht gerade zum Freundeskreis des Außenministers zählt. Grüner Zoff scheint also programmiert, aber das ist deren Sache, findet der Kanzler und SPD-Vorsitzende. Im Übrigen macht er sich im kleinen Kreis gerne über grüne Damen wie Claudia Roth oder auch die beiden Bundesvorstandssprecherinnen Gunda Röstel und Antje Radcke (»Antje Radcke? Wer ist Antje Radcke?«[380]) lustig und weiß sich in dieser eigenen Art der Wertschätzung mit seinem Vize einig.

Seine Sache ist es, eine passende Gesundheitsministerin aufzutreiben. Die für nicht wenige überraschende Wahl fällt auf Ulla Schmidt. Die Aachenerin des Jahrgangs 1949 ist gelernte Lehrerin, gehört seit 1983 der SPD und seit 1990 dem Deutschen Bundestag an. Mit der Gesundheitspolitik ist sie bislang kaum in Berührung gekommen, eher schon mit der Rentenpolitik, wo sie, findet Schröder, »hervorragende Arbeit« geleistet hat. Deshalb und weil Schmidt in eine »Schlangengrube« gesetzt werden soll, muss der Kanzler und Parteivorsitzende sie »erst überreden, das Gesundheitsressort zu übernehmen«.[381] Er hat das nicht bereut, und dass Ulla Schmidt ihr Ministerium bis zum Ende der Großen Koalition, also bis zum Oktober 2009, geleitet hat, sagt einiges über ihr Stehvermögen aus. Es mag an ihrem singenden rheinischen Dialekt liegen, dass sie zu den Spitzenpolitikerinnen ihrer Generation zählt, die von ihren Gegnern unterschätzt worden sind.

Mit der zügigen und überraschenden Neubesetzung vor allem des Gesundheits- und des Verbraucherschutzministeriums wäre also Mitte Januar 2001 soweit alles im Lot – würde jetzt nicht der Außenminister von seiner Vergangenheit eingeholt. Das ist auch für Gerhard Schröder eine äußerst prekäre Angelegenheit. Denn Naumann und Klimmt, Funke und Andrea Fischer waren austauschbar. Joschka Fischer ist es nicht. Wenn der Kanzler auch weiß, dass niemand, er selbst eingeschlossen, unersetzbar ist, gilt es doch als ausgemacht, dass diese Koalition mit diesem Koch und mit diesem Kellner steht und fällt. Zur Rettung seines Ministers kann Schröder selbst wenig beitragen, außer dass er demonstrative Präsenz zeigt, als es im Parlament zur Sache geht.

Und es geht zur Sache. Anlass ist die Eröffnung des Prozesses gegen den ehemaligen RAF-Terroristen Hans-Joachim Klein, in dem auch der Außenminister aussagen soll. Dass die Geschichte eine für Fischer ungünstige Wende nimmt, liegt an Bettina Röhl, einer Tochter der RAF-Terroristin Ulrike Meinhof. Die veröffentlicht im Frühjahr Fotos vom April 1973, die einen behelmten, auf einen Polizisten einprügelnden Demonstranten zeigen. In der hitzigen öffentlichen Debatte, die am 17. Januar 2001 den Bundestag erreicht, geht es ganz allgemein auch darum, wie man mit Irrtümern in der eigenen Biographie umgeht. Der Kanzler weiß, wovon er spricht, als er das Plenum fragt: »Wollen wir eine Gesellschaft, die gegenüber politischen Irrtümern … erbarmungslos ist, oder wollen wir eine Gesellschaft, die politische Irrtümer diskutiert und die daraus resultierenden Konsequenzen, die in einem langen Werdegang beschrieben sind, akzeptiert?«[382]

Konkret geht es vor allem um die Frage, ob Fischer während seiner Frankfurter Jahre mit Steinen und Molotow-Cocktails geworfen und solchermaßen bewaffnet auf Polizisten losgegangen ist. Wie schon berichtet, streitet er den Kontakt zu Molotow-Cocktails rundweg ab, bekennt sich aber offensiv und in »unwirscher, geradezu kohlesker Manier«[383] zu seiner Teilnahme an »fast allen Demos …, da gibt es nichts drum herumzureden … Ja, ich habe damals für eine militante Politik gestanden.« Allerdings sind die »Frankfurter Spontis« – wie könnte es bei diesem Außenminister anders sein – »etwas Besonderes unter den radikalen Ausläufern der Studentenbewegung« gewesen. Im Übrigen war seine »ganze Politisierung … eine Auseinandersetzung mit der deutschen Vergangenheit« – also legitim, notwendig und überfällig.[384] Keine Frage, der Auftritt ist professionell, und das mimische Talent ist beachtlich. Selbst die neu aufgetauchten Fotos bringen Fischer nicht ins Wanken. Zwar sieht man ihn mitten im Getümmel, aber einen Molotow-Cocktail in seiner Hand sieht man nicht. So geht Joschka Fischer geläutert und gestärkt aus der brenzligen Situation hervor. Nie mehr wird er mit diesem Kapitel seiner Vergangenheit konfrontiert werden.

Für Schröder bedeutet das Entwarnung, zumal auch Jürgen Trittin eine kurzzeitig auflodernde Kontroverse über einige verfängliche Äußerungen seiner kommunistisch bewegten Vergangenheit im Wesentlichen unbeschädigt übersteht. Fischer und Trittin haben auch so genug zu kämpfen. Zum einen innerhalb der Koalition, wo Anfang Dezember ein Streit über die Entfernungspauschale ausgebrochen ist. Sie soll die Autofahrer entlasten, denn zum Jahresbeginn stehen die nächste Stufe der »Ökosteuer« und mit ihr Benzinpreiserhöhungen ins Haus. Und dann haben Trittin wie Fischer soeben auf dem internationalen Parkett wenig Erfreuliches erlebt. Ist der Umweltminister unverrichteter Dinge von der sechsten Weltklimakonferenz aus Den Haag zurückgekehrt, mussten Kanzler und Außenminister auf dem EU-Gipfel lernen, wie nah am Abgrund sich Europa bewegt. In Den Haag dorthin geführt von den Amerikanern, in Nizza von den Franzosen.

Frontaler Zusammenstoß: Auf dem europäischen Gipfel von Nizza geraten Bundeskanzler Gerhard Schröder und der französische Staatspräsident Jacques Chirac Mitte Dezember 2000 lautstark aneinander.

Der EU-Gipfel von Nizza war ein Debakel. Das lag vor allem an Frankreichs Staatspräsidenten. Wir wissen das so genau, weil sich der belgische Ministerpräsident Guy Verhofstadt gegenüber seinen Kollegen aus Dänemark und den Niederlanden, Poul Nyrup Rasmussen und Wim Kok, in diesem Sinne geäußert hat. Zwar sind die drastischen Worte nicht für die Öffentlichkeit gedacht, doch erfährt diese davon, weil im ersten Fall eine Kamera auf die beiden gerichtet und im zweiten die Saalmikrophone eingeschaltet sind. »Dieser Typ«, so der Belgier zu dem Dänen über den Franzosen, »er redet, er redet, er redet. Aber glaubst du, er hat ein Wort davon verstanden, was wir am Verhandlungstisch gesagt haben? Er hört nicht zu.« Und als er seinem holländischen Kollegen sagt, der »ganze Abend« sei »eine Farce« gewesen, antwortet der: »Ja, aber jetzt wird es ernst. Ich bin sehr beunruhigt über die schlechte Stimmung«, was Verhofstadt wiederum mit der Beobachtung bestätigt: »Gerhard ist nicht amüsiert. Er ist sogar wütend.«[385]

So ist es, und beim französischen Präsidenten sieht es nicht anders aus: »Der Zusammenstoß zwischen Gerhard Schröder und mir war frontal«, erinnert sich Chirac lapidar.[386] Schröders Dolmetscherin Lena Hassinger-Lees hat ihren Chef nie zuvor derart außer sich gesehen. Das verrät sie Blairs Pressesprecher Alastair Campbell, und der wiederum, keineswegs ein unbedingter Bewunderer des Kanzlers, findet dessen Auftritt in Nizza durchaus beeindruckend: »Wirklich ein Spitzenmann, durchsetzungsstark, alles in allem verlässlich.«[387]

Wie zermürbt die Teilnehmer sind, kann man ihren Gesichtern entnehmen, als sie am 11. Dezember gegen 5 Uhr morgens – nach vier Tagen, mithin gut einen Tag später als geplant und nach Dutzenden von Sitzungsstunden –

den Saal verlassen. Allen Beteiligten ist klar, dass nach dem ersten Versuch einer grundlegenden Strukturreform, der 1997 in Amsterdam unternommen worden war, auch dieser zweite gescheitert ist. Immerhin kann das, worauf man sich noch verständigt hat, vertraglich fixiert werden. Mitte Oktober 2001 passiert der Vertrag von Nizza den Bundestag mit überwältigender Mehrheit, und zum 1. Februar 2003 tritt er in Kraft. So gesehen ist man an der Côte d'Azur knapp an einem Scheitern des Gipfels vorbeigeschrammt.

Und das ist dem deutschen Kanzler zu danken. Der hat sich für seine Verhältnisse ungewöhnlich intensiv auf das Treffen vorbereitet, immer wieder öffentlich und hinter verschlossenen Türen gesagt, worauf es in Nizza ankomme, und dabei nicht zuletzt an einen raschen Beitritt Polens zur Europäischen Union gedacht. Seit Beginn seiner Kanzlerschaft lässt Gerhard Schröder keinen Zweifel daran, dass sich die polnische Regierung, und zwar jede, in dieser Hinsicht auf Deutschland verlassen könne. Das hatte er im Juni Ministerpräsident Jerzy Buzek versprochen, das versichert er noch unmittelbar vor Sitzungsbeginn in einer viel beachteten Rede vor beiden Kammern des polnischen Parlaments,[388] und daran hält er sich jetzt an den Gestaden des Mittelmeers. Dort setzt sich Schröder zudem erfolgreich dafür ein, dass Polen im Ministerrat ebenso viele – nämlich 27 – Stimmen haben wird wie das ähnlich bevölkerungsreiche Spanien, und gerät über diese Frage prompt mit Chirac aneinander. Der will Polen, das am Verhandlungstisch noch nicht vertreten ist, partout schlechterstellen.

Außerdem besteht Frankreichs Präsident darauf, dass die mit Abstand bevölkerungsreichste Nation der EU, eben Deutschland, im Ministerrat wie Frankreich, Großbritannien und Italien lediglich 29 Stimmen haben wird. Das wiederum bringt Schröder in einige Verlegenheit, hatte er doch gerade erst der Präsidentin des Europäischen Parlaments erklärt, für ihn seien bei der Neugewichtung 33 Stimmen für Deutschland, 30 jeweils für Frankreich, Großbritannien und Italien sowie 27 für Spanien ein akzeptables Modell. Nachdem Schröder in dieser Frage beigedreht ist, stimmt Chirac nicht nur der Regelung für Polen, sondern auch dem Prinzip der »doppelten Mehrheit« zu – und überrascht damit viele Beobachter, den Bundeskanzler eingeschlossen. Denn der hatte hinter verschlossener Tür diagnostiziert: Deutschland könne mit diesem Prinzip leben, Frankreich keinesfalls. Fortan braucht der Ministerrat für seine Beschlüsse die Mehrheit der Mitgliedsstaaten, die wiederum 62 Prozent der Gesamtbevölkerung der EU repräsentieren müssen. Damit kann Deutschland, sofern zwei weitere der gewichtigen Staaten mitziehen, faktisch ein Veto einlegen. Allerdings gilt das Prinzip nicht für alle Bereiche. In der Einwanderungs- und Asylpolitik oder auch in der Steuerpolitik bleibt alles beim Alten.

Chirac zieht aus dem partiellen Scheitern von Nizza und vor allem aus den atmosphärischen Störungen im Verhältnis zu Schröder sehr bald seine Schlüsse. Zum einen akzeptiert der Präsident, dass ein stagnierendes, womöglich in Teilbereichen scheiterndes Europa nicht im französischen Interesse sein kann. Zum anderen sieht er ein, dass Bewegung und Fortschritt nur zu erzielen sind, wenn die deutsch-französischen Beziehungen und vor allem sein Verhältnis zum Bundeskanzler wieder in Ordnung kommen. Das sollte möglich sein, weil Schröder in Nizza tatsächlich »nicht die nationale Karte gespielt, sondern ein für alle Beteiligten akzeptables und gutes Ergebnis für Europa gewollt« hat.[389] Also nimmt Chirac dessen Vorschlag zu einem Gespräch an.

Vielleicht ging die Initiative auch vom französischen Präsidenten aus. Der erinnert sich, dass er nach dem »deutsch-französischen Psychodrama« von Nizza seinem Außenminister Hubert Védrine gesagt habe: »So geht das nicht weiter. Man muss das anders angehen. Wie machen Sie das? Alle sagen, zwischen Fischer und Ihnen läuft es. – Ja sagte der, obgleich wir nicht immer einer Meinung sind ... Ich habe ganz einfach das Verfahren wiederbelebt, das Mitterrand und Kohl angewandt haben. Sie haben sich wenigstens einmal im Monat zu einem Vier-Augen-Gespräch getroffen – am Rande eines Europäischen Rates, eines G 7-Treffens oder bei anderer Gelegenheit –, ohne Mitarbeiter, nur mit Dolmetschern. Diese regelmäßigen Treffen fanden immer in einem guten Restaurant statt. Das ist eine ... ausgezeichnete Idee.«[390]

Am 31. Januar 2001 treffen sich Chirac und Schröder mit ihren Außenministern sowie Frankreichs Ministerpräsidenten Jospin im elsässischen Blaesheim. Hier schlägt Chirac seinem Gesprächspartner regelmäßige bilaterale Konsultationen im Rhythmus von sechs bis acht Wochen vor. Schröder stimmt spontan zu, und so nimmt ein Konsultationsrhythmus seinen Anfang, der als »Blaesheim-Treffen« in die Geschichtsbücher eingegangen und von den Nachfolgern der beiden fortgeschrieben worden ist. Allerdings wird der Kreis bald um die europapolitischen Berater, dann auch um Notetaker erweitert – ein anschauliches Beispiel für »die Macht der Bürokratien, die sich einfach reindrängeln«. Findet Schröder.[391]

Auch sonst bringt das elsässische Einvernehmen Bewegung in die seit Nizza verbremsten europäischen Angelegenheiten. Als sich Chirac und Schröder am 27. Februar erneut sehen, dieses Mal in Neustadt an der Weinstraße, ist Polens Präsident Kwaśniewski mit von der Partie. Offiziell handelt es sich um ein Treffen des sogenannten Weimarer Dreiecks, das 1991 auf Initiative des damaligen Außenministers Hans-Dietrich Genscher ins Leben gerufen worden ist. Aber natürlich kann man in dem Dreiertreffen auch eine Geste des

Franzosen an die Adresse der in Nizza brüskierten Polen sehen. Aus der Geste wird eine Entscheidung, als die Staats- und Regierungschefs Mitte Juni des Jahres in Göteborg beschließen, dass die Beitrittsverhandlungen mit jenen Staaten, die wie Polen alle Voraussetzungen für einen Beitritt erfüllen, bis Ende 2002 abgeschlossen werden können.

Nizza, Blaesheim und die anderen Verpflichtungen bilden die internationale Kulisse für das Stück »Reformpolitik«, das der Kanzler zu Hause aufzuführen hat und von dem sich das Publikum inzwischen sichtlich gelangweilt abwendet. Das ist nicht gut, denn die Erwartungen waren hoch. Aber seit der beachtlichen Steuerreform hat man auf diesem Feld nichts Vorzeigbares mehr zustande gebracht. Lediglich das – nicht zustimmungspflichtige – »Gesetz über die Eingetragene Lebenspartnerschaft« von Homosexuellen hat am 10. November 2000 das Parlament passiert. Zwar ist Homosexualität in Deutschland seit einem 1969 auf den Weg gebrachten, 1994 ergänzten Gesetz nicht mehr strafbar, doch steht ein Gesetz aus, das die rechtlichen Folgen einer Lebenspartnerschaft von »zwei Personen gleichen Geschlechts« regelt.

Gerhard Schröder hat zu diesem Thema ein gespaltenes Verhältnis. Richtig ist, dass er als junger Anwalt das Mandat von zwei homosexuellen Pastoren übernommen hatte, die von der hannoverschen Landeskirche aus dem Dienst entlassen werden sollten. Noch in seinen Erinnerungen bekennt Schröder, dass auch er seinerzeit »nicht frei« von Vorurteilen gewesen sei.[392] Die sind zwar Jahrzehnte später weitgehend aus dem Weg geräumt, doch glaubt der Kanzler, wie sich der Fraktionsvorsitzende erinnert, die Gesellschaft sei »noch nicht reif« für eine entsprechende Reform. Das unterscheidet diese Reform in den Augen des Kanzlers zum Beispiel von der Regelung des Rechtsverhältnisses der Prostituierten, die ein Jahr später als Gesetz verabschiedet wird. Als es hingegen um die eingetragene Lebenspartnerschaft geht, macht Peter Struck beim Kanzler »gewaltigen« Überzeugungsbedarf aus, um ihn »mit ins Boot zu kriegen«. Weil es ohne ihn nicht geht, weil man zudem gegenüber den Grünen im Wort ist, rät er dem Kanzleramtschef: »Rede mal mit Doris, dass wir das hinkriegen müssen.« Ob Steinmeier das getan hat, weiß Struck nicht. Intern jedenfalls heißt das Gesetz seither »Lex Doris«.[393] Natürlich ist Schröder nicht der einzige Bedenkenträger. Vorbehalte gibt es namentlich in den Reihen der Sozialdemokraten, so zum Beispiel bei Innenminister Otto Schily, der fragt, ob das Vorhaben mit dem Grundgesetz vereinbar sei, das einen Schutz der Ehe fordert.

Und auch in den Reihen der Opposition regt sich Widerstand, der aber verglichen mit den Kampagnen gegen andere Reformprojekte von Rot-Grün weitgehend frei von Polemik bleibt. Wenig überraschend rufen mehrere unionsgeführte Bundesländer, darunter Bayern, das Bundesverfassungsgericht an, das die Vereinbarkeit bestätigt, womit das Gesetz über die Eingetragene Lebenspartnerschaft zum 1. August 2001 in Kraft treten kann. Dass ein gutes Jahrzehnt später eine unionsgeführte Bundesregierung wie schon beim Energiekonsens auch hier einen entscheidenden Schritt über die rot-grünen Reformer hinausgehen und die eingetragene Lebenspartnerschaft mit der Ehe gleichstellen wird, hat sich niemand vorstellen können.

Das Gesetz zur Eingetragenen Lebenspartnerschaft ist eine Facette rot-grüner Reformpolitik, aber es ist keine tragende Säule. Eine solche ist die Rentenreform. Der Kanzler hat sie zur Chefsache gemacht. Ihn treibt die begründete Sorge um, das beitragsfinanzierte Rentensystem werde angesichts der sich rasant wandelnden Rahmenbedingungen eher früher als später kollabieren. Daher setzt Schröder auf eine ergänzende Eigenvorsorge. »Die Kohl-Regierung«, heißt es in einem internen Entwurf des SPD-Vorstands zur Rentenreform, »hat mit der platten Aussage: ›Die Rente ist sicher‹ den Bürgern die bittere Wahrheit der Konsequenzen aus der demographischen Entwicklung vorenthalten. Wir sagen den Menschen die Wahrheit und bieten eine Lösung: Die gesetzliche Rentenversicherung alleine kann den Lebensstandard im Alter nicht mehr angemessen absichern. Der Aufbau einer kapitalgedeckten Zusatzversorgung ist notwendig.«[394]

Der Bundeskanzler, sein Amtschef und der Arbeitsminister, die treibenden Kräfte hinter dieser Reform, wissen, welche Überzeugungsarbeit vor ihnen liegt. Wie umstritten das Vorhaben selbst in den eigenen Reihen ist, zeigt sich im Parteivorstand, wo am 3. Juli 2000 mit 19 zu 9 nicht gerade eine überwältigende Zustimmung signalisiert wird.[395] Noch schlechter sieht es bei den Gewerkschaften aus, und das ist auch deshalb bitter, weil Walter Riester ihren Reihen entstammt. In einem eindringlichen Schreiben an den Vorstand der IG Metall, das in Kopie an den Parteivorsitzenden geht und von diesem an die Mitglieder des SPD-Parteivorstandes verteilt wird, sagt der Bundesminister für Arbeit und Sozialordnung, warum diese Reform sein muss: »Wir machen Schluss damit, dass immer die übernächste Generation auszubaden hat, was wir beschließen … Wer künftig in das Erwerbsleben eintritt, weiß, auf welches Niveau er sich einzustellen hat. Ihm wird über Jahrzehnte vor Augen geführt, welche Konsequenzen es hat, wenn er sich der Eigenvorsorge verweigert.«[396]

Den Adressaten beeindruckt das wenig. Klaus Zwickel, der sich bekanntlich gerne mit Schröder und dessen Regierung anlegt, droht Ende Juni 2000 den Mitgliedern des SPD-Parteivorstandes unverhohlen mit »verstärkten Aktionen im Herbst und … unvermeidlichen Spannungen zwischen Bundesregierung, SPD und Gewerkschaften«, sollte es bei den »jetzigen Plänen« bleiben.[397] Irgendwann reicht es dem Kanzler. Auf dem Gewerkschaftstag der ÖTV, deren Mitglied er seit 1973 ist, demonstriert er am 5. November Entschlossenheit: »Das ist notwendig, und wir werden es machen. Basta.«[398] Natürlich macht der Spruch alsbald die Runde. Wie anderthalb Jahre zuvor »Brioni« ist jetzt »Basta« ein Synonym für Schröders Einstellung zu Politik und Leben. Damals war es der Spaß, der ihn bestimmte, jetzt ist es die Selbstherrlichkeit. Sagt man.

Wegen der Widerstände in den Reihen von SPD und Gewerkschaften, aber auch weil es ohne Zustimmung der unionsgeführten Länder im Bundesrat nicht geht und weil es nun einmal eine Jahrhundertreform ist, will der Bundeskanzler die Opposition so früh wie möglich mit im Boot haben. So kommt es zu Spitzengesprächen zwischen den Vorsitzenden der Unionsparteien und dem Kanzler, in deren Verlauf sich auch Angela Merkel und Edmund Stoiber die Position zu eigen machen, »dass die gesetzliche Rentenversicherung … um eine private Vorsorge ergänzt werden« muss.[399]

Das hält allerdings ihre Parteien nicht davon ab, im Schulterschluss mit den Gewerkschaften gegen die »Rentenlüge« mobilzumachen. Dass es einer der Ihren, nämlich der langjährige Arbeitsminister Norbert Blüm gewesen ist, der in der Ära Kohl das Lied von der »sicheren« Rente intoniert hatte, fällt jetzt unter den Tisch. Der Tiefpunkt christdemokratischer Geschmacklosigkeit ist erreicht, als der Generalsekretär der CDU, Laurenz Meyer, wenige Tage vor der zweiten und dritten Lesung im Bundestag eine Art Fahndungsplakat präsentiert, auf dem der Kanzler als Untersuchungsgefangener in Verbindung mit der Parole »Rentenbetrug« zu sehen ist. Die Empörung beschränkt sich nicht auf die Reihen der Regierungskoalition, und so wird das Plakat postwendend aus dem Verkehr gezogen.

Natürlich stärkt der Skandal nicht gerade die Position der Unionsparteien in den parlamentarischen Schlachten dieser Tage und Wochen. Sonst wäre zum Beispiel Jürgen Trittin kaum so glimpflich davongekommen, als er zwei Monate später ebenjenem Laurenz Meyer die »Mentalität eines Skinheads« attestiert. Als daraufhin der Fraktionsvorsitzende der CDU/CSU und sein Stellvertreter, Friedrich Merz und Michael Glos, den Kanzler brieflich auffordern, den Umweltminister zu entlassen, antwortet Schröder mit der Feststellung, er habe Trittin im Kabinett eine Entschuldigung nahegelegt, fügt aber die »Bemerkung« hinzu, »bis heute keine Entschuldigung von Herrn Meyer für das von ihm verantwortete Plakat erhalten« zu haben.[400] Selbstredend lassen es Merz und Glos nicht dabei bewenden und bringen im Bundestag den Antrag zur sofortigen Entlassung des Umweltministers ein, der aber nicht zuletzt daran scheitert, dass sich ausgerechnet der Wirtschaftsminister für seinen Kabinettskollegen in die Bresche wirft.[401] Sosehr sich Müller und Trittin auch in der Sache beharken, so sehr schätzen sie die Verlässlichkeit des anderen. Nicht nur der Kanzler, auch der Wirtschaftsminister kennt seinen Trittin eben schon seit einem Jahrzehnt.

Kurzfristig hat die Plakataktion zur Folge, dass die Opposition weder in den Debatten über die frühen Biographien Fischers oder Trittins noch bei den Auseinandersetzungen über die Rentenreform gut dasteht. Am 26. Januar passiert das mehrfach überarbeitete und dabei zusammengestutzte Gesetz zur Reform der gesetzlichen Rentenversicherung den Bundestag. Das ist aber nur die halbe Miete. Denn die staatliche Förderung der Zusatzvorsorge muss noch in die Länderkammer. Immerhin wird die öffentliche Hand dafür mehr als 20 Milliarden D-Mark bereitstellen. Im Bundesrat aber haben die unionsgeführten Länder nach wie vor die Mehrheit, obgleich die Sozialdemokraten in Baden-Württemberg und Rheinland-Pfalz soeben beachtliche Wahlerfolge verbuchen konnten. Denn als dort die Wahllokale am Abend des 25. März schließen, haben die Genossen ordentlich Grund zum Jubeln, zumal bis zur Bundestagswahl keine entscheidenden Urnengänge mehr anstehen – von relativ sicheren Ländern wie Hamburg und Sachsen-Anhalt einmal abgesehen. Um gute 8 Prozentpunkte können die Sozialdemokraten in Baden-Württemberg zulegen, allerdings die schwarz-gelbe Koalition nicht gefährden. Bemerkenswert ist wieder einmal das schlechte Wahlergebnis der Grünen, die mehr als ein Drittel ihrer Stimmen verlieren und bei 7,7 Prozent landen. Ähnlich sieht es für sie in Rheinland-Pfalz aus, wo die Ökopartei gerade noch die Fünf-Prozent-Hürde schafft.

Die Ergebnisse reflektieren die Stimmungslage in der Berliner Koalition und nicht zuletzt das Selbstbewusstsein des Kanzlers. Als zum Beispiel Joschka Fischer öffentlich davor warnt, den Reformprozess abzubrechen, antwortet Gerhard Schröder gleichfalls öffentlich mit spöttischem Unterton: »Da er im Wesentlichen mit Außenpolitik beschäftigt und viel unterwegs ist, mag er das eine oder andere, das wir durchgesetzt haben, übersehen haben.«[402] Eben weil es auch für den Kanzler, jedenfalls im Augenblick, keine Alternative zu Rot-Grün in Berlin gibt, kommt ihm der Dämpfer für die Grünen nicht ungelegen. Zumal die Sozialdemokraten in Mainz nicht nur an der Macht bleiben, sondern um beinahe 5 auf nunmehr fast 45 Prozent zulegen, so dass Kurt Beck mit den leicht geschwächten Liberalen weiterregieren kann. Das ist wichtig, denn bei der Abstimmung über die Rentenreform kommt es im

Bundesrat wie im vergangenen Sommer bei den Steuern auf jene Länder an, in denen Sozialdemokraten auf die Oppositionsparteien im Bund als Koalitionspartner angewiesen sind.

Am 11. Mai überweist die Länderkammer das Förderprogramm für die zusätzliche Altersvorsorge wie erwartet in den Vermittlungsausschuss. Nachdem die Unionsparteien dort einige Veränderungen durchgesetzt haben, lassen ihre Vertreter den Gesetzentwurf im Bundesrat passieren. Wie gehabt stimmen Berlin, Brandenburg, Rheinland-Pfalz und Mecklenburg-Vorpommern dem »Gesetz zur Reform der gesetzlichen Rentenversicherung und zur Förderung eines kapitalgedeckten Altersvorsorgevermögens« zu. Damit beteiligen sich CDU und CSU, aber auch FDP und PDS auf die eine oder andere Weise an der Rentenreform. Dass sich die PDS über den Tisch gezogen fühlt, weil Mecklenburg-Vorpommerns Ministerpräsident Ringstorff, anders als mit seinem Vize Holter von der PDS abgesprochen, im Bundesrat für die Reform stimmt, steht auf einem anderen Blatt.[403] Am Ende ist vieles von dem, was Riester mit seinen Leuten geplant hat, während des quälend langwierigen Prozesses von immerhin einem Jahr verändert oder verwässert worden. So wird das Versorgungsniveau aus gesetzlicher und privater Rente auf Druck der Gewerkschaften nicht von 70 auf 64, sondern auf 67 Prozent der Nettolöhne abgesenkt. Geblieben ist allerdings der Bruch mit jenem Grundprinzip der Rentenversicherung, das der Rentenreform von 1957 zugrunde lag: Die Infragestellung des umlagenfinanzierten Rentensystems markiert eine Revolution im Selbstverständnis des deutschen Sozialstaats.

Revolutionen haben die Eigenschaft, dass ihre Folgen kaum vorhersehbar und kalkulierbar sind. So müssen die rot-grünen Koalitionäre auch diese Reform nachbessern. Das Alterseinkünftegesetz, das zum 1. Januar 2005 in Kraft tritt, sieht zum einen eine Vereinfachung des Verfahrens vor, mit dem die staatlichen Zuschüsse beantragt werden können. Zum anderen kommt das Gesetz Forderungen aus der Finanzbranche entgegen. Dort hält man das Regelwerk der Anlagevorschriften für so kompliziert, dass die Vermittlung einer privaten Riester-Rente für die Vertreter der Versicherungs- und Finanzindustrie, die ihren Kunden das Produkt schmackhaft machen sollen, wenig attraktiv ist. Als sich das abzeichnet, machen die Vertreter der Branche mobil.

Einer von ihnen ist Carsten Maschmeyer, Chef des Finanzvertriebs Allgemeiner Wirtschaftsdienst (AWD). Maschmeyer hatte, wie berichtet, während Schröders letztem niedersächsischem Wahlkampf in etlichen Regionalblättern eine ganzseitige Anzeige zu dessen Gunsten schalten lassen. Damals kennen sich die beiden noch nicht. Danach kreuzen sich ihre Wege immer wieder einmal im Hannoveraner Biotop, irgendwann ist man per Du. Dass Schröder Maschmeyer schließlich im weitesten Sinne zu seinen Freunden zählt, zeigt nicht zum ersten Mal, dass sein im Übrigen scharfes Urteilsvermögen in dieser Hinsicht nicht voll entwickelt ist.

Als der Kanzler die Rentenreform in Angriff nimmt, nutzt Maschmeyer seine Verbindung. Er ist beileibe nicht der einzige Vertreter der Versicherungs- und Finanzindustrie, der im Kanzleramt vorstellig wird, und Schröder ist auch nicht der erste oder einzige Kanzler, der ein offenes Ohr für die Unternehmer des Landes hat und haben muss. In diesem Falle meldet sich die »gesamte« Versicherungs- und Finanzbranche zu Wort und fordert Änderungen am Reformvorhaben.[404] Selbstredend ist der AWD auch nicht das einzige Unternehmen, das von der Vermittlung der Riester-Renten profitiert; mit rund 3 Prozent der abgeschlossenen Verträge, von denen Maschmeyer Jahre später spricht,[405] gehört der AWD nicht einmal zu den Spitzenreitern unter den Vermittlern. Aber kaum ein zweiter Unternehmer hat so ungeniert von seiner Beziehung zum Bundeskanzler Schröder zu profitieren versucht wie der Hannoveraner Finanzoptimierer.

Das wissen auch Außenstehende, als 2014 zwei Enthüllungsjournalisten des *Stern* Hunderte von Dokumenten aus Maschmeyers Büro in Buchform auswerten.[406] Auch wenn sich darunter kein einziges kompromittierendes Stück aus der Feder Gerhard Schröders selbst befindet, muss man den Eindruck gewinnen, dieser habe seinerzeit die Rentenreform und insbesondere das Alterseinkünftegesetz auf den Weg gebracht, um einem Freund bei der Mehrung seines Vermögens behilflich zu sein, und dabei auf eine spätere Gegenleistung spekuliert. Eine absurde Unterstellung, die den tatsächlich sehr eingeschränkten Handlungsspielraum eines Bundeskanzlers maßlos überschätzt. In diesem Fall muss Schröder ja nicht nur die eigene Partei, sondern auch den grünen Koalitionspartner und nicht zuletzt gewichtige Teile der Opposition gewinnen, will er sein Reformvorhaben über die zahlreichen Hürden bringen. Jahre später wird der suggerierte Vorwurf der Bestechlichkeit gleichwohl an des Kanzlers Ruf kratzen.

So gerät die große Leistung aus dem Blick: Gerhard Schröder hat nicht nur, wie viele andere vor ihm auch, die Zeitbombe gesehen, die im überkommenen Rentensystem tickt, sondern er hat sich als erster Kanzler an ihre Entschärfung gemacht. Dass er dabei die Oppositionsparteien mit ins Boot holt, hat nicht nur mit den Machtverhältnissen im Bundesrat zu tun. Vielmehr ist er überzeugt, dass zukunftsfähige Großprojekte wie dieses im breiten Konsens realisiert werden müssen, weil nur so eine Chance besteht, die Menschen zu überzeugen und mitzunehmen. Das ist der tiefere Sinn der bespöttelten

Konsenspolitik, die sich in nichts von der Regierungspolitik anderer Koalitionen unterscheidet – außer dass sie so genannt wird.

Politik besteht aus Kompromissen, und Kompromisse beruhen auf Konsens, sowohl zwischen den Regierungsparteien als auch zwischen Regierung und Opposition. So gesehen ist die rot-grüne Reformpolitik als Akt des Willens in vielem ein Neuanfang, in der Umsetzung hingegen routiniertes Regieren. Kein Wunder, dass des Kanzlers Nachfolgerin aus der punktuellen Zusammenarbeit mit seiner Regierung lernt und auch in dieser Hinsicht nicht nur da weitermacht, wo Schröder aufgehört hat, sondern die Konsenspolitik bedenkenlos weiterentwickelt.

Der Länderfinanzausgleich und der Solidarpakt sind so ein Fall Schröderscher Konsenspolitik. Wer sich zwei Jahrzehnte als Bundestagsabgeordneter, Oppositionsführer und natürlich als Ministerpräsident mit dieser verquirlten Materie befasst hat, dem ist sie nicht fremd, und der weiß auch, dass ein Entgegenkommen des Bundes in dieser Frage die Länder in einer anderen, zum Beispiel der Frage der Rentenreform, konzessionsbereit stimmen kann. Der Länderfinanzausgleich war schon immer eine delikate Angelegenheit, weil er auf dem Solidaritätsprinzip beruht, wonach die Einkommensstarken, die Geberländer, den Einkommensschwachen, den Nehmerländern, ohne Gegenleistung unter die Arme greifen. Mit der Vereinigung bekommt diese Geschichte eine neue Dimension.

Seit 1995 sind nämlich auch die neuen Bundesländer – allesamt Nehmerländer – in den Länderfinanzausgleich integriert. Vor allem deshalb steigen die jährlichen Ausgleichszahlungen von 8,3 Milliarden D-Mark im Jahre 1990 auf 40,6 Milliarden D-Mark neun Jahre später. Diese zunehmende Belastung nehmen Bayern, Baden-Württemberg und Hessen nicht länger hin und ziehen vors Bundesverfassungsgericht. Das kommt ihnen im November 1999 insofern entgegen, als die Richter den Gesetzgeber auffordern, bis 2002 die Maßstäbe des Steuerverteilungs- und Ausgleichssystems zu konkretisieren. Keine leichte Aufgabe, zumal die neuen Bundesländer auf einer Fortführung des 1995 in Kraft getretenen Solidarpakts I bestehen, mit dem teilungsbedingte Sonderlasten abgebaut werden sollen.

Zwar liegt die Verhandlungsführung auf Seiten des Bundes beim Finanzminister, doch verfolgt der Kanzler das Geschehen genau und greift schließlich entscheidend ein. Am 23. Juni nimmt er zunächst stundenlang die Ministerpräsidenten der neuen Länder ins Gebet und führt anschließend das Gespräch mit allen Länderchefs weiter: »open end«, wie der Terminkalender für diesen Samstag vermerkt.[407] So können das »Maßstäbegesetz« am 9. September und das »Solidarpaktfortführungsgesetz« am 20. Dezember 2001 in Kraft treten.

Unter dem Strich stellt der Bund den ostdeutschen Ländern jährlich gut 300 Millionen D-Mark für den Solidarpakt II zur Verfügung. Dass sämtliche Länder bis 2019, denn so lange laufen die Regelungen, bei der gestreckten Tilgung des »Fonds Deutsche Einheit« um rund 2,5 Milliarden D-Mark entlastet werden, kommt wiederum den Geberländern entgegen, denen sich inzwischen auch das sozialdemokratisch geführte Nordrhein-Westfalen hinzugesellt hat. Denn deren Mehreinnahmen werden nur noch zu 72,5 statt bislang zu 80 Prozent abgeschöpft. Kein schlechtes Ergebnis, dem auch deshalb alle zustimmen können, weil der Kanzler in letzter Minute noch einmal tief in die Tasche gegriffen und den Bundeszuschuss für die Tilgung des »Fonds Deutsche Einheit« von den ursprünglich geplanten 1,5 auf besagte 2,5 Milliarden D-Mark aufgestockt hat. Dass er damit die Spar- und Haushaltskonsolidierungspolitik seines Finanzministers ausbremst, nimmt er in Kauf. Das ist nicht ohne Risiko, denn über Hans Eichel ziehen sich dunkle Wolken zusammen: Die Konjunktur spielt nicht mehr mit.

Seit Beginn des Jahres 2001 häufen sich die Hinweise auf eine Abkühlung, so dass auch die Wirtschaftsinstitute ihre Prognosen im Frühjahr 2001 nach unten korrigieren. Statt 2,7 Prozent, wie im Herbst des Jahres 2000 erwartet, rechnen die Fachleute nunmehr lediglich noch mit einem Wirtschaftswachstum von 2,1 Prozent. Die Zahlen sind so beunruhigend, dass der Kanzler in die Offensive geht und kundtut, er sei gerade »nicht alarmiert«, weil sich die deutsche Volkswirtschaft immer noch auf einem »robusten Wachstumspfad« befinde, der Export zuversichtlich stimme und die »Steuerreform im Laufe des Jahres ganz erheblich zur Stärkung der Binnennachfrage beitragen« werde.[408] Wenige Monate später ist der Optimismus dahin: Mitte August muss Schröder zur Kenntnis nehmen, dass das Wachstum 2001 zwischen 1,5 und 2 Prozent liegen wird.

Da zeigt sich der eigentliche Haken rot-grüner Reformpolitik. Die einzelnen Vorhaben sind so eng miteinander verzahnt, dass ein Gelingen des einen von dem des anderen abhängt. Stottert es bei einer Reform, frönen beispielsweise die steuerentlasteten Bürger nicht dem Konsum, wird es eng. Zumal dann, wenn man sich weigert, die indirekten Steuern, insbesondere die Mehrwertsteuer, »maßvoll« zu erhöhen, was Gerhard Schröder später als Fehlentscheidung identifizieren wird.[409] Denn ohne sprudelnde Steuereinnahmen sind weitere, gerade die kostenintensiven Reformvorhaben nicht zu stemmen. Und um die stabilitätsorientierte Haushaltspolitik des Finanzministers ist es auch geschehen. Ohnehin droht dieser Ungemach, weil die erlahmende Konjunktur unweigerlich Rückwirkungen auf den Arbeitsmarkt haben muss, und ausgerechnet dort, also auf dem ureigensten Terrain jedenfalls der Sozialdemokratie, hat die Regierung bislang kaum Flagge gezeigt.

Dabei hat sich der Kanzler weit aus dem Fenster gelehnt, einen Rückgang auf 3,5 Millionen Arbeitslose bis zur nächsten Bundestagswahl als anzustrebendes Ziel definiert und dieses Ziel als rote Linie markiert, hinter die es kein Zurück geben kann. Abwegig ist das nicht. Immerhin ist die Arbeitslosenzahl von 1998 bis 2000 um knapp 400 000 auf 3,89 Millionen gesunken. Damit der Trend anhält, muss die Konjunktur mitspielen. Spielt sie nicht mit, was sich im Frühjahr ankündigt und sich im Herbst bestätigt, muss man anderweitig aktiv werden – findet der Kanzler und greift, ohne explizit darauf Bezug zu nehmen, auf Überlegungen des gemeinsam mit dem britischen Premier vorgelegten Papiers zurück.

Die Kernbotschaft lautet: Der Staat hat die Pflicht, die Chance auf Arbeit zu garantieren; der Arbeitsfähige hat die Pflicht, diese Chance zu nutzen. In diesem Sinne stellt Schröder Anfang April 2001 in einem Interview mit *Bild* unmissverständlich klar: »Wer arbeiten kann, aber nicht will, der kann nicht mit Solidarität rechnen. Es gibt kein Recht auf Faulheit in unserer Gesellschaft! Das bedeutet konkret: Wer arbeitsfähig ist, aber einen zumutbaren Job ablehnt, dem kann die Unterstützung gekürzt werden.«[410]

Entscheidend ist, dass der Kanzler es nicht bei dieser Abmahnung belässt, sondern die Rahmenbedingungen von Arbeit in Deutschland einer Prüfung unterzieht und dort, wo es einen Handlungsbedarf gibt und die Aussicht auf eine parlamentarische Mehrheit besteht, zur Tat schreitet. Zum Beispiel, wie gesehen, bei der Lohnfortzahlung im Krankheitsfall oder auch bei einem neuen Betriebsverfassungsgesetz. Dieses stammt in seiner ursprünglichen Version aus dem Jahr 1952, ist 1972, also in der Ära Willy Brandts, grundlegend novelliert worden und muss jetzt den neuen arbeitsmarktpolitischen, aber auch weltwirtschaftlichen Gegebenheiten angepasst werden.

Die regierungsinternen Gespräche verlaufen ausgesprochen »mühsam«, weil sich Arbeitsminister Riester und Wirtschaftsminister Müller öffentlich auf nur schwer zu vereinbarende Positionen festgelegt haben.[411] Nachdem Kanzleramtschef Steinmeier auch diese Kuh vom dünnen Eis geholt hat, kann das neuerlich novellierte Betriebsverfassungsgesetz am 23. Juli 2001 verabschiedet werden. Es tritt wenige Tage später in Kraft, vereinfacht unter anderem das Verfahren bei der Wahl der Betriebsräte in Kleinbetrieben, sieht ein Mitbestimmungsrecht bei Gruppenarbeit vor, stärkt aber etwa auch die Anhörungsrechte des Betriebsrates, wenn dieser Initiativen zur Beschäftigungssicherung vorschlägt, beispielsweise Weiterbildung, Qualitätsmanagement oder Arbeitszeitmodelle.

Hier liegt zugleich eine Verbindung zur Reform der arbeitsmarktpolitischen Instrumente, die einerseits auf Verbesserung von Vermittlung, Beratung, Qualifizierung und Wiedereingliederung von Arbeitslosen setzt, andererseits den Druck auf diese erhöht, die Angebote auch anzunehmen. Das entsprechende Gesetz unter dem Leitmotiv »Aktivieren, Qualifizieren, Trainieren, Investieren, Vermitteln«, das sogenannte Job-AQTIV-Gesetz, wird am 19. September vom Bundeskabinett verabschiedet, passiert im November Bundestag und Bundesrat und tritt zum 1. Januar 2002 in Kraft. Eigentliches Ziel des umfangreichen Maßnahmenkatalogs ist die Prävention von Arbeitslosigkeit, unter anderem durch Aus- und Fortbildung, aber auch durch eine Meldepflicht bei drohender Arbeitslosigkeit und andere Maßnahmen mehr.

Das Gesetz hat nie die Würdigung erfahren, die dieser Abschied von der reaktiven Ausrichtung des Arbeitsförderungsrechts eigentlich verdient. Aber es stand eben immer im Schatten anderer Entwicklungen – zunächst, wie so vieles in jenen Wochen und Monaten, der Terroranschläge des 11. September, dann der sogenannten Hartz-Gesetze, an die im Herbst 2001 noch niemand denkt. Heute kann man sagen, dass dieses Gesetz zur Reform der arbeitspolitischen Instrumente die Brücke vom ergebnislos vor sich hindümpelnden Bündnis für Arbeit zur Agenda 2010 bildet. Ohne die Erfahrungen mit der Arbeit an diesem Gesetz hätte die Agenda kaum mit dem Tempo aus dem Hut gezaubert werden können, von dem 2003 die meisten überrascht und wohl auch überrollt worden sind.

Nach wie vor erstaunt, wie schlecht und unzureichend diese Bundesregierung ihre Politik vermittelt hat. Erstaunlich ist auch, dass sie das nicht wahrhaben will. Wenn ein Hilfe- oder Warnruf in dieser Sache im Kanzleramt eintrifft, findet er den direkten Weg zu den Akten (»zdA«) oder ist so lange im Umlauf, bis sich der Vorgang ermattet von selbst erledigt. Dieses Schicksal erleidet zum Beispiel ein brieflicher Hilferuf der Bundestagsabgeordneten Doris Barnett, der so dramatisch klingt, dass er nicht nur dem Kanzler, sondern auch dem Regierungssprecher zu Ohren kommt, dann allerdings abgeheftet wird – nachdem er ein halbes Jahr lang die Schreibtische gewechselt hat: »Ich nehme mir viel Zeit und mache mir auch Mühe, den Menschen hier unsere Politik zu erklären«, schreibt die Abgeordnete aus Ludwigshafen, immerhin Vorsitzende des Bundestagsausschusses für Arbeit und Sozialordnung: »Mir gelingt es bisher immer, die Zusammenhänge darzustellen ... Die Menschen wissen dann auch, daß wir sie nicht ›abzocken‹ ... Aber sie sind dann oft ganz entsetzt, warum es uns nicht gelingt, … unsere gute Politik nach außen auch gut darzustellen … Mich treibt es … zunehmend um, weil ich keine Antwort mehr weiß, weil mir nichts mehr einfällt, was ich den Genossinnen und Genossen sagen soll.«[412] Das ist nicht der einzige Alarmruf, der ungehört verhallt. Ganz gleich ob Mitglieder der eigenen Regierung wie Verteidigungsminister Rudolf Scharping dem Kanzler schreiben, eine »kommunikative Strategie« könne er »nicht erkennen«,[413] ob sich gestandene Altgenossen wie Klaus Bölling oder Hans-Jürgen Wischnewski mit Brandbriefen an den Kanzler oder seinen Amtschef wenden[414] – es tut sich nichts.

Für dieses Kommunikationsdebakel, denn ein solches ist es unbedingt, gibt es eine ganze Reihe von Gründen, darunter die Komplexität des Reformprojektes selbst. Der Reformstau, den die Regierung Schröder von ihrer Vorgängerin geerbt hat, ist gewaltig; ihr eigener Anspruch, der ja ein Wahlversprechen gewesen ist, allerdings auch. Weil er sich daran messen lassen muss, aber auch weil die Reformen nicht einzeln plan- und durchführbar sind, sondern vielfältig ineinandergreifen, hat der Kanzler nicht die Option, eine Reform nach der anderen anzupacken, sondern muss sie alle mehr oder weniger gleichzeitig in Angriff nehmen. Schließlich bilden Renten- und Gesundheitsreform, Bundeswehr- oder Steuerreform schon deshalb einen Gesamtkomplex, weil sie alle aus ein und demselben Topf finanziert werden müssen. In der Rückschau ist klar, dass die Vermittlung dieses komplexen Sachverhalts auch einem Kommunikationstalent wie Gerhard Schröder kaum gelingen konnte.

Wenn Rot-Grün in dieser Hinsicht einen Fehler gemacht hat, dann ist es die Unterschätzung dieses Problems – vorausgesetzt, man hat seine Dimensionen überhaupt ab- und einschätzen können, bevor man sich an die Auflösung des Reformstaus machte. Seither geht es vor allem um das Beheben von Folgeproblemen, die sich unvermittelt an einer Stelle auftun, weil an anderer gearbeitet worden ist. Gut möglich, dass von einem bestimmten Punkt an ein hinter alldem stehendes Konzept auch von den Ideengebern nicht mehr erkennbar und also auch kaum mehr vermittelbar ist. Auch nicht durch den für die Kommunikation eigentlich Zuständigen. Ohnehin scheint Uwe-Karsten Heye mit dem Bonner und vor allem dem Berliner Format überfordert. Irgendwie wirkt der Regierungssprecher aus der Zeit gefallen. Seine Zeit war die Ära Willy Brandts mit ihren Kaminrunden und Hintergrundgesprächen, ausführlichen Erläuterungen und geduldigen Antworten. Das Stakkato der zunehmend digitalen Welt ist ihm offensichtlich fremd. Außerdem zählt Heye nicht unbedingt zu den engagiertesten Mitgliedern der Regierung, ist zum Beispiel am Wochenende nur schwer erreichbar.

Allerdings bescheinigt Schröder Heye nach dem Ende seiner Kanzlerschaft auch, dass »kein Regierungssprecher … gegen die diffamierenden Stichworte aus dem eigenen Lager ankommunizieren« kann.[415] Diese Gegenkommunikation ist, wenn überhaupt, nur mit Geduld und Härte beherrschbar: Partei- oder fraktionsinterne Kritiker der Politik sind nun einmal für die Medien interessanter als das loyale, in der Regel unauffällige Heer der Zuträger. Dass sich im Laufe der Jahre ein großer, schließlich sogar der deutlich größere Teil der Medien die Argumente und Vorurteile der Gegenkommunikation zu eigen macht, kommt erschwerend hinzu. Was an argumentativer Kraft verbleibt, stößt im zermürbenden parlamentarischen Verfahren an seine Grenzen. Auch bei Gerhard Schröder.

Tatsächlich hat selbst der medienaffine Kanzler nie wirklich plausibel erläutern können, dass seine Politik einigen wenigen Grundsätzen folgt und dass seine Reformpolitik mehr ist als eine Addition von Maßnahmen und Gesetzen. Vielleicht ist das in Zeiten einer nicht freundlich gestimmten Presse, sich überschlagender Ereignisse und einer zeitweilig dominanten Außen- und Sicherheitspolitik auch kaum zu schaffen – von der Doppelbelastung durch das Kanzleramt und den Parteivorsitz ganz zu schweigen. Wenn der Kanzler dann auch noch das Gefühl hat, dass die Kommunikation seiner Politik über ihn, und zwar nur über ihn laufen muss, um überhaupt stattzufinden, geht selbst einem Mann von seiner Konstitution gelegentlich die Kraft aus. Das darf aber nicht passieren. Ein Kanzler darf nicht schlappmachen, nicht einmal krank werden. Wenn der Terminkalender lapidar festhält: »Montag, 5., Dienstag, 6. und Mittwoch, 7. Februar 2001[:] BK erkrankt. Grippe«, herrscht nicht nur für die Chefsekretärin der Notstand.[416]

Vor allem aber ist es wohl so, dass hinter der kommunikativen Fehlleistung des Kanzlers in diesem zentralen Bereich das Desinteresse an oder auch die mangelnde Neigung für konzeptionelles Denken steckt, von der erforderlichen Geduld gar nicht zu reden. Schröder ist ein Mann mit äußerst schneller, instinktgeleiteter Auffassungsgabe und entsprechend spontaner, treffgenauer Entschlüsse, eine Eigenschaft, die auch politischen Gegnern wie Angela Merkel oder Wolfgang Schäuble imponiert.[417] Politische Theorien, Entwürfe und Konzeptionen sind seine Sache nicht. Wenn der geschulte Jurist sich dann doch einmal hinsetzt und auf wenigen Seiten seine Ideen strukturiert zu Papier bringt, ist erstaunlich, was dabei herauskommt.

Aber meistens tut er das eben nicht, und so nutzt er auch nicht jene naheliegende Möglichkeit, die innere Logik und strategische Konsequenz der Reformpolitik zu dokumentieren, auf die ihn sein Amtschef hinweist. Als sich Schröder im Mai 2002 auf eine größere Rede zum Thema vor den Genossen vorbereitet, schreibt ihm Steinmeier, er »fände ... es gut, wenn Du eine stärkere Verknüpfung zwischen der Politik der Bundesregierung und Deiner Person bzw. Biographie versuchen könntest ... Vielleicht geht eine durch und durch positive Leistungsbilanz auch den eigenen Mitgliedern eher ans Herz, wenn Du ihnen mitteilst, warum wir vieles getan, anderes aber ebenso absichtsvoll unterlassen haben. Dein persönlicher Lebensweg bietet viele Anknüpfungspunkte, an denen unsere konkreten Entscheidungen heute etwa zur Gesundheitspolitik, zur Rentenstrukturreform, zur Steuerpolitik, insbesondere der Entlastung der Familien, Bildungs- und Wissenschaftspolitik durchbuchstabiert werden kann ... das würde nach meinem Eindruck bei Zuhörern stärker verfangen als die bloße Aufzählung eines Bilanzpunktes der Regierung. Eine solche Darstellung muss ja auch nicht über alle Themen hinweg gewählt werden; man kann es an der einen oder anderen Stelle, dort wo es nicht aufgesetzt wirkt, versuchen und testen.«[418] Auch der Versuch wird nicht unternommen, von der Entwicklung einer kommunikativen Strategie entlang »persönlicher Vorstellungen und Erfahrungen« gar nicht zu reden.

Uns so bleiben die einzelnen Vorhaben zunächst unverbunden in der Gegend stehen, obgleich es einen plausiblen zeitlichen und sachlichen Zusammenhang gibt. Zum Beispiel bei der Arbeits- und der Zuwanderungsgesetzgebung. Otto Schily hatte die Idee, eine unabhängige Zuwanderungskommission zu berufen, um der für Emotionen und Vorurteile anfälligen Debatte eine breite, parteiübergreifende Basis zu verschaffen. Es ist eine zwischen Innenminister und Kanzler abgestimmte Entscheidung. Die Grünen sind nicht konsultiert. Das entspricht Schröders inzwischen bewährtem Stil, wichtige Entscheidungen nicht in den ohnehin selten tagenden Koalitionsausschuss zu verlegen, sondern direkt mit den zuständigen Ressortministern abzusprechen. Und auch der Kommissionsrahmen ist inzwischen vertraut. Er ist eine Variante der außerparlamentarischen Konsensstiftung.

Für den Vorsitz der aus allen gesellschaftlichen Gruppen berufenen einundzwanzigköpfigen Unabhängigen Kommission »Zuwanderung« kann der Innenminister Rita Süssmuth, als ihren Stellvertreter Hans-Jochen Vogel gewinnen. Ein kluger Schachzug. Denn der ehemalige Vorsitzende der SPD hat einen längst über die Parteigrenzen hinausreichenden guten Ruf, und die CDU-Politikerin, von Hause aus Pädagogin, ist im Lande bekannt, seit sie von 1985 bis 1988 das Familienministerium geführt und danach bis 1998 dem Bundestag präsidiert hat. Und sie ist populär. Dass sich Süssmuth im niedersächsischen Wahlkampf des Jahres 1990 von ihrer Partei gegen Gerhard Schröder schicken ließ, hat der ihr längst nachgesehen. Jetzt zählt, dass die vormalige Kohl-Kritikerin gegenüber den Christdemokraten eine gelassene Unabhängigkeit empfindet. Das wissen die natürlich auch, wittern hinter der Berufung einen perfiden Spaltungsversuch und setzen ihre eigene Kommission ein.

Am 4. Juli 2001 legt die von Süssmuth geführte Kommission ihren Bericht »Zuwanderung gestalten, Integration fördern« vor.[419] Das Papier räumt mit einer ganzen Reihe von Vorurteilen und Tabus auf, darunter mit der »politische[n] und normative[n] Festlegung ›Deutschland ist kein Einwanderungsland‹«. Auch empfehlen die Autoren, am Asylgrundrecht in seiner bestehenden Form einschließlich des Artikels 16a des Grundgesetzes festzuhalten, den die Grünen revidieren wollen. Gerhard Schröder dürfte bei der Lektüre dieser Passage ein Déjà-vu erlebt haben: Die politische Schlacht um diese Grundgesetzänderung, die er 1993 zunächst entschieden bekämpft, dann aber nach einer seiner bekannten Volten maßgeblich mit durchgesetzt hatte, führte zur Formation der Schröder-Verhinderer in der SPD. Jetzt befürwortet der Kanzler die von der Kommission empfohlene Beibehaltung der bestehenden Regelung.

Das alles ist wichtig, aber nicht entscheidend. Denn eigentlich geht es im Bericht der Kommission um die »Gestaltung der arbeitsmarktbezogenen Zuwanderung«. So gesehen ist das von der Kommission geforderte »Zuwanderungs- und Integrationsgesetz des Bundes« die notwendige Ergänzung des zitierten Gesetzes zur Reform der arbeitsmarktpolitischen Instrumente. Letzteres nämlich regelt die auch von der Kommission erwähnten »Anstrengungen«, die »erforderlich« sind, »um die vorhandene Arbeitskraft besser zu nutzen als bisher. Entscheidend ist in erster Linie, Arbeitslosen Beschäftigung zu ermöglichen und das Bildungssystem auf allen Ebenen zu verbessern.«

Da diese Maßnahmen aber selbst im günstigsten Falle die aus dem Bevölkerungsrückgang resultierende Lücke nicht schließen werden, »ist es bereits jetzt notwendig, das vorhandene Potenzial an Arbeitskräften durch Zuwanderung zu ergänzen«. Das ist konsequent, es ist richtig – und es ist Teil eines umfassenden gesellschafts- und arbeitsmarktpolitischen Konzepts, das Gerhard Schröder vorschwebt, das aber als solches nie strategisch ausformuliert und also auch nicht im Zusammenhang kommuniziert worden ist. Aber nicht deshalb wird das »Gesetz zur Steuerung und Begrenzung der Zuwanderung und zur Regelung des Aufenthalts und der Integration von Unionsbürgern und Ausländern« von der Opposition abgelehnt. Vielmehr suchen die Unionsparteien die Konfrontation mit der Bundesregierung, wo immer sie sich anbietet, und natürlich wissen sie, dass sich die sensible Thematik leicht instrumentalisieren lässt. Es ist wieder einmal Wahlkampf.

Die Sitzung des Bundesrates vom 22. März 2002, in der es um das Zuwanderungsgesetz geht, ist als eine der spektakulärsten in die Annalen der Republik eingegangen. Alles hängt an Brandenburg, das von einer großen Koalition regiert wird. Nun »will« es der Artikel 51 des Grundgesetzes, »dass in Koalitionsregierungen das Stimmverhalten einheitlich ausfällt«, erklärt der Kanzler.[420] Da man davon ausgehen kann, dass Brandenburgs Ministerpräsident Manfred Stolpe beziehungsweise sein Sozialminister Alwin Ziel, beide von der SPD, dem Gesetz zustimmen, kommt es auf Stolpes Stellvertreter, den christdemokratischen Innenminister Jörg Schönbohm, an. Eine entscheidende Rolle spielt schließlich der Genosse Klaus Wowereit, der als Regierender Bürgermeister von Berlin turnusmäßig das Amt des Bundesratspräsidenten innehat.

Was sich dann abspielt, hat Johannes Rau, der das Gesetz, sollte es die Länderkammer passieren, als Bundespräsident unterzeichnen und in Kraft setzen muss, so rekapituliert: Zunächst haben »Minister Ziel … mit ›Ja‹ und Minister Schönbohm mit ›Nein‹ gestimmt. Daraufhin hat der Präsident des Bundesrates auf das Gebot der einheitlichen Stimmabgabe hingewiesen und an den Ministerpräsidenten des Landes Brandenburg die Frage gerichtet, wie das Land abstimme. Ministerpräsident Stolpe hat geantwortet: ›Als Ministerpräsident des Landes Brandenburg erkläre ich hiermit Ja.‹ Dem hat Minister Schönbohm angefügt: ›Sie kennen meine Auffassung, Herr Präsident.‹ Der Bundesratspräsident hat daraufhin die Stimmabgabe des Landes Brandenburg als ›Ja‹ gewertet. Nach den dagegen protestierenden Zwischenrufen anderer Mitglieder des Bundesrates hat der Präsident des Bundesrates erneut Ministerpräsident Stolpe gefragt; dieser hat seine Antwort wiederholt; Minister Schönbohm hat dem keine Äußerung mehr folgen lassen.«[421]

Die »protestierenden Zwischenrufe«, die den Bundesrat in einen tumultuösen Zustand versetzen, kommen aus den Reihen der Ministerpräsidenten von CDU und CSU und sind, wie man wenige Tage danach erfährt, geplant und inszeniert. Der saarländische Ministerpräsident Peter Müller, der es später zum Richter im Zweiten Senat des Bundesverfassungsgerichts bringen wird, hat in vertrauter Runde davon berichtet, dass die »dort geäußerte Empörung hinsichtlich der Feststellung des Bundesratspräsidenten … nicht spontan« entstanden sei. »Die Empörung haben wir verabredet … Und ich sage: Das war Theater – aber legitimes Theater.«[422]

Obgleich der Bundespräsident erhebliche Bedenken wegen der Vorstellung der Parteien in der Länderkammer, aber eben nicht die »sichere Überzeugung gewonnen hat, daß zweifelsfrei und offenkundig ein Verfassungsverstoß vorliegt«, unterzeichnet er das Gesetz. Mit seinem Hinweis, dass die

»verbindliche Entscheidung über die Auslegung des Grundgesetzes ... dem Bundesverfassungsgericht vorbehalten« sei, weist Johannes Rau aber geradezu den Weg nach Karlsruhe,[423] den die unionsgeführten Länder dann auch einschlagen. Wie zu erwarten, stoppt das Bundesverfassungsgericht in seinem Urteil vom 18. Dezember das Verfahren, so dass das Zuwanderungsgesetz von der Regierung erneut eingebracht werden muss. Nachdem es den vorhersehbaren Weg in den Vermittlungsausschuss genommen hat, passiert es erheblich modifiziert den Bundesrat und kann zum 1. Januar 2005 in Kraft treten. Wovon noch zu berichten ist.

Kaum einer, der an jenem 22. März 2002 direkt oder indirekt an den Vorkommnissen im Bundesrat beteiligt gewesen ist, kommt in der Öffentlichkeit ungeschoren davon. Auch der Kanzler nicht, obgleich er nicht an den Verhandlungen der Länderkammer teilgenommen hat. Die Kritik ist vernichtend. Der *Spiegel* macht sein nächstes Heft mit den Vorgängen auf. Unter der Überschrift »Die Brandstifter« schreiben die Autoren, unter ihnen Jürgen Leinemann, Schröder habe wenige Tage vor der entscheidenden Sitzung begeistert davon gesprochen, dass er und sein Herausforderer Edmund Stoiber sich nunmehr »High Noon« gegenüberstünden, und folgern dann: »Und die Herren Kanzlerkandidaten, die sich später als Feuerwehr ausgaben, gehörten zu den Brandstiftern.«[424]

Als Schröder das liest, ist er empört, greift zum Telefon, geigt Leinemann die Meinung und stellt insbesondere klar, dass er das »High Noon«-Bild keinesfalls positiv gemeint habe. Um die Empörung zu verstehen, muss man auch wissen, dass sich Leinemann anlässlich seines altersbedingten Rückzugs von der Leitung des Berliner *Spiegel*-Büros erst Ende vergangenen Jahres bei Schröder (»Lieber Gerd«) dafür bedankt hat, »von Dir – und auch von Deiner Frau – sehr fair und vertrauensvoll behandelt« worden zu sein.[425] Nach dem Telefonat ist Leinemann »sehr getroffen« und schreibt Schröder (»Sehr geehrter Herr Bundeskanzler«), es sei »nicht die Absicht« gewesen, »in diffamierender Weise Tatsachen zu verdrehen. Das mögen Sie mir glauben oder nicht, so ist es. Es tut mir leid, Daß Sie es anders wahrgenommen haben.«[426] Womit die bald 20 Jahre währende Beziehung zwischen den beiden, die auch schon einmal eine Freundschaft gewesen ist, eine weitere Wendung genommen hat.

Es wird nicht die letzte sein. Er bereite sich, nunmehr als *Spiegel*-Autor, auf »Euren Wahlkampf vor«, hatte Jürgen Leinemann Anfang Dezember 2001 an Gerhard Schröder geschrieben, »über den ich intensiv – und nun wieder allein auf meine Art – berichten möchte«.[427] Das tut er dann trotz der zeitweiligen Verstimmung und gibt dabei dem Kanzler auch Rückendeckung im aufziehenden Konflikt mit den USA.

Am 7. November 2000 haben die Amerikaner einen neuen Präsidenten gewählt. Das Rennen zwischen Clintons Vizepräsidenten Al Gore und dem Republikaner George W. Bush geht derart knapp aus, dass das Ergebnis erst am 12. Dezember vorliegt. Der 43. Präsident der Vereinigten Staaten, Jahrgang 1946 und ältester Sohn des 41. Präsidenten George H. W. Bush, ist bis zum Wahlkampf jenseits des Atlantiks praktisch kein Begriff. Dem Studium in Yale und an der Harvard Business School, das vom Dienst bei der texanischen Nationalgarde unterbrochen wurde, folgten eine gescheiterte Kandidatur für den Kongress, mäßig erfolgreiche Ölgeschäfte in Texas und der Kauf eines mittelmäßigen texanischen Baseballteams. Die politische Karriere von Bush junior beginnt, als er, gut beraten, 1994 zum Gouverneur seiner texanischen Heimat gewählt wird.

Kanzler und Präsident gehen zunächst ohne Vorurteil aufeinander zu. George W. Bush hat sich später erinnert, dass Gerhard Schröder während der ersten Begegnungen »entspannt, freundlich und daran interessiert« gewesen sei, die »bilateralen Beziehungen zu stärken«.[428] Auch Schröder hat rückblickend festgehalten, dass Bush im Gespräch durchaus »angenehm« und »offen«[429] gewesen sei und – anders als der Vorgänger – seine Gesprächspartner stets respektiert habe: Während Bill Clinton sie nicht selten »bis zu einer Stunde warten« ließ, war das »bei Bush nicht so. Der verstand es immer, eine angenehme Atmosphäre zu verbreiten.«[430] So nahm ihn auch Joschka Fischer wahr: Dass er sich gelegentlich »in die Machorolle spreizte, die eigentlich gar nicht die seine war«, tat dem keinen Abbruch. Hinzu kam, dass Bush mit Außenminister Colin Powell oder auch Sicherheitsberaterin Condoleezza Rice Leute berief, die deutscherseits als angenehme und fähige Partner wahrgenommen wurden.[431]

Als er gerade fünf Tage im Amt ist, ruft Bush Schröder erstmals an – zu diesem Zeitpunkt unerwartet, denn der Kanzler stattet gerade einem Pharmazieunternehmen einen Besuch ab. Die unkonventionelle Art der Kontaktaufnahme gefällt Schröder. Überhaupt verstehen sich die beiden gut: »Auf einer rein persönlichen Ebene mögen sie sich«, spürt Béla Anda, der sie beiderseits des Atlantiks erlebt.[432] Wenn auch zwischen den Milieus, denen sie entstammen, Welten liegen, verbindet sie doch ihre Bodenständigkeit und ein spezifisches Verständnis von Männerfreundschaft. Dass sich beide in dieser Hinsicht während der Irakkrise vom anderen getäuscht fühlen, wird Folgen haben, aber das Verhältnis nicht nachhaltig beschädigen.

Der Kontakt ist eng, schon weil sich Kanzler und Präsident auf internationalen Gipfeln mehr oder minder regelmäßig über den Weg laufen. 2001 begegnen sie sich insgesamt fünf Mal, erstmalig beim Antrittsbesuch des Bun-

Konzentriert: Bundeskanzler Gerhard Schröder bereitet sich im Weißen Haus auf seine erste Begegnung mit Präsident George W. Bush vor.

deskanzlers am 29. März. Auf dem Programm steht Unstrittiges wie die enge deutsch-amerikanische Partnerschaft, die Schröder anlässlich der Amtseinführung seines Gesprächspartners gepriesen hat,[433] und Strittiges, zum Beispiel die Sanktionen gegen den Irak, das Raketenabwehrprogramm, bei dem es allerdings zu Annäherungen kommt, weil die Amerikaner einstweilen die »nationale« Dimension nicht mehr betonen, und vor allem der Klimaschutz.

Grundlage der internationalen Diskussionen zu diesem drängenden Problem ist das sogenannte Kyoto-Protokoll, das am 11. Dezember 1997 in der japanischen Stadt unterzeichnet worden ist und in dem sich die Industrieländer in einem definierten zeitlichen Rahmen zur Reduzierung des jährlichen Treibhausgasausstoßes verpflichtet haben. Der Versuch, die ausstehenden technischen Ergänzungen zu formulieren, ist zuletzt im November 2000 auf der sechsten Vertragsstaatenkonferenz in Den Haag gescheitert.

Eine der zahlreichen Konfliktlinien verläuft traditionell zwischen den USA und den Europäern, was wiederum die Deutschen nachhaltig irritiert. Nicht nur setzen sie gerade in rot-grüner Regie auf den Umweltschutz, sondern sie verstehen sich dort auch als Pionier. Schon 1996 hatte sich die deutsche Industrie in einer Selbstverpflichtungserklärung zur Verminderung der CO_2-Emissionen bekannt, und am 9. November 2000 haben die Industrie auf der einen, der Kanzler, der Wirtschafts- und der Umweltminister auf der anderen Seite eine weiter gehende Vereinbarung unterzeichnet, wonach diese Emissionen bis 2005 um 28 Prozent gesenkt werden sollen. Außerdem steht mit dem vormaligen Bundesumweltminister, dem Christdemokraten Klaus Töpfer, ein Deutscher an der Spitze der Umweltbehörde der Vereinten Nationen, und schließlich ist die Fortsetzung der sechsten Konferenz der Klimarahmenkonvention für Juli 2001 in Bonn angesetzt.

Kaum im Amt, lehnt Präsident Bush das Protokoll rundweg und mit der nicht ganz abwegigen Begründung ab, dass es nur die Industrieländer erfasse, mithin 80 Prozent der Weltbevölkerung von den Verpflichtungen ausnehme. Im Kanzleramt ist man überzeugt, dass »Vizepräsident Cheney, der lange Jahre in der Ölindustrie war«, dahintersteckt, und rät Schröder schon vor der Reise nach Washington zu einer klaren Positionierung. Und so stellt der Kanzler am 19. März in einem Schreiben an den Präsidenten »in aller Klarheit« fest, dass die bevorstehende Bonner Konferenz »die notwendigen Beschlüsse fassen muss, um das Kyoto-Protokoll mit Leben zu erfüllen«.[434] Man sieht, dass es bei aller gelassenen Freundlichkeit im Umgang, die George W. Bush und Gerhard Schröder im Weißen Haus demonstrieren, beim Klimaschutz hakt. Immerhin stimmt man überein, dass man in diesem Punkt nicht übereinstimmt, und im Übrigen überwiegen ja auch die Gemeinsamkeiten.

Das erfährt die Öffentlichkeit anderthalb Monate später, als Informationen aus einem streng vertraulichen Drahtbericht des deutschen Botschafters in Washington, Jürgen Chrobog, ans Licht der Öffentlichkeit kommen. Denen ist nicht nur zu entnehmen, dass und wie sich Präsident und Kanzler zum Beispiel über den Nahen Osten und Russland unterhalten haben. Vielmehr wird auch eine Aussage von Schröders außenpolitischem Berater publik, wonach Libyens Staatschef Muammar al-Gaddafi, ihm, Steiner, bestätigt habe, dass Libyen an mehreren Terrorakten beteiligt gewesen sei.[435] Durch die Indiskretion ist das mühsam gepflegte Verhältnis zu Libyen gefährdet. Gaddafi wird vom Westen, auch von der Bundesrepublik, hofiert, weil sein Land zum einen über beträchtliche Ölvorkommen verfügt und weil er zum anderen mit den von Libyens Küsten aus nach Europa drängenden Migranten ein gefährliches Erpressungsinstrument in der Hand hält. Da ist man zeitweilig sogar bereit, über die Verwicklung Libyens in eine ganze Reihe von Terroranschlägen hinwegzusehen, an der es tatsächlich keinen Zweifel geben kann.

Ein knappes Jahrzehnt, bevor Wikileaks im November 2010 sukzessive 251 287 Dokumente des State Department aus den Jahren 1966 bis 2010 im Internet frei verfügbar macht, ist die Indiskretion präzedenzlos, zumal offiziell niemand weiß, wer sie zu verantworten hat: Die »Verschlusssache« ging gleich an rund zwei Dutzend diplomatische Vertretungen der Bundesrepublik, ein Dutzend Adressaten im Auswärtigen Amt, drei Bundesministerien sowie – vorab und mit der Bitte um Billigung – an das Kanzleramt.

Allerdings sind die Irritationen, die durch das Leck im deutsch-amerikanischen Verhältnis entstehen, nicht von Dauer. In Amerika kennt man solche Vorfälle nur zu gut. Ohnehin kommt niemand auf die Idee, dass einer der am Gespräch mit dem Präsidenten Beteiligten, gar der Kanzler selbst, dahinterstecken könnte. Der wiederum ist mit einem guten Gefühl aus Washington zurückgekehrt. Bei mancher Meinungsverschiedenheit in der Sache war die Atmosphäre freundlich, und mit dem Präsidenten, da ist sich Gerhard Schröder sicher, wird er gut auskommen. Weder er noch irgendjemand sonst hat sich vorstellen können, dass sein nächster Besuch der Vereinigten Staaten im Schatten eines Ereignisses stehen würde, das nicht nur dieses Land bis in die Grundfesten erschüttern, sondern auch das Verhältnis zwischen Kanzler und Präsident erheblich in Mitleidenschaft ziehen könnte.

Ausflüge wie der nach Washington sind willkommene Ablenkungen von den Widrigkeiten des tagespolitischen Geschäfts, an diesen etwas zu ändern vermögen sie in aller Regel nicht. Vor allem dann nicht, wenn es sich um langfristige Trends wie den auf Talfahrt befindlichen Konjunkturverlauf handelt, der für kostenintensive Reformprojekte wenig Spielraum lässt. Darauf angesprochen, antwortet der Kanzler, dass man die Reformpolitik nicht zu den Akten gelegt habe, sie aber mit »ruhiger Hand« verfolge. Das kann man so oder so verstehen. Zwei Jahre später sagt er, die Wahl des Begriffs sei »falsch« gewesen, »weil er sehr leicht missverstanden werden kann. Da ich ihn selbst erfunden habe, kann ich nun niemandem dafür die Schuld geben.«[436] Im Sommer 2001 hatte Schröder zum Besten gegeben: »Ruhig steht für mich für stark.«[437]

Richtig ist, dass die Reformpolitik nicht mehr rund läuft. Einige Vorhaben erblicken erst nach langem Gezerre das Licht der Welt, andere scheitern im Bundesrat, wieder andere wie die Gesundheitsreform packt man erst gar nicht an, um zu verhindern, dass sie im aufziehenden Wahlkampf ein ungünstiges Licht auf die Regierungsarbeit werfen. Außerdem gehen die Vorstellungen zwischen dem Kanzler und der Gesundheitsministerin zeitweilig weit auseinander: »Wir können in der Gesundheitspolitik nicht den gleichen Weg gehen wie bei der Rentenreform«, hatte Ulla Schmidt ihm zur Jahreswende 2001/02 geschrieben: »Krankheit ist nicht kalkulierbar.«[438]

Richtig erfreulich verläuft eigentlich nur die Sommerreise, die der Kanzler nach dem großen Erfolg des vergangenen Jahres auch in diesem August antritt und die ihn 2001 nicht nur in die neuen Bundesländer, sondern auch nach Bayern sowie in die Grenzregionen Polens und der Tschechischen Republik führt, wo sich Schröder über mögliche Folgen einer Erweiterung der Europäischen Union informiert. Die sommerliche Expedition ist exzellent vorbereitet und in Szene gesetzt.

Die mediale Aufmerksamkeit ist dem Kanzler gewiss, und seit kurz zuvor drei ihm bis dahin nicht bekannte Cousinen aus dem Thüringischen aufgetaucht sind, hegen nicht wenige ostdeutsche Bürger innige Gefühle für diesen Gerhard Schröder. In Anbetracht der unübersichtlichen familiären Verhältnisse, von denen berichtet worden ist, überrascht die Entdeckung nicht unbedingt. Sie ist einem Zufall zu danken. Als sich Gerhard Schröders ältere Schwester auf die Suche nach dem Grab des gemeinsamen Vaters macht und es schließlich in Rumänien findet, stößt sie auf die Spur von dessen Bruder. Emil Kurt Schröder, der inzwischen verstorbene Onkel von Gerhard und Gunhild Schröder, hatte drei Töchter, die nunmehr in das Leben des Bundeskanzlers treten.

Von Schröders engster Familie hört man wenig, wenn man einmal von der Mutter absieht. Nicht dass Erika Vosseler die Öffentlichkeit suchte, aber natürlich interessiert sich diese für die Mutter eines Bundeskanzlers. Der weiß damit umzugehen, lässt erkennen, was er seiner Mutter verdankt, zeigt sich mit ihr, und stets ist sie wichtiger Teil der öffentlich erzählten Biographie. In der Öffentlichkeit so gut wie gar nicht präsent ist des Kanzlers ältere Schwester Gunhild Kamp-Schröder, zu der er wohl die engste Bindung unter den Geschwistern verspürt. Dass die Schwester, wie zum Beispiel im Frühjahr 2005, einmal Kontakt zum Bruder in seiner Funktion als Kanzler aufnimmt, ist eine seltene Ausnahme. Anlass ist eine Reise Gerhard Schröders ins Lipperland, von der sie aus der Presse erfahren hat. Jetzt fragt die Schwester an, ob er wohl »ein Stündchen für die Paderborner SPD erübrigen« könne: »Mama und ich würden uns über Dein Kommen natürlich am Meisten freuen.« So essen die drei dann, eine seltene Ausnahme in diesen Jahren, im Mai gemeinsam zu Abend.[439]

Lange Zeit so gut wie gar nicht öffentlich sichtbar sind die beiden Halbschwestern Gerhard Schröders, Töchter von Erika Vosseler und ihrem zweiten Ehemann, Gerhard Schröders Stiefvater Paul Vosseler. Dann freilich meldet sich die eine, Ilse Brücke, Sonderschullehrerin aus Paderborn, mit einer Aktion zu Wort, die dem Kanzler gar nicht gefällt: Am 18. Februar 2002 legt die Achtundvierzigjährige gemeinsam mit 95 weiteren Alleinerziehenden Verfassungsbeschwerde gegen die rot-grüne Steuerpolitik ein.

Anlass ist das zweite Gesetz zur Familienförderung, zu dem die Bundesregierung durch ein Urteil des Bundesverfassungsgerichts vom 10. November 1998 verpflichtet ist. Es fordert den Gesetzgeber auf, bei allen Eltern den Betreuungs- und Erziehungsbedarf von Kindern angemessen zu berücksichtigen.[440] Mit dem ersten Gesetz zur Familienförderung, das mit Jahresbeginn 2000 in Kraft getreten ist, wurde das Kindergeld für die beiden ersten Sprösslinge erhöht und ein Betreuungsfreibetrag für jedes Kind in Höhe von gut 1500 D-Mark eingeführt. Das zweite Gesetz tritt zum 1. Januar 2002 in Kraft und sieht eine abermalige Erhöhung des Kindergeldes, außerdem Verbesserungen beim Kinder- und Betreuungsfreibetrag vor. Das kostet wieder sehr viel Geld, und da das in der zusehends klammen Haushaltskasse schlicht nicht zu finden ist, werden die Ausfälle kompensiert, indem unter anderem der Haushaltsfreibetrag schrittweise abgeschafft wird. Dagegen klagt des Kanzlers Schwester, ruft ihn auch in seinem Amt an und wird vom Bruder wenig freundlich abgewimmelt: »Halt dich da raus«, sagt Gerd zu Ilse, »ich bin der Politiker!« Im Übrigen sei es ihm »egal«, was sie mache. »Nicht gerade einfach« sei es gewesen, überhaupt zu Wort zu kommen, berichtet sie dem *Spiegel*.[441] Aber dann ist die Geschichte auch schon durch, und von den Schwestern sieht und hört man nichts mehr.

Wohl aber vom jüngeren Halbbruder. Als Gerhard Schröder Bundeskanzler wird, richtet sich das Interesse der Medien auch auf Lothar Vosseler. So erfährt man, dass der gelernte Heizungsmonteur seinen Unterhalt als Kanalarbeiter verdient hat, aber arbeitslos geworden ist, sich mal zum EDV-Fachmann weiterbilden lässt, mal als Fremdenführer in einem U-Boot auf Mallorca arbeitet, anschließend als Hausmeister der Westfalen-Therme Bad Lippspringe tätig ist oder Mitte Juni 2004 im Big-Brother-Container von RTL auftaucht, um mit den Insassen »politisch« zu diskutieren. Auch spricht sich herum, dass er seit dem Sommer 2000 auf einer eigenen, von einer Radioproduktionsfirma organisierten Website Lebenshilfe anbietet und dort unter anderem Fragen zum Beispiel über seinen prominenten Halbbruder beantwortet.[442]

Spätestens jetzt beginnen einige Medien, Lothar Vosseler zu instrumentalisieren und mit der Aussicht auf Ruhm und Publicity zu ködern. So lässt ein Redakteur des Mitteldeutschen Rundfunks Vosseler bei seiner Schwägerin Doris Schröder-Köpf anrufen, um auf diesem Wege ein Treffen zwischen den beiden Halbbrüdern zustande zu bringen. Als sich dann herausstellt, dass dieses Telefonat mitgeschnitten worden ist und ausgestrahlt werden soll, wird das Kanzleramt gegenüber dem Intendanten aktiv.[443] Wenig Einfluss haben Gerhard Schröder oder auch das Kanzleramt auf die schriftstellerischen Aktivitäten des irrlichternden Halbbruders, der einmal die Woche Kolumnen für ein Boulevardblatt schreibt und bis 2005 mit drei Büchern an die Öffentlichkeit treten wird. Was die Initiatoren und Koautoren mit der Kampagne bezwecken, sagt der Titel des zweiten Werks: *Der Kanzler, leider mein Bruder, und ich*, das 2004 auf den Markt kommt, wovon zu berichten ist.

Und auch in das Treffen Gerhard Schröders mit seinen unvermittelt auftauchenden Basen mischt sich Lothar Vosseler publizistisch ein. Am 25. Mai 2001 kann man im Kölner *Express* lesen, wie »richtig erschrocken« der »Kanzlerbruder« – zurzeit »fern von der Heimat, in der sonnigen Türkei mit 32 Grad« – gewesen ist, als er erfahren hat, dass der Kanzler der Cousine Renate, der »roten Renate«, »so schnell verziehen« hat.[444]

Die »rote Renate« ist Renate Gritzke, eine der drei Cousinen Gerhard Schröders. Dass es drei sind, erfährt er erst, als sich die dritte, von ihren Schwestern ausgestoßene, Mitte April brieflich bei ihm meldet, dem Vetter ihre Geschichte erzählt und ihm auch berichtet, wie ihr Vater von seinem Bruder, Gerhard Schröders Vater Fritz Schröder, gesprochen hat: »Sollte wirklich der Fritz … Ihr Vater sein, dann haben Sie wirklich was verpaßt.«[445] Auf diese Weise kommt Gerhard Schröder auch erstmals an ein Foto seines Vaters und stellt die »unglaubliche Ähnlichkeit« fest.[446] Das Bild zeigt Fritz Schröder in der Uniform und mit dem Helm der Wehrmacht.

Am 3. Mai treffen sich Cousin und Cousine, von der Öffentlichkeit zunächst unbemerkt, im Kanzleramt. Aber natürlich dauert es nicht lange, bis deutsche und ausländische Medien, darunter die *New York Times*,[447] dem Fall auf der Spur sind, den Namen der Cousine nennen und auch aus ihrer Stasi-Akte zitieren. Danach schreibt »die Böse, die Schlimme« dem Kanzler einen zweiten Brief, der sich wie ein Stück gelebter Zeitgeschichte liest. Denn in ihrem eindrucksvollen Schreiben berichtet Renate Gritzke, dass sie zeitweilig für die Stasi tätig, »nie ein verantwortlicher Leiter« gewesen sei, »sogar in 1983 einen für damalige Verhältnisse unglaublichen Schritt getan« und sich aus der »mittleren Kaderreserve« habe »streichen« lassen. Hier geht es nicht um Rechtfertigung oder Exkulpation. Renate Gritzke steht »nach wie vor« zu ihrer Vergangenheit: »Ich hatte politische Ideale, wie viele junge Menschen in meinem damaligen Entscheidungsalter. Aber, wie bei vielen Menschen in der damaligen DDR, sind Ideale zerbröckelt …« Der Cousin versteht das gut, hat er doch selbst diese Erfahrung gemacht, wenn auch nicht unter den Bedingungen eines totalitären Regimes. Und dass er nicht wisse, ob er in einem solchen System habe »widerstehen« können, hat Schröder wiederholt – auch öffentlich – bekannt.

Vor allem aber will sich die Cousine ihren Frust, ihre Wut und ihre Enttäuschung von der Seele schreiben: »Ich war erschüttert. Meine Stasiakte, die ich selbst nicht kannte und mich transparent für jeden macht; mein Lebenslauf, der in jedes Land auf Anfrage hin verschickt (verkauft?) wird von der Gauck-Behörde. Ich fühle mich als Freiwild … Am schlimmsten ist für mich dabei, daß auch mir sehr nahe stehende Personen mit Namen genannt werden … Ich dachte, in diesem Staat gibt es keine Sippenhaft.« Das ist auch einer der Gründe, warum sie nicht an den öffentlichen Treffen ihrer beiden Schwestern mit dem Vetter teilnehmen mag. Der andere ist das Verhalten der beiden, das ihr »mächtig zu knabbern« macht: »Wie doch Geld und die Möglichkeit, bekannt zu werden, die Menschen verändert.«[448]

Am 9. Mai 2001 hat sich der Kanzler mit den beiden, Inge Siegel und Heidelinde Munkewitz, zum ersten Mal getroffen. *Bild* hatte sie aufgespürt. Da er ohnehin mit dem Kabinettsausschuss Neue Länder in Gera tagt, bietet sich ein Mittagessen im Thüringischen an. Begeistert sind nachher alle – die beiden Damen, die zahlreichen Augenzeugen dieser ersten Begegnung und natürlich der Kanzler, der die beiden Cousinen schlicht »doll« findet und zu Kaffee und Kuchen ins Kanzleramt einlädt, wo man sich am 28. Juni wiedersieht. Bei diesem zweiten Treffen mit von der Partie sind die Ehemänner der beiden, des Kanzlers Gattin Doris sowie seine Mutter Erika Vosseler. Aus den genannten Gründen kommt die Dritte nicht, findet es aber »schon sehr mutig«, dass der Vetter sie »nach all den Hieben, die Du von anderer Parteiseite erhalten hast«, mit eingeladen hat.[449] Für Schröder ist das selbstverständlich, weil die Begegnungen eben nicht nur Inszenierungen sind. »Die Menschen nehmen genau wahr, ob jemand das selbst ist oder aber sozusagen der Schauspieler seiner selbst«, sagt er zu Jürgen Leinemann, der seinen Spezi auch auf dieser Reise in die Familiengeschichte beobachtet und sich sicher ist, dass »viele Menschen im plötzlichen Verwandten-Durcheinander des gesamtdeutschen Gerhard ... ein Stück eigenes Chaos entdecken«.[450]

Unerwartetes erlebt Gerhard Schröder in diesen Tagen und Wochen auch im politischen Tagesgeschäft. Am 6. Juni 2001 zerbricht in Berlin die Große Koalition unter dem Regierenden Bürgermeister Eberhard Diepgen. Anlass sind unsaubere Banken- und Immobiliengeschäfte, in die Klaus Landowsky – Ex-Vorstandschef der Berlin-Hannoverschen Hypothekenbank und langjähriger Fraktionschef der CDU im Berliner Abgeordnetenhaus – verwickelt sein soll. Zehn Tage später wählen die Abgeordneten im Zuge eines Konstruktiven Misstrauensvotums Klaus Wowereit, den Vorsitzenden der SPD-Fraktion, zum Nachfolger Diepgens. Dass die Berliner Sozialdemokraten aus der vorgezogenen Neuwahl am 21. Oktober 2001 mit einem gut siebenprozentigen Zuwachs erstmals wieder seit 1975 als stärkste Partei hervorgehen, während die Fraktion der CDU mehr als halbiert wird, ist natürlich auch für den Kanzler eine gute Nachricht.

Zu den schlechten zählt inzwischen, dass die Grünen abermals, wenn auch marginal verlieren. Wenn das so weitergeht, hat das irgendwann auch Rückwirkungen auf die Bundespolitik. Außerdem ist da die PDS, die eigentliche Gewinnerin, die im Ostteil der Stadt fast die Hälfte der Stimmen abräumt. Da Wowereit schon vor der Wahl eine Koalition mit der abgehalfterten CDU kategorisch ausgeschlossen hat, geht die Berliner SPD eine solche mit der PDS ein. Der Parteivorsitzende rät ab und gibt zu erkennen, dass er eine sogenannte Ampelkoalition aus Sozialdemokraten, Grünen und Liberalen vorziehen würde. Das Verhalten der PDS nach den Terroranschlägen gegen die USA zeigt Schröder, dass diese Partei noch immer nicht in der Bundesrepublik angekommen ist. Im Übrigen ist eine rot-rote Koalition nicht ohne Risiko, da die Vorbehalte gegen die gewendete SED im Westen nach wie vor beträchtlich sind. Vor allem aber wird die PDS über solche Regierungsbündnisse auf Länderebene zu einem bundespolitischen Faktor. Auch wenn sie in der Regel der kleine Partner ist, gibt ihr das über den Bundesrat doch eine gewisse Gestaltungsmacht. Das hat man zuletzt bei der Steuerreform gesehen.

Für den Kanzler wird das zu einem Balanceakt. Weil er die Partei nicht ignorieren kann, verweigert er nicht das Gespräch, trifft sich auch gelegentlich informell mit dem einen oder anderen ihrer Repräsentanten. So zum Beispiel Anfang Oktober mit deren scheidendem Vorsitzenden Lothar Bisky, den Schröder für einen integren Mann hält. Nicht öffentlich werden seine Treffen mit Gregor Gysi, Hans Modrow, dem letzten Vorsitzenden des Ministerrats der DDR, der jetzt für die PDS im Europäischen Parlament sitzt und dem Schröder schon während einem seiner DDR-Besuche begegnet ist, oder auch Wolfgang Gehrcke, dem Stellvertretenden Vorsitzenden der PDS-Bundestagsfraktion. Mit allen dreien verkehrt er, wie das in linken Kreisen üblich ist, per Du.

Im Mai 2002 spricht der Kanzler mit Gysi und Modrow jeweils unter vier Augen – mit Gysi auf dessen Bitte hin auch über das »Thema B[undes]T[ags]-Wahlkampf«. Nachdem diese Schlacht im Herbst 2002 geschlagen ist und die PDS nur noch über zwei Direktmandate im Bundestag verfügt, gratulieren Gysi, Modrow und Gehrcke zum Erfolg und bitten den Kanzler und SPD-Vorsitzenden erneut um vertrauliche Gespräche. Diese Termine gehören im Übrigen zu denen, die nur in den handschriftlich geführten, nicht aber in den ausgedruckten Kanzlerkalender aufgenommen werden. Schröder kann sich auf die Gespräche einlassen, weil er vor der Wahl eine Regierungsbeteiligung der PDS im Bund kategorisch ausgeschlossen hat und das Thema danach erst einmal nicht auf der Tagesordnung ist. Andererseits weiß auch der SPD-Vorsitzende, wie Gehrcke ihm im März 2003 schreibt, dass »eine Situation eintreten« kann, in der die PDS »erneut Bedeutung für die bundesweiten politischen Konstellationen erhält«. Daher wäre es töricht, die Partei, die ja nicht nur aus unbelehrbaren Altkommunisten besteht, zu ignorieren. Wer weiß, was aus diesen Gesprächen geworden wäre, hätte sich die PDS vor der nächsten Runde nicht auf ein Zusammengehen mit Oskar Lafontaine verlegt.[451]

Solange sie noch im Bundestag vertreten ist, muss der Kanzler auf die PDS keine Rücksicht nehmen, weil die Partei seine Politik ohnehin grundsätzlich ablehnt. So auch beim Thema Embryonenschutz und Präimplantationsdiagnostik. Es sind die rasanten Entwicklungen der jüngsten Vergangenheit wie die Entschlüsselung des menschlichen Genoms oder die Legalisierung des sogenannten therapeutischen Klonens in Großbritannien, die den Kanzler die politische Initiative bei der Gentechnik ergreifen lassen. Ohne einen »Führungsplatz in der Bio- und Medizintechnik«, davon ist Schröder überzeugt, hat die Wissensgesellschaft »keine Chance …, jenen Wohlstand zu sichern, den alle bei uns lebenden Menschen genießen möchten«.[452]

Ein zweischneidiges Argument, das prompt die Kritiker auf den Plan ruft und den Kanzler veranlasst, vier Wochen später die Einsetzung eines Nationalen Ethikrates anzukündigen. Als das fünfundzwanzigköpfige Gremium Anfang Juni 2001 erstmals zusammentritt, hat die Republik in dieser Frage schon schwere Auseinandersetzungen hinter sich. Die Konfliktlinien laufen auch quer durch die Sozialdemokratie. So geraten die Justiz- und die Forschungsministerin im Kabinett derart lautstark aneinander, dass die Öffentlichkeit es nicht überhören kann. In diesem Fall geht es um die Untersuchung künstlich befruchteter Embryonen auf schwere Erbkrankheiten, die Herta Däubler-Gmelin kategorisch ablehnt, während Edelgard Bulmahn sie bei »einer kleinen Zahl von Krankheiten« zulassen will.[453]

Hoch her geht es auch zwischen dem Bundespräsidenten und dem Bundeskanzler. Natürlich greifen sie sich nicht direkt an, doch kommentiert Schröder Raus öffentliche Warnung vor einer Lockerung des Embryonenschutzes ebenso öffentlich mit der Feststellung, dass es ohne jeden Zweifel eine »definitive Grenze« gebe, »die Würde des Menschen, denn die ist unantastbar ... Doch eine breite Debatte umfasst mehr: Moralisch ist es nämlich auch, die vielen Menschen mit zum Teil schwersten Erkrankungen nicht zu vergessen, die sich durch gentechnisch hergestellte Medikamente Heilung und Linderung erhoffen. Und schließlich gehört zu unserer moralischen Verantwortung, dass wir uns um Arbeit und Wohlstand kümmern«[454] – sprich zu verhindern, dass Deutschland ein zweites Mal einen Markt mit Zukunft auslässt, so wie das in den achtziger Jahren bei der Sequenzierung des Erbguts der Fall gewesen ist.

Am vorläufigen Ende steht ein Kompromiss. Er zeigt, dass die Bruchlinie nicht nur quer durch die SPD, sondern durch sämtliche Parteien und damit auch durch das Parlament geht. Und er lässt deutlich die Handschrift des Kanzlers erkennen, der sich intensiv mit der Materie befasst und immer wieder, auch intern, angemahnt hat, »dass der Respekt vor den unterschiedlichen Positionen deutlich bleibe«.[455] Als der Bundestag am 30. Januar 2002 über den Stammzellenimport entscheidet, erteilen die Parlamentarier auf der einen Seite der Tötung von menschlichen Embryonen zu Forschungszwecken in Deutschland und dem Ausland eine klare Absage. Andererseits nimmt aber eine Mehrheit, darunter Kanzler Schröder und die CDU-Vorsitzende Merkel, davon jene Zellkulturen aus, die bereits vorhanden sind. Zu den Importgegnern zählen nach wie vor Justizministerin Däubler-Gmelin, aber beispielsweise auch der Vorsitzende der Unionsfraktion Merz.

Die Debatte um den Embryonenschutz ist eine Ausnahme, weil der Fraktionszwang aufgehoben ist und weil es um eine Frage geht, für die man die Öffentlichkeit, sprich die Wähler, praktisch nicht interessieren und also auch nicht mobilisieren kann. Anders sieht es bei den Auslandseinsätzen der Bundeswehr aus. Im Sommer steht ein solcher in Mazedonien an. Das Land gehört zu den Nachfolgestaaten Jugoslawiens und kämpft seit seiner Unabhängigkeit im Jahr 1991 mit mehreren Problemen. Zum einen hat Griechenland den kleinen Nachbarn in einen Streit über den Staatsnamen verwickelt, zum anderen, und das ist augenblicklich gefährlicher, fordert die albanische Minderheit in Mazedonien die Gleichberechtigung mit der Titularnation. Seit Anfang 2001 versucht ein Ableger der radikalen »Befreiungsarmee des Kosovo« (UÇK) diese Forderungen mit Gewalt durchzusetzen. Je mehr sich die Lage zuspitzt, umso lauter wird der Ruf nach einer Intervention durch die NATO. Denn man will und man muss verhindern, dass der lokale Konflikt zu einem Flächenbrand wird, der auch die mehr oder weniger befriedete Nachbarschaft erneut ins Chaos stürzen könnte. Vor diesem Hintergrund haben die Bundesregierung und namentlich der Kanzler im Frühjahr eine deutsche Teilnahme an einer solchen Mission signalisiert.

Mit der Unterzeichnung eines Rahmenabkommens zwischen Mazedoniern und Albanern am 13. August ist es so weit. Jetzt geht es vor allem darum, einer Bitte des mazedonischen Präsidenten an die NATO nachzukommen und die Waffen der aufgelösten albanischen UÇK einzusammeln. Für die Bundesregierung bedeutet das, im Bundestag eine Teilnahme deutscher Soldaten an der NATO-Mission Essential Harvest zu beantragen. Obgleich sich die Operation sowohl zeitlich als auch personell und finanziell in einem überschaubaren Rahmen bewegt – für den Dreißig-Tage-Einsatz werden rund 160 Millionen D-Mark bereitgestellt –, regt sich kräftiger Widerstand, vor allem innerhalb der Fraktionen der rot-grünen Koalition. Die Situation ist so ernst, dass der Kanzler eine sechstägige Reise nach Südamerika kurzfristig absagt.

Natürlich ist das auch die Stunde der Opposition. Namentlich der umtriebige Guido Westerwelle, Jahrgang 1961, langjähriger Generalsekretär und seit einigen Monaten Vorsitzender der Liberalen, sieht hier wieder einmal eine Chance, die FDP dem Kanzler als Alternative zum schwierigen grünen Koalitionspartner anzudienen. Vieles haben Schröder und Westerwelle nicht gemeinsam, aber grundsätzlich ausschließen wollen sie natürlich die Option eines Zusammengehens nicht, wenn man auf absehbare Zeit auch weit davon entfernt ist. Jedenfalls lädt sich der liberale Frontmann zunächst zu einem Antrittsbesuch beim Kanzler und dann diesen zur Feier seines Vierzigsten ein. Der muss zwar absagen, weil er mit der Familie die wenigen freien Tage bei der Schwiegermutter verbringen wird, wünscht Westerwelle aber »persönlich alles erdenklich Gute, politisch fast alles«.[456]

Westerwelles öffentliches Werben um die Sozialdemokraten wiederum hat den Effekt, dass sich die Führung von CDU und CSU auf die Offerten der Regierung einlässt. Hatten Merkel und ihre Männer zunächst eine Beteiligung der Bundeswehr an der NATO-Operation in Mazedonien abgelehnt, präsentieren nunmehr Wolfgang Schäuble und Volker Rühe dem Verteidigungsminister einen detaillierten Katalog von Forderungen. Sie beziehen sich auf die Ausstattung der Bundeswehr. Sollen die deutschen Soldaten, so das Argument der beiden, in Einsätze wie den mazedonischen geschickt werden, müssen sie über die entsprechende Ausrüstung verfügen. Scharping notiert die Forderungen – handschriftlich und auf die ihm eigene gründliche Art –, kommentiert sie und reicht sie an den Kanzler weiter. Der empfängt wenige Tage vor der entscheidenden Debatte im Bundestag die Oppositionsführerin zu einem Gespräch. Dabei handelt es sich um einen jener wenigen Termine, die so diskret gehandhabt werden, dass in der Terminakte lediglich der Gesprächstermin, nicht aber der Name der Gesprächspartnerin verzeichnet wird.[457] Während der Unterredung folgt Schröder einer von seinem Amtschef vorgeschlagenen Linie und lässt erkennen, »daß [das] Sicherheitskonzept Rühe zum allergrößten Teil bei uns berücksichtigt« ist.[458]

So gesehen ist die Opposition für den Kanzler die leichter zu handhabende Unwägbarkeit bei der bevorstehenden Abstimmung. Das Problem ist die eigene Fraktion. Mit Peter Struck steht Gerhard Schröder in diesen Tagen im Dauerkontakt. Zweimal, am 5. Juli und am 23. August, wird er wie die übrigen Fraktionsvorsitzenden vom Kanzler förmlich unterrichtet. Zwei Tage vor der Abstimmung geht Schröder zunächst ins Präsidium, wo er vom »wirre[n] Sommerlochthema der 30 potentiellen Abweichler« spricht,[459] danach in den Vorstand, der ihm bei einer Gegenstimme folgt.[460] Wie dramatisch er, aber auch Peter Struck die Lage einschätzen, zeigen die Auftritte des Kanzlers auf den beiden Sitzungen der Fraktion am Abend des 28. und am Mittag des 29. August. Erst beschwört Gerhard Schröder in einem immerhin dreißigminütigen Beitrag »alle, die der Meinung seien, dass sie den Einsatz ›nicht verantworten‹ könnten, nicht nur für sich und vor sich Verantwortung zu übernehmen, sondern auch für das Gesamte«,[461] dann lässt er keinen Zweifel, dass es »auf die eigene Mehrheit der Koalition ankäme«.[462] Und Struck fordert die möglichen Abweichler in der abendlichen Sondersitzung sogar ultimativ auf, »ihm dies bis morgen 9.00 [zu] sagen«.[463]

Das zeigt Wirkung, reicht aber nicht, als der Bundestag am 29. August über den Mazedonieneinsatz abstimmt. Dass bei CDU und CSU 162 Abgeordnete dafür und 61 dagegen, bei den Liberalen 30 dafür und zehn dagegen stimmen, dass also die Oppositionsfraktionen einen noch trostloseren Eindruck hinterlassen, macht die Sache nicht besser. Denn dort mag man diese Vorstellung bedauern, kann aber zur Tagesordnung übergehen. Anders die Regierung. Weil 19 Sozialdemokraten und fünf Grüne, bei denen es zudem zwei Enthaltungen gibt, gegen einen Einsatz der Bundeswehr in Mazedonien stimmen, verfehlt Gerhard Schröder – erstmals in seiner Amtszeit – die Kanzlermehrheit.

An diesem Abend ist er entschlossen zurückzutreten. Zwar beruhigt er sich nächtens wieder,[464] aber natürlich ändert das nichts an seiner Empörung über das Abstimmungsverhalten. Denn es ist nicht nur ärgerlich, es ist gefährlich. So sieht es auch der Fraktionsvorsitzende: »Kein SPD-Abgeordneter«, sagt Peter Struck mit unerhörter Schärfe, »ist in den Bundestag gewählt worden, weil er Fritz Müller oder Peter Struck heißt, sondern als Kandidat der Partei, und der ist er auch verpflichtet.«[465] Noch deutlicher werden die beiden auf der Sitzung des SPD-Präsidiums: »Wenn die Disziplin so untergeht, können wir *einpacken*«, notiert Rainer Sontowski die Feststellung Schröders, und was die 19 Abweichler angeht, so sind nach Strucks Beobachtung »*einige ›schlicht‹ bösartig*«, andere »*uneinsichtig*« und der Rest einfach nur »›blöd‹«.[466] Ähnlich äußert sich Struck – und wohl auch Schröder – auf der Sitzung der Bundestagsfraktion vom 6. September.[467]

Natürlich kann man das wenig später in den Zeitungen lesen, und das ist wohl auch ein Zweck der Übung. Dort schießen die Spekulationen ins Kraut, und gute Kenner der Szene wie Georg Paul Hefty spielen die Optionen durch, die der Kanzler künftig in solchen Fällen hat: Sollten ihm die Regierungsfraktionen im Falle einer neuerlichen Abstimmung über Mazedonien nicht vollständige Gefolgschaft zusichern können, dann, so Hefty, »könnte Schröder die Mandatsfrage der Bundeswehr mit der Vertrauensfrage nach Artikel 68 des Grundgesetzes verbinden«.[468] So kommt es dann auch, aber nicht wegen Mazedonien, sondern wegen Afghanistan.

Das Abstimmungsdebakel ist nicht das einzige Ungemach, mit dem der Kanzler es zu tun hat. Noch unangenehmer, weil von der Öffentlichkeit begierig aufgesogen, sind Eskapaden seines Verteidigungsministers. Während sich die deutschen Soldaten auf einen möglichen Einsatz in Mazedonien vorbereiten und überhaupt an allen möglichen Ecken und Enden der Welt im Einsatz sind, urlaubt Rudolf Scharping auf Mallorca und lässt sich für bunte Magazine mit seiner Lebensgefährtin planschend im Swimmingpool ablichten. Damit nicht genug, fliegt er von der Abstimmung im Bundestag nicht direkt zur Erkundung vor Ort nach Mazedonien, sondern legt »zuvor einen Boxenstopp bei der gräflichen Freundin auf Mallorca« ein, lässt sich »vom Liebesnest am nächsten Morgen abholen und abends von Mazedonien wieder hinbringen«.[469] Das ist zwar nicht ganz falsch, aber ganz richtig ist es auch nicht, weil Scharping auf dem Hinflug eine Maschine benutzt, die vom Innen- und vom Verkehrsminister bei der Flugbereitschaft angefordert worden war und diese an ihren italienischen beziehungsweise mallorquinischen Urlaubsort zurückbringen sollte.[470] Das öffentliche Urteil aber ist gefällt: »So etwas hat es in Bonn und Berlin lange nicht gegeben. Instinkt- und orientierungslos wie ein Geisterfahrer … – ein Verteidigungsminister vor dem Ende.«[471] So sehen das der *Spiegel* und mit ihm die allermeisten Beobachter.

Einer sieht das anders. Als die Krise in Windeseile ihrem Eskalationspunkt zutreibt, notiert Gerhard Schröder handschriftlich für den engsten Kreis im Kanzleramt, was er zu tun und was zu unterlassen gedenkt: »Ich werde zu den aufgeworfenen Fragen abschließend Stellung nehmen, nachdem ich ein persönl[iches] Gespräch mit Rudolf Scharping geführt habe. Darauf hat gerade er Anspruch. Denen, die jetzt vorschnell seine Entlassung fordern, gebe ich zu bedenken: Rudolf Scharping hat in unterschiedlichsten Ämtern vorbildliches für unser Land geleistet. Dabei hat er auch für ihn bittere Stunden in der Politik mit großem Pflichtgefühl und menschlichem Anstand bewältigt. An seiner persönlichen Integrität ist kein Zweifel erlaubt.«[472] Daran hält er fest, greift beispielsweise Mitte April 2002 zum Hörer und stellt gegenüber der Lebensgefährtin Scharpings klar, dass ein vom *Spiegel* kolportiertes Zitat über sie frei erfunden ist.[473] Keine Frage, dieser Gerhard Schröder ist ein integrer Mann. Allerdings muss der Kanzler zum Fall Scharping vorerst gar nicht abschließend Stellung nehmen und gegebenenfalls handeln, weil wenige Tage später die Terrorangriffe auf die USA alle Blicke auf New York richten – und Schröder erst einmal aus seiner misslichen Lage in Partei, Fraktion und Regierung befreien.

Die Welt ist Zeuge, als in den Morgenstunden des 11. September 2001 der Terror Besitz von Amerika ergreift. Tausende finden den Tod, nachdem innerhalb von 20 Minuten zwei voll besetzte Passagierflugzeuge in die Zwillingstürme des New Yorker World Trade Center, ein Wahrzeichen der Stadt und des Landes, gesteuert worden sind und diese binnen Kurzem in rauchende Trümmermassen verwandeln. Fast zeitgleich trifft eine dritte entführte Maschine das Pentagon in der Hauptstadt Washington; dass das Weiße Haus verschont bleibt, ist dem Einsatz von Passagieren zu danken, die ein viertes Flugzeug außerhalb der Stadt zum Absturz bringen und dafür ihr

Leben lassen. Vergleichbares haben die USA nur einmal erlebt. Allerdings befand sich die Welt im Krieg, als die Japaner im Dezember 1941 die amerikanische Pazifikflotte angriffen, so dass mit einer Kriegshandlung auch gegen die Vereinigten Staaten gerechnet werden musste – wenngleich der Zeitpunkt, der Ort und die Wucht des Angriffs schockierten.

Die Anschläge des 11. September richten sich gegen die Zivilbevölkerung und lassen eine bislang nicht bekannte Hemmungslosigkeit erkennen. Und sie sind eine Kriegserklärung eines nicht sichtbaren Gegners an die USA. Noch am selben Tag kündigt Präsident Bush daher Vergeltungsschläge gegen die Täter und ihre Hintermänner an: »Die Vereinigten Staaten werden die Verantwortlichen für diese feigen Akte zur Strecke bringen und bestrafen.«[474] Wer sie sind, steht bald fest. Als Hauptverdächtiger und führender Kopf gilt der arabische Terrorist Osama bin Laden, Führer des Terrornetzwerks al-Qaida, der allem Anschein nach bei jenem afghanischen Taliban-Regime Unterschlupf und Unterstützung gefunden hatte, das – ähnlich wie der irakische Despot Saddam Hussein – jahrelang vom Westen, allen voran den USA, gepäppelt worden war, wenn auch verdeckt und indirekt. In dem einen Fall galt der Iran, in dem anderen die Sowjetunion als der Gegner, den es mit Hilfe von Fundamentalisten beziehungsweise Diktatoren zu schwächen galt.

Gerhard Schröder hat zunächst an seiner für den kommenden Tag anstehenden Rede zum Haushalt gearbeitet, sich dann ins Plenum begeben, gegen 13 Uhr mit dem russischen Präsidenten Putin telefoniert, um 13.30 Uhr den ungarischen Ministerpräsidenten Viktor Orbán mit militärischen Ehren empfangen, mit ihm ein Gespräch geführt und den anschließenden Pressetermin absolviert – kurzum das Programm eines typischen Kanzleralltags abgespult, als Büroleiterin Sigrid Krampitz in sein Arbeitszimmer stürzt: »Da ist was Schreckliches passiert. Stell mal den Fernseher an.« Was in den kommenden Stunden und Tagen vor sich geht, verrät der Terminkalender des Kanzlers. Ab 15 Uhr sind alle Termine durch neue ersetzt.[475] Schröders Chefsekretärin hat die neue Terminfolge später festgehalten.

Danach besteht der Nachmittag aus einer Serie von Telefonaten, Gesprächen und Treffen. Außenminister, Innenminister, Verteidigungsminister, Bundestagspräsident, die Fraktionsvorsitzenden – alle werden kontaktiert, einige ins Kanzleramt einbestellt. Dort findet eine erste Krisensitzung mit dem Verteidigungs-, dem Außen- und dem Innenminister, außerdem mit dem Chef des BND und dem Leiter der Abteilung 2 statt, gefolgt von einem Telefonat mit dem Bundespräsidenten und – um 17 Uhr – einer ersten Sitzung des Bundessicherheitsrates. Anschließend telefoniert der Kanzler mit dem französischen Präsidenten Jacques Chirac, dem britischen Premier Tony Blair sowie – zum zweiten Mal an diesem Tag – mit dem russischen Präsidenten Wladimir Putin. Für 20 Uhr lädt Schröder die Fraktions- und Parteivorsitzenden der im Bundestag vertretenen Parteien ins Kanzleramt. Die sich anschließende neuerliche Runde von Telefonaten endet gegen 22 Uhr in einem zweiten Gespräch mit dem Bundespräsidenten.[476] So geht das auch in den kommenden Tagen weiter, und soweit es die Zeit und die Thematik zulassen, wird auch die Presse ins Bild gesetzt: Am Mittag des 13. September gibt Schröder Jürgen Leinemann ein kurzes Interview, am Abend folgt ein Hintergrundgespräch mit 17 Pressevertretern.

Bevor am Nachmittag des 11. September der Sitzungs- und Terminmarathon beginnt, entwirft der Kanzler handschriftlich ein Telegramm an den amerikanischen Präsidenten, versichert ihm, dass seine Regierung »diese terroristischen Akte auf das Schärfste« verurteile und das »deutsche Volk … in dieser schweren Stunde an der Seite der USA« stehe. In diesem Zusammenhang spricht der deutsche Kanzler dem amerikanischen Präsidenten seine »uneingeschränkte Solidarität« aus.[477] Dass er anders als Blair und Chirac nicht gleich in den nächsten Tagen in die USA reist, sondern zunächst seinen Außenminister schickt und selber erst vier Wochen später bei Bush ist, ändert daran nichts, im Gegenteil: Mit einem »Solidaritätswettlauf«, findet auch der Verteidigungsminister, wird man der dramatischen Situation nicht Herr.[478]

Aus einer Reihe handschriftlicher Notizen, die Gerhard Schröder in diesen Stunden und Tagen zu Papier bringt, um seine Gedanken zu ordnen, offizielle Stellungnahmen vorzubereiten oder auch seine Mitarbeiter anzuweisen, wird deutlich, wie tief überzeugt er davon ist, dass sich Deutschland ohne Wenn und Aber an der Seite des schwer getroffenen Verbündeten einzufinden hat. »Als es um die Verteidigung der Freiheit in Berlin ging«, notiert er am 12. September in Vorbereitung auf ein Pressestatement, »hat John F. Kennedy gesagt: Ich bin ein Berliner. Heute geben wir diese Solidarität zurück[,] wenn wir sagen: wir sind solidarisch mit dem amerikanischen Volk.«[479] Wenn er rückblickend festgehalten hat, ihm sei von Anfang an klar gewesen, dass Solidarität »auch die mögliche Teilnahme der Bundeswehr an amerikanischen Militäreinsätzen einschließen könnte«,[480] entspricht das den Tatsachen. So notiert er zu einer Aufzeichnung Steiners vom 13. September: »Pol[itische] Solidarität ist selbstverständlich … Sie muß und wird Folgen haben. Welche läßt sich heute noch nicht sagen. Klar ist: Solidarität ohne Risiko ist verbale Schaumschlägerei.«[481]

In den folgenden Tagen und Wochen bekräftigt der Kanzler sein Bekenntnis wiederholt und öffentlich, auch vor dem Bundestag, und offensichtlich hat der Besuch des »Ground Zero«, bei dem ihm am 9. Oktober die »Erschütterung«[482] ins Gesicht geschrieben steht, seine Entschlossenheit bestärkt, sofern das überhaupt noch nötig war. Einige seiner Formulierungen sind in Erinnerung geblieben, andere erstaunlicherweise nicht. In Erinnerung geblieben ist seine am 12. September wiederholt getroffene Feststellung, wonach die Anschläge eine »Kriegserklärung« an die »zivilisierte Völkergemeinschaft«, »die gesamte zivilisierte Welt« beziehungsweise »die freie Welt« bedeuten, sowie seine Unterrichtung der Abgeordneten, dass er dem Präsidenten »die uneingeschränkte – ich betone: die uneingeschränkte – Solidarität Deutschlands zugesichert« habe.[483]

Weniger geläufig ist die Begründung, die Schröder eine Woche später, wiederum vor dem Bundestag, nachliefert. Er hat diese Rede eigenhändig konzipiert und die ihm wichtigen Partien selbst formuliert, so auch diese: »Dankbarkeit ist eine wichtige und auch gewichtige Kategorie. Doch sie würde zur Legitimation existenzieller Entscheidungen, vor denen wir unter Umständen stehen, nicht reichen. Bei den Entscheidungen, die wir zu treffen haben werden, lassen wir uns einzig von einem Ziel leiten: die Zukunftsfähigkeit unseres Landes inmitten einer freien Welt zu sichern.«[484] Und vier Wochen später sagt Schröder am selben Ort noch einmal, dass es beim Kampf gegen den Terrorismus »keineswegs nur um Beistandsverpflichtungen von Freunden gegenüber den Vereinigten Staaten« gehe, sondern »um die eigenen nationalen Interessen der Deutschen«.[485]

Eine glasklare, eine unmissverständliche Feststellung und Festlegung. Erstaunlich, dass man sie überhört oder ignoriert hat. Dabei liegt sie in der Logik der geforderten Orientierung deutscher Außenpolitik an den nationalen Interessen, auf die dieser Kanzler von Anfang an Wert gelegt hat. Auch erschließt sich durch sie die nicht minder klare Feststellung im Vorfeld des dritten Irakkrieges, dass über existenzielle Fragen der deutschen Nation in Berlin entschieden werde, wovon noch zu berichten ist. Diese Feststellung ist eben nicht, wie häufig unterstellt, eine dem Wahlkampf geschuldete Phrase, sondern Element einer konsequenten, relativ einfach ausgelegten außenpolitischen Strategie.

Das Bekenntnis zur Solidarität ist global. Niemals in seiner aktiven Zeit, erinnert sich Schröder, bestand in der Weltgemeinschaft eine solche Einigkeit in der Bereitschaft zur Solidarität mit den Vereinigten Staaten wie damals. Selbstverständlich gilt das auch für das Atlantische Bündnis. Da bald als sicher gelten kann, dass der Angriff vom Ausland gegen die USA geführt worden ist, ruft die NATO am 2. Oktober, erstmals in ihrer über fünfzigjährigen Geschichte, den Bündnisfall aus. Damit ist eine Beteiligung der Bundeswehr an entsprechenden Maßnahmen des Bündnisses absehbar. Für den Bundeskanzler und Parteivorsitzenden, der sich intern sogleich darauf festgelegt hat, ist diese Entwicklung nicht ohne Risiko, muss der doch davon ausgehen, dass Abgeordnete seiner eigenen Partei sowie der Grünen Vorbehalte haben. Dies umso mehr, als die Entschlossenheit nach außen durch zwei Sicherheitspakete – ironisch »Otto-Kataloge« genannt – dokumentiert wird, mit denen Innenminister Schily den Kampf gegen den Terror aufnehmen beziehungsweise stärken will.

Mit den beiden Sicherheitspaketen, die der Innenminister nach dem 11. September vorlegt, betreten er und mit ihm der Kanzler Neuland. Zwar gibt es in der Bundesrepublik seit dem Februar 1978 – damals in Teilen heftig kritisiert von den Anwälten Otto Schily und Gerhard Schröder – eine Anti-Terror-Gesetzgebung, aber die zieht im Wesentlichen die Konsequenzen aus den Anschlägen und Morden der Roten Armee Fraktion. Für die neue Dimension des von außen gesteuerten Terrorismus ist sie unzureichend. Nicht zuletzt die Erkenntnis, dass die Attentäter des 11. September kaum auffällig geworden sind und drei von ihnen sogar eine ganze Zeit lang in Deutschland gelebt haben, legen eine radikale Verschärfung der Überprüfungs- und Überwachungsmaßnahmen nahe.

Nach mühsamen Verhandlungen mit den Grünen, denen die Maßnahmen Schilys zu weit gehen, sowie mit den unionsgeführten Ländern, denen sie nicht reichen, und gegen erheblich Bedenken von Vertretern der Medien oder auch der Judikative sind »Ottos Kataloge« nach dreieinhalb Monaten in der völlig verunsicherten Welt. Dass der Kraftakt gelingt, liegt auch am Schulterschluss Schilys mit dem bayerischen Innenminister Günther Beckstein, der für die Länder sondiert. Gerade einmal 14 Tage nach den Anschlägen lässt das Kabinett das erste Sicherheitspaket in Form eines Anti-Terror-Programms passieren. Es sieht, finanziert durch eine Erhöhung der Versicherungs- und der Tabaksteuer, die Bereitstellung von 3 Milliarden D-Mark zur Bekämpfung des Terrorismus vor, außerdem einige Gesetzesänderungen, darunter die Streichung des Religionsprivilegs aus dem Vereinsrecht.

In dieser Hinsicht wesentlich weiter geht das zweite Paket. Bestehend aus 17 Einzelgesetzen sowie fünf Verordnungen, tritt es am 1. Januar 2002 als »Gesetz zur Bekämpfung des internationalen Terrorismus« in Kraft. Es sieht unter anderem vor: die zum Teil erhebliche Kompetenzausweitung einzelner Behörden wie des Bundeskriminalamtes und des Bundesgrenzschutzes, der seit dem 1. Juli 2005 als Bundespolizei firmiert, die Aufnahme biometrischer Daten in Pässe und Personalausweise oder auch eine erste Einschränkung des

Brief-, Post- und Fernmeldegeheimnisses. Gerade dieses Vorhaben, das den Artikel 10 des Grundgesetzes berührt, löst heftige Kontroversen aus. Zum einen ist das entsprechende Gesetz erst im Juni 2001 nach langwierigen Verhandlungen geändert worden. Zum anderen sollen diese Maßnahmen baldmöglichst durch weitere ergänzt werden, wonach es unter anderem dem Bundesnachrichtendienst erlaubt sein soll, personenbezogene Daten an ausländische Dienste weiterzugeben. Auf eine solche verbesserte Zusammenarbeit der Nachrichtendienste verständigt sich Anfang 2002 der Kanzler mit dem amerikanischen Präsidenten. Wegen erheblicher Bedenken in der SPD erfolgt die entsprechende rechtliche Umsetzung allerdings erst 2009.

Der Kanzler und seine rot-grüne Bundesregierung behalten ihren strammen Kurs auch deshalb bei, weil ihnen eine Serie von Terroranschlägen – wenn auch nicht in Deutschland – gar keine andere Wahl lässt: Bereits im April 2002 waren im tunesischen Djerba 21 Menschen, darunter 14 Deutsche, einem Selbstmordanschlag zu Opfer gefallen, im März 2004 werden im morgendlichen Berufsverkehr von Madrid fast 200 Menschen getötet und mehr als 2000 verletzt, und im Juli 2005 werden in der Londoner U-Bahn drei Bomben gezündet. Ende März 2004 muss der Bundespräsident wegen einer Anschlagsdrohung seine Afrikareise abbrechen.

Die beiden Sicherheitspakete mit einer eigenen Mehrheit durch das Parlament zu bringen, ist schwierig. Die Zustimmung der Fraktionen von SPD und Grünen zu einer umfassenden Beteiligung an den militärischen Anti-Terror-Einsätzen zu erhalten, ist eine Herausforderung. Das Thema wird akut, als amerikanische Streitkräfte am 7. Oktober 2001, zeitweilig von britischen flankiert, erste Angriffe auf Afghanistan fliegen. Sie dienen der Unterstützung der im Herbst 1996 gegründeten sogenannten Nordallianz, einer Koalition verschiedener afghanischer Stämme und Milizen. Ziel ist die Beseitigung des in Kabul herrschenden Taliban-Regimes. Mit der Einnahme der Hauptstadt ist dieses Ziel am 12. und 13. November 2001 im Wesentlichen erreicht. Der Kampf gegen die afghanischen Taliban ist Teil der Großoperation Enduring Freedom gegen den internationalen Terrorismus, die sich neben Afghanistan auf das Horn von Afrika, die Philippinen sowie Afrika, insbesondere südlich der Sahara, erstreckt und an der sich rund 70 Nationen, unter ihnen Deutschland, beteiligen werden. Legitimiert ist die unter amerikanischer Führung stehende Operation durch die Resolution 1368 des Sicherheitsrates der Vereinten Nationen vom 12. September, die sich auf das Recht zur Selbstverteidigung beruft.

Unmittelbar vor Beginn der Luftschläge gegen Afghanistan setzt der amerikanische Präsident die wichtigsten Verbündeten der USA telefonisch ins

Bild, darunter um 17.50 Uhr den deutschen Bundeskanzler: »18.30 Beg[inn] Angriff Afghanistan«, hält Marianne Duden danach im Kalender fest. Inzwischen ist Schröder auf dem Weg von Hannover nach Berlin, trifft mit Fischer, Heye, Steinmeier, Steiner, Scharping und wiederholt mit Schily zusammen, gibt zwischendurch eine Presseerklärung ab und telefoniert spätabends noch mit dem Bundespräsidenten und dem britischen Premier Tony Blair.[486] Die Telefonate sind Teil des eng koordinierten internationalen Krisenmanagements, auf das Schröder großen Wert legt. So hat am 21. September ein Sondergipfel der EU über den Kampf gegen den Terrorismus beraten, und in den Tagen unmittelbar vor Angriffsbeginn war der Kanzler unter anderen mit den Premierministern Großbritanniens, Frankreichs und Spaniens, Blair, Jospin und Aznar, zusammengetroffen, um das weitere Vorgehen zu koordinieren.

Die Beziehung zum britischen Premier Tony Blair ist nach wie vor sehr gut und belastbar. Auf dem Parteitag der Labour Party in Brighton, wo es am 1. Oktober zu dem Treffen kommt und der Kanzler mit Ovationen empfangen und verabschiedet wird, üben die beiden demonstrativ den Schulterschluss. Tony Blair persönlich hat ihn unter anderem mit dem Hinweis eingeladen, dass im Jahr zuvor Nelson Mandela der Gastredner gewesen sei, und Gerhard Schröder verzichtet dafür, gewiss nicht schweren Herzens, auf die Teilnahme am Parteirat.[487] Wenig später gibt der Brite eine nicht weniger gefeierte Vorstellung auf dem SPD-Parteitag in Nürnberg.

Der Zufall will es, dass sich für den 25. und 26. September Russlands Präsident Putin zum Staatsbesuch in Deutschland angesagt hat. Der Bundespräsident hatte ihn im Jahr zuvor eingeladen. Ursprünglich sollten vor allem Wirtschaftsfragen auf der Tagesordnung stehen. Darüber wird auch gesprochen, doch ist der Kampf gegen den Terror das alle anderen überlagernde Thema. Das gilt auch für die Unterredung Schröders mit dem ägyptischen Präsidenten Hosni Mubarak, der sich gleichfalls am 25. September, aus Paris kommend, für einige Stunden in Berlin aufhält. Mubarak ist damals, ein knappes Jahrzehnt, bevor die revolutionäre Welle im nördlichen Afrika zahlreiche Regime, auch das des Ägypters, hinwegfegt, nicht nur in Berlin ein gern gesehener Gast. Die Gespräche mit dem einen wie dem anderen tragen einiges dazu bei, das Profil des Kanzlers als Krisenmanager zu schärfen. Die Begegnungen mit Putin eröffnen Schröder zudem die Möglichkeit, die von den westlichen Verbündeten nicht immer mit Wohlwollen betrachteten, historisch begründeten Sonderbeziehungen Deutschlands zu Russland zu kapitalisieren und erkennbar daran mitzuwirken, dass Russland in die Allianz gegen den Terror eingebunden wird.

Gut und belastbar: Bundeskanzler Gerhard Schröder und der britische Premierminister Tony Blair sind die Stars auf den Parteitagen der Labour Party in Brighton und – hier am 20. November 2001 – der SPD in Nürnberg.

Tatsächlich legt der Präsident in diesem Sinne ein klares Bekenntnis ab – und zwar öffentlich in einer viel beachteten Rede vor dem Bundestag, die Putin auf eine Bitte von Bundestagspräsident Thierse hin zum größten Teil in deutscher Sprache hält. Hier sagt er auch erstmals deutlich, er sei »im Kampf gegen den Terrorismus … voll und ganz mit dem amerikanischen Präsidenten einverstanden«.[488] Putin tut das aus Überzeugung und zugleich nicht ohne Hintergedanken. Indem er auch den Feldzug gegen das abtrünnige Tschetschenien, den Moskau im Herbst 1999 mit 100 000 Soldaten wieder aufgenommen hat, als Beitrag zum Kampf gegen den internationalen Terrorismus begreift, nimmt er der Kritik an dieser Kampagne die Spitze.

Der Bundeskanzler jedenfalls spricht bereits von einer »differenzierteren« Betrachtung der Kämpfe in Tschetschenien.[489] Eine problematische Konzession, weil sie koalitionsinternen Zündstoff bietet, aber auch weil sie Länder mit einem ähnlich gelagerten inneren Konflikt wie China ermuntern wird, sich auf eine vergleichbare Argumentation zu verlegen. Vorerst hält sich die öffentliche Kritik an Schröders Haltung zum Tschetschenienkonflikt allerdings in Grenzen, weil sie als notwendiges Übel seines im Übrigen unumstrittenen internationalen Krisenmanagements wahrgenommen wird.

Ähnlich konsequent wie die internationale ist in diesen Tagen und Wochen nach den Terroranschlägen des 11. September 2001 die nationale Krisenstrategie. Schröder achtet sorgfältig darauf, nicht nur die Koalitions-, sondern auch die Oppositionsparteien – in der Regel mit Ausnahme der weltfremden PDS – so zeitnah wie möglich auf dem Laufenden zu halten. So setzt er deren Vorsitzende unmittelbar nach Bushs Anruf und noch vor Beginn der amerikanischen Luftschläge telefonisch ins Bild. Diese Strategie erleichtert es den Partei- und Fraktionsführern der Opposition, der Regierung in der Frage der Terrorismusbekämpfung entgegenzukommen. Und je offensichtlicher sie das tun, umso mehr gewinnt das Bild Schröders als effizienter Krisenmanager Konturen, und das macht es wiederum für die Skeptiker und Kritiker in den eigenen Reihen zusehends schwierig, dem Kanzler das Vertrauen und die Unterstützung zu versagen.

Zudem wird innerhalb und außerhalb des Parlaments registriert, dass sich keiner der Bitte des Kanzlers um Rat und Unterstützung verweigert. So finden sich Altkanzler Helmut Schmidt, der ehemalige Außenminister Hans-Dietrich Genscher oder auch Altbundespräsident Richard von Weizsäcker zur Beratung ein, und selbst Helmut Kohl folgt der Einladung des ungeliebten Nachfolgers in das – von ihm und zunächst einmal für sich geplante – Kanzleramt. Den Termin hätte Gerhard Schröder sich sparen können. Denn »mit Helmut Kohl kann man nicht reden«, weil jedes Gespräch »nach wenigen Minuten zur Selbstdarstellung« gerät, bilanziert sein Nachfolger, nachdem er seinerseits das Kanzleramt verlassen hat. Schröder sagt das auch jetzt nicht öffentlich, weil er Kohl nach wie vor »sehr respektvoll behandelt«,[490] was sich umgekehrt nie sagen ließ.

Dieser Termin zählt zu den ganz wenigen, die im gedruckten Terminkalender ohne den Namen des Gesprächspartners verzeichnet sind, und auch im handschriftlich geführten Tischkalender, den Marianne Duden nicht aus dem Auge lässt, ist lediglich »Dr. K.« vermerkt.[491] Aber natürlich erfährt die Presse von der Begegnung. Denn das alles ist ja auch für die Öffentlichkeit in Szene gesetzt, und nur ein Tor könnte glauben, dass der Kanzler nicht immer auch die nächsten Wahlen im Blick hat. Das gilt für die Wahl zur Hamburger Bürgerschaft, bei der die Sozialdemokraten marginal auf 36,5 Prozent zulegen können, die Grünen ein weiteres Mal schwere Verluste hinnehmen müssen und die CDU trotz signifikanter Einbußen die Regierung bilden kann, weil sie mit der Partei Rechtsstaatliche Offensive eine Koalition bildet, die zwölf Tage nach den Anschlägen von New York und Washington auf Anhieb fast 20 Prozent holt; es gilt für die bereits erwähnten vorgezogenen Wahlen zum Berliner Abgeordnetenhaus, die den Genossen am 21. Oktober einen schönen Zugewinn bescheren; und es gilt natürlich auch für die kommende Bundestagswahl, obgleich oder eben weil bis dahin noch ein Jahr ins Land gehen wird.

Aber selbstverständlich sind Motivation und Strategie des herbstlichen Krisenmanagements nicht auf diesen wahltaktischen Aspekt zu reduzieren. Kurzzeitig alle anderen überlagernd ist die Frage nach der parlamentarischen Mehrheit für eine Beteiligung der Bundeswehr an der Operation Enduring Freedom. Nachdem eine entsprechende Anfrage aus Washington auf dem Tisch liegt, stellt der Bundeskanzler am 8. November dem Parlament die Modalitäten vor. Insgesamt 3900 deutsche Soldaten sollen bei der ABC-Abwehr, der Evakuierung von Verletzten, beim Lufttransport von Personen und Material sowie bei der Kontrolle des freien Schiffsverkehrs und beim Schutz von Schiffen mit gefährlicher Ladung zum Einsatz kommen. Fast nebenbei tauchen in der Aufzählung auch »Spezialkräfte der Bundeswehr« auf.[492] Damit ist das Kommando Spezialkräfte (KSK) der Bundeswehr gemeint, das 1996 unter anderem für die Terrorbekämpfung ins Leben gerufen worden ist. Voraussetzung für dessen Bereitstellung, so hatte der Kanzler zwei Tage zuvor der Fraktion erläutert, sei, »dass sie unter deutschem Kommando stünden«.[493] Weil das Mandat, um das er dann den Bundestag ersucht, ausdrücklich keine »Bereitstellung von Kampftruppen am Boden« vorsieht, wird das KSK Mitte 2003 zunächst wieder abgezogen, im Herbst 2004 allerdings von den Amerikanern erneut angefordert. Davon erfährt die Öffentlichkeit nichts.

Bei der deutschen Beteiligung an Enduring Freedom handelt es sich also nicht um einen groß angelegten Kampfeinsatz der Bundeswehr, sondern eher um eine »bewaffnete Kriegsdienstverweigerung«. Sagt rückblickend Jürgen Trittin und bringt die pragmatische Grundüberlegung des Kanzlers treffend auf den Punkt.[494] Als sich gleichwohl abzeichnet, dass eine beträchtliche Zahl sozialdemokratischer und grüner Abgeordneter gegen den Einsatz stimmen könnte, wird Schröder deutlich. Sowohl in der Präsidiums- als auch in der Vorstandssitzung des 12. November lässt er erkennen, dass es für ihn keine Alternative zu einer eigenen Mehrheit gibt.

Es handle sich um eine »existentielle Frage für *Koalition* und *Partei*«, schreibt der Büroleiter des Parteivorsitzenden dessen Ausführungen im Vorstand mit: Sollten die Grünen dem Antrag der Regierung »nicht zustimmen« – sprich mehr als vier dagegen votieren –, dann müsse man »ev[entuell] *Konsequenzen*« ziehen; sollte aber die SPD »ihre eigene Mehrheit« verfehlen, hätte das ein »*Ende!* der Regierung« und »*Neuwahlen*« zur Folge. Im Übrigen bitte er um einen »möglichst einstimmigen *Beschluss*« des Parteivorstandes:

Der »*Adressat* einer Entschließung«, so der Kanzler, »ist *Gerhard Schröder* – nicht die *USA!!!*« Am Ende stimmen bis auf eines alle anwesenden Mitglieder des Parteivorstandes zu.[495]

Zu diesem Zeitpunkt hat der Kanzler offenbar noch nicht vor, die Abstimmung im Bundestag mit der Vertrauensfrage zu verbinden. »Das ist nicht die Absicht«, sagt Regierungssprecher Heye.[496] Als sich aber keine Entspannung abzeichnet, entschließt sich Gerhard Schröder buchstäblich über Nacht zur Flucht nach vorn. Am Nachmittag des 13. November erklärt er – zum ersten und einzigen Mal begleitet von seiner Frau[497] – vor der eigenen Fraktion, »die Sachfrage mit der Vertrauensfrage nach § 68 GG … verbinden« zu wollen.[498] Danach begibt er sich mit eben diesem Entschluss in die Fraktion der Grünen, wo die größte Gefahr lauert, und in die Fraktion der FDP, also jener Oppositionspartei, von der er noch am ehesten erwartet, dass sie sich seinem Vorgehen nicht verschließt: Sollten ihm die Koalitionsfraktionen nicht mehr oder weniger geschlossen folgen, könnte jede liberale Stimme zählen. Wie dramatisch der Kanzler die Lage einschätzt, zeigen die Gespräche, die er am selben Tag – teils persönlich, teils telefonisch – mit Helmut Schmidt, Hans-Jochen Vogel und – gleich zweimal – mit Joschka Fischer, außerdem mit dem Verfassungsrechtler Rupert Scholz, einem CDU-Mann, sowie mit dem in New York weilenden Bundespräsidenten führt.[499]

Im Übrigen hat Gerhard Schröder eine Alternative. Als sich die Schwierigkeiten in den Reihen der eigenen Fraktionen abzeichnen, erörtert er mit Frank-Walter Steinmeier und Sigrid Krampitz die Frage, ob er die »kraftraubende Überzeugungsarbeit einstellen und ein negatives Votum als Antwort auf die Vertrauensfrage in Kauf nehmen sollte«. Mit der Konsequenz, dass es zu Neuwahlen und – wegen der Schwäche der Grünen – danach zu einer großen Koalition kommen würde. Das aber will er, seinerseits verlässlich, »einem äußerst loyalen Fischer … nicht zumuten«. Also zieht er es durch.[500]

Die Sachfrage, die der Kanzler mit der Vertrauensfrage verbindet, ist der Einsatz deutscher Soldaten im Krieg gegen den Terror. Das wiederum ist der Preis für die mit der Vereinigung Deutschlands zurückgewonnene »volle Souveränität«, so Schröder vor dem Parlament. Seither ist Deutschland nicht nur »gleichberechtigte[r] Partner in der Staatengemeinschaft«, sondern es hat »auch neue Pflichten übernommen«. Die Entscheidung, um die es an diesem 16. November geht, hat weitreichende Folgen: »Erstmals zwingt uns die internationale Situation, zwingt uns die Kriegserklärung durch den Terrorismus dazu, Bundeswehreinheiten für einen Kampfeinsatz außerhalb des NATO-Vertragsgebietes bereitzustellen.«[501] »Wir haben bitter lernen müssen«, ergänzt der Bundeskanzler später, »dass es historische Situationen gibt, in denen Frieden eben doch nur unter Zuhilfenahme militärischer Mittel erreicht werden kann.«[502]

Ähnlich wie Schröder Mitte November 2001 hatte beinahe zwei Jahrzehnte zuvor der letzte Sozialdemokrat im Kanzleramt taktiert, als es um die Zustimmung des Parlaments zur Umsetzung des NATO-Doppelbeschlusses ging. Helmut Schmidt wollte an jenem 5. Februar 1982 die zögernden oder ablehnenden Mitglieder der eigenen Fraktion, unter diesen, wie erinnerlich, auch der Abgeordnete Gerhard Schröder aus Hannover, disziplinieren. Am 16. November 2001 geht es vor allem darum, den grünen Koalitionspartner auf Linie zu bringen. Einer, der weiß, wie schwierig das sein kann, ist Holger Börner, Vorsitzender der Friedrich-Ebert-Stiftung und seinerzeit erster Ministerpräsident mit rot-grüner Koalitionserfahrung. Die Grünen seien nun einmal eine Partei, schreibt er dem Kanzler zwei Tage vor der Abstimmung, die »ihren Mitgliedern und Wählern nie vermitteln kann, dass in der Politik keine Froschschenkel, sondern ganze Kröten gegessen werden müssen«.[503]

Als die Stimmen ausgezählt sind, herrscht auf der Regierungsbank sichtlich Erleichterung. 336 der 662 Abgeordneten haben für den Antrag des Kanzlers gestimmt. Vier Abgeordnete der Grünen sind dagegen. Zuvor hatten acht »lautstark ein ›Nein‹ zur deutschen Beteiligung angekündigt«, wie sich Ludger Volmer, Staatsminister im Auswärtigen Amt, an die »unsäglichen Vorgänge« im Vorfeld erinnert: »Das hätte Schröder gestürzt. Nur vier Nein-Stimmen waren zu verkraften. In einer Simulation von Verantwortungsbewusstsein delegierten die Neinsager ihr Gewissen nun an das Los. Es wurde geknobelt, wer mit ›Nein‹ stimmen durfte und wer den Kanzler retten musste. Hans-Christian Ströbele erwischte ein ›Nein‹ und konnte seinen Rebellennimbus in Kreuzberg retten.«[504]

Mit Nein stimmt auch eine Abgeordnete der SPD, die allerdings zuvor, von dieser dazu »aufgefordert«, aus der Fraktion ausgetreten ist.[505] Zwar geben hernach nicht weniger als 77 Parlamentarier in persönlichen, teils gemeinsam verfassten Erklärungen ihre in der Sache abweichende Einstellung zu Protokoll. Aber die Sozialdemokraten und Grünen unter ihnen haben eben nicht dagegen gestimmt. Bedenkt man, dass anfänglich bis zu 40 Genossen ihre Ablehnung signalisiert hatten, ist das ein beachtlicher Erfolg. Gerhard Schröder weiß, wem er ihn zu verdanken hat, und sagt das auch im Präsidium: Neben dem Fraktionsvorsitzenden Peter Struck war es vor allem Generalsekretär Franz Müntefering, der die Konsequenzen aus dem Debakel der Abstimmung zum Mazedonieneinsatz gezogen und »in Einzelgesprächen eine glänzende Arbeit geleistet habe«.[506]

Hingegen hinterlassen die Fraktionen der Oppositionsparteien einen trostlosen Eindruck. Weil ihre Mitglieder darauf setzten, dass die Koalition die Mehrheit nicht zustande bringen würde, stimmen sie geschlossen gegen den Antrag. Damit hat der Kanzler Unionsparteien und Liberale in die Situation manövriert, gegen den Anti-Terror-Einsatz der Bundeswehr zu votieren. Eine schwerwiegende Entscheidung in Zeiten, in denen gerade auch von CDU/CSU und FDP die Solidarität mit den ins Feld ziehenden Soldaten, aber auch mit den Verbündeten gefordert ist.

Die Bundesregierung hat von Anfang an klargestellt, dass sie »den Weg zu einem politischen Neuanfang des vom Bürgerkrieg zerstörten Afghanistan« nicht nur militärisch, sondern auch politisch flankieren wolle.[507] Für diesen Neubeginn stellt sie mit der Einladung der UN-Konferenz über die Zukunft Afghanistans die Weichen. Nach dem Sturz der Taliban liegt das Schicksal des Landes in den Händen sehr heterogener, rivalisierender und einander bekämpfender politischer und militärischer Kräfte, die in vier Gruppen organisiert sind. Sie an einen Tisch zu bringen, auf einen Zeitplan für den Wiederaufbau des Landes und die Bildung einer Übergangsregierung festzulegen, ist das Ziel der Konferenz, die vom 27. November bis 5. Dezember 2001 auf dem Petersberg bei Bonn tagt und den sogenannten Petersberg-Prozess einleitet.

Ob es ohne den massiven Druck der Vereinigten Staaten und der Vereinten Nationen zum Abschluss des »Übereinkommens über vorläufige Regelungen in Afghanistan bis zur Wiederherstellung dauerhafter staatlicher Institutionen« gekommen wäre, darf man bezweifeln. Vor Ort spielen neben Lakhdar Brahimi, dem Sondergesandten des UN-Generalsekretärs, die Leiter der amerikanischen und der iranischen Delegationen eine wichtige Rolle.[508] Dass die deutsche Diplomatie und nicht zuletzt der Außenminister hinter den Kulissen entscheidend zum Erfolg der Konferenz beigetragen haben, steht außer Frage. Zum Abschluss kommt auch der Kanzler auf den Petersberg.

Es bedarf keiner großen Phantasie, sich vorzustellen, welche Schneisen die Terroranschläge und ihre Folgen im Terminkalender des Kanzlers hinterlassen haben. Einiges wurde ganz abgesagt, anderes im zeitlichen Zuschnitt geändert, vieles verlegt. Ein Termin, an dem Gerhard Schröder unbedingt festhalten will, ist die lange geplante Asienreise, die er am 27. Oktober antritt. Sechs Tage wird er unterwegs sein, zunächst Pakistan, dann Indien und schließlich China besuchen. Auf dem Rückweg wird Schröder einen notwendigen Tankstopp in Moskau nutzen, um mit dem russischen Präsidenten Putin ein als privat deklariertes Gespräch zu führen. Das ist im Übrigen die erwähnte Situation, in der sich Steiner über einen Unteroffizier der dortigen Botschaft in einer Weise äußert, die ihn, als die Geschichte mediale Karriere macht, den Posten kostet.

Indien oder gar Pakistan standen bislang am Rande deutscher Außenpolitik. Erst im Zuge des erwähnten »Asien-Konzepts« der Vorgängerregierung vom Herbst 1993 rückten auch diese beiden Staaten in den Horizont der deutschen Interessen. Nicht zufällig war das Konzept nach einer Reise Helmut Kohls unter anderem nach Indien entstanden. Seither war kein Kanzler mehr dort. Und Pakistan hatte während der achtziger Jahre überhaupt nur deshalb größere Aufmerksamkeit beanspruchen können, weil es während der sowjetischen Besetzung Afghanistans als Rückzugs- und Aufmarschgebiet der gegen die Invasoren kämpfenden aufständischen Afghanen galt. Dabei zählt der Subkontinent zu den Brennpunkten der Weltpolitik, seit sich die Briten 1947 Hals über Kopf aus ihrer Kolonie zurückgezogen und Indien und Pakistan ihrem Schicksal überlassen hatten. Vor allem der Konflikt um die zwischen den beiden Nachbarn umstrittene Kaschmir-Region eskaliert immer wieder. Dreimal haben Indien und Pakistan gegeneinander Krieg geführt, wobei der letzte Krieg 1971 zur Unabhängigkeit des vormaligen Ost-Pakistans und zur Gründung Bangladeschs führte. Dass Indien wie Pakistan inzwischen zu den Atommächten zählen, macht die Lösung des Konflikts nicht gerade leichter.

Eigentlich hat der Kanzler den Konflikt umgehen und gar nicht nach Pakistan reisen wollen, zumal dessen starker Mann im Herbst 1999 durch einen Putsch an die Macht gekommen ist. Aber dann wirft der Krieg gegen den Terror seinen Schatten auch auf diese Expedition, die unter den obwaltenden Umständen zwangsläufig zu einer Mission im Dienste der Anti-Terror-Allianz wird. Ganze vier Stunden dauert der Zwischenstopp in Pakistan, lang genug, um in Indien Irritationen hervorzurufen. Zwar gehören sowohl Pakistan als auch Indien der Allianz an. Doch ist die indische Regierung überzeugt, dass der islamistische Terror in Afghanistan und in Kaschmir gleichen Ursprungs ist, und geht zudem davon aus, das Pakistan diesen in Richtung Indien wandernden, grenzüberschreitenden Terrorismus unterstützt. Ein Gipfeltreffen zwischen dem pakistanischen Militärbefehlshaber General Pervez Musharraf und Indiens Premierminister Atal Bihari Vajpayee ist im Juli des Jahres unter anderem wegen dieses Themas ohne Ergebnis geblieben.

Wer sich wie der Bundeskanzler in dieses verminte Gelände begibt, muss auf der Hut sein. Das Risiko, mindestens einen der beiden, wenn auch ungewollt, zu verprellen, ist deutlich größer als die Chance, es beiden recht zu machen. Schröders Aufforderung an beide Seiten, den im Juli eingestellten Dialog fortzusetzen und sich am Rande der Generalversammlung der Vereinten Nationen zu treffen, wird von indischer Seite kühl abgetan. In Pakistan wiederum hört man es gar nicht gerne, dass sich der Kanzler für eine Fortsetzung der amerikanischen Luftangriffe auf Afghanistan auch während des bevorstehenden Fastenmonats Ramadan ausspricht.

Leichter bewegt man sich auf wirtschaftlichem Terrain. Hier ist der Kanzler zu Hause. Hier gibt es auch deshalb keine nennenswerten Konflikte, weil Indien und Pakistan in verschiedenen Ligen spielen. Zwar beziehen beide Länder deutsche Entwicklungshilfe, doch sagt das noch nichts über ihre Rolle in der Weltwirtschaft. Auch die Volksrepublik China nimmt solche Hilfe nach wie vor entgegen, und sie wie andere Empfänger wissen, warum: Als Entwicklungsländer eingestuft, müssen sie beispielsweise beim Klimaschutz deutlich geringere Auflagen erfüllen als die Industrienationen. Dass auf dieser Reise neben dem Innen- und dem Wirtschaftsminister auch die Entwicklungshilfeministerin an Bord ist, hat aber weniger mit Emissionswerten zu tun. Heidemarie Wieczorek-Zeul ist vor allem in Pakistan im Einsatz, wo sie sich tagelang über die Situation der afghanischen Flüchtlinge und die Arbeit der Hilfsorganisationen informiert, während der deutsche Regierungstross längst weitergezogen und bereits an der letzten Station angekommen ist.

Es ist ein riesiger Trupp, der mit dem Kanzler innerhalb einer Woche mit zwei Flugzeugen die rund 20 000 Kilometer zurücklegt. Zu den 180 Begleitern zählen 47 Unternehmer und Manager, darunter die Vorstandsvorsitzenden von Allianz, Deutscher Bahn, Lufthansa, Siemens und Telekom, so dass sich Schröder wie »so eine Art Vorstandsvorsitzender« auf Reisen fühlt.[509] Nie ist ein Bundeskanzler auf einer Auslandsreise von einer derart großen Wirtschaftsdelegation begleitet worden. In Indien kann man auf Bewährtem aufbauen. Die schon 1956 gegründete Deutsch-Indische Handelskammer ist mit 6300 Mitgliedern eine der größten deutschen Kammern im Ausland. Konkrete Vereinbarungen werden kaum geschlossen, wohl aber Absichtserklärungen ausgetauscht, jährliche Treffen vereinbart, ein massiver Ausbau der Handelsbeziehungen ins Auge gefasst und eine engere Zusammenarbeit in den Bereichen Kultur und Wissenschaft, hier vor allem im IT-Sektor, verabredet.

Ganz anders in China. Natürlich steht auch hier die Allianz gegen den Terror auf der Tagesordnung, aber sie dominiert diese nicht. Dass die Volksrepublik den Kampf gegen den Terror, wenn auch nicht militärisch, so doch politisch unterstützt, ist in Berlin mit Erleichterung aufgenommen worden. Die Erleichterung ist so groß, dass der Bundeskanzler – ähnlich wie wenige Wochen zuvor in der Tschetschenienfrage gegenüber dem russischen Präsidenten – sogar die Formulierung mitträgt, dass auch »separatistisch gesinnte ostturkestanische Terroristen ... ins Visier des globalen Krieges gegen den

Terrorismus« kommen sollen.[510] Eine heikle Festlegung, bezieht sie sich doch auf den Widerstand der mehrheitlich muslimischen Uiguren gegen die chinesische Vorherrschaft in Xinjiang, einer Provinz, die in den achtziger Jahren des 19. Jahrhunderts dem Reich der Mitte eingegliedert und nach Gründung der Volksrepublik systematisch durch Han-Chinesen besiedelt worden ist.

Aber dann ist diese Klippe umschifft, und man kann zum unverfänglichen Teil des dreitägigen Besuchs übergehen. Seit seiner ersten Visite zweieinhalb Jahre zuvor, die im Wesentlichen darin bestanden hatte, der chinesischen Führung die Entschuldigung der NATO für die versehentliche Bombardierung der chinesischen Botschaft in Belgrad zu überbringen, steht Gerhard Schröder bei der Pekinger Führung und insbesondere bei Ministerpräsident Zhu Rongji in hohem Ansehen. Das Verhältnis der beiden kann als geradezu freundschaftlich gelten. Das liegt natürlich auch an politischen Weichenstellungen, wie der Entscheidung der Bundesregierung, keine Waffen nach Taiwan zu liefern. Dass sich Deutschland hier anders als die USA und Frankreich verhält, weiß der Ministerpräsident zu würdigen.

Und dann stimmt die Chemie. Im vorvergangenen Sommer waren Zhu und seine Gattin bei Schröders privat zu Gast gewesen. Nur die Dolmetscher waren dabei, keine Berater. Es gab Schweinebraten, zubereitet von Schröders Frau Doris und serviert von der Schwiegermutter. Das Ganze fand in der erwähnten Hannoveraner Vier-Zimmer-Wohnung der Schröders statt, und der Gast aus dem Reich der Mitte konnte es nicht fassen, dass der führende Repräsentant der drittgrößten Industrienation der Erde in derart bescheidenen Verhältnissen wohnt. Noch Jahre später, als beide nicht mehr in ihren Ämtern sind, erinnert Zhu Rongji den damaligen Gastgeber daran, dass der Besuch bei ihm »zu Hause in Hannover« einen »tiefen und guten Eindruck« gemacht habe.[511]

Jetzt sind Gerhard Schröder und seine Frau zu einem privaten Abendessen beim Ehepaar Zhu und begreifen das zu Recht als außergewöhnliche Geste. Außergewöhnlich sind auch die Vereinbarungen, die während des Besuchs von den Vertretern der deutschen Wirtschaft unterzeichnet werden. Die 29 Verträge und Vorverträge haben ein Volumen von insgesamt rund 10 Milliarden US-Dollar. Und natürlich wird besichtigt, was Deutsche bislang schon, zum Beispiel in Schanghai, auf die Beine gestellt haben – vom ersten Obi-Markt über ein Stahlwerk von ThyssenKrupp, das bei der Gelegenheit gleich in Betrieb genommen wird, bis hin zur noch im Bau befindlichen Teststrecke des Transrapid. Dass die chinesische Führung dem Kanzler zum Abschied noch in Aussicht stellt, einen guten Teil ihrer Devisenreserven in den Euro umzuleiten, verschafft der Reise den krönenden Abschluss: »Die Basis der Zusammenarbeit zwischen den beiden Ländern ist solide, das Potential ist enorm, und die Perspektive vielversprechend«, schreibt Chinas Vizepräsident Hu Jintao danach Gerhard Schröder.[512] Dass dieser in Peking erneut die Auffassung vertreten hat, den Menschenrechtsdialog nicht konfrontativ, sondern gleichberechtigt und konstruktiv zu führen, war der Formulierung dieser Perspektive gewiss nicht abträglich.

Keine Frage, die asiatische Expedition einschließlich ihres angehängten Kurzbesuchs in Moskau ist ein beachtlicher Erfolg – mit entsprechendem Widerhall in den Medien. Sie zeigt das gewachsene internationale Gewicht Deutschlands, und sie beweist, dass der Kanzler ihm gewachsen ist. Am Ende des Jahres befragt, was sich seit seinem Amtsantritt verändert habe – er oder die Welt, antwortet Schröder: »Die Welt, und als Folge der Übernahme des Amtes, auch ich.«[513] Wie sämtliche Vorgänger im Amt hat auch dieser Kanzler längst die Vorzüge der Außenpolitik kennengelernt. Wer reist, ist in aller Regel als Gast unterwegs, also willkommen. Zu Hause sieht es häufig anders aus.

Erstaunlich bleibt, was sich selbst in diesen angespannten und ereignisdichten Zeiten noch alles im Terminkalender unterbringen lässt. Für Intellektuelle und Künstler bleibt sogar noch Zeit. Das ist Gerhard Schröder wichtig. Von seinem intuitiven Zugang zur Kunst war bereits die Rede. Er sucht und findet ihn. Etwas komplizierter ist sein Verhältnis zur Literatur, vor allem aber zu den Wissenschaften. Dass deren Vertreter die Nähe zum Kanzler suchen, weil sie von der Macht angezogen werden wie die Motten vom Licht, ist bei dieser Spezies nicht weiter überraschend.

Auch nicht überraschend ist, dass dem Kanzler der Bundesrepublik Deutschland immer wieder einmal die Ehrendoktorwürde einer aus- oder inländischen Universität angetragen wird. Grundsätzlich ist auch dieser Bundeskanzler für Ehrungen aller Art sehr empfänglich. Das Großkreuz des Verdienstordens der Bundesrepublik Deutschland, das ihm Ende Juni 1999 in einer feierlichen Zeremonie durch den Bundespräsidenten auf dem Petersberg ausgehändigt wird, weist er natürlich nicht zurück. Und eine Auszeichnung wie den erst jüngst gestifteten »Heinrich-Albertz-Friedenspreis« der Arbeiterwohlfahrt nimmt er im August 2005 schon wegen des Namensgebers – Berlins vormaligem Regierendem Bürgermeister und langjährigem Vorsitzenden der Arbeiterwohlfahrt – gerne entgegen.

Etwas anders sieht es mit akademischen Ehrungen aus. Eben weil er sich diese Welt mühsam erschließen musste und weil Gerhard Schröder ihr nach wie vor einen Respekt entgegenbringt, der für den Insider dieser nivellierten Masseninstitution nur schwer nachvollziehbar ist, verhält er sich zu ihren

Ehrungen sehr reserviert. Mindestens zwei Mal lehnt er schon im Vorfeld die entsprechende Einladung einer amerikanischen beziehungsweise einer chinesischen Universität ab, weil ihm »der geeignete Zeitpunkt noch nicht gekommen zu sein« scheine und der Bundeskanzler »in dieser Legislaturperiode *keine* Ehrendoktorwürde« annehme.[514]

Das ändert sich in der zweiten Amtszeit. Ende 2002 erhält Gerhard Schröder die Ehrendoktorwürde der Tongji-Universität in Schanghai und im Frühjahr 2003 die der Universität St. Petersburg, im Mai 2005 verleiht ihm die Marmara-Universität zu Istanbul die hohe Auszeichnung, im Juni desselben Jahres folgt die seiner Alma Mater, der Georg-August-Universität in Göttingen. Dort ist es im Übrigen nicht die Juristische, sondern die Biologische Fakultät, die Gerhard Schröder – im Namen aller mathematisch-naturwissenschaftlichen Fakultäten und anlässlich der Eröffnung des Zentrums für Molekularbiologie – auszeichnet, und zwar unter anderem ausdrücklich für seine Verdienste um die Universität und die Unterstützung dieser Fakultäten während seiner Zeit als niedersächsischer Ministerpräsident.[515]

Was die heimischen Wissenschaftler und Künstler angeht, so nimmt der Kanzler regelmäßig einige mit auf Reisen, mit anderen diskutiert er öffentlich und vor großem Publikum, so Ende Februar 2002 mit Peter Schneider, der auf eine facettenreiche linke Biographie zurückblickt. In unregelmäßigen Abständen, aber immer wieder trifft sich Gerhard Schröder in seinem Amtssitz unter vier Augen oder im kleinen Kreis mit Künstlern und Schriftstellern, mit Wissenschaftlern – ziemlich oft übrigens mit Historikern – und Verlegern, mit Journalisten sowieso. In der Regel nimmt er sich dafür mindestens so viel Zeit wie für die Unterredung mit einem Gesprächspartner aus dem politischen Bereich, beispielsweise einem ausländischen Staatsgast.

Und dann sind da noch die vielen Gesprächskreise, allen voran die mit Journalisten – große und kleine Kreise, national und international besetzte, Hintergrundgespräche und förmliche Runden, weniger exklusive, ziemlich exklusive und sehr exklusive, wie der sogenannte Wohnzimmerkreis. Schon zu Bonner Zeiten ins Leben gerufen, wird er maßgeblich von Günter Bannas organisiert. Die rund zehn Teilnehmer, unter ihnen Tissy Bruns, Gunter Hofmann, Kurt Kister, treffen sich mehr oder weniger regelmäßig; zwei Mal jährlich findet das Treffen als Hintergrundgespräch beim Kanzler statt. Als immer noch ziemlich exklusiv dürfen der Hintergrundkreis »Ohr«, »Kölner Runde« und »Gelbe Karte« mit ihren jeweils gut 20 Teilnehmern – durchweg Vertreter überregionaler Medien – gelten, während schon rund 30 Teilnehmer zusammenkommen, wenn Schröder die »Berliner Runde« zu Gast hat, in der sich die Hauptstadtredakteure der größeren Regionalzeitungen organisiert haben. Richtig voll wird's allerdings, wenn der Kanzler den Verein der Auslandspresse zum »Hintergrundgespräch« empfängt: Da müssen sie schon den Info-Saal aufsperren, um die rund 200 Teilnehmer unterzubringen.

Von der Öffentlichkeit kaum bemerkt, ruft Gerhard Schröder auch regelmäßig diverse Kreise aus Künstlern, Schriftstellern und Wissenschaftlern zusammen. So die erwähnte Gruppe, die für und mit Schröder die Konferenzen über Modernes Regieren vorbereitet. Dann gibt es den Kreis »Suhrkamp-Autoren«, von dem man in seiner Zeit bezeichnenderweise nie etwas gehört hat. Das zeigt, dass es dem Kanzler bei all diesen Gesprächen nicht um eine Werbekampagne in eigener Sache, sondern tatsächlich darum geht, sein Bild von der Wirklichkeit zu überprüfen. Was die Intensität und die Vielseitigkeit dieses Dialogs angeht, den die Terminkalender spiegeln, können allenfalls die beiden anderen sozialdemokratischen Kanzler mithalten. Anders als für Willy Brandt ist dieser Dialog allerdings für seinen Enkel im Kanzleramt nie Teil der öffentlichen Inszenierung beziehungsweise der Arbeit an seinem Bild für die Geschichtsbücher gewesen.

Die Idee zu einer wechselseitigen Einladung entsteht bei Gerhard Schröder und Siegfried Unseld am 1. Juli 2000, als der Bundeskanzler die Feier anlässlich des 50. Jubiläums von Unselds Verlagszugehörigkeit besucht. Unseld betrachtet das als »hohe Auszeichnung«[516] und geht auf den Vorschlag zu einem Gespräch zwischen dem Kanzler, ihm und einigen seiner Autoren gerne ein. Bei der »Tafelrunde« im Berliner Wohnsitz des Kanzlers sind am 9. Oktober unter anderem Mario Vargas Llosa und Jorge Semprún dabei. Alle, so Unseld in seinem Dankesbrief, haben sich »über Ihre Bereitschaft zu sprechen, über Ihre Gelassenheit, über Ihr Verständnis für Autoren gefreut«.[517] Das ist so gemeint, wie es geschrieben steht, und auch Ulla Unseld-Berkéwicz, die nicht als Frau des Verlegers, sondern als Autorin teilgenommen hat, dankt Schröder dafür, »daß sie so da sind, wie sie da sind«.[518] Selbst Martin Walser, der bekanntlich, wie er hernach an Gerhard Schröder schreibt, »mit meinen Kollegen, nicht einmal mit meinem Verleger in reiner Harmonie« lebt, hat das Gespräch »gut getan«, obgleich er mit den anderen wieder einmal aneinandergeraten ist, was ihm »leid« tut.[519]

Offensichtlich wissen sowohl Unseld und seine Autoren als auch der Kanzler das Gespräch zu schätzen, so dass es am 17. Mai, dieses Mal im Frankfurter Haus des Verlegers, fortgesetzt wird. Es ist das letzte Mal, dass Unseld dabei ist. Auf der Trauerfeier für den am 26. Oktober 2002 verstorbenen Verleger spricht auch der Bundeskanzler. Die Witwe dankt es ihm, schreibt, ihr Mann habe ihr »aufgetragen«, sie »solle nach seiner Pfeife tanzen, aber in meinem Schritt«, und bittet »auch für die Zukunft um Gespräche«.[520] So hält man es. Für Mitte Februar 2004 wird im Bundeskanzleramt ein nächstes Treffen vereinbart.[521]

Und dann ist da natürlich Günter Grass. Der Schriftsteller und der Politiker kennen sich, wie berichtet, seit den ausgehenden sechziger Jahren. Später gehört Grass zu den Förderern Schröders und ist dabei, als sich im Sommer 1985 eine Reihe von Künstlern, Schriftstellern und Politikern, unter ihnen Willy Brandt, in Gümse zusammentun, um seine Kandidatur für das Amt des niedersächsischen Ministerpräsidenten zu unterstützen. Auch jetzt, da er Kanzler ist, sucht der berühmte Autor die Nähe der Macht und der Mächtige die Nähe des vielseitigen Kulturschaffenden, und das nicht erst, nachdem Günter Grass am 10. Dezember 1999 für sein Gesamtwerk mit dem Nobelpreis für Literatur ausgezeichnet worden ist. Treu und loyal, wie er ist, hat Schröder auch nach dem Verlust der Kanzlerschaft zu Grass gehalten und ihm in Zeiten, als es für den Autor im Zuge einer Kampagne wieder einmal »knüppeldick« kommt, brieflich seiner »Wertschätzung« versichert oder sich dafür eingesetzt, dass das Lübecker Günter-Grass-Haus die Aufmerksamkeit erfährt, die es in seinen Augen verdient.[522]

Während seiner Amtszeit kann Schröder natürlich gelegentlich einmal etwas für den berühmten Autor tun, zum Beispiel als sich Grass um die Erhaltung des maroden Geburtshauses von Wolfgang Koeppen bemüht. Jahre nach dem sogenannten Gümser Gipfel, berichtet Grass, »saß jemand, der nun Kanzler war, in meiner Werkstatt. Rotwein hatte er mitgebracht. Und ich quengelte ihm die Ohren voll. Klagte dies und das … Und er hörte zu. Ein guter Zuhörer. Ein geübtes Ohr. Doch erst, als ich auf die Literatur kam und ihm vorjammerte, wie unübersehbar in Greifswald das Geburtshaus des Schriftstellers Wolfgang Koeppen zerfalle, ein Schandfleck sei, ein Zeugnis der Barbarei, sprach mein Gast und Zuhörer: ›Koeppen! Ganz wichtiger Autor für mich. Hat das ›Treibhaus‹ geschrieben. Hat uns Bonn von innen gezeigt. Da muss man was machen. Da mach' ich was …‹ Und er machte, der Macher.«[523] Im Juli 2000 wird im Beisein der beiden in der alten Aula der Greifswalder Universität eine Vereinbarung über die Errichtung des »Literaturhauses Vorpommern im Wolfgang-Koeppen-Haus« unterzeichnet. 900 000 D-Mark hat der Bund zugeschossen.

Wenig später sieht man Günter Grass dann des Öfteren im Kanzleramt. Zum einen ist er der Initiator eines mehr oder weniger öffentlichen Treffens zum Thema »Kunst und Kultur im Bundeskanzleramt«, zu dem Schröder Ende Januar 2002 rund 140 Gäste in die »Skylobby« seines Amtssitzes geladen hat. Bei dieser ersten Begegnung lesen Schriftsteller aus ihren Werken;

beim zweiten Treffen – drei Monate später am selben Ort – sind die Theaterleute an der Reihe, Ende April beziehungsweise Anfang Juli gefolgt von den bildenden Künstlern und den Musikern. Und auch die Filmregisseure waren schon beim Kanzler: Zwei Mal, im Juni und Dezember 2001, hat Gerhard Schröder rund ein Dutzend, unter ihnen Hark Bohm, Volker Schlöndorff und Margarethe von Trotta, in seine Dienstwohnung geladen, um mit ihnen »ein Gespräch über den deutschen Film« zu führen«.[524]

Nicht öffentlich tagt hingegen ein maßgeblich von Manfred Bissinger und Günter Grass zusammengestellter und nach diesem benannter Gesprächskreis. Im Kanzleramt sind Reinhard Hesse und Thomas Steg für die inhaltliche Vorbereitung zuständig. Die beiden wissen, dass Gerhard Schröders Verhältnis zu den Intellektuellen nicht frei von Scheu und schon deshalb eher distanziert ist. Andererseits gibt es kein Konkurrenzverhältnis, so dass der Kanzler »Schwächen zeigen«, sogar mit diesen kokettieren kann, denn er weiß: »Auf meinem Feld, in der Politik, machen die mir nichts vor.«[525]

Nachdem er sich zunächst hin und wieder mit vier oder fünf Kulturschaffenden ausgetauscht hat, verständigt sich Schröder mit Grass und Bissinger auf eine größere Runde: »Grass bittet darum«, schreibt Bissinger an Steinmeier, »dass die Disputenten vom Kanzleramt eingeladen werden. Er hält das psychologisch für wichtig, um von vornherein klarzumachen: dies ist eine Initiative des Kanzlers und nicht einzelner Diskussionsteilnehmer.«[526] Neben Grass und Bissinger kommen am 10. November 2001 unter anderem Martin Walser, Stefan Heym, Christa Wolf, Friedrich Christian Delius, Peter Rühmkorf, Volker Braun, Walter Jens, Peter Sloterdijk und Volker Schlöndorff. Dabei sind auch der Schöngeist und Bildungsbürger Otto Schily sowie Oskar Negt. Der Hannoveraner Soziologe, der längst Freund und Mentor ist, bleibt auch während der Kanzlerschaft der Wissenschaftler mit dem engsten Kontakt zu Gerhard Schröder.

Zu den Eingeladenen, die im November 2001 nicht teilnehmen können, zählen Peter Härtling, Jürgen Flimm und Siegfried Lenz, den der Kanzler sehr schätzt. Als Lenz Ende August 1999 in der Frankfurter Paulskirche der Goethe-Preis verliehen wurde, ist er eigens angereist; ähnlich wird er es bei der Verleihung der Ehrenbürgerwürde des Landes Schleswig-Holstein im Dezember 2004 halten. Ihm habe stets »die unbestechliche moralische Haltung, das stete und kompromisslose Eintreten für Toleranz, Solidarität und Humanität ... imponiert«, schreibt Schröder ihm zum Fünfundsiebzigsten, und weil Lenz sich wegen seiner schlechten Gesundheit nicht auf den Weg zu Schröder machen kann, arrangiert der Bundeskanzler ein Mittagessen in Hamburg.[527] Selbstverständlich ist das nicht.

Wie es bei der ersten größeren Runde des Grass-Kreises zugegangen ist, bringt der Namensgeber hernach in einem Dankesbrief auf den Punkt: »So kontrovers die Meinungen und Einschätzungen der gegenwärtigen Politik gegeneinander standen, das Gespräch fand dennoch, dank Deiner wachen Präsenz, in entspannter Atmosphäre statt ... man kann davon ausgehen, daß alle Anwesenden besorgt waren um den Bestand der rotgrünen Koalition, deren Fortsetzung sie wünschen.«[528] Günter Grass bleibt von der Bereitschaft und der Fähigkeit des Gastgebers beeindruckt, in dieser extrem angespannten Situation Argumente zu fordern und anzuhören. Das hatte er so nicht erwartet.[529] Obgleich Vertraulichkeit vereinbart worden ist, weiß bald alle Welt, worüber man geredet hat. Walter Jens, von Beruf Rhetoriker, kann als Erster nicht an sich halten und lässt am folgenden Sonntagmorgen erst dpa wissen, wie es gewesen ist – »höflich, sachbezogen und Gott sei Dank kontrovers«[530] –, und erzählt dann in der abendlichen Talkshow von seinem Erlebnis. Andere folgen seinem Beispiel.[531]

Dem Kanzler kann's recht sein. Es spricht ja für ihn und seine Politik, wenn sich die Intellektuellen vor so wichtigen Ereignissen wie der Bundestagsabstimmung bei ihm einfinden, um über die Lage in Afghanistan, die Entsendung deutscher Truppen oder die Maßnahmen zur inneren Sicherheit zu sprechen. Natürlich steht der Komplex auch im Mittelpunkt des Parteitages, den die SPD vom 19. bis zum 22. November in Nürnberg abhält. Als die Genossen sich hier das letzte Mal einfanden, fassten sie unter dem Eindruck der Katastrophe von Tschernobyl und auf Antrag von Gerhard Schröder den Beschluss zum Ausstieg aus der Kernenergie. In diesem Punkt kann der Kanzler unter Verweis auf den Atomkonsens jetzt, 15 Jahre später, Vollzug melden.

Es ist eine Riesenveranstaltung. Das Treiben der 523 Delegierten wird von rund 3500 Gästen und 2000 Journalisten aus 21 Ländern verfolgt. Mit den Ministerpräsidenten Polens und Großbritanniens, Leszek Miller und Tony Blair, sind prominente Gäste Schröders Einladung gefolgt. Verglichen mit anderen Zusammenkünften der streitbaren Sozialdemokraten verläuft diese erstaunlich ruhig. Das liegt zum einen an einer gewissen Erschöpfung, die den Delegierten nach den turbulenten Wochen anzumerken ist. Zum anderen sind sie mit ihrem Parteivorsitzenden im Reinen, soweit die SPD mit Gerhard Schröder im Reinen sein kann und sofern die Wahlergebnisse ein Indikator sind: Mit 88,6 Prozent holt er so viele Stimmen wie nie, seit er im Vorstand beziehungsweise Präsidium ist. Besonders schlecht schneidet Rudolf Scharping ab: Die 58,8 Prozent sind ein klarer Hinweis, dass die

Affäre des Septembers zwar wegen des Kampfes gegen den Terror in den Hintergrund getreten, nicht aber vergessen ist.

Dem »chronisch übermüdeten Gerhard Schröder«[532] fällt es sichtlich schwer, die Delegierten in seiner fünfundsiebzigminütigen Rede zu begeistern. Immerhin ist sie inhaltlich ziemlich wasserdicht. Ihm beziehungsweise seinen Mitarbeitern sind geschätzte Ratgeber wie Erhard Eppler zur Hand gegangen,[533] und im Vorfeld hat sich wiederholt auch ein Kreis von Beratern zusammengesetzt, um an Elementen der Rede zu feilen. Organisiert hat das der Leiter des Parteivorstandsbüros Rainer Sontowski. Neben ihm und seinem Stellvertreter Albrecht Funk sind Manfred Güllner von Forsa sowie die Politologen und Soziologen Heinz Bude, Rolf G. Heinze, Wolfgang Schroeder und Franz Walter dabei gewesen.[534]

Wichtig ist dem Parteivorsitzenden vor allem, dass ihm die Delegierten bei den sensiblen außen- und sicherheitspolitischen Fragen nicht in den Rücken fallen. Tatsächlich kann der Parteivorstand die Diskussionen über den Initiativantrag zu den entsprechenden Leitlinien in geordneten Bahnen halten. Mit der Formulierung des Änderungsantrages, wonach die »uneingeschränkte Solidarität mit dem amerikanischen Volk … nicht gleichbedeutend mit einer bedingungslosen Unterstützung der US-Militärstrategie« ist,[535] kann der Bundeskanzler leben. In diesen Wochen reift sein Entschluss, nicht mitzuziehen, sollten die USA im Irak ohne Legitimation durch die Vereinten Nationen eine zweite Front eröffnen.

Im Grunde hat er sich bereits im Vorfeld der Abstimmung über den Afghanistaneinsatz festgelegt und nicht zuletzt mit diesem Argument die Fraktion bewogen, ihm zu folgen: »Mit den europäischen Kollegen sei er sich einig«, hatte der Kanzler nämlich dort am 6. November 2001 festgestellt, »dass die gegenwärtige Beschlusslage eine Ausweitung der Kämpfe auf andere Staaten, etwa Irak, nicht zulasse.«[536] Weil er hinter diese Festlegung nicht mehr zurück kann, spricht sich Schröder jetzt auch öffentlich, allerdings ohne konkret Bezug auf den Irak zu nehmen, gegen eine Ausweitung des Krieges gegen den Terror auf andere Länder als Afghanistan aus. So zum Beispiel Anfang Dezember beim Antrittsbesuch des neuen norwegischen Ministerpräsidenten. Und zu Erhard Eppler sagt er Mitte Dezember 2001: »Uneingeschränkte« Solidarität bedeute, »dass Militäreinsätze nicht ausgeschlossen seien. Aber das schließe ein Nein nicht aus, falls die USA etwa den Irak angreifen sollten: ›Da spielen wir nicht mit.‹«[537] Eppler erinnert sich deshalb an den Zeitpunkt dieser Aussage so genau, weil sie während eines Essens gefallen ist, zu dem Schröder das Präsidium anlässlich Epplers Fünfundsiebzigstem eingeladen hat.[538]

Diese Festlegung ist zugleich einer der Gründe, warum der Kanzler mit Nachdruck für eine deutsche Beteilung an der International Security Assistance Force (ISAF) für Afghanistan eintritt. Ohnehin kann man sich der Aufgabe praktisch nicht entziehen, weil die »bei der Petersberg-Konferenz vertretenen afghanischen Gruppen den Sicherheitsrat der Vereinten Nationen« ersucht haben, »die baldige Entsendung einer Internationalen Sicherheitstruppe zu autorisieren«. Daher stimmt der Bundestag am 22. Dezember 2001 mit breiter Mehrheit dem Antrag der Bundesregierung zu, in einem zunächst auf sechs Monate befristeten Mandat bis zu 1200 Soldaten für die ISAF abzustellen.[539] Formal hat diese Mission mit dem umstrittenen Kampfeinsatz Enduring Freedom nichts zu tun, aber natürlich rufen die Vorbereitung und die Debatten diesen in Erinnerung. Für alle Fälle haben Bundeskanzler, Außen- und Verteidigungsminister tags zuvor die Fraktions- und Parteivorsitzenden unterrichtet. Dass der ISAF-Einsatz, an dem sich knapp 50 Nationen beteiligen werden, schließlich 13 Jahre dauern und unter dem Strich zu einem der erfolglosesten seiner Art werden wird, ist am Jahresende 2001 nicht absehbar.

Absehbar hingegen ist, dass sich mit Deutschlands Engagement am Hindukusch vieles erklären und begründen lässt, zum Beispiel auch die Nichtteilnahme am Irakfeldzug. Tatsächlich lobt Amerikas Präsident den Einsatz Deutschlands im Krieg gegen den Terror und insbesondere in Afghanistan, als er seinen »Freund Gerhard« am 31. Januar 2002 im Weißen Haus empfängt. Der Kanzler ist nach Amerika gereist, um am Jahrestreffen des World Economic Forum teilzunehmen, das nach drei Jahrzehnten erstmals nicht in Davos, sondern nach den Terroranschlägen demonstrativ in New York stattfindet. Zwei Tage zuvor hatte George W. Bush in einer Rede an die Nation das »Ziel« seiner Politik öffentlich gemacht: Es gehe darum, »Regime, die den Terrorismus unterstützen, davon abzuhalten, Amerika oder unsere Freunde und Verbündeten mit Massenvernichtungswaffen zu bedrohen«. In diesem Zusammenhang hatte der Präsident Nordkorea, den Iran und den Irak genannt, dessen Regime »etwas vor der zivilisierten Welt zu verbergen« hätten, und festgestellt: »Staaten wie diese und ihre terroristischen Verbündeten bilden eine Achse des Bösen, die aufrüstet, um den Weltfrieden zu bedrohen.«[540]

Der Gedanke ist nicht neu, und die jetzt in Angriff genommene Irakpolitik auch nicht. Fast auf den Tag genau vier Jahre zuvor hatte eine Gruppe von Wissenschaftlern und Politikern dem amerikanischen Präsidenten, Bushs Vorgänger Bill Clinton, einen offenen Brief geschrieben und ihm »dringend« nahegelegt, die Aufmerksamkeit seiner Regierung »auf die Entwicklung einer Strategie zu richten, die auf eine Ablösung des Regimes von Saddam zielt«, und auf Basis der bestehenden UN-Resolutionen die »nötigen Schritte, einschließlich militärischer, zu unternehmen, um unsere vitalen Interessen im Golf zu sichern«.[541] Zu den Unterzeichnern gehörten Donald Rumsfeld und Paul Wolfowitz, jetzt Bushs Verteidigungsminister und dessen Stellvertreter. Tatsächlich schritt Clinton nicht einmal ein Jahr später zur Tat. Mitte Dezember 1998 versuchten die USA, schon damals von Großbritannien unterstützt, einen renitenten Saddam Hussein mit Marschflugkörpern und lasergesteuerten Bomben zur Einsicht in ihr Verständnis der UN-Resolutionen zu bekehren, und stellten sich damit gegen die breite Mehrheit im Sicherheitsrat der Vereinten Nationen, die zuvor wiederholt die Anwendung von Gewalt abgelehnt hatte. Clintons Nachfolger schlägt also keinen neuen Kurs ein, aber er verfolgt ihn nach dem 11. September kompromissloser. Die Frage, die man seither in der amerikanischen Administration stellt, ist nicht, ob die Vereinigten Staaten den Irak angreifen werden, sondern wann, mit welcher Legitimation und mit welchen Verbündeten.

Umstritten ist, wann George W. Bush den Bundeskanzler in seine Pläne bezüglich des Irak eingeweiht und ob er ihn bei deren Realisierung um Unterstützung gebeten hat. Folgt man dem Präsidenten, ist beides am 31. Januar 2002 geschehen: Er habe Schröder gesagt, dass er auch militärische Gewalt gegen Saddam Hussein nicht ausschließe, und der Kanzler habe geantwortet: »Was für Afghanistan gilt, gilt auch für den Irak. Nationen, die den Terror unterstützen, müssen mit Konsequenzen rechnen. Wenn Sie es schnell und entscheidend machen, bin ich bei Ihnen.« Bush verstand das als »Unterstützungserklärung«.[542] Als seine Memoiren mit dieser Passage im Herbst 2010 erscheinen, stellt Schröder fest, Bush sage »nicht die Wahrheit«.[543] Nach seinen eigenen, vier Jahre zuvor erschienenen Erinnerungen hat er dem Präsidenten zwar bedeutet, »dass für den Irak das Gleiche zu gelten habe wie für Afghanistan« – allerdings mit der Einschränkung: »sofern es darum gehe, gemäß der Entschließung des UN-Sicherheitsrates zu handeln, wonach kein Land, das Terroristen beherbergt oder schützt oder sonstwie begünstigt, ungeschoren davonkommen werde«.[544]

Als Gerhard Schröder das wenige Monate nach dem Ende seiner Kanzlerschaft aufschrieb, hatte er die Gesprächsvermerke der deutschen Seite, allesamt verfertigt von Berufsdiplomaten, nicht zur Hand. Ob auf amerikanischer Seite entsprechende Vermerke angefertigt worden sind und ob sie George Bush bei der Abfassung seiner Memoiren zur Verfügung standen, ist nicht bekannt. Beiden war offenbar nicht mehr erinnerlich, dass sie an diesem 31. Januar nicht nur eine Unterredung, sondern zwei Gespräche mit einer Dauer von zusammengenommen zwei Stunden geführt haben, die seitens des

Kanzlers noch durch eine vorgeschaltete Unterredung mit dem demokratischen Mehrheitsführer sowie dem Vorsitzenden des Streitkräfteausschusses im amerikanischen Senat, Tom Daschle und Carl Levin, ergänzt wurden.

Das ist Zeit genug, um eine Position, so man sie denn hat, mit ausreichender Klarheit zu formulieren. Ganz offensichtlich hat aber Gerhard Schröder, als er in die USA reist, in der Causa Irak keine klare Position, und das kann auch nicht überraschen. Zwar trifft es zu, dass seit der Jahreswende vor allem in amerikanischen Medien immer wieder einmal die Forderung zu hören und zu lesen ist, die USA müssten Saddam Hussein angreifen.[545] Richtig ist aber auch, dass sich der Präsident selbst – voll und ganz mit dem Feldzug gegen die Taliban in Afghanistan und mit der Jagd auf Osama bin Laden beschäftigt – in dieser Hinsicht sehr zurückhält. Gerade erst hat der türkische Ministerpräsident, der zehn Tage vor dem Kanzler in Amerika gewesen ist, erklärt, dass keiner seiner Gesprächspartner in Washington »eine mögliche militärische Option gegen den Irak auch nur erwähnt habe«.[546] Auch in seiner Rede an die Nation kündigt Bush keine konkreten Maßnahmen gegen die »Achse des Bösen« beziehungsweise eines ihrer Mitglieder an, so dass deutsche Pressevertreter vor Ort davon ausgehen, es handle sich »offenbar … nur um verschärfte Drohgebärden«.[547]

Daher überrascht es auch nicht, dass der Irak in den Papieren, die man im Kanzleramt für die Gesprächsführung Gerhard Schröders vorbereitet, praktisch nicht auftaucht. Im Weißen Haus ist Saddam Hussein dann lediglich ein Thema unter vielen. Gesprochen wird über die weltwirtschaftliche Entwicklung, über Russland – und dort wiederum besonders über die Schuldenfrage, die Nuklearwaffen und die deutsch-russischen Beziehungen –, über Afghanistan, den Nahen Osten und Israel, über den Iran, Nordkorea und in diesem Zusammenhang eben auch über den Irak. Und das alles innerhalb von 30 Minuten. Gerade so viel Zeit hat man nämlich für das Gespräch im »kleinen Kreis«. In ihm sind neben dem Präsidenten und dem Kanzler auf amerikanischer Seite Außenminister Colin Powell und Sicherheitsberaterin Condoleezza Rice, deutscherseits der zuständige Abteilungsleiter im Kanzleramt, Dieter Kastrup, und der deutsche Botschafter in Washington, Wolfgang Ischinger, vertreten, der auch den Gesprächsvermerk anfertigt.

Dem Gespräch im kleinen folgt beim Abendessen ein anderthalbstündiges im »größeren Kreis«, dem auf amerikanischer Seite, vom Verteidigungsminister abgesehen, die komplette erste Riege der Außen-, Sicherheits- und Verteidigungspolitik angehört. Hingegen sind auf deutscher Seite – neben Kastrup, Ischinger, Béla Anda und Thomas Steg – mit dem Leiter der Abteilung 4, Bernd Pfaffenbach, und dem Staatssekretär im Wirtschaftsministerium, Alfred Tacke, vor allem Fachleute für die Wirtschafts- und Finanzpolitik dabei. »Protokollmäßig stimmte das nicht«, erinnert sich Steg später, aber es zeigte eben auch, dass die Amerikaner sich »große Mühe« gaben und ihre Gäste zuvorkommend behandeln wollten. In Washington hat man nämlich »sehr wohl registriert«, welches innenpolitische Risiko der Kanzler eingegangen ist, um den Afghanistaneinsatz durchzusetzen.[548]

Im kleinen Kreis fällt der Präsident, was den Irak angeht, mit der Tür ins Haus: »Klar müsse ... sein, dass die Beseitigung des Regimes Saddam Hussein in unserem Interesse sei. Er, B[ush], werde in keinem Fall den Fehler früherer Präsidenten wiederholen, auf halbem Wege nach Bagdad innezuhalten. Wenn die Entscheidung einmal getroffen sei, werde die Sache zu Ende geführt werden. Hierzu Frage [des] B[undeskanzlers]: Wie kann man S[addam Hussein] loswerden, ohne die Anti-Terrorismuskoalition schwer zu belasten? B[ush] erklärt, es gebe wenig Alternativen zu einem entschlossenen Vorgehen, sonst würden wir in zehn Jahren bereuen, die sich heute bietenden Chancen, die Dinge im Irak grundsätzlich zu verändern, nicht ergriffen zu haben.« Einen Einwand des Kanzlers zu diesem Punkt hält der deutsche Botschafter, der den Gesprächsvermerk anfertigt, nicht fest.[549]

Auch im »größeren Kreis« vernimmt man keinen Einwand Gerhard Schröders, als der Präsident den Sieg über den Terrorismus als seine »Vision« und sein »Vermächtnis« bezeichnet.[550] Der Gesprächsvermerk wird in diesem Falle vom Leiter des Referats 211 angefertigt. Noch von Washington aus gibt er seinem Stellvertreter in Berlin den Verlauf dieses zweiten Gesprächs telefonisch durch, und der hält diesen seinerseits, also gewissermaßen zweiter Hand, in einem eigenen Vermerk fest. Danach spricht George W. Bush sehr konkret von seiner Sorge, der Irak könne »in Zusammenarbeit mit terroristischen Organisationen Anschläge gegen die USA unterstützen«, und auch davon, dass die USA das »unter allen Umständen verhindern« würden. Auch jetzt lässt der Bundeskanzler keinen Zweifel, »dass er die Entschiedenheit von Bush im Kampf gegen den internationalen Terrorismus für richtig halte. Dabei sollte man schrittweise vorgehen und Probleme erst dann angehen, wenn sie konkret anstünden. Theoretische Debatten über Operationen gegen einzelne Länder seien, auch wegen der sich daran entzündenden Diskussionen in der Öffentlichkeit, eher schädlich.«[551]

Gerhard Schröder ist überzeugt, dass man zunächst den Feldzug in Afghanistan beenden muss, bevor man sich auf einen zweiten, beispielsweise gegen Saddam Hussein, begibt. Bei dieser eindeutigen Analyse und Festlegung bleibt er auch in den folgenden Monaten. Das ist eine klare, kaum angreifbare Position. Überhaupt ist der Kanzler in dem Gespräch »hochkonzentriert«, weiß genau, was er will und was er nicht will: »Er hatte sich auf die Gespräche im Weißen Haus perfekt vorbereitet. Im Ton war er verbindlich, im Auftreten gewinnend, in der Sache klar und präzise«, erinnert sich Steg.[552] So lässt Schröder eben auch keinen Zweifel am Recht Amerikas und seines Präsidenten, sich mit »Entschiedenheit« einer unmittelbaren Bedrohung der Vereinigten Staaten durch den Terrorismus in den Weg zu stellen. Sollte Saddam Hussein, wie von Bush unterstellt, eine auch nur mittelbare Beteiligung an den Anschlägen des 11. September nachzuweisen sein, wäre ein entschiedenes Vorgehen gerechtfertigt. Auch nach dem Ende seiner Kanzlerschaft hat Gerhard Schröder diese eindeutige Zusage nie in Frage gestellt oder auch nur relativiert.

Im Übrigen lassen die Gespräche Raum für Interpretationen. Auf beiden Seiten. Der Präsident kann den Kanzler durchaus so verstehen, als sei dieser mit seinem Feldzugsplan gegen den Irak einverstanden. So wie Schröder davon ausgehen kann, dass es einen solchen Plan eben nicht gibt, dass es sich vielmehr um »theoretische Debatten« handelt, vor denen er während der Gespräche deutlich und wiederholt gewarnt hat. Bushs unmissverständliche Ankündigung, das Regime Saddam Husseins beseitigen und nicht, wie frühere Präsidenten, auf halbem Wege nach Bagdad innehalten zu wollen, sind ja für den Fall gemacht, dass die »Entscheidung einmal getroffen sei«, und dieser Fall ist erklärtermaßen noch nicht eingetreten. Kein Wunder, dass der Kanzler anderntags dem einen oder anderen Teilnehmer des Weltwirtschaftsforums in New York sagt, man dürfe die Äußerungen von Bush in seiner Rede an die Nation nicht überinterpretieren.

Tatsächlich hat der Präsident seinen deutschen Gesprächspartnern sowohl im kleinen als auch im größeren Kreis ausdrücklich versichert, »konkrete Angriffspläne der USA«, »konkrete militärische Planung[en]«, eine »Entscheidungsvorlage oder konkrete Pläne für eine Aktion gegen den Irak gebe es … derzeit nicht«.[553] Genau das sagt Schröder nach seiner Rückkehr öffentlich und legt sich damit einmal mehr fest. So zum Beispiel Mitte Februar 2002, als die Debatte um einen amerikanischen Militärschlag gegen den Irak in Deutschland Fahrt aufnimmt und der Kanzler unter Bezugnahme auf seine Unterredung mit Bush klarstellt, dass es keine entsprechenden Pläne gebe und dass er sich auf die Zusage des Präsidenten verlasse, ihn gegebenenfalls vorher zu konsultieren.[554]

Tatsächlich sind die Pläne seit Ende November 2001 in Arbeit.[555] Je offenkundiger sich in den folgenden Tagen und Wochen herausstellt, dass die Amerikaner den Krieg längst vorbereiten und dass sie weder vorhaben, die Bundesregierung zu konsultieren, noch, die Vereinten Nationen um ein Mandat zu ersuchen, umso ungehaltener wird Schröder. Der Kanzler sieht sich getäuscht. Jetzt wird die Mandatsfrage, die in seinen Gesprächen mit Bush – wenn überhaupt – nur am Rande berührt worden ist, zum Schlüsselargument seiner Irakpolitik: Ohne ein solches Mandat, sagt er Ende Februar dem Generalsekretär der Vereinten Nationen in Berlin, ist ein militärischer Schlag gegen den Irak »nicht vorstellbar«.[556] Auch hinter diese Position kann Gerhard Schröder nicht mehr zurück.

14 Tage später, beim zweiten Treffen des sogenannten Grass-Kreises aus Kulturschaffenden und Intellektuellen, macht er sie quasi öffentlich. Wolf Lepenies, einer der rund 20 Teilnehmer, berichtet davon in der *Süddeutschen Zeitung*: »Der Kanzler legte sich fest: Greifen die USA auf eigene Faust an, wird sich Deutschland an diesem Krieg nicht beteiligen. Jedes weitere militärische Engagement der Bundesrepublik wird nur unter dem Schutz eines UN-Mandats erfolgen.« Und auch in einem zweiten Punkt sorgt Schröder an diesem Abend für Klarheit. Die deutschen Fuchs-Panzer, die im Rahmen von Enduring Freedom nach Kuwait verlegt worden sind, werden auch im Falle eines amerikanischen Krieges gegen den Irak am Golf bleiben, »um bei einem Angriff mit ABC-Waffen vor Ort Hilfe zu leisten. Sie in diesem Fall abzuziehen, hätte unabsehbare Folgen für das deutsch-amerikanische Verhältnis.«[557]

Gespräche wie dieses mit Künstlern, Schriftstellern und Wissenschaftlern, so selten er in diesen Wochen auch die Zeit dafür findet, sind für den Kanzler Möglichkeiten, den eigenen Blick auf die Realität zu überprüfen, und sie sind willkommene Ablenkung vom politischen Tagesgeschäft, von dem es eigentlich nur Unerfreuliches zu berichten gibt. Denn das Verhältnis zu einigen Verbündeten, allen voran zu den USA, trübt sich offenbar unaufhaltsam ein, und in der rot-grünen Koalition ist der Bär los. Was sich in den ersten Wochen und Monaten des Jahres 2002 in Berlin abspielt, hat man selbst in der schlimmsten Phase dieser Regierung, also im zweiten Halbjahr 1999, nicht gesehen. Es herrscht das nackte Chaos. Auch in diesem Falle gilt, dass sich nicht Schröders starke Auftritte vom Sommer und Herbst des vergangenen Jahres im Bewusstsein festsetzen, sondern die wenig erfolgreichen Bemühungen, Ruhe und Ordnung in seinen Laden zu bringen. Das Chaos hat vielfältige Ursachen, darunter zunehmende Animositäten der Kabinettsmitglieder untereinander. Kaum eine Ministerin oder ein Minister, der nicht mit dem einen oder anderen im Clinch läge. Und mit Hans Eichel liegen sowieso die meisten über Kreuz.

Eine nicht zu unterschätzende Rolle spielt auch, dass sich die Unionsparteien erstaunlich schnell auf einen Herausforderer für die kommende Bundestagswahl verständigt haben, wie überhaupt der damit eingeläutete Wahlkampf inzwischen seine langen Schatten auf die Koalitionäre wirft. Die Einzelheiten

Nun mal langsam: Der Kanzler und sein Herausforderer – hier am 1. August 2002 – respektieren sich. Als Ministerpräsidenten haben Gerhard Schröder und Edmund Stoiber pragmatisch zusammengearbeitet.

der Kandidatenkür, die bei einem Frühstück des bayerischen Ministerpräsidenten mit der Vorsitzenden der CDU am 11. Januar 2002 im bayerischen Wolfratshausen eingeleitet wird, müssen hier nicht interessieren. Wohl aber das Ergebnis. Dass Angela Merkel Edmund Stoiber den Vortritt lässt, hat nämlich zur Folge, dass der eine Wahlniederlage der Unionsparteien auf seine Kappe nehmen muss. Wenn die auch zu diesem Zeitpunkt als wenig wahrscheinlich gilt, glaubt Merkel im Rückblick, dass sie Schröder 2002 »nicht geschlagen hätte«.[558] Der schließt dieses Kalkül der CDU-Vorsitzenden nicht aus. So wie er Jahre zuvor im *Spiegel* davor gewarnt hatte, Helmut Kohl zu unterschätzen, signalisiert er jetzt am selben Ort, dass er Angela Merkel keinesfalls unterschätzt.[559] Dass sich die Parteivorsitzende von Stoiber als Gegenleistung für die Überlassung der Kanzlerkandidatur dessen Unterstützung beim Griff nach dem Fraktionsvorsitz im Bundestag zusagen lässt und somit Friedrich Merz, der von dem Deal nichts weiß, endgültig entmachtet, spricht für diese Einstellung.

Stoiber wiederum – Jahrgang 1941, promovierter Jurist, nach 1978 als Generalsekretär der CSU Wadenbeißer für Franz Josef Strauß – war von 1988 bis 1993 bayerischer Innenminister, ist seither Ministerpräsident und seit 1999 auch Vorsitzender der CSU. Keine schlechte Wahl. Auch das weiß Schröder. Die beiden kennen sich, seit der Juso-Vorsitzende und der christlich-soziale

Generalsekretär, wie berichtet, wiederholt öffentlich aufeinandergetroffen und in der Sache auch aneinandergeraten sind. Seither haben sie, sagt der eine wie der andere, »einen direkten Draht«. In ihrer gemeinsamen Ministerpräsidentenzeit kommen sie – für manche überraschend, für andere irritierend – gut miteinander zurecht, wissen beide, dass sie sich auf das Wort des anderen verlassen können, und ziehen an einem Strang, als es zum Beispiel um die Probleme bei der DASA oder auch um Antworten auf die Frage geht, was man für die Zukunft der deutschen Automobilindustrie tun könne und was man lassen müsse. Die Schröder aus der Nähe beobachten, wie etwa Ulrike Posche, spüren, dass der Hannoveraner den Münchener auch deshalb akzeptiert, weil er ihn für einen Vollblutpolitiker hält.[560] Schröder weiß, dass Stoiber das Potential für eine nationale Karriere hat, und prognostiziert dem Bayern, als der noch Innenminister ist, dass er einmal der Kanzlerkandidat der Union seine werde.[561]

Dass Stoiber ein erfolgreicher Ministerpräsident ist, steht für die Beobachter außer Frage. Aber kann er auch den Kanzler geben? Selbst der Berichterstatter der *FAZ*, der Schröder in seinen Ministerpräsidentenzeiten nicht gerade mit Lob überschüttet hat, sieht die Vorteile im direkten Vergleich klar auf dessen Seite: »Ein Kanzler, der sowohl Würde als auch Volksnähe verkörpert, der Durchsetzungsfähigkeit mit Aufgeschlossenheit für das Neue verbindet, seine stete Sorge um Arbeitsplätze herausstellt und mit einem Schuß Selbstironie auch seine menschlichen Schwächen nicht verbirgt, kommt noch immer besser an als ein mit Aktenwissen beladener Angreifer, dem es zwar nicht an Argumenten, aber eben an Humor gebricht.«[562] Ein seltenes Kompliment aus dieser Feder, und ein treffendes Porträt des Amtsinhabers dazu.

Für die Unionsparteien hat die relativ frühe Nominierung ihres Kandidaten den Vorteil, dass sie Ruhe in die eigenen Reihen einkehren lassen und sich wieder verstärkt auf den politischen Gegner konzentrieren können. Das trägt zum tristen Erscheinungsbild der Regierung bei. Dort liegen die Nerven blank. Auch beim Kanzler. Selten hat man ihn so dünnhäutig gesehen. Das letzte Mal wohl 1995, als er von Scharping als wirtschaftspolitischer Sprecher der Partei abserviert worden war.

Jetzt fährt der Kanzler, jedenfalls hinter verschlossenen Türen, schon einmal aus der Haut und gibt, offenbar unbedacht oder verärgert, Kommentare ab, die dann tagelang durch die Gazetten geistern und nicht gerade geeignet sind, in den eigenen Reihen für Ruhe zu sorgen. Zum Beispiel zur Europäischen Kommission. Die empfiehlt Ende Januar, Deutschland wegen seines zu hohen Haushaltsdefizits einen sogenannten Blauen Brief, also eine Abmahnung, zu schicken. Zwar handelt es sich gerade einmal um 1,1 Prozentpunkte, die das Defizit über den zugestandenen 1,5 Prozent liegt. Da aber Deutschland den Partnern der Eurozone seinerzeit den Stabilitätspakt aufs Auge gedrückt hat, ist die Sache ziemlich unangenehm. Der Kanzler, gerade in New York, will nicht verstehen, warum die Kommission eine solche Warnung ausgesprochen hat: »Dafür muss es andere Gründe geben und keine ökonomischen«, unterstellt er in einem Interview,[563] ohne diese Gründe zu nennen oder nennen zu können.

Kein Wunder, dass sich in den Brüsseler Amtsstuben die Reihen hinter der Kommission schließen. Aus deutschen Wohnzimmern hingegen vernimmt der Kanzler verhaltenen Beifall, sofern die Geschichte überhaupt zur Kenntnis genommen wird: Endlich wehrt sich einmal jemand gegen die ständigen Bevormundungen. Also äußert er sich auch während der kommenden Wochen immer wieder einmal skeptisch zur Arbeit und zur Rolle der Europäischen Kommission und bedient so die antieuropäischen Reflexe in der Bevölkerung. Im Grunde hat er ja auch recht: »Entscheidungen fallen in Brüssel. Zur Verantwortung gezogen wird jedoch die nationale Politik«, erläutert der Kanzler einige Monate später Romano Prodi und einigen seiner Kommissare: In Brüssel aber habe man »häufig nur eine unzureichende Vorstellung davon, was die Menschen ›verdauen‹ können«.[564] Offensichtlich sieht er hier zeitweilig ein Wahlkampfthema, mit dem sich in Maßen punkten lässt. Aber dann legt sich das auch wieder, weil Schröder tatsächlich nicht um jeden Preis punkten will und weil man schließlich mit den Kommissaren irgendwie zurechtkommen muss.

Im Übrigen ist das Defizit plausibel erklärbar. Es kann, wie auch die Kommission feststellt, vollständig mit der Abschwächung des Wachstums und den entsprechend schwindenden Steuereinnahmen dargestellt werden. Weil der Finanzminister Mitte Februar verspricht, bis 2004 ein nahezu ausgeglichenes Budget vorzulegen, und seine europäischen Amtskollegen nach einer Intervention des Kanzlers der Empfehlung der Kommission nicht folgen, geht der Brief aus Brüssel vorerst nicht in die Post. Das allerdings hat zur Folge, dass Eichel nicht nur an seinem Sparkurs festhalten, sondern ihn noch verschärfen muss, womit wiederum die Konflikte mit den übrigen Ressorts an Schärfe noch zulegen dürften.

Aber die Haushaltslage ist nun einmal prekär. Das Drama hat sich schon 2000 abgezeichnet, als zunächst die Spekulationsblase an dem im März 1997 etablierten Neuen Markt platzte: Nach Kurssprüngen von zunächst fast 100, 1998 sogar knapp 175 Prozent folgt der Absturz ins Bodenlose. Der Anstieg der Ölpreise im Verlauf des Jahres 2000 und die Terroranschläge des 11. September 2001 geben der Konjunktur den Rest. Die Steuereinnahmen brechen weg, allein 2001 melden 33 000 Unternehmen in Deutschland Konkurs an, und in den ersten Wochen des neuen Jahres gehen die Arbeitslosenzahlen nicht etwa auf die von Schröder als Ziel markierten 3,5 Millionen runter, sondern auf fast 4,3 Millionen hoch. Es war ein Fehler, sich auf absolute Zahlen festzulegen.

In dieser Zeit stellt sich überdies heraus, dass die Vermittlungsstatistiken der Bundesanstalt für Arbeit seit Jahren manipuliert worden sind: In Deutschland dauert es nicht nur mit 33 Wochen ein Drittel länger als im europäischen Durchschnitt, bis ein Arbeitsloser vermittelt ist, sondern es sind in den vergangenen Jahren überhaupt wesentlich weniger Arbeitslose in Lohn und Brot gebracht worden, als man in Nürnberg verlautbart hat. Dass Präsident Bernhard Jagoda, ein CDU-Mann, gehen muss, ist unvermeidlich. Ende März 2002 tritt er in den vorzeitigen Ruhestand ein. Klar ist, jedenfalls für den Bundeskanzler, dass die Behörde bei dieser Gelegenheit grundlegend reformiert und auf Trab gebracht werden muss.

Am 27. März 2002 tritt ein arbeitsmarktpolitisches Sofortprogramm in Kraft – ein erster Schritt auf einem langen Weg der Transformation des riesigen Apparats, an dessen Ende eine moderne Dienstleistungsagentur stehen soll. Um dieses Reformvorhaben auf den Weg zu bringen, wird am selben Tag der als tüchtig und dynamisch geltende rheinland-pfälzische Arbeitsminister Florian Gerster zum neuen Präsidenten ernannt. Nicht einmal zwei Jahre kann er sich auf dem Posten halten. Nachdem wiederholt Vorwürfe wegen nicht genehmigter Beraterverträge laut geworden sind, muss er im Januar 2004 seinen Hut nehmen. Nachfolger wird sein Stellvertreter Frank-Jürgen Weise, in dem mancher zunächst eine Notlösung sieht, der aber dann eine tadellose Leistung abliefert und über mehrere Regierungswechsel hinweg für Kontinuität in diesem schwierigen Geschäft steht.

Und dann kann der Kanzler Peter Hartz als Leiter einer »Kommission moderne Dienstleistungen am Arbeitsmarkt« gewinnen. Hartz, Jahrgang 1941, gelernter Industriekaufmann, ist über den zweiten Bildungsweg zum Studium der Betriebswirtschaft gekommen. Nach einer Reihe führender Positionen bei diversen Unternehmen, unter anderem als Personalchef bei der Dillinger Hütte, holt Ferdinand Piëch ihn 1993 in dieser Funktion zu Volkswagen. So lernt Schröder, der damals dem Präsidium des Aufsichtsrates von VW angehört, den Manager kennen.

Hartz, der um die Jahrhundertwende als der »wohl kreativste deutsche Personalchef« gilt,[565] hat sich mit innovativen Vorhaben wie der Vier-Tage-

Der Pate: Peter Hartz (links) – hier Ende März 2000 mit Gerhard Schröder in Wolfsburg – wird zum Namensgeber für die größte Arbeitsmarktreform der deutschen Geschichte.

Woche einen Namen gemacht und zuletzt das Projekt 5000 × 5000 vorgestellt: Bei Volkswagen, so der Plan, werden 5000 Leute neu eingestellt, die pauschal 5000 D-Mark brutto erhalten. Die Bezahlung richtet sich nicht nach der Arbeitszeit, die Arbeitszeit richtet sich nach der Nachfrage, die Beschäftigten qualifizieren sich ständig weiter. Ziel des Ganzen ist der Nachweis, dass die deutschen Standorte des Konzerns wettbewerbsfähig sind. Als das Konzept nach Jahren der Vorbereitung endlich steht, kommt die kalte Dusche in Form einer ziemlich rüden Absage durch den IG-Metall-Vorsitzenden Klaus Zwickel. Es ist der Kanzler, der die Geburtstagsfeier für Hartz nutzt und die beiden Seiten wieder an einen Tisch bringt. Noch einmal wird 17 Stunden verhandelt, bis Ende August 2001 alles in trockenen Tüchern ist.

Keine Frage, dass Hartz kommt, als Schröder ihn um Unterstützung bittet. Am 6. März 2002 tritt die Kommission erstmals zusammen. Auch in diesem Fall haben der Kanzler und sein Arbeitsminister die 15 Mitglieder nicht nach Partei- oder Proporzgesichtspunkten zusammengestellt, sondern sich für Pragmatiker und Kenner der Materie entschieden: Unternehmensberater, Verbandsmanager, Personalvorstände, natürlich auch Gewerkschafter, außerdem Vertreter der Kommunal- und Landespolitik. Sowohl das Arbeitsministerium als auch die Personalabteilung von VW arbeiten zu. Am Ende geht der 343 Seiten starke Bericht deutlich über die ursprüngliche Zielsetzung hinaus.

Am 16. August, also noch rechtzeitig zur Wahl, stellen Gerhard Schröder und Peter Hartz das Ergebnis der Öffentlichkeit vor. Das Prinzip, so der Kanzler, »heißt fördern und fordern. Im Prinzip des Forderns ist begründet, dass auch der Arbeitslose etwas bringen muss. Wenn er zumutbare Arbeit ablehnt, mit nicht zureichenden Gründen, muss er bereit sein, Sanktionen zu akzeptieren.«[566] Sage keiner, der Mann bleibe sich nicht treu.

Im Mittelpunkt stehen 13 sogenannte Innovationsmodule. Sie werden nach der Wahl in vier Phasen umgesetzt und dabei in Gesetze gegossen, von denen noch zu berichten ist. Eine gewaltige Kraftanstrengung, von der niemand zu sagen vermag, wann sie sich auszahlt – für den Arbeitsmarkt, und für den Kanzler. Sicher ist aber schon jetzt, dass die aus der Führungsetage eines dynamischen Industrieunternehmens stammenden Begriffe von der »Quick-Vermittlung« bis zum »Job-Floater« – das sind günstige Kredite für mittelständische Unternehmen vor allem in strukturschwachen Regionen, die einen Arbeitslosen einstellen – manchem Sozialdemokraten und Gewerkschafter sauer aufstoßen. Das gilt erst recht für den Plan, Arbeitslose als Zeitarbeiter an Firmen auszuleihen. Die Art und Weise, wie der Manager aus Wolfsburg die Ergebnisse der Kommission in der Kulisse des Französischen Doms zu Berlin präsentiert, tun ein Übriges. Sensible Naturen, die es in der Politik durchaus noch gibt, ahnen, dass sich im Falle der Realisierung des Programms Ungemach zusammenbrauen dürfte.

Kurzfristig hilft die in Angriff genommene Trockenlegung des Nürnberger Sumpfes wenig. Wie nicht anders zu erwarten, wird von der großenteils wieder vom Jagdfieber auf Schröder erfassten Presse auch dieser Skandal der Regierung angelastet. Als ob die nicht schon genügend hausgemachte oder konjunkturbedingte Probleme hätte. Zum Beispiel beim Großkomplex Bundeswehr. Da kommt einiges zusammen, zum einen der lähmende Dauerkonflikt des nach wie vor angeschlagenen Ministers mit seinem Kollegen im Auswärtigen Amt. An Kräften und Mitteln zehrt aber vor allem die Reform beziehungsweise Transformation der Bundeswehr von einer auf die Landesverteidigung ausgerichteten Territorialarmee hin zu einer mobilen, grundsätzlich weltweit einsetzbaren Truppe.

Um herauszufinden, wie die Bundeswehr künftig ihre neuen Aufgaben im Rahmen einer umfassenden Sicherheits- und Verteidigungspolitik wahrnehmen kann und welcher Grundstrukturen es dafür bedarf, hat der Kanzler wieder einmal zum Mittel der Kommission gegriffen. Schon die Wahl des Vorsitzenden signalisiert, dass die Bundesregierung ähnlich wie im Fall der Zuwanderung daran interessiert ist, der Arbeit und den Ergebnissen der

Kommission eine breite politische und gesellschaftliche Zustimmung zu verschaffen. Denn mit dem ehemaligen Bundespräsidenten Richard von Weizsäcker wird ein im Lande hoch respektierter Mann zum Vorsitzenden berufen. Dass er, wie schon Rita Süssmuth, der CDU angehört, ist ein willkommener Nebeneffekt. Mit von Weizsäcker beruft der Bundesverteidigungsminister im Frühjahr 1999 weitere 20 Kommissionsmitglieder aus Politik und Wissenschaft, Wirtschaft und Gesellschaft, den Kirchen und natürlich dem Militär.

Der umfangreiche Bericht, den die Kommission »Gemeinsame Sicherheit und Zukunft der Bundeswehr« am 23. Mai 2000 vorlegt, lässt keinen Zweifel, dass diese in ihrer bestehenden Struktur »zu groß, falsch zusammengesetzt und zunehmend unmodern« ist. Zu den Schwerpunkten der Wehrreform zählen neben der »Umgliederung der Streitkräfte zum Aufbau bedarfsgerechter und bündnisadäquater Einsatzkräfte in der Stärke von 140 000 Soldaten« unter anderem die »Neuordnung und Straffung der Führungs- und Kommandostrukturen« sowie nicht zuletzt die »Privatisierung von Dienstleistungen für Betrieb, Entwicklung, Beschaffung, Logistik und Ausbildung«.[567]

Das deckt sich weitgehend mit der Einschätzung des Verteidigungsministers. Weil Scharping aber nicht warten will – und angesichts des zunehmenden internationalen Erwartungsdrucks auch nicht warten kann –, beginnt er, bevor die Wehrstrukturkommission ihre Arbeit abgeschlossen hat, schon mal seine eigene Reform. Dazu zählt im August 2000 und durchaus im Sinne des seit Ende Mai vorliegenden Kommmissionsberichts die Gründung der Gesellschaft für Entwicklung, Beschaffung und Betrieb mbh (g.e.b.b.). Unter ihrem Dach sollen ausgelagerte nichtmilitärische Aufgaben und Funktionen, wie zum Beispiel die Wartung des Fuhrparks, abgewickelt werden. Schon Ende 2002 gelten einige Maßnahmen, wie der schnelle und sozialverträgliche Abbau des Zivilpersonals, intern als gescheitert. Ein gutes Jahr später wirft Helmut Werner, vormaliger Spitzenmanager unter anderem bei Daimler-Benz und erster Aufsichtsratsvorsitzender der g.e.b.b., das »Handtuch«.[568]

Da ist Scharping allerdings schon nicht mehr im Amt. Sein Scheitern hat mit den Reformen nichts zu tun. Überhaupt sollte man Scharping in dieser Rolle nicht unterschätzen. Eine Reihe handschriftlicher oder eigenhändig in die Schreibmaschine getippter Berichte für den Bundeskanzler lassen einen sachverständigen, zielstrebigen, auch machtbewussten Verteidigungsminister erkennen. So holt er sich mit der Berufung des Generalleutnants Harald Kujat zum Leiter des Planungsstabes im Verteidigungsministerium den

Mann, mit dem er seine ambitionierten Reformvorhaben um- und durchzusetzen hofft. Die Versetzung des amtierenden Generalinspekteurs Hans-Peter von Kirchbach in den Ruhestand und die Ernennung Kujats zu dessen Nachfolger zum 1. Juli 2000 sind so gesehen konsequent.

Dass Rudolf Scharping schließlich scheitert, liegt an seinen Eskapaden im privaten Bereich, die unter anderen Umständen als Fußnote einer politischen Biographie verbucht worden wären – und an Hans Eichel. Der auf Spar- und Konsolidierungskurs befindliche Finanzminister weigert sich nämlich hartnäckig und vom Kanzler gedeckt, die im August 1999 aufgestellte Mittelfristige Finanzplanung zu verlassen, und die wiederum sieht gegenüber den Planungen der Vorgängerregierung bereits eine substantielle Kürzung des Wehretats vor. Dabei lässt auch der Bericht der Wehrstrukturkommission keinen Zweifel, dass für »eine Übergangszeit bis zur Einnahme der neuen Bundeswehrstruktur ... zusätzliche Haushaltsmittel erforderlich« sind, um unter anderem die »Ausrüstungslücke« zu schließen.[569]

Im Herbst 2001 eskaliert der Konflikt zwischen dem Verteidigungs- und dem Finanzminister. Wieder einmal lässt Rudolf Scharping in selbst getippten Schreiben zunächst den Bundeskanzler wissen, dass Hans Eichels Kurs »im Kern« nichts anderes bedeute, als dass sich das Finanzministerium die Entscheidung »über die Verwirklichung gemeinsam beschlossener Politik« anmaße. Dann macht er sich gegenüber seinem Kontrahenten Luft: »Es ist ... nicht Sache eines Haushaltsdirektors, eine ›wesentliche Änderung der sicherheitspolitischen Erfordernisse‹ zu unterstellen und daraus eine ›Neubewertung der Aufgaben der Bundeswehr‹ abzuleiten«, schreibt der Verteidigungsminister Ende September 2001 dem »lieben Hans«: »Dieses Vorgehen ist eine Zumutung auf der Grundlage einer angemaßten Kompetenz ...«[570]

Tatsächlich ist es aber so, dass keiner so genau weiß, woher das Geld für die vielen Flugzeuge und Hubschrauber, Schiffe und U-Boote kommen soll, die auf der Beschaffungsliste stehen – ganz abgesehen davon, dass einige der in Auftrag gegebenen neuen Systeme, wie 180 »Eurofighter« oder 10 000 ungeschützte Großlastwagen, kaum oder gar nicht für die neuen Aufgaben der Bundeswehr taugen. Nicht nur deren schwerlich revidierbare Anschaffung verlangt Unsummen, sondern zum Beispiel auch die Wartung Hunderter »Leopard«-Panzer, die man während des Kalten Krieges in Dienst gestellt hat, um den Armeen des inzwischen nicht mehr existierenden Warschauer Paktes etwas entgegensetzen zu können.

Und dann sind da die Systeme wie der Militärtransporter A400M, welche die Truppe dringend als Ersatz für die veralteten Transall-Maschinen braucht, die aber einen zusätzlichen Haken haben: Weil es sich dabei um ein multinationales Vorhaben handelt, kommen hier die Erwartungen der Partner, namentlich Frankreichs, aber auch Großbritanniens, ins Spiel. Um die Kuh vom Eis zu ziehen, bekräftigt der Kanzler am 23. November 2001 gegenüber Jacques Chirac und Tony Blair nicht nur das deutsche Versprechen, 73 Maschinen anzuschaffen, sondern er sagt in Le Bourget auch zu, 50 fest zu bestellen und für die übrigen 23 eine Option zu vereinbaren.

Damit setzt sich Gerhard Schröder kühn über sämtliche heimische Absprachen und Vereinbarungen hinweg. In Berlin geht man nämlich davon aus, dass lediglich 40 A400M fest bestellt und für 33 eine Option gezeichnet werden soll. So steht es im Haushalt für 2002, und den hat auch der Verteidigungsminister abgesegnet. Aber so weit, wie der Kanzler gegangen ist, kommt es gar nicht, weil erst das Bundesverfassungsgericht einen Verfahrensfehler feststellt und dann der Grünen-Abgeordnete Oswald Metzger, Obmann seiner Partei im Finanzausschuss des Bundestages, gegen die Anschaffung sämtlicher 73 Maschinen mobilmacht und damit natürlich der Opposition eine Steilvorlage liefert. Darin wiederum erkennt der jetzt doch sehr erregte Verteidigungsminister einen »einmaligen Vorgang aus politischer Obstruktion und Disziplinlosigkeit …, dessen Wirkungen über den (gewollten oder in Kauf genommenen) Ansehensverlust des zuständigen Ministers weit hinausgehen«.[571] Das sehen die Grünen nicht anders und sorgen dafür, dass der zusehends irrlichternde Abgeordnete im Herbst nicht wieder in den Bundestag einzieht.

Und Scharpings Nachfolger ist heilfroh, dass schließlich nur 60 Maschinen bestellt werden, trägt diese Kürzungsmaßnahme doch einiges zur Anpassung der Materialplanung an die Haushaltslage bei, wie es intern so schön heißt. Dass dafür neuerliche Verhandlungen mit den Partnern nötig sind, bis Mitte Februar 2003 der Industrievertrag den deutschen Wünschen angepasst ist, steht auf einem anderen Blatt. Als im Dezember 2014 die erste Maschine an die Luftwaffe ausgeliefert wird, stehen in den Büchern noch Bestellungen für 53 deutsche A400M, von denen Berlin 13 weiterverkaufen will.

Man versteht, dass sich Gerhard Schröder danach sehnt, dem Berliner Biotop zu entfliehen. Da kommt die Reise ins südliche Amerika gelegen. Eigentlich war sie für den vergangenen Sommer terminiert, musste aber wegen der Debatten um den Bundeswehreinsatz in Mazedonien kurzfristig verschoben werden. Am 10. Februar 2002 bricht der Kanzler zu einer sechstägigen Expedition nach Mexiko, Brasilien und Argentinien auf. Zur hundertköpfigen Begleitung gehören Wirtschaftsminister Müller, 25 Unternehmer, unter diesen die Vorstandsvorsitzenden von Siemens und VW, Heinrich von Pierer und Ferdinand Piëch, sowie einige Vertreter von »Wissenschaft und Kultur«.

Das entspricht dem üblichen Aufgebot. Allerdings findet sich in dieser letztgenannten Gruppe neben dem Schriftsteller Durs Grünbein und dem Maler Markus Lüpertz, dem Präsidenten des Deutschen Akademischen Austauschdienstes sowie den Generalsekretären des Hauses der Kulturen und des Goethe-Instituts auch »Jürgen Klinsmann, Fußballspieler«. Der ehemalige Kapitän der deutschen Fußballnationalmannschaft »bereichert« die Reise des Kanzlers durch sein »Mitwirken entscheidend«, wie dieser ihn nachher wissen lässt.[572] Immerhin besucht man ja einige Hochburgen des Weltfußballs, und selbstverständlich lässt Schröder es sich nicht nehmen, in Mexiko eigenfüßig den Ball im Netz zu versenken. Dieser Punkt (»Elfmeterschiessen durch BK … auf eines der Tore«) ist nach Fertigstellung des Programms noch als eine Option in das gedruckte Itinerar eingelegt worden.[573]

Als die deutsche Reisegruppe, aus Mexico City kommend, in São Paulo den beiden Luftwaffenmaschinen entsteigt, tragen die meisten »Augenringe bei gelblich bleichem Teint«.[574] Das liegt am schwülen Klima, es liegt aber auch an den Umständen der Reise. An Bord geht es bei diesen Unternehmungen in aller Regel gesellig zu. Der Kanzler spielt gerne einen Skat – wenn einer der Skatbrüder dabei ist, in jedem Fall mit diesem. Zur Skatrunde Gerhard Schröders, die sich mehr oder weniger regelmäßig trifft, gehören Otto Schily, Markus Lüpertz, Jürgen Großmann und der Filmproduzent Hanno Huth. Dass sie alle gleichzeitig an Bord sind, kommt nicht vor. Manchmal ist einer, mitunter auch keiner dabei. In solchen Fällen spielt mit, wer will und die nötige Kondition mitbringt. Denn zum Skat gehört ein ordentlicher Rotwein, den nicht jeder in luftiger Höhe verträgt. Allerdings ist kein einziger Fall bekannt geworden, in dem der Kanzler danach nicht aufrechten Ganges das Flugzeug verlassen und während des sich anschließenden dichten Programms seinen Mann gestanden hätte.

Die Kondition vieler Mitreisender belastet zusätzlich, dass an Bord geraucht wird. Das führt schließlich Ende 2004 zu einer Intervention des Gesundheitsdienstes des Auswärtigen Amts, der für die medizinische Betreuung der Delegationen zuständig ist. Inzwischen hat auch die Lufthansa »alle Flüge als Nichtraucherflüge deklariert«, so dass der zuständige Arzt »im Sinne der vielen Delegationsmitglieder«, die ihn darauf angesprochen haben, nach einer großen Asienreise für die »Einführung von Nichtraucherflügen« plädiert.[575]

Und dann ist da noch das fliegende Material an und für sich. Für die langen Strecken nutzt die Luftwaffe drei Flugzeuge vom Typ Airbus A310, die sie nach der Vereinigung von der DDR-Fluggesellschaft Interflug übernommen hat. Danach wurden sie von der Lufthansa modernisiert, die übrigens auch für 120 000 Euro im Jahr die operativen Flugpläne zur Verfügung stellt. Die Flugbereitschaft verfügt nämlich über kein eigenes Flugplanungs- und Besatzungsplanungssystem, so dass es kurzfristig häufig zu schleppenden Berechnungen der Flugzeiten, nicht vorhandenen Übersichten über die Verfügbarkeit der Besatzungen und anderen Unpässlichkeiten kommt. Erst im Sommer 2002 ergreift das Protokoll des Auswärtigen Amtes eine Initiative zur Anschaffung eines »vollautomatischen Flugplansystems«.[576] Inzwischen ist immerhin die »Infrastruktur« der Maschinen auf Vordermann gebracht worden. Noch Ende 2000 gab es an Bord weder eine feste Kommunikationseinrichtung noch eine mobile Satellitenkommunikationsanlage mit Verschlüsselungsmöglichkeit oder auch nur einen Laptop nebst leistungsfähigem Akku. Selbst geeignete Briefbögen oder Büroklammern suchte man vergeblich.

Überhaupt sieht komfortables Reisen, zumal auf der Langstrecke, anders aus. Lediglich der Kanzler verfügt über eine Art Bett – und eine Nasszelle von der Größe einer Telefonzelle. Diese sogenannte Kohl-Dusche verdankt er seinem Vorgänger. Unter solchen Umständen will man natürlich möglichst ohne Zwischenstopp ans Ziel kommen, was bei langen Reisen nicht immer möglich ist. Zwar kann man mit einem vollgetankten und besetzten Airbus A310 wegen der längeren Startbahn von Schönefeld aus abheben und so zum Beispiel ohne Tankstopp in Helsinki nach Peking kommen. Aber diese Lösung funktioniert nicht in allen Fällen, und manchmal zwingen auch Unwägbarkeiten die Maschinen mit begrenzter Reichweite und Tankkapazität zur Zwischenlandung. So auf der Südamerikareise, als sie in Mexico City wegen angekündigten schlechten Wetters nicht voll aufgetankt werden können und deshalb auf dem Weg nach São Paulo im brasilianischen Manaus einen Tankstopp einlegen müssen. Danach reicht es vielen. Heinrich von Pierer etwa hält es für »völlig unzumutbar«, dass der Kanzler der Bundesrepublik Deutschland mit »alten Honecker-Flugzeugen« um die Welt reist, und empfiehlt die Anschaffung eines Langstreckenjets. Da spricht er den meisten Passagieren aus der Seele, auch dem Kanzler, der die Tankstopps längst als »Gewürge« empfindet.[577]

Anders als während der Asienvisite des vergangenen Oktobers gibt es auf dieser Reise durch das südliche Amerika nicht allzu viel zu tun, so dass sich mancher fragt, ob sie wirklich sein muss, während es daheim drunter und drüber geht. Richtig ist, dass Iberoamerika von der deutschen Außenpolitik traditionell vernachlässigt worden ist. Auch für Gerhard Schröder ist der Halbkontinent von eher nachgeordneter Bedeutung. Dass ihn diese Weltgegend interessiert, kann man nicht sagen. Die Kubaexpeditionen früher Jahre hatten eher folkloristischen Charakter und dienten der Profilierung des Kandidaten für das Amt des Ministerpräsidenten. Als Kanzler ist Schröder erst einmal im südlichen Amerika gewesen, als er Mitte 1999 mit den anderen Staats- und Regierungschefs den erwähnten ersten EU-Lateinamerika-Gipfel besuchte. Wenn er wie im Oktober 2002 gleich sieben Staats- und Regierungschefs aus den zentralamerikanischen Ländern, die sich für den Ibero-Amerika-Tag in Berlin aufhalten, auf einen Schlag, innerhalb einer Stunde und auch noch in seinem Amtssitz beglücken kann, kommt ihm das sehr gelegen.

Es ist eine entspannte Mission. Politische Probleme gibt es nicht, wohl aber gemeinsame Interessen. So wollen sich Deutschland und Brasilien in ihrem Streben nach einem Ständigen Sitz im Sicherheitsrat der Vereinten Nationen unterstützen, auch drängen beide auf eine rasche Umsetzung des Kyoto-Protokolls. Einiges zu tun gibt es im Bereich der Wirtschaft und des Handels, wenn auch die Ausgangslage in den einzelnen Fällen sehr unterschiedlich ist. Zählt Brasilien inzwischen zu den Schwellenländern mit besonders guten Aussichten, arbeitet sich Argentinien gerade mühsam aus der schwersten Wirtschaftskrise seiner jüngeren Geschichte heraus. Potentielle Märkte sind die drei bevölkerungsreichen Volkswirtschaften allemal. Und da sie erklärtermaßen nach einem politischen und wirtschaftlichen Gegengewicht zu den dominanten USA suchen, bietet sich die Intensivierung der Beziehungen zwischen Lateinamerika und der Europäischen Union geradezu an.

Der Kanzler verspricht, sich für einen Abbau der Handelshemmnisse einzusetzen, und stellt natürlich auch ein verstärktes Engagement des vereinigten Deutschland in Aussicht, dessen weltpolitische und weltwirtschaftliche Karriere man in Lateinamerika mit großem Interesse verfolgt. Deutsche Unternehmen sind willkommen und durchaus schon gut sichtbar vertreten. In Mexiko sind rund 700 tätig, in Brasilien beinahe 2000. Natürlich besucht der Kanzler das eine oder andere, das gehört ja zu seinen liebsten Pflichten im Ausland, darunter das VW-Werk am Rande von São Paulo. Mit 27 000 Beschäftigten und 5 Milliarden Euro Umsatz ist Volkswagen das größte Privatunternehmen in Brasilien.

So erfreulich sich die Beziehungen Deutschlands zu den fernen Partnern in Iberoamerika entwickeln, so schlecht sind sie zu einigen Nachbarn. Die Krise im Verhältnis zu Österreich ist gerade ausgestanden, da verdunkelt sich der Himmel über den deutsch-tschechischen Beziehungen. Dabei hatte anfänglich eitler Sonnenschein geherrscht. Wenige Wochen bevor in Berlin eine sozialdemokratisch geführte Regierung das Ruder übernimmt, hat in Prag der Sozialdemokrat Miloš Zeman eine von der Opposition geduldete Minderheitsregierung gebildet. Dann aber schiebt sich ein Thema in den Vordergrund, das die Beziehungen der Bundesrepublik Deutschland zur Tschechoslowakei beziehungsweise nach deren Auflösung zu Tschechien seit der Gründung beziehungsweise Neugründung beider Staaten vergiftet hat.

Grund sind die insgesamt 143 Dekrete, die der seit Herbst 1938 im Londoner Exil lebende ehemalige Staatspräsident der Tschechoslowakei, Edvard Beneš, teils vor, teils nach seiner Rückkehr nach Prag erlassen hatte und die Ende März 1946 durch die Provisorische Nationalversammlung nachträglich gebilligt und zu Gesetzen erhoben worden waren. Sie legitimieren faktisch die Enteignung und Vertreibung sowie – rückwirkend auf Grund des Dekrets 115/1946, das noch in Kraft ist – Folter, Mord und Vergewaltigung der in der Tschechoslowakei lebenden Deutschen. Entkommen konnte diesen Maßnahmen nur, wer die tschechoslowakische Staatsangehörigkeit besaß. Da aber die in der Tschechoslowakei lebenden Deutschen im November 1938 beziehungsweise im März 1939 automatisch deutsche Staatsbürger wurden, kam das praktisch nie vor. Heute darf es als gesichert gelten, dass am Ende der ethnischen Säuberungsaktion ein slawischer Nationalstaat stehen sollte.[578]

Aus Sicht der tschechoslowakischen Exil- und der ihr folgenden Prager Regierung waren diese Maßnahmen eine legitime Antwort auf das sogenannte Münchener Abkommen und der ihm folgenden Besetzung zunächst der sudetendeutschen Gebiete der Tschechoslowakei, seit Mitte März 1939 dann auch Böhmens und Mährens. Dieses Abkommen war am 29. September 1938 zwischen Deutschland, Italien, Großbritannien und Frankreich geschlossen worden und hatte unter anderem die Modalitäten der Abtretung der sudetendeutschen Gebiete der Tschechoslowakei an das Deutsche Reich geregelt. Nach dem Zusammenbruch der Nazi-Herrschaft und dem Ende des Krieges stand außer Frage, dass dieses Abkommen ungültig war. Auch für Bonn. Die Frage war nur, ob von Anfang an oder nicht. Wäre es von Anfang an ungültig gewesen, wie Prag das sah und sieht, dann allerdings hätten die Dekrete eine Legitimation.

Dagegen haben ausnahmslos alle Bundesregierungen den Standpunkt vertreten, dass das Münchener Abkommen nicht von Anfang an ungültig gewesen sei, schon weil die Tschechoslowakei der Abtretung der sudetendeutschen Gebiete – wenn auch auf englischen und französischen Druck hin – bereits im Vorhinein zugestimmt habe, um nur dieses Argument zu nennen. Weder der am 11. Dezember 1973 unterzeichnete deutsch-tschechoslowakische Vertrag, mit dem die Aussöhnung beginnt, noch der Vertrag über gute Nachbarschaft, freundschaftliche Zusammenarbeit vom 27. Februar 1992 oder die deutsch-tschechische Erklärung über gegenseitige Beziehungen und deren künftige Entwicklung vom 21. Januar 1997 machen dieses Zugeständnis. So wie die Tschechoslowakei beziehungsweise Tschechien die sogenannten Beneš-Dekrete niemals für nichtig erklärt hat.

Das ist die Situation, die Gerhard Schröder im Herbst 1998 vorfindet. Sie zeichnet sich auf Seiten Prags durch eine eher noch zunehmende Nervosität und Sensibilität aus, die man verstehen kann. Während Deutschland mit der Vereinigung territorial und bevölkerungsmäßig, politisch und wirtschaftlich, auch militärisch erheblich an Gewicht zugelegt hat, ist Tschechien infolge der von Bratislava betriebenen Auflösung der tschechoslowakischen Föderation am 1. Januar 1993 kleiner als manches Bundesland. Hinzu kommt, dass die Tschechische Republik für den angestrebten Beitritt zur EU auf die deutsche Unterstützung angewiesen ist.

Der Kanzler sieht und versteht die Gefühlslage der Nachbarn und kommt ihnen schon früh weit entgegen. Anders als noch für die Generation seines Amtsvorgängers sind die Unterdrückung der Sudetendeutschen in der Zwischenkriegszeit sowie ihre Entrechtung und Vertreibung für die während des Krieges oder danach Geborenen kein Kapitel erlebter Geschichte. Dass Schröder keine direkten verwandtschaftlichen Beziehungen zu Vertriebenen oder ihren Nachkommen hat, tut ein Übriges.

Und dann spielt eine Rolle, dass gerade CDU und CSU das Thema immer wieder einmal zum Beispiel für Wahlkampfzwecke instrumentalisieren. Da will und da muss er gegensteuern. Anfang März 1999 sichert Schröder Zeman in Bonn zu, »weder heute noch in Zukunft Vermögensfragen« aufwerfen zu wollen, die im Zusammenhang mit den Vertreibungen stehen, also die Forderungen der Vertriebenen nach Rückgabe ihres Eigentums oder Entschädigung für die Enteignungen nicht zu unterstützen. Im Gegenzug stellt Zeman klar, dass die Wirksamkeit der Beneš-Dekrete »inzwischen erloschen« sei.[579] Die Bundesregierung »respektiert« diese Haltung, wie Schröder bei seinem Besuch Ende September 1999 in Prag betont,[580] besteht also nicht auf der Aufhebung der Dekrete, wie das zum Beispiel das Europäische Parlament oder der österreichische Nationalrat tun, die darin eine Voraussetzung für die Aufnahme des Landes in die EU sehen. Der Kanzler hingegen will die Beziehungen zu Tschechien »nicht mit politischen und rechtlichen Fragen« belasten, »die aus der Vergangenheit herrühren«.[581] Denn das Verhältnis zum kleineren Nachbarn bleibt »bei aller Entkrampfung … pflegebedürftig«, wie man im Kanzleramt weiß.[582]

Umso größer ist die Überraschung, als Tschechiens Ministerpräsident unvermittelt das alte Lied intoniert, die Sudetendeutschen als »fünfte Kolonne Hitlers« bezeichnet und – ohne die Dekrete zu nennen – feststellt, dass

»viele von ihnen« nach »dem tschechischen Recht ... Landesverrat begangen« hätten, »ein Verbrechen, das nach damaligem Recht durch die Todesstrafe geahndet wurde. Auch in Friedenszeiten. Wenn sie also vertrieben und transferiert worden sind, war das milder als die Todesstrafe.«[583] Ganz unabhängig davon, wie sich die Bundesregierung zu den Forderungen der Vertriebenen im Einzelnen stellen mag, ist das natürlich nicht akzeptabel. Einseitige Kurzfassungen der Geschichte mit kollektiven Schuldzuweisungen, da ist man sich im Kanzleramt einig, dienen nicht der Aufklärung historischer Zusammenhänge. Sie widersprechen auch dem, was beide Seiten in der gemeinsamen Erklärung über die Vergangenheit gesagt haben.

Keine Frage, Gerhard Schröder muss handeln. Denn schon bald kommt es zu einer hochemotional geführten Debatte über die Vertreibung der Sudetendeutschen, an der sich auch führende Politiker wie Edmund Stoiber und Otto Schily mit pointierten und polarisierenden Wortmeldungen beteiligen. Am 23. Januar entscheidet der Kanzler im Kabinett, dass der Außenminister in vier Wochen, anlässlich des fünften Jahrestages der Unterzeichnung der deutsch-tschechischen Erklärung, nach Prag reisen soll, um die Angelegenheit zu »bereinigen«. Als dem kein Erfolg beschieden ist, kündigt Schröder öffentlich an, dass er einen für den 22. März 2002 in Aussicht genommenen Besuch absagen werde, wenn Zeman seine Äußerungen nicht »aus der Welt schaffe«.[584] Aber der denkt nicht daran, und so wird die Reise abgeblasen. Offiziell ist sie auf unbestimmte Zeit und mit dem Argument verschoben, der Kanzler wolle sich nicht in den tschechischen Wahlkampf einschalten, in dem die Dekrete eine Rolle spielen. Es ist das erste und einzige Mal, dass Gerhard Schröder in seiner gut fünfzehnjährigen Amtszeit als Ministerpräsident und Bundeskanzler eine Auslandsreise aus einem solchen Grund absagt.

Es gehen anderthalb Jahre ins Land, bis Schröder am 5. September 2003 den Besuch nachholt. Seit Vladimir Špidla im Sommer 2002 das Amt des Ministerpräsidenten übernommen hat, geht es entspannter zu, wenn sich auch das heikle Thema nicht in Luft auflöst. Aber auf tschechischer wie im Übrigen auch auf polnischer Seite fällt jetzt ins Gewicht, dass der Kanzler nach wie vor gegen die Errichtung eines »Zentrums gegen Vertreibungen« in der deutschen Hauptstadt votiert und sich zudem nicht auf die lautstark erhobene Forderung nach einer Verschiebung des tschechischen EU-Beitritts einlässt. Rechtlich hätte er ohnehin nichts in der Hand. Jedenfalls kommen mehrere Gutachter, unter ihnen auch jetzt Jochen Frowein, zu dem Ergebnis, dass die Beneš-Dekrete kein Hindernis für einen Beitritt der Tschechischen Republik zur EU bilden.

Selbstverständlich ist die Absage eines Besuches eine ernst zu nehmende Angelegenheit. Andererseits sieht man sich im Zeitalter der internationalen Organisationen ohnehin ständig. So treffen Schröder und Zeman schon am 15. März 2002 beim EU-Gipfel von Barcelona wieder zusammen. Dieser ist der erste Gipfel, an dem die Staats- und Regierungschefs der Beitrittskandidaten teilnehmen, und zwar »nicht einfach nur als Gäste ..., sondern als Mitdiskutanten bei den ökonomischen und finanzpolitischen Fragestellungen«, so Schröder in seiner Regierungserklärung.[585] Zugleich bietet das Treffen die Chance, einige Missverständnisse zwischen ihm und der Kommission aus dem Weg zu räumen, was allerdings nur in Maßen gelingt. Schon vor dem Gipfel hatten der Kanzler und der britische Premier Tony Blair zur Feder gegriffen, gemeinsam einen Brief an den amtierenden Ratsvorsitzenden geschrieben und den übrigen Kollegen sowie Kommissionspräsident Romano Prodi Kopien zukommen lassen. Die Botschaft ist eindeutig: Die beiden halten die Kommission für ziemlich ineffektiv, wenn sie das auch nicht so deutlich sagen, und haben sich deshalb »vorgenommen, jenes Gremium, in dem wir beide tätig sind – und das ist nun einmal der Europäische Rat –, effektiver zu gestalten. Das richtet sich gegen niemanden.«[586]

In Barcelona bleibt Schröder dabei, dass er eine größere Rücksichtnahme auf die deutschen Interessen erwarte, und zwar sowohl bei den deutschen Vorstellungen über eine künftige Industriepolitik als auch bei der Finanzierung der Osterweiterung. Denn inzwischen, findet nicht nur der Kanzler, sind die Grenzen der Belastbarkeit des europäischen Zahlungsmeisters erreicht. Wie er danach dem Bundestag berichtet, besteht er auf einem noch intensiveren »Dialog« zwischen der Kommission und der Bundesregierung, »der gegen niemanden gerichtet ist und der nur Selbstverständliches innerhalb des integrierten Europas« klarstellt. Womit gesagt ist, wer die Deutungshoheit über das Selbstverständliche beansprucht.[587]

Zum Beispiel bei der Agrarpolitik. Im Sommer 2002 stellt sich auch für den Bundeskanzler die Frage: »Sollen die Landwirte in den Beitrittsländern künftig wie ihre Kollegen in den alten Mitgliedsstaaten Direktbeihilfe erhalten?« Die Antwort, die Schröder gleich mitliefert, lautet: Diese Ausdehnung der bisherigen Agrarpolitik von 15 auf 25 Mitgliedsstaaten würde im Endstadium zu jährlichen Mehrkosten von acht Milliarden Euro führen – »zwei Milliarden Euro ... wären von Deutschland allein zu tragen. Dem können wir nicht zustimmen, selbst wenn wir es wollten.« Die Begründung für diese klare Position ist bemerkenswert, weil sie zeigt, dass der Kanzler die Kommission mit ihren eigenen Waffen zu schlagen versucht: »Hans Eichel steht bei seinen Kollegen im Wort, bis zum Jahr 2004 einen nahezu ausgeglichenen Haushalt zu erreichen. Gleichzeitig drängt Brüssel, wir sollten unsere Ausgaben für Entwicklungshilfe, Forschung und Verteidigung weiter erhöhen. Auch wenn es viele noch nicht glauben mögen: Die Grenze der finanziellen Belastbarkeit Deutschlands ist erreicht.«[588]

Aber welche Alternativen gibt es? Denkbar ist zum einen eine Umschichtung der zur Verfügung stehenden Mittel, zum anderen eine Art Renationalisierung, also eine weitgehende Unterstützung der eigenen Landwirte aus den nationalen Kassen. Theoretisch. Praktisch aber ist das vor allem mit Frankreich nicht zu machen.

Das weiß auch Rudolf Augstein. Seiner Sache gewiss, wie er nun einmal ist, dabei die Grenze gebotenen Respekts leichtfüßig überschreitend, gibt er dem »lieben Kanzler« Anfang Juni 2001 den »guten Rat« (»bitte, verüble es mir nicht«): »Äußere Dich nie öffentlich zu einer Sache, bei der jeder Kundige merkt, dass Du rein gar nichts davon verstehst.« Kennte er die europäischen Verträge von 1957, wüsste er, dass die beträchtliche Subventionierung des französischen Agrarmarktes die Voraussetzung für ihre Entstehung gewesen sei: »Dein Dir immer geneigter Freund, der Hanseat Rudolf Augstein. PS: Dieses Schreiben kann, muss aber nicht in den Papierkorb.«[589] Es ist der letzte Brief, den der Herausgeber an den Kanzler schreibt. Als Rudolf Augstein am 7. November des Jahres stirbt, würdigt Gerhard Schröder seine »ungemeine Verlässlichkeit und Diskretion. Wir haben bis zum Schluss in Kontakt miteinander gestanden, ohne dass einer von uns je Aufhebens davon gemacht hätte.«[590]

Dass der Kanzler sich immer an den Rat des Publizisten gehalten hätte, kann man nicht sagen. In diesem Falle muss er noch einmal versuchen, Chirac zu Konzessionen zu bewegen, zumal er den Polen versprochen hat, dass die noch ungelöste Agrarfrage die Beitrittsverhandlungen nicht verzögern werde. Aber es hilft alles nichts. Frankreichs Staatspräsident bleibt dabei, dass die Agrarpolitik in ihren Grundzügen nicht verhandelbar sei.

Und weil Schröders Gegner im längst eingeläuteten Wahlkampf das mit Blick auf Bayerns Bauern ganz ähnlich sieht, darf Edmund Stoiber am 16. Juli Jacques Chirac medienwirksam im Élysée-Palast besuchen. Die Begegnung ist der für alle sichtbare Höhepunkt eines »ständigen Kontakts« zwischen dem deutschen Kandidaten und dem französischen Präsidenten.[591] Offensichtlich geht Chirac von einem schwarz-gelben Wahlsieg aus und unterstützt Schröders Herausforderer demonstrativ. In Berlin kursieren sogar Gerüchte, wonach mittlerweile zwischen der französischen Regierung und der deutschen Opposition »operative Politik abgestimmt werde«.[592]

Natürlich kann das für den Amtsinhaber nicht das letzte Wort bleiben. Daher bittet der Kanzler den Präsidenten im Rahmen der Blaesheim-Treffen am 7. September zu einem Abendessen nach Hannover und sagt danach, was sowohl dieser als auch die deutschen Wähler hören möchten: »Ich denke, Frankreich hat verstanden, daß wir die finanzielle Belastung Deutschlands reduzieren müssen, so wie wir verstanden haben, daß Frankreich in der Agrarpolitik eine Veränderung … vor 2006 nicht wünscht.«[593] So war es im März 1999 auf dem Berliner EU-Gipfel beschlossen worden.

Keine Frage, die Europapolitik ist auch für Gerhard Schröder längst Chefsache. Zu Hause löst das nicht nur Begeisterung aus. So reagiert man insbesondere im Auswärtigen Amt zusehends irritiert auf die nicht abgesprochenen Vorschläge und Vorstöße des Kanzlers. Dort geht die Sorge um, das Kanzleramt wolle die europäischen Angelegenheiten noch stärker an sich ziehen, als das ohnehin schon der Fall ist. Da liegen die Diplomaten, denen ohnedies zusehends die Beschäftigung abhandenzukommen droht, durchaus richtig. Am 21. März 2002 berichtet der Kanzler vor dem Bundestag von Überlegungen der Staats- und Regierungschefs, »einen Rat von Europaministern mit einer speziellen Koordinations- und Vorbereitungsaufgabe für den allgemeinen Rat und den Europäischen Rat zu etablieren«. Keiner im Plenum, der das hört, hat einen Zweifel, wo dieser Minister angesiedelt sein würde – die Abgeordneten der Koalitions- und die Oppositionsfraktionen nicht (»Friedrich Merz [CDU/CSU]: Fischer guckt so begeistert«),[594] der Außenminister nicht, und der Kanzler sowieso nicht: »Das ist für mich eine Frage, die man ganz rational entscheiden muss«, sagt er wenige Tage später dem *Spiegel*: »Zum Beispiel auch vor dem Hintergrund von unter Umständen notwendigen Koalitionsverhandlungen. Ich sage, was ich für besser halte, aber ich führe darüber keinen Krieg mit meinem Außenminister.«[595] Mit anderen Worten: Wird Rot-Grün nach der Wahl fortgesetzt, wandert die Europakompetenz endgültig vom Werderschen Markt an die Willy-Brandt-Straße. Ob das dem Außenminister passt oder nicht.

Falls Rot-Grün fortgesetzt wird. Und danach sieht es im Frühjahr 2002 gar nicht aus. Am 21. April müssen die Sozialdemokraten in Sachsen-Anhalt eine schlimme Niederlage hinnehmen. Man wird in der Wahlgeschichte der Republik lange suchen müssen, um Vergleichbares zu finden. Auf gerade einmal 20 Prozent bringen es die Genossen, was gegenüber dem Urnengang von 1998 einen Verlust von beinahe 16 Prozentpunkten bedeutet. Dass die ohnehin nicht im Landtag vertretenen Grünen noch weiter marginalisiert werden und sich bei 2 Prozent wiederfinden, fällt da kaum noch ins Gewicht. Wohl aber die Ergebnisse für die CDU, die in etwa um die Verluste der SPD zulegen und sich auf 37,3 Prozent verbessern kann, und für die PDS: Da sie noch einmal leicht auf 20,4 Prozent dazugewinnt, verweist sie die Sozialdemokraten auf den dritten Platz, und der ist vom vierten, den die stark gewachsenen Liberalen besetzen, wahrlich keine Lichtjahre mehr entfernt.

Niederschmetternd. Man kann es drehen und wenden, wie man will, kann zum Beispiel auf die dramatisch geschrumpfte Wahlbeteiligung verweisen und beklagen, dass gerade einmal jeder Zweite zu den Urnen gegangen ist. Aber auch das ist ja eine Ohrfeige, und zwar nicht nur für den abgewählten Ministerpräsidenten Reinhard Höppner und seine von der PDS tolerierte Minderheitsregierung, sondern auch, wenn nicht in erster Linie, für die Bundespartei und den Parteivorsitzenden und Bundeskanzler Gerhard Schröder. Der weiß natürlich, wie er anschließend in den Führungsgremien der SPD ausführt, dass dieser Schuss vor den Bug auch »ein großer Dämpfer« für den Bundestagwahlkampf ist, auf den sich die Genossen gerade vorbereiten. Denn es wurden nicht nur »die negativen Erwartungen noch übertroffen«, es ist auch die »bereits begonnene Aufholaktion der SPD gegenüber der CDU/CSU« erst einmal »unterbrochen worden«.[596]

Zu den unerquicklichen Folgen zählen die neuen Mehrheitsverhältnisse im Bundesrat. Die Zeiten, in denen der Kanzler die Koalitionsregierungen mit SPD-Beteiligung eine nach der anderen ködern und sich so eine Mehrheit sichern konnte, sind auf absehbare Zeit vorbei. Schlimmer noch: Die Union hat jetzt in der Länderkammer eine eigene Mehrheit, und das wiederum bedeutet, dass die Reformpolitik rot-grüner Façon vorläufig am Ende ist. Zum Glück stand mit Blick auf den nunmehr endgültig eröffneten Wahlkampf ohnehin nicht mehr allzu viel an. Was noch zu erledigen ist, wird routiniert abgearbeitet. So zum Beispiel das Gesetz über die Entsorgung von Altfahrzeugen, das der Bundestag am 21. Juni 2002 mit Zustimmung des Bundesrates beschließt. Es setzt eine europäische Richtlinie um und ist so gesehen unumstritten.

Wegen der europäischen Rechtslage deutlich komplizierter ist die inzwischen unendliche Geschichte des sogenannten Dosenpfands. Mit der zum 1. Januar 2003 ausgelösten »Pfandpflicht für Einweg-Getränkeverpackungen in den Bereichen Bier, Mineralwasser und kohlensäurehaltige Erfrischungsgetränke«, so der Staatssekretär im Umweltministerium Rainer Baake am 26. Juli 2002 vor dem Bundestag, wird seit 1991 geltendes Recht »durchgesetzt«.[597] Mit dieser Übergangsregelung ist die Kuh aber noch lange nicht vom europäischen Eis. Denn die Brüsseler Kommission ist der Auffassung, dass durch sie Importprodukte diskriminiert werden, und plant im Sommer 2003 die Einleitung eines Vertragsverletzungsverfahrens. Um das zu verhindern, wird der Kanzler höchstpersönlich aktiv und sichert dem Kommissionspräsidenten brieflich zu, dass das bundesweite »Rücknahmesystem« selbstverständlich Herstellern und Vertreibern aus anderen Mitgliedsstaaten zur »diskriminierungsfreien Beteiligung« offenstehen werde.[598] So kommt es dann auch. Schon erstaunlich, womit sich ein deutscher Bundeskanzler beschäftigen muss. Kein Wunder, dass er, der eigentlich nicht zum Zynismus neigt, das Dosenpfand irgendwann mal zu den »weltpolitisch wichtigen«[599] Entscheidungen gezählt hat.

Aus deutscher Sicht bedeutsamer sind zwei Vorhaben des Finanzministers. Sie werden noch vor der Wahl beschlossen, weil sowohl bei der Neuordnung und Zusammenführung der Bankenaufsicht als auch bei der Eingliederung der Landesbanken in die Bundesbank das dafür notwendige Einverständnis der Bundesländer eingeholt werden kann. Anders liegt der Fall bei der Kulturstiftung des Bundes, für die das Kabinett im Mai 2002 grünes Licht gibt. Sie ist in Halle an der Saale ansässig und verfügt immerhin über einen Etat von beinahe 40 Millionen Euro. Die Idee war während der Kanzlerschaft Willy Brandts geboren worden. 30 Jahre hatte man sie meist ohne nennenswerten Fortschritt weiterverfolgt.

Jetzt ist es geschafft, auch weil man mit Blick auf die Länder »das große Projekt der Nationalstiftung« erst einmal ruhen lässt und sich mit der Kulturstiftung begnügt.[600] Sie soll es dem Bund ermöglichen, kulturelle Einrichtungen und Vorhaben in eigener Regie zu realisieren und so insbesondere im internationalen Kulturbetrieb ein eigenes Profil zu entwickeln. Zusammen mit dem Staatsminister für Kultur und Medien, der schließlich einer veritablen Behörde von fast 200 Mitarbeitern vorsteht, und dem gleichfalls von Rot-Grün ins Leben gerufenen Bundestagskulturausschuss läuft die Einrichtung einer Kulturstiftung des Bundes auf die Etablierung einer nationalen Kulturpolitik hinaus.

Zwischen Autoren und Verlagen heftig umstritten ist das Gesetz zur Stärkung der vertraglichen Stellung von Urhebern und ausübenden Künstlern, das Ende Januar 2002 den Bundestag, wenige Tage später auch den Bundesrat passiert, zum 1. Juli 2002 in Kraft tritt und nicht zuletzt die Vergütung der Autoren auf eine angemessene Grundlage stellen soll. Der Bundeskanzler hatte sich persönlich engagiert und zum Beispiel Ende Februar 2001 namhafte Zeitungs- und Zeitschriftenverleger zu einem als »informell und vertraulich« bezeichneten Gespräch eingeladen.[601] Dass diese Vorhaben während seiner Amtszeit angepackt werden, ist kein Zufall. Sie dokumentieren den Stellenwert, den Kunst und Kultur für den Mann besitzen. Allen Unkenrufen und Vorurteilen zum Trotz.

Im Übrigen geht es im Bundestag in der letzten ernst zu nehmenden Runde vorwiegend um familien- und bildungspolitische Themen. Renate Schmidt, die nach dem Rückzug aus der bayerischen Landespolitik jetzt sichtbarer in Berlin mitmischt, hat dem Kanzler diese Schwerpunktsetzung empfohlen, weil die Familie für die meisten Deutschen immer noch erhebliche Bedeutung besitzt. Außerdem ist die »Bilanz der Bundesregierung in diesen Feldern sehr positiv«, wie der Kanzler im Parteivorstand erläutert.[602] Groß waren die Spielräume allerdings nicht, weil zunächst einmal die familienpolitischen Konsequenzen aus dem zitierten Urteil des Bundesverfassungsgerichts gezogen werden mussten. Neben der dreimaligen Erhöhung des Kindergeldes um insgesamt 40 Euro und einer Neuordnung der Familienbesteuerung war Schröder vor allem eine Kurskorrektur wichtig: Dank der rot-grünen Weichenstellungen entscheidet nicht mehr »der Geldbeutel der Eltern über die Lebenschancen der Kinder«.[603]

Immerhin hat die Regierung die Ausgaben für Bildung und Forschung mit dem Haushalt 2002 zum vierten Mal in Folge nennenswert erhöht und nicht zuletzt die Monatssätze im Rahmen des Bundesausbildungsförderungsgesetzes (BAFöG) spürbar angehoben. Mit Ausnahme der FDP, die sich enthielt, haben alle Fraktionen dieser Reform zugestimmt, so dass die neue Regelung zum April 2001 in Kraft getreten ist. Gemessen an dem, was Bildungsministerin Edelgard Bulmahn eigentlich vorschwebte, ist das allerdings eine Schrumpfreform. Ihre Idee, jeden Studenten mit 400 D-Mark monatlich auszustatten und dafür den Eltern das Kindergeld und den Steuerfreibetrag zu streichen, hatte Schröder, die Familienpolitiker im Genick, mit dem Argument vom Tisch gewischt, viele Eltern hätten dieses Geld bereits für bestimmte Vorhaben fest eingeplant. Aber auch so werden Kinder, »die keine goldene Kreditkarte mit in die Wiege gelegt bekommen haben, … künftig wieder studieren können«, findet die Ministerin.[604] Und so sieht das auch der Kanzler.

Für Schröder wiederum ist die Reform an der Basis der Bildungspyramide mindestens so wichtig wie die an ihrem oberen Ende. Unten kennt er sich aus, da ist er gewesen. Die »gute und bedarfsgerechte Kinderbetreuung«, die er selbst nicht genossen hat, ist »ein zentraler Beitrag zur Lebensqualität und zur Chancengleichheit von Kindern«, betont er im Parlament.[605] Da ist sie wieder, die Chancengleichheit. Seit er politisch aktiv ist, hat Gerhard Schröder dieses Ziel im Blick. Auch jetzt, als sich in der weit vorangeschrittenen Legislaturperiode politisch nicht mehr allzu viel bewegen lässt.

Allerdings hat das Thema gerade erheblich an Aktualität und Brisanz gewonnen, weil die Ergebnisse des Programme for International Student

Assessment, die sogenannte PISA-Studie, deutschen Schülern im internationalen Vergleich einen äußerst bescheidenden Platz im unteren Mittelfeld zugewiesen hat. Nicht nur in den Naturwissenschaften und der Mathematik, auch in der Kategorie »Lesen und Verstehen« landet der deutsche Nachwuchs auf den hinteren Rängen, und das heißt: Die Schüler der Republik, die einmal ein Land der Dichter und Denker gewesen ist, können nicht mehr richtig lesen und schreiben. Außerdem wird deutlich, und das irritiert Schröder ganz besonders, dass die schulischen Erfolge deutscher Kinder immer noch stark von ihrer sozialen Herkunft abhängig sind. Also kündigt der Kanzler am 13. Juni 2002 in einer Regierungserklärung an, nach der Wahl ein »Programm ›Zukunft Bildung und Betreuung‹ mit einem Umfang von 4 Milliarden Euro auflegen« und die Länder »mit 1 Milliarde Euro pro Jahr unterstützen« zu wollen, um das »Angebot an Ganztagsbetreuung und Ganztagsschulen auszubauen und zu verbessern«.[606] Dieses »Angebot«, eine 2001 entwickelte Idee der Bildungsministerin, war anfänglich vom Kanzler nicht gerade begeistert aufgenommen worden. Aber nachdem Franz Müntefering, dann auch Kurt Beck, inzwischen ein Ministerpräsident mit politischem Gewicht, gewonnen werden konnten, wird das jetzt gemacht. So gesehen ist die Ankündigung dieser Reform nicht nur dem Wahlkampf geschuldet.

Seit dem 23. April liegt das Wahlprogramm der SPD auf dem Tisch – 153 Seiten stark und unter dem Titel »Erneuerung und Zusammenhalt – Wir in Deutschland«. Der Umfang des Dokuments legt nahe, dass die Verfasser davon ausgehen, es werde ohnehin von praktisch niemandem gelesen. Das ist ja auch nicht der Sinn solcher Programme. Der Sinn liegt in der Stiftung eines Kompromisses, in dem sich möglichst alle Kräfte, Flügel und Fraktionen, von denen es in der SPD traditionell besonders viele gibt, irgendwie wiederfinden können. Nur dann werden sie an einem Strang ziehen, wenn es in die große Schlacht geht. In diesem Wahljahr liegt der Fall zudem besonders klar. Denn der große Kompromiss und mit ihm das Programm der Sozialdemokratischen Partei Deutschlands für die Septemberwahl lässt sich auf einen Satz reduzieren: »Gerhard Schröder soll Kanzler bleiben«, mit einigem Abstand gefolgt von dem zweiten, ohne den der erste im Grunde sinnlos ist: »Die SPD soll stärkste Fraktion im Deutschen Bundestag bleiben.«

Dafür bedarf es eines griffigen Slogans. Gerhard Schröder setzt auf »Nachhaltigkeit«. Keine schlechte Idee, sofern man sie richtig verpackt und verkauft. Soll sie nicht ruckzuck zur Phrase verkommen, muss man sie inhaltlich füllen und mit einem zukunftsfähigen Konzept verbinden. Daran aber hapert es, weil der Parteivorsitzende schlicht keine Zeit hat, um seine Gedanken zu ordnen und selbst zu Papier zu bringen. Zwar hat er sich zwei Mal hingesetzt und für seine Rede auf dem SPD-Kongress »Die Mitte in Deutschland« am 20. Februar und für eine Regierungserklärung am 16. Mai 2002 einige Gedanken schriftlich fixiert. Aber dabei bleibt es. Was ihm seine Redenschreiber dann für die Regierungserklärung zusammenstellen, die unter dem Motto »Politik für Wachstum, Wohlstand und Beschäftigung – Zukunftssicherung durch Nachhaltigkeit« steht, ist Hausmannskost. Solide und bieder, im Wesentlichen eine Bilanz des Geleisteten.

Weichgespült wird dabei ein Gedanke, der den Kanzler in diesen Wochen und Monaten umtreibt: Kann ein gesundes Nationalbewusstsein, kann der Stolz auf das eigene Land, der ja durchaus Nachhaltigkeit signalisieren und generieren kann, ein wirksames Mittel gegen die gefährlich zunehmende »Fremdenfeindlichkeit« und die vielerorts in Europa grassierende »Renationalisierung« sein, »die die Integration und die daraus resultierenden Möglichkeiten in und für Europa infragestellt«?[607] Immer wieder kommt Schröder in diesen Tagen auf das Thema zu sprechen, zum Beispiel in seiner Unterredung mit Tony Blair am 12. Mai im Kanzleramt oder auch wenige Tage zuvor in einer Diskussion mit Martin Walser im Willy-Brandt-Haus zum Thema »Nation, Patriotismus, Demokratische Kultur«.

Gerade dieser Termin ist nicht unumstritten, weil Walser seit seiner Rede in der Paulskirche im Oktober 1998 zu Unrecht der Ruf vorauseilt, die nationalsozialistischen Verbrechen relativieren zu wollen. Als Hans-Jochen Vogel von dem geplanten Kanzlergespräch mit dem Schriftsteller erfährt, ist er besorgt, wie er Franz Müntefering schreibt, der »überwiegende Eindruck« werde sein, »die Deutsche Sozialdemokratie wolle unter Beteiligung Walsers eine Kurskorrektur hinsichtlich ihrer Haltung zum nationalen Selbstverständnis im allgemeinen und zur jüngeren Vergangenheit unseres Landes im besonderen einleiten«.[608] Dahin kommt es schon deshalb nicht, weil Schröder in dieser Frage eine klare Position bezieht. Er formuliert sie selbst, als er sich einige Tage später auf die Bundestagssitzung vorbereitet.

»Unter den Nazis erniedrigt und mörderisch verfolgt, sind es nicht zuletzt die deutschen Gewerkschaften gewesen, die Aufbau und Entwicklung unseres Landes zu einem blühenden Gemeinwesen bewerkstelligt haben. Und mit ihnen die deutsche Sozialdemokratie, jene Partei, die in ihrer mehr als hundertjährigen Geschichte nie Krieg und Verderben über das eigene Land gebracht hat. Beide, Gewerkschaften und SPD, brauchen keine Belehrung in Sachen recht verstandenen Stolzes auf das eigene Land. Sie haben Leistungsbereitschaft und Gemeinsinn, aus denen Patriotismus erwächst, immer wieder unter Beweis gestellt. Das macht uns selbstbewußt … Dieses Land wäre ohne die A[rbeit]N[ehmer] und die Gewerkschaften, wäre ohne die deutsche Arbeiterbewegung eine andere Republik. Das verhindert zu haben macht uns stolz auf unsere Arbeit und auf das entscheidend mitgeprägte Land. Es macht uns sicher, daß wir es sind, die als Deutsche und Europäer auch in Zukunft vor allen anderen patriotische Gesinnung mit den Anforderungen eines neuen Internationalismus zusammenbringen. Ganz so wie Bertold [sic] Brecht in seiner »Kinderhymne« sagt:

»Und weil wir dies Land verbessern
Lieben und beschirmen wir's
Und das liebste mag's uns scheinen
So wie andern Völkern ihrs.«[609]

Es ist nicht das erste Mal, dass der Kanzler diese letzte Strophe der »Kinderhymne« des Jahres 1950 zitiert, und es ist auch nicht das erste Mal, dass er das im Zusammenhang mit dem Thema nationale Frage und nationale Interessen tut.[610] Gerhard Schröder mag Gedichte, und es ist kein Geheimnis, dass er das eine oder andere aus dem Kopf rezitieren kann. Er tut das gerne, manchmal auch öffentlich, ohne dass es aufgesetzt oder kokettierend wirkt. Zu seinen Favoriten gehört Rainer Maria Rilke. Mal zitiert er dessen »Herbsttag« in einem Interview mit Reinhold Beckmann, mal gratuliert er Loki Schmidt, der Frau des Altkanzlers, mit einer Strophe aus »Einmal möchte ich dich wiederschauen« zum Fünfundachtzigsten.[611] An Brechts »Kinderhymne« schätzt er, dass sie die Gefühle eines Patrioten gekonnt auf den Punkt bringt. Dichtern, denen das gelingt, fühlt er sich verbunden, allen voran Heinrich Heine, der nicht nur ein »kritischer Geist«, sondern eben auch ein »Patriot« gewesen ist, aber »leider im Ausland leben musste«, wie Gerhard Schröder dem deutschen Fernsehzuschauer im Sommer 2003 erklärt.[612]

Der Kanzler selbst ist nie ein Nationalist, aber stets ein deutscher Patriot gewesen. Deshalb hielt er es zum Beispiel Mitte der achtziger Jahre für eine »unwürdige Angelegenheit«, dass es »immer noch keinen Friedensvertrag« gab und die Deutschen folglich auch vier Jahrzehnte nach Ende des Zweiten Weltkrieges nicht vollständig souverän waren.[613] Deshalb hält er es für selbstverständlich, dass Deutschland, vereint und souverän, legitime nationale Interessen haben dürfe und haben müsse. Und nicht zuletzt deshalb wird Gerhard Schröder unter Berufung auf diese Interessen eine Teilnahme des Landes am amerikanischen Feldzug gegen den Irak ablehnen.

Es erstaunt zunächst, dass die Herleitung nationaler Interessen aus der Tradition der deutschen Arbeiterbewegung keinen Eingang in Schröders Regierungserklärung findet und vor allem auch in seinem Wahlkampf keine Rolle spielt. Tatsächlich ist es aber so, dass für eine rasch zunehmende Zahl gerade auch von SPD-Wählern die Überwindung dieser großen Tradition gleichbedeutend mit sozialem und wirtschaftlichem Aufstieg ist. Man mag das bedauern, man mag es beklagen. Ändern kann man es nicht. Und das wiederum muss entscheidende Rückwirkungen auf die Wahlkampfstrategie der Sozialdemokraten und ihre Konzentration auf die »Neue Mitte« haben.

»Nachdem sich klassische Milieus mehr und mehr aufgelöst haben«, diagnostiziert der Kanzler Mitte Mai 2002, »verorten sich gerade traditionelle SPD-Wähler aus der Arbeiterschaft mehr und mehr in der gesellschaftlichen Mitte ... Darum wäre es aus meiner Sicht verhängnisvoll, den Begriff der Mitte aufzugeben. Geradezu selbstmörderisch wäre es sogar, die Mitte selbst preiszugeben. Denn gesellschaftliche Mehrheiten und Wahlen sind in unserem Land nicht dadurch zu gewinnen, dass eine Volkspartei ihre schrumpfende Stammwählerschaft bedient, sondern nur dadurch, dass über die traditionellen Gesinnungs- und Überzeugungswähler hinaus zusätzliche Stimmen unter den Wechselwählern und den parteiferneren Milieus der modernen Mitte gewonnen werden.«

Was dann allerdings zwangsläufig zu der Frage nach den Gründen führt, »warum man SPD wählen sollte«. Sie macht Schröder »einigermaßen ratlos«. Denn die Antwort, dass die Regierung das Land in nicht einmal vier Jahren »entschieden vorangebracht« habe, »und zwar quantitativ und vor allem qualitativ«,[614] ist ja für die meisten Wähler am eigenen Leib noch kaum verifizierbar: »Wir brauchen einfach mehr Zeit, um das Eingeleitete zu vertiefen«, sagt er in diesen Tagen in einem Gespräch mit dem *Stern*[615] und macht damit den wunden Punkt seiner Reformpolitik dingfest. Im Herbst dieses Jahres wird Gerhard Schröder diese gefährliche Klippe noch einmal mit Ach und Krach und dank unverhofft günstiger Umstände umschiffen. Drei Jahre später wird er an ihr scheitern.

Genau genommen sitzt er in der Falle seiner unbestreitbaren Erfolge. Um diese Erfolge sichtbar zu machen, muss der Kanzler Zahlen und Fakten auf den Tisch legen. Die aber will eigentlich niemand hören. Auch nicht am 2. Juni 2002, als 524 Delegierte der SPD vor rund 1900 Medienvertretern aus aller Welt und 2000 Gästen in Berlin ihren Wahlparteitag abhalten. »Anstatt das geradezu jubellüsterne Publikum durch eigene Begeisterung zu begeistern und vielleicht auch etwas aufzupeitschen«, beobachtet Kurt Kister, »führte er es an einer langen Leine durch sein zahlenschweres, oft enumeratives Manuskript.«[616] Immerhin gibt's dann doch noch neuneinhalb Minuten Beifall, wie die Chronisten stoppen, auch weil der Parteivorsitzende am Ende seines Vortrags einen Treffer landen kann: »Geht hinaus zu den Menschen und sagt ihnen, selbstbewusst und frei heraus: Der Mut wächst.«[617]

Das ist ein Seitenhieb auf den wieder aktiven Rivalen Oskar Lafontaine, der rechtzeitig zum Parteitag und zur Wahl aus der Versenkung auftaucht und ein Buch mit dem Titel *Die Wut wächst* vorgelegt hat.[618] Es ist das erste Mal seit seiner Flucht aus der Verantwortung, dass er auf der Bundespressekonferenz erscheint und für ein brechend volles Haus sorgt. Die Abrechnung mit Schröder, denn um die geht es hier, zeigt an, dass nichts vergeben und vergessen, sondern alles noch wund ist. Jedenfalls bei dem Saarländer, der nach wie vor der SPD angehört. Und der Auftritt zeigt auch, dass er nicht ruhen wird, bis er den Kanzler und Parteivorsitzenden auf seine Weise zur Strecke gebracht hat. 2002 gelingt das noch nicht.

Im Frühjahr 2002 setzen nicht mehr viele in der Republik auf einen Wahlsieg des Kanzlers. Mindestens 5 Prozent liegt Rot-Grün nach der übereinstimmenden Prognose praktisch aller Institute hinter Schwarz-Gelb. Lagen die persönlichen Werte des Kanzlers anfänglich noch deutlich vor denen des Herausforderers, beginnt sich das in dem Maße zu ändern, in dem Stoibers Medienberater und Wahlkampfmanager Michael Spreng dessen Profil trimmt. Der vormalige Chefredakteur von *Bild am Sonntag*, der bis zu seinem Rauswurf im Herbst 2000 gerne den Kontakt zum Kanzler gesucht hat, feilt jetzt vor allem an der wirtschaftspolitischen Kompetenz des Bayern. Angesichts der auch konjunkturbedingt schlechten Vorstellung der Regierung ist das eine zu meisternde Herausforderung. Flankiert wird der Feinschliff des Kandidaten von der häppchenweisen Präsentation seines Schattenkabinetts, die Stoiber im Gespräch hält. So wird zunächst Lothar Späth als eine Art Superminister für Wirtschaft und Arbeit ins Rampenlicht gezogen, gefolgt von Wolfgang Schäuble, der ein nicht minder großzügiges Ministerium für Äußeres, Sicherheit und Europa führen soll.

Die Sozialdemokraten haben wie schon 1998 die Wahlkampf- aus der Parteizentrale ausgelagert. Geleitet wird sie erneut von Bundesgeschäftsführer Matthias Machnig, und mit der Wahlkampfgestaltung ist auch dieses Mal die Hamburger Agentur KNSK beauftragt, die Mitte Mai den ersten Wahlkampfspot gedreht hat. Darauf allein wollen sich aber viele überzeugte Anhänger Schröders lieber nicht verlassen. Sie gründen Initiativen, kommentieren für die Medien oder greifen schlicht zur Feder, um den Kanzler zu ermutigen, als dieser in den Seilen hängt.

Zu ihnen zählen auch Schauspieler und Sportler, Künstler und Intellektuelle. Einige folgen der Einladung Oskar Negts und verfassen öffentliche Briefe »zu Rot-Grün«,[619] etliche unterzeichnen den maßgeblich von Klaus Staeck organisierten Aufruf zur Wiederwahl Gerhard Schröders, eine Reihe von ihnen treten auch der von Tilman Spengler und anderen gegründeten Initiative »1000 Gründe für Schröder« bei oder zählen zu den 32 Schriftstellern und Karikaturisten, die wenige Tage vor der Wahl die Frage der *Zeit* »Was würden Sie unter einem Kanzler Stoiber am meisten vermissen?« beantworten. Ulla Hahn, Ludwig Harig, Elke Heidenreich, Bodo Kirchhoff, Brigitte Kronauer, Günter Kunert, Erich Loest, Peter Rühmkorf, Peter Schneider und wie sie alle heißen dichten gerade kein Heldenepos, sondern zeichnen das teils skeptische, teils witzige, insgesamt aber authentische Bild eines mit sich und der Wirklichkeit ringenden Politikers.[620] Es erinnert stark an jenes Bild, das 35 Wissenschaftler, Künstler und Schriftsteller 1972 von Willy Brandt angefertigt haben.[621] Ist es ein Zufall, dass beide Kanzler nicht ans Ziel ihrer zweiten Amtszeit gekommen sind?

Die eigentliche »Kampa 02« läuft von Anfang an nicht rund. Es fehlt der Biss der ersten Kampagne, der seine Kraft aus der Oppositionsrolle der SPD bezog. Dagegen lässt sich aus dem Flickenteppich unvollendeter rot-grüner Reformpolitik keine konsequente Wahlstrategie entwickeln, vielmehr ist sie geradezu eine Einladung an die Opposition, das fragile Gewirke wählerwirksam zu zerlegen. Und dann kommt es auch noch zu Reibereien zwischen dem selbstherrlich agierenden Machnig auf der einen und dem Parteivorsitzenden sowie dem Generalsekretär auf der anderen Seite. Keine Frage, wer diesen Machtkampf verliert: Am 9. August, sechs Wochen vor der Wahl, ziehen Schröder und Müntefering die Reißleine: »Der Generalsekretär greift jetzt stärker ins operative Geschäft ein«, kommentiert der Bundesgeschäftsführer seine Entmachtung,[622] der zum Jahresende die Aufgabe seiner Tätigkeit für die Partei und der Wechsel zu einer Unternehmensberatung folgen.[623] Einer der Gründe für die Disharmonie ist die Intonierung eines neuen Refrains durch den Kanzler und Parteivorsitzenden. Gerhard Schröder hat nämlich den »deutschen Weg« entdeckt. Damit meint er zum einen das »Sozialstaatsmodell Deutschland«,[624] zum anderen aber und vor allem seinen spezifischen Kurs in der Außenpolitik.

Wenn es ein Feld gibt, auf dem ein Kanzler seinem Herausforderer weit überlegen ist, dann ist es das außenpolitische. So war es 1998 im Falle Helmut Kohls, so ist es jetzt bei Gerhard Schröder. Zwar folgen die internationalen Beziehungen eigenen Gesetzen, doch betrachtet er sie seit dem Frühjahr immer auch unter dem Gesichtspunkt des Wahlkampfes. Vor diesem Hintergrund besucht der Kanzler am 9. Mai 2002 erstmals Afghanistan. Nicht einmal ein Jahr nach den Anschlägen des 11. September halten die allermeisten Deutschen den Kampf gegen die Taliban und den damit verbundenen Aufbau Afghanistans für richtig. Auch der Bundeskanzler, den die Reise »tief« bewegt und nachhaltig beeindruckt.

Kaum eine zweite Reise hat er in seinen Memoiren, dabei unterstützt von seiner Büroleiterin, so ausführlich geschildert wie diese.[625] In besonderer Erinnerung sind ihm der Besuch einer von Deutschland geförderten Mädchenschule sowie das gleichfalls mit deutschen Mitteln geförderte zivile Minenräumprojekt geblieben: Wie in anderen von Krieg und Bürgerkrieg heimgesuchten Staaten insbesondere der südlichen Halbkugel bilden die in Unmengen vergrabenen Landminen eine der schlimmsten Bedrohungen für die Zivilbevölkerung. Und was die Mädchenschule angeht, so ist diese Einrichtung in einem Land, das von den Taliban in einen vorzivilisatorischen Zustand zurückgeführt worden ist, ein nachgerade revolutionärer Akt.

Zur Delegation des Kanzlers gehören auch Vertreter deutscher Unternehmen sowie Franz Beckenbauer, inzwischen offiziell Präsident des Organisationskomitees für die Fußballweltmeisterschaft. Während die einen in Afghanistan Möglichkeiten sondieren wollen, wie man dem am Boden liegenden Land beim Aus- und Aufbau des Straßennetzes, der Telekommunikation oder auch der Stromerzeugung unter die Arme greifen kann, bietet er Hilfe in einem Bereich an, der überall auf der Welt für kurzzeitige Ablenkung von der Tristesse des Alltags sorgt. Wie gefährlich dieser Alltag ist, wissen Beckenbauer und die Mitreisenden spätestens in dem Augenblick, als beim Abflug aus Kabul das Raketenabwehrsystem der Transall »losgeht«.

Während des Besuchs war dem Sportler der Unterschied zwischen dem wie stets dynamischen, zupackenden Kanzler und dem phlegmatisch wirkenden Ministerpräsidenten der afghanischen Übergangsregierung aufgefallen.[626] Hamid Karzai ist eben in keiner starken Position, gilt als Kandidat der Amerikaner. Wenn Schröder ihm jetzt zusagt, sich für eine Verlängerung des ISAF-Mandates einzusetzen, baut er gleichsam nebenher auch seine Position in den Gesprächen mit George W. Bush aus. Tatsächlich lobt der amerikanische Präsident wenig später in Berlin sowohl öffentlich als auch hinter verschlossenen Türen, zum Beispiel gegenüber dem Bundespräsidenten, die deutschen Truppen in Afghanistan und den Beitrag des Landes zur Terrorismusbekämpfung.

Am 22. Mai 2002 ist George W. Bush zu seinem ersten Besuch in der Bundesrepublik eingetroffen. Eigentlich ist der neunzehnstündige Aufenthalt im hermetisch abgeriegelten Berliner Regierungsviertel ein Zwischenstopp auf dem Weg von Paris und Rom nach Moskau. Rund 10 000 Polizisten sind aufgeboten, um den Gast aus Washington vor den Demonstranten abzuschirmen, die ihm einen wenig freundlichen Empfang bereiten. Der Stimmungsumschwung in der Bevölkerung im Vergleich mit der Situation nach dem 11. September ist auffällig. Damals hatten sich 200 000 Menschen in Berlin versammelt, unter ihnen auch der Bundeskanzler, um ihre Solidarität mit dem amerikanischen Volk zu bekunden.

Bush ist klug genug, enthält sich offensiver Töne, überrascht sogar mit einer unerwartet moderaten Rede vor dem Bundestag. Seit Mitte der neunziger Jahre sind solche Auftritte führender ausländischer Staatsmänner fast zur Routine geworden. Hatten zwischen 1951 und 1987 gerade einmal neun Ausländer im Bundestag das Wort ergriffen, darunter mit Richard Nixon und Ronald Reagan 1969 und 1982 auch zwei amerikanische Präsidenten, ändert sich das seit 1995 schlagartig. Das sagt sicher auch etwas über das gewachsene internationale Gewicht des Landes aus. Allein in der insgesamt siebenjährigen Amtszeit Gerhard Schröders sprechen 13 ausländische Gäste zu den Parlamentariern, darunter im November 1999 anlässlich des zehnten Jahrestages des Mauerfalls – allerdings nicht mehr als amtierender Präsident – der Vater des Amtsinhabers und, wie berichtet, im Juni 2000 beziehungsweise im September 2001, die Präsidenten Frankreichs und Russlands.

Auch nach dem Ende seiner Kanzlerschaft hat Gerhard Schröder darauf bestanden, dass George W. Bush ihm in Berlin versichert habe, bezüglich des Irak sei »keine Entscheidung gefallen«, und dass er ihn »ernstgenommen« habe.[627] Im Übrigen sei er bei seiner Linie geblieben, habe seine Position der »uneingeschränkten Solidarität« im Kampf gegen den Terrorismus bekräftigt und dem Präsidenten in diesem Zusammenhang eine enge Zusammenarbeit der Nachrichtendienste zugesichert. Anders stellt sich der Sachverhalt nach Informationen dar, welche nachher durch die amerikanische Administration gestreut werden. Danach wolle Bush vor der Wahl von Schröder nichts verlangen, und der wiederum werde sich im Wahlkampf in dieser Hinsicht zurückhalten, aber die Amerikaner hinter den Kulissen unterstützen.[628] In den Akten des Kanzleramtes lässt sich das nicht nachweisen.

Joschka Fischer, der dabei gewesen ist, wird später berichten, der Kanzler und der Präsident hätten »das prekäre Thema wie zwei Katzen den sprichwörtlichen heißen Brei« umschlichen: »... beide wussten, dass sie gegensätzliche Positionen vertraten, die nicht in Übereinstimmung zu bringen

Skeptisch: Amerikas Präsident George W. Bush am 22. Mai 2002 in Berlin.

waren.«[629] Fast hat man den Eindruck, als wolle das Kanzleramt das Thema Irak partout nicht anfassen. Anders als der Nahe Osten, Afghanistan oder der Kampf gegen den Terrorismus taucht der Irak in dem Schreiben, mit dem das zuständige Referat am 23. April den Leiter des Büros Staatssekretäre im Auswärtigen Amt routinegemäß um Gesprächsunterlagen bittet, nicht ausdrücklich auf. So war es auch schon vor Schröders USA-Besuch. Nur wusste man damals tatsächlich noch nicht, wie konkret sich Amerika auf einen Schlag gegen Saddam Hussein vorbereitete. Jetzt geht man davon aus, dass sich die USA in der Causa Irak alle Optionen offenhalten.

Knapper, als der Kanzler und der Präsident das Thema Irak abhandeln, kann man es nicht tun. Folgt man der Gesprächsaufzeichnung, die vom zuständigen Abteilungsleiter des Kanzleramts, Dieter Kastrup, stammt, so stellt George W. Bush lediglich fest, »daß sich seit der letzten Begegnung am 31. Januar 2002 in Washington nichts geändert habe. Er habe keinen Plan auf seinem Schreibtisch. Die Bundesregierung werde wie andere befreundete Regierungen über das weitere Vorgehen konsultiert werden.« Nicht mehr, aber eben auch nicht weniger. Und was Gerhard Schröder angeht, so belässt er es bei der lapidaren Bemerkung, »man solle diese Frage nicht zum Mittelpunkt der Gespräche machen«.[630] Offensichtlich nimmt Bush diese ausweichende Wendung erneut als Bestätigung seines Kurses. Jedenfalls bezeichnet er anschließend sowohl öffentlich als auch im kleinen Kreis, zum Beispiel beim Bundespräsidenten, die Beziehung zu Bundeskanzler Schröder als ausgezeichnet.

In den folgenden Wochen herrscht angespannte Ruhe im deutsch-amerikanischen Verhältnis. Schröder und Bush treffen sich erneut Ende Juni 2002 im Rahmen des G-8-Gipfels im kanadischen Kananaskis, wo der Irak ebenfalls nicht auf die Tagesordnung kommt. Von dort reist der Präsident zurück nach Washington, um sich der Vorbereitung auf den Krieg zu widmen, während es den Bundeskanzler ins japanische Yokohama zieht, wo die deutsche Fußballnationalmannschaft am 30. Juni im Endspiel der Fußballweltmeisterschaft gegen die brasilianische antritt. Japans Premier bietet Gerhard Schröder an, in seiner Maschine mitzufliegen. Als Dankeschön für die großzügige Geste hat Junichiro Koizumi beim Kanzler einen Wunsch frei: Am 18. August 2003 besucht der Liebhaber und Kenner Richard Wagners in Begleitung des Bundeskanzlers eine Inszenierung des *Tannhäuser* in Bayreuth – Begrüßung durch Gudrun Wagner, Führung hinter die Bühne zwischen erstem und zweitem, festliches Abendessen zwischen zweitem und drittem Akt inklusive.[631] Dem japanischen Premier bleiben gerade diese informellen Begegnungen in Erinnerung.[632]

Weniger feierlich geht es in Yokohama zu. Zur Delegation Schröders zählen einige Journalisten, die direkt aus Kanada anreisen, außerdem als persönliche Gäste des Kanzlers der Musiker Campino von den »Toten Hosen« sowie Hanno Huth, Markus Lüpertz und Jürgen Großmann, also im Wesentlichen die Skatrunde,[633] die dann auch auf dem Rückflug mit 14 Stunden den »längsten Skat« ihrer Geschichte spielt.[634] Gemeinsam mit dem gleichfalls angereisten Kanzlerkandidaten aus Bayern verfolgen sie, wie die deutsche Mannschaft 0 : 2 verliert. Es ist das erste und einzige Mal, dass der Kanzler zur Nationalmannschaft in die Kabine geht. Eigentlich hatte er das nicht vor. Weil aber Edmund Stoiber der Einladung der Funktionäre zu einem Besuch gefolgt ist, kann Gerhard Schröder nicht nachstehen. Dabei glaubt er nicht, dass man damit auch nur eine Wählerstimme holt. »Aber geschadet hat ihm der Besuch auch nicht«, weiß Franz Beckenbauer, der dabei gewesen ist, als sich Kanzler Kohl 1990 zu den Spielern der vom »Kaiser« zum Weltmeistertitel geführten Mannschaft begab.[635] Und das war nicht dessen erster Besuch.

Im Übrigen sorgt der Kanzler und Parteivorsitzende dafür, dass die Genossen daheim aus der Niederlage der Nationalmannschaft die richtigen Lehren für den Wahlkampf ziehen. Denn das Nationalteam wäre schon auf dem Weg zur Endrunde fast gescheitert, hat dann aber doch noch die Kurve gekriegt: »Worauf war es angekommen? Sie hatten ein Ziel, das sie erreichen wollten, und plötzlich spielten alle Einzelvorbehalte keine Rolle mehr. Keiner fragte mehr: Und wo tut es dir weh? Sondern alle fragten: Was können wir für den gemeinsamen Erfolg tun?«[636]

Gerhard Schröder weiß, was er für diesen Erfolg tun kann – ein neues Motto finden. Es ist besagter »deutsche Weg«, und weil der politisch nicht unumstritten, historisch nicht unbelastet, dem grünen Partner eben deshalb verdächtig und ohne Ziel sinnlos ist, macht er dieses Ziel namhaft. Es besteht in erster Linie in der Verbindung von »Erneuerung« und »Gerechtigkeit« in Wirtschaft und Gesellschaft – und in einem »Nein« zum Irakkrieg. Anfang August macht er sich für den Endspurt im Wahlkampf einige Notizen. Bezeichnenderweise stehen dabei nicht die Außenpolitik und speziell die Irakkrise, sondern die Innenpolitik am Anfang seines Konzepts. Das Konzept macht mithin auch deutlich, dass die immer wieder kolportierte Legende nicht haltbar ist, wonach »die umstrittene Metapher nur als Semantik einer deutschen Außenpolitik einen Sinn« ergebe.[637]

»Wir sind auf einem guten Weg«, notiert der Kanzler in diesen ersten Augusttagen: »Es ist unser *deutscher Weg*. Wir *erneuern* unser Land. Und wir sorgen für *sozialen Zusammenhalt*.« Dann folgt die ganze Palette der ergriffenen und der beabsichtigten wirtschafts- und sozialpolitischen Maßnahmen, bevor es am Ende um den Irakkrieg geht. Die Argumente, die der Bundeskanzler für seine Position in dieser Frage zu Papier bringt, bedürfen durchweg keiner Begründung, vor allem nicht das zentrale: »Die alten Konflikte sind nicht gelöst. Nicht auf dem Balkan und nicht in Afg[hanistan]. Deshalb ist es falsch, von neuen Kriegen zu reden.«[638]

Schon am 1. August hat Gerhard Schröder, auch von den eigenen Leuten kaum registriert, in einem Fernsehinterview angedeutet, dass Deutschland »für Abenteuer nicht zur Verfügung stehen« werde.[639] Damit wiederum greift er, was seine Kritiker ignorieren oder schlicht nicht wissen, eine Formulierung auf, die er schon am 19. September 2001 vor dem Bundestag benutzt hatte: »Zu Risiken – auch im Militärischen – ist Deutschland bereit«, heißt es dort klipp und klar, »aber nicht zu Abenteuern.« Diese Passage wie überhaupt große Teile seiner Rede hatte der Kanzler handschriftlich entworfen und dabei am Rand vermerkt: »*Zentrale Aussage*«.[640] Das war eine Woche nach den Anschlägen gegen New York und Washington.

Als er am 5. August in Hannover die um gut zwei Wochen vorgezogene heiße Phase des Wahlkampfes eröffnet, bezieht er also keine neue Position. Aber er markiert sie schärfer, weil in den vergangenen elf Monaten viel passiert ist und insbesondere die Amerikaner erheblich zur Verschärfung der Lage beigetragen haben: »... mit Bezug auf die Diskussion über eine militärische Intervention etwa im Irak ...: Ich warne davor, ... über Krieg und militärische Aktionen zu spekulieren. Ich warne davor und sage denen, die in dieser Situation etwas vorhaben, wer das will, der muss nicht nur wissen, wie er rein

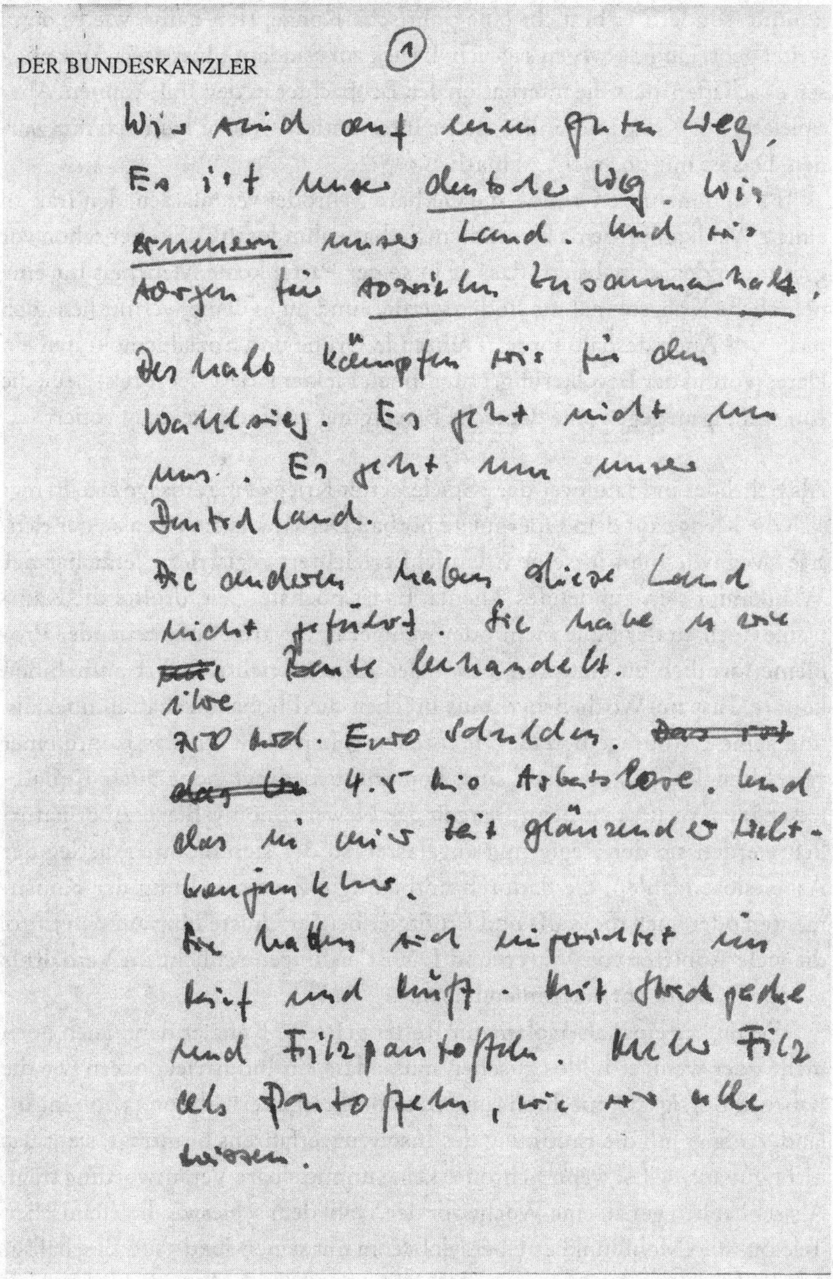

DER BUNDESKANZLER

(1)

Wir sind auf einem guten Weg. Es ist unser deutscher Weg. Wir erneuern unser Land. Und wir sorgen für sozialen Zusammenhalt.

Deshalb kämpfen wir für den Wahlsieg. Es geht nicht um uns. Es geht um unser Deutschland.

Die anderen haben dieses Land nicht geführt. Sie haben es wie ~~[illegible]~~ Beute behandelt.

ihre 750 Mrd. Euro Schulden. ~~Das ist~~ ~~das [illegible]~~ 4.5 Mio Arbeitslose. Und das in einer Zeit glänzender Weltkonjunktur.

Sie hatten sich eingerichtet im Mief und Muff. Mit Strickjacke und Filzpantoffeln. Mehr Filz als Pantoffeln, wie wir alle wissen.

Unser Deutschland: Die innere Erneuerung steht am Anfang des »deutschen Weges«, den der Bundeskanzler als Parole für den Wahlkampf ausgibt. Hier die erste Seite der handschriftlichen Notizen Gerhard Schröders für seinen Wahlkampf vom August 2002.

kommt, sondern er braucht eine politische Konzeption dafür, wie es dann weiter geht. Und deswegen sage ich: Druck auf Saddam Hussein ja. Wir müssen es schaffen, dass die internationalen Beobachter in den Irak können. Aber Spielerei mit Krieg und militärischer Intervention – davor kann ich nur warnen. Das ist mit uns nicht zu machen.«[641]

Es sind mehrere Gründe, die Gerhard Schröder veranlassen, den Irak zu einem Wahlkampfthema zu machen. So hatte ihm Joschka Fischer schon vor geraumer Zeit signalisiert, dass er in seiner Partei keine Mehrheit für eine neuerliche Kriegsteilnahme finden werde, »und du in deiner vermutlich auch nicht«.[642] Auch deshalb fordern führende Grüne und Sozialdemokraten ein klares Votum der Bevölkerung, unter ihnen Heidemarie Wieczorek-Zeul, die von Anfang an gegen eine deutsche Beteiligung an einem Feldzug votiert.

Als Schröder in Hannover der »Spielerei mit Krieg« eine Absage erteilt, regt sich die Menge auf dem Opernplatz hörbar. Der »deutsche« ist also der richtige Weg, wie man in seinem Umfeld erleichtert registriert. Jetzt hat der Wahlkampf sein zündendes Thema. Es ist höchste Zeit, drohte die Kampagne doch an der Fülle mehr oder weniger unerwartet auftauchender Probleme förmlich zu ersticken, bevor der Kanzler richtig Fahrt aufnehmen konnte. Fast im Wochenrhythmus brechen die Hiobsbotschaften über ihn und seine Entourage herein. Die meisten gehen nicht auf das Konto einer verfehlten Politik, sondern sind konjunkturbedingt oder auch Kollateralschäden, verursacht beim Platzen der New-Economy-Blase. Aber natürlich werden sie der Regierung angelastet, so der signifikante Anstieg der Arbeitslosenzahlen, die dadurch mitbedingte Zurückhaltung der Konsumenten oder auch die Raff- und Profitgier bei der Umstellung auf den Euro, die viele Anbieter von Waren und Dienstleistungen schlicht im Verhältnis 1:1 zur D-Mark vorgenommen haben.

Wenn der einst als Holzmann-Retter gefeierte Kanzler dann auch noch mehr oder weniger hilflos zusehen muss, dass ein Industriekonzern wie die Babcock Borsig AG mit ihren rund 22 000 Mitarbeitern, davon 13 000 im Inland, Anfang Juli die Eröffnung des Insolvenzverfahrens beantragt, sieht das nicht gut aus, selbst wenn Schröder keine unmittelbare Verantwortung trägt. Als schließlich genau eine Woche vor der Wahl dem schleswig-holsteinischen Telefon- und Mobilfunkbetreiber Mobilcom mit seinen rund 5500 Beschäftigten die Insolvenz droht, muss er handeln, zumal angesichts erheblicher Verwerfungen im Verhältnis zum Mobilcom-Partner France Télécom auch noch außenpolitischer Schaden droht. Nach siebenstündigen Verhandlungen einigt sich eine Staatssekretärsrunde bei Wirtschaftsminister Müller am Abend des

15. September auf eine Finanzierungszusage über 400 Millionen Euro durch öffentliche Banken und damit auf eine Lösung, gegen welche die Oppositionsparteien zwar massiv mobilmachen, aber keine überzeugenden Argumente zur Hand haben.

Einige Hiobsbotschaften der heißen Wahlkampfendphase haben Namen – Ron Sommer, Rudolf Scharping und schließlich, als es fast geschafft ist, noch Herta Däubler-Gmelin. Der gebürtige Israeli und studierte Mathematiker Ron Sommer, Jahrgang 1949, hat eine beachtliche internationale Karriere in der Computerwirtschaft hinter sich, zuletzt als Vorsitzender für Europa bei Sony, als er Mitte Mai 1995 Vorstandsvorsitzender der Deutschen Telekom wird. Diese ist – wie auch die Post und die Postbank – 1989 im Zuge der ersten Postreform als eigenständiges Unternehmen aus der vormaligen Deutschen Bundespost ausgegründet worden und wird seit 1995 als Aktiengesellschaft geführt.

Bemerkenswert an dieser zweiten Stufe der Postreform ist, dass auch die Sozialdemokraten im Bundestag mehrheitlich zugestimmt und damit die notwendige Zweidrittelmehrheit sichergestellt haben. Wie überhaupt festgehalten werden muss, dass die Genossen »unter Inkaufnahme einer starken innerfraktionellen Opposition« den Weg für die Privatisierungen der vormaligen Staatskonzerne frei gemacht haben[643] und damit dieses heiße Eisen nicht mehr anpacken müssen, als sie endlich wieder in der Regierungsverantwortung sind. Auch die Verschmelzung von Bundesbahn und DDR-Reichsbahn zu der in eine Aktiengesellschaft umgewandelten Deutschen Bahn AG zum 1. Januar 1994 hatte Anfang Dezember 1993 das Parlament mit Zustimmung der SPD sowie einiger Grüner passiert. Man stelle sich vor, der Kanzler Schröder hätte auch das noch vor sich gehabt.

Allerdings ist der Bund immer noch direkt und indirekt mit 43 Prozent an der Deutschen Telekom AG beteiligt und übt zudem die Wettbewerbsaufsicht aus. Jahrelang stehen die Vertreter des Bundes im Aufsichtsrat, ganz gleich welcher Partei sie angehören, hinter dem rasanten Expansionskurs der Telekom, der bis zum Ende des Jahrtausends ein regelrechter Höhenflug ist. Zwischen November 1996 und Juni 2000 spülen auf der einen Seite drei Börsengänge so viel Geld in die klammen Kassen, dass auf der anderen weder der Finanzminister noch die staatliche Regulierungsbehörde oder der Aufsichtsrat fragen, ob und wie die enormen Summen zu stemmen sind, welche auch die Telekom für die beschriebene Ersteigerung der UMTS-Lizenzen hinblättert. Zumal sich Sommer und seine Leute mit massiven Zukäufen insbesondere in den USA auch auf anderen Feldern engagieren. Im Frühjahr 2002 liegt der Schuldenstand des Unternehmens bei 67 Milliarden Euro.

Das alles geschieht in »voller Übereinstimmung« mit dem Aufsichtsrat, also auch der Bundesregierung – und mit den Gewerkschaften. Daran erinnert Kurt van Haaren, langjähriger Vorsitzender der Deutschen Postgewerkschaft, am 10. Juli 2002 den Bundeskanzler. Aus dem eindringlichen Schreiben geht auch hervor, dass die Gewerkschaften die Privatisierung der Post »jahrelang bekämpft«, ursprünglich auch gegen die Berufung Sommers votiert haben, dann aber zum Vorstandsvorsitzenden eine »sachgerechte Arbeitsbeziehung« »aufbauen« konnten.[644] Anlass für den bemerkenswerten Brandbrief ist die sich abzeichnende Ablösung Sommers, der damit die Verantwortung für die dramatische Krise der Telekommunikation übernehmen soll. Dabei ist diese Krise ein weltweites Phänomen, die zum Beispiel in Frankreich zu ernsthaften Überlegungen führt, den Prozess zu revidieren und die France Télécom erneut zu verstaatlichen.

Das Besondere am deutschen Fall ist allerdings die Aktionärsstruktur. Dank einer perfekt aufgezogenen Werbekampagne mit dem populären Schauspieler Manfred Krug wird die sogenannte T-Aktie schon beim ersten Börsengang zur »Volksaktie«. Vergleichbares hat es zuvor nicht gegeben. Entsprechend schoss der Emissionskurs von 14,57 Euro beim ersten auf 66,50 Euro beim dritten Börsengang hoch. Wenig später erfasst allerdings die Krise der Telekommunikationsbranche auch den Aktienkurs dieses Unternehmens, der bis Juni 2002 auf 8,14 Euro einbricht. Schröder hatte Sommer stets unterstützt, auch das amerikanische Engagement der Telekom politisch flankiert, weil er die Öffnung des Telefonmarktes ebenso richtig fand wie das massenhafte Bekenntnis zur Aktie, und weil er sich einiges von den gemeinsamen Auftritten mit dem zunächst ausgesprochen populären, zudem medienaffinen Manager versprach.

Noch Mitte Mai hatte der Bundeskanzler im Brustton der Überzeugung »für Fairness und eine realistische Bewertung der Telekom« plädiert, sich überzeugt gezeigt, dass das deutsche Unternehmen »im internationalen Vergleich mit den Konkurrenten am besten aufgestellt« sei. Also müsse man den »Mut« haben, »den Ärger der Kleinaktionäre auszuhalten und ihnen zu sagen: Liebe Leute, es besteht kein Anlass, den Mann auszuwechseln, er hat gut gearbeitet.«[645] Wenige Wochen später sieht er das ganz anders. Als Sommer am 28. Mai auf der Hauptversammlung eine Erhöhung der Managergehälter ankündigt und damit heftige Reaktionen provoziert, legt Schröder den Hebel um. Der vormalige Vorsitzende der Postgewerkschaft mag es für »gänzlich daneben gegriffen« halten, »Sommer verantwortlich zu machen«, und den Kanzler eindringlich mahnen, dessen »Abstempeln« zum »Sündenbock« löse »keines der Probleme, auch nicht in Wahlkampfzeiten«,[646] der

Entschluss steht fest: 260 000 Beschäftigte, die um ihren Arbeitsplatz bangen, und drei Millionen Kleinaktionäre, die um ihre Anlagen fürchten, sind dreieinviertel Millionen Wähler, die Angehörigen nicht mitgerechnet. Punkt.

Am 16. Juli 2002, gut zwei Monate vor der Wahl, kommt Sommer seiner Ablösung zuvor und tritt mit dem Argument, das Verhältnis zum Aufsichtsrat sei gestört, von seinem Posten zurück. Formal hat Gerhard Schröder damit nichts zu tun, da der Finanzminister für den Großaktionär Bund die Gespräche führt. Aber natürlich führt in dieser Angelegenheit so oder so kein Weg am Kanzler vorbei. Und der zeigt in dieser Situation eine Seite, die man in den bald sechs Jahrzehnten, die jetzt hinter ihm liegen, immer wieder einmal beobachtet hat: Wenn Schröder zu einem Partner steht, ist er loyal, zuverlässig, auch treu. Wenn aber das Vertrauen in den Partner geschwunden ist, aus welchen Gründen auch immer, macht er den Schnitt – von jetzt auf gleich, konsequent und ohne die Chance einer Revision. Das gilt gleichermaßen für sein berufliches wie für sein privates Leben und hat Gründe, von denen die Rede gewesen ist. So sind sie, die Aufsteiger. Wenige Tage nach dem Abtritt Sommers befragt, ob er gegenüber diesem »ein Bedauern übrig« habe, antwortet Gerhard Schröder: »Solche Kategorien sind in meinem und seinem Gewerbe nicht üblich.«[647]

Ron Sommer hat seinen Schreibtisch noch nicht geräumt, da wird dem nächsten Partner auf Zeit der Stuhl vor die Tür gesetzt. Allerdings liegt der Fall bei Rudolf Scharping insoweit anders, als es hier eine Vorgeschichte gibt, die beispiellos wäre, gäbe es nicht den Fall Oskar Lafontaine. Festzuhalten ist allerdings, dass der Bundeskanzler im Herbst 2001, als das politische Schicksal seines Verteidigungsministers am seidenen Faden hing, intern und unter Verweis auf die großen Verdienste des Mannes an ihm festgehalten hat. Jetzt allerdings ist der Punkt erreicht, an dem er handeln und den Eskapaden Scharpings ein Ende setzen muss. Schnell und kompromisslos.

Auslöser ist eine vergleichsweise nachrangige Affäre, in der ein Frankfurter PR-Berater eine Rolle spielt. Der hatte Scharping mal einen Vorschuss auf ein Buchhonorar gezahlt oder auch mal dessen Rechnung in beträchtlicher Höhe bei einem Herrenausstatter übernommen. Als der *Stern* die Geschichte hochfährt, ist Scharping geliefert. Zwar stellt sich im Laufe der kommenden Monate heraus, dass weder der Verdacht auf Steuerhinterziehung noch und vor allem der vom *Stern* erhobene Vorwurf der Bestechlichkeit und Korruption haltbar ist, wie Scharping ein Jahr später den Bundeskanzler und Parteivorsitzenden wissen lässt,[648] doch ist sein Fall da politisch längst erledigt.

Im Übrigen ist Scharping nicht der Einzige, dem in der aufgeladenen Wahlkampfatmosphäre Verfehlungen dieser oder vergleichbarer Art, wie zum Beispiel das Einlösen dienstlich gesammelter Flugbonusmeilen für private Zwecke, vorgehalten werden. Einige, wie der grüne Abgeordnete Cem Özdemir, ziehen nolens volens, andere wie Gregor Gysi ohne Not die Konsequenz. Der Rücktritt des Letzteren vom Amt des Berliner Wirtschaftssenators geschieht nicht nur in geradezu »lafontainesker«[649] Manier, sondern er bringt Ende Juli auch die rot-rote Koalition in der Hauptstadt in die Bredouille – und rückt die PDS in ein Licht, das ihr bei der Bundestagswahl schwer schaden und deshalb Gerhard Schröder nutzen wird.

Keiner dieser Fälle hat auch nur annähernd die politische Detonationskraft wie die Causa Scharping. Gerhard Schröder kommt der Skandal gar nicht gelegen, hatte er doch einige Tage im Kalender blockieren lassen, um mit seiner Frau eine »sog. Bayern-Woche« zu machen. Etliche der dafür vorgesehenen Termine, wie zum Beispiel ein Besuch der Generalprobe der Wagner-Festspiele, fallen jetzt dem Rotstift zum Opfer. Statt in Bayreuth den Klängen des *Ring des Nibelungen* zu lauschen und anschließend mit Jürgen Flimm, dem Regisseur und Freund, zu dinieren, steckt der Kanzler unvermittelt im Krisenmanagement.[650]

Zunächst legen er, aber auch eine Reihe von Mitgliedern des SPD-Präsidiums dem Minister einen Rücktritt nahe und wollen ihm damit die Tür für einen späteren Wiedereinstieg ins politische Geschäft offen halten. Als der den Vorschlag ablehnt, weil ein Rücktritt in seinen Augen einem Schuldeingeständnis gleichgekommen wäre, und den Kanzler seinerseits auf die im Grundgesetz vorgesehene Möglichkeit einer Entlassung verweist (»Das ist besser für Dich und für mich.«),[651] hat Schröder keine Wahl, tritt an diesem Donnerstagnachmittag vor die Presse und erklärt: »Ich werde den Herrn Bundespräsidenten bitten, Rudolf Scharping aus dem Amt des Verteidigungsministers zu entlassen.« Mit diesem »Rausschmiss, wie es in der Geschichte der Bundesrepublik keinen zweiten gab«,[652] endet die Karriere eines vierundfünfzigjährigen Berufspolitikers, der mit zeitweilig beträchtlichem Erfolg Ministerpräsident in Rheinland-Pfalz, Partei- und Fraktionsvorsitzender der SPD im Bund und Verteidigungsminister gewesen ist und sich kurzzeitig auch begründete Hoffnung auf das Kanzleramt machen konnte.

Insider wissen, dass es Gerhard Schröder tatsächlich, wie er später gesteht, Überwindung gekostet hat, sich von Scharping zu trennen – weil es »keine Tagesentscheidung« gewesen ist, sondern »ein Einschnitt«, aber auch, weil er den richtigen Zeitpunkt finden muss. »Gerade bei solchen menschlich schwierigen Entscheidungen muss man immer darüber nachdenken:

Kannst du das denen, die davon betroffen sind, Parteimitgliedern, Wählerinnen und Wählern, hinreichend vermitteln, und wann ist das so weit?«[653] Am 18. Juli ist es so weit. Jetzt ist es ein Befreiungsschlag, zu dem es keine Alternative gibt.

Keine Alternative gibt es auch bei der Wahl des Nachfolgers. Am Tag vor Scharpings Entlassung hatte sich Schröder mit Struck, Müntefering und Steinmeier in Hannover darüber beraten. Ein für Struck und Schröder akzeptabler Kandidat ist Hans-Ulrich Klose. Weil der aber als eigensinnig gilt, lehnen ihn Steinmeier und Müntefering rundweg ab und bedrängen, von des Kanzlers Gattin Doris Schröder-Köpf nachdrücklich unterstützt, Peter Struck. Der zögert einen Augenblick, weil er das Amt des Fraktionsvorsitzenden mit Leidenschaft ausübt und ausfüllt, sagt aber in dieser schwierigen Situation nicht Nein und wird ein ausgesprochen erfolgreicher, bei der Truppe hoch angesehener Verteidigungsminister.

Nicht so rechte Freude kommt hingegen bei der Fraktion auf, die interimistisch durch Strucks Stellvertreter Ludwig Stiegler geführt wird. Der raubeinige Bayer ist gelegentlich durch wenig qualifizierte historische Bezüge und Vergleiche aufgefallen. So hat er beispielsweise erst im Februar den Unionsparteien und der FDP eine »politische Mitverantwortung für die Machtergreifung« durch die Nationalsozialisten beziehungsweise Adolf Hitler zugewiesen, was sowohl die Vorsitzenden von CDU und FDP, Angela Merkel und Guido Westerwelle – diese in einem gemeinsamen Brief – als auch den Vorsitzenden der CSU, Edmund Stoiber, schon mit Blick auf das laufende Verbotsverfahren gegen die NPD zu empörten Schreiben an den Kanzler veranlasst.[654]

Überhaupt haben die Genossen in diesen Tagen und Wochen vor der Wahl keine besonders glückliche Hand, wenn es um den Umgang mit der deutschen Geschichte geht. Am 19. September meldet das *Schwäbische Tagblatt*, dass Herta Däubler-Gmelin, also ausgerechnet Schröders Justizministerin, tags zuvor während einer Diskussion mit Metallgewerkschaftern in Tübingen erklärt haben soll: Bush wolle mit seiner Irakpolitik »von seinen innenpolitischen Schwierigkeiten ablenken. Das ist eine beliebte Methode. Das hat auch Hitler schon gemacht.« Zwar schiebt sie dann nach, sie habe »Bush nicht mit Hitler gleichgesetzt«,[655] aber da ist das Kind schon im Brunnen, die Meldung über den Atlantik und der Kanzler in Not. Dass der amerikanische Präsident »schockiert und wütend« ist, wie er noch in seinen Memoiren notiert,[656] kann man verstehen, und dass Schröder seine Justizministerin im Falle eines Wahlsieges nicht mehr in sein Kabinett aufnehmen kann, will er den Bruch mit Bush vermeiden, liegt auf der Hand. Aber ein weiteres Kabinettsmitglied – es wäre der neunte Abgang, Stollmann und Naumann nicht mitgerechnet – so kurz vor Öffnung der Wahllokale auszutauschen, kommt auch nicht in Frage. Also muss die Justizministerin vor die Presse, wo sie sich – und damit auch den Kanzler – endgültig blamiert.

Wer weiß, wie die Wahl ausgegangen wäre, ob den rot-grünen Koalitionären auf den letzten Metern wegen dieses oder eines anderen Vorkommnisses nicht endgültig die Luft ausgegangen wäre, hätte nicht eine Naturkatastrophe die Blicke von den Peinlichkeiten im Kabinett auf die Stärken des Kanzlers gelenkt. Ausgelöst durch ungewöhnlich heftige Regenfälle in den Alpen, dem Erz- und dem Riesengebirge, baut sich während der ersten Augusttage an der Elbe und ihren Nebenflüssen ein Hochwasser auf, wie man es seit Beginn der offiziellen Aufzeichnungen nicht registriert hat. 27 Menschen kommen ums Leben; Brücken, Häuser, ganze Dörfer werden weggeschwemmt; Straßen und Gleisanlagen gehen in den Fluten unter. Am 14. August beginnt die größte Evakuierung der Nachkriegszeit in Deutschland. Zwei Wochen später beziffert die Europäische Kommission die Schäden in den deutschen Hochwassergebieten auf 15 Milliarden und alleine die Deutsche Bahn die ihren auf rund eine Milliarde Euro.

Mittendrin: der Kanzler, der nach Grimma eingeflogen ist, mit Gummistiefeln, einer von einem Beamten des Bundesgrenzschutzes geliehenen Öljacke und besorgter, dabei entschlossener Miene die Katastrophe in Augenschein nimmt – und handelt. Vielleicht wäre diese Szene gar nicht so im Bewusstsein haften geblieben, hätte nicht der Herausforderer mit einigen Tagen Verspätung vor Ort einen ziemlich missglückten Auftritt hingelegt und die Menschen daran erinnert, dass der Kanzler schon da gewesen ist. Ganz der Macher: »Während sich alle anderen noch sortierten und sich nur schwer von ihren Terminplänen verabschiedeten, erkannte Gerhard Schröder vom ersten Augenblick an die Bedeutung der Katastrophe und stellte ohne Zögern auf energisches Krisenmanagement um. Niemals war Gerhard Schröder so unerreicht instinktsicher, so schnell und zielorientiert wie im Moment einer Krise. Darin lag seine große Stärke.« So erlebte ihn Joschka Fischer.[657]

Und der Kanzler belässt es nicht bei tröstenden Worten und hohlen Versprechungen, sondern schreitet zur Tat. Noch am Abend seines Besuchs im Katastrophengebiet tagt das Bundeskabinett und stellt erste Hilfen in Aussicht. Das geschieht in Form des sogenannten Flutopfersolidaritätsgesetzes. Am 12. September vom Bundestag verabschiedet, sieht es eine Verschiebung der zweiten Stufe der Steuerreform auf das Jahr 2004 sowie eine auf das Jahr 2003 befristete Erhöhung der Körperschaftssteuer um 1,5 auf 26,5 Prozent vor. So sollen insgesamt 7,1 Milliarden Euro für die Finanzierung des Flutopferfonds zusammenkommen – eines der größten, wenn nicht das größte Hilfsprogramm, das in der Geschichte der Bundesrepublik je aufgelegt worden ist.

Flankiert werden diese längerfristig wirksamen Maßnahmen durch eine Fülle von kurzfristig greifenden Aktionen, wie einem Großeinsatz von »50 000 ... Helferinnen und Helfern des Bundesgrenzschutzes, des Technischen Hilfswerks und der Bundeswehr, die wirklich bis zur Erschöpfung gegen die Fluten gekämpft und den bedrohten Menschen beigestanden haben«, wie Schröder vor dem Parlament bilanziert, ferner einem für den 18. August ins Kanzleramt einberufenen »Hochwassergipfel« mit dem Präsidenten der EU-Kommission sowie den Regierungschefs der gleichfalls vom Hochwasser heimgesuchten Staaten Österreich, Tschechien und der Slowakei oder auch der Einrichtung eines »Kuratoriums Fluthilfe«, dessen Vorsitz Altbundespräsident Richard von Weizsäcker übernimmt.[658] Unter diesen Umständen wird auch der Besuch des Weltgipfels für nachhaltige Entwicklung in Johannesburg, den Schröder andernfalls eher als Unterbrechung des Wahlkampfes betrachtet hätte, zu einem Erfolg. Denn so kann er Anfang September seine Rede auf der von den Vereinten Nationen ausgerichteten Großveranstaltung nutzen, mit Blick auf die Flutkatastrophen in Deutschland oder auch in China entschiedenes Handeln fordern und daheim nicht nur bei den Umweltverbänden punkten.

Offensichtlich sieht der Kanzler in dieser entschlossenen Reaktion auch eine riesige Chance, vielleicht doch noch den entscheidenden Stimmungsumschwung im Wahlvolk herbeizuführen. Man sieht ihm förmlich die belebende Wirkung der Herausforderung an. Nach dem ziemlich trostlosen Sommer ohne richtigen Urlaub passt auf einmal wieder alles oder doch vieles zusammen. So kann Schröder ja fast gleichzeitig mit den ersten Maßnahmen für die Flutopfer die Ergebnisse der Hartz-Kommission präsentieren. Glaubt man dem, was ihr Namensgeber bei dieser Gelegenheit sagt, dann wird man die Arbeitslosenzahlen in absehbarer Zeit halbieren können. Und der Mann ist immerhin Personalchef eines der größten deutschen Industrieunternehmen und ein erfolgreicher dazu.

Wie gut der Kanzler drauf ist, dokumentieren am 25. August und am 8. September auch die beiden Fernsehduelle mit dem Herausforderer, die Schröder unter dem Strich und vor allem wegen des zweiten Auftritts für sich entscheiden kann: Nach dieser »zielsicheren Leistung« sind auch professionelle Beobachter der Szene wie der britische Manager, Investmentbanker und

Publizist David Marsh überzeugt, dass er seine Wetten um Schröders Wahlsieg »tatsächlich gewinnen« wird.[659]

Der mediale Showdown zeigt auch, dass die Schlacht längst ein Lagerwahlkampf ist. Die Zeiten, in denen der Kanzler mit den Optionen einer sozial-liberalen oder einer Großen Koalition spielen konnte, sind vorbei. Gerhard Schröder ist auf Gedeih und Verderb auf Joschka Fischer angewiesen. Auch der pflegt zur Höchstform aufzulaufen, wenn er mit dem Rücken zur Wand steht. Dass die beiden nur gemeinsam siegen können oder untergehen werden, unterstreicht am 15. September ein gemeinsamer Wahlkampfauftritt bei einem Rockkonzert vor dem Brandenburger Tor. Schröder selbst besucht alleine zwischen 23. August und 21. September 42 Wahlkampfveranstaltungen, manchmal zwei an einem Tag, die letzte in der Dortmunder Westfalenhalle. Ein ungeheurer Kraftakt, laufen die Regierungsgeschäfte doch weiter, wenn auch mit deutlich reduzierter Taktzahl.

In diesen Tagen, irgendwann nach Beginn der Hochwasserkatastrophe, bringt Schröder hastig einige Stichworte zu Papier, in denen man ein modifiziertes persönliches Wahlprogramm erkennen kann: Unter der Überschrift »Mischung aus Hilflosigkeit und Aggressivität« folgt der Themenkatalog: »I Internationales/Irak, II Flutkatastrophe, Umwelt, III Haushaltskonsolidierung, IV Steuern, V Arbeitsmarkt, VI Familie«. Der eine oder andere Punkt ist kommentiert, so der I. mit »Fragen beantworten, die niemand stellt«, und IV. mit »Robin Hood aus München!«. Sofern man darin auch einen Prioritätenkatalog lesen kann, heißt das im Klartext, dass der Kanzler den Katastrophenbildern von der Elbe in den letzten fünf Wochen vor der Wahl eine begrenzte, der Positionierung im aufziehenden Irakkrieg – unter dem Motto »Solidarität und Eigenverantwortung« – hingegen jetzt die entscheidende Wirkung zutraut.[660]

Dass die Rechnung aufgeht, hat auch damit zu tun, dass Schröder seinen Herausforderer auf dem falschen Fuß erwischt. Zunächst glaubt Edmund Stoiber nicht, dass der Irak im Wahlkampf »eine große Rolle spielen wird«. Als es dann doch anders kommt, ist sein Bewegungsspielraum ziemlich eingeengt. Zum einen kann Stoiber als Vertreter einer traditionell als amerikafreundlich geltenden Partei nicht offen gegen den Kriegskurs des Präsidenten Front machen, und dann hat sich Wolfgang Schäuble, sein designierter Außenminister, in diesem Punkt dezidiert festgelegt. So kommt es, dass der Kanzlerkandidat der Unionsparteien als Befürworter einer deutschen Kriegsteilnahme erscheint, obgleich er in der Sache eine ähnliche Position vertritt wie der Amtsinhaber: »Wir wären ohnehin nicht dabei gewesen«, sagt Edmund Stoiber, weil die Teilnahme an einem Feldzug ohne UN-Mandat in Deutschland nicht durchsetzbar gewesen sei. Spätestens als er auf einer Wahlkampfveranstaltung Transparente mit der Aufschrift »Lieber mit Schröder arbeitslos als mit Stoiber im Krieg« sieht, weiß er, was passieren kann.[661]

So hecheln sich Gerhard Schröder und seine Sozialdemokraten mit letzter Kraft und hängender Zunge über die Ziellinie, und als die Wahllokale endlich schließen, weiß keiner, wer nun eigentlich die Nase vorn hat. Es ist ein Kopf-an-Kopf-Rennen, bei dem es zunächst so aussieht, als könne Stoiber es für sich entscheiden. Also tritt der an diesem 22. September, kurz vor 19 Uhr, vor seine Anhänger und die Kameras und sagt: »Eins steht jetzt schon fest, die Union, die CDU/CSU, wir haben die Wahl gewonnen.«[662] So hatte sich schon mal einer festgelegt: Vor ziemlich genau 33 Jahren ließ sich der Christdemokrat Kurt Georg Kiesinger, bereits amtierender Kanzler, vorschnell als Sieger feiern. Aber dann hatte doch noch Willy Brandt das Rennen für sich entscheiden können. So ergeht es jetzt seinem politischen Enkel.

Wieder einmal ist Jürgen Leinemann dabei, als der Kanzler und seine Vertrauten dem Ergebnis entgegenzittern. Er ist der einzige Journalist in der Runde: »Selten habe ich Faszination und Elend des Politikerberufes so hautnah gespürt wie an jenem Abend ... Plötzlich haute mir jemand von hinten so hart auf die Schulter, als wolle er mich durch den Fußboden rammen. Das konnte nur der Kanzler sein ... Und als er mir dann wieder auf die Schulter haute, ahnte ich, dass er Wahlprognosen hatte, die noch schlechter sein mussten, als ich bis dahin annahm ... Er dominierte die Szene, und wie Otto Schily und Wolfgang Clement, seine Ehefrau und seine Büroleiterin Sigrid Krampitz bekam auch ich die ganze Skala seiner Stimmungen und seines Verhaltensrepertoires zu spüren ... Anfangs staunte ich noch über seine Fähigkeit, sich selbst unter diesen extremen Umständen unaufdringlich und liebenswürdig zu bewegen. Später erschrak ich, wie herrisch und rücksichtslos sich derselbe Mann ... zu einer geschlossenen Veranstaltung zu verhärten vermochte.«[663] Jürgen Leinemann ist nicht der Einzige, der das immer wieder einmal erfährt. Auch andere wie Günter Bannas und Kurt Kister, die Schröder professionell beobachten und einen ähnlich guten Zugang zu ihm haben wie Leinemann, wissen von diesem krassen Stimmungsumschwung zu berichten.[664] Freunde macht man sich damit nicht.

Jedenfalls ist diese Schlacht erfolgreich geschlagen. Entscheidend ist, was hinten rauskommt, pflegt der Kanzler zu sagen, und: »Mehrheit ist Mehrheit.« Und heraus kommt eine knappe Mehrheit für Rot-Grün. Zwar können CDU und CSU 3,4 und die FDP 1,2 Prozentpunkte zulegen, während die SPD einen Verlust von 2,4 Prozentpunkten hinnehmen muss, doch sorgt der Zugewinn der Grünen von beinahe 2 Prozentpunkten für einen gewissen Ausgleich: Mit 8,6 Prozent der Stimmen und 55 Sitzen holen sie ihr bis dahin bestes Bundestagswahlergebnis. Schröder weiß, wem er – von seinem eigenen Einsatz abgesehen – die Fortsetzung seiner Regierung zu verdanken hat: Der frenetische Jubel, mit dem Joschka Fischer im Willy-Brandt-Haus empfangen wird, spricht Bände. Von nicht zu unterschätzender Bedeutung ist schließlich das schlechte Abschneiden der PDS, die an der Fünf-Prozent-Hürde scheitert und lediglich zwei direkt gewählte Abgeordnete ins Parlament entsenden kann. Am Ende liegen SPD und CDU/CSU mit einem Stimmenanteil von jeweils 38,5 Prozent gleichauf – mit einem winzigen Plus von gut 6000 Stimmen für die Genossen, doch können die Sozialdemokraten dank einiger Überhangmandate vier zusätzliche Abgeordnete ins Parlament entsenden. Das kompensiert ein wenig den Verlust von immerhin 47 Sitzen, zumal man stärkste Fraktion bleibt und damit das eine Wahlziel Gerhard Schröders erreicht ist.

Für ihn persönlich ist dieser Wahlsieg ein gewaltiger Erfolg. Genau genommen ist er wichtiger und größer als derjenige von 1998, eben weil es eine ganze Zeit lang so aussah, als könnten er und seine Partei es nicht schaffen. Vieles stand gegen ihn, vor allem der konjunkturelle Einbruch mit seiner dramatischsten Begleit- und Folgeerscheinung, der neuerlichen Massenarbeitslosigkeit, aber auch ein großer Teil der Medien. Heute wissen wir, dass mit der zweiten Amtszeit auch eine neue Etappe im Verhältnis Gerhard Schröders zu den Medien beginnt. Haben ihn die meisten anfänglich durch die Untiefen des politischen Geschäfts getragen, werden sie jetzt mehr und mehr zu erbitterten Gegnern. Das beruht auf Gegenseitigkeit und wird fatale Folgen haben.

Und dann ist es der fünfte Wahlsieg in Folge. Drei Mal hat er eine Landtagswahl, jetzt ein zweites Mal die Bundestagswahl für sich entscheiden können, und zwar in Serie. Ein beachtlicher Lauf. Nur Helmut Kohl hat mehr Wahlsiege auf seinem Konto, allerdings nicht in Serie, sondern von 1976 bis 1982 unterbrochen von seiner Zeit als Oppositionsführer im Deutschen Bundestag; und die Karrieren von Wilhelm Kaisen in Bremen und Peter Altmeier in Rheinland-Pfalz, die jeweils sechs Wahlsiege in Folge verbuchen konnten, begannen vor Gründung der Bundesrepublik und blieben auf die Länderebene beschränkt. Auch ist Schröder der erste und bislang einzige Bundeskanzler, der eine rot-grüne Koalition über eine ganze Wahlperiode gebracht hat.

Und so ist Gerhard Schröder erschöpft. Erschöpft von einem beispiellosen Marathon. Seit beinahe 20 Jahren ist er jetzt in Wettbewerben um die Spitzenpositionen in der Partei und in Wahlkämpfen um die höchsten Ämter im Land und im Bund. Und die erste Amtszeit als Kanzler war ja keine Kür, sondern eine kraftraubende Pflicht. Als er vor vier Jahren gegen Helmut Kohl antrat, quittierten die Wähler vor allem dessen Leistung. Kaum im Amt, war klar, dass sie beim nächsten Mal ihm die Rechnung ausstellen würden. Was immer er tat, hatte auch mit diesem Datum, also mit seiner Wiederwahl, zu tun. Das gilt grundsätzlich natürlich für alle Kanzler. Wobei allerdings auffällt, dass gerade die beiden Regierungschefs am Ende ihrer ersten Amtszeit besonders ermattet gewesen sind, deren Weg an die Macht ungewöhnlich kräftezehrend war – weil sie aus Verhältnissen kamen, die eine solche Karriere schlicht auszuschließen schienen, und weil sie sich auch deshalb mit heftigen, sehr stark emotional gefärbten Vorwürfen, Schmähungen, auch Verleumdungen konfrontiert sahen. Aufsteiger, die ja immer auch Aussteiger sind, werden von einer formierten und formatierten Gesellschaft nicht nur nicht geschätzt, sondern abgestoßen. Denn sie stellen deren Selbstgewissheit, auch deren Selbstgerechtigkeit in Frage.

So war es bei Willy Brandt, so ist es bei Gerhard Schröder. Man täusche sich nicht: Die heutige parteiübergreifende Sympathie für den ersten sozialdemokratischen Kanzler dieser Republik ist ein vergleichsweise junges Phänomen. Noch nach seiner Wiederwahl, die den Sozialdemokraten im November 1972 erstmals eine knappe Mehrheit im Bund bescherte, war Willy Brandt heftig umstritten und angefeindet. Ganz so, wie es Gerhard Schröder nach dem Herbst 2002 ergehen wird. Was im Umkehrschluss bedeuten könnte, dass man auch diesem Kanzler in einer näheren oder ferneren Zukunft mit einer parteiübergreifenden Sympathie begegnen wird. Sofern die herausragenden Leistungen und die Tragik des schließlichen Scheiterns die Voraussetzungen bilden, sind sie im Fall Schröders jedenfalls ebenso gegeben, wie sie für die Karriere Brandts zum parteiübergreifend respektierten Staatsmann maßgeblich gewesen sind.

Beide kommen völlig erschöpft aus der ersten Amtszeit heraus und betreten die zweite entsprechend geschwächt. Nur war es seinerzeit bei Willy Brandt noch viel schlimmer, weil er nicht nur körperlich, sondern auch seelisch regelrecht am Ende war und die Koalitionsverhandlungen zu einem guten, dem entscheidenden Teil an ihm vorbeigelaufen sind. Helmut Schmidt, vor allem aber Herbert Wehner hatten das Heft des Handelns in der Hand, während der Kanzler, von den Strapazen des Wahlkampfes, zudem von den Folgen des Rauchverbots sowie reduzierten Alkoholkonsums und nicht zuletzt den herbstlichen Stimmungsschwankungen gezeichnet, das Krankenbett hüten musste.

Das ist bei Gerhard Schröder anders. Gewiss, Stimmungsschwankungen kennt auch er, und gerade das Wechselbad der Wählergunst hat Spuren hinterlassen. Aber depressiv ist er nicht. Und auch der Alkoholkonsum, der durchaus messbar ist, hinterlässt bei ihm in diesen Jahren keine sichtbaren Spuren. Denn Gerhard Schröder ist, wenn es darauf ankommt, ein diszipliniertes Mann, und er ist ein Mann mit geradezu unglaublichen Kraftreserven. Man sieht ihm das nicht unbedingt an, weil er mit seinen 1,74 Metern in der Regel von anderen überragt wird. Was im Übrigen wiederum zu seiner Unterschätzung beiträgt, die ihn begleitet und seiner Karriere zugespielt hat, seit er in die Politik gegangen ist.

Dennoch wäre es richtig und ratsam gewesen, nach diesem physische und seelische Kräfte zehrenden Marathon kurzzeitig einen Gang zurückzuschalten. Zwei Wochen Auszeit, vielleicht sogar nur eine, hätten geholfen, zumal ja der jährliche Urlaub mit der Familie, ansonsten für den Kanzler ein Muss, in diesem Jahr dem Wahlkampf zum Opfer gefallen ist. Auch hätte ein erholungsbedingter Abstand für Distanz und Klarheit sorgen können. Denn die eine wie die andere ist angesichts der drängenden, ungelösten Probleme auf praktisch allen Politikfeldern gefragt. So aber gehen die Matadore, gestresst vom Wahlkampf und gezeichnet von der Siegesfeier am 25. September, also nur drei Tage nach der Wahl, in die Koalitionsverhandlungen.

Gerade einmal drei Wochen später wird der achtundachtzigseitige Koalitionsvertrag in der Neuen Nationalgalerie in Berlin unterzeichnet – von Gerhard Schröder, Heidemarie Wieczorek-Zeul und Olaf Scholz, dem neuen Generalsekretär, für die SPD und von Joschka Fischer, Claudia Roth und Fritz Kuhn für die Grünen. Das äußere Format des Dokuments mit dem Allerweltstitel »Erneuerung – Gerechtigkeit – Nachhaltigkeit«, das gegenüber den Vereinbarungen von 1998 deutlich zugelegt hat, deutet auf den hohen Kompromissgehalt des Vereinbarten hin. Tatsächlich ist die Menge der zu lösenden Probleme derart groß, dass man sich auf Gemeinplätze verlegt hat und darauf hofft, dass Zeit und Routine es schon richten werden.

Die Verhandlungen wurden dadurch erschwert, dass sie nicht im Kanzleramt oder einem anderem Ort im Regierungsviertel, beispielsweise wie 1998 in einer der Ländervertretungen, sondern im Willy-Brandt-Haus, also in der SPD-Zentrale stattfanden. Das hatte, wie sich Fischer erinnert, unter anderem zur Folge, dass »die zahlreichen Medienvertreter … die ihnen gebotene Chance der regen Teilnahme an den Koalitionsverhandlungen sehr gerne« nutzten. »Jeden Tag wurde die Presse offiziell durch die Parteivorstände und inoffiziell durch das Geschnatter interessierter Teilnehmer der Koalitionsverhandlungen unterrichtet.«[665] Und die wiederum wissen zu berichten, dass ein Mann die Verhandlungen dominiert.

Finanzminister Hans Eichel, der zu den Stützen der ersten Regierungsmannschaft zählte und vom Kanzler selbstverständlich auch für sein zweites Kabinett gesetzt ist, gibt den Ton und das Thema vor, weil die dramatische Haushaltslage sämtliche Ressorts betrifft. Denn der »Abbau der Arbeitslosigkeit und der Staatsverschuldung«, die im Vertrag als die größten »Erblasten der Vergangenheit« und damit als wichtigste der vier Hauptaufgaben firmieren,[666] haben mit den übrigen eines gemeinsam: Sie kosten Geld. Sicher ist, dass sich ein gewaltiges Haushaltsloch auftut; sicher ist auch, dass diesem Defizit nur durch einen strikten Sparkurs beizukommen ist; sicher ist schließlich, dass selbst diese Maßnahmen nicht reichen werden und mit einer zusätzlichen Neuverschuldung in Höhe von rund 2,5 Milliarden Euro zu rechnen ist.

Diese Neuverschuldung wiederum hat zur Folge, dass Deutschland den Stabilitätspakt faktisch aufkündigen und daher mit dem Blauen Brief aus Brüssel rechnen muss. Auch lassen sich die Sparmaßnahmen in vollem Umfang nur durch höhere Einnahmen, sprich Erhöhung von Steuern und Abgaben, realisieren. Was hier im Gespräch ist, vorgeschlagen und modifiziert, angenommen oder verworfen wird, erfährt die zusehends irritierte Öffentlichkeit tagtäglich live aus dem Willy-Brandt-Haus. So setzt sich schon früh – und noch bevor die Verhandlungen abgeschlossen und die neue Regierung überhaupt ihre Arbeit aufgenommen hat – der Eindruck fest, man solle abgezockt werden.

Sicher ist, dass eine Reihe von Steuervergünstigungen gestrichen oder gestutzt und bestimmte Abgaben angehoben werden sollen. So gerät rasch in Vergessenheit, dass die während der ersten Legislaturperiode von Rot-Grün durchgesetzte Steuerreform ja eine erhebliche Entlastung vorsieht. Aber irgendwie müssen ja die Versprechen, wie zum Beispiel Kinderkrippen und Ganztagsschulen, deren Kosten mit einer Milliarde Euro pro Jahr veranschlagt werden, finanziert werden. In der Rückschau hat Vizekanzler Fischer es als Fehler bezeichnet, dass man »zwar eine Steuerentlastung von über 50 Milliarden Euro jährlich beschlossen«, dann aber bei der Planung für die zweite Legislaturperiode nicht den »Mut« gefunden habe, »zur Gegenfinanzierung die Mehrwertsteuer zu erhöhen«.[667] Einen schweren Fehler, ein »Missverständnis«, dem er »quasi unterlegen war«, hat im Rückblick auch der Finanzminister ausgemacht: »Sparen ist nicht alles! Und auch Schuldenfreiheit wäre, selbst wenn sie je erreicht werden sollte, nicht alles. Stattdessen spart man doch, um endlich das Geld zu haben, damit man die richtigen Zwecke fördern kann. Ich sage daher heute: Auch unterlassene Investitionen können eine bittere Hypothek sein.«[668]

Das sind späte Einsichten. Im Herbst 2002 fühlen sich viele Wähler erst einmal über den Tisch gezogen. Jedenfalls ist es kein Zufall, dass sich der »Steuersong« Elmar Brandts auf Platz eins der deutschen Charts schiebt. Dort lässt der Stimmenimitator, der sich schon seit 1999 mit seiner *Gerd-Show* im Rundfunk hält, seine bereits mehrfach im Fernsehen aufgetretene Gummipuppe mit Schröder-Gesicht den Refrain vortragen:

»Ich erhöh' euch die Steuern
gewählt ist gewählt, ihr könnt mich jetzt nicht mehr feuern
das ist ja das Geile an der Demokratie!

Ich greif euch tief in die Tasche
jeder von euch Spackos bunkert irgendwo noch Asche
und die hol' ich mir, die find ich schon, egal wo sie liegt!«

Schlechter kann man kaum starten. Zudem spricht Mitte Oktober einiges dafür, dass Kanzler Schröder und seine Leute bald in einem ähnlichen Chaos festsitzen werden wie zu Beginn der ersten Legislaturperiode. Daran vermögen auch einige neue Gesichter im Kabinett und im Kanzleramt nichts zu ändern. Was das engste, also das aus Hannover importierte Umfeld Gerhard Schröders angeht, bleibt auf den zentralen Positionen alles beim Alten: Frank-Walter Steinmeier leitet nach wie vor das Kanzleramt, Sigrid Krampitz das Kanzlerbüro. Da auch Marianne Duden die Stellung als Chefsekretärin hält, bleibt der Kanzler von vertrauten und bewährten Mitarbeitern umgeben. In den stürmischen Zeiten, die auf ihn zukommen, ist das gar nicht hoch genug zu schätzen.

Hingegen hat Regierungssprecher Uwe-Karsten Heye, auch er ein Niedersachsenimport von 1998, schon vor der Wahl signalisiert, sich verändern zu wollen, und geht im Sommer 2003 als Generalkonsul nach New York. Ihm folgt als Regierungssprecher sein bisheriger Stellvertreter Béla Anda, dessen damit frei werdende Stelle wiederum von Thomas Steg besetzt wird, so dass man nach einem neuen Stellvertreter von Sigrid Krampitz Ausschau halten muss. Die Wahl fällt auf Albrecht Funk, der nach dem Weggang Rainer Sontowskis seit Februar kommissarisch das Büro des Parteivorsitzenden leitet.

Einen Wechsel gibt es schließlich noch bei den Staatsministern des Kanzleramtes. Während Rolf Schwanitz Staatsminister beim Bundeskanzler bleibt, allerdings fortan für die Bund-Länder-Koordinierung zuständig ist, zieht es Nida-Rümelin zurück an die Universität. Ihm folgt als Staatsministerin im Bundeskanzleramt und Beauftragte der Bundesregierung für Kultur und Medien die Literaturwissenschaftlerin und Publizistin Christina Weiss, die viele

Jahre als Hamburger Kultursenatorin tätig gewesen und dem Kanzler durch den vormaligen Finanzsenator und Bevollmächtigten Hamburgs beim Bund, Horst Gobrecht, empfohlen worden ist.[669]

Ein Vorhaben muss sich der Kanzler in diesem Zusammenhang allerdings abschminken. Anders als vor der Wahl gelegentlich angedeutet, wird es keinen eigenen Europaminister im Kanzleramt geben. Auch die Europaabteilung des Auswärtigen Amtes, die Anfang der sechziger Jahre schon einmal Walter Scheel aus dem Auswärtigen Amt herausbrechen wollte, bleibt da, wo sie immer gewesen ist. Den Konflikt mit dem Auswärtigen Amt kann Gerhard Schröder nicht wollen, gilt doch nach der knapp gewonnenen Wahl mehr noch als zuvor: Das Verhältnis zum Außenminister und Vizekanzler muss stimmen. »*Kein Konflikt mit Fischer!*«, notiert der Kanzler auf den Redeentwurf der Regierungserklärung, mit der er am 30. April 2004 die Haltung der Bundesregierung zur bevorstehenden Osterweiterung der EU erläutert.[670] Im Übrigen ist er ja in vielerlei Hinsicht vom Auswärtigen Dienst abhängig: Sprachendienst, Gesundheitsdienst, Protokoll und anderes mehr werden von den Diplomaten am Werderschen Markt organisiert und koordiniert.

Also gibt es weder einen eigenen Europaminister noch einen Umzug der Europaabteilung des Auswärtigen Amtes unter das Dach von Schröders Amtssitz. Allerdings bringt der Kanzler einen aus dem Kreis seiner Leute dort unter: Hans Martin Bury, Sozialdemokrat, bislang Staatsminister im Kanzleramt mit gutem Draht zu Schröder, wechselt als für Europa zuständiger Staatsminister an den Werderschen Markt und bringt es lautlos und effizient fertig, die Runde der für die Europapolitik zuständigen Staatssekretäre in den diversen Ministerien wieder zum Leben zu erwecken. Anders als die Besprechungen der beamteten Staatssekretäre, die über alle Regierungswechsel hinweg regelmäßig stattfinden, ist diese Runde irgendwann eingeschlafen.

Schließlich und vor allem wird unter dem Dach des Kanzleramtes aus der für die Außenpolitik zuständigen Abteilung 2 die Unterabteilung Europapolitik ausgegliedert und in eine eigens dafür zuständige neue Abteilung 5 eingebracht, an deren Spitze der auch bislang schon für die Europapolitik zuständige Berufsdiplomat Reinhard Silberberg steht. Zwar hat sie nur einen überschaubaren Kreis von Mitarbeitern, aber die nehmen bald einen größeren Einfluss auf die operative Politik als die deutlich personalstärkere Europaabteilung des Auswärtigen Amtes. Die Errichtung der neuen Abteilung hat den Nebeneffekt, dass der von Ernst Uhrlau geleitete Bereich Bundesnachrichtendienst und Koordinierung der Nachrichtendienste des Bundes fortan als Abteilung 6 firmiert. Diese Struktur hat Schröders Nachfolgerin beibehalten.

Um Silberberg als Abteilungsleiter installieren zu können, muss in Zeiten knapper Kassen eine Planstelle geräumt werden. Das geschieht, indem Wolfgang Nowak in den Ruhestand versetzt und die von ihm geleitete Abteilung Politische Grundsatzfragen und Analysen kurzerhand dichtgemacht wird. Da diese Abteilung ein Relikt der kurzen Ära Hombach und Nowak für das inzwischen wenig gelittene sogenannte Schröder-Blair-Papier mitverantwortlich ist, kommt diese Maßnahme nicht wenigen im Kanzleramt, aber auch in der Partei durchaus gelegen.

Begreiflicherweise hat Joseph Fischer mit der deutlichen Aufwertung der Europapolitik ein Problem, kann daran aber nun einmal nichts ändern. Dafür setzt er sich in einem anderen Punkt durch. Als es um die Nachfolge des Leiters der Abteilung 2 geht, da Dieter Kastrup in den Ruhestand tritt, favorisiert der Kanzler ursprünglich Wolfgang Ischinger. Der Karrierediplomat ist bestens vernetzt, hatte in den neunziger Jahren den Planungsstab im Auswärtigen Amt geleitet, war nach dem Regierungswechsel dort zum Staatssekretär befördert worden und ist seit 2001 Botschafter in Washington. Nicht ganz zu Unrecht befürchtet Fischer, dass Ischinger, vom Kanzleramt aus operierend, seine Politik hintertreiben könnte, und sperrt sich mit Erfolg gegen einen Wechsel des Botschafters nach Berlin. Daher übernimmt Bernd Mützelburg, auch er ein erfahrener Berufsdiplomat mit vielfältiger Verwendung, unter anderem im Kanzleramt, dort die für die Außen- und Sicherheitspolitik zuständige Abteilung 2. Ischinger wiederum bleibt in Washington und damit in einer Schlüsselstellung für die deutsche Außenpolitik der kommenden Monate und Jahre.

Natürlich ist Joschka Fischer als Stellvertreter des Kanzlers und Außenminister für die Koalition unabkömmlich. Mit einigem Abstand gilt das auch für Jürgen Trittin, der sich während der vergangenen Legislaturperiode vom politischen Raufbold zum auch außerhalb der Koalition ernst genommenen Minister für Umwelt, Naturschutz und Reaktorsicherheit entwickelt hat. Im Kabinett bleibt schließlich die Dritte im grünen Bunde, Renate Künast. Sie hat sich als später zur Kabinettsrunde gestoßene Ministerin für Verbraucherschutz, Ernährung und Landwirtschaft auch bei den Sozialdemokraten und namentlich beim Kanzler einen guten Ruf erworben.

Zu den tragenden Säulen auf Seiten der Sozialdemokraten zählen für Schröder neben Finanzminister Hans Eichel allen voran Innenminister Otto Schily und Verteidigungsminister Peter Struck sowie Wolfgang Clement. Der neue Mann im Kabinett, zu dem das Verhältnis früher auch schon einmal angespannt war, ist »hochkompetent«, »durchaus loyal«, also »nie jemand,

Stabile Mannschaft: Die Mitglieder des neuen Bundeskabinetts nach der Ernennung durch den Bundespräsidenten im Schloss Bellevue. Ulla Schmidt, Peter Struck, Edelgard Bulmahn, Joschka Fischer, Bundespräsident Johannes Rau, Gerhard Schröder, Renate Künast, Heidemarie Wieczorek-Zeul (vordere Reihe von links nach rechts); Wolfgang Clement, Renate Schmidt, Hans Eichel, Jürgen Trittin, Manfred Stolpe, Otto Schily, Brigitte Zypries (hintere Reihe von links nach rechts). Alle bleiben bis zum Ende an Bord.

von dem du das Gefühl haben konntest, du kannst ihm nicht den Rücken zuwenden, ohne ein Messer in selbigen zu bekommen«, und er ist eigenwillig: »Aber das ist der Preis für gute Leute.« Das sagt Schröder auch noch nach dem Ende seiner Kanzlerzeit, als andere nicht mehr viel Gutes über den vormaligen Superminister zu berichten wissen.[671]

Clement steht einem neu geschaffenen Doppelministerium für Wirtschaft und Arbeit vor und ersetzt damit sowohl Werner Müller, der nicht mehr mag, als auch Walter Riester, der nicht mehr darf. Es fällt dem Kanzler »verflucht schwer«, seinem loyalen Arbeitsminister die Trennung eröffnen zu müssen: »Wir haben uns dann noch umarmt und ich habe ihm gesagt: ›Du, das ist eine der schwierigsten persönlichen Entscheidungen, weil ich dich wirklich für einen Menschen halte, mit dem zusammenzuarbeiten für mich … sehr wichtig gewesen ist.«[672] Es spricht für das Format des entbehrlich gewordenen Ministers, dass er hernach nie ein abfälliges Wort über Gerhard Schröder verloren oder gar nachgetreten hat.

Die Zusammenlegung der Ressorts, ursprünglich übrigens eine Idee Werner Müllers, ist eine Voraussetzung, um Clement zu ködern, auch wenn einige, wie Peter Struck, meinen, dass Clement mehr nach Berlin »drängte ..., als dass er gerufen wurde«.[673] Immerhin gibt er das Amt des Ministerpräsidenten von Nordrhein-Westfalen auf, wo ihm Finanzminister Peer Steinbrück nachfolgt. In der Rückschau erweist sich die Zusammenlegung der beiden Ministerien und wohl auch die Besetzung des Doppelressorts mit Clement als Fehler. Als Schröder sie trifft, liegt sie irgendwie in der Luft. Auch der Herausforderer hatte ja in sein Schattenkabinett mit Lothar Späth einen Superminister für Wirtschaft und Arbeit aufgenommen, und fast alle übrigen Kabinettsmitglieder, den Außenminister und Vizekanzler eingeschlossen, unterstützen zunächst die Entscheidung des Kanzlers.

Aber dann geht die Sache auch deshalb schief, weil sich Clement zuerst als Wirtschafts-, dann als Arbeitsminister fühlt. So wie es ja auch der Name seines Ministeriums zum Ausdruck bringt. Das ahnend, hatten die Gewerkschaften, als sie der Lösung wenig begeistert zustimmten, die umgekehrte Reihenfolge gewollt. Hinzu kommt ein Konstruktionsfehler, auf den Erhard Eppler, Peter Struck, Jürgen Trittin und andere später hingewiesen haben: Mit der Liquidation des Arbeitsministers entfällt nicht nur im Kabinett das natürliche Korrektiv des Wirtschaftsministers,[674] sondern die Ministerialbürokratie des Arbeitsministeriums, der die Zusammenlegung mit dem Wirtschaftsministerium wie eine »feindliche Übernahme vorkommen« muss,[675] verliert auch die Institution, an der sie sich reiben und so zu Höchstleistungen auflaufen konnte. Später sieht das auch Gerhard Schröder so und rechnet die Zusammenlegung der beiden Ministerien zu den Fehlern seiner Kanzlerschaft.

Zu den neuen Gesichtern im zweiten Kabinett Schröder zählt auch Manfred Stolpe. Der langjährige Ministerpräsident von Brandenburg ist Ende Juni 2002 zugunsten von Matthias Platzeck zurückgetreten – eine Spätfolge der geschilderten problematischen Abstimmung über das Zuwanderungsgesetz. Eigentlich hat Schröder den populären Oberbürgermeister von Leipzig, Wolfgang Tiefensee, als Minister für Verkehr, Bau- und Wohnungswesen und Aufbau Ost vorgesehen, doch sagt der ab, weil er auf das höchste Amt in Sachsen spekuliert, so dass der Kanzler Stolpe reaktiviert.

Im Übrigen sitzen an Schröders Kabinettstisch so viele Frauen wie nie zuvor in der Geschichte der Republik. Wieder dabei sind Edelgard Bulmahn für Bildung und Forschung, Heidemarie Wieczorek-Zeul für wirtschaftliche Zusammenarbeit und Entwicklung sowie Ulla Schmidt, die nunmehr allerdings nicht nur für Gesundheit, sondern auch für Soziale Sicherung, also für die Renten, zuständig und damit Herrin eines Budgets von sagenhaften 320 Milliarden Euro ist. Auf sie vor allem werden sich die Medien in den kommenden Wochen und Monaten einschießen, weil sie auszubaden hat, was nicht in ihrer Verantwortung liegt. So reichen die insgesamt 140 Milliarden Euro, welche die Versicherten in die Krankenkassen einzahlen, vermutlich schon wieder nicht aus, obgleich die rot-grünen Koalitionäre eben erst den Beitragssatz von 13,6 auf 14 Prozent des Lohns angehoben haben. Kaum wiedergewählt, müssen sie dann auch noch die Rentenbeiträge von 19,1 auf 19,5 Prozent anheben. Triste Aussichten.

Neu in der Kabinettsrunde, aber dem Kanzler seit vielen Jahren vertraut, sind Renate Schmidt und Brigitte Zypries. Schmidt, die jetzt das Ministerium für Familie, Senioren, Frauen und Jugend übernimmt, war seinerzeit mit Schröder in den Bundestag eingezogen und dabei, als der am Zaun des Kanzleramtes rüttelte. Für den Kanzler ist es eine »Wohltat«, mit ihr zusammenzuarbeiten, denn sie ist nicht nur ein »ungewöhnlich angenehmer Mensch«, sondern auch eine »sehr politische Frau«.[676] Und Zypries, die von der Staatssekretärin in Otto Schilys Innenministerium zur Ministerin für Justiz avanciert, nachdem Däubler-Gmelin von sich aus auf eine weitere Amtszeit verzichtet hat, gehört zu jener Gruppe enger Vertrauter, die 1998 mit Schröder den Weg von Hannover nach Bonn angetreten haben: »Eine exquisite Juristin und eine lebensbejahende und fröhliche Frau.«[677]

Unter dem Strich muss man mit dem *Spiegel* feststellen: »Selten waren so viele Profis mit Regierungserfahrung in einem Kabinett versammelt, 81 Jahre in Regierungsämtern haben sie verbracht. Ihr Erkennungsmerkmal: Durchsetzungsstärke und Pragmatismus. ›Wer Visionen hat‹, zitiert Wolfgang Clement kühl den Altkanzler Helmut Schmidt, ›sollte zum Arzt gehen.‹«[678] Eben wegen dieser großen Erfahrung und Routine, die in dem einen oder anderen Fall mit einer primadonnenhaften Attitüde einhergeht, aber auch wegen der einschlägigen Erfahrungen der ersten Regierung Schröder geben die Beobachter dem Kabinett in dieser Konstellation keine große Chance. Sie werden sich irren. Denn erstaunlicherweise gibt es nicht einen einzigen Abgang, bis der ganze Laden im Oktober 2005 vorzeitig dichtmacht.

Anders sieht es an der Spitze von Partei und Fraktion aus. Dass Gerhard Schröder da bleibt, wo er seit der Flucht Oskar Lafontaines ist, steht einstweilen außer Frage: Inzwischen, hat er wenige Tage vor der Wahl gesagt, »ist der Vorsitz der SPD für mich ein Wert an sich. Das hat mit Begegnungen mit sehr vielen, sehr guten Genossen zu tun, die an dieser Partei hängen, die nicht verzeihen würden, wenn man von der Fahne ginge.«[679] Dass sich das innerhalb der kommenden beiden Jahre ändern könnte, haben wenige für möglich gehalten.

Kurzfristigen Handlungsbedarf gibt es in der Fraktion. Da der integre Übergangsvorsitzende Ludwig Stiegler von sich aus abwinkt, gibt Franz Müntefering den von ihm selbst erfundenen Posten des Generalsekretärs zugunsten der Fraktionsspitze auf. Ihm folgt der Jurist Olaf Scholz, der seine Partei- und Politikerkarriere vor allem in Hamburg, unter anderem als Innensenator der Stadt, absolviert hat, der breiteren Öffentlichkeit einstweilen kaum ein Begriff, aber dem Parteivorsitzenden gelegentlich mit klugen Beiträgen aufgefallen ist. Auf dem Sonderparteitag der SPD, der am 20. Oktober den Koalitionsvertrag durchwinkt, wird er mit beachtlichen gut 91 Prozent zum Generalsekretär gewählt. Mit dem Jahrgang 1958 gehört Scholz bereits einer anderen Generation an als die »Enkel« Willy Brandts, die jetzt als Bundeskanzler oder Ministerinnen an den Schaltstellen der Macht sitzen, wenn sie nicht wie Engholm, Lafontaine, Scharping oder zuletzt Däubler-Gmelin ihre Karrieren schon hinter sich haben. Einen leichten Stand hat Scholz von Anfang an nicht, weil Müntefering die Fäden in der Hand zu halten sucht. So vermittelt der Generalsekretär den Eindruck, nicht mehr zu sein als ein Pressesprecher, und weil sich seine Tätigkeit im Wesentlichen auf die Kommunikation offizieller Verlautbarungen reduziert, firmiert er bei den Genossen alsbald als »Scholzomat«.

Müntefering wiederum fühlt sich an der Fraktionsspitze gut aufgehoben und wird dort auch dringend gebraucht. Denn die Mehrheit von elf Mandaten, die Rot-Grün vor Schwarz-Gelb hat, ist knapp, und mit vier Mandaten über der sogenannten Kanzlermehrheit sogar hauchdünn. Das muss kein Nachteil sein, weil knappe Mehrheiten erfahrungsgemäß auf die Beteiligten disziplinierend wirken: »Helmut Schmidt hatte 1976 auch nur eine sehr knappe Mehrheit«, schreibt Hans-Jochen Vogel dem Kanzler einige Tage nach der Wahl: »Anders als er bist Du gleichzeitig Parteivorsitzender. Das mag manches erleichtern, macht es aber auch besonders notwendig, nicht nur den Verstand, sondern immer auch wieder das Herz der Partei anzusprechen.«[680]

Als Gerhard Schröder am 22. Oktober vom Deutschen Bundestag erneut zum Bundeskanzler gewählt wird, erhält er 305 Stimmen, drei mehr, als für die Kanzlermehrheit nötig sind, mithin eine weniger als die 306, über welche die Koalition im Parlament verfügt. Damit kann man leben. Wenn es denn dabei bleibt.

Der Reformer

2002 – 2005

Von Optimismus keine Spur. Gequält schauen sie drein, beinahe gelangweilt, als sich die Kabinettsmitglieder am 29. Oktober 2002 auf der Regierungsbank einfinden. Natürlich sind da die neuen Gesichter, aber auch sie strahlen nicht gerade vor Zuversicht. Zu bedrückend sind die Aussichten. Mag ja sein, dass die triste Haushaltslage vor allem auf das Konto der miserablen Konjunktur geht, aber dass vieles hausgemacht ist, wissen nicht nur die Kritiker von Rot-Grün.

Auch der Kanzler wirkt müde und lustlos, als er seine Regierungserklärung verliest. Sie ist dieses Mal eher knapp gehalten und vor allem im ersten, im weitesten Sinne innenpolitischen Teil wenig stringent. Das liegt nicht an den wiederholten Unterbrechungen pöbelnder Oppositionsabgeordneter vornehmlich aus den Reihen der CSU, die ihrem Frust über die knapp verlorene Wahl freien Lauf lassen und dem Kanzler »Lug und Betrug«, »arroganter Heuchler«, »Sie sind ein richtiger Aufschneider« vorwerfen dürfen, ohne zur Ordnung gerufen zu werden.[1] Ein ziemlich beispielloser Vorgang, der Schröder allerdings nicht aus der Ruhe bringt, weil er das kennt, seit er in diesem Haus, wenn auch noch in Bonn, vor mehr als zwei Jahrzehnten seine parlamentarische Karriere begann. Aber sensible Weggefährten wie Erhard Eppler »spüren« natürlich, »wieviele Hunde des Hasen Tod wollen«.[2]

Nein, die Regierungserklärung wirkt nicht wegen dieses oppositionellen Getöses recht fahrig. Vielmehr ist es so, dass der Kanzler versucht, dem Volk und vor allem dessen vorsichtshalber nicht mehr eigens genannter Neuer Mitte nahezubringen, dass es angesichts der unfreundlichen Konjunkturdaten mit einer ganzen Reihe neuer Steuern und Abgaben zu rechnen hat, ohne zu sagen, welche es sind. Außerdem gehen diese Andeutungen mit eingestreuten Hinweisen und Warnungen vor nicht mehr Mach- und Leistbarem einher: »Der allgegenwärtige Wohlfahrtsstaat, der den Menschen die Entscheidungen abnimmt und sie durch immer mehr Bevormundung zu ihrem Glück zwingen will, ist nicht nur unbezahlbar, sondern am Ende auch ineffizient und inhuman.«[3] Das ist eine Ankündigung, aber es ist noch nicht das Reformprogramm. Für dieses Ausweichen gibt es »ein paar objektive Gründe«, aber »möglicherweise auch [einen] Mangel an Entschiedenheit«, sagt Gerhard Schröder, als er nach dem Ende seiner Kanzlerschaft sein Leben hinter verschlossenen Türen Revue passieren lässt. Da weiß er: Die spätere Agenda »hätte an den Beginn der neuen Legislaturperiode gehört«.[4]

Verglichen mit den innenpolitischen Partien der Regierungserklärung wirken die außen-, sicherheits- und europapolitischen Ausführungen des zweiten Teils stringent und strukturiert. Das hat mit den Vorlieben und Prioritäten dieses Kanzlers zu tun, liegt aber auch an der koalitionsintern im Wesentlichen unumstrittenen Positionsbestimmung in einer Frage, die in diesen Tagen und Wochen wie keine zweite außen- und sicherheitspolitische die Gemüter bewegt: Der Krieg gegen den Irak, auf den die Vereinigten Staaten zusteuern, hat schon vor der Wahl zu erheblichen Verwerfungen im transatlantischen Verhältnis geführt.

Im Rückblick auf dieses Kapitel deutscher auswärtiger Politik muss es überraschen, wie einseitig viele Beobachter auf beiden Seiten des Ozeans die dramatische Verschlechterung allein der Bundesregierung, und dort namentlich dem Bundeskanzler, angelastet haben. Richtig ist, dass Schröder und Fischer das Thema im Sommer als wahlkampftauglich entdeckt und »hochgezogen« haben. Das konnten sie aber nur, weil der amerikanische Präsident Bush und seine Leute ihnen eine Steilvorlage nach der anderen lieferten. Spätestens am 26. August 2002 hatte Vizepräsident Dick Cheney in einer Rede vor dem Nationalkongress der Kriegsveteranen die »Katze endgültig aus dem Sack«[5] gelassen und klargestellt, dass es bei der amerikanischen Irakpolitik nicht darum gehe, die für den 11. September verantwortlichen Terroristen zur Strecke zu bringen, sondern um einen Präventivschlag mit dem Ziel eines Regimewechsels in Bagdad und damit im Nahen und Mittleren Osten.

Iraks Diktator Saddam Hussein, der jahrelang vom Westen, allen voran von den Vereinigten Staaten von Amerika, hofiert und hochgerüstet worden ist, weil er militärisch die iranischen Mullahs in Schach hielt, ist zum Gegner geworden, seit er Anfang August 1990 Kuwait besetzen ließ und damit die Ölnachfuhr aus der Region in Frage stellte. Damals ermächtigte der Sicherheitsrat der Vereinten Nationen die Staatengemeinschaft zum Einsatz militärischer Gewalt, um Kuwait zu befreien. Nur wenige Wochen später, am 28. Februar 1991, kapitulierte der Irak vor der überlegenen, von den USA geführten Koalition. Allerdings zögerte Amerikas Präsident George Bush, den letzten entscheidenden Schritt zu tun, Bagdad zu nehmen und Saddam Hussein zu stürzen. Wenn diese Aktion auch schwerlich mit der Ermächtigung der UNO vereinbar gewesen wäre, hätte sie doch die Weltöffentlichkeit auf ihrer Seite gehabt. Jetzt will George W. Bush nachholen, was der Vater versäumt hat: Er »werde in keinem Fall den Fehler früherer Präsidenten wiederholen, auf halbem Wege nach Bagdad innezuhalten«, hatte er am 31. Januar 2002 dem Bundeskanzler erklärt.[6]

So gesehen dienen die Terroranschläge gegen die Vereinigten Staaten und die legitime Verfolgung der dafür Verantwortlichen dem Präsidenten lediglich als Vorwand. Das will Gerhard Schröder nicht akzeptieren. Für den Bundeskanzler kommt ein Militärschlag gegen den Irak nur in Betracht, wenn es dabei erstens um die Verfolgung und Ausschaltung von Terroristen geht, zweitens ein entsprechendes Mandat der Vereinten Nationen vorliegt und drittens eine vorherige Konsultation der Verbündeten erfolgt. Anders als während des Zweiten Golfkriegs zu Beginn des Jahres 1991 steht er jetzt auf der richtigen Seite. Obgleich es seinerzeit ein klares Mandat der Vereinten Nationen gab, hatte der niedersächsische Ministerpräsident keinen »Hehl daraus gemacht«, dass er den Krieg »für falsch und verhängnisvoll« hielt, und eine »Initiative gegen den Krieg« unterstützt, die von seiner damaligen Gattin »gemeinsam mit den vier Ministerinnen« seines ersten Kabinetts ins Leben gerufen worden war.[7]

Dieses Mal geht Gerhard Schröder mit den Vereinten Nationen, und die drängen darauf, dass der Irak Inspektoren ins Land lässt. Sie sollen überprüfen, ob Saddam Hussein tatsächlich Massenvernichtungswaffen herstellen lässt. Mit dieser Behauptung legitimieren die USA nämlich jetzt ihren Kriegskurs. Für Schröder haben sie damit ihr Ziel geändert, wie er Anfang September in einem klugen Interview mit der *New York Times* »enttäuscht« festgestellt hat. Auch frage er sich, wie man auf jemanden Druck ausüben könne, wenn man ihm sage: »Selbst wenn Du Dich unseren Forderungen beugst, werden wir Dich vernichten.« Dieser Strategiewechsel mache es den Verbündeten, auch den Deutschen, schwer, Amerika zu folgen. Ganz abgesehen davon, dass er kein Konzept für die politische Ordnung des Mittleren Ostens nach einer militärischen Intervention erkennen könne, von einer Diskussion über die Folgen für die Weltwirtschaft gar nicht zu reden. Und natürlich lässt der Kanzler nicht unerwähnt, dass Deutschland mit 10 000 Soldaten nach den USA der zweitgrößte Truppensteller bei internationalen Einsätzen unter anderem in Afghanistan ist. Gerade erst sei er in Kabul gewesen und von dort mit der Erkenntnis zurückgekehrt, dass man mit dem versprochenen *nation-building* nicht einmal begonnen habe. Solange dort keine deutlichen Fortschritte zu verzeichnen seien, müssten sich militärische Interventionen, wie immer man sie auch rechtfertige, kontraproduktiv auf die Koalition gegen den Terror auswirken.[8]

Das hatte Amerikas Präsident anders gesehen und am 12. September 2002 vor der Vollversammlung der Vereinten Nationen gesagt, was er von ihnen und ihren Resolutionen hält. Zwar wolle er dem Sicherheitsrat die Gelegenheit geben, für die Umsetzung der den Irak betreffenden Resolutionen zu sorgen. Sollte sich das Gremium dazu aber nicht in der Lage sehen, so George W. Bush, behielten sich die USA das Recht vor, im Alleingang zur Tat zu schreiten und den Irak zu entwaffnen. Im Kanzleramt, im Auswärtigen Amt und an der Deutschen Botschaft in Washington hatten sie sich sogleich an die Analyse der Rede gemacht und durchweg zu einer geschmeidigen Reaktion geraten. Die klarste, weil erklärtermaßen »undiplomatische« Einschätzung kam von Thomas Steg: »Wohl selten ist ein Staatschef so ultimativ gegenüber der Vollversammlung aufgetreten. Bush ist nicht an der Debatte im Sicherheitsrat interessiert, er will den von ihm gewünschten Beschluss. Entweder mit der Staatengemeinschaft oder ohne sie.«[9]

Wie die Markierungen des Kanzlers zeigen, hatte ihn diese Einschätzung überzeugt. Sie bildete den Ausgangspunkt seiner Rede vor dem Deutschen Bundestag, für die er handschriftlich notiert hatte: »Meine Argumente gegen eine militärische Intervention bleiben deshalb bestehen. Und klar bleibt auch: Unter meiner Führung wird D[eutschland] sich nicht beteiligen.« So hatte er es dann tatsächlich am folgenden Tag, bezogen auf eine »militärische Intervention« im Irak, auch gesagt,[10] und man sieht: Diese klare Positionierung war allenfalls mittelbar dem Wahlkampf geschuldet. Sie war eine unmittelbare Reaktion auf eine Rede des amerikanischen Präsidenten, in der George W. Bush die Zukunft der Vereinten Nationen in Frage stellte.

Problematisch war und ist die Festlegung des Kanzlers gleichwohl, schließt sie doch auch eine Beteiligung an einer von den Vereinten Nationen mandatierten Intervention grundsätzlich aus. Auch muss sich Schröder fragen lassen, ob die vorzeitige und öffentliche Festlegung eines gewichtigen Mitglieds der Völkergemeinschaft nicht ohne Not den Druck von Saddam Hussein und seinem Regime nimmt. Aber der Bundeskanzler ist eben längst überzeugt, dass Bush ohne eine Legitimation durch die Vereinten Nationen losschlagen wird. So gesehen pokert er. Wieder einmal.

Andererseits reagiert er auf eine zusehends unfreundliche, wenn nicht feindselige Haltung der amerikanischen Administration. Während die Premierminister und Präsidenten Frankreichs, Großbritanniens und Russlands, wie es sich gehört, noch in der Wahlnacht beim Bundeskanzler anrufen und ihm zum Wahlsieg gratulieren, verzichtet George W. Bush zunächst demonstrativ darauf. Und in Berlin macht der amerikanische Botschafter gegen Gerhard Schröder und seine Regierung mobil. Mal wird Daniel Coats im Kanzleramt bei Frank-Walter Steinmeier vorstellig, mal sagt er in einem Interview mit der Deutschen Presse-Agentur, die »derzeitige Politik« der Bundesregierung isoliere diese von der »Hauptrichtung der Meinungen«, selbst innerhalb der Europäischen Union[11] – eine Aktion, die den Kanzler zum Telefon greifen und seinen Außenminister auffordern lässt, Coats ins Auswärtige Amt einzubestellen.[12] Die Wogen glätten sich in dem Maße, in dem das amerikanisch-deutsche Verhältnis besser wird, und auch daran hat der Botschafter dann seinen Anteil.

In den vielen Telefonaten und Treffen dieser Tagen und Wochen geht es um drei Fragen zu einem Thema: Wann werden die USA den Irak angreifen? Wie werden sich in diesem Fall die europäischen Verbündeten verhalten? Wie werden sich die übrigen Akteure der Weltpolitik, allen voran Russland, positionieren? Die Antworten auf diese Frage sind auch für die Bundesrepublik und ihren Kanzler von größter Bedeutung. Denn es geht um das transatlantische Verhältnis einschließlich der NATO, es geht um den Zusammenhalt der Europäischen Union, und es geht um die wichtige deutsch-russische strategische Partnerschaft, denn von dieser sprechen beide Seiten verstärkt. Daher telefoniert Gerhard Schröder in dieser Zeit immer wieder mit Wladimir Putin.

Ähnlich eng ist der Kontakt zu Tony Blair und Jacques Chirac. Die Beziehungen zu den beiden wichtigsten europäischen Partnern sind in diesen Wochen komplizierter als diejenigen zu dem Russen. Das Verhältnis zu Blair trübt sich zusehends ein, weil sich der britische Premier in der Irakfrage schon früh und eindeutig auf die Seite des amerikanischen Präsidenten geschlagen hat. Andererseits liegt in diesem klaren britisch-amerikanischen Schulterschluss für den Bundeskanzler auch eine gewisse Chance, die inzwischen eingetretene Sprachlosigkeit im Verhältnis zur George W. Bush zu überbrücken. Also telefoniert Gerhard Schröder nicht nur ständig mit Tony Blair, sondern er stattet ihm auch zwei Tage nach seiner Wiederwahl einen Kurzbesuch ab.

Das ist nicht selbstverständlich. In der Vergangenheit hatte die erste Reise der durch den Wähler designierten Bundeskanzler nach Paris geführt. So hatte es auch Schröder im Herbst 1998 gehalten. Jetzt ist das Abendessen bei Blair zum einen ein Dankeschön für die Wahlhilfe des Premiers, zum anderen aber, wie sich dessen Pressesprecher erinnert, ein demonstrativer »Schlag aufs Auge« des französischen Staatspräsidenten, der keinen Hehl aus seiner Unterstützung Stoibers gemacht hatte.[13] Das fiel ihm auch deshalb leicht, weil er seit seinem spektakulären Wahlsieg keine Rücksicht mehr auf den ungeliebten sozialistischen Partner in seiner Regierung nehmen musste.

Zunächst war Chirac am 5. Mai in der Stichwahl um die Präsidentschaft mit einem beispiellosen Ergebnis von gut 82 Prozent im Amt bestätigt worden. Zur Überraschung vieler Beobachter hatte nämlich der Rechtspopulist Jean-Marie Le Pen in der ersten Runde den Sozialisten Lionel Jospin mit hauchdünnem Vorsprung auf den dritten Platz verwiesen, so dass am 5. Mai alle, die Le Pen nicht im Élysée sehen wollten – die Sozialisten eingeschlossen –, für Chirac stimmten. Zum anderen war Chiracs UMP, die »Partei für die Mehrheit des Präsidenten«, aus den Parlamentswahlen des Juni 2002 eindrucksvoll als stärkste Kraft hervorgegangen.

Für den sozialdemokratischen Bundeskanzler wie übrigens auch für den britischen Labour-Premierminister waren diese Entwicklungen des Frühjahrs 2002 durchaus beunruhigend. Daher hatte Schröder eine entsprechende Anregung von Blairs Stabschef Jonathan Powell aufgegriffen und eine hochrangige Gruppe von Mitarbeitern aus Regierung und Partei nach London entsandt, um so mit den britischen Kollegen »einen Diskussionsprozess über Ursachen und Konsequenzen des französischen Wahlergebnisses zu beginnen«.[14] Der Reiseplan nach seiner Wiederwahl ist der Höhe- und Scheitelpunkt dieser Entwicklung, kann man in Schröders Kurzbesuch bei Blair doch auch eine Aufforderung an die Adresse Frankreichs und namentlich seines Staatspräsidenten sehen, nunmehr endgültig den Hebel umzulegen und die französisch-deutschen Beziehungen wieder zum Motor Europas zu machen.

Die Chancen stehen gut, weil auch Chirac jetzt weiß, mit wem er es in den kommenden Jahren zu tun haben wird. Für den französischen Präsidenten war das bis in die deutsche Wahlnacht hinein natürlich ebenso wenig zu erkennen wie für andere Beobachter. Entsprechend zurückhaltend hatte sich Chirac bei seiner letzten Begegnung mit dem Kanzler am 7. September 2002 gezeigt. Das schon erwähnte Abendessen in Schröders Hannoveraner Haus fand im Rahmen des Blaesheim-Zyklus statt. Mit von der Partie waren der seit Mai amtierende französische Außenminister Dominique de Villepin, ein Schöngeist und zugleich enger Vertrauter Chiracs, und dessen deutscher Amtskollege Joschka Fischer.

Die Atmosphäre war entspannt, die Stimmung gut. Allerdings machte der Präsident weder bei der Agrarpolitik der Europäischen Union substantielle Zugeständnisse, noch war er bereit, sich öffentlich auf den von Schröder verfolgten Kurs eines Nein zum Irakkrieg festzulegen: »Der Kanzler«, erinnert sich der Präsident, »beendete seine Erklärung mit der Versicherung, dass Deutschland sich nicht an einer militärischen Intervention beteiligen werde.

Warten auf Chirac: Am 7. September 2002 halten Gerhard Schröder und Doris Schröder-Köpf mit Joschka Fischer in Hannover Ausschau nach dem französischen Präsidenten.

Das war der einzige Unterschied zwischen uns, da ich für Frankreich nicht so systematisch eine solche Möglichkeit ausschloss.« Insgesamt aber waren sich die beiden in der »Einschätzung des Irak-Problems« und insbesondere in der Überzeugung einig, »auf jede überstürzte Aktion zu verzichten«.[15] In diesem Sinne hatten sie sich auf der anschließend vor dem Haus improvisierten Pressekonferenz gegen »jede unilaterale, jede einseitig ausgerichtete Lösung« ausgesprochen. So der Präsident.[16]

Mit der Wiederwahl Gerhard Schröders zum Bundeskanzler ist die Bahn für eine enge Zusammenarbeit frei. Für den Deutschen hat der klare Sieg des Franzosen im Frühjahr zudem den nicht zu unterschätzenden Vorteil, dass er sich bei den Gipfelbegegnungen in der Regel nur noch dem Staatspräsidenten gegenübersieht. Weil der Premierminister seiner Partei angehört, muss Chirac ihn nicht mehr im Schlepptau mitführen. Nicht vor Mitte Januar 2003 begegnen sich Gerhard Schröder und Jean-Pierre Raffarin zu einem ersten Tête-à-Tête. Alles in allem ist der Kanzler also guter Hoffnung, im Staatspräsidenten endlich den Partner zu finden, den er für die Arbeit auf den zahlreichen außenpolitischen Baustellen braucht.

Förderlich ist der politischen Zusammenarbeit das ausgezeichnete persönliche Verhältnis der beiden. Sie respektieren einander, und sie mögen sich. Zudem hat Chirac einen direkten, natürlichen Draht zu Schröders Familie.

Der Präsident ist gerne in Hannover zu Besuch, parliert, wenn man sich nicht sehen kann, mit der Kanzlergattin am Telefon, und ganz besonders mag er die beiden Töchter, also Klara und die später adoptierte Viktoria Dascha, die noch vorzustellen ist. Als er im Spätsommer 2005 erkrankt, schickt Gerhard Schröder ihm einige persönliche Zeilen und legt ein eigens für Chirac gezeichnetes Bild von Dascha mit einem handschriftlichen Gruß ihrer Schwester Klara bei.[17]

So passt bald kein Blatt mehr zwischen den Kanzler und den Präsidenten. Fortan ziehen sie außen-, sicherheits- und nicht zuletzt europapolitisch an einem Strang. Gegen Mitte November kommen die beiden überein, »eine gemeinsame Position im Falle eines Irakkrieges zu vertreten«.[18] Man kann sich kaum vorstellen, welche Entlastung dieser Schulterschluss bedeutet – sollte er von Dauer sein. Der Druck, der in diesen Wochen auf Gerhard Schröder lastet, ist ungeheuer. Dass Russland und im Hintergrund China seine Position in der Irakfrage teilen, ist wohl wahr. Aber sie gehören nicht zu den westlichen Partnern. Die stehen mehr oder weniger ausnahmslos nicht auf seiner Seite und schließen politisch, aber auch persönlich eine Türe nach der anderen. Wer das aushalten will, muss ziemlich stark sein. Dieser Gerhard Schröder ist ein starker Mann, und er kennt die Situation einer gegen alle nur zu gut. Und doch ist diese anders. Hier geht es nicht um innerparteiliche Rivalen oder nationale Konkurrenten. Hier geht es um Krieg oder Frieden. Wird sich Frankreichs Präsident auf seiner Seite einfinden?

Dass Chirac das alsbald tut, hat nicht nur mit einer gemeinsamen Einschätzung der Lage am fernen Persischen Golf, sondern auch mit Problemen daheim zu tun. Mitte Januar 2003 sind sich Schröder und Chiracs neuer Premierminister Raffarin gleich in ihrem erwähnten ersten Gespräch einig, den europäischen Stabilitätspakt zwar beizubehalten, aber »fortschrittlich« zu »interpretieren«. Denn, so der Bundeskanzler: »Bisherige Interpretation des Stabilitätspakts hat das Stabilitätsziel verabsolutiert und das Wachstumsziel vernachlässigt.« Jetzt sprechen die beiden »vertraulich« eine »flexible Interpretation des Stabilitätspakts unter Einbeziehung der Elemente wirtschaftliches Wachstum, Arbeitsmarkt und Inflation« ab: »Anschließend diskretes und sensibles Einwirken auf die Kommission …«[19] Eine brisante Verabredung. Immerhin hatte Schröder, wie erinnerlich, im Februar des Vorjahrs die Versendung des Blauen Briefs aus Brüssel abwehren können, weil Hans Eichel bis 2004 ein nahezu ausgeglichenes Budget zugesagt hatte. Davon kann jetzt keine Rede mehr sein. Dem Kanzler und seiner Regierung steht haushaltspolitisch das Wasser bis zum Hals, und da es Frankreichs Staatspräsident nicht wesentlich besser geht, kommt auch diesem das »sensible Einwirken auf die Kommission« gelegen.

Selbst bei der Agrarpolitik und der Aufnahme der zehn neuen Mitglieder in die EU zum 1. Mai 2004 kommen die beiden den entscheidenden Schritt weiter, weil der eine wie der andere, vor allem aber der Kanzler, Konzessionen macht. Am 24. und 25. Oktober 2002 einigen sich Schröder und Chirac am Rande eines europäischen Gipfels auf die Grundzüge. Das Ergebnis »sei teuer, aber noch verantwortbar«, erklärt Schröder am 5. November bei einer Visite Polens, die zugleich sein Antrittsbesuch nach der Wiederwahl ist, und bekniet sowohl Staatspräsident Kwaśniewski als auch Premier Miller, auf dem kommenden entscheidenden Gipfel von Kopenhagen »an den Brüsseler Eckdaten nicht mehr zu rütteln«.[20] Das sagt Miller zu, rüttelt dann aber am 12. und 13. Dezember wegen des erheblichen innenpolitischen Drucks doch, so dass der Kanzler das ganze Gewicht seines Amtes wie auch seiner Person in die Waagschale werfen muss, um den Gipfel zu retten.

Inzwischen hat sich Gerhard Schröders Verhältnis zu Europa merklich geändert. Eine emotionale Bindung, wie sie Amtsvorgänger Helmut Kohl und viele seiner Generation entwickelt haben, ist es nie geworden, aber dass »dieses kaum definierbare ›Europa‹ für uns alle … eine präzise Bedeutung hat, haben Sie, glaube ich, immer gewußt, weil Sie so sehr Deutscher sind, daß Sie ganz natürlich Europäer sind«,[21] schreibt ihm Brigitte Sauzay, seine Beraterin für deutsch-französische Beziehungen, im Frühjahr 2003. Dass dieser Kanzler nach eigener Einschätzung »viel Kraft und Zeit investiert«, um einen »deutschen Beitrag für die Zukunftsfähigkeit der Europäischen Union zu leisten«, streitet ernsthaft keiner mehr ab, der ihn dort erlebt.[22]

Ohne das deutsche Engagement wären der Kopenhagener Gipfel, mit ihm die Osterweiterung der Europäischen Union zum vorgesehenen Zeitpunkt und damit nicht zuletzt die Aufnahme Polens gescheitert. Das behauptet der deutsche Bundeskanzler, und das bestätigen der polnische Ministerpräsident, der natürlich weiß, wie hoch er gepokert hat,[23] und der polnische Staatspräsident: Als Aleksander Kwaśniewski Gerhard Schröder im Herbst 2005 für das »wohlwollende Verhältnis« zu Polen und seinen Bürgern und audrücklich für die »Unterstützung« dankt, die er Polen »bei seinen Bemühungen um die Mitgliedschaft in der Europäischen Union« habe angedeihen lassen, ist das kein Lippenbekenntnis.[24] Dass dieser große, hart erkämpfte Erfolg seiner Außenpolitik nie die Würdigung erfahren hat, die er verdient, ist ebenso erstaunlich, wie der von Zeitgenossen erhobene Vorwurf abwegig ist, diesem Kanzler gehe jedes historische Verständnis ab. Tatsächlich sagt Gerhard Schröder in seiner Regierungserklärung zum Thema, warum der östliche Nachbar in seiner Außenpolitik eine derart herausragende Rolle spielt und weshalb er in diesem Punkt keinem Konflikt mit Frankreich oder sonst jemandem aus dem Weg gegangen ist: »Gerade Polen, das in den vergangenen Jahrhunderten zwischen deutschen und russischen Großmachtinteressen so zerrieben, so zerschunden wurde, kann jetzt endlich nach dem freien Willen seiner Bürgerinnen und Bürger die ausgestreckte Hand Europas ergreifen.«

An diesem 19. Dezember erläutert der Kanzler den Abgeordneten übrigens auch, was die Angelegenheit kostet: Knapp 41 Milliarden Euro werden im Zeitraum von 2004 bis 2006 für die zehn Beitrittsländer zur Verfügung gestellt – noch einmal eine Milliarde mehr, als zwischen ihm und Chirac in Brüssel vereinbart. Das war die von Polen in Kopenhagen auf den Tisch gelegte neue Forderung, an der dieser Gipfel ohne Schröders Eingreifen wohl gescheitert wäre. Immerhin hat die deutsch-französische Vereinbarung von Brüssel »insoweit gehalten«, als der »Kompromiss zur Stabilisierung der Agrarausgaben bis zum Jahr 2013« in der dänischen Hauptstadt »nicht angetastet worden ist«.[25] Damit ist diese ausgesprochen störrische Kuh vom Eis.

Und auch in einer anderen Hinsicht haben Schröder und Chirac in Kopenhagen gemeinsam für einen Durchbruch gesorgt: Der Türkei stellen die Europäer nunmehr in Aussicht, im Dezember kommenden Jahres ohne Verzug Beitrittsverhandlungen aufzunehmen, sofern sie die in Kopenhagen definierten politischen Kriterien erfüllt. Dafür spricht, dass in Ankara mit der Partei für Gerechtigkeit und Aufschwung AKP eine Kraft die politische Verantwortung übernommen hat, in deren Programmatik sich viele Forderungen und Vorstellungen der Europäer spiegeln. Erst im Sommer 2001 durch den vormaligen Bürgermeister von Istanbul, Recep Tayyip Erdoğan, gegründet, scheint der AKP ein schwieriger Spagat zu gelingen: Obgleich oder eben weil ihr Führungspersonal dezidiert islamistische Wurzeln hat, ist die AKP die erste Volkspartei seit Gründung der Republik. Das zeigen nicht nur das spektakuläre Wahlergebnis, mit dem die Partei im November 2002 aus dem Stand zur stärksten Kraft im Lande wird, sondern auch ihre vorsichtige Öffnung hin zu bislang unterdrückten und verfolgten Minderheiten wie den Kurden des Landes, und nicht zuletzt ihre moderne, westlich orientierte Wirtschaftspolitik. Damit werden die Türkei und Erdoğan, der seit Mitte März 2003 auch als Ministerpräsident amtiert, zu willkommenen Partnern des deutschen Bundeskanzlers und des französischen Staatspräsidenten.

Dem Bundeskanzler kommt die Entspannung an der außenpolitischen Front hoch gelegen, denn in Berlin ist die Hölle los. Es war ja ein Merkmal seiner ersten Amtszeit, dass er immer wieder einmal im Chaos zu versinken drohte.

Außer Rand und Band: Im Spätherbst 2002 geht es bei Rot-Grün drunter und drüber, und mancher meint zu beobachten, dass der Kanzler genug hat.

Besonders schlimm war es im Frühjahr und Sommer 1999, als nicht wenige auf das Ende seiner Kanzlerschaft gewettet haben, und auch im Herbst 2000 oder im Sommer 2002 sah es finster aus. Jetzt ist es schlimmer. Viel schlimmer. Acht Wochen nach der Wahl eröffnen die ihm nicht gerade feindselig gesinnten Redakteure und Herausgeber der *Zeit*, unter ihnen Michael Naumann, ein Interview mit der Frage »Herr Bundeskanzler, wann treten Sie zurück?«.[26] Seinerzeit haben ihn die überraschenden Wahlerfolge vor allem in Schleswig-Holstein, aber auch in Nordrhein-Westfalen gerettet, jetzt stehen Wahlen in Hessen und in Schröders Stammland Niedersachsen an, und keiner glaubt, dass die SPD Anfang Februar 2003 in Hannover oder gar in Wiesbaden als Siegerin vom Platz gehen wird. Und dann, so meinen viele, hat die Stunde des Bundeskanzlers Schröder geschlagen.

Sie werden sich irren. Die Wahlen gehen, wie noch zu berichten ist, in der Tat haushoch verloren, aber der Kanzler überlebt nicht nur politisch, sondern steht im Sommer 2003 sogar besser da als jetzt, im aussichtslos erscheinenden Dezember 2002. Einer der wenigen, die das kommen sehen, ist der Journalist Michael Inacker, der Mitte Dezember 2002 scharf beobachtet: »Schröder in schwerer Zeit, das ist nach wie vor das ›politische Tier‹. Jemand, der den Druck braucht, der am gefährlichsten ist, wenn er mit dem Rücken an der Wand steht. Nur so kann er sein altes kommunikatives Talent einsetzen – nicht um die schlechten Schlagzeilen zu entkräften, sondern um sie mit einem neuen Thema wegzudrücken. Wer heute in Berlin mit Blick auf eine mögliche Totalniederlage bei den Landtagswahlen … die ›Kanzlerdämmerung‹ heraufziehen sieht, der hat weder den Mann noch dessen Politikstil verstanden … Er liebt es, alles auf eine Karte zu setzen – und kennt den Reiz eines solchen Vorgehens für das große Publikum.«[27]

So ist es. Denn Schröder steht mit dem Rücken zur Wand, kämpft an etlichen Fronten zur gleichen Zeit. Nicht zuletzt in der eigenen Partei, wo es wie in schlimmsten Zeiten drunter und drüber geht. Dabei erledigen die Sozialdemokraten ihre Arbeit im Parlament ziemlich effizient und beinahe geräuschlos. So werden das Erste und das Zweite Gesetz für moderne Dienstleistungen am Arbeitsmarkt am 7. November in erster Lesung beraten. Inzwischen firmieren sie als »Hartz I« und »Hartz II«, und nicht erst im Nachhinein fragt sich mancher mit Günter Grass, wie man auf die Idee kommen konnte, die wichtigsten Bestandteile der Arbeitsmarktreform nach ihrem Erfinder zu benennen und sie auch noch durchzunummerieren.[28] Wer das wann erdacht hat, lässt sich kaum mehr feststellen. Wenn es denn überhaupt eine Entscheidung war.

Mit dem Ersten Gesetz werden unter anderem die Leih- beziehungsweise Zeitarbeit neu geregelt. Vermittelt unter anderem durch sogenannte Personal-Service-Agenturen (PSA), sollen Arbeitslose für mindestens neun Monate in ein sozialversicherungspflichtiges Verhältnis gebracht und dann im Idealfall in ein festes Beschäftigungsverhältnis übernommen werden. In diesem Zusammenhang werden die Zumutbarkeitsregeln für die Aufnahme einer neuen Arbeit verschärft. Hartz II führt unter anderem die Minijobs und die Ich-AG ein. Letztere, ein durch einen Arbeitslosen gegründetes Einzelunternehmen, wird 2006 faktisch aufgegeben und durch einen Gründungszuschuss ersetzt. Im Falle der Minijobs wird die Verdienstobergrenze für geringfügig Beschäftigte von 325 auf 400 Euro erhöht. Neben einem Hauptberuf ausgeübt, sind sie steuerfrei.

Dass diese Regelungen mancher Fehlentwicklung und Missbrauch Vorschub leisten werden, weiß man heute. So deutet die Verdoppelung der nebenberuflichen Minijobber innerhalb von zehn Jahren darauf hin, dass der Niedriglohnsektor stark angewachsen und der Minijob für viele eine unverzichtbare zusätzliche Einnahmequelle ist. Problematisch, wenn auch notorisch überschätzt ist der Missbrauch bei der Leiharbeit. Zehn Jahre später nach dem größten Misserfolg befragt, sagt Frank-Walter Steinmeier: »... wir haben uns ... nicht vorstellen können, dass einzelne Unternehmen große Teile ihrer Stammbelegschaften durch Leiharbeiter ersetzen.«[29] Damit leistet auch Schröders vormaliger Amtschef, gewollt oder nicht, dem Vorurteil Vorschub, namhafte Teile der Stammbelegschaft würden durch Zeit- beziehungsweise Leiharbeiter ersetzt. Tatsächlich sind es Ende 2012 gerade einmal 2 bis 3 Prozent.

Fehlentwicklungen wie diese sind im Spätherbst 2002 nicht, oder doch nicht in ihrem ganzen Ausmaß erkennbar. Hinzu kommt, dass Schröders Reformagenda noch nicht vorgestellt, ja nicht einmal in Grundzügen konzipiert ist, so dass sich der verstärkende Effekt, den die beiden Gesetze auf die drastischen Maßnahmen der Agenda haben werden, ebenfalls noch nicht erkennen lässt. Daher umschiffen die beiden ersten Hartz-Gesetze die gefährliche Klippe der SPD-Fraktion im Deutschen Bundestag ohne größeren Schaden und nehmen – auch deshalb – die parlamentarischen Hürden erstaunlich glatt. Bereits am 15. November werden das Erste und das Zweite Gesetz für moderne Dienstleistungen am Arbeitsmarkt in zweiter und dritter Lesung beraten und dort, wo es nötig ist, sogar mit der Kanzlermehrheit angenommen. Noch erstaunlicher ist die am selben Tag mit einer eigenen Mehrheit – bei zwei Gegenstimmen und einer Enthaltung in den Reihen der Grünen – beschlossene Verlängerung des Bundeswehreinsatzes im Rahmen von Enduring Freedom, den der Kanzler ein Jahr zuvor nur mit der Brechstange der Vertrauensfrage hat durchsetzen können.

Das alles ist nicht selbstverständlich und, wenn man auf die medialen Darbietungen der Sozialdemokraten sieht, eigentlich auch gar nicht vorstellbar. Und doch geschieht es. Während der Kanzler im Parlament die Mehrheiten bekommt, die er braucht, wird er draußen von seinen Leuten enorm unter Druck gesetzt. Wie immer in solchen Phasen äußert sich das im unbändigen Drang der Angehörigen von Regierung und Fraktion, Länderregierungen und Parteibasis, ihre mehr oder weniger maßgebliche, keinesfalls abgesprochene Sicht der Dinge in jedes vorgehaltene Mikrophon zu sagen und sich so gemeinsam, aber eben nicht einig in eine rational kaum noch aufzulösende, verfahrene Situation zu manövrieren. Unerträglich, unangemessen und gefährlich, findet der Kanzler. »Die Kakophonie in den eigenen Reihen« sei der gemeinsamen Politik nicht zuträglich, sagt er in den Gremien seiner Partei, wie der in aller Regel gut informierte Günter Bannas in Erfahrung bringt.[30]

Kann diese »Kakophonie« wirklich überraschen? Ist sie nicht auch eine zwangsläufige Folge der undurchsichtigen, widersprüchlichen, wenig überzeugenden Signale der Regierung? Natürlich fragen sich auch viele Sozialdemokraten, ob die Opposition nicht recht hat, wenn sie dem Kanzler und seiner Mannschaft, so man überhaupt von einer solchen reden kann, Lug und Betrug vorwirft: Da selbst der als aufrichtig und integer geltende Finanzminister eine Katze nach der anderen aus dem Sack lassen und einräumen muss, dass die von ihm zugrunde gelegten Rahmendaten für die Haushaltsplanung zu optimistisch gewesen sind, setzt der Deutsche Bundestag am 20. Dezember 2002 einen Untersuchungsausschuss ein, der den von der Opposition erhobenen Vorwurf des Wahlbetrugs klären soll. Die Einsetzung erfolgt mit den Stimmen von CDU/CSU und FDP. Die rot-grüne Mehrheit enthält sich, setzt aber durch, dass der regierungsamtliche Umgang mit den Haushaltsprognosen seit der Vereinigung auf den Tisch kommt. Mitte November 2003 liegt der Abschlussbericht dieses sogenannten Lügenausschusses vor, und keiner ist überrascht, dass die Mehrheits- und die Oppositionsfraktionen sehr unterschiedliche Antworten auf die Frage finden, ob die Bundesregierung die Öffentlichkeit vor der Wahl über die wirtschaftliche und finanzielle Lage des Landes getäuscht hat oder nicht.

Die seit der Wahl »bekannt gegebenen Zahlen zeigen einen Staat in Not«, schreibt der Berichterstatter der *Neuen Zürcher Zeitung*, dem anders als manchem Kollegen in deutschen Redaktionsstuben in der Regel nicht der Schaum vor dem Mund steht: »In praktisch allen Bereichen fehlt das Geld. Die Einnahmen stagnieren, die Ausgaben wachsen weiter an, die Defizit-Schere ist weit gespreizt. Am schlimmsten ist die Arbeitslosigkeit ... Was jüngst an Hiobsbotschaften über die deutsche Gesellschaft gekommen ist, reflektiert die brutale Wirklichkeit. Sie ist bitter.«[31] 4,8 Millionen Menschen sind zu Beginn des neuen Jahres arbeitslos; in den Kassen der Sozialversicherungen herrscht gähnende Leere; schon Ende des vorangegangenen Jahres mussten die Beitragssätze der gesetzlichen Rentenversicherung von 19,1 auf 19,4 Prozent erhöht und damit auch ein partielles Scheitern der Ökosteuerreform eingestanden werden; das Bruttoinlandsprodukt ist 2002 gerade einmal um 0,2 Prozent gestiegen; und das Haushaltsdefizit lag bei 3,6 Prozent und damit jenseits dessen, was der europäische Stabilitätspakt zulässt.

Mithin ist erstens klar, dass dem klaffenden Loch im Budget mit einem Nachtragshaushalt gegengesteuert werden muss. Der aber treibt die Gesamtverschuldung auf 34,6 Milliarden Euro, und somit ist das Eintreffen des Blauen Briefes aus Brüssel nur eine Frage der Zeit. Da diese Maßnahme aber nicht reichen wird, führt zweitens kein Weg an der bereits im Koalitionsvertrag vereinbarten Fortführung des Abbaus sogenannter ungerechtfertigter Steuervergünstigungen vorbei. Anfang November liegt ein erster Referentenentwurf des »Gesetzes zum Abbau von Steuervergünstigungen und Ausnahmeregelungen« vor. Am 20. November verabschiedet das Bundeskabinett den Entwurf für das entsprechende Gesetz. Das tritt zwar nach den üblichen Runden in Bundestag, Bundesrat und Vermittlungsausschuss am 16. Mai in Kraft, doch beschäftigt ein »Gesetz zur Umsetzung der Protokollerklärung der Bundesregierung zur Vermittlungsempfehlung zum Steuervergünstigungsabbaugesetz« die Legislative noch bis zum 1. Januar 2004, als es, allerdings wiederum mit einem Vorbehalt, in Kraft tritt, der noch Jahre später das Bundesverfassungsgericht auf Trab hält.

Als Hans Eichel seine Streichliste öffentlich macht, gehen die Deutschen auf die Barrikaden. Dazu jedenfalls ruft der ohnehin leicht erregbare Historiker und Publizist Arnulf Baring am 19. November in einem viel beachteten, auch im Kanzleramt gelesenen Artikel für die *Frankfurter Allgemeine Zeitung* auf: »Bürger, auf die Barrikaden! Wir dürfen nicht zulassen, daß alles weiter bergab geht, hilflose Politiker das Land verrotten lassen.«[32] Da es Baring und anderen gelingt, die »Streichliste als verkappte Steuererhöhungen darzustellen«, kippt die Debatte, kaum dass sie begonnen hatte, auch schon »vollends«. Wie Gerhard Schröder im Rückblick einräumt, war an Eichels Vorschlägen »tatsächlich einiges unüberlegt«, anderes musste »aufgrund des öffentlichen Drucks vom Finanzministerium wieder zurückgenommen werden«.[33]

Damit nicht genug, melden sich Anfang Dezember auch noch Mitstreiter aus des Kanzlers engstem Umfeld mit überraschenden Forderungen und Vorschlägen zu Wort. Erst prescht der Fraktionsvorsitzende Franz Müntefering mit dem Bekenntnis vor, »Weniger für den privaten Konsum – und dem Staat Geld geben, damit Bund, Länder und Gemeinden ihre Aufgaben erfüllen können«,[34] und heizt damit die Debatte über Steuererhöhungen noch einmal richtig an. Dann erklärt der neue Generalsekretär Olaf Scholz der perplexen Öffentlichkeit, in der Rentenpolitik seien weitere »strukturelle Reformen … jetzt nicht notwendig«, bis 2010 gebe es keinen Handlungsbedarf.[35]

Das erinnert nicht nur fatal an die fragwürdige Parole des letzten CDU-Sozialministers Norbert Blüm, die Renten seien sicher; es konterkariert auch die Arbeit der sogenannten Rürup-Kommission. Erst wenige Tage zuvor, am 21. November, durch Gesundheits- und Sozialministerin Ulla Schmidt eingesetzt, soll die aus Vertretern von Wirtschaft und Gewerkschaften, Wissenschaft und Wohlfahrtsverbänden zusammengesetzte Kommission unter Leitung Bert Rürups die »Nachhaltigkeit in der Finanzierung der Sozialen Sicherungssysteme« prüfen. Kein Wunder, dass der nach den widersprüchlichen Signalen und Informationen »›verwirrt‹« ist und dem Kanzler »außerordentlich dankbar« wäre, wenn er möglichst umgehend eine »verbindliche Auskunft über Zeitplan und Procedere der Bundesregierung … bekommen könnte«.[36]

So schnell, wie die Schüsse aus der Hüfte kommen, kann man sie gar nicht parieren, und die Gerüchte – zum Beispiel über eine Große Koalition mit einem Kanzler Wolfgang Clement – schießen so ins Kraut, dass sich ein Dementi kaum noch lohnt, weil schon das nächste fällig wird: Dass es sich beim Thema »Große Koalition« um eine »unsinnige Debatte« handelt, stellt Gerhard Schröder immerhin intern, nämlich im Parteivorstand, klar: »Wer das will, soll es sagen.«[37] In diesem Durcheinander hilft nur noch ein Befreiungsschlag. Den unternimmt der Kanzler in der Haushaltsdebatte des Bundestages. Dabei verbindet er den Versuch, der Kakophonie in den eigenen Reihen einen Riegel vorzuschieben, mit einer massiven Kritik an den Diffamierungen seiner Person, die in dieser Form beispiellos und unter dem Deckmantel einer sachlichen Auseinandersetzung tatsächlich häufig Schläge unter die Gürtellinie sind.

In diesen Tagen und Wochen erreichen Gerhard Schröder viele Briefe näher oder auch ferner Stehender, die ihm Mut machen wollen und ihre Abscheu zum Ausdruck bringen. So schreibt ihm Klaus-H. Schwetje, ein Bekannter aus Hannoveraner Tagen, Tennispartner und vormaliger Zahnarzt Gerhard Schröders, später auch für einige Jahre Ehemann seiner ehemaligen dritten Frau Hiltrud: »Die brutalen Medienkampagnen gegen Dich ganz persönlich sind ... unfaßbar und ekelerregend. Was ist das für eine Gesellschaft und was sind das für Personen, die Dich noch vor einigen Wochen umgarnten oder mit Dir glänzten, um Dich kurze Zeit später mit allen Mitteln in den Dreck [zu] ziehen und selbst vor Deiner Familie keinen Halt machen?«[38]

Zu den Vorreitern der Kampagne gehört eine Reihe von Abgeordneten der Opposition im Deutschen Bundestag. Weil Michael Glos zuverlässig und besonders kräftig in dieses Horn zu stoßen pflegt, hat sich Gerhard Schröder in der Haushaltsdebatte des 4. Dezember nach dem CSU-Abgeordneten auf die Rednerliste setzen lassen. Mit einem Temperament, das viele Genossen fünf Wochen zuvor in der Regierungserklärung des müden Kanzlers schmerzlich vermisst haben, geißelt Gerhard Schröder an diesem 4. Dezember das »Niveau der politischen Auseinandersetzung, das an Inhaltsleere und Bodenlosigkeit nicht mehr zu überbieten ist« und »nur noch zum Instrument der persönlichen Diffamierung greift«, fordert die Vorsitzende der CDU/CSU-Fraktion auf, »davon Abstand zu nehmen« (»Das schadet unserem Land, das schadet dem demokratischen Prozess und das schadet letztlich uns allen«), und quittiert die prompt folgenden Zwischenrufe, zum Beispiel des Krakeelers Ramsauer, mit dem Beleg: »Das ist das Einzige, was sie können: rumbrüllen und stören, ohne einen einzigen sachlichen Vorschlag zu machen.«[39] Die eigene Fraktion ist sichtlich erleichtert, dass ihr Kanzler wieder zum Leben erwacht ist, und dankt ihm seinen Auftritt mit lang anhaltendem, stehendem Applaus.

Muss man erwähnen, dass der Schulterschluss nicht lange hält? Tatsächlich sind die Probleme mit der Rede ja nicht vom Tisch, und vor allem ist die deutsche Sozialdemokratie eine Partei, die wie keine zweite hierzulande in der politischen Selbstzerfleischung geübt ist und diese Variante des Masochismus ganz offensichtlich für die Identitätsstiftung braucht. Außerdem ist vielen Landespolitikern, wie zum Beispiel den Ministerpräsidenten von Niedersachsen, Nordrhein-Westfalen oder Rheinland-Pfalz, das Hemd näher als das Jackett. Also lassen sie auch nach diesem 4. Dezember nicht locker, sondern fordern unverdrossen die Wiedereinführung der Vermögenssteuer, die der Kanzler strikt ablehnt. Der zieht jetzt das letzte Register und stellt intern klar, dass nicht die SPD die Bundestagswahl gewonnen habe: Wenn einer meine, es besser zu können, dann solle er es machen.

Die Äußerung des Kanzlers kann man so oder so verstehen: als wenig verklausulierte Androhung eines Rücktritts, falls die zahlreichen Kritiker seiner Person und seiner Politik nicht bald zur Räson kommen sollten, oder als Aufforderung, die Reihen zu schließen, ihm, dem wiedergewählten Kanzler Gerhard Schröder, zu folgen und gemeinsam das Reformprojekt zu vollenden. Da es für ernst gemeinte Rücktrittsabsichten keinen Anhaltspunkt gibt, kann das nur heißen: Folgt mir oder nicht, ich ziehe das jetzt durch. Wer Schröder wenige Tage zuvor im Bundestag aufmerksam beobachtet und nicht nur auf die lauten Töne an die Adresse der Opposition und für die Seele der Partei gehört hat, kann eigentlich keinen Zweifel an seiner Entschlossenheit haben.

Dass der Versuch einer grundlegenden Reform bislang keinem gelungen ist, heißt ja nicht, dass auch er scheitern muss. Für einen wie ihn ist das Leben ohne Herausforderung nicht denkbar. Je größer sie ist, umso besser. Dem Verkäufer in Göttingen, der da raus und was bewegen wollte, hätte auch niemand zugetraut, dass er einmal Rechtsanwalt und Juso-Vorsitzender, Ministerpräsident und Aufsichtsratsmitglied, Bundeskanzler und Parteivorsitzender sein würde. Zugetraut hat ihm das immer nur einer. Also geht Schröder auch jetzt davon aus, dass er das schaffen wird.

Sicher ist, dass er in den letzten Tagen und Wochen des Jahres 2002 den Entschluss gefasst hat, nunmehr unverzüglich mit der konkreten Formulierung und Umsetzung des längst überfälligen Reformprogramms zu beginnen. Koste es, was es wolle. Und sei es die Kanzlerschaft. Schröder wusste, dass ihn die Reformen die Mehrheit und damit die Macht kosten konnten. Das bestätigen ausnahmslos alle, die ihn damals beobachtet und erlebt haben. Man muss das so auf den Punkt bringen, weil der Mut zum Risiko, auch zum persönlichen Scheitern, die unerlässliche Voraussetzung für diesen folgenreichen Entschluss des Gerhard Schröder gewesen ist. Dass er, vom Nichtstun einmal abgesehen, »praktisch über keine Alternative mehr verfügt« und so gesehen die Flucht nach vorn antritt, ändert daran nichts: Das Reformprojekt, das er jetzt auf den Weg bringt, bleibt »sein größtes Verdienst«. Sagt Angela Merkel,[40] die er als Oppositionsführerin für die Umsetzung braucht und die in diesem Zusammenhang, schneller als von ihm oder ihr erwartet, zu seiner Herausforderin wird.

In seinen Erinnerungen erwähnt Schröder, dass er und Steinmeier noch vor Weihnachten 2002 »die Lage nach den Koalitionsverhandlungen schonungslos analysiert« haben. »Uns war klar, dass wir die Legislaturperiode mit der Koalitionsvereinbarung nicht würden überstehen können. Wir waren uns einig: Die Zeit war reif für ein offensives Reformprogramm, das weit über den Koalitionsvertrag hinausreichte.«[41] In den Akten greifbar wird der Entschluss Mitte November, als sich der Kanzler auf die Bundespressekonferenz vorbereitet.

Wie immer, wenn er sich seiner Sache sicher ist, sind die Stichworte, die Schröder zu Papier bringt, konsequent gegliedert, ohne nennenswerte Korrekturen und von klarer Gedankenführung: »Kein Zweifel: Wir müssen mit einer sehr schwierigen Lage fertig werden«, formuliert er mit Blick auf den Haushalt: »Eine durchgreifende Änderung ist kurzfristig nicht in Sicht. Im Gegenteil ... Mir liegt daran, daß deutlich wird, daß wir in einer Phase einer durchgreifenden Neuordnung unseres Sozialstaates sind. Die ... zu fassenden Beschlüsse sind nur der Beginn eines längeren und schmerzhaften Weges ... Erfolgreich kann dieser Weg nur sein, wenn auch die lautstärksten Interessengruppen erkennen, daß sie eigene Ansprüche im Interesse des Gemeinwohls zurücknehmen müssen.«[42]

Ob der Kanzler den Chef seines Amtes gebeten hat, besagtes offensives Reformprogramm zu entwerfen, oder ob der bereits von sich aus die Initiative ergriffen hatte, lässt sich kaum noch nachvollziehen. Vermutlich sind es fließende Übergänge innerhalb eines Entscheidungsprozesses. In der Zielsetzung sind sich die beiden ja einig. Und sie drücken aufs Tempo. Steinmeier hinter den Kulissen, Schröder auf der Bühne. Dort kündigt der Bundeskanzler Anfang Dezember eine neue Abfolge der einzelnen Schritte an: »Erst muss man die Grundlagen dafür schaffen, dass man Reformen und Veränderungen ohne Angst für die Betroffenen durchführen kann.«[43] Mit anderen Worten: Erst ein Konzept, dann die Umsetzung – und nicht umgekehrt, wie das bislang der Fall gewesen ist. Aber das ist leichter gesagt als getan: Denn »es gab keine Lehrbücher für die Situation«, woran Franz Müntefering zehn Jahre später erinnert.[44]

Bis die Planungsklausur am 5. Dezember 2002 im Kanzleramt zusammentritt, liegt ein Konzept vor; für die Folgeklausur im Januar wird es fortgeschrieben. Es hat einstweilen das Gewand eines Thesenpapiers, trägt den Titel »Auf dem Weg zu mehr Wachstum, Beschäftigung und Gerechtigkeit«, stammt von Heiko Geue, dem Leiter des Planungsstabs im Kanzleramt, und ist von Frank-Walter Steinmeier in Auftrag gegeben worden. Nichts ist neu in dem Papier – was die Sache angeht. Neu ist der systematische Zugriff auf den Reformkomplex. Erstmals überhaupt gibt es ein Konzept, das diesen Namen verdient, das Notwendige mit dem Machbaren in ein Verhältnis setzt, die diversen Reformen in einen inneren Zusammenhang bringt, die bislang gesammelten guten und schlechten Erfahrungen berücksichtigt und Anregungen von anderer Seite aufgreift. So ist offensichtlich das »zwanzig Punkte umfassende Reformprogramm zur nachhaltigen Stärkung der wirtschaftlichen Antriebskräfte«, das der Sachverständigenrat mit seinem Jahresgutachten 2002/03 vorgelegt hat, nicht ohne Wirkung geblieben.[45]

Will die Bundesregierung mit ihrem Reformprojekt überhaupt eine Chance haben, müssen »die Menschen das Vertrauen in die Problemlösungsfähigkeit der Politik zurück gewinnen«.[46] Das wird nur funktionieren, wenn man sie rechtzeitig, schrittweise und im Ergebnis umfassend ins Bild setzt. Bevor die Reformatoren das tun können, kommen ihnen andere zuvor. Wenige Tage vor Weihnachten zitiert der Berliner *Tagesspiegel* in mehreren Artikeln aus dem »internen Strategiepapier«, verweist insbesondere auf das Vorhaben, »für das Gesundheitswesen mehr Wettbewerbselemente einzuführen«,[47] und erblickt darin ein »Misstrauensvotum für Sozialministerin Ulla Schmidt«. Die hatte im Wahlkampf alle Modelle, die auf einer höheren Eigenbeteiligung basieren, »als Weg in die ›Zwei-Klassen-Medizin‹ gegeißelt«.[48]

Jetzt stehen sie im Kanzleramt vor der Alternative, die Geschichte zu dementieren und über die Feiertage auszusitzen oder aber den Stier bei den Hörnern zu packen und die Existenz des Papiers zu bestätigen. Das tut Gerhard Schröder, wenn auch zurückhaltend, noch vor Weihnachten: »Diese vorläufige Gedankenskizze ist auf der Arbeitsebene im Kanzleramt entstanden. Sie dient als Diskussionsgrundlage für eine Planungsrunde, die unter Leitung des Chefs des Bundeskanzleramts im Januar tagt.«[49]

Worum es dabei im Kern geht, hatte der Kanzler den Deutschen wenige Tage zuvor in einem ersten Schritt besagter vertrauensbildender Maßnahmen bereits gesagt: »Es geht nicht mehr um die Verteilung von Zuwächsen. Neue Ansprüche sind nicht zu erfüllen. Vielmehr werden wir – wenn wir soliden Wohlstand, nachhaltige Entwicklung und neue Gerechtigkeit bewahren wollen – manche Ansprüche zurückschrauben und Leistungen einschränken oder gar streichen müssen, die vor einem halben Jahrhundert berechtigt gewesen sein mögen, heute aber ihre Dringlichkeit und damit auch ihre Begründung verloren haben.«[50] Damit verabschiedet der siebte Bundeskanzler sich und die Bürger des vereinigten Deutschland von der Bundesrepublik Konrad Adenauers und Ludwig Erhards.

Als das neue Jahr in Deutschland anbricht, befindet sich Gerhard Schröder in China. Auch in diesen innenpolitisch bewegten Zeiten beansprucht die Außenpolitik den ganzen Mann. Es ist Schröders vierte Reise ins Reich der Mitte. Gerade einmal drei Tage ist er dort, so dass der »Urlaub von der Endzeitstimmung in Deutschland«,[51] von der mitreisende Journalisten sprechen, für eine Erholung kaum reicht. Weil auf dem Programm auch die Eröffnung der gerade fertiggestellten Transrapid-Strecke in Schanghai steht, wird der Kanzler unter anderem von Vertretern der an der Entwicklung der Magnetschwebebahn beteiligten Firmen, außerdem von Wirtschaftsminister Clement, Verkehrsminister Stolpe und Nordrhein-Westfalens Ministerpräsident Steinbrück begleitet: Noch gibt es Hoffnung, dass China Anschlussaufträge vergibt oder dass sich dass Hightechprodukt auch anderswo auf der Welt, nicht zuletzt in Deutschland, an den Kunden bringen lässt.

Im Übrigen nimmt Gerhard Schröder an der Schanghaier Tongji-Universität, einer der renommiertesten des Landes, die Ehrendoktorwürde in Empfang. Die Zeremonie findet auf Deutsch statt. Der Kanzler ist beeindruckt vom Respekt vor dem Gast, der darin zum Ausdruck kommt. Die Rektorin, aber auch viele Studenten dieser Universität, die auf eine deutsche Gründung zurückgeht, beherrschen die Sprache des fernen Partnerlandes fließend. Der Gast nutzt das Forum, spricht während der universitären Zeremonie davon, dass »die grundlegenden Pflichten und Rechte des Einzelnen den Menschen nicht vom Staat verliehen, sondern unveräußerlich« sind und es dem »Staatswesen aufgegeben ist, diese Rechte des einzelnen zu wahren und zu schützen«. Klare Worte, wie man sie bislang von einem deutschen China-Besucher dieses Ranges nicht vernommen hat und die erkennen lassen, dass sich die Bundesregierung sehr wohl der problematischen »Menschenrechtslage« bewusst ist.[52]

Allerdings sieht Schröder auch jetzt davon ab, Menschenrechte und Demokratie öffentlich einzuklagen und die chinesische Führung an den Pranger zu stellen. Entsprechend zuvorkommend begegnen Staatspräsident Jiang Zemin, der neue Parteichef Hu Jintao und Ministerpräsident Zhu Rongji dem Gast aus Deutschland. Auf der Tagesordnung stehen die Brennpunkte der Weltpolitik, insbesondere die Krise um den Irak und damit die kontroverse Diskussion dieser Frage im Sicherheitsrat der Vereinten Nationen. Deutschland ist mit Jahresbeginn – zum dritten Mal seit 1977/78 – Nichtständiges Mitglied des Gremiums und hat zudem im Februar für einen Monat den Vorsitz inne. China, eines der fünf Ständigen Mitglieder, fordert wie auch Deutschland, dass die USA vor einem Militärschlag eine entsprechende Resolution des Sicherheitsrates einholen müssten.

Maßgeblich ist zu diesem Zeitpunkt die Resolution Nr. 1441 des Weltsicherheitsrates vom 8. November 2002, die unter anderem festhält, dass der Irak seine Verpflichtungen »nach den einschlägigen Resolutionen, namentlich der Resolution 687« vom 3. April 1991 – der sogenannten Waffenstillstandsresolution am Ende des Zweiten Golfkriegs –, »erheblich verletzt hat und nach wie vor erheblich verletzt«.[53] Damit stellt sich die Frage, ob die Resolution 1441 für den Fall, dass der Irak sie nicht erfüllen und das heißt vor allem, die im Dezember 1999 eingerichtete Verifikations- und Inspektionskommission nicht wieder ins Land lassen sollte, ein militärisches Eingreifen legitimiert oder nicht. Was folgt, ist eine ungewöhnlich komplexe und komplizierte Entwicklung, die sich auf mehreren Ebenen gleichzeitig abspielt, täglich, später stündlich an Dynamik gewinnt und am Ende selbst von den mittelbar und unmittelbar Beteiligten kaum noch vollständig überblickt werden kann.

Sicher ist, dass die USA konsequent auf einen Krieg gegen den Irak und den Sturz Saddam Husseins hinarbeiten. Zunächst sind Bush und seine Leute der Ansicht, die Resolution 1441 einschließlich der Resolutionen aus der Zeit des Zweiten Golfkriegs, auf welche diese Bezug nimmt, reichten für die Legitimation einer Intervention. Nach dem Jahreswechsel, als bereits der erste Marschbefehl an die amerikanischen Truppen ausgegeben ist, setzen sie auf eine zweite, eine neue Resolution. Sie soll dem Regime in Bagdad eine Frist setzen, innerhalb deren es sämtliche Auflagen aus den voraufgegangenen Beschlüssen zu erfüllen hat. Andernfalls soll sie die Gewaltanwendung gegen Bagdad ausdrücklich legitimieren. Hingegen wollen andere, darunter Deutschland, Frankreich, Russland und China, den inzwischen im Irak tätigen Inspektoren die Zeit einräumen, die diese für notwenig halten, um ihren Auftrag umfassend zu erfüllen. In diesem Sinne bestätigt Chinas Staatspräsident Jiang Zemin am 10. März 2003 in einem Telefonat mit dem Bundeskanzler die Auffassung der vier, dass die Resolution 1441 den »Rahmen für [die] Fortsetzung der Inspektorentätigkeit« biete, »der nicht aufgegeben werden dürfe ... China sei ebenso wie F[rankreich], R[ussland] und D[eutschland] sowie andere zur Zeit gegen eine neue Resolution«.[54]

Das Telefonat mit dem chinesischen Staatspräsidenten zeigt, dass der Kanzler sich mit seinem Nein zu einem Irakkrieg inzwischen in prominenter Gesellschaft befindet. Danach hatte es anfänglich nicht unbedingt ausgesehen. Die klare Festlegung auf eine Nichtteilnahme an einem Feldzug gegen Saddam

Hussein war ohne verbriefte Rückversicherung getroffen worden. Auf ihre Art riskant war auch die Begründung: »Über die existenziellen Fragen der deutschen Nation wird in Berlin entschieden und nirgendwo anders«,[55] hatte Gerhard Schröder am 13. September vor dem Bundestag gesagt. Einen Rückzug hinter diese Position kann es nicht geben. Er käme einer Kapitulation gleich. Natürlich hat die NATO auch für diesen Kanzler als »Bündnis gemeinsamer Verteidigung und gegenseitigen Beistandes … nicht ausgedient«, doch muss sie »wieder zu einem Ort gegenseitiger Konsultation, gemeinsamer Analyse und gemeinsamer Prävention werden … Das verträgt sich nicht – damit das klar ist – mit der Hand an der Hosennaht.«[56]

Erstmals spricht damit ein Bundeskanzler aus, was sämtliche Vorgänger gedacht haben, aber keiner von ihnen offen gesagt hat. Jedenfalls solange sie im Amt waren. Hatten sie es erst einmal verlassen, wurden sie deutlicher und empfahlen zu handeln. Insbesondere die beiden Sozialdemokraten. So ließ Willy Brandt seine Landsleute im November 1980 wissen, es sei eine »veraltete Vorstellung, als ob Sicherheitspolitik nur darin bestehen könnte, zusätzlichen Forderungen eines amerikanischen Präsidenten … nachzukommen«,[57] und ergänzte anderthalb Jahre später: »Wir sollten aus diesem etwas komischen, auch von Minderwertigkeitskomplexen geprägten Verhalten herauskommen – als ob wir immer erst mal darauf zu achten hätten, ob in bestimmten Washingtoner Büros jemand die Stirn kräuselt.«[58]

Ganz ähnlich vertrat sein Nachfolger Helmut Schmidt nach dem Auszug aus dem Kanzleramt die Auffassung, dass »Washington … zum Unilateralismus« neige, ganz gleich wer dort das Sagen habe: »Solange Westeuropa sich nicht zu einem gemeinsamen gesamtstrategischen Entwurf durchringen und diesen geschlossen vertreten kann, wird es immer wieder mit amerikanischen Alleingängen konfrontiert werden.«[59] So oder doch so ähnlich äußert sich auch der dritte sozialdemokratische Kanzler – allerdings während seiner Amtszeit und als Regierungschef eines wieder vollständig souveränen Nationalstaats. Kein Wunder, dass Helmut Schmidt ihn unterstützt. Hatte er Schröders Entscheidung zur Teilnahme Deutschlands am Kosovokrieg scharf verurteilt, weil es auf eine Hinnahme der »Vormundschaft der Amerikaner« hinauslief, hält er das deutsche Nein zur Teilnahme am Irakfeldzug auch deshalb für eine der größten und bleibenden Leistungen dieses Bundeskanzlers, weil er das Land aus dieser Vormundschaft gelöst hat.[60]

So sieht das selbst der alte Rivale, von dem man nicht annimmt, dass ihn politisch noch irgendetwas mit Gerhard Schröder oder Helmut Schmidt verbindet. Aber Oskar Lafontaine bleibt dabei, sagt das auch gegenüber Dritten: Schröders Amerikapolitik insbesondere in der Irakkrise zählt neben der

Russlandpolitik zu den Aktiva seiner Kanzlerschaft.[61] Dass mit Günter Grass auch einer der intellektuellen Ratgeber des Kanzlers das so sieht, überrascht hingegen weniger. Für ihn lässt der Gebrauch der neuen Souveränität und die damit einhergehende »Emanzipation« Deutschlands von überlebten Bindungen sogar jenes »geschichtliche Bewusstsein« erkennen, das mancher Beobachter bei diesem Kanzler in Frage stellt.[62]

Die Außenpolitik Gerhard Schröders in der Irakkrise ist in erster Linie Interessenpolitik, deutsche Interessenpolitik. Friedenspolitik ist sie erst in zweiter Linie. Gerhard Schröder war nie Pazifist, wäre auch nie auf die Idee gekommen, den Kriegsdienst zu verweigern. Wenn es keine realisierbare Alternative gibt und es im Interesse Deutschlands liegt, schließt dieser Kanzler einen Kampfeinsatz deutscher Soldaten nicht aus. Das hat er im Kosovokonflikt unter Beweis gestellt, und das hat er ein zweites Mal demonstriert, als es um die Beteiligung deutscher Soldaten an Enduring Freedom ging. So gesehen ist es ein Missverständnis, wenn sich der Vorsitzende des Verbandes deutscher Schriftsteller im Mai 2003 dafür ausspricht, Schröder wie auch Fischer ausgerechnet wegen ihrer Haltung in der Irakkrise mit dem Friedenspreis des Deutschen Buchhandels auszuzeichnen. So weit kommt es dann allerdings nicht, schon weil sich im Schriftstellerverband heftiger Widerstand gegen das Vorhaben rührt.[63]

In der Ablehnung einer Teilnahme am Irakfeldzug besteht auch innerhalb der Bundesregierung auf den ersten Blick Einigkeit, doch seit dem Jahreswechsel schiebt sich – erst auf den zweiten Blick erkennbar – eine nachgeordnete Frage in den Vordergrund: Wie soll sich Deutschland verhalten, falls die USA im Sicherheitsrat eine Resolution einbringen, die eine Intervention legitimiert? Während die Antwort für den Kanzler eindeutig ist, lassen sich die verquirlten Auslassungen des Außenministers auf eine entsprechende Frage des *Spiegel* so verstehen, dass er ein Ja jedenfalls nicht grundsätzlich ausschließt.[64] Fischer hat im Rückblick viele Seiten seiner Memoiren darauf verwandt, diese Antwort zu erläutern.[65] Er habe testen wollen, ob die deutsche Öffentlichkeit gegebenenfalls eine deutsche Zustimmung im Sicherheitsrat akzeptieren werde, was dann nicht der Fall gewesen sei. Das überzeugt schon damals viele nicht. Offensichtlich ist Fischer auch in der Hinsicht ein typischer Repräsentant der Achtundsechziger, als sein Verhältnis zu den USA zwischen blinder Fundamentalopposition und nicht minder unreflektierter Gefolgschaft oszilliert.

Wirklich überrascht ist der Kanzler nicht, vielmehr erhält sein nie ganz ausgeräumtes Misstrauen neue Nahrung. Ohnehin haben sie im Kanzleramt, organisiert von Frank-Walter Steinmeier, eine kleine Runde installiert, die unabhängig vom Auswärtigen Amt über den Kurs der deutschen Außenpolitik in der Irakkrise nachdenkt. Dazu gehören aus dem engeren Umfeld des Kanzleramtschefs dessen Büroleiter, der für den Dialog mit der Wissenschaft zuständige Referent, der wie Steinmeiers Büroleiter dem Auswärtigen Dienst entstammt und als einer der kommenden Nahost- und Mittelostexperten gilt, außerdem Reinhard Hesse, der in Kairo aufgewachsen ist und viele Jahre im Libanon verbracht hat. Anfang Februar 2003 liegt ein Papier mit dem Titel »Wie weiter bezüglich des Irak?« vor, das unter anderem eine Reaktion auf Fischers Interview darstellt, eine deutsch-französische Initiative anregt und Perspektiven aufzeigt, um »aus der Defensive« herauszukommen, »immer nur ›gegen Krieg‹ zu sein, ohne andere Mittel zur Abrüstung des Irak aufzuzeigen«.[66]

Als Schröder die Vorabmeldung über Fischers Interview auf dem Flug nach China liest, bewahrt er zwar gegenüber den mitreisenden Journalisten die Contenance, ist aber ziemlich indigniert. Aus dem Fernen Osten zurück, lässt er intern keinen Zweifel an seiner Position: »Es muß … glasklar bleiben, daß wir neuer Resolution *für* einen Krieg nicht zustimmen werden, weil sonst die Nichtbeteiligung problematisch würde.«[67] Damit weder Fischer noch sonst ein Regierungsmitglied diese Position in Frage stellen kann, legt er sich, ohne seinen Außenminister zu konsultieren, am 21. Januar 2003 im niedersächsischen Goslar auch öffentlich fest: »Ich sage das hier jetzt ein Stück weitergehend als das, was ich in dieser Frage sonst formuliert habe: Rechnet nicht damit, dass Deutschland einer den Krieg legitimierenden Resolution zustimmt.«[68] Viele, die in der Sache durchaus bei ihm oder doch jedenfalls nicht weit entfernt von ihm waren, sind auch im Rückblick noch überzeugt, dass der Kanzler damit in der Form eine Grenze überschritten hat, die man nicht überschreiten darf: Etwas von dieser Tragweite, findet Kurt Kister, »sagt man nicht ungeplant auf dem Marktplatz von Goslar«.[69]

Tatsächlich folgt aber Schröder nicht einfach einem Impuls. Das tut er zwar gelegentlich, aber diese Aussage trifft er kontrolliert, konzentriert und übrigens auch gut vorbereitet. Noch am Abend zuvor hatte er Vertreter des künstlerischen und intellektuellen Lebens der Republik im Kanzleramt zu Gast, um mit ihnen über die »internationale Politik« zu sprechen. Im Grunde handelt es sich bei der Runde um eine aktualisierte Variante des sogenannten Grass-Kreises der ersten Legislaturperiode, die aber nun nach dem Mitinitiator als »Klaus-Staeck-Runde« firmiert. Nachdem Erhard Eppler, Walter Jens und Oskar Negt unter anderem krankheitsbedingt abgesagt und die geladenen Vertreter der Gewerkschaften mit »Blick auf die Formulierung einer eigenen Position ... auf eine Teilnahme verzichtet« haben, versammeln sich noch rund 20 Teilnehmer im Bankettsaal des Kanzleramtes. Dabei sind Günter Grass und Christa Wolf, aber auch Hans W. Geißendörfer, Hark Bohm, Wolfgang Niedecken oder Katja Ebstein, außerdem einige Pressevertreter.[70]

Nein, in Goslar redet der Kanzler nicht einfach drauflos, als er über das deutsche Vorgehen im Sicherheitsrat der Vereinten Nationen spricht. Auch ist die klare Festlegung nicht den Wahlkämpfen in Niedersachsen und Hessen geschuldet. Nicht wenige vermuten nämlich, Schröder wolle den Coup des vergangenen Herbstes wiederholen und mit Hilfe des Irakthemas die miserable Stimmung in letzter Minute drehen. Das mag eine Rolle spielen, entscheidend ist es nicht. Natürlich kennt der Kanzler die Zahlen, weiß also, dass sich Anfang Dezember 2002 bereits 71 Prozent der Deutschen gegen einen Irakkrieg ausgesprochen haben – in Russland sind es 79, in Frankreich immerhin 64 Prozent –, Tendenz steigend. Aber er weiß auch, dass Wahlkämpfe in Deutschland, zumal in den Ländern und Kommunen, nicht mit außenpolitischen Themen entschieden werden. 2002 hat die Forschungsgruppe Wahlen ermittelt, dass das Thema Arbeitslosigkeit mit 82 Prozent das mit Abstand wichtigste Thema des Wahlkampfs gewesen ist, während es das Thema Krieg und Frieden – weit abgeschlagen und gleichauf mit dem Thema Wirtschaft – auf gerade einmal 15 Prozent bringt.[71]

Das wissen selbstverständlich auch Schröders Kritiker. Doch hindert dieses Wissen sie nicht, das Gegenteil zu behaupten. So auch Angela Merkel, die sich Ende Februar 2003 ausgerechnet ein amerikanisches Publikum für ihre Distanzierung vom außenpolitischen Kurs des Kanzlers aussucht. Nun ist es nichts Ungewöhnliches, dass sich eine Partei- und Fraktionsvorsitzende im Deutschen Bundestag selbst vor Ort ein Urteil über eine derart brisante Krise bildet und in diesem Falle unter anderem mit dem Vizepräsidenten und dem Verteidigungsminister der USA spricht. Doch ist es unerhört, dass sie vorab in einer der maßgeblichen amerikanischen Zeitungen kundtut, »Schröder spricht nicht für alle Deutschen«,[72] und dann in einer Rede an der Georgetown University sagt, dieses Mal allerdings ohne den Kanzler namentlich zu nennen, Deutschland habe den »falschen Weg« eingeschlagen.[73] Bis dahin galt es für Funktions- und Amtsträger als selbstverständlich, sich im Ausland offener Kritik an der Regierung zu enthalten.

Angela Merkel steht zu ihrer Intervention. Sie hätte sich »stärker um eine einheitliche europäische Position bemüht und die Spaltung Europas« zu verhindern versucht, die der Kanzler wenn auch vielleicht nicht angestrebt, so doch in Kauf genommen habe.[74] Man kann das so sehen. Man kann aber auch zu dem Schluss kommen, dass die Aktion der Oppositionsführerin auf eine Schwächung der europäischen Position gegenüber der ohnehin das Ziel, das Tempo und die Tonlage vorgebenden amerikanischen Vormacht hinausläuft. So sieht das zum Beispiel Frankreichs Präsident, als er am Abend des 24. Februar mit dem Bundeskanzler sowie den beiden Außenministern im Berliner Restaurant »Zur letzten Instanz« zu Abend speist: »Frau Merkel müsse bewußt gemacht werden, welche Auswirkungen ihre Position auf Europa habe. Wenn man bei erstem Gewitter die Haltung der USA zum Nachteil der EU unterstützte, dann bleibe für die EU nur noch die Rolle als gemeinsamer Markt.« Einen Kommentar des Kanzlers vermerkt die Gesprächsniederschrift nicht.[75]

Tatsächlich kann man dessen Außenpolitik gerade nicht auf wahlkämpferisches Kalkül reduzieren, wie das Merkel in Washington oder Hans-Ulrich Klose zu Hause tun. Klose gilt als einer der wenigen außenpolitischen Experten der Fraktion, zudem als glühender Verfechter der deutsch-amerikanischen Beziehungen, allerdings auch als Einzelgänger. Das war einer der Gründe, warum nicht er, sondern Struck Nachfolger Scharpings als Verteidigungsminister wurde. Jetzt manövriert er sich endgültig in die Isolation, als er zunächst in der Fraktion, dann in einem Zeitungsartikel beklagt, dass der Kanzler in der »Irak-Frage ausschließlich als Innen- und Parteipolitiker« agiere und Deutschland so – wenn auch nicht gewollt – »außenpolitischen Schaden« zufüge.[76] Ein schwerwiegender, tatsächlich nicht haltbarer Vorwurf. Er übersieht beziehungsweise ignoriert, dass Schröders Position nicht tagespolitisch-taktischen, also kurzfristigen Erwägungen folgt, sondern in seiner Überzeugung wurzelt, dass prinzipielle Gleichrangigkeit zu den Grundlagen des Zusammenlebens von Individuen und Gemeinschaften, Gesellschaften und Staaten gehört. Seit er denken kann, folgt er dieser Maxime, und wer das nicht weiß oder in Rechnung stellt, kann dem Mann auch in dieser Situation nicht gerecht werden.

Unterm Strich geht die deutsche Außenpolitik durchaus gefestigt und selbstbewusst aus dieser Krise hervor. Das liegt vor allem am engen Schulterschluss des Bundeskanzlers mit dem französischen Staatspräsidenten. Seit Gerhard Schröder und Jacques Chirac Anfang Dezember 2002 vereinbart haben, »zur Irak-Frage gerade während deutschem Vorsitz im VN-Sicherheitsrat«, der für Februar kommenden Jahres ansteht, »engstens zusammenzuarbeiten, auch bei der Kommunikation gegenüber der Öffentlichkeit«,[77] stehen sie in ständigem Kontakt. Mindestens im Wochenrhythmus sprechen die beiden persönlich oder telefonisch über die Lage, und Ende Januar fasst der Bundeskanzler in einem dieser Telefonate, das auf Initiative des Staatspräsidenten erfolgt, »auf verschlüsselter Leitung« ihrer beider Einvernehmen in sechs Punkten zusammen. Danach wolle man unter anderem den Inspektoren »die Zeit« einräumen, »die sie für [die] Erfüllung ihrer Aufgabe benötigen«, und sich »für den Fall« konsultieren, »dass Saddam Hussein etwas unternimmt, das die Lage verändert«. Auch sei »vor jedweder militärischen Aktion gegen den Irak eine zweite Resolution« des Sicherheitsrates »erforderlich«. Schließlich stellen Kanzler und Präsident »ausdrücklich« fest: »Russland und China auf gleicher Linie.«[78]

Ein Thema ihrer Telefonate und Gespräche sind die Feierlichkeiten zum Jahrestag der Unterzeichnung des Élysée-Vertrages, auf den sich beide sorgfältig vorbereiten. 40 Jahre ist es her, dass Konrad Adenauer und Charles de Gaulle in Paris den Vertrag über die deutsch-französische Zusammenarbeit unterzeichnet haben. Es war eine bewegende Zeremonie. Immerhin war der Ältere der beiden, der Deutsche, 1876 geboren worden, und der Franzose war auch schon zweiundsiebzig, als sie der Zukunft ein Gesicht gaben. Sie hatten also das Zeitalter der Krisen, Kriege und Konflikte durchlebt, de Gaulle hatte sogar in beiden Weltkriegen gegen Deutschland im Feld gestanden. Sie wussten, was es heißt, sich nach alledem die Hand zur Versöhnung zu reichen.

Sämtliche Nachfolger waren sich dieser Verpflichtung bewusst und haben das Verhältnis zum Nachbarn gepflegt und ausgebaut. Eine einfache Partnerschaft ist es nie gewesen. Auch Gerhard Schröder und Jacques Chirac hatten einen schwierigen Start, bis sie sich schließlich zusammenrauften. An diesem 22. Januar 2003 tagen zuerst die beiden Kabinette gemeinsam im Élysée-Palast und begründen damit den Deutsch-Französischen Ministerrat, der wiederum die Gipfeltreffen ersetzt: In einer Zeit, in der sich Präsident und Kanzler praktisch im Wochenrhythmus sprechen oder sehen, hat sich diese Tradition erübrigt.

Als nachmittags die französische Nationalversammlung und der Deutsche Bundestag zu einer gemeinsamen Sitzung im Schloss zu Versailles zusammenkommen und Schröder und Chirac ihre gemeinsam erarbeitete Erklärung bekannt machen, kann jedermann sehen, dass die Chemie zwischen den beiden stimmt. Andernfalls wäre es auch kaum vorstellbar, dass sich die Abgeordneten ausgerechnet in Versailles versammeln. Immerhin hatte Otto von Bismarck, der erste Kanzler des Deutschen Reiches, dieses nach dem Sieg über Frankreich am 18. Januar 1871 hier proklamiert. Und an eben diesem Ort mussten die Vertreter jenes Deutschen Reiches nach der Niederlage des Ersten Weltkriegs am 28. Juni 1919 den als demütigend empfundenen Friedensvertrag unterzeichnen, in dem nicht wenige eine Ursache für den Weg

Europas in die Katastrophe des Zweiten Weltkriegs gesehen haben. In diesem Sinne ist es schon zutreffend, wenn in der gemeinsamen Erklärung mit ihren zahlreichen bilateralen und europabezogenen Beschlüssen und Vorschlägen von einer »Schicksalsgemeinschaft« die Rede ist.[79]

Gerhard Schröder ist überzeugt, dass sie auch in der rasant Fahrt aufnehmenden Irakkrise trägt: »Na seht ihr«, sagt er auf dem Rückflug zu den mitreisenden Journalisten, »auf die Franzosen kann man sich eben doch verlassen.«[80] Andere, wie Außenminister Fischer, sind da skeptischer. Wieder andere, so Amerikas Verteidigungsminister Donald Rumsfeld, haben für die deutsch-französische Liaison nur Spott übrig und sprechen an diesem 22. Januar von Frankreich und Deutschland als dem »alten Europa«, von dem sich ein neues, zukunftsorientiertes – sprich amerikahöriges – Europa in der Mitte und im Osten des Kontinents abhebe. Kurz zuvor war der »Krawall liebende Minister« – so sein deutscher Amtskollege Peter Struck – sogar noch einen Schritt weiter gegangen und hatte im Vorfeld der Münchener Sicherheitskonferenz Deutschland in eine Reihe mit »Schurkenstaaten« wie Kuba und Libyen gestellt.[81] Kein Wunder, dass der Kanzler sich an den französischen Staatspräsidenten hält, darauf vertrauend, dass auf Chirac tatsächlich Verlass ist. Nicht auszudenken, wenn er sich irren sollte. Eine Bruchlandung auf diesem Terrain wäre eine Katastrophe. Denn auf einem anderen steht der Absturz unmittelbar bevor.

Am 2. Februar erlebt Gerhard Schröder in Hessen und Niedersachsen die »bitterste Niederlage« in seinem bisherigen »pol[itischen] Leben«. Das notiert er noch drei Wochen später in Vorbereitung auf eine Präsidiumssitzung.[82] Angesichts der chaotischen Vorstellung der neuen alten Bundesregierung seit der Septemberwahl und des dramatischen Verlustes an Ansehen und Vertrauen, den der Kanzler hinnehmen musste, war es für ihn »keine Überraschung mehr, dass wir die wichtigen Landtagswahlen ... mit Pauken und Trompeten verloren«. Zwar ist er zu »keinem Zeitpunkt überzeugt« gewesen, dass man die CDU in Hessen schlagen könne. Aber mit »der dramatischen Niederlage in Niedersachsen« hat er nicht gerechnet. Schreibt Schröder im Rückblick.[83] Tatsächlich stürzt die SPD in Hessen um 10,3 auf unter 30 Prozent und in Niedersachsen sogar um unglaubliche 14,5 auf nunmehr noch gerade einmal 33,4 Prozent ab. Kann in Wiesbaden Roland Koch das Amt des Ministerpräsidenten behaupten und in Zukunft sogar mit einer absoluten CDU-Mehrheit regieren, gelingt in Hannover dem Christdemokraten Christian Wulff, der mit der ordentlich gewachsenen FDP eine Koalition bildet, im dritten Anlauf der Sprung in die Staatskanzlei.

Ein niederschmetterndes Ergebnis für den Kanzler und Parteivorsitzenden, zumal die im Falle Niedersachsens marginalen, in Hessen mit knapp 3 Prozentpunkten messbaren Zugewinne der Grünen darauf hindeuten, dass nicht die Berliner Koalition insgesamt, sondern die Sozialdemokraten vom Wähler abgestraft worden sind. Die Kommunalwahlen in Schleswig-Holstein, bei denen sich die SPD vier Wochen später bei einem Verlust von gut 13 Prozentpunkten unter der Dreißig-Prozent-Marke wiederfindet, bestätigen diese Einschätzung. Auch wenn die sozialdemokratischen Spitzenkandidaten »in menschlich hochanständiger Weise ihre Verantwortung übernommen« haben, notiert der Kanzler, ist doch die »Verantwortung des Bundes und damit *meine zentral*«.[84] Immerhin ist mit Niedersachsen das Bundesland an die politische Konkurrenz verloren gegangen ist, in dem der amtierende Kanzler für die SPD dreimal in Folge grandiose Wahlsiege eingefahren hat. Dass der populäre niedersächsische Ministerpräsident Sigmar Gabriel, politisches Talent und Hoffnungsträger der Partei, die Zeche zahlen muss, ist nicht nur für ihn bitter.

Niederlagen machen einsam, und je höher man gestiegen ist, umso mehr wird diese Einsamkeit spürbar. Gerhard Schröder hat das große Glück, dass sich in extremen Situationen wie dieser immer wieder Menschen finden, die ihn stützen. Die Briefe, die er an solchen Tagen erhält, beeindrucken noch heute. Denn sie zeigen, warum der Mann nicht untergeht. Es sind die ungeheuren Nehmerqualitäten, die den Kanzler auf den Beinen halten, als er in diesen frühen Februartagen »zum ersten Mal in seiner Amtszeit« am »Rand des Scheiterns« steht. So nimmt ihn Joschka Fischer wahr,[85] und das spürt auch Antje Vollmer. Die grüne Vizepräsidentin des Deutschen Bundestages, deren Verhältnis zu Schröder in der Vergangenheit nicht immer spannungsfrei war, schreibt ihm jetzt spontan: »Ich weiß und ich kenne auch, wie sich in solchen Tagen Freunde und Nicht-Freunde ganz neu aufteilen – oft in unmittelbarer Nähe! Umso mehr möchte ich Ihnen sagen, wie froh und stolz ich bin, daß Sie so einen geraden Weg gehen und sich nicht beirren lassen. Sie werden kaum mitkriegen können, wie viel neuer Respekt und wie viel Zuneigung Ihnen in diesen harten Wochen – nun wirklich weltweit – entgegen gebracht wird ... diese Standfestigkeit ist schon jetzt mit Ihrem Namen verbunden. Davon bleibt was ...«[86]

Die gravierendste bundespolitische Konsequenz der Wahlniederlagen in Hessen und Niedersachsen liegt in der weiteren Schwächung von Rot-Grün im Bundesrat. Fortan ist der Kanzler ohne jedes Wenn und Aber auf die Zusammenarbeit mit der Opposition, allen voran CDU und CSU, angewiesen. Das läuft de facto auf eine Art informeller Großer Koalition hinaus. Jedenfalls signalisiert Schröder schon unmittelbar nach den Landtagswahlen seine Bereitschaft, zustimmungspflichtige Gesetze mit der Opposition zu besprechen, bevor sie in das Vermittlungsverfahren gehen.

Natürlich ist das mit Blick auf die Linken in der eigenen Partei und die misstrauischen Grünen nicht ohne Risiko. Aber die Alternative, nämlich im Einzelfall den Einspruch des Bundesrates mit der Kanzlermehrheit auszubremsen, ist wegen der knappen Mehrheitsverhältnisse allenfalls in Ausnahmesituationen vorstellbar. »Die einzig positive Nachricht in diesen Tagen war«, so der Vizekanzler im Rückblick, »dass aus den Koalitionsparteien und vor allem aus der SPD heraus keinerlei Gefahr für den Kanzler drohte«, jedenfalls kurzfristig.[87] Mangels Alternativen schließen die Genossen sogar erst einmal die Reihen hinter ihrem Parteivorsitzenden, und der nutzt das sich kurzzeitig öffnende Zeitfenster für die Ankündigung eines nunmehr durchgreifenden Reformprogramms.

Nicht zufällig folgt die Verlesung dieses Programms unmittelbar auf das Scheitern des Bündnisses für Arbeit. Am 3. März 2003 findet die letzte Runde unter der blumigen Überschrift »›Kamin‹-Gespräch mit den Sozialpartnern« statt. Wie stets bei solchen Anlässen hat der Kanzler das Menü höchstpersönlich ausgewählt und sich beim Hauptgang für das Rinderfilet unter der Senfkruste mit Linsengemüse entschieden, danach werden Grießflammeri mit Kirschkompott und Cremeeis gereicht. Es hilft alles nichts. Am Ende steht für Schröder und Steinmeier fest, dass Gewerkschaften und Arbeitgeber auch nach vier Jahren und acht Gesprächsrunden nicht bereit und in der Lage sind, nennenswerte Kompromisse einzugehen und an tragfähigen Reformlösungen zu arbeiten.

Inzwischen hat der Kanzler den Einruck, im falschen Film zu sitzen. Als die Arbeitgeber wieder einmal das Lied von der Reduzierung der Steuer- und Abgabenlast, der Reform der Sozialsysteme sowie der Korrektur des Arbeits- und Tarifrechts anstimmen und so tun, als habe sich in den vergangenen Jahren nichts bewegt; als die Gewerkschaften wieder einmal höhere Steuern für die Besserverdienenden und weitere Schulden fordern und Ver.di-Chef Frank Bsirske erneut mit der Forderung nach einem milliardenschweren Investitionsprogramm für die Kommunen ankommt und dem Kanzler vorhält, seine Politik sei doch dafür verantwortlich, dass kein Geld mehr da sei – da platzt dem endgültig der Kragen: »Das ist das dümmste Geschwätz, das ich jemals gehört habe.«[88]

Nachher ist aus dem Kreis der Teilnehmer zu hören, Schröder habe die Gespräche bewusst scheitern lassen, um ohne Gesichtsverlust seiner Wege ziehen und sich ganz auf seine Agenda konzentrieren zu können. Für die Gewerkschaften ist das nicht ohne Risiko, hatten sie doch nach der Wahl offensichtlich auf die Gespräche gesetzt: »Wir Gewerkschaften«, ist in einem Brief des DGB-Chefs Michael Sommer an den Kanzler vom 23. September 2002 zu lesen, »unterstützen die sozial gerechte Modernisierung unseres Landes und werden die neue Bundesregierung auf diesem Weg konstruktiv begleiten.« Und der hatte dem DGB-Chef bestätigt, dass er angesichts der »großen Herausforderungen … auf die Fortsetzung« der guten Zusammenarbeit zähle.[89] Mit dem Scheitern der Bündnisgespräche sind die Möglichkeiten der Gewerkschaften, Einfluss auf die Wirtschafts- und Sozialpolitik der Regierung zu nehmen, noch stärker eingeschränkt als ohnedies. Im Grunde bleiben nur der Weg über die SPD-Fraktion im Bundestag oder die Mobilisierung der Mitglieder – eine riskante Variante. Vier Monate später, als die IG Metall in den ostdeutschen Bundesländern ein Debakel erlebt, weiß man, wie sehr das schiefgehen kann.

Inzwischen arbeitet eine Gruppe um den Kanzleramtschef auf Hochtouren am Reformprogramm. Zum engsten Kern zählen neben dem Koordinator und maßgeblichen Ideengeber Frank-Walter Steinmeier Schröders Büroleiterin Sigrid Krampitz und ihr neuer Stellvertreter Albrecht Funk, außerdem der Stellvertretende Regierungssprecher Thomas Steg und Redenschreiber Reinhard Hesse. Die zuständigen Abteilungsleiter Bernd Pfaffenbach und Günther Horzetzky liefern die wirtschafts- und sozialpolitischen Kapitel, die Kommunikationsberater Michael Kronacher und Volker Riegger arbeiten an den Kernbotschaften. Der Kanzler selbst führt die flankierenden Gespräche vor allem mit der Ministerin für Gesundheit und Soziales Ulla Schmidt sowie mit Wirtschafts- und Arbeitsminister Wolfgang Clement. Unter solchen Umständen konnte die Regierungserklärung vom 14. März 2003 nicht der große Wurf werden. Zu viele haben an der Rede mitgewirkt, zu unterschiedliche Interessen waren zu berücksichtigen.

Um das Reformprojekt dennoch über die zahlreichen Hürden zu bringen, müssen vor allem zwei möglichst an einem Strang ziehen: der Wirtschafts- und Arbeitsminister sowie der Fraktionsvorsitzende. Und das ist ein Problem, denn Freunde sind Wolfgang Clement und Franz Müntefering nie geworden. Da ganz im Gegenteil noch alte Animositäten aus gemeinsamen nordrhein-westfälischen Zeiten im Spiel sind, kann es schon einmal eng und vor allem laut werden. Clement ist sich seiner Machtfülle im Kabinett bewusst; Müntefering weiß, dass ohne die Fraktion gar nichts geht. Clement versteht sich als Modernisierer, fordert zum Beispiel laut und deutlich eine Änderung beim Kündigungsschutz für Kleinbetriebe; Müntefering muss die gerade in diesen

Fragen äußerst sensible sozialdemokratische Seele pflegen. Clement kann durchaus mit führenden Christdemokraten wie zum Beispiel dem soeben von Angela Merkel aus dem Fraktionsvorsitz auf einen Stellvertreterposten verdrängten Friedrich Merz, mit dem er nicht zuletzt die Überzeugung teilt, dem Rest der jeweils eigenen Truppe intellektuell überlegen zu sein; Müntefering weiß zwar wie Schröder, dass ihr ambitioniertes Reformprogramm nur dann eine Chance hat, wenn man die Opposition jedenfalls ein gutes Stück des Weges mitnehmen kann, muss aber höllisch aufpassen, dass bei den eigenen Leuten nicht der Eindruck entsteht, man bewege sich in Richtung Große Koalition.

Stillschweigend völlig einig sind sich die Genossen, den Kanzler eingeschlossen, übrigens in der Überzeugung, dass es sich bei den Reformen um ein sozialdemokratisches Projekt handelt. Gewiss, die Grünen werden auf dem Laufenden gehalten, zum Beispiel am Morgen des 6. März, als Fischer und die anderen in einer gerade einmal einstündigen Unterredung der Zusammenlegung von Arbeitslosen- und Sozialhilfe und der Lockerung des Kündigungsschutzes zustimmen; auch achtet der Kanzler darauf, dass sein Vize in diesem wie in anderen vergleichbaren Fällen den Text der Rede vor seiner Verlesung erhält. Aber wirklich eingebunden sind die Grünen nicht. Nun haben sie traditionell andere politische Prioritäten. Zudem ist auch ihnen bewusst, dass Rot-Grün ohne einen kräftigen Impuls die Legislaturperiode kaum überstehen wird. Wäre es nach ihnen gegangen, sagt Fischer, hätte man die Reformen schon »in den Koalitionsgesprächen angepackt«. Da die aber »vor die Wand gefahren« worden waren, müssen es die Genossen jetzt zunächst einmal mit sich und unter sich ausrichten.[90]

Die Grünen sind momentan mit sich einigermaßen im Reinen, die Sozialdemokraten sind es nach den Wahlen in Hessen und Niedersachsen nicht. Wenn es Schröder und seinen Leuten also gelingt, dem angeschlagenen großen Partner wieder eine Perspektive mit Substanz zu vermitteln – warum nicht? Denn so viel ist gewiss: Das Nein zum Irakkrieg, das augenblicklich noch viel zum Schulterschluss in den roten Reihen beiträgt, hat sich in absehbarer Zeit so oder so erledigt. Von den 90 Prozent, mit denen ein Sonderparteitag der Grünen Mitte Juni 2003 die Agenda durchwinkt, kann Gerhard Schröder auch jetzt nur träumen.

Seit der Jahreswende bemüht sich der Kanzler im Rahmen des Möglichen, seine Leute auf das Kommende einzustimmen. Im Rahmen des Möglichen – man muss das wörtlich nehmen. Denn während sie im Kanzleramt an dem Text feilen, spitzt sich die Krise um den Irak täglich zu, weil die Amerikaner die Entscheidung suchen, und zwar auf allen Ebenen: im Sicherheitsrat der

Vereinten Nationen, in den Reihen der Verbündeten, und – so schnell wie möglich und um jeden Preis – auf dem Schlachtfeld. Das fordert die deutsche Politik, gerade auch den Kanzler, in diesen Tagen und Wochen aufs Äußerste. Der Außenminister übernimmt in einem beispiellosen Reisemarathon einen guten Teil des Krisenmanagements, fliegt in den ersten Wochen des neuen Jahres alleine fünf Mal zu den Vereinten Nationen nach New York, und auch der Kanzler ist außenpolitisch im Dauereinsatz.

Man muss das in Rechnung stellen, wenn man die später laut gewordene Klage, Schröder habe die Partei nicht auf seinen Reformkurs eingestimmt, sie nicht »mitgenommen«, angemessen gewichten will. Richtig ist, dass der Kanzler den Zeitdruck zusätzlich erhöht, weil er mit dem Programm an die Öffentlichkeit will, bevor die Amerikaner ihren Feldzug gegen den Irak eröffnen. Denn er weiß, dass der Krieg die Menschen danach für einige Zeit beschäftigen und er selbst rund um die Uhr mit diesem Thema zu tun haben wird.

Richtig ist aber auch, dass Gerhard Schröder die Gruppen, Flügel und Fraktionen der Partei seit Ende Februar ins Bild setzt. Es gibt gute Gründe, warum er das allenfalls in groben Zügen tut. Es fehlt ihm nicht nur die Zeit, er kennt seine Partei auch lange und gut genug, um zu wissen, dass sie an der Pille, die er ihr da verabreichen will, schwer zu schlucken haben wird. Was er ihr zumuten wird, hatte er ja schon während des innerparteilichen Schaulaufens vor dem Wahlsieg vom Herbst 1998 klar und deutlich gesagt. Und schon damals haben Kenner der Partei und des Mannes wie Martin E. Süskind gefragt, ob die SPD »zu einer derart ans Ziel führenden Politik fähig« sein werde: »Dazu gehören dann Entschlossenheit, Eindeutigkeit und Härte. Das moderne Deutschland schaffen zu wollen klingt gut für eine Partei, die nicht ungern der Erinnerung an alte Erfolge frönt. Der Fron des Wandels sich zu unterziehen wäre Voraussetzung für neue Erfolge.«[91]

Zudem wissen Schröder und seine Mitstreiter aus Erfahrung, dass eine einmal angelaufene Diskussion derart sensibler Themen dem Programm kaum noch eine Chance lässt, auch nur ein einziges Mal in seiner ursprünglichen Form präsentiert zu werden. »Wenn wir gezögert hätten«, schreibt Franz Müntefering Anfang 2014, »wäre die Chance zur Realisierung der Agenda 2010 zerbröselt.«[92] Helmut Schmidt, der die Reformagenda neben dem Nein zu einer Teilnahme am Irakkrieg zur größten Leistung dieses Kanzlers zählt, hält es für ausgeschlossen, dass sie je umgesetzt worden wäre, hätte Schröder die umgekehrte Reihenfolge – erst Parteitag, dann Bundestag – gewählt. Mal abgesehen davon, dass die Parteitage der SPD zu 90 Prozent von Funktionären bevölkert werden, wären vor allem die auf Klassenkampf gestimmten Gewerkschaften Sturm gelaufen. So Schmidt.[93] Was sie dann ja auch tun, nachdem der Kanzler im Bundestag die Katze aus dem Sack gelassen hat.

Als sie draußen ist, wird deutlich, dass es bei der Agenda nicht in erster Linie um eine sozialpolitische, sondern um eine wirtschafts- beziehungsweise finanzpolitische Initiative geht, mit der die maroden Kassen saniert werden sollen. »Wir haben dieses riesige Reformwerk geschultert«, schreibt Gerhard Schröder im Oktober des Jahres an Hans-Jürgen Wischnewski, »um uns Luft zu verschaffen für Investitionen in Bildung, Forschung, Innovation und damit in die Zukunftsfähigkeit unseres Landes.«[94] So gesehen ist das Reformprogramm von Anfang an falsch vermittelt worden. Ob es, angemessen vorgetragen, in den eigenen Reihen eine größere Akzeptanz gefunden hätte, sei dahingestellt. Zweifel sind angebracht.

Andererseits kann man »nicht behaupten, dass das Kanzleramtspapier innerhalb der SPD unbekannt gewesen sei«.[95] Jedermann kann sich in diesen Tagen und Wochen in der einen oder anderen Zeitung über den Inhalt des Geue-Papiers informieren, zudem setzen der Kanzler wie auch der Fraktionsvorsitzende während der ersten Januarhälfte Präsidium und Vorstand ausführlich ins Bild: »Die Dinge konkretisieren sich«, scheibt der Vorsitzende der Fraktion am 25. Februar an die Mitglieder.[96]

Natürlich wird auch die Fraktion durch die beiden auf dem Laufenden gehalten. Noch vor der Jahreswende hat Schröder den Stellvertretenden Fraktionsvorsitzenden das Geue-Papier mit der Bitte um Stellungnahme zukommen lassen; am 4. Februar schreibt Müntefering den Mitgliedern der Fraktion: »Der Prozeß tiefgreifender Veränderungen läuft, wir wollen ihn gestalten, nicht stoppen«;[97] sechs Tage später bietet der Bundeskanzler den Abgeordneten auf einer Sondersitzung der Fraktion »eine enge Zusammenarbeit in den drei großen Projekten der nächsten Monate« an, darunter der »Arbeitsmarktreform«;[98] am 24. Februar »betont« er vor dem Geschäftsführenden Vorstand der Fraktion, dass es in seiner Regierungserklärung »um den Erhalt der Sozialstaatlichkeit unter grundlegend geänderten Bedingungen gehe«;[99] und am 11. März lässt Gerhard Schröder – wieder einmal vor der gesamten Fraktion und auf Einzelheiten eingehend – keinen Zweifel daran, wohin die Reise gehen wird: »Die Zeit sei gekommen[,] eine neue Balance zwischen sozialer Sicherheit einerseits und ökonomischer Notwendigkeit andererseits zu gestalten ... Er wolle die Gestaltungshoheit wiedergewinnen und deutlich machen, was für die nächsten Jahre bei der Neujustierung der sozialen Sicherungssysteme gelte.«[100]

Schließlich darf man nicht vergessen, dass seit dem Sommer zuvor der Bericht der Hartz-Kommission vorliegt. Wer ihn gelesen hat, weiß, was die

Regierung vorhat. Nur hat ihn praktisch keiner gelesen, schon weil er mit seinen rund 350 Seiten nicht gerade zur Lektüre einlädt. Die Unterrichtung durch den Kanzler und den Fraktionsvorsitzenden wiederum war so allgemein und vage gehalten, dass sie keinen Anlass zu konkretem Widerspruch bieten konnte.

So werden tatsächlich die allermeisten »überrollt«, und selbst ein Anhänger umfassender Reformen wie Rudolf Scharping, der immerhin bis zum Sommer 2002 der Regierung angehörte, nach wie vor Stellvertretender Parteivorsitzender und Abgeordneter des Bundestages ist, erfährt erst während der Verlesung der Agenda, was der Kanzler vorhat.[101] Scharping gehört dann zu den wenigen, die es nicht bei einer pauschalen Kritik belassen. In einem lesenswerten Papier für den Fraktionsvorsitzenden, das von seiner inhaltlichen Dichte wie von seinem Umfang her als Denkschrift durchgehen kann, verweist er unter anderem auf das erwähnte, wohl entscheidende Problem der falschen Kommunikation: »Es mangelt an einsichtigen Perspektiven für den notwendigen – im Wortsinn: die Not wendenden – Umbau des Sozialstaates. Auch dringend erforderliche einzelne Maßnahmen erscheinen als Folge finanzieller Zwänge …«[102]

Das Wochenende vor seiner Rede verbringt der Kanzler im heimischen Hannover. Dort legt er selbst letzte Hand an das Manuskript und spricht in diesem Zusammenhang mit dem einen oder anderen Vertrauten. Mit Erhard Eppler und Hans-Jochen Vogel wird telefoniert, Werner Müller und seine Frau sind abends bei Schröders zu Gast. Für eine vertiefte mentale oder emotionale Konzentration auf die Rede bleibt kaum Zeit, da die auf Hochtouren laufenden Verhandlungen in der Causa Irak ihn voll und ganz in Anspruch nehmen und er zum Beispiel am Abend des 12. März noch zu einem Gespräch mit Tony Blair nach London reist.

Das Plenum ist gut gefüllt, als der Bundeskanzler am 14. März 2003, kurz nach 9 Uhr, zum Rednerpult geht und sich dort sein 83 Seiten starkes Manuskript zurechtlegt. Beinahe anderthalb Stunden gehen ins Land, bis Gerhard Schröder sie verlesen hat, und dass er dabei die Abgeordneten seiner Partei, des Koalitionspartners oder gar der Oppositionsparteien von den Stühlen gerissen hätte, kann man wahrlich nicht sagen. Das liegt an dem trockenen Ton und dem ziemlich steifen Stil seines Vortrags, es liegt an Aufbau und Inhalt seiner Rede, und es liegt wohl auch an den enormen Erwartungen im Vorfeld: »… das öffentliche Interesse an Deiner Rede … ist kaum mehr zu steigern«, hatte ihm sein Amtschef wenige Tage zuvor geschrieben: »Das ist etwas hinderlich bei der Vorbereitung.«[103]

Volles Haus: Am 14. März 2003 stellt Gerhard Schröder im Deutschen Bundestag seine Agenda 2010 vor.

Eine gekonnte Dramaturgie liegt der Rede nicht zugrunde. Außerdem haben zu viele, zu unterschiedlich tickende Leute ihre Finger im Spiel gehabt. Reinhard Hesse, seit Jahren vertrauter Reden- und Bücherschreiber Gerhard Schröders, hat den Text auch nicht mehr wirklich runden können, und dass der Kanzler selbst nicht die Zeit gefunden hat, substantielle Partien oder gar den gesamten Text seiner Erklärung vorzuformulieren, versteht sich von selbst. Immerhin hat er sich immer wieder die Zeit genommen, um den Entwurf in verschiedenen Stadien durchzugehen.

Das ursprüngliche Konzept stammt von Gerhard Schröder. Sein nicht genau datierbarer fünfseitiger handschriftlicher Entwurf enthält die wesentlichen Punkte, benennt das Ziel (»nicht Zerschlagung Sozialstaat[,] sondern Erneuerung«) und formuliert das Thema der Regierungserklärung: »[Im] Äußern: Mut zum Frieden[; im] Innern: Mut zur Veränderung.«[104] Man muss das wörtlich nehmen. Zu dem, was der Kanzler vorhat, gehört Mut. Sehr viel Mut. Und Gerhard Schröder ist ein couragierter Mann. Er hat den Mut, »Kontroversen auszuhalten« und »dahin zu gehen, wo es weh tut«, registriert Béla Anda, der die Reformpolitik als Regierungssprecher gegen erhebliche Widerstände aus den Reihen der Kanzlerpartei kommunizieren wird.[105]

Unter der Überschrift »Mut zum Frieden und Mut zur Veränderung« wird die Regierungserklärung schließlich vorgetragen, allerdings bald, einer Wortschöpfung von Doris Schröder-Köpf folgend, auf das Motto »Agenda 2010« reduziert. Es ist ein Sammelsurium grundlegender Maximen und konkreter Einzelmaßnahmen. Die freilich haben es in sich und bilden in der Summe durchaus ein veritables Reformprogramm. Wie Kurt Kister und Christoph Schwennicke für die *Süddeutsche Zeitung* beobachten, steht in dem Text »vieles, was ein sozialdemokratischer Kanzler vor drei Jahren so nie gesagt hätte«, was »Schröder noch im Wahlkampf nicht gesagt hat« und wofür er »früher von der SPD-Fraktion ausgepfiffen worden wäre«.[106] Schwer zu sagen, ob die Mehrheit der Abgeordneten die revolutionäre Qualität dessen, was sie da vernimmt, in dieser Situation verstanden hat, verstehen konnte oder verstehen wollte. Schwennicke spricht – seinerseits mit einigen Tagen Verzug – treffend von einer »Rede mit Zeitverzögerung«.[107]

Die Wahl des Doppelthemas dieser Regierungserklärung ist natürlich kein Zufall. Die einleitenden und unterwegs gelegentlich eingestreuten Bemerkungen zum Frieden, der wegen der Zuspitzung der Irakfrage vor der Aufkündigung steht, haben eine mobilisierende und die eigenen Reihen schließende Wirkung. Das hilft, über die heiklen Partien und Punkte hinwegzukommen, die in der gleich eingangs formulierten Ankündigung gipfeln: »Wir werden Leistungen des Staates kürzen, Eigenverantwortung fördern und mehr Eigenleistung von jedem Einzelnen abfordern müssen.« Ihr liegt die von Schröder schon seit Jahren mit diesen oder anderen Worten gestellte Diagnose zugrunde: »Entweder wir modernisieren, und zwar als soziale Marktwirtschaft, oder wir werden modernisiert, und zwar von den ungebremsten Kräften des Marktes, die das Soziale beiseite drängen würden.«

Was das bedeutet, wie also Diagnose und Therapie in Politik umgesetzt werden sollen, das ist der eigentliche Gegenstand dieser Regierungserklärung. Die teils miteinander verbundenen, teils mehr oder weniger unverbunden im Redefluss auftauchenden Einzelmaßnahmen müssen an dieser Stelle nicht unter die Lupe genommen werden, da sie im Zusammenhang ihrer Umsetzung zu betrachten sind. Festzuhalten ist aber doch, dass Schröder die heiklen Themen nicht ausspart, sondern dass er Ross und Reiter beim Namen nennt, allen voran die Maßnahme, die besonders umstritten und, wie man zu diesem Zeitpunkt annimmt, auch besonders folgenreich ist: Die Regierung wird »die Arbeitslosen- und Sozialhilfe zusammenlegen ..., und zwar einheitlich auf einer Höhe ..., die in der Regel dem Niveau der Sozialhilfe entsprechen wird«.

Zweck der Maßnahme ist es, die Chancen derer zu steigern, »die arbeiten wollen und können«, und das bedeutet im Umkehrschluss: »Niemandem ... wird künftig gestattet sein, sich zulasten der Gemeinschaft zurückzulehnen. Wer zumutbare Arbeit ablehnt – wir werden die Zumutbarkeitskriterien verändern –, der wird mit Sanktionen rechnen müssen.« Wenn sich in der langen Rede Gerhard Schröders eine Maxime findet, die aus eigener Lebenserfahrung gewonnen worden ist, dann ist es diese. Die Gesellschaft hat die Pflicht, Chancengleichheit herzustellen und damit soziale Gerechtigkeit zu garantieren; der Einzelne hat nicht nur das Recht, sondern eben auch die Pflicht, diese Chance zu ergreifen. Tut er das nicht, muss er mit Sanktionen rechnen. Auf den Punkt gebracht heißt das: Fordern und fördern.

Zu den heißen Eisen, die der Bundeskanzler anfasst, gehört der Kündigungsschutz, den er zwar einerseits für »nicht nur eine soziale, sondern auch eine ökonomische und kulturelle Errungenschaft«, andererseits aber – das ist die Konzession an die Adresse Clements – im Falle der Kleinbetriebe für korrekturbedürftig hält. Nicht antasten will er – das ist die Reverenz an die Adresse der Gewerkschaften – das Recht auf Mitbestimmung und vorerst jedenfalls auch nicht den Flächentarifvertrag. Hier gibt er den Gewerkschaften eine letzte Chance, den Flächentarif in eigener Regie zu flexibilisieren und damit den neuen Realitäten der globalisierten Wirtschaftswelt Rechnung zu tragen. »Es gibt gelegentlich Maßnahmen«, sagt er dann noch, »die ergriffen werden müssen und die keine Begeisterung auslösen, übrigens auch bei mir nicht. Trotzdem müssen sie sein.«[108]

»Populär war die Agenda nie wirklich«, hat Franz Müntefering Jahre später festgestellt.[109] Begeisterung löst schon die Rede des Kanzlers nicht aus. Zwar applaudieren die sozialdemokratischen Abgeordneten, um nur auf sie zu schauen, immer wieder artig bis demonstrativ, doch rührt sich nicht minder ostentativ keine Hand, als der Kanzler zum Beispiel die Zusammenlegung von Arbeitslosen- und Sozialhilfe ankündigt, so dass die Zurufe aus den Reihen der Unionsabgeordneten »Wo bleibt der Beifall?« wie eine Ohrfeige wirken. Wie eingeübt erheben sich die Sozialdemokraten am Ende zum Applaus, soweit sie nicht wie die eine oder der andere, um dieser Situation auszuweichen, zuvor den Plenarsaal verlassen haben oder demonstrativ sitzen bleiben. Das Ganze ist ein Kraftakt – für Schröder und die Abgeordneten, für die Fraktion und ihren Vorsitzenden.

Der hat einen großen Auftritt, denn Franz Müntefering hält seine Truppe in diesen Stunden und Tagen auf Kurs. Und er sorgt für die emotionale Ansprache an die Genossen, auf die Gerhard Schröder verzichtet hat. Der Satz – »Herr Bundeskanzler, Sie haben die volle Unterstützung der SPD-Bundestagsfraktion für diese Politik« – ist Versprechen und Anspruch zugleich. Das weiß natürlich auch Gerhard Schröder, holt später irgendwo einen kleinen Blumenstrauß her und dankt so dem Weggefährten, ohne den nichts mehr gehen wird. Dem wiederum ist bewusst: »Das wird ganz schwer. Ich habe ganz früh dicht gemacht und jeden Schritt im Bundestag namentlich abstimmen lassen. Bei einer hauchdünnen Mehrheit. Die Fraktion hat intensiv diskutiert und entschlossen gehandelt. Ich hatte großen Respekt davor.«[110]

Schwer wird es in den kommenden Monaten und Jahren schon deshalb, weil sich, kaum dass die Rede gehalten ist, mächtiger Widerstand rührt. Er kommt, wie zu erwarten, auch von der Opposition, fällt aber in der Sache verhalten aus. Gregor Gysi hat ja recht, wenn er sagt, dass Schröders Reformprogramm eigentlich »klassische CDU-Politik« gewesen sei. Nur habe Kohl sie sich nicht »leisten« können, weil ihm dann »der gesamte Laden um die Ohren geflogen« wäre, hätte er sich doch einer geschlossenen Front aus Sozialdemokraten und Grünen, PDS und Gewerkschaften, Teilen der Kirchen und nicht zuletzt von CDU/CSU gegenübergesehen.[111] Und eben die, allen voran die Gewerkschaften und die PDS beziehungsweise Die Linke, aber auch ein Teil seiner eigenen Partei, sorgen dann ja auch dafür, dass seinem Nachfolger der Laden tatsächlich »um die Ohren fliegt«.

Hingegen halten sich die Oppositionsparteien auffallend zurück. Dort weiß man natürlich, dass Schröders Reformprogramm mehr ist als die überfällige Korrektur hausgemachter früher Fehler, die Wolfgang Schäuble rückblickend in der Agenda erkennt.[112] Sie ist in Teilen immer noch ein Versuch, die unter der Regierung Kohl liegengebliebenen Reformen in Angriff zu nehmen. Schon in ihren Antworten auf den Kanzler hatten Edmund Stoiber und Angela Merkel signalisiert, dass mit ihnen zu reden sei. Ohne diese Unterstützung geht es nicht, weil eine ganze Reihe der insgesamt 30 Reformvorhaben nur mit Unterstützung der Opposition zu realisieren ist. Das gilt nicht nur für die Zusammenlegung von Arbeitslosen- und Sozialhilfe, sondern beispielsweise auch für die angekündigte Reform der Gemeindefinanzen, bei denen der Bundesrat ebenso mitzureden hat wie bei der von Schröder geforderten Neudefinition des Meisterbriefes.

Bei anderen Vorhaben, wie der wohl anstehenden Neuberechnung der Renten, den Änderungen beim Krankengeld oder beim Kündigungsschutz, ist zwar nicht die Zustimmung des Bundesrates, wohl aber die der eigenen Fraktion im Bundestag gefordert. Eine Herkulesaufgabe, denn kaum haben die Genossen verdaut, was der Parteivorsitzende und Bundeskanzler ihnen da im Bundestag vorgesetzt hat, beginnt sich der Widerstand zu regen. Jetzt zeigt sich, wie schwierig das Verhältnis zwischen der Partei und ihrem Vorsitzenden ist. Nach wie vor, muss man sagen. Denn einfach ist es nie gewesen. Mehr als vier Jahrzehnte ist es jetzt her, dass Gerhard Schröder der SPD beigetreten ist, weil ihm der durchsetzungsstarke Helmut Schmidt imponierte und weil er bei den Sozialdemokraten am ehesten die Voraussetzungen gegeben sah, sich mit Aussicht auf Erfolg für Chancengleichheit und soziale Gerechtigkeit einzusetzen, die ja auch in seiner Agenda 2010 eine ganz herausragende Rolle spielen.

Aber warm geworden sind die beiden, Gerhard Schröder und die Partei, miteinander nie. Sehr viele, wenn nicht die meisten von denen, die jetzt in den Führungsgremien der Partei oder in der Bundestagsfraktion der SPD sitzen, haben ja miterlebt, wie sich der Niedersachse während der neunziger Jahre in eine krasse Außenseiterposition manövriert hatte. Ohne die Flucht des Rivalen Oskar Lafontaine hätte er die Führung weder übernehmen müssen noch übernehmen wollen. Dass er seither dort oben unangefochten ist, liegt allein an der spezifischen Konstellation. Den Parteivorsitzenden jetzt in die Wüste zu schicken hieße, den ohnehin schwer angeschlagenen Kanzler weiter zu schwächen, wenn nicht zu stürzen. So weit ist der im Übrigen gut entwickelte Masochismus der Partei doch nicht gediehen. Aber die Verlesung der Agenda ist ein Wendepunkt. Nicht dass Gerhard Schröder, gerade was die grundlegenden Maximen angeht, irgendetwas Neues geäußert hätte. Ganz im Gegenteil. Dass staatliche Leistungen gekürzt und »Eigenleistung von jedem Einzelnen« abgefordert werden müssten und dass man in diesem Sinne als soziale Marktwirtschaft modernisieren müsse, wenn man nicht »von den ungebremsten Kräften des Marktes« modernisiert werden wolle, hat er immer wieder gesagt, und zwar nicht erst, seit er Bundeskanzler ist.

Das Manko war und ist, dass er sich vor der Verlesung des Programms nicht mit der gleichen Intensität um eine Mehrheit in seiner Partei gekümmert hat, mit der er die Irakkrise verfolgt. Deren Management bindet nun einmal so viel Kraft, Zeit und Energie, dass für anderes, zum Beispiel für das geduldige Erläutern seiner Agenda, kaum Reserven bleiben. Vermutlich hätten die meisten das verstanden und akzeptiert, hätte der Parteivorsitzende ihnen ein anderes Signal gegeben, hätte er ihnen die Hand entgegengestreckt und gesagt, dass er die Bedenken und Ängste ernst nimmt, dass er sich darauf einlassen und sowohl die Grundlinien seiner Politik erläutern als auch die einzelnen Maßnahmen erklären wird, sobald sich die internationale Lage entspannt habe. Hätte, würde, könnte. Gerhard Schröder tut es nicht, überlässt die Kommunikation in dieser entscheidenden Phase anderen, allen voran dem Fraktionsvorsitzenden und dem Generalsekretär, und wirkt deshalb auf viele in den eigenen Reihen abgehoben, wenn nicht selbstherrlich. Die Grüne Antje Vollmer hat im Rückblick auf die rot-grünen Jahre daran erinnert, dass Schröder »dieser SPD immer ein Stückchen voraus« gewesen ist – »sei es an Kühnheit, sei es an Chuzpe oder sei es an Machtwillen. So sind dann auch fast alle Beschlüsse gefallen …, mit der Vorgabe, das muß jetzt so sein, und ihr müßt mir jetzt folgen. Das war kein besonders dialogischer Stil.«[113] Und es ist hoch riskant: Wann ist der Punkt erreicht, an dem die Partei ihrem Vorsitzenden nicht mehr folgen kann?

So kommt es, wie es in dieser Partei kommen musste. Eben weil sich der Vorsitzende aus dem Kommunikationsprozess erst einmal weitgehend verabschiedet, zerreden die Genossen das Programm und beschädigen dieses und mit ihm seinen Vater. »Zu viele waren in den Büschen, statt für die Sache zu kämpfen«, hat Müntefering später einmal gesagt.[114] Zwar bestätigen die Gremien das Reformprogramm mit großer Mehrheit. Aber die Minderheit hat ein beträchtliches, auch in die Fraktion hineinwirkendes Sabotagepotential.

Wenn Andrea Nahles auch nicht mehr in den Bundestag gekommen, sondern »bei der IG Metall geparkt« ist,[115] kann sie doch als ehemalige Juso-Vorsitzende und inzwischen geübte Schröder-Kritikerin eine nennenswerte Klientel mobilisieren. Das gilt erst recht für Ottmar Schreiner, einen der letzten Lafontaineisten, dem Schröder seit gemeinsamen Juso-Tagen immer wieder einmal kräftig auf die Füße getreten ist und der in der Fraktion über eine überschaubare, aber doch messbare Anhängerschaft verfügt. Vor allem aber ist er Vorsitzender der Arbeitsgemeinschaft für Arbeitnehmer in der SPD.

Mit rund 200 000 Mitgliedern ist die AfA die stärkste Arbeitsgemeinschaft der Partei. Ein Jahr zuvor, als Schreiner mit rund 94 Prozent der Stimmen wiedergewählt wurde, ist es auf deren Bundeskongress zu einem nicht sehr freundlichen Empfang des Kanzlers gekommen.

Und dann ist da noch Sigrid Skarpelis-Sperk. Sie sitzt zwar seit 1980 für die SPD im Bundestag, ist also seinerzeit mit Gerhard Schröder dort eingezogen, und gehört seit 1991 dem Parteivorstand an, aber dass sie außerhalb des Parlaments jemand wahrgenommen hätte, lässt sich nicht sagen. Das ändert sich, seit sie mit elf anderen Abgeordneten, darunter Ottmar Schreiner, einen Aufruf »Wir sind die Partei!« unterschrieben hat. Von dem gleichfalls aus Bayern stammenden Jungabgeordneten Florian Pronold initiiert, wollen die zwölf einen Mitgliederentscheid über die Agenda 2010 auf den Weg bringen. Seither interessieren sich die Medien zum ersten Mal auch für die Abgeordnete Skarpelis-Sperk, die in ihrem Wahlkreis Ostallgäu gerade einmal 21,8 Prozent der Erststimmen geholt hat und über die Landesliste wieder in den Bundestag gekommen ist. Als der Aufruf kurz vor Ostern durch eine Vorabmeldung von *Bild* publik wird, ist Sigrid Skarpelis-Sperk über Nacht eine bekannte Frau, zeitweilig auf allen Kanälen präsent: »Du hast es geschafft!«, schreibt ihr ein langjähriger Mitstreiter vor Ort. »In der Öffentlichkeit wird diskutiert, ob die SPD weiter regieren oder in die Opposition gehen will. Für dich kein Problem, dort hast du dich ja schon immer wohler gefühlt ... Du riskierst die Spaltung der Partei.«[116]

Keine Frage, was sie und die anderen da anstellen, ist brandgefährlich. Damit schlägt die Stunde des Franz Müntefering, dessen Kritik an den zwölfen nichts zu wünschen übrig lässt: Er fühle sich »hintergangen«, schreibt er den Mitgliedern der Fraktion: »Das Begehren bringt uns an den Rand der Handlungsunfähigkeit und gefährdet unsere Regierungsfähigkeit.«[117] Und öffentlich fügt er hinzu: Das Ansinnen der zwölf sei »ein Ausdruck von Politikunfähigkeit« und auf »das totale Scheitern der Regierungspolitik« angelegt: »Es ist ein verhängnisvoller Weg, der da eingeschlagen wurde.«[118] Zwar scheitert das Mitgliederbegehren krachend, und auch die Gewerkschaften, die den Linken in Partei und Fraktion mächtige Schützenhilfe geben, bringen am 24. Mai, den sie unter dem Motto »Reformen ja, Sozialabbau nein danke« zum »Großkampftag« erklärt haben, bundesweit nur gerade einmal 30 000 Leute auf die Beine.

Aber natürlich zählen die Gewerkschaften, die seit dem Scheitern der Gespräche über ein Bündnis für Arbeit noch eine Rechnung mit dem Kanzler offen haben, auch weiterhin zu den lautstarken Gegnern der Agenda. Vor allem der Vorsitzende der IG Metall Klaus Zwickel, der die Bündnisgespräche von Anfang an mit kaum realisierbaren Forderungen belastet und maßgeblich zu ihrem Scheitern beigetragen hat, tut kund: »Wir werden jetzt alles tun, um die Menschen gegen diese Politik zu mobilisieren.«[119] Und der zweite Vorsitzende, Jürgen Peters, ruft die Parteifreunde in der Gewerkschaft auf, das Mitgliederbegehren zu unterschreiben. Ähnlich hält es Frank Bsirske, Mitglied der Grünen, Ver.di-Vorsitzender und spezieller Schröder-Freund.

Und noch zwei andere dieser speziellen Freunde, Kai Diekmann und Oskar Lafontaine, blasen jetzt zum Sturm auf den Kanzler und seine Reformen. Die Kampagne, die das Blatt und sein Chefredakteur gegen »Hartz IV« und damit gegen den Kanzler und seine Agenda 2010 hochfahren, ist systematisch angelegt, perfide und effektiv: »Rentenkürzung wegen Hartz?«; »Wegen Hartz IV: Regierung will an die Sparbücher der Kinder«; »Mehr ausgesetzte Tiere – wegen Hartz IV«; »Wegen Wintereinbruch und Hartz IV: Millionen Arbeitslose«. So geht das in einem fort.[120]

Mag ja sein, dass der Feldzug auch dem Attackierten »nutzt«, weil er die Reihen hinter dem Kanzler schließt. So wie Helmut Kohl wusste, dass seine Auseinandersetzung mit dem *Spiegel* auch diese Funktion hatte, kommt Gerhard Schröder der Konflikt mit *Bild* »nicht ungelegen«. Sagt Diekmann. Andererseits ist die Kampagne der auflagenstärksten Tageszeitung nicht nur eine in der Sache ausgetragene Dauerattacke gegen die Reformpolitik, sondern sie ist im Kern auch eine geradezu »emotional« geführte Auseinandersetzung zwischen Springer und Rot-Grün. Und sie ist eine Quittung für die Strafanzeige, die Franz Müntefering im Sommer 2002 gegen Diekmann erstattet hatte. Hintergrund waren Berichte von *Bild* über die unberechtigte Nutzung von Bonusmeilen vor allem durch Politiker der Regierungskoalition, die, wie berichtet, zu dem einen oder anderen Rücktritt geführt hatten. Zwar zieht der SPD-Generalsekretär nach einem Gespräch, das er mit dem Chefredakteur auf einem Parkplatz führt, die Anzeige zurück, doch ändert das mittelfristig nichts an der Kampfansage Kai Diekmanns, der rückblickend sagt: »Wir lagen falsch. Wir haben das Reformprojekt nicht verstanden und folglich falsch beurteilt.«[121]

Diese späte Einsicht kommt dem anderen Gegner des Kanzlers zu keinem Zeitpunkt. Auch Oskar Lafontaines Rachefeldzug ist konsequent angelegt, durchtrieben und, da ihm dafür die Springer-Blätter zur Verfügung stehen, wirksam. Immer noch Mitglied der SPD, sieht er seine Chance auf Revanche mit der Agenda 2010 rapide gewachsen und ruft den Genossen jetzt via *Bild* zu: »Die SPD darf nicht tatenlos zusehen, wie Schröder ihr Haus einreißt und orientierungslos von Wortbruch zu Wortbruch stolpert. Es geht nicht mehr nur um Mitgliederverluste und Wahlniederlagen, es geht längst ans Eingemachte der Partei, die 140 Jahre alt wird.«[122]

Wenig später prognostiziert Lafontaine, dieses Mal über die *Frankfurter Allgemeine Sonntagszeitung*, der Kanzler werde »vollends scheitern«, sollte er seinen »neoliberalen Kurs fortsetzen«.[123] Damit wird ein Kampfbegriff zum Einsatz gebracht, von dem niemand so recht weiß, was er eigentlich meint. Genau deshalb kann der »neoliberale Kurs« jedem tatsächlichen, vermeintlichen, vermuteten oder unterstellten Defizit der Politik im Allgemeinen, der Reformagenda im Besonderen als Etikett aufgepappt werden. Keine Frage, da braut sich was zusammen. Wie gefährlich diese Liaison aus Gewerkschaften, abtrünnigen Sozialdemokraten, auf Attacke eingestimmten Medien und anderen Gegnern Gerhard Schröders diesem schließlich werden kann, ist im Augenblick noch nicht absehbar.

Der Kanzler hat in diesen Wochen und Monaten auch kaum die Zeit, sich um seine innenpolitischen Gegner zu kümmern, weil ihm seine Widersacher in Europa und auf der anderen Seite des Atlantiks mächtig einheizen. Dabei war er auf Amerikas Präsidenten zugegangen, hatte ihm am 8. November 2002, also nach der Wiederwahl, telefonisch die Hand gereicht und es nicht nur als sein »Anliegen« bezeichnet, »daß Meinungsverschiedenheiten in der Sache nie persönliche Beziehungen berühren dürfen«, sondern auch mit Verweis auf eine »Kollegin, die nicht mehr im Bundeskabinett sei«, sprich Herta Däubler-Gmelin, ausdrücklich gesagt, dass Konsequenzen gezogen werden müssten, »falls jemand sich falsch verhalte«.[124]

Natürlich wissen die beiden, dass sie bei gemeinsamen öffentlichen Auftritten die Form wahren müssen. Als sie sich zwei Wochen später in Prag auf einem NATO-Gipfel über den Weg laufen, fragen sich nicht nur deutsche und amerikanische Beobachter, ob es zu einer versöhnlichen Geste kommen werde. Tatsächlich dreht sich der Präsident beim traditionellen Gruppenfoto zu dem hinter ihm stehenden Kanzler um, »ergreift Schröders Hand und schüttelt, schüttelt, schüttelt sie und zieht den Deutschen auf seine Ebene herunter«.[125] Die Geste hat eine Vorgeschichte. Abends zuvor beim feierlichen Dinner war nämlich Doris Schröder-Köpf, von der man weiß, dass sie in Amerika gelebt hat und dass sie Land und Leute schätzt, auf Bush zugegangen und hatte ihm gesagt: »Er wollte Sie nicht verletzen.« Ihrem Mann erzählt sie die Geschichte erst hernach.

Die demonstrative Annäherung von Kanzler und Präsident bleibt ein Intermezzo. In dem Maße, in dem George W. Bush ohne Wenn und Aber auf den Krieg im Irak und den Sturz Saddam Husseins zusteuert, trübt sich der Himmel wieder ein. In dieser Zeit erhält Gerhard Schröder den Besuch »eines Staatsmannes aus dem Nahen Osten«, der ihm berichtet: »Herr Bundeskanzler, ich komme gerade aus Amerika, und der Präsident hat mir vermittelt, er habe mit Gott gesprochen und der habe ihm nahegelegt, eine solche Intervention zu machen. Darauf habe ich [Schröder] diesem Staatsmann gesagt: sagen Sie beim nächsten Besuch, Schröder hat das auch getan, ihm hat er was anderes erzählt.«[126] Die Geschichte klingt amüsant, hat aber einen ernsten Hintergrund. Der Kanzler ist nämlich nie »fertig geworden … mit diesem ›Sich berufen auf eine höhere Macht‹ … In einer Demokratie sich darauf zu berufen, dass man in einem Zwiegespräch mit Gott zu bestimmten Entscheidungen gekommen ist, führt dazu, dass diese Entscheidungen nicht mehr hinterfragt werden können … Und ich glaube, wenn man das weiterführt und zu Ende denkt, dann werden bestimmte politische Entscheidungen nicht mehr diskutierbar.« Schröder hat von dieser Beobachtung während seiner Kanzlerschaft öffentlich keinen Gebrauch gemacht, schon um einer Dämonisierung des amerikanischen Präsidenten keinen Vorschub zu leisten, den er nie für einen verblendeten Eiferer gehalten hat. Aber das Thema hat ihn beschäftigt.[127]

Die sich überschlagenden Ereignisse müssen hier nicht im Einzelnen dargestellt werden. Nicht zu übersehen ist, dass die Regierung in Washington kein Mittel unversucht lässt, um der Operation den Anschein der Legalität zu geben. So erklärt der Präsident am 28. Januar 2003 in seiner Rede zur Lage der Nation, die britische Regierung habe erfahren, dass Saddam Hussein kürzlich erhebliche Mengen Uran in Afrika erworben habe. Eine Woche später, am 5. Februar, legt Amerikas Außenminister Colin Powell dem Sicherheitsrat der Vereinten Nationen eine Reihe angeblicher Belege für das irakische Programm von Massenvernichtungswaffen vor, das wiederum als Nachweis für die Nähe Saddam Husseins zum Terrornetzwerk al-Qaida dienen soll.

Dass diese Aussagen »voller falscher, unbewiesener und irreführender Informationen« sind, sagen nicht nur Insider wie Mohamed ElBaradei, der als Generaldirektor der Internationalen Atomenergieorganisation (IAEO) für die Inspektionen im Irak verantwortlich ist.[128] Monate später, als Saddam Hussein gestürzt ist, gibt CIA-Chef George Tennet zu, die zitierte Passage über vermeintliche Urankäufe in Afrika wider besseres Wissen in Bushs Redetext platziert zu haben. Und dass Powells Aussage nicht zu halten sind, weiß jeder, der die Quelle kennt. Es ist ein übergelaufener Iraker, dessen Aussagen »auch vom Bundesnachrichtendienst intensiv geprüft und als unseriös eingestuft worden« sind.[129] Aber hundertprozentig ausschließen kann man die Existenz der Waffen damals nicht. Warum sonst schickt man Inspektoren in den Irak? »Wenn Massenvernichtungswaffen gefunden werden, muss ich zurücktreten« – sagt

Gerhard Schröder in diesen Tagen zu Heidemarie Wieczorek-Zeul.[130] Und er meint das so, wie er es sagt.

In Wahrheit geht es der amerikanischen Administration lediglich darum, vom Sicherheitsrat doch noch eine weitere Resolution mit ausdrücklicher Kriegsermächtigung zu erpressen. Das zeigen die auf Hochtouren laufenden Kriegsvorbereitungen gegen den Irak, die der amerikanische Verteidigungsminister am 21. Februar für abgeschlossen erklärt. Alleine in der zweiten Märzwoche greifen amerikanische und britische Kampfflugzeuge mit präzisionsgesteuerten Bomben etliche Kommando- und Kommunikationseinrichtungen in der 1991 eingerichteten südlichen Flugverbotszone des Irak an und setzen damit die seit Wochen unverhüllt verfolgte Ausschaltung der irakischen Luftabwehr fort.

Diese Angriffe passen zu der kompromisslosen politischen Strategie des amerikanischen Präsidenten und seiner Leute. Am 17. März erklärt George W. Bush, der Sicherheitsrat der Vereinten Nationen sei »seiner Verantwortung nicht gerecht geworden«, so dass »wir der unseren gerecht« werden müssen, und stellt Saddam Hussein ein auf 48 Stunden befristetes Ultimatum, das Land zu verlassen, das dieser wie erwartet verstreichen lässt. Am 20. März eröffnet eine sogenannte Koalition der Willigen unter amerikanischer Führung den Angriff auf den Irak. Ein beispielloser Vorgang, der den Kanzler in seiner tiefen Skepsis gegenüber dem außenpolitischen Kurs des Präsidenten bestätigt. In diesem Sinne stellt er am »Vorabend« des »Krieges« in einer handschriftlich entworfenen Fernsehansprache noch einmal klar: »Meine Frage war und ist: Rechtfertigt das Ausmaß der Bedrohung, die von dem irakischen Diktator ausgeht, den Einsatz des Krieges, der tausenden von unschuldigen Kindern, Frauen und Männern den sicheren Tod bringen wird? Meine Antwort in diesem Falle war und ist: Nein!«[131]

Umso bemerkenswerter ist die Entscheidung der Bundesregierung, nicht nur nicht an den Bündnisverpflichtungen zu rütteln, sondern diese großzügig auszulegen. Otto Schily, der auch in jenen Zeiten in den USA wohlgelitten war, in denen sich das Verhältnis zu Deutschland dem Gefrierpunkt näherte, begründet das in der Rückschau plausibel so: »Wir waren gegen den Krieg. Aber wir wollten natürlich nicht, dass die Amerikaner ihn verlieren.«[132] In diesem Sinne geht man bis an die Grenze dessen, was der deutschen Bevölkerung noch zu vermitteln ist. Ohnehin leisten nur wenige NATO-Partner, »was wir leisten«. Sagt der Kanzler am 13. Februar in einer argumentativ starken Regierungserklärung, an die er selbst erheblich Hand angelegt hat. Und er will, »dass wir das unserem Volk … selbstbewusst sagen«. So wie er diesem jetzt auch mitteilt, dass deutsche Soldaten »seit Ende Januar amerikanische

Kasernen, Flugplätze und Einrichtungen« in Deutschland beschützen[133] und damit die in den Irak abziehenden GIs ersetzen. Zudem gewährt die Bundesregierung der amerikanischen Armee Überflugrechte über deutsches Territorium sowie »indirekte logistische Unterstützung in den NATO-Stäben«.[134]

Indirekt sind auch deutsche Soldaten in den Konflikt involviert, und zwar gleich mehrfach. Zum einen bleiben die sechs deutschen ABC-Spürpanzer in Kuwait stationiert, stehen allerdings nicht für einen Einsatz im Irak zur Verfügung; dass ohnehin lediglich zwei mit dem vorhandenen Personal einsatzfähig sind, weiß die Öffentlichkeit nicht. Zum anderen verlangt die Türkei als potentiell von irakischen Angriffshandlungen betroffener NATO-Partner am 10. Februar die Beratung präventiver Maßnahmen. Ein diplomatischer Drahtseilakt. Weil Deutschland, Frankreich und Belgien sich weigern, zu diesem Zeitpunkt konkrete Unterstützungsmaßnahmen für einen noch gar nicht eingetretenen Fall zu beraten, greift die Allianz zu einem verfahrenstechnischen Kunstgriff. Kurzerhand werden die Planungen über eine »präventive« beziehungsweise »mögliche« Verlegung von AWACS-Aufklärungsflugzeugen sowie »Patriot«-Luftabwehrsystemen in den Verteidigungsplanungsausschuss DPC der NATO verlagert, in dem Frankreich nicht Mitglied ist. Das macht es auch der Bundesregierung leichter, ihre in diesem Punkt unhaltbare Position vergleichsweise unauffällig zu räumen und sich an den Maßnahmen zu beteiligen.

Am Ende dieses Tanzes auf dem Politvulkan übergibt die Bundeswehr ihre »Patriots« den niederländischen Streitkräften, die sie erstens auf ihren Schiffen und zweitens mit ihrem militärischen Fachpersonal in die Türkei schicken. Und zu den AWACS-Maschinen sagt der Kanzler vor dem Bundestag, »dass die deutschen … Besatzungsmitglieder für den Schutz des Bündnisgebietes, damit auch für den Schutz der Türkei, zur Verfügung stehen«, weist aber zugleich darauf hin, »dass es keine direkte oder indirekte Beteiligung an einem Krieg geben wird«.[135] Selbst vielen Eingeweihten ist nämlich nicht geläufig, dass es eine organisatorische Trennung zwischen denjenigen AWACS-Maschinen gibt, die unter amerikanischem Oberbefehl stehen und für Angriffsoperationen gegen den Irak genutzt werden, sowie jenen, die dem NATO-Oberbefehlshaber in Europa unterstehen und die für die Überwachung des türkischen Luftraums zuständig sind.

Zu Recht stellt die Oppositionsführerin bei der Unterrichtung der Partei- und Fraktionsvorsitzenden durch den Kanzler die Frage, ob eine so klare Trennung überhaupt möglich sei. Andernfalls müsse der Bundestag damit befasst werden.[136] Jahre später gibt das Bundesverfassungsgericht Angela Merkel recht, als es im Mai 2008 den Einsatz deutscher Soldaten in AWACS-

Aufklärungsflugzeugen der NATO im Vorfeld des Irakkrieges 2003 wegen fehlender Zustimmung des Bundestages für verfassungswidrig erklärt. Zu diesem Zeitpunkt gibt es bereits ein Gesetz, das die »parlamentarische Beteiligung bei der Entscheidung über den Einsatz bewaffneter Streitkräfte im Ausland« regelt. Mit diesem sogenannten Parlamentsbeteiligungsgesetz, das am 24. März 2005 in Kraft getreten ist, hat die rot-grüne Regierung die Konsequenz aus diffizilen Entscheidungslagen wie der über den AWACS-Einsatz gezogen.

Ebenfalls erst Jahre nach dem Ende des Golfkrieges wird eine weitere Entscheidung der Bundesregierung bekannt, die schließlich zu dem Vorwurf führt, die Regierung habe, von der Öffentlichkeit unbemerkt, die amerikanische Kriegführung zumindest indirekt unterstützt. Denn der Kanzler und der Außenminister hatten sich entschlossen, zwar die Botschaftsmitarbeiter aus dem Irak abzuziehen, aber zwei Mitarbeiter des BND vor Ort, genauer gesagt in der französischen Botschaft in Bagdad, zu belassen. Fischer hat das später so begründet, dass man »auch nach dem Krieg in der Frage der Massenvernichtungswaffen im Land genauestens und aus eigenen Quellen informiert« bleiben wollte.[137]

Mag sein, dass dies die Absicht der Bundesregierung gewesen ist. Tatsächlich aber liefern die beiden auch den Amerikanern substantielle Informationen über die militärische Lage des Irak. Das bringt ein Untersuchungsausschuss des Bundestages ans Licht, der im Frühjahr 2006 eingesetzt wird; im Dezember 2008 müssen dort auch Joseph Fischer und Frank-Walter Steinmeier aussagen. In diesem Zusammenhang werden Aussagen amerikanischer Generäle wie des Oberbefehlshabers bei Beginn des Irakkrieges, Tommy Franks, bekannt, der von den beiden deutschen Agenten sagt: »Diese Jungs waren unbezahlbar.«[138] Jetzt gibt Steinmeier vor dem Untersuchungsausschuss zu Protokoll, dass die Informationen der BND-Mitarbeiter direkt in das militärische Lagebild der Amerikaner eingeflossen sind: »Natürlich taten sie das! Was denn sonst? ... Wir haben nie geglaubt, dass der amerikanische Nachrichtendienst die Meldungen der beiden BND-Agenten in sein Poesiealbum kleben würde.«[139]

Ganz gleich ob es um die Bewachung amerikanischer Kasernen in Deutschland oder die Überflugrechte für die amerikanische Luftwaffe, um Spürpanzer in Kuwait oder »Patriot«-Raketen in der Türkei, um deutsche Besatzungsmitglieder in AWACS-Aufklärungsflugzeugen oder BND-Mitarbeiter in Bagdad geht – das Dilemma, in dem die Bundesregierung steckt, lässt sich nicht übersehen: Eingeklemmt zwischen nicht in Frage gestellten Bündnisloyalitäten einerseits und ihrem klaren Nein zum Irakfeldzug andererseits, ist ihre Bewegungsfreiheit merklich eingeschränkt. Bedenkt man diese schwierige Lage, macht der Kanzler durchaus eine gute Figur, auch wenn die Berichterstattung den Schluss nahelegt, ein durch die Weltpolitik irrlichternder Amateur habe Deutschland in die vollständige diplomatische Isolation geführt. Das Gegenteil ist der Fall.

Richtig ist, dass die Irakkrise einen starken Keil zwischen die Europäer treibt und dass zum Beispiel die Regierungen Großbritanniens, Spaniens, Italiens, Portugals, Dänemarks, Polens, Ungarns und Tschechiens am 30. Januar in großen europäischen Tageszeitungen eine proamerikanische Solidaritätsadresse veröffentlichen. Richtig ist aber auch, dass sie alle über kurz oder lang ihre Entscheidung bereuen werden, wenn das auch nur in wenigen Fällen öffentlich wird. So signalisiert Polens Ministerpräsident sechs Wochen nach der Anzeigenkampagne dem Kanzler telefonisch sein »Bedauern« über die »Wirkung der polnischen Unterschrift in Berlin und Paris. Er sei überzeugt gewesen, dass der Text den anderen Partnern bekannt gewesen sei.«[140] Zu denen, die »zunehmend ›Bauchschmerzen‹ wegen der Entwicklung im Irak« bekommen, zählen auch die Japaner. Im Herbst des Jahres schickt deren Premier einen Sondergesandten zu Schröder und Chirac, um Möglichkeiten einer »Zusammenarbeit im nichtmilitärischen Bereich« zu sondieren.[141]

Selbst Tony Blair, ein besonders entschlossener Partner George W. Bushs, hat schon sehr früh seine Zweifel an dessen Zielen und vor allem Methoden. Dass er sie gegenüber Gerhard Schröder nicht verbirgt, der in diesem Konflikt eindeutig auf der anderen Seite steht, ist bemerkenswert. Aber die beiden haben immer noch ein gutes Verhältnis. Nachdem der sichtlich mitgenommene Premier und der trotz aller innenpolitischen Nöte kräftig wirkende Kanzler am 12. März – nicht einmal 48 Stunden vor der großen Agenda-Rede – in der Royal Academy of Arts eine Ausstellung eröffnet haben, klagt Blair beim Abendessen darüber, dass Bush unbeschadet aller diplomatischen Bemühungen auch der Briten »in Kürze militärisch losschlagen werde«, und zeigt nach Einschätzung Mützelburgs, der mitschreibt, »unverkennbar … Frustration über einige Aspekte« des amerikanischen »Verhaltens«, zumal Bush, so Blair, dazu tendiere, »die Dinge persönlich zu nehmen«.[142] Das weiß der britische Premier so genau, weil der amerikanische Präsident ihm wiederholt gesagt hat, dass er »Schröders Wahlkampfpossen persönlich« nehme und sich »persönlich« durch ihn »beleidigt« fühle.[143] Jedenfalls hat Blair, noch bevor der Krieg eröffnet ist, »aus dem Irak-Konflikt die Lehre gezogen, dass GB gut beraten sei, die transatlantischen Beziehungen (und Zwänge) durch Stärkung europäischer Integration auszubalancieren«.[144]

Nach einem umfassenden Einvernehmen in der »Koalition der Willigen« sieht das nicht aus. Anders in den Reihen der diesbezüglich Unwilligen. Die Staats- und Regierungschefs Deutschlands, Frankreichs, Russlands sowie im Hintergrund auch Chinas bleiben sich einig, dass es erstens keiner neuen Resolution bedürfe, dass man zweitens den Waffeninspektoren im Irak die Zeit geben müsse, die diese für ihre Arbeit reklamieren, und dass drittens bis zu deren Bericht ein Waffengang ausscheide. Wenn der russische Präsident zum Beispiel am 10. Februar, von Berlin kommend, in Paris an der Seite des französischen Staatspräsidenten vor der Presse zu Protokoll gibt, »Russland, Deutschland und Frankreich« seien sich in der Irakfrage einig, dann ist das nicht eine unangemessene Vereinnahmung oder gar Bevormundung des Bundeskanzlers. Vielmehr hält sich Putin an die am selben Tag veröffentlichte »Gemeinsame Erklärung« der drei, in der es unter anderem heißt: »Es gibt noch eine Alternative zum Krieg … Russland, Deutschland und Frankreich sind entschlossen, der friedlichen Entwaffnung des Irak alle Chancen zu geben.«[145]

Die Erklärung reflektiert die enge, teils persönliche, teils telefonische Absprache in diesen Tagen und Wochen, zu denen weitere Treffen à trois zum Beispiel am 11. April in St. Petersburg, am 24. September 2003 in New York, am 30. August 2004 in Sotschi oder auch am 3. Juli 2005 unweit von Königsberg gehören. Dazu zählt aber zum Beispiel auch, ungewöhnlich genug, dass der am 25. März 2003 ins Kanzleramt einbestellte irakische Geschäftsträger »auch im Namen der französischen Regierung« unmissverständlich auf die Folgen eines Einsatzes bakteriologischer oder chemischer Waffen hingewiesen wird.[146]

Zu diesem engen Einvernehmen zählt schließlich, dass Chirac, Putin und Schröder sich gegenseitig auf dem Laufenden halten, was der eine von ihnen bilateral mit dem Dritten oder auch mit Bush, Blair oder einem anderen Vierten bespricht: Die russische Position, sagt zum Beispiel Putin am 10. März 2003 in einem Telefonat mit Schröder, sei »absolut unverändert. Er habe vor zwei Tagen mit Bush, gestern mit Blair telefoniert, die großen Druck auf ihn ausübten. Er habe ganz offen gesagt, dass Rus[sland] leider Nein! sagen müsse. Dies sei von Anfang an [die] russische Position gewesen. Verärgerung darüber sei völlig unangebracht.«[147] Im Übrigen wird der Schulterschluss nicht nur hinter verschlossenen Türen, sondern auch öffentlich vollzogen. So gibt Schröder am 10. März, dem Tag, an dem Chirac das französische Veto gegen eine Kriegsresolution ankündigt, im französischen Fernsehen ein Interview, in dem er sich bis in die Wortwahl hinein der Position des Präsidenten anschließt.

Alternative zum Krieg: Jacques Chirac (links), Wladimir Putin und Gerhard Schröder – hier Ende August 2004 in Sotschi – im Gleichschritt.

Der Angriff amerikanischer und mit ihnen verbündeter Streitkräfte, der in den frühen Morgenstunden des 20. März begonnen hat, führt militärisch rasch zum Ziel. Als amerikanische Panzerverbände am 9. April ins Zentrum Bagdads einrücken, ist das Regime praktisch zusammengebrochen. Am 1. Mai erklärt Präsident Bush die »Hauptkampfhandlungen« im Irak für abgeschlossen – an Deck eines vom Golf zurückkehrenden Flugzeugträgers. Der Auftritt ist Etappe einer generalstabsmäßig geplanten Medienkampagne, mit der seine Leute die Wiederwahl des Präsidenten vorbereiten. Am 2. November 2004 nimmt George W. Bush diese Hürde relativ klar mit gut 50 Prozent der Stimmen.

Saddam Hussein wird Mitte Dezember in einem Erdloch aufgespürt, zwei seiner Söhne sind bereits Ende Juli bei einem Feuergefecht liquidiert worden. Massenvernichtungswaffen werden nicht gefunden, vielmehr ist offensichtlich, dass der Irak schon seit 1994 über keine nennenswerten Bestände mehr verfügte. Auch eine Verbindung Saddam Husseins zum Terrornetzwerk al-Qaida kann nicht nachgewiesen werden. Große Teile des Landes, insbesondere seiner Infrastruktur, liegen Anfang Mai 2003 in Schutt und Asche, und in weiten Teilen herrscht das Chaos. Kein Wunder, dass sich Kanzler Schröder und die Staatspräsidenten Frankreichs und Russlands, Chirac und Putin, in ihrer Skepsis bestätigt sehen, als sie ein halbes Jahr nach Kriegsbeginn gemeinsam Bilanz ziehen. »Außer gelungener Entfernung Saddam Husseins«, so der Russe, sei, wie von ihnen »vorhergesagt, ... alles daneben gegangen«.[148]

Als am 15. Dezember 2011 die amerikanische Flagge im Irak eingeholt wird und damit der Feldzug der Vereinigten Staaten endgültig abgeschlossen ist, haben beinahe 4500 amerikanische Soldaten ihr Leben verloren, Zehntausende sind verwundet, verkrüppelt oder traumatisiert. Die Zahl der getöteten irakischen Zivilisten lässt sich nur schätzen, liegt womöglich bei einer halben Million, zudem werden rund 1,9 Millionen Flüchtlinge gezählt. Im amerikanischen Haushalt schlagen die Kosten für diesen Krieg mit geschätzt bis zu einer Billion US-Dollar zu Buche, die immensen Folgekosten zum Beispiel für die Behandlung der Veteranen nicht mitgerechnet. Als 2004 bekannt wird, dass irakische Gefangene schon während der sogenannten Hauptkriegshandlungen durch Angehörige der Besatzungstruppen gefoltert und gedemütigt worden sind, und das nicht zuletzt in Saddam Husseins gefürchteter Folterfabrik Abu Ghraib, fühlen sich viele in ihrer Skepsis gegenüber diesem Feldzug Amerikas bestätigt. Auch in Deutschland. Was die CIA in ihren Foltergefängnissen, die sie auch in einigen Staaten Europas unterhielt, tatsächlich anstellte, macht in ganzem Ausmaß erst ein zehn Jahre später veröffentlichter, vernichtender Bericht des amerikanischen Senats bekannt.

Gerhard Schröder und George W. Bush haben nie mehr zu dem fast unbekümmerten Einvernehmen der frühen Begegnungen zurückgefunden. Aber auf dem Tiefpunkt des Frühjahrs 2003 ist das Verhältnis eben auch nicht geblieben, und schon gar nicht blieb es »vergiftet«,[149] wie die Legende es will. Ganz im Gegenteil. Anders, als das von großen Teilen der deutschen Presse wahrgenommen wird oder wahrgenommen werden will, anders auch, als es sich im Lichte ihrer jeweiligen Erinnerungen und namentlich Schröders heftiger Reaktion auf die Memoiren Bushs darstellt, haben die beiden bald wieder eine durchaus vertrauensvolle Arbeitsbeziehung unterhalten. Das gelingt, weil die Bundesregierung die im Irak geschaffenen Realitäten zur Kenntnis nimmt und sich bereit erklärt, im Rahmen des politisch Möglichen am Wiederaufbau des Landes mitzuwirken.

Eine wichtige Etappe bilden die Resolutionen 1483 und 1511, die der Sicherheitsrat der UNO am 22. Mai beziehungsweise am 16. Oktober 2003 mit den Stimmen Frankreichs, Russlands und eben auch Deutschlands annimmt. Chirac, Putin und Schröder haben sich unmittelbar vor der Entscheidung telefonisch auf eine Zustimmung verständigt, obgleich die Resolution »noch sehr weit von den Bedingungen entfernt« war, »die eine Beteiligung, sei es militärisch oder finanziell, erlaubte«.[150]

Mit der ersten Resolution 1483 heben die Vereinten Nationen die Sanktionen gegen den Irak auf, erkennen faktisch die Stellung der USA und Großbritanniens als Besatzungsmächte an und überlassen ihnen die Kontrolle der Öleinnahmen. Zudem beschließen sie eine Überprüfung der Umsetzung besagter Resolution durch den Sicherheitsrat innerhalb von zwölf Monaten und die Ernennung eines Sonderbeauftragten für den Irak. Der wiederum wird mit der zweiten Resolution aufgefordert, »dem Sicherheitsrat spätestens bis zum 15. Dezember 2003 einen Zeitplan und ein Programm für die Ausarbeitung einer neuen Verfassung für Irak und für die Abhaltung demokratischer Wahlen« vorzulegen. Damit erhält die UNO zwar nicht die ursprünglich geforderte entscheidende Rolle, ist aber wieder im Spiel.

Gerhard Schröder gehört von Anfang an zu denen, die sich für eine Rückkehr der Vereinten Nationen in die Verantwortung und für eine möglichst rasche, durch eine »einvernehmliche« Resolution des Sicherheitsrates begleitete Übertragung der »Regierungsautorität« an den Irak aussprechen. Daran lassen die Akten des Kanzleramts keinen Zweifel. Sehr wohl um die eingeschränkten Möglichkeiten eines deutschen Bundeskanzlers wissend, hat Schröder einen entscheidenden Anteil daran, seinen russischen Partner zur Zustimmung zu den beiden Resolutionen zu bewegen. Während der erwähnten Unterredung mit Chirac und Putin am 29. September 2003 im New Yorker »Waldorf Astoria« ist es der Bundeskanzler, der für den »ernsthaften Versuch« plädiert, zu einer »zustimmungsfähigen Res[olution] zu gelangen«, da ein »Grundsatzstreit nicht hilfreich« sei.[151] Auch Vierte, wie die Briten, haben den Eindruck, dass Schröder sich »konstruktiv« um eine Vermittlung zwischen Frankreich und Russland auf der einen und den Irakkriegern auf der anderen Seite bemüht.[152]

Schröders Motive sind offenkundig. Zum einen muss man schlicht und einfach einen Weg finden, wie man miteinander um- und aufeinander zugeht. Selbst wenn sie den bilateralen Dialog meiden würden, was sich ohnehin kaum machen ließe, begegnen sich der Kanzler und der Präsident immer wieder einmal im größeren Kreis, wie zum Beispiel im Rahmen der Weltwirtschaftstreffen, auf den NATO-Gipfeln oder auch anlässlich der noch zu schildernden Gedenkfeiern, mit denen die vormaligen Kriegsgegner an den Sieg über Hitler-Deutschland und an das Ende des Zweiten Weltkriegs erinnern. Vor allem aber weiß der Bundeskanzler natürlich ganz genau, dass sich die großen Probleme der Gegenwart und der Zukunft, die Entwicklung des Irak nach dem Krieg ausdrücklich eingeschlossen, nicht ohne oder gar gegen Amerika lösen lassen. Und was den Präsidenten angeht, ist durchaus ein Grundrespekt vor der konsequenten Haltung seines Gegenübers spürbar. Ein gesundes Selbstbewusstsein eines deutschen Bundeskanzlers ist ja, für sich genommen, nicht verwerflich, wenn auch für einen amerikanischen Präsidenten zweifellos gewöhnungsbedürftig. Auch gegen Schröders zitierte Feststellung, dass über »die existenziellen Fragen der deutschen Nation« in Berlin entschieden werde, »und nirgendwo anders«, ist schwerlich etwas einzuwenden. Und wenn man Partnerschaft ernst nimmt, dann muss man die »gleiche Augenhöhe« akzeptieren, von der Schröder Mitte April spricht.[153]

Hinzu kommt, dass der amerikanische Präsident tatsächlich vom Umfang und wohl auch, wie es zurzeit aussieht, vom Erfolg des deutschen Engagements im Rahmen der Anti-Terror-Kampagne Enduring Freedom, insbesondere in Afghanistan, beeindruckt ist. Jedenfalls sagt er das seinem Gesprächspartner bei jeder Gelegenheit. Und Bush hört natürlich gern, dass man in Berlin nicht der Auffassung ist, die »Koalition« müsse »nun selbst sehen«, wie sie mit der Lage im Irak »fertig werde«, sondern vielmehr Bereitschaft signalisiert, »im Rahmen [des] Möglichen zu helfen«. Zwar hält sich die Ausbildung irakischer »Sicherheitskräfte«,[154] die der Kanzler dem Präsidenten Ende September in Aussicht stellt, tatsächlich in sehr überschaubaren Grenzen und besteht im Wesentlichen in der Ausbildung irakischer Soldaten durch rund 30 Angehörige der Bundeswehr an ausgemusterten deutschen Lkw im Irak und in den Arabischen Emiraten. Aber nicht der Umfang der Maßnahmen ist entscheidend, sondern die Tatsache, dass Deutschland sich beteiligt.

Anlass für eine Begegnung Bushs mit Schröder ist die Generalversammlung der Vereinten Nationen im September 2003. Eigentlich hatte der Kanzler nicht hinfahren wollen. Aber zum einen jährt sich der UN-Beitritt der beiden deutschen Teilstaaten zum dreißigsten Mal, und zum anderen soll am Rande der Generalversammlung das Folgetreffen der Neuen Partnerschaft für Afrikas Entwicklung NEPAD abgehalten werden, die zwei Jahre zuvor gegründet worden ist. Und da Frankreichs Staatspräsident großen Wert auf dieses Treffen legt und den Kanzler persönlich gebeten hat teilzunehmen,[155] macht der sich auf den Weg.

Natürlich lässt sich seine Rede vor den in New York versammelten Staats- und Regierungschefs gut für ein Bekenntnis zur deutsch-amerikanischen Partnerschaft nutzen. Bush und seine Leute wissen, dass es kein Lippenbekenntnis ist. Tatsächlich gibt es im Laufe des Jahres 2003 lediglich noch in zwei Fragen nennenswerte Differenzen zwischen dem Kanzler und dem Präsidenten. Zunächst ist strittig, wann dem Irak die »Regierungsautorität« übertragen werden soll und ob es dafür einer weiteren »einvernehmlichen« Resolution des Sicherheitsrates bedarf. Während George W. Bush der Auffassung ist, die »Leute in Texas schliefen ohne Resolution nicht schlechter«,[156] bleiben Gerhard Schröder wie auch seine Partner in Paris oder Moskau dabei, dass die Übergabe der Verantwortung an eine neue irakische Regierung durch eine solche Resolution geregelt werden sollte, und setzen sich schließlich durch.

Am Ende des Jahres 2003 taucht dann die Frage auf, ob auch Länder, die nicht der »Koalition der Willigen« angehört haben, sich am Wiederaufbau des Iraks beteiligen sollen – oder nicht, wie George W. Bush und andere Mitglieder seiner Regierung finden. Gerhard Schröder ist sehr wohl der Auffassung, dass auch deutsche Firmen zum Zuge kommen sollten, und bietet einer Delegation des irakischen Regierungsrates an, die »Erfahrung bei der Privatisierung der ostdeutschen Wirtschaft« in den Wiederaufbauprozess einzubringen.[157] Im Übrigen sei es für ihn nun einmal »schwierig«, erläutert Schröder Kofi Annan Mitte Dezember 2003, in Deutschland für einen Schuldenerlass des Irak »zu werben, während gleichzeitig die deutsche Wirtschaft vom Wiederaufbau ferngehalten werde«.[158] Das sagt er wenig später auch James A. Baker, der während der Präsidentschaft des älteren Bush Außenminister der USA und in dieser Funktion an der Herstellung der deutschen Einheit beteiligt gewesen ist. Jetzt kümmert er sich als Sonderbeauftragter des jüngeren Bush vor allem um den Schulden- beziehungsweise Teilschuldenerlass für den Irak. Wie wichtig dem amerikanischen Präsidenten diese Mission und damit ein Empfang Bakers durch den Bundeskanzler sind, zeigt der Umstand, dass Bush den Kanzler vorab persönlich per Telefon informiert.

Dauerhaft hat auch der Schuldenerlass des Irak die Gesprächsatmosphäre zwischen dem Präsidenten und dem Kanzler nicht belastet. Sie wird umso besser, je mehr das Thema Irak in den Hintergrund rückt. Ende Februar 2004, als Schröder einige Tage durch Amerika reist, in Jackson, Mississippi, eine Dresden-Ausstellung eröffnet und sich anschließend mit Bush trifft, stimmen sie in den langfristigen Zielen weitgehend überein: »Insgesamt gute Gesprächsatmosphäre und intensiver Meinungsaustausch zu allen wichtigen Fragen auf D/USA Agenda«, hält der mitschreibende Vortragende Legationsrat nach der Begegnung der beiden im Weißen Haus – der ersten an diesem Ort seit gut zwei Jahren – fest: »Großes Maß an Übereinstimmung und klares Zeichen des Präsidenten, dass er unsere Signale b[ezüglich] ›roter Linien‹

sehr wohl verstanden hat. Z[um] B[eispiel] keine Anfrage nach d[eutschen] Truppen im Irak …«[159] So gibt es am Ende des Kanzlerbesuchs im Weißen Haus sogar eine gemeinsame Erklärung: »Das deutsch-amerikanische Bündnis für das 21. Jahrhundert«. Das ist mehr, als man ein Jahr zuvor erhofft hatte, und es ist das, was man von einer Partnerschaft, die diesen Namen verdient, nach einem halben Jahrhundert erwarten kann.

Offenkundig haben beide Seiten aus den Erfahrungen gelernt und achten penibel darauf, sich an Vereinbartes zu halten. Auch die Amerikaner. Im Vorfeld von Schröders Amerika-Visite hatten sich der zuständige Abteilungsleiter des Kanzleramtes und der Politische Direktor des Auswärtigen Amtes sowie die amerikanische Sicherheitsberaterin in Washington auf besagte »rote Linien« verständigt.[160] Condoleezza Rice besitzt das absolute Vertrauen des Präsidenten, wird mit Beginn seiner zweiten Amtszeit Außenministerin und ist seither auch in Deutschland, namentlich im Auswärtigen Amt, respektiert und beliebt.

Gerhard Schröder hatte während der akuten Phase des Irakkrieges durchaus seine Probleme mit der Dame.[161] Auch das hat sich gelegt. Als Condoleezza Rice Anfang Februar 2005 nach Berlin kommt, um Bushs zweiten Deutschlandbesuch vorzubereiten, lehnt sich der Kanzler am Ende einer gemeinsamen Pressekonferenz in seinem Amtssitz demonstrativ für einen Wangenkuss zu ihr hinüber. Damit gilt für sein Verhältnis zur Außenministerin das Gleiche, was diese über das Verhältnis Bushs zu Schröder bis zum Ende von dessen Amtszeit berichtet hat: Es bleibt herzlich.[162] Bei jenem Besuch im Kanzleramt »akzeptiert« Condoleezza Rice am 4. Februar 2005 erneut die Position des Bundeskanzlers, dass er im Parlament, selbst wenn er wollte, keine Mehrheit für eine Entsendung deutscher Soldaten in den Irak finden würde.[163]

Daran hält sich auch der Präsident. Dass George W. Bush am 23. Februar 2005 auf seiner Europareise überhaupt in Deutschland Station macht, ist bemerkenswert. Zwar bekommt er außer den Offiziellen keine leibhaftigen Deutschen aus der Nähe zu Gesicht: Vom Frankfurter Flughafen über die Autobahn bis hin zur gesamten Mainzer Innenstadt ist aus Sicherheitsgründen alles hermetisch abgeriegelt. Rund 145 000 Euro kostet das allein die Stadt Mainz, die prompt das Kanzleramt zur Kasse bittet. Der Gesprächsatmosphäre tut das aber keinen Abbruch, weil sich Kanzler und Präsident bei heiklen Themen zurückhalten, ohne damit faule Kompromisse eingehen zu müssen.

Was den Irak angeht, respektiert Bush demonstrativ die »roten Linien« und beschränkt sich auf den Dank für die deutsche Unterstützung. Einig ist man sich, dass der Iran kein Atomwaffenstaat werden dürfe und dass eventuelle Sanktionen im Sicherheitsrat der Vereinten Nationen auch von China und Russland mitgetragen werden müssen. Allerdings gibt Schröder zu bedenken, dass Sanktionen in aller Regel nicht die erhoffte Wirkung entfalten, und plädiert für »eine Politik des Dialogs und der wirtschaftlichen Kooperation« im »nichtsensiblen Bereich«. Als Beispiel einer solchen Politik des »Wandels durch Annäherung« verweist der Bundeskanzler, ohne Willy Brandt zu nennen, auf die Ostpolitik der sozial-liberalen Koalition während des Kalten Krieges, die »zum Fall repressiver Regierungen geführt habe. 20 Jahre Isolierung hätten jedenfalls nicht den gewünschten Zweck erreicht.«[164] Bemerkenswert ist das erhebliche Interesse, das der Präsident an Schröders Einschätzung der Lage in Ostmittel- und Osteuropa zeigt. Um die guten Beziehungen des Bundeskanzlers zum russischen Präsidenten wissend, nutzt Bush nicht nur diese Gelegenheit, um den Kanzler danach zu fragen.

Einigkeit prägt auch das sich anschließende NATO-Gipfeltreffen sowie den EU-USA-Gipfel in Brüssel. Wenn hier außerdem der amerikanische und der französische Präsident feststellen, dass ihre Länder »Partner und keine Gegner sind«, und damit das Kriegsbeil begraben, ist das nicht zuletzt des Kanzlers Verdienst.[165] Keine Frage, das Verhältnis zwischen George W. Bush und Gerhard Schröder ist wieder intakt. In die USA zurückgekehrt, greift der Präsident zur Feder und dankt dem »lieben Gerhard« und der »lieben Doris« handschriftlich für ihre liebenswürdige Gastfreundschaft: »Laura und ich haben den Besuch in Ihrem wunderschönen Land sehr genossen. Ich denke, dass die Gespräche in Brüssel und Deutschland ein positives Zeichen für die künftige gemeinsame Arbeit gesetzt haben.«[166]

In diesem Sinne verläuft auch der kurze Arbeitsbesuch des Bundeskanzlers in Washington am 25. Juni 2005, für den George W. Bush dem Gast das »Blair House« als Nachtquartier anbietet,[167] »in harmonischer Atmosphäre«. Bei dieser Visite, von der wir heute wissen, dass es seine letzte als Bundeskanzler sein wird, kann Schröder dem Präsidenten sogar die Bitte vortragen, ob man nicht fürs heimische Publikum eine plausible Sprachregelung bezüglich eines ständigen deutschen Sitzes im Sicherheitsrat der Nationen finden könne. Hier hat sich der Kanzler, wovon noch zu berichten ist, inzwischen öffentlich festgelegt. Ihm sei klar, sagt er vor dem gemeinsamen Mittagessen zu Bush, dass er heute keine Zusage erhalten werde, aber folgende Linie könnte für ihn »akzeptabel sein: Beide Seiten [seien] für eine Reform« des Sicherheitsrates, aber es gebe »Unterschiede bei Timing und Umfang einer Reform«. Der Präsident ist einverstanden, bietet an zu betonen, dass die USA

»gegen niemanden etwas einzuwenden« hätten, und hält sich während der Pressekonferenz daran.[168] Das kann er ohne Risiko tun, weil er weiß, dass die für die Statusaufwertung Deutschlands und anderer notwendige Reform des Sicherheitsrates schon wegen der amerikanischen Hinhaltetaktik nie und nimmer stattfinden wird.

Aber eine nette Geste an die Adresse des Gastes aus Berlin ist es dennoch. Wie der Präsident überhaupt um einen konzilianten Ton bemüht ist – auf dieser Pressekonferenz und auch auf der ersten mit Schröders Nachfolgerin. Mitte Januar 2006 danach befragt, ob er mit Angela Merkel besser zurechtkomme als mit ihrem Vorgänger während der »letzten Jahre«, antwortet George W. Bush zur Überraschung vieler: »Ich möchte natürlich Gerhard Schröder ganz herzlich grüßen. Wir haben sehr viel Zeit miteinander verbracht. Wir haben sehr wichtige Themen miteinander besprochen. Es gab genug Raum für Dissens. Ich hoffe, dass es ihm gut geht ... Deutschland ist ein außerordentlich wichtiges Land mitten in Europa. Es ist von grundlegender Bedeutung, dass Deutschland eine Führungsrolle bei sehr vielen Themen einnimmt.«[169]

So hat Gerhard Schröder das immer gesehen. Und das sagt er nicht erst, seit er Kanzler ist. Weil Deutschland diese Rolle ebenso unvorbereitet wie zunächst auch ungewollt zugefallen ist, muss es sich möglichst rasch darauf einstellen, sie »einnehmen« zu können. Das ist eines der meistübersehenen oder -ignorierten Ziele seiner Reformpolitik. Und damit auch die Genossen das endlich verstehen, damit sie begreifen, dass es mit ihm kein Zurück geben wird, geht er in die Offensive: Wenige Wochen, nachdem der Kanzler und Parteivorsitzende seine Agenda im Bundestag verlesen hat, sagt er öffentlich »all denen, die es in diesen Tagen zur persönlichen Profilierung an die Öffentlichkeit drängt: Dann lasst uns streiten über den richtigen Weg und die richtigen Personen.«

Mit anderen Worten, der Parteivorsitzende tut jetzt doch das, was er ursprünglich keinesfalls vorhatte: Er stellt sich und sein Programm auf einem Sonderparteitag zur Diskussion. »Ich hatte ... geglaubt«, bekennt er Mitte April 2003 dem *Spiegel*, »nicht zweimal in den Wahlkampf ziehen zu müssen, was ich nun muss. Diesmal nur ist es ein Wahlkampf nach innen.«[170] Am 1. Juni soll es so weit sein. Weil Schröder und seine Leute im Kanzleramt, in der Partei und in der Fraktion wissen, was auf dem Spiel steht, werden Pläne geändert, Termine verschoben oder abgesagt. Selbst die Auslandsreisen, ansonsten willkommene Ablenkung vom tristen Berliner Politikalltag, werden zusammengestrichen.

Allerdings sind im Fall der Südostasienreise, die den Bundeskanzler vom 11. bis 15. Mai nach Malaysia, Singapur, Indonesien und Vietnam führt, auch andere Faktoren dafür maßgeblich, dass sie zeitlich und personell zusammengestrichen wird. So ein kurzfristig angesetztes Gespräch mit dem amerikanischen Außenminister Colin Powell, der sich für den 16. Mai in Berlin angesagt hat. Der eigentliche Grund aber, warum die ursprünglich aus rund 80 Vertretern der deutschen Wirtschaft bestehende Delegation auf einen einzigen zusammenschrumpft, ist die hochinfektiöse Lungenkrankheit SARS. Neben Wirtschafts- und Arbeitsminister Wolfgang Clement sowie einigen Beamten des Kanzleramts und des Wirtschaftsministeriums ist lediglich Heinrich von Pierer in seiner Eigenschaft als Vorsitzender des Asien-Pazifik-Ausschusses der Deutschen Wirtschaft an Bord.

Mit Pierer hatte sich der Kanzler im Vorfeld beraten und danach den vorübergehend ventilierten Gedanken, die Reise ganz abzublasen, rasch verworfen.[171] Denn in der wirtschaftlich aufstrebenden, politisch labilen Region hat man sehr wohl registriert, dass Schröder bislang vier Mal nach China, einmal auch nach Indien, ja selbst nach Pakistan, aber nie nach Südostasien gefunden hat. Umso mehr weiß man zu schätzen, dass der Kanzler jetzt trotz SARS die gewaltige Anstrengung auf sich nimmt. Willkommen ist er allemal. Nicht nur ist Deutschland als Handelspartner geschätzt, was sich in einigen schönen Aufträgen niederschlägt, die Pierer aus Malaysia und Indonesien mit nach Hause nehmen kann, auch die Haltung des Kanzlers zum Irakkrieg ist in dieser Weltgegend wie in Asien insgesamt sehr aufmerksam registriert und durchweg begrüßt worden. Schröder wiederum nutzt die Gelegenheit, die Ideen seiner Reformpolitik vorzustellen und sich gewissermaßen für den Sonderparteitag warmzulaufen. Das ist die Kür.

Die Pflicht wird zunächst in vier Regionalkonferenzen der SPD absolviert. Ende April 2003 beginnend, sollen sie in Bonn, Nürnberg, Hamburg und Potsdam den Weg zum Parteitag ebnen. Dabei wird nichts dem Zufall überlassen, soweit das möglich ist. Auch der Parteivorsitzende bringt sich im Rahmen des zeitlich Möglichen voll und ganz ein und versucht, die Genossen auf die unumgängliche Unterstützung des Programms einzustimmen. Es gibt keinen anderen Weg, weil die Sozialdemokraten andernfalls ohne ihn auskommen müssen und weil die Handlungszwänge in Anbetracht der »so schnellen Veränderung der ökonomischen Basis unserer Gesellschaften in Europa« tagtäglich größer werden. Das heißt zugleich, dass es mit der Umsetzung der Agenda wohl nicht getan, sondern »die Notwendigkeit zu reformieren ein permanenter Prozess« ist: So können beispielsweise »weltwirtschaftliche Entwicklungen eintreten, die gegenwärtig gar nicht kalkulierbar sind. Es gibt also nur relative Sicherheit. In einer sich dynamisch entwickelnden Gesellschaft verschwinden die ewigen Verlässlichkeiten.«[172]

Nicht dass Schröder das früher verschwiegen hätte. Gesagt hat er das immer, im Übrigen lange bevor er ins Kanzleramt zog. Jetzt aber wird aus der gelegentlich intonierten Botschaft ein Refrain. Keine taktische Zurückhaltung mehr, auch keine Rücksichtnahmen auf die Befindlichkeiten der strapazierten Parteiseele – Tacheles ist das Gebot der Stunde. Gerhard Schröder geht volles Risiko. Hier beginnt das, was als große Leistung in die Geschichtsbücher eingehen wird: In der Erkenntnis, dass ihn dieser Einsatz das Amt kosten kann, geht der Mann aufs Ganze, davon überzeugt, dass es für das Land, dem er dient, keine Alternative geben kann. Die Reaktionen lassen nicht auf sich warten. Auf der zentralen Kundgebung zum 1. Mai, den die Gewerkschaften ausgerechnet in einem Museumsdorf im Hessischen abhalten, wird der Bundeskanzler von einer aufgebrachten Menge empfangen.

Dass es Schröder fast unmöglich ist, seine zentrale Botschaft loszuwerden (»Wir dürfen nicht aufessen, wovon noch unsere Kinder leben wollen.«[173]), liegt nicht nur am Einsatz von Trillerpfeifen, welche die IG Metall säckeweise unter die Teilnehmer gebracht hat. Vielmehr ist es so, dass die Gewerkschaften in der Agenda und der Art und Weise, wie sie zustande gekommen und öffentlich gemacht worden ist, einen »Vertrauensbruch« sehen. Und wenn man das Vertrauen einer Organisation wie der IG Metall »zerstört«, sagt Jürgen Peters, »bekommt man es nicht mit einer Rede wieder zurück«.[174]

Und es sind beileibe nicht nur die Gewerkschaften, die von Reformen nichts hören, sondern lieber die Augen vor der Wirklichkeit verschließen wollen. Auch die Intellektuellen und die Künstler dieser Republik, die doch sonst so gerne die Nähe der Macht gesucht haben, halten sich jetzt vornehm zurück. So weiß Klaus Staeck, der sichtbar bleibt, nach der Jahrestagung der Berliner Akademie der Künste und des P.E.N.-Zentrums zu berichten, »dass der Unmut über die Agenda 2010 doch größer ist, als die Medien vermitteln«. Und damit der Kontakt zu »unseren Leuten« nicht ganz abreißt, formulieren er und die von ihm sowie von Johano Strasser betriebene »Aktion für mehr Demokratie« den Aufruf »Reformen müssen von allen getragen werden«.[175] Mit bescheidenem Erfolg, wie man sich denken kann. Selbst die »Seeheimer« in der SPD, die sich im April noch »klar hinter die Agenda 2010« gestellt haben, machen mobil – allerdings mit genau entgegengesetzter Stoßrichtung – und kündigen ihren Widerstand an, sollte der Leitantrag für den Parteitag, wie man hört, so geändert werden, dass am Ende »faule Kompromisse« herauskommen.[176]

Man ahnt, was da auf Gerhard Schröder zukommt. Um zu verstehen, was er sich mit diesem Sonderparteitag zumutet, muss man wissen, dass diese entscheidende Schlacht ein – wenn auch ein sehr wichtiger – Posten in seinem Terminkalender ist. Der Kanzler kommt nämlich an diesem 1. Juni 2003 direkt aus St. Petersburg eingeflogen, wohin der russische Präsident die führenden Staatsmänner der Welt anlässlich der Dreihundertjahrfeier der Stadt zu einem informellen Treffen eingeladen hat – darunter Gerhard Schröder und George W. Bush, die sich bei dieser Gelegenheit erstmals seit dem Irakkrieg begegnen. Während die anderen direkt weiter zum großen dreitägigen G-8-Gipfel nach Evian reisen, macht der Bundeskanzler in Berlin gewissermaßen einen Zwischenstopp, um eine der entscheidenden Reden seines Lebens zu halten. »Gerhard Schröder ist ein Freund, ja gar ein tollkühner Regisseur zugespitzter Situationen«, schreibt der Beobachter der *Süddeutschen Zeitung*: »Aber selbst an seinen Maßstäben gemessen übersteigt dieses Wochenende das, was man sich zumuten sollte.«[177]

Sechs Stunden dauert die Veranstaltung im Hotel »Estrel«, eine davon spricht der Parteivorsitzende. Er sagt, was gesagt werden muss. Nichts von dem ist in diesem Augenblick noch neu. Dass er alles gibt, was ihm möglich ist, kann man sehen. Dann kommen die Debattanden. Wohl nicht die Mehrheit, aber mindestens ein Drittel hat mehr oder weniger Grundsätzliches an der Agenda auszusetzen. Kaum ein zweiter allerdings geht so weit wie Ottmar Schreiner, und wenn man die Augen schließt, könnte man meinen, einem jener Juso-Kongresse der späten siebziger Jahre zu folgen, als die beiden wiederholt aneinandergeraten waren und Schreiner in aller Regel den Kürzeren zog. »Die Agenda 2010 wird nicht Teil der Lösung sein«, sagt Schreiner jetzt, »sondern unsere Probleme auf dem Arbeitsmarkt verstärken.« Schröder folgt diesem frontalen Angriff, denn das ist er, mit versteinerter Miene.

Nur einmal greift er in die Debatte ein. Als es um die Rückführung der Bezugsdauer des Arbeitslosengeldes und ums Krankengeld geht, sagt er ziemlich ruhig, aber sehr entschlossen, dass »Klarheit geschaffen« werden müsse: »Ich bitte euch um diese Klarheit. Ich bitte auch um diese Klarheit im Umgang miteinander!«[178] Zu sagen, wie selbst Ottmar Schreiner beteuert, man wolle keine andere Koalition und auch keinen anderen Kanzler, und zugleich substantielle Änderungen an der Vorlage der Parteiführung, also an der Agenda zu verlangen, das passe nicht zusammen. Was im Klartext heißt: Entweder – oder. Entweder Kanzler, Koalition und Agenda – oder kein Kanzler, jedenfalls keinen Kanzler Gerhard Schröder.

Schwer zu sagen, was in den Genossen vorgeht, wie viele innerlich schwanken. Am Ende, schätzt die Regie, stimmen rund 90 Prozent dem Leitantrag zu.

Dass Kurt Beck, der das Ergebnis bekannt gibt, dabei sehr großzügig kalkuliert hat, wissen alle. Immerhin sind viele Linke durch die Aufnahme einer ihrer Forderungen geködert worden, wonach »große Privatvermögen stärker zur Finanzierung von Aufgaben im Sinne des Gemeinwohls herangezogen werden sollten«.[179] Und dann war es die Stunde der großen alten Männer dieser Partei. Hans-Jochen Vogel und Erhard Eppler sind zur Stelle, als es darauf ankommt, und lassen an Deutlichkeit nichts zu wünschen übrig: »Jede Kleingeisterei beginnt mit Bemänteln und Beschönigen der Realitäten«, sagt Vogel und fordert die Kritiker auf: »Wenn es welche gibt, die lieber in die Opposition gehen, um die Verantwortung loswerden zu wollen, dann sollen sie es sagen.« Keiner sagt es. Und als Eppler bekennt, was er in den letzten Wochen erlebt habe, komme der Selbstzerstörung der Arbeiterbewegung sehr nahe, und den Genossen zuruft »Hört auf damit« – da wird es für einen Moment sehr still. Der Kanzler weiß, warum er auf den einen wie den anderen der beiden zugeht und sie fest umarmt.[180]

Gerhard Schröder weiß natürlich auch, dass dieser Sonderparteitag nur eine Zwischenrunde ist. Eine sehr wichtige zwar, aber eben nicht die letzte Runde und die entscheidende schon gar nicht. In einem knappen halben Jahr, wenn der reguläre Parteitag zusammentritt, sieht man sich wieder. Bis dahin muss der Kanzler seine Hausaufgaben gemacht und wichtige Elemente seines Reformprogramms durchs Parlament gebracht haben. Das komplexe Gesetzgebungsverfahren wird geradezu generalstabsmäßig vorbereitet. Schon weil die Überwindung der politischen Widerstände in den eigenen Reihen enorme Energien verschlingt, darf es auf dem Weg der parlamentarischen Umsetzung der Agenda keine Reibungsverluste geben.

Die Regie des vorbereitenden Verfahrens liegt beim Kanzleramtschef. Am 2. April verfügt Frank-Walter Steinmeier die Einrichtung einer Projektgruppe zur »Koordinierung der Umsetzung der Agenda 2010«. Zuständig ist Ewold Seeba, sein vormaliger Büroleiter, der jetzt die Abteilung 1 »Innen und Recht« leitet. Die Projektgruppe besteht aus knapp einem Dutzend Referatsleitern und berichtet Steinmeier regelmäßig »über den Stand und die Perspektiven der Umsetzung« wie auch »etwaiger Engpässe«. Bis zur Sommerpause tagen die bis zu 30 Teilnehmer der Projektgruppe acht Mal. Um die »kommunikative Begleitung« sicherzustellen, sind auch drei Mitarbeiter des Bundespresseamtes mit von der Partie.[181] Man hat aus den strategischen und kommunikativen Fehlern und Debakeln der Vergangenheit gelernt.

Und man weiß, dass es ums Ganze geht. Denn Gerhard Schröder will im Parlament nicht nur die Kanzlermehrheit, er braucht auch die Mitarbeit der

Opposition, und er hofft auf eine moderate Haltung der Gewerkschaften. Eine Herausforderung, die ihresgleichen sucht – und so gesehen ein Fall für diesen Kanzler, der nun einmal am besten ist, wenn die Lage aussichtslos zu sein scheint. »Zum ersten Mal seit langem«, notiert Christoph Schwennicke in der *Süddeutschen Zeitung*, »vielleicht zum ersten Mal überhaupt, vermittelt Schröder den Eindruck, genau zu wissen, was er vorhat mit Deutschland ... Der Kanzler ist in der politischen Auseinandersetzung wieder in der Offensive.«[182]

Und er hat Glück. Am 28. Juni 2003 bricht die IG Metall, zu diesem Zeitpunkt vielleicht die härteste Gegnerin der Schröderschen Reformagenda, den Kampf um die Einführung der 35-Stunden-Woche in der ostdeutschen Metall- und Elektroindustrie nach vier Wochen erfolglos ab. Es ist eine der schlimmsten Niederlagen in der langen Geschichte der deutschen Gewerkschaftsbewegung, die auch deshalb besonders schmerzt, weil die Kapitulation nicht zuletzt auf Druck der eigenen Mitglieder erfolgt. Könnte es sein, dass die Adressaten und Betroffenen der Reformpolitik verstanden haben, worum es diesem Kanzler geht? Der jedenfalls erkennt die Gunst der Stunde, schlägt nicht wie mancher andere auf die gedemütigten Gewerkschaften ein, sondern warnt ganz im Gegenteil auf einer Wirtschaftstagung seiner Partei, also öffentlich, davor, solches zu tun. »Wenn es ... zu Fehlern gekommen ist – und es ist zu Fehlern gekommen –, dann halte ich es für angemessen, einer großen Organisation die Gelegenheit zu geben, aus diesen Fehlern zu lernen.«[183]

Wie der Zufall es will, hat sich das Kabinett an ebenjenem Wochenende, an dem die Gewerkschaften dort ihre Fahnen einrollen, zu einer Klausur in die neuen Bundesländer zurückgezogen. Am 28. und 29. Juni tagt die unter anderem um die Fraktionsvorsitzenden erweiterte Runde im Schloss Neuhardenberg. Sigrid Krampitz hatte die Idee, dort zusammenzukommen. Das Schloss mit bewegter Geschichte, 70 Kilometer außerhalb Berlins in Brandenburg gelegen, war Karl August von Hardenberg 1814 von Friedrich Wilhelm III. geschenkt worden. Der König wusste, was er seinem Staatskanzler schuldig war, hatte der doch mit einer Fülle von Reformen die Wirtschaft und das Verwaltungswesen, die Justiz und nicht zuletzt das Militär Preußens wettbewerbs- und zukunftsfähig getrimmt. Jetzt wünscht sich der Bundeskanzler, »dass von diesem Wochenende ein Aufbruchssignal an die Menschen in diesem Land ausgeht«. Dabei bleibt er seiner Linie treu, erweckt keine falschen Hoffnungen, sondern sagt ausdrücklich, dass »Reformen zwar gelegentlich wehtun, sich aber auch auszahlen, wenn auch nicht immer gleich«.[184]

»Aufbruchssignal«: Der Kanzler – Ende Juni 2004 begleitet von Thomas Steg, Frank-Walter Steinmeier und Sigrid Krampitz (von links) – auf dem Weg in die Klausur auf Schloss Neuhardenberg.

Mit allen Wassern gewaschen und sichtlich im Aufwind befindlich, gibt Gerhard Schröder das Heft des Handelns nicht mehr aus der Hand. Nachdem die Bundesregierung, wie berichtet, im Sommer zuvor wegen der Flutkatastrophe die zweite Stufe ihrer Steuerreform um ein Jahr verschoben hat, zieht sie jetzt die dritte und letzte um ein Jahr auf den 1. Januar 2004 vor. Jedenfalls will sie das. Dass man dafür die Opposition braucht, sieht der Kanzler gelassen, weiß er doch, dass er mit seinem Vorschlag einer Forderung von CDU, CSU und FDP entspricht und ihnen so das Wasser abgräbt. Immerhin werden die Bürger im Falle einer vorgezogenen Reform im Durchschnitt 10 Prozent weniger Steuer zahlen als bislang.

Die Reaktion der Oppositionsspitzen lässt nicht lange auf sich warten. Bereits am 25. Juni haben Gerhard Schröder und Angela Merkel erstmals wieder seit Monaten vertraulich über das weitere Vorgehen, insbesondere bei der Gesundheitsreform, gesprochen. Am 1. Juli trifft dann ein von den Vorsitzenden von CDU und CSU, Angela Merkel und Edmund Stoiber, gemeinsam verfasster Brief im Kanzleramt ein. Er habe sich, sagt der Hausherr einige Tage später mit dem Selbstbewusstsein des erfolgreichen Offensivspielers, »über den Brief gewundert, aber ihn gern empfangen und die Antwort selber entworfen. Das war nicht so schwer. Denn es wurde ja, wenn auch ein bisschen polemisch verklausuliert, die Bereitschaft zur Mitarbeit bekundet.«[185]

Genau so ist es. Wobei allerdings Schröders Antwort an die beiden nicht weniger polemisch ausfällt als deren Brief, der auf die Forderung hinausgelaufen war, »umgehend einen konkreten, handfesten Entwurf vorzulegen, wie das Vorziehen der Steuerstufe 2005 möglich gemacht werden kann«.[186] Was will er mehr? »Selbstverständlich« wird der Kanzler den beiden »jederzeit« für »solche Gespräche« zur Verfügung stehen, und »selbstverständlich« ist er auch bereit, mit ihnen »vor einem Vermittlungsverfahren über Ihre Gegenvorschläge zu reden«. Im Übrigen, und da er nun schon einmal dabei ist, macht er gleich die Rechnung auf: Zu einmaligen gesamtstaatlichen Einnahmeausfällen von gut 15 Milliarden Euro wird das Vorziehen der Steuerreform führen, davon rund 7 Milliarden beim Bund. Finanziert werden soll das Ganze durch einen »Mix von Subventionsabbau, marktgerechter Mobilisierung von Privatisierungserlösen« – und: »Kreditfinanzierung«,[187] sprich weiterer Schulden. Damit ist ausgesprochen, was eh alle wissen: Der europäische Stabilitätspakt steht faktisch zur Disposition.

Natürlich sagt der Kanzler das nicht, als er am 3. Juli vor dem Bundestag eine kurzfristig angesetzte Erklärung zum Thema »Deutschland bewegt sich – mehr Dynamik für Wachstum und Beschäftigung« abgibt, betont vielmehr, wie so häufig in letzter Zeit, dass der Pakt ein solcher für »Stabilität und Wachstum« sei beziehungsweise werden müsse. Der französische Staatspräsident Chirac ist es gewesen, der diesen Gedanken Ende Februar während des inzwischen legendären Abendessens mit seinem deutschen Kanzlerfreund im Restaurant »Zur letzten Instanz« formuliert hat.[188] Daher bewegt sich Schröder vor dem Bundestag in gesichertem Gelände, wenn er dem Wachstum Priorität einräumt: »... gerade weil wir durch die Agenda 2010 im Prozess der Strukturreformen vorankommen und weil wir mit dem Bundeshaushalt 2004 einen nachhaltigen Subventionsabbau betreiben, haben wir uns den Freiraum erarbeitet, durch vorgezogene Steuerentlastungen dieses wichtige Signal für Wachstum und damit für Beschäftigung zu geben.«[189]

Das ist in sich stimmig, argumentativ kaum auszuhebeln und zudem selbstgewiss vorgetragen. Keine Frage, dieser Kanzler, der noch wenige Wochen zuvor von praktisch allen abgeschrieben worden war, sitzt wieder fest im Sattel. Das merken vor allem jene, die ihn von seinem ziemlich hohen Ross herunterholen wollen. Sie haben keine Chance. Der Versuch, ihn an eben diesem 3. Juli als Zeuge im sogenannten Lügenausschuss der bewussten Falschaussage zu überführen, scheitert, bevor er richtig begonnen hat. Es wird ein Heimspiel – schon weil mit Klaus Uwe Benneter ein alter Fahrensmann aus bewegten Juso-Tagen den Vorsitz hat. Außerdem zeigt sich wieder einmal, dass Gerhard Schröder gelernter Anwalt mit beachtlicher beruflicher Praxis ist. Vor allem aber ist er mit sich im Reinen. Da zieht selbst der Beobachter der *FAZ* den Hut: »Der Charme, die atemnehmende, bedenkenlose Selbstsicherheit, das stolze Instinktvertrauen – das alles belebte den Zorn und die Ohnmacht wieder, welche die Opposition im Herbst 2002 nach einer knappen Wahlniederlage in den Eifer der Untersuchung trieben.«[190]

Da er an diesem 3. Juli nun einmal die maximale Aufmerksamkeit hat, nutzt der Kanzler die Gunst des Augenblicks für den Schulterschluss mit den Landsleuten. Ganz offensichtlich spricht er zu Beginn seiner kurzen Rede im Bundestag den meisten Deutschen aus der Seele, als er den italienischen Ministerpräsidenten auffordert, sich »in aller Form« zu entschuldigen. Anlass ist die Bemerkung Silvio Berlusconis, er werde den Europaabgeordneten Martin Schulz von der SPD für eine Filmrolle als Aufseher in einem Nazi-Konzentrationslager empfehlen.

Eigentlich hat Schröder ein gutes Verhältnis zu dem Italiener. Die beiden telefonieren auch an diesem frühen Nachmittag noch miteinander.[191] Selbst als sie sich während der Irakkrise in unterschiedlichen Lagern wiederfinden, tut das ihrer Beziehung keinen Abbruch. So hält das Protokoll der deutsch-italienischen Regierungskonsultationen am 6. März 2003 zum Thema Irak lapidar fest: »Keine vertiefte Erörterung, sondern lediglich Feststellung des offensichtlichen Dissenses.« Große Schwierigkeiten hat der italienische Ministerpräsident – ähnlich wie seine Kollegen in Großbritannien und Spanien – hingegen mit der »zu engen« deutsch-französischen Zusammenarbeit, da sie »in der italienischen Öffentlichkeit als Niederlage der italienischen Regierung interpretiert« werde.[192]

Der Kanzler weiß, wie man Berlusconis impulsiven Aussetzer zu Schulz zu nehmen hat. Da man den Vorfall natürlich nicht einfach übergehen kann, wird der italienische Botschafter – kurzfristig und vertraulich – zu einem Gespräch ins Kanzleramt gebeten, wo ihm der zuständige Abteilungsleiter die Missbilligung der Bundesregierung ausspricht und der Botschafter anbietet, sich für ein Zurechtrücken des Vorfalls durch den Premier einzusetzen.[193] Damit hätte es sein Bewenden haben können, zumal sich Berlusconi einige Tage später tatsächlich, wie vom Kanzler im Bundestag erwartet, entschuldigt. Allerdings nimmt sich jetzt der italienische Staatssekretär für Tourismus in einem Artikel mit der Überschrift »Wir kennen sie gut, die Deutschen« des Themas an und klagt über »diese stereotypen Blonden mit ihrem hypernationalistischen Stolz«, die »lärmend über unsere Strände« herfallen.[194] Zwar wird er zum Rücktritt gezwungen, doch hat sich inzwischen der Bundeskanzler das innenpolitische Mobilisierungspotential des deutschen Entrüstungsreflexes zunutze gemacht und eine Entscheidung getroffen, die er nun kaum mehr revidieren kann. Gerhard Schröder hat nämlich am 7. Juli, unmittelbar nach Bekanntwerden jenes Artikels, seinen Italienurlaub abgesagt. Das ist weniger selbstverständlich, als es klingt, denn ein Urlaub mit der Familie war für Gerhard Schröder immer drin, ganz gleich wie sich die politische Lage darstellte. Das war schon in seiner Zeit als Ministerpräsident so, und auch der Kanzler nimmt sich immer knapp drei Wochen. Während dieser Zeit bleibt das Geschäft, vom Unaufschiebbaren abgesehen, außen vor. Andererseits bringt ihm die Absage des Italienurlaubs in den heimischen Medien erneut viel Zustimmung und Lob ein. An seiner Entscheidung vermögen auch Dutzende von Einladungen Prominenter und weniger Prominenter, Deutscher wie Italiener zu einem Urlaub unter italienischer oder anderer Sonne nichts zu ändern.

Weil Gerhard Schröder nichts gegen die Italiener hat, auch einen nächsten Urlaub durchaus wieder bei ihnen verbringen möchte, greift er gerne einen Vorschlag des italienischen Präsidenten der EU-Kommission, Romano Prodi, zu einem gemeinsamen Opernbesuch in der Arena von Verona auf. Als Berlusconi davon erfährt, lädt er sich selbst gleich mit ein, sagt dann aber kurzfristig mit der Begründung gemeldeter Störungen der Aufführung wieder ab, um sich am folgenden Morgen zu einem Gespräch mit Gerhard Schröder zu treffen. Da die beiden den der öffentlichen Erwartung geschuldeten Zirkus kennen, halten sie sich an diesem 23. August erst gar nicht bei den Missverständnissen der vergangenen Wochen auf, sondern gehen gleich zu den aktuellen tagespolitischen Fragen wie Europa, Irak oder Afghanistan über.[195]

Sowieso hat Schröder nicht mit seinem Urlaubsschicksal gehadert, sondern sich, seinem Naturell entsprechend, umgehend auf die neue Lage eingestellt und erklärt, seine Ferien »zu Hause« zu verbringen, wo es ohnehin »am schönsten« sei. Dort hat er viel gelesen, zum Beispiel Henry Kissingers voluminöse Abhandlung über »Die Vernunft der Nationen«, wieder häufiger Tennis gespielt, den Hund spazieren geführt – und im Garten gearbeitet. Das ist eine neu entdeckte Leidenschaft, der Schröder nachgeht, wenn die Zeit es zulässt. Seit er »am Wochenende in Hannover im Garten arbeite«, verstehe er ihre »Liebe zu Pflanzen«, schreibt er einige Monate später Hannelore (»Loki«) Schmidt, der Frau des Altkanzlers, zum Fünfundachtzigsten.[196]

Und dann lässt er in diesen Tagen und aus einer gewissen Distanz auch den kräftezehrenden Marathon der letzten Monate Revue passieren. Gefragt, wie sich ihm diese Wegstrecke darstelle, antwortet er – wieder einmal – mit einem Gedicht. In diesem Fall ist es eines aus dem Zyklus *Junge Leiden* des von ihm hoch geschätzten Heinrich Heine:

»Anfangs wollt ich fast verzagen,
Und ich glaubt, ich trüg es nie;
Und ich hab es doch getragen –
Aber fragt mich nur nicht, wie?«[197]

Am 13. August nimmt Gerhard Schröder die Amtsgeschäfte auch offiziell wieder auf. Sichtlich erholt, obgleich der Urlaub in Hannover im eigentlichen Sinne keiner gewesen ist. Abgesehen von einer Krisensitzung und einer Pressekonferenz war er natürlich ständig am Telefon und in den Akten, so ungern er sie auch studiert. Zwar hat sein Büro längst einen Weg gefunden, die Vorlagen auf ein Minimum zu reduzieren. Aufzeichnungen von Gesprächen mit den Staatsmännern aus aller Welt, die noch in der Ära seines Vorgängers mitunter Dutzende von Seiten füllten, gehören der Vergangenheit an. Gleichwohl bleibt immer noch vieles übrig. Zu viel, wie der Kanzler findet. Zu ändern ist das aber nicht, weil die Zahl neuer Staaten überall auf der Welt rasant zugenommen hat. Und die suchen den Kontakt zur »Mittelmacht Deutschland«, von der Gerhard Schröder in letzter Zeit häufiger spricht. Gar nicht zu reden von den Bundeswehreinsätzen aller Art und rund um den Globus, mit denen selbstverständlich ein Kanzler befasst werden muss.

Vor allem aber will die Umsetzung der Reformagenda in konkrete Politik vorbereitet werden. Rund 2000 Seiten Gesetzestext stapeln sich am 13. August auf dem Tisch, als der Kanzler seinem Kabinett »eine der größten Anstrengungen« zumutet, »die in der Sozialgeschichte der Bundesrepublik je gemacht worden ist«. Das erzählt er Jürgen Leinemann. Der durfte ihm während des Urlaubs gelegentlich über die Schultern schauen und hat dabei einen vor Kraft strotzenden, von sich und seinen Leistungen überzeugten Kanzler erlebt: »Aber nun mal ganz ehrlich, wie er in den letzten Wochen wieder und wieder zu sagen pflegte, hätte ihm das einer zugetraut? … Nein, wer solche Erfolge hinter sich hat, der muss nichts mehr beweisen. Sagt er. Gerhard Schröder hat erreicht, was er wollte – und mehr. Er könnte, wenn es sein müsste, sogar aufhören. Sagt er.«[198]

Während in Berlin das Kabinett unter Leitung des Bundeskanzlers zusammentritt, legt in Zürich eine Delegation der SPD im Auftrag des Parteivorsitzenden einen Kranz nieder. Dort nämlich ist August Bebel, einer der Gründer der SPD, beigesetzt, dessen Todestag sich an diesem 13. August zum neunzigsten Mal jährt. Es hat seine Zeit gedauert, bis Gerhard Schröder wirklich bewusst geworden ist, in welcher großen Tradition er steht, seit er das Amt des Vorsitzenden der Sozialdemokratischen Partei Deutschlands übernommen hat. Es ist ja gar nicht so lange her, dass er am 23. Mai dieses Jahres den 140. Geburtstag der Partei im Kreis der Genossen mit einer großen Rede gefeiert hat. Aufmerksame Beobachter des Mannes wie Michael Inacker erinnern sich, dass Schröder noch wenige Tage vor der Bundestagswahl im vergangenen September »in kleiner Runde sehr nachdenklich« geworden ist, als ihm klar wurde, dass er eben auch auf dem Stuhl sitzt, »der einst Bebel und Brandt gehörte«. Dass er seit dem 15. Mai »länger als Willy Brandt im Kanzleramt« ist, hat er, so der Chronist, »genossen … Was jetzt kommt, ist neue Zeitrechnung.«[199]

Wohl wahr, nur dass auch die neue Zeitrechnung einem bekannten Muster folgen wird. Wie stets, wenn Gerhard Schröder politisch wieder einmal totgesagt gewesen ist, dann aber doch alle Hürden genommen und sämtliche Widerstände überwunden hat, wenn er wie in diesem Sommer selbst von einem Teil seiner notorischen Kritiker mit einigem Respekt wahrgenommen worden ist, bleibt der Absturz eine Frage der Zeit. Dafür sorgen schon die zahlreichen Gegner seiner Politik – in der SPD, auf dem sich formierenden linken Flügel des Parteienspektrums und bei den Gewerkschaften. Dort machen vor allem Ver.di-Chef Frank Bsirske und die neue Führung der IG Metall gegen die Agenda 2010 im Besonderen, gegen die Reformpolitik im Allgemeinen und nicht zuletzt gegen Gerhard Schröder ganz persönlich mobil. Bei der IG Metall ist am 31. August 2003 Jürgen Peters aus dem Machtkampf um die Nachfolge Klaus Zwickels als Sieger hervorgegangen. Das Verhältnis Zwickels zu Schröder war nicht einfach, doch hatte der Kanzler zumindest bis zur Verkündung der Agenda 2010 den »vollen Respekt« des Gewerkschafters, auch dann, wenn dieser »als Vorsitzender der IG Metall politische Entscheidungen anders bewertete«.[200] Unter seinem Nachfolger ändert sich das grundlegend.

Will Gerhard Schröder die Schlacht um sein Reformprogramm, denn eine solche wird es werden, nicht gleich während der ersten Züge verlieren, muss er sich auf den engsten Kreis verlassen können. Zuallererst auf die Mitarbeiter im Kanzleramt, und dann auf den Koalitionspartner. Der ist trotz der Gewichtszunahme bei den letzten Wahlen zwar insgesamt handzahm und trägt die Agenda bislang ohne großes Murren mit. Allerdings erlaubt sich der eine oder die andere Abgeordnete auch schon mal die Formulierung einer eigenständigen Position. Wie das die Nerven des Kanzlers strapaziert, zeigt Anfang September der Ausbruch vor der eigenen Fraktion, wo er ziemlich unfein erklärt, dass ihn dieses Verhalten einiger Grünen »allmählich ankotzt«. So ist es jedenfalls den Redakteuren der *FAZ* zu Ohren gekommen.[201] Im Beschlussprotokoll der Klausursitzung findet sich davon keine Spur.

Sicher war die Rolle Joschka Fischers für Rot-Grün immer tragend, jetzt ist sie existenziell. Deshalb erklären die beiden Ende August 2003, also nicht einmal ein Jahr nach der Bundestagswahl und gut drei Jahre vor der nächsten, auch 2006 noch einmal gemeinsam antreten zu wollen. Ein Anlass für diese überraschende Ankündigung sind Gerüchte über einen Wechsel des Außenministers nach Brüssel. Fischer ist nach der Bundestagswahl »auf eigenen Wunsch« als Vertreter der Bundesregierung in den Verfassungskonvent der EU »entsandt worden«, von dessen Schicksal noch zu berichten ist. Damit war ursprünglich die Absicht verbunden, im Laufe der Legislaturperiode, »sollte der Konvent erfolgreich sein«, in das zu schaffende Amt »des EU-Außenministers oder Außenbeauftragten« zu »wechseln«.[202]

Als der Kanzler Ende August, nach der Zukunft des Vizekanzlers befragt, diesem in einem Interview mit RTL ausdrücklich und einmal mehr die Qualifikation für den Posten des europäischen Außenministers bescheinigt, muss der Zuschauer den Eindruck gewinnen, Schröder rechne mit Fischers Abgang und erwarte eine baldige Entscheidung. So jedenfalls ziehen die Medien die Geschichte auf. Aber das entspricht nicht mehr dem Stand der Dinge. Daher ergreift Fischer die Initiative und gibt in einem Hintergrundgespräch zu verstehen, was tatsächlich seit Frühjahr ausgemachte Sache ist: Er wird nicht nach Brüssel gehen, schon weil die Nachfolgekämpfe bei den Grünen dem Reformprojekt und damit der rot-grünen Bundesregierung den Garaus gemacht hätten. Mithin steht nicht nur fest – sofern in der Politik etwas feststehen kann –, dass Joschka Fischer in Berlin bleiben, sondern dass er gemeinsam mit Schröder bis zur Bundestagswahl und auch darüber hinaus durch dick und dünn gehen wird, sollte der Wähler das wollen.

So wie es in diesem Spätsommer aussieht, will der Wähler das aber gar nicht. Am 21. September 2003 fahren die Sozialdemokraten in Bayern das mit Abstand schlechteste Ergebnis ihrer dort ohnehin nie sonderlich berauschenden Geschichte ein. Nicht einmal die Zwanzig-Prozent-Hürde können sie nehmen, sondern landen bei 19,6 Prozent. Das bedeutet einen Verlust von gut 9 Prozentpunkten und schmerzt umso mehr, als alle anderen, von den Republikanern abgesehen, für ihre jeweiligen Verhältnisse mehr oder weniger deutlich zulegen können – die CSU um beinahe 8 auf sagenhafte 60,7 Prozent und auch die Grünen um immerhin 2 auf nunmehr 7,7 Prozent.

Sicher ist das zunächst einmal ein bayerisches Ergebnis. Dennoch ist es auch eine Quittung für Rot-Grün in Berlin, und dort vor allem für die SPD, die in diesen Tagen einen völlig zerrütteten Eindruck macht. Und dann kann man natürlich in der eindrucksvollen Bestätigung des bayerischen Ministerpräsidenten eine demonstrative Korrektur des Bundestagswahlergebnisses sehen. Nach einem Jahr, so die Botschaft, haben die Wähler die Vorstellung des Kanzlers satt. »Allein schon die Tatsache, dass man in einem Land mit 12,3 Millionen Einwohnern nach 40 Jahren Regierungszeit zwei Drittel aller Mandate im Parlament hat, ist ein singulärer Vorgang in Europa« – sagt Wahlsieger Edmund Stoiber mit nachvollziehbarem Stolz und provoziert damit geradezu die Frage nach seiner Zukunft. Da sind jenseits der Münchener Staatskanzlei drei Posten denkbar. Einmal die Kanzlerschaft. Allerdings richtet sich Stoiber – vom *Spiegel* befragt, ob Schröder die Legislaturperiode überlebe – auf »drei weitere Jahre Rot-Grün ein«. Auch Option Nummer zwei, nämlich den im kommenden Jahr vakant werdenden Stuhl des Bundespräsidenten, lehnt Stoiber kategorisch ab: »Ich bin mit Leib und Seele Ministerpräsident … Ich würde die großartige Aufgabe als Parteivorsitzender nie aufgeben.«[203]

Damit schließt Stoiber auch eine dritte Möglichkeit grundsätzlich aus, welche die ihn befragenden Redakteure gar nicht auf dem Schirm haben. Wohl aber der Bundeskanzler. Der nämlich trifft sich am 10. Oktober 2003 mit dem bayerischen Ministerpräsidenten und schlägt ihm vor, als Präsident der Europäischen Kommission nach Brüssel zu gehen. Das Gespräch findet im Erlanger Privathaus Heinrich von Pierers statt, der mit Schröder nicht nur zahlreiche Auslandsreisen und etliche gemeinsame Auftritte absolviert, sondern auch das ein oder andere Tennismatch bestritten hat. Der Kanzler hatte den Vorstandsvorsitzenden der Siemens AG gebeten, »ein unauffälliges Abendessen« mit dem Bayern zu arrangieren. Das Treffen unterliegt strengster Geheimhaltung und wird der Öffentlichkeit erst durch Schröders 2006 publizierte Erinnerungen bekannt.

Außer den drei Herren und der Dame des Hauses, die diese bekocht, obgleich es ihr Geburtstag ist, erfährt einstweilen niemand von der Begegnung im Fränkischen. Selbst die Sicherheitsleute verbringen die Zeit in einem Erlanger Wirtshaus. Im Übrigen zeigt das Arrangement, dass Heinrich von Pierer jenseits später auftauchender Vorwürfe einer Verwicklung in den sogenannten Schmiergeldskandal ein respektierter Partner führender Politiker aller bürgerlichen Parteien ist, und das nicht nur wegen seiner Funktionen an der Spitze des Konzerns. Das Gespräch verläuft in angenehmer Atmosphäre. Schröder und Stoiber kennen sich seit vielen Jahren, haben als Ministerpräsidenten insbesondere industriepolitisch gelegentlich am selben Strang gezogen und sind sich auch an diesem Abend, so beobachtet es von Pierer, »sehr einig, vor allem als sie sich wechselseitig ihren Werdegang und von den schweren Zeiten in ihrer Kindheit erzählten«.[204]

Schröder hat seine Gründe, Stoiber den Posten anzutragen: Für ihren eigenen Kandidaten Guy Verhofstadt hat die europäische Linke nämlich keine Mehrheit, obgleich Belgiens Ministerpräsident ein Liberaler ist, allerdings mit Sozialisten und Grünen eine Koalition gebildet hat. Auch findet Schröder, dass nach Walter Hallstein endlich wieder einmal ein Deutscher an der Spitze dieses einflussreichen Gremiums stehen sollte. Nicht zuletzt aber weiß der Kanzler aus vielen Begegnungen, dass Stoiber zwar ein überzeugter Europäer ist, aber die ohne Not forcierte Integration mit Skepsis verfolgt. So ein Kommissionspräsident, erinnert sich Stoiber, kam ihm durchaus gelegen.[205] Also sondiert Schröder zunächst – hinter den Kulissen und mit Erfolg – bei Jacques Chirac die Lage, geht dann auf Stoiber zu und empfiehlt ihm, sich seinerseits beim französischen Staatspräsidenten rückzuversichern, was der auch unter absoluter Geheimhaltung tut. Nachdem Monate ins Land gegangen sind, ohne dass aus München irgendetwas zu vernehmen gewesen wäre, bitte der Kanzler Stoiber schließlich Anfang März um eine rasche Entscheidung. Drei Tage später lehnt der ab.

Während Schröder den Bayern für einen im Grunde »vorsichtigen«, wenn nicht »ängstlichen Menschen« hält, »der jede Herausforderung, von der er nicht weiß, ob er sie gewinnen kann, eher scheut«, begründet Stoiber seine Entscheidung mit der »Verantwortung« für seine Partei. Auch sieht er, darin von Angela Merkel unterstützt, die Gefahr, dass sich die Wählerschaft von CSU und CDU durch das plötzliche Zusammengehen der »Gegner von gestern« vor den Kopf gestoßen fühlen könnte.[206] Für den einen wie für den anderen ist das aber wohl nur die halbe Wahrheit. So wie Schröder ein Interesse daran hat, in der Auseinandersetzung um seine Reformpolitik die Front der Opposition zu schwächen, ist Stoiber daran gelegen, seine starke Position in dieser Front zu halten, auszubauen und sowohl gegenüber der rot-grünen Bundesregierung als auch und nicht zuletzt gegenüber den Konkurrenten in den eigenen Reihen auszuspielen.

So gesehen ist die Absage Stoibers für Schröder eine schlechte und eine gute Nachricht. Die schlechte ist, dass der Bayer natürlich den wunden Punkt der Reformpolitik sieht. Dafür bedarf es ja keines geschulten Auges. Der Kanzler, sagt er Ende September, nimmt »seine eigene Partei nicht mit … Ein Kanzler kann auf Dauer nicht ohne seine Partei regieren. Sie ist der Mutterboden.«[207] Andererseits, und das ist die gute Nachricht, bringt ein selbstbewusster, vielfach hofierter Ministerpräsident so viel Störpotenzial in die gegnerischen Reihen, dass es möglich sein sollte, die Opposition jedenfalls zeitweilig wenn nicht auseinanderzudividieren, so doch durch geschicktes Taktieren in ihrer Schlagkraft zu schwächen.

In der Haushaltsdebatte während der zweiten Septemberwoche bringen sich Regierung und Opposition in Stellung. Alle wissen, was auf dem Spiel steht. Die Regierung braucht für einen großen Teil ihrer Gesetzesvorhaben die Opposition, und die Opposition, die ja irgendwann wieder einmal die Regierung stellen will, muss den Eindruck totaler Blockade vermeiden und verlegt sich, so der *Spiegel*, auf eine »Strategie der fürsorglichen Belagerung«.[208] Was jetzt erledigt und mit seinen unangenehmen Begleit- und Folgeerscheinungen der Regierung angelastet wird, muss man später nicht mehr selbst anpacken. Dass Sanierungsarbeiten am Wirtschafts- und Sozialsystem der Republik über kurz oder lang fällig sind, weiß man auf den Führungsetagen von Union und FDP deshalb so genau, weil man sie hier viele Jahre vor sich hergeschoben und zu einem veritablen Stau verdichtet hat. Und so sehen die Kontrahenten am 10. September, als es wie gewohnt anlässlich der Beratungen über den Haushalt des Kanzleramtes zur Generalaussprache kommt, von persönlichen Schärfen ab: »Bundeskanzler Schröder und sein Fraktionsvorsitzender Müntefering einerseits und die CDU-Vorsitzende Angela Merkel andererseits übten auf vorwegnehmender Weise Rücksicht darauf, daß sie noch in diesem Herbst ihre Reihen mehrfach auf gemeinsames Abstimmen hin orientieren werden.« So nimmt Günter Bannas die Aussprache wahr.[209]

Schröder gibt den Ton vor. Er hat sich vorbereitet, hat sowohl für den 8. als auch für den 10. September handschriftlich ein Konzept entworfen – mit der für den geschulten Juristen charakteristischen systematischen Struktur und in der feinen, fast zierlich wirkenden, gut lesbaren Handschrift, die auch dann noch gleichmäßig ist, wenn er sich unter größtem Druck an die Arbeit macht. Die Notizen, die wie stets in diesen Jahren in einem Zug zu Papier gebracht sind und kaum Korrekturen aufweisen, beginnen mit einer Analyse der Lage und münden in die Maßnahmen, die zu ergreifen sind, will man sich behaupten. »Was ist unsere Aufgabe?« »Veränderungen annehmen und in ihnen Gerechtigkeit bewahren.« Es bleibt erstaunlich – oder eben gerade nicht –, wie konsequent Schröder an einigen Maximen festhält. So an der Forderung nach Chancengleichheit, Gerechtigkeit und Solidarität, die nie ein Lippenbekenntnis gewesen ist, aber auch am Prinzip der Eigenverantwortung, ohne die Solidarität keine Zukunft hat. Zum Beispiel bei der Gesundheits- und der Arbeitsmarktreform, über die das Parlament in zweieinhalb Wochen abzustimmen hat: »Gesundheitsreform: – mehr Transparenz; neue Balance zwischen Eigenverantwortung und Solidarität«; »Arbeitsmarktreform: – Fordern: Arbeit[,] die zumutbar ist[,] muß gemacht werden. Was ist zumutbar[?] ... Einsatz eigenen Vermögens[,] Zuverdienst.«[210]

Muss man erwähnen, dass dieses Verständnis sozialer Gerechtigkeit vor allem in den eigenen Reihen für Irritation, für Unmut und auch für Wut sorgt? Selbst Kabinettsmitglieder sind davor nicht gefeit. Zum Beispiel die Entwicklungshilfeministerin. In einem offenen Brief an Olaf Scholz, den die *Frankfurter Rundschau* veröffentlicht, macht sie ihrer Empörung Luft. Zwar haut Heidemarie Wieczorek-Zeul den Generalsekretär, doch trifft sie den Kanzler, wenn sie sagt, dass man Werte »nicht wechseln« dürfe »wie das Hemd. Und auch nicht einfach umdefinieren. Im konkreten Fall wird behauptet, die Bedingungen für Gerechtigkeit hätten sich verändert. Was sind denn diese Veränderungen? Genannt werden neben der Demographie die ›Krise der öffentlichen Haushalte‹ und die ›verfestigte Massenarbeitslosigkeit‹ ... deshalb unsere Gerechtigkeitsvorstellung zu ändern, ist doch etwas sehr abwegig.«[211] Nicht dass die Ministerin realisierbare Alternativen anzubieten hätte. Aber immerhin hält sie sich – wie stets – an die Kabinettsdisziplin, als es darauf ankommt.

Am 26. September 2003 kommt es darauf an. Jetzt muss sich zeigen, ob die von Regierung und Opposition angekündigte Zusammenarbeit bei den dringend nötigen Reformen funktioniert und ob die einen wie die anderen ihre Reihen hinter der jeweiligen Führung schließen können. Denn die Gesundheitsreform Ulla Schmidts, die an diesem Tag neben der Arbeitsmarktreform zur Abstimmung steht, ist hinter den Kulissen von SPD, Grünen und Unionsparteien ausgehandelt worden, also ein Kompromiss, der folglich auf beiden Seiten für Verwerfungen sorgt. Das »Gesetz zur Modernisierung der gesetzlichen Krankenversicherung« zielt auf eine dauerhafte Senkung der Beiträge zur gesetzlichen Krankenkasse und damit der Lohnnebenkosten. Was auf der einen Seite der Sicherung des Standorts Deutschland und damit der Arbeitsplätze dient, bedeutet auf der anderen für die Patienten neue Belastungen, von denen vor allem eine einmalig pro Quartal zu entrichtende sogenannte Praxisgebühr in Höhe von zehn Euro, aber auch der Fortfall einer Reihe von Zahlungen wie des Sterbe- und Entbindungsgeldes Unmut erzeugt.

Obgleich die Gesundheitsreform das Parlament mit überwältigender Mehrheit passieren wird, haben sich Schröder und Fischer eine eigene Mehrheit in den Kopf und damit sich selbst unter einen erheblichen Druck gesetzt. Wieder einmal ist zu hören, der Kanzler drohe andernfalls mit Rücktritt, und dass Regierungssprecher Béla Anda das ausdrücklich dementiert, deutet darauf hin, dass es wohl so ist. Und dann müssen der Kanzler und sein Vize ausgerechnet in der Woche der Abstimmung nach New York reisen, wo Schröder vor den Vereinten Nationen seine mit Spannung erwartete Rede hält und hernach, wie berichtet, mit dem amerikanischen Präsidenten zusammentrifft. Das erhöht den Druck.

Bis zuletzt werden die potentiell Abtrünnigen beider Fraktionen wahlweise bekniet, bedrängt oder bedroht. Schon vier Wochen vor der Abstimmung und zuletzt in einer Sondersitzung unmittelbar davor wird die SPD-Fraktion durch ihren Vorsitzenden und den zweimal auftretenden Bundeskanzler auf die »eigene Mehrheit« eingeschworen: »Absicht der Opposition sei es zu beweisen, dass die Koalition die Reformgesetze der Agenda 2010 nicht durchsetzen könne«, sagt Schröder den Abgeordneten, bevor sie sich in den Plenarsaal begeben, und »ruft in Erinnerung, dass das Ende der sozialliberalen Koalition 1982 mit einem langsamen Verfallsprozeß begonnen habe, der aus der Schwäche der damaligen Fraktion entsprang, zusammenzustehen.«[212] Gerhard Schröder weiß das so genau, weil er dabei gewesen ist und nicht gerade zum Zusammenstehen der Fraktion beigetragen hat.

Als um 10.30 Uhr die Abstimmung beginnt, sind der Bundeskanzler und sein Vize sichtlich nervös. Am Ende der Schlacht reicht es zwar nicht für die Kanzler-, aber immerhin für die angestrebte eigene Mehrheit, weil die Unionsparteien noch schlechter organisiert sind als die rot-grünen Fraktionen und 23 Abgeordnete nicht erschienen sind, warum auch immer. So entfallen auf die Koalition 297 der 517 Stimmen, die insgesamt zugunsten der Reform abgegeben werden. Sechs Sozialdemokraten haben mit Nein gestimmt, ein Grüner hat sich enthalten.

Besser läuft es an diesem Tag, jedenfalls was das Abstimmungsverhalten der eigenen Leute angeht, beim Gesetz zu Reformen am Arbeitsmarkt, das Bundeswirtschaftsminister Clement eingebracht hat. Es sieht zum einen nach einer Übergangsfrist eine deutlich kürzere Bezugsfrist des Arbeitslosengeldes von im Regelfall nur noch zwölf Monaten, außerdem eine Lockerung des Kündigungsschutzes vor, der es Kleinbetrieben ermöglicht, bis zu fünf neue Mitarbeiter befristet einzustellen. 305 Abgeordnete stimmen dem Gesetz zu, mithin sämtliche Parlamentarier der Koalition. Kanzlermehrheit also immerhin hier. Das ist ein schöner Erfolg, zumal es keine Zustimmungspflicht der Länderkammer gibt, aber es wiegt die Nein-Stimmen bei der Abstimmung über die Gesundheitsreform nicht auf.

Weil das so ist, nehmen der Kanzler und der Fraktionsvorsitzende die sechs, darunter Skarpelis-Sperk, direkt oder indirekt ins Visier. Müntefering nennt sie schlicht »feige und kleinkariert«,[213] und Schröder lässt auch jetzt keinen Zweifel, dass er sein »politisches Schicksal … ganz bewußt« mit der

Durchsetzung der Reformen verbindet, und fügt hinzu: »Wenn wir das bis Weihnachten nicht schaffen, schaffen wir es nicht mehr.«[214] Denn dann werden die Gegenkräfte zu stark und die belastenden Auswirkungen auf die nächsten Landtagswahlen zu groß sein. Zumal ja auch das Kabinett zu eben dieser Zeit in der Außenwirkung ein Bild des Jammers bietet.

Wie es im Kabinett tatsächlich aussieht, hält der Chef des Bundeskanzleramtes Mitte September 2003 in »ein paar Stichworte[n] für einige disziplinierende Anmerkungen im Kabinett« fest, die in das Fazit münden: »So kann man mit und in einer Koalition nicht regieren! ... Zugespitzt ist es doch sogar so: Der B[undeskanzler] wird vor die Wahl gestellt: Entweder Du besorgst die Mehrheit im Bundesrat für ein rot-grünes Gesetzesvorhaben, was objektiv selten gelingen kann. Oder, wenn Du zur Durchsetzung des Vorhabens Kompromisse eingehst, dann sieh' gefälligst zu, wie Du das Problem öffentlich verkaufst.« Frank-Walter Steinmeier hält es schlicht für »unzumutbar, ja unmenschlich«, es vor allem einer Person, eben dem Kanzler, zu überlassen, »die gemeinsame Politik zu erklären und für gesellschaftliche Akzeptanz zu sorgen«.[215]

Das sieht der Kanzler nicht anders. Als die grüne Bundestagsabgeordnete Claudia Roth, die zurzeit keine Führungsposition in ihrer Partei mehr hat, aber Beauftragte der Bundesregierung für Menschenrechtspolitik und Humanitäre Hilfe ist, ihm eben das sagt, dass er nämlich einen Kompromiss gefälligst öffentlich verkaufen solle, reagiert Schröder auf eine für ihn sonst nicht charakteristische Art, nimmt die Akten und schmeißt sie gegen die Wand. »Wutausbrüche«, hatte die Niedersächsische Staatskanzlei im August 1994 auf eine Kleine Anfrage der Opposition in Hannover geantwortet, »gehören nicht zum Spektrum der dem Ministerpräsidenten möglichen Reaktionsweisen in politischen Diskussionen.«[216] Nämliches gilt auch für den Bundeskanzler, aber wenn der Kragen einmal bedrohlich eng wird, dann platzt er eben.

Dieses Theater wollen auch die Wähler nicht mehr hinnehmen. Wie die Kommunalwahlen in Brandenburg, einer Hochburg der SPD, am 26. Oktober zeigen, sind die Auseinandersetzungen um die Reformpolitik Gift für die Sozialdemokraten: Um gut 15 auf nur noch 23,5 Prozent geht ihr Anteil zurück, so dass sie die Spitzenstellung auch hier an die CDU verlieren. Damit setzt sich eine beispiellose Negativserie fort. Seit Gerhard Schröder ins Bundeskanzleramt eingezogen ist, haben die Sozialdemokraten zwar in einigen Bundesländern, wie in Nordrhein-Westfalen, die Führung, wenn auch mit Verlusten, behaupten und in einem Fall, nämlich in Berlin, diese sogar übernehmen können, doch mussten sie in der gleichen Zeit in Hamburg, Hessen, Niedersachsen, dem Saarland und Sachsen-Anhalt den ersten Platz räumen, von den Kommunen dort und andernorts gar nicht zu reden.

In diesen fünf Jahren sind den Sozialdemokraten aber nicht nur die Wähler, sondern auch die Mitglieder gleich scharenweise davongelaufen. Selbst wenn man mit Schröder davon ausgeht, dass der »Rückgang der Mitgliederzahlen von Großorganisationen« nicht »gleichzusetzen ist mit einem Rückgang des Interesses an Politik«,[217] ist er besorgniserregend: 84 000 Genossen haben der Partei von Ende 1997 bis Ende 2002 den Rücken gekehrt, gut 10 Prozent der gesamten Mitgliedschaft. Zu den durchaus dramatischen Folgen zählt der Rückgang der Beitragseinnahmen, die Ende 2002 um gut 2,5 Millionen Euro geringer ausfallen als fünf Jahre zuvor. Das wiederum hat zur Folge, dass die staatlichen Zuschüsse wegschmelzen. Bemessungsgrundlage sind neben den Mitgliederbeiträgen die Wählerstimmen. Und da sieht es eben auch nicht besser aus: Seit der Bundestagswahl 1998 hat die SPD 3,75 Millionen Stimmen eingebüßt: 1,7 Millionen bei der Bundestagswahl 2002 und gut 2 Millionen bei den Landtagswahlen.[218] Jetzt sehen die Umfragen die Partei gerade noch bei 26 Prozent, und die eigentlichen Kraft- und Zerreißproben stehen ihr erst bevor: Am 17. Oktober geht es im Bundestag um das Dritte und Vierte Gesetz für moderne Dienstleistungen am Arbeitsmarkt, vulgo »Hartz III« und »Hartz IV«, und vier Wochen später versammeln sich die Genossen in Bochum zu ihrem Parteitag, dem nicht wenige mit Bangen entgegensehen.

Unter diesen Umständen sind selbst die Auslandsreisen nicht mehr willkommener kurzzeitiger Abschied von der Tristesse und dem Stress des heimischen Betriebes, sondern kräftezehrende Unternehmen. So der Marathon, der den Kanzler am 4. Oktober zunächst zur Eröffnung der Regierungskonferenz nach Rom führt, die sich in den kommenden Monaten mit dem vom Europäischen Konvent erarbeiteten Verfassungsvertrag befassen wird. Von dort geht es direkt weiter nach Ägypten, Saudi-Arabien, Abu Dhabi und Dubai, es folgen Reisen ins russische Jekaterinburg, also in den asiatischen Teil des riesigen Landes, und schließlich nach Paris. Den danach anstehenden EU-Gipfel muss Schröder am 16. Oktober vorzeitig verlassen, weil anderntags im Parlament die Abstimmung über Hartz III und Hartz IV angesetzt ist. Das alles passiert innerhalb von zwölf Tagen, unterbrochen von Aufenthalten in Deutschland, wo zum Beispiel der Besuch des Gewerkschaftstages der IG Metall auf dem Programm steht. Das muss man wollen, und das muss man aushalten.

Die Nahostreise ist seine zweite als Kanzler und seine erste auf die Arabische Halbinsel. Wie auf seiner ersten Expedition in den Nahen Osten hat er sich auch jetzt unvorhergesehenen Ereignissen vor Ort zu stellen. Stand die Reise im Herbst des Jahres 2000 wegen des Ausbruchs der zweiten Intifada kurzzeitig vor einem Abbruch, muss er jetzt Stellung zu Angriffen auf Syrien beziehen, mit denen die israelische Luftwaffe auf einen Anschlag in Haifa reagiert. Er tut das mit unmissverständlichen Worten, wie er überhaupt mit seiner Kritik an bestimmten Zügen der israelischen Politik nicht hinter dem Berg hält. So fordert er Anfang Juni 2001 in einem Gespräch mit Premier Ariel Scharon[219] oder Ende April 2002 vor dem Bundestag die Regierung in Jerusalem auf, »widerrechtlich errichtete Siedlungen in den Palästinensergebieten zu räumen«.[220] An der Wertschätzung, die man Gerhard Schröder in Israel entgegenbringt, ändert das nichts. Als seine Kanzlerschaft endet, macht Scharon deutlich, warum das so war: Wie alle seine Vorgänger ließ Schröder keinen Zweifel am Existenzrecht Israels, und er setzte sich zum Beispiel in der letzten Phase seiner Amtszeit auch dafür ein, dass Israel – gegen bestimmte Zugeständnisse unter anderem bei der Siedlungspolitik – zwei weitere, von Deutschland mitfinanzierte U-Boote aus deutscher Produktion ordern konnte.[221]

Die Gesprächsatmosphäre auf den vier Stationen der Kanzlerreise ist angenehm und konstruktiv. Gerhard Schröder ist ein gern gesehener Gast. Dass Helmut Kohl in seiner sechzehnjährigen Amtszeit nur ein einziges Mal nach Saudi-Arabien gereist ist, und zwar 1983, hat man mit Befremden registriert. Immerhin ist das Land wie die gesamte Region ein bedeutender Markt. 2002 haben deutsche Firmen Waren und Dienstleistungen im Wert von rund 3,4 Milliarden Euro geliefert – Tendenz rasant steigend. Im Übrigen geht es in Riad zum Beispiel um den geplanten saudischen Beitritt zur Welthandelsorganisation WTO, um ein Doppelbesteuerungsabkommen oder auch um die Chance der Deutschen Bank, als erstes westliches Kreditinstitut eine Niederlassung zu eröffnen.

Aussichtsreich gestalten sich auch die Geschäftsbeziehungen zu den Vereinigten Arabischen Emiraten. Zwischen 1999 und 2002 haben sich die deutschen Exporte auf über 3 Milliarden Euro verdoppelt. Zwischen Kanzler Schröder und Scheich Hamdan, dem Stellvertretenden Premierminister, entwickelt sich eine politische Freundschaft, die über die Amtszeit des Bundeskanzlers hinaus trägt. Als Hamdan ein halbes Jahr später zum Gegenbesuch im Kanzleramt ist, lässt er den Gastgeber wissen, die Emiratis würden das ihnen vom Kanzler »erwiesene hohe Maß an Aufmerksamkeit so schnell nicht vergessen«. Ausdrücklich bestätigt er das Interesse der »VAE-Führung« an der von Schröder angeregten *»strategischen Partnerschaft«*, die der Kanzler nicht auf den »Aufbau der Wirtschaftsbeziehungen, die Förderung des Handelsaustausches sowie der Investitionstätigkeit in beide Richtungen« beschränkt sehen will.[222] Außerdem hat man in der Region natürlich seine Haltung im Vorfeld und während des Irakkrieges aufmerksam und durchweg mit großer Zustimmung verfolgt.

Überhaupt kann Gerhard Schröder jetzt die Früchte einer Außenpolitik ernten, die ihm innenpolitisch so viel Ärger eingetragen hat: »Wo immer der Kanzler in der vorigen Woche hinreiste, konnte er die Dividende seines Widerstands gegen die Kriegspolitik der USA einstreichen«, beobachtet der *Spiegel*.[223] Auch in Russland, wohin Schröder wie schon auf seiner Reise nach Arabien von einer vielköpfigen und hochrangigen Wirtschaftsdelegation begleitet wird. Deutschland ist mit einem Anteil von rund 20 Prozent des Warenimports Russlands größter Handelspartner. Vereinbart werden Investitionen von mehr als 1,5 Milliarden Euro, außerdem eine Reihe von Wirtschaftsprojekten, wobei der Schwerpunkt eindeutig auf dem Energiesektor liegt.

Die Vertreter der deutschen Wirtschaft zählen zu den stärksten Stützen der Russlandpolitik Gerhard Schröders. Allen voran Klaus Mangold – umtriebiger Manager, bis Ende 2003 Mitglied des Vorstands von Daimler und vor allem von 2000 bis 2010 Vorsitzender des Ost-Ausschusses der Deutschen Wirtschaft – fördert auf der Bühne und hinter den Kulissen des Kanzlers Ostpolitik. Seit seiner Gründung im Jahr 1952 gehört der Ost-Ausschuss zu den wichtigsten Befürwortern einer aktiven, initiativen Politik gegenüber der Sowjetunion beziehungsweise Russland – auch und gerade in jenen Zeiten, in denen sie von sozialdemokratischen Bundeskanzlern gestaltet wurde.

Das Paradebeispiel für das enge Zusammenspiel von Politik und Wirtschaft sind die sogenannten Erdgas-Röhren-Geschäfte, deren erstes am 1. Februar 1970 in drei Abkommen unter Dach und Fach gebracht worden ist. Damals vereinbarten bundesdeutsche Firmen die Lieferung von 1,2 Millionen Tonnen Großrohren zum Bau einer Erdgasleitung von Sibirien nach Mittel- und Westeuropa. Im Gegenzug sicherte Moskau zu, 1973 beginnend und über einen Zeitraum von 20 Jahren, 3 Milliarden Kubikmeter Erdgas jährlich an ein deutsches Unternehmen zu liefern. Ein Konsortium deutscher Banken fand sich zu einem gebundenen Finanzkredit in Höhe von 1,2 Milliarden D-Mark bereit, der zur Hälfte durch eine staatliche Bürgschaft gedeckt war.

Das war der Anfang eines bemerkenswerten Kapitels der deutsch-sowjetischen beziehungsweise deutsch-russischen Beziehungen. Es ließ sich so gut an, dass schon am 6. Juli 1972 das zweite Erdgas-Röhren-Vertragspaket unterzeichnet werden konnte, am 29. Oktober 1974 folgte ein drittes und am 20. November 1981 das vierte und vorerst letzte Geschäft dieser Art. Dieses sah vor, dass die Sowjets, Mitte der achtziger Jahre beginnend, ihre jährlichen Lieferungen auf insgesamt 20 Milliarden Kubikmeter verdoppelten, und das auf 25 Jahre, also bis 2010. Das Gas sollte durch eine zweite, noch zu bauende Pipeline über 5000 Kilometer von der westsibirischen Halbinsel Jamal bis in die Nähe von Waidhausen an der Grenze zur Tschechoslowakei geleitet, die Rohre sollten von westlichen, darunter deutschen Firmen auf Kredit und gegen spätere Bezahlung in Erdgas geliefert werden.

Vieles an diesen Geschäften war aufschlussreich. So machten sie deutlich, dass sich die Sowjets während des Ost-West-Konflikts auch dann an die Abmachungen hielten, wenn das allgemeine politische Klima rau und unfreundlich war. Das sprach für den hohen Stellenwert, den die Erdgas-Röhren-Geschäfte gerade auch für sie besaßen. Und es fällt auf, dass alle diese Geschäfte während der Amtszeiten der beiden sozialdemokratischen Kanzler Willy Brandt und Helmut Schmidt geschlossen worden sind. Daher steht Gerhard Schröder in einer vertrauten Tradition, als er sich in Jekaterinburg für die Unterzeichnung einer Absichtserklärung einsetzt, in der die deutschen Konzerne Ruhrgas und Wintershall mit dem russischen Monopolisten Gazprom den Bau einer rund 6 Milliarden Euro teuren Gaspipeline durch die Ostsee vereinbaren.

Diese später »North« beziehungsweise »Nord Stream« genannte Pipeline, die auf einem fünften Erdgas-Röhren-Geschäft basiert, wird Schröder weit über das Ende seiner Kanzlerschaft hinaus begleiten und seinen Ruf zeitweilig zu Unrecht schädigen. Ursprünglich zählt er nicht zu den treibenden Kräften dieses Projekts, das seit 1999 im Ostseerat diskutiert wird und für das sich vor allem Finnland mit dem Argument starkmacht, die Gaslieferungen nach Europa könnten so »erheblich diversifiziert« werden. Anfang Februar 2001 hatte der finnische Ministerpräsident den Kanzler brieflich gebeten, »dass Deutschland mit uns die Auffassung über die besondere Bedeutung der Gasleitung durch die Ostsee teilen könnte«.[224] Es dauert seine Zeit, bis Gerhard Schröder dem Werben und Drängen der Nachbarn, aber auch deutscher Unternehmen nachgibt und sich in Jekaterinburg endgültig hinter das Vorhaben stellt.

Daneben geht es an diesem 8. und 9. Oktober 2003 unter anderem um den Bau eines Gas- und Dampfkraftwerks, um die Erschließung eines Gasfeldes in Westsibirien, aber auch um den Bau einer Ammoniakanlage, um die Entsorgung von 120 stillgelegten russischen Atom-U-Booten oder um die Intensivierung der Kooperation zwischen der Deutschen Bahn und der russischen Eisenbahn. Von politischer wie militärischer Bedeutung gleichermaßen ist die Unterzeichnung eines Abkommens, das es Deutschland als erstem NATO-Mitglied überhaupt gestattet, Militärtransporte über russisches Territorium rollen zu lassen, um die deutschen Truppen in Afghanistan – via Kasachstan und Usbekistan – auf dem Landweg zu versorgen.

Und dann ist da noch das Thema Tschetschenien. Seit Schröder unter dem Eindruck des 11. September eine »Neubewertung« dieser Frage vorgenommen hat und, wie berichtet, zu einer »differenzierteren« Betrachtung übergegangen ist, hält er sich öffentlich zurück. Das ist nicht unproblematisch, hat doch die Europäische Union soeben erst mit »Sorge« Manipulationen der dortigen Wahlen zur Kenntnis genommen und ihre Auffassung bekräftigt, »dass mehr unternommen werden muss, um die Achtung der Menschenrechte in Tschetschenien zu gewährleisten«, allerdings ausdrücklich auch die »territoriale Unversehrtheit Russlands« anerkannt und den »Terrorismus in all seinen Formen« verurteilt.[225] Es ist dem deutschen Außenminister vorbehalten, die Bedenken der EU in einem Gespräch mit seinem russischen Kollegen zu bekräftigen.

Der Kanzler bleibt seiner Linie bis zum Ende seiner Amtszeit treu und interpretiert das Vorgehen des Kreml in Tschetschenien erstens als Kapitel im Kampf gegen den internationalen Terrorismus und zweitens als innere Angelegenheit Russlands. Gerhard Schröder ist über die Vorgänge im nördlichen Kaukasus sehr gut informiert. Im Allgemeinen kein Aktenleser, sieht er sich die Notizen, Telefonate, Briefe etc. zu Tschetschenien fast immer an und zeichnet sie mit seiner Paraphe ab; falls er es nicht tut, macht es Krampitz. Der Kanzler weiß also, dass der Krieg bislang mindestens 100 000 Tote, insbesondere unter der Zivilbevölkerung, und, konservativ geschätzt, mindestens 10 000 gefallene russische Soldaten gefordert hat.

Wer dabei für was die Verantwortung trägt, lässt sich von Berlin aus nicht entscheiden. Gerade erst sind beim Überfall auf eine Schule in der nordossetischen Stadt Beslan durch nordkaukasische Terroristen, so die Sprachregelung Moskaus, 1200 Geiseln genommen worden. Am Ende kommen bei den Kämpfen 365 Menschen ums Leben, darunter 30 Geiselnehmer; Hunderte werden verletzt. Für den Kanzler versteht es sich von selbst, dass er in Reaktion darauf dem russischen Präsidenten das sogenannte fliegende Lazarett der Bundeswehr anbietet.[226]

Hingegen ist er nicht bereit, öffentlich bei Putin zu intervenieren und ihn zu einer Änderung seiner Kaukasusstrategie zu bewegen, wie das ein ständig anschwellender Chor auch von Angehörigen der Regierungsparteien fordert.

Vielmehr unterstützt er die russische Politik öffentlich ohne Wenn und Aber, da angesichts der brenzligen Situation in Iran oder Afghanistan »niemand in Deutschland ein Interesse an einer Instabilität ausgerechnet in Rußland haben darf. Über die durchaus vorhandenen unterschiedlichen Bewertungen über die eine oder andere Maßnahme Rußlands in Tschetschenien rede ich intern mit dem russischen Präsidenten. Aber nur intern, weil ich glaube, daß das die einzige Möglichkeit ist, Einfluß zu nehmen.«[227]

Dass ihm dabei kein Erfolg beschieden ist, sagt der Kanzler immerhin im kleinen Kreis. In der Tschetschenienfrage, lässt er Mitte März 2004 die Mitglieder der Arbeitsgemeinschaft Außenpolitik der SPD-Fraktion wissen, sei Putin »völlig unzugänglich«. Der Präsident sehe Russland »als ›im Krieg‹ befindlich. Der Kampf gegen den tschetschenischen Terrorismus gehe einher mit dem Gefühl persönlicher Bedrohung. Putin vergleiche den Kampf gegen die tschetschenischen Terroristen mit dem Kampf gegen die Taliban.« Er »habe mit Putin über Tschetschenien Nächte lang gesprochen, ohne dass dies Wirkung gezeigt habe. Hier gehe es um tiefsitzende Gefühle.«[228]

Ähnlich diskret wie in Russland, also nicht öffentlich, behandelt Schröder die sensiblen Themen in China. In kein anderes Land außerhalb Europas, von den USA einmal abgesehen, ist Gerhard Schröder so oft gereist wie ins Reich der Mitte. Als er sich am 30. November 2003 erneut auf den Weg macht, ahnt der Kanzler noch nicht, dass die Nachrichten, die er dort produzieren wird, in den Medien bald als »China-Kracher« gehandelt und das Verhältnis zum grünen Koalitionspartner kurzzeitig schwer belasten werden. Dabei ist keines der brisanten Themen neu oder unbekannt. Auch nicht der Wunsch der Chinesen nach einer Aufhebung des europäischen Waffenembargos, den Schröder nicht zum ersten Mal öffentlich unterstützt. Den Kritikern dieser Position daheim, meint er, sollte geläufig sein, dass nicht der deutsche Bundeskanzler im Alleingang, sondern der Europäische Rat der Staats- und Regierungschefs im Einvernehmen über die Aufhebung des EU-Waffenembargos zu entscheiden hat. Im Übrigen würde dieser erste Schritt keineswegs zwangläufig den zweiten, nämlich den Beginn von Waffenlieferungen an die Volksrepublik, nach sich ziehen. Und bevor über diese verhandelt werde, müsse zunächst einmal ein entsprechender Auftrag aus Peking auf dem Tisch liegen.

Auf dem Tisch liegen hingegen entsprechende Wünsche Taiwans nach U-Booten der Howaldtswerke-Deutsche Werft GmbH (HDW), und die wiederum lehnt der Kanzler kategorisch ab. Mithin gibt es keine deutschen Waffenlieferungen – nach Taiwan nicht, und in die Volksrepublik auch nicht. Daher überrascht es in der deutschen Delegation doch sehr, dass dieses Thema in Berlin zu einem medialen »Kracher« werden kann. Zur Delegation gehören neben Verkehrsminister Stolpe und Justizministerin Zypries, die den inzwischen fest etablierten »Rechtsstaatsdialog« um zwei Jahre verlängert, zahlreiche Vorsitzende beziehungsweise Sprecher von Vorständen deutscher Banken und Unternehmen: Sage und schreibe 130 haben sich angemeldet, 30 können an der Expedition teilnehmen, die den Kanzler und seine Entourage von Peking über Kanton in die westchinesische Millionenmetropole Chengdu führt. Für das gewaltige Interesse gibt es einen guten Grund: 40 Prozent des chinesischen Handels mit dem Alten Kontinent entfallen auf die Bundesrepublik. Ministerpräsident Wen Jiabao, neben Staatspräsident Hu Jintao Schröders wichtigster Gesprächspartner, schätzt, das Handelsvolumen werde noch im laufenden Jahr 2003 auf rund 40 Milliarden Dollar steigen.

Wenn die Chinareisenden aus Politik und Wirtschaft die deutsche Presse lesen, haben sie den Eindruck, auf einer »anderen Veranstaltung« zu sein. Zwischen ihnen und den gleichfalls in stattlicher Anzahl mitreisenden Presseleuten entwickelt sich ein regelrechter Kleinkrieg, wie Günter Bannas beobachtet.[229] Sie haben noch nicht die letzte Station erreicht, als bereits der nächste und mit Blick auf die innenpolitischen Folgen gefährlichste »Kracher« die Trommelfelle der Reisenden strapaziert.

Dabei geht es um den Verkauf der eingemotteten MOX-Brennelemente-Anlage der Firma Siemens an China. Sie dient im Wesentlichen dazu, waffenfähiges Plutonium in Mischoxid-Brennelemente umzuwandeln, die sich dann einlagern und wiederaufbereiten lassen. Sie sei ein »höchst sinnvoller Beitrag, Plutonium zu vernichten«, und leiste damit »einen Beitrag zur nuklearen Abrüstung«. Sagt der Vorstandsvorsitzende von Siemens Heinrich von Pierer,[230] der auch auf dieser Reise dabei ist und sich kurzfristig auf das Thema einstellen muss. Dass seit 1979 auch im niedersächsischen Lingen eine Brennelementefertigungsanlage, wenn auch für Uran, in Betrieb ist, bleibt erstaunlicherweise während des aufziehenden Gewitters unerwähnt.

Nichts an dem geplanten Verkauf ist überraschend oder ungewöhnlich. Vielmehr gibt es eine allgemein bekannte Vorgeschichte, die Günter Bannas nach der Rückkehr so zusammenfasst: »Im Jahr 2000 war die Genehmigung erteilt worden, die Anlage nach Rußland zu verkaufen. Die führenden Wirtschaftsnationen (G 8) hatten dem zugestimmt. Außenminister Fischer hatte den Verkauf der Anlage sogar als Initiative zur Abrüstung bezeichnet, weil waffenfähiges Plutonium in Brennstäbe zur zivilen Nutzung der Kernenergie umgewandelt werde. Das Geschäft scheiterte nicht einmal an der Verweigerung einer Hermes-Bürgschaft durch die Bundesregierung. Es scheiterte an russischen Wünschen, die Bundesregierung solle den Verkauf finanziell för-

Schulterschluss: In der Volksrepublik China ist Gerhard Schröder – hier im Dezember 2004 begrüßt vom ehemaligen Ministerpräsidenten Zhu Rongji – ein gern gesehener Gast.

dern.«[231] Das belegen die Akten des Kanzleramts, und das bestätigt auch Joschka Fischer, der ursprünglich »keine Bedenken« hat, dem Export der Anlage nach China zustimmt und damit zugleich ein entscheidendes Hindernis für Gerhard Schröders Zusage an die dortige Regierung aus dem Weg räumt. Erst als die Amerikaner Wind von dem Geschäft bekommen und Druck machen, kommt der Außenminister zu dem Schluss, dass die Anlage in diesem Fall nicht der Abrüstung dienen, sondern im Gegenteil »im militärischen Atomprogramm der Chinesen eine bestehende Technologielücke schließen« werde.[232]

Was sich über seiner Regierung zusammenbraut, erfährt der Kanzler, als er auf dem Rückweg aus China in Kasachstan haltmacht. Der Besuch ist im Laufe des Jahres in mehreren Telefonaten zwischen ihm und Staatspräsident Nursultan Nasarbajew vereinbart worden. Der ist gerade dabei, Astana, die Hauptstadt des Landes, das als Sowjetrepublik nie mehr als eine Randexistenz geführt hatte, mit den üppig sprudelnden Einnahmen aus dem Öl- und Gasgeschäft in eine moderne Metropole zu verwandeln und sich seine Herrschaft auf Lebenszeit zu sichern.

Als Schröder zuletzt hier war, hat niemand diesen rasanten Aufschwung des Steppenlandes vorhersehen können. Beinahe 14 Jahre ist es her, seit er im Oktober 1989 als niedersächsischer Oppositionsführer für zwei Tage nach Kasachstan gereist ist, um sich vor Ort einen Eindruck von der Lage der »Deutschstämmigen« zu verschaffen. Damals hatte der Oppositionsführer im Niedersächsischen Landtag nach Lösungsmöglichkeiten gesucht, »damit die

Menschen nicht weglaufen« – und in die Bundesrepublik kamen, die mit einer ersten Welle von Übersiedlern, Flüchtlingen und Migranten zu kämpfen hatte. Die Aussichten, dass sie bleiben, sind jetzt deutlich besser als anderthalb Jahrzehnte zuvor, weil es sich für die noch rund 300 000 der vormals rund eine Million »Deutschstämmigen« natürlich in einem prosperierenden Schwellenland angenehmer leben lässt als in einer stagnierenden Sowjetrepublik.

Noch in Astana sieht der Kanzler sich genötigt, mehrere Fernsehinterviews zur MOX-Anlage zu geben. Zurück in Berlin, stellt das Thema für einige Tage alle anderen in den Schatten. Vor allem die Grünen gehen auf die Barrikaden. Dabei waren ihre Kabinettsmitglieder vorab über die Haltung des Kanzlers in dieser Frage informiert, hatten keine Einwände angemeldet oder, wie im Falle des Außenministers, sogar ihre grundsätzliche Zustimmung signalisiert. Außerdem wissen auch die Kritiker, sofern sie sich ernsthaft mit der Materie befassen, dass China waffenfähiges Plutonium auf weniger aufwendige Weise als mit Hilfe der MOX-Anlage herstellen kann. Und im Auswärtigen Amt, bei dem formal die Exportgenehmigung liegt, muss man zur Kenntnis nehmen, dass die »politische Frage, ob der Export stattfinden solle, durch die Zusagen des Bundeskanzlers in China und die öffentlichen Äußerungen der Sprecher der Regierungsfraktionen bereits entschieden« ist.[233]

Um die Irritationen zwischen Kanzler- und Auswärtigem Amt aus der Welt zu schaffen und den gestörten Koalitionsfrieden nicht nachhaltig zu gefährden, setzen sich Schröder und Fischer zusammen, legen »gemeinsam den Rückwärtsgang« ein und finden für die Brennelemente-Anlage eine Lösung, nämlich die sorgfältige rechtliche Prüfung, die das Thema erst einmal von der Tagesordnung nimmt und so zu einer gewissen Entspannung des Koalitionsklimas beiträgt.[234] Tatsächlich dauert es gerade einmal eine Woche, bis das Empörungsritual abgespult und das Thema vom Tisch ist.

Es ist höchste Zeit, denn die Reformgesetzgebung steht vor der entscheidenden Runde, und die muss bis zum Jahresende erfolgreich abgeschlossen werden. Es ist ja nicht so, dass Gerhard Schröder die Innenpolitik aus dem Blick verloren hat, während er gut vier Wochen lang die Welt bereist und vor allem Außenwirtschaftspolitik betrieben hat. Ganz im Gegenteil. Ob er in New York, Rom, Kairo, Riad, Abu Dhabi, Dubai, Paris, Jekaterinburg, Peking, Guangzhou, Chengdu oder Brüssel gewesen ist oder sich auf einer der langen Reisen zwischen diesen Stationen befunden hat, eine Begleiterin war stets dabei: Seine Agenda 2010 ist dem Kanzler schon deshalb auf Schritt und Tritt gefolgt, weil sie in den Reihen der mitreisenden Vertreter aus Politik,

Wirtschaft und Medien das beherrschende Thema war. Und dann ist er ja tage- oder auch nur stundenweise immer wieder in Deutschland gewesen.

Zum Beispiel am 15. Oktober auf dem Gewerkschaftstag der IG Metall in Hannover, wo er, pausenlos unterbrochen vom Pfeifen und Gegröle der Teilnehmer, daran festhält, dass die Reformen gemacht werden, »weil wir es tun müssen«, und den Funktionären zum Abschluss zuruft: »Überfordert euch nicht; ich bin geringen Beifall gewohnt.« Das gilt inzwischen auch für die eigene Partei und nicht zuletzt für die Fraktion, auf die es in den kommenden Tagen und Wochen ankommt. Wollen die großen Reformprojekte diese entscheidende Hürde nehmen, müssen die Reihen geschlossen werden. Damit wird Franz Müntefering endgültig zum entscheidenden Mann. Während der Kanzler einmal den Globus umrundet, sorgt der Fraktionsvorsitzende dafür, dass Schröder am 17. Oktober 2003 erst einmal durchatmen kann. Der Fraktionsvorsitzende bringt zustande, was dem Kanzler auch mit einer wiederholten Rücktrittsdrohung nicht mehr gelingen will. Daher ist es konsequent, dass die beiden ihre faktisch bestehende Arbeitsteilung einige Monate später formalisieren. So schwer das Gerhard Schröder auch fallen wird.

An diesem 17. Oktober steht das Herzstück der Arbeitsmarktreform auf dem Programm. Das Parlament muss über das Dritte und Vierte Gesetz für moderne Dienstleistungen am Arbeitsmarkt entscheiden. Hinter dem ersten der beiden Gesetze (Hartz III) mit seinen sage und schreibe 124 Artikeln verbirgt sich vor allem der grundlegende Umbau der alten Bundesanstalt für Arbeit in eine moderne Bundesagentur. Noch brisanter ist das Vierte Gesetz (Hartz IV) mit der Zusammenlegung von Arbeitslosen- und Sozialhilfe auf dem Niveau der Letzteren, das noch vorzustellen ist.

Werden die sozialdemokratischen Abgeordneten dem zustimmen? Dass sie es tun, dass sich selbst Ottmar Schreiner – das drohende Scheitern von Rot-Grün vor Augen – nicht verweigert und es lediglich eine Enthaltung bei den Grünen gibt, dass mithin beide Gesetze mit der Kanzlermehrheit angenommen werden, ist der konsequenten Vorbereitung zu danken. Sie ist zum einen das Werk des Vorsitzenden der SPD-Fraktion im Deutschen Bundestag und bleibt auch dann eine beachtliche Leistung, wenn man davon ausgeht, dass die angekündigte Ablehnung der Gesetze durch die Opposition die Fraktion zusammenrücken lässt. Ob Münteferings Basisarbeit allerdings ausgereicht hätte, sämtliche schwankenden Genossen für eine Zustimmung zu gewinnen, darf man bezweifeln. Der letzte und für manchen entscheidende Stoß kommt von Heidemarie Wieczorek-Zeul. Intensiv hat sich Gerhard Schröder um die verbündete Gegnerin alter Juso-Zeiten bemüht und sie schließlich überzeugt. Als »Heide« steht, ist Hartz IV im Bundestag gerettet.

Allen Beteiligten ist klar, dass sie gerade einmal die Hälfte der Wegstrecke hinter sich gebracht haben. Denn die Gesetze bedürfen der Zustimmung des Bundesrates und müssen, da dort die Ablehnung gewiss ist, in den parlamentarischen Vermittlungsprozess. Und da ist auch der Kanzler gefordert. Zwar ist er nicht Mitglied des aus Bundestag und Bundesrat paritätisch zusammengesetzten, zweiunddreißigköpfigen Gremiums. Aber wie die übrigen Kabinettsmitglieder hat auch er das Recht, an dessen Sitzungen teilzunehmen. Und so wie es aussieht, wird Gerhard Schröder von diesem Recht in den entscheidenden Sitzungen Gebrauch machen müssen.

Bevor es so weit ist, muss der Bundeskanzler in einen Vermittlungsausschuss anderer Art, gewissermaßen seinen ganz persönlichen. Vom 17. bis 19. November 2003 halten die Sozialdemokraten in Bochum ihren Parteitag ab. Es ist nicht irgendein Konvent – für den Kanzler nicht, für seine Partei nicht und für das Land auch nicht. Wenn Gerhard Schröder hier scheitert, scheitern die Reformen. Kann man das wollen? Es ist erstaunlich, von welcher Seite der Kanzler in dieser äußerst schwierigen Situation Zuspruch erfährt. So schreibt ihm Hans-Dietrich Genscher, der ihm schon zuvor gelegentlich brieflich Mut zugesprochen hatte, noch während des Parteitags: »Jetzt kommt es darauf an, in schwerer See Kurs zu halten. Das allein entscheidet und nicht einige Prozent weniger Delegiertenstimmen auf dem Parteitag … Für den Weg, den Sie jetzt beschritten haben und den ich mit großem Respekt verfolge, wünsche ich Ihnen im Interesse des ganzen Landes Kraft und Ausdauer. Beides werden Sie brauchen.«[235]

Es wird ein Parteitag der Superlative, jedenfalls was das Papierformat angeht. Das Beschlussbuch umfasst 291 eng bedruckte, das Redemanuskript des Parteivorsitzenden bringt es auf 115, wenn auch großzügig beschriebene Seiten. Selten ist eine Rede eines Parteivorsitzenden so gründlich vorbereitet worden wie diese. Etliche haben eigene Vorschläge beigesteuert oder die eine oder andere Fassung redigiert, darunter Renate Schmidt und Heidemarie Wieczorek-Zeul, Manfred Güllner und Olaf Scholz, Heiko Gebhard und Manfred Bissinger, Erhard Eppler und Doris Schröder-Köpf – um nur sie zu nennen und von den engsten Mitarbeitern im Kanzleramt einmal zu schweigen.[236] Selbstverständlich hat auch Gerhard Schröder selbst Hand angelegt. Aber auch die abschließende Redaktion kann nicht zusammenfügen, was nicht wirklich zusammenpasst.

Wohl versucht der Vorsitzende, die Delegierten in seiner gut Eineinviertelstunden dauernden Ansprache mitzunehmen, aber begeistern kann er sie keinen Moment. Die Rede »glich über weite Strecken einem mühseligen Waten im Morast der Lethargie«, schreibt der gewiss nicht unvoreingenommene Chronist der *FAZ*. Aber wo er recht hat, hat er recht: »Die Kluft zwischen dem Vorsitzenden und der Partei, die Schröder im Plenum gegenübersaß, war mit Händen zu greifen.«[237] Was soll er auch machen, wenn er weiß, dass seine Hörer wissen, was auf sie zukommt – schwere Zeiten nämlich? Allerdings kann man auch in solchen Situationen die Delegierten von den Stühlen holen, ohne ihnen die Wahrheit vorzuenthalten. Und die lautet: »Wer sich nur in der Partei umhört, wie man es denn gerne hätte, der kann Politik nicht wirklich gestalten«, sagt Franz Müntefering, und als er seinen Beitrag mit den Worten schließt »Die Fraktion ist gut, die Partei auch«, stehen die Leute.[238]

Da ihnen aber auch klar ist, dass es zum amtierenden Kanzler keine Alternative gibt und der seinerseits als Parteivorsitzender keine Resignation erkennen lässt, verpassen sie ihm zwar einen Denkzettel, strafen ihn aber nicht ab. Mit knapp 81 Prozent der Stimmen, rund 8 Prozentpunkten weniger als zuletzt, wird Gerhard Schröder im Amt des Parteivorsitzenden bestätigt. An seiner Stelle werden die beiden Mitstreiter hingerichtet, die in den Augen der Delegierten direkt nach dem Kanzler die Hauptverantwortlichen für die Agenda beziehungsweise für die Art ihrer Umsetzung und Kommunikation sind: Bei der Wahl zum Stellvertretenden Parteivorsitzenden bringt es Wirtschaftsminister Clement gerade einmal auf 56,7 Prozent der Stimmen, und Schröders Generalsekretär Olaf Scholz kann mit nie da gewesenen 52,58 Prozent nur eine hauchdünne Mehrheit für sich und damit für die Politik des Parteivorsitzenden mobilisieren. Gerhard Schröder weiß, wie er wenige Wochen nach dem Ende seiner Kanzlerschaft bekennt, dass sein Ergebnis »nicht ehrlich« und das miserable für Scholz gegen ihn gerichtet war. Hier beginnt der Denkprozess, der schließlich zur Übergabe des Parteivorsitzes an Franz Müntefering und zu vorgezogenen Bundestagswahlen führen wird.[239]

Stellt man die Ergebnisse für Clement, Scholz und damit indirekt auch für Schröder in Rechnung, ist es schon überraschend, wie die Leitanträge durchgehen. Natürlich gibt es die eine oder andere Konzession, zum Beispiel bei der Ausbildungsabgabe oder der Erhöhung der Erbschaftssteuer. Auch müssen Parteiführung und Antragskommission bei der Renten- oder Gesundheitspolitik Änderungen hinnehmen, die ihnen gegen den Strich gehen. Hier haben vor allem die Delegierten aus Nordrhein-Westfalen, dessen Ministerpräsident Peer Steinbrück ohnehin immer für einen Ärger zum Beispiel mit den Grünen gut ist, und nicht zuletzt die Entsandten Niedersachsens ihre Finger im Spiel. Dort wiederum ist es weniger der ambitionierte abgewählte Ministerpräsident Sigmar Gabriel als vielmehr Wolfgang Jüttner, ein Kampfgefährte aus Juso-Tagen, der Ärger macht. 1993 war er Schröder im Amt des Vorsitzenden des SPD-Bezirks Hannover nachgefolgt, jetzt ist er Landesvorsitzender in dessen Heimatland. Als man in abendlicher Runde zusammensitzt, platzt dem Kanzler und Parteivorsitzenden der Kragen: »Ich mache euch fertig«, sagt Schröder zu Jüttner, was der sinngemäß so quittiert: »Das hast Du schon am 2. Februar«, also dem Tag der verlorenen Niedersachsenwahl, getan.[240]

Schaut man lediglich auf diese Nebenwirkungen und Begleiterscheinungen des Parteitags, könnte man meinen, er habe für den Kanzler mit einem Misserfolg, wenn nicht gar mit einer Niederlage geendet. So ist es nicht, ganz im Gegenteil. Nicht nur wird der Leitantrag zur Wirtschafts- und Arbeitsmarktpolitik, wenn auch mit besagten Änderungen, angenommen, und zwar beinahe einstimmig, sondern Schröder weiß die Genossen ausgerechnet in einer Frage geschlossen hinter sich, welche die SPD seit ihrer Wiedergeburt nach dem Zweiten Weltkrieg nicht selten in eine existenzielle Krise getrieben hat: Die Außen- und Sicherheitspolitik wird in Bochum so einvernehmlich verhandelt, dass sie den auf Niederlagen und Denkzettel für Schröder eingestimmten Beobachtern bestenfalls eine dürre Meldung wert ist.

Genau genommen reflektiert die Bochumer Harmonie in dieser Frage die Position, auf die sich die Partei – unmittelbar vor der Übernahme der Regierungsverantwortung und im Zusammenhang mit der deutschen Balkanpolitik – verständigt hat. Die Debatten über den Mazedonieneinsatz der Bundeswehr sowie über deren Teilnahme an der Großoperation Enduring Freedom haben diese Position gefestigt, gerade weil die Einsätze in Teilen der SPD umstritten gewesen sind. Jetzt nimmt man kaum noch zur Kenntnis, dass der Bundestag im unmittelbaren Vorfeld des Konvents die Mandate sowohl für den ISAF-Einsatz in Afghanistan als auch für den Anti-Terror-Einsatz im Rahmen von Enduring Freedom verlängert hat.

Seit der Irakkrise weiß der Parteivorsitzende, wie er seine Leute in dieser sensiblen Frage packen und mitnehmen kann: »Wir konnten uns nicht mehr damit herausreden, dass wir ein geteiltes Land mit nur eingeschränkter Souveränität und deshalb nur bedingt handlungsfähig seien.« Dazu gehöre, dass man nicht nur Pflichten übernommen, sondern auch vom Recht Gebrauch gemacht habe, »klar Nein zu sagen«, und das wiederum sei »Ausdruck des Selbstbewusstseins einer reifen Demokratie«. So weit, so richtig. Allerdings ist das für den Kanzler, der hier spricht, nur der erste Schritt, dem jetzt zwangsläufig der zweite folgen muss: »Glaubt bitte eines nicht«, so sein eindringlicher Appell, »dass es keinen Zusammenhang gäbe zwischen der wirtschaftlichen und sozialen Entwicklung bei uns zu Hause und dem Gewicht unserer Stimme in der Welt. Man kann nur beides zusammen haben, eines alleine funktioniert nicht ...«[241]

Eine interessante, eine riskante Strategie. Sie unterstellt nicht nur, dass sich die Sozialdemokraten mehr oder weniger dauerhaft mit der Stellung Deutschlands als »selbstbewusstem« Akteur in der Weltpolitik arrangiert haben; sie geht davon aus, dass die Partei diese Rolle inzwischen als derart selbstverständlich und angemessen empfindet, dass ihr Vorsitzender die Notwendigkeit tief greifender innerer Reformen mit seiner »sozialdemokratischen Außenpolitik« begründen und legitimieren kann. Ob das gelingt, werden die kommenden Wochen zeigen. Dass er für die Umsetzung des Programms nicht nur seine Partei, sondern auch den Koalitionspartner sowie nicht zuletzt die Opposition braucht, schreckt ihn nicht. Gerhard Schröder handelt in zweiter Linie als Parteivorsitzender, in erster Linie als Kanzler. Wenn es darauf ankäme, könnte er sich eher vom Vorsitz trennen, bei Willy Brandt oder Helmut Kohl war es umgekehrt.

Spätestens seit dem Bochumer Konvent sind also Außen- und Sicherheits-, Wirtschafts- und Arbeitsmarktpolitik zwei Seiten ein und derselben Reformmedaille. Ohne die nationalen Reformen sind die internationalen Herausforderungen schwerlich zu meistern. So gesehen verschafft sich Berlin mit raschen Erfolgen seiner Reformpolitik Handlungsfreiheit in der Außen- und vor allem in der Europapolitik. Deutschland, so erklärt der Kanzler unmittelbar im Anschluss an den Parteitag vor führenden Vertretern der amerikanischen Wirtschafts- und Finanzwelt in New York, ist der »Reformmotor« Europas.[242] Und damit der nicht ins Stottern kommt oder gar seinen Geist aufgibt, sind auch drastische Maßnahmen notwendig und legitim. Findet Gerhard Schröder.

So der Bruch des europäischen Stabilitätspakts, den Deutschland Ende November 2003 im Schulterschluss mit Frankreich endgültig vollzieht und mit dem die beiden den schleichenden Erosionsprozess des ursprünglich von einer Bonner Regierung durchgedrückten Prinzips einleiten. Seit Mitte September sind sich der deutsche Bundeskanzler und der französische Staatspräsident einig, dass es nunmehr, so Schröder, darauf ankomme, »Partner für [die] flexible Interpretation des Stabilitäts- und Wachstumspakt[es] zu gewinnen«. Offensichtlich sei die Europäische Kommission bereit, die wirtschaftliche »Stagnation als ›besondere Umstände‹ zu werten«. Das »Defizitkriterium« dürfe »nicht einziges Kriterium bleiben; andere Parameter wie Arbeitslosigkeit, Gesamtschuldenstand, Definition struktureller Reformen usw.« seien »heran[zu]ziehen«. Dem stimmt Chirac ohne Einschränkung zu.[243]

Und da es eine ganze Reihe von Regierungen gibt, die das nicht anders sehen, aber den beiden Großen in diesem Fall gerne den Vortritt lassen, kommt es wie erwartet: Am 25. November setzt der Rat der Finanzminister der Europäischen Union das Defizitverfahren gegen Deutschland und Frankreich aus und bezieht damit gegen die Europäische Kommission Position. Das wiederum führt, wie ebenfalls vorhersehbar, zu einer scharfen Auseinandersetzung im Bundestag und liefert den Oppositionsparteien einen willkommenen Anlass, um am Abend des 26. November die Arbeit des Vermittlungsausschusses auf den 10. Dezember zu vertagen. Aber natürlich wird deshalb der Parlamentsbetrieb nicht eingestellt.

Am 27. November passiert die sogenannte große Handwerksnovelle, ein wichtiger Punkt auf Schröders Agenda 2010, mit den Stimmen der Regierungsfraktionen den Bundestag. Wie vom Kanzler Mitte März angekündigt, soll sie Betriebsgründungen im Handwerk grundsätzlich auch ohne Meisterbrief ermöglichen. Lediglich in 29 von 94 Handwerken soll der Brief die Voraussetzung für die Eröffnung des Betriebs sein. Dass sich Regierung und Opposition am 10. Dezember im Vermittlungsausschuss darauf verständigen, die Zahl jener Handwerke auf 38 zu erhöhen, und damit die Reform durchwinken, lässt erkennen, was sich in den kommenden Tagen bestätigen wird: Im parlamentarischen Betrieb der Republik geht es zu wie auf dem Basar.

So auch in der entscheidenden letzten Runde des Vermittlungsausschusses. Am späten Vormittag des 14. Dezember, einem Sonntag, ist der Kanzler aus Hannover angereist, hat zunächst mit Eichel, Clement, Müntefering, Scholz und anderen Sozialdemokraten konferiert, dann die Runde unter anderem um Vertreter der Grünen erweitert und gegen 14.30 Uhr mit Merkel telefoniert, bevor um 17 Uhr der Vermittlungsausschuss zusammentritt. Im Grunde bildet er nur eine Art protokollarischen Rahmen für die Verhandlungen der Parteioberen. Die Idee stammt von den Vorsitzenden der Unionsparteien, die mit ihrer Ankündigung, selbst kommen zu wollen, nicht zuletzt ambitionierte Leute aus den eigenen Reihen wie Hessens Ministerpräsident Roland Koch ausbremsen wollen. So werden die entscheidenden Verhandlungen schließlich von Gerhard Schröder, Franz Müntefering und Joseph Fischer auf der einen, Angela Merkel, Edmund Stoiber und Guido Westerwelle auf der anderen Seite geführt. Dabei sind außerdem Wolfgang Clement und Hans Eichel, also der Wirtschafts- und Arbeits- sowie der Finanzminister. Es geht um viel, wenn nicht um alles – um die Agenda 2010, um die Kanzlerschaft Gerhard Schröders und um sein Bild in den Geschichtsbüchern.

Als die Teilnehmer am folgenden Montagmorgen den Sitzungssaal verlassen, kriegt das zunächst kaum jemand mit, weil die Deutschen wie der Rest der Welt nicht nach Berlin, sondern nach Bagdad schauen, wo amerikanische Soldaten tags zuvor den flüchtigen irakischen Diktator ausfindig gemacht und gefangen genommen haben. Außerdem ist es 4.30 Uhr in der Früh, und das ist selbst für Vertreter nachtschichterprobter Berufe wie Politiker und Journalisten eine ungünstige Stunde. Aber dann belebt sich die Szene rasch, weil der Kanzler das Ergebnis gleichermaßen nüchtern, lapidar und hoffnungsfroh auf den Punkt bringt: »Das Land bewegt sich.«

Das Ergebnis ist ein Kompromiss. Es kann nicht anders sein. So wird die dritte Stufe der Steuerreform zwar, wie vom Kanzler angekündigt, vorgezogen, aber, wie von der Oppositionsführerin gefordert, nur zur Hälfte. Der Rest wird 2005 nachgeschoben. Immerhin sinken der Eingangssteuersatz zum 1. Januar 2004 von 19,9 auf 16 und der Spitzensteuersatz von 48,5 auf 45 Prozent, was sich für die Bürger auf eine Entlastung von rund 7,8 Milliarden Euro summiert. Die aber scheinen das anfänglich nicht wahrhaben und dem Wirtschaftswachstum durch steigenden Konsum auf die Sprünge helfen zu wollen.

Deshalb verfällt der Kanzler im Herbst 2004 auf die Idee, die Zahl der gesetzlichen Feiertage zu reduzieren und namentlich den Tag der Deutschen Einheit »als gesetzlichen Feiertag abzuschaffen«. Jedenfalls verstehen die meisten ihn so. Als Bürger und Opposition, Gewerkschaften und auch der Bundespräsident daraufhin den Chor der Entrüsteten anstimmen, zieht Schröder zurück und schreibt dem Staatsoberhaupt, dass er selbstverständlich den Bürgern nicht die Möglichkeit nehmen wolle, der »friedlichen Revolution« zu gedenken. Auf der Suche nach »zusätzlichen Wachstumsimpulsen« habe er diesen Feiertag auch nicht abschaffen, sondern »am jeweils ersten Sonntag im Oktober stattfinden« lassen wollen.[244] Das ist offenkundig nicht mehrheitsfähig.

Finanziert wird die steuerliche Entlastung zum größten Teil nicht, wie ursprünglich geplant, durch eine Neuverschuldung, sondern unter anderem durch die Verscherbelung öffentlichen Tafelsilbers, also durch einen weiteren Börsengang der Telekom oder auch den Verkauf von Beteiligungen an den Flughäfen Köln/Bonn, Frankfurt am Main und München sowie des Rheinhafens von Duisburg. Die Hälfte der Privatisierungserlöse wird an die Länder weitergereicht. Und damit die Neuverschuldung tatsächlich, wie von den Unionsparteien in diesem Falle kompromisslos gefordert, unter 25 Prozent gehalten werden kann, kürzen sie zudem Entfernungspauschale, Eigenheimzulage und andere vom Bürger lieb gewonnene Subventionen.

Weil es hier ums große Geld und damit auch um die Finanzierung der Reformen geht, treten alle anderen Vorhaben, die der Bundesrat an den Vermittlungsausschuss weitergereicht hatte, in der öffentlichen Wahrnehmung in den Hintergrund. Dabei haben die meisten, wie das Gesetz zur Förderung der Steuerehrlichkeit oder die Gemeindefinanzreform, mit der die Kommunen durch eine Erweiterung der Gewerbesteuer substantiell entlastet werden sollen, eine ähnliche Brisanz wie die Steuerreform. Das gilt erst recht für »Hartz III« und »Hartz IV«, wie die beiden Gesetze fortan heißen. Bei Letzterem handelt es sich um nicht weniger als um die radikalste Kürzung von Sozialleistungen in der Geschichte der Bundesrepublik.

Die Thematik ist derart komplex und kompliziert, dass sie sich selbst in der ruhigen Rückschau nur schwer erschließt und man sich fragt, ob sie damals wirklich von allen an der Entscheidung Beteiligten erfasst worden ist. Mit dem Vierten Gesetz für moderne Dienstleistungen am Arbeitsmarkt (Hartz IV) wird die steuerfinanzierte Arbeitslosenhilfe abgeschafft und damit eine der heiligsten Kühe des deutschen Versorgungsstaates geschlachtet. Diese Leistung der Arbeitslosenversicherung zögerte den Gang von Langzeitarbeitslosen zum Sozialamt hinaus und stellte sie in der Regel auch besser als die Bezieher von Sozialhilfe. Denn die Arbeitslosenhilfe bemaß sich am gewöhnlichen Nettoarbeitsentgelt. Entsprechend groß ist der Schock über den Verlust dieses Privilegs, zumal gleichzeitig der Bezug des Arbeitslosengeldes auf ein Jahr beziehungsweise bei über Fünfundfünfzigjährigen auf 18 Monate begrenzt wird. Wer länger ohne Arbeit ist, bezieht fortan, wenn er erwerbsfähig ist, Arbeitslosengeld II ALG II. Wer nicht erwerbsfähig ist, erhält Sozialgeld, wenn er in Bedarfsgemeinschaft mit mindestens einem erwerbsfähigen Hilfsbedürftigen lebt. Andernfalls steht ihm Sozialhilfe zu. Die Höhe des ALG II hängt vom konkreten Bedarf für den Lebensunterhalt ab. Voraussetzung für den Bezug ist die Fähigkeit, eine Arbeit aufzunehmen.

Jede Arbeit, auch der Minijob, gilt als zumutbar; allerdings soll es bei der Vergütung keine Unterschreitung des ortsüblichen Lohns geben. Wird die Annahme von Arbeitsangeboten verweigert, drohen Abschläge vom ALG II, bei der Aufnahme entlohnter Arbeit gibt es sogenannte Schonvermögen. Sollten das Ersparte oder auch Rücklagen zur Altersvorsorge diese Vermögen überschreiten, sind sie aufzubrauchen. Sämtliche Bezieher von ALG II, mithin erstmals auch die vormaligen Sozialhilfeempfänger, werden ab Januar 2005 in der Arbeitslosenstatistik geführt. Diese ehrliche Bilanzierung der Arbeitslosigkeit wird gravierende Folgen haben. Schon im Frühjahr hatten einige von der Notwendigkeit der Reform, nicht aber von der Agenda Überzeugte wie Rudolf Scharping gefragt: »Wie soll erklärt werden, dass …

Deutschland im Winter Gefahr läuft, die Grenze von fünf Millionen Arbeitslosen zu überschreiten?«[245]

Im Übrigen muss das von Regierung sowie CDU und CSU beschlossene Kompromisspaket hier nicht im Einzelnen aufgeschnürt, wohl aber darf festgehalten werden, dass die Freunde des Basars auch in dieser langen Nacht auf ihre Kosten gekommen sind. So kann Schröder sein Versprechen, dass es keine gesetzlichen Einschränkungen der Tarifautonomie geben werde, einhalten, muss dafür aber beim Kündigungsschutz nachgeben. Die Schwelle liegt nicht, wie von der Regierung vorgesehen, bei fünf, auch nicht, wie ursprünglich von der Union gefordert, bei 20, sondern bei 10 Mitarbeitern, jenseits deren Kleinbetriebe zusätzliche Mitarbeiter befristet einstellen dürfen, ohne dadurch unter den Kündigungsschutz zu fallen.

Sieht man von solchen punktuellen Korrekturen ab, haben sich der Kanzler und seine Regierung bei den Arbeitsmarkreformen, also einer, wenn nicht der tragenden Säule ihres Reformprojekts, auf ganzer Linie durchgesetzt. Das ist ein beachtlicher Erfolg. Er rückt die teils beträchtlichen Konzessionen bei der vorgezogenen dritten Stufe der Steuerreform, aber auch die Tatsache in den Hintergrund, dass das Dritte und Vierte Gesetz für moderne Dienstleistungen am Arbeitsmarkt (Hartz III und IV) sich deutlich von den Vorschlägen des Namensgebers entfernt haben. Nicht alle gehen so weit wie Jürgen Peters, inzwischen Vorsitzender der IG Metall und einer der härtesten Gegner der Agenda. Der hält das Engagement des »ideenreichen und mutigen« Peter Hartz durch den Kanzler für einen »geschickten Schachzug« und ist überzeugt, dass Schröder seinen Ratgeber »im Grunde missbraucht« habe.[246] Hartz selbst bilanziert, dass Schröder »sich so lange an sein ›Eins-zu-eins-Umsetzen‹ gehalten« habe, »bis ihn Opposition und Regierungsfraktionen davon abbrachten … Die Politik hat letztlich nicht begriffen, dass die Vorschläge ineinandergreifen.«[247]

Gut möglich, dass die Regierungskoalition deshalb am 19. Dezember 2003 bei einem scheinbar beliebigen oder zufälligen Punkt der Tagesordnung nicht die Kanzlermehrheit zustande bringt. Bei der siebten von 15 namentlichen Einzelabstimmungen über die Reformgesetze, bei der es unter anderem um die sogenannte Zumutbarkeitsklausel für Langzeitarbeitslose geht, stimmen sechs Grüne und sechs Sozialdemokraten mit Nein, unter ihnen Sigrid Skarpelis-Sperk und Ottmar Schreiner. Damit erreichen die Koalitionäre gerade einmal die relative, die »benötigte Mehrheit«,[248] wie Gerhard Schröder nachher sagt. Das ist nicht schön, in Kenntnis der weiteren Entwicklung ist es sogar ein Fanal. Aber eine Katastrophe ist es zunächst einmal nicht. Denn mit der parlamentarischen Verabschiedung substantieller Elemente der

Reformpolitik ist die Agenda 2010 im Kern umgesetzt. Ist es ein Zufall, dass diese Agenda »auf einmal viele Väter – und auch Mütter – bekommen hat«? An diesem 19. Dezember hat der Kanzler im Parlament ausdrücklich nichts dagegen einzuwenden.[249]

Gemessen an den Verwerfungen, die man nach der Vorstellung der Agenda am 14. März erwarten konnte und befürchten musste, ist das ein großer Erfolg und das Ergebnis einer gewaltigen, kräftezehrenden Anstrengung. Entsprechend ermattet sind sie alle, Akteure wie Beobachter, als sie sich jetzt in die Weihnachtsferien verabschieden. Nur einer hat noch Luft. Ausgerechnet der Kanzler, der eigentlich erschöpft in den Seilen hängen müsste, lässt am 21. Dezember die eigenen Leute, die Angehörigen der Opposition und alle anderen, die es hören wollen oder auch nicht, über *Bild am Sonntag* wissen, er sei »durchaus dafür«, »dass wir uns mit der Union zusammensetzen und eine Vereinfachung des Steuersystems erarbeiten«,[250] also gewissermaßen die Reform nach der Reform auf den Weg bringen. Kein schlechter Schachzug, geht Schröder doch zum Ende des alten Jahres auf einem Feld in die Offensive, auf dem die Unionsparteien zu Beginn des neuen die Initiative ergreifen wollten.

Einen Haken hat die Sache. Das kann Schröder nicht wissen. Ob er es ahnt? Indem er mit seinem Vorschlag vorprescht, gräbt er dem Stellvertretenden Fraktionsvorsitzenden von CDU und CSU, Friedrich Merz, das Wasser ab. Denn der propagiert diese Idee einer Steuervereinfachung seit geraumer Zeit und will damit im kommenden Jahr punkten. Somit schwächt der Kanzler den ohnehin schon durch Angela Merkel empfindlich demontierten ehemaligen Hoffnungsträger der CDU weiter und stärkt deren Position zusätzlich. Denn dass die Partei- und Fraktionsvorsitzende aus der Schlacht der letzten Wochen um die Reformgesetze gestärkt hervorgegangen ist, bezweifeln nur wenige: »Die Kanzlerkandidatur 2006 scheint entschieden«, schreibt Susanne Höll für die *Süddeutsche Zeitung*, »auch wenn das in der Union natürlich niemand laut sagen würde, am wenigsten sie selbst ... In Berlin und anderswo überlegt man nicht mehr, ob man von Merkel regiert werden könnte. Man überlegt inzwischen, ob man von ihr regiert werden möchte.«[251]

Einstweilen wird man aber noch von Gerhard Schröder regiert, und der hat vor, das noch eine ganze Weile zu tun. Sein »Zeitmaß« liegt jedenfalls jenseits der Bundestagswahl 2006, und nach der Jahreswende sieht man ihn da, wo er zuletzt gewesen ist: in der Offensive, genauer gesagt in einer »Innovationsoffensive«. Anfang Januar 2004 angekündigt, steht sie für »Investitionen der Gesellschaft, der Wirtschaft, aber auch des Staates in Forschung und Ent-

Partner Blair? Um die Jahreswende 2003/04 – hier am 20. September 2003 in Berlin – sieht es so aus, als würde Tony Blair (rechts) wieder auf eine engere Zusammenarbeit mit dem deutschen Kanzler und Jacques Chirac (links) setzen.

wicklung«. Und da er schon einmal dabei ist, will der Kanzler auch gleich im »gesamten Bereich der Bildung« die Diskussion neu beginnen. Hier braucht man, findet Gerhard Schröder, »bei aller Konkurrenz unter den Ländern nationale Standards«.[252]

Zuständig für die Forschung wie für die Bildung ist Edelgard Bulmahn. Die Ministerin zählt zu den Mitgliedern des Kabinetts, die sich nicht ständig in den Vordergrund drängen. Fachlich gut aufgestellt, wie sie ist, hat sie das auch nicht nötig. »Bulmahns Handicap« heißt vielmehr »Gerhard Schröder«, befindet der Chronist von Rot-Grün.[253] Allerdings lässt sich die Ministerin, anders als noch bei der BAFöG-Reform, jetzt vom Kanzler nicht mehr ohne weiteres ausbremsen, sondern hält dagegen, als dieser »etwa in der Biotechnologie« vor dem Aufbau von »Forschungsrestriktionen« warnt.[254] Weil Schröder dafür den *Spiegel* gewählt hat, stellt auch Bulmahn über die Zeitung klar, dass das geltende Gesetz die Grundlagenforschung nicht gefährde.[255] Weiter geht sie nicht. Die Ministerin weiß um die Grenzen eines öffentlichen Disputs mit dem Regierungschef.

Zur Abwechselung einmal an einem Strang ziehen die beiden bei der sogenannten Exzellenzinitiative. Unter dem Titel »Brain up! Deutschland sucht seine Spitzenuniversitäten« kündigt Bulmahn Ende Januar 2004 einen

Wettbewerb an, um jene Hochschulen zu ermitteln, die »weltweit strahlen«. Aus ihrer chronischen Unterfinanzierung befreit, sollen diese alsbald den führenden Universitäten der Welt, wie den amerikanischen, das Wasser reichen können. Die Initiative, deren Umsetzung die Ministerin und der Kanzler nicht mehr in ihren Ämtern erleben, ist eine der vielen Anfang 2004 ausgerufenen »Innovationsoffensiven«.

Innovation ist auch Thema einer Reihe von Großveranstaltungen wie zum Beispiel der »Innovationskongresse«, zu denen erst die Fraktion, dann der Vorstand der Partei im Mai beziehungsweise Juli 2004 einladen, oder auch des »Dreier-Gipfels« zu den Themen »Innovation sowie Arbeitsmarkt- und Sozialreformen«. Zu ihm hatte Gerhard Schröder Tony Blair und Jacques Chirac am 18. Februar in Berlin empfangen. Ursprünglich von britischer Seite als bilaterales Treffen angeregt, dient die Begegnung dem Kanzleramt nun einerseits als medienwirksame »Unterstützung der Reformpolitik«,[256] andererseits als Beleg für die dann aber doch trügerische Hoffnung auf eine Wiederannäherung des irrlichternden britischen Premiers an den deutschen Bundeskanzler und den französischen Staatspräsidenten. Den Anfang hatte am 20. September 2003 ein informelles Berliner Treffen der drei gemacht, bei dem es um die gemeinsame europäische Verteidigungspolitik ging. Davon ist noch zu berichten.

Schröder selbst engagiert sich als Gastgeber im Rahmen der Treffen »Partner für Innovation«, bei denen seit Mitte Januar 2004 führende Vertreter aus Wirtschaft, Wissenschaft und Politik zusammenkommen, um das »Innovations-Thema öffentlichkeitswirksam zu besetzen«.[257] Die Einrichtungen eines Innovationsbüros sowie sogenannter Impulskreise, zum Beispiel zu den Themen »Energie«, »Vernetzte Welten« oder »Mobilität und Logistik« deuten an, dass es hier tatsächlich nicht nur um die Produktion heißer Luft geht. Gleichwohl wird man nicht den Eindruck los, dass die Innovationsoffensive eher hektische Betriebsamkeit als konsequente Strategieplanung nach sich zieht: Um die »Vielfalt der in 10 Impulskreisen und 3 Arbeitsgruppen verfolgten Themen« koordinieren zu können, lässt der Leiter der zuständigen Abteilung 4 den Kanzler wissen, muss ein eigener »Lenkungskreis« installiert werden, um die Sitzungen vorzubereiten.[258]

Kein Wunder, dass dem, der die Initiative ausgerufen hat und folglich auch hier Flagge zeigen muss, jetzt erst recht keine Zeit mehr bleibt, um seine sehr persönlichen Initiativen in den Bereichen Kultur und Wissenschaft fortzuschreiben und zum Beispiel die geschätzten Gesprächskreise wieder aufleben zu lassen. Gerhard Schröder ist ja schon froh, wenn er es im Oktober 2002 zur Vorstellung der ersten Bände einer neuen Ausgabe der Werke Heinrich Bölls schafft oder im September 2004 die Friedrich Christian Flick Collection eröffnen kann. Der Enkel Friedrich Flicks, der es während des Zweiten Weltkriegs nicht zuletzt durch den Einsatz von Zwangsarbeitern zu einem Vermögen gebracht hat, überlässt der Stiftung Preußischer Kulturbesitz gut 400 Werke aus seiner riesigen Sammlung zeitgenössischer Kunst als Leihgabe. Die Ausstellung ist im Vorfeld heftig kritisiert worden, weil sich Flick geweigert hat, in den Fonds zur Entschädigung ehemaliger Zwangsarbeiter einzuzahlen. Gerhard Schröder, der Vater des Fonds, kann den Zusammenhang nicht erkennen: »Kunst ist kein Mahnmal«, sagt er bei der Eröffnung.[259]

Solche Termine sind selten geworden. Nachdem der Kanzler im Herbst 2003 vom Leiter seines Parteibüros daran erinnert worden war, dass er doch »regelmäßig unregelmäßig mit Künstlern« zusammenkommen wollte, winkt er erst ab und streicht dann Ende Oktober 2003 den Punkt ganz aus dem Programm, als Sigrid Krampitz den Januar 2004 als Termin für eine mögliche Wiederaufnahme der Gesprächsrunden ins Auge fasst. Tatsächlich ist – von der erwähnten Zusammenkunft der jetzt sogenannten Klaus-Staeck-Runde im Januar 2003 abgesehen – in seiner zweiten Amtszeit in dieser Hinsicht noch nichts passiert.

Lediglich die umtriebige Ulla Unseld-Berkéwicz schafft es immer wieder, den Bundeskanzler für dieses oder jenes zu gewinnen. So unterzeichnet er im Februar 2004 einen Verlagsvertrag für einen Gesprächsband mit dem spanischen Schriftsteller Jorge Semprún über die Zukunft Europas, der – mit dem vorläufigen Arbeitstitel *Links … und europäisch* – bei Suhrkamp erscheinen soll.[260] Wie ernst es dem Kanzler ursprünglich mit dem Vorhaben ist, zeigen zwei Gesprächsrunden, in denen er sich mit einem Historiker und einem Soziologen sowie mit Thomas Steg und Reinhard Hesse auf ein erstes Gespräch mit Semprún vorbereitet, für das wiederum am 8. März immerhin ein ganzer Nachmittag und Abend sowie am 9. März der Vormittag frei gemacht werden. Aber dann zerschlägt sich der Plan, weil zum einen die politischen Ereignisse keinen Spielraum für literarische Ergüsse lassen und weil Schröder schon früh den Eindruck hat, dass Semprún lediglich als Stichwortgeber in Erscheinung tritt und es »kaum« zu einem »Dialog« kommt.[261] Anfang Juni 2005 wird der Vertrag daher aufgelöst.[262]

Es ist nicht das einzige Buchprojekt, das in diesen Wochen auf der Strecke bleibt. Der Mitte November 2004 von der französischen Verlegerin Odile Jacob vorgeschlagene Plan eines in Buchform gekleideten gemeinsamen Interviews von Gerhard Schröder und Jacques Chirac oder die wenig später auftauchende Idee einer Autobiographie zerschlagen sich, kaum dass sie das Licht der Welt erblickt haben.[263]

In Luft löst sich auch ein zweites Vorhaben auf, das maßgeblich von Ulla Unseld-Berkéwicz vorangetrieben worden ist. Dreimal noch und mit leicht wechselnder Besetzung tagt der ursprünglich von Siegfried Unseld ins Leben gerufene Kreis in der zweiten Amtszeit Gerhard Schröders, im Februar 2004 und im April 2005 im Kanzleramt sowie im September 2004 in den Frankfurter Räumen des Verlages. Unter anderem Ulrich Beck, Durs Grünbein, Daniel Kehlmann, Susan Neiman und Wolf Singer haben sich am 1. September 2004 in der Gründerzeitvilla des Hauses Suhrkamp schon über dieses und jenes unterhalten, als das Thema Rechtschreibreform auf den Tisch kommt. Die Wogen gehen in diesen Wochen hoch, weil es einen Beschluss der Kultusministerkonferenz zur Umstellung auf die neue Rechtschreibung gibt. Gegen den laufen eine Reihe von Zeitungen und Verlagen, vor allem aber zahlreiche Schriftsteller und Wissenschaftler Sturm, darunter auch die meisten der an diesem Abend in Frankfurt Versammelten.

Das bringt den Pragmatiker Gerhard Schröder auf die Idee, Anfang November in Berlin einen »Versöhnungskonvent« einzuberufen. Der Bundeskanzler höchstpersönlich, die Ministerpräsidenten der Bundesländer, politische Vertreter Österreichs und der Schweiz, »die deutschen Akademien, herausragende Vertreter der deutschen Literatur ..., herausragende Vertreter anderer Nationalliteraturen ..., herausragende Wissenschaftler« – kurz eine Hundertschaft soll sich in der Berliner Akademie der Künste einfinden, um »zur Wiederherstellung des ›Rechtschreibfriedens‹ einen Ausgleich zwischen den divergierenden Ansätzen zu finden«. So hält es ein »Memo zum Gespräch mit Bundeskanzler Gerhard Schröder zur Reform der deutschen Rechtschreibung am 1. September 2004« fest.[264]

Als sich die Sache zunächst noch hinter den Kulissen herumspricht, kennt die Begeisterung keine Grenzen. Der ansonsten in diesen Kreisen eher mit vornehmer Distanz bedachte Kanzler traut seinen Augen nicht, wer ihn da ob seiner Initiative brieflich mit Lob überhäuft, darunter die Präsidenten der Akademie der Künste und der Deutschen Akademie für Sprache und Dichtung, um nur sie zu nennen.[265] Aber dann wird aus der grandiosen Versöhnungsidee doch nichts. Erst signalisiert Doris Ahnen, rheinland-pfälzische Kultusministerin und Präsidentin der Kultusministerkonferenz, dem Kanzler, dass die Sache längst gelaufen ist, weil unter anderem Schulen und Schulbuchverlage schon auf die neue Rechtschreibung umgestellt haben. Und dann macht der *Spiegel* den Konferenzplan öffentlich und damit endgültig zunichte.[266] Die ob dieser Indiskretion, die ja aus ihren »Reihen kommen muß«,

»fassungslose« Verlegerin Unseld-Berkéwicz kann nur hoffen, dass die Verbindung zum Kanzler dadurch nicht belastet wird, was der bestätigt. »Machen Sie sich keine Sorgen«, schreibt er ihr postwendend zurück, »gegen solche Indiskretionen ist niemand geschützt.«[267]

Tatsächlich hinterlässt diese Geschichte keine Spuren. Der Kanzler und die Verlegerin bleiben in Kontakt, und wenn Gerhard Schröder einmal kurzfristig einen mit ihr vereinbarten Termin absagen muss, wie am 17. März 2005 ein Gespräch mit Amos Oz, hat er dafür nicht nur gute Gründe, sondern erläutert sie Ulla Unseld-Berkéwicz auch im Einzelnen.[268] Kaum ein anderer Vertreter des kulturellen Lebens der Republik hat während der zweiten Amtszeit einen vergleichbaren Zugang zum Kanzler. Das ist beachtlich, denn wegen der Beanspruchung durch die Reformpolitik sind solche Termine – gerade im Vergleich mit jener ersten Legislaturperiode – eine seltene Ausnahme.

Eine dieser Ausnahmen ist Mitte Mai 2004 ein Gespräch mit dem Bestsellerautor Henning Mankell im Berliner Hebbel-Theater, das der schwedische Botschafter in Berlin vermittelt hat und das Gerhard Schröder so wichtig ist, dass sogar der Termin »100 Jahre Jusos/Falken« gestrichen wird.[269] Dafür ausschlaggebend ist der Bezug Mankells zu Afrika – seiner Wahlheimat und einem Thema seiner literarischen und politischen Arbeit. Dort nämlich ist der Kanzler vor einigen Monaten gewesen, und die Reise hat ihn, anders als erwartet, ziemlich beeindruckt.

Die Afrikareise war lange geplant, und sie ist überfällig. Vom 18. bis 24. Januar 2004 besucht der Bundeskanzler Äthiopien, Kenia, Südafrika und Ghana. Es ist erst die dritte Reise eines Bundeskanzlers und zugleich Schröders erste Mission nach Schwarzafrika, wenn man einmal von der kurzen Teilnahme am Nachhaltigkeitsgipfel in Johannesburg oder von einem Besuch Ägyptens absieht. Zwar ist der Außenminister inzwischen drei Mal auf dem riesigen Kontinent unterwegs gewesen, auch der Bundespräsident war schon dort, und selbstverständlich empfängt der Bundeskanzler regelmäßig Staatsmänner aus afrikanischen Staaten zu Gesprächen. Auch weiß Gerhard Schröder, wie Heidemarie Wieczorek-Zeul ihm bescheinigt, »um die Bedeutung der Entwicklungszusammenarbeit« und beweist das »durch Taten« wie die »Kölner Entschuldungsinitiative« für die ärmsten Länder der Erde. Der Kanzler hatte sie, angestoßen von der Ministerin, gleich im Sommer 1999 auf den Weg gebracht.[270] Insgesamt aber spielen die sogenannte Dritte Welt und damit eben auch Afrika in der Außenpolitik der Bundesregierung eine nachgeordnete Rolle. Jedenfalls befassen sich die rot-grünen Koalitionäre mit diesem Thema auch nicht intensiver als die meisten ihrer Vorgänger. Das überrascht manchen. Immerhin hat kein Geringerer als Willy Brandt hier die Richtung gewiesen – mit Nachdruck allerdings erst zu einer Zeit, als er nicht mehr Bundeskanzler war.

Für das verhaltene Interesse der Bundesrepublik namentlich an Afrika sprechen traditionell auch historische und aus ihnen abgeleitete Gründe. So die insgesamt kaum nachhaltige Rolle, die Deutschland dort gespielt hat. Spätestens seit den achtziger Jahren des 19. Jahrhunderts ist Afrika eine Domäne der englischen und französischen Politik. Nur einmal in jüngerer Zeit konnten die Staaten Afrikas mit einem größeren Interesse in diesem Falle der alten Bundesrepublik rechnen. Als die meisten von ihnen in den sechziger Jahren des 20. Jahrhunderts ihre Unabhängigkeit erlangten und es Bonn darum ging, sie von einer Anerkennung der DDR abzuhalten, wurde ihnen diese Entscheidung durch Entwicklungs-, Ausrüstungs- und andere Hilfe erleichtert.

Wegen dieser Liquidität, aber auch weil die Bundesrepublik nie Kolonialmacht gewesen ist und weil zudem ihre wirtschaftliche und soziale Karriere auch in der sogenannten Dritten Welt beeindruckt, erfreut sich das Land um die Jahrhundertwende auf dem Schwarzen Kontinent allgemeiner Sympathie. Das beruht nicht unbedingt auf Gegenseitigkeit. Kann sich das Kanzlerbüro sonst bei Auslandsreisen vor Anfragen deutscher Wirtschaftsvertreter kaum retten, melden sich jetzt gerade einmal zwei Dutzend an, von denen nicht einmal alle auf sämtlichen Stationen dabei sind. Vielleicht hat das auch damit zu tun, dass die Reise als gefährlich eingestuft wird. Seit im Sommer 1998 zwei zeitgleiche Bombenanschläge auf die amerikanischen Botschaften in Daressalam und Nairobi Hunderte von Toten gefordert haben, gelten besondere Sicherheitsvorkehrungen. Es ist das erste Mal, dass Gerhard Schröder auf einer Auslandsreise von zwei Sprengstoffspürhunden des Bundesgrenzschutzes begleitet wird.

Dass er die Reise wenig begeistert antritt, hat allerdings nicht mit dieser Sicherheitslage zu tun. Vielmehr gilt für Afrika, was auch schon im Falle Südamerikas zu beobachten gewesen ist: Eigentlich interessieren ihn diese Weltgegenden nicht besonders, es sei denn, er kann etwas für die Wirtschaft tun. Immerhin darf Schröder sicher sein, mit offenen Armen empfangen zu werden, zumal auch hier seine Haltung vor und während des Irakkrieges durchweg aufmerksam registriert worden ist. Kenner des Kontinents, wie der Afrikakorrespondent der *Süddeutschen Zeitung*, halten die Route für klug gewählt, hat sich Schröder doch »Länder ausgesucht, die versuchen, Kriege in ihren Regionen zu beenden, Armut und Terrorismus zu bekämpfen, die Wirtschaft anzukurbeln und Demokratie zu fördern«.[271] Und selbstverständlich kommen der Kanzler und die mitreisende Afrikabeauftragte der Bundesregierung, Uschi Eid, nicht mit leeren Händen. Selbst in Südafrika ist deutsche Hilfe, in diesem Falle bei der Aidsbekämpfung, gefragt. Das Land ist der wichtigste Handelspartner Deutschlands auf einem Kontinent, der gerade einmal ein Prozent des globalen Bruttosozialprodukts erwirtschaftet. Rund 700 deutsche beziehungsweise mit deutschem Kapital ausgestattete Firmen sind in Südafrika tätig, die deutschen Direktinvestitionen belaufen sich auf 2,6 Milliarden Euro. Als Ministerpräsident ist Schröder schon einmal hier gewesen, damals, das war im August 1995, begleitet von einer besonders starken Wirtschaftsdelegation. Thabo Mbeki, den Präsidenten Südafrikas, kennt der Kanzler, ebenso Äthiopiens Ministerpräsidenten Meles Zenawi von den Konferenzen »Modernes Regieren«.

Für deutsche Bundeskanzler ist Afrika unbekanntes, im wahrsten wie im übertragenen Sinne des Wortes vermintes Gelände. Schon deshalb hält sich Gerhard Schröder von brisanten politischen Themen fern. Meistens belässt er es bei allgemein verbindlichen Maximen und Erkenntnissen: »Niemand kann in Sicherheit leben«, sagt er in seiner Rede am Sitz der Afrikanischen Union in Addis Abeba, »wenn es in seiner Nachbarschaft Unsicherheit und Streit oder gar Krieg gibt.« Tatsächlich kann keines der vier Gastländer von sich sagen, in seiner Nachbarschaft gäbe es nicht mindestens einen mehr oder weniger schweren Konflikt. Im Falle Südafrikas gilt das vor allem für Simbabwe, das von Robert Mugabe mit eiserner Hand in eine nicht sehr perspektivenreiche Zukunft geführt wird. Eigentlich hatte der Kanzler in Addis Abeba auf dieses Thema eingehen wollen, war aber von Mützelburg davon abgebracht worden, weil das »nur zu einer reflexhaften Solidarisierung« führen werde.[272] Lediglich in Pretoria spricht Schröder einmal von der »inakzeptablen« politischen Praxis im benachbarten Simbabwe[273] und bewegt sich dabei ohne Risiko auf der Linie der Europäischen Union, die Sanktionen gegen das Land verhängt hat.

Vor ein Problem ganz anderer Art sehen sich der Kanzler und sein Büro bei der Vorbereitung der Reise gestellt. Außenstehende machen sich keine Vorstellung davon, welcher enorme Aufwand mit diesen Vorbereitungen verbunden ist – ganz gleich ob es nach Afrika oder in eine andere Weltgegend geht. Dazu gehört die Wahl eines geeigneten Geschenks, das der Kanzler dem Gastgeber überreichen wird. Im Falle des südafrikanischen Staatspräsidenten – »65 Jahre, hochgebildet, Schöngeist, klass. Musik«, der auch »gerne Geschichtliches« liest und »Pfeifenraucher« ist, so die Einschätzung der Botschaft vor Ort – entscheidet man sich nicht für den »Berlin-Stich, Zeughaus mit Königswache, gold gerahmt« zuzüglich »›9 Symphonien‹ L. v. Beethoven

… im Schuber«, vielmehr fällt die Wahl auf ein »Pfeifen-Unikat handgeschnitzt« nebst »Pfeifenbehältnis Leder/Silber« sowie »Tabakdose Silber« im Gesamtwert von 930 Euro, außerdem ein »Foto im Silberrahmen mit Widmung, 18 × 24«, für das 88 Euro veranschlagt werden.[274]

Noch wesentlich komplizierter ist die Antwort auf die Frage, wie man mit dem »Staatsgeschenk« verfährt, das dem »Herrn Bundeskanzler in Addis Abeba« überreicht worden ist. Ablehnen kann man das Schaf, um das es sich hier handelt, schlechterdings nicht, mitnehmen kann man es aber auch nicht. Denn es ist »nicht zulässig …, ein Schaf aus Äthiopien nach Deutschland zu transportieren«. So hält es der Mitarbeiter des zuständigen Referats 322 des Kanzleramts in einer Aktennotiz »Übergabe eines Schafes als Staatsgeschenk an Herrn Bundeskanzler in Addis Abeba; *hier*: tierseuchenrechtliche Notwendigkeit des Verzichts auf eine Einfuhr des Schafes nach Deutschland« fest, die ihren geordneten Weg über den Leiter des Referats 322, den Gruppenleiter 32, den Abteilungsleiter 3 schließlich zur Leiterin des Kanzlerbüros findet. Die »tierseuchenrechtlichen Bestimmungen«, so ist dort zu lesen, genauer gesagt der Paragraph 31 der Binnenmarkt-Tierseuchenschutz-Verordnung, lassen keinen Spielraum. Also wird das Schaf wohl künftig auf dem Gelände der deutschen Botschaft in Addis Abeba grasen.[275] Sage keiner, die deutsche Ministerialbürokratie sei nicht bestens qualifiziert, nicht auf alle Fälle vorbereitet und nicht völlig ausgelastet.

Die Heckenschützen des heimischen Biotops im Blick, achtet Gerhard Schröder übrigens sorgfältig darauf, dass auf seine Reisen auch nicht der Hauch touristischer Vergnügungsfahrten fällt. Besichtigungen und Ausflüge versagt er sich und seiner Entourage konsequent, soweit das die Höflichkeit gegenüber den Gastgebern zulässt. Der Besuch des Nairobi National Park war von der Regierung Kenias aufs Programm gesetzt und unter anderem damit begründet worden, dass man die Einnahmen aus dem Tourismusgeschäft nach zwei schweren Terroranschlägen vom August 1998 und vor allem vom November 2002 dringend brauche. Das sagt der Kanzler vorsichtshalber allen, die es hören oder auch nicht hören wollen.

Zurück in Berlin, wird der Kanzler mit einem der größten, wenn nicht dem größten Problem seiner Reformpolitik konfrontiert: Solange die Reformen auf dem Papier bleiben, ist die Zustimmung in der Bevölkerung hoch. Das ändert sich, sobald sie umgesetzt werden. Spürbar wird die Verweigerung, die jetzt um sich greift, schon in den ersten Wochen des Jahres 2004, als die Patienten besagte Praxisgebühr von 10 Euro pro Quartal entrichten müssen. Für die meisten bedeutet das keinen nennenswerten Einschnitt ins Budget, der Sturm der Entrüstung lässt gleichwohl nicht auf sich warten. Und so bläst die eilig im Kanzleramt zusammengekommene Führungsriege der SPD, ohne den Koalitionspartner vorab zu informieren, am Abend des 28. Januar 2004 die von der Gesundheitsministerin geplante grundlegende Reform der Pflegeversicherung kurzfristig ab, belässt es bei einer durch das Bundesverfassungsgericht vorgegebenen Korrektur und beschädigt damit zwangsläufig Ulla Schmidt.

Mithin stecken Regierung, Koalition und SPD, kaum dass ein substantieller Teil ihres Reformprojekts über die parlamentarische Hürde gerettet ist, schon wieder in der Krise – und wenn es inzwischen auch kaum mehr Steigerungsmöglichkeiten gibt, so muss man doch festhalten: in ihrer tiefsten, seit sie im Herbst 1998 angetreten sind. Eine Ursache ist das Tohuwabohu in der rot-grünen Führungsmannschaft. Selbst eine ausgleichende Natur wie der Chef des Kanzleramtes stößt jetzt immer wieder an die Grenzen seiner Möglichkeiten und wohl auch seiner Kräfte. Zum Beispiel in seinem wechselvollen Diskurs mit dem Umweltminister. Gratuliert er dem »lieben Jürgen« zunächst »herzlich« zum Geburtstag, zeigt er sich acht Wochen später gegenüber dem »sehr geehrten Herrn Minister« in »höchstem Maße irritiert«, weil der wieder einmal einen Alleingang unternommen hat, und stellt »ausdrücklich« fest, »dass Sie entgegen Ihrer Behauptung sich auf Aussagen von mir nicht berufen können«.[276]

Günter Bannas, wahrlich kein blindwütiger Kritiker des Kanzlers, seiner Partei und seiner Regierung, nimmt das »Erscheinungsbild des Bundeskabinetts« in diesen Tagen so wahr: »… jeder kämpft für sich und seine Vorhaben: Schily für den Umzug des Bundeskriminalamtes; Stolpe für die Maut; Frau Bulmahn für die Förderung von Eliteuniversitäten; Eichel gegen die Schwarzarbeit; Clement gegen Trittin und gegen Münteferings Pläne, mittels einer Ausbildungsplatzabgabe Betriebe zur Ausbildung von Jugendlichen zu veranlassen … Schröder wird es nicht vermeiden können, seinem Kabinett ein neues Gesicht zu geben.«[277]

Nicht so, aber doch so ähnlich kommt es dann auch wenige Tage später. Zwar bleibt im Kabinett alles beim Alten, aber in der Partei ist von einem Tag auf den anderen vieles neu. Inzwischen hat sich die SPD, wenn man den Umfragen glauben darf, in der Wählergunst bei 25 Prozent eingependelt, und mit der Politik des Bundeskanzlers sind gar nur noch 14 Prozent der Bevölkerung einverstanden. Keine Frage, da liegt etwas in der Luft – und *Bild* hat Witterung aufgenommen. »Kanzler in Not!«, ist dort am 6. Februar als Aufmacher zu lesen: »Engste Parteifreunde fallen ihm in den Rücken. Dramatischer Mitglieder-Schwund. Immer mehr Kritik an seinen Reformen.«[278] Das ist ein

Freitagvormittag. Wenige Stunden später, es ist 13.35 Uhr, gibt ein angespannter, innerlich sichtlich bewegter Gerhard Schröder vor der kurzfristig zusammengerufenen Bundespressekonferenz bekannt: »Ich habe, meine Damen und Herren, für morgen den SPD-Vorstand einberufen lassen. Ich werde ihm vorschlagen, auf einem Sonderparteitag Ende März Franz Müntefering als Parteivorsitzenden zu wählen.«[279]

Für einen Augenblick ist es so still, dass man die berühmte Stecknadel hätte fallen hören können. Damit hat buchstäblich niemand gerechnet. Noch am Vormittag hat der Bundeskanzler seinen Terminplan wie gewohnt abgearbeitet, hat zunächst den neuen NATO-Generalsekretär mit militärischen Ehren begrüßt, später ein Gespräch mit dem kongolesischen Staatspräsidenten geführt, in deren Anschluss jeweils eine Begegnung mit der Presse.[280] Nichts hat auf einen bevorstehenden tiefen Einschnitt im Leben des Kanzlers hingedeutet. Jetzt, da er angekündigt ist, geht die mediale Brandung hoch. Die beiden auf dem Podium, der noch amtierende Parteivorsitzende und sein damit öffentlich designierter Nachfolger, nehmen es, den Umständen entsprechend, gelassen. Lange genug sind sie im Geschäft, und Schröder und Müntefering haben sich ja nicht über Nacht zu diesem Schritt entschlossen, wenn die Entscheidung auch in letzter Minute um einige Tage vorgezogen worden ist.

Nach dem Bochumer Parteitag, also Mitte November des vorangegangenen Jahres beginnend, kam beim Kanzler die Überlegung auf, den Parteivorsitz an Franz Müntefering abzugeben. Der reißt sich nicht um das Amt, im Gegenteil. Müntefering weiß, dass er als Fraktionsvorsitzender ohnehin in einer sehr starken Position ist, genau genommen sogar in der Partei über mehr Macht verfügt als der Parteivorsitzende, und er hält die Entscheidung auch für falsch. Sein »Grundgefühl« sagt ihm, dass die Trennung von Kanzlerschaft und Parteivorsitz die komplizierte »Statik kaputt machen« wird. Dahinter steckt die Grundüberzeugung, dass die Politik nun einmal nicht aus dem Vorstand oder dem Präsidium der SPD heraus gemacht wird, sondern aus dem Kanzleramt. Die Partei hat noch gut 600 000 Mitglieder, das Land hat 82 Millionen Einwohner. Sagt Franz Müntefering. Trennt man den Parteivorsitz von der Kanzlerschaft, werden die Gruppen innerhalb der SPD, für die das Parteiinteresse vor der Staatsräson rangiert, eine Chance suchen, um mit Hilfe des Parteivorsitzenden die ganz oder in Teilen für falsch gehaltene Politik des Kanzlers zu korrigieren oder gar zu revidieren. Auch das prognostiziert Franz Müntefering Gerhard Schröder in den Wochen, als sie über dessen Entscheidung sprechen. Er wird recht behalten.[281]

Aber nicht nur der künftige Vorsitzende der SPD hält die Entscheidung für falsch. Auch die amtierende Vorsitzende der größten Oppositionspartei

Sichtlich bewegt: Am 6. Februar 2004 gibt Gerhard Schröder seinen Rücktritt vom Amt des Vorsitzenden der Sozialdemokratischen Partei Deutschlands bekannt.

und mutmaßliche Herausforderin des Kanzlers bei den kommenden Bundestagswahlen sieht das so. Angela Merkel hält die Aufgabe des Parteivorsitzes für »blanken Irrsinn«. Die Frau, die als Seiteneinsteigerin innerhalb weniger Jahre die Macht in der männerdominierten CDU übernommen hat, hätte sich durch ihre Partei »die Niederlage geben lassen«. Und sie lernt aus der Geschichte, sieht sich durch die weitere Entwicklung bestätigt: »Niemals«, sagt Merkel im Rückblick, »sollte es eine Trennung von Kanzlerschaft und Parteivorsitz geben.« Wer diesen abtritt, geht nicht mehr durch die Niederungen der Orts-, Kreis- und Landesverbände – und »verliert die Demut vor der Partei«.[282] Wohl wahr, wie das Beispiel des Kanzlers zeigt.

Dabei müsste Gerhard Schröder eigentlich wissen, wie riskant die Trennung von Kanzleramt und Parteivorsitz sein kann. Immerhin hat er das Ende der Ära Schmidt hautnah miterlebt. Tatsächlich ist es aber wohl so, dass der Mann, für den Überforderung an sich ein Fremdwort ist, zum ersten Mal in seinem Leben an die Grenze seiner Leistungsfähigkeit stößt. Der Frankfurter Chronist, der ihn seit vielen Jahren beobachtet, stellt fest, dass sich »außer Schröder, der die letzte Bundestagswahl fast im Alleingang gewonnen hatte, niemand von ausreichender intellektueller und politischer Statur fand, der ihm einen Teil der anstehenden Reformarbeit hätte abnehmen können. Planer, Zuchtmeister und großer Kommunikator in einem sein zu müssen«, das war auch für »das Improvisationstalent Schröder« zu viel.[283]

Zunächst hat man das gar nicht so bemerkt, aber jetzt wird doch sehr deutlich, dass Gerhard Schröder nicht nur gewillt ist, sein Reformprogramm umzusetzen, sondern auch entschlossen, es zu erklären und zu erläutern. So gesehen ist er an dieser Front im Dauereinsatz. Wo immer er sich zu Wort meldet, ob im Parlament oder auf Parteiveranstaltungen, in Wahlkämpfen oder in den Medien, stets geht es auch um eine angemessene, verständliche, überzeugende Vermittlung seiner Reformpolitik. Aber Seelenmassage betreibt er nicht. Dafür fehlen ihm die Kraft, die Zeit und wohl auch die Geduld. Launisch und liebesbedürftig, wie die SPD nun einmal ist, will ihre Seele gepflegt und gestreichelt werden, sagt Schröder im Rückblick. Und er sagt auch, dass sich seine Partei dadurch von der großen Konkurrentin unterscheide, der es vor allem um den Machterhalt gehe. Das verlangt von einem beziehungsweise einer Parteivorsitzenden der CDU andere Qualitäten als von einem SPD-Vorsitzenden. Wer die mehr als 100 Aktenordner durchsieht, in denen die Korrespondenz des Parteivorsitzenden Gerhard Schröder während seiner fünfjährigen Amtszeit aufgehoben ist, weiß, wovon der Mann spricht. Also soll es Franz Müntefering richten. Der Bochumer Parteitag hat gezeigt, dass er die Genossen in dieser schwierigen Situation mitnehmen und begeistern kann. Jetzt soll er ihm die Last dieses Vorsitzes von den Schultern nehmen. Ohnehin leistet der Fraktionsvorsitzende ja Parteiarbeit der schwersten Art, hat zudem einen unverzichtbaren Anteil an der Umsetzung der Agenda 2010, mit der diese Regierung steht oder fällt.

Zu denen – und es sind wohl die meisten –, die Schröders Entscheidung für falsch halten, zählt Joschka Fischer. Erst kurz vor Beginn der Pressekonferenz, als alle Welt davon erfährt, wird der Vizekanzler, Außenminister und wichtigste grüne Partner in der Koalition auf den Stand gebracht. Das war in Ordnung, sagt er später: »Dies war eine rein sozialdemokratische Angelegenheit.«[284] Die Genossen werden erst durch die Pressekonferenz informiert. Mit wenigen Ausnahmen. Otto Schily, dessen herausragende Stellung im engsten Kreis immer offenkundiger wird, weiß seit einem Vier-Augen-Gespräch am Abend des 3. Februar Bescheid. Und Frank-Walter Steinmeier sieht natürlich, wie sehr Gerhard Schröder unter dem »fast krankhaften Zustand im Verhältnis zu seiner« Partei leidet. Er gehört zu denen, die eine Trennung vom Parteivorsitz für richtig halten.[285] Die fünf Stellvertretenden Parteivorsitzenden werden durch Gerhard Schröder anderthalb Stunden, bevor er seine Entscheidung bekannt gibt, ins Bild gesetzt.

Dass der zum Rücktritt entschlossene Vorsitzende die Partei nicht einweiht, ist konsequent. Das entspricht seinem Stil. Und was hätte er den Genossen auch sagen sollen? Wer ihn wie Ulla Schmidt in den vergangenen Jahren aus der Nähe erlebt und keine Scheuklappen aufgesetzt hatte, weiß doch, wie sehr ihm »das Amt als Parteivorsitzenden am Herzen« lag und »wie schwer« ihm folglich »die Entscheidung gefallen ist«.[286] Dieser Gerhard Schröder »liebt die SPD«, sie ist ihm »Heimat«, sagen Heidemarie Wieczorek-Zeul und Renate Schmidt, die ihn lange kennen.[287] Wohl wahr, bestätigen Rudolf Scharping oder Thomas Steg und fügen hinzu, was eben auch gesagt werden muss: »Aber er hat es ihr nie gezeigt«,[288] jedenfalls nicht ihrer »Funktionärskaste«,[289] und die bestimmt nun einmal das Bild der SPD in der Öffentlichkeit.

Tatsächlich ist der Rückzug eine der bittersten Stunden im Leben des Gerhard Schröder, der in wenigen Wochen seinen 60. Geburtstag feiern wird. Wie wenig ihm nach diesem Schritt zumute war, wissen wir von Peter Struck, der von der öffentlichen Ankündigung ebenso überrascht wurde wie die meisten Kabinettsmitglieder. Als Schröder den langjährigen Weggefährten abends anruft, ist der Kanzler »so emotional bewegt«, wie Struck ihn »nur selten erlebt« hat, und er kennt ihn nun wirklich seit einer Ewigkeit: »Alle, die ihm immer vorgeworfen haben, er hätte an dem Parteivorsitz ohnehin nicht gehangen, wären durch dieses Gespräch eines Besseren belehrt worden. Schröder hing an diesem Amt emotional viel stärker, als es seine eigene Partei wahrhaben wollte.«[290] Auch der Nachfolger des scheidenden Vorsitzenden weiß sehr wohl, wie gefühlsbetont dessen Verhältnis zu seiner Partei war und ist, genau genommen »emotionaler« ist als sein eigenes,[291] obgleich gerade Franz Müntefering in diesen schwierigen Wochen die Seele der Genossen erreichen und sie von den Stühlen holen kann.

Die meisten sind sichtlich gerührt, als Gerhard Schröder am 21. März 2004 den Delegierten des Sonderparteitags gesteht, dass es für ihn eine »große Ehre« gewesen sei, in der »Nachfolge von August Bebel und Willy Brandt zu stehen … Ich habe es als eine Verpflichtung verstanden und es so gut zu machen versucht, wie ich es konnte. Ja, ich kann sagen – ich möchte, dass ihr das wisst: Ich war stolz darauf, Vorsitzender dieser großen, ältesten demokratischen Partei sein zu dürfen. Aber die Aufgabe als Bundeskanzler … erfordert schon die ganze Kraft des Menschen – übrigens gestützt auf die, die ich liebe und die mich lieben.«[292]

Als die Kameras auf seine Frau schwenken, sieht man in ihren Augen Tränen der Rührung. Und wer genau hinschaut, kann auch sehen, dass dieser Gerhard Schröder nahe am Wasser gebaut hat. Am Ende des Jahres gefragt, wie man »kühl« bleiben könne, wenn man wie er auf diesem Parteitag auf seine weinende Frau herabschaue, antwortet er ohne Zögern: »Gar nicht, ich bin es auch nicht gewesen. Man muss seine Rede zu Ende bringen, klar, aber das waren Augenblicke voller Emotionalität. Auch mir war zum Heulen zumute.«[293] Tief im Innern ist dieser Gerhard Schröder ein empfindsamer Mensch.

Weil Schröder aber auch jetzt nicht zeigen will und wohl auch nicht zeigen kann, wie sehr er an dieser Partei hängt und wie es in diesem Moment im Innern um ihn steht, ist der Abstand zwischen dem einen und den anderen größer denn je. »In diesem Augenblick«, so hat Jürgen Leinemann die Situation eingefangen, »erlebte ihn wohl jeder im Saal als den einsamen Kanzler, als den er sich selbst inzwischen empfand. So einsam wie einst Willy Brandt und Helmut Schmidt – und wie sie umweht von einer Aura möglichen Scheiterns.«[294]

So einer braucht Freunde, auf die er sich in extremen Situationen wie der des Frühjahrs 2004 verlassen kann. Gefragt, wer sie sind, nennt Gerhard Schröder am Ende dieses Jahres seine Frau, Sigrid Krampitz und Frank-Walter Steinmeier.[295] Zwei andere, die ihm sehr nahegestanden haben, kann er nicht mehr nennen. Reinhard Hesse und Brigitte Sauzay sind, wie berichtet, im Herbst im Abstand weniger Tage ihren schweren Krankheiten erlegen. Noch seinen Erinnerungen kann man entnehmen, wie schwer ihn dieser doppelte Schlag getroffen hat.

Was den Parteitag angeht, ist der emotionale Moment dann auch rasch wieder vorbei – für die Genossen, für den Kanzler und für den neuen Parteivorsitzenden. Mit gut 95 Prozent der Stimmen fährt Franz Müntefering ein ausgezeichnetes Ergebnis ein. Fortan sind die beiden, mehr noch als zuvor, aufeinander angewiesen. »Daß es dabei ganz wesentlich auf die Art und Weise Eurer künftigen Kooperation ankommt, wißt Ihr selbst am besten«, hatte Hans-Jochen Vogel dem zum Rücktritt entschlossenen Vorsitzenden geschrieben.[296] Das heißt aber auch und ohne Wenn und Aber: Der Kanzler muss in dieser Hinsicht Verzicht leisten, sich im Zweifelsfall sogar sagen lassen, wo es langgeht. Der *Spiegel* hat schon recht, wenn er feststellt, dass Gerhard Schröder »zum ersten Mal in seinem politischen Leben ... Macht abgegeben« hat. So gesehen ist er »Der halbierte Kanzler«, wie das Magazin sein Heft betitelt.[297]

Zu den Überraschungen, die das Führungspersonal der SPD für die staunende Öffentlichkeit bereithält, gehört, dass der neue Vorsitzende Klaus Uwe Benneter als neuen Generalsekretär vorschlägt. Damit hat kaum jemand gerechnet. Nicht wenige glauben, dass der Kanzler dem Vorsitzenden diese Personalie aufs Auge gedrückt habe. Das ist Unfug, schon weil Müntefering das nicht mit sich hätte machen lassen. Richtig ist, dass Benneter als Vertrauter

Schröders gilt. Jedenfalls erinnern sich die Angehörigen der mittleren und älteren Generationen noch gut an die Juso-Jahre der beiden, als der linke Gerhard Schröder den extrem linken Klaus Uwe Benneter – genannt »Benni, der Bürgerschreck« – mittelbar im Vorsitz beerbte und später dafür sorgte, dass die Mutterpartei den zwischenzeitlich ausgeschlossenen Exponenten der sogenannten Stamokap-Fraktion wieder in ihre Arme schloss. Davon ist berichtet worden. Diese Geschichten kennt natürlich auch Müntefering, der sich ja selbst vom eher linken Spektrum der Partei in ihre Mitte vorgearbeitet und im Umkreis der Kür Gerhard Schröders zum Kanzlerkandidaten mit Lafontaine sympathisiert hat. In diesem Lichte betrachtet, ist die Wahl Benneters weniger überraschend. Sie ist ein kluger Schachzug, eben weil man in ihr auch ein Signal an die Adresse der Linken in Partei und Fraktion sehen kann – und weil die Gelegenheit günstig ist, den in Bochum von den Genossen abgestraften Olaf Scholz ohne Gesichtsverlust zurückzuziehen.

Und was Gerhard Schröder und Franz Müntefering angeht, so kann man heute bilanzieren, dass die Arbeitsteilung funktioniert hat. Als Schröder nach dem Ende seiner Kanzlerschaft hinter verschlossenen Türen über sein Leben sinniert, beschäftigt er sich eingehend mit dem langjährigen Partner und stellt in diesem Zusammenhang ohne Wenn und Aber fest: »Ich habe nie, zu keinem Zeitpunkt, egal was da … geschrieben und gesagt wurde, auch nur den Eindruck gehabt oder haben müssen, dass da irgend etwas nicht korrekt war oder nicht ordentlich lief und nicht von einem prinzipiellen Vertrauen geleitet war.«[298] Nicht erst von diesem 21. März 2004 an, seither aber in besonderem Maße, haben die beiden zuverlässig, loyal und vertrauensvoll zusammengearbeitet.

Das ist sehr viel, auch wenn Schröder etwas fehlt. »Ich hätte ihn gern zum Freund«, sagt er in einem Interview der beiden mit dem *Tagesspiegel*, das am Tag des Stabwechsels erscheint.[299] Das ist keine Floskel. Freundschaft ist für ihn ein hohes Gut. Und sie birgt Risiken. Weil Gerhard Schröder Freunden ein großes Grundvertrauen entgegenbringt, kann er »als Freund enttäuscht« werden. Und er wird enttäuscht – immer wieder und auch deshalb, weil mancher Freund ihm seine Fähigkeiten und seine Wirkung, seine Ausdauer und seine Kraft, seine Erfolge und seinen Aufstieg neidet. Das wissen mit Markus Lüpertz, Jürgen Großmann und Otto Schily drei Männer zu berichten, die Schröder aus den Gesprächen der sehr vertrauten Skatrunde kennen und die loyal zu dieser Freundschaft gestanden haben.[300]

Diesem Risiko, als Freund zu enttäuschen und enttäuscht zu werden, geht Franz Müntefering von vornherein aus dem Weg. Er wisse, wovon der Kanzler spreche, sagt er im Doppelinterview und fügt hinzu: »Ich bin kein

Kumpel ... Ich kenne meine eigene Distanziertheit, und ich weiß, wie Menschen darauf reagieren. Ich find' das sehr schön, ... dass Gerd Schröder das jetzt sagt. Ich bin mit solchen Dingen sehr vorsichtig.« Vielleicht liegt gerade hier das gar nicht so geheime Geheimnis ihres Erfolgs. Zudem hat Müntefering auch nie eine Ambition auf das Amt des Bundeskanzlers entwickelt. Vor dem Stabwechsel nicht und danach auch nicht. Gefragt, was Schröder besser könne als er, sagt Müntefering ohne Zögern: »Bundeskanzler sein. Ich könnte das überhaupt nicht.«[301] Auch deshalb ist die neue Arbeitsteilung ideal.

Die Basis wurde gelegt, als sie die Rochade an der Parteispitze besprachen und beschlossen. Keiner von beiden hat die vereinbarte Diskretion verletzt, bis sie gemeinsam vor die Presse traten. »Keine Frage«, schreibt Gerhard Schröder Mitte Januar 2005 Franz Müntefering zum Fünfundsechzigsten, »wir haben mit diesem Schritt die gesamte Öffentlichkeit überrascht ... Wie bemüht die Medien waren, Gegensätze zwischen uns zu konstruieren, Auseinandersetzungen zu erfinden, Keile zwischen uns zu treiben. Das ist nicht gelungen, weil wir vertrauensvoll unsere unterschiedlichen Aufgaben wahrnehmen, uns unterstützen und ergänzen.«[302]

Natürlich sind nicht alle mit der Art und Weise des Wechsels im Parteivorstand einverstanden. Vor allem einer ist ob dieser Geheimniskrämerei ziemlich indigniert. Obgleich er »am Abend vorher noch mit ihm Wein getrunken hat«, hält Gerhard Schröder gegenüber Wolfgang Clement dicht.[303] Und dann erfährt der Superminister für Wirtschaft und Arbeit die Nachricht auch nicht exklusiv, sondern wird mit den übrigen vier Stellvertretern über das informiert, was rund anderthalb Stunden später alle Welt wissen wird. Man kann die Irritation verstehen. Als Clement ins Berliner Kabinett ging und dafür den Posten des Ministerpräsidenten von Nordrhein-Westfalen aufgab, hatte er das Gefühl, als *primus inter pares* zu gelten. Nicht nur weil er sich vielen anderen überlegen fühlte, sondern auch weil der Kanzler diesen Eindruck vermittelte. Jedenfalls hat Clement das so wahrgenommen. Dass er, als es mit Schröder bergab ging, öffentlich als Kanzler einer Großen Koalition gehandelt wurde, hat ihm geschmeichelt und seiner Selbsteinschätzung entsprochen. Aber er ist loyal geblieben, hat sich, anders als seinerzeit zum Beispiel Rudolf Scharping, nicht an den Spekulationen beteiligt. Öffentlich nicht und hinter verschlossenen Türen auch nicht.

Und jetzt das. Schlimm genug, dass er nicht rechtzeitig und exklusiv ins Vertrauen gezogen worden ist, aber dass ausgerechnet Franz Müntefering den Zuschlag auf die Nachfolge im Parteivorsitz erhält, ist schon eine Zumutung. Findet Wolfgang Clement. Die beiden Westfalen sind nämlich seit den gemeinsamen politischen Zeiten an Rhein und Ruhr einander in auf-

Kanzler und Vorsitzender: Die neue Arbeitsteilung zwischen Gerhard Schröder und Franz Müntefering – hier am 21. März 2004 bei der Übergabe des Parteivorsitzes – ist ideal.

richtiger Abneigung verbunden. Daran wird sich in den kommenden Monaten nichts ändern, eher im Gegenteil: Die offenen und versteckten Rangeleien und Gefechte machen dem Kanzler sein ohnehin nicht leichtes Leben noch schwerer.

Als sich Gerhard Schröder von einem Teil seiner Macht trennt, steht er kurz vor der Vollendung seines 60. Lebensjahres. Am 7. April feiert er seinen Geburtstag im kleinen Kreis in der Toskana. Tatsächlich. Zwar ist er schon früher gelegentlich der sogenannten Toskana-Fraktion zugerechnet worden, doch hat er im eigentlichen Sinne nie zu jenen Sozialdemokraten und Grünen gezählt, die eine alternative Attitüde daheim mit einem gepflegten bürgerlichen Lebensstil jenseits der Alpen zu verbinden wussten. Als er »das erste Mal in der Presse zur Toskana-Fraktion gezählt wurde«, hat er Jahre später einmal berichtet, ist er »noch nicht einmal dort gewesen«.[304] Aber seit er Kanzler ist, zieht es ihn und die Familie immer wieder dorthin. So auch in diesen Tagen des April 2004.

Offiziell wird der Kanzlergeburtstag übrigens nicht gefeiert. Gerhard Schröder hat im Januar alle geplanten Feierlichkeiten abgeblasen, nachdem in den Medien der Rechenschieber betätigt worden war. Stattdessen lädt der Parteivorstand der SPD zum 16. April privat ins Hannoveraner Theater Aegi ein. 450 Gratulanten sind gekommen – aus Politik und Wirtschaft, Kultur und Wissenschaft. Langjährige Weggefährten aus der Partei sind dabei, angeführt von Bundespräsident Johannes Rau und dem Partei- und Fraktionsvorsitzenden Franz Müntefering, aber auch die Altgedienten um Egon Bahr, Erhard Eppler, Hans-Jochen Vogel und Hans-Jürgen Wischnewski; Literatur und Kunst sind unter anderem durch Günter Grass, Jörg Immendorff und Markus Lüpertz vertreten, die Musik durch Udo Lindenberg, Klaus Meine und Marius Müller-Westernhagen, Film und Theater durch Karl Dall, Jürgen Flimm, Esther Schweins, Wolfgang Völz und Sönke Wortmann; vom Fernsehen sind Reinhold Beckmann und Thomas Gottschalk mit von der Partie, vom Sport Franz Beckenbauer und Jürgen Klinsmann; die Wirtschaft zeigt mit Utz Claassen, Carsten Maschmeyer, Hartmut Mehdorn, Jürgen Schrempp und Wendelin Wiedeking Präsenz – um nur sie zu nennen.

Natürlich ist die Familie dabei, allen voran Gerhard Schröders neunzigjährige Mutter Erika Vosseler, aber beispielsweise auch Sven Kuntze, der Vater von Klara Schröder-Köpf, Gerhard Schröders Stieftochter, mit dem er sich seit seinen frühen Bonner Jahren gut versteht und auch während seiner Kanzlerschaft beruflich reibungslos zusammenarbeitet. Ganz besonders freut sich Gerhard Schröder über die Gratulanten, die wie Wladimir Putin und seine Frau ihren engen Terminplan beiseitegelegt und für einige Stunden den Weg nach Hannover gefunden haben. Johannes Rau, Franz Müntefering, Günter Grass und Markus Lüpertz ergreifen das Wort, und 60 Freunde legen zum Geburtstag eine eigenwillige Festschrift vor, herausgegeben von Manfred Bissinger und Heiko Gebhardt, »möglich gemacht« durch Jürgen Großmann. Die sechzig haben zu diesem politischen Poesiealbum Reminiszenzen beigesteuert, einige, wie Klaus Meine oder Edelgard Bulmahn, haben gedichtet, andere, wie Uwe Bremer oder Udo Lindenberg, gemalt. Rund 500 Journalisten aus aller Welt, von denen allerdings kaum einer Zutritt zur »Super-Party des Jahres«[305] hat, berichten von dem Ereignis, darunter mehrere Kamerateams.[306]

Und dann gibt es noch diejenigen, die wie des Kanzlers Halbbruder oder der Chefredakteur des *Spiegel* nicht eingeladen sind. Lothar Vosseler nimmt das persönlich und die Zurückweisung zum Anlass, um am Ende des Jahres mit einem wenig schmeichelhaften Buch über Gerhard Schröder an die Öffentlichkeit zu gehen, wovon zu berichten ist. Stefan Aust weiß natürlich, warum er dieses Mal nicht geladen ist, und nimmt das sportlich. Hingegen versteht seine Redaktion die Nichteinladung als Signal: Fortan, glauben sie dort, steht der Kanzler nicht mehr unter dem Schutz des Chefredakteurs. Also haben sie freie Bahn, und Stefan Aust kann, selbst wenn er es denn gewollt hätte, kaum noch gegensteuern.[307]

Anders als der *Spiegel*, dem Schröders Sechzigster nicht einmal eine dürre Mitteilung wert ist, warten die meisten Zeitungen mit der Person und dem Anlass angemessenen Würdigungen auf. Einer, der sich dabei etwas Besonderes einfallen lässt, ist Kurt Kister, der den Kanzler als Leiter des Hauptstadtbüros der *Süddeutschen Zeitung* seit Beginn seiner Amtszeit begleitet, zuletzt auch mit ihm in Afrika gewesen ist. Sein ganzseitiger Glückwunsch trifft mit feiner Ironie gleich mehrere Nägel auf den Kopf, auch diesen: »Was also bleibt mir und Ihnen bei so einem erfüllten Leben noch zu wünschen übrig? … Da sollte an erster Stelle eigentlich stehen: eine dritte Amtszeit. Aber wollen Sie das wirklich, ganz tief in Ihrer Seele? … Wollen Sie von heute an noch mal sechs Jahre die meiste Zeit der Woche in Ihrem Schlafschrank im Kanzleramt wohnen? Wollen Sie weiter zwielichtigen Diktatoren die Hand schütteln, jeden Mittwoch Jürgen Trittin sehen und der SPD erklären müssen, warum die Welt nie so ist, wie es im Parteiprogramm steht? … Ist es so erstrebenswert, noch mal sechs Jahre den aufgeblähten Büroleitern der unheimlich wichtigen Medien zu erläutern, dass und warum Sie alternativlose Politik machen? Sie kennen die Antwort auf all diese Fragen: Nein … Und die Geschichte? … [Immerhin] waren Sie ja jetzt schon sechs Jahre Bundeskanzler und werden es vielleicht noch mindestens zwei Jahre bleiben. Sie sind schon Geschichte.«[308]

Da ist was dran. Sicher will Gerhard Schröder längst eine dritte Amtszeit. Aber ebenso sicher braucht er vieles nicht mehr. Immerhin muss er jetzt seinen Genossen nicht mehr erklären, warum sich die Wirklichkeit partout nicht dem Parteiprogramm fügen will. Dafür haben sie jetzt ihren »Münte«. Zu tun bleibt auch so genug. Die Verantwortung, die er als Kanzler trägt, kann ihm niemand abnehmen. Und wie es aussieht, gibt es auch niemanden, der in dieser Situation an seiner Stelle die gewaltige Last des Kanzleramtes schultern könnte. So gesehen ist er auf der sicheren Seite.

Als Schröder und Müntefering Anfang Februar ihre Entscheidung bekannt gaben, hat der davon gleichfalls völlig überraschte Henning Voscherau dem Kanzler geschrieben: »Vor vielen Jahren, als wir alle noch gemeinsam die ›schmucke Riege‹ waren, hat Helmut Schmidt (fast wörtlich) zu mir gesagt: Bilde Dir nichts ein, der Gerhard Schröder hat von Euch allen die meiste Kraft. Das hast Du weiß Gott inzwischen bewiesen. Jetzt ziehe nicht den Kopf ein, weiche nicht zurück, sondern laß' im Gegenteil eine (komplettere) Vorwärts-Strategie der Erneuerung und des Aufbruchs entwickeln … Überzeuge alle: Nur so geht's aufwärts. Und dann stehe oder falle!«[309]

Gefragt ist diese Vorwärtsstrategie auch in der Außenpolitik. Die enormen internationalen Belastungen und Verpflichtungen waren ja erklärtermaßen ein ausschlaggebender Grund für den Rückzug vom Parteivorsitz. Bis zu 60 Prozent seiner Arbeitszeit, mitunter auch deutlich mehr, müsse er darauf verwenden, sagt er in diesen Tagen. Seit er aus Afrika zurück ist, steht das integrierte Europa im Mittelpunkt der außen- und sicherheitspolitischen Aktivitäten.

Der Gemeinschaft droht unter der Fülle der gleichzeitig zur Lösung anstehenden Probleme die Handlungsfähigkeit abhandenzukommen. Einmal ist ihre Spaltung infolge des Irakkrieges noch nicht wirklich überwunden. Auch deshalb ist die Europäische Sicherheits- und Verteidigungspolitik bislang kaum aus den Startlöchern gekommen. Einstweilen Großbaustellen sind die miteinander verbundenen Vorhaben einer europäischen Verfassung und der Osterweiterung der Gemeinschaft. Ungeklärt ist schließlich die Frage nach der Aufnahme weiterer Kandidaten, wie der noch nicht auf der Liste stehenden Nachfolgestaaten des alten Jugoslawien oder der Türkei. So ist der Kanzler Ende Oktober 2003 in Serbien und Montenegro sowie in Kroatien unterwegs. Wie die meisten Beobachter nimmt auch Schröder an, dass dieser Nachfolgestaat, dessen Unabhängigkeitserklärung seinerzeit den serbischen Feldzug mit ausgelöst hatte, allemal die Voraussetzungen Rumäniens und Bulgariens erfüllt, deren Aufnahme in die EU als Nächstes auf dem Programm steht.

Ein ganz besonderer Fall für den Kanzler ist die Türkei. Am 23. und 24. Februar 2004 ist er in Ankara. Inzwischen verbindet ihn auch eine politische Freundschaft mit Recep Tayyip Erdoğan, dem neuen starken Mann des Landes, die über das Ende seiner Amtszeit hinaus anhalten wird. Früh schon – und eben »nicht nur hinter verschlossenen Türen«, woran Erdoğan Jahre später erinnert[310] – hat sich Schröder für eine Vollmitgliedschaft dieses politischen Brücken- und wirtschaftlichen Schwellenlandes ausgesprochen. Immerhin ist sie der Türkei bislang von jeder Bundesregierung in Aussicht gestellt worden, seit die EWG 1963 mit Ankara ein Assoziierungsabkommen geschlossen hat. Das Modell einer »privilegierten Partnerschaft«, für das sich die Oppositionsführerin im Bundestag ausspricht, lehnt Schröder ab. Über den Zeitraum von Beitrittsverhandlungen hat er keine Illusionen, schon weil sich an den Bedingungen, die der Kanzler an eine Aufnahme des Landes in die EU knüpft, nichts geändert hat. Neben einer stabilen Demokratie, dem Schutz von Minderheiten und der Achtung der Menschenrechte zählen dazu auch wirtschaftliche Reformen. Zu Beginn des 21. Jahrhunderts gibt es hier noch einigen Nachholbedarf, wenn die Türkei inzwischen auch kein wirtschaftlicher Bittsteller mehr ist. Aber über zehn bis 15 Jahre wird sich der Beitrittsprozess schon erstrecken, schätzt Schröder.

Dreh- und Angelpunkt deutscher Europa- und Außenpolitik ist und bleibt Frankreich. Auch nach Überwindung der akuten Phase des Irakkonflikts sind der Kanzler und der Staatspräsident im Dauerkontakt. Und weil das weder ein Geheimnis ist noch eines sein soll, bittet zum Beispiel Erdoğan, als er acht Wochen nach Schröders Türkeivisite Deutschland besucht, den Kanzler um »Einwirken« auf Frankreich, um dessen Unterstützung zum türkischen Beitrittswunsch »sicherzustellen«. Chirac »folge in der Frage der türkischen EU-Kandidatur der deutschen Position«. Das habe der Staatspräsident ihm gesagt.[311] Was im Umkehrschluss bedeutet, dass die deutsche Außenpolitik die entscheidende Verantwortung für den forcierten Aufnahmedrang der Türkei in die EU trägt. Wie wir heute wissen, hat dieses Drängen seinen Anteil daran, dass die europäische Verfassung schließlich am Unbehagen einer wachsenden Zahl von Bürgern scheitern wird.

Am Ende scheitern wird auch der Versuch, die Europäische Sicherheits- und Verteidigungspolitik (ESVP) mit neuem Schwung zu versehen. Am 29. April 2003 geben die Staats- und Regierungschefs Belgiens, Deutschlands, Frankreichs und Luxemburgs im belgischen Tervuren bekannt, künftig auf diesem Gebiet enger zusammenarbeiten und die ESVP perspektivisch in eine ESVU, eine Europäische Sicherheits- und Verteidigungsunion, überführen zu wollen. Weil Jacques Chirac, Gerhard Schröder und Guy Verhofstadt aber zu den entschiedenen Kritikern der amerikanischen Irakpolitik zählen, gerät ihre mit Luxemburgs Premier Jean-Claude Juncker vorgestellte Initiative sogleich in den Verdacht, gegen Amerika und die NATO gerichtet zu sein.

Das ist sie nicht. Vielmehr gilt für diesen, was für sämtliche Vorstöße seit der französisch-britischen Initiative von Saint-Malo gegolten hat: »Die transatlantische Partnerschaft bleibt für Europa eine grundlegende strategische Priorität.« So steht es in der gemeinsamen Erklärung der vier vom 29. April 2003,[312] und so erläutert der Bundeskanzler die Initiative zwei Wochen später auch dem amerikanischen Außenminister Colin Powell, als der in Berlin um Aufklärung bittet: »Niemand ... habe ein Interesse an einer Abkoppelung Europas von den USA.«[313] Richtig ist, dass es den vier europäischen Staats- und Regierungschefs um die Entwicklung beziehungsweise Stärkung eines zweiten gleichwertigen Pfeilers in der Atlantischen Allianz geht. Richtig ist allerdings auch, dass die Alleingänge und die Bevormundungsversuche der amerikanischen Regierung vor und während des Irakkrieges einigen Anteil am europäischen Schulterschluss haben.

Diese amerikanische Vormundschaftspolitik erklärt zu einem Teil auch die zeitweilige Annäherung Großbritanniens an die ESVP-Initiative der vier, die von Anfang an allen anderen EU-Mitgliedern offen stehen soll. Am 20. September 2003 gibt Tony Blair bei einem informellen Treffen mit Gerhard

Schröder und Jacques Chirac im Kanzleramt zu erkennen, er sei ein »überzeugter Anhänger der ESVP«. Da sind die beiden anderen doch sprachlos. Weil sich die Europäer nämlich, so der britische Premier, »nicht immer« auf die USA »verlassen« könnten, müssten diese bei militärischen Operationen, wie zum Beispiel im Kosovo, eigene militärische Fähigkeiten entwickeln. Allerdings gehe es nicht um »kollektive Verteidigung«, und auch eine Verbindung ihrer Absprachen mit dem Vierergipfel vom April will Blair vermieden wissen, denn Tervuren sei »als Ort verbrannt«.[314]

Der Schulterschluss hält nicht einmal vier Wochen. Schon Mitte Oktober tritt Blair den Rückzug an und stellt klar, dass es kein militärisches Hauptquartier außerhalb der NATO geben dürfe. Zwar wird auf Beamtenebene zwischen England, Frankreich und Deutschland weiterverhandelt, Ende November sogar Einvernehmen in allen Fragen erzielt – einschließlich des Aufbaus einer »Kernfähigkeit zur Planung und Durchführung von EU-autonomen Operationen«, doch steigen die Briten bald endgültig aus. Was bleibt, ist die deutsch-französische Initiative für ein »Europa der Verteidigung«, schreibt der Präsident dem Kanzler, »indem wir konkrete Vorschläge für eine Annäherung unserer nationalen Verteidigungsinstrumente, für eine Zusammenlegung unserer Mittel und für den Abbau überflüssiger Doppelstrukturen unterbreiten«.[315]

Schröder gehen Blairs europapolitische Extratouren zusehends auf die Nerven. Entsprechend kühlt sein anfänglich gutes, geradezu freundschaftliches Verhältnis zum britischen Premier im Laufe des Jahres 2004 ab, um Mitte Juni 2005 den Gefrierpunkt zu erreichen. Anlässe für die Klimaverschlechterung sind Auseinandersetzungen über die Wahl eines neuen Präsidenten der EU-Kommission und über die europäische Verfassung. Als Tony Blair am 20. April 2004 unvermittelt ankündigt, dass er über den EU-Verfassungsvertrag ein Referendum abhalten lassen wolle, läuft das, so der deutsche Außenminister im Rückblick, »auf eine Totalrevision seiner bisher öffentlich eingenommenen Haltung« hinaus.[316] Vor allem aber ist die Ankündigung eine Art Initialzündung für andere. Als schließlich auch Jacques Chirac ein solches Referendum anberaumt, versetzt er dem Verfassungsvertrag den Todesstoß. Das wissen wir heute.

Am 22. Juni 1995, also noch in der Ära Kohl, hatte die SPD im Deutschen Bundestag den Vorschlag eingebracht, den überfälligen europäischen Grundrechtekatalog durch einen Konvent erarbeiten zu lassen.[317] Während der deutschen Ratspräsidentschaft und in rot-grüner Regie beschließt der Europäische Rat vier Jahre später die Einsetzung eines solchen Konvents, der von

Mitte Dezember 1999 an unter Vorsitz des ehemaligen Bundespräsidenten Roman Herzog tagt. Das Ergebnis, die Grundrechtecharta der EU, wird im Dezember 2000 verkündet. Sie ist zugleich ein erster Schritt auf dem Weg zu einer europäischen Verfassung. Hinter diesem Vorhaben wiederum stecken nicht nur hehre weltanschauliche, sondern auch ganz pragmatische Motive: Mit einer Verfassung würde die Union zu einer Rechtspersönlichkeit befördert, die international entsprechend agieren kann. Ganz abgesehen davon, dass Henry Kissinger endlich die Telefonnummer hätte, die er viele Jahre zuvor vergeblich suchte, als er »Europa anrufen« wollte.

Um die Verfassung zu erarbeiten, tagt seit Mitte Dezember 2001 ein zweiter Konvent. Den Vorsitz übernimmt der ehemalige französische Staatspräsident Valéry Giscard d'Estaing. Als Repräsentant des Bundestages nimmt dort der Sozialdemokrat Jürgen Meyer Platz, der 1995 für seine Partei den Vorschlag für die Erarbeitung der Grundrechtecharta im Bundestag eingebracht hatte. Als Vertreter der Bundesrepublik hat Gerhard Schröder zunächst Wolfgang Schäuble im Blick, doch stößt sein Vorschlag auf den Widerstand Joschka Fischers und Peter Strucks, so dass man sich schließlich auf Peter Glotz verständigt. Dass nach erfolgreicher Wiederwahl der rot-grünen Bundesregierung der Außenminister höchstpersönlich als deren Vertreter in den Konvent geht, zeugt von der hohen Bedeutung, die man dem Projekt in Berlin zumisst.

Ein erster Versuch, den Verfassungsvertrag zustande zu bringen, scheitert Mitte Dezember 2003. Entscheidendes Hindernis ist die Frage der Mehrheitsentscheidung. Nachdem sich Polen, Spanien und auch Deutschland in der Frage der sogenannten doppelten Mehrheit aufeinander zubewegt haben, kann der Vertrag schließlich am 29. Oktober 2004 in Rom unterzeichnet werden. Danach bedarf ein Mehrheitsbeschluss 55 Prozent der Ratsstimmen und 65 Prozent der repräsentierten Bevölkerung Europas: »Die Staatenmehrheit«, hat der Bundeskanzler Anfang Juli 2004 im Bundestag erläutert, »unterstreicht die Gleichberechtigung aller Mitglieder« – unabhängig von ihrer Größe. »Das zusätzliche Erfordernis einer Mehrheit der Unionsbürger verwirklicht das zentrale Prinzip, das in jeder Demokratie selbstverständlich ist: ein Bürger – eine Stimme.«[318]

Aber dann erleidet das Vorhaben doch Schiffbruch. Am 29. Mai 2005 lehnen die Franzosen, am 1. Juni die Niederländer die Verfassung ab. Zwei Wochen später stellt der Europäische Rat in Brüssel das Thema vorerst zurück. Schwer zu sagen, wie ein solches Referendum in Deutschland ausgegangen wäre, wo der Bundestag den Vertrag Mitte Mai ratifiziert hat. Dass die Verfassung in Frankreich scheitert, überrascht Kenner der Szene nicht.

Offensichtlich hat der Präsident seinen Landsleuten in Sachen Europa letzthin zu viel zugemutet. Neben der Sorge vor einer Kostenlawine und einer überhandnehmenden Bürokratie spielt auch die ohne Not forcierte Beitrittskampagne zugunsten der Türkei eine gewichtige Rolle. Vielen Franzosen kommt dieser Schritt nach der Osterweiterung schlicht zu früh.

Chirac wusste um den Widerstand und hatte daher im Sommer 2004 die Einrichtung einer »vertraulichen« Arbeitsgruppe der europapolitischen Berater angeregt, die sich um das »Management der Psychologie in [den] Öffentlichkeiten« Deutschlands, Frankreichs und der Türkei kümmern sollte.[319] Und am Jahresende 2004 hatten der Staatspräsident und der Bundeskanzler vereinbart, dass der Beitritt der Türkei zwar »Ziel der Verhandlungen« sei, dass es aber keinen »Automatismus« geben dürfe, sondern dass die »Möglichkeit eines negativen Ausgangs der Verhandlungen aus in der Türkei liegenden Gründen« deutlich werden müsse.[320] Einfluss auf das Ergebnis des Referendums hatte die Notfallmaßnahme offenkundig nicht.

Der Kanzler hatte sich auch deshalb für den Vertrag ins Zeug gelegt, weil er darin eine Chance sah, »dieses größer gewordene Europa entscheidungsfähig und damit politisch führbar« zu machen. Um sage und schreibe zehn neue Mitglieder ist die EU am 1. Mai 2004 gewachsen, und das auf einen Schlag. Davon wurde schon berichtet. Die Entwicklung geht nicht nur vielen Bewohnern in den traditionellen Mitgliedsstaaten, sondern auch manchem neuen Nachbarn, namentlich Russland, zu schnell. Es ist ja gerade einmal 13 Jahre her, dass die Sowjetunion endgültig ihren Geist ausgehaucht hat und damit auch ihr Imperium liquidiert worden ist. Seither zieht es die meisten europäischen Nachfolgestaaten der UdSSR sowie die vormals unter ihrer Kontrolle lebenden Völker Ostmittel- und Südosteuropas in die wirtschaftlichen, politischen und nicht zuletzt auch die militärischen Organisationen des Westens. Nach Polen, Tschechien und Ungarn sind gerade erst, nämlich zum 29. März 2004, Bulgarien, Estland, Lettland, Litauen, Rumänien, die Slowakei und Slowenien in die NATO aufgenommen worden. Vier Wochen später treten die meisten von ihnen auch der EU bei.

Schon weil fortan mehr als die Hälfte des russischen Handels mit der EU abgewickelt wird, gewinnen deren Regeln, Restriktionen und Forderungen, wie insbesondere die nach einer Liberalisierung des Erdgasmarktes, auch für Russland an Gewicht. Für ein Land, das sich gerade von staatsmonopolistischen Strukturen verabschiedet und von dem ein rascher Übergang zur Marktwirtschaft verlangt wird, sind solche Maßregelungen nicht immer leicht nachzuvollziehen. Auf der anderen Seite gibt es keine Alternative. Also gehen

Russland und die EU, die ihrerseits ein erhebliches Interesse am Ausbau der Handelsbeziehungen hat, am 21. Mai 2004 auf einem Gipfeltreffen aufeinander zu.

Bei alledem kommt Deutschland und namentlich seinem Kanzler eine Schlüsselrolle zu. Daher überrascht es nicht, dass Gerhard Schröder dem russischen Präsidenten am 2. April 2004 als erster westlicher Regierungschef zweieinhalb Wochen nach dessen Wiederwahl die Aufwartung gemacht hat. Eigentlich wollte Jacques Chirac diese Rolle übernehmen. Weil der französische Präsident aber wegen einer Kabinettsumbildung kurzfristig unabkömmlich ist, wird die Kanzlervisite zu einer Demonstration für die russisch-deutsche »strategische Partnerschaft«, wie Wladimir Putin betont.

Entsprechend hoch sind die Erwartungen in Berlin, dass sich Schröder, dieser Rolle bewusst, bei seinem Gastgeber für die rasche Etablierung und Umsetzung von Demokratie und Menschenrechten einsetzt. Ging es den Kritikern Putins in der Vergangenheit um das russische Vorgehen in Tschetschenien, so haben sie jetzt das Ergebnis der Präsidentschaftswahlen im Visier. Er »solle kritisieren«, dass der Präsident »bei den Wahlen eine Zweidrittelmehrheit habe«, erklärt der Kanzler diesem während des Delegationsgesprächs – und fügt hinzu, dass es freilich auch in Deutschland, und zwar in Bayern, gelegentlich »Zweidrittelwahlresultate« gebe. Letzteres sagt er auch öffentlich.[321] Vertraulich rät er Putin, an seinen Prioritäten festzuhalten: der »Wiederherstellung des Staates und seiner Infrastruktur«, der »Förderung der wirtschaftlichen Prosperität« und dem »Ausbau der Demokratie«. Die »Betonung aller drei Ziele« sei auch »ein wichtiges und beruhigendes Signal für die westliche Öffentlichkeit«.[322]

Kann man von einem Bundeskanzler mehr erwarten? Kann man verlangen, dass er die spezifischen Entstehungs- und Rahmenbedingungen dieses Staates ignoriert? Immerhin ist Russland gerade erst aus den Trümmern eines politisch, wirtschaftlich, weltanschaulich und in gewisser Weise auch militärisch total gescheiterten Kolosses hervor- und danach, in der Ära Boris Jelzins, durch eine Phase wirtschaftlichen Raubkapitalismus hindurchgegangen, mit der verglichen der Wilde Westen ein Musterbeispiel funktionierender Marktwirtschaft gewesen ist. Nicht zufällig sagt Schröder hinter verschlossener Tür immer wieder, dass in Russland nicht zu viel, sondern zu wenig Staat existiere. Außerdem ist für einen Außenstehenden, wenn überhaupt, nur sehr schwer zu beurteilen, was unter solchen Umständen im Interesse der Wiederherstellung geordneter Verhältnisse vertretbar ist und was nicht. Welche Maßstäbe hat man anzulegen? Welchen Informationen kann man vertrauen und welchen nicht?

Zum Beispiel im Fall Yukos. Der russische Erdölkonzern ist Mitte April 1993, also in der Ära Jelzin, gegründet worden und zählt jetzt zu den größten des Landes. Als der Vorstandsvorsitzende Michail Chodorkowski, einer der reichsten Männer Russlands und inzwischen erklärter politischer Gegner des Präsidenten, Ende Oktober 2003 verhaftet und vor Gericht gestellt wird, geht alle Welt von einem politisch motivierten Feldzug Wladimir Putins aus. Der selbst bestreitet das vehement und erläutert Gerhard Schröder den Fall »engagiert und detailliert«, als sich die beiden am 8. Juli anlässlich des deutsch-russischen Wirtschaftsforums wieder einmal sehen.[323]

So wie der Präsident die Sache schildert, handelt es sich bei Yukos um einen Fall von Steuerhinterziehung. Da der Kanzler zu diesem Zeitpunkt kein Indiz dafür hat, »daß das nicht rechtsstaatlich abgelaufen ist«, und »durchaus nachvollziehen« kann, »daß ein Staat auch Steuern haben will«,[324] macht er sich die Position zu eigen und sieht sich daheim prompt einer fast geschlossenen Front von Kritikern gegenüber. Schröder ist längst nicht mehr im Amt, als zunächst der von Chodorkowski angerufene Europäische Gerichtshof für Menschenrechte 2011 zwar die Methoden der Steuereintreibung als unverhältnismäßig, den Prozess gegen Yukos aber grundsätzlich als rechtens einstuft. Anders sieht das der Ständige Schiedsgerichtshof in Den Haag und spricht drei Jahre später einer Gruppe ehemaliger Aktionäre eine Entschädigung von 50 Milliarden US-Dollar zu.

Im Juli 2004 dominiert die Yukos-Affäre die Berichterstattung über den Kanzlerbesuch derart, dass ein anderes, nicht minder brisantes Thema dort kaum Spuren hinterlässt: Das bei dieser Gelegenheit unterzeichnete Rahmenabkommen zwischen Gazprom und E.ON-Ruhrgas über die erwähnte Ostseepipeline bedeutet zweifellos eine »strategische Weichenstellung hin zu integrativer Zusammenarbeit von Förderung über Transport bis zur Vermarktung russischen Gases in Europa«, wie der Präsident dem Kanzler erklärt.[325] Allerdings umgeht die neue Pipeline, so sie denn wirklich gebaut wird, sowohl die baltischen Staaten und Polen als auch Weißrussland und die Ukraine. Die Bundesregierung und namentlich der Kanzler, die ja nicht Vertragspartei sind, sehen dahinter keine politische Absicht.

Für Putin hingegen spielen politische Erwägungen offensichtlich schon zu diesem Zeitpunkt eine entscheidende Rolle, wenn er sie auch gegenüber der deutschen Seite nicht zu erkennen gibt. Die Stränge der alten Pipelines, die in den siebziger und achtziger Jahren auf der Basis der vier deutsch-sowjetischen Erdgas-Röhren-Geschäfte gebaut worden sind, queren sämtlich diese vormaligen Sowjetrepubliken. Das gibt insbesondere der Ukraine ein potentielles Druckmittel in die Hand, findet man im Kreml. Dort planen sie mit der neuen Pipeline nicht nur eine alternative Route für sibirisches Gas, sondern sie überlegen auch angestrengt, wie sie die Ukraine enger an Russland binden und vor allem die Gasleitungen, aber auch den Hafen Sewastopol auf der Krim unter russische Kontrolle bringen können, ohne den die russische Schwarzmeerflotte mehr oder weniger auf dem Trockenen liegt.

Solange in Kiew zuverlässige Statthalter das Sagen haben, muss man aus Sicht Moskaus nicht unbedingt aktiv werden. Das ändert sich Ende Oktober 2004, als der prowestliche Kandidat Wiktor Juschtschenko die erste Runde der Präsidentenwahl äußerst knapp vor Wiktor Janukowitsch gewinnt, der als moskautreu gilt. Machen internationale Wahlbeobachter schon beim ersten Wahlgang massive Fälschungen aus, gilt das erst recht für den zweiten, den Putins Mann Janukowitsch nach dem amtlichen Ergebnis mit knappen 3 Prozent Vorsprung für sich entscheiden kann. Noch in der Nacht gibt es die erste Großdemonstration, die zu einer Massenbewegung wird und als »Orangene Revolution« in die Geschichtsbücher Einzug gehalten hat.

Das ist die Stunde der Vermittler. Viele schalten sich ein, darunter der Außenbeauftragte der EU Javier Solana und die Präsidenten Polens und Litauens, Aleksander Kwaśniewski und Valdas Adamkus. Einige haben beachtliche kalmierende Erfolge, einer schafft schließlich beim starken Mann im Hintergrund den Durchbruch. Zweimal, am 24. und 30. November, greift der Bundeskanzler zum Telefon, äußert seine »Sorge« über die Entwicklung in der Ukraine und überlegt mit dem russischen Präsidenten, was man tun könne, »um eine Eskalation des Problems zu verhindern«. Am Ende ist Putin »bereit …, das Ergebnis einer unter fairen Bedingungen durchgeführten Wahlwiederholung zu respektieren«.[326] Gewissermaßen im Gegenzug rät der Kanzler vor dem Bundestag – also öffentlich – dazu, »die Willensäußerungen des russischen Präsidenten ernst zu nehmen«.[327] Drei Wochen später, als sich die beiden in Hamburg wiedersehen, kann Gerhard Schröder intern zu Protokoll geben, dass die »Nachwahlen« in der Ukraine für den 26. Dezember 2004 vorgesehen sind, dass dabei ein »freier und fairer Verlauf nötig« und das »Ergebnis von allen zu respektieren« sei.[328] An diesem Tag geht Wiktor Juschtschenko – unter den Augen von mehr als 10 000 internationalen Wahlbeobachtern – als klarer Sieger aus den Präsidentschaftswahlen hervor.

Bei aller gegenseitigen Sympathie, aus der bald auch eine enge persönliche Freundschaft geworden ist, hat Gerhard Schröder weder während seiner Kanzlerschaft noch danach zu denen gehört, die Putin einen Freibrief ausstellen. Aber er wurde auch nie müde, auf die ungeheuren politischen und strategischen, wirtschaftlichen und sozialen, administrativen oder auch geographischen Herausforderungen zu verweisen, mit denen es dieser Präsident zu tun hat. Der Kanzler versteht und sagt es diesem auch, »dass die russischen Realitäten eines Vielvölkerstaates andere Regelungen als in Holland verlangten«.[329]

Und was die Demokratie angeht, so will sie gelernt sein. Sie kann auch scheitern. Die erste deutsche hat nach 14 Jahren einen Zusammenbruch erlebt, und ob die Bundesrepublik ohne westliche Geburtshilfe und ohne die kurze Leine, an der sie zunächst gehalten wurde, zu stabilen parlamentarischen Verhältnissen gefunden hätte, wissen wir nicht. Im Falle Russlands stellt sich der Sachverhalt 1991 im Grunde noch dramatischer dar, hat man doch, von einem halbparlamentarischen Intermezzo während der Jahre 1905 bis 1917 abgesehen, überhaupt keine entsprechende Erfahrung. Ähnlich düster sieht es mit der freien Marktwirtschaft aus, die in der westlichen Welt nicht zuletzt deshalb prosperierte, weil sie an funktionsfähige demokratische Strukturen gekoppelt war.

Das erläutert Gerhard Schröder auch dem amerikanischen Präsidenten, der sich vom deutschen Kanzler immer wieder einmal Aufklärung über die russischen Verhältnisse erhofft. Schröder teilt Bushs Beobachtung, »dass Putin und seine Mannschaft Wesen und Strukturen der Marktwirtschaft nicht immer nachvollziehen könnten«. Zugleich weist er seinen amerikanischen Gesprächspartner darauf hin, »dass in der russischen Geschichte (auch in der jüngsten) keine wirkliche Basis für Demokratie gelegt worden sei«. Wenn sich Putin jetzt daranmache, diese Basis zu schaffen, könne man »zu Anfang nicht dieselben Maßstäbe wie in Europa oder Amerika ansetzen«. Es komme darauf an, den russischen Präsidenten bei der »Demokratisierung sow eit zu unterstützen, dass sie nicht mehr zurückgenommen werden könne«. Er, Gerhard Schröder, sei jedenfalls »überzeugt, dass Putin wirklich Demokratisierung wolle«.[330]

Das sagt er auch öffentlich, und niemand im In- oder Ausland nimmt an dieser insgesamt differenzierten und den Verhältnissen in Russland angemessenen Sicht der Dinge Anstoß, bis der Fernsehmoderator Reinhold Beckmann Schröder fragt, ob Putin ein »lupenreiner Demokrat« sei. Dabei benutzt oder übernimmt der Kanzler diese Formulierung nicht einmal, sondern antwortet am 22. November 2004: »Das sind immer so Begriffe. Ich glaube ihm das und bin davon überzeugt, dass er das ist. Dass in Russland nicht alles so ist, wie er sich das vorstellt oder gar wie ich oder wir uns das vorstellen würden, das, glaube ich, sollte man verstehen. Dieses Land hat 75 Jahre kommunistische Herrschaft hinter sich, und ich würde immer gerne die Fundamentalkritiker daran erinnern, mal darüber nachzudenken, ab wann denn bei uns alles so wunderbar gelaufen ist.«[331]

Von der allerdings deutlich relativierten Bestätigung der Moderatorenfrage abgesehen, ist an dieser Antwort nichts zu beanstanden. Sie trifft den Punkt, und dass der Bundeskanzler dem Präsidenten nicht via ARD signalisieren mag, er halte ihn nicht für einen Demokraten, versteht man auch. Offenbar hat er während oder nach Abschluss des Gesprächs, das einige Tage vorher aufgezeichnet wurde, auch keinen Korrekturbedarf gesehen. Andererseits ist Gerhard Schröder zu lange in diesem Geschäft, um sich zu wundern, dass er für den Rest seines politischen Lebens mit einer nicht von ihm stammenden Wendung in Verbindung gebracht wird, so wie er die Cohibas, den Brioni und das »Basta« nicht losgeworden ist. Noch Jahre später nennt Beckmann in seiner Antwort auf die Frage, welche seiner Sendungen ihm besonders in Erinnerung geblieben seien, unter anderem und »nicht zu vergessen: Gerhard Schröders Antwort auf meine Frage, ob sein Freund Wladimir Putin ein ›lupenreiner Demokrat‹ sei«.[332]

Dass Russlands Präsident den Kanzler schätzt, zeigt die Einladung, die er diesem ein knappes Jahr vor den Feierlichkeiten zum 60. Jahrestag der bedingungslosen deutschen Kapitulation am Ende des Zweiten Weltkrieges ausspricht. Es ist die letzte große Zeremonie aus diesem Anlass. Den Anfang macht die Erinnerung an den Jahrestag der alliierten Landung in der Normandie, es folgt das Gedenken an den Beginn des Warschauer Aufstands gegen die deutschen Besatzer. Dass Gerhard Schröder auch zu diesen eingeladen wird, ist bemerkenswert.

Nie zuvor sind einem deutschen Bundeskanzler diese Ehren zuteilgeworden. Allerdings hatte Frankreichs Präsident Mitterrand sowohl 1984 als auch 1994 bei Kanzler Kohl vorgefühlt, der aber ablehnte: Für ihn »als deutscher Bundeskanzler« sei es »kein Grund zum Feiern, wenn andere ihren Sieg in einer Schlacht begingen, in der Zehntausende Deutsche umgekommen waren«. Auch sei sein später gefallener älterer Bruder in der Normandie schwer verwundet worden.[333] Vor zehn Jahren, schreibt der *Spiegel* im Frühjahr 2004, wäre die Teilnahme eines Bundeskanzlers »noch ein heikler Akt, vor 20 Jahren eine Provokation, vor 30 Jahren undenkbar gewesen«.[334] Jetzt ist sie möglich, schon weil Schröder im eigentlichen Sinne einer Nachkriegsgeneration angehört. In allen Einladungen, auch denen nach Warschau und Moskau, kommt zudem der hohe Respekt der Gastgeber vor Schröders Umgang mit den Nachbarn, mit der Geschichte und nicht zuletzt mit den Herausforderungen der Gegenwart zum Ausdruck.

Die Teilnahme des Kanzlers an der internationalen Gedenkfeier in der Normandie, an die sich an diesem 6. Juni 2004 noch eine deutsch-französische Gedenkfeier anschließt, geht auf eine persönliche Einladung des französischen Staatspräsidenten zurück. Dessen Schreiben vom 14. November 2003 bildet für die Mitarbeiter des Kanzleramtes zugleich den Anstoß, sich Gedanken über den 60. Jahrestag des Kriegsendes zu machen. Zwar gibt das für die »Aufgabenplanung« zuständige Referat die Parole aus, frühzeitig eigene Vorstellungen für die Veranstaltungen zu entwickeln, doch kommt es, wie fast immer in solchen Fällen, anders. Es sind die Einladungen aus Paris, Warschau und Moskau, die den Takt vorgeben.

Die Vorbereitungen für den Normandiebesuch sind enorm. Nichts wird dem Zufall überlassen. Von einiger Brisanz ist die Antwort auf die Frage, wo der Bundeskanzler der gefallenen deutschen Soldaten gedenken wird. Zunächst ist der Kriegsgräberfriedhof in La Cambe im Gespräch, auf dem bislang, so zum Beispiel 1984, bei derartigen Anlässen Franzosen und Deutsche gemeinsam einen Kranz niedergelegt hatten.[335] Weil dort aber unter anderem einige Tausend Angehörige der Waffen-SS begraben sind, auch solche, die »am 10. Juni 1944 das schreckliche Massaker an den Bürgern des Dorfes Oradour begangen hatten«, entscheidet man sich für die unter britischer Verwaltung stehende Kriegsgräberstätte in Ranville. Man müsse bedenken, schreibt Schröder, »welche verheerende öffentliche Wirkung es in Frankreich gehabt hätte, wenn der deutsche Bundeskanzler an einem solchen Tag auch diese SS-Männer geehrt hätte«.[336] Möglicherweise ist ihm und seinen Beratern der gemeinsame Besuch seines Amtsvorgängers und des damaligen amerikanischen Präsidenten Ronald Reagan auf dem Soldatenfriedhof in Bitburg erinnerlich. Vor 19 Jahren sorgte die Geste für erheblichen Wirbel, weil auch dort unter anderen Angehörige der Waffen-SS beigesetzt sind.

Als er ins Amt kam, hatte Schröder mit historischem Gedenken zunächst wenig im Sinn und zum Beispiel eine Einladung Chiracs zur Teilnahme an den Gedenkfeiern zum 80. Jahrestags des Kriegsendes von 1918 mit der Begründung ausgeschlagen, es sei ein Fehler, nur in der Vergangenheit zu leben.[337] Diese Wahrnehmung hat sich bald verflüchtigt, schon weil es zu den Pflichten eines Bundeskanzlers gehört, an Tagen von historischem Gewicht das Wort zu ergreifen. So auch am 20. Juli 2004, dem 60. Jahrestag des gescheiterten Attentats auf Adolf Hitler, oder am 25. Januar und 10. April 2005, zum 60. Jahrestag der Befreiung der Konzentrationslager Auschwitz beziehungsweise Buchenwald.

Natürlich hat das auf den zweiten Krieg bezogene Gedenken für Gerhard Schröder auch deshalb einen anderen Stellenwert als beispielsweise die Erinnerung an den ersten, weil er die Folgen ganz unmittelbar erfahren hat. Nicht einmal ein halbes Jahr war er alt, als der Vater fiel. Als ein von der Zeremonie sichtlich bewegter Gerhard Schröder in Caen darüber spricht, wissen die Teilnehmer, dass er nicht das »alte, finstere Deutschland« vertritt, sondern ein Land, das »in den Kreis der zivilisierten Völkergemeinschaft« zurückgefunden hat. So jedenfalls erlebt er die Reaktion auf seine Ansprache, in der Schröder sagt: »Niemand wird die furchtbare Geschichte der Hitlerherrschaft je vergessen. Meine Generation ist in ihrem Schatten aufgewachsen: Das Grab meines Vaters, eines Soldaten, der in Rumänien fiel, hat meine Familie erst vor vier Jahren gefunden. Ich habe meinen Vater nie kennenlernen dürfen.«[338]

Bei den Vorbereitungen auf diese wie auf die anderen Reden während der nationalen und internationalen Gedenkfeiern der Jahre 2004 und 2005 greift das Büro des Kanzlers in jüngster Zeit auf Redenschreiber von außen zurück. Seit Reinhard Hesse schwer erkrankt und im Oktober 2004 verstorben ist, fehlt sein universal einsetzbares Talent. Ein erster Entwurf für seine Ansprache in der Normandie stammt von Michael Naumann, durchgesehen wird sie unter anderem von der Leiterin des Kanzlerbüros und ihrem Stellvertreter, außerdem von Doris Schröder-Köpf und einem Berliner Historiker.[339] Für die Rede zum 60. Jahrestag der Befreiung des Konzentrationslagers Buchenwald oder auch für einen Namensartikel Schröders zum 60. Jahrestag des Kriegsendes wird Arnulf Conradi verpflichtet, der 1993 den Berlin Verlag gegründet hat.

Im Vorfeld seiner Reise nach Warschau spricht der Kanzler unter anderem mit Günter Grass, einem gebürtigen Danziger mit vielfältigen Verbindungen in die frühere Heimat, der ihn auch begleitet und sieht, dass Gerhard Schröder auf dieser schwierigen Reise eine »fabelhafte Figur« macht.[340] Ein anderer, mit dem der Kanzler zuvor in Verbindung steht, ist Richard von Weizsäcker, ein Kenner und Freund des polnischen Nachbarn. Dem Altbundespräsidenten, der ihn immer wieder einmal in schwierigen Fragen beraten hat, schickt er auch den Entwurf seiner Warschauer Rede mit der Bitte um eine kritische Durchsicht, die von Weizsäcker gerne vornimmt. Dass der Kanzler zu diesem Termin reist, findet er »ausgezeichnet. Der Bedeutung dieses Besuchs entspricht der Entwurf« der Rede.[341]

Die Teilnahme an den Gedenkfeiern zum 60. Jahrestag des Warschauer Aufstandes, die auf eine ausdrückliche Bitte von Premierminister Miller zurückgeht, wird für Gerhard Schröder »eines der aufwühlendsten emotionalen Erlebnisse im Ausland«. 6 Millionen Polen, fast ein Drittel der Gesamtbevölkerung, sind während des Zweiten Weltkriegs auf den Schlachtfeldern und im Bombenhagel, in Konzentrationslagern und Ghettos ums Leben gekommen. Am 1. August 1944 erhob sich die nationalpolnische Heimatarmee gegen die deutschen Besatzer. Letztlich blieben die Aufständischen auch deshalb chancenlos, weil Stalin die Spitzen der Roten Armee vor der polnischen Hauptstadt anhalten ließ, bis SS und Wehrmacht, seine vormaligen Verbündeten bei der Zerschlagung Polens, am 2. Oktober 1944 den Aufstand blutig niedergeschlagen und dabei 180 000 Einwohner umgebracht hatten. Indem die Deutschen dabei die Elite des bürgerlichen Widerstands eliminierten, schalteten sie zugleich einen potentiellen Gegner der sowjetischen Vormachtstellung aus. Stalin nämlich hatte inzwischen eigene polnische Statthalter installiert.

Das erklärt, warum bis zum Zusammenbruch der kommunistischen Herrschaft in Polen der 1. August kein Gedenktag sein durfte. Es erklärt auch, warum Bundeskanzler Willy Brandt am 7. Dezember 1970 nicht vor diesem Mahnmal, sondern am Mahnmal für die Opfer des Aufstands im Warschauer Ghetto einen Kranz niederlegte und dabei, stellvertretend für alle Deutschen, auf die Knie ging. Selbst ein Bundespräsident hat die beiden durch Deutsche begangenen Verbrechen gelegentlich nicht auseinanderhalten können. Gerhard Schröder passiert das nicht, schon weil er im Dezember 2000 an beiden Orten gewesen ist und bei dieser Gelegenheit auch ein Denkmal zur Erinnerung an den Besuch Willy Brandts enthüllt hatte. Jetzt ist der Kanzler sich sicher, dass die Einladung zur Teilnahme an den Gedenkfeiern zum 60. Jahrestag des Warschauer Aufstands dazu »beigetragen« habe, dass auch in der deutschen Öffentlichkeit »der Warschauer Aufstand erstmals nicht mit dem Ghetto-Aufstand verwechselt werde«. Das sagt er am Rande des Gedenkens Millers Nachfolger Marek Belka, einem parteilosen Wirtschaftswissenschaftler mit Erfahrung im internationalen Krisenmanagement.

Die Gespräche mit dem Ministerpräsidenten, aber auch mit Staatspräsident Aleksander Kwaśniewski, geben Gerhard Schröder zugleich eine Möglichkeit, Stellung zu Forderungen zu nehmen, die im Vorfeld seines Besuches erhoben worden sind und in Polen für beträchtliche Irritationen sorgen. Jetzt erteilt er ein weiteres Mal den Plänen für ein nationales deutsches Zentrum gegen Vertreibungen eine klare Absage und ebenso den Forderungen nach Eigentumsrückgaben und Entschädigungen, die von den Vertriebenenverbänden und einer obskuren Organisation namens »Preußische Treuhand« angemeldet werden: »... die angeblichen Ansprüche der Preußischen Treuhand auf poln[ische] Immobilien hätten seiner Einschätzung nach vor Gericht keinen Bestand ... Die B[undesregierung] werde bei ev[entuellen] Prozessen bei Internationalen Gerichten die poln[ische] Haltung unterstützen, also eine Art Streithelfer P[olens] sein.«[342] Das sagt er auch in seiner Rede.

Mit dieser eindeutigen Festlegung schreibt der Kanzler im deutsch-polnischen Verhältnis eine Linie fort, die sein Vorgänger mit der erwähnten deutsch-tschechischen Erklärung vom 21. Januar 1997 gegenüber diesem Nachbarn eingeschlagen hatte. Während diese Haltung Schröder zu Hause arge Verunglimpfungen namentlich durch den Bund der Vertriebenen einträgt (»nicht anständig«), hilft sie ihm bei seiner schwierigen Mission vor Ort. Seine Rede, sein sorgfältig zusammengestelltes Programm und seine Gesten tun ein Übriges. So versucht der Kanzler erst gar nicht, den Kniefall Willy Brandts zu imitieren oder zu variieren, sondern beschränkt sich an diesem 1. August 2004 auf eine Verbeugung vor den Opfern.

Von seiner schwierigen Mission kehrt Gerhard Schröder mit der begründeten Hoffnung zurück, zur Heilung der tiefen Wunden im polnisch-deutschen Verhältnis beigetragen zu haben. Doch wenige Wochen später wird er eines anderen belehrt: Am 10. September 2004 fordert die polnische Volksvertretung, der Sejm – ohne jede Vorwarnung und bei einer Enthaltung einstimmig –, die eigene Regierung auf, von Deutschland Reparationen für die während des Zweiten Weltkriegs entstandenen Schäden zu verlangen. Völkerrechtlich ist die Forderung unhaltbar. Denn am 15. August 1953 hatte die Sowjetunion den Westmächten mitgeteilt, dass Deutschland angesichts der erbrachten von weiteren Leistungen zu befreien sei; acht Tage später hatte auch die Regierung der Volksrepublik Polen eine solche Erklärung abgegeben.[343]

Entsprechend legt sich Gerhard Schröder nun öffentlich und eindeutig fest: »unhaltbar und auch nicht erfüllbar«.[344] Das sieht Polens Ministerpräsident ähnlich und versichert dem Kanzler wenig später in Berlin, seine Regierung werde sich auf die Position des Sejm »nicht einlassen«.[345] Gewissermaßen im Gegenzug geben Schröder und Belka Anfang November 2004 bekannt, dass der Disput um die Entschädigungsforderungen deutscher Vertriebener endgültig beendet sei. Eine deutsch-polnische Juristenkommission, die auf Vorschlag des Bundeskanzlers eingesetzt worden war, ist zu dem Ergebnis gekommen, dass es für entsprechende Klagen gegen Polen »keinen Rechtsgrund« gebe. Dieser Befund gilt, wie der Kanzler und sein tschechischer Amtskollege gut 14 Tage später feststellen, auch für Entschädigungsansprüche gegen die Tschechische Republik.

In diesen Wochen hat man den Eindruck, als bewege sich Gerhard Schröder in zwei Welten. Die eine ist das Ausland beziehungsweise der Bereich der Außenpolitik, die ja zu einem großen Teil im Kanzleramt geplant, besprochen und auch umgesetzt wird. Hier genießt dieser Bundeskanzler ein hohes Ansehen, hier ist er ein respektierter Gesprächspartner und ein gesuchter Vermittler. Die andere Welt ist die Innenpolitik mit ihren Widerständen und Fallstricken, Kampfansagen und Hinterfotzigkeiten, auch in der eigenen Partei. Zu den wenigen Konstanten zählt Schröders eigene Standfestigkeit. Im Grunde schon seit der Verlesung der Agenda, vollends aber seit der Aufgabe des Parteivorsitzes, rückt er keinen Millimeter von seiner Reformpolitik ab. Die Korrekturen, die er vornimmt beziehungsweise vornehmen muss, bewegen sich auf dieser Linie und halten so den reformpolitischen Kurs: Seine »Beharrlichkeit in Sachen Agenda« finde er »prima«, schreibt ihm im Herbst des Jahres Helmut Schmidt.[346]

Diese Entschlossenheit spüren auch die Abgeordneten der Opposition im Deutschen Bundestag. Jedenfalls ist das Plenum erstaunlich ruhig und konzentriert, als der Kanzler am 25. März 2004 seine Einjahresbilanz der Agenda 2010 zieht. Selbst die einschlägig Verdächtigen halten sich mit Zwischenrufen zurück. Seit er vor fast einem Vierteljahrhundert erstmals zu den Abgeordneten gesprochen hat, ist so etwas noch nicht vorgekommen, sieht man von Ausnahmesituationen wie der nach dem 11. September 2001 einmal ab. Allerdings verzichtet auch Gerhard Schröder auf polemische Ausfälle.

Sein Vortrag ist eine nüchterne, ungeschönte Bilanz. Es ist das erste Mal seit vielen Jahren, dass der Kanzler nicht auch als Parteivorsitzender spricht. Das gibt ihm größere Freiheit. Dieses Mal nähert er sich seinem Thema über die Rahmenbedingungen, spricht über die Anfälligkeiten »einer offenen Gesellschaft« im Zeitalter der Globalisierung und über die zusätzlichen Risiken, die dieser offenen Volkswirtschaft »in einer alternden Gesellschaft« drohen, und intoniert dann die Leitmelodie der Agenda 2010: Sie ist und bleibt Schröders »Antwort darauf, dass die Zeit der immer währenden Zuwächse der Wirtschaft, in der immer mehr an die Menschen im Land verteilt werden kann, vorüber ist. Das bloße Verteilen von Mitteln«, fügt er an die eigenen Leute gewandt hinzu, »war auch nie der wirkliche Inhalt des Sozialstaates.« Diesen »umzubauen und zurück an die Weltspitze zu führen«, um die »Ressourcen freizubekommen, die wir brauchen«, ist das Gebot der Stunde.

Gebraucht werden diese Ressourcen für Investitionen in Forschung und Entwicklung. Von der Reformpolitik bislang eher stiefmütterlich behandelt, sind sie das eigentliche Thema dieser Regierungserklärung, in der Schröder einen überraschenden Vorschlag unterbreitet. Um den Effekt zu erzielen, ist diese Passage in der vorab verteilten Fassung seiner Rede nicht zu finden gewesen. Jetzt kündigt er an, die Aufwendungen für Forschung und Entwicklung bis 2010 auf 3 Prozent des Bruttoinlandsprodukts erhöhen zu wollen, und macht auch gleich einen Vorschlag für die Finanzierung, der freilich »nur zusammen mit der Mehrheit der Länderkammer zu realisieren ist«. Die Eigenheimzulage – früher einmal »nützlich und sinnvoll« und eine der aufwendigsten Subventionen überhaupt – ist nicht mehr zeitgemäß. Streicht man sie, spart man bis 2010 rund 4 Milliarden Euro: »Die Kommunen würden um 700 Millionen Euro entlastet. Der Bund würde seinen Anteil in die Förderung von Forschung und Entwicklung investieren.«[347]

Dazu ist es während der Kanzlerschaft Gerhard Schröders nicht mehr gekommen. Erst droht das Thema im Dauerkonflikt zwischen Wirtschaftsminister Clement und Finanzminister Eichel unter die Räder zu kommen. Dann lehnt die Länderkammer das im September 2004 in den Bundestag eingebrachte »Gesetz zur finanziellen Unterstützung der Innovationsoffensive durch Abschaffung der Eigenheimzulage« ab, so dass erst die Große Koalition – auch – diesen Vorstoß umsetzt und zum 1. Januar 2006 die Eigenheimzulage für Neufälle ersatzlos streicht, ohne freilich die Gelder der Forschung zukommen zu lassen. Mithin zieht im Frühjahr 2004 auch Bildungs- und Forschungsministerin Bulmahn wieder einmal den Kürzeren, was allerdings kaum noch auffällt, weil es in der und für die Öffentlichkeit größere, brisantere, umstrittenere Themen gibt als dieses.

Eines der brisanten Themen ist die Wahl eines neuen Bundespräsidenten, die für den 23. Mai angesetzt ist. Amtsinhaber Johannes Rau hat aus Altersgründen abgewinkt. Außerdem machen die Mehrheitsverhältnisse in der Bundesversammlung eine Wiederwahl wenig wahrscheinlich. Der Bundeskanzler hat schon früh zu erkennen gegeben, dass er sich eine Frau im höchsten Staatsamt vorstellen könne, und damit viel Zustimmung gefunden – nicht zuletzt bei den Frauen der eigenen Partei, die eine solche Lösung ja schon vor fünf Jahren gefordert hatten. Auch schließt er nicht aus, auf einen eigenen Vorschlag zu verzichten, sollten die Oppositionsparteien eine mehrheitsfähige Kandidatin präsentieren: »Die Kandidatin, wenn sie integrationsfähig ist, schauen wir uns vorurteilsfrei an.«[348]

In der Tat unternimmt der FDP-Vorsitzende Guido Westerwelle einen Versuch, Sozialdemokraten und Grüne von einer Kandidatur der allseits geachteten und politikerfahrenen Freidemokratin Cornelia Schmalz-Jacobsen zu überzeugen, doch lässt er sich dann von Angela Merkel und Edmund Stoiber ködern und optiert damit zugleich für eine christlich-liberale Koalition nach der nächsten Bundestagswahl. Die drei einigen sich rasch auf einen gemeinsamen Kandidaten: Horst Köhler, derzeit, wie berichtet, auf Vorschlag von Kanzler Schröder Geschäftsführender Direktor des Internationalen Währungsfonds, soll der nächste Bundespräsident werden. Das ist eine Idee

Merkels. Damit setzen sich zugleich die Kräfte innerhalb der Union durch, die Wolfgang Schäuble als Staatsoberhaupt verhindern wollen.

Nunmehr hat die Koalition keine andere Wahl, als eine eigene Kandidatin zu präsentieren. Die Politikwissenschaftlerin Gesine Schwan, zurzeit Präsidentin der Europa-Universität Viadrina in Frankfurt an der Oder, schlendert gerade über den Campus der Harvard-Universität in Boston, als Gerhard Schröder ihr per Handy die Kandidatur für das Amt anträgt. Die beiden kennen sich recht gut. Schwan, Jahrgang 1943, ist seit 1972 Mitglied der SPD und dort wie Schröder gelegentlich angeeckt, wenn auch wegen anderer Themen als dieser. Anders als der Kanzler hat sie sich seinerzeit für den NATO-Doppelbeschluss eingesetzt, ist aber 1984 nicht mehr in die Grundwertekommission der Partei gewählt worden, weil sie den Appeasementkurs des Vorsitzenden Willy Brandt gegenüber den kommunistischen Diktaturen in Mittel- und Osteuropa für falsch hielt.

Seit Gerhard Schröder im Kanzleramt residiert, korrespondieren die beiden gelegentlich. Im April 2002 hat der Kanzler den Vorschlag eines Streitgesprächs an Schwans Viadrina zwischen ihm und dem Kanzlerkandidaten der Union abgelehnt, weil er als Amtsinhaber, vom geplanten Fernsehduell abgesehen, »natürlich kein Forum bieten« dürfe, »das den Herausforderer in den gleichen Stand hebt und ihn damit entsprechend aufwertet … Vielleicht gibt es aber noch eine bessere Möglichkeit, deine persönliche Bereitschaft zur Mithilfe auf andere Weise zu nutzen.«[349] An eine Kandidatur fürs Schloss Bellevue hat Schröder damals wohl nicht gedacht, und Schwan schon gar nicht. Jetzt sagt sie zu, engagiert sich lebhaft, macht eine gute Figur und erwirbt sich einen beträchtlichen Respekt auch in den Reihen der Opposition und ihrer Wahlleute. Mindestens 18 von ihnen stimmen nicht für Köhler, der es gleichwohl – im ersten Anlauf und mit einer Stimme über der absoluten Mehrheit – schafft. Gesine Schwan ist jetzt bundesweit bekannt – und freut sich über 50 Millionen Euro, die der Kanzler ihrer Universität in Aussicht gestellt hat, um sie in eine Stiftungsuniversität nach amerikanischem Muster umzuwandeln und damit, da ist sich deren Präsidentin »gewiss, … die deutsch-polnische Zusammenarbeit deutlich und anhaltend [zu] fördern«.[350]

Den allermeisten ist der neue Bundespräsident zu diesem Zeitpunkt kein Begriff. »Horst wer?« macht damals die Runde, und er selbst wundert sich noch Monate später, »dass Leute wie Edmund Stoiber, Franz Müntefering oder Gerhard Schröder jetzt mit ihm – Horst Köhler – sprechen wollen«.[351] Die anfänglichen Unbeholfenheiten des eben deshalb bald populären Bundespräsidenten lassen leicht übersehen, dass die eigentliche Siegerin Angela Merkel heißt. Selbst Eingeweihte sind überrascht, wie geschickt und entschlossen die Partei- und Fraktionsvorsitzende ihren Kandidaten aus dem Hut gezaubert und durchgesetzt hat. Es wird nicht die letzte Lektion dieser Art sein.

Auch als es um die Nachfolge Romano Prodis geht, mischt die Oppositionsführerin im Hintergrund kräftig mit. Zwar sitzt sie nicht im Kreis der Staats- und Regierungschefs, die den Präsidenten der EU-Kommission küren, doch hat und nutzt sie ihre Verbindungen zu den Vorsitzenden der christlichen und konservativen Parteien, die in der Europäischen Volkspartei (EVP) zusammengeschlossen sind, um einen der Ihren durchzusetzen beziehungsweise den Kandidaten des deutschen Bundeskanzlers und des französischen Staatspräsidenten zu verhindern. Dieser Kandidat ist Belgiens Premier Guy Verhofstadt, ein Linksliberaler und, wie gesehen, Gegner des zweiten Irakkrieges. Dass sich Angela Merkel hinter den Kulissen ausgerechnet mit Tony Blair kurzschließt, um Verhofstadt zu verhindern, ist für Gerhard Schröder bitter. Kein Wunder, dass er in seinen Erinnerungen zwar den ursprünglichen eigenen Vorstoß, nämlich eine Platzierung Edmund Stoibers auf dem Brüsseler Präsidentensessel, ausführlich schildert, aber die Wahl José Manuel Durão Barrosos und ihre Vorgeschichte diskret übergeht.

Am 17. und 18. Juni 2004 kommt es auf dem Brüsseler EU-Gipfel zu einer schweren Auseinandersetzung. Anlässe sind nicht die Ankündigung von Beitrittsverhandlungen mit Kroatien, die neuerliche Verschiebung entsprechender Verhandlungen mit der Türkei oder die europäische Verfassung, auf die man sich endlich einigt, sondern es ist die Weigerung einer Reihe von Staats- und Regierungschefs, Verhofstadt als neuen Kommissionspräsidenten zu akzeptieren. Sekundiert von Silvio Berlusconi »organisiert« Tony Blair den »Widerstand« gegen den deutsch-französischen Vorschlag. »Zum ersten Mal«, erinnert sich der Brite, »mussten Frankreich und Deutschland, die beiden treibenden Kräfte Europas, in einer so wichtigen Frage zurückstecken. Mein Verhältnis zu Gerhard Schröder erholte sich nie wieder davon … Für ihn war es persönlich. Punkt, aus. Das war sehr schade. Er besaß viele Führungsqualitäten, die ich sehr bewunderte.«[352]

Nachdem Verhofstadts Kandidatur gescheitert ist, ergreift die deutsche Oppositionsführerin die Initiative und landet ihren »ersten Coup auf internationalem Parkett«, findet der *Spiegel*.[353] Ursprünglich hatte Merkel den EU-Kommissar Chris Patten favorisiert. Nachdem der aber ebenso wenig konsensfähig ist wie Verhofstadt, setzt sie auf Barroso. Der ist für Schröder und Chirac eine bittere Pille, schon weil Portugals Ministerpräsident während der Irakkrise im anderen Lager gestanden und sogar als Gastgeber jenes Azorengipfels der Staats- und Regierungschefs der USA, Großbritanniens, Spaniens und eben Portugals fungiert hatte, auf dem Mitte März 2003 endgültig die Weichen auf Krieg gestellt worden waren. Schröder macht das Beste aus der Situation und vereinbart mit Merkel während zweier ausführlicher Telefonate am 24. und 25. Juni einen Deal: Er wird für Barroso stimmen, im Gegenzug wird sich die CDU-Vorsitzende bei ihren Leuten für einen deutschen Wirtschaftskommissar einsetzen. Zwar hält Merkel den Sozialdemokraten Günter Verheugen, der seit 1999 in der Kommission für die Erweiterung zuständig ist, nicht für den richtigen Kandidaten, aber sie verhindert ihn auch nicht. Als Barrosos Kommission im November 2004 ihre Arbeit aufnimmt, ist Verheugen nicht nur für Industrie und Unternehmen zuständig, sondern auch Vizepräsident der Kommission. Und Barroso nimmt gerne die Glückwünsche des »lieben Gerhard« und dessen Einladung zur Teilnahme an einer Kabinettssitzung an.[354]

Ein schöner Erfolg für den Kanzler, aber unter dem Strich bleibt ein Plus für die Opposition und namentlich für die taktisch gut aufgestellte, zielstrebig operierende CDU- und Fraktionsvorsitzende, vor allem dann, wenn man die Wahl Köhlers und die Nominierung Barrosos im Zusammenhang sieht. Man hätte das abhaken und als »nicht besonders gut gelaufen« verbuchen können, wäre es dabei geblieben. Aber es bleibt nicht dabei. Denn diese Rückschläge gehen mit einer Serie schlimmer Wahlniederlagen für die deutsche Sozialdemokratie einher.

Was auf die gebeutelten Genossen zukommen könnte, haben schon Ende Februar die Wahlen zur Bürgerschaft in Hamburg erahnen lassen. Auch weil sich die rechtslastige Partei Rechtsstaatliche Offensive als ernst zu nehmende politische Kraft auf einen Schlag fast komplett verabschiedet hat, kann die CDU einen sensationellen Zugewinn von 21 Prozentpunkten verbuchen. Das verschafft ihr und dem Ersten Bürgermeister Ole von Beust eine komfortable absolute Mehrheit der Sitze. So gesehen sind die 6 Prozentpunkte, die den Sozialdemokraten abhandenkommen, beinahe ein günstiges Ergebnis.

Aber der Trend setzt sich fort, und vor allem der 13. Juni 2004 geht als schwarzer Tag in die Annalen der SPD ein. Dass in den Medien anderntags von der »Kanzlerdämmerung« die Rede ist,[355] liegt nicht nur am miserablen Ergebnis für die Partei Gerhard Schröders, sondern auch am ziemlich guten Abschneiden seines Berliner Koalitionspartners. Die Grünen hatten schon in Hamburg ordentlich zugelegt und können den Erfolg am 13. Juni bei den Europawahlen sowie den Landtagswahlen in Thüringen, wenig später auch im Saarland und Sachsen fortschreiben. Hingegen verlieren die Genossen in

Europa gut 9 Prozentpunkte, und in Thüringen entscheidet sich gerade noch jeder siebte Wähler für die SPD, was unter anderem zur Folge hat, dass die deutlich gestärkte PDS jetzt fast doppelt so viele Abgeordnete in den Landtag entsenden kann wie die auf 14,5 Prozent gestutzte Kanzlerpartei.

Angesichts solcher Zahlen lesen sich bei den Christdemokraten die deutlich größeren eigenen Verluste noch wie Erfolgsmeldungen, zumal sie an der Macht bleiben und es für den Rückschlag eine plausible Erklärung gibt: Der langjährige populäre Ministerpräsident Bernhard Vogel ist ein Jahr zuvor zurückgetreten und hat das Amt an Dieter Althaus übergeben. Diese Erklärung greift auch in Sachsen. Dort lässt der im Frühjahr nach zähem Ringen zurückgetretene langjährige Ministerpräsident Kurt Biedenkopf keinen Zweifel, was er von seinem ungeliebten Nachfolger Georg Milbradt hält. Am 19. September quittieren die offensichtlich entsetzten Wähler dieses Schauspiel in den Kulissen der CDU mit einem sensationellen Stimmenverlust von beinahe 16 Prozentpunkten. Gewinner sind, von den Sozialdemokraten abgesehen, alle übrigen Parteien, vor allem aber die NPD, die knapp 8 Prozentpunkte zulegt, in den Landtag einzieht und die SPD um ein Haar auf den vierten Platz verwiesen hätte.

Insgesamt kommen die Genossen in Sachsen mit einem blauen Auge davon, sind mit ihren 9,8 Prozent zwar nicht einmal mehr zweistellig, bieten sich aber der stark geschrumpften CDU als Koalitionspartner an – und bringen es tatsächlich fertig, die Ohrfeige als Erfolg zu verbuchen. Im Saarland haben sie das zwei Wochen zuvor erst gar nicht versucht. Dort hatte die SPD als einzige Partei Stimmen verloren, und zwar mit 13,6 Prozentpunkten so viele, dass die CDU ihre absolute Mehrheit sogar noch ausbauen konnte.

Die einzige Ausnahme in diesem kollektiven Sturzflug der deutschen Sozialdemokraten wird in Brandenburg verzeichnet, wo die Wähler am selben Tag wie in Sachsen an die Urnen gerufen werden. Gewiss, auch hier verliert die SPD – kräftig und wie ihr Koalitionspartner CDU gut 7 Prozentpunkte. Aber erstens ist sie nach wie vor knapp, aber immerhin stärkste Kraft vor der PDS, und zweitens bleibt Matthias Platzeck Ministerpräsident. Das wirft die Frage nach den Gründen auf. Zahlt sich Standfestigkeit vielleicht doch aus? Jedenfalls fällt auf, dass sozialdemokratische Landespolitiker dort, wo sie wie im Saarland auf Distanz zu Schröders Reformkurs gehen, besonders heftig abgestraft werden. Platzeck hingegen verbiegt sich nicht, bleibt standhaft.

So wie auch der Kanzler eisern die Stellung hält. Die Denkzettel und Ohrfeigen durch die Wähler haben nämlich erneut einen zusätzlich stimulierenden Effekt. Vielleicht steckt ja doch eine Spur Masochismus in dem Mann. Inzwischen werden die Leute sogar handgreiflich. Am 18. Mai schlägt ihm auf einer Parteiveranstaltung ein Mann mit der flachen Rechten ins Gesicht. Jens Ammoser, 52, arbeitsloser Gymnasiallehrer aus der Gemeinde Geiersnest im Schwarzwald, ist Mitte Februar eigens in die SPD eingetreten, um sich dem Kanzler nähern zu können. Das alles kann man sechs Tage später im *Spiegel* nachlesen, der mit dem Ohrfeiger einen Exklusivvertrag geschlossen hat und die Geschichte mit einer Mischung aus Schadenfreude für das Opfer und Respekt für den Täter nachzeichnet. Lediglich einen Schönheitsfleck hat die Tat: Der Kanzler reagiert nicht, ist nicht erschüttert, wie selbst der zum Helden stilisierte Täter zu Protokoll gibt.[356] Tatsächlich hätte sich Schröder, das gesteht er später, »gerne im ersten Reflex gewehrt«. Allerdings wurde er von seinem Personenschutz »zurückgehalten«: »War auch besser so.«[357] Vielleicht stand ihm auch die immer wieder gezeigte Reaktion seines Amtsvorgängers vor Augen, der im Mai 1991 von seinen Leibwächtern nur mit Mühe von Handgreiflichkeiten abgehalten werden konnte, als er in Halle, vor Wut schnaubend, auf eine Eier und Farbbeutel werfende Menge zustürmte.

Als der Ohrfeiger gut drei Monate später vom Mannheimer Amtsgericht zu einer viermonatigen Bewährungsstrafe und 100 Stunden gemeinnütziger Arbeit verurteilt wird, hat er noch einmal die Öffentlichkeit, um die es ihm offenbar gegangen war. Wenige Tage vor dem Prozess ist es zum nächsten Vorfall gekommen. Dieses Mal sind es aufgebrachte Zuschauer, die den Kanzler und den brandenburgischen Ministerpräsidenten bei der Einweihung des neuen ICE-Bahnhofs in Wittenberg empfangen: »Dann flogen Eier und, wie mir später berichtet wurde, auch Steine ... ich spürte ..., dass die Hemmschwelle ... gesunken war. Bei mir jedoch lösen solche Attacken, ob verbal oder körperlich, genau das Gegenteil dessen aus, was sie bezwecken sollen«, schreibt Gerhard Schröder später.[358]

Weder verbale noch körperliche Attacken, noch die desaströsen Wahlergebnisse veranlassen den Kanzler beizudrehen oder gar aufzugeben. Im Gegenteil. Entschiedener noch als zuvor, gewissermaßen jetzt erst recht steht er zu seinen Reformen: »Ich kann nur diese Politik«, bekennt er am Tag danach. Dabei handelt Schröder nicht nach dem Prinzip »Augen zu und durch«, sondern er wird nicht müde, allen, die es hören wollen, vor allem aber denen, die es nicht wissen wollen, zu erklären, warum es zum Umbau des Sozialstaates im Allgemeinen und zur konsequenten Umsetzung von Hartz IV im Besonderen keine Alternative gibt. Die Geduld, die er dabei aufbringt, ist für seine Verhältnisse geradezu unerhört. Weniger überraschend ist die Bereitschaft, auch unter diesem immensen Handlungsdruck Anregungen aufzunehmen. Beratungsresistent ist Gerhard Schröder nie gewesen. Zu den Erfahrungen,

Jetzt erst recht: Gerhard Schröder am Tag nach den Wahlniederlagen des 13. Juni 2004.

die er in diesem Zusammenhang macht, gehört das »äußerst geringe Interesse« einiger unmittelbar von den Reformen Betroffener, wie zum Beispiel der Städte und Kommunen. Folglich wird ein für Mitte Mai 2005 angesetztes Gespräch des Bundeskanzlers mit einer Reihe von Oberbürgermeistern »zu Hartz IV« auf Vorschlag der Abteilung 4 abgeblasen.[359]

Sehr wohl gesprächsbereit sind hingegen die Kirchen. Anfang Juli 2004 treffen der Kanzler und sein Amtschef, nicht zum ersten Mal, mit Wolfgang Huber und anderen Spitzenvertretern des Rates der Evangelischen Kirche in Deutschland zusammen, hören sich ihre Vorschläge an und vereinbaren die Einsetzung einer informellen Arbeitsgruppe, um gegebenenfalls »unerwünschten Fehlentwicklungen« bei der Umsetzung von Hartz IV »zeitnah und spezifisch entgegenwirken zu können«.[360] Erstaunlich spät kommt man im Kanzleramt auf die Idee, auch Vertreter der katholischen Kirche, namentlich den Vorsitzenden der Deutschen Bischofskonferenz, Karl Lehmann, zum Gespräch zu bitten. Dabei hat sich gerade der Kardinal wiederholt und öffentlich für die Notwendigkeit und Legitimität grundlegender Reformen ausgesprochen und hält – wie der Kanzler – unter bestimmten Voraussetzungen Einschnitte bei den Sozialleistungen für vertretbar, so dass der Leiter der Abteilung 3 Gerhard Schröder Mitte Januar 2005 dringend rät, das Gespräch zu suchen. Man hat ja auch eine Menge zu bereden und zum Beispiel Antworten auf die Frage zu finden, wie man mit der zum Teil »erheblichen Kritik« umgeht, der sich sowohl die Regierung als auch die katholische Kirche »aus den eigenen Reihen, aus den Gewerkschaften etc.« ausgesetzt sehen.[361]

Die Antwort ist kompliziert, denn für diese Protestbewegung – zumindest für den harten Kern der Funktionäre, Ideologen und Agitatoren – gilt offensichtlich nicht, was der Kanzler von den vielen Enttäuschten im Land annimmt: »Diejenigen, die uns gegenwärtig nicht zustimmen, wechseln nicht auf die andere Seite, sondern rücken einstweilen in die Wahlenthaltung. Darin liegt auch die Chance sie wiederzubekommen.«[362] Das allerdings gleicht einer Herkulesaufgabe. Nach einer Umfrage des Allensbacher Instituts für Demoskopie vom Frühjahr 2004 zählen jeweils rund 70 Prozent der Bevölkerung die ältere Generation und die sozial Schwachen zu den Hauptbetroffenen der Reformpolitik, und 82 Prozent sind der Auffassung, dass diese Politik die Ungleichheit vergrößere. Allerdings kommen die Demoskopen auch zu dem Schluss, dass die Bevölkerung zurzeit lerne, »mit wachsender sozialer Differenzierung zu leben«, und dies habe »nicht zuletzt mit der Regierungsverantwortung der SPD zu tun«.[363] So gesehen ist die Reformpolitik ein Kampf gegen die Zeit, und vielleicht wäre er sogar zu gewinnen gewesen, hätten nicht ihre zahlreichen Gegner entschlossen mobilgemacht.

Aus heutiger Sicht muss man sagen, dass Gerhard Schröder keine Chance hatte, sich gegen diesen massiven, in Teilen gut organisierten, von miserablen Wahlergebnissen beflügelten Protest zu behaupten. Jedenfalls nicht in dem einen Jahr, das ihm schließlich verbleibt, bis er das Volk aus freien Stücken zur Abstimmung über seine Politik und seine Person an die Wahlurnen ruft. Zumal man nicht vergessen darf, dass die Oppositionsparteien, manchmal auch Unternehmen und Interessenverbände, die missliche Lage der Regierung nutzen und sie gewissermaßen von der anderen Seite her unter Druck setzen. So ist es natürlich wenig hilfreich, wenn im Sommer 2004 aus diesen Kreisen eine Erhöhung der wöchentlichen Arbeitszeit gefordert und damit die ohnehin angespannte Stimmung in der Bevölkerung weiter angeheizt wird. »Ich warne vor jeder Einseitigkeit«, sagt der Kanzler Mitte Juli auf einem Kongress des Verbandes der Automobilindustrie: »Das bringt die Menschen nur auf die Bäume, und es ist schwer, sie wieder herunterzubringen.«[364]

Eben deshalb arbeiten Schröders Gegner zielstrebig daran, die Leute auf die Bäume zu bringen. Vor allem Teile der Gewerkschaften. Spätestens als der Kanzler am 1. Mai 2004 erstmals nicht zur zentralen Mai-Kundgebung des DGB in Berlin erscheint, weil er wegen europäischer Angelegenheiten nicht abkömmlich ist, wird deutlich, was die Stunde geschlagen hat. Inzwischen zählt auch der Vorsitzende des Deutschen Gewerkschaftsbundes zu seinen

Gegnern. Michael Sommer – Jahrgang 1952, studierter Politologe, Mitglied der SPD und wie Schröder Aufsteiger aus äußerst bescheidenen Verhältnissen – ist mit der Arbeitswelt lediglich als teilzeitbeschäftigter Student in direkte Berührung gekommen. Seit 1971 Mitglied der Deutschen Postgewerkschaft, die später in der Vereinten Dienstleistungsgewerkschaft (Ver.di) aufgeht, hat er sich dort Schritt für Schritt bis zum Stellvertretenden Bundesvorsitzenden hochgearbeitet und Ende Mai 2002 von Dieter Schulte die Führung des DGB übernommen.

Anfänglich gibt sich Sommer kooperationsbereit: Der DGB unterstütze die sozial gerechte Modernisierung des Landes und werde die neue Bundesregierung auf diesem Weg konstruktiv begleiten, hatte er dem Bundeskanzler, wie berichtet, nach der Wiederwahl geschrieben. Und auch Schröder hat Anfang des Jahres 2004 gegenüber seiner Partei noch von einem »Fahrplan für einen regelmäßigen und intensiven Meinungsaustausch« gesprochen, den er mit dem obersten Gewerkschaftsfunktionär vereinbart habe.[365] Tatsächlich sieht es zu diesem Zeitpunkt schon ganz anders aus, und zwar auf beiden Seiten. Als sich der Bundeskanzler zum Ende seiner Afrikareise am 24. Januar 2004 vom Präsidenten Ghanas verabschiedet, deutet er auf den mitreisenden DGB-Chef und sagt: »Den können Sie gleich hierbehalten, der ärgert mich nur in Berlin.« Die salopp hingeworfene Bemerkung lässt tatsächlich tief blicken. Schröder behandelt die Gewerkschafter, jedenfalls viele, wenn nicht die meisten von ihnen, schlecht. Fährt ihnen über den Mund, verletzt sie. Auch das muss man wissen, wenn man die desolate Situation verstehen will.

Vier Monate später ist das Verhältnis vollständig zerrüttet. Ein Nicht-Verhältnis. Wenn sich der Bundeskanzler Ende Mai 2004 mit Sommer und anderen Gewerkschaftsvorsitzenden trifft, geht das nur gut, weil »kontroverse Themen von vornherein bewusst nicht angesprochen« werden,[366] so der Leiter der Abteilung 3. »Niemand in den Gewerkschaften – und ich kenne wirklich niemanden – ist im Moment bereit, die SPD zu unterstützen«, sagt Sommer vier Wochen später dem *Spiegel*.[367] Anfang November spricht er dann in gleichlautenden persönlichen Schreiben an den Kanzler und den Parteivorsitzenden von seiner »tiefen Sorge um das Verhältnis von SPD und Gewerkschaften«.[368] Anlass ist der erwähnte Vorstoß, den einen oder anderen gesetzlichen Feiertag abzuschaffen.

Vieles spricht dafür, dass der massive Druck aus den Einzelgewerkschaften den letzten Anstoß für Sommers Bruch mit dem Kanzler gegeben hat. Dort sind es die Vorsitzenden von Ver.di und der IG Metall, Frank Bsirske und Jürgen Peters, die dem Kanzler den Kampf angesagt haben – politisch und durchaus ganz persönlich. Sie wollen ihn »zu Fall bringen«.[369] Da ist sich Schröder sicher. Er kennt die beiden ziemlich gut, da Bsirske wie Peters die Grundlagen ihrer Karrieren in Niedersachsen gelegt haben. Vor allem mit Peters, seinerzeit Bezirksvorsitzender in Hannover, hatte er es als Ministerpräsident immer wieder zu tun, und insgesamt kamen die beiden ordentlich miteinander aus, wenn auch die Art und Weise, wie der Ministerpräsident Ferdinand Piëch als Vorstandsvorsitzenden von VW durchsetzte, nicht ohne Spuren geblieben ist.

Während der ersten Amtszeit des Kanzlers stimmt die Chemie im Wesentlich noch, was sicher auch daran gelegen haben dürfte, dass beide ihre Konflikte mit dem Vorsitzenden der IG Metall, Klaus Zwickel, haben. Als Schröder das Kanzleramt bezieht, nimmt Peters, der fast gleichzeitig Stellvertretender Vorsitzender der IG Metall geworden ist, an: »Das geht gut.«[370] Man sieht sich gelegentlich, schreibt sich ein paar nette Zeilen, schickt sich auch mal eine Flasche Rotwein, und wenn der Funktionär den Kanzler um einen Termin bittet, bekommt er ihn. Spätestens mit der Agenda 2010, von deren Inhalt auch Peters erst während der Verlesung erfährt, ändert sich das grundlegend.

Auch der studierte Politikwissenschaftler Frank Bsirske, Jahrgang 1952, hat in der Bildungsarbeit, in diesem Falle als Bildungssekretär der Sozialistischen Jugend Deutschlands, die Grundlagen für seine spätere Karriere gelegt. Anders als die meisten Gewerkschafter gehört Bsirske nicht der SPD, sondern den Grünen an. Seit 1989 für die Gewerkschaft Öffentliche Dienste, Transport und Verkehr (ÖTV) in Hannover beziehungsweise seit 1991 Niedersachsen tätig, bringt er es bis an die Spitze dieser Gewerkschaft und gehört in dieser Funktion zu den Initiatoren der Gewerkschaft Ver.di, die er seit März 2001 führt.

Gehen sie zusammen, haben Bsirske und Peters eine Macht, an der keiner vorbei kommt, der in Deutschland Sozial- und Wirtschaftspolitik planen und umsetzen will: Die beiden stehen für 5,1 Millionen Mitglieder, das sind mehr als zwei Drittel des DGB. Und sie gehen zusammen, als der Kampf gegen »Hartz IV« und Gerhard Schröder ansteht. Zu den wenigen Gewerkschaftsführern, die nicht auf Konfrontation und Krawall gebürstet sind, zählen Rolf Büttner, Leiter des Fachbereichs Postdienste, Speditionen und Logistik sowie Mitglied des Bundesvorstandes von Ver.di, und Hubertus Schmoldt, der Vorsitzende der IG Bergbau, Chemie, Energie. Als Schmoldt im Januar 2005 sechzig wird, sagt Schröder auf der Festveranstaltung, dieser sei »nie nur ein Verhinderer, immer ein Gestalter gewesen«, und wenn Schmoldt bei dieser Gelegenheit feststellt, wer »mitentscheiden« wolle, müsse »auch Verantwortung übernehmen«,[371] hat er durchaus auch die eigenen Leute im Visier, allen voran die Vorsitzenden der IG Metall und von Ver.di.

Ende Juni 2004 hat Ver.di-Chef Bsirske in gewisser Weise stellvertretend für die Mehrheit der Gewerkschaftsfunktionäre dem Kanzler den Krieg erklärt. Es ist, ganz nebenbei, auch die Kriegserklärung des Vorsitzenden einer Gewerkschaft an eines ihrer Mitglieder. Schröder ist 1973 der ÖTV beigetreten, folglich seit 2001 Mitglied von Ver.di: »Gemessen an seinem eigenen Anspruch, Beschäftigung zu schaffen, die Arbeitslosigkeit zu senken und die Konjunktur in Schwung zu bringen, ist Gerhard Schröder bisher gescheitert«, führt Bsirske jetzt in einem Zeitungsgespräch aus und fügt hinzu: »Gemessen an dem Ziel, die eigene Wählerschaft zu überzeugen und darüber hinaus Zustimmung zu gewinnen, ebenfalls.« Das »Verarmungsprogramm für Arbeitslose« könne eine Gewerkschaft wie Ver.di nicht hinnehmen, sagt der Mann an deren Spitze, der mit seinem Gehalt und den Bezügen aus diversen Aufsichtsratsmandaten zu den Spitzenverdienern im Lande zählt. Und dann kündigt er noch an, »die Proteste in die Betriebe, Städte und Gemeinden« tragen zu wollen.

Im »Quartalsrhythmus zu nationalen Demonstrationen aufzurufen«, habe hingegen »keinen Sinn« – denkt Bsirske Ende Juni.[372] Aber dann finden er und die anderen in den Führungsetagen der deutschen Gewerkschaften doch Gefallen an den jetzt regelmäßig stattfindenden sogenannten Montagsdemonstrationen und mischen kräftig mit. Eigentlich ist das ein Etikettenschwindel, wenn nicht mehr: Waren die Montagsdemonstrationen in der untergehenden DDR Proteste zunächst weniger mutiger, dann zahlreicher Menschen gegen ein Regime, das sich mit Händen und Füßen gegen überfällige Reformen stemmte, so gehen die in der Regel schlecht Informierten, zudem häufig gar nicht Betroffenen jetzt auf die Straße, um eingeleitete überfällige Reformen zu blockieren oder gar rückgängig zu machen.

Auffallend, aber nicht überraschend ist der Mangel an Alternativen, die Bsirske anzubieten oder eben nicht anzubieten hat. Abgesehen von der Forderung, die Agenda zurückzunehmen, findet sich nichts, schon gar nicht eine Antwort auf die Frage, wie man denn ohne Reformen den drängenden Problemen zu Leibe rücken will. Auch in diesem Punkt gleicht das Vorgehen des Funktionärs demjenigen eines Mannes, der nun seine Stunde gekommen sieht, um den politischen – und in seinem Falle auch ganz persönlichen – Rachefeldzug gegen den Kanzler zu eröffnen: »Es geht mit Schröder nicht mehr«, sagt Oskar Lafontaine, immer noch Mitglied der SPD, Anfang August 2004, und auch ihm fällt lediglich ein, dass die vorgeschlagenen Lösungen »völlig ungeeignet« seien. Folglich ist er gelegentlich auch auf den Montagsdemonstrationen zu finden. So am 30. August in Leipzig, wo Lafontaine, begleitet vom Schlachtruf »Schröder muss weg«, zu einigen Zehntausend Teilnehmern spricht. Kein Wunder, dass sich Bsirske für die SPD inhaltlich »wieder mehr Lafontaine und weniger Schröder« wünscht. Und der wiederum gibt zu Protokoll: »Wenn die SPD den Kanzler nicht wechselt, wird es eine von Vielen unterstützte Wahlinitiative geben.«[373]

Gegründet ist diese Initiative schon. Am 3. Juli 2004 ist der Verein »Wahlalternative Arbeit und soziale Gerechtigkeit« aus der Taufe gehoben worden. Die WASG ist ein Zusammenschluss zweier Gruppen, die sich als Antwort auf die Agenda 2010 verstehen. Den Anstoß gab ein Papier des Ver.di-Funktionärs Ralf Krämer, das seit Ende 2003 im Netz kursiert, so dass zu Recht gesagt worden ist, die WASG habe sich als erste deutsche Partei »mithilfe des Internets« konstituiert.[374] Sie ist von Anfang an eine »Vorfeldorganisation« von Ver.di und IG Metall.[375] Nicht nur findet das erste Treffen der Organisatoren Anfang März 2004 im Berliner Haus des Deutschen Gewerkschaftsbundes statt, viele ihrer Initiatoren gehören auch Ver.di oder, wie Klaus Ernst und Thomas Händel, der IG Metall an. Ziel des Vereins, der im Januar 2005 die Partei WASG gründet, ist der Sturz Gerhard Schröders.

Mit der WASG, der PDS, den Gewerkschaften und einer zunehmenden Zahl von SPD-Mitgliedern wie Oskar Lafontaine baut sich eine Front mit zahlreichen stabilisierenden Querverbindungen auf, die binnen eines Jahres zu einer signifikanten, wahlentscheidenden Größe in der deutschen Politik wird. Da der Bundeskanzler seine Position auch unter dem Eindruck dieser Entwicklung nicht modifiziert oder gar räumt, kommt es zu einem regelrechten Duell. Es steht den beiden anderen Duellen mit der eigentlichen Herausforderin und ihren Kohorten sowie mit den Medien, das jetzt in eine neue Runde geht, in nichts nach. Es ist der einsame Kampf des Aufsteigers an drei Fronten – gegen drei mächtige Gegner, die getrennt marschieren, aber vereint schlagen. Man muss das wissen, um Gerhard Schröders Auftritt in der Wahlnacht des 18. September 2005 zu verstehen.

Nun wäre Schröder nicht Schröder, verliefe seine politische Biographie linear, in diesem Falle also kontinuierlich bergab. So ist es nicht. Ganz im Gegenteil weiß Günter Bannas Mitte September 2004 zu berichten: »Schröder steht gut da … Er beherrscht die Szene.« Das liegt zum einen an der Weichenstellung zu Beginn des Jahres. Die Delegation des Parteivorsitzes an Müntefering war richtig, weil der die SPD zusammenhalten und selbst einen guten Teil der Linken in einem Maße zu erreichen vermag, wie das Schröder in seiner Zeit an der Spitze nie gelungen ist. Und zum anderen hat der Kanzler jetzt den

Rücken frei, um dieses ihn völlig fordernde Amt uneingeschränkt ausfüllen zu können. Schröder steht: »Seine Politik ist nicht mehr Stimmungen, Launen und den Forderungen des Boulevards unterworfen ... Auf die Anti-Hartz-Demonstranten hört er ebensowenig wie auf die Einflüsterungen, er solle das Bundeskabinett umbilden ... Es scheint, als wolle Schröder durch Standhaftigkeit zusätzliches Ansehen über Personalpolitisches hinaus erwerben.«[376]

Tatsächlich konnte der Kanzler seit Anfang des Jahres auch innenpolitisch immer wieder punkten. Zum Beispiel bei der Maut oder der Zuwanderung. Im Sommer 2002 hatten DaimlerChrysler, wie dieses Unternehmen nach einer bald scheiternden Fusion kurzzeitig heißt, und die Deutsche Telekom die Ausschreibung für ein satellitengestütztes, streckenbezogenes Mautsystem für schwere Nutzfahrzeuge auf deutschen Autobahnen gewonnen, aber offensichtlich die Komplexität des Auftrags unterschätzt. Dass der Staat immer noch größter Einzelaktionär der Telekom ist, gibt der Geschichte eine pikante Note. Weil der Fertigstellungstermin im Herbst 2003 verstreicht und der Verkehrsminister offensichtlich überfordert ist, erklärt der Kanzler das Thema Mitte Januar 2004 zur Chefsache. Vier Wochen später flattert den überraschten Unternehmen eine Kündigungsanzeige auf den Tisch, am 29. Februar akzeptieren die beiden Vorstandsvorsitzenden auf einem Gipfel im Kanzleramt vor laufenden Kameras drastische Strafen für den Fall, dass das System zum 1. Januar des folgenden Jahres nicht oder nur eingeschränkt funktionieren sollte; ein Schadensersatz in noch zu beziffernder Höhe für die bis dahin anfallenden Einnahmeausfälle wird sowieso fällig. Eine starke Vorstellung Schröders, die zeigt, was er kann, wenn er will oder wollen muss.

So auch beim Zuwanderungsgesetz, das schon wegen seiner rund vierjährigen Vorgeschichte von eigener Brisanz ist. Im Dezember 2002 hatte das Bundesverfassungsgericht das Zustandekommen des Gesetzes wegen der Art und Weise seiner Behandlung im Bundesrat für »nichtig« erklärt. Danach beginnt eine neue Hängepartie. Zunächst reagieren die Unionsparteien auf die erwähnten Terroranschläge von Madrid mit der Forderung nach erheblichen Änderungen im Ausländer- und Asylrecht. Als dann im Mai 2004 die Grünen abrupt den Verhandlungstisch verlassen, schlägt die Stunde des Kanzlers.

Am 25. Mai lädt Gerhard Schröder die Parteivorsitzenden von SPD, Grünen, CDU, CSU und FDP ins Kanzleramt, legt ihnen ein Kompromissangebot vor – und sich selbst öffentlich fest: »Ich setze auf eine Einigung, ich wünsche eine solche Einigung und werde mich bemühen, sie herbeizuführen.«[377] Und er führt sie herbei. Am 17. Juni verständigen sich Innenminister Otto Schily sowie für CDU und CSU der saarländische Ministerpräsident Peter Müller und Bayerns Innenminister Günther Beckstein endgültig auf einen Kompromiss. Zum 1. Januar 2005 tritt das »Gesetz zur Steuerung und Begrenzung der Zuwanderung und zur Regelung des Aufenthalts und der Integration von Unionsbürgern und Ausländern« in Kraft. Es ist nicht der große Wurf, den Rote und Grüne nach der Machtübernahme in Bonn geplant haben; sein Umfang – unglaubliche 107 Paragraphen in 10 Kapiteln auf 62 eng bedruckten Seiten – zeugt von der Komplexität der Materie und vom Kompromisscharakter des Gesetzes. Aber es ist mehr als eine vorläufige Antwort auf die drängende Frage, wie Deutschland mit der Tatsache umgeht, dass es zum größten Einwanderungsland in Europa geworden ist.

Es ist ein Erfolg des Kanzlers, wenn er auch wie andere Erfolge im Anti-Hartz-Getöse unterzugehen droht. Immerhin kann er im Frühherbst 2004 vorsichtig optimistisch bilanzieren, dass seine Partei ganz gut abschneidet, wenn sie auf Reformkurs bleibt und ihm den Rücken stärkt. So sind die Kommunalwahlen im strategisch außerordentlich wichtigen Nordrhein-Westfalen schon deshalb ein Erfolg, weil die Sozialdemokraten am 26. September 2004 zwar mit 31,7 Prozent das schlechteste Ergebnis ihrer Partei bei Kommunalwahlen in diesem Bundesland einfahren, aber lediglich 2,2 Prozentpunkte der Stimmen verlieren und damit weniger einbüßen als die Christdemokraten, die mit Abstand stärkste Kraft bleiben. Und dann hat Gerhard Schröder natürlich den Vorsprung des Staatsmannes. Die Rückwirkungen auf die Innenpolitik mögen marginal sein, aber es macht sich insgesamt doch gut, dass dieser Kanzler überall auf der Welt gern gesehen ist.

Die Wertschätzung Schröders zeigen die vielen ausländischen Besucher, die sich die Klinke zum Kanzleramt in die Hand geben, das zeigt aber auch der Empfang jenseits der Landesgrenzen – sofern man denn die Besuche bei den europäischen Nachbarn, die künftigen EU-Mitglieder Rumänien und Bulgarien eingerechnet, überhaupt noch als Auslandsreisen bezeichnen will. Selbst die Begegnungen mit Frankreichs Staatspräsident werden, weil an der Tagesordnung, kaum noch zur Kenntnis genommen, es sei denn, sie haben eine besondere Note, wie zum Beispiel das gemeinsame Treffen mit dem seit April amtierenden spanischen Ministerpräsidenten José Luis Rodríguez Zapatero. So viel Einigkeit, wie sie die beiden Sozialdemokraten Zapatero und Schröder und der Konservative Chirac an diesem 13. September in praktisch allen Fragen zelebrieren, sieht man sonst eher selten. Aber der Spanier hat sein Land aus der Irakkoalition geführt, die sein Vorgänger José María Aznar mit Bush und Blair eingegangen war, und das zählt für die beiden anderen viel.

Die Aufmerksamkeit der Medien ist dem Kanzler gewiss, wenn er zu seinen transatlantischen Expeditionen aufbricht. So Ende Mai 2004 zum dritten sogenannten EU-Lateinamerika-Gipfel, den die 58 Staaten Iberoamerikas und Europas, darunter auch die zehn Neulinge, dieses Mal in Mexiko abhalten. Für Schröder ist es zugleich der zweite Besuch dieses auch für die deutsche Wirtschaft wichtigen Landes, in das mehr Exporte gehen als nach Brasilien, und es ist eine willkommene Gelegenheit, den mexikanischen Staatspräsidenten Vincente Fox wiederzusehen. Die beiden verstehen sich, telefonieren gelegentlich miteinander, und der Mexikaner hat den Deutschen vor gut zwei Jahren auch schon in Berlin besucht. Die gemeinsame Haltung zum Irakkrieg tat ein Übriges.

Im Herbst zieht es den Kanzler dann wiederholt nach Asien, erstmals auch ins nördliche Afrika. Am Anfang steht die Teilnahme am fünften Asia-Europe Meeting ASEM in der vietnamesischen Hauptstadt Hanoi. Die informellen Treffen sind Mitte der neunziger Jahre von den Premierministern Frankreichs und Singapurs angeregt worden. Sie dienen der Vertiefung vor allem – aber nicht nur – der wirtschaftlichen Beziehungen zwischen den beiden Kontinenten. 2004 nehmen von asiatischer Seite erstmals auch Kambodscha, Myanmar – das vormalige Burma – sowie Laos und auf europäischer Seite die zehn neuen Mitglieder der EU teil. Für Schröder ist es eine Art Familientreffen. Die Teilnehmer aus Europa sieht er ohnehin alle naselang; Indien wird auf dem Weg nach Hanoi angesteuert, in Pakistan macht er auf dem Rückweg halt, und China und Japan stehen im Dezember auf seinem Programm.

Am 5. Oktober bricht er nach Neu-Delhi auf. Wie der Andrang der Vertreter aus der deutschen Wirtschaft zeigt, ist gerade diese erste Station für sie besonders attraktiv. 22 können mitreisen, mindestens drei Mal so viele haben ihr Interesse bekundet. Indien ist ja von deutscher Seite lange fast stiefmütterlich behandelt worden. Verglichen mit dem Chinahandel nahm sich das bilaterale Handelsvolumen, an dem man die Bedeutung eines Partners zu messen pflegt, mit rund 5 Milliarden Euro im Jahr 2003 bescheiden aus. Wie die verstärkte Reisetätigkeit zeigt, beginnt sich das jetzt zu ändern. Außenminister Fischer ist gerade erst hier gewesen, Forschungs- und Bildungsministerin Bulmahn hält sich zeitgleich mit dem Kanzler in Indien auf, und Wirtschafts- und Arbeitsminister Clement sowie Finanzminister Eichel haben sich angesagt.

In der Tat gibt es eine ganze Reihe gemeinsamer Interessen, darunter neben unmittelbar wirtschaftlichen im engeren Sinne das übergeordnete Ziel einer »strategischen Partnerschaft«, von dem man jetzt auch im deutsch-indischen Verhältnis spricht. Damit meinen der Kanzler und Indiens Premier Manmohan Singh, der Schröder als ersten Regierungschef nach seiner Wahl empfängt, unter anderem eine Einbindung Indiens in den Klub der G 8. Schon beim letzten Treffen der führenden Wirtschaftsnationen hatte sich der Bundeskanzler in den USA für eine Erweiterung dieses Kreises eingesetzt. Und dann schließt die strategische Partnerschaft das Ziel eines Ständigen Sitzes im Sicherheitsrat der Vereinten Nationen ein, den sowohl Indien als auch Deutschland sowie außerdem Brasilien und Japan anstreben.

Nachdem Schröder diese Idee zunächst nur sehr zögerlich verfolgt hatte, war um die Jahrhundertwende eine deutliche Änderung eingetreten. Seither findet der Kanzler, ein Ständiger Sitz trage nicht nur dem gewachsenem Gewicht der Bundesrepublik, sondern auch der Tatsache Rechnung, dass Deutschland seit Langem der drittgrößte Beitragszahler und neuerdings auch im Auftrag der UNO mit seinen Soldaten weltweit engagiert ist. Vor allem das Argument, an der Entscheidung über diese Einsätze unmittelbar beteiligt sein zu wollen, hat einiges für sich. Das schließt die Möglichkeit ein, den Einsatz gegebenenfalls auch verhindern zu können. Daher ist es konsequent, wenn sich der Kanzler am Ende dieses Jahres 2004 öffentlich dafür ausspricht, dass auch die vier Aspiranten auf einen Ständigen Sitz »ein Veto-Recht haben sollten«.[378]

Wie schwierig es insbesondere für die Bundesrepublik werden dürfte, das Ziel in einer absehbaren Zeit auch zu erreichen, zeigt sich anschließend in Hanoi. Denn auf dem ASEM-Treffen sperren sich ausgerechnet einige der europäischen Partner Deutschlands, allen voran Italien, gegen eine Formulierung in der Abschlusserklärung, die dessen Wunsch nach einem Ständigen Sitz inklusive Veto-Recht unterstützt. Joschka Fischer, der auch auf dieser Kanzlerreise nicht dabei ist, hat später berichtet, die italienische Diplomatie habe über eine »regelrechte Obsession« verfügt, Deutschland in den Vereinten Nationen »keinerlei anderen Status zu erlauben, als ihn Italien selbst hatte«. Der »Logik« verpflichtet, Deutschland und Italien hätten nun einmal »gemeinsam den Zweiten Weltkrieg verloren«, habe Rom mit allen Mitteln zu verhindern versucht, »dass Deutschland über denselben Status verfügen würde wie die beiden ständigen europäischen Sicherheitsratsmitglieder Frankreich und Großbritannien«.[379]

Tatsächlich verlaufen die Bemühungen um einen ständigen deutschen Sitz im Sicherheitsrat aber deshalb im Sande, weil sich die afrikanischen Staaten, die mindestens einen der neuen Sitze beanspruchen, nicht auf einen Kandidaten aus ihren Reihen einigen können und weil Japan sich Schritt für Schritt aus der Gruppe der vier zurückzieht und seit Januar 2006 nicht mehr an gemeinsamen Maßnahmen beteiligt. Vor allem aber ist die Etablierung neuer Ständiger Sitze nur im Zuge einer allgemeinen Reform des Sicherheitsrates vorstellbar, die Generalsekretär Kofi Annan anpeilt. Dagegen rührt sich hinter den Kulissen mächtiger Widerstand: Welchen Grund sollten die fünf etablierten Veto-Mächte auch haben, andere an ihren Privilegien teilhaben zu lassen?

Konferenzen und Begegnungen wie die in Hanoi zeigen dem Kanzler, dass Deutschland im beinharten Konkurrenzkampf um die neuen wie die alten Märkte keine Zeit zu verlieren hat. Daher gewinnen auch Länder, die er bislang eher links hat liegen lassen, binnen Kurzem an Attraktivität. Etwa Pakistan, das er im Anschluss an den ASEM-Gipfel besucht. Von dort macht er sich schließlich – mit einem Zwischenaufenthalt bei den deutschen Truppen in Afghanistan und bei dessen Präsidenten – auf den Heimweg. Zwar hat sich die politische Lage, seit er vor drei Jahren das erste Mal hier war, kaum verändert. Pakistan ist nach wie vor eine Drehscheibe des internationalen Terrorismus, und es ist nicht einmal drei Monate her, dass der designierte Premierminister Shaukat Aziz, damals noch Finanzminister, knapp einem Selbstmordanschlag entkommen ist. Andererseits hat die deutsche Wirtschaft inzwischen erkennbar Freude am Pakistangeschäft gefunden. Als Aziz im Sommer des folgenden Jahres den Bundeskanzler in Berlin besucht, zieht dieser Bilanz: »Anstelle der bisherigen Geber-Nehmer-Orientierung trete eine ausbalancierte Partnerschaft, vor allem gekennzeichnet durch sich hervorragend entwickelnde Handelsbeziehungen und zunehmende deutsche Privatinvestitionen in Pakistan.«[380]

Wo immer der Kanzler in diesen Wochen und Monaten auch auftaucht, stets wird er direkt oder indirekt mit dem Terrorismus konfrontiert. Zum einen liegen die Anschläge des 11. September ja gerade erst drei Jahre zurück. Zum anderen zeigt sich jetzt deutlicher als zuvor, dass die Angriffe auf Amerika lediglich besonders spektakuläre und äußerst verlustreiche Stationen eines seit vielen Jahren zu beobachtenden, sich aus unterschiedlichen Quellen speisenden Prozesses sind. Dafür stehen auf ihre Weise auch die beiden Staaten Nordafrikas, denen Gerhard Schröder Mitte Oktober 2004 einen Besuch abstattet: Libyen ist viele Jahre lang Ausgangspunkt brutaler Terroranschläge gewesen, und der Nachbar Algerien wurde letzthin regelmäßig vom Terrorismus heimgesucht.

Dass Schröder seinen Fuß auf libyschen Boden setzt, liegt an einem erstaunlichen Kurswechsel des dortigen starken Mannes. Muammar al-Gaddafi, selbst ernannter Revolutionsführer, hält das Heft des Handelns seit dem Sturz der Monarchie im Spätsommer 1969 fest in der Hand. Libyen ist dank seiner großen Ölvorkommen ein reiches Land, hat sich aber international in die Isolierung manövriert, seit man weiß, dass Gaddafi für die Anschläge auf die West-Berliner Diskothek »La Belle«, auf ein amerikanisches Passagierflugzeug über Schottland sowie auf ein französisches Passagierflugzeug in Niger verantwortlich ist. Hunderte sind dabei zwischen 1986 und 1989 ums Leben gekommen oder verletzt worden. Weil die Isolierung des Wüstenstaates inzwischen gravierende Folgen zeitigt, hat Gaddafi nicht nur dem Terrorismus abgeschworen und die Opfer der Anschläge oder deren Angehörige entschädigt beziehungsweise angekündigt, dies zu tun, sondern er hat auch das Programm zur Herstellung von Massenvernichtungswaffen einstellen lassen, das er mit Hilfe deutscher Firmen seit den achtziger Jahren betrieb.

Damit ist der Weg für den Besuch des Kanzlers frei. Die offizielle Einladung ist Ende Januar durch den »Kabinettschef Seiner Exzellenz des Führers der Großen Revolution vom 1. September des Großen Sozialistischen Libysch-Arabischen Volks-Dschamahirija Oberst Muammar al-Gaddafi« überbracht worden, der bei einer Unterredung mit dem Chef des Kanzleramtes den Willen des Revolutionsführers zum Ausdruck brachte, »wichtige offene Fragen«, darunter die »einer Entschädigung der deutschen La Belle-Opfer«, »umgehend einer einvernehmlichen Lösung zuzuführen«.[381] Die entscheidende Vorarbeit leistet Hans-Jürgen Wischnewski, den sie in der SPD »Ben Wisch« nennen. Jahrgang 1922 und sozialdemokratisches Urgestein, hat Wischnewski in der Partei, aber auch in den Regierungen Willy Brandts und Helmut Schmidts alle möglichen Ämter und Funktionen innegehabt und war verschiedentlich in heikler Mission unterwegs. Unter anderem koordinierte er 1977 die Befreiung der Geiseln in der nach Mogadischu entführten Lufthansa-Maschine.

Jetzt vermittelt er in Tripolis eine Einigung zwischen den Anwälten der Hinterbliebenen und der Opfer von »La Belle« und bereitet so den Besuch Schröders vor. Der kennt den Revolutionsführer flüchtig, ist ihm schon einmal, von der Öffentlichkeit kaum registriert, Anfang April 2000 beim EU-Afrika-Gipfel in Kairo begegnet, hat auch nach Wischnewskis Visite mit Gaddafi telefoniert. Nachdem die erste Rate der vereinbarten 35 Millionen US-Dollar überwiesen ist, macht er sich auf den Weg. Nie zuvor ist ein deutscher Bundeskanzler hier gewesen, und jetzt ist er auch nicht der erste westliche Staatsmann, der anreist. Der britische Premierminister Blair und Italiens Ministerpräsident Berlusconi sind schon hier gewesen, und Frankreichs Staatspräsident Chirac wird in Kürze erwartet.

Sie alle, auch der Kanzler, wollen natürlich die bilateralen wirtschaftlichen Beziehungen ausbauen. Wobei es im Falle Deutschlands bereits eine solide Grundlage gibt. Der Wüstenstaat ist nicht nur der viertgrößte Öllieferant

Deutschlands, sondern schon jetzt, so der Kanzler vor Ort, »in Nordafrika der Standort mit den meisten deutschen Investitionen«,[382] und wie zum Beweis nimmt er auch gleich eine Ölproduktionsstätte von Wintershall in Betrieb.

Mindestens so wichtig wie solche Geschäfte ist aber für Schröder wie für alle europäischen Handlungsreisenden ein anderes Thema. Gaddafi hat nämlich versprochen, an der Eindämmung des rasant anschwellenden Stroms afrikanischer Einwanderer mitzuwirken. Das ist den Europäern nicht nur die Aufhebung noch bestehender Sanktionen einschließlich des 1986 durch die EU verhängten Waffenembargos, sondern auch die Zahlung erheblicher Summen wert. Als der Revolutionsführer dann allerdings von Schröder finanzielle Entschädigungen für die Minen fordert, die von Rommels Armee während des Zweiten Weltkriegs im libyschen Wüstensand zurückgelassen wurden, lehnt der das Ansinnen rundweg ab – und trickst seinen Gastgeber aus: Sein Argument, man solle die Vergangenheit ruhen lassen, ist ebenjenes, das Gaddafi in letzter Zeit bemüht hatte, als es um die Rückkehr Libyens in die Völkergemeinschaft ging. Diese Sprache verstehen Diktatoren.

Auch Algerien, das der Kanzler anschließend für gerade einmal 18 Stunden aufsucht, war viele Jahre ziemlich isoliert. In diesem Falle verhinderte ein blutiger Bürgerkrieg jeden Versuch eines Engagements. Gerhard Schröder ist nicht der erste Bundeskanzler, der die ehemalige französische Kolonie mit tief gespaltenem Verhältnis zur alten Vormacht besucht. Willy Brandt ist 1974 schon hier gewesen: Houari Boumedienne – auch er ein Putschist, aber eben ein linker – zählte damals zu den Hoffnungsträgern in der Dritten Welt. Abd al-Aziz Bouteflika, ein Protegé Boumediennes, hatte das Land verlassen müssen, ist nach einer beachtlichen Karriere im Exil, unter anderem als Vermittler von Geschäften zwischen den Europäern und den Golfstaaten, 1989 nach Algerien zurückgekehrt und gilt als der Mann, der die blutigen Exzesse beenden kann. Vor eineinhalb Jahren ist er mit einem Ergebnis wiedergewählt worden, das man in Demokratien nicht kennt.

Schröder ist dem Präsidenten gelegentlich begegnet, schätzt sein Bemühen um stabile politische und wirtschaftliche Verhältnisse und hofft, nach wie vor eine potente Wirtschaftsdelegation im Gefolge, auf Perspektiven in diesem Bereich. Algerien ist als Öl- und Gaslieferant von Interesse, wenn auch einstweilen lediglich an achter Stelle rangierend. Überdies hatte ihm Bouteflika schon im Frühjahr 2001 versichert, Deutschland sei Algeriens »privilegierter Partner« für die Modernisierung der algerischen Industrie. Offensichtlich war und ist ihm daran gelegen, ein gewisses Gegengewicht gegen die dominante Stellung zu schaffen, die sich die Franzosen inzwischen bei der Realisierung der großen Infrastrukturprojekte gesichert haben. Mit der Inszenierung Jacques Chiracs, der Anfang März 2003 – ein Exemplar der Memoiren von Charles de Gaulle unter dem Arm und als erster Staatspräsident seit der Unabhängigkeit im Sommer 1962 – Algerien einen gefeierten Staatsbesuch abstattete, kann Gerhard Schröder zwar nicht mithalten, aber Zeichen kann er schon setzten, kann feststellen, dass die Menschen nur dann gegen die »Instrumentalisierung« durch Extremisten zu »immunisieren« sind, wenn man ihnen eine »wirtschaftliche Perspektive in ihren eigenen Ländern« eröffnet.[383] So sagt es der Kanzler in Algier. Dass diese Menschen dann vielleicht nicht am großen Exodus gen Europa teilnehmen, sagt er nicht, es ist aber der Kern seiner Botschaft.

Ist das nördliche Afrika für den Kanzler Neuland, bewegt er sich in Ostasien in vertrautem Gelände. Die Reise, die ihn vom 5. bis 10. Dezember zu den beiden wichtigsten asiatischen Handelspartnern Deutschlands führt, folgt schon insofern dem inzwischen bekannten Muster, als die Wirtschaft im Vordergrund steht. Rund 150 Unternehmen haben Interesse zur Teilnahme am Chinabesuch bekundet, rund 40 sind schließlich in der Delegation vertreten. Die Kanzlerreisen sind eben längst mehr als wirtschaftlich interessante Ausflüge. Sie sind ein Ereignis – auch dann, wenn der stundenlange Anflug und die ständige Bewegung vor Ort an die Kondition gehen.

Zu den politischen Terminen des Kanzlers in China gehören Gespräche mit Staatspräsident Hu Jintao und Ministerpräsident Wen Jiabao. Dieser hatte Schröder wenige Tage zuvor in Berlin angerufen, um damit zum einen die Einrichtung der direkten, geschützten Telefonverbindung zu würdigen, die während Wens Deutschlandbesuch vereinbart und im Mai des Jahres geschaltet worden war. Zum anderen wollte der Ministerpräsident dem Kanzler einige durch ihn persönlich arrangierte Termine mitteilen, darunter Gespräche mit den Verantwortlichen jener drei Provinzen im Nordosten des Landes, die Schröder erstmals bereisen wird, ferner ein gemeinsamer Besuch des Nationalmuseums sowie »eine größere Kulturveranstaltung zu Ehren des Bundeskanzlers«.[384]

Diese Einladung ist nicht ohne Brisanz, weil sie Gerhard Schröder von der Wahrnehmung eines anderen Termins abhalten soll. Der Kanzler hat sich nämlich den Besuch der Galerie »White Space« in der ehemaligen »Fabrik 798« vorgenommen, die unter anderem von dem Berliner Alexander Ochs betrieben wird. Die Anregung ist von Alfred Tacke, Staatssekretär im Bundesministerium für Wirtschaft und Arbeit und Fahrensmann Schröders seit der Hannoveraner Zeit, gekommen. Das Fabrikgelände im Pekinger Stadtteil Dashanzi, in den fünfziger Jahren mit sowjetischem Geld durch DDR-Architekten im Bauhaustil errichtet, wird seit wenigen Jahren »als Ausstellungsgelände genutzt«, so das zuständige Referat des Kanzleramts, »und hat sich seitdem zu einem Anziehungspunkt zeitgenössischer chinesischer und internationaler Kunst und unabhängiger Galeristen entwickelt«. Eben deshalb ist die Fabrik den Behörden ein Dorn im Auge, und aus diesem Grund hatte Außenminister Fischer im Sommer einen ähnlichen Punkt von seinem Reiseprogramm nehmen lassen.

Jetzt raten auch Schröders Beamte von der geplanten Eröffnung einer Ausstellung in besagter Galerie ab, weil sie »von offizieller chinesischer Seite sicher als Parteinahme in einer internen Auseinandersetzung … gewertet« werden würde.[385] Nicht zufällig haben die Gastgeber besagte Kulturveranstaltung, eine Gesangs- und Tanzdarbietung traditionellen Formats, just auf den Termin gelegt, an dem der Kanzler die Galerie in der »Fabrik 798« besuchen wollte. Da er die Gastgeber nicht düpieren, den Galeriebesuch aber nicht absagen will, wird dieser Besuch auf den späteren Abend verlegt. Dass sich Gerhard Schröder diese Freiheit nehmen kann, ohne die Gastgeber zu verärgern, spricht für sein Ansehen im Reich der Mitte. Oder liegt es vielleicht doch an dieser eigenwilligen Gestaltung des Programms, dass die geplante Unterzeichnung eines Kulturabkommens wegen ungeklärter technischer Fragen nicht zustande kommt?

Anders sieht es in den Bereichen des Handels und der Wirtschaft aus. Hier werden Abkommen, unter anderem über die Lieferung von Airbus-Flugzeugen und Siemens-Drehstromlokomotiven, gleich in Serie und in Milliardenhöhe unterzeichnet. Der Kanzler setzt höchstpersönlich zum ersten Spatenstich für den Bau eines neuen Automobilwerks an und besucht ein zweites in Changchun im Nordosten des Landes, eröffnet die Chinarepräsentanz eines Stahlherstellers und besucht ein Gemeinschaftsunternehmen von Lufthansa und Air China und so weiter und so fort, alles im Stundentakt.

Überdies versichert er einmal mehr, sich für die Aufhebung des Waffenembargos der EU einsetzen zu wollen. In diese Sache ist inzwischen Bewegung gekommen. Mitte Februar hatte sich der Kanzler in Berlin mit dem britischen Premier und Frankreichs Staatspräsidenten darauf verständigt, das »Waffenembargo gegenüber China wegen seiner erniedrigenden Wirkung« aufheben zu wollen. Selbstverständlich ist das nicht. Immerhin war gerade erst die amerikanische Regierung offiziell im Auswärtigen Amt mit der Auskunft vorstellig geworden, eine Aufhebung des Embargos verstoße gegen amerikanische Sicherheitsinteressen. Andererseits hat ein »Aufheben des Waffenembargos« nicht automatisch den »Beginn von Waffenverkäufen« zur Folge. Auch darin sind sich Schröder, Chirac und Blair einig gewesen.[386]

Tatsächlich machen sich Tony Blair und Jacques Chirac in diesem Sinne für den Wunsch Pekings stark. Während Gerhard Schröder in Ostasien weilt, findet am 8. Dezember 2004 in Den Haag das siebte Gipfeltreffen der EU und Chinas statt. In diesem Zusammenhang bekräftig der Europäische Rat den politischen Willen, »auf eine Aufhebung des Waffenembargos hinzuarbeiten« und möglichst bald einen entsprechenden Beschluss herbeizuführen.[387] So gesehen kann Schröder in Peking Fortschritte vermelden, denn dass sein Drängen für die Brüsseler Willensbildung nicht unmaßgeblich ist, weiß man dort natürlich.

Gewissermaßen im Gegenzug erhält er von Ministerpräsident Wen Jiabao die Zusage, sich für die Reform der UNO und den deutschen Wunsch nach einer größeren Rolle in deren Sicherheitsrat einzusetzen, wobei er sich freilich nicht auf einen Ständigen Sitz festlegt. Eigentlich kann China einen solchen auch nicht wollen. Denn zum einen bedeutet die Aufnahme weiterer Mitglieder in diesen exklusiven Klub einen relativen Gewichtsverlust der etablierten, und zum anderen steuert Deutschland dieses Ziel gemeinsam mit anderen an, darunter auch Japan. Und eine Aufnahme Japans in den Kreis der Ständigen Mitglieder des Sicherheitsrates kommt für Peking schlicht nicht in Frage: Die brutale Besatzungsherrschaft der Japaner seit 1931 beziehungsweise 1937 ist in China nicht vergessen, und der fragwürdige Umgang der Japaner mit diesem Kapitel ihrer Geschichte tut ein Übriges.

Die Vereinten Nationen sind natürlich ein Thema der Gespräche, die der Kanzler in Japan mit dem Kaiser und dem Ministerpräsidenten führt. Diesem ist er wiederholt begegnet, seit Junichiro Koizumi Ende April 2001 zunächst zum Vorsitzenden der Liberaldemokratischen Partei und dann zum Regierungschef gewählt worden ist: Von den gemeinsamen Besuchen des Endspiels der Fußballweltmeisterschaft in Yokohama und einer Aufführung des *Tannhäuser* in Bayreuth war schon die Rede. Zwar stand man während des Irakkrieges nicht im selben Lager, doch hat das keine bleibenden Spuren hinterlassen. Wie andere Staats- und Regierungschefs, zum Beispiel George W. Bush, verfolgt auch Koizumi aufmerksam die Entwicklung der deutsch-russischen strategischen Partnerschaft und fragt den Kanzler nach seiner Einschätzung Putins. Insbesondere wegen des Streits über die Zugehörigkeit einiger Kurilen-Inseln gibt es ja nach wie vor zwischen Japan und Russland keinen Friedensvertrag, der völkerrechtlich endlich einen Schlussstrich unter den Zweiten Weltkrieg ziehen würde, während für Deutschland mit dem »Zwei-plus-Vier-Vertrag« eine tragfähige Lösung gefunden ist. Als sie sich zuletzt im Juni des Jahres auf dem G-8-Gipfel im amerikanischen Sea Island sahen, hatte sich der Kanzler bereit erklärt, »jederzeit« bei der Fortentwicklung des russisch-japanischen Verhältnisses »mit Rat zur Seite zu stehen«.[388]

Im Übrigen ist der dreitägige Besuch auf den japanischen Inseln von distanzierter Höflichkeit geprägt. In Tokio hat man natürlich registriert, dass es den Kanzler im Jahresrhythmus nach China, bislang aber nur ein einziges Mal nach Japan gezogen hat. Dass er jetzt wieder einmal vorbeischaut, liegt am dringenden Rat Mützelburgs, »die Entwicklung unserer Beziehungen zu Japan nicht aus dem Auge [zu] verlieren«.[389] Insgesamt geht es in Japan, verglichen mit dem Chinateil der Reise, geradezu beschaulich zu. Keine Abkommen oder Verträge, kein Spatenstich und keine Einweihung. Deutsche Firmen haben sich traditionell schwergetan, in Japan Fuß zu fassen. So hat zum Beispiel der europäische Flugzeugbauer Airbus bei den großen japanischen Fluglinien bis dato keine einzige Maschine absetzen können. Umgekehrt haben vor allem die japanische Elektronikindustrie, zeitweilig auch die Autobauer, ihren deutschen Konkurrenten das Leben ausgesprochen schwer gemacht. Stolze Firmen wie der einst größte europäische Rundfunkgeräteproduzent Grundig sind, weil sie die Zeichen der Zeit nicht rechtzeitig erkannt haben, daran zugrunde gegangen. Kein Wunder, dass etliche deutsche Unternehmer und Manager die Chance nutzen und sich im Schlepptau des Kanzlers bei der Konkurrenz umsehen.

In diesen Wochen wird man kaum einen führenden Wirtschaftsvertreter treffen, der Gerhard Schröder nicht bescheinigen würde, im Ausland eine gute Figur zu machen. Und auch für sein Reformwerk findet Schröder in diesen Kreisen durchweg Lob und Anerkennung. Da sieht mancher über die eine oder andere Panne hinweg, die dem Kanzler in letzter Zeit bei dem Versuch unterlaufen ist, direkt ins Wirtschaftsleben einzugreifen.

Unstrittig ist, dass diese Regierung durch eine Reihe von gesetzlichen Maßnahmen die von den Vorgängern begonnene Deregulierung der Finanzmärkte konsequent vorangetrieben hat. Nachdem schon im Dezember 1999 die Verkäufe von Anteilen an Kapitalgesellschaften steuerfrei gestellt worden waren, regelt das zum 1. Januar 2004 in Kraft getretene sogenannte Investmentmodernisierungsgesetz unter anderem die rechtlichen Rahmenbedingungen für in- und ausländische Investment- beziehungsweise Hedgefonds. Das ist im Übrigen kein deutscher Alleingang, sondern die überfällige Umsetzung einer neu gefassten EG-Richtlinie. Mit dieser Deregulierung wird aber fast über Nacht eine zunächst unterschätzte Frage zum Politikum: Muss man handeln, wenn im Zuge von Firmenzusammenschlüssen oder -übernahmen der Standort Deutschland gefährdet wird, weil Arbeitsplätze, deutsche

Hochtechnologie oder auch die Kontrolle der Deutungshoheit ins Ausland abwandern?

Die Frage stellt sich zum Beispiel im Falle einer Übernahme der Kirch-Gruppe durch ausländische Investoren. Als der mit rund 7 Milliarden Euro dramatisch überschuldete Medienkonzern in Turbulenzen gerät, sucht Leo Kirch, wohl die spektakuläre Holzmann-Rettung vor Augen, die Unterstützung des Bundeskanzlers. Dem kann es nicht gleichgültig sein, was mit dieser geballten Medien- und Meinungsmacht geschieht. Kirch ist unter anderem mit gut 50 Prozent an der ProSiebenSat.1 AG, außerdem mit 40 Prozent an Springer beteiligt. Der Zusammenbruch scheint unabwendbar, seit am 8. April 2002 der Insolvenzantrag gestellt worden ist.

Weil etwa 10 000 Arbeitsplätze gefährdet sind,[390] aber auch weil er wissen und wohl auch beeinflussen will, wer diesen nicht unbeträchtlichen Anteil an der medialen Deutungshoheit in Deutschland erhält, trifft sich Schröder mit einer ganzen Reihe führender Medienmanager und Banker, darunter Leo Kirch oder auch der australo-amerikanische Medienmogul Rupert Murdoch. Insgesamt bleibt des Kanzlers Rolle undurchsichtig. Sicher ist, dass es am Ende nicht zu der von Schröder favorisierten »deutschen Lösung« kommt, sondern dass der israelisch-amerikanische Unternehmer Haim Saban, der ebenfalls zum Gespräch empfangen worden war, mit anderen den Zugriff auf die ProSiebenSat.1 AG und damit auf das Herzstück des vormaligen Kirch-Imperiums erhält. Natürlich kann ein Bundeskanzler ein solches Geschäft nicht einfädeln, durchziehen oder verhindern, aber eine unglückliche Figur kann er durchaus machen.

Nicht besser sieht es bei der Übernahme des Pharmakonzerns Aventis einschließlich der 1999 darin aufgegangenen traditionsreichen Hoechst AG durch einen französischen Konkurrenten aus. Während der Kanzler an ein Modell wie den im Juli 2000 gegründeten Luft- und Raumfahrtkonzern EADS denkt, sich also für eine europäische Lösung starkmacht, orientiert sich der französische Nachbar bei seiner Industriepolitik knallhart an nationalen Interessen. »Listig … lautstark, angriffslustig und – erfolgreich«[391] sorgen der Staatspräsident und sein Premierminister dafür, dass Aventis im August 2004 von der deutlich kleineren Sanofi-Synthélabo geschluckt wird. Mag ja sein, dass der Bundeskanzler künftige Übernahmen französischer Firmen durch deutsche nicht gefährden wollte, als er dem tatenlos zusah. Aber gut sieht er auch dabei nicht aus.

Beim nächsten Mal ist er klüger und damit zwangsläufig im nationalen Sinne egoistischer. Im März 2002 ist die zu Babcock-Borsig gehörende Howaldtswerke-Deutsche Werft (HDW) an einen amerikanischen Finanzinvestor verkauft worden. Allerdings verliert der auch deshalb bald das Interesse an der Werft, weil der Kanzler, wie gesehen, höchstpersönlich gegen die Lieferung von dort zu bauenden U-Booten an Taiwan votiert. Als erneut französische Interessenten, namentlich der Rüstungskonzern Thales, die Situation durch einen schnellen Zugriff nutzen wollen, geht die Bundesregierung dazwischen, sorgt dafür, dass die Franzosen ihr Angebot zurückziehen, und macht sich für eine deutsche Lösung stark: Anfang Januar 2005 fusioniert HDW mit den Thyssen-Krupp-Werften zur ThyssenKrupp Marine Systems AG.

Von vornherein mehr oder weniger rein nationale Angelegenheiten sind die Börsengänge großer vormaliger Staatsunternehmen wie der Telekom, der Postbank oder der Deutschen Bahn. Wie sehr das schieflaufen kann, hat der Fall Telekom gezeigt. Nicht besser sieht es bei einer anderen Tochter der vormaligen Bundespost aus. Die Postbank will an die Börse. Der Kanzler will eine Fusion mit der Deutschen Bank, zu der es tatsächlich Jahre später, wenn auch nicht auf Dauer, kommen wird. Schröder mag also gute Gründe für seine Option haben. Kurzfristig allerdings hat die massive Intervention des Regierungschefs eine Verschiebung des Börsengangs um zwei Tage, eine erhebliche Verunsicherung am Emissionsmarkt und in den Reihen der Investoren sowie nicht zuletzt einen Imageschaden der beteiligten Banken zur Folge.

Gleich mehrfach verschoben – und Anfang 2011 schließlich ganz abgeblasen – wird der Börsengang der Bahn. Hartmut Mehdorn soll das hochdefizitäre vormalige Staatsunternehmen Bundesbahn von Grund auf umkrempeln. Der Manager ist von Hause aus Maschinenbauingenieur, politisch der SPD zugetan, Gerhard Schröder seit den Kämpfen um die Arbeitsplätze in Lemwerder bekannt und seit Mitte Dezember 1999 auf dessen Drängen Vorstandsvorsitzender der Deutschen Bahn AG. Zu Mehdorns wichtigsten Maßnahmen zählen die Weiterentwicklung der Bahn »zu einem europäischen und internationalen Mobilitätsdienstleistungsunternehmen«, die auch von den Gewerkschaften ohne Wenn und Aber mitgetragen wird,[392] und eben der Börsengang des Unternehmens, der für 2006 geplant ist und den die Gewerkschaften ablehnen. Nicht nur fürchten sie um die Zukunftsfähigkeit der Bahn, sondern sind – wie andere auch – überzeugt, dass der forcierte Gang an die Börse unter anderem zu Lasten der Infrastruktur gehen wird. Angesichts dieser Widerstände zieht der Kanzler Ende September 2004 die Reißleine, stellt sich zwar hinter Mehdorn, sorgt aber dafür, dass der Aufsichtsrat den Börsengang erst einmal verschiebt.

Das alles wirkt nicht sehr stringent und souverän. Aber es macht ihm erkennbar Spaß. Seit er als niedersächsischer Ministerpräsident mit der Wirtschaft in unmittelbare Berührung gekommen ist, hat Gerhard Schröder

Gefallen und Geschmack an dieser Form der Machtentfaltung und gewiss auch an dem Gedanken gefunden, hier tätig zu werden, sollte er einmal der Politik oder der Wähler ihm den Rücken kehren. So gesehen sind seine Aktivitäten auf diesem Feld auch Fingerübungen für die Zeit danach. Wer ihn beobachtet, ahnt, dass Schröder nach dem Rückzug aus der Politik nicht Bücher schreiben oder über Gott und die Welt reflektieren, sondern als Unternehmer tätig werden wird. Aber einstweilen ist er nicht Unternehmer, sondern Politiker, und er hat durchaus vor, das noch eine Weile zu bleiben. Und ein Politiker, selbst ein Bundeskanzler, der sich um Mehrheiten zu kümmern hat, so schwierig sie im Einzelfall auch zu beschaffen sind, verfügt auf dem freien Markt nur über beschränkte Handlungsmöglichkeiten. Natürlich wird er immer wieder einmal angesprochen, wenn einem deutschen Unternehmen das Wasser bis zum Halse steht. Das ist eine Folge seines Einsatzes für Holzmann, auch wenn die Rettung schließlich keine war. Aber irgendwie hat sich nicht dieses Ende, sondern das Bild der jubelnden Arbeiter festgesetzt.

Und weil die Wirtschaft weiß, was sie an diesem Kanzler hat, gehören einige ihrer namhaften Vertreter – darunter Roland Berger, Michael Frenzel, Jürgen Großmann, Dieter Hundt, Hans-Peter Keitel, Michael Rogowski, Gerd Schulte-Hillen oder Gunter Thielen – zu den gut 60 Unterzeichnern eines Aufrufs, der durch die Journalisten Manfred Bissinger und Michael Jürgs organisiert und in der *Süddeutschen Zeitung* geschaltet wird. Unter dem Motto »Auch wir sind das Volk« bekennen sich diese, aber auch Anwälte, Politiker und Vertreter des kulturellen Lebens der Republik – unter ihnen Uwe Bremer, Jürgen Flimm, Günter Grass, Markus Lüpertz, Marius Müller-Westernhagen, Jim Rakete oder Helmut Thoma – zur Reformpolitik des Kanzlers: »Die unter dem Angst machenden und abschreckenden Schlagwort Hartz IV beschlossenen Änderungen in der Arbeitslosen- und Sozialhilfe sind überlebensnotwendig für den Standort Deutschland ... Deshalb unterstützen wir Bundeskanzler Gerhard Schröder – ungeachtet aller unserer sonstigen politischen Präferenzen ...«[393]

Der Standort Deutschland. Kein zweiter Kanzler hat sich bislang so konsequent für dessen Erhalt ins Zeug gelegt wie Gerhard Schröder. Das unterstreichen seine vielen kräftezehrenden Auslandsreisen, aber beispielsweise auch sein Einsatz, als es darum geht, die Fußballweltmeisterschaft 2006 nach Deutschland zu holen. Jetzt liegt der Ball beim Organisationskomitee und seinem Präsidenten Franz Beckenbauer, der schon im Juni 2002, also noch vor Abschluss der Endrunde in Südkorea und Japan, die Initiative ergriffen und dem Kanzler ein Treffen mit Spitzenvertretern der deutschen Wirtschaft vorgeschlagen hat.

Die Leistungsfähigkeit unseres Landes: Der Bundeskanzler weiß um die universelle Einsatzfähigkeit des Fußballs. Wenn einer in der Nähe ist – wie hier im August 2005 –, liefert er den Beweis. Klaus Uwe Benneter, Weggefährte aus jusobewegten Zeiten, schaut ihm über die Schulter.

Der ließ sich nicht lange bitten und lud für den 3. Juli 2002 den »sehr geehrten Herrn Beckenbauer« und »lieben Franz« sowie eine Reihe von Spitzenvertretern der deutschen Wirtschaft in seinen Amtssitz ein. Dort wollte man über die »große Chance« sprechen, »einem weltweiten Publikum die Vielfalt und Leistungsfähigkeit unseres Landes und damit auch der deutschen Wirtschaft zu präsentieren«.[394] Gut zwei Jahre später werden erste Maßnahmen vereinbart. Die Standortkampagne, die sie jetzt im Bundesverband der Deutschen Industrie anschieben, zielt zwar in erster Linie auf das sportliche Großereignis. Wenn aber im Weltmeisterschafts- und Bundestagswahljahr 2006 auch der Kanzler davon profitierten sollte, ist ihnen das recht.

Die einzige, allerdings dicke Wolke, die sich aus Sicht der Wirtschaft wie des Kanzlers vor die Herbstsonne schiebt, ist die Arbeitslosigkeit. Mit 10,3 Prozent erreicht die Quote in diesem November 2004 einen neuen Höchststand. Da zum 1. Januar 2005 anders gerechnet wird und insbesondere das Riesenheer der vormaligen Bezieher von Sozialhilfe in den Arbeitslosenzahlen auftaucht, zählt man Ende Januar 5,037 Millionen.

Einer von ihnen ist Lothar Vosseler, des Kanzlers Halbbruder. Nachdem er einen Job als Außendienstmitarbeiter für die Vermarktung eines Brotes gefunden hatte, wird ihm Ende November 2004 nach wenigen Wochen »betriebsbedingt« gekündigt. Für sein Schicksal macht er jetzt Gerhard Schröder verantwortlich. Das kann jedermann in einem Buch nachlesen, das Anfang Dezember unter dem Titel *Der Kanzler, leider mein Bruder, und ich*, erscheint. Co-Autor und Vermarkter ist Ernest Buck, der unter anderem Konzepte und Serien fürs Fernsehen schreibt. Begegnet sind sich die beiden im Mai des Jahres in einem Fernsehstudio, wo Lothar Vosseler in seiner Eigenschaft als Kanzlerhalbbruder an einer Quizsendung teilnahm.

Buck erkennt das mediale Potential: »Du kannst nicht singen, du kannst nicht tanzen, du kannst nicht schauspielern. Du hast nur einen Aktivposten«, sagt er zu Vosseler: »Das Schicksal hat dich zum Kanzlerhalbbruder gemacht.« Vermittelt durch Bucks Frau, die als Agentin fungiert, kommt es schließlich zu einem Vertrag über ein Buch und ein Hörbuch. Ersteres erscheint in einer Auflage von immerhin 100 000 Exemplaren und ist »so aufregend wie ein Sonntagvormittag in Detmold«. So Henryk M. Broder, der die Geschichte recherchiert.[395] Das Buch ist ein bedrückendes Beispiel für die Instrumentalisierung eines hilflosen Menschen. Besonders unangenehm für den Kanzler wird es gegen Ende des Werkes, als Vosseler sich echauffiert, nicht zum Sechzigsten des Halbbruders eingeladen worden zu sein: »Ich fühlte mich weggestoßen, ja weggeworfen von meinem Halbbruder, weil ich nicht mehr in seine Welt passte.«[396] Natürlich verfolgt Gerhard Schröder die publizistischen Ergüsse des Verwandten mit ziemlich gemischten Gefühlen: Dass Lothar Vosseler »ein bisschen Geld verdient hat mit meinem Namen, das war nicht so fein«, erinnert er sich Jahre später und fügt hinzu, »aber so fein ist man bei uns ja auch nicht«.[397]

Wie es bei ihnen gewesen ist, wie die vormals gemeinsame Welt der Brüder ausgesehen hat, weiß man, als der *Stern* am 9. Dezember 2004 sein Heft mit einer Titelgeschichte über die »bittere Jugend des Kanzlers« aufmacht.[398] Sie ist offensichtlich als Addendum und Corrigendum zu Vosselers Buch gedacht. Zwar wusste man auch bislang schon einiges von den frühen Etappen des Kanzlerweges, aber man kannte nicht die Details dieser harten Geschichte. Jetzt lernt man, dass nicht nur Schröders jüngerer Halbbruder ein Ausgestoßener, ein vom Kanzler »Weggestoßener« ist, sondern dass dieser Kanzler selbst wegen des randständigen Milieus, dem er entstammte, einst zu den Ausgegrenzten zählte: Vom Ausgestoßenen zum Bundeskanzler – »eine in der

Bundesrepublik einmalige politische Laufbahn«, findet auch die *FAZ*.[399] Und ein starkes Argument, dem Mann zu folgen und ihm zu trauen.

Überhaupt lässt Schröder, was die Berichterstattung über sein Privatleben angeht, die Zügel wieder ein wenig lockerer, ohne sich allerdings auch nur annähernd so zu öffnen wie in den ersten Monaten seiner Kanzlerschaft oder gar während der Jahre als niedersächsischer Ministerpräsident. Damals wurde das Privatleben als Kapitel der Politkarriere inszeniert, jetzt signalisiert der Kanzler, dass es neben der Politik auch noch ein Privat- und auch ein Familienleben gibt. So erfährt die Öffentlichkeit Mitte August 2004, dass die Schröders ein dreijähriges Mädchen aus Russland adoptiert haben und dass der späte Nachwuchs »Viktoria Dascha« heißt. Die engeren Freunde und Bekannten nehmen die Nachricht vom unerwarteten Familienzuwachs mit Sympathie und Freude für die Schröders auf. Die Zahl der Glückwünsche, die im Kanzleramt eintreffen, ist beträchtlich. Am Jahresende gefragt, was 2004 sein »größtes persönliches Glück« gewesen sei, antwortet Schröder: »Das liegt doch auf der Hand: Meine Frau und ich haben eine wunderbare Tochter adoptiert.«[400] Später gibt es dann ein Foto mit Vater und Adoptivtochter, deren Gesicht freilich unkenntlich gemacht ist. Nicht mehr, aber auch nicht weniger.

Das reicht für die Botschaft, und es reicht für die eine oder andere unangemessene Reaktion. Eine kommt vom *Spiegel*, der es sich nicht nehmen lässt, einen Vergleich dieser Adoption und der Adoption eines Mädchens »mit Moskaus Hilfe« durch Walter und Lotte Ulbricht zu ziehen.[401] Gerhard Schröder hat inzwischen mediale Unanständigkeiten aller Art hinnehmen müssen; über wenige ist er so empört wie über diese. Auch die Reaktion der Oppositionsführerin merkt man sich in Hannover: Es sei »eine sehr schöne Sache«, dass die Familie des Bundeskanzlers sich für diese Adoption entschieden habe, sagt Angela Merkel dem Fernsehen. Für ein Kind sei es sehr wichtig, dass man Zeit für das Kind habe. Doris Schröder-Köpf habe diese Zeit, außerdem »Spaß und Lust« an der Aufgabe. »Ich glaube, meine berufliche Situation sieht anders aus.«[402] Als der Wahlkampf Fahrt aufnimmt, repliziert Doris Schröder-Köpf, die Herausforderin ihres Mannes stehe nicht für die vielen Frauen, die den Beruf und die Kindererziehung unter einen Hut bringen müssten. Damit im Fernsehduell konfrontiert, sagt der Kanzler: »Sie lebt das, was sie sagt, und ich füge hinzu: Das ist nicht zuletzt der Grund, warum ich sie liebe.«[403] Auf diesem Feld ist Gerhard Schröder nach wie vor unschlagbar.

Als Angela Merkel sich zum Familienzuwachs der Schröders äußert, kreuzen sich gerade die Popularitätskurven des Kanzlers und seiner Herausforderin. Hat diese im Verlauf des Jahres 2004 lange uneinholbar vorn gelegen und den Amtsinhaber im Juli mit 52 zu 39 Punkten in den Umfragen geradezu deklassiert, ändert sich das in den kommenden Wochen vorübergehend dramatisch und pendelt sich zu Beginn des Jahres bei einem Vorsprung Schröders von 56 zu 50 Punkten ein – und das, obgleich jetzt die Hiobsbotschaften vom Arbeitsmarkt einschlagen: Die 5 Millionen Jobsuchenden entsprechen der dritthöchsten Quote in Europa nach Polen und der Slowakei. Mehr Arbeitslose sind in der Bundesrepublik nie gezählt worden. Dass sich die Zahlen zu einem Teil auch aus der neuen Erfassung ergeben, ändert nichts an der Botschaft.

Zu den Gründen und Ursachen für diese erstaunliche Entwicklung der Popularitätskurven zählt sicher auch das desolate Bild, dass die Unionsparteien in dieser Situation bieten. Das Publikum hat die zermürbenden Grabenkämpfe insbesondere zwischen der Oppositionsführerin im Bundestag und dem bayerischen Ministerpräsidenten satt, der sich offensichtlich unterfordert fühlt, wohl doch in Brüssel besser aufgehoben gewesen wäre und der 2002 knapp entgangenen Kanzlerschaft nachtrauert. Den entscheidenden Anteil an den erstaunlich guten Umfragewerten aber hat Gerhard Schröder selbst. Der Auftritt ist souverän und selbstgewiss, konzentriert und nicht so fahrig wie in vergleichbaren Situationen, als es um sehr viel ging. Fast scheint es so, als begännen die Bürger den unbedingten und bedingungslosen Einsatz dieses Kanzlers für seine Reformpolitik zu würdigen.

Und dann kann und muss er wieder einmal unter Beweis stellen, dass er auch unvorhergesehenen Situationen gewachsen ist. Am 26. Dezember 2004, gegen 3.30 Uhr in der Früh, treffen in Berlin Meldungen von einem schweren Erdbeben in Indonesien ein. Es ist der erste Hinweis auf ein Seebeben, dessen Flutwellen binnen wenigen Stunden zu einer verheerenden Katastrophe führen werden. Am Ende fallen dem Tsunami, der durch das Beben ausgelöst worden ist, in dem riesigen Raum zwischen Südostasien und Ostafrika mehr als 230 000 Menschen zum Opfer, darunter 552 Deutsche. Mehr als 110 000 Menschen werden verletzt, über 1,7 Millionen obdachlos.

In Berlin rollen noch in der Nacht die ersten Maßnahmen an, um vor allem die vom Tsunami betroffenen Deutschen, zumeist Touristen, schnellstmöglich zu versorgen: Über 7000 werden nach Deutschland gebracht. Ein Spezialflugzeug der Bundeswehr, das Fliegende Lazarett, bringt die Verletzten zurück. Und die Bundesregierung sagt Hilfen in Höhe von über 500 Millionen Euro in den nächsten Jahren zu. Als sich das Ausmaß der Katastrophe abzeichnet, beendet der Kanzler seinen Weihnachtsurlaub im Bayerischen und kehrt nach Berlin zurück. Dort erklärt er das Krisenmanagement zur Chefsache, nimmt gelegentlich an den Sitzungen des Krisenstabes teil, der im Auswärtigen Amt eingerichtet worden ist, und regt eine »Partnerschaftsinitiative Fluthilfe« an. Die Berufung Christina Raus, der Ehefrau des Altbundespräsidenten, als Sonderbeauftragte an die Spitze der Initiative erweist sich als kluger Schachzug. Natürlich erfährt die Öffentlichkeit, dass Doris Schröder-Köpf ihr Büro im siebten Stock des Kanzleramtes vorübergehend für diese wichtige Mission der Expräsidentengattin geräumt hat.

Begreiflicherweise stellt die Berichterstattung über diese Katastrophe eine Zeit lang alle anderen Themen in den Schatten. Die prognostizierten Startschwierigkeiten bei der Umsetzung des Vierten Gesetzes für moderne Dienstleistungen am Arbeitsmarkt, vulgo Hartz IV, das seit Jahresbeginn 2005 in Kraft ist, sind praktisch kein Thema. Auch nicht die Anlaufschwierigkeiten bei der Lkw-Maut auf den deutschen Autobahnen. So wie im Sommer 2002 die Oderflut dominiert jetzt die pazifische Riesenwelle für kurze Zeit die deutsche Politik. Die Opposition fürchte »mit Grund die Naturgewalten«, beobachtet die *Frankfurter Allgemeine Zeitung* in diesen Tagen. Denn niemand sei »im Erkennen und Nutzen von Stimmungen und Gelegenheiten so gut« wie dieser Kanzler: Anderthalb Jahre vor der Bundestagswahl steht er »überraschend gut da. Vieles entwickelte sich zu seinem Vorteil.«[404]

So übersteht Gerhard Schröder auch ziemlich unbeschadet die Aufgeregtheiten im Anschluss an eine Rede, die für die Münchener Sicherheitskonferenz geschrieben worden ist, aber dort nicht von ihm, sondern von Verteidigungsminister Peter Struck verlesen wird, da Schröder an einer Grippe laboriert. Der Kanzler hatte den Text vorab Richard von Weizsäcker mit der Bitte zukommen lassen, ihn kritisch durchzusehen, und der ehemalige Bundespräsident wiederum hatte ihn Schröder mit einigen Marginalien, »grossem Respekt« und dem Kommentar zurückgeschickt, die »zahlreichen amerikanischen Teilnehmer sollten lernen, endlich Europa etwas ernster zu nehmen«.[405]

Irgendwie gelangt der Text vorab an die *Süddeutsche Zeitung* und den *Tagesspiegel*. Die veröffentlichen Auszüge, die wiederum von der amerikanischen Botschaft übersetzt und in Umlauf gebracht werden, bevor die Rede gehalten ist. So kommt es, dass ein Text, der dafür plädiert, die NATO den neuen weltpolitischen Gegebenheiten anzupassen, als Absage an das Atlantische Bündnis verstanden wird. Als er verlesen wird, hört keiner mehr zu.

Dabei hat der Kanzler ja recht, wenn er feststellt, dass eine »enge transatlantische Bindung« zwar »im deutschen, im europäischen und im amerika-

»Das Herz Europas«: George W. Bush und Gerhard Schröder beim Deutschlandbesuch des amerikanischen Präsidenten, 23. Februar 2005. Doris Schröder-Köpf und Laura Bush verfolgen die Szene.

nischen Interesse« liegt, dass aber »bei der Umsetzung dieses Grundsatzes in praktische Politik ... nicht die Vergangenheit der Bezugspunkt sein« kann. Denn zum einen hat die »militärische Präsenz amerikanischer Truppen« nach dem Untergang der Sowjetunion, ihres Imperiums und ihres Militärpakts »nicht mehr die sicherheitspolitische Priorität früherer Zeiten«. Zum anderen entspricht der »Dialog zwischen der Europäischen Union und den Vereinigten Staaten ... in seiner heutigen Form weder dem wachsenden Gewicht der Union noch den neuen Anforderungen transatlantischer Zusammenarbeit«. Um diesen Dialog zeitgemäß zu gestalten, bedarf es auf Seiten Europas der »Schaffung eines eigenen politisch-militärischen Instrumentariums«. Ein »starker europäischer Pfeiler«, lässt der Kanzler in München ausrichten, ist nicht etwa eine Gefahr, sondern eine Garantie für »Europas loyale arbeitsteilige Partnerschaft im transatlantischen Bündnis«.[406]

Sollten solche Feststellungen ernsthaft Irritationen hervorrufen, dann allerdings wäre es um die NATO schlecht bestellt. Solche gibt es in der Tat, aber sie beschränken sich im Wesentlichen auf die teilnehmenden Medienvertreter. Selbst der in München anwesende amerikanische Verteidigungsminister Rumsfeld legt eine für seine Verhältnisse geradezu gelassene Haltung an den Tag. Und als der Bundeskanzler wenig später den amerikanischen Präsidenten, wie berichtet, zunächst in Brüssel trifft und dann in Mainz begrüßt, ist von den Münchener Aufgeregtheiten nichts mehr zu spüren. Ganz im Gegenteil. Die Stimmung ist gut. Denn Bush hat die Botschaft verstanden und akzeptiert: »Dieses großartige Land ist das Herz Europas«, sagt er in seiner Tischrede im Mainzer Schloss. Noch weiter geht der Generalsekretär der NATO. Als Gerhard Schröder im November 2005 das Kanzleramt verlässt, bedankt sich Jaap de Hoop Scheffer nicht nur für die »ausgezeichnete Zusammenarbeit in den zurückliegenden Jahren«, sondern ausdrücklich »nochmals für die deutsche Initiative einer politischeren Nato bei der letzten Münchener Sicherheitskonferenz«, die ihn in diesem Sinne habe initiativ werden lassen.[407]

Überhaupt erfreuen sich das Land und sein Kanzler trotz oder gerade wegen der klaren Worte, die er spätestens seit der Irakkrise immer wieder findet, international einer hohen Reputation. Sie geht mit der Erwartung einher, dass Deutschland seine Rolle als »Mittelmacht« ausfülle. In dieser Hinsicht, führt Gerhard Schröder bei einem Pressegespräch aus, gebe es eine Kluft zwischen der »Selbsteinschätzung« daheim und den »Erwartungen im Ausland«, die man »schließen« müsse.[408] Als er das Anfang März 2005 in Maskat sagt, liegt eine Tour de Force über die Arabische Halbinsel hinter ihm.

Sieben Länder besucht der Bundeskanzler zwischen 27. Februar und 5. März 2005, also innerhalb von sieben Tagen. In Saudi-Arabien und den Vereinigten Arabischen Emiraten ist er schon einmal gewesen. Hingegen wird er in Kuwait, Katar, Bahrain, Oman und im Jemen als erster Bundeskanzler überhaupt erwartet. In der Tat hat die deutsche Politik ihr Augenmerk erst ziemlich spät, allerdings nicht zu spät auf diese Weltgegend gerichtet. Vergleichbar vernachlässigt hat man nur Lateinamerika, weshalb der Kanzler ankündigt, bis zur Wahl im Herbst 2006 auch in dieser Richtung eine weitere Initiative zu ergreifen.

70 Termine wird er auf seiner dritten Orientreise wahrnehmen, zwölf Mal die Nationalhymne hören, zwei bis drei Reden pro Tag halten – und das, obgleich er die Grippe noch immer nicht auskuriert und folglich am Ende der Reise den ganzen Tross im Luftwaffen-Airbus infiziert hat. Begleitet wird er von einigen Staatssekretären und Bundestagsabgeordneten sowie von 15 Vertretern der deutschen Wirtschaft. Weitere reisen separat an und stoßen jeweils vor Ort zur Delegation hinzu, mehr als 70 Unternehmer und Manager werden es schließlich sein. Misst man die Bedeutung der Reise an der Zahl der Bewerber, muss es sich um eine außerordentlich wichtige und aussichts-

reiche Expedition handeln: 190 Anträge sind im Kanzleramt eingetroffen, so viele wie für keine zweite Auslandsreise dieser Dimension.

Auf dem Programm stehen etliche Gespräche mit den in aller Regel gekrönten Häuptern Arabiens, auch einige Termine in Sachen Kultur und Wissenschaft, wie zum Beispiel die Eröffnung einer Ausstellung anlässlich des Inkrafttretens des deutsch-saudischen Freundschaftsvertrages 75 Jahre zuvor oder die Teilnahme an der Grundsteinlegung einer Europa-Universität in Bahrain. Natürlich spielen politische Themen eine große Rolle, allen voran der Kampf gegen den internationalen Terrorismus, aber auch der Wiederaufbau des Irak oder die undurchsichtigen Pläne des Iran, der offenbar den Weg zur Atommacht eingeschlagen hat.

Vor allem aber geht es ums Geschäft. Einerseits gehören die Staaten der Region zu den wichtigsten Öl- und Gaslieferanten Deutschlands, was den »Handlungsreisenden aus Berlin«[409] zu der offensiv vertretenen Aufforderung veranlasst, die Länder der Golfregion sollten doch einen Teil ihrer Einnahmen aus diesen Geschäften für Investitionen in Deutschland und für Beteiligungen an deutschen Unternehmen nutzen. Andererseits sind sie längst zu herausragenden Märkten für die deutsche Exportindustrie geworden. Und so werden während der Reise hier die zweite Ausbaustufe eines Gasturbinenwerks eingeweiht, dort laut über einen Wüsten-»Transrapid« nachgedacht, andernorts die Beteiligung an einer Kraftwerkserweiterung einschließlich einer Meerwasserentsalzungsanlage, die Errichtung eines petrochemischen Werkes oder auch die Modernisierung einer Raffinerie vereinbart. Alles schön und gut, aber das ganz große Geschäft sind diese Projekte nicht.

Das wirklich große Geschäft winkt, wenn es um Schützenpanzer und Panzerhaubitzen, »Leopard«-Kampfpanzer und Kampfhubschrauber, um Korvetten und U-Boote, um Täuschungskörper zur Raketenabwehr oder um »Fuchs«-Spürpanzer geht. Diese Systeme aus deutscher Produktion sind unglaublich gefragt. Ginge es nach den Gastgebern, ließen sich aus dem Stand auch hier Geschäfte in Milliardenhöhe abschließen. Aber es geht nicht nach den Königen, Scheichs und Prinzen der Arabischen Halbinsel, sondern es geht nach den deutschen Exportrichtlinien, nach dem Bundessicherheitsrat und nach den Regierungsparteien, insbesondere nach den Grünen, die das einzig konkret vereinbarte Geschäft, nämlich die Lieferung von 32 »Fuchs«-Spürpanzern im Wert von 160 Millionen Euro an Abu Dhabi durch Rheinmetall, rundweg ablehnen. 1991, als 36 dieser Spürpanzer an Saudi-Arabien geliefert wurden, hatte sich auch die damalige SPD-Opposition, Niedersachsens Ministerpräsident Gerhard Schröder eingeschlossen, entschieden widersetzt.

Es wird eng: Innenminister Otto Schily, Außenminister Joschka Fischer und Bundeskanzler Gerhard Schröder (von links) suchen nach einem Ausweg aus der »Visa-Affäre«.

Für den Kanzler ist die Reise ein großer Erfolg. Der Empfang auf den sieben Stationen seines orientalischen Parforceritts ist ausnahmslos freundlich und respektvoll. Das hat nicht nur mit der Potenz des Landes zu tun, das Schröder glänzend vertritt, sondern vor allem mit seiner überzeugenden Vorstellung auf der Weltbühne. Dass er sich während des letzten Golfkrieges nicht vom größeren Partner in die Knie hat zwingen lassen, macht in diesen nach wie vor patriarchalisch und hierarchisch strukturierten Gesellschaften durchaus Eindruck. Erst zehn Tage später wird bekannt, dass der Ministerpräsident der irakischen Übergangsregierung eigens nach Abu Dhabi gekommen ist, um den Kanzler vor der Rückkehr nach Deutschland zu sprechen. Es ist nicht die erste Unterredung Schröders mit Iyad Allawi, auf dessen Agenda der Wiederaufbau, der Schuldenerlass oder auch die Ausbildung irakischer Soldaten stehen.

So gesehen hat der Kanzler also Grund zum Optimismus. Seine Außenpolitik ist im Wesentlichen unumstritten. Für seinen Außenminister hingegen gilt das nicht beziehungsweise nicht mehr. Ausgerechnet Joschka Fischer, der sich über die Jahre hinweg der schönsten Umfragewerte erfreuen konnte und in dieser Hinsicht stets weit vor dem Kanzler rangierte, steht seit einigen Wochen gehörig unter Druck. Das ist auch für die Koalition brisant, wenn nicht gefährlich, denn nach wie vor gilt, wie Fischer später einmal gesagt hat, dass Schröder und er die »Steuerungsachse der rot-grünen Koalition« sind.[410] Fällt der eine aus, kann der andere nicht mehr lenken.

Anlass für die Jagd auf den Außenminister sind zwei Affären, die zu Anfang des Jahres 2005 fast gleichzeitig beginnen, wobei die zweite, die sogenannte Nachruf-Affäre, offenbar losgetreten wird, um den wegen der ersten, der »Visa-Affäre«, unter Druck stehenden Außenminister weiter zu schwächen. Sie müssen uns, soweit sie Kapitel der Biographie Joschka Fischers sind, im Einzelnen nicht beschäftigen. Er selbst hat darüber berichtet.[411] Wegen der potentiell explosiven Auswirkungen auf die Koalition ist aber festzuhalten, dass der Bundestag Mitte Dezember 2004 auf Antrag der CDU/CSU-Fraktion einen Untersuchungsausschuss einsetzt, der unter anderem klären soll, ob durch die »Visaerteilungspraxis der deutschen Auslandsvertretungen, insbesondere in Moskau, Kiew, Tirana und Pristina … gegen geltendes Recht oder internationale Verpflichtungen der Bundesrepublik Deutschland verstoßen wurde«.[412] Hintergrund ist die massenhafte ungeprüfte Vergabe von Touristenvisa, der wiederum ein Erlass des damaligen Staatsministers im Auswärtigen Amt, des Grünen Ludger Volmer, zugrunde lag. Zwischen 1998 und 2004 sind in den Nachfolgestaaten der ehemaligen Sowjetunion rund 5,6 Millionen Touristenvisa ausgestellt worden, 1,3 Millionen alleine durch die deutsche Vertretung in Kiew.

Zum Glück für die Regierung dringt damals nur im Ansatz nach außen, dass die Affäre schon im Frühjahr 2000 zu Verwerfungen zwischen einigen Kabinettsmitgliedern geführt hat. Namentlich Otto Schilys Behörde hat ja die innen- und außenpolitischen Folgen eines möglicherweise unkontrollierten Zustroms vermeintlicher Touristen nach Deutschland und damit in die EU auszubaden. Allen Beteiligten, auch im Kabinett, ist klar, dass die Weisung vom Außenminister selbst stammt, der sich folglich eine entsprechende briefliche Zurechtweisung durch den Innenminister gefallen lassen muss. Fischers Büro ist spätestens seit August 2002 über die Folgen der Weisung unterrichtet, der Außenminister selbst hatte bei einem Besuch in Kiew die langen Schlangen vor dem Konsulat gesehen.

Wenige Tage, nachdem der Ausschuss am 20. Januar 2005 erstmals zur Beratung zusammengetreten ist, erscheint in der *Frankfurter Allgemeinen Zeitung* ein Nachruf »In memoriam Franz Krapf«, in dem mehr als 100 »Freunde, Kollegen und Mitarbeiter«, zumeist ehemalige Botschafter und Staatssekretäre, dem »Botschafter a.D.« ein »ehrendes Andenken« erweisen. Hintergrund dieser Geschichte ist ein Runderlass des zuständigen Staatssekretärs vom September 2003, der Nachrufe auf ehemalige Mitglieder der NSDAP und ihrer Organisationen im internen Mitteilungsblatt des Auswärtigen Amtes untersagt, was durch eine frühere Mitarbeiterin der Behörde veranlasst worden ist. Diese hatte sich in einem Brief an Fischer über einen solchen Nachruf auf einen Diplomaten beschwert, der als Oberstaatsanwalt im sogenannten Reichsprotektorat Böhmen und Mähren tätig gewesen, in der Tschechoslowakei zu 20 Jahren Haft verurteilt worden war und später die Bundesrepublik lange Jahre als Generalkonsul in Barcelona vertreten hatte. Da der Brief im Ministerbüro weitergeleitet und nach Auffassung der Absenderin vom zuständigen Referat unbefriedigend beantwortet worden war, hatte sich diese an den Kanzler gewandt, der das Anliegen erneut an das Auswärtige Amt leitete. Betroffen von dem dadurch ausgelösten Erlass war besagter Botschafter a. D. Krapf, ehemals NSDAP- und SS-Mitglied. Dass die Todesanzeige der »Mumien«, wie die Ehemaligen des Amtes heißen, dreieinhalb Monate nach Krapfs Tod in einem Augenblick geschaltet wird, als Fischer in der Visa-Angelegenheit unter schwerem Beschuss steht, hat dieser als Versuch seiner Gegner interpretiert, ihn zur Strecke zu bringen. Längst nämlich hat der anfänglich im Haus ausgesprochen populäre Minister dort mehr Feinde als Freunde.

Dass Joseph Fischer die beiden Affären am Ende übersteht, hat mehrere Gründe, darunter einen, den er Jahre später schnörkellos so auf den Punkt gebracht hat: »Die hätten genauer hingucken sollen, dann hätten sie gewusst, was ich für ein Typ bin, und dass ich einer Keilerei eigentlich nie aus dem Weg gegangen bin in meinem Leben. Die haben den Steineschmeißer völlig falsch eingeschätzt, sonst hätten sie niemals einen öffentlichen Vorgang aus den Nachrufen gemacht.«[413] Und die anderen, so kann man hinzufügen, hätten die Visa-Affäre wohl nicht so hoch gehängt.

Fischer geht in die Offensive. Im Falle der Nachrufe wird auf Bitten des Personalrats ein Kompromiss gefunden, der es bei der Todesnachricht ohne das »ehrende Andenken« belässt. Vor allem aber setzt Fischer eine unabhängige Historikerkommission ein, die der Geschichte des Auswärtigen Dienstes in der Zeit des »Dritten Reiches« und den darauffolgenden Jahren auf den Grund gehen soll. Im Falle der Visa-Affäre übernimmt der Außenminister nach kurzem Zögern die politische Verantwortung und tritt am 25. April 2005 mit diesem Selbstverständnis auch vor dem Untersuchungsausschuss auf. Wie zuvor die Anhörung des ehemaligen Staatsministers Volmer und später die Innenminister Schilys wird auch diese Sitzung live im Fernsehen übertragen. Geschlagene elf Stunden steht Fischer den Abgeordneten Rede und Antwort und bringt seine Position mit einem frech hingeworfenen »Schreiben Sie hier rein: Fischer ist schuld« auf den Punkt. Als der Ausschuss am 30. August seine Arbeit nach der Anhörung von 58 Zeugen und Sachverständigen sowie der Sichtung von knapp 1600 Aktenordnern einstellt, gibt es, wie zu erwarten, ein Sondervotum der Opposition zum Abschlussbericht.

Die Doppelgeschichte ist für die Berliner Koalition brandgefährlich, weil sie sich vor dem Hintergrund immer neuer Hiobsbotschaften vom Arbeitsmarkt, miserabler Landtagswahlergebnisse in Schleswig-Holstein und Nordrhein-Westfalen oder auch der Konstituierung der WASG als Partei, also der Formierung der linken Opposition, vollzieht. Am 22. Januar 2005 wird die Partei »Wahlalternative Arbeit und soziale Gerechtigkeit« in Göttingen gegründet, einen Tag später wählt die Landesdelegiertenkonferenz ihre Kandidaten für die Landtagswahl an Rhein und Ruhr, die am 22. Mai über die Zukunft von Rot-Grün in diesem gewichtigsten Bundesland und damit auch auf Bundesebene entscheiden wird. So sieht es jedenfalls Gerhard Schröder.

Das Unheil nimmt seinen Lauf, als am Abend des 20. Februar 2005 die Wahllokale in Schleswig-Holstein geschlossen werden. Erneut muss die SPD Verluste hinnehmen, in diesem Fall sind es 4,4 Prozentpunkte; wieder einmal muss sie den ersten Platz zugunsten der CDU räumen, die es mit einem knappen Vorsprung von 1,5 auf gute 40 Prozent bringt; auch im hohen Norden zählen die Grünen, die unverändert bei 6,2 Prozent liegen, nicht zu den Verlierern. Dieses schlechte Abschneiden der SPD kann man wie der Bundeskanzler mit ein wenig Optimismus so interpretieren, dass es »ganz so schlecht … nicht« sei, weil man das ungewöhnlich gute Wahlergebnis von 2000 der Spendenaffäre Helmut Kohls und der CDU verdankt habe. Gleichwohl bleibt die Frage, warum es gerade in den Umfragen während der letzten Tage vor der Wahl zu einem rapiden Fall der SPD in der Wählergunst gekommen ist. Ist vielleicht die Visa-Affäre doch der Grund? Das glaube er nicht, sagt der Kanzler und fügt Ende Februar für alle Fälle hinzu: »Der Außenminister bleibt Außenminister!«[414]

Lag es dann doch an der Reformpolitik und den ihr zugeschriebenen Fehlentwicklungen, insbesondere am Arbeitsmarkt? Wenn er diese Frage auch nicht direkt bejaht, muss Gerhard Schröder feststellen: »Wir sind mitten in dem schwierigsten Prozeß innerer Reformen, den ich als Handelnder oder auch als Beobachter in meiner politischen Laufbahn je erlebt habe. Unsere Sozialreformen betreffen mehr als fünf Millionen Menschen, denen zum Teil sehr viel Veränderung zugemutet wird.«[415] In der Tat ist die Zahl der Arbeitslosen während des Monats Februar erneut auf nunmehr über 5,2 Millionen angestiegen, was einer Rekordquote von 12,6 Prozent entspricht. Hinzu kommen erhebliche technische Schwierigkeiten bei der Umstellung auf das neue System.

Die Zahlen kommen nicht überraschend, schließen sie doch die vormaligen Empfänger von Sozialhilfe und jetzigen Bezieher des Arbeitslosengeldes II ein. Da fragt sich mancher, warum man nicht kommunikativ vorgebeugt beziehungsweise gegengesteuert hat. Warum hat man die Öffentlichkeit nicht über die Gründe aufgeklärt oder auch Maßnahmen getroffen, um die Kurve kurzfristig unter Kontrolle zu bekommen?[416] Die Regierung Kohl hatte ja vorgemacht, wie sich mit Arbeitsmarktprogrammen, Überleitungsmaßnahmen und Ähnlichem beruhigende Effekte erzielen lassen. Dass der zuständige Wirtschafts- und Arbeitsminister das versäumt hat, halten auch viele Kabinettskollegen noch im Rückblick für eine Fehlleistung. Einige, wie Jürgen Trittin, gehen sogar noch weiter, bemängeln nicht nur ein kommunikatives Defizit, sondern werfen Wolfgang Clement vor, dass er – von Schröder gedeckt – mit einer geradezu »asozialen Rhetorik« die eigentliche Leistung der Arbeitsmarktreformen zerredet habe.[417]

Richtig ist, dass der Superminister schon im Juni 2004 persönlich die Verantwortung für die Hartz-Reformen übernommen und festgestellt hatte: »Wenn das scheitert, dann bin ich gescheitert.« Aber das hilft dem Kanzler in Not natürlich auch nicht, zumal er sich im Dezember 1998 öffentlich festgelegt hatte: »Wenn wir die Arbeitslosenquote nicht spürbar senken, dann haben wir es nicht verdient, wiedergewählt zu werden.« Damals lag die Quote bei 10,2 Prozent, und die absolute Zahl der Arbeitslosen betrug 3,947 Millionen.

Das kann Gerhard Schröder dem Titelblatt des *Spiegel* entnehmen, als er, von der Arabischen Halbinsel heimkehrend, dem Flugzeug entsteigt. Am 7. März 2005 macht das Magazin sein Heft – roter Rand, schwarzer Grund, weiße Schrift – mit diesem Zitat auf. Das Arrangement wirkt wie eine Todesanzeige, und so ist es wohl auch gemeint. Wie an die meisten Titelblätter des *Spiegel* hat Stefan Aust auch an dieses mit Hand angelegt. Der Chefredakteur ist gerade in Südafrika, als ihm die Redaktion die neuen Zahlen durchgibt und er sich an den Entwurf macht. Wie sich das gedruckt ausnimmt, sieht Aust, als er seinerseits in Deutschland ankommt.[418]

Heute muss man sagen, dass mit diesem Titel der Endkampf des Magazins gegen die rot-grüne Koalition beginnt. Voraufgegangen waren im Februar zwei Titelgeschichten zu den Affären des Außenministers,[419] jetzt geht es um den Kanzler und seine Reformen. Eigentlich waren der *Spiegel* und sein Chefredakteur Befürworter der Reformpolitik, finden aber bald, dass es nicht schnell genug geht und dann ziemlich falsch läuft. Für Aust ist die Streichung der Arbeitslosenhilfe das letzte Signal zum Angriff. Es mag ja sein, dass beim *Spiegel* niemand die »Devise ausgegeben« hat, »die amtierende Bundesregierung aus dem Amt schreiben zu wollen«, wie der Chefredakteur den »sehr geehrten Herrn Bundeskanzler« und »lieben Gerhard« nach dem ersten Fischer-Titel im Februar wissen ließ,[420] aber dieser Devise bedarf es auch gar nicht mehr.

Als der *Spiegel* seine Ausgabe vom 23. Mai, die um einen Tag vorgezogen zur Wahl in Nordrhein-Westfalen erscheint, mit dem Titel »Die total verrückte Reform« versieht, ist längst klar, wohin die Reise geht: »Wochenlange Recherchen«, so heißt es in der »Hausmitteilung«, »zeigen nun: Das Hartz-Projekt ist eine gigantische politische Fehlkonstruktion.«[421] Bis Anfang Juli, also während der folgenden sechs Wochen, findet der Kanzler sich beziehungsweise seine Reformpolitik sage und schreibe vier Mal auf dem Titelblatt, wobei die Ausgabe vom 27. Juni (»Die veruntreute Zukunft«) auch optisch an das Todesanzeigenmotiv vom März anknüpft. Am Ende bleibt Gerhard Schröder nur ein – bereits montierter – Titel mit der Schlagzeile »Operation Heldentod« erspart.[422] Knapp ein Jahrzehnt später, als er seinen Siebzigsten feiert, überreicht der inzwischen selbst gestürzte Chefredakteur dem längst anderen Geschäften nachgehenden Ex-Kanzler eine gerahmte Kopie dieses nie gedruckten *Spiegel*-Titels.

Im Frühjahr 2005 steht der *Spiegel* nicht allein. Auch *Bild* hat am 1. März groß mit der Schlagzeile aufgemacht »5,2 Millionen Frauen und Männer ohne Arbeit – Tut endlich was«, und am selben Tag hat die PDS ein Plakat mit dem Konterfei des Kanzlers und dem Titel »Arbeitslosigkeit trägt ein Gesicht« präsentiert. Schlagzeilen und Parolen wie diese sind keine Versuchsballons. Sie testen nicht die Stimmung, sie reflektieren sie – und sie signalisieren, dass die schlechte Stimmung im Lande nicht einer jener konjunkturellen Ausschläge ist, wie man sie kennt, seit Gerhard Schröder im Herbst 1998 das Ruder übernommen hat, sondern dass sie sich zu verfestigen droht: »Der Verdruss an Rot-Grün war bisher nie dauerhaft«, registriert Christoph Schwennicke in der *SZ*: »Er ist dabei es zu werden. Das Publikum wendet sich ab … Die Leute sind es leid.«[423]

Für das engste Umfeld Gerhard Schröders im Kanzleramt bedeutet das wieder einmal die höchste Alarmstufe. Allen voran Frank-Walter Steinmeier, ruhender Pol und konzeptioneller Kopf im Zentrum der Macht, versucht strukturelle, administrative und vor allem gedankliche Ordnung in die am Rande des Chaos wabernde Lage zu bringen. Während der Kanzler den Orient bereist, konzipiert und koordiniert sein Amtschef nicht nur den zu erläuternden brieflichen Dialog mit den Spitzen der Unionsparteien, sondern er entwirft auch eine »Dramaturgie für die nächsten Wochen«. Dieses auf den 4. März 2005 datierte, eng beschriebene, zwölfeinhalbseitige Strategiepapier findet der Kanzler bei seiner Rückkehr vor.

Wie dramatisch sich die Lage für Steinmeier darstellt, zeigt sein handschriftliches Schreiben, mit dem er das Papier einführt. Es ist mit roter Tinte

Gähnende Leere: Das Loch in der Kasse verschlechtert die ohnehin miserable Stimmung zwischen Wirtschafts- und Arbeitsminister Wolfgang Clement (links) und Finanzminister Hans Eichel (rechts). Im September 2004 suchen die beiden während der Haushaltsdebatte des Bundestages mit dem Bundeskanzler vergeblich nach einer schwarzen Zahl.

verfasst. Das ist an sich nicht ungewöhnlich. So wie der Kanzler im amtlichen Schriftverkehr mit grünem Stift zeichnet, tut das der Amtschef mit rotem. Anders sieht es auf der darunter liegenden, gewissermaßen informellen Ebene aus, auf der die beiden auch per Du verkehren. Wenn der Kanzleramtschef den Eindruck gewinnt, dass Schröder eine kritische Lage nicht angemessen ernst nimmt, schickt er ihm auf dieser Ebene in der Regel einen Vermerk; zeitigt auch der keine Folgen, greift Steinmeier zum letzten Mittel, eben dem in Rot gehaltenen Handschreiben. Das versteht der Kanzler immer. Auch jetzt.

In Steinmeiers Anschreiben heißt es: »Lieber Gerd, dies ist *nicht* der Versuch einer neuen Agenda! Es handelt sich … eher um eine verschriftete Suche nach Auswegen aus einem Dilemma, das sich seit Skandalisierung der 5 Mio-Zahl und unserer falschen, weil hektischen und widersprüchlichen Reaktion darauf ergeben hat. Natürlich ist nichts von den angesprochenen Aktivitäten mit Eichel oder Clement besprochen … Der dargestellte Mix versucht eher – ohne allzu kleinmütig anzutreten – einen Weg zu beschreiben, der Gesichtswahrung für Eichel und Clement (bzw. die von ihnen repräsentierten Interessen) zuläßt, nicht ohne Ehrgeiz bei weiterer Verbesserung der wirtschaftlichen Rahmenbedingungen ist, aber gleichwohl Anreize für eher arbeitnehmerorientierte Interessen (Insolvenzschutz, Managergehälter) enthält ... Vorschnelle Kraftakte werden nicht helfen, wenn den wichtigsten Beteiligten in Kabinett und Fraktionen – und das ist wohl leider der Fall – weder unsere aktuelle Situation noch der mögliche Weg aus ihr heraus klar ist. Wir werden auch diese Krise meistern!!! Willkommen zurück, Frank.«[424]

So brenzlig also ist die Lage. Und wenn das auch Teilen der Regierung und der Fraktionen nicht klar sein sollte: Die Leute haben sie satt – die Grabenkämpfe im Kabinett, insbesondere die »gegenseitige Blockade« von Eichel und Clement, von der in Steinmeiers Strategiepapier die Rede ist, aber auch die Dissonanzen in und zwischen den Regierungsparteien, die Illoyalitäten und den Verrat. Von einem solchen spricht der SPD-Vorsitzende im Bundestag am Abend des 17. März, nur dass er damit nicht seine eigenen Leute, sondern die Genossen im Landtag zu Kiel meint.

Nach der Wahlniederlage der SPD ist dort die eigene Mehrheit für Rot-Grün dahin. Die einzige Möglichkeit für Heide Simonis, in eine vierte Amtszeit zu gehen und auch nach zehn Jahren Ministerpräsidentin von Schleswig-Holstein zu bleiben, ist eine rot-grüne Minderheitsregierung, toleriert vom Südschleswigschen Wählerverband (SSW). Der SSW ist die politische Interessenvertretung der dänischen Minderheit und nicht von der Fünf-Prozent-Klausel betroffen. Mit deren beiden Abgeordneten verfügt Rot-Grün über eine Stimme Mehrheit. Eben diese eine Stimme aber fehlt Heide Simonis bei den Abstimmungen. Insgesamt vier Mal stellt sie sich den Abgeordneten des Landtages; vier Mal gibt es in den eigenen Reihen eine Enthaltung. Wer sich konsequent enthalten und damit faktisch gegen Heide Simonis und die Fortführung der rot-grünen Koalition in Schleswig-Holstein gestimmt hat, bleibt ein Rätsel.

Sicher ist, dass dieser sogenannte Heide-Mord schon deshalb zu einem Fanal auch für die Berliner Koalition wird, weil er sich verheerend auf die »Kampfbereitschaft in Nordrhein-Westfalen« auswirkt,[425] und da geht es um alles – oder nichts. Da Simonis für eine fünfte Kandidatur nicht zur Verfügung steht, CDU und FDP aber ebenfalls keine eigene Mehrheit stellen können, einigen sich die beiden Volksparteien Ende April auf die Bildung einer Großen Koalition unter dem Christdemokraten Peter Harry Carstensen. Dass sich damit die Kräfteverhältnisse im Bundesrat weiter zu Ungunsten der Berliner Regierungsparteien verschieben, ist schon kaum noch der Rede wert. Entscheidend ist die Rückwirkung der Kieler Vorkommnisse auf die ohnehin ziemlich düstere Stimmung von Sozialdemokraten und Grünen – in Berlin, aber eben auch in Düsseldorf, wo in acht Wochen Wahlen anstehen. Der Einzige, der in dieser Situation die Nerven behält, ist Gerhard Schröder. Der

Kanzler, bringen die Berichterstatter der *Süddeutschen Zeitung* in Erfahrung, verströmt »in einer Phase Ruhe, in der sogar sein hartgesottener Partei- und Fraktionschef Franz Müntefering offenbar schwer von der Rolle und verunsichert« ist.[426]

Wie der Zufall es will, sitzt der Bundeskanzler an diesem 17. März 2005 gerade mit Vizekanzler Joschka Fischer sowie mit den Vorsitzenden von CDU und CSU, Angela Merkel und Edmund Stoiber, im Bundeskanzleramt zusammen, als Sigrid Krampitz das Ergebnis des vierten Kieler Wahlgangs hereinreicht. Überhaupt ist dieser 17. März einer jener Tage, die es in sich haben und die Gerhard Schröder so schnell nicht vergessen wird.

Die Vorgeschichte beginnt mit einem Brief, den Merkel und Stoiber am 1. März 2005 geschrieben haben und dessen äußerer Anlass die Rekordmarke von 5,2 Millionen an diesem Tag »offiziell gemeldeter« Arbeitsloser ist. Das Schreiben ist eine Mischung aus Angriff und Angebot. Vor allem werfen die beiden Parteivorsitzenden dem Kanzler vor, dass die Regierungskoalition den aus zehn Punkten bestehenden »Pakt für Deutschland« der CDU/CSU-Fraktion bislang abgelehnt habe. Ihr Angebot der Erneuerung des »mehrfach« unterbreiteten Angebots zur Zusammenarbeit, namentlich »für langfristige, durchgreifende Strukturreformen z. B. beim Steuerwesen und beim Arbeitsrecht«, ist an die Bedingung geknüpft, dass der Kanzler zu besagten zehn Punkten »Gesetzesentwürfe« ausarbeitet und vorlegt.[427]

Ebenda setzt die von Frank-Walter Steinmeier entworfene ausführliche Antwort Gerhard Schröders an: »Wer seine Dialogbereitschaft in dieser Weise konditioniert«, schreibt der Kanzler am 3. März den beiden Parteivorsitzenden, »setzt sich dem Verdacht aus, ein Spiel weiterspielen zu wollen, dessen die Menschen in diesem Lande angesichts der drängenden Probleme längst überdrüssig sind.« Im Übrigen sei er »gern bereit, ein ernstgemeintes Gesprächsangebot anzunehmen« und mit den beiden zum Beispiel über die Umsetzung der Arbeitsmarktreformen, aber beispielsweise auch über Schaffung von Spitzenuniversitäten oder die Abschaffung der Eigenheimzulage zu reden. Und natürlich vergisst Schröder nicht den Hinweis, dass die Reform des Arbeitsmarktes »in ihren wesentlichen Teilen« von Regierung und Opposition »gemeinsam in Bundestag und Bundesrat beschlossen« worden ist. Die Antwort Merkels und Stoibers datiert vom selben Tag. Die beiden loben die »konstruktive Tonlage« und sagen »erneut umgehende und vor allem konstruktive Beratungen von Gesetzesentwürfen zu Reformmaßnahmen zu, die über das von Ihnen bislang Beschlossene und in Ihrem Schreiben ausführlich Dargelegte hinausgehen und den von uns vorgeschlagenen ›Pakt für Deutschland‹ berücksichtigen«.[428] Damit ist die »Konditionierung« vom Tisch und der Weg fürs Gespräch frei.

Am 9. März ergeht die Einladung zum 17. März verbunden mit dem Hinweis, dass der Bundeskanzler am Vormittag seine »Vorstellungen auch in einer Regierungserklärung ... darlegen« werde.[429] Begreiflicherweise will Gerhard Schröder zunächst öffentlich eine Bilanz des Geleisteten ziehen, den Rahmen abstecken, in dem sich die Gespräche mit den Spitzenvertretern der Unionsparteien bewegen werden, und konkrete Vorschläge für die Fortschreibung seiner Reformpolitik formulieren. Seine Regierungserklärung trägt den Titel »Aus Verantwortung für unser Land: Deutschlands Kräfte stärken«. Das Konzept hat Gerhard Schröder handschriftlich entworfen. Der Text selbst entsteht in enger Abstimmung mit Frank-Walter Steinmeier, der bei dieser Gelegenheit das eine oder andere Element seines erwähnten Strategiepapiers einbringt. Unterdessen bereitet sich der Kanzler in etlichen Gesprächen sorgfältig auf seinen Auftritt im Parlament vor.

Fast auf den Tag genau zwei Jahre nach der Präsentation wiederholt der Kanzler, dass seine Agenda 2010 eine Antwort auf »2 zentrale Herausforderungen« ist, nämlich auf die »Globalisierung« und die »Demographie«. »Sie ist [ein] Instrument zum Umbau des Sozialstaates«, vermerkt er für seine Redenschreiber: »Ein notwendiges Instrument, um ihn zu erhalten. Denn nur die Bereitschaft zur Veränderung schafft die Möglichkeit des Bewahrens. Aber genauso klar muß sein: Der soziale Zusammenhalt unserer Gesellschaft ist nicht überflüssiger Luxus. Solidarität ist nicht nur Tugend. Sie ist zugleich Voraussetzung des ökonomischen Erfolgs in entwickelten Gesellschaften.« Und dann notiert er sich noch – und sagt das später ähnlich auch im Plenum: »Die Agenda 2010 ist ein Reformprogramm, das weit über die Legislaturperiode hinausgreift.«[430]

Was folgt, ist zum einen eine durchaus beachtliche Bilanz rot-grüner Reformarbeit seit ihren Anfängen im Herbst 1998, allen voran auf den Feldern der Steuer- und der Arbeitsmarktpolitik, und zum anderen eine Ankündigung konkreter Vorhaben, darunter eine Novelle des GmbH-Gesetzes, ein Zwei-Milliarden-Programm zur Verbesserung der Verkehrsinfrastruktur, eine Novelle zum Energiewirtschaftsgesetz, ein Gentechnik-II-Gesetz oder auch die Senkung der Körperschaftssteuer. Allerdings kann die Koalition die Fortschreibung, Ergänzung oder auch Überprüfung ihrer Reformpolitik lediglich zu einem Teil aus eigener Kraft schaffen. Weil sie mithin auf die »Zusammenarbeit all derer« angewiesen ist, »die an dieser Zusammenarbeit interessiert sind, weil sie unser Land voranbringen wollen«, signalisiert der Kanzler im Parlament seine Bereitschaft, sich darauf einzulassen.[431]

Das gilt ausdrücklich auch für einen Komplex, den Regierung und Opposition, Bund und Länder nun schon seit einiger Zeit ungelöst vor sich herschieben. Ein erster Versuch der Ministerpräsidenten, die nicht mehr zeitgemäße föderative Ordnung unter der Federführung Bayerns und Bremens einer kritischen Prüfung zu unterziehen, war 1999 auf Eis gelegt worden, weil ein Urteil des Bundesverfassungsgerichts zunächst eine Neuregelung des Länderfinanzausgleichs erforderlich machte. Mitte Juni 2003 ergreift Franz Müntefering in seiner Eigenschaft als Fraktionsvorsitzender der SPD die Initiative, bringt mit dem Vorschlag einer Verfassungskommission von Bundestag und Bundesrat erneut Bewegung in die zähe Materie und übernimmt dann auch gemeinsam mit dem bayerischen Ministerpräsidenten den Vorsitz der Kommission.

Dass die Verhandlungen Mitte Dezember 2004 scheitern, ist kaum nachvollziehbar. Auch nicht für den Bundeskanzler, der in seiner Regierungserklärung festhält, dass »85 bis 90 Prozent … konsensfähig« gewesen seien. Aber die Bildungspolitik, bei der das Vorhaben schließlich an seine Grenzen stieß, gehört nun einmal zu den traditionell sensiblen Bereichen im föderalen System der Republik, weil die Länder auf diesem Feld wie auf kaum einem zweiten Hoheitsrechte besitzen. Dass es Schröder »in diesem Zusammenhang« nicht um »Kompetenzen« geht, nimmt man ihm ab – schon weil er als Ministerpräsident viele Jahre auf der anderen Seite gekämpft hat. Aber weil er dank dieser Erfahrung genau weiß, dass sich die überfällige Zentralisierung im Bereich der Bildungspolitik nicht durchsetzen lässt, ist er vom Konzept dieser Reform nicht überzeugt. Das spürt man, wenn man ihm zuhört, doch stellt er seine Bedenken aus »Loyalität« zu Franz Müntefering zurück. Namhaft macht er sie erst nach dem Ende seiner Kanzlerschaft, und dann auch hinter verschlossenen Türen.[432]

Zu den bemerkenswerten Begleiterscheinungen seines Vortrags im Bundestag gehört, dass der Kanzler an diesem 17. März 2005 – wie schon ein knappes Jahr zuvor, als er erstmals Bilanz zog – von Angehörigen der Opposition nicht, wie sonst an der Tagesordnung, angepöbelt wird. Applaus, wie er seitens der Regierungsparteien üppig gespendet wird, die sich abschließend auch stehend zu solchem erheben, erwartet und erhält Schröder aus den Reihen von CDU/CSU und FDP zwar nicht. Aber sie hören doch immerhin zu, denn auch sie spüren, wie ernst es dem Mann ist. Und dann ist der eine oder andere wohl auch von der Art angetan, wie der Kanzler zu den Abgeordneten spricht.

Christoph Schwennicke und Nico Fried, die für die *Süddeutsche Zeitung* aufschreiben, was sie an diesem ereignisreichen Tag zunächst im Bundestag und hernach vor dem Kanzleramt beobachten, stellen während Schröders

Rede fest: »Der redet völlig frei … komplett aus dem Kopf. Steht da und hat die linke Hand … während der gesamten knapp anderthalb Stunden in der Hosentasche … Er lässt den Körper sprechen, variiert die Lautstärke. Er ist an diesem Tag rhetorisch gut in Form.« So gut, dass er gelegentlich statt von der Körperschafts- von der Körpersteuer spricht, und, von Fischer darauf hingewiesen, sagt: Ja richtig, und das sei auch zu begrüßen, denn eine Körpersteuer könne für den Herrn Außenminister, der inzwischen seinen Lauf zu sich selbst hinter sich hat und wieder kräftig zulegt, auch ziemlich teuer kommen. Es ist ein souveräner, ein starker Auftritt, findet auch sein Amtschef, der ihm anschließend attestiert: »Lieber Gerd, großen Respekt! Ich kenne keinen anderen Menschen, der unter dem unmenschlichen Druck der öffentlichen Erwartung eine solche Rede halten kann. Klasse! Frank«.[433]

Ganz anders die Oppositionsführerin. Wie die beiden Chronisten aus München beobachten, wird Angela Merkel offensichtlich von dem freien Duktus des Kanzlervortrags überrascht und antwortet auf eine Rede, »die gar nicht gehalten wurde. Sie wirkt, als habe der Fahrdienst des Bundestages sie an diesem Morgen zu spät abgeholt und sie habe gar nicht gehört, was der Kanzler zu sagen hatte.« Dafür lächelt sie später, als sie gegen 16 Uhr am Amtssitz Schröders vorfährt, »maliziös, als wolle sie sagen, an den Anblick ihrer Ankunft im Kanzleramt werde man sich bald gewöhnen müssen«.[434] Als dann auch Edmund Stoiber eintrifft, der dem Kanzler am Vormittag sehr präzise geantwortet und ihm manchen Stich versetzt hat, ist der sogenannte Jobgipfel komplett – und der Einstieg in die Große Koalition getan.

Das Gespräch mit den Spitzen der Unionsparteien, das gegen 18.30 Uhr mit überschaubarem Ergebnis zu Ende geht, ist nicht ohne Risiko. Das wissen die beiden Vorsitzenden der Unionsparteien, und das weiß natürlich auch der Partei- und Fraktionsvorsitzende der SPD, der das Gespräch befürwortet, aber den christlich-demokratisch-sozialen »Versuch der Umarmung« mit einigem Misstrauen verfolgt: »Sie werden uns nicht erschlagen, aber ersticken«, sagt Franz Müntefering.[435]

Schwer dürfte das nicht werden: Gelähmt und neutralisiert durch die Mehrheitsverhältnisse im Bundesrat und die Doppelaffäre eines »ermatteten und politisch geschrumpften Fischer«,[436] vermittelt die Koalition den Eindruck, aus eigener Kraft nicht mehr handlungsfähig zu ein. Hinzu kommen die Hiobsbotschaften vom Arbeitsmarkt und Querschläger in den eigenen Reihen, die soeben erst die Wiederwahl von Heide Simonis vereitelt haben, oder auch völlig unnötige Kontroversen, wie zum Beispiel die in diesem Frühjahr begonnene über eine Aufhebung des Waffenembargos gegen China:

Das Thema verschwindet nicht mehr aus den Schlagzeilen, seit Vertreter der »Arbeitgemeinschaft Außenpolitik« der SPD-Fraktion Mitte März beim zuständigen Abteilungsleiter des Kanzleramtes vorstellig geworden sind. Hans-Ulrich Klose, Monika Griefahn, Schröders Umweltministerin in Niedersachsen, und die anderen lassen keinen Zweifel, dass sie »eine Entscheidung zur Aufhebung des Embargos zum jetzigen Zeitpunkt für außen- und innenpolitisch falsch und nicht zu vermitteln halten«.[437]

Das alles deutet nicht darauf hin, dass die Koalition noch eine Zukunft hat. Zwei Wochen, nachdem der *Spiegel* mit Schröders Zitat zur Arbeitslosigkeit aufgemacht hat, widmet er sein Heft dem »langen Abschied« von Rot-Grün und stimmt seine Leser auf ein immer wahrscheinlicher werdendes Szenario ein: Sollte Rot-Grün in acht Wochen an Rhein und Ruhr scheitern, »fällt der wichtigste Dominostein … – und der könnte den letzten mitreißen, die Bundesregierung«.[438]

Man kann Schröders Entscheidung, das Gesprächsangebot Merkels und Stoibers anzunehmen, aber auch ganz anders lesen, nämlich als Ausdruck kontrollierter Entschlossenheit, das Heft des Handelns gerade nicht aus der Hand zu geben. Jedenfalls fällt auf, welche Sicherheit und Ruhe er in diesen Tagen ausstrahlt. Die Bilanz zweier Jahre Agenda 2010 im Deutschen Bundestag war in der Sache und im Stil eine beachtliche Vorstellung, und auch dass er über Ostern – mit Frau, Kindern, Hund und fünf Sicherheitsbeamten –[439] eine Woche in der Toskana Urlaub macht, spricht für eine gewisse Gelassenheit. Es ist wohl so, dass er sich seiner Sache sehr sicher ist – unabhängig davon, wie es mit dieser Sache, seiner Regierung und ihm selbst weitergehen wird. Das macht ihn sichtlich unabhängig, auch gegenüber den zahlreichen Skeptikern und Kritikern in der eigenen Partei, von den Gewerkschaften und den sich links außen Organisierenden gar nicht zu reden.

Zu dieser Unabhängigkeit gehört auch, dass sich Gerhard Schröder nicht von der Linken in seiner Partei vom Hof jagen lassen will. Das erklärt er am 7. April 2005, seinem 61. Geburtstag, dem Koalitionspartner, Vizekanzler und Außenminister bei einem Abendessen in Rom, wo sich die beiden anlässlich der Beisetzungsfeierlichkeiten für Papst Johannes Paul II. aufhalten. Der Plan, über den der Kanzler Joschka Fischer an diesem Abend ins Bild setzt, verschlägt diesem die Sprache. Danach will Gerhard Schröder im Falle einer Wahlniederlage in Düsseldorf die Initiative ergreifen und Neuwahlen im Bund anstreben. Wichtigstes Argument des Kanzlers sind der Zustand und die Stimmung in der SPD. Er wisse nicht, sagt er seinem grünen Partner, ob die Partei bis zum regulären Wahltermin im Herbst 2006 durchhalte.

Natürlich versucht Fischer ihn umzustimmen, hat auch gewichtige Argumente zur Hand, darunter begründete Prognosen, die vom Greifen der Reformen und vom Anspringen der Wirtschaft im kommenden Jahr ausgehen. Noch Jahre später gibt er sich überzeugt: »... wenn Schröder nicht die Nerven verloren hätte, dann hätte die Agenda 2010 uns die Macht nicht gekostet.«[440] So sieht das in seltener Übereinstimmung mit dem grünen Außenminister auch die christdemokratische Parteivorsitzende, die »ihr Glück nicht fassen kann«, als Schröder wenige Wochen später tatsächlich die Flucht nach vorn antritt. Dabei hätte der Kanzler »nur warten müssen«, findet Angela Merkel schon damals, bis die Reformen zu greifen beginnen und das fußballselige Land mit sich und seiner Regierung im Reinen ist.[441]

Aber Schröder hat eben »keine defensiven Qualitäten«, ist »kein Stratege«. So »genial« er »im Strafraum« operiert – »instinktgesteuert« und jede Situation »blitzschnell« erfassend –, so kopflos reagiert er, wenn es um den Verlust der Kontrolle geht. Und für Schröder hätte ein Nachgeben gegenüber der Parteilinken einen »partiellen Kontrollverlust« bedeutet. Gegen diese tief sitzende Angst, hernach »vom Hof gejagt zu werden«, kommt kein Argument an. Sagt Fischer.[442]

Schon beim abendlichen Gespräch in Rom gibt er unter anderem zu bedenken, warum die Leute einen Kanzler wiederwählen sollten, der soeben das Handtuch geworfen und »sich von vornherein selbst zum Verlierer« erklärt habe. Und dann weiß der grüne Vollblutpolitiker natürlich, was der rote Partner vorhat, und sagt ihm das auch: Einen »durch Neuwahlen legitimierten Koalitionswechsel, um dann als Kanzler einer großen Koalition weiterregieren zu können«. Damit liegt er nicht falsch. Jedenfalls spricht Schröder fünf Wochen später, also noch vor der Wahl an Rhein und Ruhr, gegenüber Jürgen Großmann vom »politischen Ende von Rot-Grün«, aber auch davon, dass er »Kanzler bleiben« wolle.[443]

Schon deshalb ist er von seiner Eventualfallplanung nicht mehr abzubringen – von Joschka Fischer nicht, und von Frank-Walter Steinmeier auch nicht, der von Anfang an dagegen ist. Natürlich weiß des Kanzlers Amtschef besser als die allermeisten, dass Gerhard Schröder an seiner Partei regelrecht »wund gerieben« ist.[444] Ähnliches war schon einmal zehn Jahre zuvor zu beobachten, und auch damals stand es mit dem Mann nicht zum Besten. Jetzt aber ist die Lage eine andere, weil die Verantwortung ungleich größer ist. Das ist auch der Grund, warum Doris Schröder-Köpf ihren Mann in der Entscheidungsfindung aktiv unterstützt und Otto Schily, der das Vorhaben zunächst für abwegig gehalten hat, einlenkt, weil auch er sieht, dass die »Geisterfahrer« in den eigenen Reihen nicht mehr aufzuhalten sind. Für den Innenminister spielt der

Kanzler nicht Vabanque, aber natürlich geht er aufs Ganze.[445] So gesehen ist die Aktion »ein typischer Schröder«, sagt Heidemarie Wieczorek-Zeul.[446]

Ähnlich sieht das auch der Parteivorsitzende und Fraktionsführer, der so früh wie kein Zweiter in die Pläne des Kanzlers eingeweiht gewesen ist – von dessen Frau einmal abgesehen. Wer von den dreien die Idee erstmals in Worte gefasst hat, lässt sich nicht mehr feststellen. Als alles vorbei, als die Schlacht am Rhein geschlagen und verloren ist, notiert Franz Müntefering, wie es dahin kam: Nachdem die mehr als 5 Millionen Arbeitslosen Anfang 2005 die »Stimmung kippen« ließen, hat er »irgendwann dem Kanzler gesagt«, er gehe davon aus, dass »eine klare Niederlage in NRW« entweder »zum absoluten Attentismus oder zur unkalkulierbaren Mehrheitssituation in [der] Fraktion« und auf dem Parteitag im Herbst 2005 führen werde: »Wir waren uns klar, daß das Land Nichtstun nicht vertragen kann und wir für unsere weiterführende Politik eine neue Legitimation brauchen.«[447]

Danach haben sich Gerhard Schröder und Franz Müntefering drei, vielleicht auch vier Mal speziell zu möglichen Folgen einer schweren Niederlage in Nordrhein-Westfalen besprochen.[448] Die Weichen sind dann während des einwöchigen Italienurlaubs des Kanzlers gestellt worden, gefolgt von einem Gespräch mit dem Partei- und Fraktionsvorsitzenden: »19.30 Uhr[:] Gespräch BK mit Franz Müntefering – Wohnhaus BK –; Essen wird pünktlich … angeliefert. Ausgesucht hatte Doris Spargel mit Kalbsfilet«, hält die Akte als einzigen Termin für den 5. Mai 2005 fest. Dort beschließen die beiden, am Tag der Wahl in Nordrhein-Westfalen definitiv zu entscheiden, ob man im Bund auf vorgezogene Neuwahlen setzt.

Einstweilen arbeitet Gerhard Schröder seinen randvollen Terminkalender ab. Für Muße bleibt nach wie vor keine Zeit, und für kurzzeitige Entspannung auch nicht. So hatte sich Jürgen Großmann Ende Februar 2005 beim Kanzler erkundigt, wann »eigentlich ein lupenreiner Skattermin festgelegt« werde.[449] Selbst die Verleihung der Ehrenmitgliedschaft im Deutschen Skatverband wird am 10. August 2005 gewissermaßen nebenher im Arbeitszimmer des Bundeskanzlers vorgenommen.[450] Die Zeit für ein paar Runden, die sich zuletzt Bundespräsident Johannes Rau bei dieser Gelegenheit genommen hatte, ist wenige Wochen vor der Wahl an Rhein und Ruhr im Terminkalender schlicht nicht zu finden.

In diesen Wochen und Monaten besonders rar sind die gerne wahrgenommenen Möglichkeiten, hie und da am kulturellen Leben teilzunehmen oder diesem sogar vom Kanzleramt aus Anstöße zu geben. Gerhard Schröder ist schon froh, wenn er Mitte Februar 2005 die Ausstellung »Die Kunst des

Spiegel – Titelillustrationen aus fünf Jahrzehnten«, vier Monate später in Bonn eine Dschingis-Khan-Ausstellung eröffnen oder im ARD-Hauptstadtstudio das neue Buch von Erhard Eppler vorstellen kann. Dieser Termin ist ihm wichtig. Wie es Gerhard Schröder auch wichtig gewesen ist, im März an der Eröffnung der Werkschau aus Anlass des 80. Geburtstags von Bernhard Heisig in Leipzig teilzunehmen. Der Maler, in der SS-Panzer-Divison »Hitlerjugend« sozialisiert, ist in der DDR manchen Kompromiss, aber auch manchen Konflikt mit den Machthabern eingegangen und hat – ungewöhnlich genug – noch zu DDR-Zeiten vom ehemaligen Bundeskanzler Helmut Schmidt den Auftrag erhalten, ihn für die Galerie des Kanzleramtes zu porträtieren.

Wenn Künstler und Schriftsteller – für Wissenschaftler hat er so gut wie gar keine Zeit mehr – ihren Weg zu einem der ganz wenigen verbleibenden Termine hierher finden, geht das auf Anstöße aus seinem Umfeld zurück. Eine Lesung mit Schülern, zu der Sioma Zubicky Ende 2004 ins Kanzleramt kommt, wurde von seiner Frau, Schirmherrin der Aktion »Deutschland liest vor«, angeregt. Und das Abendessen, das er einige Wochen später für junge Künstlerinnen und Künstler gibt, geht auf einen Vorschlag Manfred Bissingers zurück.[451] Viel mehr passiert selbst im Kanzleramt nicht mehr. Lediglich für Termine mit geschätzten Weggefährten – eine Buchpräsentation mit Markus Lüpertz oder die Enthüllung einer Skulptur durch Günter Grass – nimmt sich der Kanzler noch die Zeit, sofern sie in seinem Amtssitz stattfinden.

Denn neben der Konzentration auf die Wahlen an Rhein und Ruhr und das, was danach kommen wird, läuft das außenpolitische Geschäft ja mit unverminderter Intensität weiter. Regelmäßig trifft oder spricht der Kanzler Jacques Chirac, der – zum Beispiel auf einem Vierergipfel mit Putin, Zapatero und eben Schröder Mitte März in Paris – weiter am Ausbau seiner antiamerikanisch-antibritischen Achse arbeitet, oder mit des Kanzlers Hilfe versucht, den von ihm gerufenen Geist des Verfassungsreferendums irgendwie doch noch zu bannen.

Von einiger Bedeutung und Brisanz ist der Besuch, den Schröder Anfang Mai 2005 seinem türkischen Partner Erdoğan abstattet. Einerseits hat die EU, nicht zuletzt dank des deutschen Drucks, den 3. Oktober als Beginn der Beitrittsverhandlungen festgelegt. Anderseits sind nach wie vor etliche Hindernisse aus dem Weg zu räumen. Zu ihnen zählt neuerdings auch die Frage, wie es die Türkei mit den Massakern an den christlichen Armeniern hält. Anlass der Debatte ist der 90. Jahrestag des Beginns dieses Völkermordes, dem 1915 und 1916 Hunderttausende zum Opfer fielen. Das Thema ist auch für

Deutschland von einiger Relevanz, da das Osmanische Reich in dieser Zeit mit Deutschland verbündet war. Bevor er nach Ankara reiste, hatte der Bundeskanzler den türkischen Premier in einem Telefonat ermutigt, eine unter anderem aus Türken und Armeniern bestehende internationale Historikerkommission der Sache auf den Grund gehen zu lassen. Wie Erdoğan, der die Öffnung der türkischen Archive zusagt, geht Schröder, der die Nutzung der deutschen Archive anbietet, davon aus, dass sich auch Armenien »in diesem Sinne« öffentlich festlegt.[452] Wir alle »erwarten«, sagt der Kanzler bei einem gemeinsamen Abendessen mit dem türkischen Premier im Oktober 2005, dass »die andere Seite« auf den von Ministerpräsident Erdoğan eingeschlagenen Weg der Normalisierung mit Armenien »positiv reagiert«.[453] Allerdings lehnt Armenien die Einsetzung einer Kommission mit der Begründung ab, dass die Türkei den Tatbestand des Völkermordes nicht anerkenne.

Zu den engen Freunden des Bundeskanzlers zählt nach wie vor und vor allem Russlands Präsident. Es ist eben nicht selbstverständlich, dass Wladimir Putin am 11. April 2005 nach Hannover kommt, um gemeinsam mit Gerhard Schröder die weltgrößte Industrieschau zu besuchen und bei dieser Gelegenheit eine Erklärung über eine strategische Partnerschaft in Bildung, Forschung und Innovation zu unterzeichnen. Und schon gar nicht selbstverständlich ist es, dass ein russischer Staatspräsident einen deutschen Bundeskanzler zu den Feierlichkeiten anlässlich des Kriegsendes nach Moskau einlädt. 60 Jahre ist es her, dass in der Nacht vom 8. auf den 9. Mai 1945 die deutschen Militärs im sowjetischen Hauptquartier in Berlin-Karlshorst die bedingungslose Kapitulation unterzeichneten und damit einem beispiellosen Vernichtungskrieg auch formal ein Ende setzten.

Für Schröder ist es die letzte Station einer ihn tief bewegenden Reise durch die Geschichte und ihre Gegenwart, die ein knappes Jahr zuvor, am 6. Juni 2004, in der Normandie begonnen hatte. Eingerahmt wird die Reise nach Moskau von einem zweiteiligen, jeweils doppelseitigen Interview, das Kai Diekmann, Chefredakteur von *Bild*, mit dem Kanzler und dem Präsidenten führt. Ein bemerkenswertes Dokument.[454] Auch weil sich in den beiden Biographien Geschichte und Gegenwart der deutsch-russischen Beziehungen verdichten. Auf der einen Seite der Deutsche, der in jenem Krieg seinen Vater verlor, auf der anderen der Russe, dessen Bruder während der Belagerung Leningrads ums Leben kam. Man versteht, warum die Aussöhnung zwischen ihren Völkern für diese beiden ein großes Anliegen ist.

Auf der letzten Station seiner Reise durch die jüngere Geschichte wird Gerhard Schröder von seiner Frau begleitet. Gemeinsam besuchen sie deut-

Deutschlands Verantwortung: Als erster Bundeskanzler nimmt Gerhard Schröder – hier am 6. Juni 2004 auf dem Soldatenfriedhof Ranville in der Normandie – an den Gedenkfeiern zum Ende des Zweiten Weltkriegs teil.

sche Soldatengräber auf dem Friedhof Ljublino, nehmen an einer Begegnung russischer und deutscher Veteranen und am Mittagessen mit den Vertretern der vormaligen Alliierten teil. Aber vor allem sind sie dabei, als auf dem Roten Platz die traditionelle Parade abgenommen wird. Noch in seinen Erinnerungen wird deutlich, was dieses Ereignis für Gerhard Schröder bedeutet hat: »In der ersten Reihe saßen der amerikanische Präsident Bush und Frau Bush, daneben Putin und seine Frau, zu deren Rechten Jacques Chirac und neben dem französischen Staatspräsidenten der deutsche Kanzler und seine Frau … Der ehemalige Kriegsgegner Deutschland hatte damit seinen Platz in der ersten Reihe inmitten der ehemaligen Siegermächte.«[455]

Monate zuvor hatte er in einem Interview erklärt, warum er die Einladung des russischen Präsidenten angenommen hat. Er wolle »deutlich« machen, »dass es Hitler-Deutschland war, das den Krieg begonnen hat, und dass die jetzige Generation keine Schuld, aber Verantwortung trägt«. Er glaube, hatte er die entsprechenden Fragen bejaht, dass Deutsche in der Welt heute anders auftreten könnten als noch vor 20 Jahren, und dass Deutschland ein normales Land mit einem normalen Selbstbewusstsein sei.[456] Man kann diesen Aspekt des Umgangs mit der Geschichte nicht hoch genug veranschlagen. Selbstbewusstsein und Respekt sind für Gerhard Schröder zwei Seiten einer Medaille – unverzichtbar, wenn ein Leben gelingen will. Das ist bei Einzelnen nicht anders als bei vielen. Ein Volk ohne Selbstbewusstsein hat keine Zukunft.

Die anfänglich heftigen Reaktionen auf Schröders Feststellung, das vereinigte Deutschland sei ein normaler Nationalstaat wie andere auch, erklären sich nicht zuletzt mit der Weigerung, den komfortablen Zustand eingeschränkter Souveränität und so gesehen infantilen Umgangs mit der Wirklichkeit hinter sich zu lassen. Gerhard Schröder ist der Kanzler, der diesen Schritt für sein Land und mit seinem Land getan hat. Schwer vorstellbar, dass er ihn hätte tun können, wären diesseits oder jenseits der deutschen Grenzen Zweifel an seinem Umgang mit der deutschen Geschichte laut geworden. Niemand kommt auf die Idee, dass dieser Kanzler die Verantwortung der Deutschen für ihre Vergehen und Verbrechen relativieren oder gar in Frage stellen will. Das Gegenteil ist der Fall. In Schröders Kanzlerschaft fallen die Entschädigung der Zwangsarbeiter und der Baubeginn des Holocaust-Mahnmals in der Mitte Berlins, um nur diese zu nennen. Am Tag nach seiner Rückkehr aus Moskau wird es eröffnet.

Es bleibt paradox: Während man ihm im Ausland mit Respekt begegnet, ihn zu den großen nationalen Gedenkfeiern einlädt und seine konsequente Reformpolitik mit Neugier und Anteilnahme verfolgt, wird Gerhard Schröder zu Hause regelrecht abgestraft. Er muss gar nicht bis zur Schließung der Wahllokale warten, um zu wissen, dass am 22. Mai 2005 eben dies in Nordrhein-Westfalen erneut passiert ist. Am Ende wird die Wahl für die Berliner Koalition zu einem Debakel. 5,7 Prozentpunkte verlieren die Sozialdemokraten, die es gerade noch auf 37 Prozent bringen und sich damit nach 39 Jahren aus der Regierungsverantwortung verabschieden müssen. Und auch die Grünen, die zuletzt durchweg ungeschoren davongekommen sind, in den meisten Fällen sogar zulegen konnten, müssen fast 1 Prozentpunkt abgeben und finden sich bei 6,2 Prozent wieder. Da die FDP zwar auch kräftig verliert, aber erneut im Landtag vertreten ist, kann der Christdemokrat Jürgen Rüttgers mit komfortabler Mehrheit eine christlich-liberale Regierung bilden.

Gründe und Ursachen für diese schwerwiegende Niederlage in der Herzkammer der deutschen Sozialdemokratie gibt es viele. Einige sind hausgemacht. Ministerpräsident Peer Steinbrück hat wie auch sein Vorgänger Wolfgang Clement nie einen Hehl daraus gemacht, dass die Koalition mit den wenig geliebten Grünen eine Option unter anderen sei und dass er sich durchaus vorstellen könne, mit den Liberalen zu regieren. Auch eine Große Koalition ist für ihn kein Schreckgespenst. Nicht zufällig ist er einer der ersten, die Schröder am 11. April unter vier Augen mit seiner Idee vorgezogener Bundestagwahlen vertraut macht.[457] Dass er damit bei Steinbrück auf offene Ohren trifft, überrascht nicht. Denn der hatte die Reformpolitik des Kanzlers von Anfang an auch dort unterstützt, wo sie auf zunehmenden und teils erbitterten Widerstand der Parteilinken gestoßen war.

Die wiederum hat schon im Vorfeld der Wahlen signalisiert, dass es am Tag danach einen neuen Vorstoß zur Änderung der Agenda 2010 geben werde. Pikant an dieser Position ist, dass die Parteilinke von einer Niederlage an Rhein und Ruhr ausgeht. In einem Brief an den »lieben Gerd« und den »lieben Franz«, der bereits im Kanzleramt avisiert, dann doch nicht abgeschickt, aber dem *Spiegel* zugespielt worden ist, heißt es unter der Überschrift »Neu beginnen!«: »Wir sind überzeugt, dass wir nach dem Regierungsverlust in der ›Herzkammer‹ der Sozialdemokratie nicht einfach zur Tagesordnung übergehen können. Der anhaltende Vertrauensverlust, der sich seit Jahren in massenhaften Mitgliederverlusten und Wahlniederlagen manifestiert hat, kann nicht länger mit Durchhalteparolen beantwortet werden. Die Bundesregierung und die SPD müssen stattdessen gemeinsam den Mut aufbringen, ihre Politik einer Inventur zu unterziehen. Von heute an muss ein klares Signal für die Neuausrichtung in der Wirtschafts- und Sozialpolitik ausgehen.«[458]

Auch ohne den Brief zu kennen, weiß der Kanzler, was die Stunde geschlagen hat. Er kennt seine Pappenheimer. Er weiß, dass Heiko Maas, Vorsitzender der saarländischen SPD, Michael Müller, Stellvertretender Fraktionsvorsitzender im Bundestag, der ihn seit Jahren mit ellenlangen Briefen heimsucht, Andrea Ypsilanti, die Vorsitzende des SPD-Landesverbandes Hessen, gar nicht zu reden von den Dauerquerulanten Wolfgang Jüttner, Ottmar Schreiner, Sigrid Skarpelis-Sperk und wie sie alle heißen, dass es also diese und viele andere mehr auf eine Zerreißprobe der Partei ankommen lassen werden: »Unmittelbar vor NRW wurden die Äußerungen in der eigenen Partei + Fraktion immer fordernder«, notiert der Fraktions- und Parteivorsitzende, nachdem dort die Entscheidungen gefallen sind.[459] Am 13. Mai hat Franz Müntefering sogar vorsorglich die erste Lesung der Unternehmensteuerreform von der Tagesordnung nehmen lassen, weil er wusste, dass die von Wirtschafts- und Arbeitsminister Clement vorgeschlagene, auf dem sogenannten Jobgipfel mit der Opposition vereinbarte Absenkung der Körperschaftsteuer scheitern würde. Spätestens seither steht der Entschluss des Kanzlers fest: Geht Nordrhein-Westfalen verloren, wird er Neuwahlen im Bund anstreben.

Gerhard Schröder will Herr des Geschehens bleiben. So gesehen inszeniert er auch noch seinen Abgang.

Als Gerhard Schröder am 22. Mai gegen 14.30 Uhr, aus Hannover kommend, im Kanzleramt eintrifft, rechnet er nicht mehr damit, dass die Sache gut gehen wird. Um 15 Uhr kommt der Partei- und Fraktionsvorsitzende Franz Müntefering. Als den beiden wenig später die von Forsa ermittelten, durch RTL verbreiteten Prognosen hereingereicht werden – »SPD 36/37, CDU 46, Grüne/FDP je 6« – fragt der Kanzler den Partei- und Fraktionsvorsitzenden: »Franz, was ist? Schaffen wir das? ... und er sagt: Ich bin nicht sicher. Und dann haben wir beide gemeinsam ... entschieden: Wir setzen auf Neuwahlen.«[460] In seinem engsten Umfeld weiß man: Mit Amts- oder Politikmüdigkeit hat das nichts zu tun. Die Entscheidung für vorgezogene Wahlen ist auch eine Antwort auf die Frage, wie lange er noch Einfluss auf seinen Abgang von der politischen Bühne nehmen kann.[461] Jetzt kann er noch in die Offensive gehen, 2006 wird er in der Defensive sein. »Wieder hatte er keine Chance gehabt, und wieder hatte er sie genutzt«, wird Jürgen Leinemann schreiben, als er Gerhard Schröder in der Wahlnacht ein letztes Mal für den *Spiegel* porträtiert.[462]

Nachdem der Kanzler seine Entscheidung getroffen hat, telefoniert er um 15.40 Uhr mit Hans-Jochen Vogel, um 16 Uhr kommt Vizekanzler und Außenminister Joschka Fischer zu ihm, um 17.15 Uhr folgt ein Vier-Augen-Gespräch mit Innenminister Schily, wenig später stoßen Wirtschafts- und Arbeitsminister Clement, der Chef des Kanzleramts Frank-Walter Steinmeier und der Leiter der Abteilung 4 Thomas Mirow zu den beiden.[463] Um 18.28 Uhr geht Müntefering im Foyer des Willy-Brandt-Hauses vor die Presse und erklärt: »Wir suchen die Entscheidung. Es ist Zeit, dass in Deutschland die Verhältnisse geklärt werden ... Die Menschen ... sollen sagen, von wem sie regiert werden wollen in diesem Land.«[464]

Hintergrund dieser auf Außenstehende überstürzt wirkenden Aktion ist die Überlegung, dass die Forderung nach Neuwahlen keinesfalls zuerst von der Opposition erhoben werden dürfe. Mit der Ankündigung will man also die Handlungsfähigkeit der Regierung und des Kanzlers unter Beweis stellen. Das gelingt in der Tat, birgt aber Risiken. So wird der Bundespräsident, den man für die Operation braucht, erst um 19.20 Uhr, also eine knappe Stunde später, durch den Kanzler telefonisch ins Bild gesetzt. Am kommenden Nachmittag folgt ein persönliches Gespräch. Dass Horst Köhler pikiert ist, lässt sich nachvollziehen. Zwar heißt es, man habe versucht ihn beziehungsweise seinen Staatssekretär zu erreichen, doch gibt der Bundespräsident später zu erkennen, dass er von der Ankündigung Münteferings überrascht worden ist.

Um 20.00 Uhr tritt Gerhard Schröder, eine rot-grüne Krawatte um den Hals, vor die Kameras und erklärt, dass mit dem »bitteren Wahlergebnis« seiner Partei in Nordrhein-Westfalen die »politische Grundlage« für die Fortsetzung »unserer Arbeit infrage gestellt« sei: »Deshalb betrachte ich es als Bundeskanzler … als meine Pflicht und Verantwortung, darauf hinzuwirken, dass der Herr Bundespräsident von den Möglichkeiten des Grundgesetzes Gebrauch machen kann, um so rasch wie möglich, also realistischerweise für den Herbst dieses Jahres, Neuwahlen zum Deutschen Bundestag herbeizuführen.«[465] Damit ist der Wahlkampf eröffnet, die Bundesregierung faktisch nur noch geschäftsführend tätig und die Berliner Koalition, so Fischer, lediglich »noch eine leere Hülle, ohne politische Zukunft«.[466] Das gilt nicht nur für die Koalition im Großen und Ganzen, sondern auch für viele Bundestagsabgeordnete im Speziellen, nicht zuletzt in den Reihen der Sozialdemokratie. Sie wissen oder ahnen doch, dass sie das Parlament ein Jahr früher als geplant verlassen werden. Das zwingt manchen unvorbereitet zur Änderung seiner Lebensplanung: Erst nach zwei vollen Legislaturperioden, also nach acht Jahren, haben Bundestagsabgeordnete zu diesem Zeitpunkt einen Pensionsanspruch. Das ist nicht gerade ein Stimulans für eine konstruktive Rolle im Wahlkampf, in dem viele, wenn nicht die meisten Rot-Grün bereits abgeschrieben haben.

Und was macht ein Kanzler im Wartestand? Er ist einerseits in seinem Element. Mit dem Wasser bis zum Hals, aber eben noch schwimmfähig, sieht er Kampfzeiten entgegen, und für einen wie ihn sind das Zeiten, in denen er zur Bestform aufläuft. Auch kommt die Situation seiner Spielernatur entgegen. Man muss eben sehen, dass Gerhard Schröder jetzt nicht nur gegen die Opposition, die Linken in der eigenen Partei und große Teile der Medien, sondern auch gegen jene Kreise der Gesellschaft antreten muss, die ihn, solange er Oberwasser hatte, hofierten, die sich aber jetzt, da sein Stern zu sinken droht, abwenden. So zum Beispiel eine ganze Reihe »sog. Wirtschaftsbosse« an Rhein und Ruhr, die ihm »viel verdanken«, ihn nun aber »mental und verbal abhaken«, wie Werner Müller ihm nach der Wahlniederlage von Düsseldorf zu berichten weiß.[467]

Auf alle Fälle aber ist das, was jetzt auf ihn zukommt, besser als die Hängepartie, die ihn andernfalls für beinahe anderthalb Jahre erwartet hätte. »In derart ausgelassener Stimmung« wie wenige Tage nach der Wahl an Rhein und Ruhr haben ihn nicht nur die Berichterstatter aus Frankfurt »lange nicht erlebt, gelöst, einen Witz an den anderen reihend, als sei er gerade zum König von Deutschland gekrönt worden«.[468] Wenn er es schafft, werden die Nörgler und Kritiker, die Besserwisser und Trittbrettfahrer in den eigenen Reihen wohl Ruhe geben, denn so viel ist seit diesem Maiabend klar: Die Wahl wird ein Votum über seine Reformpolitik. Falls er es nicht schaffen sollte, mögen sie ohne ihn tun und lassen, was sie wollen. Los ist er sie so oder so.

Das ist die eine Seite. Es gibt eine andere. Bis der Weg für die vorgezogene Bundestagswahl mit der Entscheidung des Bundespräsidenten frei wird, durchlebt Gerhard Schröder eine der schwersten Phasen seines beinahe vierzigjährigen politischen Lebens. Er muss warten: »Acht Wochen lang war ich Gefangener meiner eigenen Entscheidung.« Mit dieser Lähmung seines Tatendrangs hat er nicht gerechnet. Kaum auszuhalten. Erstmals greift Gerhard Schröder, der in seinem Leben niemals irgendwelche Tabletten genommen hat, zu einem Schlafmittel, weil er nächtelang keine Ruhe findet.[469] Er kann ja nichts tun. Einerseits muss er höllisch aufpassen, darf nicht durch eine unbedachte Äußerung die Situation gefährden, die er herbeiführen will. Andererseits muss er zusehen, wie sich die Gegner und Konkurrenten in Stellung bringen. Von allen und auf allen Seiten, auch beim Nochpartner. Da sich die Grünen, mit Ausnahme Fischers, von Schröders und Münteferings Ankündigung überrollt fühlen, sind sie »auf Krawall gebürstet«, weiß der Außenminister.[470] Die meisten empfinden die Aktion als Kündigung der rot-grünen Koalition und sind zunächst entschlossen, mit der Parole »Grün pur« in die Schlacht zu ziehen.

Das ist keine gute Idee, weil sie außer Rot-Grün keine Machtperspektive haben, die Sozialdemokraten hingegen schon: Man habe keinen Anlass, die gemeinsame Politik »kleinreden zu lassen«, sagt der Kanzler drei Tage nach seiner Entscheidung: »Aber Wahlkämpfe haben ihre eigenen Gesetze. Und eines der ehernen Gesetze in Wahlkämpfen ist, dass man für die eigene Sache streitet. Ich will, dass die SPD stärkste Partei wird«[471] – ganz gleich woher die Stimmen kommen. Und weil es Müntefering oder Schröder in erster Linie darum geht, an der Macht zu bleiben, ist die Große Koalition keine Vorstellung, die ihnen schlaflose Nächte bereiten würde. Der Parteivorsitzende kann sich dabei notfalls auch eine Juniorpartnerrolle vorstellen. Der Kanzler begreiflicherweise nicht, jedenfalls nicht mit seiner Beteiligung.

Noch nicht ganz klar sind die Bewegungen jenseits des linken Flügels der SPD. Sicher ist am Abend der Wahl in Nordrhein-Westfalen nur, dass die gerade gegründete WASG auf Anhieb 2,2 Prozent der Stimmen holen kann. Wohl scheitert sie damit klar an der Fünf-Prozent-Hürde. Aber gefährlich für die SPD ist dieser Trend, sollte er sich verstärken, allemal, vor allem wenn die WASG nicht mehr in Konkurrenz zur PDS, sondern mit dieser gemeinsam antreten sollte. Im Willy-Brandt-Haus weiß man natürlich, woher die Stimmen kommen.

Und dann ist da noch Oskar Lafontaine. Ja, es gibt ihn noch. Nach wie vor meldet er sich via *Bild* zu Wort, und noch ist er Mitglied der SPD. Für ihn ist die Ankündigung vorgezogener Wahlen zunächst einmal eine schlechte Nachricht, hatte er doch darauf gesetzt, den Kanzler und seine Regierung nach der erwarteten Niederlage an Rhein und Ruhr – mit dem Parteibuch in der Hand, also gewissermaßen von innen her – weichzukochen und zur Aufgabe oder doch jedenfalls zu einer Änderung ihres Kurses zu zwingen: »Spätestens nach der Landtagswahl in Nordrhein-Westfalen, im Mai 2005«, heißt es in seinem rechtzeitig zu dieser Wahl erschienenen neuen Buch, »muss die Entscheidung fallen. Die SPD muss klären, ob sie mit Schröder und seinem neoliberalen Kurs die Bundestagswahl 2006 bestreiten will.«[472]

Aber dann stiehlt ihm der alte Rivale diese Schau. Also schaltet Oskar Lafontaine um, das heißt, er verlegt das Szenario des Jahres 2006 zwölf Monate vor. Schon in seinem Buch hatte er erklärt: »Wenn die SPD auf Schröder-Kurs bleibt und die ›Wahlalternative Arbeit und Soziale Gerechtigkeit‹ bei den nächsten Wahlen antritt, dann werden sich Sozialdemokraten und Gewerkschaftsmitglieder entscheiden müssen, ob sie ihrer Organisation oder ihrer Überzeugung treu bleiben wollen.«[473] Jetzt ist es so weit. Am 30. Mai gibt Oskar Lafontaine sein SPD-Parteibuch zurück. Bereits am 24. Mai hatte er seinen Austritt angekündigt und über *Bild* kundgetan, er könne sich ein Zusammengehen mit dem PDS-Zugpferd Gregor Gysi und eine Kandidatur auf einer gemeinsamen Liste von PDS und WASG vorstellen. Gysis Rückkehr auf die politische Bühne ist für Lafontaine erklärtermaßen die Voraussetzung für den Schulterschluss mit der PDS während der kommenden Wahl.[474] Vorteile bringt das Zusammengehen für beide Seiten: Die PDS steigert ihre Chancen zum Wiedereinzug in den Bundestag signifikant, und Lafontaine maximiert die Schäden für die SPD.

Das weiß man natürlich auch dort. Also sind Heidemarie Wieczorek-Zeul und Andrea Nahles, die dem linken Flügel der Partei angehören und so gesehen für den Dissidenten gesprächsfähig sind, noch einmal auf Oskar Lafontaine zugegangen. Ziel der Unterredung, die am 24. November 2004 in der Berliner Wohnung der Ministerin und Stellvertretenden Parteivorsitzenden stattfindet, ist der letzte Versuch, den Nochsozialdemokraten von einem Austritt aus der SPD und dem Eintritt in die WASG abzuhalten. Die Initiative, von welcher der Parteivorsitzende, nicht aber der Bundeskanzler weiß, scheitert auch daran, dass es nicht zu einem anschließenden Gespräch zwischen Franz Müntefering und Oskar Lafontaine kommt. Und das wiederum, sagt

Lafontaine, hätte nur weiterführen können, wenn die SPD, ihren Vorsitzenden und den Kanzler eingeschlossen, zu substantiellen Abstrichen von der Agenda bereit gewesen wäre. Das aber ist für die beiden nicht vorstellbar.[475] Das weiß Lafontaine natürlich, und so gesehen ist die Forderung ein Vorwand. Denn er will es denen jetzt zeigen.

Der unmittelbare Zusammenhang zwischen seinem Parteiaustritt und der Ankündigung des Kanzlers, vorgezogene Bundestagswahlen anzustreben, ist offenkundig. Nicht einmal 48 Stunden hat sich der Mann in Saarbrücken Zeit genommen. Es ist seine Stunde und seine Chance. Der vormalige Vorsitzende nimmt den Kampf gegen die SPD auf und eröffnet damit die letzte Runde in seinem Rachefeldzug gegen Gerhard Schröder. Jetzt gilt erklärtermaßen, was anfänglich eher als verdecktes Motiv eine Rolle spielte und von Lafontaine im Rückblick schnörkellos so auf den Punkt gebracht wird: »Ich wollte Schröder stürzen.«[476]

Der Kanzler mag das, was »sich da aus ehemaliger SED, kommunistischen Sekten und linken Sektierern zusammenfindet«, für »unseriös, populistisch, demagogisch und unfähig zur Verantwortung« halten, wie er im Sommer dem *Vorwärts* erläutert.[477] Gefährlich für seine Partei und für ihn selbst ist die Entwicklung fraglos. Zumal Lafontaine nicht der erste Sozialdemokrat ist, der die Partei und damit die Seiten wechselt, und er wird auch nicht der letzte sein. Ende Juni folgt ihm zum Beispiel Ulrich Maurer. Wie viele Überläufer ist auch der vormalige Vorsitzende der SPD in Baden-Württemberg Schröder seit Langem, in diesem Falle seit gemeinsamen Juso-Zeiten, in tiefer Abneigung verbunden. Schon Mitte März 2005 ist Peter von Oertzen, Vorgänger Gerhard Schröders als Bezirksvorsitzender der Hannoveraner SPD, der WASG beigetreten. Allerdings verlässt er die Wahlalternative wieder, als sich im folgenden Jahr die Fusion mit der PDS zur Linkspartei abzeichnet.

Schließlich gibt es natürlich noch die eigentliche Herausforderin des Kanzlers. Als sich CDU und CSU am 30. Mai auf Angela Merkel als gemeinsame Kandidatin verständigen, ist kaum einer überrascht. Auch nicht Gerhard Schröder. Zwar gibt er sich im Kreis von Vertrauten und Freunden überzeugt, dass er »Merkel schlagen« könne,[478] doch hat er nie zu denen gehört, die sie unterschätzen. Als mit allen Wassern gewaschener Machtmensch hat er mit einer Mischung aus Respekt und Amüsement verfolgt, wie die spät ins politische Geschäft eingestiegene Ostdeutsche erst konsequent die Chance nutzte, die ihr unversehens durch den Spendenskandal Helmut Kohls geboten wurde, und wie sie dann mit einem Hang zur Ruchlosigkeit sämtliche männlichen Konkurrenten entweder politisch neutralisiert und ins Abseits gestellt oder entspannt zugesehen hat, wie sich diese auf die eine oder andere Weise selbst demontierten.

Für alle Fälle hat Schröder schon im April 2000 festgestellt: »Grundsätzlich bin ich der Meinung, dass eine Frau das genauso gut machen kann wie ein Mann. Aber ... 2002 wird's wohl noch nichts damit.«[479] Vier Jahre später hat sich dieser Eindruck verfestigt. Er nehme die Partei- und Fraktionsvorsitzende »so ernst, wie sie es verdient«, sagt er im März 2004: »Ich finde, dass sie sich in einer schwierigen Situation der CDU in beachtlicher Weise durchgesetzt hat. Ob das immer mit der nötigen Fairness anderen gegenüber geschehen ist, müssen andere bewerten. Ernst zu nehmen ist sie allemal.«[480] Am Ende des Jahres sieht er dann in der CDU »niemanden, der Frau Merkel wirklich gefährlich werden kann«. Und »was die Anlage des Wahlkampfes angeht«, ist es »sicher schwieriger, mit einer Frau umzugehen als mit einem Mann«.[481] Umgekehrt hat auch Merkel durchaus Respekt vor dem Kanzler, hält ihn für ein ziemliches Kaliber, einen »Typen«, einen ungemein begabten Redner und einen der »besten Wahlkämpfer, die Europa gesehen hat«,[482] kurzum: für einen nur schwer zu bezwingenden Gegner.

Wochenlang muss sich Gerhard Schröder gedulden, bis er offiziell in den Ring steigen kann. Die Zeit vergeht quälend langsam. Beinahe hat man den Eindruck, als würden sich Sozialdemokraten und Grüne, aber auch die Genossen untereinander noch einmal richtig gegenseitig beharken, bevor sie nolens volens ein letztes Mal Schulter an Schulter in die Schlacht ziehen. Vom rot-grünen Aufbruch des Herbstes 1998 ist nichts mehr zu spüren, und bei den Sozialdemokraten haben der Parteivorsitzende und der Kanzler alle Hände voll zu tun, Ausreißer einzufangen und Querschlägern die gefährliche Wirkung zu nehmen.

So zum Beispiel in der zweiten Juniwoche, als sich einige Genossen auf den Bundespräsidenten einschießen, weil sie glauben, dass Horst Köhler beziehungsweise einige seiner Mitarbeiter für Indiskretionen aus einem Gespräch mit dem Kanzler verantwortlich sind. Anlass ist eine Meldung des *Spiegel*, der sich wiederum auf den »Bericht eines Teilnehmers« beruft. Danach hat der Kanzler den Präsidenten auf ein »erhöhtes Erpressungspotential in der Fraktion und in der Koalition« hingewiesen, das sich nach der Serie verlorener Wahlen aufbaue.[483] Womit er, denkt man an den nicht abgeschickten Brief der Linken in seiner Partei, ohne Zweifel recht hat. »Schröder traute seinen eigenen Leuten nicht, zu keinem Zeitpunkt«, bilanziert Christoph Schwennicke nach dem Ende von dessen Kanzlerzeit: »Die Begründung für die Neuwahlentscheidung war insofern immer eine ehrliche.«[484] Ein Jahr nach seinem Auszug aus dem Kanzleramt vom *Spiegel* danach befragt, ob in seinem Gespräch mit dem Bundespräsidenten die Formulierung »Erpressungspotential« gefallen sei, sagt Schröder, das könne er »weder bestätigen noch dementieren«. Als die Redakteure insistieren, sie wüssten, dass dieses Wort gefallen sei, antwortet der: »Aber Sie wissen es nicht von mir; darauf lege ich schon Wert.«[485]

Am 9. Juni 2005 gibt Gerhard Schröder im Kanzleramt eine Erklärung ab. Die Sache ist ihm so wichtig, dass er den ersten Entwurf selbst zu Papier gebracht hat.[486] In der verlesenen Fassung heißt es, dass er den Bundespräsidenten »informiert« habe, »fristgemäß den Antrag nach Artikel 68 unseres Grundgesetzes« zu stellen, so dass die »Abstimmung darüber am 1. Juli 2005 stattfinden« könne. Im Übrigen habe er »volles Vertrauen« in die »Überparteilichkeit des Herrn Bundespräsidenten« und in die »Wahrung der Vertraulichkeit unserer Gespräche. Deshalb erwarte ich von führenden Mitgliedern meiner Partei, die andere Ansichten öffentlich geäußert haben, dies unverzüglich einzustellen.«[487] Man wird in der Geschichte der Republik suchen müssen, um eine vergleichbare öffentliche Zurechtweisung der eigenen Partei durch ihren Kanzler zu finden, und das noch im aufziehenden Wahlkampf.

Verglichen damit gehen Regierung und Opposition geradezu formvollendet miteinander um. Einen Tag, nachdem Gerhard Schröder angekündigt hat, die Bundestagswahlen vorziehen zu wollen, empfängt er gegen 19 Uhr die Fraktionsspitzen von CDU, CSU und FDP, Angela Merkel, Michael Glos und Wolfgang Gerhardt, um die Modalitäten zu besprechen. Bis die Vertrauensfrage auf der Tagesordnung des Parlaments steht, trifft man dort noch einmal aufeinander.

Am Morgen des 16. Juni gibt Gerhard Schröder vor seinem Abflug nach Brüssel eine Regierungserklärung zum bevorstehenden Europäischen Gipfel ab. Es ist seine 44. in nicht einmal sieben Jahren, womit er den bislang von Helmut Schmidt gehaltenen sozialdemokratischen Rekord einstellt. Der Kanzler spricht, auch jetzt die eine Hand in der Hosentasche, frei und firm. Die Koalitionsparteien bedenken die Darbietung wiederholt mit kräftigem Beifall, die Opposition hält still, während die sozialdemokratischen Abgeordneten hernach versuchen, die Herausforderin in spe durch kräftiges Getöse aus dem Tritt zu bringen.

Das ist eigentlich gar nicht nötig, denn man spürt, dass Angela Merkel mit der hoch komplizierten Europamaterie noch nicht so vertraut sein kann wie der Kanzler, der mit Erfolg den Staatsmann gibt. Es sind schwierige Verhandlungen, die jetzt in Brüssel auf ihn zukommen. Zum einen haben Franzosen und Niederländer soeben den Verfassungsvertrag abgelehnt und damit Europa in eine tiefe Krise gestürzt. Zum anderen tickt in Bezug auf die Finanzen der EU unter dem Brüsseler Verhandlungstisch eine Zeitbombe mit unkalkulierbaren Wirkungen. Wie schon ganz zu Beginn seiner Amtszeit, dieses Mal nur wesentlich diplomatischer, drängt der Kanzler auf eine Entlastung der Nettozahler, unter ihnen eben Deutschland, schon um zu verhindern, dass der »positive Trend«, der durch die Reformpolitik erreicht worden ist, nicht »wieder abbricht oder sich gar in das Gegenteil verkehrt«.

Und dann spricht er von den anderen, nämlich jenen Ländern, »die viel bekommen oder viel wollen« und die »ihre Erwartungen zurückschrauben müssen«. »Dreh- und Angelpunkt«, so Schröder vor dem Bundestag, »ist auch ein bestimmtes Instrument, über das man ein paar Worte verlieren muss.« Das ist der »Britenrabatt«. Diese deutlich reduzierten Beitragszahlungen in die europäische Kasse hatten die Staats- und Regierungschefs, unter ihnen Helmut Kohl, 1984 ihrer britischen Kollegin Margaret Thatcher (»Ich will mein Geld zurück!«) zugestanden. Behalte man ihn bei, errechnet der Bundeskanzler jetzt, würde er in den kommenden Jahren »auf 7 Milliarden Euro und mehr hochschnellen«. Dafür gebe es zwar »überhaupt keine wirkliche Rechtfertigung«. Allerdings könne »dieser Rabatt nur einstimmig geändert werden«.[488] Mit anderen Worten: Die Briten müssen der Abschaffung dieses Privilegs zustimmen. Das werden sie nicht tun, sondern allenfalls auf einen Teil verzichten. Gerhard Schröder weiß das so genau, weil der britische Premier erst am Montag bei ihm gewesen ist und keinen Zweifel an seiner Haltung gelassen hat. Im Übrigen hat Tony Blair an diesem 13. Juni nicht nur Gerhard Schröder, sondern auch Angela Merkel seine Aufwartung gemacht, was man durchaus dahin gehend interpretieren kann, dass der Brite auf einen Machtwechsel in Berlin setzt.

So gesehen ist keiner wirklich überrascht, als der Brüsseler Gipfel dramatisch scheitert. Das ist schlecht für Europa, zumal am 1. Juli ausgerechnet Großbritannien die Präsidentschaft der EU übernimmt; und es ist schlecht für das Verhältnis Gerhard Schröders zu Tony Blair. Nach diesem Gipfel ist das Tischtuch zwischen den beiden zerschnitten. Nichts ist mehr übrig von ihrem einst blendenden Auskommen, das in einer Serie von Begegnungen, auch solchen mehr oder weniger privater Natur, sichtbar wurde und selbst schwere Belastungen wie während der Irakkrise überstanden hat. Noch zum Jahresbeginn hatte der Premier Schröders Töchtern Geschenkpäckchen zukommen lassen, und erst am 24. Mai, also wenige Tage vor dem Brüsseler Chaosgipfel, hatte Tony Blair dem Kanzler in Reaktion auf die Wahlen in

Nordrhein-Westfalen eine persönliche Botschaft geschickt: »Ich weiß, dass Dein Leben nach dem Wahlausgang hart sein wird, aber wenn Du, wie ich höre, Wahlen ansteuerst, ist das ein mutiger und kühner Schritt; Du kannst stolz auf Deine Reformen sein; und ich wünsche Dir viel Glück.«[489]

Am Freitag, dem 1. Juli 2005 titelt *Bild:* »Danke, Kanzler! Heute macht Gerhard Schröder den Weg frei für einen Neuanfang in unserem Land«. Zunächst könnte man meinen, die Redaktion habe zum Mittel der Ironie gegriffen, das bekanntlich auf die Masse nicht wirkt. Tatsächlich ist es ihr aber durchaus ernst: »Man muß Gerhard Schröder nicht lieben – und auch nicht seine Partei. Aber der Kanzler hat in schwierigen Zeiten gehandelt wie ein Mann – und wie ein Patriot. Heute will der Bundeskanzler ... dem Volk, dem einzigen Souverän, die Entscheidung über die Zukunft unseres Landes überlassen. Danke, Kanzler für diesen mutigen Schritt.« Das ist ein Plädoyer für die direkte Demokratie, und es ist das Ergebnis einer Umfrage, an der sich mehr als 100 000 Leser beziehungsweise Zuschauer von *Bild* und RTL beteiligt haben. »Das Ergebnis fällt so aus, wie sich der Kanzler die Antwort auf die heutige Vertrauensfrage im Bundestag wünscht: 88 % der Anrufer ... wünschen sich wie Gerhard Schröder (SPD) Neuwahlen und sprachen ihm das Mißtrauen aus.«[490]

»Und was ist daran undemokratisch«, fragt Peter Boenisch am selben Ort. »Daß eine Regierung merkt, daß sie am Ende ist und ein Kanzler nun das Volk über den neuen Kurs entscheiden lassen will, bevor der Karren mit allen Insassen vor die Wand gefahren wird?« Es ist der letzte Kommentar des Todkranken. Kai Diekmann ist dem Förderer und Freund dabei zur Hand gegangen. Wenige Tage später stirbt der Mann, der *Bild* groß gemacht hat. Boenisch, Jahrgang 1927 – in jungen Jahren Flakhelfer, Fallschirmspringer und NSDAP-Mitglied –, war seit 1959 als Chefredakteur verschiedener Blätter, später auch als Geschäftsführer bei Springer tätig. In den Wahlkämpfen von 1976, 1980 und 1994 beriet er Helmut Kohl, war seit Mai 1983 auch für zwei Jahre sein Regierungssprecher.

Auf den ersten Blick hatten Peter Boenisch und Gerhard Schröder also wenig gemeinsam. Tatsächlich verband sie gegenseitiger Respekt. Der Politiker schätzte die Unabhängigkeit des Journalisten und der wiederum dessen Gradlinigkeit. Als Diekmann nach Boenischs Tod einen Vertreter der Unionsparteien für eine letzte Würdigung gewinnen will und ins Leere läuft, ist der Kanzler zur Stelle. Gerhard Schröder spricht nicht nur beim Gottesdienst, sondern führt auch den Trauerzug an. Kai Diekmann hat ihm das hoch angerechnet. Hier beginnt die vorsichtige Wiederannäherung der beiden.[491]

Am 27. Juni hatte der Bundeskanzler gemäß Artikel 68 des Grundgesetzes den Antrag gestellt, ihm »das Vertrauen auszusprechen«, und seine Absicht bekundet, vor der Abstimmung eine Erklärung abzugeben.[492] Die Bundestagssitzung, in der er das am 1. Juli tut, gehört zu den denkwürdigen in der Geschichte des deutschen Parlamentarismus. Es ist das fünfte Mal, dass ein Bundeskanzler die Vertrauensfrage stellt. Für Gerhard Schröder ist es sogar das zweite Mal. Wie Helmut Schmidt 1982, hatte auch er sie 2001 genutzt, um sich der Mehrheit im Bundestag zu versichern. Von zweien seiner Vorgänger – Willy Brandt 1972 und Helmut Kohl 1982 – wurde die Vertrauensfrage dem Parlament vorgelegt, um Neuwahlen herbeizuführen. Zwei Mal ist zudem ein konstruktives Misstrauensvotum versucht worden. 1982 war Helmut Kohl gegen Helmut Schmidt erfolgreich; 1972 ist Rainer Barzel gegen Willy Brandt gescheitert.

Rainer Barzel kennt Gerhard Schröder, seit dieser 1980 in den Bundestag eingezogen ist. Seit 1983 Präsident des Parlaments, hatte der Christdemokrat dem jungen Abgeordneten gelegentlich das Wort erteilt und war, wie gesehen, von dem rhetorischen Talent des linken Sozialdemokraten durchaus angetan. Auch nachdem Schröder Bonn verlassen hat und in Hannover zielstrebig an seiner Karriere arbeitet, verliert er ihn nicht aus den Augen. Mit Schröders Einzug ins Kanzleramt wird die Verbindung wiederbelebt. Mal lädt der Kanzler Barzel zu einem Gespräch ein,[493] mal lässt der Schröder einige Zeilen zukommen. So auch am Tag nach der Entscheidung, vorgezogene Wahlen anzustreben: »Bevor aus der Berliner Republik wieder Weimar werden konnte«, schreibt Barzel dem Kanzler am 23. Mai 2005, »haben Sie Kraft und Mut gefunden, das große Gewürge zu beenden. Demokratie zieht wieder ein in Deutschland. Danke! Glück auf für uns alle! Gott segne Sie!«[494] Barzel ist nicht der einzige der Altgedienten, die Schröder spontan in seinem Entschluss bestärkt haben. Auch Hans-Dietrich Genscher, um nur ihn zu nennen, lässt ihm telefonisch über Marianne Duden ausrichten, es sei »vollkommen richtig«, was er gemacht habe – »in jeder Hinsicht«, für ihn, für seine Partei und für das Land. »Es nötigt höchsten Respekt ab, egal wie sich alles entwickeln könnte.«[495]

Am 1. Juli sitzt Rainer Barzel auf der Besuchertribüne des Deutschen Bundestages – neben Doris Schröder-Köpf, die den Entschluss ihres Mannes, vorgezogene Neuwahlen herbeizuführen, von Anfang an unterstützt hat. Hinter den beiden, kaum zu erkennen, hat Erika Vosseler Platz genommen. Gerhard Schröders Mutter spürt, was dieser Tag für ihren Jungen bedeutet, und er wird dann auch zu ihr gehen, nachdem er sein Votum abgegeben hat. Obgleich alle wissen, was folgt, liegt doch eine angespannte Erwartung in der Luft. Bevor er kurz nach 10 Uhr zum Rednerpult schreitet, hat der Kanzler zunächst an der Sondersitzung der SPD-Fraktion teilgenommen und danach noch der Fraktion der Grünen einen Besuch abgestattet.

Den ersten Entwurf für die Rede hat Klaus Harpprecht geschrieben. Der Journalist und Buchautor, Jahrgang 1927, hatte von 1972 bis 1974 seine Zelte im Kanzleramt aufgeschlagen und Reden für Willy Brandt verfasst. Als die Mitarbeiter Gerhard Schröders nach dem plötzlichen Tod Reinhard Hesses nach möglichen Redenschreibern Ausschau halten, rückt auch Harpprecht, der seit geraumer Zeit in Südfrankreich lebt, in ihr Blickfeld. Eigentlich schiebt er sich in dasselbe, weil Harpprecht nämlich die Unterstützung des Kanzleramts für einen Aufruf sucht, mit dem deutsche und polnische Intellektuelle ihre französischen Kollegen mobilisieren wollen. Hintergrund ist das drohende Scheitern des europäischen Verfassungsvertrages im Referendum. Tatsächlich können Schröders Mitarbeiter unter anderem Jürgen Habermas und Günter Grass für eine Unterschrift gewinnen, und da man nun schon einmal im Kontakt ist, bittet Sigrid Krampitz Harpprecht um einen Entwurf für die Regierungserklärung des Kanzlers anlässlich der Schlussabstimmung zum Europäischen Verfassungsvertrag am 12. Mai 2005.[496] Die allgemeine Zustimmung, auf die dieser Text stößt, ist dann der Anlass, den Autor auch für die Rede des 1. Juli zu gewinnen.

Vor Ort wird der Entwurf Klaus Harpprechts so gründlich durchgesehen, ergänzt und überarbeitet, dass am Ende wenig davon übrig bleibt. Neben den engsten Mitarbeitern Gerhard Schröders nimmt sich auch der Partei- und Fraktionsvorsitzende des Manuskripts an, und Rüdiger Frohn, der in der Ära Rau als Staatssekretär das Bundespräsidialamt geleitet hatte, geht es ebenfalls kritisch durch.[497] Am Ende liegt es am Kanzler, dem Text den letzten Schliff zu geben. Er tut das konsequent. Dieses Mal ist es kein Flickenteppich. Dieses Mal spricht er auch nicht frei, sondern hält sich eng an sein Manuskript, klammert sich mit beiden Händen fest ans Pult. Es ist seine Rede, eine starke Rede. Eine seiner besten. Es ist »eine anständige, staatsmännische, eine stolze und aufrichtige Rede«. So nimmt sie nicht nur Heribert Prantl für die *Süddeutsche Zeitung* auf: »Aufrichtig war sie auch deswegen, weil sie die unechte Vertrauensfrage nicht für eine echte ausgab.«[498]

»Mein Antrag«, sagt der Kanzler, »hat ein einziges, ganz unmissverständliches Ziel: Ich möchte dem Herrn Bundespräsidenten die Auflösung des 15. Deutschen Bundestages und die Anordnung von Neuwahlen vorschlagen können.« Und Gerhard Schröder lässt auch keinen Zweifel daran, warum er dieses Ziel verfolgt: »Die Agenda 2010 mit ihren Konsequenzen schien zum wiederholten Male ursächlich für ein Votum der Wählerinnen und Wähler gegen meine Partei. Wenn diese Agenda fortgesetzt werden soll – und das muss sie –, ist eine Legitimation durch Wahlen unverzichtbar. Es ist daher ein Gebot der Fairness und der Aufrichtigkeit gegenüber den Bürgerinnen und Bürgern, gegenüber meiner Partei, gegenüber dem Hohen Haus und auch gegenüber mir selbst, die Vertrauensfrage zu stellen.« Der Kanzler begründet das im Einzelnen und weist in diesem Zusammenhang unter anderem auch auf die wenig konstruktive Rolle der Opposition hin. In 29 Fällen habe die Bundesratsmehrheit in der laufenden Wahlperiode, also in nicht einmal drei Jahren, nach abgeschlossenen Vermittlungsverfahren Einspruch gegen das entsprechende Gesetz eingelegt – fast so häufig wie in den ersten zwölf Wahlperioden der Jahre 1949 bis 1994 zusammengenommen.

Von der folgenden Erwiderung der Oppositionsführerin ist zum einen in Erinnerung geblieben, dass sie dem Kanzler ausdrücklich persönlichen Respekt für seinen Schritt zollt und die Agenda 2010 einen »richtigen Schritt in die richtige Richtung« nennt. Zum anderen haben sich nicht wenige lange an einigen bezeichnenden Versprechern delektiert, namentlich dem, dass »CDU und CSU gemeinsam mit der SPD« die Verantwortung für das Land übernehmen wollten. Damit mag sie manchem Sozialdemokraten, gewiss aber keinem Grünen aus dem Herzen gesprochen haben. Und dann hat Merkel auch noch das Pech, auf einen rauflustigen und prächtig aufgelegten Vizekanzler zu treffen, der ihr prognostiziert: »Gegenwärtig kommen Sie mir mit Ihren Umfragen wie ein wunderbar anzuschauendes Soufflé im Ofen vor. Wir werden sehen, was von der Größe in den letzten drei Wochen tatsächlich übrig bleibt, wenn der Souverän da hineinpiekst.«[499]

Bevor der Souverän da hineinpiksen, bevor der Wähler also an die Urnen gehen kann, sind noch erhebliche Hürden zu nehmen. Vor allem muss der Bundespräsident den Vorschlag des Bundeskanzlers aufgreifen und den Bundestag auflösen. Bis dahin ist die Bundesregierung im Amt, und das bringt Gerhard Schröder in einige Verlegenheit. Denn zum einen will die Regierung ihre Arbeit tun, zum anderen aber gilt es den Eindruck uneingeschränkter Handlungsfähigkeit zu vermeiden. Das war schon auf dem Weg zur Abstimmung über den Antrag des Kanzlers schwierig genug. Immerhin wollte er ja möglichst viele Abgeordnete der Regierungsfraktionen, allen voran seiner eigenen Partei, dahin bringen, ihm keinesfalls das Vertrauen auszusprechen. Verkehrte Welt.

Die Abgeordneten der Koalition scheinen sogar Gefallen daran zu finden, der eigenen Regierung die Handlungsfähigkeit zu attestieren. Auch deshalb hatte eine kurz zuvor einberufene Ministerrunde die Beratungen des Haushalts ein weiteres Mal vertagt. Dass man auf diese Weise um den Offenbarungseid herumkommt und nicht öffentlich eingestehen muss, dass das Defizit um 15 über den vom Finanzminister veranschlagten gut 50 Milliarden Euro liegt, ist willkommener Nebeneffekt. Einen Tag, bevor der Kanzler die Vertrauensfrage stellt, verabschiedet der Bundestag etliche Gesetze in 2. beziehungsweise 3. Lesung – sämtlich mit rot-grüner Mehrheit, viele auch mit den Stimmen der Opposition. Wie sollen da der Bundespräsident oder gegebenenfalls auch das Bundesverfassungsgericht von der nicht mehr vorhandenen Handlungsfähigkeit der Koalition überzeugt werden?

Tatsächlich stimmen am 1. Juli immer noch 151 Abgeordnete mit Ja, sprechen also dem Kanzler, wie von diesem erfragt, das Vertrauen aus – bei 148 Enthaltungen und 296 Nein-Stimmen. Einer von denen, die dem Kanzler das Vertrauen nicht versagen wollen, ist Klaus Kirschner, seit 43 Jahren Mitglied der SPD, seit 29 Jahren Mitglied des Deutschen Bundestages und zurzeit Vorsitzender des Ausschusses für Gesundheit und Soziale Sicherung. Vor allem eines seiner Argumente lässt sich schlechterdings nicht von der Hand weisen: »Auch wenn wir die von Ihnen und Franz Müntefering angestrebte Neuwahl im Herbst gewinnen«, schreibt er Ende Juni dem Kanzler, »ändert sich an den Mehrheitsverhältnissen im Bundesrat und Vermittlungsausschuss nichts. Blockade bleibt Blockade.«[500] So sieht das auch Theo Sommer, Editor-at-Large der *Zeit*, der sich unter solchen Umständen des Kanzlers »Wiederwahl nicht wirklich als wünschenswert vorstellen« kann: »Die Bundesratsmehrheit … wäre aus Trotz und Verbitterung noch stärker auf Blockade versessen, und die eigene Partei bliebe wohl genauso widerspenstig, wenn nicht noch schwerer zu zähmen.«[501]

Weil der Ball jetzt beim Bundespräsidenten liegt und alle Welt sich fragt, wie der entscheiden wird, unterzieht Horst Köhler den Vorschlag Gerhard Schröders, den Bundestag aufzulösen, einer intensiven rechtlichen und politischen Prüfung. Ob die nötig oder auch nur »zulässig« ist, sei dahingestellt. Im Herbst 1982, als Helmut Kohl Neuwahlen anstrebte, hatte sich der Bundestagsabgeordnete Gerhard Schröder nicht nur nachdrücklich für den »Weg über Artikel 68 Grundgesetz« ausgesprochen, sondern auch ohne Wenn und Aber argumentiert: »Steht fest«, dass der Bundeskanzler »das Vertrauen der Mehrheit nicht erhalten hat, ist es gleichgültig, aus welchen Motiven die Abgeordneten gehandelt haben. Eine Motivforschung ist nicht zulässig.«[502]

Horst Köhler sieht das anders. In dem Katalog mit neun Fragen, die der Chef des Bundespräsidialamtes, Michael Jansen, am 4. Juli dem Chef des Kanzleramtes zukommen lässt, geht es auch um das Abstimmungsverhalten der roten und grünen Abgeordneten in den letzten Tagen. So lässt der Bundespräsident über seinen Staatssekretär bei Frank-Walter Steinmeier anfragen, ob tatsächlich »von einer politischen Instabilität im Sinne des Art. 68 GG ausgegangen werden« könne, »wenn noch am Tag vor der Vertrauensabstimmung ca. 40 Gesetze eine ausreichende Mehrheit der Regierungsfraktion erhalten«. Und überhaupt: »Welche Bedeutung haben die bisherigen Abstimmungsmehrheiten der Koalition (mind. 29 × Kanzlermehrheit)?« Wie schließlich »ist es zu beurteilen, dass zahlreiche Abgeordnete der Regierungskoalition nach der Ankündigung des Kanzlers, die Vertrauensfrage zu stellen, dem Kanzler öffentlich ihr Vertrauen ausgesprochen haben«?[503]

Fragen über Fragen, die vor allem eines deutlich machen: Hier geht es nicht in erster Linie um eine verfassungsrechtliche, sondern um eine genuin politische Entscheidung. Natürlich setzt sich Frank-Walter Steinmeier in seiner ausführlichen Antwort dezidiert mit der Rechtslage auseinander, bezieht sich dabei vor allem auf das Grundsatzurteil des Bundesverfassungsgerichts vom 16. Februar 1983 und nutzt dieses, um die Entscheidung des Kanzlers politisch zu erläutern und zu begründen: »Der Bundeskanzler muss nicht warten, bis er seine parlamentarische Mehrheit verloren hat; er kann die Vertrauensfrage schon dann stellen, wenn klar vorherzusehen ist, dass die seine Politik bisher tragende Mehrheit nicht mehr verlässlich ist und verloren zu gehen droht.« Und eben das, so sehen es der Kanzler und sein Amtschef, ist jetzt der Fall.[504] Zu den Hinweisen, welche die weitere Handlungsfähigkeit in Frage stellen, zählen neben der »Veränderung der Mehrheitsverhältnisse im Bundesrat« zuungunsten der Reformpolitik vor allem »innere Spannungen und Konflikte um die richtige Richtung in den regierenden Parteien und Fraktionen« und nicht zuletzt: »Gefahr der Abwanderung von SPD-Mitgliedern zu einer linkspopulistischen Partei«.

Das ist die Lage. Tatsächlich gibt es in diesen Tagen nicht viele, die ernsthaft damit rechnen, dass sich der gewaltige Vorsprung der Oppositions- vor den Koalitionsparteien noch einholen ließe. Bei gerade einmal 25 Prozent sichten die Meinungsforscher die deutsche Sozialdemokratie, eine Prognose, die dem Aderlass bei den Mitgliedern entspricht. Fast 170 000 Genossen haben der Partei den Rücken gekehrt, seit Gerhard Schröder Bundeskanzler ist, darunter viele Prominente, einen vormaligen Parteivorsitzenden eingeschlossen. Auf der anderen Seite sehen viele Angela Merkel sogar mit einer komfortablen christlich-liberalen Mehrheit ausgestattet ins Kanzleramt einziehen. Das hat zur Folge, dass die Regierungsparteien einen Oppositions- und damit einen Angriffswahlkampf führen werden. Keine schlechte Situation für Typen wie Gerhard Schröder und Joschka Fischer, denen die aus wenig aussichtsreicher Lage heraus vorgetragene Attacke liegt.

Bei den Sozialdemokraten gibt es eine konzentrierte Neuauflage der Kampa. Das strategische und operative Zentrum des Wahlkampfs ist Franz Müntefering, Partei- und Fraktionsvorsitzender sowie – da Benneter praktisch ausfällt – Generalsekretär der SPD in einem. Sein wichtigster Mitarbeiter ist Karl Josef (»Kajo«) Wasserhövel. Der studierte Historiker, Philosoph und Soziologe, Jahrgang 1962, ist seit Mitte der neunziger Jahre im engeren Umfeld und in verschiedenen Funktionen bei Müntefering tätig. Seit Ende März 2004 ist Wasserhövel Bundesgeschäftsführer der SPD, seit Juni 2005 leitet er den Wahlkampf, für den rund 25 Millionen Euro zur Verfügung stehen, etwas weniger als drei Jahre zuvor.

Die Planung und Umsetzung der Kampagne liegt bei der Agentur Butter, die sich Mitte Juni in einem Hotel um die Ecke des Willy-Brandt-Hauses einquartiert und in der Nähe drei weitere Wohnungen anmietet. Einer der Beteiligten hat später ein Tagebuch dieser Wochen veröffentlicht und beschrieben, wie die Ausgangslage war: »Eine zerrissene Partei, ein Kanzler, der seiner eigenen Fraktion nicht traut, eine Kette fulminant verlorener Landtagswahlen und jetzt ein Harakiri-Kommando, wie es die Republik noch nicht gesehen hatte. Wer sich von so einer Konstellation motivieren lässt, für die SPD in den Wahlkampf zu ziehen, der muss schon gehörig einen an der Waffel haben.«[505]

Unmittelbar nach der Entscheidung des Bundestages, dem Kanzler zu folgen und vorgezogene Wahlen herbeizuführen, beschließt das Präsidium der SPD ein Wahlprogramm, das allerdings nicht als solches firmiert, sondern als »Wahlmanifest« daherkommt, im Wesentlichen von Müntefering und Wasserhövel stammt und den Titel »Vertrauen in Deutschland« trägt. Einige Forderungen der Parteilinken, wie die nach grundlegenden Korrekturen der Hartz-Gesetze oder auch nach einer Besteuerung von Veräußerungsgewinnen, haben keine Aufnahme gefunden, andere hingegen schon: So sollen die Einkommenssteuer bei einem Einkommen von mehr als 250 000 Euro für Ledige und mehr als 500 000 für Verheiratete um 3 Prozentpunkte angehoben, ein gesetzlicher Mindestlohn ins Auge gefasst und ein Elterngeld eingeführt werden. Ausdrücklich vom Tisch ist eine Erhöhung der Mehrwertsteuer, die aus den Reihen der Unionsparteien ins Gespräch gebracht wird und im Grunde auch bei den Sozialdemokraten längst beschlossene Sache ist.

Richtig loslegen können sie erst am 22. Juli. An diesem Tag gibt der Bundespräsident bekannt, er habe »heute den 15. Deutschen Bundestag aufgelöst und Neuwahlen für den 18. September angesetzt«,[506] gut vier Wochen später weist das Bundesverfassungsgericht die Klage zweier Bundestagsabgeordneter gegen diese Entscheidung zurück. Das heißt: Nicht einmal acht beziehungsweise vier Wochen haben Gerhard Schröder und seine Leute noch Zeit, das schier Unmögliche zu schaffen, den Trend zu wenden und womöglich doch noch als Sieger aus der Wahl hervorzugehen.

Entscheidend für das Schicksal des Kanzlers sind nicht die Oppositionsparteien und ihre Herausforderin. Sie spielen eine Rolle, aber nicht die maßgebliche. Entscheidend ist die sich formierende Linke. Wenn es Profiteure dieser unkalkulierbaren Situation gibt, dann sind es das Wahlbündnis aus PDS und WASG und ihr neuer alter Held Oskar Lafontaine, »der selbsternannte Rächer von der Saar«.[507] Sie machen, wie die Berichterstatter der *Welt* unmittelbar nach der Auflösung des Bundestags beobachten, »aus Schröders kleinerem Übel seinen größten anzunehmenden Unfall. Oder wie der Grüne Walter Schulz … gesagt hat: ›Schröder hat all das erreicht, was er verhindern wollte.‹«[508]

Und dann hat Schröder auch noch Pech. Am 13. Juli empfiehlt das Präsidium des VW-Aufsichtsrates einstimmig, das Rücktrittsangebot von Peter Hartz als Personalvorstand anzunehmen. Hintergrund ist eine Schmiergeldaffäre, die hier nicht von Belang ist. Als Hartz im Januar 2007 wegen Untreue und Begünstigung von Betriebsräten zu einer Freiheitsstrafe von zwei Jahren auf Bewährung und einer Geldstrafe von gut einer halben Million Euro verurteilt wird, ist Schröder nicht mehr im Amt. An seiner »Loyalität« zu seinem ehemaligen Ratgeber ändert die Verurteilung nichts.[509] Die Geschichte, die sich während des Wahlkampfes vor den Augen einer staunenden Öffentlichkeit entfaltet, hat zwar »nicht mit dessen Ratschlägen an den Bundeskanzler zu tun«, aber natürlich ist sie »von ungeheuerer politischer Kraft«: »Eine Hartz-Affäre mitten in den Vorbereitungen auf die Neuwahl«, befindet der Beobachter der *FAZ*, »ist fast das Schlimmste, was Schröder zustoßen konnte.«[510] So hätte es kommen können, wenn sich der Wahlkampf tatsächlich, wie von Schröder angekündigt, um seine Reformpolitik mit ihrem umstrittenen Zentrum, den Hartz-Gesetzen, gedreht hätte.

Dass es nicht dahin kommt, liegt auch an Angela Merkel beziehungsweise an ihrer Partei, in der manche »nicht wollen«, dass sie es schafft. Die aus diesen Reihen angekündigte Mehrwertsteuererhöhung ist für die Herausforderin ein schwerer Schlag, lässt sie sich doch von den Sozialdemokraten leicht als »Merkelsteuer« verkaufen. Der Druck der eigenen Leute, sagt Merkel, ist auch dafür verantwortlich, dass sie Mitte August mit Paul Kirchhof einen Finanz- und Steuerexperten für ihr »Kompetenzteam« aus dem Hut zaubert, den kaum jemand auf der Rechnung hatte.[511] Der Finanz- und Steuerrechtler an der Universität Heidelberg ist einer breiteren Öffentlichkeit vor allem aus seiner Zeit als Bundesverfassungsrichter während der Jahre 1987 bis 1999 ein Begriff.

In der Politik ist Kirchhof hingegen ein unbeschriebenes Blatt, und das rächt sich bald. Denn mit seinen Vorschlägen zur Rentenversicherung und seiner nie konkretisierten Ankündigung, alle »418 Subventionen und Ausnahmezustände im Einkommen- und Körperschaftsteuerecht … soweit als möglich« abzuschaffen,[512] liefert Kirchhof dem Kanzler eine Steilvorlage nach der anderen. Seit er seine Pläne vorgestellt hat, ist kaum noch von den Ungerechtigkeiten der Schröderschen Reformpolitik, wohl aber von der sozialen Kälte der Vorhaben des »Professors aus Heidelberg« die Rede. Außerdem bringt der etwas zustande, was Wochen zuvor noch als wenig wahrscheinlich galt, nämlich einen vorsichtigen Schulterschluss der Gewerkschaften mit dem Kanzler. Angesichts der drohenden Konsequenzen aus Kirchhofs Programm, wie zum Beispiel der geplanten Streichung der Steuerfreiheit von Schicht- und Nachtzuschlägen, hat Schröder nach einem Treffen mit Spitzen der Gewerkschaften zehn Tage vor der Wahl keinen Zweifel, dass die SPD deren »bevorzugte Partei« ist.[513]

Richtig ist, dass sich in diesem Jahr Regierung und Gewerkschaften immer wieder einmal aufeinander zubewegt haben. So hatte Innenminister Otto Schily im Februar einen Tarifabschluss im öffentlichen Dienst für den Bund und die Kommunen unter Dach und Fach gebracht. Das ist schon deshalb bemerkenswert, weil die Verhandlungen ohne größere Streiks, unter denen die Bevölkerung im Allgemeinen sehr zu leiden hat, zum Erfolg geführt wurden. Überdies konnte Schily, dessen überragende Bedeutung für den Kanzler und seine Regierung damit wieder einmal deutlich wurde, eine fast zweijährige Laufzeit vereinbaren, und das heißt: Auch 2006 wäre der Bundestagswahlkampf aller Voraussicht nach von dieser Seite her nicht belastet worden.

Vorübergehend sah es in diesen ersten Wochen des Jahres sogar so aus, als könne es zu einer Wiederaufnahme des Dialogs zwischen den Gewerkschaften und der Sozialdemokratie kommen. Ende Februar und Ende April 2005 hatte sich der Kanzler zu Gesprächen mit den Vorsitzenden der Einzelgewerkschaften getroffen, und dass er den Wirtschafts- und Arbeitsminister dazuholte, sprach für seine Bereitschaft, den Gewerkschaften entgegenzukommen. In deren Reihen empfand allerdings mancher den Auftritt Wolfgang Clements eher als Provokation und als Versuch, die vorsichtige Wiederannäherung gerade zu sabotieren. Jürgen Peters wundert sich noch in der Rückschau, dass der Kanzler sich das »bieten« ließ.

Und auch Gerhard Schröder selbst hinterlässt beim Vorsitzenden der IG Metall nicht den Eindruck, als suche er den Schulterschluss. Vielmehr geht der Kanzler in der Wahrnehmung der Gewerkschafter davon aus, dass sie ohnehin »keine Alternative« haben und ihn wählen werden. Peters sieht darin wieder jenen Hang zum »Übermut«, den er schon während der gemeinsamen Hannoveraner Zeit gelegentlich beobachtet hatte: Gerhard Schröder ist »überzeugt, dass es keinesfalls ohne ihn gehen wird«.[514] So nimmt das nicht nur Peters wahr, und vielleicht ist es ja auch so, dass man ohne diese Einstellung nicht in eine derart aussichtslose Schlacht ziehen kann, wie sie jetzt vor Gerhard Schröder liegt.

Kaum hat der Bundespräsident grünes Licht gegeben, läuft der Kanzler zur Hochform auf und schlüpft in die Rolle, die ihm liegt wie keine andere. Beginnend mit einem abendlichen Auftritt bei Sabine Christiansen am 31. Juli, wo er gleich »ein halbes Dutzend Diskutanten, die ihm doch eigentlich einen geigen« wollten, »charmiert«,[515] steuert er unbeirrt das als unerreichbar geltende Ziel an. Angesichts der Ausgangslage ist Gerhard Schröder der Herausforderer, verlangt zum Beispiel von Angela Merkel ein zweites exklusives Fernsehduell, was diese ablehnt, aber dann doch in anderer Form über sich ergehen lassen muss: Weil Franz Müntefering wegen der Teilnahme an der Beisetzung von Peter Glotz kurzfristig absagen muss, lässt Regierungssprecher Béla Anda die Öffentlichkeit und mit ihr die herausgeforderte Herausforderin wissen, dass der Kanzler sechs Tage vor der Wahl in der ARD »an Stelle« Münteferings zum »Streitgespräch« der Parteivorsitzenden kommen werde.[516]

Was sich Gerhard Schröder zumutet, ist unglaublich. Dabei ist in diesem Jahr der Sommerurlaub gestrichen worden, lediglich in der letzten Juliwoche hat sich der Kanzler »ein paar freie Tage« gegönnt, die er bei der Familie in Hannover verbracht, allerdings »in dringenden Ausnahmefällen« unterbrochen hat.[517] Erstaunlich, dass er das durchhält, dass er nicht einmal einen Aussetzer hat oder gar kollabiert wie der völlig erschöpfte Parteivorsitzende Franz Müntefering Ende August bei einer Veranstaltung im Saarland. Zum Glück ist es kein Herzinfarkt, aber »Symbolkraft hat es natürlich dennoch, wenn der General mitten in der Schlacht zusammensackt«, und das vor aller Augen.[518]

Für Schröders Großkundgebungen sind drei Bühnen in der Dimension eines Rockkonzerts gleichzeitig im Land unterwegs, Hunderte von Helfern sind im Einsatz. Mehr als 100 Wahlkampfveranstaltungen werden es schließlich sein, gut 60 waren es 2002. Wieder einmal zeigt sich, welche Kräfte dieser Gerhard Schröder mobilisieren kann, wenn es um alles oder nichts geht. Das kennt er und das kann er, seit er sich behaupten muss, und behaupten muss er sich von Kindesbeinen an. Daher wirkt er jetzt auch nicht verkrampft oder gar verbissen, sondern ganz im Gegenteil gelöst und entspannt, dabei schlagfertig und konzentriert. Als er sich für diese vorgezogene Schlacht entschied,

Siegesgewiss: Vier Wochen vor der Bundestagswahl ist sich Angela Merkel sicher, dass sie Gerhard Schröder schlagen wird. Hier besuchen die beiden den ökumenischen Abschlussgottesdienst beim Besuch von Papst Benedikt XVI.

war ihm natürlich klar, dass er scheitern könnte. Aber seit die quälende Zeit des Wartens vorbei ist und der Kampf begonnen hat, ist kein Zweifel mehr erlaubt. Jetzt gibt es nur den Blick nach vorn – auf ein Ziel, von dem außer ihm kaum jemand glaubt, dass er es erreichen kann. Wie es tatsächlich in ihm aussieht, weiß keiner – vom kleinen Kreis der engsten Vertrauten einmal abgesehen.

Am 31. August läuten die Genossen mit einem außerordentlichen Parteitag in Berlin die letzte und heiße Phase des Wahlkampfes ein. Im Mittelpunkt der Veranstaltung steht natürlich der Kanzler. Der spricht auch von seiner Reformpolitik und davon, dass diese zu greifen beginne. Vor allem aber schießt er sich auf die ein, die ihn beerben wollen, warnt vor dem Abschied von der Sozialen Marktwirtschaft, vor sozialem Kahlschlag und einer kalten und unmenschlichen Gesellschaft, vor der Gefährdung des inneren Friedens – kurzum vor einem Szenario, mit dem die Deutschen zu rechnen haben werden, falls Angela Merkel und Guido Westerwelle mit »diesem Professor aus Heidelberg« das Ruder übernehmen sollten.

Anderthalb Stunden lang bringt er die 500 Delegierten sowie viele Hundert Gäste und Sympathisanten in Fahrt, und die danken es dem Kanzler, indem sie seine Rede 117 Mal mit Beifall unterbrechen und ihm abschließend eine vierzehnminütige Ovation gönnen – wie die in großer Zahl anwesenden

Pressevertreter penibel mitzählen. Unter denen, die gekommen sind, um den Kanzler zu unterstützen, sieht man auch viele, die solche Schlachten längst hinter sich haben, darunter ganz vorne in der ersten Reihe Erhard Eppler und Hans-Jochen Vogel. Sie spüren, dass der Kanzler seiner Partei in dieser Situation so nahe ist wie vielleicht nie zuvor, sieht man einmal von dem Moment ab, als er sich vor anderthalb Jahren vom Parteivorsitz zurückzog.

»Alle, die man hört, sind *wirklich* begeistert. Das war (schon wieder mal) Deine beste Rede. Auch die Presse ist irritiert. Sie müssen die vorbereiteten Artikel umarbeiten. Toll! Herzlichen Glückwunsch«, schreibt Sigrid Krampitz auf einen Zettel, den sie Schröder zuschiebt. Der zeigt deutliche Zeichen jener Erschöpfung, die man empfindet, wenn man sich völlig verausgabt und dabei die Leute gepackt und mitgenommen hat – dreht den Zettel um und notiert: »Liebe Sigrid, kannst Du mir ein Wasserglas, gefüllt mit trockenem *Weißwein* so bringen, daß er nicht sichtbar ist?«[519]

Zu den vielen Journalisten, die den Auftritt verfolgen, gehört auch Jürgen Leinemann. Seit über 20 Jahren begleitet er das »Kraftwerk in eigener Sache« jetzt schon, mal sehr eng, mal eher aus der Ferne, immer aber mit einer Grundsympathie für den Aufsteiger und Kämpfer. Jetzt, als es darauf ankommt, nimmt er sich den »staunenswerten politischen Karrieristen« noch einmal für ein Porträt vor, das knapp zwei Wochen vor der Wahl im *Spiegel* erscheint. Erstmals beobachtet er bei Schröder neben der ungeheuren Kampfkraft eine »melancholische Heiterkeit, die Einsamkeit verrät und Enttäuschung, aber auch Triumph und Sicherheit. Es ist nicht schwer, den jungen Schröder darin wiederzuerkennen, der antritt wie zu einem Spiel. Es ist aber ganz unmöglich, einen im Amt gereiften Schröder zu übersehen, der auftritt, als wäre er mit sich im Reinen … Heute hätte er womöglich das Zeug zu einem Kanzler, wie ihn Deutschland schon 1998 gebraucht hätte!«[520]

Leinemann ist einer der ganz wenigen seiner Zunft, die Gerhard Schröder nicht niedermachen. Spätestens seit der Bundespräsident die Ampel auf Grün gestellt hat, ist die überwältigende Mehrheit der Medien wenn auch nicht unbedingt für Angela Merkel, so aber doch mehr oder weniger unzweideutig gegen Gerhard Schröder in Stellung gegangen. Was diese Schlachtordnung bedeutet, weiß man, wenn man sich an den Wahlkampf des Jahres 2002, vor allem aber an die Kampagne von 1998 erinnert. Damals haben selbst diejenigen, denen für gewöhnlich keine allzu große Nähe zur deutschen Sozialdemokratie nachgesagt werden kann, einiges dazu beigetragen, deren Hoffnungsträger ins Kanzleramt zu befördern. Letztlich waren alle froh, dass den zuletzt bleiernen Jahren der Ära Kohl ein Ende gemacht wurde. Jetzt sieht es so aus, als wollten die Medien nach nur sieben Jahren die bleierne Ära Schröder beenden.

Allerdings hat der Kanzler einen erheblichen Anteil an dieser Entwicklung. Er ist dünnhäutig geworden, und das nicht erst unter dem Eindruck der wenig freundlichen Berichterstattung dieses Wahlkampfs. Schon am Tag nach der knapp gewonnenen Bundestagswahl des Herbstes 2002 hatte Gerhard Schröder im Präsidium seiner Partei gesagt, »angesichts der üblen Kampagne der Springer-Presse sollte das Verhältnis der SPD zu diesem Verlag überdacht werden«.[521] Im Februar 2004 hatte er die SPD-Fraktion davor gewarnt, mit Journalisten des Springer-Verlages zu sprechen. »Die wollen uns kaputtmachen«, soll er betont und dabei namentlich *Bild* im Visier gehabt haben. Das Beschlussprotokoll verzeichnet diese Aufforderung zwar nicht, von der die *FAZ* erfahren haben will.[522] Tatsächlich hatte der Kanzler wenig später entschieden, unter anderem Vertreter von *Bild* und *Stern* künftig nicht mehr auf Auslandsreisen mitzunehmen, und gleich bei der nächsten Amerikareise ein entsprechendes Exempel statuiert. Das war nicht besonders klug, denn in beiden Fällen kappte Schröder ohne Not die Verbindungen zu Medien, die ihm lange Zeit auf die eine oder andere Weise verbunden waren: »Gerhard Schröder konnte Bild-like formulieren wie kaum ein anderer Politiker vor oder nach ihm«, weiß der Chefredakteur: »Seinen Regierungssprecher holte er sich von Bild. Und selbst seine Frau Doris hatte bei Bild gearbeitet.« Außerdem reisen die Redakteure »einfach hinterher«.[523]

Der Boykott ist nicht irgendeiner Laune entsprungen, sondern lässt tief blicken. Professionelle Beobachter wie Günter Bannas und Kurt Kister, Jürgen Leinemann oder Ulrike Posche, die seit Jahren nah an Schröder sind, sehen in dieser Aktion einen weiteren Beleg für die Entwicklung, die seine Persönlichkeit im Amt genommen hat. Aus dem jovialen, kumpelhaften Typen der ersten Jahre ist ein verschlossener, nicht selten auch mürrischer Mann geworden, der sich mit einigen Vertrauten in seinem Amtssitz wie in einer »Wagenburg« verschanzt und alles abwehrt, was sich in tatsächlich oder vermeintlich feindlicher Absicht nähert[524] – mit einer Mischung aus »Argwohn und Verbitterung, Hochmut und Abneigung« nicht zuletzt gegenüber jenen Journalisten, die ihn lange begleitet haben.[525] Ähnliches beobachten viele übrigens einige Ecken weiter, wo sich Joschka Fischer, umgeben von einigen wenigen Mitstreitern, im Ministerflügel seines Amts verbarrikadiert hat. Für die Öffentlichkeit ist das kaum erkennbar, zumal beide ja, als es im Wahlkampf um alles oder nichts geht, ungemein präsent sind.

Im Frühjahr 2004 kam es, wie es kommen musste, nämlich zu einer Solidarisierung selbst solcher Redaktionen mit den Betroffenen, die unter anderen Umständen *Bild* bestenfalls mit spitzen Fingern anzufassen pflegen. »Verbittert. Desillusioniert. Um sich schlagend«, sieht die *Süddeutsche Zeitung*, eigentlich eine wohlmeinende Beobachterin, den Kanzler in diesen Tagen: »Einer, der sogar glaubt, es könne ihm nutzen, den georteten Feind *Bild*-Zeitung aus der Axel Springer AG mit einem Interview-Boykott zu belegen ... Es sind Szenen eines Zwangs-Managements wie bei Vorgänger Helmut Kohl, der jahrelang den *Spiegel* mied.« Prompt wandte sich eine Gruppe von Chefredakteuren brieflich an den Vorsitzenden der Bundespressekonferenz und wies darauf hin, dass so etwas »jedem anderen Journalisten im Falle missliebiger Berichterstattung ebenfalls passieren« könne.[526]

Gewiss, die akute Krise ist überwunden worden, und natürlich spricht der Kanzler auch wieder mit *Bild*. Vor allem aber sieht er davon ab, gegen das Blatt vorzugehen, als *Bild* am 14. August 2004 gegen den Komment verstößt und ein Foto Gerhard Schröders am Grab seines gefallenen Vaters zeigt.[527] Das Grab war 1978 entdeckt worden. Im Frühjahr 2001 hat die Familie davon Kenntnis erhalten, und im Juli dieses Jahres sind der Volksbund Deutsche Kriegsgräberfürsorge und Schröder übereingekommen, dass der Volksbund »in Verbindung mit der Gemeinde und der orthodoxen Kirche die dauerhafte Pflege« des Grabes sichern werde. Weil sein Vater dort mit zehn Kameraden begraben liegt, lehnte der Bundeskanzler das Angebot des rumänischen Ministerpräsidenten ab, ihn nach Deutschland umzubetten: Er verstehe die Angelegenheit als eine private und wolle hierfür keine besondere Hilfe in Anspruch nehmen. Die Grabstätte solle wie andere Kriegsgräber behandelt werden. Wie hätte die Umbettung auch durchgeführt werden können, fragt er Jahre später: »Mit einer Genanalyse? Das macht man doch nicht.«[528]

Ursprünglich war geplant, dass der Kanzler das Grab noch im selben Jahr erstmals besucht,[529] und zwar anlässlich eines Gesprächs mit dem rumänischen Ministerpräsidenten; die Öffentlichkeit sollte von diesem sehr persönlichen Gang nichts erfahren. Aber dann scheitert der Besuch an den Folgen der Terroranschläge des 11. September 2001. Erst im August 2004, sechs Jahrzehnte nach dem Tod des Vaters, steht Gerhard Schröder an dessen Grab. Weil *Bild* nicht nur die ostdeutschen Cousinen, sondern mit diesen auch das verschollen geglaubte Grab von Schröders Vaters aufgespürt hatte, nimmt sich das Blatt jetzt das Recht auf dieses Bild, für das der Fotograf tagelang in den Büschen gelegen hat. Allerdings hätte Kai Diekmann es nicht gedruckt, hätte das Kanzleramt Einspruch eingelegt.[530] Für einen Augenblick hält die Republik den Atem an, eben weil das Bild nicht gestellt wirkt und schon gar nicht bestellt ist. »Dieser einen Aufnahme gelingt alles«, kommentiert die im Übrigen nicht zum Pathos neigende *FAZ*.[531]

Obgleich der Kanzler also nichts dagegen unternommen und schließlich den Kontakt zu den zeitweilig verfemten Medien wieder aufgenommen hat, renkt sich das Verhältnis nie wieder ganz ein, schon weil die Schröders auch jetzt bei ihrer Linie bleiben, im Zweifelsfall gegen eine aus ihrer Sicht falsche Berichterstattung vorzugehen. So fordert Doris Schröder-Köpf wenige Tage, bevor ihr Mann am 1. Juli im Parlament die Vertrauensfrage stellt, vom *Stern* eine ganze Reihe von Unterlassungen und eine Richtigstellung vor allem der Behauptung, sie habe den Kanzler dazu gedrängt, diese Vertrauensfrage zu stellen. Der Artikel aus der Feder von Ulrike Posche, die den Kanzler ziemlich gut kennt und der Gerhard Schröder früher einmal Einblicke in sein Inneres gegeben hat wie kaum einer zweiten Berichterstatterin, zeugt von intimer Kenntnis der Szene.[532] Aber natürlich war sie nicht dabei, als Doris Schröder-Köpf die Lage mit ihrem Mann besprochen hat. Ob es dennoch klug ist, wieder einmal die Anwälte zu bemühen, sei dahingestellt, auch wenn die Kanzlergattin im April 2006 vor Gericht obsiegt. Sicher ist, dass die Meldungen über die rechtlichen Schritte die Geschichte wieder dorthin befördern, wo sie gerade nicht hinsoll: in die Schlagzeilen.

Sicher ist aber auch, dass es solcher Meldungen nicht mehr bedarf, um in der heißen Wahlkampfphase eine geschlossene Medienfront gegen Gerhard Schröder aufzubauen. Sie ist längst da, und dass sie nicht zuletzt von den Hamburger Blättern, allen voran vom *Spiegel*, gebildet wird, macht sie besonders gefährlich. Auch deshalb, weil die Printmedien in diesem Wahlkampf noch einmal eine bedeutende, wenn nicht die entscheidende Rolle spielen. Natürlich kann keiner am Fernsehen vorbei. Aber man muss eben auch in Rechnung stellen, dass es 2002 erstmals überhaupt ein sogenanntes Fernsehduell zwischen den Spitzenkandidaten gegeben hat. Die Deutungshoheit erhalten dieses Medium und in rasantem Tempo dann auch das Internet erst mit dem Wahlkampf im Herbst 2009.

Die Empörung und die Wut über die Verschwörung der Medien, die der Kanzler zu beobachten glaubt, muss er einstweilen unterdrücken, was zur Folge hat, dass sich in dem Mann ein enormer Druck aufbaut und man sich fragt, wann der Deckel von diesem Kessel fliegt. In der Wahlnacht weiß man es, und Millionen werden Zeugen sein. Was die Situation, bis es so weit ist, erträglich macht, sind die loyalen Weggefährten. Allzu viele sind es nicht mehr, denn kaum einer rechnet mit einem Verbleib Gerhard Schröders im Kanzleramt. Also gehen sie einer nach dem anderen von der Fahne. Die einen stiekum, andere, wie Heinrich von Pierer, offen. Der Aufsichtsratsvorsitzende von Siemens hat den Kanzler in seinen Funktionen als Vorstandsvorsitzender des Konzerns oder auch als Vorsitzender des Asien-Pazifik-Ausschusses der deutschen Wirtschaft auf etlichen großen Auslandsreisen begleitet und nicht zuletzt dank dieser Auftritte und Verbindungen manchen Auftrag für sein Unternehmen an Land gezogen. Jetzt folgt er einem Ruf der Herausforderin in deren Beraterstab, ist sogar, bis er absagt, als Wirtschaftsminister im Gespräch:[533] »Heinrich, mir graut vor dir«, ruft Schröder ihm nach.

Aber natürlich ist das von beiden Seiten nicht das letzte Wort. Dafür kennt man sich zu gut. Nach geschlagener und verlorener Schlacht stimmt auch von Pierer in den einstimmigen Chor führender Repräsentanten der deutschen Wirtschaft ein und dankt Schröder für seine Aufgeschlossenheit und sein Engagement, die man »durchaus nicht als Selbstverständlichkeit« betrachtet habe.[534] Schröder wiederum zeigt sich wie schon im Falle von Peter Hartz loyal, als Heinrich von Pierer im Frühjahr 2007 wegen einer Schmiergeldaffäre, in die er selbst nicht involviert ist, seinen Posten als Aufsichtsratsvorsitzender von Siemens aufgibt. Pierer weiß sehr wohl, was es heißt, dass Schröder auch in dieser »allerschwierigsten Zeit« zu seiner »Resozialisierung« beigetragen hat, wie der sich auszudrücken pflegt.[535]

Allerdings gibt es, als Gerhard Schröder im Herbst 2005 politisch mit dem Rücken zur Wand steht, auch die anderen, die nicht von der Fahne gehen, sondern den Kanzler selbst in dieser scheinbar aussichtslosen Situation öffentlich unterstützen. Dazu gehören zum Beispiel die Vorstandsvorsitzenden der Unternehmen, die an der Ostseepipeline, also am fünften sogenannten deutsch-russischen Erdgas-Röhren-Geschäft, beteiligt sind, und der russische Präsident Wladimir Putin. Der bestätigt Mitte August in einem Telefonat mit dem Kanzler nicht nur den Ort und den Termin, an dem der Vorvertrag unterzeichnet werden soll, sondern auch, dass die »Initiative von den beteiligten Erdgas-Unternehmen ausgegangen ist«.[536] Dass der Präsident zur Unterzeichnung des Vorvertrages durch diese Unternehmen am 8. September eigens nach Berlin reist, ist ein Freundschaftsbeweis, den Schröder nicht vergisst.

Zu den überschaubaren Signalen, die in diesen Tagen und Wochen aus den Reihen der deutschen Wirtschaft kommen, zählt eine ganzseitige Anzeige, die von knapp 30 ihrer Vertreter unterzeichnet und Ende August 2005 unter der Überschrift »Starker Kanzler, starke Wirtschaft« in großen Tageszeitungen geschaltet wird. Die meisten von ihnen sind Mittelständler oder auch ehemalige Politiker, die in die Wirtschaft gewechselt sind, wie zum Beispiel Alfred Tacke, Weggefährte Schröders seit gemeinsamen Hannoveraner Zeiten und vormaliger Staatssekretär im Bundeswirtschaftsministerium, der Ende 2004 zur RAG-Tochter STEAG gegangen, also gewissermaßen zu seinem vormaligen Chef Werner Müller zurückgekehrt ist, der die jetzt als RAG firmierende vormalige Ruhrkohle AG leitet. Und selbstverständlich freut es den Kanzler, wenn auch der eine oder andere politische Weggefährte seine Unterstützung nicht nur vor laufender Kamera routiniert abspult. So Franz Müntefering und Wolfgang Clement, die sich zur Abwechselung mal einig sind und Gerhard Schröder unabhängig voneinander schreiben. »Was ich dazu beitragen kann«, den »Weg trotz mancher Widrigkeiten entschlossen fortzusetzen …, werde ich tun«, versichert ihm der Partei- und Fraktionsvorsitzende. »Wo immer ich kann, werde ich Dich mit allem, was mir gegeben ist, unterstützen«, signalisiert ihm der Wirtschafts- und Arbeitsminister.[537]

Schließlich sind da noch diejenigen, die Gerhard Schröder unterstützen wollen, aber nicht dürfen. Zum Beispiel Hannelore Elsner. Die Schauspielerin hätte den Kanzler »so gerne« mit ihrer »Stimme (im doppelten Sinn)« in seinem »so schwierigen Wahlkampf unterstützt« und ist sich sicher, »dass man die verwirrten und unschlüssigen Zuschauer mit Eindringlichkeit und Wahrhaftigkeit erreicht«. Aber dann klappt das »mit Ihrer wunderbaren Stimme und dem TV-Spot« doch nicht, wie Schröder schreibt, »weil – ganz einfach gesagt – Sie noch populärer und bekannter sind als ich. Der Marktforschungstest in den Focus-Gruppen hat ergeben, dass Ihre berühmte, sehr eindringliche Stimme die Zuschauer voll in ihren Bann zieht. Botschaften und Bilder (also ich) treten in den Hintergrund. In jeder anderen Situation würde ich diesen Wettstreit gerne auf mich nehmen und auch vor Ihnen zurücktreten – aber nicht in einer Wahlauseinandersetzung wie dieser.«[538]

Die beste Wahlkampflokomotive in Sachen Gerhard Schröder ist ohnehin Gerhard Schröder selbst. Das neunzigminütige Fernsehduell mit Angela Merkel kann der Kanzler am 4. September in wesentlichen Punkten für sich entscheiden: Die vier großen Meinungsforschungsinstitute sehen Schröder klar vor Merkel. Wenige Tage später machen sie erstmals seit vielen Wochen auch keine Mehrheit der Bundestagsmandate mehr für Union und FDP aus. Für eine rot-grüne Mehrheit reicht es zwar noch lange nicht, allenfalls für eine Große Koalition. Aber die Sozialdemokraten, sprich Gerhard Schröder, können doch Schritt für Schritt zu den Unionsparteien aufschließen. Das »Kraftwerk in eigener Sache« mobilisiert die letzten Reserven. Mindestens zwei Wahlkampfauftritte pro Tag, Pressetermine rund um die Uhr – und noch ein Auftritt vor dem Parlament.

Ziemlich genau 25 Jahre, nachdem er erstmals in den Deutschen Bundestag eingezogen ist, gibt Gerhard Schröder am 7. September eine Regierungserklärung ab. Es wird seine letzte sein. Natürlich zieht er eine Bilanz seiner

Agenda 2010, deren »doppelter« Inhalt sich in einem Satz auf den Punkt bringen lässt: »Wir mussten und müssen die sozialen Sicherungssysteme in Ordnung bringen und wir brauchen die dadurch erzielten Ressourcen, um sie in wirkliche Zukunftsfelder zu investieren.« Dann verabschiedet er sich mit der Feststellung, der Weg sei »richtig und – ich bin dessen sicher – er wird fortgesetzt werden«[539] – und zieht ein letztes Mal in die Schlacht. Am 17. September 2005 ist sie geschlagen. »Macht euch keine Gedanken über meine Zukunft«, ruft er den Tausenden noch zu, die sich zur Abschlusskundgebung auf dem Frankfurter Opernplatz eingefunden haben.[540]

Und dann sind die Wahllokale geschlossen. Als das amtliche Wahlergebnis vorliegt, steht fest, was bereits am Abend des 18. September als sicher gelten konnte: Es gibt Gewinner wie die von Guido Westerwelle geführten Liberalen, die mit zusätzlichen 2,4 Prozentpunkten und 9,8 Prozent ein hervorragendes Ergebnis einfahren, und es gibt einen klaren Sieger. Mit einem Zuwachs von 4,7 Prozentpunkten kann die Linke unter der faktischen Führung von Oskar Lafontaine das PDS-Ergebnis von 2002 mehr als verdoppeln und mit 8,7 Prozent sicher in den Bundestag einziehen. So gesehen, bilanziert mit Gregor Gysi der strategische Partner des vormaligen SPD-Vorsitzenden, hat »Lafontaine Schröder die Kanzlerschaft genommen«.[541] Und der weiß sich am Ziel. Mit seinem Erfolg und dem Scheitern Gerhard Schröders hat sich für Oskar Lafontaine die »Rivalität erledigt«. Jetzt »steht es 1:1«. In der Wahlnacht, sagt er ein Jahrzehnt später mit Blick auf den Rivalen, »fiel es von mir ab. Jetzt war ich innerlich frei.«[542]

Zu den Verlierern gehören die Grünen, die bei einem wenn auch marginalen Verlust von 0,5 bei 8,1 Prozent landen und von Liberalen und Linken auf den fünften und damit letzten Platz der im Bundestag vertretenen Parteien verwiesen werden. Die größten Verluste muss die SPD wegstecken, die es bei einem Minus von 4,3 noch auf 34,2 Prozent der Stimmen bringt und den seit 2002 mit knappem Vorsprung gehaltenen ersten Platz an die Unionsparteien abtreten muss. Die große Verliererin aber ist die Kanzlerkandidatin, für die das Wahlergebnis ein »Debakel« ist.[543] Zwar fallen die Verluste von CDU und CSU mit 3,3 Prozentpunkten geringer aus als die der SPD, auch gehen die beiden Schwesterparteien als stärkste Kraft im Bundestag aus der Wahl hervor, aber gemessen an der Ausgangslage zu Beginn der Kampagne ist das ein beispielloser Absturz.

So sieht das auch der Bundeskanzler, der mit seiner Frau in Hannover zur Wahl gegangen ist und sich mit ihr gegen 13 Uhr auf den Weg nach Berlin gemacht hat. Dort verfolgt er die Entwicklung zunächst in seinem Amtssitz, wo sich gegen 15.45 Uhr Otto Schily – Ratgeber, Vertrauter und Freund – einfindet. Danach geht es in die Parteizentrale. Inzwischen sind erste Trends bekannt geworden, und die Anspannung beginnt sich zu lösen. Bei Gerhard Schröder ist ein kleiner Kreis Getreuer, darunter seine Frau und Sigrid Krampitz, Franz Müntefering und Otto Schily. Die Stimmung steigt spürbar, als nach Schließung der Wahllokale deutlich wird, wie sehr sich das Ergebnis von sämtlichen Meinungsumfragen abzusetzen beginnt. Alkohol spielt übrigens bei Schröders Stimmungsumschwung keine Rolle. Das bestätigen die Teilnehmer der kleinen Runde, von denen die eine oder andere auch darauf achtet, dass es bis zum Fernsehauftritt dabei bleibt.

Ursprünglich sollte der Kanzler in diese *Berliner Runde* von ARD und ZDF gehen, jedenfalls ist er dort angemeldet. Damit »für ›Maske‹, Verkabeln und Tonprobe ausreichend Zeit bleibt«, hat die federführende Chefredaktion des ZDF ihn gebeten, sich gegen 19.50 Uhr im Hauptstadtstudio Unter den Linden einzufinden.[544] Als alles auf eine knappe Niederlage hindeutet, sagt Schröder zu Müntefering: »Da gehe ich nicht mehr hin. Die Sache ist gelaufen.« Jetzt soll der Parteivorsitzende ins Studio. Aber dann sieht es plötzlich doch so aus, als könne der sich abzeichnende Trend zugunsten der SPD aufgrund von Überhangmandaten zu einem belastbaren Ergebnis werden, und das erinnert manchen in der SPD-Führung an den Wahlausgang 2002. Also macht sich Gerhard Schröder wie ursprünglich geplant auf den Weg ins Hauptstadtstudio des ZDF.[545]

Und so nimmt das Schicksal seinen Lauf. Des Kanzlers Schwester Gunhild, die ihn – von der Mutter abgesehen – länger kennt als alle anderen und die das Geschehen am Fernseher verfolgt, weiß sofort: »Das geht schief.« Sie spürt, dass sich ein frühes Verhaltensmuster Bahn brechen und der Bruder die Welt wissen lassen wird: »Ihr könnt mich alle mal.«[546] Ähnlich erlebt auch der sichtlich irritierte grüne Noch-Partner den »tobenden Machoauftritt« des neben ihm sitzenden Gerhard Schröder: »Was den Kanzler dabei geritten hat, weiß der Teufel oder nur er allein, auf jeden Fall attackierte er wutschnaubend und triumphierend zugleich die beiden Journalisten, die die Runde moderierten, und eine Angela Merkel, die angesichts ihres Wahldebakels wie benommen wirkte.«[547]

Vieles ist in diesem Augenblick zusammengekommen und aus Gerhard Schröder hervorgebrochen. Sicher auch die euphorisierende Wirkung der Hochrechnungen und die dann doch unzutreffende Annahme, dass man dank der Überhangmandate eine Mehrheit der Sitze erwarten könne. Ziemlich sicher ist zu diesem Zeitpunkt auch, dass »sein Wahlergebnis« besser ist als das 1990 von Oskar Lafontaine erzielte, wie er anderntags im Vorstand festhält.[548] Im Spiegel der folgenden beiden Wahlen zum Bundestag ist es sogar ein Traumergebnis. Weder 2009 noch 2013 wird die SPD auch nur annähernd an Schröders Erfolg herankommen.

Und dann wurde natürlich auch er von der unglaublichen Stimmung erfasst, die sich mit den ersten Prognosen im Willy-Brandt-Haus breitmacht. Einer der Werbestrategen hat sie so erlebt: »Alle fassungslos … Diese unglaubliche Erleichterung. Und diese Wut. Die Wut auf viele Journalisten, die uns schon Monate vor der Wahl abgeschrieben hatten … Die Wut auf die Forschungsinstitute, die … ihren eigenen Zahlen nicht geglaubt haben. Die Wut über die Demütigungen der letzten Jahre … Schröder kommt. Der Saal kocht. Und überschlägt sich, als er von einem ›klaren Regierungsauftrag‹ spricht.«[549] Kein Wunder, dass er sich »bestätigt« fühlt. Es werde »auch in Zukunft eine starke Regierung« unter seiner Führung geben, ruft er mit heiserer Stimme noch seinen Leuten zu, bevor er sich, begleitet von »Gerhard, Gerhard«-Sprechchören, auf den Weg in die Fernsehrunde macht.

Alles wahr, alles richtig, aber entscheidend für Gerhard Schröders testosterone Explosion ist es nicht. Entscheidend ist, dass sich in just diesem Augenblick die über Wochen angestaute Spannung entlädt und den Deckel vom Kessel katapultiert. Alles oder doch fast alles, was er in letzter Zeit unterdrückt hat, bricht sich jetzt Bahn. Auch die Überzeugung, dass niemand außer ihm »in der Lage« sei, »eine stabile Regierung zu stellen. Niemand außer mir« – und schon gar nicht Frau Merkel.[550] Tatsächlich lässt sich das Wahlergebnis ja so lesen. Vier Monate später, als Gerhard Schröder hinter verschlossenen Türen sein Leben Revue passieren lässt, formuliert er das so: »Die Menschen wollten eine Regierung, die ich führe, aber von der CDU gestellt wird … und haben Merkel und die SPD bekommen. Das ist wirklich die List der Geschichte.« Dass diese »von Frau Merkel geführte« Regierung »besser« ist, »als die meisten erwartet hätten«, nimmt er zu diesem Zeitpunkt gelassen zur Kenntnis.[551]

Nein, es ist nicht der Zorn auf die schwer angeschlagene Herausforderin, die sich in dieser Wahlnacht Bahn bricht, sondern die angestaute Wut über die konzertierte Medienkampagne. Im Grunde hält Schröder den Chefredakteuren von ARD und ZDF, Hartmann von der Tann und Nikolaus Brender, stellvertretend für die gesamte Zunft vor, mit Hochrechnungen Wahlkampf gemacht zu haben: »In Ihren Sendungen ist gesagt worden, Frau Merkel ist bei 49 Prozent, bei 45 Prozent, bei 43 Prozent und jetzt ist sie bei knapp 35 Prozent oder etwas mehr.«[552] Heribert Prantl hat das so erlebt: »Der Auftritt war seine krachende Rache für Schlagzeilen, Sendungen, echte und angebliche Kampagnen, die Schröder als Jagd der Medien auf ihn und seine

Regierung bewertet … Über den Kanzler und seine Regierung ergossen sich der öffentliche Hohn und der publizistische Spott.«[553]

Schwer zu sagen, ob sich Gerhard Schröder mit seinem Auftritt in der Fernsehrunde geschadet, womöglich den Weg hin zu einer halbierten dritten Amtszeit verstellt hat. Viele, wenn nicht die meisten, überzeugt er gar nicht. Als Hans-Jochen Vogel ein Jahr später die Erinnerungen des Altkanzlers liest und darin keine kritische Distanz zu seinen »Einlassungen in der sogenannten Elefantenrunde« entdeckt, schreibt er ihm: »Emotional kann ich Deinen damaligen Ausbruch unverändert verstehen, rational war er aber ein Fehler. So hatte ich übrigens auch Doris mit einer seitdem häufiger zitierten Äußerung verstanden.«[554]

Tatsächlich hatte Schröder einige Tage nach seinem Auftritt mit einem Schuss von Selbstironie zu erkennen gegeben, dass sein Auftritt wohl »suboptimal« gewesen sei. So sehe es jedenfalls seine Frau, »und was meine Frau sagt, ist immer richtig«.[555] Nachdem einige Zeit ins Land gegangen ist, will er zumindest dem Eindruck vorbeugen, »als seien die Ereignisse im Jahre 2005 ausschließlich einer kritischen Berichterstattung … geschuldet gewesen«.[556] Dass »die Sendung ein Fehler« war, bekennt er erst viele Jahre später öffentlich.[557]

Das nehmen in dieser Nacht durchaus nicht alle so wahr. Enge Weggefährten wie Otto Schily, Franz Müntefering und andere, die den Auftritt im Willy-Brandt-Haus verfolgen und anschließend in kleiner Runde in Schröders Wohnung im Kanzleramt zusammensitzen, finden ihn authentisch: So ist er, der Gerd.[558] Eben nicht durchformatiert. In letzter Konsequenz unangepasst und unbürgerlich. Dieser Gerhard Schröder hat zwar eine »bourgeoise Attitüde«, aber keinen »klassisch bürgerlichen Kern«, beobachtet seine Bezwingerin und bringt die Sozialisation dieses Mannes präzise auf den Punkt.[559]

In einigen »selbstverständlichen, vielleicht bürgerlichen Stilfragen« sei Schröder nie im Zentrum der Gesellschaft »angekommen«, diagnostiziert Antje Vollmer im Rückblick auf den nächtlichen Auftritt: »Da blieb er ein Outcast … Es gibt ein Draußen-Sein auf hohem Niveau. Man kann sogar Kanzler sein und trotzdem fremdeln mit dem, was es an Grundkultur im eigenen Land gibt.«[560] Das lässt sich als Schwäche ausmachen, man kann es aber auch mit Markus Lüpertz als nachwirkendes Momentum dieser Kanzlerschaft fassen: Eben weil er der erste »unbürgerliche« Bundeskanzler gewesen ist, gab Gerhard Schröder den nichtbürgerlichen Kreisen der Gesellschaft eine Möglichkeit zur Identifikation – mit dem Mann und dem Amt. So gesehen hat Schröder eine Zeit definiert. Auch das bleibt eine Leistung.[561]

Vorerst allerdings steht der Bundeskanzler zu seinem Anspruch, eine »stabile Regierung zu stellen«, wie er das in jener denkwürdigen Fernsehrunde formuliert hat. Deutlich wird das aus den handschriftlichen Entwürfen für zwei Fernsehinterviews, in denen Gerhard Schröder von ihm selbst aufgeworfene Fragen beantwortet. Gefragt, wie er das Wahlergebnis interpretiere, antwortet er – vermutlich Anfang Oktober – unter anderem: »Die Agenda 2010 ergänzt durch die Ergebnisse des Job-Gipfels« – also der Gespräche mit den Spitzen von CDU und CSU vom 17. März des Jahres – »ist … das allein mehrheitsfähige Konzept.« Und sich fragend, was das für ihn persönlich bedeute, antwortet er: »Die Agenda 2010 verbindet sich besonders mit meinem Namen«, und fügt dann hinzu: »Es geht also nicht um eine Person, sondern um ein Programm.«[562]

Im zweiten Entwurf, in diesem Fall für ein Interview mit RTL am 3. Oktober 2005, beantwortet Schröder seine Frage »Erheben sie weiter Anspruch auf eine erneute Kanzlerschaft?« so: »Es geht nicht um meinen Anspruch, schon gar nicht um meine Person. Es geht um den pol[itischen] Führungsanspruch meiner Partei. Darüber kann nur die Parteiführung befinden.« Inzwischen sind seine Aussichten, doch noch im Kanzleramt bleiben zu können, weiter geschwunden. Denn am Abend des 2. Oktober hat die CDU bei einer Nachwahl in Dresden, die durch den Tod einer NPD-Kandidatin notwendig geworden war, noch ein Direktmandat geholt und verfügt nunmehr im Bundestag über vier statt drei Sitze mehr als die SPD. »Ich werde jede Entscheidung akzeptieren«,[563] fügt Schröder seiner Antwort auf die Frage, ob er weiter seinen Anspruch erhebe, noch hinzu. So wird das dann auch gesendet.

Man spürt, wie der Mann mit sich und seinen Argumenten ringt. Noch kann er nicht loslassen, noch fällt es ihm schwer zu akzeptieren, dass der politische Gegner die Nase vorn hat. Dabei gilt jetzt, was schon in der Wahlnacht galt: »Wir haben verloren, das ist doch gar keine Frage, und das schmerzt mich«, hatte er in der »Elefantenrunde« gesagt.[564] Wie die Partei unter solchen Umständen einen Führungsanspruch erheben soll, sei dahingestellt. Weil Guido Westerwelle – für Merkel ein »Glücksfall« – ein »gefestigter Christlich-Liberaler« ist, scheidet eine rot-gelb-grüne »Ampelkoalition« aus.[565] Und die einzige denkbare Option ist eben keine realistische, jedenfalls keine in den gegebenen Rahmenbedingungen realisierbare. Eine Hereinnahme der PDS in eine rot-grüne Koalition ist für die allermeisten Sozialdemokraten nicht vorstellbar – 2005 nicht, 2009 nicht und 2013 noch immer nicht. Für auswärtige Beobachter ist das unter machtarchitektonischen Gesichtspunkten nicht unbedingt nachvollziehbar. Als die Weichen gestellt sind und Schröders Rückzug feststeht, wird er gelegentlich gefragt,

Vorbei: Als Gerhard Schröder am 30. September 2005 in Dresden ein letztes Mal in den Nachwahlkampf zieht, weiß er, dass die Schlacht verloren ist.

warum er eigentlich aufhöre: Jetzt wo die PDS im Parlament sei, habe er doch eine eigene Mehrheit.

Da diese Konstruktion für den Kanzler aber ausscheidet, besteht die einzige Möglichkeit, den Führungsanspruch der Person und der Partei zu realisieren, in der Bildung einer Großen Koalition und der Halbierung der Legislaturperiode: eine Hälfte Schröder, die zweite Hälfte Merkel, sollte diese die beiden Jahre politisch überleben. In Israel ist so ein Modell gelegentlich zur Anwendung gekommen. Offensichtlich wird diese Lösung Anfang Oktober von vielen SPD-Abgeordneten,[566] aber auch von führenden Vertretern der Partei wie beispielweise Otto Schily favorisiert. Vielleicht wäre der Weg sogar gangbar gewesen, hätte Gerhard Schröder nicht in der Wahlnacht vor einem Millionenpublikum Angela Merkel gerettet.

Das wusste die Herausforderin natürlich auch. Offensichtlich spürte Schröder mit der »Witterung eines Tieres«, dass er vielleicht doch noch etwas herausholen konnte, demontierte sich dabei selbst und gab Merkel eine unverhoffte Chance: Weil sie gar nicht mehr zu Wort kam, sondern der tobende Kanzler sich mit den übrigen Männern in der Runde duellierte, musste sie sich nicht mehr äußern, konnte mithin in der extrem schwierigen Lage auch keinen Fehler machen und dachte sich: »Lass ihn einfach nur weiterreden.«[567] Tatsächlich hatten die Angriffe den Effekt, die eigenen Reihen hinter der schwer angeschlagenen Wahlsiegerin, die eigentlich eine Verliererin war, zu schließen. Die wiederum hatte, kaum dass die Schockstarre gewichen war, zwei Tage nach der Bundestagswahl machtbewusst die Initiative an sich gerissen, sich mit sagenhaften 98,6 Prozent im Fraktionsvorsitz bestätigen lassen und damit ihre Position gefestigt.

Das ist die eine Seite. Es gibt eine andere. Durch den noch in der Nacht angemeldeten Führungsanspruch zunächst seiner Person, später dann seiner Partei hat Gerhard Schröder den Preis für eine Teilnahme der SPD an einer Großen Koalition in die Höhe getrieben. Nach außen wird er vor allem dadurch unterstrichen, dass Schröder an den jeweils drei Sondierungs- und Spitzengesprächen teilnimmt, welche die Sozialdemokraten zwischen 18. September und 10. Oktober mit den Unionsparteien in den Räumlichkeiten der Parlamentarischen Gesellschaft führen. Und auch als klar ist, dass er nicht ins Kanzleramt einziehen und auch nicht, wie zunächst von vielen Genossen gefordert, als Außenminister einer künftigen Regierung amtieren wird, kann er noch etwas für das künftige Gewicht seiner Partei in dieser Großen Koalition tun. Je länger er an den Koalitionsverhandlungen teilnimmt, umso mehr ist sein Verzicht schließlich wert.

Gerhard Schröder wählt Ort, Gelegenheit und Zeitpunkt seiner Ankündigung mit Bedacht. Es ist der Kongress der IG Bergbau, Chemie, Energie, also jener Gewerkschaft, auf die er sich in der Vergangenheit am ehesten verlassen konnte. Dass die mehr als 1000 Delegierten und Gäste in seiner Heimatstadt zusammenkommen, macht es ihm leichter; dass die Versammlung unter dem Motto »Stark genug für neue Wege« tagt, ist Zufall. Dort teilt der Bundeskanzler dreieinhalb Wochen nach der Wahl mit: »Ich werde der nächsten Bundesregierung nicht angehören – definitiv nicht angehören.«[568] Es ist Mittwoch, der 12. Oktober 2005, kurz vor 13 Uhr. Damit kündigt Gerhard Schröder an, dass seine Laufbahn als Politiker beendet sein wird, sobald die neue Regierung ihre Arbeit aufgenommen hat.

Am 18. Oktober, um 9.05 Uhr, geht im Büro des Kanzleramtschefs der Brief ein, mit dem der Bundespräsident den Bundeskanzler unterrichtet, dass an diesem Tag der 16. Deutsche Bundestag zu seiner konstituierenden Sitzung zusammentreten wird: »Damit endigt gemäß Artikel 69 Absatz 2 des Grundgesetzes Ihr Amt als Bundeskanzler.«[569] Als die Sitzung des Parlaments zwei Stunden später eröffnet wird, kommt es erstmals seit sechseinhalb Jahren zu einer Begegnung zwischen Oskar Lafontaine, der wieder im Bundestag sitzt, und Gerhard Schröder, der letztmalig dort, und zwar in der ersten Reihe der Fraktion, Platz genommen hat, bevor er sein Mandat zurückgeben wird. Die Gelegenheit lässt sich Lafontaine nicht entgehen, erhebt sich, setzt ein Grinsen auf, geht an dem anderen vorbei. Der Blickkontakt dauert den Bruchteil einer Sekunde, bevor dieser den Kopf wendet.[570] Das war's, bis es sieben Jahre später zu einer ähnlichen Situation in einem Hörsaal kommen wird. Kein Wort, keine Geste, kein Signal. Dabei bleibt es.

Am selben Tag nehmen der Bundeskanzler und seine Minister vom Bundespräsidenten ihre Entlassungsurkunden entgegen. Bis Gerhard Schröder das Amt endgültig verlassen wird, führt er, der Bitte des Bundespräsidenten folgend, seine Amtsgeschäfte vorläufig weiter. Dazu gehören letzte offizielle Besuche im Ausland, die er schon seit Ende September absolviert. Nicht zufällig stehen neben kurzfristig vereinbarten Visiten, wie zum Beispiel seinem insgesamt siebten Besuch in Prag, Reisen zu den wichtigsten und verlässlichsten Partnern der vergangenen Jahre auf dem Programm. Am 7. und 8. Oktober ist Gerhard Schröder bei Wladimir Putin zu Gast, feiert mit ihm dessen Geburtstag und zeigt sich zuversichtlich, dass der Regierungswechsel in Berlin zu keiner Verschlechterung im deutsch-russischen Verhältnis führen werde. Vier Tage später reist er zu Recep Tayyip Erdoğan, der den Kanzler als ersten Regierungschef eines christlich geprägten Landes zum islamischen Fastenbrechen eingeladen hat, und legt erneut ein demonstratives Bekenntnis zu einer Vollmitgliedschaft der Türkei in der EU ab. Am 14. Oktober schließlich geht es zu Jacques Chirac. Aus dem anfänglich schwierigen, zeitweilig zerrütteten Verhältnis ist längst eine über die Politik hinausreichende Freundschaft geworden. Jetzt unternehmen die beiden eine groß angelegte »Tour d'Horizon« durch die Weltpolitik,[571] und wenn man sie dabei beobachtet, hat man nicht den Eindruck, als sei der Kanzler auf dem Sprung in ein anderes Leben.

Der abschließende Besuch bei der EU ist, weil die Präsidentschaft bei den Briten liegt, zugleich der Abschiedsbesuch bei Tony Blair. Gerne ist Schröder zu solchen Gipfelbegegnungen nie gereist. Er fand sie öde und zeitraubend. Das Entscheidende wird ohnehin unter vier oder sechs Augen besprochen. Und was den britischen Premier angeht, so haben sich die beiden nicht mehr viel zu sagen. Ihr Verhältnis hat sich in der geraden Gegenrichtung entwickelt wie das zwischen dem Kanzler und dem französischen Staatspräsidenten. Dass Schröder am 26. Oktober beim gemeinsamen Abendessen durch Abwesenheit glänzt und am folgenden Vormittag verspätet am Tagungsort eintrifft, so dass er Blair nicht vor aller Welt die Hand schütteln muss, wird von den Beobachtern aufmerksam registriert. Auch wenn der Kanzler plausible Gründe für die Abstinenz und die Verspätung hat, aufschlussreich sind sie doch. Wie auch jedermann versteht, wer gemeint ist, als dieser »seltsam zufrieden in sich ruhende und politisch anspruchsvolle Schröder« sagt: Die »Legitimation, Europa politisch voranzubringen« habe nur, wer »in Europa Bedingungen zu schaffen sucht, unter denen unsere Gesellschaften trotz des zunehmenden globalen Wettbewerbs und angesichts der Alterung ihrer Bevölkerungen in Freiheit, Wohlstand und sozialer Gerechtigkeit leben können«.[572]

Dann ist es auch schon vorbei. Am 8. November sieht man den Kanzler und sein Kabinett noch einmal auf der Regierungsbank des Bundestages. Auf der Tagesordnung steht der Antrag der Bundesregierung auf »Fortsetzung des Einsatzes bewaffneter Streitkräfte bei der Unterstützung der gemeinsamen Reaktion auf terroristische Angriffe gegen die USA ...«, also jener Mission, die Gerhard Schröder seinerzeit nur mit dem Mittel der Vertrauensfrage hatte durchsetzen können.

Am 9. November findet sich das Kabinett ein letztes Mal zusammen, um bei einem gemeinsamen Essen Abschied voneinander zu nehmen. Ausnahmslos alle haben zugesagt. Es ist an Otto Schily, dem Ältesten in der Runde, abschließende Worte der Würdigung zu sprechen. Als ihm die »Eloge« Jahre später wieder in die Hände fällt, schickt er sie dem Altkanzler, da sie »unbedingt in Dein Archiv gehört«. Gerhard Schröder, sagt der langjährige Weggefährte, der nicht gerade zu theatralischen Worten neigt, in dieser letzten Kabinettssitzung, wurde »einer der wirkungsmächtigsten Kanzler, der wie kaum ein anderer die Bundesrepublik Deutschland tiefgreifend verändert hat. Seine Willensstärke, sein strategischer Weitblick, seine Unbeirrbarkeit, seine Entschluss- und Durchsetzungskraft, sein Charisma, aber vor allem sein reformerischer Mut haben ihn dazu befähigt, Deutschland grundlegend zu erneuern und zu modernisieren ... Gerhard Schröder wird in die Geschichte als Kanzler der Reformen eingehen, als Kanzler, der tiefgreifende Reformen gewagt hat, obwohl er wusste, dass er damit sein Regierungsamt auf's Spiel setzte.«[573]

Seinen vorerst letzten großen Auftritt im Rahmen der Partei absolviert Gerhard Schröder am 14. November in Karlsruhe. Auf dem Programm des Parteitags steht zum einen die Wahl eines neuen Vorsitzenden. Nachdem es Franz Müntefering nicht gelungen war, Kajo Wasserhövel als Kandidaten für den Posten des Generalsekretärs durchzubringen, und die Genossen stattdessen ausgerechnet Andrea Nahles durchdrücken wollen, hat er Ende Oktober erklärt, nicht »wieder für das Amt des Parteivorsitzenden kandidieren« zu wollen.[574]

An seiner statt wird Matthias Platzeck zum neuen Vorsitzenden der Sozialdemokratischen Partei Deutschlands gewählt, und zwar mit einem Ergebnis, wie man es seit den Tagen Kurt Schumachers nicht mehr erlebt hat: 512 von 515, das sind 99,4 Prozent der Stimmen, entfallen auf den brandenburgischen Ministerpräsidenten. Schröder hatte Platzeck schon seit einiger Zeit für eine führende Position innerhalb der Partei im Blick – übrigens auch deshalb, weil der Brandenburger, wie erinnerlich, zu ihm und seiner Agenda 2010 stand, als es darauf ankam. Ursprünglich war Platzeck von Schröder auch als Außenminister der Großen Koalition ins Gespräch gebracht worden, doch hatte der mit der Begründung abgewinkt, dass er Ministerpräsident im überschaubaren Brandenburg bleiben wolle. Da lag er wohl richtig, denn auch mit dem kräfte- und zeitzehrenden Posten des Parteivorsitzenden ist Platzeck offensichtlich überfordert. Nach 146 Tagen wirft er, offiziell auf ärztlichen Rat, das Handtuch.

Außenminister und Nachfolger Joseph Fischers wird dann Frank-Walter Steinmeier, der dank seiner im Kanzleramt gesammelten Erfahrungen wie kaum ein Zweiter auf dieses Amt vorbereitet ist. Mit ihm zieht endlich auch wieder einmal ein Sozialdemokrat ins Auswärtige Amt ein. Seit die Behörde 1870, also vor 135 Jahren, durch Otto von Bismarck aus der Taufe gehoben worden ist, haben diese dort gerade einmal vier Jahre lang das Sagen gehabt: Von Juni 1919 bis Juni 1920 standen Hermann Müller und Adolf Köster an der Spitze des Auswärtigen Amtes, und zuletzt hatte Helmut Schmidt in der zweiten Septemberhälfte 1982 – nach dem Auszug der FDP-Minister aus der sozial-liberalen Koalition – für 14 Tage das Amt in Personalunion mit dem des Bundeskanzlers ausgeübt. Die bislang längste Verweildauer eines Sozialdemokraten an der Spitze des Hauses konnte Willy Brandt vorweisen. Fast drei Jahre, vom Dezember 1966 bis zum Oktober 1969, war er – gleichfalls in einer Großen Koalition – Außenminister gewesen und hatte von dort den Sprung ins Kanzleramt geschafft. Im Herbst 2009 wird das auch Frank-Walter Steinmeier versuchen.

Er ist einer der acht Minister, die den Sozialdemokraten in der Regierung Merkel zustehen. Ein beachtlicher Verhandlungserfolg, der unter anderem darauf zurückzuführen ist, dass der Kanzleramtschef im Ministerrang nunmehr als Chef eines ordentlichen Ressorts geführt wird und damit die Zahl der durch die CDU gestellten Minister auf sieben erhöht. Die drei der SPD angehörenden Ministerinnen der letzten Regierung Schröder – Brigitte Zypries, Ulla Schmidt und Heidemarie Wieczorek-Zeul – bleiben auf ihren Posten, Franz Müntefering übernimmt das wieder eigenständige Ministerium für Arbeit und Soziales, Wolfgang Tiefensee, der Schröders entsprechende Offerte noch abgelehnt hatte, ist fortan für Verkehr, Bau und Stadtentwicklung zuständig, und die vormaligen Ministerpräsidenten Nordrhein-Westfalens und Niedersachsens, Peer Steinbrück und Sigmar Gabriel, übernehmen das Finanz- beziehungsweise das Umweltministerium. Eine stattliche Riege – und ein letzter Erfolg für den scheidenden Kanzler.

Am 19. November 2005 verabschiedet sich die Bundeswehr mit einem Großen Zapfenstreich von Gerhard Schröder. Dessen Verhältnis zu den Streitkräften war ungetrübt, so wie auch Rudolf Scharping und Peter Struck, der jetzt wieder die Fraktionsführung übernehmen wird, bei der Truppe respektiert gewesen sind. 600 geladene Gäste haben den Weg nach Hannover gefunden. Zu den Musikstücken, die sich der Geehrte traditionell aussuchen darf, zählt *My Way* in der Fassung von Frank Sinatra. Als das Stabsmusikkorps der Bundeswehr die Melodie intoniert, sieht man die Augen des scheidenden Kanzlers feucht werden. So war es auch vor gut anderthalb Jahren, als Gerhard Schröder Abschied vom Parteivorsitz nahm.

In den Tagen zuvor war Gerhard Schröder vor allem damit beschäftigt, die zahlreichen »Abschiedsfototermine« abzuarbeiten. Abteilungen und Referate, Vorkommando und Lagezentrum, Botenmeisterei, Druckerei und Poststelle, Gärtner, Pförtner und Hausarbeiter – sie alle und viele andere mehr wollen ein gemeinsames Foto mit dem scheidenden Kanzler. Am 21. November kommt die Nachfolgerin zu einem Gespräch in ihren neuen Amtssitz. Nachdem sie am nächsten Vormittag durch den Deutschen Bundestag gewählt worden ist, erfolgt die Amtsübergabe. »Übergabe Amt an Merkel« hält der handschriftlich geführte Terminkalender lapidar fest.[575] Von dort geht es direkt zum neuen »Büro Unter den Linden 50«. Als ersten Termin für den Bundeskanzler a.D. Gerhard Schröder vermerkt die unverändert fortgeführte Terminakte: »Telefonat mit Präsident Chirac«, anschließend ein Gänseessen auf Einladung der Seeheimer, auf die sich Gerhard Schröder, wenn es darauf ankam, stets verlassen konnte.[576]

Es ist der erste Amtswechsel im neuen Kanzleramt und zugleich der erste in der Hauptstadt. Wie sich einst Helmut Kohl in dieser Situation gegenüber seinem Nachfolger »nobel« gezeigt hat, hält dieser es jetzt auch mit seiner Nachfolgerin. Die Art und Weise, wie Gerhard Schröder geht, trägt ihm gerade auch in den Reihen professioneller Beobachter viel Respekt ein: »Da ist einer gegangen, der seinen Job verdammt gut, aufrecht und mit Leidenschaft gemacht hat«, schreibt Reinhold Beckmann.[577] »Er war ein großer Kanzler«, hatte Heribert Prantl nach dem inszenierten Misstrauensvotum notiert, »weil er große Fehler gemacht hat. Aber die Größe der Fehler

Sein Weg: Am 19. November 2005 verabschiedet sich die Bundeswehr von Gerhard Schröder. Mit dem scheidenden Bundeskanzler verfolgen Generalinspekteur Wolfgang Schneiderhahn und Verteidigungsminister Peter Struck die Zeremonie.

entsprach der Größe der Aufgaben, denen er sich zu stellen hatte … Er hat in kurzer Zeit mehr reformiert als Helmut Kohl in seinen 16 Regierungsjahren zusammengenommen.«[578]

Zu denen, die dem scheidenden Kanzler ihre Hochachtung brieflich zum Ausdruck bringen, gehören Franz Müntefering, Richard von Weizsäcker und Hans-Dietrich Genscher, der ausdrücklich auch Schröders »Entscheidung, Deutschland nicht an dem Krieg im Irak zu beteiligen«, zu seinen bedeutenden Weichenstellungen rechnet: »Das setzt Maßstäbe, die weit in die Zukunft wirken werden – jedenfalls hoffe ich das«, schreibt ihm der einst mit Abstand dienstälteste Außenminister des Landes, der zudem überzeugt ist, dass »Ihr Bild in der Geschichte unseres Landes ein anderes und vor allem positiveres sein wird, als das von Ihren Gegnern – vor allem in Ihrem letzten Amtsjahr – entfaltete … Sie können … Ihr Amt in dem guten Bewusstsein verlassen, Ihrer Verantwortung gerecht geworden zu sein. Das über Parteigrenzen hinweg zu sagen, war mir ein Bedürfnis.«[579]

Diese Parteigrenzen überschreitet auch Richard von Weizsäcker, als er Gerhard Schröder schreibt, dass ihm »der Abschied von Ihnen als unserem Bundeskanzler schwer« falle: »Auf unseren Wegen haben wir uns viele Jahre lang begleitet. Der Ihre war und bleibt der weit bedeutendere. Mit immer wachsendem Respekt habe ich miterlebt, wie sich bei Ihnen aus einem legitimen Ehrgeiz eine verantwortliche Übersicht, eine starke Handlungskraft und eine wahrhaft würdige Repräsentanz unseres Landes entwickelte.«[580] Dabei bleibt er. Konrad Adenauer und Helmut Schmidt können, was die Leistung während der Kanzlerjahre angeht, mithalten, wenige sonst. Sagt Richard von Weizsäcker Jahre später.[581]

Und Franz Müntefering, der seinen »letzten Brief als Fraktionsvorsitzender« an den langjährigen Weggefährten schickt, sagt ihm: »Du hast das gut gemacht ... Als Bundeskanzler und als Parteivorsitzender hast Du das Land und die Partei an das Heute herangeführt. Das war nicht leicht aber wichtig.«[582] Kann es ein größeres Kompliment geben? Diese Leistung schließt ja eine zweite ein, die heute, also im Abstand vieler Jahre, klarer sichtbar ist als am Ende dieser Kanzlerschaft: Die Regierung Schröder, den man gewiss nicht den Achtundsechzigern zurechnen kann, hat den Beweis erbracht, »dass diese den Marsch durch die Institutionen geschafft haben«, sagt Kurt Kister.[583] Man kann das mit Hans-Jochen Vogel auch als Beleg für die »Leistungsfähigkeit« des politischen und sozialen, des wirtschaftlichen und kulturellen Systems der Republik sehen.[584] Die widerständige Generation mit diesem System zu versöhnen, indem man ihr das erfolgreiche Management der Republik zutraut und überlässt, und bilanzieren zu können, dass diese das in sie gesetzte Vertrauen nicht missbraucht, sondern eine ordentliche Arbeit abgeliefert hat, ist eine große Geschichte.

Deutlich über das Lippenbekenntnis abschließenden Danks gehen auch die Würdigungen des Bundespräsidenten und der Bundeskanzlerin hinaus. Wie schon bei der Übergabe der Entlassungsurkunde spricht Horst Köhler im Vorfeld des Großen Zapfenstreichs noch einmal ausdrücklich davon, dass der scheidende Kanzler die Agenda 2010 »mit hohem politischen Mut und Arbeitseinsatz« entworfen und »sie gegen große Widerstände« durchgesetzt habe.[585] Mit fast den gleichen Worten dankt schließlich Angela Merkel in ihrer ersten Regierungserklärung Schröder »ganz persönlich« für diese Leistung und fügt hinzu: »Damit hat er sich um unser Land verdient gemacht.«[586]

Als die Kanzlerin das sagt, gehört ihr Vorgänger schon nicht mehr dem Deutschen Bundestag an. Am 23. November 2005 hat Gerhard Schröder sein Bundestagsmandat zurückgegeben. Damit ist – nimmt man den Eintritt in die SPD als Ausgangspunkt – nach mehr als vier Jahrzehnten eine der spektakulärsten politischen Karrieren der Bundesrepublik Deutschland beendet.

Der Ratgeber

2005 – 2015

Es ist ein Sturz aus großer Höhe. Wie sämtliche Vorgänger scheidet auch Gerhard Schröder nicht freiwillig aus dem Amt. Allerdings ist er der erste Kanzler in der Geschichte der Bundesrepublik Deutschland, der nach dem Verlust des Amtes nicht in den Bundestag zurückkehrt. Alle anderen haben nach dem Abgang, wie immer er im Einzelnen auch erfolgt ist, als Abgeordnete im Parlament Platz genommen. Allesamt ließen sie sich mindestens ein weiteres Mal für den Bundestag aufstellen. Drei von ihnen, Konrad Adenauer, Ludwig Erhard und Willy Brandt, hielten sich sogar für derart unentbehrlich, dass sie bis zum Tod an ihren Parlamentssitzen festhielten. Das hatte zur Folge, dass sich der amtierende Bundeskanzler seinem abgewählten Vorgänger gegenübersah. Kurt Georg Kiesinger hatte es in den ersten Monaten seiner Kanzlerschaft sogar noch mit zweien seiner Vorgänger, Konrad Adenauer und Ludwig Erhard, zu tun. Man mag in diesem Festhalten am Mandat einen Ausdruck des funktionierenden Parlamentarismus sehen, vielleicht auch die aufrichtig gemeinte Absicht, die Kontinuität der Geschäfte sicherzustellen. Viel eher hat das Klammern aber mit dem Versuch zu tun, solchermaßen den Absturz eines auf Hochtouren laufenden Regierungschefs in die Niederungen des Pensionistendaseins abzufedern und erträglicher zu gestalten.

Hinzu kommt die mal mehr, mal weniger deutliche Absicht, dem Nachfolger, der ja für die missliche eigene Lage entscheidend mitverantwortlich ist, zu zeigen, wo es langgeht. Das gilt namentlich für die Wochen und Monate, in denen der neue Amtsinhaber das Laufen lernt. So gesehen ist die parlamentarische Präsenz des Abgewählten – gewollt oder nicht – immer auch eine Demonstration der Überlegenheit. Und natürlich ist sie eine Belastung für die eigene Partei und die eigene Fraktion. Schwer vorstellbar, dass ein ehemaliger Kanzler und Parteivorsitzender einfach ins Glied zurücktritt und gerade anfänglich seine Rede vor dem Bundestag so gewichtet wird wie die eines jeden anderen Abgeordneten.

Weil Gerhard Schröder als junger Bundestagsabgeordneter den schmerzlichen Rückzug Helmut Schmidts von der Regierungs- auf die Abgeordnetenbank und 16 Jahre später als Kanzler eben diesen Weg Helmut Kohls verfolgt hat, wollte er da nicht »als ständige Mahnung« »herumhocken«, wie er Jahre später einmal sagt.[1] Also verzichtet er am 23. November 2005 auf die Mitgliedschaft im Deutschen Bundestag. Diese Entscheidung quittieren auch manche seiner politischen Gegner mit Respekt: So problematisch Wolfgang Schäuble, Innenminister der Großen Koalition und nie ein Überzeugungstäter unter jenen Gegnern, anfänglich der rasche Wechsel Schröders in die Privatwirtschaft erscheint, so richtig findet er seinen Rückzug aus dem Parlament und der aktiven Politik.[2]

In jedem Falle bleiben dem Publikum der tragische Anblick und Schröder die Demütigung erspart, die sich früher oder später einmal bei jedem Altkanzler als einfaches MdB eingestellt haben. Hinzu kommt, dass Schröder, unbeschadet seines unglücklichen Auftritts in der *Berliner Runde*, tatsächlich nicht der Auffassung ist, nur er könne das Amt des Kanzlers ausfüllen. Das unterscheidet ihn von seinem Vorgänger, der lange Zeit keinen Hehl daraus gemacht hat, was er von seinem Nachfolger hielt. Schröder hat sich, von gelegentlicher Kritik in der Sache abgesehen, in der Öffentlichkeit konsequent aller abfälligen Äußerungen über seine Nachfolgerin enthalten. Gut möglich, dass es ihm dabei geholfen hat, ihr jedenfalls im Parlament nicht auf Schritt und Tritt zu begegnen.

Der Rückzug aus dem Bundestag macht es ihm zweifellos leichter, den Amtsverlust zu ertragen und zu bewältigen. Richtig ist, dass Gerhard Schröder von Kindesbeinen an mit der Überzeugung gelebt hat, im Zweifelsfall neu anfangen zu müssen: »Wenn der Job weg ist, muss man halt einen anderen suchen«, erinnert die Schwester an eine Lebensweisheit der Mutter.[3] 1991, als Schröder sich gerade im Amt des Ministerpräsidenten von Niedersachsen eingerichtet hat, berichtet er der Fotografin Herlinde Koelbl: »Ich sage mir immer: Was du jetzt machst, ist ja sehr schön, aber was kommt danach? Wie geht es weiter? Ich glaube, diese Haltung dem eigenen Leben gegenüber, diese ständige Suche nach etwas Neuem, unterscheidet mich von Personen, die aus einer großbürgerlichen Familie stammen. Solchen Leuten bleibt immer etwas, weil sie es immer schon hatten, während ich immer nach etwas suchen muß. Das hört nicht auf.«[4]

Richtig ist auch, dass Gerhard Schröder – in den letzten Jahren seiner Kanzlerschaft und ganz im Sinne dieser frühen Feststellung – immer wieder einmal gesagt hat: »Ich bin auch ohne mein Amt.« So zum Beispiel Ende

November 2003 in einem Interview mit Günter Gaus.[5] »Die Vorstellung, ohne Politik zu leben, schreckt mich nicht«, versichert er ein Jahr später: »Meine Zulassung als Anwalt ruht nur. Ich kann jederzeit wieder in diesen Beruf zurück. Das würde ich auch tun, aber in einer anderen Dimension als früher.«[6] Tatsächlich kann man in den letzten Tagen und Wochen seiner Kanzlerschaft einen in sich ruhenden Gerhard Schröder besichtigen. Jetzt, da er mit dem Gedanken an eine weitere ganze oder auch nur halbe Amtszeit abgeschlossen hat, scheint er mit sich im Reinen. Das ist die eine, die äußere, die gezeigte Seite.

Es gibt die andere, die innere, die von der Öffentlichkeit abgeschirmte. »Ich habe einen dicken Panzer«, schreibt er wenige Wochen nach dem Amtsverlust: »In den vergangenen sieben Jahren hatte ich viel Gelegenheit, mir diesen anzutrainieren.«[7] Die wenigen, die ihm jetzt wirklich nahe sind und hinter den Panzer schauen, wissen: Was Gerhard Schröder im September widerfahren ist, ist schlimm. Sehr schlimm. Zeitlebens hat er, der in frühen Jahren gar nichts oder doch nur wenig hatte, mit der Angst gelebt, dass ihm einer etwas wegnehmen könnte. Wegnehmen von dem, was er sich erhofft und gewünscht, erkämpft und erarbeitet hat. Zwar bilanziert er jetzt, da er seine »Lebensgeschichte« hinter verschlossenen Türen Revue passieren lässt, dass sie die »Geschichte eines ganz und gar ungewöhnlichen Aufstiegs« sei und dass ihm niemand diesen Aufstieg »wegnehmen« könne.[8] Das ist wohl wahr. Aber das Amt, die Krönung seiner Lebensgeschichte, hat man ihm genommen. Dass alles mit rechten Dingen zugegangen und dass es seinen Vorgängern auf die eine oder andere Art auch so ergangen ist, macht den Verlust nicht erträglicher.

Das abrupte, erzwungene Ende fällt viel schwerer als gedacht, weil Schröder in den Wochen des Wahlkampfes jeden Gedanken daran verdrängen musste und weil das Ergebnis so knapp ausgefallen ist. Es waren eben nur wenige Stimmen. Eine klare Abstrafung durch den Wähler hätte wohl weniger geschmerzt. Hinzu kommt der Entzug. Jemand, der das nicht selbst erlebt oder aus nächster Nähe beobachtet hat, kann sich nämlich nicht vorstellen, was es bedeutet, ein mit Höchstgeschwindigkeit angetriebenes Gefährt von jetzt auf gleich zum Stillstand zu bringen, die Tür zu öffnen und seiner Wege zu gehen. Eine enorme Belastung ist das – für Körper, Geist und Seele. Man muss nur einen Blick in die Kalender des Bundeskanzlers werfen, einen x-beliebigen Arbeitstag nehmen – und alle Tage im Leben eines Bundeskanzlers sind Arbeitstage –, um zu verstehen, was das heißt: Einige Jahre nach dem Amtsverlust antwortet er auf die Frage von Schülern, auf wie vielen Veranstaltungen er gewesen sei: »Erst einmal habe ich grob nachgerechnet …: Im

Schnitt habe ich pro Monat etwa 40 Veranstaltungen besucht. Und damit komme ich für die 7 Jahre Kanzlerschaft auf mehr als 2000 Veranstaltungen.«[9]

Und das sind lediglich die Veranstaltungen. Die bilateralen und multilateralen Treffen übersteigen diese bei Weitem. Alleine die in der Regel Dutzende von Menschen, denen ein Kanzler dabei Tag für Tag begegnet, sorgen für einen Zustand permanenter Konzentration, für eine »ungeheuere Anspannung«, die einen »nicht zur Ruhe« kommen lässt, »selbst wenn man im Bett liegt«.[10] Man kann es auch anders formulieren. Das Leben eines Bundeskanzlers ist eine dauernde Ablenkung von der Frage: Und was kommt danach? Natürlich gilt das nicht nur für dieses Amt, aber von dem ist nun einmal hier die Rede.

Teil dieses Lebens ist ein verlässlicher Stab von Mitarbeitern und Helfern – Amts- und Büroleiter, Fahrer und Sekretärinnen, Personen- und Objektschützer, Piloten und Flugbegleiter und viele dienstbare Geister mehr. Es hat seinen guten Grund, warum der Staat seinen scheidenden Kanzlern in dieser Hinsicht auch weiterhin einen gewissen Rahmen garantiert. Natürlich ist keiner von ihnen zufällig ins Kanzleramt gelangt. Sie alle wussten, worauf sie sich eingelassen haben, und sie ahnten, dass es ein Danach, eine Zeit nach dem Abschied geben würde. Sie wollten es so. Sie wollten da rein. Aber das ändert nichts daran, dass sie, einmal drinnen, permanent bis an die Grenze dessen gegangen sind, was Körper, Geist und Seele zulassen. Und natürlich haben sie sich dabei nicht nur Freunde gemacht. Gerhard Schröder schon gar nicht.

So gesehen gibt es gar keine Alternative, als auch über das Ende der Amtszeit hinaus den Personenschutz zu garantieren – für den Altkanzler, aber auch für seine Familie. Das ist kein Zustand, den man sich unbedingt wünscht. Aber zu ändern ist er auf absehbare Zeit nicht. Außerdem ist das Gemeinwesen dem, der es über Jahre nach bestem Wissen und Gewissen im Innern geführt und nach außen vertreten hat, ein Mindestmaß an Kontinuität schuldig. Übrigens auch deshalb, weil ein ehemaliger Kanzler lebenslang ein ehemaliger Kanzler bleiben wird, also das Land dauerhaft auf die eine oder andere Weise vertritt. Die Altkanzler Willy Brandt und Helmut Schmidt, Helmut Kohl und eben auch Gerhard Schröder, um nur von ihnen zu sprechen, wurden und werden stets auch als Repräsentanten Deutschlands wahrgenommen.

Und doch bleibt es ein Absturz. Nach dem monumentalen Kanzleramt ist das Abgeordnetenbüro gewöhnungsbedürftig, auch wenn sich wie im Falle Gerhard Schröders der engste Kreis der Mitarbeiter mit auf den Weg in die neuen Amtsräume des Bundeskanzlers a. D. macht. Kurt Kister, der Sigrid Krampitz in den vergangenen Jahren immer wieder einmal die Aufmerksamkeit geschenkt hat, die sie verdient, hatte am Vorabend der Bundestagswahl in der *Süddeutschen Zeitung* prognostiziert: »... was immer Schröder nach dieser Wahl auch machen wird, ist es schwer vorstellbar, dass Krampitz sein Büro nicht leiten wird.«[11] Und tatsächlich beantwortet sie acht Wochen später die Frage, was sie denn »demnächst machen werde«, mit: »Ganz einfach: ich werde das Büro des Altkanzlers Gerhard Schröder leiten. Wir werden schöne Räume in einer Bundestagsliegenschaft Unter den Linden 50 beziehen. Von dort haben wir einen wunderbaren Blick auf die russische Botschaft!«[12]

Mit ihr ziehen der Stellvertretende Büroleiter Albrecht Funk und die beiden Sekretärinnen Marianne Duden und Doris Leupold ins neue Quartier Gerhard Schröders. Für die inzwischen legendäre Chefsekretärin Duden, die im Oktober 2009 in den Ruhestand gehen wird, ist es nach Helmut Schmidt das zweite Mal, dass sie einen Kanzler beim Auszug aus seinem Amtssitz begleitet. Sie kennt die Situation, in der sich dieser nach dem Amtsverlust befindet; die anderen ahnen, wie die Lage sein wird.

Seine Leute sorgen dafür, dass es einen festen Rahmen gibt. Sie kennen ihren Schröder und wissen, was nottut: Unmittelbar nach der Wahl haben sie mit dem Aufbau eines Parallelbüros begonnen. Die Terminpläne werden wie eh und je geführt und möglichst dicht gefüllt. Tag für Tag ein Vorgang, sauber abgeheftet und monatsweise archiviert. So steht neben den 84 Aktenordnern für die siebenjährige Amtszeit das Jahr für Jahr um 12 Ordner wachsende Konvolut für die seither vergangene Zeit. Auch die Fahrer sind noch da, die Personenschützer, von denen einige schon in Niedersachsen um ihn waren, sowieso. Sogar das eine oder andere Stück aus dem Interieur des Kanzlerbüros wie die miniaturisierte Willy-Brandt-Statue Rainer Fettings, eine Leihgabe des Freundeskreises Willy-Brandt-Haus, tritt die kurze Reise mit an. So gesehen gibt es in diesem Leben eine Kontinuität.

Einen Teil der »schönen Räume« übernimmt Gerhard Schröder von Sigrid Skarpelis-Sperk. Die Abgeordnete ist 1980 gleichzeitig mit ihm in den Bundestag gekommen, hat vor allem während der zweiten Amtszeit zu seinen Gegnerinnen gezählt und verlässt mit Ende der verkürzten Legislaturperiode das Parlament. Die Räumlichkeiten im vierten Stock der Liegenschaft bestehen aus einer Flucht von fünf Zimmern für den Bundeskanzler a. D., seine Büroleiterin, ihren Stellvertreter sowie drei Sekretärinnen. Außerdem gibt es jeweils einen Raum für die Personenschützer und für das Zwischenarchiv. Hier werden Unterlagen untergebracht, die im Büro beziehungsweise im Vorzimmer des Bundeskanzlers aufgehoben worden sind, insbesondere die persönliche Korrespondenz und die persönliche Vorzimmerablage, Terminkalender und Terminakten, Entwürfe von Reden und in bescheidenem Maße auch handschriftliche Notizen, die Korrespondenz mit den Anwälten und andere persönliche Unterlagen im engeren Sinne, in beschränktem Umfang auch Kopien von Amtsakten, die im Vorzimmer des Kanzlers für das Tagesgeschäft in Gebrauch waren.

Dass diese Dokumente erhalten sind, ist Sigrid Krampitz und Albrecht Funk zu danken, die bei aller Hektik des Tagesbetriebs immer wieder einmal daran gedacht haben, dass irgendwann die Historiker ein Bild des Kanzlers zeichnen werden. Denn anders als seine drei Vorgänger oder auch Konrad Adenauer hat Gerhard Schröder selbst zu keinem Zeitpunkt mit dem Gedanken gespielt, sich ein eigenes Archiv zuzulegen – als Jungsozialist nicht, als Oppositionsführer im Niedersächsischen Landtag und als niedersächsischer Ministerpräsident nicht und als Bundeskanzler und als Parteivorsitzender auch nicht. Dass er sich als Kanzler nicht wenigstens ab und zu abends hingesetzt und einiges vom Tage schriftlich festgehalten hat, bedauert er später.

Ein äußerer Rahmen, in dem sich der Bundeskanzler a. D. entfalten kann, ist also schnell gefunden, und da die eingespielte Kernmannschaft mitgekommen ist, könnte Gerhard Schröder gleich loslegen. Nur womit? Was soll er tun? Eine der gravierendsten Folgen des Amtsverlusts ist der Verlust der disziplinierenden Wirkung, welche der Kampf um die verschiedenen Ämter und natürlich um den Machterhalt entfaltet hat. Jahrzehntelang hat Gerhard Schröder diesen Kampf geführt, hat, wenn es darauf ankam, alles diesem Ziel untergeordnet und vor allem in Wahlkampfzeiten einen kräftezehrenden Marathon absolviert, dabei über Wochen zum Beispiel dem Alkohol entsagt. Diese Disziplin ist jetzt nicht mehr gefordert, jedenfalls nicht in dem Maße wie während der vergangenen Jahrzehnte – von einer Ausnahme abgesehen: Die Familie und namentlich die kleine Tochter, der sich bald ein Bruder hinzugesellen wird, später dann die neue berufliche Rolle seiner Frau verlangen jetzt die Konzentration, die für das Familienleben bislang schlicht nicht aufgebracht werden konnte.

Aber füllt das einen Mann mit einer solchen Hochleistungskonditionierung aus? Gewiss, der Weg zurück in den erlernten Beruf steht Schröder offen, und er wird auch eingeschlagen. Unmittelbar nach dem Abschied vom Kanzleramt lässt er die Zulassung als Anwalt, die seit dem Herbst 1998 ruhte, wieder aufleben. Das geschieht zunächst im Rahmen der Bürogemeinschaft, die er damals mit seinem Anwaltskollegen und langjährigen Freund Götz von Fromberg gegründet hatte, weil er seine Zulassung mit dem Einzug ins Kanzleramt nicht aufgeben wollte. Natürlich geht er nicht als Strafverteidiger zurück in den Gerichtssaal. Seine Tätigkeit als Anwalt werde sich »in einer anderen Dimension als früher« bewegen, hatte er Ende 2004 für den Fall seines Ausscheidens aus dem Kanzleramt gesagt.[13] Womit sich, gewissermaßen nebenher, die Frage stellt, was man als ehemaliger Bundeskanzler in dieser Hinsicht tun darf und was nicht. Gibt es Aufträge, die man nicht annehmen, Tätigkeiten, denen man nicht nachgehen darf? Gibt es im Übrigen eine Schamfrist?

Sicher ist nur, dass es kein Gesetz gibt, das einem Bundeskanzler a. D. vorschreibt, was er zu tun oder zu lassen hat. Jedenfalls solange er nicht dem Bundestag angehört. Als Abgeordneter wäre er verpflichtet, dem Bundestagspräsidenten unter anderem entgeltliche Tätigkeiten neben dem Mandat, Funktionen in Unternehmen sowie in Körperschaften und Anstalten des öffentlichen Rechts oder auch Beteiligungen an Kapital- und Personengesellschaften anzuzeigen. Das will sich Gerhard Schröder nicht antun. Neben dem eingangs geschilderten Motiv ist dieses zweite entscheidend für seinen Entschluss gewesen, sein Mandat mit dem Ende der Legislaturperiode zurückzugeben. Seither kann der Bundeskanzler a. D. in dieser Hinsicht tun und lassen, was er will, ohne irgendjemandem, vom Finanzamt einmal abgesehen, Rechenschaft über seine Einkünfte schuldig zu sein. Bleibt die politisch oder, wenn man denn so will, ethisch dimensionierte Frage nach der Art und dem Umfang anderweitiger Tätigkeiten sowie nach dem Zeitpunkt, zu dem diese übernommen werden.

24 Stunden, nachdem Schröder sein Bundestagsmandat zurückgegeben hat, gibt der Schweizer Verleger Michael Ringier beim regulären Herbstpressegespräch in Zürich gewissermaßen en passant bekannt, dass der deutsche Altbundeskanzler mit Jahresbeginn 2006 als Berater für sein Haus tätig wird. Drei Wochen später kann man dann in *Bild* nachlesen, dass Schröder am 16. Dezember, um 8.42 Uhr, »mit seinen deutschen Leibwächtern an der Verlagszentrale in der Züricher Dufourstrasse 23, gleich neben der Oper«, vorgefahren ist.[14] Spätestens jetzt dürfte ihm klar gewesen sein, dass, was immer er tut oder lässt, von der deutschen Öffentlichkeit mit Argusaugen verfolgt werden wird.

Ringier gibt unter anderem das Magazin *Cicero* heraus, das zuletzt als eines der wenigen deutschen Blätter nicht gegen Kanzler Schröder mobilgemacht hatte. Wichtigstes Organ des Verlages ist die auflagenstarke Boulevardzeitung *Blick*, eine Art linke *Bild*-Zeitung der Schweiz. Das Blatt war 2002 in die Schlagzeilen geraten, als es dem damaligen Botschafter der Schweiz in

Berlin eine Affäre andichtete, die erst diesen zum Ende seiner Diplomatenlaufbahn und dann den Verleger zu einer Entschuldigung, zur Entlassung des Chefredakteurs sowie zu einer Zahlung von Schmerzensgeld in beträchtlicher Höhe zwang.

Und mit denen lässt sich Schröder jetzt ein? Das darf doch wohl nicht wahr sein, finden die deutschen Zeitungen. Da mag sich der Verleger am Abend der Bekanntgabe seines Coups in einem Fernsehinterview noch so »köstlich« über die Spekulationen »amüsieren«, die »da jetzt aufgekommen sind«, und freimütig bekennen, dass die Verpflichtung Schröders auf einer freundschaftlichen Beziehung basiert, »die es seit einigen Jahren gibt«; da mag Ringier plausibel begründen, dass der Altkanzler ein »hervorragender Berater« sein dürfte, wenn es um das Engagement seines Hauses in Osteuropa, China oder Vietnam geht[15] – die Hatz ist erst einmal eröffnet.

Vielleicht hätte sich die Aufregung bald wieder gelegt, zumal eine beratende, schreibende oder herausgebende Tätigkeit im publizistischen Bereich auch für Altkanzler nichts Ungewöhnliches ist, wäre nicht dem ersten Streich zwei Wochen später ein zweiter gefolgt, und zwar ein ziemlich großer: »Russen holen sich Schröder«, titelt *Bild* am 10. Dezember 2005 und berichtet, dass der Chef des mehrheitlich staatlichen russischen Gazprom-Konzerns am Tag zuvor »die Katze aus dem Sack« gelassen habe: »Schröder soll Aufsichtsratschef der Deutsch-Russischen Gesellschaft für Entwicklung und Bau der Ostsee-Pipeline werden.« Damit habe sich Russlands Staatspräsident Wladimir Putin »für die Berufung Schröders als Dank für dessen Leistungen für die deutsch-russische Energiepartnerschaft eingesetzt«. Und dann erfährt der Leser noch, dass »Aufsichtsratschefs großer deutscher Unternehmen … zwischen 200 000 und 700 000 Euro« bekommen. Jahr für Jahr.[16] Weil er nicht ausschließen kann, dass die korrekte Summe ohnehin irgendwann das Licht der Welt erblicken wird, stellt Schröder sicher, dass die Honorierung im mittleren Bereich eines vergleichbaren deutschen Aufsichtsrats liegt.

Grundsätzlich ist auch gegen dieses Engagement nichts einzuwenden, im Gegenteil. Zum einen ist es ja ein »unerhörter Vertrauensbeweis«, wenn »die … einem Deutschen gestatten, praktisch da reinzugucken«, sagt Schröder einige Wochen später hinter verschlossenen Türen.[17] Und dann ist ein deutscher Vorsitz in einem Projekt dieser Dimension und von derart vitaler Bedeutung für die Energieversorgung des Landes wie Europas durchaus im »deutschen Interesse«. Finden auch Vertreter des Berliner Politikbetriebs wie Jürgen Trittin, von denen man das nicht unbedingt vermutet und der auch darauf hinweist, dass es klug gewesen wäre, wenn sich Schröder durch die neue Bundesregierung für den Posten hätte vorschlagen lassen.[18]

Denkbar ungünstig ist vor allem der Zeitpunkt, an dem der Coup bekannt gemacht wird, und die Art und Weise, wie das geschieht. Nach eigener Aussage ist Schröder mit dieser Frage erstmals konkret im November 2005 »konfrontiert worden«, hat aber »zunächst abgelehnt«.[19] Weil Putin von der Absage erkennbar irritiert ist, das Anfang Dezember auch dem in Moskau weilenden Außenminister sagt, und weil der Ex-Kanzler den Präsidenten nicht hängen lassen will, ruft er Putin am 9. Dezember an, übrigens auf dessen privatem Handy, dessen Nummer nicht einmal die Leute in der russischen Botschaft und die wenigsten im Kreml kennen. Der wiederum geht damit sofort an die Öffentlichkeit. Für Russlands Präsidenten ist es ja auch ein schöner Erfolg, einen in voller Schaffenskraft stehenden Ex-Bundeskanzler für das bei den Anrainern nicht unumstrittene Projekt gewonnen zu haben. Wie der Zufall es will, der womöglich keiner ist, wird die Berufung Schröders publik, als der russische Ministerpräsident und der Gazprom-Chef in Babajewo, rund 600 Kilometer östlich von St. Petersburg, symbolisch die erste Schweißnaht für einen 900 Kilometer langen Abschnitt der neuen Pipeline setzen.

So hören auch die anwesenden Vertreter der beiden deutschen Partner des Pipelinekonsortiums erstmals von Schröders Berufung.[20] Ähnlich geht es Wirtschaftsminister Michael Glos, der seine erste Auslandsreise dem Start des Pipelineprojekts widmet, damit dessen Bedeutung unterstreicht und ausdrücklich zu verstehen gibt, dass er die Wahl Schröders an die Spitze des Gremiums begrüßt.[21] Glos und Schröder waren während der vergangenen Jahrzehnte wahrlich nicht immer einer Meinung. Jetzt entdecken sie Gemeinsamkeiten und bleiben auch nach dem Ausscheiden von Glos aus der aktiven Politik in Verbindung.

Wenig, wenn überhaupt irgendetwas hat Gerhard Schröder nach seinem Auszug aus dem Kanzleramt so geschadet wie seine »Gazpromisierung«, von der Kurt Kister anlässlich dessen 70. Geburtstages spricht.[22] Gerade erst sind die Würdigungen verklungen, haben Bundespräsident und Bundeskanzlerin, zahlreiche Vertreter aus Politik und Wirtschaft, Kultur und auch Wissenschaft die Leistungen des Altkanzlers gepriesen, da erfolgt auch schon der Absturz in der Gunst der öffentlichen Meinung. Dabei geht unter, dass der Kanzler anfänglich nicht zu den Verfechtern der Pipeline gehört hatte, sondern durch Dritte wie den finnischen Ministerpräsidenten überzeugt werden musste, »die Auffassung über die besondere Bedeutung der Gasleitung durch die Ostsee« zu teilen.

Jetzt zeigen sich selbst einige enge Weggefährte wie Hans-Jochen Vogel, Oskar Negt oder Peter Struck über Schröders Entscheidung »betrübt« und »bestürzt«,[23] gehen allerdings mit ihren Bedenken nicht an die Öffentlichkeit, sondern tragen sie ihm brieflich vor. Dass er gegen geltendes Recht verstoßen habe, unterstellt ihm keiner. »Die Vorwürfe, die Dir in diesem Zusammenhang gemacht werden«, schreibt Peter Struck, loyaler Fraktionsvorsitzender und Verteidigungsminister während Schröders Kanzlerschaft, »halte ich für absolut unberechtigt ... Ich werde Deine Entscheidung auch fortan verteidigen, ohne sie jedoch zu teilen.«[24] Gerhard Schröder sei jetzt Privatmann, hatte er tags zuvor dem ZDF gesagt, und könne machen, was er wolle. Auch sei »völlig klar«, dass er das Pipelineprojekt als Kanzler nicht deshalb promoviert habe, »weil er vielleicht die Aussicht hatte, Mitglied im Aufsichtsrat zu werden«. Aber, auch das sagt Struck öffentlich: »Ich hätte es nicht gemacht.«[25]

Das ist die Seite des neuen Engagements, die für jedermann sichtbar ist. Es gibt eine andere, die nicht bekannt wird. Man kann sich kaum vorstellen, welche Welle von Anfragen, Bitten, Ersuchen und Wünschen aller Art über Gerhard Schröder hereinbricht, als er das Kanzleramt verlässt und sich in der Wirtschaft umtut. Viele haben mit seiner Verbindung zu Gazprom zu tun, aber beileibe nicht alle und unter dem Strich auch nicht die meisten. Mitte Dezember 2006 spricht er mit leicht resignativem Unterton von den »unzähligen Anfragen ... aus dem wirtschaftlichen und gesellschaftlichen Bereich, aus Bildung, Forschung, Kultur und Sport«, die ihn Tag für Tag erreichen. In den allermeisten Fällen muss es bei Standardantworten bleiben. Persönlich antwortet er übrigens immer auf Briefe von Kindern und Jugendlichen, Schülern oder Klassen.

Und was die Anliegen der Erwachsenen angeht, so gibt es nichts, was es nicht gibt. Vom »großen Wunsch, in Russland einen Elch zu erlegen«, bis hin zu der etliche Male vorgetragenen Bitte um Sponsorengelder aus der Gazprom-Schatulle ist alles dabei. Vor allem die Meldung, dass Gazprom zum 1. Januar 2007 der Hauptsponsor von Schalke 04 wird, löst »eine Welle von Anfragen« aus, wie Schröder, der am »Zustandekommen des Sponsorenvertrages ... nur mittelbar beteiligt« war, einem der zahlreichen Bittsteller antwortet.[26]

Wie immer man den raschen Eintritt ins Unternehmerdasein auch beurteilen mag, sicher ist, dass die neuen Tätigkeiten Lichter ans Ende eines Tunnels setzen, in den Schröder mit dem erzwungenen Abschied von einem ausfüllenden und mit Leidenschaft ausgeübten Amt eingefahren ist. Ziemlich genau ein Jahr später stellt er in einem Gespräch mit dem *Spiegel* fest, dass es ihm jetzt »sehr gut« gehe, aber: »Es war nicht immer so. Die ersten Monate sind schwierig gewesen. Man muss verarbeiten, was war.« Wichtig war, dass er nie »depressionsgefährdet« gewesen ist – »zu keinem Zeitpunkt« –, dass er »sehr schnell etwas zu tun« und dabei auch zu kämpfen und sich gegen alte und neue Gegner zu behaupten hatte.[27]

Um diese Kontinuität, um das Gefragtsein und das Gerufenwerden, um das Unterwegssein und das Tätigwerden geht es in diesen ersten Tagen, Wochen und Monaten. Nicht um neue Einnahmequellen. Das auch und gewiss nicht zuletzt, aber eben nicht an erster Stelle. Allerdings hat er seine Schäfchen auch schon ins Trockene gebracht, hat per Handschlag und für eine beachtliche Summe die Rechte an seinen zu schreibenden Lebenserinnerungen verkauft, wovon zu berichten ist. Auch deshalb kann er die jetzt in Serie eintreffenden Angebote dankend ablehnen. Gerhard Schröder hat das Kanzleramt noch nicht geräumt, da werden auch schon die Verleger und die Literaturagenten der Republik bei dem »verehrten Herrn Bundeskanzler« mit »verehrungsvollen Grüssen« und dem Angebot vorstellig, ihm bei der Umsetzung etwaiger publizistischer Vorhaben behilflich zu sein. Dass sich Schröder bereits anderweitig gebunden hat, wissen sie natürlich nicht.

Vor allem aber stürzt sich die Wirtschaft, kaum dass Schröder als Privatier unterwegs ist, auf den Ex-Kanzler, um sich seiner zu versichern, und das nicht nur während der ersten Wochen und Monate nach dem Rückzug aus der Politik. Das führende deutsche Management für die Vorbereitung, Akquisition und Durchführung von Vortragsveranstaltungen offeriert seine Dienste, eine Reihe in- und ausländischer Banken und Unternehmen bietet ihm einen Sitz im Aufsichts- beziehungsweise Verwaltungsrat an, einer Schweizer Beteiligungs- und Management-Gesellschaft ist Schröders Beratertätigkeit 5 Prozent am Nettoprofit einer Firma wert, und der Vorstandsvorsitzende eines der größten deutschen Industrieunternehmen legt seiner Anfrage gleich einen einseitig unterschriebenen Vertrag bei. Hätte Schröder unterzeichnet und wäre in den kommenden Monaten zu neun Vorträgen rund um den Globus aufgebrochen, hätte er die Haushaltskasse um knapp eine Million Euro – einschließlich Umsatzsteuer – aufbessern können.

Keines dieser Angebote nimmt er an, das letztgenannte übrigens auch deshalb nicht, weil er sich nicht längerfristig festlegen und schon gar nicht, wie vom potentiellen Auftraggeber erwartet, die Redemanuskripte vorab vorlegen will. Aber nicht nur die allermeisten dieser gut dotierten Posten lehnt er ab; auch weitere Ehrendoktorwürden will er jedenfalls einstweilen nicht annehmen, obgleich er gar nicht so genau weiß, wie viele es inzwischen sind: »Ich habe bereits drei Ehrendoktorwürden verliehen bekommen«, schreibt er Ende Juli 2006 nach Zürich – tatsächlich sind es vier –, »und dabei möchte ich es zunächst belassen.«[28] So hält er es in den folgenden Jahren mit den allermeisten der Auszeichnungen, die ihm angetragen werden. Und es werden ihm viele angeboten: Vom »Zeppelin-Preis für Kommunikation zwischen Wirtschaft, Kultur und Politik«, der ihm als erstem Kandidaten von der gleichnamigen Universität in Friedrichshafen angetragen wird, über die »Goldmedaille« der Historischen Gesellschaft des Trinity College in Dublin bis hin zur Schirmherrschaft für die Hannoversche Currywurst Gesellschaft ist alles dabei, was man sich vorstellen kann.

Nicht dass Gerhard Schröder für Ehrungen nicht empfänglich wäre. Aber sie müssen passen, müssen mit seinem Leben zu tun haben. So wie eine andere Hannoveraner Auszeichnung. Am 2. Dezember teilt Herbert Schmalstieg, Oberbürgermeister von Hannover und Weggefährte vieler Jahre, Gerhard Schröder mit, der Rat der Stadt habe mit überwältigender Mehrheit beschlossen, ihm für sein Engagement für die Stadt und sein »Wirken als Kanzler« die Ehrenbürgerwürde zu verleihen,[29] was am 24. Februar 2006 geschieht. Am 9. Dezember – dem Tag, an dem Putin seine neue Aufgabe im Pipelinegeschäft bekannt macht – wird Gerhard Schröder eine ihm besonders wichtige Ehrung zuteil: In der Leipziger Oper erhebt der Deutsche Fußball-Bund (DFB) den bekennenden Anhänger von Borussia Dortmund in den Stand eines Ehrenmitglieds. Mit einigem Stolz schlägt der Geehrte bei dieser Gelegenheit einen Bogen seines Lebens vom TuS Talle zum Kanzleramt und sagt seiner gelebten Überzeugung entsprechend: »Für mich war es wichtig, beweisen zu können, daß Herkunft in der Gesellschaft nicht die entscheidende Rolle spielt, sondern Leistungsbereitschaft, Leistungswille und Leistungsvermögen, gepaart mit Fairness.«[30]

Zu den Gratulanten zählt unter anderem Angela Merkel, die noch dabei ist, ihr Büro im Kanzleramt einzurichten. Bei Anlässen wie diesem wird auch der Unterschied zwischen der neuen und der alten Regierung offenkundig. Die Kanzlerin, bilanziert Kurt Kister einige Wochen später, »die derzeit von einer Welle ... der Anerkennung getragen wird ..., hat ordentlich begonnen«. Aber ihr und ihrem Kabinett fehlt etwas: »Schröder und seine Hintersassen polarisierten, begeisterten manche und nervten viele. Sie ließen kaum jemanden kalt, langweilig war es selten ... Merkels große Koalition ist personell etwa so aufregend wie ein wasserwirtschaftlicher Zweckverband.«[31]

Derweil wird der Staatsmann bildlich für die Ewigkeit festgehalten und damit auf die allen Bundeskanzlern zustehende Art geehrt. Allerdings sind die Bildnisse Konrad Adenauers, Ludwig Erhards, Kurt Georg Kiesingers und Willy Brandts nicht für diesen Zweck angefertigt worden. Erst Helmut Schmidt hat diese Tradition begründet und sich, seinerzeit ungewöhnlich genug, von dem in der DDR nicht unumstrittenen Maler Bernhard Heisig porträtieren lassen.

Helmut Kohl ist Helmut Schmidt insofern gefolgt, als er mit Albrecht Gehse ebenfalls einen Maler der ehemaligen DDR, zudem einen Schüler Heisigs, beauftragt hat.

Nach der Leipziger kommt jetzt die Düsseldorfer Schule zum Zuge, sofern man Jörg Immendorff, einen Adepten von Joseph Beuys, überhaupt einer solchen zurechnen kann. Der Kanzler und der Maler haben das Porträt vereinbart, als Schröder Ende März 2000 während eines Georgienbesuchs eine Ausstellung mit Werken Immendorffs in der Nationalgalerie von Tiflis eröffnete. Seither stehen die beiden in einem engen Kontakt. Davon zeugt eine Serie von Briefen des Künstlers an den Kanzler oder zuletzt die Eröffnung einer großen Retrospektive des Malers in der Neuen Nationalgalerie, die Schröder Ende September 2005 – noch als Kanzler und einer Bitte Immendorffs folgend – vornimmt.[32] Im November 2006 entscheidet Gerhard Schröder offiziell, sich »von Herrn Professor Jörg Immendorff porträtieren zu lassen«.[33]

Seit klar ist, auf wen Schröders Wahl gefallen ist, wird die Entstehungsgeschichte des Porträts von der Öffentlichkeit verfolgt und insbesondere von *Bild* und ihrem Chefredakteur eng begleitet.[34] Kai Diekmann, der einst zu den schärfsten Kritikern des Kanzlers gezählt und das Blatt auf eine ziemlich üble Stürzt-den-Schröder-Kampagne festgelegt hatte, erklärt inzwischen öffentlich, dass der publizistische Feldzug gegen dessen Agenda unangemessen gewesen sei. Als das Porträt Immendorffs zunächst Mitte Januar 2007 vorgestellt und dann Anfang März durch den schwerkranken Maler an Gerhard Schröder übergeben wird, sind Diekmann, seine Zeitung und ihr Fotograf dabei. An einem Sommerabend 2012 sprechen sich der umtriebige Journalist und der Politpensionär dann aus und schließen »Frieden«.[35] Dafür darf Gerhard Schröder dann in der ersten »Frei-Bild für alle«, die Ende Juni 2012 aus Anlass des 60. Geburtstags von *Bild* in einer Auflage von 41 Millionen Exemplaren an alle Haushalte verteilt wird, prominent und ausführlich auf die Fragen von Kai Diekmann antworten und seine Sicht der wechselvollen gemeinsamen Geschichte darlegen.[36]

Von Diekmann stammte auch die Idee der Schenkung des Kanzlerporträts. Weil zwischen den Möglichkeiten des entsprechenden Kanzleramtsetats und den Vorstellungen von Immendorffs Galeristen Welten liegen, schlägt der Chefredakteur dem Maler vor, das Bild dem Ex-Kanzler zu schenken, der es dann auf diesem Weg an seinen vormaligen Amtssitz weiterreichen will. So wird es gemacht. Gerhard Schröder schenkt der Bundesrepublik Deutschland das Porträt unter anderem mit der Maßgabe, so der Schenkungsvertrag, dass es »fester Bestandteil der … im Bundeskanzleramt präsentierten Gemälde-

Altkanzler mit Nachfolgerin: In lockerer Atmosphäre und im Beisein des bildlich Verewigten erläutert Angela Merkel am 10. Juli 2010 das von Jörg Immendorff geschaffene Porträt Gerhard Schröders.

Galerie der ehemaligen Bundeskanzler« ist.[37] Schließlich initiiert Kai Diekmann den gemeinsamen Auftritt des Ex-Kanzlers und seiner Nachfolgerin bei der Hängung des Bildes im Juli 2007. Es ist das erste Mal seit der Berliner Fernsehrunde, dass Gerhard Schröder und Angela Merkel offiziell aufeinandertreffen. Die Veranstaltung ist unverkrampft und launig, so gesehen ein »würdiger Abschluss einer unwürdigen Geschichte«.[38] Fortan hängt das Bildnis des siebten Kanzlers der Republik neben dem Porträt seines Vorgängers. Was immer man von »Immendorffs Goldschröder« – »imperatorenhaft, bismarckig und maßlos mächtig«, mit Affen im Hintergrund, einem »verpummelten Bundesadler« und einer gebrochenen schwarzen Figur im Vordergrund[39] – auch denken mag, es ist eigenwillig. So wie das Original.

Der Künstler selbst erlebt die Veranstaltung nicht mehr. Am 28. Mai 2007 ist Jörg Immendorff der heimtückischen Nervenkrankheit ALS erlegen. Sein Tod ist im Oktober 2011 ein Anlass für die Gründung der Initiative »Hilfe für ALS-kranke Menschen«. Jürgen Großmann ist Initiator, Gerhard Schröder Schirmherr der Initiative, die alleine auf ihrer jährlich ausgerichteten Spendengala durch die Versteigerung von Kunstwerken mehr als 350 000 Euro zusammenbringt. Markus Lüpertz gehört zu den Künstlern, deren Werke dort zur Auktion stehen.

Der für die Ewigkeit bildlich Festgehaltene hat inzwischen Englisch gelernt. Bislang hatte sich Schröder um seine Sprachkenntnisse nicht kümmern müssen, weil ihm seit der ausgehenden Amtszeit als Ministerpräsident von Niedersachsen mit Lena Hassinger-Lees eine kongeniale Übersetzerin zur Seite stand. Nach dem Abschied vom Kanzleramt zieht er sich zunächst in ein walisisches Dorf zurück und rüstet sich im intensiven Einzelunterricht für die weitere Karriere. Dieses Training wird ab Mitte Januar 2006 in Berlin fortgesetzt. In der Regel zwei Mal wöchentlich steht der Termin »English-Lesson« im Kalender.[40]

Ohne mehr oder weniger solide Sprachkenntnisse geht es künftig nicht. Denn in aller Regel muss Gerhard Schröder seine Vorträge im Ausland, die zu einer Haupttätigkeit werden, auf Englisch halten. Vor allem seit er bei der New Yorker Agentur Harry Walker unter Vertrag ist. Das 1946 gegründete Unternehmen ist einer der Marktführer unter den weltweit rund 400 Agenturen für die Vermittlung prominenter Redner und betreut damals rund 60 Klienten. Zu den Politikern, die Walker vermittelt, gehören neben der jordanischen Königin Noor und dem vormaligen Generalsekretär der Vereinten Nationen Boutros Boutros-Ghali auch die ehemaligen amerikanischen Präsidenten Gerald Ford, Jimmy Carter und vor allem Bill Clinton, das Zugpferd der Agentur. Don Walker, Sohn des Firmengründers, hat seine Chance, den Altkanzler zu gewinnen, sofort genutzt, ist nach Berlin gereist und hat das Abkommen per Handschlag besiegelt.

Wenn Gerhard Schröder in den ersten Wochen und Monaten nicht Englisch lernt, arbeitet er an seinen Erinnerungen: »Übrigens, ich schreibe jetzt ein Buch«, hatte er nach der Überreichung der Entlassungsurkunden im Kreis der ehemaligen Kabinettsmitglieder angekündigt: »Aber ihr braucht Euch deswegen keine Gedanken zu machen.« Schon möglich, hatte einer der Anwesenden das kommentiert, »aber wahrscheinlich können wir uns danach nirgends mehr blicken lassen«.

Natürlich ist die Arbeit an den Memoiren eine Etappe jenes Weges, der Schröder über den Sturz und den Neuanfang hinwegführen soll. Andererseits ist auch dieses Projekt von vornherein kommerziell angelegt – wie vergleichbare Unternehmen dieser Art. Seine drei Vorgänger im Amt des Bundeskanzlers sind damit zu wohlhabenden Männern geworden. Gerhard Schröder ist auch nicht der erste Ex-Kanzler, der dieses Tempo vorlegt. Willy Brandt hatte sich nach dem Auszug aus dem Kanzleramt gerade einmal acht Wochen Zeit genommen, bis das Manuskript seines ersten Erinnerungswerkes vorlag.[41] Ein Grund für den Schnellschuss Gerhard Schröders, denn ein solcher wird es werden, sind die vertraglichen Verpflichtungen, die er eingegangen ist. Nach dem Wahlabend hatte Carsten Maschmeyer den Kanzler erstmals mit der Idee konfrontiert, ihm die Rechte an seinen Memoiren abzukaufen. An und für sich ist der Vorschlag weder abwegig noch verwerflich. Wie erinnerlich, war Schröder während seiner Kanzlerschaft wiederholt mit der Idee konfrontiert worden, seine Lebenserinnerungen zu Papier zu bringen.

Überraschend sind der Vertragspartner, die Art und Weise, wie der Vertrag zustande gekommen ist, und das vereinbarte Garantiehonorar, also der Vorschuss. Dem Finanzoptimierer Maschmeyer eilt wegen seiner Geschäftsmethoden ein zweifelhafter Ruf voraus, und von Schröders erstaunlich naivem Umgang mit Figuren wie dieser war schon die Rede. Worüber die beiden wohl schon seit dem Spätsommer sprechen und was sie im November 2005 vereinbaren, nachdem Schröder das Kanzleramt verlassen hat, wird der Öffentlichkeit bekannt, als Jahre später zwei Enthüllungsjournalisten des *Stern* Hunderte von Dokumenten einsehen können, die Whistleblower ihnen zugespielt haben.[42] Jetzt erfahren auch Außenstehende, dass Gerhard Schröder seinerzeit die Nutzungsrechte an seinen Lebenserinnerungen per Handschlag an Carsten Maschmeyer abgetreten und dafür zwei Millionen Euro inklusive Umsatzsteuer kassiert hat und dass dieses Geschäft zwei Jahre später nur deshalb schriftlich fixiert worden ist, weil das Finanzamt bei dem Unternehmer vorstellig wurde.

Als die Wogen der Erregung daraufhin im Herbst 2014 kurzzeitig hochgehen, schauen die meisten nicht so genau hin. Dabei ist die Summe durchaus derjenigen vergleichbar, die Willy Brandt, ein Meister der Selbstvermarktung, Mitte der achtziger Jahre für den Verkauf seines letzten Erinnerungswerkes eingestrichen hatte. Der war zwar zu diesem Zeitpunkt schon lange nicht mehr Bundeskanzler, aber immerhin noch Vorsitzender, wenig später dann Ehrenvorsitzender der SPD. Im Übrigen hatte Willy Brandt einen kalkulierbaren Marktwert, Gerhard Schröder hat ihn – jedenfalls noch – nicht. Dafür hat er an Maschmeyer sämtliche Rechte an seinem Werk nicht nur für seine »Lebenszeit«, sondern auch noch für die »nachfolgenden 70 Jahre«, also bei seiner Lebenserwartung für insgesamt bis zu 100 Jahren, abtreten müssen.[43] So gesehen ist das Risiko für Maschmeyer beziehungsweise seine Erben sehr überschaubar. Zumal ja im Sommer 2005 nicht absehbar ist, wie es mit Gerhard Schröder weitergehen wird. Vieles ist denkbar, auch ein neuerlicher Wahlsieg, so unwahrscheinlich er zu diesem Zeitpunkt auch ist. Aber dass der Kanzler den Sieg und damit eine dritte Amtszeit will, stellt keiner in Frage. In diesem Fall hätte sich Maschmeyer gedulden müssen.

Von der Absprache zwischen den beiden weiß zunächst niemand, auch nicht die diversen Verlage, die sich jetzt um die Rechte bemühen und in der

Regel siebenstellig bieten,[44] darunter Droemer, wo 2014 das Enthüllungsbuch erscheinen wird, Random House, wo 2015 die Biographie Gerhard Schröders verlegt wird, und Hoffmann und Campe, die den Zuschlag erhalten, Maschmeyer dafür eine Million Euro überweisen und gegenüber der Öffentlichkeit dichthalten. Das gilt sowohl für die Rolle Maschmeyers als auch für die Höhe des von diesem an Schröder gezahlten Vorschusses, von dem der Verlag zwar offiziell nichts weiß, aber eine begründete Vorstellung hat. Als beides einige Jahre später publik und die eine Million von Maschmeyer nicht dementiert wird, geht alle Welt davon aus, dass es sich um die auch an Schröder gezahlte Summe handelt. Im Herbst 2014 mit den zwei Millionen konfrontiert, argumentiert Maschmeyer, durch »Umsatzsteuer, Einkommensteuer, Gewerbesteuer und Solidaritätszuschlag« habe sich das »zugesicherte Nettohonorar auf die jetzt genannte Summe« erhöht.[45] Eingeweihte sind von den Einzelheiten des Enthüllten nicht überrascht. Auch hat Schröder »nicht gegen geltende Gesetze verstoßen, wie es sein Vorgänger tat«,[46] vermerkt selbst die *FAZ*, die als einziges Blatt dieser Liga die Geschichte hochfährt.

Wenige Tage vor Ende des Jahres 2005 trifft sich Gerhard Schröder mit Carsten Maschmeyer, Matthias Prinz und Manfred Bissinger, um letzte Fragen zu besprechen.[47] Der auf prominente Fälle spezialisierte Hamburger Medienanwalt Prinz hat Maschmeyer in der Angelegenheit beraten, Bissinger wird in seiner Eigenschaft als Geschäftsführer Corporate Publishing von Hoffmann und Campe für die verlegerische Realisierung sorgen. Anfang 2006 legen dann die Co-Autoren los. Beginnend auf der Nordseeinsel Borkum, wo die Familie Schröder jetzt des Öfteren ihre Urlaube zu verbringen pflegt und im Frühjahr auch Wohneigentum erwirbt, macht sich Uwe-Karsten Heye, Schröders Pressesprecher während der ersten Legislaturperiode, mit dem Autor an die Arbeit. Heye ist im August 2005 von seinem Posten als deutscher Generalkonsul in New York zurückgekehrt und jetzt als Chefredakteur des *Vorwärts* tätig. So werden zwischen Mitte Januar und Ende August 2006 innerhalb kurzer Zeit 55 Kassetten besprochen, und am Ende gibt es zwei Bücher.

Das erste, die Transkription des Gesprächs, erblickt nie das Licht der Öffentlichkeit. Weder Schröder selbst noch sonst jemand hat die rund 500 Seiten später redigiert oder nur noch einmal angesehen. Dabei ist es Schröders eigentliches Buch. Ehrlich und authentisch, offen und schonungslos, voller spontaner Einschätzungen und Urteile. Im Grunde ist es ein großer Monolog, in dem sich Schröder nach dem Amtsverlust und dem Ende seiner politischen Karriere alles von der Seele redet. Gleichwohl ist es frei von abfälligen Urteilen über Gegner, Neider, Weggefährten, die sein Vorgänger – in dieser Form ebenfalls nicht für die Öffentlichkeit bestimmt – in einer ähnlichen Situation gleich in Serie auf Band gesprochen hat.[48] Selbst das, was Gerhard Schröder zu Oskar Lafontaine zu sagen hat, ist frei von abschätzigen Tönen, und der bestätigt seinerseits, dass der alte Rivale zwar »rabaukenhaft«, auch »brutal« sein konnte, aber »nicht unter die Gürtellinie geschlagen« hat.[49]

Das andere Buch, das im Oktober 2006 unter dem Titel *Entscheidungen* vorgestellt wird, hat mit diesem Gespräch nur wenig zu tun. Zwei Wochen nachdem mit der Arbeit begonnen worden ist, liegt bereits der Prolog des Buches vor und geht per Fax nach Hannover. Zeitgleich werden Daten geprüft, Dokumente aus der Kanzlerzeit gesichtet, hier und da Anfragen gestellt. Schröder selbst steuert immer wieder handschriftlich Nachträge, Ergänzungen, auch größere Partien bei. Sie sind aus einem Guss, pointiert, gut lesbar und lassen fragen, was wohl am Ende herausgekommen wäre, hätte er die Geduld aufgebracht und sich die Zeit genommen, das Ganze selbst zu schreiben oder das transkribierte Gespräch zu bearbeiten. So aber ist das Manuskript ein Mixtum compositum. Und es ist, wie gesagt, ein Schnellschuss, wie so vieles, was Gerhard Schröder in diesen Wochen anfasst. So gesehen vertut er eine nicht zu unterschätzende Chance, ein bei aller Subjektivität zuverlässiges, über den Augenblick hinausweisendes Bild seines Lebens zu zeichnen.

Kommerziell angelegte Unternehmungen wie dieses oder auch die Beratung des Schweizer Verlegers wären wohl trotz der frühen Ankündigungen von der Öffentlichkeit bald akzeptiert worden, hätte nicht im März 2006 die Aufnahme der Aufsichtsratstätigkeit bei der Betreibergesellschaft der North European Gas Pipeline (NEGP), der heutigen Nord Stream AG, die Aufmerksamkeit erneut auf diesen Komplex gelenkt. Allerdings erscheint dieses Engagement zusehends in einem anderen Licht als noch drei Monate zuvor. Denn jetzt beginnt sich die Öffentlichkeit für die Hintergründe, Dimensionen und Perspektiven zu interessieren.

Zu dieser Zeit befriedigt Russland mehr als 35 Prozent des deutschen Gasbedarfs – zudem gut ein Drittel des Ölbedarfs –, weitere knapp 30 Prozent stammen aus Norwegen, 20 Prozent aus den Niederlanden und rund 13 Prozent aus heimischer Produktion. An der Betreibergesellschaft der neuen Pipeline sind die russische Gazprom mit 51, die deutschen Konzerne E.ON und BASF beziehungsweise Wintershall zu diesem Zeitpunkt noch mit jeweils 24,5 Prozent beteiligt. Später wird das Konsortium zulasten der beiden deutschen Unternehmen um weitere Anteilseigner erweitert. Dass Nord Stream in der Schweiz registriert ist, mithin die dort verbindlichen Maßstäbe der Transparenz und der Rule of Law auch für dieses Unternehmen gelten, geht auf eine Forderung Gerhard Schröders zurück. Politisch pikant an der neuen Röhre mit ihren zwei Strängen, die eine jährliche Kapazität von 55 Milliarden Kubikmetern haben sollen, ist die Umgehung zum einen Polens und der baltischen Staaten, zum anderen Weißrusslands und der Ukraine, durch deren Leitungsnetze bislang das für Westeuropa bestimmte russische Gas geleitet wird.

Die Kritik an dem Projekt wie an Schröders Rolle ist nicht neu: Mit der Pipeline, so ist zu hören, nehme die Abhängigkeit Deutschlands und Westeuropas von russischen Gasimporten zu. Damit werde die Bundesrepublik erpressbar und Schröder zum »Befehlsempfänger des russischen Staates«.[50] Letzteres ist ehrenrührig, Ersteres im Lichte der Geschichte nicht haltbar. Zu keinem Zeitpunkt, auch nicht während der Gefrierphasen des Kalten Krieges, haben die Sowjetunion oder hernach Russland versucht, die Gaslieferungen als Druckmittel einzusetzen. Warum hätten sie das auch tun sollen? Die Devisen aus diesem Geschäft zählen zu den wichtigsten Einnahmequellen der nicht besonders produktiven russischen Volkswirtschaft.

Zu den bemerkenswerten Argumenten, die Gazprom für die Anwerbung Schröders mobilisiert, gehört, dass der Altkanzler das Konsortium auch gegenüber der EU-Kommission vertreten könne. So Alexander Medwedew, Stellvertretender Vorstandsvorsitzender von Gazprom.[51] Damit ist ein Punkt angesprochen, den die deutschen Kritiker des Projekts und des Schröderschen Engagements konsequent unter den Tisch fallen lassen: Wiederholt, zuletzt im September 2006, hat die EU dem Vorhaben den Status eingeräumt, Teil des Transeuropäischen Energienetzes zu sein, und es zu einem »Projekt von europäischem Interesse« erklärt. Damit, so schreibt Schröder einem Abgeordneten des Europäischen Parlaments, »ist die Verpflichtung aller Mitgliedsstaaten verbunden, das Projekt zu fördern, jedenfalls das Gegenteil zu unterlassen«.[52] Brüssel hatte so entschieden, weil das sowjetische beziehungsweise russische Pipelinenetz seit 1985 stagniert und kaum noch den wachsenden Anforderungen genügt. So gesehen ist die deutsche Kritik am »Schröderismus, dem bedenkenlosen Gekungel mit Moskaus Mächtigen«,[53] sicher nicht haltbar.

Brenzlig scheint die Angelegenheit für Schröder für einen Augenblick noch einmal zu werden, als Anfang April 2006 bekannt wird, dass seine damals nur noch geschäftsführend tätige Regierung in ihren letzten Tagen einen Bankenkredit an Gazprom in Höhe von rund einer Milliarde Euro garantiert hat, mit dem das 1800 Kilometer lange Teilstück der Pipeline vom sibirischen Gasfeld Juschno Russkoje nach St. Petersburg finanziert werden sollte. Der interministerielle Ausschuss, in dem das Bundeskanzleramt nicht vertreten ist, hatte am 24. Oktober 2005 unter Leitung von Wirtschaftsminister Clement der staatlichen Kreditanstalt für Wiederaufbau und der Deutschen Bank diese Bürgschaft für einen ungebundenen Finanzkredit zugesagt. Wie zu erwarten, gehen die Wellen der öffentlichen Empörung hoch, als die Geschichte bekannt wird, obgleich Gazprom inzwischen erklärt hat, dass es den Finanzierungsvorschlag weder angenommen habe noch annehmen werde.

Viele glauben Schröder nicht, als er Anfang April 2006 sagt: »Ich hatte keine Kenntnis von diesem Vorgang.« Im Übrigen bleibe richtig, dass Bundesbürgschaften ein »bewährtes Instrument« seien, »um die Wirtschaftsinteressen unseres Landes zu vertreten«.[54] Alle vier großen Erdgas-Röhren-Geschäfte der Jahre 1970 bis 1981, also die Vorläuferinnen des aktuellen, sind auf diese Weise finanziert beziehungsweise abgesichert worden. So gesehen überrascht es nicht, dass Gerhard Schröder Schützenhilfe von amtlicher Seite erhält. »Wenn heute darüber ein Antrag käme«, erklärt jetzt Wirtschaftsminister Glos, »so etwas mit einem Kredit zu unterstützen, würde ich mich ebenfalls dafür verwenden.«[55] Er weiß, warum: Die Garantien für den Bankenkredit hätten in den kommenden Jahren rund 100 Millionen Euro an Bürgschaftsgebühren in die klamme Staatskasse gespült.

Und auch in einem weiteren Punkt wird Schröders Position gestützt: Anfang April bestätigt das Landgericht Hamburg eine einstweilige Verfügung des Altkanzlers gegen den Vorsitzenden der FDP. Guido Westerwelle hatte öffentlich gesagt, er finde es »problematisch«, dass Schröder »als Bundeskanzler einer Firma«, nämlich Gazprom, einen »Auftrag gegeben« habe und »dann wenige Wochen nach Amtsübergabe in die Dienste ebenjener Firma« getreten sei.[56] Der »Durchschnittsleser«, so das Gericht, habe diese Aussage nicht, wie von Westerwelle gemeint, als allgemeine politische Aussage verstehen, sondern annehmen müssen, dass es sich um einen konkreten Auftrag handle, den Schröder in seiner Eigenschaft als Bundeskanzler abgeschlossen habe.[57] Und eben das war und ist nicht der Fall, schon weil Schröder »doch nicht geplant« hat, »die Wahl zu verlieren«. Sagt Renate Schmidt.[58] Ein schlagendes Argument. Wer ohne Wenn und Aber und bis zur totalen Erschöpfung um sein Amt und um sein Lebenswerk kämpft, wie Schröder das im Sommer 2005 getan hat, denkt nicht an eine Hintertür.

Die Spekulationen über den Finanzkredit und überhaupt über Schröders Aktivitäten im Russlandgeschäft schießen auch deshalb so üppig ins Kraut, weil es ständig neue Meldungen über anderweitige Engagements des Ex-Kanzlers gibt und sich nach und nach alles zu einer Melange aus persönlichen, politischen und wirtschaftlichen Interessen verdichtet. So wird Anfang Februar bekannt, dass der Altkanzler fortan Werner Müller berät. Müller und Schröder kennen sich, wie berichtet, seit Ersterer Letzteren in dessen Zeit als Ministerpräsident gelegentlich in Energiefragen beraten hat. Als Wirtschaftsminister in seinem Kabinett war der parteilose Manager der ideale Mann, als es um den Atomausstieg ging.

Jetzt ist Werner Müller Vorstandsvorsitzender des Essener Energiekonzerns RAG Aktiengesellschaft, wie sich die Ruhrkohle AG seit 1997 nennt. Die vielseitige Geschichte dieses Konzerns, die zu den spannendsten Kapiteln der modernen deutschen Unternehmensgeschichte gehört, ist hier im Einzelnen nicht zu erzählen. Festzuhalten aber ist, dass es seit 2002, also während Schröders Kanzlerschaft und mit Müllers Ministerzeit beginnend, zu einem Anteilsaustausch zwischen E.ON und der RAG Aktiengesellschaft gekommen ist, bei dem die RAG ihren Anteil an der Ruhrgas AG an E.ON abgetreten hat. Ursprünglich war die »beispiellose Schlacht der Übernahme der Ruhrgas AG durch die E.ON AG«, von der deren Vorsitzender Burckhard Bergmann später spricht,[59] durch das Bundeskartellamt untersagt worden, und auch die Monopolkommission hatte sich dagegen ausgesprochen. Möglich wurde sie schließlich unter Auflagen im Rahmen eines langen Minister-Erlaubnis-Verfahrens – mit offenkundiger Zustimmung des Kanzleramtes. Da sich der Minister, eben Werner Müller, im Hintergrund halten wollte, wurde das Verfahren von Alfred Tacke, seinem Staatssekretär und zugleich, wie gesehen, politischem Weggefährten Gerhard Schröders, durchgeführt. Nunmehr ist Werner Müller Vorstandsvorsitzender der RAG Aktiengesellschaft, und Alfred Tacke Vorstandsvorsitzender des Stromproduzenten STEAG, der wiederum vollständig zur RAG Aktiengesellschaft gehört, seit diese im Februar 2002 die bei RWE und E.ON liegenden Anteile erworben hat.

Müller will, auch darin schon vom Bundeskanzler Schröder öffentlich unterstützt, den RAG-Konzern, der mit seinen fast 100 000 Beschäftigten rund 22 Milliarden Euro umsetzt, zukunftsfähig machen. Das ist leichter gesagt als getan. Weil es nämlich der RAG bis Ende der neunziger Jahre »quasi verboten« war, »Gewinn zu machen«, haben Müllers Vorgänger von den Überschüssen »ein barockes Firmensammelsurium zusammengekauft«.[60] Jetzt soll aufgeräumt und der Erlös aus dem Verkauf der milliardenschweren Aktivitäten in der Chemie, der Stromerzeugung und bei Immobilien, also im sogenannten weißen Bereich, in eine privatrechtliche Stiftung fließen. Diese wiederum wird, so der ambitionierte Plan, für die langfristigen Folgekosten aus dem Kohlebergbau – dem sogenannten schwarzen Bereich, dem die vormalige Ruhrkohle AG entstammt –, also Begleichung der Bergschäden, Pensionszahlungen an die Bergleute und anderes mehr, aufkommen. Zweifellos ein durchdachtes, zukunftsweisendes Konzept: »Die Politiker hatten jahrzehntelang keinen Weg gefunden, das Milliardengrab Steinkohle loszuwerden. Müller dagegen sagte nur mal eben Simsalabim, und schon hatte er eine Patentlösung.«[61] So heißt es mehr oder weniger einmütig ein Jahrzehnt später, als alles unter Dach und Fach ist.

Bis es so weit ist, müssen freilich wegen der vielfältig involvierten Rechte und Interessen etliche Hürden genommen werden. Natürlich weiß Werner Müller, warum er sich in diesem Zusammenhang an den Altkanzler wendet. Kaum ein zweiter deutscher Politiker dürfte mit den zu beantwortenden Fragen so vertraut sein wie Gerhard Schröder. Seit er Ende Juli 1990 als gerade ins Amt gekommener Ministerpräsident mit dem Vorstandsvorsitzenden der VEBA, die später im E.ON-Konzern aufgegangen ist, über einen »Kernenergie-Konsens« gesprochen hat, ist er in diese komplizierte Materie hineingewachsen. Was also spricht gegen eine Beratung der RAG und ihres Vorsitzenden, zumal Gerhard Schröder dafür kein Honorar bezieht, nicht einmal einen Vertrag abgeschlossen hat? Eigentlich nichts – bis auf die Tatsache, dass die Öffentlichkeit dieses Engagement in einen direkten Zusammenhang mit seinen übrigen geschäftlichen Verpflichtungen bringt. Bedenkt man, dass E.ON, also einer der Hauptanteilseigner der RAG, zugleich einer der beiden deutschen Anteilseigner des Ostsee-Pipeline-Konsortiums ist, dessen Aktionärsausschuss Gerhard Schröder vorsitzt, ist das so abwegig nicht.

Nichts von dem, was der Ex-Kanzler tut, ist – rechtlich gesehen – bedenklich oder gar strafbar. Aber glücklich ist das, was er in diesen Wochen aufführt, auch nicht. Im Gegenteil. In ebenjenen Tagen, in denen das Aktionärsgremium des Pipeline-Konsortiums erstmals zusammentritt, wird bekannt, dass Gerhard Schröder dem Europäischen Beirat der Investmentbank Rothschild beitreten wird. Für die Bank sind vor allem Schröders Erfahrungen und Verbindungen in Russland, der Türkei und China von Interesse. Im Deutschlandgeschäft wird er, um Interessenkonflikte zu vermeiden, nicht beratend tätig werden.

Ungewöhnlich sind solche Posten für ehemalige Politiker nicht: Helmut Kohl war seit 1999 bei der Credit Suisse und bei Leo Kirch, seit 2000 bei der Deutschen Vermögensberatung unter Vertrag; Otto Wiesheu, vormaliger bayerischer Wirtschaftsminister, ist seit 2006 im Vorstand der Deutschen Bahn für Marketing und politische Beziehungen zuständig; Lothar Späth, langjähriger Ministerpräsident von Baden-Württemberg, ist seit 2005 Geschäftsführer von Merrill Lynch für Deutschland und Österreich; Reinhard Klimmt nimmt seit 2002 die Bahninteressen in Brüssel wahr; Wolfgang

Clement berät seit 2006 die Citigroup. Neue Dimensionen nimmt der Wechsel von der Politik in die Wirtschaft während der Kanzlerschaft Angela Merkels an, werden doch jetzt die neuen Positionen verabredet beziehungsweise überhaupt erst geschaffen, während die Kandidaten noch in ihren politischen Ämtern sind.

So gesehen hält Gerhard Schröder im Falle seines Eintritts in den Beirat von Rothschild sogar noch eine Anstandsfrist ein. Wäre es eine Zeit lang dabei geblieben, hätte wohl kein Hahn danach gekräht. Jetzt aber wird gerechnet: Beraterverträge mit Ringier und Rothschild, Vorsitz im Aktionärsausschuss des Ostsee-Pipeline-Konsortiums und vertragliche Bindung an Harry Walker, um nur diese zu nennen. Gerade einmal vier Monate nach seinem Auszug aus dem Kanzleramt ist Gerhard Schröder damit nicht nur »Großverdiener«, sondern auch Großproduzent von »Negativschlagzeilen«.[62] Und dann macht er auch nicht immer eine gute Figur. Wenn er in Form und bei Laune ist, kann er sein Auditorium mitreißen. In dieser Hinsicht ist er im Laufe der vielen Jahre sogar besser geworden – reifer und schlagfertiger, authentischer und gelassener. Aber der Vortrag, den er in den ersten Märztagen für gutes Geld, wie man vermutet, zum zehnten Jubiläum eines Hedgefonds vor 900 Gästen in der Wiener Hofburg hält, lässt davon wenig erkennen. Es ist die »bislang traurigste Etappe auf Schröders Irrweg in ein neues Leben«, schreibt Markus Feldenkirchen in einem Porträt für den *Spiegel*: »Er hat sich nicht die Zeit genommen, sein neues Leben in Ruhe zu planen … er flitzt jetzt um die Welt, mit drei Personenschützern und einem Referenten. Es sieht nicht so aus, als ob er dabei einem Plan folgen würde. Gerhard Schröder ist momentan ohne Kompass unterwegs.«[63] Genau so ist es.

Schröder spürt das selbst. Das mag der Grund sein, warum der durch die Geschäftswelt tourende Bundeskanzler a. D. im Frühjahr 2006 aus den Schlagzeilen verschwindet. Nicht dass er die Aktivitäten in diesem Bereich reduziert oder gar an den Nagel gehängt hätte. Aber er macht jetzt öffentlich nicht mehr so viel Aufhebens davon und achtet wohl auch darauf, dass seine Auftraggeber sich in dieser Hinsicht zurückhalten. Es ist ja auch alles gesagt. Inzwischen weiß die ganze Welt, dass dieser Gerhard Schröder es wieder einmal geschafft hat. Kaum hat er die krönende Etappe seines politischen Lebensweges hinter sich, ist er mit Erfolg zu neuen Horizonten aufgebrochen und nunmehr als gefragter Ratgeber und Unternehmer tätig. Das soll ihm erst einmal einer nachmachen. Jetzt kommt es darauf an, an der Wiederherstellung des guten Namens zu arbeiten.

Wenn Gerhard Schröder in den Medien auftaucht, dann nicht mehr wegen seiner Aktivitäten in der Wirtschafts- und Finanzwelt, sondern entweder wegen einer sympathischen, mithin erzählbaren Episode aus dem Privatleben des Altkanzlers, oder weil er zu politischen Fragen Stellung nimmt. Was das Privatleben angeht, wollen die Schröders nach wie vor die Kontrolle behalten. Was man verstehen kann. Als *Bild* und *Bunte* Fotos von Gerhard Schröder, Doris Schröder-Köpf und den beiden Töchtern beim Stadtbummel in Rom veröffentlichen, gehen diese mit Erfolg gerichtlich dagegen vor.

Dafür darf *Bild* am 17. August 2006 exklusiv vermelden, dass Familie Schröder »nach der Adoption der kleinen Viktoria ein weiteres Kind aus Russland aufgenommen« hat. »Das Mädchen hat jetzt ein Brüderchen! Bild erfuhr: Es ist ein kleiner Junge mit hübschen Pausbäckchen und großen dunklen Augen, noch kein Jahr alt. Der Kleine kommt aus St. Petersburg, derselben Stadt, aus der die Schröders im Juni 2004 schon Viktoria als 3-Jährige aus einem Kinderheim in ein glückliches Familienleben geholt haben ... Eine geliebte Stieftochter, zwei adoptierte Kinder, dazu Kater ›Schnurri‹ und der quirlige Border-Terrier ›Holly‹ – wer will Gerhard Schröder da noch die Rolle eines Familienmenschen aus Leidenschaft abstreiten?«[64] Ein gutes Jahr später berichtet Doris Schröder-Köpf dann in einem Fernsehgespräch mit Reinhold Beckmann, dem die Schröders vertrauen, dass man, wie in solchen Fällen üblich, »schon ziemlich häufig Besuch vom Jugendamt gehabt« habe, was am Anfang »ein bisschen seltsam« sei, da man bei diesem Amt erst einmal an eine »Kontrollinstanz« denke.[65]

Mehr Informationen gibt es nicht, und Ratschläge gibt es auch nicht. Nachdem die zweite Adoption öffentlich gemacht worden ist, erreichen Gerhard Schröder Dutzende von Briefen, in denen an einer Adoption namentlich eines russischen Kindes Interessierte oder auch von einer Ablehnung dieses Wunsches Betroffene um Rat, Hilfe und Auskunft bitten. Ihnen allen antwortet der Bundeskanzler a. D. abschlägig und mit dem Hinweis, dass sich seine Frau und er – »wie andere Eltern auch« – über die »Möglichkeit von Auslandsadoptionen sowohl durch die offiziellen Vermittlungsstellen als auch durch jedermann zugängliche Bücher informiert« hätten: »Auch wir mussten lernen, dass diese Prozesse sehr langwierig sind.«[66]

Auf den ersten Blick scheint es sich bei der Meldung von der Adoption des Sohnes um eine jener Homestorys zu handeln, wie man sie aus der Zeit kennt, als die Meldungen über Gerhard und Hiltrud Schröder, ihre Töchter, ihre Hunde und ihre Pferde die Schlagzeilen füllten. 20 Jahre ist das jetzt her. Aber tatsächlich liegen dazwischen Welten. Standen die gewollten und gesteuerten Einblicke in das Innenleben der Familie früher im Dienst einer

Politikerkarriere, so ist die gezielte und dosierte Information der Öffentlichkeit jetzt Teil der konsequenten, gegebenenfalls auch mit rechtlichen Mitteln verfolgten Strategie, diese Öffentlichkeit vom privaten Leben auszuschließen.

Stattdessen meldet sich Gerhard Schröder jetzt wieder einmal in Sachen Politik zu Wort. Anlass ist seine Ernennung zum Ehrenvorsitzenden des Nah- und Mittelostvereins. Zwar steht auch der Verein im Dienst wirtschaftlicher Interessen, hat er sich doch den Ausbau der Wirtschaftsbeziehungen mit der arabischen Welt auf die Fahnen geschrieben, doch stimmen dieses Mal die Rahmenbedingungen. So sieht es die Presse, und das zählt für die öffentliche Wahrnehmung. Zum einen folgt Schröder einem Mann von untadeligem Ruf. Denn zuletzt hatte Hans-Jürgen Wischnewski, der im Jahr zuvor verstorben ist, den Ehrenvorsitz des Vereins inne. Und dann wird der Akt in einem angemessenen Ambiente vollzogen. Außenminister Frank-Walter Steinmeier, bekanntlich Schröders rechte Hand in Hannover und Berlin, hat in den Weltsaal des Auswärtigen Amtes geladen, und viele, darunter auch langjährige Weggefährten wie Otto Schily, sind dem Ruf gefolgt. Bei diesem ersten öffentlichen Auftritt auf der Berliner Bühne seit einem halben Jahr passt alles zusammen, und so hat dann auch mancher zuletzt skeptische Beobachter seine Freude am »insgesamt sehr erfrischenden Wiedersehen mit Gerhard Schröder«.[67]

Ähnliches wissen die Berichterstatter von seiner Vorstellung beim Verein »Gesicht Zeigen!« zu berichten. Der Verein ist 2000 unter anderem von Uwe-Karsten Heye und Paul Spiegel, dem Präsidenten des Zentralrats der Juden in Deutschland, gegründet worden und will Menschen ermutigen, gegen Fremdenfeindlichkeit, Antisemitismus und Rassismus aktiv zu werden. Mitte Juli 2006 übernimmt Gerhard Schröder die Schirmherrschaft über den Verein. Auch in diesem Fall folgt er mit Johannes Rau, der Ende Januar verstorben ist, auf einen angesehenen Vorgänger. Für den Verein hat die Übernahme der Schirmherrschaft durch Schröder unter anderem den Vorteil, dass das Spendenaufkommen deutlich zulegt. Jetzt zahlen sich die exzellenten Beziehungen des Altkanzlers zu den Unternehmerkreisen aus: Immer wieder einmal wirbt er um ansehnliche Zuwendungen für den Verein oder bittet darum, diesem an Stelle eines Vortragshonorars eine solche zukommen zu lassen.

Für Schröder ist die Übernahme des Amtes nicht irgendeine Routineangelegenheit oder gar eine PR-Aktion in eigener Sache, sondern seine Lehre aus der Geschichte: Das Scheitern des »Reichsbanners Schwarz-Rot-Gold«, ein vor allem von Sozialdemokraten getragenes Bündnis zum Schutz der Republik von Weimar, aber auch die »Geschichte des Scheiterns des Wider-

Exklusiv: Schröder mit *Bild*, Juni 2012. Links lugt Kai Diekmann, einst Jäger und jetzt Versteher des Altkanzlers, um die Ecke.

CDU/CSU 35,2%
FDP 9,8%
Linke 8,7%
Kanzler-
KRIEG!
Brutaler Machtkampf nach Wahl-Patt
Schröder: Ich bleibe Bundeskanzler!
Merkel: Nein, das ist mein Auftrag!
Wer regiert jetzt Deutschland?
NEUWAHLEN!
Kanzler will's wissen
Bild
GERHARD SCHRÖDER
Noch ein Russen-Baby!
Adoptiv-Kind (3) sagt zum Kanzler schon Papa!
Danke, Kanzler!
Heute macht Gerhard Schröder den Weg frei für einen Neuanfang in unserem Land
Erste Nacht in der Zelle
Goldener Schröder ins Kanzleramt
BABY-DRAMA
Kanzler in Not!
Super-Orkan heute über Deutschland
Korruptions-Skandal bei VW

standes gegen die nationalsozialistische Gewaltherrschaft« waren für die Übernahme der Schirmherrschaft maßgeblich. Das schreibt er ein Jahr später an Annemarie Renger, die fast vier Jahrzehnte für die Sozialdemokraten im Bundestag gesessen hat und die erste Frau auf dem Präsidentensessel des Parlaments gewesen ist.[68] Die »Niederlagen« der SPD »in und um Weimar« waren und bleiben für Schröder die schwerwiegendsten in der hundertfünfzigjährigen Geschichte der Partei.[69]

Solche Auftritte tragen einiges dazu bei, dass sich der Blick der Öffentlichkeit wieder stärker auf den politischen Menschen Gerhard Schröder richtet und sich auch das Verhältnis des Bundeskanzlers a. D. zu den Medien zu entspannen beginnt. Selbst zu den Redakteuren des *Spiegel*, mit denen sich Schröder erstmals seit der Bundestagswahl in seinem Büro Unter den Linden zusammensetzt. Die Zeiten, in denen er nach der *Berliner Runde* einem von ihnen ein »Ihre Zunft muss aufpassen« zugezischt hatte, sind vorbei, und auch Stefan Aust ist offenkundig daran gelegen, die alten Geschichten ruhen zu lassen. Jedenfalls diese Geschichten, nicht aber die ganz persönliche des Gerhard Schröder.

Anlass für das Gespräch mit den *Spiegel*-Redakteuren ist nämlich das Erscheinen von Schröders Lebenserinnerungen. Der *Spiegel* hat die Rechte für einen Vorabdruck gekauft und führt mit seinem Heft Nummer 43 – wie schon einmal Mitte der achtziger Jahre – regelrechte Schröder-Festspiele auf. Das Titelbild zeigt einen freundlichen, entspannten, gut aussehenden Gerhard Schröder, der offenbar die besten Zeiten noch nicht hinter sich hat. Drinnen folgen eine Hausmitteilung zum Titelhelden, eine Buchvorstellung, das *Spiegel*-Gespräch und ein satt bebildeter Vorabdruck.

Das ist einer der Höhepunkte der sorgfältig geplanten »Show des Jahres«, wie die *Zeit* titelt, die natürlich nicht nachstehen will und dieser Show vier Seiten widmet, die Titelseite eingeschlossen. Überhaupt machen alle mit, selbstverständlich auch die *Bild*-Zeitung. Dass *Bild am Sonntag* unabgesprochen schneller ist als der *Spiegel* und einen Tag vor diesem ein Interview mit dem Ex-Kanzler bringt, sorgt zwischen den beiden Redaktionen für einige Irritation. Im Übrigen darf auch *Bild* vorab drucken – gleich fünf Folgen, und die umsonst. Dafür produziert *Bild* einen Werbespot, der es bis in die *Tagesschau* bringt. Schröder und seinem Verlag kann das alles nur recht sein. Verstehen kann man auch, dass der Altkanzler mit einer gewissen Genugtuung verfolgt, wie sich zwei Redaktionen, die ihm am Ende seiner Kanzlerschaft im ungewöhnlichen Schulterschluss das Leben schwer gemacht haben, jetzt um die Vermarktung dieses Lebens schlagen.

Natürlich will auch das Fernsehen bei dem seit Wochen inszenierten Spektakel nicht nachstehen. Eine vom NDR produzierte fünfundvierzigminütige Dokumentation über Gerhard Schröders »Kanzlerjahre« wird am Abend des Erscheinens der Erinnerungen zur besten Sendezeit ausgestrahlt. Autor des Stücks ist Jürgen Leinemann. Der seit geraumer Zeit pensionierte vormalige *Spiegel*-Autor ist nach wie vor einer der besten Kenner Gerhard Schröders und der Politszene der Republik. Und natürlich folgt der Markteinführung des Buches eine große Tour des Autors durch die Talkszene der öffentlichen und privaten Rundfunkanstalten, durch Zeitungsredaktionen und Buchhandlungen. Zwischen 26. Oktober und 13. Dezember 2006 arbeitet Gerhard Schröder ein Präsentationsprogramm ab, das jedem Vergleich mit seinen Wahlkämpfen standhält: mitunter drei Auftritte an einem Nachmittag und Abend, in drei Städten, gefüllt mit Signierstunden und Fototerminen, Gesprächen und Talkshows.[70]

Besser kann man ein Buch nicht auf den Markt bringen. Die Startauflage beträgt 160 000 Exemplare. Mindestens doppelt so viele sollen es, das Weihnachtsgeschäft eingeschlossen, werden. Zum einen muss der Garantievorschuss eingespielt werden, und zum anderen liegt die Messlatte ziemlich hoch. Zwar ist nie und nimmer daran zu denken, auch nur in die Nähe von Helmut Schmidts Erinnerungen *Menschen und Mächte* zu kommen, die zu den am besten verkauften deutschsprachigen Büchern der Nachkriegszeit zählen. Aber Oskar Lafontaine, der von seinem autobiographischen Abrechnungsbuch *Das Herz schlägt links* mehr als 300 000 Exemplare verkauft hat, will Gerhard Schröder auf alle Fälle überholen. Was nicht gelingen kann. Die Zeiten, in denen mit politischen Erinnerungen solche Absätze erzielt werden konnten, sind vorbei.

Um Haaresbreite hätten sie es nicht rechtzeitig zum geplanten Erscheinungstermin geschafft. Sicher geben alle ihr Bestes, vor allem Uwe-Karsten Heye und Günter Berg, Geschäftsführer von Hoffmann und Campe und damit Schröders Verleger. Aber jetzt zeigt sich doch, wie sehr Reinhard Hesse fehlt. Er und Schröder waren das eingespielte Team. Alles haben sie zusammen beziehungsweise hat Hesse für Schröder gemacht, die Reden, die Namensartikel und eben auch die Bücher – vom ersten, einem 1986 mit Peter Gatter geführten Gespräch, einmal abgesehen. Schröder brauchte so einen, weil das Verfertigen von Texten, zumal von langen, nie seine Sache gewesen ist. Daraus hat er auch zu keiner Zeit einen Hehl gemacht, vielmehr sogar gelegentlich, wie berichtet, damit kokettiert. Ob das, was im Laufe der Jahre aus der Hesse-Schröder-Feder geflossen ist, durchweg höheren publizistischen oder gar literarischen Ansprüchen genügte, sei dahingestellt, und ob Hesse das Projekt Autobiographie noch zügiger bewältigt hätte, ist auch nicht sicher.

Schließlich schaffen sie es aber doch. *Entscheidungen. Mein Leben in der Politik* heißt das Buch, über das einige Tage lang alle in der Republik sprechen, weil Gerhard Schröder und Béla Anda, der inzwischen bei Maschmeyers AWD für die Kommunikation zuständig ist, »eine erstaunliche Medienkampagne in Szene gesetzt« haben, wie Christoph Schwennicke beobachtet, der auch bei der Buchpräsentation im Willy-Brandt-Haus dabei ist: »Neben Willy Brandt, der schon in Bronze gegossen ist, meißelt Gerhard Schröder an seinem eigenen Denkmal. Und man kann es nicht anders sagen: Das macht er verdammt gut.«[71] Wie er da »steht und selbst die Pressekonferenz zu seiner ... Autobiographie leitet«, notiert auch der Feuilletonist der *FAZ* in seinen Block, »als er mit durchgedrücktem Kreuz und dem Lächeln der Schlange Ka hier einen Frager abblitzen, dort einen Schmeichler gewähren läßt, während der pompöse Lichthof die Kanzlerfreunde, die Fernsehteams und Berichterstatter kaum fassen kann – in dieser Pose ist er wieder der, der er immer war, ... der Meister des Rampenlichts.«[72]

Aber dann sind die Kameras eingepackt, die Lichter abgestellt und die Berichte geschrieben. Wer dann noch die Zeit findet, das Gedruckte auch zu lesen, stellt bald fest: Es ist ein »sehr luftiges Buch«.[73] Schön aufgemacht – dickes Papier, breiter Rand, großzügiger Satzspiegel, sehr viele Fotos. Aber stilistisch seicht, konzeptionell inkonsequent, voller kleinerer und größerer inhaltlicher und formaler Fehler, zudem nicht frei von Redundanzen. Und vor allem: in der Sache kaum wirklich Neues. Wer nach der Lektüre des *Stern*-Titels vom Dezember 2004 (»Spiel nicht mit den Schröder-Kindern«) erwartet hat, mehr über diesen unglaublichen Ausstieg aus dem asozialen Milieu zu erfahren, wird enttäuscht; wer auf knackige Hintergrundinformationen aus der rot-grünen Ära gehofft, auf klare Urteile über Konkurrenten und Neider, Gegner und Feinde gesetzt, wer überhaupt damit gerechnet hat, dass Schröder Tacheles redet, denkt sich mit Tissy Bruns irritiert: »Der Kanzler war doch sonst nicht so«[74] – nicht so langweilig und so schlecht organisiert wie dieses Buch. Philipp Mißfelder, Vorsitzender der Jungen Union, hat das in seiner Rezension – sie ist eine der besten, die es gibt – so auf den Punkt gebracht: »... so belanglos, wie Schröder seine Amtszeit beschreibt, war sie beim besten Willen nicht.«[75]

Warum aber dieser vorschnelle Schuss? Warum hat sich Gerhard Schröder nicht hingesetzt und entweder das transkribierte Gespräch, sein eigentliches Buch, überarbeitet oder aber für das andere, das erschienene Buch seine Gedanken neu sortiert, seine Erinnerungen überprüft, Informationen und

Dokumente beschafft beziehungsweise beschaffen lassen? Natürlich haben der pekuniäre Aspekt und wohl auch die Überlegung eine Rolle gespielt, wie es mit der Halbwertszeit eines Bundeskanzlers a. D. bestellt ist. Entscheidend aber ist, dass Gerhard Schröder die »Deutungshoheit« über sein bisheriges Lebenswerk auch – aber nicht nur – als Kanzler herstellen will, wie es sein Verleger bei der Präsentation des Buches im Willy-Brandt-Haus formuliert.[76] Er wollte zeigen, sagt der Autor zu *Bild*: »So konzeptionslos, wie manche Kritiker unsere Arbeit beschrieben haben, war es ganz und gar nicht.«[77] Das ist verständlich, und es ist legitim. Klug ist es nicht, sich derart unter Zeitdruck zu setzen. Denn eine Chance ist vertan. Die Chance, über den Tag und die Stunde hinauszudenken, Grundsätzliches und Wegweisendes zu sagen, Fragen aufzuwerfen, Anregungen zu geben, kurzum ein Fundament für die Rolle als Elder Statesman zu legen, die einem ehemaligen Bundeskanzler wohl angemessen ist. Adenauer, Brandt, Schmidt und Kohl, die anderen großen Kanzler, haben das mit ihren Erinnerungswerken jedenfalls versucht.

Andererseits ist es ja noch nicht zu spät. Für diese Rolle nicht und für andere auch nicht. Gerhard Schröder ist jetzt 62 Jahre alt. Kein Alter in diesen Zeiten, zumal für einen Mann mit einer derart robusten Konstitution wie der seinen. Er muss die Chance nur sehen, er muss sie wollen, und er muss sie nutzen. Nutzt er sie? Und wo sieht er sie? Spricht nicht einiges dafür, sich wieder stärker in den Dienst der Partei zu stellen, so diese den Altkanzler denn in ihren Dienst nehmen will? Nicht wenige wie Günter Grass, der ihn früh gefördert und lange unterstützt hat, hoffen darauf.[78]

Nun ist das Verhältnis der SPD zu ihrem ehemaligen Vorsitzenden und Kanzler ausgesprochen gespalten. Während Willy Brandt nach dem Rückzug aus dem Kanzleramt unangefochten und so lange an der Spitze der Partei blieb, bis kein Kandidat aus seiner oder der nachfolgenden Generation mehr eine Chance hatte, aus seinem Schatten herauszutreten, sah das bei seinem Nachfolger anders aus. Das Verhältnis Helmut Schmidts zur SPD war, nachdem er das Kanzleramt geräumt hatte, weder gut noch schlecht. Es existierte schlicht nicht, bis sich viele Jahre später beide wieder aufeinander zubewegten. Allerdings war Helmut Schmidt auch nie Vorsitzender der Partei, wohingegen Willy Brandt die SPD schon einige Jahre erfolgreich führte, als er das Kanzleramt bezog.

So gesehen ist der Fall des Gerhard Schröder nicht mit diesen beiden vergleichbar. Er war weder beim Amtsantritt als Bundeskanzler Vorsitzender seiner Partei noch als er das Kanzleramt aufgeben musste. In der Mitte aber lagen fast fünf Jahre, von denen auch seine Kritiker sagen, dass er unter den obwaltenden Umständen und im Rahmen des ihm und der Partei Möglichen das Beste aus dem Parteivorsitz gemacht hat. Auch hat er die Parteizentrale nicht wie sein Vorgänger Oskar Lafontaine fluchtartig verlassen und den Nachfolger verbissen bekämpft. Gerhard Schröder hat den Vorsitz Anfang Februar 2004 geordnet an Franz Müntefering übergeben, als absehbar war, dass sich die enormen Herausforderungen und Beanspruchungen beider Ämter nicht mehr miteinander vereinbaren ließen. Wahr ist allerdings auch, dass die Agenda 2010 Schröder das Kanzleramt gekostet und der SPD um ein Haar das Genick gebrochen hat.

Für Schröder steht außer Frage, dass es an der Partei ist, auf ihn zuzukommen. Was er dann tut, wird er sehen, wenn es so weit ist. Als es so weit ist, lehnt er ab. Auf erste Anfragen antwortet er höflich, aber bestimmt, 2006 an keinen Parteiveranstaltungen teilnehmen zu wollen. Einige wenige Ausnahmen macht er dann aber doch: Im September wählt Hannover einen neuen Oberbürgermeister, und da »dies die Stadt ist, in der meine Familie und ich leben und weiterhin leben werden, habe ich Stephan Weil versprochen, ihn zu unterstützen«.[79] Bei dieser Zurückhaltung, die gelegentliche Ausnahmen zulässt, bleibt er: »Das ist ja das Schöne an meinem neuen Leben: Ich muss nicht mehr«, sagt er im Februar 2008,[80] und das gilt sowohl für Partei- wie für Pressetermine. Im Falle der Presse tritt er zum Beispiel – »des Streitens müde« – grundsätzlich nicht mehr in Talkshows auf,[81] und im Falle der Partei geht er nicht mehr über die Dörfer.

Vor allem »Einladungen zu Ortsvereins-Veranstaltungen« kann und will er »aus Gründen der Gleichbehandlung« nicht annehmen, von der Jubiläumsfeier des Ortsvereins Wolfratshausen einmal abgesehen, wo bekanntlich Edmund Stoiber zu Hause ist. Mit dieser besonderen Bedeutung des Ortes »begründet sich« seine Teilnahme.[82] Aus »vielerlei Gründen« nicht mehr teilnehmen möchte Gerhard Schröder an Wahlkämpfen. Bis Ende 2007 macht er auch hier lediglich zwei Ausnahmen. Seinem »Heimatbundesland zuliebe« nimmt er zwei Mal am niedersächsischen Landtagswahlkampf teil, ebenso seinem »Freund und ehemaligen Kulturstaatsminister Michael Naumann zuliebe« in Hamburg.[83] Der bewirbt sich um das Amt des Spitzenkandidaten für die Wahl zur Hamburger Bürgerschaft, erhält dann auch den Zuschlag, macht aber als Politiker, der er nie war, keine besonders glückliche Figur und bleibt im Februar 2008 trotz einiger Zugewinne für die Partei weit vom erklärten Ziel entfernt, den Christdemokraten Ole von Beust abzulösen.

Gerhard Schröders erster größerer Auftritt nach rund fünfzehnmonatiger Abstinenz im politischen Raum zeigt, dass er immer noch oder schon wieder die Aufmerksamkeit auf sich zieht. Als er im Januar 2007 zum Wahlkampfauftakt im Hamburger Kongresszentrum erscheint, platzt der angemietete Saal aus allen Nähten, weil er angekündigt ist: »Gerhard Schröder wurde wie ein Popstar gefeiert«,[84] beobachtet die *FAZ*, und Naumann fand es nach einem zweiten Auftritt, dieses Mal auf dem Parteitag der Hamburger SPD, »herzerfrischend zu sehen, wie du dich auf Anhieb verwandeln kannst in ein kraftvolles … political animal. Das macht dir keiner nach. Einen Landesparteitag mit dieser Medienpräsenz und dem ganz offensichtlich ehrlichen Enthusiasmus der Delegierten werden wir in Hamburg so schnell nicht mehr erleben.«[85]

Das ist wohl auch der Grund, warum Kurt Beck Schröder bittet, Ende Oktober 2007 auf dem Hamburger Programmparteitag der SPD aufzutreten. Beck, Jahrgang 1949, seit 1994 Ministerpräsident von Rheinland-Pfalz, ist im Frühjahr 2006 auf den zurückgetretenen Parteivorsitzenden Matthias Platzeck gefolgt. Sein Verhältnis zu Schröder war nicht spannungsfrei, aber stets ergebnisorientiert. Als der Kanzler die Politik verlässt, würdigt Beck ihn als »Mann der Fairness in Kampf und Kompromiss«.[86] Jetzt braucht er ihn, weil Beck, ohne sich bislang öffentlich festgelegt zu haben, die Kanzlerkandidatur anstrebt, und weil er sich in der Frage, wie es mit der Reformpolitik weitergehen soll, exponiert hat.

Ende September 2007 erklärt Kurt Beck – zunächst hinter verschlossenen Parteitüren, dann öffentlich – ziemlich unvermittelt, die Zahlung von Arbeitslosengeld I müsse im Falle der über Fünfundvierzigjährigen von zwölf auf 15, der über Fünfzigjährigen unter bestimmten Voraussetzungen auf 18 oder sogar auf 24 Monate verlängert werden. Das setzt er dann auch auf dem Parteitag durch. Diese punktuelle, aber entscheidende Korrektur von Schröders Reformagenda trifft in der Partei auf erstaunlich geringen, aber eben doch auf einigen Widerstand. Er kommt erwartungsgemäß vor allem von Franz Müntefering, der sich nach dem Rückzug Gerhard Schröders nicht ohne Grund als Gralshüter der Reformpolitik versteht. Wenn es noch einen überzeugten und überzeugenden Verfechter der Agenda 2010 gibt, dann ist es der Arbeits- und Sozialminister sowie Vizekanzler im Kabinett Merkel. Ohne ihn hätte das Reformprogramm 2003 nie und nimmer die Hürden der Partei und der Fraktion genommen, und das wiegt doppelt schwer, weil Müntefering ursprünglich gerade kein glühender Verfechter der Reformen gewesen ist.

Natürlich wartet alle Welt gespannt, ob und wie sich Gerhard Schröder in diesem innerparteilichen Streit um sein Erbe äußern wird. Er äußert sich, und wie er das tut, hinterlässt bei manchem Beobachter einen schalen Beigeschmack: »Die Agenda 2010 sind nicht die Zehn Gebote«, sagt er am 15. Oktober, »und niemand, der daran mitgearbeitet hat, sollte sich als Moses begreifen.«[87] Reformen, so Schröders Erfahrung, werden nun einmal am grünen Tisch gemacht, bevor man sie auf die Wirklichkeit loslässt. Kommt es dann, und das ist die Regel, zu einem Konflikt zwischen Reform und Realität, muss die Reform justiert und auf die Realität eingestellt werden, ohne dabei allerdings die leitenden Prinzipien aufzugeben.

Das ist natürlich richtig. Wie es auch richtig ist, dass Schröder die Agenda mit sich trägt wie einen »Stein, der in seiner Seele hängt«. So jedenfalls nimmt ihn Oskar Negt, Freund und Mentor, jetzt wahr.[88] Und doch wirkt der Vergleich Franz Münteferings mit dem alttestamentarischen Propheten befremdlich. Er ist wie ein Schlag unter die Gürtellinie des Weggefährten bewegter Tage, und dass er nicht von Schröder allein, sondern gemeinsam mit anderen wie dem Fraktionsvorsitzenden Peter Struck geführt wird, macht die Sache nicht besser. Zwar sagt der Arbeitsminister tapfer, dass er keinen Anlass sehe zurückzutreten, auch erfolgt sein Rücktritt vier Wochen später aus zwingenden familiären Gründen, aber dass er dann auch politisch durchaus konsequent ist, bezweifelt kaum einer. Nicht nur der Berichterstatter der *FAZ* fragt sich danach, warum Schröder »seinem Getreuen und Vielgelobten … im Streit mit Beck in den Rücken gefallen ist«.[89]

Die Chance, wieder einmal auf einem Bundesparteitag die Mehrheitsmeinung vertreten zu können und mit Applaus bedacht zu werden (die Agenda 2010 sei »ein Instrument, kein Ziel«), wird es wohl nicht gewesen sein. Oder doch? Könnte es sein, dass Gerhard Schröder gerne in die Arme der Sozialdemokratie zurückkehrt, weil er hier das Verständnis, vielleicht sogar die Zuneigung findet, die ihm im Übrigen von vielen, wenn nicht von den meisten Deutschen noch verwehrt wird? Offenbar tut ihm der Auftritt auf dem Parteitag so gut, dass er wenige Wochen später eine Einladung zur Jahresauftaktveranstaltung des Parteivorstands in Hannover annimmt.

Immerhin ist die Presse voll des Lobes, als sich im Frühjahr 2008 zum fünften Mal der Tag jährt, an dem er die Agenda im Bundestag vorgestellt hat: »In einem Maße wie kein Bundeskanzler vor ihm hat Schröder über Kürzungen, Zumutungen und Verzicht gesprochen statt über Verteilung und Wohltaten.«[90] Vieles haben er und seine rot-grüne Regierung noch umgesetzt oder doch auf den Weg gebracht. Anderes, wie die Abgeltungssteuer auf Kapitalerträge, hat erst die Große Koalition realisiert. Einiges bleibt liegen oder wird in Ansätzen schon wieder revidiert. Je länger aber die Nachfolger »wenig tun, desto heller wird das Licht des Gerhard Schröder strahlen. Eines Tages.«[91]

Aber die Nachfolger tun nicht nur wenig, sie schießen sich auch wieder verstärkt auf den Kanzler a. D. ein. Jedenfalls Christdemokraten und Christsoziale, weniger intensiv auch die Freidemokraten, die Linke sowieso.

Ausnahmen gibt es natürlich auch. So zum Beispiel Edmund Stoiber, der wie Schröder inzwischen ein politisches Pensionärsdasein führt. Nach der Bundestagswahl hatte er ursprünglich das Wirtschafts- und Technologieministerium im Visier, erteilte dann aber der Kanzlerin kurzfristig eine Absage und blieb in München. Dort fühlte sich die zweite Reihe der Christsozialen um ihre Aussicht auf die Nachfolge betrogen, rebellierte gegen Stoiber und zwang ihn schließlich zum Rückzug von den Ämtern des Ministerpräsidenten und Parteivorsitzenden.

Als ihm im April 2007 zu Ohren kommt, dass sich Schröder Mitte September wegen der erwähnten Jubiläumsfeier des SPD-Ortsvereins in Wolfratshausen aufhält, bittet Stoiber ihn doch »vorbei« zu kommen, was der auch gerne tut.[92] Die beiden kennen sich eben lange, haben als Ministerpräsidenten manches Ziel gemeinsam verfolgt, sind in der Bundestagswahl 2002 gegeneinander angetreten, und dass Stoiber jetzt einer Einladung des EU-Kommissionspräsidenten folgt und in Brüssel eine Arbeitsgruppe zum Abbau der Bürokratie leitet, spricht dafür, dass des Kanzlers Idee, ihn auf den Präsidentenstuhl der EU-Kommission zu hieven, so verkehrt nicht gewesen ist. Jetzt bleibt man in Kontakt, schreibt sich gelegentlich, zum Beispiel zum Geburtstag, und lobt die Weitsicht des anderen.[93] Das ist die Ausnahme. Im Übrigen hat Gerhard Schröder von führenden Repräsentanten von CSU, CDU und FDP wenig oder gar nichts zu erwarten. Selten ist ein ehemaliger Kanzler vom vormaligen politischen Gegner so getadelt, beschimpft, gelegentlich sogar verunglimpft worden wie Gerhard Schröder in diesen Wochen und Monaten.

Allerdings macht es Schröder seinen Kritikern auch leicht, wenn er zum Beispiel immer wieder einmal Position zugunsten Frank-Walter Steinmeiers und damit im Zweifelsfall gegen Angela Merkel bezieht. So sieht es die Kanzlerin – wie auch der amerikanische Präsident – gar nicht gerne, dass sich der Außenminister bemüht, die ziemlich isolierte syrische Führung in die Lösung regionaler Konflikte einzubinden. Wenn sich Gerhard Schröder Anfang Januar 2007 zum zweiten Mal innerhalb weniger Monate, vermittelt durch einen syrischstämmigen österreichischen Geschäftsmann und einer Einladung Baschar al-Assads folgend,[94] mit Syriens Präsidenten trifft, dient das zwar nicht in erster Linie der Unterstützung seines früheren Kanzleramtschefs, aber förderlich ist es dessen Absicht durchaus. Zumal Schröder nicht ohne Erfolg daran arbeitet, das eisige Verhältnis zwischen den Präsidenten Frankreichs und Syriens aufzutauen und damit einen Beitrag zu den europäisch-syrischen Beziehungen zu leisten. Zwar gehört der Syrer in die Reihe der autoritär waltenden Potentaten der Region. Andererseits gilt Assad – jedenfalls zu dieser Zeit

Weggefährte: Auch nach dem Ende seiner Kanzlerschaft bleibt Gerhard Schröder manchen seiner vormaligen Partner freundschaftlich verbunden. Mitte April 2009 begrüßt er den türkischen Ministerpräsidenten Recep Tayyip Erdoğan, der zur Feier seines 65. Geburtstages angereist ist.

und wie schon sein Vater – als berechenbar und grundsätzlich gesprächsfähig, auch für die Regierung in Israel, die sich immer wieder einmal, wenn auch im Ergebnis vergeblich, um einen informellen Kontakt zu den beiden bemüht hat.

Gerhard Schröder bleibt in der Region auch ohne sein Amt ein gefragter Gesprächspartner. Ähnlich sieht es in Russland und China, in Frankreich und Luxemburg oder auch in der Türkei aus. Der Ex-Kanzler ist ein gern gesehener Gast, und wenn einer seiner vormaligen Partner in Deutschland zu tun hat und der enge Terminkalender es zulässt, nimmt er sich die Zeit für einen Gedankenaustausch oder reist, wie der türkische Ministerpräsident Recep Tayyip Erdoğan im Frühjahr 2009, auch eigens an, um mit Schröder dessen Fünfundsechzigsten zu feiern.

Stets gern gesehene Gäste sind der Ex-Kanzler und seine Frau bei den Junckers in Luxemburg. Man besucht sich, und wenn es sich einrichten lässt, sind auch die Kinder mit von der Partie: Zwei »selbstgemalte Bilder« sind der Dank der Tochter, »für einen interessanten Besuch«.[95] Vergleichbar eng und freundschaftlich bleiben die Beziehungen zu Jacques Chirac und seiner Frau, die den langjährigen Weggefährten und seine Familie gelegentlich in den

Élysée-Palast einladen. Als Gerhard Schröder erfährt, dass sich der Präsident aus der Politik zurückziehen wird, bewegt ihn das sehr: »Ich möchte diese Gelegenheit nutzen«, schreibt er Mitte März 2007 an Chirac, »um Dir für die freundschaftliche und vertrauensvolle Zusammenarbeit in den vergangenen Jahren zu danken … Gerne möchten wir euch nach Berlin oder Hannover einladen … Auch für die Kinder wäre es eine Freude, Euch wiederzusehen.«[96]

Diese guten Kontakte bringen es mit sich, dass der eine oder andere in Deutschland gelegentlich versucht, mit Schröders Hilfe an die führenden Staatsmänner der Welt heranzukommen. So bitten nicht nur zahlreiche Unternehmer, sondern zum Beispiel auch der Bundesumweltminister, der Bundesverkehrsminister oder der Ministerpräsident von Baden-Württemberg den Ex-Kanzler direkt oder indirekt, ihnen einen Gesprächstermin beim russischen Präsidenten zu verschaffen.[97]

Schröder wiederum nutzt das offene Ohr der deutschen Öffentlichkeit, um sich »konsequent« und »aktiv« für die strategische Partnerschaft mit Russland einzusetzen, was Wladimir Putin sehr zu schätzen weiß,[98] und für einen geduldigen Umgang mit dem fernen Nachbarn zu werben: Russland habe nun einmal, von wenigen Jahren zu Beginn des 20. Jahrhunderts abgesehen, keine demokratische Tradition, sei zudem in den späten achtziger und den neunziger Jahren des vergangenen Jahrhunderts zeitweilig im Chaos versunken. Ein Land von der fast fünfzigfachen Größe Deutschlands mit dieser Geschichte, mit mächtigen und mitunter schwierigen Nachbarn wie der Volksrepublik China, mit etlichen mehr oder minder autonomen Landesteilen, mit fast 100 Völkerschaften und mit »im hohen Maße korrupten und inkompetenten« Behörden[99] zusammenzuhalten, sei eine gewaltige Herausforderung.

So hat Schröder als Kanzler argumentiert, so argumentiert er jetzt, hält allerdings manche Maßnahme, wie das Ende Juni 2013 durch Putin unterzeichnete Gesetz zur Strafbarkeit positiver Äußerungen zur Homosexualität im Beisein von Kindern, für falsch. Und natürlich übersieht oder ignoriert auch er nicht das zunehmend rigide Vorgehen gegen praktisch jede Art der Opposition, das manchen Beobachter fragen lässt, ob Russlands Präsident nicht mit zunehmender Verweildauer in seinen Ämtern Züge von Wahnvorstellungen erkennen lässt. Die Frage, ob das Andauern eines Zustandes, der eine Politik der harten Hand erfordert, nicht gerade von deren Scheitern zeugt, stellt Gerhard Schröder nicht, jedenfalls nicht öffentlich.

Öffentlich unterstützt er hingegen die russische Kritik am amerikanischen Raketenabwehrsystem NMD. Obgleich Schröder das jetzt vehement bestreitet und »einige im Hintergrund aktiv« sieht, »um das Ansehen unserer damaligen Regierung zu schädigen«,[100] hatte er als Kanzler diese Pläne nicht rundweg abgelehnt, sondern erkennen lassen, dass Deutschland bei der zukunftsweisenden Technologie nicht außen vor bleiben dürfe. Jetzt, da er nicht mehr Rücksicht auf die Zwänge des NATO-Bündnisses nehmen muss, teilt er die russischen Bedenken vor einer möglichen Erosion des nuklearen Gleichgewichts vorbehaltlos und geht damit auch auf Distanz zur Russlandpolitik seiner Nachfolgerin. Ohne Merkel namentlich zu nennen, warnt Schröder Mitte November 2007 davor, sich in der internationalen Politik von jener »größeren Emotionalität« leiten zu lassen, die von Erfahrungen in kommunistischen Systemen herrühre.[101]

Das geht schon sehr weit, wenn auch nicht so weit wie seine Kritik an der Chinapolitik der Bundeskanzlerin, zumal Schröder diese in der Volksrepublik öffentlich formuliert. Man mag es ja mit Außenminister Steinmeier für einen Fehler halten, dass Angela Merkel mit der Tradition ihrer Vorgänger bricht, im September 2007 das geistliche Oberhaupt der Tibetaner, den Dalai Lama, zu einem Besuch im Kanzleramt empfängt und mit dieser außenpolitisch fragwürdigen Geste vor allem innenpolitisch punkten will. Doch ist Peking kaum der geeignete Ort für die öffentliche Kritik an dieser Aktion.[102] Zumal sich Schröder damit auch nicht anders verhält als Merkel, die als Oppositionsführerin in den USA öffentlich Stellung gegen die Irakpolitik des Kanzlers bezogen hatte. Entsprechend heftig fällt die Kritik der Unionsparteien, aber auch von Teilen der Presse aus. Um ihr die Spitze zu nehmen, versorgt Schröder daher sowohl den Generalsekretär seiner Partei als auch den Fraktionsvorsitzenden der SPD im Bundestag mit einer Zusammenstellung »kritischer Aussagen« Helmut Kohls an seiner Außenpolitik.[103]

Im Übrigen hätte man nicht einmal prophetische Gaben besitzen müssen, um vorherzusagen, dass sich auch diese Bundesregierung über kurz oder lang auf die chinesische Sicht der Dinge einlassen würde. Zu groß ist die Bedeutung des Riesenmarktes für die deutsche Industrie. Schon im Oktober 2008 ist beim Peking-Besuch der Bundeskanzlerin vom Dalai Lama keine Rede mehr, wohl aber vom »Einen China«, und Mitte Juli 2010 verbrieft Merkel im deutsch-chinesischen Gemeinsamen Kommuniqué der chinesischen Führung sogar schwarz auf weiß, dass man die »territoriale Integrität Chinas« achten werde.[104] Das betrifft de facto nicht nur Tibet, sondern auch Taiwan sowie jene Völkerschaften des Riesenreiches, die wie die Uiguren in Xinjiang in jüngster Zeit Unabhängigkeitsbestrebungen erkennen ließen. Damit folgt die Kanzlerin der Linie ihres Vorgängers, der anlässlich eines Besuches des chinesischen Ministerpräsidenten Wen Jiabao im Mai 2004 nicht nur die »Ein-China-Politik« bekräftigt, sondern auch die deutsch-chinesische »strategische Partnerschaft« ins Leben gerufen hatte.

Als Ex-Kanzler bleibt er einstweilen bei seiner eigenwilligen Außenpolitik und stattet Anfang Februar 2008 dem völlig isolierten Nordzypern einen demonstrativen Besuch ab. Nach dem Rückzug der britischen Kolonialmacht im Sommer 1960 war es auf der Insel immer wieder zu Konflikten zwischen der griechischen und der türkischen Bevölkerungsgruppe gekommen, die sowohl Griechenland als auch der Türkei Vorwände für eine direkte oder indirekte Intervention lieferten. Ein Mitte Juli 1974 von der Athener Militärjunta gegen den Präsidenten Zyperns, Erzbischof Makarios III., inszenierter Putsch war der äußere Anlass für die Besetzung Nordzyperns durch türkisches Militär: Mitte November 1983 erklärte der Norden der Insel seine Unabhängigkeit.

Seither ist die Insel faktisch geteilt und der Norden isoliert. Als im Zuge der sogenannten Osterweiterung der Europäischen Union, also während der Kanzlerschaft Schröders, auch Zypern zunächst in den Kreis der Kandidaten, dann in die Union aufgenommen wird, rückt die Frage einer wie auch immer gearteten Wiedervereinigung der Insel auf die Tagesordnung. Dass die Europäer sie nicht zur Bedingung machen, hat Schröder im Rückblick als »Webfehler im zypriotischen Beitrittsprozess« bezeichnet.[105] Schließlich ergreift der Generalsekretär der Vereinten Nationen, Kofi Annan, die Initiative und unterbreitet beiden Seiten in mehreren Stufen den Plan einer Konföderation. Ende April 2004 fällt die Entscheidung in einer Volksabstimmung. Während die türkischen Zyprioten dem Plan mehrheitlich zustimmen, scheitert er überraschend deutlich an den griechischen Bewohnern der Insel.

Zu den schwer nachvollziehbaren Konsequenzen dieser Entscheidung zählt, dass die griechisch dominierte Republik Zypern in die EU aufgenommen und damit, wenn man so will, die Ablehnung des Annan-Planes honoriert wird, während die Türkische Republik Nordzypern nicht nur außen vor, sondern auch isoliert bleibt. »Es könne nicht richtig sein, diejenigen zu bestrafen, die aufgrund des Handelns anderer in eine paradoxe Situation geraten seien«,[106] hatte der türkische Ministerpräsident Recep Tayyip Erdoğan wenige Tage nach dem Referendum zu Kanzler Schröder gesagt, dabei allerdings nicht erwähnt, dass der Europäische Gerichtshof für Menschenrechte 2001 im türkischen Teil der Insel zahlreiche Verstöße gegen diese Menschenrechte, darunter Zwangsumsiedlungen in großem Umfang, festgestellt hatte. Seither hat sich nichts bewegt – auch nicht in der Politik der Europäer, die unbeirrt an ihrem Embargo gegen Nordzypern festhalten, damit eine gegebene Zusage brechen und einiges zur Entfremdung der nach wie vor in Ankara herrschenden AKP von der EU beitragen.

Am 1. Februar 2008 trifft Gerhard Schröder in Begleitung eines SPD-Bundestagsabgeordneten und des Stellvertretenden Leiters seines Büros – aus der Türkei mit einem Privatjet einfliegend – in der von niemandem außer der Regierung in Ankara anerkannten Türkischen Republik Nordzypern ein. Der Ex-Kanzler versteht seinen als »privat« deklarierten Besuch,[107] bei dem er auch Gespräche mit dem Präsidenten und dem Premier führt, als Signal und wohl auch als späte Korrektur seiner Zypernpolitik. Ohne Zweifel, sagt er jetzt öffentlich, gibt es das »Recht der Türkei, zu verlangen, dass die Europäische Union für die Aufhebung der Isolation Nordzyperns zu sorgen hat«,[108] rät aber seinen Gesprächspartnern auch zu »symbolischen Gesten«, um die »internationale Gemeinschaft« zu »Kompromissbereitschaft« zu bewegen.[109] Dagegen lässt sich schwerlich etwas einwenden. Gut möglich, dass die Kritik der Europäer an der Zypernvisite des Kanzlers, von den Griechen natürlich abgesehen, sehr moderat ausfällt. Selbst die deutschen Medien halten still.

Das ändert sich schlagartig, als sich Gerhard Schröder im Februar 2008 gegen die völkerrechtliche Anerkennung des Kosovo ausspricht. Es mag ja sein, dass Serbien nicht fähig, vielleicht nicht einmal willens ist, die Souveränität über das Kosovo auf Dauer zu erhalten. Richtig ist natürlich auch, dass die von Kanzler Schröder geführte rot-grüne Koalition im Frühjahr 1999 an der Seite ihrer NATO-Partner einen Krieg gegen die Bundesrepublik Jugoslawien geführt hat, um diese zur Aufgabe ihres brutalen Vorgehens gegen die Kosovaren zu zwingen. Und schließlich trifft es zu, dass Gerhard Schröder es schon im Frühjahr 1999 für fraglich gehalten hat, ob das Kosovo über einen längeren Zeitraum im jugoslawischen Staatsverband bleiben werde. Zwar könne man das zur Zeit nicht öffentlich sagen, doch trete die Bundesregierung für eine Autonomie ein, hatte er damals dem amerikanischen Präsidenten Bill Clinton gesagt.

Daran hat sich nichts geändert, ganz im Gegenteil: Mitte November 2007 lässt der Altkanzler in einem Gespräch mit dem serbischen Ministerpräsidenten Boris Tadić keinen Zweifel, dass eine »Loslösung« des Kosovo nicht zuletzt »im Interesse Serbiens« liege, stellt allerdings auch klar, dass eine Konfliktlösung gerade Russland nicht außen vor lassen dürfe.[110] Als es dann anders kommt, das Parlament des UN-Protektorats Kosovo am 17. Februar 2008 die staatliche Unabhängigkeit proklamiert und diese postwendend von den meisten Staaten Europas, darunter Deutschland, anerkannt wird, spricht Gerhard Schröder von einem »schweren Fehler«, der eine »negative und völkerrechtlich bedenkliche Dynamik« auslösen könne. Das sagt er, nicht zum ersten Mal, Anfang September, als die Folgen dieses Fehlers bereits zu besichtigen sind.[111] Es ist eben kein Zufall, dass sich unter den Staaten, die eine Anerkennung des Kosovo ablehnen, neben China und Russland auch Mitglieder der EU befinden, und zwar Griechenland und die Republik Zypern, Rumänien, die Slowakei und nicht zuletzt Spanien. In allen diesen Staaten gibt es Minderheiten, die das Kosovo zum Vorbild nehmen könnten. So die Basken in Spanien, die Ungarn in Rumänien und der Slowakei oder, wie gesehen, die Türken auf Zypern.

Damit nicht genug, bildet die Anerkennung des Kosovo eine Steilvorlage für Russland, das im Sommer 2008 unter Berufung auf diesen Präzedenzfall Südossetien und Abchasien anerkennt. Die beiden am Schwarzen Meer gelegenen Gebiete hatten sich im Gefolge der Auflösung der Sowjetunion von Georgien getrennt. Russland unterstützt sie dabei wirtschaftlich, diplomatisch – die Mehrheit der Bewohner hat einen russischen Pass – und nicht zuletzt und insofern auch militärisch, als der Kreml den Anspruch erhebt, diese Staatsbürger der Russischen Föderation gegen Versuche Georgiens zu schützen, eine Wiedervereinigung zu erzwingen.

Das ist der Hintergrund für den sogenannten Georgien- oder auch Kaukasuskrieg, der am 8. August 2008 mit einem georgischen Angriff auf Südossetien beginnt. Der Krieg sorgt weltweit für Empörung, weil man zunächst davon ausgeht, dass Georgien auf eine soeben angelaufene russische Offensive reagiert. Tatsächlich hat sich Georgien durch Russland zu einem Angriff provozieren lassen. Die Bundesregierung hält sich bedeckt, fordert den Rückzug der russischen Truppen aus dem georgischen Kernland und verurteilt die Anerkennung Südossetiens und Abchasiens durch Moskau, spricht sich aber nach wie vor auch gegen eine Aufnahme Georgiens in die NATO aus. Hinter den Kulissen wirbt Berlin mit Erfolg sowohl für eine baldige Wiederaufnahme der unterbrochenen Verhandlungen über ein neues Partnerschaftsabkommen zwischen Russland und der EU als auch für die Einsetzung einer unabhängigen Untersuchungskommission. Diese bestätigt im Herbst 2009 im Wesentlichen Russlands Version der Vorgänge, bezeichnet allerdings auch dessen Intervention als unverhältnismäßig.

Und was macht Gerhard Schröder? Der Bundeskanzler a. D. unterstützt auf der einen Seite ausdrücklich den Widerstand der Bundesregierung gegen eine rasche Aufnahme Georgiens – und der Ukraine – in die NATO. Auf der anderen geht er in seiner Kritik an dem »offenkundigen Hasardeur«, nämlich Georgiens Präsident, deutlich weiter als Kanzlerin Merkel oder auch Außenminister Steinmeier, unterstützt das kompromisslose russische Vorgehen und unterzieht die »schweren Fehler des Westens«, namentlich der USA, einer scharfen Kritik.[112] Wie für Putin sind auch für Schröder das Drängen auf eine rasche Aufnahme Georgiens in die NATO, das »große US-Militär-Engagement« in dieser Kaukasusrepublik, aber auch das »Aufstellen von US-Radar-

und Raketensystemen in Polen und Tschechien« und nicht zuletzt die »vorschnelle und einseitige Anerkennung des Kosovo – um nur einige Fehler zu nennen« – verschiedene Etappen einer Strategie, die man in Moskau wohl als gezielte »Einkreisung« verstehen kann.[113]

Die Argumentation ist in sich durchaus stringent, so wie auch das sich anschließende Plädoyer für einen Ausbau der strategischen Partnerschaft mit Russland konsequent ist: »Es gibt kein einziges entscheidendes Problem in der Weltpolitik und in der Weltökonomie, das ohne Russland zu lösen wäre – der Atomkonflikt mit Iran nicht, die Nordkoreafrage, die Befriedung des Nahen Ostens ebenso wenig. Auch die Klimaproblematik ist ja nur universell anzupacken«, erläutert Schröder im August 2008 und fügt einen häufig übersehenen Aspekt hinzu: »Moskau hat das Kyoto-Protokoll zur Bekämpfung der Erderwärmung übrigens ratifiziert, während wir auf Washington immer noch warten.«[114]

Das ist wahrlich keine abwegige Einschätzung. Würde sie von einem Journalisten oder einem Wissenschaftler formuliert, fände sie nicht den Widerhall und schon gar nicht den Widerspruch, auf den diese Äußerungen treffen. Aber Gerhard Schröder ist nun mal kein Journalist. Und ein Wissenschaftler ist er auch nicht, obgleich ihn die Abteilung für Gesellschaftswissenschaften der Russischen Akademie der Wissenschaften soeben erst zum Mitglied gewählt hat. Die hohe Auszeichnung wird ihm für seine Verdienste um die europäisch-russische Verständigung sowie für seine Arbeiten zur Sozialdemokratie zuteil, darunter seine inzwischen ins Russische übersetzte Autobiographie sowie – man höre und staune – für sein 1999 mit Tony Blair vorgelegtes Papier.

Nein, auch ein Wissenschaftler war und ist Gerhard Schröder nicht, sondern er ist der vormalige Kanzler der Bundesrepublik Deutschland, und das gibt seinen Kommentaren zur und seinen Auftritten in der internationalen Politik ein eigenes Gewicht. Manchem Zeitgenossen, der das beobachtet, kommen jetzt doch verstärkte Zweifel. Nicht nur revidiert Schröder Positionen, die er als Kanzler beispielsweise in der Nordzypern- und der Kosovofrage eingenommen hat, sondern er macht sich dabei auch die Sicht von Staatsmännern zu eigen, die wie Recep Tayyip Erdoğan oder vor allem Wladimir Putin einen innen- wie außenpolitisch zunehmend autokratischen Kurs steuern. Zudem lässt er sich mit dem einen oder anderen fragwürdigen Potentaten wie Kasachstans Dauerherrscher Nursultan Nasarbajew ein, wenn er auch nicht, wie gelegentlich unterstellt wird, auf dessen Payroll steht.

Auf den ersten Blick scheint auch der Besuch, den Schröder vom 19. bis 22. Februar 2009 dem Iran abstattet, auf dieser Linie zu liegen. Immerhin ist er als Kanzler nie dort gewesen. Auch hatte er im Amt die Bitte des damaligen Sekretärs des Nationalen Sicherheitsrates des Iran um ein Gespräch beim ersten Mal abgelehnt und beim zweiten Anlauf im Februar 2005 erst erfüllt, nachdem 2004 der britische Premier und Frankreichs Staatspräsident mit Rohani zusammengetroffen waren. Seit die Mullahs 1979 die Herrschaft übernommen und dem Westen faktisch den Krieg erklärt haben, ist das Land weitgehend isoliert. Allerdings sind bislang alle Versuche, die »Islamische Republik Iran« in die Knie zu zwingen, gescheitert. Weder die massive Aufrüstung des Nachbarn Irak und seines Diktators noch vielfältige Sanktionen haben durchgreifende Wirkung erzielen können. Ganz im Gegenteil hat der letzte Golfkrieg gegen den inzwischen nicht mehr gelittenen Saddam Hussein zu einer Stärkung des Iran in der Region geführt.

Und dann steht Iran auch noch im Verdacht, Nuklearwaffen zu entwickeln. Als Bundeskanzler hat sich Schröder stets dagegen ausgesprochen, dass der Iran ein »Atomwaffenstaat« wird. In dem Punkt war er sich mit dem amerikanischen Präsidenten Bush von Anfang an einig. Die noch während seiner Kanzlerschaft aufgenommenen Verhandlungen zunächst Großbritanniens, Frankreichs und eben Deutschlands, den Iran in dieser Frage zu einer echten Kooperation zu bewegen, haben zu keinerlei Ergebnis geführt. Kann es trostloser sein? Spricht nicht einiges dafür, die Sprachlosigkeit zu überwinden? Immerhin ist Schröder nach wie vor in der Region ein hochangesehener Mann.

Eben deshalb hat ihn ein in Hannover lebender iranischer Chirurg gebeten, in seiner Heimat an den Gründungen zweier medizinischer Einrichtungen teilzunehmen. Obgleich sein Besuch rein »privater Natur« ist, wird der Kanzler a. D. in Teheran von praktisch sämtlichen führenden Repräsentanten der Islamischen Republik Iran zum Gespräch empfangen: Die Gouverneure der Provinzen Gilan und Isfahan, der Außenminister und der Ölminister, der Oberbürgermeister von Teheran und der Parlamentspräsident, der Vizepräsident und die beiden vormaligen Staatspräsidenten Rafsandjani und Chatami – sie alle wollen den prominenten Gast sprechen. Selbstverständlich auch der amtierende Staatspräsident. Und das ist ein Problem. Denn Mahmud Ahmadinedschad ist nicht nur ein erklärter Verfechter des iranischen Nuklearprogramms, sondern er hat seit 2005 auch wiederholt die Vernichtung des europäischen Judentums in der Zeit des »Dritten Reiches« in Frage gestellt und die »Auslöschung« Israels gefordert.

Dem tritt Gerhard Schröder entgegen – öffentlich und hinter verschlossener Tür. Als der Präsident ihm vorhält, »kleinen Kindern« werde in Deutschland beigebracht, »Schuld gegenüber Zionisten zu haben«, erwidert der Altkanzler: »Wir versuchen die Kinder in historisch richtiger Weise zu erziehen … Wir sagen ihnen nicht: Ihr seid schuld am Holocaust, aber Verantwortung für die Geschichte tragt ihr wohl.«[115] Damit bekräftigt Schröder seine gerade erst vor der Iranischen Industrie- und Handelskammer getroffene Feststellung: »Lassen Sie mich als Deutscher … betonen: Der Holocaust ist eine historische Tatsache. Es macht keinen Sinn, dieses einmalige Verbrechen, für das Hitler-Deutschland verantwortlich gewesen ist, zu leugnen. Diese unnötigen Diskussionen lenken auch von der zentralen Frage für den Frieden in der Region ab. Wie können wir die Sicherheit aller, ich betone: aller Staaten in der Region gewährleisten?« Soweit bekannt, ist es das erste und einzige Mal, dass ein ausländischer Besucher im Iran öffentlich und vor einem großen Auditorium die Äußerungen Ahmadinedschads in Frage stellt. Auch sonst hält Schröder mit seinen Urteilen nicht hinter dem Berg, betont, dass wer »international ernst genommen werden« wolle, »auch Verantwortung übernehmen, internationale Regeln beachten und Konzessionen machen« müsse, stellt klar, dass »keine neuen Atomwaffenstaaten hinzukommen« dürfen, und fordert den Iran auf, das Gesprächsangebot des neuen amerikanischen Präsidenten Barack Obama anzunehmen.[116]

An der heimischen Kritik ändert das wenig. Kaum eine zweite Auslandsreise Gerhard Schröders, die Kanzlerzeit eingeschlossen, hat in der Presse eine solche Resonanz produziert wie diese. Die Kritik kommt aus den Reihen der Opposition und der Regierungsparteien, auch der SPD und ihrer Bundestagsfraktion, deren außenpolitischer Sprecher Gert Weisskirchen sagt: »Ich hätte diese Reise in den Iran nicht gemacht.«[117] Die Bundesregierung hält sich eher zurück. Man gehe davon aus, dass Schröders Gespräche mit der Teheraner Führung auf der Linie der deutschen Iranpolitik gelegen haben, lässt die Kanzlerin verlautbaren.[118] Tatsächlich ist Schröder ja nicht in geheimer Mission unterwegs, hat vielmehr seine Reisepläne frühzeitig im Auswärtigen Amt angemeldet, so wie es die ungeschriebenen Regeln für ehemalige Bundeskanzler vorsehen.

Im Iran machen Schröders klare Worte Eindruck und führen dazu, dass die Teheraner Regierung den Ex-Kanzler über den Gang der Atomgespräche auf dem Laufenden hält.[119] Schröder wiederum bleibt bei seiner unabhängigen Haltung, weicht zum Beispiel einige Wochen nach seinem Besuch von der landläufigen Auffassung ab und spricht sich gegen eine Verschärfung der Sanktionen gegen den Iran aus. Wohl seien die entsprechenden Beschlüsse der UNO einzuhalten: »Falsch ist aber, noch eins draufzusatteln.«[120] Weil er in dieser Zeit in Teheran auf offene Ohren trifft, kann sich Schröder zum Beispiel im Herbst 2009 über den iranischen Botschafter in Berlin erfolgreich dafür einsetzen, dass der Berater eines großen deutschen Energieunternehmens aus der Gefängnishaft entlassen wird.[121] Dass die deutsche Wirtschaft die private Irandiplomatie des Bundeskanzlers a. D. begrüßt, überrascht nicht.

Überhaupt hat man in diesen Kreisen seine Freude an den guten Verbindungen Gerhard Schröders in den Nahen und Mittleren Osten. Bis zu einem dutzend Mal im Jahr bereist der Ex-Kanzler diese Weltgegend, in der Regel mit einer Wirtschaftsdelegation. Erst Mitte Dezember 2008 ist er wieder in Abu Dhabi gewesen – das dritte Mal schon in diesem Jahr und diesmal an der Spitze einer Delegation von zwei Dutzend deutschen Unternehmern. Anlass seiner Reise ist eine Sitzung der deutsch-emiratischen Freundschaftsgesellschaft. Sie ist 2006 von Gerhard Schröder und Scheich Hamdam ins Leben gerufen worden, mit dem ihn seit seiner ersten Kanzlerreise in die Region ein freundschaftliches Verhältnis verbindet. Der Vorsitz in der Freundschaftsgesellschaft, der Ehrenvorsitz im Nah- und Mittelostverein und überhaupt die hohe Wertschätzung, die Gerhard Schröder in der Region genießt, machen ihn zu einem geeigneten Adressaten für diskrete Anliegen. So lässt er im März 2010 – einem Wunsch des deutschen Botschafters vor Ort folgend – die Kanzlerin wissen, dass es für den König von Bahrain »eine große Ehre« wäre, sie auf ihrer geplanten nächsten Reise in den Nahen und Mittleren Osten begrüßen zu dürfen.[122] Tatsächlich steht Bahrain Ende Mai neben den Vereinigten Arabischen Emiraten, Saudi-Arabien und Katar auf dem Reiseplan Angela Merkels, die auch in dieser Hinsicht und in dieser Weltgegend den Spuren ihres Vorgängers folgt.

Dort erheben sich, Mitte Dezember 2010 in Tunesien beginnend, die Völker gegen zum Teil seit Jahrzehnten amtierende Despoten. Der Westen hatte sie toleriert, weil sie für Ruhe und Berechenbarkeit nach außen standen. Jetzt fegt der »arabische Frühling« diese Regime eines nach dem anderen hinweg: Ben Ali, Saleh, Mubarak, Gaddafi – über kurz oder lang, auf die eine oder andere Weise müssen sie alle ihre Posten räumen. Gerhard Schröder hat die meisten von ihnen als Kanzler getroffen, sie mitunter hofiert. Jetzt stellt er sich auf den Boden der neuen Realitäten: »Ein Verbleiben Mubaraks im Amt fördert nicht Stabilität, sondern untergräbt sie. Seine Ära ist definitiv zu Ende«, sagt er Anfang Februar 2011 auf einer seiner Reisen über die Arabische Halbinsel.[123] Andererseits sieht der Ex-Kanzler schon früh die Gefahr, dass die Ära der Diktatur durch eine Epoche der Anarchie abgelöst werden könnte, deren Auswirkungen auch andere Erdteile, allen voran Europa, in einem noch nicht absehbaren Ausmaß erfassen dürften.

An seiner grundlegenden Befürwortung des Liberalisierungsdrangs jener Völker ändert das nichts. Dieser Gerhard Schröder weiß doch aus eigenem Erleben ganz genau, dass man einen Rebellen zurückwerfen, niemals aber aufhalten kann – jedenfalls solange mit legitimen Mitteln gekämpft wird. Entsprechend skeptisch verfolgt er die Reaktionen mancher Machthaber vor Ort, enge Vertraute und Freunde eingeschlossen. So hält er das massive Vorgehen türkischer Sicherheitskräfte gegen die Protestbewegung, die im Frühjahr 2013 durch ein Bauvorhaben auf dem Istanbuler Taksim-Platz zu einer Massenbewegung wird, für unangemessen und anachronistisch – und im Übrigen für unvereinbar mit den Verfassungsgrundsätzen des Landes. Schröder ist überzeugt, dass ein angemessenes Eingehen auf die vielfältigen Forderungen der keineswegs homogenen Bewegung der Stellung Erdoğans in der Tagespolitik wie in der Geschichte förderlicher ist als die unflexible und von einem zweifelhaften Verschwörungswahn getriebene Reaktion. Irritiert und besorgt beobachtet der Ex-Kanzler, wie Erdoğan sein Lebenswerk, die Modernisierung und Demokratisierung der Türkei, gefährdet. Und er bleibt überzeugt, dass die Europäer mit der Fortsetzung des Beitrittsprozesses ihren Beitrag zu Stabilisierung und Demokratisierung der Türkei leisten können und leisten müssen.

Nein, über einen Mangel an Reisemöglichkeiten kann sich Gerhard Schröder nicht beklagen; über Transportmöglichkeiten im Übrigen auch nicht. Gerne stellt ihm der eine oder andere Unternehmer einen seiner Firmenjets zur Verfügung. Es gibt Monate, in denen er häufiger unterwegs ist als während seiner Kanzlerzeit. Dass er dabei von dem guten Ruf profitiert, den er sich während dieser Jahre zugelegt hat, ist wohl wahr. Kein ehemaliger Kanzler vor ihm hat sich so konsequent auf dieses Tätigkeitsfeld verlegt. Seit November 2005 ist Gerhard Schröder nicht mehr Politiker, er ist Berater und er ist Unternehmer.

Ein Schwerpunkt seiner Aktivitäten bleibt das Russlandgeschäft. Und dort sind die Aktivitäten des Ex-Kanzlers nicht nur von Erfolg gekrönt. Als er sich im Dezember 2011 nach fast drei Jahren aus dem Verwaltungsrat des Gemeinschaftsunternehmens TNK-BP zurückzieht, ist die Pattsituation zwischen den russischen und den britischen Anteilseignern, die Schröder mit zwei weiteren unabhängigen Verwaltungsräten auflösen sollte, nach wie vor ungeklärt. Schließlich übernimmt der mehrheitlich in russischem Staatsbesitz befindliche Mineralölkonzern Rosneft die Anteile beider Parteien, aber da ist Schröder nicht mehr an Bord.

Diese milliardenschwere Übernahme wiederum liegt ganz auf der Linie Putins. Der russische Präsident versucht schon seit vielen Jahren, die während der Jelzin-Ära in der Manier des Raubritterkapitalismus privatisierten, vormals in sowjetischem Staatsbesitz befindlichen Energiekonzerne wieder unter staatliche Kontrolle zu bringen. Das gilt für die erdöl- und erdgasproduzierenden Unternehmen, es gilt aber auch für die Leitungssysteme. Für die russischen Exporte sind sie lebenswichtig. Anders als die Produzenten, die sich auf russischem Hoheitsgebiet befinden, sind die Leitungssysteme zu guten Teilen unter der staatlichen beziehungsweise halbstaatlichen Kontrolle Weißrusslands und vor allem der Ukraine. Damit beginnt ein Poker, der sich in den Wintern 2005/06 und vor allem 2008/09 zu einem regelrechten Gaskrieg zwischen Russland und der Ukraine entwickelt und auch die Abnehmer und Verbraucher in Europa tangiert. Ungarn, Polen, Rumänien und Bulgarien melden Lieferausfälle, die Slowakei ruft den Notstand aus.

Von außen ist nicht erkennbar, wer die Verantwortung trägt. Auf seinem Weg von Sibirien nach Westeuropa muss das Gas immer wieder an Verdichterstationen durch Kompressoren angetrieben werden. Sie gehören mit zu den sensibelsten Punkten des gesamten Systems. Als Amerikas Präsident Ronald Reagan das vierte deutsch-sowjetische Erdgas-Röhren-Geschäft unterbinden wollte, hatte er im Dezember 1981 nicht zufällig einen Boykott für diese Kompressoren verhängt. Betrieben werden die in Abständen von bis zu 200 Kilometern arbeitenden Kompressoren mit einem Teil des transportierten Gases. Russland beziehungsweise Gazprom behaupten, dass die Ukraine nicht nur bei den Zahlungen für das von ihr abgenommene Gas im Rückstand sei, sondern auch einen guten Teil der Gasmenge, den Kiew für den Betrieb der Kompressoren veranschlagt, für die eigene Versorgung abzweige. Das ist kein kurzfristig mobilisierter Vorwurf. Schon im Spätsommer 2000 hatte der russische Präsident den Bundeskanzler auf diesen »erheblichen Schwund« und im Übrigen auch darauf hingewiesen, dass die Leitungen marode und dringend reparaturbedürftig seien.[124] Hingegen beteuert man in Kiew, dass die Versorgung des Landes ausschließlich aus den Reserven der eigenen Speicher erfolge und dass man selbstverständlich auf einen reibungslosen Transit achte.

Zu verstehen ist die von beiden Seiten beinhart geführte Auseinandersetzung nur, wenn man weiß, dass im Hintergrund weitere Fragen zur Klärung anstehen. Für die Führung der Ukraine geht es um nicht weniger als um die Sicherung der sogenannten Orangenen Revolution, also jener Bewegung, die eine Abnabelung von Russland anstrebt, für Russland geht es unter anderem um die künftige Kontrolle des Hafens Sewastopol, ohne den seine Schwarzmeerflotte gewissermaßen auf dem Trockenen liegt.

Von Berlin aus lässt sich schlechterdings nicht entscheiden, ob und von wem in diesem Gasstreit mit falschen Karten gespielt wird, zumal ein dubioser

Zwischenhändler namens RosUkrEnergo seine Finger im Spiel hat. Daher tut die Bundesregierung das einzig Richtige und hält sich zurück, schlägt aber die Entsendung unabhängiger Experten in die Ukraine vor. Dass der russische Präsident sich diesen Vorschlag zu eigen macht, deutet auf gewisse Ungereimtheiten auf ukrainischer Seite hin. So sieht das auch Gerhard Schröder, als er sich Anfang Januar 2009 wieder einmal mit Putin in St. Petersburg trifft. Inzwischen steht die Orangene Revolution, die ihren Durchbruch im Herbst 2004 nicht zuletzt der Intervention des Bundeskanzlers Schröder beim russischen Präsidenten verdankt, vor dem politischen und wirtschaftlichen Bankrott. Und einiges spricht dafür, dass die Regierung in Kiew offenbar versucht, Russland unter Druck zu setzen, und dabei die Weltöffentlichkeit auf ihre Seite ziehen will.

Öffentlich unterstützt Gerhard Schröder die Position der Bundesregierung und übt sich schon deshalb in demonstrativer Neutralität, weil er im Zusammenhang seiner »Aufgaben … mit Nord Stream« dazu »verpflichtet« ist.[125] Folglich richtet sich seine Mahnung, »dass Kunden in Europa« nicht unter »diesem Streit leiden« dürfen, formal an die Adresse Kiews wie Moskaus. Im Übrigen setzt sich Schröder wie schon während seiner Kanzlerschaft so auch jetzt für eine »Internationalisierung« der wie gesagt sanierungsbedürftigen Transitleitungen ein: »Denkbar wäre ein internationales, möglichst privates Betreiberkonsortium für die Transitpipelines durch die Ukraine – bestehend aus Firmen sowohl der Liefer-, [als auch der] Transit- und Kundenländer.«[126]

Ein plausibler Vorschlag, der nicht zuletzt der Ukraine aus der finanziellen Bredouille helfen würde, dort aber auf tiefes Misstrauen und in Deutschland auf den Verdacht trifft, Schröder habe letztlich auch hier die Interessen von Gazprom im Sinn. Tatsächlich suchen er wie beispielsweise auch die deutschen Anteilseigner an Nord Stream hinter den Kulissen nach Wegen und Möglichkeiten, der Ukraine unter die Arme zu greifen und dem wirtschaftlich schwer angeschlagenen Land Chancen zu eröffnen, die ihm helfen, das Gesicht zu wahren. Selbst eine Verschiebung beziehungsweise eine vorläufige Aufgabe von South Stream, einer durch das Schwarze Meer verlaufenden Pipelineverbindung zwischen den südrussischen Gasfeldern und Europa, wird dabei nicht ausgeschlossen.

Eine schwere, möglicherweise den Zusammenhalt der Ukraine gefährdende Krise kann niemand wollen – in Westeuropa nicht und in Russland auch nicht. Daher sind Kenner der Szene wie Gerhard Schröder erleichtert, als sich Russland und die Ukraine am 21. April 2010 auf eine pragmatische Regelung ihrer Interessen verständigen: Die russische Schwarzmeerflotte darf über 2017 hinaus um weitere 25 Jahre in Sewastopol verbleiben; im Gegenzug gesteht Russland der Ukraine im Gashandel bis 2019 Vergünstigungen im Wert von rund 40 Milliarden Dollar zu. Natürlich ist es kein Zufall, dass mit dem sechs Wochen zuvor gewählten Wiktor Janukowitsch jetzt in Kiew ein der Kooperation mit Russland verpflichteter Präsident Regie führt. Dass sein zweifelhaftes außenpolitisches Taktieren, sein autokratisches, auf Selbstbereicherung angelegtes Regiment und sein brutaler Einsatz gegen die Opposition die Ukraine vier Jahre später endgültig ins Chaos stürzen werden, ist im Frühjahr 2010 nicht absehbar.

Als es so weit ist, als sich Janukowitsch in der Nacht vom 21. auf den 22. Februar 2014 absetzt und dann vom ukrainischen Parlament abgesetzt wird, als russische Truppen auf der Krim strategische Positionen besetzen und man in Moskau und Sewastopol den Anschluss der Halbinsel vorbereitet – bezieht der Altkanzler erneut, wenn auch indirekt, zugunsten Russlands und seines Präsidenten Position: Der »Anfangsfehler«, sagt Schröder zu Beginn des März in Paris, sei gewesen, dass die EU der Ukraine ein Assoziierungsabkommen angedient und damit zur Option zwischen diesem und einer Zollunion mit Russland gezwungen habe: »Das konnte nicht gut gehen.«[127]

Auch jetzt gilt: Man kann das so sehen. Wie man mit dem Ex-Kanzler auch festhalten muss, dass die Ausdehnung der wirtschaftlichen, politischen und nicht zuletzt militärischen Organisationen des Westens gen Osten in Moskau angesichts der im 20. Jahrhundert gesammelten Erfahrungen nicht einfach ignoriert werden kann. Aber es ist eben nur ein Ausschnitt aus einer komplexen Wirklichkeit, zu der nicht zuletzt ein unkaschierter Großmacht- und Revisionsanspruch Russlands beziehungsweise seines Präsidenten gehört. Schröder nimmt sich einige Tage Zeit, bis er seine Position präzisiert und die faktische Okkupation der Krim als Verstoß gegen das Völkerrecht bezeichnet.

Nicht korrekturbedürftig ist hingegen seine Haltung zu einem NATO-Beitritt der Ukraine. Wie schon sein Vorgänger Helmut Kohl hatte Gerhard Schröder als Kanzler immer darauf geachtet, dass die Osterweiterung der westlichen Gemeinschaften und Bündnisse im Einvernehmen mit Russland erfolgte. Beide halten dieses Prinzip nach wie vor für richtig.[128] Aber nicht die »Klaren Worte«, die Gerhard Schröder im Frühjahr 2014 auch zu diesem Thema spricht,[129] finden Gehör, sondern das Getöse, das eine missverständliche Geste des Ex-Kanzlers auslöst: Das Bild der Umarmung, mit der er am 28. April den russischen Präsidenten in St. Petersburg begrüßt, geht um die Welt.

Der Freund: Gerhard Schröder begrüßt Wladimir Putin vor dem Jussupow-Palast in St. Petersburg. Hier richtet Nord Stream am 28. April 2014 einen Empfang anlässlich des Siebzigsten ihres Aufsichtsratsvorsitzenden aus.

Putin war eigens angereist, um an der von Nord Stream ausgerichteten Feier zu Schröders Siebzigsten teilzunehmen. Dass eine ehrlich gemeinte Geste einen »falschen Eindruck«, ein «nicht akzeptables Signal« vermitteln kann, wie der *Spiegel* oder die *New York Times* mit variierender Bestimmtheit feststellen,[130] ist wohl richtig. Wahr ist allerdings auch, dass Freundschaft für Gerhard Schröder ein hohes Gut ist, das auch durch widrige äußere Umstände nicht in Frage gestellt wird: »Seitdem ich Wladimir Putin kenne, seit mehr als 14 Jahren, begrüßen wir uns so. Das ändere ich auch nicht in schwierigen Zeiten«, sagt er einige Tage später und gibt zu erkennen, dass diese Begegnungen immer auch Gelegenheiten für einen vertraulichen Gedankenaustausch sind. Im konkreten Fall führte das Gespräch dazu, dass sich Putin bei den ostukrainischen Separatisten für die Freilassung mehrerer, darunter deutscher OSZE-Militärbeobachter einsetzte.[131]

Für den Ex-Kanzler bleibt es zudem jenseits seiner Freundschaft zu Putin unverzichtbar, dass sich Deutsche und Russen angesichts ihrer wechselvollen Geschichte um ein angemessenes Verständnis des jeweils anderen bemühen. Folglich nimmt er das Label »Russland-Versteher« auch nicht als abwertendes Klischee wahr, wie es von seinen Kritikern gemeint ist, im Gegenteil: Gerhard Schröder ist »stolz darauf«, wie er im Oktober 2014 sagt.[132] Und dieses Mal weiß er sich im Grundsatz mit vielen, wenn nicht mit den meisten seiner Landsleute einig. Der Aufruf, den er wenig später gemeinsam mit anderen

Persönlichkeiten aus Politik und Wirtschaft, Kultur und Medien unterschreibt, hat »Gewicht, weil viele Namen darunter gewichtig sind und weil ihre Sorge Gewicht hat«. Findet Heribert Prantl.[133]

Weniger umstritten als Schröders Engagements und Auftritte im Zusammenhang mit Russland ist seine Rolle als Vermittler in der deutschen Wirtschaft. Seit seinem Ausscheiden aus dem Kanzleramt ist er immer wieder einmal als Schlichter im Gespräch gewesen beziehungsweise tätig geworden, so zum Beispiel im Spätsommer 2006, als die Bahngewerkschaft Transnet wegen des Umfangs des geplanten Börsengangs der Bahn die Beschäftigungsgarantie gefährdet sah und Gerhard Schröder bat, im Konflikt als einer der beiden Schlichter – für die Bahn wurde Kurt Biedenkopf nominiert – tätig zu werden.[134] Zwei Jahre später wird er zum Ombudsmann beim Hannoveraner Automobilzulieferer Continental, einem der fünf Großen der Branche, berufen.[135] Womöglich erinnert sich der eine oder andere der Beteiligten und Betroffenen daran, dass der niedersächsische Ministerpräsident Gerhard Schröder seinerzeit dazu beigetragen hat, die Übernahme des Reifenherstellers durch den Konkurrenten Pirelli abzuwehren.

Jetzt geht es insoweit um eine vergleichbare Situation, als das auf Wälz- und Kugellager spezialisierte fränkische Familienunternehmen Schaeffler faktisch vor einer Übernahme einer Mehrheit an »Conti« steht und dabei in schwere See geraten ist. Die Berufung Gerhard Schröders, der offiziell als Garant der Investorenvereinbarung bei Conti firmiert, löst allenthalben Zustimmung aus – auf den Führungsetagen der beiden Unternehmen, bei den Gewerkschaften, aber auch bei der niedersächsischen CDU. Das ist wichtig, denn der Altkanzler soll die Interessen sowohl der Aktionäre wie auch der Arbeitnehmer gegenüber Schaeffler vertreten und ist daher »berechtigt und ermächtigt, jederzeit die Erfüllung der Verpflichtungen von Schaeffler gerichtlich und außergerichtlich geltend zu machen«.[136] Dass vom Inhalt der Sondierungen nichts nach außen dringt und sich die Lage auch dank Schröders Einsatz entspannt, spricht für eine gute Wahl.

Wegen seiner effizienten und geräuschlosen Tätigkeit bei Conti, aber auch wegen seines in Kreisen der Wirtschaft guten Rufs wird der Name Gerhard Schröder künftig immer wieder einmal genannt, wenn ein Vermittler oder Schlichter gesucht wird. So zum Beispiel 2010 im Tarifkonflikt zwischen der Lufthansa und der Pilotengewerkschaft Vereinigung Cockpit oder im Konflikt zwischen Russland und der Lufthansa sowie anderer Airlines um die Frequenzen und Kosten der Überflugrechte namentlich über Sibirien. Dass aus den Anfragen zumeist nichts wird, liegt in der Regel daran, dass der Ex-Kanzler bereits ausgebucht ist oder auch einen Urlaub mit der Familie nicht unterbrechen oder gar absagen will: »Für mich hat Priorität, dass meine gewonnene freie Zeit voll und ganz meiner Familie gehört«, schreibt er im Herbst 2011 an Michael Naumann, der ihn zwar nicht für eine Schlichtung, wohl aber für eine Neuauflage der Runde mit Suhrkamp-Autoren gewinnen will.[137] Im Übrigen kennt Gerhard Schröder natürlich seine Grenzen. Als ihn der Fraktionschef der Linken im Bundestag, Gregor Gysi, Mitte Februar 2014 ins Gespräch bringt, um in der auf einen Bürgerkrieg zutreibenden Ukraine zu vermitteln, winkt er umgehend mit dem Argument ab, dass »keine Einzelperson« diese Vermittlung leisten könne, und bringt die Vereinten Nationen ins Spiel.[138]

Dass man den Namen Gerhard Schröders seit dem Sommer 2008 wieder häufiger in den Schlagzeilen findet, hat nicht nur mit seiner Berufung als Ombudsmann bei Conti und seinen diversen Tätigkeiten in der Wirtschaft zu tun, sondern auch mit neuerlichen Tumulten in seiner und um seine Partei: Knapp viereinhalb Jahre nach seinem Rücktritt vom Parteivorsitz leistet sich die SPD den vierten neuen Vorsitzenden. Eigentlich ist es ein alter, denn am 18. Oktober 2008 wird erneut Franz Müntefering gewählt, der seinerzeit auf Gerhard Schröder gefolgt war, aber nach anderthalb Jahren wegen eines Konflikts um den von ihm favorisierten Generalsekretär das Handtuch geworfen hatte.

Auf Münteferings gerade einmal fünf Monate amtierenden Nachfolger Matthias Platzeck war im Mai 2006 Kurt Beck gefolgt, der seinerseits vor einer Klausurtagung der SPD am 7. September 2008 aufgibt. Anlass für den Rücktritt ist die Nominierung Frank-Walter Steinmeiers zum Kanzlerkandidaten. Die ist zwar mit Beck abgesprochen, doch entsteht »aufgrund gezielter Falschmeldungen« aus den eigenen Reihen der Eindruck, so erklärt Beck am Tag seines Rücktritts, als sei er, der Vorsitzende, zur Hinnahme dieser Entscheidung gezwungen worden.[139] Tatsächlich haben sich Beck, Steinmeier und Müntefering drei Tage zuvor darauf verständigt, dass der vormalige Parteivorsitzende eng in die Wahlkampfkampagne 2009 einzubinden sei. Wie das angesichts der offenkundigen Animositäten zwischen Beck und Müntefering aussehen soll, bleibt offen, bedeutet aber faktisch die Entmachtung des amtierenden Vorsitzenden. So jedenfalls kommunizieren es hinterrücks »Leute ... der zweiten Reihe, die versuchen, den vermeintlichen Willen der ersten Reihe zu exekutieren«, vermutet Beck zweieinhalb Wochen nach seiner Entmachtung.[140]

Man kann das auch so sehen: Im Spätsommer 2008 steht fest, dass mit Frank-Walter Steinmeier und Franz Müntefering die beiden engsten politischen Weggefährten des Bundeskanzlers Schröder die SPD in den Wahlkampf führen werden. Hatte der vielleicht seine Finger im Spiel? »Ich traue Gerhard manches flapsige Wort zu«, schätzt das Opfer der Intrige die Lage ein, »aber ich glaube nicht, dass da bewusst Drähte gezogen worden sind.«[141] So ist es, zumal man anderenfalls annehmen müsste, dass ausgerechnet Gerhard Schröder immer noch über beträchtlichen Einfluss in einer Partei verfügen könnte, die am Ende seiner Kanzlerzeit in den Abgrund geblickt hat. So erfährt auch er vom Rücktritt aus den Medien. Denn Gerhard Schröder verfolgt das Spektakel am Fernsehen und weiß »nicht, was los ist«.[142]

Als dann aber feststeht, dass Steinmeier der Spitzenkandidat seiner Partei sein wird, meldet sich Gerhard Schröder zu Wort: »Für mich ist es eine große Freude, dass Frank-Walter Steinmeier von den Führungsgremien der SPD zum Kanzlerkandidaten nominiert wurde«, schreibt er im *Vorwärts*: »Es gibt in meinem Leben niemanden, mit dem ich so eng und vertrauensvoll zusammengearbeitet habe. Aus dieser persönlichen Erfahrung weiß ich, dass nicht nur die Kanzlerkandidatur, sondern auch das Amt des Bundeskanzlers bei ihm in allerbesten Händen sein wird.«[143]

Natürlich will er auch für seinen langjährigen Amtschef und amtierenden Außenminister in den Wahlkampf ziehen. Das ist nicht selbstverständlich, hat sich Schröder doch bislang, von ganz wenigen Ausnahmen abgesehen, zurückgehalten. Aber in diesem Falle handelte es sich um einen loyalen Weggefährten. Einen Haken allerdings hat der mögliche Einsatz des Ex-Kanzlers für seinen ehemaligen Amtsleiter, das schätzt Evelyn Roll ganz richtig ein: »Die im Wahlkampf nächstes Jahr nicht ganz unwichtige Frage, ob Steinmeier bloß ein Beamter oder auch ein richtiger Politiker ist, wird sich immer zu seinen Ungunsten beantworten, wenn die Wahlkampfmaschine Schröder auch nur in der Nähe ist.«[144] Daher verzichten die Genossen dann doch lieber auf dessen Großeinsatz, zumal sie von der Sorge umgetrieben werden, mit Schröder könnten auch die Altlasten der Reformagenda wieder auftauchen, die man mühsam unter der Decke hält. Das weiß der selbst natürlich auch und hält sich zurück. Als er von der Moderatorin Anne Will eingeladen wird, die »Wahl- und Stimmungslage in kleinster Runde« zu diskutieren, lehnt er ab: »Ich möchte, dass meine Partei gewinnt. Den besten Dienst, den ich dazu leisten kann, ist zu schweigen; jedenfalls vor einem Millionenpublikum ...«[145]

Die Parteifreunde wiederum sind damit die weitere Sorge los, dass der Ex-Kanzler, unabhängig und frei, wie er nun einmal ist, vor diesem Millionenpublikum Themen anspricht, welche die Wahlkämpfer gar nicht auf der Tagesordnung sehen wollen. So zum Beispiel den Afghanistaneinsatz der Bundeswehr, den die großen Parteien in demonstrativer Eintracht umgehen. Zwar weiß Frank-Walter Steinmeier es zu schätzen, dass ihn sein ehemaliger Chef wie auch dessen Frau Doris mit »Zurufen« und »Ermutigungen« unterstützen, so gut es geht.[146] Andererseits kommt es dem Außenminister und Spitzenkandidaten der SPD gar nicht gelegen, dass Gerhard Schröder in diesen Tagen als erster namhafter Sozialdemokrat öffentlich über einen konkreten Termin für den Abzug der deutschen Truppen nachdenkt und auch gleich noch das Jahr 2015 nennt.

Wenn Schröder einmal direkt in den Wahlkampf eingreift, wie fünf Tage vor der Entscheidung im nordrhein-westfälischen Mettmann, dem Wahlkreis von Finanzminister Peer Steinbrück, ist nicht nur die Stadthalle bis auf den letzten Platz gefüllt, sondern es ist auch Stimmung in der Bude. Kein Wunder, dass mancher Beobachter mit einer gewissen Wehmut auf die Kampagne vom September 2005 zurückblickt. Ob ein stärkeres Engagement Schröders seiner Partei entscheidend geholfen hätte, ist aber fraglich: Die desaströsen 23 Prozent, welche die Genossen am 27. September 2009 holen und die für ein Minus von gut 11 Prozentpunkten gegenüber der letzten Wahl stehen, hätte wohl auch der ein oder andere Einsatz der »Wahlkampfmaschine« nicht nennenswert oder gar entscheidend aufbessern können. Und so geht die SPD nach elf Jahren dahin zurück, wo sie sich, aufs Ganze gesehen, nie unwohl gefühlt hat: in die Opposition.

Was macht eine Partei, die vom Wähler derart unmissverständlich abgestraft wird? Sie wechselt zunächst das Führungspersonal aus und strebt dann programmatisch neuen Horizonten zu. Was das Personal angeht, zieht der Parteivorsitzende Franz Müntefering die Konsequenz und tritt endgültig nicht mehr an. Mitte November 2009 wählen die Delegierten des Dresdener Parteitages Sigmar Gabriel zum Nachfolger und Andrea Nahles zur Generalsekretärin. Beide stehen für eine Revision oder doch eine Korrektur von Schröders Reformpolitik. Nahles, die nicht einmal 70 Prozent der Stimmen auf sich vereinigen kann, dezidierter als Gabriel, der es nach einer mitreißenden Rede immerhin auf gut 94 Prozent der Stimmen bringt. Aber für einen Abschied von der »Rente mit 67«, so wie sie von Rot-Grün vorbereitet und von Franz Müntefering zu Beginn der Großen Koalition durchgesetzt worden ist, plädiert auch er.

Immerhin ist die neue Führung erkennbar bemüht, einen offenen Bruch mit dem Altkanzler zu vermeiden. Als das Präsidium der Partei im März 2010 »einige notwendige Korrekturen« der »seinerzeit verantworteten Arbeitsmarktreformen« beschließt, wird Sigmar Gabriel vorsorglich bei Gerhard Schröder vorstellig, um dem Eindruck einer grundsätzlichen »Abkehr« von der Agenda 2010 entgegenzutreten.[147] Gerhard Schröder nimmt das zur Kenntnis, beobachtet die Kurskorrekturen der Nachfolger aus der Ferne und

»Schutt wegräumen«: Die SPD mag sich mit seiner Reformagenda schwertun, Gerhard Schröder weiß um seinen Platz in der Geschichte.

enthält sich einstweilen des Kommentars, jedenfalls des kritischen. »Es ist nämlich so«, sagt er Mitte August 2010 in einem Interview: »All das, was ich politisch tun konnte, habe ich tun können, weil die SPD mir das gestattet hat und mich unterstützt hat, manchmal mehr, manchmal weniger. Und was ist die beste Form der Dankbarkeit? Einfach mal nichts sagen. Die Leute, die jetzt die Verantwortung tragen, müssen ihre eigenen Entscheidungen treffen. Wenn es um Argumente geht, sag' ich es mal so: Wir haben das ja mit vorbereitet, was jetzt wieder zur Diskussion gestellt wird. Und wenn ich gedacht hätte, dass ich falsch liege, hätte ich es nicht gemacht.«[148]

Aber dann wird er doch unruhig und deutlicher, auch weil er überzeugt ist, dass der Aufschwung, von dem die christlich-liberale Regierung jetzt profitiert, nicht zuletzt eine Folge seiner Agenda, der Aufschwung mithin auch der seine ist. Tatsächlich ist die Zahl der Bezieher von Arbeitslosengeld II seit 2006 kontinuierlich gesunken. Waren es in Spitzenzeiten fast 5,5 Millionen, sind es zu Jahresbeginn 2010 weniger als 5 und seit 2012 4,5 Millionen. Auch verdichten sich die Hinweise, dass diese Entwicklung nicht zuletzt auf den Abbau der strukturellen Arbeitslosigkeit zurückgeht. Wenn Schröder dann »aus der Partei hört, die SPD müsse ›Schutt wegräumen‹«, also einen Teil der Reformen demontieren, dann »ärgert« ihn das schon.[149]

Noch mehr ärgert ihn freilich, was er in den Memoiren George W. Bushs über sich und seine Politik während der Irakkrise lesen muss. Als sie Anfang November 2010 unter dem Titel *Decision Points* erscheinen, reagiert Gerhard Schröder umgehend: »Der frühere amerikanische Präsident sagt nicht die Wahrheit.«[150] Stein des Anstoßes ist dessen Behauptung, der Kanzler habe ihm Ende Januar 2002 im Weißen Haus die volle Unterstützung für seine Irakpolitik einschließlich eines Feldzuges gegen Saddam Hussein zugesagt. Falsch, sagt der: Die Zusage habe nur für den Fall gegolten, dass der Irak Terroristen beherberge, schütze oder sonst wie begünstige. Richtig ist wohl, wie berichtet, dass beide sich nicht so eindeutig ausgedrückt haben, wie sie es in ihren Erinnerungen schreiben; so gesehen liefern sie, sagt Thomas Steg – Stellvertretender Regierungssprecher während Schröders zweiter Amtszeit – jetzt, »ein schönes Beispiel für die Interpretierbarkeit und Missverständlichkeit der Sprache der Diplomatie«.[151] Richtig ist aber auch, dass ihr Verhältnis später wieder deutlich besser gewesen ist, als es sich nach dem publizistischen Schlagabtausch des Herbstes 2010 darstellt.

Ärger macht Gerhard Schröder in diesen Wochen und Monaten schließlich sein Freund und Anwaltskollege Götz von Fromberg. Nicht dass die beiden sich überworfen hätten. Dafür kennen sie sich zu lange und zu gut. Schon ihre Referendariatszeit haben sie zusammen verbracht. Bei Fromberg kam Schröder unter, als ihm seine dritte Ehefrau den Stuhl vor die Tür gesetzt hatte, Fromberg war einer der Trauzeugen bei seiner vierten Hochzeit, mit Fromberg gründete er nach dem Einzug ins Kanzleramt, als seine Anwaltstätigkeit ruhte, eine Bürogemeinschaft, und Fromberg veranstaltete anlässlich seines Geburtstags die legendären Herrenabende, an denen sich die FROGS, die »Friends of Gerd Schröder«, trafen.

Darunter war auch die ein oder andere zwielichtige Gestalt, die allerdings während der Kanzlerschaft allenfalls erschien, wenn Schröder nicht mehr da war. So Frank Hanebuth, führender Kopf der Hannoveraner »Hells Angels«. Die Verbindung Frombergs zu Hanebuth ist auch einer der Gründe für das Ende der Bürogemeinschaft Gerhard Schröders und Götz von Frombergs. Ende August 2010 verschwindet der Name des Ex-Kanzlers von der Homepage, danach lässt sich Schröder zunächst in der Marien-, schließlich in der Hindenburgstraße nieder.

Geschichten wie diese schlagen eine Brücke zum nichtöffentlichen Gerhard Schröder. Jetzt, da er die Öffentlichkeit nicht mehr braucht, aber für sie natürlich immer noch von einem gewissen Interesse ist, entspannt sich das Verhältnis zu den Medien auch in dieser Hinsicht. Allerdings achten er und seine

Frau nach wie vor darauf, dass bestimmte Grenzen nicht überschritten werden. Das ist der Fall, wenn es entweder um Rufschädigung oder um eine Belästigung oder gar Bedrohung der Familie, vor allem der Kinder geht. Wie schon während der Kanzlerzeit scannt der Anwalt Michael Nesselhauf, seit den Tagen der *Spiegel*-Affäre in diesem Geschäft zu Hause, die Medien und schreitet gegebenenfalls ein. Im Übrigen bleiben die Schröders bei ihrer seit Jahren erprobten Strategie und setzen die Öffentlichkeit gezielt und dosiert ins Bild. So erfährt man im Sommer 2010 vom Ex-Kanzler, dass ihm »persönlich zwei Wochen Urlaub reichen würden«. Aber weil »die Kleinen da sind«, ist er »ganz anders gefordert … Wir haben einen VW-Bus und da kommt die Familie rein, zwei Kinder, Katze und Hund, Doris und ich. Dann geht es von Hannover nach Emden oder nach Holland auf die Fähre, das dauert so drei Stunden. Und dann sind wir nach einer Stunde Überfahrt auf der Insel … Das Radio läuft nur selten. Wir singen, und zwar quer durch den Gemüsegarten. Arbeiterlieder wie ›Brüder zur Sonne‹ oder aktuell ›Old MacDonald had a farm‹, das Lieblingslied von meinem Sohn. Ich kann allerdings gar nicht singen. Bei mir ersetzen Lautstärke und Textkenntnis das Melodische.«[152]

In der Regel reicht das erst einmal für eine Zeit, es sei denn, Ereignisse, an denen die Öffentlichkeit begreiflicherweise Anteil nimmt, rufen nach Information. So der Tod von Gerhard Schröders Mutter, die zwar ihrerseits nie das Rampenlicht gesucht, aber von ihrem Sohn gelegentlich dorthin geholt worden war, weil alle Welt sehen sollte, woher er kommt und wem er nicht zuletzt das verdankt, was er geworden ist. Bis ins höchste Alter hinein hat Erika Vosseler am Leben ihres Ältesten regen Anteil genommen. Kaum ein zweiter Mensch hat Gerhard Schröder so gut gekannt wie seine Mutter.

Am 1. November 2012, wenige Wochen nach Vollendung ihres 99. Lebensjahres, stirbt Erika Vosseler in Paderborn. Dass sie den Lebensweg ihres ältesten Sohnes so lange verfolgen durfte, war ihr Freude und Trost – nach allem was diese couragierte Frau in ihrem bewegten Leben erfahren und erduldet, erlitten und geleistet hat. »Wir nannten sie Löwe, weil sie ihr Leben lang für uns gekämpft hat«, schreiben die Hinterbliebenen in die Todesanzeige.[153] *Bild*, wo Béla Anda seit einigen Monaten wieder tätig ist, jetzt als Stellvertretender Chefredakteur, bekommt Informationen für einen exklusiven Bericht. Marc Köppelmann macht Fotos für die Medien. Damit ist die Neugier bedient.

Die Öffentlichkeit interessiert sich inzwischen stärker noch als zuvor für das Leben von Doris Schröder-Köpf. Im Januar 2011 wird bekannt, die »47 Jahre alte Journalistin« habe »einen freiwerdenden Aufsichtsratsposten« bei der

Warenhauskette Karstadt übernommen.[154] Ein Jahr später erklärt Doris Schröder-Köpf, dass sie sich in der niedersächsischen Landespolitik engagieren wolle. Wann und in welchem Zusammenhang auch immer ihr Name jetzt in der Presse auftaucht, geschieht das praktisch nie ohne den Zusatz, dass sie die »Gattin des Bundeskanzlers a. D. Gerhard Schröder« ist.

Das wirft natürlich die Frage auf, ob Doris Schröder-Köpf diese neuen Karrieren auch ohne die Prominenz des Namens hätte ins Auge fassen können. In der Wirtschaft ist sie ein unbeschriebenes Blatt, in der Politik ist sie eine Seiteneinsteigerin ohne lokalen Stallgeruch. Andererseits kennt sie natürlich das politische Geschäft aus der Nähe, seit sie den Ministerpräsidenten, Bundeskanzler und Parteivorsitzenden durch die Höhen und Tiefen seiner Karriere begleitet hat, und »daheim in Hannover managt sie seit Jahren ein nicht so ganz kleines Familienunternehmen, in dessen Mittelpunkt der Staatsmann, Weltreisende, Wirtschaftsvertreter und Rechtsanwalt Gerhard Schröder steht«.[155] Susanne Höll versteht das als Kompliment, aber natürlich lässt sich dieses Porträt auch als Karikatur der biederen Hausfrau lesen. Was zwangsläufig zu der weiteren Frage führt, ob es nicht vielleicht genau umgekehrt, ob also der prominente Name weniger ein Vorteil als vielmehr ein Handicap ist. Jedenfalls in der Politik.

In der Wirtschaft mag das anders sein. Karstadt ist ein Warenhauskonzern mit bewegter Geschichte, deren letztes Kapitel beginnt, als Karstadt 1999 mit dem Versandhaus Quelle fusioniert. Da die traditionsreichen Unternehmen mit glanzvollen Namen ihre besten Zeiten hinter sich haben, führt der Zusammenschluss nicht zur Sanierung beider, sondern – seit Frühjahr 2007 unter dem Kunstnamen »Arcandor« – in die gemeinsame Insolvenz. Dass die Warenhäuser überleben, liegt zunächst am Engagement des Finanzinvestors und Philanthropen Nicolas Berggruen, der diese im Oktober 2010 übernimmt.

Der Kontakt zwischen Berggruen und Schröder-Köpf kommt im Rahmen mehrerer Treffen des Investors mit Gerhard Schröder zustande. Schröder hatte sich, wie berichtet, als Bundeskanzler dafür eingesetzt, dass die »Sammlung Berggruen« im Dezember 2000 nach Berlin kam. Heinz Berggruen, der Vater des Karstadt-Käufers, hatte diese Sammlung der klassischen Moderne über viele Jahrzehnte zusammengetragen und seiner Heimatstadt für einen im Grunde symbolischen Preis angeboten. Als dessen Sohn Nicolas Berggruen nach neuen Möglichkeiten der Politikberatung Ausschau hält, ist Gerhard Schröder ein naheliegender Partner. Gemeinsam gründen sie den 21st Century Council, einen Kreis von mehr als 30 Unternehmern, Wissenschaftlern und Politikern, der Mitte Oktober 2011 erstmals in Paris tagt. Im

Rahmen eines zweiten Kreises, des Council on the Future of Europe, finden auch Gerhard Schröder und Tony Blair wieder zueinander. Die beiden Runden flankieren die Arbeit des 2009 gegründeten Berggruen Institute of Governance. Erste Ergebnisse dieses Thinktanks, die 2013 vorgelegt werden, bestechen nicht gerade durch intellektuelle Durchschlagskraft. Das weiß auch Gerhard Schröder, dessen Vorwort deutliche Zweifel an dem Vorgelegten erkennen lässt.[156]

Die Tätigkeit von Doris Schröder-Köpf im Aufsichtsrat von Karstadt wird von der Fachwelt anfänglich mit einiger Skepsis verfolgt, die das *manager magazin* einige Monate später in der Frage verdichtet: »Würde die Qualifikation als Journalistin, Hausfrau, Mutter und Altkanzlergattin ausreichen, um ein wenige Monate zuvor aus der Insolvenz entlassenes Unternehmen zu kontrollieren?« Aber da hat sich bereits herumgesprochen, dass die Gattin des Ex-Kanzlers diese Aufgabe wie alle anderen angeht, die sie übernimmt: konzentriert, konsequent und ambitioniert. »Die Aufsichtsratsnovizin«, beantwortet das Magazin seine eigene Frage, »ist gehörig unterschätzt worden.«[157] Als Schröder-Köpf nach gut einem Jahr den Posten wieder räumt, sagt ihr keiner nach, sie sei gescheitert, zumal sie ihren Schritt im Frühjahr 2012 mit der Entscheidung begründet, sich künftig ganz auf die Politik konzentrieren zu wollen: »… zusätzlich zu Kindern und Wahlkreis im Aufsichtsrat eines Unternehmens zu arbeiten, das gerade aus der Insolvenz kommt, das ist schon viel Arbeit«, sagt sie der *Hannoverschen Allgemeinen Zeitung*.[158]

Schröder-Köpf hat die Ochsentour gewählt und tritt nicht in einem frei werdenden, sondern in dem Wahlkreis an, wo sie mit ihrer Familie lebt. Dort muss sie sich zunächst parteiintern gegen die langjährige Abgeordnete der SPD durchsetzen, was ihr schließlich knapp gelingt. Einen Vorteil hat dieser mühsame Weg zur Kandidatur: Auf ihm schärft sie ihre Argumente für die eigentliche Auseinandersetzung. Am Ende schafft sie es aber doch nicht direkt, sondern landet mit 33,8 Prozent ziemlich deutlich hinter dem Konkurrenten von der CDU, der 8 Prozentpunkte mehr holen kann. Auf Platz zwölf der Landesliste gesetzt, ist der Neunundvierzigjährigen jedoch ein Sitz im neu gewählten Landtag sicher. Wie schon vorher für den Fall des Wahlsieges angekündigt, übernimmt sie im April 2013 zudem das neu geschaffene Amt der Migrationsbeauftragten des Landes Niedersachsen.

In diesem Jahr lernt Doris Schröder-Köpf so ziemlich alle Vorurteile kennen, auf die man als kandidierende Gattin eines ehemaligen Bundeskanzlers treffen kann, und es sind keineswegs nur negative. Es kommt ja auch äußerst selten vor, dass die Ehefrau eines aus dem Amt geschiedenen Spitzenpolitikers ihrerseits den Weg in die Politik geht. Die Clintons sind so ein Beispiel, und natürlich ist in der Presse vom »Hillary-Effekt« die Rede.[159] Im Übrigen halten sich Vor- und Nachteile, die der prominente Gatte ihr einträgt, die Waage. Zu den Nachteilen gehört die »Agenda 2010«, die ihren Namen bekanntlich Doris Schröder-Köpf verdankt: Sie »hat der Partei viele Probleme gemacht, sie viele Mitglieder gekostet«, sagt sie jetzt im Interview: »Die Folgen sind bis heute zu spüren – ich spüre sie auch.«[160] So zählt beispielsweise ihre parteiinterne Konkurrentin zu den Gegnern der Agenda und tritt, nachdem sie Schröder-Köpf unterlegen ist, der Linken bei.

Zu den Pluspunkten zählt, dass sich der partielle Rollenwechsel des prominenten Gatten ganz gut vermarkten lässt: »Wir sind gerade dabei, die Arbeiten zu Hause neu zu organisieren. Mein Mann übernimmt jetzt mehr Aufgaben, organisiert die Termine der Kinder mit, kümmert sich auch mal um Hausaufgaben und so weiter.«[161] Wie so ein Tag im Leben der Schröders aussieht, lässt auch der Altkanzler immer wieder einmal die Öffentlichkeit wissen. Da streicht er morgens die Pausenbrote für die beiden Jüngsten, geht mit dem Hund raus, holt seine Tochter von der Schule ab, isst mit ihr zu Mittag. Dann ist der Junge an der Reihe. Auch er wird von der Schule abgeholt, danach wird bei entsprechender Wetterlage Fußball gespielt. Anschließend stehen die Hausaufgaben auf dem Programm.

Das klingt selbstverständlicher, als es ist. Gerhard Schröder als Hausmann, der Stullen streicht, Hausaufgaben beaufsichtigt und Hunde spazieren führt? Richtig ist, dass er einen Entschluss gefasst hat und sich mit großer Disziplin daran hält: Die Verantwortung für die beiden kleinen Kinder mit schwieriger früher Prägung nimmt er ohne Wenn und Aber wahr. Weggefährten, die ihn aus früheren Lebensphasen kennen, nötigt das Respekt ab. Und manchmal ist die Rolle des Hausmanns ja auch ganz schön.

Aber auf Dauer? Ist es vorstellbar, dass Gerhard Schröder die zweite Geige spielt und sich und seine weltweiten Verpflichtungen dem niedersächsischen Terminplan seiner Frau wenn nicht unter-, so doch nachordnet? Schwerlich. »Sie redet ihren Mann auf Hannover-Format herunter«, findet Tanja Stelzer, die das Paar im Sommer 2012 für die *Zeit* porträtiert. »Die Doris-Show« heißt ihr Stück: »Doris Schröder-Köpf will sich von Gerhard Schröder emanzipieren … Das hier ist Emanzipation unter erschwerten Bedingungen: Zwischen diesen beiden gibt es ein Bedeutungsgefälle wie nur in wenigen Ehen. Und der Mensch, von dem Doris Schröder-Köpf sich emanzipieren will, ist so ziemlich der härteste und selbstgefälligste Testosteron-Brocken, den man sich vorstellen kann. Im Grunde muss sich Doris Schröder-

Köpf gleich von zwei Männern emanzipieren: von ihrem Ehemann und von dem Agenda-Politiker. Es ist ein gigantischer Schatten, aus dem sie heraustreten will … Man kann das, was sie vorhat, für ein besonders mutiges Experiment halten. Oder für ein besonders naives.«[162]

Als *Bild* am 26. März 2015 gegen 22.30 Uhr meldet »Gerhard Schröder: Ehe-Aus!«,[163] scheint sich zu bestätigen, dass die beiden Lebensentwürfe kaum noch miteinander vereinbar sind. Hält die Beziehung den beschriebenen Belastungen weiter stand? Sie hält. Tatsächlich ist es ja so, dass eine zwanzigjährige gemeinsame Wegstrecke hinter ihnen liegt – mit manchen Tiefen, aber auch mit vielen Höhen. Mit keiner anderen Frau war Gerhard Schröder so lange zusammen wie mit Doris Schröder-Köpf. Es war vom Start weg eine große Liebe, keine zweite Partnerin hat auf die beruflichen Entscheidungen so eingewirkt wie sie, und natürlich gilt nach wie vor, dass dieser Mann eine Frau an seiner Seite braucht. Weil es zudem um die Zukunft der Kinder geht, beschließen Gerhard Schröder und Doris Schröder-Köpf im Frühjahr 2015, ihren Lebensweg gemeinsam fortzusetzen. Es ist ein stiller Entschluss. Von einer Information der Öffentlichkeit oder gar einer öffentlichen Inszenierung sehen die beiden ab.

Inzwischen erfährt die berufliche Lebensleistung des Mannes die Anerkennung, die sie verdient. Je offenkundiger im Zuge der europäischen Wirtschafts-, Finanz- und Staatsschuldenkrise die Strukturprobleme der meisten EU-Staaten werden, umso deutlicher zeigen sich die positiven Folgen der deutschen Reformpolitik und umso heller erstrahlt das Licht des Reformkanzlers. Seit dem Frühsommer 2011 preisen ihn selbst jene Zeitungen, die ihm das Leben als Kanzler zeitweilig schwer gemacht haben: »Von einem Wachstum von drei und mehr Prozent hatte die Regierung Schröder nur träumen können. Genau deshalb hatte sie strukturelle Reformen ins Werk gesetzt (Hartz IV).« Und die Folge? »Heute steht Deutschland mit seinem Arbeitsmarkt im krisengeschüttelten Europa wie ein Fels in der Brandung.«[164]

Das sieht man auch jenseits der deutschen Grenzen so: »Andere Staaten beginnen nun, die Agenda 2010 zu kopieren. Sie gilt international als vorbildlich«, sagt Schröder im Frühjahr 2012 nicht ohne Stolz in Brüssel.[165] Vor allem aus Frankreich vernimmt man nur lobende Worte, seit sich der 2007 in den Élysée-Palast gezogene Nicolas Sarkozy und sein Herausforderer, der Sozialist François Hollande, für den Präsidentschaftswahlkampf warmlaufen. Sarkozy und Schröder hatten sich über Jahre ignoriert, schon weil den Deutschen ein enges politisches und persönliches Verhältnis mit Jacques Chirac verband, der wiederum den jüngeren Rivalen Sarkozy nicht ausstehen konnte. Jetzt wird der Präsident deutlich. Erst empfiehlt Sarkozy Ende Oktober 2011 seinen Landsleuten in einem Fernsehinterview Deutschland als Vorbild, dann erklärt er, wiederum im Fernsehen, seine »ganze Arbeit besteht darin, Frankreich an ein System anzunähern, das funktioniert – das deutsche System«,[166] und schließlich empfängt er den Erfinder dieses Systems kurz vor Weihnachten in seinem Amtssitz, um sich inspirieren zu lassen. Offenbar mit bleibendem Eindruck. In einem Fernsehgespräch Ende Januar 2012, das rund 16 Millionen Franzosen verfolgen, stellt der Präsident Gerhard Schröder »den Franzosen als eine Art Nationalheiligen vor«.[167]

Sofern Sarkozy sich vom Empfang des Ex-Kanzlers und dem Hohen Lied, das er auf ihn und seine Reformen anstimmt, auch eine mobilisierende Wirkung für seine Wiederwahl erhofft, liegt er falsch. Anfang Mai 2012 wird François Hollande als zweiter Sozialist nach François Mitterrand zum französischen Staatspräsidenten gewählt. Kaum im Amt, entdeckt allerdings auch er Gerhard Schröder. Je stärker der Präsident von der Wirklichkeit, insbesondere vom drückenden Reformstau seines Landes eingeholt wird, und je offenkundiger die Wettbewerbsnachteile gegenüber dem Nachbarn auf dieses Konto gehen, umso heller strahlt für Hollande das Licht des deutschen Reformkanzlers. Die demonstrative Aufmerksamkeit, die ihm Frankreichs Präsident Ende Mai 2013 – anlässlich des 150. Jubiläums der SPD beziehungsweise ihrer Vorgängerorganisation – in Leipzig entgegenbringt, spricht Bände. Und sie ist alles andere als selbstverständlich. Denn Hollande war ursprünglich nicht nur ein entschiedener Gegner der Agenda 2010, sondern hatte als Vorsitzender der französischen Sozialisten auch eng mit Oskar Lafontaine gegen Schröders »Regierungslinie« kooperiert. Noch Ende 2011 wollte der Ex-Kanzler »in keinem Fall« an einem Treffen ehemaliger Parteivorsitzender teilnehmen, sollte Hollande dabei sein.[168]

Als der Präsident, dessen Berater sich die Entstehungsgeschichte der Agenda 2010 genau angeschaut haben und dem das Wasser inzwischen bis zum Hals steht, Anfang Januar 2014 grundlegende Reformen ankündigt; als wenig später auch der wieder nach oben drängende Sarkozy die »mutigen« und »beispiellosen Reformen« lobt, dank deren es der deutsche »Visionär … verstanden hat, sein Land in das 21. Jahrhundert zu führen«;[169] als auch der im Februar 2014 ins Amt gekommene italienische Ministerpräsident Matteo Renzi im Sommer die Agenda 2010 zum Vorbild seines ambitionierten Reformprogramms erklärt; als längst »Scharen ausländischer Entscheidungsträger«, darunter der amerikanische Arbeitsminister, nach Deutschland »pilgern …, um hinter das Geheimnis von dem Phänomen zu kommen, das im

Ausland als ›German Jobwunder‹ bekannt ist«[170] – da ist klar, dass man sich nicht verhört hat: Die näheren und ferneren Nachbarn sehen in der Reformpolitik des siebten deutschen Bundeskanzlers ein Vorbild.

Gerhard Schröder genießt die Anerkennung, die ihm in diesen Wochen und Monaten auch sonst nicht versagt wird. Wenn man so will, fährt er jetzt die Ernte seiner Reform-, aber auch seiner Außenpolitik ein. Die Franzosen preisen seine Agenda, die Russen loben die Pipeline, und die Amerikaner zollen der Energiewende ihren Respekt. Das hätte sich Schröder nicht träumen lassen, als er diese zur Jahrhundertwende nach zehnjähriger Vorbereitung durchsetzte. Jetzt aber lobt die *New York Times* die Energiewende als »großen Beitrag zur Stabilität unseres Planeten und seines Klimas« und hält deshalb zwar nicht den Altkanzler oder einen anderen einzelnene Akteur, aber Deutschland des Friedensnobelpreises für würdig.[171]

Weniger überraschend ist hingegen das russische Loblied auf die Ostseepipeline. Als Wladimir Putin, zur Abwechselung einmal Ministerpräsident seines Landes, und Gerhard Schröder in seiner Eigenschaft als Vorsitzender des Aktionärsausschusses von Nord Stream Anfang September 2011 in der Portowaja-Bucht unweit von Wyborg das Signal geben, technisches Gas in die Ostseepipeline einzuleiten, und damit ihre Inbetriebnahme vorbereiten, sagt der russische Vater der Pipeline: »Es gab soviel Rummel um dieses Projekt, aber er (Schröder) hat es gelobt, für sich eine prinzipielle Entscheidung getroffen und diese immer verfolgt.«[172]

Da kann und will auch die Nachfolgerin im Kanzleramt nicht nachstehen, kommt am 8. November 2011 zur offiziellen Inbetriebnahme von Nord Stream ins mecklenburgische Lubmin und gibt zu Protokoll, das Projekt sei ein Zeichen, »dass wir auf eine sichere und belastbare Zusammenarbeit mit Russland in der Zukunft setzen«.[173] Gerhard Schröder, der auch jetzt dabei ist, nimmt es mit Genugtuung zur Kenntnis. Tatsächlich hatte die Kanzlerin bei aller Kritik am frühen Engagement des Vorgängers in der Betreibergesellschaft das Projekt selbst »von Anfang an unterstützt«[174] und diesen Kurs auch nach dem Übergang von der Großen Koalition zur christlich-liberalen Regierung im Herbst 2009 beibehalten. Das hat Schröder stets zu würdigen gewusst und Merkel auch gelegentlich für ihre »Unterstützung des Projektes Nord Stream« brieflich gedankt.[175]

Überhaupt behandelt Gerhard Schröder seine Nachfolgerin pfleglich. Auch weil er selbst reichlich Erfahrung mit öffentlichen Verunglimpfungen gesammelt hat, sieht er von solchen ab. Unfair hat Gerhard Schröder nie gespielt. Ein Leben lang nicht. Seit die Mutter ihn und seine Geschwister[176] gelehrt hat, dass Fairness zu den Grundregeln des Lebens zählt, wenn man schwierige, wenn nicht perspektivlose, existenzbedrohende, auch unwürdige Zeiten gemeinsam überstehen will, hat er diese Maxime verinnerlicht. Dabei bleibt er. Dass der »persönliche Politikstil von Frau Merkel … nie dazu geführt« hätte, »eine Agenda 2010 durchzusetzen«, lässt sich ja schlechterdings nicht bestreiten: »Es fehlt bei ihr die Fähigkeit, das Risiko der eigenen Abwahl einzugehen … Frau Merkel meidet unbequeme Entscheidungen. Da ist sie anders als einige ihrer Vorgänger.«[177]

Weiter geht Schröder in der Öffentlichkeit nie – weil er das für eine Stilfrage hält, aber auch weil er nicht als einer der immer alles besser wissenden Altkanzler daherkommen mag. Dabei wäre es ein Leichtes, den Auftritt Merkels in der Eurokrise zu attackieren. Krisen wie diese machen auch die Besten angreifbar. Ob er denn etwa die Kanzlerin »in Schutz nehmen« wolle, fragen sie ihn prompt im *Spiegel*-Gespräch. »Nein, aber ich will gegenüber denen, die da die Keule der Grundsatzkritik schwingen, gern sagen: Habt ihr es nicht ein bisschen kleiner? Das ist ein schwieriges Geschäft, im Europa der 27 voranzukommen. Das halte ich auch einer Regierung zugute, die nicht meine Wunschregierung ist.«[178] Schwer vorstellbar, dass sein Vorgänger sich so über ihn geäußert hätte, solange er im Amt war.

Natürlich nimmt Schröder auch zur Kenntnis, dass sich die Bundeskanzlerin nicht mit fremden Federn schmückt und sich als Mutter der Reformpolitik stilisiert. Dass er zudem »zum Neid unfähig in jeder Hinsicht« ist, tut ein Übriges.[179] Und so muss er sich nicht verbiegen, wenn er seiner Nachfolgerin im Juli 2014 zu ihrem Sechzigsten seine »persönliche Anerkennung« dafür ausspricht, »sich in schwierigen Zeiten um unser Land und Europa verdient« gemacht zu haben: »Dass wir politisch in Konkurrenz zueinander standen und – auch heute noch – gelegentlich unterschiedlicher Meinung sind, ändert nichts an der Wertschätzung Ihrer Arbeit.«[180]

Dass außer der Bundeskanzlerin auch der Präsident Russlands, die Ministerpräsidenten Frankreichs und der Niederlande sowie der Energiekommissar der EU zur Inbetriebnahme von Nord Stream angereist sind, unterstreicht die Dimensionen und die Bedeutung des Unternehmens. Die Pipeline ist eines der größten Infrastrukturprojekte Europas; neben den ursprünglichen Anteilseignern Gazprom, Wintershall und E.ON-Ruhrgas sind mittlerweile auch die niederländische Gasunie sowie die französische GDF Suez beteiligt. Nachdem Anfang Oktober 2012 auch der zweite Strang der 1224 Kilometer langen Trasse in Betrieb genommen worden ist, strömen jährlich bis zu 55 Milliarden Kubikmeter Gas gen Westen.

Inzwischen haben Polen und die baltischen Staaten ihren Frieden mit der Pipeline gemacht. Selbst die Warnungen der Ostseeanrainer vor möglichen Umweltschäden sind verstummt, und das ist sehr wesentlich das Verdienst Gerhard Schröders, dessen Engagement sich so gesehen als goldrichtig erweist. Auch in Deutschland sind die letzten Gegner ruhig geworden. Das ist ein großer politischer Erfolg für Gerhard Schröder. Und es ist eine Genugtuung. Was hatte er sich nicht anhören und vorhalten lassen müssen. Nichts hatten seine Gegner ausgelassen, auch nicht persönliche Verunglimpfungen. Jetzt gibt es nur noch Väter und Mütter des Erfolgs. Und während sie alle, jedenfalls bis zur schweren Krise des Jahres 2014, die »neue strategische Partnerschaft« mit Russland loben, wissen sie nicht oder ignorieren schlicht, dass auch diese seinerzeit – gegen heftige Widerstände im Innern – von ihm ins Leben gerufen worden ist. Das gilt auch für viele Vertreter seiner eigenen Partei.

Gerhard Schröder hat in jenen Tagen ohnehin wenig Freude an und mit seiner SPD. Auf den Parteitag, den die SPD Anfang Dezember 2011 in Berlin veranstaltet, geht er erst gar nicht; dem Konvent im Jahr zuvor war er auch schon ferngeblieben. Wohl aber ruft er den Genossen über die Zeitung zu, was er von ihren Forderungen hält, zum Beispiel den Spitzensteuersatz anzuheben und damit seine Politik auch in diesem Punkt zu korrigieren, wenn nicht zu revidieren. Auf einen Parteitag werde er erst wieder gehen, »wenn die SPD eingesehen hat, dass sie mit ihrer Ablehnung der Agenda 2010 – was große Teile heute leider immer noch tun – die historische Chance versiebt hat, die erfolgreichste Partei Europas zu werden«.[181]

Das sehen die Partei und ihr Vorsitzender anders. Zwar erwähnt Sigmar Gabriel Gerhard Schröder nicht namentlich, aber dass er ihn meint, wenn er gegen »Fehler« bei der Leih- und Zeitarbeit sowie im Niedriglohnsektor zu Felde zieht, weiß jeder. Und auch bei der Nominierung des Kanzlerkandidaten liegen die beiden Niedersachsen überquer. Der amtierende Vorsitzende will die Entscheidung mindestens bis Ende 2012 offenhalten, der Politpensionär hingegen plädiert für eine »rasche Entscheidung« und hat auch ein starkes Argument parat: »Wenn ein Politiker nicht einmal die Vorwahlkampfphase durchsteht, ist er kein geeigneter Kandidat.«[182] Schon im Mai 2011 hatte er gesagt, wen er für geeignet hält: Peer Steinbrück »wäre ein sehr, sehr guter Kandidat«.[183] Ganz ähnlich hatte sich Helmut Schmidt vernehmen lassen.

Wie vier Jahre zuvor Steinmeier zögert allerdings jetzt auch Steinbrück, im Wahlkampf von den Talenten des Altkanzlers Gebrauch zu machen. Als er seine Meinung ändert und Schröder im Spätsommer 2013 einige Male auf die Plätze und in die Hallen geht, um für Steinbrück die Trommel zu rühren, quittieren Tausende nicht nur den mitreißenden Auftritt, sondern auch die Lebensleistung dieses Mannes mit Applaus. Ähnliches hatte man schon um die Jahreswende 2012/13 beobachten können, als Schröder sich im niedersächsischen Landtagswahlkampf für den Spitzenkandidaten Stephan Weil ins Zeug legte. Es war der erste Wahlkampf seit dem Ende seiner Kanzlerschaft, in dem die SPD offensiv mit Gerhard Schröder als sozialdemokratischem Markennamen warb. Da fragt sich manch einer, ob man nicht in der Bundestagswahl des 22. Septembers 2013 doch näher an die Dreißig-Prozent-Marke gekommen wäre, hätte man Gerhard Schröder des Öfteren um Unterstützung gebeten.

Inzwischen hat auch der Parteivorsitzende erkannt, dass es an der Zeit sein könnte, den ehemaligen Kanzler und SPD-Vorsitzenden wieder in die Mitte der Partei zu holen. Die Voraussetzungen sind einerseits nicht schlecht, weil Gerhard Schröder auch öffentlich seinen Respekt vor der Art und Weise bekundet, wie Sigmar Gabriel die Partei im Herbst 2013 in die zweite Große Koalition unter der Kanzlerin Merkel geführt hat. Andererseits ist die Zeit aber noch nicht reif. Als Gabriel ihn einlädt, Ende Januar 2014 auf dem Parteitag eine Rede zu halten, lehnt Schröder das ab und schreibt dem Vorsitzenden, sie alle täten wohl »gut daran, noch ein wenig Zeit ins Land gehen zu lassen. Die Verletzungen auf beiden Seiten sind noch nicht genügend überwunden. Unabhängig davon kannst Du Dich auf meine Solidarität verlassen. Die Partei natürlich auch.«[184] Jedenfalls dann, wenn die SPD die Prinzipien und Erfolge seiner Reformpolitik nicht noch weiter in Frage stellt oder gar gefährdet, wie durch das Versprechen der abschlagsfreien Rente, sprich der »Rente mit 63«. Mit diesem ziehen die Sozialdemokraten in den Bundestagswahlkampf und setzen es dann auch durch, weil nicht die Grünen, sondern CDU und CSU die Koalitionspartner sind, und die haben ihrerseits vor der Wahl die erhöhte Mütterrente versprochen. Der Altkanzler muss schon sehr an sich halten, um dieses Geschäft zu Lasten kommender Generationen nicht öffentlich auseinanderzunehmen.

Nein, mit dem Verhältnis Gerhard Schröders zu »seiner« SPD, denn das ist sie immer noch, steht es nach wie vor nicht zum Besten. Nicht einmal Ärger empfindet er hingegen über Oskar Lafontaine, seinen Vorgänger im Parteivorsitz, der längst einen Schlussstrich unter dieses Kapitel gezogen hat. Am 10. September 2012 kreuzen sich die Wege der beiden wieder einmal. Seit der Saarländer im April 1999, von seinem Parteibuch einstweilen abgesehen, alles hingeworfen, die Flucht angetreten und sich in den Krieg gegen Schröder begeben hatte, war es lediglich bei der Konstituierung des neuen Bundestages Mitte Oktober 2005 zu einer von Lafontaine inszenierten Begegnung – en passant und ohne Gruß – gekommen. Jetzt sehen sie sich in einem Hörsaal der

Mit sich im Reinen: Gerhard Schröder Mitte Februar 2014, unmittelbar vor Vollendung seines 70. Lebensjahres und anlässlich der Präsentation seines Buches *Klare Worte* in Berlin.

Göttinger Universität, deren Absolvent und Ehrendoktor der Ex-Kanzler ist. Schröder hält dort auf Einladung des Vereins für Socialpolitik einen Vortrag, Lafontaine hört ihm zu, bevor er auf einer Gegenveranstaltung seine eigenen Gedanken zum Besten gibt. Zu einer direkten Begegnung kommt es auch dieses Mal nicht. Es ist eine skurrile Situation, und manch einer fragt sich, ob die beiden es wohl für alle Zeit dabei bewenden lassen werden.

Schröder nimmt es stoisch. Er ist mit sich im Reinen. Seine Stimme hat wieder Gewicht, und offensichtlich umso mehr, je stärker die Erinnerungen an den umsatzorientierten Unternehmer verblassen. Außerdem stehen Jubiläen ins Haus: Mitte März 2013 jährt sich zum zehnten Mal der Tag, an dem er im Bundestag seine Agenda verlas, und am 7. April 2014 wird Gerhard Schröder 70. Es ist schon ein sehr hohes Lied, das sie jetzt anstimmen, auch in der Fraktion, die ihn am 12. März 2013 zum zehnten Jahrestag der Verlesung seiner Agenda eingeladen hat. Da wollen die anderen nicht nachstehen. Am Vorabend des 70. Geburtstags – »von Bundeskanzler a.D. Gerhard Schröder«, nicht ihres vormaligen Vorsitzenden – lädt die SPD zu einem »festlichen Empfang« und überreicht dem Jubilar bei dieser Gelegenheit eine Festschrift,[185] anderntags feiert die Stadt Hannover ihren Ehrenbürger, Ende des Monats gratuliert Nord Stream wie erwähnt in St. Petersburg, und Ende Mai folgt der Bundespräsident mit einem Essen für den Altkanzler im kleinen Kreis. Und so weiter und so fort.

Ausnahmslos alle, die sich jetzt brieflich oder öffentlich zu Wort melden, ziehen unter dem Strich eine positive Bilanz eines langen politischen Lebens und einer verkürzten Kanzlerschaft: »Außenpolitisch hast Du Dich als Kanzler dem strategisch unsinnigen wie auch völkerrechtlich verbotenen Irak-Krieg widersetzt«, schreibt ihm Helmut Schmidt zum Geburtstag: »Zugleich hast Du sowohl unsere Zugehörigkeit zum Bündnis keinem Zweifel ausgesetzt als auch Verständnis für die Notwendigkeiten unseres mächtigen Nachbarn Russland demonstriert. Innenpolitisch hast Du mit der Agenda 2010 die sozialökonomischen Weichen bis in das übernächste Jahrzehnt auf den notwendigen Kurs gesetzt – davon profitieren mehr als zehn Jahre später Deine Nachfolger.«[186] Das kommt dem Ritterschlag des dritten durch den zweiten sozialdemokratischen Bundeskanzler gleich.

Bei mancher punktueller Kritik, die der Ex-Kanzler teilt, kann man gerade die Agenda »in ihrer Gesamtwirkung, bei allen Fehlern im Einzelnen, getrost epochal nennen«, schreibt die *Süddeutsche Zeitung*.[187] So sehen das auch viele ausländische Medien und empfehlen – wie die *Washington Post* – ihrem politischen Personal Schröders Agenda zur Nachahmung: »Wenn die das können, können wir es auch.«[188] Und Gerhard Schröder selbst? »Es gibt ein Grundproblem bei Reformen. Wenn sie durchgesetzt werden, tun sie weh. Bis sie wirken, dauert es Jahre. Und wenn sie sich als Politiker zwischendrin einer Wahl stellen müssen, dann kann man dafür abgestraft werden. Das habe ich erlebt.« Das hat er Mitte August 2012 der *Bild*-Zeitung gesagt, die ihn ihren Lesern kurz und bündig so vorstellte: »Gerhard Schröder … ist der Kanzler der Reformen.«[189]

Keine Frage, der Platz in den Geschichtsbüchern ist diesem Mann sicher, schon weil jeder Bundeskanzler einen solchen beanspruchen darf, vor allem aber weil sich mit seinem Namen zwei herausragende Leistungen verbinden: Gerhard Schröder hat außen- und sicherheitspolitisch die überfälligen Konsequenzen aus der Einheit gezogen und Deutschland damit auf den Platz geführt, auf den es gehört; und er hat das Land innenpolitisch so auf Vordermann gebracht, dass es diesen Platz selbstbewusst und überzeugend einnehmen kann. Damit war nicht zu rechnen, als der Rebell das Kanzleramt bezog. Im Sommer 2012 von *Bild* danach befragt, wie »die allerletzte Schröder-Schlagzeile heißen« müsste, antwortet er: »Das müsste ja eine sein, wenn es mit mir vorbei ist. Die sollte dann heißen: ›Er war immer für eine Überraschung gut!‹«[190]

ANHANG

Zur Quellenlage

Gerhard Schröder ist ein mündlicher Mensch. Seine schnelle Auffassungsgabe und ein exzellentes Gedächtnis, aber auch ein kleiner Kreis zuverlässiger und unbedingt loyaler Mitarbeiter haben es ihm selbst in der Zeit seiner Kanzlerschaft ermöglicht, von schriftlich Fixiertem weitgehend abzusehen. Da Schröder zudem das Aktenstudium auf ein Minimum beschränkt hat, waren seine Mitarbeiter darauf bedacht, auch die schriftlichen Vorlagen in Zahl und Umfang in engen Grenzen zu halten.

Das hat Folgen. Zum einen war sich Gerhard Schröder bis vor Kurzem nicht bewusst, dass es – in einer gewissen räumlichen Distanz zu seinem Büro, aber auf der gleichen Etage wie dieses gelegen – eine Art Archiv gibt, das im Wesentlichen die Ablagen seines Büros seit 1998 beherbergt. Daher hat er mir wie auch anderen, danach befragt, nach bestem Wissen und Gewissen die Auskunft erteilt, er »habe nichts«, und dabei vor allem an Tagebuchaufzeichnungen und Ähnliches gedacht. Das mochte ich schon deshalb kaum glauben, weil alle über die Jahre und in vielen ähnlichen Fällen gesammelten Erfahrungen dagegensprachen. Deshalb und weil mir Gerhard Schröder uneingeschränkten Zugang versprochen hatte – und zwar sowohl zu allen Materialien, die mir unter die Augen kommen sollten, als auch zu allen Personen, mit denen ich sprechen wollte –, habe ich seine Büroleiterin nach den Terminkalendern gefragt und damit eine Tür zu einem Bestand geöffnet, ohne den dieses Buch nicht hätte geschrieben werden können.

Das ist nicht so selbstverständlich, wie es klingt. Denn – und auch das ist eine Folge der Arbeitsweise Gerhard Schröders – viele dieser Schriftstücke sind in ihrem äußeren Format auf ein Minimum reduziert. Natürlich gibt es Ausnahmen. So zum Beispiel Namensartikel für Zeitungen und Zeitschriften oder Manuskripte für die großen Reden beispielsweise vor dem Bundestag und auf Parteitagen, vor Organisationen und Verbänden, Institutionen und Gremien. Da die Reden schon wegen der tatsächlichen oder vermeintlichen Erwartungshaltung der Auditorien eine bestimmte Zeit nicht unterschreiten durften, sind auch die schriftlichen Vorlagen von veritablem Umfang.

Anders sieht es mit amtsinternen Vorlagen aller Art aus, zum Beispiel bei den Aufzeichnungen von Gesprächen, die der Bundeskanzler mit ausländischen Staats- und Regierungschefs geführt hat. Umfassen sie bei seinen Vorgängern bis in die Amtszeit Helmut Kohls hinein nicht selten zwei oder drei Dutzend Seiten, so kommen sie in der Kanzlerschaft Gerhard Schröders in der Regel kaum über zwei oder drei Seiten hinaus. Wann es zu diesem auffallenden Bruch einer rund fünfzigjährigen Tradition gekommen ist, lässt sich nicht mit Bestimmtheit sagen. Fest steht, dass es sich um einen Prozess gehandelt hat, dessen Anfänge in der Ära Kohl zu suchen sind.

Sicher ist auch, dass der Reduzierung solcher Dokumente auf das denkbar kürzeste Format in der Ära Schröder keine Anweisung des Kanzlers oder seines Amtschefs zugrunde liegt. Vielmehr ist es wohl so, dass sich darin auch die zunehmende Beschleunigung des täglichen Geschäfts mit der ungeheuer dichten Taktzahl von Terminen und zum anderen das gewandelte Selbstverständnis des Kanzlers, des Amtschefs und der Beamtenschaft spiegelt. Das lässt kaum noch die Zeit, die jahrzehntelang übliche, möglichst verlaufsnahe Wiedergabe einer Unterredung zu Papier zu bringen. Je dichter die Taktung der Termine wird, umso mehr werden die Aufzeichnungen auf den pragmatischen Zweck reduziert: Sie sind in erster Linie Grundlagen für den Arbeitsprozess, unterstützen also das Tagesgeschäft. Als Meilensteine auf dem Weg der Kanzler in die Geschichtsbücher taugen sie hingegen kaum noch.

Dem Kanzler Schröder kam dieses Format durchaus gelegen, spiegelt es doch die für ihn typische Form der Kommunikation. Er selbst hat nur ausgesprochen selten zur Feder gegriffen, und das nicht erst seit er Kanzler ist. Längere, gar handschriftliche Texte Gerhard Schröders sind eine Rarität, Briefe hat er kaum geschrieben, und zur Niederschrift von Tagebüchern fehlte die Zeit. Zumindest in dieser Hinsicht unterscheidet sich die Verarbeitung des Tagesgeschäfts nicht von der seiner Vorgänger im Amt des Bundeskanzlers: Keiner von ihnen hat, soweit bekannt, während seiner Amtszeit kontinuierlich Tagebuch geführt; alle, Schröder eingeschlossen, haben das später einmal bereut.

Allerdings gibt es im Falle dieses Kanzlers eine Art Ersatz, der für den Forscher weit mehr ist als nur eine Notlösung. So sind – 1983 beginnend, allerdings mit Ausnahme von 1986 und 1987 – alle handschriftlich, zunächst von ihm selbst, dann von seinem Büro geführten Terminkalender erhalten. Für die Zeit seit 1998 weit übertroffen werden diese Kalender durch die sogenannten Terminakten. Sie setzen mit der Kanzlerschaft ein, wurden zunächst von Schröders Chefsekretärin Marianne Duden angelegt und werden von ihrer Nachfolgerin fortgeführt. Sie enthalten die detaillierten Terminpläne für jeden Tag, mitunter ergänzt um die jeweils erforderlichen Unterlagen – Amtsakten, Redemanuskripte, Briefe, Notizen. Tag für Tag, Woche für Woche, Monat für Monat, Jahr für Jahr. Der Forschung kommt zudem zugute, dass Marianne Duden im Verlaufe oder am Ende bestimmter Tage, an denen sich die Ereignisse überschlagen haben – wie zum Beispiel beim Rücktritt Oskar Lafontaines, beim Rücktritt beziehungsweise der Entlassung von Andrea Fischer und Karl-Heinz Funke oder am 11. September 2001 –, den tatsächlichen Ablauf der mitunter im Minutentakt eintretenden Ereignisse noch einmal aufgeschrieben hat.

Da diese Terminakten monatsweise in Aktenordnern abgelegt werden, ist alleine die Kanzlerschaft Gerhard Schröders auf diese Weise in 84 prall gefüllten Ordnern dokumentiert. Wenn die jeweils für den Tag zusammengestellten Unterlagen auch mitunter von sehr bescheidener Aussagekraft sind, manchmal außer dem Stundenplan gar nichts anliegt, bilden diese Akten in der Summe doch eine einzigartige Quelle. Mit ihrer Hilfe lassen sich nicht nur das berufliche Leben des Gerhard Schröder seit Oktober 1998 detailliert, gewissermaßen Stunde für Stunde, sondern mitunter auch die Amtsgeschäfte rekonstruieren, weil Briefe, amtliche Schriftstücke oder auch Notizen des Kanzlers beziehungsweise seiner Mitarbeiter im Original oder als Kopie beiliegen.

Und dann sind da noch die »Biographischen Gespräche«, die Gerhard Schröder von Mitte Januar bis Ende August 2006 mit seinem vormaligen Pressesprecher Uwe-Karsten Heye geführt hat. Sie wurden, wie erwähnt, auf 55 Kassetten aufgezeichnet und unmittelbar anschließend in seinem Büro transkribiert. Ursprünglich als Grundlage für die im Oktober 2006 unter dem Titel *Entscheidungen* erschienenen Lebenserinnerungen gedacht, haben sie dort allerdings nur in beschränktem Maße Eingang gefunden. Dabei ist dieser rund 500 Seiten starke Lebensbericht Schröders eigentliches Buch. Im Grunde ist es ein großer Monolog, gelegentlich unterbrochen von Heye, der die Stichworte gibt. Weder Gerhard Schröder noch sonst jemand hat die transkribierte Fassung je angeschaut, folglich auch nicht überarbeitet. Entsprechend hoch ist der Quellenwert.

Aufgehoben werden die Kalender, die Terminakten oder auch die »Biographischen Gespräche« in einem separaten Raum des Berliner Büros von Bundeskanzler a. D. Gerhard Schröder. Im Zuge der Arbeit an dieser Biographie wurden die dort aufbewahrten Bestände erstmals gesichtet und mit der Bezeichnung »Bundeskanzler Gerhard Schröder: Zwischenarchiv« (BKGS/

ZA) versehen. Dieses ist vom »Privatarchiv« (BKGS/PA) Gerhard Schröders zu unterscheiden, das in überschaubarem Umfang im Wesentlichen Zeugnisse und Urkunden aller Art enthält und in seinem Hannoveraner Büro aufgehoben wird. In dieses Privatarchiv wurden auch Kopien der Dokumente eingefügt, die meine Mitarbeiter und ich auf der Suche nach frühen Spuren dieser Biographie in rund zwei Dutzend über das ganze Land verstreuten Archiven ausfindig gemacht haben – Kirchen-, Schul- und Universitätsarchive, Stadt- und Staatsarchive, Militär- und Meldebehörden und andere mehr. Die Nachweise finden sich im Anmerkungsapparat.

Was das Berliner Zwischenarchiv angeht, haben wir von einer Neuordnung des Bestandes, die sich gelegentlich anbot, abgesehen, um dem organischen Charakter Rechnung zu tragen: Die Dokumente aller Art sind so beschriftet und aufgehoben, wie sie im Büro des Bundeskanzlers beziehungsweise des Bundeskanzlers a.D. angelegt worden sind. Damit wurde auch die Mischung aus amtlichen und privaten Quellen aller Art bewahrt, die für dieses Archiv charakteristisch ist. Lässt sich eine saubere Trennung im Falle eines Kanzlerbüros ohnehin kaum durchhalten, ist sie bei diesem Zwischenarchiv besonders ausgeprägt: So haben Dokumente strikt persönlicher Natur, wie zum Beispiel Briefe der Mutter und der Geschwister oder auch der 2001 unerwartet aufgetauchten Cousinen Gerhard Schröders, Eingang in die Akten des Kanzlerbüros beziehungsweise des Büros von Bundeskanzler a.D. Gerhard Schröder gefunden, wenn sie an diese adressiert gewesen sind.

Persönliche Dokumente finden sich in den Beständen »Persönliche Korrespondenz« (PK) beziehungsweise »Persönliche Vorzimmerablage« (PVZA), die wiederum nicht eindeutig voneinander abgrenzbar sind und seit dem Ende der Kanzlerschaft vor allem um den Bestand »Dank und Absagen« beziehungsweise »Dank und Zusagen« ergänzt respektive durch diesen ersetzt werden. Neben den »Terminakten« gehört diese Korrespondenz fraglos zu den wichtigsten Beständen des Zwischenarchivs. Die insgesamt rund 30 Aktenordner für die Kanzlerjahre enthalten neben mehr oder weniger persönlicher Korrespondenz unter anderem auch Telefonnotizen, Aktenvermerke, Aufzeichnungen und andere Materialien, die wiederum häufig mit Vermerken des Kanzlers beziehungsweise seiner Büroleiterin oder ihres Stellvertreters über die weitere Behandlung des Vorgangs versehen sind. Ergänzt wird dieser Bestand durch die Akten mit den Briefwechseln und anderen Dokumenten der Büroleiterin sowie ihres Stellvertreters.

Was für diese Kanzlerakten gilt, gilt auch für weitere Bestände des Archivs, so für den umfangreichen Briefwechsel Gerhard Schröders mit seinen Anwälten: Eine saubere Trennung zwischen »privat« und »nicht privat« ist praktisch nicht möglich. Selbst wenn sich der Bundeskanzler beziehungsweise der Bundeskanzler a.D. als solcher gegen eine falsche, unangemessene oder beispielsweise seine Kinder gefährdende Berichterstattung über sein Privatleben zur Wehr setzt, tut er das doch immer auch als Privatmann. So wie er umgekehrt, wenn er von seinem Hannoveraner Büro oder von zu Hause aus tätig wird, immer auch als Bundeskanzler a.D. handelt – ob ihm das passt oder nicht.

Nimmt man den Umfang zum Maßstab, reichen die Bestände des Berliner Zwischenarchivs nicht an die Archive Konrad Adenauers, Willy Brandts, Helmut Schmidts oder Helmut Kohls heran, die teils in ihren Wohnhäusern, teils in den Archiven der Parteien, teils in eigens eingerichteten Stiftungen aufbewahrt werden. Über die Substanz sagt das nichts aus. Ganz im Gegenteil lässt sich festhalten, dass eine Biographie Gerhard Schröders, bis zu einem gewissen Grad auch eine Darstellung der nach ihm benannten Ära ohne Kenntnis der in seinem Berliner Archiv aufgehobenen Bestände schwerlich möglich ist. Hier nämlich finden sich zum Beispiel auch die wenigen, aber eben doch vorhandenen handschriftlichen Notizen Gerhard Schröders, die, obgleich oder eben weil sie rar sind, erhebliche Aussagekraft besitzen. Wenn ihm eine Rede, ein Brief oder auch eine Passage seiner Lebenserinnerungen besonders wichtig war, hat er sich die Zeit genommen und einen Entwurf zu Papier gebracht. Gerade die in kleiner, linearer, gut lesbarer Schrift abgefassten Notizen aller Art lassen den geschulten Juristen und im Übrigen auch passablen Stilisten erkennen. Sie finden sich verstreut in den Terminakten, in der Korrespondenz, in den Sammlungen für die Redeentwürfe, im »Sonderbestand Entscheidungen« und nicht zuletzt in einem »Handschriftliche Notizen« betitelten Akt, der von Schröders Büroleiterin Sigrid Krampitz und ihrem Stellvertreter Albrecht Funk angelegt worden ist.

Den beiden ist es auch zu danken, dass vor allem während der zweiten Amtszeit größerer Wert darauf gelegt worden ist, das eine oder andere im Kanzlerbüro zu archivieren und beim Auszug aus dem Amt zu sichern. Darunter befinden sich – in überschaubarem Umfang und im Wesentlichen für die zweite Legislaturperiode – auch Kopien von amtlichem Schriftgut, insbesondere eine Sammlung von Vermerken der Gespräche und Telefonate Gerhard Schröders mit den Staats- und Regierungschefs aus aller Welt.

Eine in jeder Hinsicht aufschlussreiche und weiterführende Ergänzung bilden die Akten von Schröders langjährigem Weggefährten und Kanzleramtschef Frank-Walter Steinmeier. Das gilt für die Korrespondenz, für die Bände füllende, mehr oder weniger komplette Liste der Telefonate, für die

Akten zu den Koalitionsgesprächen sowie für Einzelbestände, beispielsweise zur Agenda 2010. Vor allem zu diesem Komplex sind auch die Akten von Franz Müntefering, Rudolf Scharping und Thomas Steg und anderen mehr von einigem Interesse.

Wie zuverlässig sich die Amtsgeschäfte in den Akten des Zwischenarchivs von Gerhard Schröder sowie, wenn auch nachgeordnet, den Akten besagter Weggefährten spiegeln, zeigt der Vergleich mit den Akten des Bundeskanzleramtes, der möglich wurde, weil ich dank der eingangs erwähnten Genehmigung der Bundeskanzlerin die auf die Außen- und Sicherheitspolitik bezogenen Bestände durchsehen durfte. Natürlich stellen die Akten des Kanzleramtes, was die schiere Fülle angeht, die Bestände des Berliner Zwischenarchivs in den Schatten. Wer einmal mit diesen Akten gearbeitet hat, kann ein Lied von den Mühen singen, die der Umgang mit dem Riesenbestand bedeutet. Schon weil es kein zuverlässiges Findbuch im eigentlichen Sinne gibt, aber auch weil die Ablage und Ordnung der Dokumente nach Kriterien erfolgt ist, die sich dem Nutzer mitunter nur schwer – wenn überhaupt – erschließen, ist die Suche nach aussagekräftigen Schlüsseldokumenten eine Sisyphosarbeit.

Das gilt auf ihre Weise auch für die auf Gerhard Schröder bezogenen Unterlagen des Bundesbeauftragten für die Stasi-Unterlagen, die ich mit seiner Genehmigung einsehen durfte. In diesem Falle ist es so, dass zum einen die im Zuge des Zusammenbruchs der DDR eingeleitete Vorvernichtung der Akten zur Folge hat, dass vieles für immer verloren, anderes nur in fragmentarischer Form überliefert ist. Zum anderen ist auf den verschlungenen Wegen geheimdienstlicher Tätigkeit ein Durchblick nur zu gewinnen, wenn sachkundige Hilfe der Mitarbeiter vor Ort zur Verfügung steht. Erst dann erschließt sich der dort sogenannte Beifang, also die Spuren, die in diesem Fall Gerhard Schröder in den Papierbergen jenseits des über ihn angelegten Dossiers hinterlassen hat.

Ganz anders stellt sich die Situation im Zwischenarchiv Gerhard Schröders dar. Hier gibt es ein eindeutiges, übergeordnetes Kriterium für die Auswahl und die Ordnung der Dokumente, so wenig konsequent dieses im Einzelfall auch sein mag beziehungsweise sein kann: Aufgehoben wurde und wird, was für die Person Gerhard Schröder in seinen diversen Tätigkeiten und Funktionen relevant war und ist. Daher wird dieses Archiv dank seiner Sammlung von – teils einzigartigen – Dokumenten sowie wegen seiner im Tagesgeschäft gewachsenen Struktur auch dann nichts von seiner Bedeutung verlieren, wenn die amtlichen Bestände einmal vollständig zugänglich sein werden. Es ist und bleibt der Nukleus, wenn es um Gerhard Schröder und die nach ihm benannte Ära geht.

Selbstverständlich kann sich die Erforschung des Mannes und seiner Zeit nicht auf die Bestände des Zwischenarchivs beschränken. Neben den Akten von Weggefährten oder amtlichen Akten sind vor allem die Bestände der Partei von erheblicher Bedeutung – weil Gerhard Schröder der SPD seit 1963 angehört, weil sein Aufstieg bis in die Ämter des Ministerpräsidenten und des Bundeskanzlers ohne die Partei nicht denkbar ist und weil er immerhin fünf Jahre an der Spitze der deutschen Sozialdemokratie stand. Daher sind die Protokolle des Vorstands sowie des Präsidiums gerade für jene Zeit unentbehrlich, in der Schröder diesen Gremien angehört hat. Eine aufschlussreiche Ergänzung dieser vervielfältigten, an alle Gremienmitglieder versandten, mithin leicht greifbaren Protokolle sind die handschriftlichen Notizen, mit denen Rainer Sontowski, Schröders Büroleiter im Willy-Brandt-Haus bis 2002, in der Regel den Verlauf der Vorstands- und Präsidiumssitzungen stichwortartig festgehalten hat. Schon weil sie manches festhalten, was sich in den offiziellen Protokollen nicht findet, sind sie eine ergiebige Quelle.

Aufgehoben werden diese Dokumente wie auch die übrigen Unterlagen von Schröders Büro als SPD-Vorsitzender im Archiv der sozialen Demokratie der Friedrich-Ebert-Stiftung in Bonn. Zu dem Bestand gehören rund 120 Bände Korrespondenz, zumeist Post von Mitgliedern und Abgeordneten, Orts- und Kreisverbänden – die sogenannte Bürgerpost –, die dem Parteivorsitzenden in den allermeisten Fällen erst gar nicht vorgelegt wurde, aber auch Briefe zum Beispiel von Staats- und Regierungschefs sowie von Granden der SPD wie Hans-Jochen Vogel, deren Urteil Gerhard Schröder wichtig war. Auch hier gilt, dass man manches eher in den Akten des Kanzlerbüros vermutet hätte, so wie sich auch dort manches Dokument findet, das an den Parteivorsitzenden gerichtet war. Aber das sind die Ausnahmen. Da Gerhard Schröder von 1980 bis 2005 Parlamentarier gewesen ist, sind schließlich die Fraktionsprotokolle von einigem Interesse – von 1980 bis 1986 und erneut von 1998 bis 2005 die der SPD im Deutschen Bundestag, für die dazwischen liegenden Jahre die Protokolle der SPD-Fraktion im Niedersächsischen Landtag.

Selbstredend sind auch die zeitnah veröffentlichten Stenographischen Berichte über die Verhandlungen dieser Parlamente von erheblicher Bedeutung, hat Gerhard Schröder doch, beginnend mit seiner ersten Rede als junger Bundestagsabgeordneter, die Plenen immer auch genutzt, um sich in Szene zu setzen und für höhere Aufgaben zu empfehlen. Nicht alles, was er in Bonn beziehungsweise Berlin und Hannover zum Besten gegeben hat, muss in Erinnerung bleiben. Doch hat er nicht zuletzt manches Vorhaben oder auch die eine oder andere Forderung erstmals vor dem Deutschen Bundestag oder dem Niedersächsischen Landtag vorgetragen, um die Reaktionen zu testen.

Ähnliches gilt für die Foren der Parteitage, deren Protokolle gedruckt vorliegen, für nationale und internationale Organisationen vom Deutschen Fußball-Bund über die Gewerkschaften bis hin zu den Vereinten Nationen – und natürlich für die Medien. Kein bundesdeutscher Politiker der vordigitalen Welt, den früheren Journalisten Willy Brandt eingeschlossen, hat die Medien so konsequent und mitunter auch so virtuos für seine Ziele und Zwecke genutzt wie Gerhard Schröder. Kaum ein Zweiter ist allerdings auch von diesen so konsequent niedergemacht worden wie dieser Bundeskanzler am Ende seiner zweiten, der verkürzten Amtszeit. Selbst Franz Josef Strauß nicht, und Helmut Kohl auch nicht, die wahrlich und über längere Zeit hinweg gespürt haben, was es heißt, einen großen Teil der Presse gegen sich zu haben.

Das Besondere an Gerhard Schröder ist, dass er alle Medien gleichermaßen bedienen kann, sehr früh auch das Fernsehen, wo ihm kein Format – die Talkshow, die Unterhaltungssendung, ja selbst gelegentliche Auftritte in Spielfilmen und Fernsehserien eingeschlossen – fremd gewesen ist. Kein anderer Politiker hat zudem so gezielt und in der Konsequenz auch zu einem so hohen Preis sein Ehe- und Familienleben medial inszeniert. Folglich ist bis dahin keine zweite Trennung so öffentlich vollzogen worden wie die Schröders von seiner dritten Frau. Für ihn war die publikumswirksame Darbietung seines bis zum Beginn der Kanzlerschaft nie privaten Privatlebens nicht Selbstzweck, sondern Teil der harten Arbeit an seiner Karriere. Woraus folgt, dass die Medienarchive der Republik für den Weg dieses Mannes von den Anfängen als junger Sozialist unverzichtbar und zudem ungewöhnlich ergiebig sind.

Ähnliches ist von den Pressearchiven zu berichten. Grundsätzlich gilt: Gerhard Schröder hat sich auf das konzentriert, was er konnte und wozu ihm die Zeit blieb. Das war im Wesentlichen das Interview. Die Zahl seiner Gespräche mit Zeitungen und Zeitschriften lässt sich kaum überblicken. Alleine im Fall des Magazins *Der Spiegel* sind es bis zum Ende seiner Kanzlerschaft im Herbst 2005 fast 50 und damit unwesentlich weniger, als Willy Brandt bis zu seinem Auszug aus dem Kanzleramt dem Magazin gegeben hat – jeweils beginnend beim ersten Interview mit dem *Spiegel* überhaupt. Kein Kanzler vor ihm, auch seine Nachfolgerin nicht, hat das Interview so konsequent als Mittel der politischen Botschaft genutzt. Das Presseinterview war jenseits des Fernsehens seine Welt. Hier lief er, wenn er wollte und in Stimmung war, zu Hochform auf – konzentriert und hart, witzig und instinktgesteuert. Lange oder auch nur längere Texte für Zeitungen, Zeitschriften oder Bücher waren hingegen seine Sache nicht. Da hatte Schröder seine Leute. Über viele Jahre war das vor allem Reinhard Hesse, der zwei seiner Bücher und wohl die meisten Namensartikel und Reden für ihn schrieb. Zwischenzeitlich griffen auch andere einmal für ihn zur Feder, beispielsweise Bodo Hombach oder Klaus Harpprecht, bei der Niederschrift seiner Erinnerungen Uwe-Karsten Heye, immer wieder auch die Leute seines Büros.

Wer sich permanent und laut, gefragt oder auch nicht, zu Wort meldet, wer zudem qua ausgeübtem oder angestrebtem Amt im Rampenlicht steht, hinterlässt auch als Gegenstand der Berichterstattung eine breite Spur. Im Falle Gerhard Schröders ist sie phasenweise so breit, dass die Ränder zwangsläufig aus dem Blick geraten. Von der lokalen Presse, allen voran der *Hannoverschen Allgemeinen Zeitung* und der *Neuen Presse*, die Schröder eng begleiten, seit er als Jungsozialist Karriere macht, bis hin zur damals noch stattlichen Riege überregionaler Tages- und Wochenzeitungen, Zeitschriften und Magazine haben ihn seit den ausgehenden achtziger Jahren alle mehr oder weniger fest im Blick: *Frankfurter Allgemeine Zeitung* und *Süddeutsche Zeitung, Die Woche* und *Die Zeit, Bild* und *Bild am Sonntag, die tageszeitung* und *Die Welt, Der Spiegel* und *Stern*, der Bonner *General-Anzeiger* und *Der Tagesspiegel*, um nur sie zu nennen und zum Beispiel von der internationalen Presse zu schweigen, wenn dort auch die Spuren Schröders, vor allem außerhalb der Kanzlerjahre, naturgemäß spärlich sind.

Natürlich ist es kein Zufall, dass Journalisten – Béla Anda und Rolf Kleine, Volker Herres und Klaus Waller, Jürgen Hogrefe oder Reinhard Urschel – die ersten biographischen Porträts Gerhard Schröders vorlegen. Überhaupt stammen viele der großen und kleinen Charakterstudien aus den Federn von Zeitgenossen, die ihn wie Günter Bannas, Jürgen Leinemann, Kurt Kister oder Ulrike Posche über viele Jahre journalistisch eng begleitet haben. Längst ist Gerhard Schröder auch Gegenstand publizistischer und wissenschaftlicher Studien der Epoche beziehungsweise einzelner ihrer Kapitel. Sie im Einzelnen hier aufzuführen erübrigt sich, da sie im Anmerkungsapparat verzeichnet sind. Erwähnt werden aber muss doch, dass 2013 mit Edgar Wolfrum erstmals ein Historiker eine Gesamtdarstellung von *Rot-Grün an der Macht* vorgelegt hat, die als Standardwerk zum Thema gelten darf. Allerdings standen ihm – wie allen anderen Autoren aus Wissenschaft und Publizistik und aus welchen Gründen auch immer – zentrale Quellen nicht zur Verfügung, so dass mehr oder weniger gravierende Lücken und Fehleinschätzungen zwangsläufig sind.

Muss man erwähnen, dass Gerhard Schröder auch in der Memoirenliteratur seine Spuren hinterlassen hat? Naturgemäß gilt das vor allem für deutsche Zeitgenossen aus Politik und Wirtschaft, dem Kulturbetrieb und der Publizistik. Deutlich weniger ausgeprägt sind sie, wie auch im Falle der

Medienberichterstattung, bei ausländischen Staats- und Regierungschefs. Selbst bei engen politischen Weggefährten wie Jacques Chirac taucht Gerhard Schröder, was die Häufigkeit seiner Nennung angeht, lediglich am Rande auf. Über den Stellenwert des jeweiligen Urteils sagt das wenig. Bekanntlich reichten wenige Zeilen in George W. Bushs Erinnerungen, um Schröder auf den Barrikaden zu sehen.

Nun gilt für die schriftlich fixierten Memoiren von Zeitzeugen, was auch für ihre mündlich übermittelten Erinnerungen gilt: Sie sind mit Vorsicht zu genießen, aber unverzichtbar. Auch für meine Recherchen hatten sie einen hohen Stellenwert. Vom gängigen Verfahren abweichend, habe ich dabei Wert auf ein breites Spektrum gelegt und nicht nur Zeitgenossen befragt, die Gerhard Schröder persönlich, politisch oder beruflich jedenfalls zeitweilig nahegestanden haben, allen voran Vertreter insbesondere von SPD und Grünen oder seine langjährigen engen Mitarbeiter. Vielmehr habe ich von Anfang an auch das Gespräch mit seinen politischen Gegnern gesucht, außerdem mit Vertretern des wirtschaftlichen, kulturellen oder auch sportlichen Lebens und nicht zuletzt mit einer Reihe von Journalisten, die Schröder mitunter über Jahrzehnte begleitet und nicht selten bekämpft haben. Mit wem ich sprechen konnte und wen ich in diesem Zusammenhang nennen durfte, ist im Vorwort zu lesen.

Als ich die Arbeit an dieser Biographie aufnahm, hatte ich naturgemäß keine genauen Vorstellungen von der Vielfalt der unveröffentlichten wie auch der publizierten Quellen und Materialien, die mir schließlich zur Verfügung standen. Um den Überblick zu behalten, aber auch um das Aufgeschriebene verifizieren zu können, habe ich das, was ich in der einen oder anderen Form verwenden wollte, kopiert beziehungsweise kopieren lassen. Das gilt selbstverständlich für die Archivalien, einschließlich der im BKGS/ZA aufgehobenen Unterlagen, es gilt aber auch für gedruckte Quellen, wie die Stenographischen Berichte des Niedersächsischen Landtags oder des Deutschen Bundestages, oder die umfangreiche Berichterstattung in den Medien. Das gesamte Material – insgesamt rund 60 Aktenordner, diejenigen mit den Kopien aus dem Privatarchiv und dem Zwischenarchiv Gerhard Schröders eingeschlossen – ist nach Abschluss der Arbeit dem BGKS/ZA als eigener Bestand eingefügt worden.

Abkürzungen

AA	Auswärtiges Amt
AAPD	Akten zur Auswärtigen Politik der Bundesrepublik Deutschland
AdsD	Archiv der sozialen Demokratie
AFM	Akten Franz Müntefering
AFWS	Akten Frank-Walter Steinmeier
ARS	Akten Rudolf Scharping
ATS	Akten Thomas Steg
BK	Bundeskanzler
BKGS/PA	Bundeskanzler Gerhard Schröder, Privatarchiv, Hannover
BKGS/ZA	Bundeskanzler Gerhard Schröder, Zwischenarchiv, Berlin, darin:
BG	Biographische Gespräche 2006
Briefe SLKB	Korrespondenz des Stellvertretenden Leiters des Kanzlerbüros
EA	Einzelakten
GV	Gesprächsvermerke
HN	Handschriftliche Notizen
Länder	Staats- und Regierungschefs, seit November 2005
PK	Persönliche Korrespondenz
PZVA	Persönliche Vorzimmerablage
TA	Terminakten
BStU	Behörde des Bundesbeauftragten für die Stasi-Unterlagen
EU	Europäische Union
FAS	*Frankfurter Allgemeine Sonntagszeitung*
FAZ	*Frankfurter Allgemeine Zeitung*
FES	Friedrich-Ebert-Stiftung
HAZ	*Hannoversche Allgemeine Zeitung*
ISAF	International Security Assistance Force
MfS	Ministerium für Staatssicherheit der DDR
NATO	North Atlantic Treaty Organization
NP	*Neue Presse* (Hannover)
SED	Sozialistische Einheitspartei Deutschlands
SZ	*Süddeutsche Zeitung*
UN	United Nations
WamS	*Welt am Sonntag*
ZK	Zentralkomitee

Anmerkungen

Der Aussteiger (1944 – 1966)

1 Gerhard Schröder, *Reifeprüfung. Reformpolitik am Ende des Jahrhunderts.* Mit Reinhard Hesse, Köln 1993, S. 71.

2 BKGS/PA: Wehrstammbuch, Anlage: Handschriftliches Schreiben des Alarmbataillons Witzel, Komp. Stange.

3 Sie wurden bei der Deutschen Dienststelle für die Benachrichtigung der nächsten Angehörigen von Gefallenen der ehemaligen deutschen Wehrmacht (WASt) aufbewahrt, durch den Verfasser aufgespürt und Gerhard Schröder übergeben.

4 Stadtarchiv Naumburg: Standesamt Groß-Jena, Heiratsbuch 1879; Evangelische Stadtkirche zu St. Wenzel Naumburg a. d. S.: Auszug aus dem Taufregister, Jahrgang 1856.

5 Stadtarchiv Naumburg: Einwohnermeldeliste (1860 – 1890); Standesamt Groß-Jena, Heiratsbuch 1879.

6 Dieter E. Kilian, *Politik und Militär in Deutschland. Die Bundespräsidenten und Bundeskanzler und ihre Beziehung zu Soldatentum und Bundeswehr*, Berlin 2011, S. 532; Staatsarchiv Leipzig: Polizeipräsidium 20031 (Meldekartei), Karton 1128.

7 Staatsarchiv Leipzig: Polizeipräsidium 20031 (Meldekartei), Karton 1128; Standesamt Detmold: Heiratsurkunde, 27. Oktober 1939.

8 Gregor Schöllgen, *Willy Brandt. Die Biographie*, aktualisierte und erweiterte Neuausgabe, Berlin 2013, S. 317; Helmut Schmidt/Fritz Stern, *Unser Jahrhundert. Ein Gespräch*, München 2010, S. 163.

9 Gerhard Schröder im Interview mit: *Der Spiegel*, Nr. 14, 28. März 2015.

10 Hans-Peter Schwarz im Interview mit: Deutschlandfunk, 28. August 2014.

11 Kilian, *Politik und Militär*, S. 533.

12 Staatsarchiv Leipzig: Polizeipräsidium 20031 (Meldekartei), Karton 1128.

13 Stadtarchiv Detmold: Meldekarte »Vosseler, Paul«.

14 Sibilla Pelke, *Paderborner Profile* 2, Borchen 2003, S. 11. Die Lokalhistorikerin Pelke hat 2002 ein Gespräch mit Erika Lauterbach, Gerhard Schröders Mutter, sowie ein zweites Gespräch mit deren Tochter Gunhild Kamp-Schröder, Gerhard Schröders Schwester, geführt. Der Bericht ist nicht unproblematisch, weil wörtliche Zitate nicht als solche kenntlich gemacht und die Informationen der inzwischen bald Neunzigjährigen nicht verifiziert worden sind. Anschaulich ist der Bericht insbesondere dort, wo Erika Lauterbach und ihre Tochter die Lebensumstände schildern.

15 BKGS/PA: Der Landrat von Detmold an das Wehrbezirkskommando Detmold, 21. November 1939.

16 Landeshauptarchiv Sachsen-Anhalt, Abteilung Magdeburg: C 29 Anhang I, Teil 2, Nr. 494.

17 Stadtarchiv Detmold: Meldekarte »Schröder, Fritz«.

18 Stadtarchiv Hattingen: Geburtsurkunde Paul Vosseler.

19 Stadtarchiv Detmold: Meldekarte »Vosseler, Paul«.
20 Stadtarchiv Detmold: Meldekarten »Schröder, Fritz« und »Vosseler, Paul«.
21 Stadtarchiv Mosbach: Personenstandsregister, Geburtenbuch Mosbach Nr. 23/1877; Otto Krauss, *Über einen Fall von Paralysis agitans traumatica*, München 1904.
22 Bayerisches Hauptstaatsarchiv, Abt. Kriegsarchiv: Kriegsstammrolle Nr. 21408: Rangliste mobile Etappenkommandantur (neu).
23 Stadtarchiv Halberstadt: Adressbuch Halberstadt 1913.
24 Stadtarchiv Halberstadt: Haupt-Register 342; Standesamt Detmold: Aufgebot 163/1939, Blatt 14 (Abfindungsvertrag).
25 Bayerisches Hauptstaatsarchiv, Abt. Kriegsarchiv: Kriegsstammrolle Nr. 21408: Rangliste mobile Etappen-Kommandantur 255 (neu).
26 Stadtarchiv Heidelberg: Schreiben an den Verfasser, 28. Oktober 2011; Stadtarchiv Karlsruhe: Sterberegister Nr. 283/1947.
27 Stadtarchiv Halberstadt: Haupt-Register 342; Standesamt Detmold: Aufgebot 163/1939, Blatt 14 (Abfindungsvertrag).
28 Standesamt Detmold: Aufgebot vom 4. Oktober 1939, Blatt 7: Aufenthaltsbescheinigung vom 2. Oktober 1939.
29 Stadtarchiv Detmold: Meldekarte »Schröder, Gunhild«.
30 Standesamt Detmold: Aufgebot 163/1939 vom 4. Oktober 1939, Blatt 12: Beschluss des Amtsgerichtes Magdeburg vom 14. November 1939.
31 Stadtarchiv Detmold: Meldekarten »Schröder, Fritz« und »Vosseler, Paul«.
32 Deutsche Dienststelle für die Benachrichtigung der nächsten Angehörigen von Gefallenen der ehemaligen deutschen Wehrmacht (WASt): Schreiben an den Verfasser, 28. April 2011.
33 BKGS/PA: Wehrstammbuch Fritz Schröder, S. 2.
34 Zu den einzelnen Stationen vgl. BKGS/PA: Wehrstammbuch und Soldbuch Fritz Schröder.
35 Zu den frühen Lebensumständen der Familie vgl. die sehr gut recherchierte Dokumentation von Andreas Hoidn-Borchers und Lorenz Wolf Doettinchem, »Gerhard Schröder. Scheune, Plumpsklo, Steckrübenpampe«, in: *Stern*, 7. Dezember 2004.
36 BKGS/ZA: TA, 14. September 2001: Telefonnotiz Renate von Ahlftens für Sigrid Krampitz, 21. Mai 2001. Der Termin muss dann wie fast alle anderen wegen der Terroranschläge des 11. Septembers 2001 kurzfristig gestrichen werden.
37 Gunhild Kamp-Schröder im Gespräch mit dem Verfasser, Paderborn, 9. Oktober 2014.
38 Stadtarchiv Hattingen: Schreiben an den Verfasser, 12. Oktober 2011; Geburtsurkunde Paul Vosseler.
39 Gunhild Kamp-Schröder im Gespräch mit dem Verfasser, Paderborn, 9. Oktober 2014.
40 Gunhild Kamp-Schröder im Gespräch mit dem Verfasser, Paderborn, 9. Oktober 2014.
41 BKGS/ZA: BG, 10. Januar 2006.
42 Pelke, *Paderborner Profile*, S. 17ff.
43 Ebd., S. 25.
44 Gerhard Schröder im Gespräch mit Ulrich Wickert, *Deutschland wird selbstbewusster*, Stuttgart/Leipzig 2000, S. 36.
45 Gerhard Schröder, *Entscheidungen. Mein Leben in der Politik*, aktualisierte und erweiterte Ausgabe, Berlin 2007, S. 27.
46 BKGS/ZA: Handkalender 1983.
47 Gerhard Schröder im Gespräch mit Ulrich Wickert, S. 35.
48 BKGS/ZA: Dank und Absagen: [1.] März bis 31. Mai 2006: Gerhard Schröder an die Schülerinnen und Schüler der Klasse 7d der Realschule Zell, 2. April 2006.
49 BKGS/PA: Entlassungszeugnis für Gerhard Schröder, 20. März 1958.

50 Gerhard Schröder, *Klare Worte. Im Gespräch mit Georg Meck über Mut, Macht und unsere Zukunft*, Freiburg i. Br./Basel/Wien 2014, S. 228.
51 *HAZ*, 7. März 1992: »Schröder rüffelt seinen Kultusminister«.
52 BKGS/ZA: PVZA, IV. Ordner: Erika Vosseler und Gunhild Schröder an Gerhard Schröder, 7. Februar 2001.
53 Gunhild Kamp-Schröder im Gespräch mit dem Verfasser, Paderborn, 9. Oktober 2014.
54 BKGS/ZA: TA, 6. März 2001: Vermerk des Referats 122 »*Betr.*: Empfang von Repräsentanten Borussia Dortmunds«.
55 BKGS/ZA: TA, 18. August 2005: Vermerk des Referats 126 für die Leiterin des Kanzlerbüros »*Betr.*: Empfang des Herrn Bundeskanzlers für die deutsche Frauen-Fußball-Nationalmannschaft«, 7. Juli 2005.
56 *The Alastair Campbell Diaries*, Bd. 3: *Power & Responsibility 1999 – 2001*, hrsg. von A. Campbell/B. Hagerty, London 2011, S. 559.
57 *FAZ*, 29. Januar 2000: »Kanzler Schröder gelingt beim Festakt in Leipzig der Treffer des Tages«.
58 FES/AdsD: Hausakten der FES, Nr. 10.296: Handschriftlicher Lebenslauf Gerhard Schröders vom 15. Juni 1967.
59 BKGS/ZA: BG, 11. Januar 2006.
60 BKGS/PA: Kaufmannsgehilfenbrief, 20.März 1961; August Brand, Lemgo, Zeugnis [für Gerhard Schröder] vom 31. März 1961.
61 BKGS/PA: Kaufmännische Berufsschule des Landkreises Lemgo, Abschlusszeugnis Gerhard Schröder, 17. März 1961.
62 BKGS/PA: Bundesversicherungsanstalt für Angestellte, Aufrechnungsbescheinigung für »Schröder, Gerhard«, 13. Februar 1962.
63 BKGS/PA: Meier-Tönnies K.-G., Zeugnis [für Gerhard Schröder], 31. Dezember 1961.
64 BKGS/ZA: PK, Januar – Dezember 2007: Fragebogen des Präsidenten der Georg-August-Universität Göttingen.
65 BKGS/PA: Bundesversicherungsanstalt für Angestellte, Aufrechnungsbescheinigung für »Schröder, Gerhard«, 25. März 1970.
66 *NP*, 4. Juni 1993: »›Damit ich am 13. Juni für meinen Jungen stimmen kann‹«.
67 BKGS/PA: Feistkorn Groß- und Einzelhandel, Zeugnis für Gerhard Schröder vom 22. Oktober 1963.
68 BKGS/PA: Zeugnis über die Fremdenprüfung zur Erlangung des Abschlußzeugnisses einer Mittelschule, 20. März 1964.
69 BKGS/PA: Kreiswehrersatzamt Göttingen, Musterungsbescheid für Gerhard Schröder, 15. Oktober 1963.
70 BKGS/PA: Kreiswehrersatzamt Detmold an Gerhard Schröder, 25. November 1964.
71 Gerhard Schröder, *Der Herausforderer im Gespräch mit Peter Gatter*, München 1986, S. 9.
72 FES/AdsD: Hausakten der FES, Nr. 10.296: Antrag Gerhard Schröders auf »Erlangung eines Friedrich-Ebert-Stipendiums«, 21. März 1967.
73 Gerhard Schröder im Gespräch mit Ulrich Wickert, S. 47.
74 Schröder, *Der Herausforderer*, S. 9.
75 Gerhard Schröder im Interview mit: Deutschlandradio, 29. März 2012.
76 Siegerland-Kolleg, Siegen: Schülerstammblatt Gerhard Schröder, 9. April 1964 – 1. Juni 1965.
77 BKGS/ZA: TA, 14. Dezember 1999: Klemens Psiuk an Gerhard Schröder, 19. August 1999; Gerhard Schröder an Klemens Psiuk, [...] September 1999.
78 BKGS/ZA: TA, 21. Mai 2005: Melanie Nitschke an Gerhard Schröder, 9. April 2005; Termine des Bundeskanzlers am Samstag, 21. Mai 2005.

79 BKGS/PA: Westfalen-Kolleg Bielefeld, Zeugnis der Reife für Gerhard Schröder, 15. Oktober 1966.

80 FES/AdsD: Handakten der FES, Nr. 10.296: Gutachten des Studienrats Winkelmann, Westfalen-Kolleg, 6. April 1967. Anlage zum Antrag Gerhard Schröders auf »Erlangung eines Friedrich-Ebert-Stipendiums«, 31. März 1967.

Der Anwalt (1966 – 1980)

1 FES/AdsD: Hausakten der FES, Nr. 10.296: Handschriftlicher Lebenslauf Gerhard Schröders vom 15. Juni 1967.

2 FES/AdsD: Hausakten der FES, Nr. 10.296: Gerhard Schröder [an die FES], 7. Juni 1966; Antrag Gerhard Schröders auf »Erlangung eines Friedrich-Ebert-Stipendiums«, 21. März 1967.

3 FES/AdsD: Hausakten der FES, Nr. 10.296: Gerhard Schröder [an die FES], 3. Oktober 1967.

4 FES/AdsD: Hausakten der FES, Nr. 10.296: Gerhard Schröder [an die FES], 28. Dezember 1966.

5 FES/AdsD: Hausakten der FES, Nr. 10.296: Gutachten des Studienrats Winkelmann, Westfalen-Kolleg, 6. April 1967; Gutachtliche Stellungnahme von Professor Dr. G. Ritting, 16. November 1967. Anlagen zum Antrag Gerhard Schröders auf »Erlangung eines Friedrich-Ebert-Stipendiums«, 21. März 1967.

6 FES/AdsD: Hausakten der FES, Nr. 10.296: Beurteilung der Qualifikation von Herrn stud. jur. Gerhard Schröder durch Professor Dr. jur. Volkmar Götz, 24. Januar 1968.

7 FES/AdsD: Hausakten der FES, Nr. 10.296: [FES an] Gerhard Schröder, 25. Januar 1968.

8 FES/AdsD: Hausakten der FES, Nr. 10.296: Gerhard Schröder [an die FES], 8. Februar 1968.

9 FES/AdsD: Hausakten der FES, Nr. 10.296: [FES an] Gerhard Schröder, 25. Januar 1968.

10 BKGS/PA: Studienbuch »Schröder, Gerhard«.

11 BKGS/ZA: Dank und Absagen: 1. Mai – 31. August 2009: Gerhard Schröder an Helmut Latermann, 27. Mai 2009.

12 BKGS/ZA: BG, 12. Juli 2006.

13 BKGS/ZA: Reden 2012: Rede von Bundeskanzler a. D. Gerhard Schröder anlässlich des Festaktes zum 70. Geburtstag von Bischof Prof. Dr. Dr. h. c. Wolfgang Huber, Berlin, 17. August 2012.

14 BKGS/ZA: PK, Januar – Dezember 2007: Gerhard Schröder an Kurt von Figura, 26. September 2007; mit ausgefülltem Fragebogen des Präsidenten der Georg-August-Universität Göttingen »Was ist aus Ihnen geworden?«.

15 BKGS/PA: Studienbuch »Schröder, Gerhard«.

16 FES/AdsD: Hausakten der FES, Nr. 10.296: Gerhard Schröder [an die FES], 10. März 1971 und 23. Januar 1972.

17 FES/AdsD: Hausakten der FES, Nr. 10.296: [FES an] Gerhard Schröder, 6. Mai 1971; Gerhard Schröder [an die FES], 10. März 1971.

18 BKGS/PA: Justizprüfungsamt bei dem Oberlandesgericht in Celle, Zeugnis für Gerhard Schröder, 24. September 1971.

19 BKGS/PA: Der Vorsitzende des Justizprüfungsamts bei dem Oberlandesgericht Celle an Gerhard Schröder, 8. September 1971.

20 Universitätsarchiv Göttingen, Auskunft vom 19. Oktober 2012.

21 FES/AdsD: Hausakten der FES, Nr. 10.296: Gutachten Christian Starcks vom 29. Juni 1972 und Hans-Ludwig Schreibers vom 28. Juni 1972.

22 FES/AdsD: Hausakten der FES, Nr. 10.296: Gerhard Schröder [an die FES], 29. Juni 1972.

23 FES/AdsD: Hausakten der FES, Nr. 10.296: Gerhard Schröder an die FES, 13. Juli 1973.
24 FES/AdsD: Hausakten der FES, Nr. 10.296: Gerhard Schröder an die FES, 27. Juni 1974.
25 Klaus Uwe Benneter, »Ein Freund«, in: *Gerhard Schröder zum Siebzigsten*, hrsg. von S. Gabriel, Berlin 2014, S. 28ff., Zitat S. 28.
26 Gerhard Schröder, *Entscheidungen. Mein Leben in der Politik*, aktualisierte und erweiterte Ausgabe, Berlin 2007, S. 31.
27 FES/AdsD: Hausakten der FES, Nr. 10.296: Gerhard Schröder [an die FES], nicht datiert; Eingangsstempel der FES vom 13. August 1974.
28 FES/AdsD: Hausakten der FES, Nr. 10.296: Vermerk »Betr.: *Gerhard Schröder, Göttingen*«, 9. April 1974.
29 FES/AdsD: Hausakten der FES, Nr. 10.296: Gerhard Schröder, »*Anlage zu Blatt* 1 (des Studienberichts SS 1969)«.
30 Ulrike Posche, *Gerhard Schröder. Nah-Aufnahme*, München 1998, S. 114.
31 BKGS/PA: Universität Göttingen, Ausweis-Karte für stud. jur. Gerhard Schröder, die bis 1971 insgesamt vier Anschriften verzeichnet.
32 FES/AdsD: Hausakten der FES, Nr. 10.296: Stipendienantrag Gerhard Schröders; Anlage zu einem Schreiben an die FES vom 29. Juni 1972.
33 Landgericht Göttingen 5 R 107/72.
34 BKGS/ZA: PVZA, II. Ordner: Gerhard Schröder und Doris Schröder-Köpf an Michaela und Nickos Vosseler, 14. März 2000.
35 BKGS/ZA: PK, Oktober 1998 – März 1999.
36 BKGS/ZA: PVZA, II. Ordner.
37 *Die Zeit*, 15. Oktober 1971: »Unnötige Kraftprobe«.
38 Grundsatzprogramm der Sozialdemokratischen Partei Deutschlands. Beschlossen vom Außerordentlichen Parteitag der Sozialdemokratischen Partei Deutschlands in Bad Godesberg vom 13. bis 15. November 1959 [»Unser Weg«].
39 Gerhard Schröder im Interview mit: Deutschlandradio, 29. März 2012.
40 Gerhard Schröder im Interview mit: *Lutherische Monatshefte* 17 (1978), S. 339ff., hier S. 339.
41 BKGS/ZA: BG, 11. Januar 2006.
42 Gerhard Schröder, *Reifeprüfung. Reformpolitik am Ende des Jahrhunderts*. Mit Reinhard Hesse, Köln 1993, S. 67 und 71.
43 Inge Wettig-Danielmeier, »Spurensuche in Göttingen«, in: *Gerhard Schröder. 60 Freunde zum Geburtstag*, hrsg. von M. Bissinger und H. Gebhardt, o.O. [2004], S. 116f.
44 Schröder, *Entscheidungen*, S. 34.
45 Gerhard Glogowski, »Ich konnte mich immer auf ihn verlassen«, in: *Gerhard Schröder. 60 Freunde zum Geburtstag*, S. 42f.
46 Herbert Schmalstieg, »Gerd, du bist Hannoveraner«, in: *Gerhard Schröder. 60 Freunde zum Geburtstag*, S. 93.
47 Zitiert nach Béla Anda/Rolf Kleine, *Gerhard Schröder. Eine Biographie. Mit einer Bilanz der ersten vier Regierungsjahre von Martin E. Süskind*, München 2002, S. 29.
48 Zitiert nach: Matthias Micus, *Die »Enkel« Willy Brandts. Aufstieg und Politikstil einer SPD-Generation*, Frankfurt am Main/New York 2005, S. 133.
49 Gerhard Schröder im Interview mit: Deutschlandradio, 29. März 2012.
50 Brigitte Seebacher, »Die schwierige Gratwanderung«, in: *Berliner Stimme*, 2. Februar 1974.
51 Gerhard Schröder im Interview mit: *Lutherische Monatshefte* 17 (1978), S. 339ff., hier S. 339.
52 Gerhard Schröder u.a., »Die praktische Bedeutung des Grundgesetzes«, in: *Der bürgerliche Rechtsstaat*, hrsg. von M. Tohidipur, Frankfurt am Main 1978, S. 341ff., hier S. 355. Der Beitrag wurde erstmals 1976 in der Schriftenreihe des Juso-Bezirks Hannover veröffentlicht.

53 *Chronik der deutschen Sozialdemokratie,* hrsg. von F. Osterroth/D. Schuster, Bd. 3: *Nach dem Zweiten Weltkrieg,* 2. Auflage Berlin 1978, S. 509.
54 Gerhard Schröder, »Argumente statt Ultimaten«, in: *SPD Rundschau Bezirk Hannover,* Nr. 4, April 1977.
55 Heidemarie Wieczorek-Zeul im Gespräch mit dem Verfasser, Wiesbaden, 12. Dezember 2013.
56 Zum Beispiel Reinhard Urschel, *Gerhard Schröder. Eine Biographie,* München 2002, S. 36.
57 Egon Bahr im Gespräch mit dem Verfasser, Berlin, 28. November 2012.
58 Bundeskongress 78 der Jungsozialisten in der SPD 10.–12.2., Aktionsprogramm, Anhang.
59 *Der Spiegel,* Nr. 17, 23. April 1990: »Weg mit dem Gekasper«.
60 Egon Bahr im Gespräch mit dem Verfasser, Berlin, 28. November 2012.
61 *Der Spiegel,* Nr. 8, 20. Februar 1978: »›Immer an der Grenze des Konflikts‹«.
62 Egon Bahr, »Er ist ein wirklicher Kanzler geworden«, in: *Gerhard Schröder. 60 Freunde zum Geburtstag,* S. 9.
63 *Der Spiegel,* Nr. 8, 20. Februar 1978: »›Immer an der Grenze des Konflikts‹«.
64 Egon Bahr im Gespräch mit dem Verfasser, Berlin, 28. November 2012.
65 *HAZ,* 13. Februar 1978: »Übergangslösung«.
66 Gerhard Schröder im Interview mit: *NP,* 28. Februar 1980.
67 BStU: MfS, HA VI, Nr. 2272, S. 64ff.: HA XVIII: »Information über den am 17.12.1985 geplanten Besuch des SPD-Landesvorsitzenden von Niedersachsen, Schröder, Gerhard, in der Hauptstadt der DDR, Berlin«, 9. Dezember 1985.
68 Gerhard Schröder, »Der Anwalt als Politiker«, in: *Rechtspolitik mit »aufrechtem Gang«. Werner Holtfort zum 70. Geburtstag,* hrsg. von M. Fabricius-Brand u.a., Baden-Baden 1990, S. 68ff., Zitat S. 68.
69 BKGS/PA: Landesjustizprüfungsamt bei dem Niedersächsischen Ministerium der Justiz, Zeugnis über die zweite juristischen Staatsprüfung, 31. August 1976. Die übrigen »Vorgänge, die zweite juristische Staatsprüfung betreffend, dürften – nach Ablauf von 30 Jahren – im Jahr 2006 vernichtet worden sein«. Schreiben des Niedersächsischen Justizministeriums, Landesjustizprüfungsamt, an den Verfasser, 22. Oktober 2012.
70 Zum Beispiel Deutscher Bundestag, 9. Wahlperiode, 140. Sitzung, 16. Dezember 1982.
71 Gerhard Schröder im Interview mit: *NP,* 3. April 1981.
72 Peter Brandt, *Mit anderen Augen. Versuch über den Politiker und Privatmann Willy Brandt,* Bonn 2013, S. 136.
73 *Der Spiegel,* Nr. 25, 19. Juni 1978: »Muß man machen«.
74 Gerhard Schröder im Interview mit: *NP,* 14. August 1978.
75 Gerhard Schröder, »Nur ein flexibler Staat ist souverän«, in: *Der Spiegel,* Nr. 17, 24. April 1989.
76 *NP,* 9. März 1978: »›Vor Unternehmern gebuckelt …‹«; *HAZ,* 13. März 1978: »Juso-Chef spricht von ›notwendigem Klassenkampf‹«.
77 Gerhard Schröder im Interview mit: *Der Spiegel,* Nr. 13, 26. März 1979.
78 Klaus Uwe Benneter, »Sitzblockade in Moskau«, in: *Gerhard Schröder. 60 Freunde zum Geburtstag,* S. 13.
79 Gerhard Schröder im Interview mit: *NP,* 3. Mai 1978.
80 Gerhard Schröder, Anmerkungen zum Thema »Schriftsteller und SPD«, in: *Neue Gesellschaft* 26 (1979), S. 52ff.
81 *Die Welt,* 2. April 1979: »Bei den Jusos lahmen die Flügel«.
82 Gerhard Schröder im Interview mit: *Der Spiegel,* Nr. 13, 26. März 1979.
83 Gregor Schöllgen, *Ulrich von Hassell 1881–1944. Ein Konservativer in der Opposition,* München 1990, S. 170.

84 Zitiert nach: Hartmut Soell, *Helmut Schmidt 1918 – 1969. Vernunft und Leidenschaft*, München 2003, S. 99 und 154.
85 Gerhard Schröder, »Eine Bekräftigung und eine Herausforderung. Der langjährige Regierungschef hat niemanden gleichgültig gelassen«, in: *SZ*, 23. Dezember 1988.
86 Gerhard Schröder, »Willy Brandt – Von der Emigration zur Einheit, Vortrag an der Evangelischen Akademie zu Berlin«, 21. August 2002, Redemanuskript (www.eaberlin.de/download/emigration_zur_einheit.pdf).
87 Gerhard Schröder im Interview mit: *NP*, 24. August 1979.
88 *Die Zeit*, 23. März 1973: »In lockerer Schlachtordnung«.
89 Gerhard Schröder im Interview mit: *NP*, 27. Mai 1980.
90 *Europa-Archiv* 35 (1980), D 36f.
91 Gerhard Schröder im Interview mit: *NP*, 30. Mai 1980.

Der Kandidat (1980 – 1990)

1 Gerhard Bünemann, »Quartett Infernal«, in: *Gerhard Schröder. 60 Freunde zum Geburtstag*, hrsg. von M. Bissinger und H. Gebhardt, o. O. [2004], S. 25.
2 Heiko Gebhardt, »Nich, Alter, das hättest du damals nicht geglaubt«, in: ebd., S. 41.
3 Renate Schmidt im Gespräch mit dem Verfasser, Erlangen, 5. August 2014.
4 Peter Struck, »Wir bleiben mit dir im Angriff«, in: *Gerhard Schröder. 60 Freunde zum Geburtstag*, S. 109.
5 *SZ*, 17./18. September 2005: »Die Toskanakommune«.
6 Jürgen Leinemann, *Höhenrausch. Die wirklichkeitsleere Welt der Politiker*, aktualisierte Taschenbuchausgabe, München 2005, S. 305.
7 *HAZ*, 20. Februar 1992: »Offerte«; *HAZ*, 16. März 1992: »Zur Person. Gerhard Schröder«.
8 Reinhard Urschel, *Gerhard Schröder. Eine Biographie*, München 2002.
9 Klaus Staeck, »Alte Zeiten – Neue Zeiten«, in: *Gerhard Schröder. 60 Freunde zum Geburtstag*, S. 103f.
10 Lutz Hachmeister, *Heideggers Testament. Der Philosoph, der Spiegel und die SS*, Berlin 2014, bes. S. 145ff., Zitat S. 9.
11 Kurt Kister, »Ein Vollprofi, sehr menschlich«, in: *SZ*, 2./3. November 2013.
12 Günter Bannas im Gespräch mit dem Verfasser, Berlin, 11. September 2013.
13 Ulrike Posche im Gespräch mit dem Verfasser, Hamburg, 13. Mai 2014.
14 »Gerhard Schröder, ›Vorwärts‹ – zurück«, in: *Stern*, Nr. 49, 27. November 1980.
15 FES/AdsD: SPD-Bundestagsfraktion (9. WP): 2/BTF/000110: Gerhard Schröder an Herbert Wehner, 26. November 1981.
16 BKGS/ZA: PVZA, X. Ordner: Gerhard Schröder an Franz Müntefering, 16. Januar 2005.
17 Deutscher Bundestag, 9. Wahlperiode, 29. Sitzung, 2. April 1981. Bereits am 13. Februar hat Schröder eine auf den Fall Wallraff bezogene schriftliche Anfrage eingereicht. Sie ist die erste dokumentierte Spur des späteren Kanzlers in den Akten des Parlaments: Deutscher Bundestag, 9. Wahlperiode, Drucksache 159, Nr. 21.
18 Deutscher Bundestag, 9. Wahlperiode, 32. Sitzung, 10. April 1981.
19 Deutscher Bundestag, 10. Wahlperiode, 195. Sitzung, 31. Januar 1986.
20 Deutscher Bundestag, 10. Wahlperiode, 80. Sitzung, 31. Juli 1984.
21 Deutscher Bundestag, 10. Wahlperiode, 176. Sitzung, 26. November 1985.
22 Rainer Barzel, *Ein gewagtes Leben. Erinnerungen*, Stuttgart/Leipzig 2001. S. 371f.
23 Wolfgang Schäuble im Gespräch mit dem Verfasser, Berlin, 30. September 2013.
24 Deutscher Bundestag, 10. Wahlperiode, 176. Sitzung, 26. November 1985.
25 Zitiert nach: *Der Spiegel*, Nr. 7, 15. Februar 1982: »Irgendwie mißbraucht«.

26 Gerhard Schröder, *Der Herausforderer im Gespräch mit Peter Gatter*, München 1986, S. 18.

27 FES/AdsD: PV, 16.11.1987 Bn: »Protokoll über die Sitzung des Parteivorstandes am Montag, dem 16. November 1987. Bonn, Erich-Ollenhauer-Haus«; PR, 17./18.11.1987 Bn: »Protokoll über die Sitzung des Parteirates am 17./18. Nov[ember] 1987, Bonn, Gustav-Stresemann-Institut. Anlage«.

28 Zitiert nach: *Der Spiegel*, Nr. 48, 23. November 1987: »Hafenstraße: ›Sie sind das C in der SPD‹«.

29 Henning Scherf, »Verändern, um sich treu zu bleiben«, in: *Gerhard Schröder. 60 Freunde zum Geburtstag*, S. 90f.

30 Schröder, *Der Herausforderer*, S. 107.

31 BStU: MfS, Bestand Rosenholz: Reg.-Nr. MfS 6455/60, IM »Mai«; Reg.-Nr. XV 1306/62, IM »Ruth Mai«.

32 Der Bundesbeauftragte für die Unterlagen des Staatssicherheitsdienstes der ehemaligen Deutschen Demokratischen Republik, *Anatomie der Staatssicherheit. Geschichte, Struktur, Methoden. MfS-Handbuch*, Berlin 2008, S. 299f.; Helmut Müller-Enbergs, *Die Inoffiziellen Mitarbeiter*, Berlin 2008, S. 31.

33 BStU: MfS, Bestand Rosenholz: Reg.-Nr. MfS 6455/60, IM »Mai«, Statistikbogen HVA.

34 BStU: MfS, BV Magdeburg, Abt. XV, Nr. 20, Bd. 6, S. 168ff.: »[Einsatz] von ›W. Mertens‹ in das OG vom 10.11. bis 13.11.89 zur Wahrnahme planmäßiger Treffs am 11.11. und 12.11.89 mit ›Mai‹ und ›Ruth Mai‹ im Raum Karlsruhe«.

35 Der Bundesbeauftragte für die Unterlagen des Staatssicherheitsdienstes der ehemaligen Deutschen Demokratischen Republik, *Der Deutsche Bundestag 1949 bis 1989 in den Akten des Ministeriums für Staatssicherheit (MfS) der DDR. Gutachten an den Deutschen Bundestag gemäß § 37(3) des Stasi-Unterlagengesetzes*, Berlin 2013, S. 114f./Anm. 396.

36 BStU: MfS, BV Magdeburg, Abt. XV, Nr. 20, Bd. 5, S. 147ff.: »Fragespiegel zur Personeneinschätzung ... HW ›Jung‹«, 27. Juli 1978. Der Übersichtlichkeit halber sind die im Original handschriftlich eingefügten Antworten kursiv und durch Semikola abgesetzt.

37 BStU: MfS, BV Dresden, Abt. VIII, Nr. 11518, Bd. 1, S. 26: Fahndungskartei, Fahndungsnummer 520 268.

38 BKGS/ZA: PK, September 1999 – Februar 2000: Egon Krenz an Gerhard Schröder, 16. November 1999. Mit seinem Schreiben versucht Krenz zu belegen, dass es sich bei seiner Verurteilung um »eine politische und keine juristische Frage« handelt. »Ich erwarte von Ihnen nicht, daß Sie Handlungen der Justiz beeinflussen. Ich bitte Sie auch nicht, in meiner Sache tätig zu werden.«

39 Zitiert nach: Béla Anda/Rolf Kleine, *Gerhard Schröder. Eine Biographie. Mit einer Bilanz der ersten vier Regierungsjahre von Martin E. Süskind*, München 2002, S. 55.

40 Gerhard Schröder im Interview mit: *NP*, 13. August 1981.

41 Egon Bahr, »Ist die Menschheit dabei, verrückt zu werden?«, in: *Vorwärts*, 21. Juli 1977.

42 AAPD 1978, Nr. 96.

43 AAPD 1978, Nr. 94.

44 AAPD 1980, Nr. 156.

45 AAPD 1981, Nr. 231.

46 *International Herald Tribune*, 12. August 1981: »U.S. Already Making Neutron Warheads«.

47 Gerhard Schröder im Interview mit: *NP*, 13. August 1981.

48 Gerhard Schröder im Interview mit: *NP*, 28. Januar 1981.

49 Gerhard Schröder, »Die Saat der Angstmache geht nicht auf – einige Anmerkungen zur Friedensdiskussion«, in: Gert Bastian/Gerhard Schröder, *Wider den Nato-Doppelbeschluss*, hrsg. vom Bundesvorstand der Jungsozialisten in der SPD, Bonn, im August 1981, S. 5 – 9.

50 Schröder, *Der Herausforderer*, S. 120.

51 Zitiert nach: *Stern*, Nr. 29, 15. Juli 1982: »›Mein Sozi für die Zukunft‹«.
52 Zitiert nach:Urschel, *Schröder*, S. 77.
53 *Der Spiegel*, Nr. 26, 22. Juni 1981: »›Die halten uns alle für Nicht-Menschen‹«.
54 So z. B. im Mai 1981, als Schröder zwei Fragen zur Rüstungskontrolle zurückzieht: Deutscher Bundestag, 9. Wahlperiode, Drucksache 9/461, sowie 39. Sitzung, 27. Mai 1981.
55 Zum Beispiel: Deutscher Bundestag, 9. Wahlperiode, 59. Sitzung, 22. Oktober 1981, und 67. Sitzung, 26. November 1981.
56 Gerhard Schröder mit Reinhard Hesse, *Und weil wir unser Land verbessern … 26 Briefe für ein modernes Deutschland*, Hamburg 1998, S. 77.
57 Gerhard Schröder, *Entscheidungen. Mein Leben in der Politik*. Aktualisierte und erweiterte Ausgabe, Berlin 2007, S. 43.
58 Gerhard Schröder, »Willy Brandt – Von der Emigration zur Einheit, Vortrag an der Evangelischen Akademie zu Berlin«, 21. August 2002, Redemanuskript (www.eaberlin.de/download/emigration_zur_einheit.pdf).
59 AAPD 1981, Nr. 183.
60 Willy Brandt im Interview mit: *Der Spiegel*, Nr. 28, 6. Juli 1981.
61 Schröder, »Die Saat der Angstmache geht nicht auf« (wie Anm. 49).
62 Renate Schmidt im Gespräch mit dem Verfasser, Erlangen, 5. August 2014.
63 Politisches Archiv/Auswärtiges Amt, Zwischenarchiv, Bd. 120.239: Botschafter Wieck an das Auswärtige Amt »Betr.: Reise des Vorsitzenden der Jungsozialisten in die UdSSR; hier: gemeinsames Kommuniqué von Jungsozialisten und KMO«, 28. März 1980; Aufzeichnung des Referats 220 »Betr.: LRTNF-Modernisierung/-Rüstungskontrollangebot; hier: Reise des Jusos Schröder in die UdSSR; Kommuniqué vom 27.03.1980«.
64 Schröder, »Willy Brandt« (wie Anm. 58).
65 Deutscher Bundestag, 9. Wahlperiode, 76. Sitzung, 14. Januar 1982.
66 BKGS/ZA: Handkalender 1983.
67 Deutscher Bundestag, 9. Wahlperiode, 142. Sitzung, 10. Januar 1983.
68 Otto Graf Lambsdorff, »Konzept für eine Politik zur Überwindung der Wachstumsschwäche und zur Bekämpfung der Arbeitslosigkeit«, in: *Neue Bonner Depesche* 9 (1982).
69 Gerhard Schröder im Interview mit: *NP*, 31. März 1982.
70 Gerhard Schröder, »Häufig ein allzu unangenehmes Selbstgefühl«, in: *Der Spiegel*, Nr. 41, 7. Oktober 1985.
71 Schröder im Interview mit: Volker Herres und Klaus Waller, *Der Weg nach oben. Gerhard Schröder – eine politische Biographie*, München 1998, S. 282.
72 Gunter Hofmann, »Als Unternehmer in der Politik«, in: *Die Zeit*, 1. September 1995.
73 Deutscher Bundestag, 10. Wahlperiode, 8. Sitzung, 19. Mai 1983.
74 *FAZ*, 16. Juli 1983: »Die SPD-Linke ist zuversichtlich«; 12. November 1983: »Die Stimmung ist gut im 16. Stock des Langen Eugen«.
75 Deutscher Bundestag, 10. Wahlperiode, 36. Sitzung, 22. November 1983.
76 Gerhard Schröder, »Bei Licht betrachtet«, in: *Konkret* 3/1981, S. 14f.
77 Gerhard Schröder im Interview mit: *NP*, 31. März 1982.
78 Gerhard Schröder, »Neuwahlen – aber wie«, in: *Sozialdemokratischer Pressedienst* 37/204, 26. Oktober 1982.
79 Gerhard Schröder im Interview mit: *NP*, 31. März 1982.
80 *HAZ*, 6. August 1981: »Bundestagabgeordneter arbeitet auf Bauernhof«.
81 Vgl. Gregor Schöllgen, *Willy Brandt. Die Biographie*. Aktualisierte und erweiterte Neuausgabe, Berlin 2013, S. 244f.
82 Hans-Jochen Vogel, *Nachsichten. Meine Bonner und Berliner Jahre*, München/Zürich 1996, S. 170.

83 *Der Spiegel*, Nr. 45, 4. November 1964: »Genosse Trend«.
84 *Der Spiegel*, Nr. 47, 22. November 1982: »Von Geburt«.
85 Deutscher Bundestag, 10. Wahlperiode, Drucksache 10/5079.
86 Eberhard von Brauchitsch, *Der Preis des Schweigens. Erfahrungen eines Unternehmers*, Berlin 1999, S. 104f.
87 Gerhard Schröder im Interview mit: *NP*, 24. Dezember 1981.
88 Deutscher Bundestag, 10. Wahlperiode, 8. Sitzung, 19. Mai 1983.
89 Markus Klein/Jürgen Falter, *Der lange Weg der Grünen. Eine Partei zwischen Protest und Regierung*, München 2003, S. 37ff.
90 Deutscher Bundestag, 10. Wahlperiode, 36. Sitzung, 22. November 1983.
91 *Die Welt*, 22. Mai 1986: »›Nach den Ermittlungen war ein Tatverdacht zu verneinen‹« (Schreiben des Leitenden Oberstaatsanwalts an Otto Schily).
92 *Flick-Zeugen. Protokolle aus dem Untersuchungsausschuß*, hrsg. von R. Burchardt/H.-J. Schlamp, Reinbek 1985, S. 76–79.
93 Deutscher Bundestag, 10. Wahlperiode, 102. Sitzung, 16. November 1984.
94 Deutscher Bundestag, 10. Wahlperiode, 213. Sitzung, 24. April 1986.
95 Jürgen Leinemann, »Der Marathonlauf auf dem Hochseil«, in: *Der Spiegel*, Nr. 19, 5. Mai 1986.
96 BKGS/ZA: BG, 10. Januar 2006.
97 *Hessische/Niedersächsische Allgemeine*, 12. Oktober 1983: »Schröder strebt Spitzenkandidatur an«.
98 *Der Spiegel*, Nr. 45, 7. November 1983: »Was zerbrochen«.
99 *HAZ*, 21. Oktober 1983: »Kürt SPD Spitzenkandidaten schon 1985?«.
100 *HAZ*, 24. Oktober 1983: »Führungsanspruch Schröders löst Streit in SPD-Spitze aus«; *HAZ*, 26. Oktober 1983: »›SPD hat das Zuwarten satt‹«.
101 BKGS/ZA: BG, 11. Januar 2006.
102 *Der Spiegel*, Nr. 17, 23. April 1984: »Nicht viele Talente«.
103 Günter Grass im Gespräch mit dem Verfasser, Behlendorf, 13. Mai 2014.
104 Günter Grass, Werktagebuch, 30. April bis 1. Mai 1969, in: Willy Brandt und Günter Grass, *Der Briefwechsel*, hrsg. von M. Kölbel, Göttingen 2013, S. 870f.
105 Günter Grass im Gespräch mit dem Verfasser, Behlendorf, 13. Mai 2014.
106 *Die Welt*, 25. April 1984: »Anke Fuchs ist Favoritin von Brandt und Ravens«.
107 *Der Spiegel*, Nr. 52, 26. Dezember 1983: »Haufen Leute«.
108 BKGS/ZA: Handkalender 1984.
109 Johann Bruns, »Gerhard Schröder und die rot-grüne Koalition in Niedersachsen«, in: *Gerhard Schröder zum Siebzigsten*, hrsg. von S. Gabriel, Berlin 2014, S. 45ff., Zitat S. 46.
110 BKGS/ZA: Handkalender 1984.
111 AFWS: Korrespondenz CHEF BK ab 1.1.2000: A–H: Johann Bruns an Frank-Walter Steinmeier, 28. April 2000.
112 Gerhard Schröder, *Reifeprüfung. Reformpolitik am Ende des Jahrhunderts*. Mit Reinhard Hesse, Köln 1993, S. 51.
113 *Die Welt*, 25. April 1984: »Anke Fuchs ist Favoritin von Brandt und Ravens«.
114 Karl-Heinz Funke, »Gerd bewohr Di!«, in: *Gerhard Schröder. 60 Freunde zum Geburtstag*, S. 36f.
115 BKGS/ZA: PVZA, September 2002–Februar 2003: Herbert Ehrenberg an Gerhard Schröder, 27. August 2002.
116 BKGS/ZA: Briefe SLKB, 1. Dezember 2002–12. Juni 2003: Herbert Ehrenberg an Gerhard Schröder, 11. März 2003; Gerhard Schröder an Herbert Ehrenberg, [...] März 2003.

117 *NP*, 16. Juni 1984: »Nach dem 3. Anlauf waren die Schröders in 5 Minuten getraut.«
118 *NP*, 14. Juni 1984: »Gerhard Schröder: Liebe, Hochzeit, Politik«.
119 *Der Spiegel*, Nr. 27, 2. Juli 1984: »Forum für morgen«.
120 Hiltrud Schröder, *Auf eigenen Füßen*, Hamburg 1996, S. 60.
121 Ebd., S. 101f.
122 Ebd., S. 111.
123 BKGS/ZA: PVZA, XI. Ordner: Gerhard Schröder an Alma Taschenmacher, 6. September 2005; Alma Taschenmacher an Gerhard Schröder, undatiert.
124 Günter Grass im Gespräch mit dem Verfasser, Behlendorf, 13. Mai 2014.
125 Hiltrud Schröder, *Auf eigenen Füßen*, S. 128.
126 Schröder, *Reifeprüfung*, S. 188f.
127 Jürgen Hogrefe, *Gerhard Schröder. Ein Porträt*, Berlin 2002, S. 103.
128 BKGS/ZA: Handkalender 1984.
129 *HAZ*, 6. Juli 1984: »Der Herausforderer«.
130 *FAZ*, 5. Juni 1984: »Ausschau auf die neunziger Jahre«.
131 Hans-Jürgen Rieckenberg, »Kopf, Hinrich Wilhelm«, in: *Neue Deutsche Biographie*, Bd. 12 (1979), S. 562f.; Stephan A. Glienke, *Die NS-Vergangenheit späterer niedersächsischer Landtagsabgeordneter*, hrsg. vom Präsidenten des Niedersächsischen Landtages. Durchgesehener Nachdruck der ersten Auflage, Hannover 2012, S. 75 und 172.
132 *Der Spiegel*, Nr. 32, 3. August 1987: »Bart verbrennen«.
133 *HAZ*, 22. März 1985: »Kopf und Leber«.
134 BKGS/ZA: Handkalender 1985.
135 *Der Spiegel*, Nr. 25, 17. Juni 1985: »Enkel statt Onkel«.
136 *Der Spiegel*, Nr. 27, 2. Juli 1984: »Forum für morgen«.
137 Hiltrud Schröder, *Auf eigenen Füßen*, S. 121.
138 *NP*, 13. Juli 1984.
139 *Neues Deutschland*, 3. September 1984: »Gespräch mit Politikern der SPD-Bundestagsfraktion«; »Über aktuelle Fragen der Friedenssicherung beraten«; 4. September 1984: »Treffen in Leipzig mit SPD Politikern«.
140 Gerhard Schröder im Interview mit: *NP*, 30. Januar 1985.
141 *Der Spiegel*, Nr. 49, 5. Dezember 1983: »Unglaublich stark«.
142 *HAZ*, 14. März 1985: »Oberenkel«.
143 Egon Bahr im Gespräch mit dem Verfasser, Berlin, 28. November 2012.
144 *HAZ*, 24. Mai 1985: »Stolz auf den tüchtigen Enkel«.
145 *HAZ*, 18. Juni 1985: »Grass trommelt wieder«.
146 BKGS/ZA: z. B. PK, Juni – Juli 2000: Gerhard Schröder an Karl Schaper, 27. Januar 2000. Die Dichte der im Kanzleramt eintreffenden Briefe ist so hoch, dass es dort inzwischen »eine größere Akte Schaper« gibt, wie die Büroleiterin Mitte Juli 2000 notiert.
147 BKGS/ZA: TA, 10. Januar 2003: Sigrid Krampitz an Hans-Helmut Münchberg, 25. Oktober 2002.
148 *HAZ*, 9. Juni 1986: »Seit zwei Jahren Tingeltour durch Niedersachsen«.
149 Zitiert nach: *HAZ*, 12. Oktober 1979.
150 Günter Grass an Willy Brandt, 21. Juni 1985, in: Brandt/Grass, *Der Briefwechsel*, S. 763f.
151 Jürgen Leinemann, »Der Marathonlauf auf dem Hochseil« (wie Anm. 95).
152 Gerhard Schröder, Rede anlässlich der Verabschiedung von Jürgen Leinemann vom *Spiegel*, 23. Januar 2007 (http://relaunch.henri-nannen-preis.de/media/hnp09_leinemann.4a4e9427.pdf).
153 BKGS/ZA: PK, Oktober 1998 – März 1999: Stefan Aust an Gerhard Schröder, 27. November 1998.

154 Schröder, Rede anlässlich der Verabschiedung von Jürgen Leinemann vom *Spiegel* (wie Anm. 152).
155 Leinemann, *Höhenrausch*, S. 301.
156 Jürgen Leinemann: »Nicht jeder Sieg ist ein Gewinn«, in: *Der Spiegel*, Nr. 50, 10. Dezember 1979.
157 Leinemann, *Höhenrausch*, S. 304f.
158 Jürgen Leinemann, »Reduzieren Sie die Steuern und die Miete«, in: *Der Spiegel*, Nr. 50, 9. Dezember 1985.
159 Jürgen Leinemann, »Der Marathonlauf auf dem Hochseil« (wie Anm. 95).
160 Jürgen Leinemann, »Schönste Niederlage seit Alexis Sorbas«, in: *Der Spiegel*, Nr. 26, 23. Juni 1986.
161 Leinemann, *Höhenrausch*, S. 308.
162 Gerhard Schröder, »Viel zu nah«, in: *Der Spiegel*, Nr. 47, 18. November 2013.
163 Leinemann, *Höhenrausch*, S. 329; Hiltrud Schröder, *Auf eigenen Füßen*, S. 258.
164 Zitiert nach: Anda/Kleine, *Schröder*, S. 93.
165 Das Positionspapier ist auszugsweise veröffentlicht und hier zitiert nach: *Der Spiegel*, Nr. 44, 29. Oktober 1979: »Die SPD hat kein Konzept«.
166 Leinemann, *Höhenrausch*, S. 303.
167 BKGS/ZA: Handkalender 1983. Das Treffen vom 27. Oktober ist das erste, das sich in den seit 1983 erhaltenen Kalendern nachweisen lässt.
168 Gerhard Schröder im Interview mit: *Welt der Arbeit*, Nr. 32, 8. August 1985: »Also, da gehöre ich nicht hin. Ich will Niedersächsischer Ministerpräsident werden … Aber natürlich fühle ich mich durch eine solche Diskussion geschmeichelt.«
169 Gerhard Schröder im Interview mit: *Tempo*, November 1986.
170 Gerhard Schröder im Interview mit: *HAZ*, 15. Oktober 1985.
171 FES/AdsD: 2/BTFJ 81 (SPD-BT-Fraktion/10. WP): »Bericht über die Sitzung der SPD-Bundestagsfraktion am 15. Oktober 1985«.
172 BKGS/ZA: Handkalender 1985.
173 *Der Spiegel*, Nr. 19, 7. Mai 1990: »›Kommt noch was?‹«.
174 Schröder, *Entscheidungen*, S. 52.
175 *Hessische/Niedersächsische Allgemeine*, 12. Oktober 1983: »Schröder strebt Spitzenkandidatur an«.
176 Zitiert nach: *Der Spiegel*, Nr. 39, 24. September 1984: »Frommer Wunsch«.
177 Gerhard Schröder im Interview mit: *NP*, 13. Mai 1985.
178 »Niederschrift über das Gespräch des Generalsekretärs des Zentralkomitees der SED und Vorsitzenden des Staatsrates der DDR, Erich Honecker, mit dem stellvertretenden Vorsitzenden des Landesverbandes Niedersachsen der SPD, Gerhard Schröder, am 18. Dezember 1985«, zitiert nach: Heinrich Potthoff, *Die Koalition der Vernunft. Deutschlandpolitik in den 80er Jahren*, München 1995, Nr. 21[b].
179 Joschka Fischer, »Glückwunsch Kanzler!«, in: *Gerhard Schröder zum Siebzigsten*, S. 73ff., Zitat S. 75.
180 *FAZ*, 22. März 1986: »Schily mahnt Schröder zur Zurückhaltung«.
181 *Der Spiegel*, Nr. 41, 7. Oktober 1985: »Der Kater kommt«.
182 BKGS/ZA: PVZA, Februar – September 2003: Klaus Bölling an Gerhard Schröder, 31. August 2003.
183 Leinemann, »Der Marathonlauf auf dem Hochseil« (wie Anm. 95).
184 Zitiert nach: *Der Spiegel*, Nr. 25, 16. Juni 1986: »›Ein Schiff kann lange brennen‹«.
185 Gerhard Schröder im Gespräch mit Ulrich Wickert, *Deutschland wird selbstbewusster*, Stuttgart/Leipzig 2000.

186 Gerhard Schröder, *Klare Worte. Im Gespräch mit Georg Meck über Mut, Macht und unsere Zukunft*, Freiburg i. Br./Basel/Wien 2014.
187 Schröder, *Der Herausforderer*, S. 11.
188 Ebd., S. 96.
189 Ebd., S. 19.
190 Ebd., S. 107ff.
191 BKGS/ZA: BG, 11. Januar 2006.
192 Leinemann, »Reduzieren Sie die Steuern und die Miete« (wie Anm. 158).
193 Lothar Glienke, Ständige Vertretung der DDR: Vermerk über ein Gespräch mit [...] Gerhard Schröder am 13. September 1985, zitiert nach: Jochen Staadt, »Die Westarbeit der SED und ihre Wirkungen«, in: *Materialien der Enquete-Kommission »Überwindung der Folgen der SED-Diktatur im Prozeß der deutschen Einheit, 13. Wahlperiode des Deutschen Bundestages*, hrsg. vom Deutschen Bundestag, Bd. VIII/3, Baden-Baden 1999, S. 2307ff., Zitat S. 2308.
194 »Niederschrift über das offizielle Gespräch zwischen dem Generalsekretär des ZK der SED und Vorsitzenden des Staatsrates der DDR, Erich Honecker, und dem Vorsitzenden der SPD, Willy Brandt, am 19. September 1985«, zitiert nach: Potthoff, *Die Koalition der Vernunft*, Nr. 19[b].
195 BStU: MfS, ZOS, Nr. 2149, S. 21ff.: »Operative Information 1683/85«.
196 BStU: MfS, ZOS, Nr. 2149, S. 58ff.: »Beobachtungsbericht«, 19. Dezember 1985.
197 Marlies Menge, »Noch weiße Flecken auf der Landkarte«, in: *Die Zeit*, 13. Dezember 1983.
198 »Vermerk über das Gespräch mit Erich Honecker«, zitiert nach: Potthoff, *Die Koalition der Vernunft*, Nr. 21[a].
199 »Niederschrift über das Gespräch des Generalsekretärs des Zentralkomitees der SED und Vorsitzenden des Staatsrates der DDR, Erich Honecker, mit dem stellvertretenden Vorsitzenden des Landesverbandes Niedersachsen der SPD, Gerhard Schröder, am 18. Dezember 1985«, zitiert nach: Potthoff, *Die Koalition der Vernunft*, Nr. 21[b].
200 *Die Kabinettsprotokolle der Bundesregierung*, Bd. 14 (1961), hrsg. für das Bundesarchiv von H. Weber [...], München 2004, S. 246, Anm. 11.
201 »Niederschrift über das offizielle Gespräch zwischen dem Generalsekretär des ZK der SED und Vorsitzenden des Staatsrates der DDR, Erich Honecker, und dem Vorsitzenden der SPD, Willy Brandt, am 19. September 1985«, zitiert nach: Potthoff, *Die Koalition der Vernunft*, Nr. 19[b].
202 »Niederschrift über das Gespräch des Generalsekretärs des Zentralkomitees der SED und Vorsitzenden des Staatsrates der DDR, Erich Honecker, mit dem stellvertretenden Vorsitzenden des Landesverbandes Niedersachsen der SPD, Gerhard Schröder, am 18. Dezember 1985«, zitiert nach: Potthoff, *Die Koalition der Vernunft*, Nr. 21[b].
203 BKGS/ZA: PK, Juli – November 2005: Gerhard Schröder, MdB, an Egon Krenz, 31. Januar 1986, Anlage zu einem Schreiben von Gilbert Schomaker, *Berliner Morgenpost*, an Gerhard Schröder, [24. August 2005].
204 Ernst Albrecht, *Erinnerungen, Erkenntnisse, Entscheidungen. Politik für Europa, Deutschland und Niedersachsen*, Göttingen 1999, S. 120.
205 »Bericht über den offiziellen Besuch des Generalsekretärs des Zentralkomitees der Sozialistischen Einheitspartei Deutschlands und Vorsitzenden des Staatsrates der Deutschen Demokratischen Republik, Erich Honecker, in der Bundesrepublik Deutschland vom 7. bis 11. September 1987«, in: Potthoff, *Die Koalition der Vernunft*, Nr. 41.
206 *HAZ*, 7. Oktober 1985: »Mitgliederinnen«.
207 *HAZ*, 23. November 1988: »Trottel«.

208 BKGS/ZA: Dank und Absagen, 1. Mai – 31. August 2009: Birgit Breuel an Gerhard Schröder, 15. April 2009; Gerhard Schröder an Birgit Breuel, 13. Mai 2009.
209 *HAZ*, 2. Juli 1985: »Kaisers Kleider«.
210 Martin E. Süskind, »Mit kühner Hoffnung in die heiße Phase«, in: *SZ*, 5. Mai 1986.
211 Jürgen Leinemann, »Ich wollte hier Ministerpräsident werden«, in: *Der Spiegel*, Nr. 25, 16. Juni 1986.
212 Reinhard Hesse, »Pattensen, Peine, Paris«, in: *Gerhard Schröder. 60 Freunde zum Geburtstag*, S. 50f.
213 Deutscher Bundestag, 10. Wahlperiode, 80. Sitzung, 31. Juli 1984.
214 Leinemann, »Der Marathonlauf auf dem Hochseil« (wie Anm. 95).
215 *HAZ*, 9. Juni 1986: »Seit zwei Jahren Tingeltour durch Niedersachsen«.
216 *HAZ*, 21. November 1986: »Das ist wohl Schröders feinsinnige Art zu holzen«.
217 Gerhard Schröder im Interview mit: *NP*, 4. Juli 1984.
218 So Helmut Kohl in seinem Gespräch mit François Mitterrand, 17. Juni 1986, AAPD 1986.
219 Willy Brandt im Interview mit: *Der Spiegel*, Nr. 25, 16. Juni 1986.
220 Das hat Martin E. Süskind später berichtet: »Gerhard Schröder, SPD-Präsidiumsmitglied und Oppositionschef in Hannover«, in: *SZ*, 26. Mai 1989.
221 BKGS/ZA: BG, 11. Januar 2006.
222 Schröder, *Entscheidungen*, S. 46ff.
223 Hans-Jochen Vogel im Gespräch mit dem Verfasser, München, 7. November 2012.
224 *Der Spiegel*, Nr. 36, 5. September 1988: »›Schäferstündchen in meiner Wohnung‹«.
225 *HAZ*, 6. Mai 1986: »Schröder: Langfristig auf Kernenergie verzichten«.
226 Schröder, *Entscheidungen*, S. 49.
227 Deutscher Bundestag, 10. Wahlperiode, Drucksache 10/1502.
228 Willy Brandt im Interview mit: *Der Spiegel*, Nr. 25, 16. Juni 1986.
229 Leinemann, »Schönste Niederlage seit Alexis Sorbas« (wie Anm. 160).
230 Doris Scheibe im Gespräch mit dem Verfasser, Hannover, 7. Januar 2014.
231 Hiltrud Schröder, *Auf eigenen Füßen*, S. 144f.
232 *HAZ*, 8. November 1986: »Hiltrud Schröder«.
233 *NP*, 6. November 1986: »Schröder gegen Geißler«.
234 *NP*, 2. Januar 1987: »Schröder warnt«.
235 *Neues Deutschland*, 4. September 1986: »Politiker der SPD in Berlin zu Gespräch empfangen«; 4./5. Juli 1987: »Gespräch der SED-Delegation mit dem Vorsitzenden der SPD-Fraktion Niedersachsens«; 30. Mai 1988: »Abrüstung verlangt weitere gemeinsame Anstrengungen«.
236 *HAZ*, 12. März 1987: »Schröder: ›Lebenslüge‹ blockiert Fortschritte«.
237 Andreas Vogtmeier, *Egon Bahr und die deutsche Frage. Zur Entwicklung der sozialdemokratischen Ost- und Deutschlandpolitik vom Kriegsende bis zur Vereinigung*, Bonn 1996, S. 287f.; Willy Brandt, [»Ein ›Notdach‹, unter dem der Rechtsstaat sich entwickeln konnte«], in: *Frankfurter Rundschau*, 15. September 1988; Egon Bahr, [»Das Gebot staatlicher Einheit und das Ziel Europa im Widerspruch«], in: *Frankfurter Rundschau*, 13. Dezember 1988.
238 Niedersächsischer Landtag, 11. Wahlperiode, 19. Plenarsitzung, 19. März 1987.
239 »Vermerk über ein Gespräch des Generalsekretärs des ZK der SED und Vorsitzenden des Staatsrates der DDR, Genossen Erich Honecker, mit dem Vorsitzenden der SPD-Fraktion im Landtag von Niedersachsen, Gerhard Schröder, im Gästehaus der Dillinger Hütte am 9. September 1987«, in: Potthoff, *Die Koalition der Vernunft*, Nr. 56.
240 SAPMO, DY 30: Büro Erich Honecker: Egon Krenz an Erich Honecker, 6. März 1987.
241 Zitiert nach: *HAZ*, 30. Januar 1987: »Schröder: 1990 wieder Spitzenkandidat der SPD«.

242 Protokoll vom Parteitag der SPD in Nürnberg, 25.–29.8.1986. Anhang. Angenommene und überwiesene Anträge, S. 827ff.: Initiativantrag 1 Energiepolitik.

243 Carlo Schmid, »Politik im Atomzeitalter«, in: *Weltmacht Atom. Die atomaren Kräfte und ihre Auswirkungen auf das geistige, wirtschaftliche, militärische und politische Leben*, hrsg. von der Arbeitsgemeinschaft sozialdemokratischer Akademiker, Frankfurt am Main 1955, S. 117ff., Zitat S. 143f.

244 Grundsatzprogramm der Sozialdemokratischen Partei Deutschlands. Beschlossen vom Außerordentlichen Parteitag der Sozialdemokratischen Partei Deutschlands in Bad Godesberg vom 13. bis 15. November 1959: Einleitung.

245 Protokoll vom Parteitag der SPD in Nürnberg, 25.–29.8.1986. Anhang. Angenommene und überwiesene Anträge, S. 827ff.: Initiativantrag 1 Energiepolitik.

246 Niedersächsischer Landtag, 11. Wahlperiode, 71. Plenarsitzung, 9. Dezember 1988.

247 Protokoll vom Parteitag der SPD in Nürnberg, 25.–29. 8.1986, S. 295f.: Redebeitrag von Gerhard Schröder. Zu Schröders früher Haltung in dieser Frage vgl. *Der Spiegel*, Nr. 44, 29. Oktober 1979: »Die SPD hat kein Konzept«.

248 Vogel, *Nachsichten*, S. 223f.

249 Oskar Lafontaine, »Den Austritt aus der NATO wagen«, in: *Der Spiegel*, Nr. 35, 29. August 1983.

250 Schröder, *Entscheidungen*, S. 122f.

251 Hans-Jochen Vogel im Gespräch mit dem Verfasser, München, 7. November 2012; Oskar Lafontaine im Gespräch mit dem Verfasser, Saarbrücken, 12. Januar 2015.

252 *Der Spiegel*, Nr. 13, 23. März 1987: »›Am Herzen der Partei vorbei‹«.

253 FES/AdsD: PV, 23.3.1987 BN: »Protokoll über die Sitzung des Parteivorstandes am Montag, dem 23. März 1987, Bonn, Erich-Ollenhauer-Haus«.

254 Ebd.

255 *Der Spiegel*, Nr. 14, 30. März 1987: »SPD: ›Ein spürbares Aufatmen‹«.

256 Heidemarie Wieczorek-Zeul im Gespräch mit dem Verfasser, Wiesbaden, 12. Dezember 2013.

257 Oskar Lafontaine im Gespräch mit dem Verfasser, Saarbrücken, 12. Januar 2015.

258 Niedersächsischer Landtag, 11. Wahlperiode, 58. Plenarsitzung, 7. September 1988.

259 *Der Spiegel*, Nr. 36, 5. September 1988: »›Schäferstündchen in meiner Wohnung‹«.

260 Niedersächsischer Landtag, 11. Wahlperiode, 64. Plenarsitzung, 9. November 1988.

261 *Der Spiegel*, Nr. 34, 22. August 1988: »Zitate«.

262 *TAZ*, 25. August 2012: »Angekommen«.

263 Jürgen Trittin im Gespräch mit dem Verfasser, Berlin, 4. Dezember 2013.

264 Gerhard Schröder, »Kurzer Bericht von einer Reise mit Dörflers zur 10. DDR-Kunstausstellung«, in: ders., *Annäherungen. Reden über Bilder und Künstler*, Gifkendorf 1990, S. 24ff.

265 BStU: MfS, Abt. II: Politiker, Parteimitglieder, Gerhard Schröder.

266 BStU: MfS, HA VI: OLZ, Avisierung 1987.

267 BStU: MfS, HA XX, Nr. 12391, S. 206f.: Vermerk der HA XX/7 vom 25. Februar 1988.

268 BKGS/ZA: PK, November 2005 – Dezember 2006: Willi Sitte an Gerhard Schröder, 18. Mai 2007. Dort auch die Schreiben Schröders an den Ministerpräsidenten von Sachsen-Anhalt und diverse Vertreter der Wirtschaft.

269 *FAZ*, 31. Mai 1989: »Mal grundsätzlich, meist zeitnah«.

270 Erhard Eppler im Gespräch mit dem Verfasser, Schwäbisch Hall, 12. Dezember 2012.

271 Schröder, *Entscheidungen*, S. 50.

272 FES/AdsD: PV, 22.5.1989: »Protokoll über die Sitzung des Parteivorstandes am Montag, dem 22. Mai 1989, 10.00 Uhr in Bonn, Erich-Ollenhauer-Haus«.

273 BKGS/ZA: Handkalender 1988.
274 Erhard Eppler im Gespräch mit dem Verfasser, Schwäbisch Hall, 12. Dezember 2012.
275 BKGS/ZA: BG, 10. Januar 2006.
276 BKGS/ZA: Handkalender 1989.
277 AAPD 1983, Nr. 10.
278 *HAZ*, 21. Oktober 1989: »Schröder sieht keinen Druck«.
279 Gerhard Schröder, »Bei Lichte betrachtet«, in: *Konkret* 3/1981, S. 14.
280 *Neues Deutschland*, 10. Dezember 1987: »SPD-Politiker Schröder: Hoffnung für Millionen Menschen«.
281 *Europa-Archiv* 44 (1989), D 605.
282 Ebd., D 382.
283 *Neues Deutschland*, 20. Januar 1989: »Schlußbemerkungen Erich Honeckers auf der Tagung des Thomas-Müntzer-Komitees«.
284 *Archiv der Gegenwart* 59 (1989), S. 33888.
285 Ebd., S. 33946.
286 BKGS/ZA: Dank und Absagen: 1. September – 30. November 2009: Gerhard Schröder an Arman Duyar, 12. Oktober 2009.
287 BKGS/ZA: Handkalender 1989.
288 Gerhard Schröder im Interview mit: *NP*, 14. November 1989.
289 Gerhard Schröder im Interview mit: *Augsburger Allgemeine Zeitung*, 2. März 1990.
290 Niedersächsischer Landtag, 11. Wahlperiode, 104. Plenarsitzung, 7. Februar 1990.
291 BKGS/ZA: Handkalender 1990.
292 Oskar Lafontaine im Interview mit: *Der Spiegel*, Nr. 52, 25. Dezember 1989.
293 Hans-Peter Schwarz, *Helmut Kohl. Eine politische Biographie*, München 2012, S. 556.
294 FES/AdsD: PV, 19. 3. 1990: »Protokoll über die Sitzung des Parteivorstandes am Montag, dem 19. März 1990, 14.00 Uhr in Bonn, Erich-Ollenhauer-Haus«.
295 BKGS/ZA: Handkalender 1990.
296 Oskar Lafontaine im Gespräch mit dem Verfasser, Saarbrücken, 12. Januar 2015.
297 Gerhard Schröder im Interview mit: *NP*, 6. Februar 1990.
298 Niedersächsischer Landtag, 11. Wahlperiode, 104. Plenarsitzung, 7. Februar 1990.
299 Am 6. Februar im Interview mit der *NP* und am folgenden Tag vor dem Landtag. Gerhard Schröder im Interview mit: *NP*, 6. Februar 1990; Niedersächsischer Landtag, 11. Wahlperiode, 104. Plenarsitzung, 7. Februar 1990.
300 Gerhard Schröder im Interview mit: *NP*, 19. März 1990.
301 *Der Spiegel*, Nr. 5, 29. Januar 1990: »Fest in der Luft«.
302 Gerhard Schröder im Interview mit: *SZ*, 14. März 1990.
303 BKGS/ZA: Handkalender 1990.
304 Helmut Kohl, *Erinnerungen 1990 – 1994*, München 2007, S. 108.
305 AFWS: Korrespondenz Chef BK ab 1. 1. 2000: A – H: Ernst Albrecht an Gerhard Schröder, 1. August 2000.
306 Frank-Walter Steinmeier, *Mein Deutschland. Wofür ich stehe*, München 2009, S. 58.
307 Joschka Fischer im Gespräch mit dem Verfasser, Berlin, 2. April 2014.
308 Jürgen Trittin im Gespräch mit dem Verfasser, Berlin, 4. Dezember 2013.
309 Jörg Bremer, »Der designierte Ministerpräsident bremst Begehrlichkeiten«, in: *FAZ*, 9. Juni 1990.
310 Jürgen Trittin, »Mein Lob ist ernst gemeint«, in: *Gerhard Schröder. 60 Freunde zum Geburtstag*, S. 112f.
311 Martin E. Süskind, »Die dunkle Seite der Macht«, in: *Die Zeit*, 3. November 2005.

Der Kämpfer (1990 – 1998)

1 Niedersächsischer Landtag, 12. Wahlperiode, 2. Plenarsitzung, 27. Juni 1990.
2 Helmut Kohl, Fernsehansprache anlässlich des Inkrafttretens der Währungs-, Wirtschafts- und Sozialunion in: Bulletin des Presse- und Informationsamtes der Bundesregierung, Nr. 86, 3. Juli 1990, S. 741f.
3 Dokumente zur Deutschlandpolitik. Deutsche Einheit. Sonderedition aus den Akten des Bundeskanzleramtes 1989/90. Bearb. von H. J. Küsters und D. Hofmann, München 1998, Nr. 280; Hans-Jochen Vogel/Erhard Eppler/Wolfgang Thierse, *Was zusammengehört. Die SPD und die deutsche Einheit 1989/90*, Freiburg/Basel/Wien 2014, S. 116ff.
4 Sozialdemokratische Partei Deutschlands, Parteivorstand, Mitteilung für die Presse 205/90, 21. Mai 1990.
5 Dokumente zur Deutschlandpolitik. Deutsche Einheit, Nr. 280.
6 Helmut Kohl, *Erinnerungen 1990 – 1994*, München 2007, S. 109.
7 Oskar Lafontaine, *Das Herz schlägt links*, München 1999, S. 21. Dort (S. 18ff.) der nicht abgeschickte Rücktrittsbrief.
8 Oskar Lafontaine im Gespräch mit dem Verfasser, Saarbrücken, 12. Januar 2015.
9 Niedersächsischer Landtag, 12. Wahlperiode, 2. Plenarsitzung, 27. Juni 1990.
10 Ebd.
11 Ministerialblatt für das Land Nordrhein-Westfalen 20/1972, S. 342.
12 Gerhard Schröder im Interview mit: *NP*, 19. März 1980.
13 Gerhard Schröder im Interview mit: *NP*, 20. September 1984.
14 Gerhard Schröder im Interview mit: *NP*, 10. Juli 1990, sowie: *Der Spiegel*, Nr. 30, 23. Juli 1990.
15 *NP*, 11. Februar 1991: »Für Niedersachsens Wirtschaft ist Schröder Türöffner in Rußland«.
16 BKGS/ZA: Handkalender 1991.
17 Tatiana Khlystova, *Integration durch regionale Kooperation? Am Beispiel der Partnerschaft zwischen dem Land Niedersachsen und der Oblast Tjumen*, Hannover 2004, S. 28ff.
18 *FAZ*, 20. September 1990: »Pirelli will bei Fusion Hannover als Firmensitz erhalten«.
19 *FAZ*, 8. April 1993: »Zurück über die Alpen«.
20 *HAZ*, 14. Oktober 1991: »Schröder erweist sich in Helsinki als geschickter Akquisiteur«.
21 *HAZ*, 30. Mai 1992: »›Wir dürfen uns nicht in den Kreis der Verlierer begeben‹«.
22 *HAZ*, 15. Oktober 1992: »Der ›Schmusekurs‹ gefällt den Unternehmern«.
23 *Der Spiegel*, Nr. 28, 6. Juli 1992: »Unternehmer zerlegen«.
24 Peter Hartz, *Macht und Ohnmacht. Ein Gespräch mit Inge Kloepfer*, Hamburg 2007, S. 167.
25 BKGS/ZA: Handkalender 1990.
26 BKGS/ZA: Handkalender 1993.
27 Jürgen Peters im Gespräch mit dem Verfasser, Offenbach, 14. Oktober 2014.
28 Gerhard Schröder, *Reifeprüfung. Reformpolitik am Ende des Jahrhunderts.* Mit Reinhard Hesse, Köln 1993, S. 128.
29 Ebd., S. 131.
30 Ebd.
31 *HAZ*, 5. November 1991: »›Mineralölsteuer nicht erhöhen‹«.
32 *HAZ*, 30. Mai 1992: »›Wir dürfen uns nicht in den Kreis der Verlierer begeben‹«.
33 Schröder, *Reifeprüfung*, S. 126f.
34 Ebd., S. 30.
35 BKGS/ZA: Handkalender 1991.
36 BKGS/ZA: Handkalender 1992.
37 BKGS/ZA: Handkalender 1993.

38 FES/AdsD: Präs., 25.10.1993: »Bericht von Ministerpräsident Gerhard Schröder zu den Energiekonsensgesprächen für die Präsidiumssitzung der SPD am 25.10.1993«; Anlage zu: »Protokoll über die Sitzung des Präsidiums mit den Regierungschefs und stv. Regierungschefs am Montag, dem 25. Oktober 1993, um 13.00 Uhr, Landesvertretung Rheinland-Pfalz, Bonn«.
39 Ebd.
40 BKGS/ZA: PK, April 1999 – August 1999: Schreiben Herlinde Koelbls an Gerhard Schröder mit Vermerk von Sigrid Krampitz, 24. März 1999, nebst Anlage. Hier »Rückblick auf das Jahr 1994«.
41 Gerhard Schröder im Interview mit: *Der Spiegel*, Nr. 47, 22. November 1993.
42 *Der Spiegel*, Nr. 48, 29. November 1993: »Bolzen mit Charme«.
43 Ebd.
44 BKGS/ZA: Handkalender 1992.
45 Gerhard Schröder mit Reinhard Hesse, *Und weil wir unser Land verbessern … 26 Briefe für ein modernes Deutschland*, Hamburg 1998, S. 92.
46 Martin E. Süskind, »Schröder-Mann aus Brandts Schule«, in: *Kölner Stadt-Anzeiger*, 28. Oktober 1998.
47 Ulrike Posche im Gespräch mit dem Verfasser, Hamburg, 13. Mai 2014.
48 Frank-Walter Steinmeier, *Mein Deutschland. Wofür ich stehe*, München 2009, S. 67.
49 Sigrid Krampitz im Gespräch mit dem Verfasser, Berlin, 11. September 2013.
50 BKGS/ZA: Handkalender 1991.
51 Sigrid Krampitz im Gespräch mit dem Verfasser, Berlin, 11. September 2013.
52 *Der Spiegel*, Nr. 27, 3. Juli 2000: »Die unsichtbare Macht«.
53 Kurt Kister im Gespräch mit dem Verfasser, München, 5. November 2013.
54 Frank-Walter Steinmeier im Gespräch mit dem Verfasser, Berlin, 4. Juli 2013.
55 Steinmeier, *Mein Deutschland*, S. 60.
56 BKGS/ZA: BG, 6. Juli 2006.
57 AFWS: Korrespondenz Chef BK ab 1.1.2005: A – L: Jürgen Großmann an Frank-Walter Steinmeier, 9. November 2005.
58 Gerhard Schröder im Interview mit: *Der Spiegel*, Nr. 15, 12. April 1999.
59 Stefan Dietrich, »Immer mehr genügt es ihm, Stimme des Volkes zu sein, statt Machtworte zu sprechen«, in: *FAZ*, 31. März 1992.
60 Thomas Steg im Gespräch mit dem Verfasser, Berlin, 6. November 2014.
61 Niedersächsischer Landtag, 12. Wahlperiode, 102. Plenarsitzung, 10. Februar 1994.
62 *HAZ*, 24. August 1992: »Gutachter: Kein Ersatz fürs Ausbaggern«.
63 Niedersächsischer Landtag, 13. Wahlperiode, 79. Plenarsitzung, 6. März 1997.
64 BKGS/ZA: TA, 6. September 2002: Alwin Brinkmann, Oberbürgermeister der Stadt Emden, an Gerhard Schröder, 20. Mai 2001.
65 BKGS/ZA: PK, Oktober 1998 – März 1999: Gerhard Schröder an Jochen Flasbarth, 19. Februar 1999.
66 Gerhard Schröder im Interview mit: *Der Spiegel*, Nr. 19, 6. Mai 1991.
67 Schröder, *Reifeprüfung*, S. 21.
68 Gerhard Schröder im Interview mit: *Der Spiegel*, Nr. 19, 6. Mai 1991.
69 Schröder, *Reifeprüfung*, S. 22f.
70 Ebd., S. 32f.
71 Jürgen Trittin im Gespräch mit dem Verfasser, Berlin, 4. Dezember 2013.
72 Schröder, *Reifeprüfung*, S. 102.
73 *SZ*, 12. März 1994: »Standortvorteil Schröder?«.
74 Niedersächsischer Landtag, 12. Wahlperiode, 60. Plenarsitzung, 10. September 1992.

75 *HAZ*, 9. August 1991: »Schröder gegen Schäuble-Plan«.
76 Gerhard Schröder, »Wir brauchen Zuwanderer«, in: *Der Spiegel*, Nr. 11, 9. März 1992.
77 Gerhard Schröder im Interview mit: *Die Welt*, 13. Januar 1992.
78 Gerhard Schröder im Interview mit: *Stern*, Nr. 14, 27. März 1991.
79 Edmund Stoiber im Gespräch mit dem Verfasser, München, 10. April 2014.
80 Schröder, »Wir brauchen Zuwanderer« (wie Anm. 76).
81 Martin E. Süskind/Ulrich Deupmann, »Eine Troika mit schwindendem Teamgeist«, in: *SZ*, 17. Januar 1992.
82 *HAZ*, 16. Januar 1992: »Alle Bonner Fraktionen finden Niedersachsens Alleingang lästig«.
83 *HAZ*, 15. September 1992: »Schröder setzt Aufschub der Asylrechtsverhandlungen durch«.
84 Gerhard Schröder im Interview mit: *FAS*, 1. November 1992.
85 Martin E. Süskind, »Die Schocktherapie – trotz aller Mängel heilsam«, in: *SZ*, 19. November 1992.
86 BKGS/ZA: Handkalender 1992.
87 Grundgesetz für die Bundesrepublik Deutschland, Art. 16a, eingefügt durch Gesetz vom 28. Juni 1993.
88 FES/AdsD: 2/BTFL 90 (SPD-BTFraktion/12. WP): »Protokoll der Sitzung der SPD-Bundestagsfraktion am 25. Mai 1993«.
89 *HAZ*, 4. Dezember 1992: »Schröders Zwänge«.
90 Gerhard Schröder im Interview mit: *NP*, 6. Juni 1992.
91 *NP*, 17. Dezember 1992: »Eine Probe der Bonner Macht hat Schröder schon gekostet«.
92 *Bild*, 7. Dezember 1992: »Asyl-Bremser Schröder. Will er Engholm stürzen?«.
93 Gerhard Schröder im Interview mit: *Der Spiegel*, Nr. 38, 14. September 1992.
94 FES/AdsD: PV, 11. 5. 1992: »Protokoll über die Sitzung des Parteivorstandes am Montag, dem 11. Mai 1992 in Bonn, Erich-Ollenhauer-Haus«.
95 *FAZ*, 20. Januar 1993: »Beim Spagat in die Nesseln gesetzt«.
96 Deutscher Bundestag, 12. Wahlperiode, 130. Sitzung, 13. Januar 1993.
97 So geben es später Bremens Bürgermeister Klaus Wedemeier und der vormalige schleswig-holsteinische Sozialminister Günther Jansen vor dem Untersuchungsausschuss des Niedersächsischen Landtages zu Protokoll. *HAZ*, 24. April 1993: »Wedemeier bringt Ausschuß nicht voran«; *HAZ*, 8. Mai 1993: »›Schröder durfte und mußte das so machen‹«. Die Daten hatte schon der Ministerpräsident vor dem Parlament genannt: Niedersächsischer Landtag, 12. Wahlperiode, 70. Plenarsitzung, 20. Januar 1993.
98 Schröder, *Reifeprüfung*, S. 144.
99 BKGS/ZA: BG, 9. Februar 2006.
100 Gerhard Schröder im Interview mit: *Der Spiegel*, Nr. 38, 14. September 1992.
101 Niedersächsischer Landtag, 12. Wahlperiode, 16. Plenarsitzung, 24. Januar 1991.
102 *Der Spiegel*, Nr. 4, 25. Januar 1993: »›Waffen machen einfach süchtig‹«.
103 Doris Scheibe im Gespräch mit dem Verfasser, Hannover, 7. Januar 2014.
104 Niedersächsischer Landtag, 12. Wahlperiode, 70. Plenarsitzung, 20. Januar 1993.
105 *HAZ*, 22. Januar 1993: »›Ein Restrisiko wird bei diesem Regierungschef bleiben‹«.
106 Niedersächsischer Landtag, 12. Wahlperiode, 71. Plenarsitzung, 21. Januar 1993.
107 *NP*, 16. März 1993: »›Gefragt war meine Meinung, nicht die der Regierung‹«.
108 *HAZ*, 22. Januar 1993: »Lärm um nichts«.
109 *HAZ*, 25. Januar 1993: »›Das war meine schwierigste Woche‹«.
110 Schröder, *Reifeprüfung*, S. 145.
111 Erhard Eppler, »Mutiges ›political animal‹«, in: *Der Spiegel*, Nr. 13, 29. März 1993.

112 BKGS/ZA: Handkalender 1993.
113 Gerhard Schröder, *Entscheidungen. Mein Leben in der Politik*. Aktualisierte und erweiterte Ausgabe, Berlin 2007, S. 353f.
114 BKGS/ZA: PVZA, X. Ordner: Gerhard Schröder an Christian Manegold, 5. Oktober 2004.
115 BKGS/ZA: PVZA, X. Ordner: Marie-Claude Souaid-Hesse an Gerhard Schröder, 20. November 2004.
116 *FAZ*, 3. April 1993: »Im Spagatschritt nach Bonn«.
117 Schröder, *Reifeprüfung*, S. 209.
118 Ebd., S. 218.
119 *HAZ*, 10. März 1993: »Mann mit Zukunft«.
120 Heinrich von Pierer im Gespräch mit dem Verfasser, Erlangen, 21. Oktober 2013.
121 Gerhard Schröder im Interview mit: *NP*, 27. Mai 1993.
122 *Der Spiegel*, Nr. 15, 12. April 1993: »›Mein Herz ist nicht rein‹«.
123 Gerhard Schröder im Interview mit: *Der Spiegel*, Nr. 20, 17. Mai 1993.
124 Béla Anda/Rolf Kleine, *Gerhard Schröder. Eine Biographie. Mit einer Bilanz der ersten vier Regierungsjahre von Martin E. Süskind*, München 2002, S. 131.
125 Sigrid Krampitz im Gespräch mit dem Verfasser, 10. September 2013.
126 Martin E. Süskind, »Die Überzeugung, erste Wahl zu sein«, in: *SZ*, 4. Juni 1993.
127 *Der Spiegel*, Nr. 19, 10. Mai 1993: »Ohne Kurs und Kapitän«.
128 *Focus*, Nr. 19, 10. Mai 1993: »Der ungeliebte Favorit«.
129 *Der Spiegel*, Nr. 19, 10. Mai 1993: »Ohne Kurs und Kapitän«.
130 FES/AdsD: PV, 17.5.1993: »Protokoll der Sitzung des Parteivorstandes am Montag, dem 17. Mai 1993, 13.00 Uhr, Bonn«.
131 *HAZ*, 12. Mai 1993: »Lange Beratungen und kein wirklicher Fortschritt«.
132 *NP*, 10. Mai 1993: »Heikler Job«.
133 Gerhard Schröder im Interview mit: *NP*, 27. Mai 1993.
134 Oskar Lafontaine im Gespräch mit dem Verfasser, Saarbrücken, 12. Januar 2015.
135 Heidemarie Wieczorek-Zeul im Gespräch mit dem Verfasser, Wiesbaden, 12. Dezember 2013.
136 FES/AdsD: PR, 18.5.1993: »Protokoll der Sitzung des Parteirats am Dienstag, dem 18. Mai 1993, 10.30 Uhr, Bonn«.
137 Gerhard Schröder im Interview mit: *Der Spiegel*, Nr. 20, 17. Mai 1993.
138 FES/AdsD: PV, 10.5.1993: »Protokoll der Sitzung des Parteivorstandes am Montag, dem 10. Mai 1993, Bonn«.
139 Gerhard Schröder im Interview mit: *NP*, 4. Mai 1993.
140 Ulrike Posche im Gespräch mit dem Verfasser, Hamburg, 13. Mai 2014.
141 Peter Struck, *So läuft das. Politik mit Ecken und Kanten*, Berlin 2010, S. 36f.
142 Béla Anda im Gespräch mit dem Verfasser, Berlin, 6. August 2014.
143 Sigrid Krampitz im Gespräch mit dem Verfasser, 10. September 2013.
144 Heidemarie Wieczorek-Zeul im Gespräch mit dem Verfasser, Wiesbaden, 12. Dezember 2013.
145 Rudolf Scharping im Gespräch mit dem Verfasser, Frankfurt am Main, 1. April 2014.
146 *SZ*, 14. Juni 1993: »Vom Fußvolk auf den Schild gehoben«.
147 Martin E. Süskind, »Scharpings Chance«, in: *SZ*, 15. Juni 1993.
148 BKGS/ZA: Handkalender 1993; *HAZ*, 28. Oktober 1993: »Ministerpräsident Schröder sagt Airbus-Werk Lemwerder Hilfe zu«.
149 *FAZ*, 25. Oktober 1993: »Protest gegen die Schließung des Dasa-Werks Lemwerder«.
150 BKGS/ZA: Handkalender 1993.

151 *HAZ*, 13. November 1993: »Schröder fordert SPD bei Rüstungspolitik zum Umdenken auf«.
152 *FAZ*, 13. November 1993: »Die Dasa bleibt bei den Werkschließungen«.
153 Niedersächsischer Landtag, 13. Wahlperiode, 33. Plenarsitzung, 25. August 1995.
154 Edmund Stoiber im Gespräch mit dem Verfasser, München, 10. April 2014.
155 Gerhard Schröder im Interview mit: *Der Spiegel*, Nr. 37, 11. September 1995.
156 *FAZ*, 19. November 1993: »Für Arbeitsplätze in der Rüstungsindustrie riskiert Schröder den Bruch der Koalition«.
157 *HAZ*, 15. November 1993: »Trittin droht Schröder mit dem Bruch der rot-grünen Koalition«.
158 Gerhard Schröder im Interview mit: *Der Spiegel*, Nr. 47, 22. November 1993.
159 Perspektiven einer neuen Außen- und Sicherheitspolitik. Beschluß des SPD-Parteitages Wiesbaden, 16.–19. November 1993.
160 Gerhard Schröder im Interview mit: Bonner *General-Anzeiger*, 9. Juni 1993.
161 Gerhard Schröder im Interview mit: *Der Spiegel*, Nr. 47, 22. November 1993.
162 Jürgen Großmann im Gespräch mit dem Verfasser, Hamburg, 3. April 2014.
163 Ulrike Posche, »Gerhard Schröders wilde Touren«, in: *Stern*, 26. März 2010.
164 Niedersächsischer Landtag, 12. Wahlperiode, 70. Plenarsitzung, 20. Januar 1993.
165 *FAZ*, 4. Juni 1993: »Opel-Chef schreibt bösen Brief«.
166 *Der Spiegel*, Nr. 32, 9. August 1993: »Reißwolf im Gästehaus«.
167 Rudolf Augstein, »Der Reißwolf«, in: *Der Spiegel*, Nr. 33, 16. August 1993.
168 *NP*, 17. Januar 1994: »›Wir haben ein Standortrisiko, das wohnt in Oggersheim‹«.
169 *HAZ*, 7. Januar 1994: »›Die ganze Freiheit eines Christenmenschen bleibt voll erhalten‹«.
170 Deutscher Bundestag, 15. Wahlperiode, 119. Sitzung, 2. Juli 2004.
171 BKGS/ZA: PVZA, XII. Ordner: Karl Jüsten, Leiter des Kommissariats der deutschen Bischöfe, an Gerhard Schröder, 22. Dezember 2005.
172 Gerhard Schröder im Interview mit: *Lutherische Monatshefte* 17 (1978), S. 339ff., hier S. 340f.
173 BKGS/ZA: PK, April 1999 – August 1999: Gerhard Schröder an Horst Hirschler, 27. Mai 1999.
174 BKGS/ZA: Dank und Absagen: [1.] März bis 31. Mai 2006: Gerhard Schröder an die Klasse A HS O5A des Lüttfeld Berufskollegs, 30. März 2006.
175 BKGS/ZA: PVZA, IV. Ordner: Veronica Carstens an Gerhard Schröder, 16. Dezember 2000; Gerhard Schröder an Veronica Carstens, 18. Januar 2001.
176 *HAZ*, 25. Februar 1994: »Schröder lehnt Transrapid strikt ab«.
177 *HAZ*, 27. Januar 1994: »Der nächste Ehevertrag soll präziser sein«.
178 *HAZ*, 14. März 1994: »Schröder kann künftig allein regieren«.
179 Franz Müntefering im Gespräch mit dem Verfasser, Berlin, 26. September 2013.
180 Gerhard Schröder im Interview mit: *NP*, 25. Januar 1994.
181 Doris Scheibe im Gespräch mit dem Verfasser, Hannover, 7. Januar 2014.
182 Gerhard Schröder im Interview mit: *NP*, 25. Januar 1994.
183 Gerhard Schröder im Interview mit: *Der Spiegel*, Nr. 12, 21. März 1994.
184 *Der Spiegel*, Nr. 25, 15. Juni 1992: »Personalien. Helmut Kohl«.
185 So bestätigt es das Kanzleramt. *HAZ*, 3. Mai 1993: »Kohl rechnet schon seit einigen Wochen mit Schröder«.
186 *Der Spiegel*, Nr. 31, 1. August 1994: »Kanzlers Machtkartell«.
187 Gregor Gysi im Gespräch mit dem Verfasser, Berlin, 23. September 2014.
188 FES/AdsD: Präs., 27.6.1994: »Protokoll der Sitzung des Präsidiums am Montag, dem 27. Juni 1994, 13.00 Uhr in Bonn, Landesvertretung Saarland«.

189 Lafontaine, *Das Herz schlägt links*, S. 74ff.
190 FES/AdsD: Präs., 15.8.1994: »Protokoll der Sitzung des Präsidiums am Montag, dem 15. August 1994, um 13.00 Uhr in Bonn, Erich-Ollenhauer-Haus«.
191 Gregor Gysi im Gespräch mit dem Verfasser, Berlin, 23. September 2014.
192 Gerhard Schröder im Interview mit: *Der Spiegel*, Nr. 25, 20. Juni 1994.
193 Martin E. Süskind, »Johannes Rau«, in: *Die Bundespräsidenten. Von Theodor Heuss bis Johannes Rau*, hrsg. von G. Scholz/M. E. Süskind, München 2003, S. 421ff., Zitat S. 443.
194 Hans-Peter Schwarz, *Helmut Kohl. Eine politische Biographie*, München 2012, S. 752.
195 Renate Schmidt im Gespräch mit dem Verfasser, Erlangen, 5. August 2014.
196 Gerhard Schröder, »Mit den Mitteln der Rechten gegen rechts?«, in: *Der Spiegel*, Nr. 18, 9. Mai 1994.
197 Gerhard Schröder im Interview mit: *Der Spiegel*, Nr. 25, 20. Juni 1994.
198 *HAZ*, 16. März 1994: »Schröder warnt die SPD vor Tempolimit«.
199 Gerhard Schröder im Interview mit: *Der Spiegel*, Nr. 25, 20. Juni 1994.
200 *FAZ*, 30. August 1994: »Unabhängig von eigenen Positionen«.
201 Niedersächsischer Landtag, 13. Wahlperiode, 1. Plenarsitzung, 23. Juni 1994.
202 Niedersächsischer Landtag, 14. Wahlperiode, 1. Plenarsitzung, 30. März 1998.
203 FES/AdsD: Präs., 15.8.1994: »Protokoll der Sitzung des Präsidiums am Montag, dem 15. August 1994, um 13.00 Uhr in Bonn, Erich-Ollenhauer-Haus«.
204 Gerhard Schröder im Interview mit: *Der Spiegel*, Nr. 29, 18. Juli 1994.
205 *Der Spiegel*, Nr. 28, 11. Juli 1994: »Schiet in de Kiste«.
206 Rudolf Scharping im Gespräch mit dem Verfasser, Frankfurt am Main, 1. April 2014; Oskar Lafontaine im Gespräch mit dem Verfasser, Saarbrücken, 12. Januar 2015.
207 BKGS/ZA: Handkalender 1994.
208 *Der Spiegel*, Nr. 36, 5. September 1994: »Kraft durch Freunde«.
209 BKGS/ZA: Handkalender 1994.
210 Gerhard Schröder im Interview mit: *Deister- und Weserzeitung*, 14. Oktober 1994.
211 *Focus*, Wahl-Spezial, 18. Oktober 1994: »Der Kanzler darf bleiben«.
212 Anda/Kleine, *Schröder*, S. 172.
213 Gerhard Schröder im Interview mit: *Die Zeit*, 6. August 1998.
214 BKGS/ZA: Handkalender 1995.
215 *FAZ*, 25. Juli 1995: »Kraftmeier«.
216 *Der Spiegel*, Nr. 37, 11. September 1995: »Abschied von der alten Tante«.
217 *Die Zeit*, 1. September 1995: »Als Unternehmer in der Politik«.
218 *FAZ*, 15. August 1995: »SPD-Linke kritisiert Schröder«.
219 BKGS/ZA: Handkalender 1995.
220 Gerhard Schröder im Interview mit: *Hamburger Abendblatt*, 16. September 1994.
221 Gerhard Schröder, »Kein Stoff für Sommertheater«, in: *FAZ*, 17. August 1995.
222 *FAZ*, 21. Mai 1993: »Auf der Suche nach dem Erfolg zieht sich Schröder auch einen unbequemen Schuh an.«
223 Edmund Stoiber im Gespräch mit dem Verfasser, München, 10. April 2014.
224 Edmund Stoiber und Gerhard Schröder im Interview mit: *Der Spiegel*, Nr. 14, 5. April 1993.
225 Niedersächsischer Landtag, 13. Wahlperiode, 1. Plenarsitzung, 23. Juni 1994.
226 Gerhard Schröder im Interview mit: *Stern*, Nr. 27, 29. Juni 1995.
227 Renate Schmidt im Gespräch mit dem Verfasser, Erlangen, 5. August 2014.
228 FES/AdsD: Präs., 28.8.1995: »Protokoll der Präsidiumssitzung am Montag, dem 28. August 1995, 13.00 Uhr, Erich-Ollenhauer-Haus, Bonn«.
229 Walther Leisler Kiep, *Brücken meines Lebens. Die Erinnerungen*, München 2006, S. 295.

230 Martin E. Süskind, »Böses über Müll und Macht«, in: *SZ*, 18. September 1996; ders., »Erlkönig in London«, in: *SZ*, 6. Dezember 1996.
231 *FAZ*, 29. Juni 1995: »Fischer: Nicht Rot-Grün bricht auseinander, sondern Rot«.
232 Gerhard Schröder im Interview mit: *Bild am Sonntag*, 13. August 1995.
233 FES/AdsD: Präs., 28.8.1995: »Protokoll der Präsidiumssitzung am Montag, dem 28. August 1995, 13.00 Uhr, Erich-Ollenhauer-Haus, Bonn«.
234 Gerhard Schröder im Interview mit: *Die Woche*, 1. September 1995.
235 *FAZ*, 31. August 1995: »Schröder läßt nicht locker und erzürnt die SPD-Führung«.
236 Béla Anda im Gespräch mit dem Verfasser, Berlin, 6. August 2014.
237 Günter Bannas, »Schröder zeichnet sich selbst als Gegenbild zur übrigen SPD«, in: *FAZ*, 2. September 1995.
238 Rudolf Scharping im Gespräch mit dem Verfasser, Frankfurt am Main, 1. April 2014.
239 Hiltrud Schröder, *Auf eigenen Füßen*, Hamburg 1996, S. 256ff.
240 Struck, *So läuft das*, S. 37.
241 Gerhard und Hiltrud Schröder im Interview mit: *Stern*, Nr. 37, 7. September 1995.
242 Günter Bannas im Gespräch mit dem Verfasser, Berlin, 11. September 2013.
243 Ulrike Posche im Gespräch mit dem Verfasser, Hamburg, 13. Mai 2014.
244 Gerhard Schröder im Interview mit: *Der Spiegel*, Nr. 52, 25. Dezember 1995.
245 Gerhard Schröder im Interview mit: *Focus*, Nr. 45, 6. November 1995.
246 Gerhard Schröder im Interview mit: *Bild*, 26. März 1998.
247 Gerhard Schröder im Interview mit: *Die Zeit*, 6. August 1998.
248 Gerhard Schröder im Interview mit: *FAS*, 25. November 2012.
249 *FAZ*, 6. November 1995: »Sanierungsfall«.
250 Erhard Eppler im Interview mit: *Der Spiegel*, Nr. 35, 26. August 1996.
251 Hans-Jochen Vogel, *Nachsichten. Meine Bonner und Berliner Jahre*, München/Zürich 1996, S. 499f.
252 Anda/Kleine, *Schröder*, S. 193f.
253 Doris Scheibe im Gespräch mit dem Verfasser, Hannover, 7. Januar 2014.
254 Renate Schmidt im Gespräch mit dem Verfasser, Erlangen, 5. August 2014.
255 Oskar Lafontaine im Interview mit: *Der Spiegel*, Nr. 46, 13. November 1995.
256 Rudolf Scharping und Oskar Lafontaine, jeweils in einem Interview mit: *FAS*, 13. November 2005.
257 Gerhard Schröder und Franz Müntefering im Interview mit: *Der Tagesspiegel*, 21. März 2004.
258 Rudolf Scharping im Gespräch mit dem Verfasser, Frankfurt am Main, 1. April 2014; Oskar Lafontaine im Gespräch mit dem Verfasser, Saarbrücken, 12. Januar 2015.
259 Schröder, *Entscheidungen*, S. 128.
260 Renate Schmidt im Gespräch mit dem Verfasser, Erlangen, 5. August 2014.
261 Günter Bannas im Gespräch mit dem Verfasser, Berlin, 11. September 2013.
262 Oskar Lafontaine im Gespräch mit dem Verfasser, Saarbrücken, 12. Januar 2015.
263 BKGS/ZA: PK, April 1999 – August 1999: Schreiben Herlinde Koelbls an Gerhard Schröder, 24. März 1999, nebst Anlage. Hier »Rückblick auf das Jahr 1995«.
264 Rudolf Scharping im Gespräch mit dem Verfasser, Frankfurt am Main, 11. September 2014.
265 Rudolf Augstein, »›Königsmord‹ ohne König«, in: *Der Spiegel*, Nr. 47, 20. November 1995.
266 Niedersächsischer Landtag, 13. Wahlperiode, 47. Plenarsitzung, 14. Februar 1996.
267 BKGS/ZA: Handkalender 1996.
268 Gerhard Schröder im Interview mit: *Der Spiegel*, Nr. 20, 11. Mai 1998.
269 Gerhard Schröder im Interview mit: *Der Spiegel*, Nr. 22, 27. Mai 1996.

270 Herlinde Koelbl, *Spuren der Macht. Die Verwandlung von Menschen durch das Amt. Eine Langzeitstudie*, 2. Auflage München 1999, S. 57.
271 Ebd., S. 58.
272 Angela Merkel im Gespräch mit dem Verfasser, Berlin, 15. Dezember 2014.
273 *Der Spiegel*, Nr. 28, 10. Juli 1995: »Genosse für die Bosse«.
274 Ulrike Posche im Gespräch mit dem Verfasser, Hamburg, 13. Mai 2014.
275 Ulrike Posche, *Gerhard Schröder. Nah-Aufnahme*, München 1998, S. 117.
276 BKGS/ZA: PVZA, II. Ordner: Gerhard Schröder an Roland Deleau, 24. Januar 2000.
277 Hiltrud Schröder, *Auf eigenen Füßen*, S. 274.
278 Niedersächsischer Landtag, 13. Wahlperiode, Drucksache 13/1784.
279 Niedersächsischer Landtag, 13. Wahlperiode, 51. Plenarsitzung, 7. März 1996.
280 BKGS/ZA: Handkalender 1996.
281 Niedersächsischer Landtag, 13. Wahlperiode, 51. Plenarsitzung, 7. März 1996.
282 *FAZ*, 30. April 2007: »Persönlich«.
283 *Der Spiegel*, Nr. 11, 11. März 1996: »Dallas, Denver, Hannover«.
284 Martin E. Süskind, »Der Risiko-Mann«, in: *SZ*, 1. April 1996.
285 Posche, *Schröder*, S. 121ff.
286 Gerhard Schröder im Interview mit: *Die Zeit*, 6. August 1998.
287 Hiltrud Schröder im Interview mit: *Süddeutsche Zeitung Magazin*, 1. August 1997.
288 *SZ-Jetzt*, 8. Mai 2000: »Wahlverwandtschaften«.
289 Franka [sic] Hampel im Interview mit: *Bunte*, 25. Mai 2000.
290 BKGS/ZA: PVZA, X. Ordner: Gerhard Schröder an Christian Stocker, 16. März 2005; PK, April – Juni 2005: Franca Hecker an Sigrid Krampitz, [31.] Mai 2005.
291 Tanja Stelzer, »Die Doris-Show«, in: *Die Zeit*, 20. September 2012.
292 Doris Köpf, »SPD im schwarzen Loch«, in: *Focus*, Nr. 38, 18. September 1995.
293 BKGS/ZA: Handkalender 1996.
294 *Bild*, 26. März 1996: »Schaut her, sie sind glücklich«.
295 Veröffentlicht wird es unter anderem in: *Der Spiegel*, Nr. 18, 29. April 1996: »Kennwort: Ann Kathrin«.
296 Helmut Kohl, *»Ich wollte Deutschlands Einheit«*, dargestellt von Kai Diekmann und Ralf Georg Reuth, Berlin 1996, S. 8.
297 Kai Diekmann im Gespräch mit dem Verfasser, Berlin, 5. Juni 2014.
298 *FAZ*, 26. Juni 1996: »Schröder – ungebrochen«.
299 FES/AdsD: PV, 28.4.1997: »Protokoll des Parteivorstandes am Montag, dem 28. April, 13.00 Uhr, Erich-Ollenhauer-Haus, Bonn«.
300 *FAZ*, 29. Januar 1992: »Alte Wunden brechen wieder auf in Bonn«.
301 *HAZ*, 5. Februar 1993: »Industrie fordert sofortiges Ende des Streits über den Solidarpakt«.
302 Gerhard Schröder im Interview mit Günter Gaus: rbb, 26. November 2003.
303 BKGS/ZA: Handkalender 1995.
304 Posche, *Schröder*, S. 67.
305 *SZ*, 5. November 1996: »Leute von heute. Gerhard Schröder«.
306 BKGS/ZA: Handkalender 1996.
307 BKGS/ZA: PK, Januar – Dezember 2009. A – M: Gerhard Schröder an Manfred Bissinger, 14. Mai 2009.
308 Leszek Miller, *So war das. Polens Einzug in die EU*, mit einem Vorwort von Gerhard Schröder, Hamburg 2011, S. 47 und 49.
309 BKGS/ZA: PK, November – Dezember 2006: Gerhard Schröder an Nina Gruneberg, 6. November 2006.
310 Nina Gruneberg, »›So isser halt, unser Gerd‹«, in: *Die Zeit*, 12. Juli 1996.

311 Nina Gruneberg, »Gerhard in Amerika«, in: *Die Zeit*, 9. Mai 1997.
312 Jürgen Großmann im Gespräch mit dem Verfasser, Hamburg, 3. April 2014.
313 Gruneberg, »Gerhard in Amerika« (wie Anm. 311).
314 Gerhard Schröder im Interview mit: *Focus*, Nr. 19, 5. Mai 1997.
315 Gerhard Schröder, »Gegen den Luxus der Langsamkeit«, in: *Der Spiegel*, Nr. 21, 19. Mai 1997.
316 Anda/Kleine, *Schröder*, S. 205.
317 Gerhard Schröder im Interview mit: *Bild am Sonntag*, 20. Juli 1997.
318 Gerhard Schröder im Interview mit: *Focus*, Nr. 33, 11. August 1997.
319 Gerhard Schröder im Interview mit: *Bild am Sonntag*, 20. Juli 1997.
320 Martin E. Süskind, »Scharpings bester Schachzug«, in: *SZ*, 30. August 1994.
321 BKGS/ZA: Handkalender 1997.
322 Ulrich Beck und Gerhard Schröder im Interview mit: *Vorwärts* 7/8 (1997), S. 12f.
323 Schröder, *Und weil wir unser Land verbessern …*, S. 50.
324 Gerhard Schröder, »Eckpunkte einer sozialdemokratischen Modernisierungs- und Reformpolitik«, in: *Die Zeit*, 19. September 1997.
325 Gerhard Schröder im Interview mit: *Der Spiegel*, Nr. 36, 1. September 1997.
326 Gerhard Schröder im Interview mit: *Focus*, Nr. 33, 11. August 1997.
327 BKGS/ZA: BG, 2. März 2006.
328 Lafontaine, *Das Herz schlägt links*, S. 87f.
329 Gerhard Schröder im Interview mit: *Der Spiegel*, Nr. 36, 1. September 1997.
330 BKGS/ZA: BG, 2. März 2006.
331 *FAZ*, 19. August 1997: »Schrödersommer«.
332 Stefan Aust im Gespräch mit dem Verfasser, Berlin, 3. April 2014.
333 Jürgen Leinemann, »Vorwärts zum Wechsel«, in: *Der Spiegel*, Nr. 50, 8. Dezember 1997.
334 Posche, *Schröder*, S. 32.
335 *Bild am Sonntag*, 8. März 1998: »Fünf Monate nach der Hochzeit: Feier mit Wickert und Krustenbraten«.
336 *Bunte*, Nr. 11, 5. März 1998: »Sein Sieg! Ihr Triumph über Hillu«.
337 Gerhard Schröder im Interview mit: *Bild am Sonntag*, 3. Mai 1998.
338 *FAZ*, 16. Juni 1992: »Schröder und die Unternehmer«.
339 Jürgen Peters im Gespräch mit dem Verfasser, Offenbach, 14. Oktober 2014.
340 Hans-Joachim Selenz, *Wildwest auf der Chefetage. Schröders Kampf um Salzgitter und die Kanzlerschaft*, London 2005, S. 58ff.
341 BKGS/ZA: Handkalender 1998.
342 Oskar Lafontaine im Gespräch mit dem Verfasser, Saarbrücken, 12. Januar 2015.
343 Anda/Kleine, *Schröder*, S. 212.
344 Gerhard Schröder im Interview mit: *Der Spiegel*, Nr. 4, 19. Januar 1998.
345 Jürgen Peters im Gespräch mit dem Verfasser, Offenbach, 14. Oktober 2014.
346 *FAZ*, 20. Januar 1998: »Lafontaine trägt seine Gelassenheit überzeugender zur Schau«.
347 Niedersächsischer Landtag, 13. Wahlperiode, 102. Plenarsitzung, 21. Januar 1998.
348 Niedersächsischer Landtag, 14. Wahlperiode, 1. Plenarsitzung, 30. März 1998.
349 BKGS/ZA: PVZA, XII. Ordner: Jean-Remy von Matt an Gerhard Schröder, 8. November 2005.
350 Carsten Maschmeyer, *Selfmade erfolg reich leben*, o. O. 2012, S. 85.
351 Der Vorgang ist dokumentiert bei Wigbert Lör/Oliver Schröm, *Geld Macht Politik. Das Beziehungskonto von Carsten Marschmeyer, Gerhard Schröder und Christian Wulff*, München 2014, S. 32ff.
352 Niedersächsischer Landtag, 13. Wahlperiode, Drucksache 13/124.

353 *SZ*, 28. April 2011: »Maschmeyer half Schröder, wo er konnte«.
354 Anda/Kleine, *Schröder*, S. 215.
355 Rudolf Scharping im Gespräch mit dem Verfasser, Frankfurt am Main, 1. April 2014.
356 FES/AdsD: PV, 2.3.1998: »Protokoll der außerordentlichen Parteivorstandssitzung am Montag, dem 2. März 1998, 14.00 Uhr, Erich-Ollenhauer-Haus, Bonn«.
357 Schwarz, *Kohl*, S. 837.
358 FES/AdsD: PV, 2.3.1998: »Protokoll der außerordentlichen Parteivorstandssitzung am Montag, dem 2. März 1998, 14.00 Uhr, Erich-Ollenhauer-Haus, Bonn«.
359 BKGS/ZA: Handkalender 1997.
360 BKGS/ZA: Handkalender 1998.
361 Helmut Kohl, *Berichte zur Lage 1989 – 1998. Der Kanzler und Parteivorsitzende im Bundesvorstand der CDU Deutschlands*, bearb. von G. Buchstab und H.-O. Kleinmann, Düsseldorf 2012, 26. Mai 1997.
362 *Der Spiegel*, Nr. 35, 24. August 1998: »Personalien. Gerhard Schröder«.
363 BKGS/PA: Quittung der Linguarama Ltd., London, über die Zahlung der Unterrichtsgebühr für Schröder/Hampel, 22. Juni 1981.
364 BKGS/ZA: PK, Oktober 1998 – März 1999: Sigrid Krampitz an Gisela Siebourg, 15. Oktober 1998.
365 BKGS/ZA: PK, August – Dezember 2000 II: Gisela Siebourg an Sigrid Krampitz, 23. Juli 1999.
366 BKGS/ZA: PVZA, X. Ordner: Lena Hassinger-Lees an Gerhard Schröder, 5. Juli 2004.
367 *Der Spiegel*, Nr. 17, 20. April 1998: »Hollywood an der Pleiße«.
368 Vorstand der SPD, Protokoll Wahlparteitag Leipzig 17. April 1998. Die Kraft des Neuen, Frankfurt am Main o.J., S.65ff.
369 Gerhard Schröder im Interview mit: *Stern*, Nr. 11, 5. März 1998.
370 AFM: Franz Müntefering, Gerhard Schröder – zum 70. Geburtstag am 7.4.2014. Das Manuskript lag seinem Beitrag in der Festschrift für den Ex-Kanzler zugrunde: *Gerhard Schröder zum Siebzigsten*, hrsg. von S. Gabriel, Berlin 2014.
371 Martin E. Süskind, »Deutschland vor der Entscheidung«, in: *Kölner Stadt-Anzeiger*, 5. September 1998.
372 Wolfgang Schäuble im Gespräch mit dem Verfasser, Berlin, 30. September 2013.
373 Deutscher Bundestag, 13. Wahlperiode, 230. Sitzung, 23. April 1998.
374 Gerhard Schröder im Interview mit: *Bild am Sonntag*, 3. Mai 1998.
375 BKGS/ZA: PVZA, I. Ordner: Telefonnotiz von Marianne Duden, 10. Mai 1999.
376 Edgar Wolfrum, *Rot-Grün an der Macht. Deutschland 1998 – 2005*, München 2013, S. 513.
377 *FAZ*, 28. Mai 1998: »Schröder will ›neue bildungspolitische Epoche‹«.
378 BKGS/ZA: Handkalender 1998.
379 Gerhard Schröder im Interview mit: *Der Spiegel*, Nr. 31, 27. Juli 1998.
380 AFWS: Telefonate Chef BK 1998 – 2000: Notiz Brigitte Sauzays für Frank-Walter Steinmeier, 18. Dezember 1998.
381 Schröder, *Entscheidungen*, S. 352f.
382 BKGS/ZA: PVZA, IX. Ordner: Christian Stoffaës an Gerhard Schröder, 15. November 2003.
383 Schwarz, *Kohl*, S. 784.
384 Joschka Fischer, *Mein langer Lauf zu mir selbst*, Köln 1999.
385 Joschka Fischer im Gespräch mit dem Verfasser, Berlin, 2. April 2014.
386 Joschka Fischer im Interview mit: *Der Spiegel*, 8. Januar 2001.
387 Joschka Fischer/Fritz Stern, *Gegen den Strom. Ein Gespräch über Geschichte und Politik*, München 2013, S. 107f. und 118.

388 Joschka [Fischer], »Warum eigentlich nicht?«, in: *Pflasterstrand. Stadtzeitung für Frankfurt*, Nr. 40 [1978], S. 22ff. Es ist nicht einfach, Fischers Punkt auszumachen, weil das Stück sprachlich und konzeptionell miserabel angelegt ist und weil Fischer offensichtlich vermeiden will, dass man ihn irgendwann festlegen kann.
389 Hans-Jochen Vogel im Gespräch mit dem Verfasser, München, 7. November 2012.
390 Fischer/Stern, *Gegen den Strom*, S. 92f.
391 Joschka Fischer, *Die rot-grünen Jahre. Deutsche Außenpolitik vom Kosovo bis zum 11. September*, Köln 2007, S. 17.
392 *Bild*, 9. März 1998: »Grüner Alptraum«.
393 *SZ*, 10. Juni 1998: »Ungebetener Gast«.
394 Schwarz, *Kohl*, S. 847.
395 Günter Grass, »Rotgrüne Rede«, in: ders., *Steine wälzen. Essays und Reden 1997–2007*, Göttingen 2007, S. 23ff., Zitat S. 30.
396 Oskar Negt im Gespräch mit dem Verfasser, Hannover, 11. September 2014.
397 Oskar Negt, »Brief an Gerhard Schröder«, in: *Ein unvollendetes Projekt. Fünfzehn Positionen zu Rot-Grün*, hrsg. von O. Negt, Göttingen 2002, S. 27ff., Zitate S. 30–32.
398 Oskar Negt im Gespräch mit dem Verfasser, Hannover, 11. September 2014.
399 BKGS/ZA: PK, Oktober 1998–März 1999, Oskar Negt an Gerhard Schröder, 28. Oktober 1998.
400 Schröder, *Und weil wir unser Land verbessern ...*, S. 131.
401 Gerhard Schröder im Interview mit: *Der Spiegel*, Nr. 23, 1. Juni 1998.
402 BKGS/ZA: PK, Juli–November 2005: Gerhard Schröder an Manfred Bissinger, 5. Oktober 2005.
403 Oskar Negt im Gespräch mit dem Verfasser, Hannover, 11. September 2014.
404 BKGS/ZA: PK, Addenda 1998–2005: Michael Naumann an Gerhard Schröder, 12. Oktober 1998.
405 Hilmar Hoffmann, *Ihr naht Euch wieder, schwankende Gestalten. Erinnerungen*, Hamburg 1999, S. 453.
406 Gerhard Schröder im Interview mit: *Der Spiegel*, Nr. 8, 16. Februar 1998.
407 Gerhard Schröder, *Annäherungen. Reden über Bilder und Künstler*, Gifkendorf 1990, Zitat S. 6f.
408 Oskar Negt im Gespräch mit dem Verfasser, Hannover, 11. September 2014.
409 BKGS/ZA: PVZA, II. Ordner: Oskar Negt an Gerhard Schröder, 23. September 1999.
410 Evelyn Roll, »Das Prinzip Zugreifen«, in: *SZ*, 16. September 1998.
411 Gerhard Schröder im Interview mit: *Der Spiegel*, Nr. 8, 16. Februar 1998.
412 Deutscher Bundestag, 13. Wahlperiode, 247. Sitzung, 3. September 1998.
413 Jürgen Leinemann, »Ein Kampf um jeden Schritt«, in: *Der Spiegel*, Nr. 39, 21. September 1998.
414 Leinemann, *Höhenrausch*, S. 342.
415 Gunhild Kamp-Schröder im Gespräch mit dem Verfasser, Paderborn, 9. Oktober 2014.
416 Gerhard Schröder im Interview mit: *Der Spiegel*, Nr. 55, 29. September 1998.
417 Leinemann, *Höhenrausch*, S. 349.
418 Gerhard Schröder im Interview mit: *Der Spiegel*, Nr. 55, 29. September 1998.
419 Gerhard Schröder im Interview mit: *Die Zeit*, 6. August 1998.
420 Gerhard Schröder im Interview mit: *Kölner Stadt-Anzeiger*, 5. April 1997.
421 Gerhard Schröder im Interview mit: *Stern*, Nr. 11, 5. März 1998.
422 Gerhard Schröder im Interview mit: *FAS*, 15. März 1998.
423 Gerhard Schröder im Interview mit: *Die Zeit*, 6. August 1998.
424 *FAZ*, 25. Juni 1998: »Rühe kritisiert Hintzes Wahlkampf«.

425 *Der Spiegel*, Nr. 33, 10. August 1998: »Kann er Kanzler sein?«.
426 BKGS/ZA: TA, 19. Oktober 2005: Termine des Bundeskanzlers am Mittwoch, 19. Oktober 2005.
427 Gerhard Schröder im Interview mit: *Bild*, 26. März 1998.
428 Gerhard Schröder im Interview mit: *Super Illu*, Nr. 38, 10. September 1998.
429 Gerhard Schröder im Interview mit: *Bild am Sonntag*, 3. Mai 1998.
430 BKGS/ZA: PK, Oktober 1998 – März 1999: Gerhard Schröder an Oskar Negt, 15. Dezember 1998.
431 BKGS/ZA: BG, 11. Januar 2006.
432 Ebd. Als Uwe-Karsten Heye, der Gerhard Schröder befragt, angesichts des »Abschieds von der Großen Koalition« von dessen »tiefer Depression an diesem Abend« spricht, antwortet Schröder: »Nein, es war noch schlimmer.«
433 BKGS/ZA: PK, April 1999 – August 1999: Sigrid Krampitz an Inge Wettig-Danielmeier, 2. Juni 1999.
434 *FAZ*, 1. Oktober 1998: »Schröder trifft Chirac und Jospin«.
435 BKGS/ZA: Handkalender 1998.
436 BKGS/ZA: TA, 8. Oktober 1998: *Mitteilung für die Presse*. Terminplan und Themenliste für die Koalitionsverhandlungen, 2. Oktober 1998.
437 *FAZ*, 2. Oktober 1998: »Schröder entdeckt einen ›gemäßigten Sozialdemokraten‹«.
438 Rudolf Scharping im Gespräch mit dem Verfasser, Frankfurt am Main, 11. September 2014.
439 Fischer, *Die rot-grünen Jahre*, S. 45.
440 Joschka Fischer im Gespräch mit dem Verfasser, Berlin, 2. April 2014.
441 Gerhard Schröder und Joschka Fischer im Interview mit: *Stern*, Nr. 8, 13. Februar 1997.
442 Joschka Fischer im Interview mit: *Der Spiegel*, Nr. 34, 18. August 1997.
443 Fischer, *Die rot-grünen Jahre*, S. 57.
444 Joschka Fischer im Gespräch mit dem Verfasser, Berlin, 2. April 2014.
445 Leinemann, *Höhenrausch*, S. 344.
446 Fischer, *Die rot-grünen Jahre*, S. 44f.
447 BKGS/ZA: BG, 6. Juli 2007.
448 Lafontaine, *Das Herz schlägt links*, S. 127.
449 Ebd., S. 124.
450 Oskar Lafontaine im Gespräch mit dem Verfasser, Saarbrücken, 12. Januar 2015.
451 Rudolf Scharping im Gespräch mit dem Verfasser, Frankfurt am Main, 1. April 2014.
452 Lafontaine, *Das Herz schlägt links*, S. 127.
453 Struck, *So läuft das*, S. 23f.
454 Leinemann, *Höhenrausch*, S. 347.
455 Lafontaine, *Das Herz schlägt links*, S. 134.
456 Gerhard Schröder im Interview mit: *Der Spiegel*, Nr. 44, 26. Oktober 1998.
457 Jost Stollmann im Interview mit: *Die Zeit*, 22. Oktober 1998.
458 Schröder, *Entscheidungen*, S. 107.
459 Werner Müller, »Machiavelli – ganz nett«, in: *Die da oben. Innenansichten aus deutschen Chefetagen*, hrsg. von B. Nolte/J. Heidtmann, Frankfurt am Main 2009, S. 121ff., Zitat S. 129.
460 Lafontaine, *Das Herz schlägt links*, S. 112.
461 Egon Bahr im Gespräch mit dem Verfasser, Berlin, 28. November 2012.
462 Hans-Jochen Vogel im Gespräch mit dem Verfasser, München, 7. November 2012.
463 Lafontaine, *Das Herz schlägt links*, S. 112 und 131f.
464 Oskar Lafontaine/Christa Müller, *Keine Angst vor der Globalisierung. Wohlstand und Arbeit für alle*, Bonn 1998.

465 Bodo Hombach, »Der Befreiungsschlag«, in: *Der Spiegel*, Nr. 41, 5. Oktober 1998.
466 Nachwort von Gerhard Schröder zu: Bodo Hombach, *Aufbruch. Die Politik der Neuen Mitte*, München/Düsseldorf 1998, S. 219ff., Zitat S. 225.
467 *Der Spiegel*, Nr. 48, 23. November 1998: »Schröders Professor«.
468 *FAZ*, 21. Oktober 1998: »Die neue Bundesregierung«.
469 Steinmeier, *Mein Deutschland*, S. 79.
470 Frank-Walter Steinmeier im Gespräch mit dem Verfasser, Berlin, 4. Juli 2013.
471 Deutscher Bundestag, 14. Wahlperiode, 69. Sitzung, 11. November 1999.
472 Fischer/Stern, *Gegen den Strom*, S. 91.
473 BKGS/ZA: PVZA, XIII. Ordner: Otto Schily an Gerhard Schröder, 12. August 2007.
474 BKGS/ZA: BG, 6. Juli 2006.

Der Macher (1998 – 2002)

1 Deutscher Bundestag, 14. Wahlperiode, 2. Sitzung, 27. Oktober 1998.
2 *FAZ*, 27. September 2005: »›Schröder erhielt 1998 PDS-Stimmen‹«.
3 BKGS/ZA: Dank und Absagen: [1.] März bis 31. Mai 2006: Gerhard Schröder an die Klasse A HS 05A des Lüttfeld Berufskollegs, 30. März 2006.
4 Oskar Lafontaine, *Das Herz schlägt links*, München 1999, S. 120f.
5 Hans-Peter Schwarz, *Helmut Kohl. Eine politische Biographie*, München 2012, S. 854.
6 Helmut Kohl, *Mein Tagebuch 1998 – 2000*, München 2000, S. 21f.
7 Deutscher Bundestag, 14. Wahlperiode, 3. Sitzung, 10. November 1998.
8 BKGS/ZA: TA, 8. März 1999: Jürgen Großmann an Gerhard Schröder, 21. Dezember 1998.
9 Niedersächsischer Landtag, 14. Wahlperiode, 12. Plenarsitzung, 28. Oktober 1998.
10 BKGS/ZA: Dank und Absagen: 1. Mai bis 31. August 2007: Gerhard Schröder an Sabine Niederführ und Sebastian Schäfer, im August 2007.
11 Kohl, *Mein Tagebuch*, S. 22.
12 Frank-Walter Steinmeier, *Mein Deutschland. Wofür ich stehe*, München 2009, S. 81.
13 AAPD 1976, Nr. 252.
14 AFWS: Akten Jansen-Cornette 2: Handschriftliche Notiz Frank-Walter Steinmeiers für Michael Steiner, 14. April [1999].
15 AFWS: Telefonate Chef BK: 1998 – 2000: Handschriftliche Notiz Frank-Walter-Steinmeiers für Michael Steiner, 13. August [1999].
16 *Der Spiegel*, Nr. 48, 26. November 2001: »Cleverer Akt«.
17 Aufbruch und Erneuerung – Deutschlands Weg ins 21. Jahrhundert. Koalitionsvereinbarung zwischen der Sozialdemokratischen Partei Deutschlands und Bündnis 90/Die Grünen, Bonn, 20. Oktober 1998.
18 BKGS/ZA: BG, 11. Januar 2006.
19 Joschka Fischer, *Die rot-grünen Jahre. Deutsche Außenpolitik vom Kosovo bis zum 11. September*, Köln 2007, S. 59f.
20 Deutscher Bundestag, 14. Wahlperiode, 3. Sitzung, 10. November 1998.
21 Gerhard Schröder im Interview mit: *Bild*, 16. August 2012.
22 Außerordentlicher Parteitag der Sozialdemokratischen Partei Deutschlands, 12. bis 13. Oktober 1972, Dortmund, Westfalenhalle. Protokoll der Verhandlungen. Dokumentarischer Anhang.
23 BKGS/ZA: Dank und Absagen: 30. April bis 31. August 2012: Gerhard Schröder an Paul Preisel, 9. Mai 2012.
24 AFM: Franz Müntefering, Gerhard Schröder – zum 70. Geburtstag am 7.4.2014. Das Manuskript lag seinem Beitrag in der Festschrift für den Ex-Kanzler zugrunde.

25 Deutscher Bundestag, 14. Wahlperiode, Drucksache 14/23.
26 So Rezzo Schlauch im Gespräch mit Edgar Wolfrum, in: Edgar Wolfrum, *Rot-Grün an der Macht. Deutschland 1998–2005*, München 2005, S. 218.
27 Gerhard Schröder, Unser Land braucht den Wechsel, in: *Gewerkschaftliche Monatshefte* 49 (1998), S. 489ff., Zitat S. 493.
28 Deutscher Bundestag, 14. Wahlperiode, 8. Sitzung, 19. November 1998.
29 *FAZ*, 3. Februar 1999: »Die Koalition ist mit sich zufrieden«.
30 BKGS/ZA: PVZA, XVI. Ordner: Franz Müntefering an Gerhard Schröder, 27. Oktober 2008.
31 Franz Müntefering im Gespräch mit dem Verfasser, Berlin, 26. September 2013.
32 BKGS/ZA: BG, 27. April 2006.
33 *Der Spiegel*, Nr. 5, 1. Februar 1999: »Chaos mit Kanzler«.
34 Steinmeier, *Mein Deutschland*, S. 79.
35 AFWS: Korrespondenz Chef BK ab 1.1.2000: A–H: Frank-Walter Steinmeier an Werner Grübmeyer, 24. Oktober 2000.
36 BKGS/ZA: BG, 12. Juli 2006.
37 AFWS: Koalitionsgespräche 1998/1999: Notiz Werner Müllers »für den Herrn Bundeskanzler«, 2. Dezember 1998.
38 Ebd.: Aufzeichnung des Gruppenleiters 43 für den Chef des Bundeskanzleramtes »*Betr.*: Deutsch/französische Arbeitsgruppe«, 12. Januar 1999.
39 *Der Spiegel*, Nr. 52, 21. Dezember 1998: »Abschied vom Atomstrom«.
40 Jürgen Trittin im Gespräch mit dem Verfasser, Berlin, 4. Dezember 2013.
41 Gerhard Schröder im Interview mit: *SZ*, 10. Februar 1999.
42 *FAZ*, 18. Februar 1999: »Distanz zum Umweltminister nun auch bei den Grünen«.
43 BKGS/ZA: PVZA, I. Ordner: Gerhard Schröder an Jürgen Trittin, 17. Juni 1999.
44 BKGS/ZA: EA: Startprogramm, BK, Jahres-PK 14.01.99/Haushalt 24.02.99 Bundestag: Nicht datierte handschriftliche Notizen des Bundeskanzlers für die Haushaltsdebatte des Bundestages, 24. Februar 1999.
45 *FAZ*, 11. November 1998: »Ohne Zielführung«.
46 BKGS/ZA: PK, Addenda 1998–2005: Marion Gräfin Dönhoff an Gerhard Schröder, 3. Februar 1999.
47 BKGS/ZA: TA, 2. Dezember 1999: Marion Gräfin Dönhoff an Gerhard Schröder, 11. November 1999.
48 BKGS/ZA: PK, Oktober 1998–März 1999: Marion Gräfin Dönhoff an Gerhard Schröder, 5. Januar 1999; Gerhard Schröder an Marion Gräfin Dönhoff, 18. Januar 1999.
49 AFWS: Koalitionsgespräche 1998/1999: Nicht datierte Notiz Gerhard Schröders [2. Dezember 1998].
50 AFWS: Telefonate Chef BK 1998–2000: Notiz Frank-Walter Steinmeiers für Gerhard Schröder »Betr.: Vorhabenplanung der Ressorts«, 8. Februar 1999.
51 ATS: Vermerk Bodo Hombachs und Frank-Walter Steinmeiers für Gerhard Schröder »Betr.: Diskussion um Koordinierungsdefizite«, 23. Februar 1999.
52 BKGS/ZA: PK, Oktober 1998–März 1999: Gerhard Schröder an Oskar Negt, 15. Dezember 1998.
53 Hans Eichel im Interview mit: BR-alpha, 27. April 2010.
54 Fischer, *Die rot-grünen Jahre*, S. 135.
55 Aufbruch und Erneuerung – Deutschlands Weg ins 21. Jahrhundert. Koalitionsvereinbarung zwischen der Sozialdemokratischen Partei Deutschlands und Bündnis 90/Die Grünen, Bonn, 20. Oktober 1998.
56 AFWS: Koalitionsgespräche 1998/1999: Vorschläge des Bundesministeriums des Innern

zur Reform des deutschen Staatsangehörigkeitsrechts, 11. Januar 1999; Anlage eines Schreibens von Otto Schily an Bodo Hombach vom selben Tag.

57 Lafontaine, *Das Herz schlägt links*, S. 226.

58 Rudolf Augstein, »Schröder, allein«, in: *Der Spiegel*, Nr. 11, 15. März 1999.

59 BKGS/ZA: TA, [9. November 1998]: Rudolf Augstein an Gerhard Schröder, 6. Oktober 1998.

60 BKGS/ZA: PK, Oktober 1998 – März 1999: Rudolf Augstein an Gerhard Schröder, 13. November 1998.

61 Lafontaine, *Das Herz schlägt links*, S. 223.

62 Hans Eichel im Interview mit: BR-alpha, 27. April 2010.

63 Fischer, *Die rot-grünen Jahre*, S. 148f.

64 Béla Anda im Gespräch mit dem Verfasser, Berlin, 6. August 2014.

65 *Bild*, 11. März 1999: »Schröder droht mit Rücktritt!«.

66 BKGS/ZA: HN, 2003/II. Ordner: Gerhard Schröder an Oskar Lafontaine, 16. September 2003.

67 Egon Bahr im Gespräch mit dem Verfasser, Berlin, 28. November 2012.

68 Joschka Fischer im Gespräch mit dem Verfasser, Berlin, 2. April 2014.

69 Oskar Lafontaine im Gespräch mit dem Verfasser, Saarbrücken, 12. Januar 2015.

70 FES/AdsD: O/Parteivorstand [12. 3.] 1999: »Protokoll der Sondersitzung des Parteivorstandes am 12. März 1999«.

71 BKGS/ZA: BG, 2. März 2006.

72 Renate Schmidt im Gespräch mit dem Verfasser, 5. August 2014.

73 Gerhard Schröder im Interview mit: *Der Spiegel*, Nr. 31, 2. August 1999.

74 BKGS/ZA: PK, Addenda 1998 – 2005: Norbert Wieczorek an Gerhard Schröder, [8.] Januar 1999. Der scheidende Bundesbankpräsident hatte Wieczorek wiederholt »seine Unterstützung zugesagt«.

75 So zum Beispiel Otto Schily und Franz Müntefering in Gesprächen mit dem Verfasser, Berlin, 25. beziehungsweise 26. September 2013.

76 Oskar Lafontaine im Gespräch mit dem Verfasser, Saarbrücken, 12. Januar 2015.

77 Jürgen Trittin im Gespräch mit dem Verfasser, Berlin, 4. Dezember 2013.

78 Günter Grass im Gespräch mit dem Verfasser, Behlendorf, 13. Mai 2014.

79 Oskar Negt im Gespräch mit dem Verfasser, Hannover, 11. September 2014.

80 Otto Schily im Gespräch mit dem Verfasser, Berlin, 25. September 2013.

81 Günter Grass im Interview mit: *Die Woche*, 8. Oktober 1999.

82 Hans-Jochen Vogel, »27. Oktober 1998 – Gerhard Schröder wird Bundeskanzler«, in: Bernhard Vogel/Hans-Jochen Vogel, *Deutschland aus der Vogelperspektive. Eine kleine Geschichte der Bundesrepublik*, Freiburg i. Br. u. a. 2007, S. 247ff., Zitat S. 249f.

83 Hans-Jochen Vogel im Gespräch mit dem Verfasser, München, 7. November 2012; Günter Grass im Gespräch mit dem Verfasser, Behlendorf, 13. Mai 2014.

84 Kai Diekmann im Gespräch mit dem Verfasser, Berlin, 5. Juni 2014.

85 BKGS/ZA: EA: Sondersammlung *Entscheidungen* I: Notizen Marianne Dudens »Termine von BK Gerhard Schröder am Donnerstag, 11. März 1999«; »zum Telefonwunsch BK Schröder am Do. 11. März 99«; ebd.; TA, 11. März 1999: Termine des Bundeskanzlers am Donnerstag, 11. März 1999.

86 Fischer, *Die rot-grünen Jahre*, S. 150.

87 BKGS/ZA: BG, 2. März 2006.

88 Gerhard Schröder, *Entscheidungen. Mein Leben in der Politik*. Aktualisierte und erweiterte Ausgabe, Berlin 2007, S. 119.

89 Gerhard Schröder im Interview mit: *WamS*, 28. Februar 1999. Das Interview führten

Klaus Bölling und Peter Gauweiler, der Schröder so wahrnimmt: »Es wäre Selbsttäuschung, diesen Mann auf das Charakteristikum schauspielerischer Beliebigkeit zu reduzieren.«

90 Sigrid Krampitz im Gespräch mit dem Verfasser, Berlin, 11. September 2013.

91 Kohl, *Mein Tagebuch*, S. 61 und 56.

92 BKGS/ZA: PVZA, I. Ordner: Hans-Ulrich Klose an Gerhard Schröder, 12. März 1999.

93 BKGS/ZA: PK, April 1999 – August 1999: Herlinde Koelbl an Gerhard Schröder, 24. März 1999, nebst Anlage. Hier »Rückblick auf das Jahr 1998«.

94 Peter Glotz, *Von Heimat zu Heimat. Erinnerungen eines Grenzgängers*, Berlin 2005, S. 291 und 313. Dort auch die Notiz vom 16. November 1993.

95 BKGS/ZA: PVZA, I. Ordner: Peter Glotz an Gerhard Schröder, 17. März 1999.

96 Gerhard Schröder, »Aufbruch nach Europa. Erinnerung an einen undogmatischen Geist«, in: *Neue Gesellschaft/Frankfurter Hefte* 52 (2005), Nr. 10, S. 13f.

97 BKGS/ZA: PVZA, I. Ordner: Hans-Ulrich Klose an Gerhard Schröder, 12. März 1999.

98 FES/AdsD: Parteivorstand [12.03.] 1999: »Protokoll der Sondersitzung des Parteivorstandes am 12. März 1999«.

99 SPD, Protokoll, Parteitag Bonn. 12. April 1999. Verantwortung, Rede Gerhard Schröder, S. 34ff., Zitat S. 53.

100 BKGS/ZA: PVZA, I. Ordner: Erhard Eppler an Gerhard Schröder, 15. April 1999.

101 FES/AdsD: 2/PVEF000178: Gerhard Schröder an Erhard Eppler, 9. Dezember 2001.

102 BKGS/ZA: PVZA, V. Ordner: Erhard Eppler an Gerhard Schröder, 30. Juli 2001.

103 FES/AdsD: 2/PVEF000250: Jiang Zemin an Gerhard Schröder, 14. April 1999; Edmund Stoiber an Gerhard Schröder, 14. April 1999; Kurt Biedenkopf an Gerhard Schröder, 16. April 1999.

104 BKGS/ZA: PVZA, I. Ordner: Peter Glotz an Gerhard Schröder, 17. März 1999.

105 Günter Bannas, »Widerstand zwecklos«, in: *FAZ*, 15. März 1999.

106 Kohl, *Mein Tagebuch*, S. 62.

107 Gerhard Schröder im Interview mit: rbb, 26. November 2003. Das Interview führte Günter Gaus. Die Wertschätzung beruht auf Gegenseitigkeit: BKGS/ZA: PK, Addenda 1998 – 2005: Peter Lindbergh an Gerhard Schröder, 6. Februar 1999.

108 Peter Struck, *So läuft das. Politik mit Ecken und Kanten*, Berlin 2010, S. 29.

109 BKGS/ZA: TA, 30. Juni 2003: Randbemerkung Gerhard Schröders zu einem Schreiben Dominik Wichmanns an Béla Anda, 21. Mai 2003.

110 BKGS/ZA: Dank und Absagen: 1. September bis 30. November 2009: Mainhardt Graf von Nayhauss-Cormons an Gerhard Schröder, 29. August 2009; Gerhard Schröder an Mainhardt Graf von Nayhauss-Cormons, [...] September 2009.

111 BKGS/ZA: PVZA, I. Ordner: Nessrin Gräfin zu Königsegg an Gerhard Schröder, 22. März 1999.

112 BKGS/ZA: PVZA, II. Ordner: Gerhard Schröder an Francesco Trapani, 9. Dezember 1999.

113 BKGS/ZA: PVZA, V. Ordner: Uwe Seeler an Gerhard Schröder, 8. August 2001.

114 BKGS/ZA: PVZA, VI. Ordner: Jürgen Großmann an Gerhard Schröder, 18. April 2002.

115 BKGS/ZA: PVZA, VI. Ordner: Udo Jürgens an Gerhard Schröder, 10. März 2002; Gerhard Schröder an Udo Jürgens, 14. März 2002.

116 BKGS/ZA: PK, Januar – März 2005: Die Leiterin des Kanzlerbüros an den Leiter der Abteilung 1, 8. und 18. März 2005.

117 BKGS/ZA: Länder 5: Michele Valensise an Gerhard Schröder, 3. März 2010.

118 Umberto Angeloni im Interview mit: *Bunte*, 11. Mai 2000.

119 *Der Spiegel*, Nr. 40, 4. Oktober 1999: »Der lange Weg zum kurzen Abschied«.

120 BKGS/ZA: HN, bis Dezember 2001: »Notizen Bundeskanzler Schröder, Haushaltsdebatte 15.09.1999«. Einige Gedanken finden sich wieder bei: Gerhard Schröder, »Das Modell Deutschland ist nicht überholt«, in: *FAZ*, 25. September 1999.
121 Hans Eichel im Interview mit: BR-alpha, 27. April 2010.
122 *Der Spiegel*, Nr. 24, 14. Juni 1999: »Der Chef macht Druck«.
123 BKGS/ZA: BG, 6. Juli 2006.
124 Martin E. Süskind, »Machtwechsel und Regierungsjahre«, in: Béla Anda/Rolf Kleine, *Gerhard Schröder. Eine Biographie. Mit einer Bilanz der ersten vier Regierungsjahre von Martin E. Süskind*, München 2002, S. 223ff., Zitat S. 250f.
125 Gerhard Schröder, »Anmerkungen zum Thema ›Schriftsteller und SPD‹«, in: *Neue Gesellschaft* 26 (1979), S. 52ff.
126 Gerhard Schröder mit Reinhard Hesse, *Und weil wir unser Land verbessern … 26 Briefe für ein modernes Deutschland*, Hamburg 1998, S. 91.
127 Gerhard Schröder, »Politische Gestaltung oder: Primat der Ökonomie«, in: *Neue Gesellschaft/Frankfurter Hefte* 45 (1998), S. 504ff.
128 Gerhard Schröder, »Alte Linke und Neue Mitte«, in: *Neue Gesellschaft/Frankfurter Hefte* 46 (1999), S. 444ff. Der Artikel erschien erstmals Mitte März in der *Süddeutschen Zeitung* und ist im Kern eine Auseinandersetzung mit dem gerade erschienenen Buch von Anthony Giddens *Der dritte Weg*.
129 Gerhard Schröder, »Die zivile Bürgergesellschaft. Anregungen zu einer Neubestimmung der Aufgaben von Staat und Gesellschaft«, in: *Neue Gesellschaft/Frankfurter Hefte* 47 (2000), S. 200ff.
130 FES/AdsD: Hausakten der FES, Nr. 10.296: Handschriftlicher Lebenslauf Gerhard Schröders vom 15. Juni 1967.
131 Gerhard Schröder im Interview mit: *Die Zeit*, 6. August 1998.
132 *FAZ*, 7. Oktober 1999: »Der Bundeskanzler wirbt um die ›kritische Solidarität‹ der Gewerkschaften«.
133 BKGS/ZA: PK, Oktober 1998 – März 1999: Klaus Zwickel und Siegfried Bleicher an Gerhard Schröder, 9. November 1998.
134 Steinmeier, *Mein Deutschland*, S. 95.
135 *FAZ*, 9. März 1999: »Die Enttäuschung der Manager«.
136 SPD, Protokoll, Parteitag Bonn. 12. April 1999. Verantwortung, Rede Gerhard Schröder, S. 34ff., Zitat S. 50.
137 *FAZ*, 10. Juni 1999: »Des Kanzlers kleines Bündnis«.
138 Schröder, *Entscheidungen*, S. 90f.
139 Sebastian Nawrat, *Agenda 2010 – ein Überraschungscoup? Kontinuität und Wandel in den wirtschafts- und sozialpolitischen Programmdebatten der SPD seit 1982*, Bonn 2012, S. 214.
140 FES/AdsD: 2/PVEF000438: Bernd Becker, Organisation, Arbeitsabläufe und interne Kommunikation in No. 10 Downing Street, 2. Dezember 1999.
141 Bodo Hombach im Interview mit: BR-alpha, 20. August 2012.
142 FES/AdsD: SPD-Bundestagsfraktion, Fraktionsprotokolle, 22.05 – 29.06.1999: »Protokoll der Sitzung der SPD-Bundestagsfraktion am Dienstag, dem 15. Juni 1999«.
143 Gerhard Schröder/Tony Blair, »Der Weg nach vorne für Europas Sozialdemokraten«, zitiert nach: *Blätter für deutsche und internationale Politik* 44 (1999), S. 887 – 996.
144 *The Alastair Campbell Diaries*, Bd. 3: *Power & Responsibility 1999 – 2001*, hrsg. von A. Campbell/B. Hagerty, London 2011, S. 46.
145 *SZ*, 10. Juni 1999: »Ein Entwurf voller Sprengstoff«.
146 BKGS/ZA: EA: Reaktionen und Debatte zum Schröder-Blair-Papier: Dieter Schulte an Gerhard Schröder, 24. Juni 1999.

147 Pierre Moscovici im Interview mit: *WamS*, 18. Juli 1999. Allerdings rudert er, als es zu irritierten Reaktionen kommt, wieder zurück und schreibt dem Kanzler, dass er eigentlich habe zeigen wollen, »wie sehr die Erfolge der deutschen Ratspräsidentschaft unsere aufrichtige Anerkennung verdienen« (BKGS/ZA: PVZA, I. Ordner: Pierre Moscovici an Gerhard Schröder, 23. Juli 1999).
148 FES/AdsD: 2/PVEF 10: »Protokoll der Sitzung des Präsidiums am 14. Juni 1999«.
149 FES/AdsD: SPD-Bundestagsfraktion, Fraktionsprotokolle, 22.05–29.06.1999: »Protokoll der Sitzung der SPD-Bundestagsfraktion am Dienstag, dem 15. Juni 1999«.
150 BKGS/ZA: EA: Reaktionen und Debatte zum Schröder-Blair-Papier: Rede Gerhard Schröders auf der Fraktionssitzung vom 15. Juni 1999.
151 BKGS/ZA: TA, 14. Juli 2003: Vermerk des Referats 211 für die Leiterin des Kanzlerbüros »*Betr.*: Progressive Governance Summit, London 13./14. Juli 2003«, 3. Juli 2003.
152 Hillary Rodham Clinton, *Gelebte Geschichte*, München 2003, S. 510ff.
153 Bill Clinton, *Mein Leben*, Berlin 2004, S. 1330.
154 BKGS/ZA: EA: Gesprächskreise Kultur/Wissenschaft: Thomas Steg an das Auswärtige Amt, 15. November 1999.
155 BKGS/ZA: EA: Gesprächskreise Kultur/Wissenschaft.
156 BKGS/ZA: PK, März–Mai 2000: Oskar Negt an Sigrid Krampitz, 1. März 2000.
157 Bill Clinton, [»Glückwunsch«], in: *Gerhard Schröder zum Siebzigsten*, hrsg. von S. Gabriel, Berlin 2014, S. 57f., Zitat S. 58.
158 *Progressive Governance for the XXI Century. Contribution to the Berlin Conference*, hrsg. von G. Schröder u.a., München 2002.
159 Gerhard Schröder, »Eine Außenpolitik des ›Dritten Weges‹?«, in: *Gewerkschaftliche Monatshefte* 50 (1999), S. 392ff., Zitat S. 394.
160 BKGS/ZA: HN, bis 31.12.2001: Entwurf Gerhard Schröders für eine Rede auf der Bundesdelegiertenkonferenz der SPD zur Europawahl 1999, Saarbrücken, 8. Dezember 1998.
161 *FAZ*, 13. Februar 1999: »Clinton und Schröder warnen Serben vor Fehlschlag in Rambouillet«.
162 Rede von Bundeskanzler Gerhard Schröder: »Außenpolitische Verantwortung Deutschlands in der Welt am 2. September 1999 vor der DGAP in Berlin«, in: *Internationale Politik* 10/1999, S. 67ff., Zitat S. 70.
163 BKGS/ZA: GV, A–B: Vermerk des Abteilungsleiters 2 »*Betr.*: Abendessen BK mit PM Tony Blair am 29.1. in der Pücklerstrasse«, 31. Januar 2001.
164 Ulrich Wickert, *Neugier und Übermut*, Hamburg 2012, S. 394.
165 *Europa-Archiv* 49 (1994), D 430.
166 Daniela Lerner, *Die Sozialdemokratische Partei Deutschlands zwischen Krieg und Frieden. Das Dilemma humanitärer Interventionen am Beispiel der Entscheidung zur NATO-Intervention im Kosovo 1999*. Unveröffentlichte Abschlussarbeit … zur Erlangung des akademischen Grades »Bachelor of Arts«, Fern-Universität Hagen 2013, S. 48.
167 Joschka Fischer im Interview mit: *Der Spiegel*, Nr. 25, 21. Juni 1999.
168 Gerhard Schröder im Gespräch mit Ulrich Wickert, *Deutschland wird selbstbewusster*, Stuttgart/Leipzig 2000, S. 32.
169 Otto Schily im Gespräch mit dem Verfasser, Berlin, 25. September 2013.
170 Fischer, *Die rot-grünen Jahre*, S. 156f.
171 Gerhard Schröder im Interview mit: *Der Spiegel*, Nr. 23, 7. Juni 1999.
172 *Der Spiegel*, Nr. 13, 29. März 1999: »Ernstfall für Schröder«.
173 *Bild*, 28. Juli 2014: »Die Politik hat meine Seele beschädigt«. *Bild* macht an diesem Tag mit der Predigt auf.
174 Deutscher Bundestag, 14. Wahlperiode, 31. Sitzung, 26. März 1999.

175 FES/AdsD: 2/PVEF 1: »Protokoll des Parteivorstandes am 29. März 1999«.
176 Deutscher Bundestag, 14. Wahlperiode, 32. Sitzung, 15. April 1999.
177 BKGS/ZA: PK, April 1999 – August 1999: Gerhard Schröder an Alfred Reckmann, 29. April 1999.
178 Helmut Schmidt im Interview mit: *L'Hebdo*, Nr. 13, 1. April 1999.
179 BKGS/ZA: PVZA, I. Ordner: Gerhard Schröder an Helmut Schmidt, 22. April 1999.
180 BKGS/ZA: PVZA, I. Ordner: Briefwechsel Ernst Gottfried Mahrenholz – Gerhard Schröder, 14./27. April 1999.
181 Schröder, *Entscheidungen*, S. 110.
182 BKGS/ZA: TA, 5. April 2001: Rezzo Schlauch an Gerhard Schröder, 31. Januar 2001.
183 Gerhard Schröder im Interview mit: *Der Spiegel*, Nr. 23, 7. Juni 1999.
184 Ebd.
185 BKGS/ZA: BG, 8. März 2006.
186 FES/AdsD: 2/PVEF 10: »Protokoll der Präsidiumssitzung am 19. April 1999«.
187 Gerhard Schröder im Interview mit: *SZ*, 11. Februar 1999.
188 Joschka Fischer im Interview mit: *Die Zeit*, 12. November 1998.
189 Deutscher Bundestag, 14. Wahlperiode, 14. Sitzung, 10. Dezember 1998.
190 Gerhard Schröder im Interview mit: *FAS*, 25. November 2012.
191 Jacques Chirac, *Le temps présidentiel. Mémoires*, Bd. 2, Paris 2011, S. 293f.
192 Schröder, *Entscheidungen*, S. 242f.
193 BKGS/ZA: Länder 1: Jacques Chirac an Gerhard Schröder, 6. November 2006.
194 Lionel Jospin, *Les temps de répondre*, Paris 2002, S. 246.
195 *FAZ*, 20. März 1999: »Harte Kritik Chiracs an den deutschen Vorschlägen für das EU-Gipfeltreffen in Berlin«.
196 BKGS/ZA: PVZA, I. Ordner: Monika Wulf-Mathies an Gerhard Schröder, 7. Juni 1999.
197 BKGS/ZA: BG, 12. Juli 2006.
198 Deutscher Bundestag, 14. Wahlperiode, 31. Sitzung, 26. März 1999.
199 BKGS/ZA: PVZA, I. Ordner: Tony Blair an Gerhard Schröder, 26. März 1999.
200 Gerhard Schröder, *Klare Worte. Im Gespräch mit Georg Meck über Mut, Macht und unsere Zukunft*, Freiburg i. Br./Basel/Wien 2014, S. 30.
201 Deutscher Bundestag, 14. Wahlperiode, 31. Sitzung, 26. März 1999.
202 BKGS/ZA: PK, April 1999 – August 1999: Gerhard Schröder an Edith Peter, 28. Juli 1999.
203 Deutscher Bundestag, 14. Wahlperiode, 14. Sitzung, 10. Dezember 1998.
204 Deutscher Bundestag, 14. Wahlperiode, 41. Sitzung, 8. Juni 1999.
205 BKGS/ZA: PVZA, III. Ordner: Gerhard Schröder an Bülent Ecevit, 10. März 1999.
206 Deutscher Bundestag, 14. Wahlperiode, 41. Sitzung, 8. Juni 1999.
207 Deutscher Bundestag, 14. Wahlperiode, 77. Sitzung, 3. Dezember 1999.
208 BKGS/ZA: PVZA, II. Ordner: Helmut Schmidt an Gerhard Schröder, 28. Oktober 1999.
209 Gerhard Schröder im Interview mit: *Der Spiegel*, Nr. 52, 27. Dezember 1999.
210 Boris Jelzin, *Mitternachtstagebuch. Meine Jahre im Kreml*, Berlin/München 2000, S. 141f.
211 Struck, *So läuft das*, S. 45.
212 *Der Spiegel*, Nr. 26, 28. Juni 1999: »Vom ›Chef BK‹ zu ›Mr. Balkan‹«.
213 Steinmeier, *Mein Deutschland*, S. 79.
214 *FAZ*, 22. März 1999: »Wie das Volk das so sieht«.
215 Deutscher Bundestag, 14. Wahlperiode, 33. Sitzung, 19. April 1999.
216 Gerhard Schröder, »Die Arbeitsteilung Berlin – Bonn: Geeinte Republik – zwei politische Zentren?«, in: *Hauptstadt Berlin*, Bd. 2: *Berlin im vereinten Deutschland*, hrsg. von W. Süß, Berlin 1995, S. 81ff., Zitat S. 83.

217 BKGS/ZA: TA, 16. Juli 1999: Karl Hermann Haack an Sigrid Krampitz, 1. Juli 1999.
218 *FAZ*, 4. Mai 1998: »Schröder läßt Lafontaine die freie Auswahl«.
219 Gerhard Schröder im Interview mit: *Der Spiegel*, Nr. 44, 26. Oktober 1998.
220 BKGS/ZA: PVZA, I. Ordner: Johannes Rau an Gerhard Schröder, 9. Juni 1999.
221 BKGS/ZA: PVZA, September 2002 – Februar 2003: Johannes Rau an Gerhard Schröder, 22. Dezember 2002; Februar – September 2003: Johannes Rau an Gerhard Schröder, 21. Juli 2003.
222 BKGS/ZA: PVZA, IX. Ordner: Johannes Rau an Gerhard Schröder, 16. Februar 2004.
223 BKGS/ZA: TA, 2. Mai 2001: »Termine des Bundeskanzlers am Mittwoch, 2. Mai 2001«.
224 BKGS/ZA: PVZA, V. Ordner: Marion Gräfin Dönhoff an Gerhard Schröder, 5. Juli 2001; Günter Grass an Gerhard Schröder, 13. November 2001; Hubert Burda an Gerhard Schröder, 24. April 2001.
225 BKGS/ZA: TA, 7. Dezember 1998: Axel Schultes an Gerhard Schröder, 27. Oktober 1998.
226 Gerhard Schröder im Interview mit: *Die Zeit*, 4. Februar 1999.
227 BKGS/ZA: PVZA, IV. Ordner: Eberhard Diepgen an Gerhard Schröder, 1. November 2000.
228 Schröder, *Entscheidungen*, S. 304; *Die Kunst im Bundeskanzleramt. Malerei, Skulptur, Fotografie*, Köln 2005.
229 BKGS/ZA: TA, 18. November 2004: Sigrid Krampitz an den Kunstverein Herzattacke e.V., 26. August 2004.
230 Markus Lüpertz im Gespräch mit dem Verfasser, Düsseldorf, 8. Februar 2014.
231 BKGS/ZA: PVZA, V. Ordner: Markus Lüpertz an Gerhard Schröder, 10. August 2001.
232 BKGS/ZA: TA, 25. Oktober 2000: Vermerk des Referats 113 »*Betr*.: Neubau des Bundeskanzleramtes in Berlin; *hier:* Vertragsentwurf für die Herstellung eines Kunstwerks durch Professor Markus Lüpertz«, 14. September 2000.
233 Spiegel Online, 25. Oktober 2000: »›Aber ich bin doch in der Mitte!‹«.
234 BKGS/ZA: TA, 29. März 2000: Die Büroleiterin von Staatsminister Naumann an Gerhard Schröder, 17. März 2000.
235 BKGS/ZA: PVZA, IV. Ordner: Rolf Becker an Gerhard Schröder, 22. Dezember 2000.
236 BKGS/ZA: PK, März – Mai 2000: Sigrid Krampitz an Robert Simon, Galerie KÖ 24, 24. März 1999.
237 Gerhard Schröder, »Rede zu einer Ausstellung von Hans Peter Zimmer«, in: ders., *Annäherungen. Reden über Bilder und Künstler*, Gifkendorf 1990, S. 12ff.
238 BKGS/ZA: PVZA, IV. Ordner: Sigrid Krampitz an Vera Zimmer, 7. Dezember 2000; VI. Ordner: Vera Zimmer an Gerhard Schröder, 18. August 2001.
239 BKGS/ZA: TA, 9. Februar 2000: Aktennotiz Renate von Ahlftens für Sigrid Krampitz, 24. Januar 2000.
240 BKGS/ZA: Rede von Bundeskanzler a. D. Gerhard Schröder anlässlich der Werkschau von Georg Baselitz am Freitag, 26. September 2008, Kunsthalle Würth/Schwäbisch Hall.
241 BKGS/ZA: PK, September 1999 – Februar 2000: Georg Baselitz an Gerhard Schröder, 14. Februar 2000.
242 Frank-Thomas Gaulin im Interview mit: *FAZ*, 3. Februar 2000.
243 Doris Schröder-Köpf, »Warum dieser Titel?«, in: *Der Kanzler wohnt im Swimmingpool oder Wie Politik gemacht wird*, hrsg. von D. Schröder-Köpf/I. Brodersen, Frankfurt am Main 2001, S. 1ff., Zitat S. 1.
244 Doris Schröder-Köpf im Interview mit: *Der Spiegel*, Nr. 50, 11. Dezember 2000.
245 Götz von Fromberg im Interview mit: *FAS*, 5. Februar 2012.
246 Gerhard Schröder im Interview mit: *Stern*, 11. Januar 2001.
247 Gerhard Schröder im Interview mit: *WamS*, 28. Februar 1999.

248 Gerhard Schröder im Interview mit: *Stern*, 9. August 2001.
249 Gerhard Schröder im Interview mit: *Bild am Sonntag*, 21. Dezember 2003.
250 Doris Schröder-Köpf im Interview mit: *Super Illu*, 13. April 2000.
251 *Der Spiegel*, Nr. 26, 28. Juni 1999: »Kraftmensch im Kanzleramt«.
252 BKGS/ZA: TA, 8. Februar 2005: Patricia Riekel an Doris Schröder-Köpf, 23. November 2004.
253 BKGS/ZA: PK, September 1999 – Februar 2000: Presse- und Informationsamt der Bundesregierung an Thomas Schadt, 25. Januar 2000; Leiterin des Kanzlerbüros an Thomas Schadt, 9. Februar 2000.
254 Doris Schröder-Köpf im Interview mit: *Der Spiegel*, 11. Dezember 2000.
255 Bundesverfassungsgericht 1 BvR 2243/02.
256 Gerhard Schröder im Interview mit: *SZ*, 24./25./26. Dezember 2002.
257 *FAZ*, 13. April 2002: »Udo Walz frisiert die Republik und kennt die Haare des Kanzlers«.
258 *FAZ*, 20. Januar 2003: »›Mail on Sunday‹ weiter gegen Schröder«; *FAZ*, 21. Januar 2003: »Ihr Name kann auch nirgends auftauchen. Ferngespräch: Eine Hotline für Denunzianten«.
259 Gerhard Schröder im Interview mit: *Der Spiegel*, Nr. 2, 6. Januar 2003.
260 Jürgen Leinemann, »Das Neue ist die Größe«, in: *Der Spiegel*, Nr. 36, 6. September 1999.
261 *Die Welt*, 4. September 2000: »Landsmann Schröder«.
262 *FAZ*, 4. September 2000: »Schröder würdigt die Arbeit der Vertriebenenverbände, ist aber gegen eine Gedenkstätte«.
263 Gerhard Schröder im Interview mit: *Die Zeit*, 4. Februar 1999.
264 Bernard-Henri Lévy, »Ein paar Versuche, in Deutschland spazierenzugehen«, in: *FAZ*, 17. Februar 1999.
265 Helmut Schmidt/Fritz Stern, *Unser Jahrhundert. Ein Gespräch*, München 2010, S. 84.
266 BKGS/ZA: PK, April – August 1999: Gerhard Schröder an Jan Philipp Reemtsma, 15. April 1999.
267 Lévy, »Ein paar Versuche in Deutschland spazierenzugehen« (wie Anm. 264).
268 Martin Walser, »Die Banalität des Guten. Erfahrungen beim Verfassen einer Sonntagsrede aus Anlaß der Verleihung des Friedenspreises des Deutschen Buchhandels«, in: *FAZ*, 12. Oktober 1998.
269 BKGS/ZA: EA: Sondersammlung *Entscheidungen* I: Notiz von Sigrid Krampitz, nicht datiert. In seinen *Entscheidungen* (S. 72) gibt Schröder dafür irrtümlich ein Datum vor der Bundestagswahl an.
270 Heinrich von Pierer im Gespräch mit dem Verfasser, Erlangen, 21. Oktober 2013.
271 AFWS: Korrespondenz Chef BK ab 1.1.2003: A – M: Otto Graf Lambsdorff an Frank-Walter Steinmeier, 22. Januar 2003.
272 Briefwechsel zwischen William Clinton und Gerhard Schröder, 13./14. Dezember 1999, in: Susanne-Sophia Spiliotis, *Verantwortung und Rechtsfrieden. Die Stiftungsinitiative der deutschen Wirtschaft*, Frankfurt am Main 2003, S. 312ff.
273 So formuliert es der Kanzler im Parlament: Deutscher Bundestag, 14. Wahlperiode, 172. Sitzung, 30. Mai 2001.
274 BKGS/ZA: PK, Januar – Dezember 2007: Michael Jansen an Gerhard Schröder, 30. Juni 2007.
275 *SZ*, 14. Mai 1999: »Der tadellose Büßer«.
276 Deutscher Bundestag, 12. Wahlperiode, Drucksache 12/6151.
277 Schröder, *Klare Worte*, S. 176.
278 Jürgen Trittin im Gespräch mit dem Verfasser, Berlin, 4. Dezember 2013.
279 BKGS/ZA: Briefe SLKB, 1. Dezember 2002 – 12. Juni 2003: Georg Leber an Gerhard

Schröder, 2. Februar 2003, mit der Anlage: Georg Leber, Über den Transrapid und seine Entstehung.

280 Heinrich von Pierer, *Gipfel-Stürme. Die Autobiographie*, Berlin 2011, S. 264.

281 BKGS/ZA: PK, September 1999 – Februar 2000: Gerhard Schröder an Georg Blume, 9. Dezember 1999.

282 *Der Spiegel*, Nr. 26, 28. Juni 1999: »Kraftmensch im Kanzleramt«.

283 BKGS/ZA: PVZA, II. Ordner: Anlage zu einem Schreiben von Michael Müller an Gerhard Schröder, 8. Oktober 1999.

284 BKGS/ZA: PVZA, II. Ordner: Joachim Richter an Gerhard Schröder, 14. September 1999.

285 Hans Eichel im Interview mit: *Stern*, 29. Dezember 1999.

286 BKGS/ZA: PK, März – Mai 2000: Josef Andorfer an Gerhard Schröder, 23. September 1999.

287 BKGS/ZA: PVZA, II. Ordner: Gunter Sachs an Gerhard Schröder, 22. September 1999.

288 Jürgen Leinemann, »Der lernende Kanzler«, in: *Der Spiegel*, Nr. 34, 21. August 2000.

289 BKGS/ZA: TA, 11. April 2000: Heinz Ruhnau an Gerhard Schröder, 14. Oktober 1999.

290 BKGS/ZA: PVZA, IV. Ordner: Gerhard Schröder an Hans-Jochen Vogel, 4. März 2001.

291 Angela Merkel, »Die von Helmut Kohl eingeräumten Vorgänge haben der Partei Schaden zugefügt«, in: *FAZ*, 22. Dezember 1999.

292 BKGS/ZA: PVZA, II. Ordner: Gerhard Schröder an Helmut Kohl, 3. April 2000.

293 Georg Linden im Interview mit: *Die Zeit*, 19. Februar 2004.

294 AFWS: Korrespondenz Chef BK ab 1.1.2000: A – H: Burkhard Hirsch an Frank-Walter Steinmeier, 29. Dezember 2001.

295 »Zum Beispiel Gerhard Schröder, Ämtertugend und Zeitmaß. Warum die Krise der CDU eben keine Krise der Demokratie ist«, in: *FAZ*, 4. Februar 2000.

296 BKGS/ZA: PVZA, II. Ordner: Wolfgang Clement an Gerhard Schröder, 23. November 1999.

297 BKGS/ZA: TA, 15. März 2000: Chris Gent an Gerhard Schröder, 10. Februar 2000. Gent benutzt in seinem in englischer Sprache verfassten Brief den deutschen Terminus »Mitbestimmung«.

298 Deutscher Bundestag, 14. Wahlperiode, 102. Sitzung, 11. Mai 2000.

299 *SZ*, 22. Dezember 1999: »Nebelkerzen vor der Weihnachtsüberraschung«.

300 BKGS/ZA: PK, August – Dezember 2000 I: Votum des Gruppenleiters II für Staatsminister Bury, 6. Dezember 2000.

301 Franz Müntefering im Gespräch mit dem Verfasser, Berlin, 26. September 2013.

302 BKGS/ZA: PK, Juni – Juli 2000: Vermerk zu einem Fax des Parteivorstandes vom 21. Juli 2000 mit angehängtem Schreiben des Gesamtbetriebsrates der SPD an den Parteivorsitzenden und zugleich Antwort auf die Frage der Büroleiterin: »Bist Du eingeweiht gewesen? Bisher hat Müntefering sich darum gekümmert.«

303 AFWS: Akten Jansen-Cornette 1: Einladungsschreiben Frank-Walter Steinmeiers zur ersten Gesprächsrunde an Wilhelm Schmidt, Matthias Machnig, Rainer Sontowski, Sigrid Krampitz und Ewold Seeba, 6. Oktober 1999.

304 BKGS/ZA: PVZA, IV. Ordner: Georg Leber an Gerhard Schröder, 17. Dezember 2000.

305 FES/AdsD: 2/PVEF000284: Diskussionsentwurf/Leitantrag des SPD-Parteivorstandes für den Bundesparteitag 1999, 11. Oktober 1999.

306 BKGS/ZA: EA: BPT 1999, Rede-E[ntwürfe], Ordner I und II.

307 BKGS/ZA: TA, 11. November 1999: Aktenvermerk von Sigrid Krampitz für Marianne Duden, 16. September 1999; ebd.: 28. November 1999: Vermerk Marianne Dudens für Gerhard Schröder, 15. November 1999.

308 BKGS/ZA: TA, 1. Dezember 1999: Vermerk von Sigrid Krampitz für die Abteilung 4, 29. Oktober 1999.
309 BKGS/ZA: PVZA, II. Ordner: Jürgen Trittin an Gerhard Schröder, 8. Dezember 1999.
310 AFWS: Telefonate Chef BK 1998 – 2000: Anruf von Marieluise Beck, 9. März 2000.
311 Deutscher Bundestag, 14. Wahlperiode, 98. Sitzung, 6. April 2000.
312 Spiegel Online, 9. März 2000: »Rüttgers verteidigt verbalen Ausrutscher«.
313 BKGS/ZA: PVZA, I. Ordner: Referat 414 an Frank-Walter Steinmeier, 20. Juli 1999.
314 Wickert, *Neugier und Übermut*, S. 388.
315 Rudolf Scharping im Gespräch mit dem Verfasser, Frankfurt am Main, 11. September 2014.
316 BKGS/ZA: PVZA, II. Ordner: Rudolf Scharping an Gerhard Schröder, 7. April 2000.
317 BKGS/ZA: PVZA, II. Ordner: Renate Schmidt an Gerhard Schröder, 3. April 2000.
318 Gerhard Schröder im Interview mit: *Der Spiegel*, Nr. 52, 27. Dezember 1999.
319 AAPD 1973, Nr. 202.
320 BKGS/ZA: PVZA, II. Ordner: Caio Koch-Weser an Gerhard Schröder, 4. März 2000.
321 Leinemann, »Der lernende Kanzler« (wie Anm. 288).
322 Campbell, *Diaries*, Bd. 3, S. 256f.
323 BKGS/ZA: Handkalender 2000.
324 BKGS/ZA: TA, 24. Oktober 2001: Vermerk der Leiterin Arbeitsstab 03 für den Bundeskanzler »Betr.: Stimmungslage in Frankreich gegenüber Deutschland« vom 27. September 2001.
325 Erhard Eppler im Gespräch mit dem Verfasser, Schwäbisch Hall, 12. Dezember 2012.
326 *FAZ*, 27. März 2000: »Schröder und Blair bekunden enges Einvernehmen«.
327 Niedersächsischer Landtag, 13. Wahlperiode, Drucksache 13/952.
328 *NP*, 10. Juli 1990: »Ohne Bonner Hilfe ist die Expo nicht zu finanzieren«.
329 Gerhard Schröder, »›Europe Puissance‹ als gemeinsames Ziel«, in: *FAZ*, 1. Dezember 1999.
330 Deutscher Bundestag, Rede des französischen Staatspräsidenten Jacques Chirac, 27. Juni 2000.
331 Chirac, *Le temps présidentiel*, S. 296f.
332 FES/AdsD: 2/PVEF 1: »Protokoll der Parteivorstandssitzung am 27. März 2000«.
333 Bericht von Martti Ahtisaari, Jochen Frowein, Marcelino Oreja, angenommen am 8. September 2000 in Paris.
334 Wolfgang Schüssel, *Offengelegt*, Salzburg 2009, S. 160 und 250.
335 BKGS/ZA: TA, 1. September 2004: Vermerk der Referate 211 und 512 »*Betr.*: Mittagessen BK mit Bundeskanzler Schüssel (A) am 1.9.«, 19. August 2004.
336 BKGS/ZA: TA, 1. Januar 2005: Wolfgang Schüssel an Gerhard Schröder, 14. September 2004. Der Besuch muss dann wegen der Flutkatastrophe im Pazifik kurzfristig verschoben werden: BKGS/ZA: TA, 18. März 2005: Vermerk des Referatsleiters 211 für die Leiterin des Kanzlerbüros »*Betr.*: Neuterminierung der ursprünglich für den 01.01.05 geplanten BK-Reise nach Wien«, 20. Januar 2005.
337 BKGS/ZA: GV, L – R: Vermerk des Referatsleiters 211 »*Betr.*: Gespräch des Bundeskanzlers mit NATO-GS Lord Robertson am 29. Juni 2000, 12.00 – 12.45 Uhr«, 3. Juli 2000.
338 BKG/ZA: GV, A – B: Drahtbericht des Deutschen Botschafters in Washington an das Auswärtige Amt »Betr.: Besuch Bundeskanzler Schröder in Washington am 29. März 2001«, 30. März 2001; Fax der Deutschen Botschaft an das Bundeskanzleramt »mit der Bitte um Billigung vor Abgang«, 30. März 2002.
339 BKGS/ZA: GV, L – R: Vermerk des Referatsleiters 212 »*Betr.*: Gespräch BK mit dem russischen Präsidenten Putin am 15.6.2000«, 15. Mai 2000.
340 Gerhard Schröder, »Deutsche Russlandpolitik – europäische Ostpolitik«, in: *Die Zeit*, 5. April 2001.

341 BKGS/ZA: Gesprächsvermerke/Sachstandsvermerke 2004–2005: Vermerk des Referats 212 »*Betr.*: Aussprache BK mit Mitgliedern der AG Außenpolitik der SPD Fraktion, 11.3.04, 17.00 Uhr«, 15. März 2004.
342 Deutscher Bundestag, 14. Wahlperiode, 111. Sitzung, 29. Juni 2000.
343 Steinmeier, *Mein Deutschland*, S. 92f.
344 BKGS/ZA: EA: Sondersammlung *Entscheidungen* I: Kanzleramt, Referat 321, »Grundlagen für einen Energiekonsens«, 12. Januar 2000.
345 BKGS/ZA: TA, 14. Juni 2000: Termine des Bundeskanzlers am Mittwoch[,] 14. Juni 2000.
346 Deutscher Bundestag, 14. Wahlperiode, 111. Sitzung, 29. Juni 2000.
347 Antje Radcke, *Das Ideal und die Macht. Das Dilemma der Grünen*, Berlin 2001, S. 64.
348 AFWS: Koalitionsgespräche 1998/1999: Aufzeichnung des Referats 321 für den Chef des Bundeskanzleramts »*Betr.*: Atomausstieg«, 23. September 1999.
349 BKGS/ZA: EA: Sondersammlung *Entscheidungen* I: Vereinbarung zwischen der Bundesregierung und den Energieversorgungsunternehmen vom 14. Juni 2000.
350 BKGS/ZA: BG, 11. Januar 2006.
351 BKGS/ZA: TA, 1. Dezember 2004: Vermerk des Referats 321 für den Chef des Bundeskanzleramtes betr. »Nukleare Endlagerung«, 15. November 2004; Termine des Bundeskanzlers am Mittwoch, 1. Dezember 2004.
352 Eberhard Diepgen, *Zwischen den Mächten. Von der besetzten Stadt zur Hauptstadt*, Berlin 2004, S. 301ff.
353 BKGS/ZA: TA, 13. Juli 2000: Termine des Bundeskanzlers von Donnerstag, 13. Juli[,] bis einschl. Sonntag, 16. Juli 2000.
354 BKGS/ZA: PVZA, III. Ordner: Helmut Schmidt an Gerhard Schröder, 15. Juli 2000.
355 Kohl, *Mein Tagebuch*, S. 293.
356 *Der Spiegel*, Nr. 29, 17. Juli 2000: »›Da habe ich Ja gesagt‹«.
357 *FAZ*, 26. Juli 2000: »Das Erfolgssystem«.
358 *Die Welt*, 26. Juli 2000: »Gerhard Schröder fährt hart am Limit«.
359 BKGS/ZA: PK, August–Dezember 2000 II: Günter Netzer an Gerhard Schröder, 11. September 2000.
360 Franz Beckenbauer im Gespräch mit dem Verfasser, Berlin, 12. November 2014.
361 BKGS/ZA: TA, 6. September 2000: Kofi Annan an Gerhard Schröder, 25. August 1999.
362 *FAZ*, 26. Oktober 2000: »Schröder hält an Nahost-Reise fest«.
363 *Der Spiegel*, Nr. 50, 11. Dezember 2000: »›Explosive Mischung‹«.
364 Der Vorgang ist präzise dokumentiert in: *Der Spiegel*, Nr. 49, 4. Dezember 2000: »Die traurigen Tage von Sebnitz«.
365 *FAZ*, 28. November 2000: »Haftbefehle im Todesfall Joseph aufgehoben«.
366 *Der Spiegel*, Nr. 49, 4. Dezember 2000: »Die Hysterie der Anständigen«.
367 Ebd.
368 Gerhard Schröder im Interview mit: *Der Spiegel*, Nr. 49, 4. Dezember 2000.
369 Gerhard Schröder im Interview mit: *Stern*, 11. Januar 2001.
370 Zum Beispiel Manfred Bissinger an Helmut Markwort, 15. Mai 2002, Kopie in: BKGS/ZA: PVZA, VI. Ordner.
371 BKGS/ZA: PK, September–Dezember 2001: Bert Rürup an Gerhard Schröder, 28. Oktober 2001.
372 BKGS/ZA: PK, Juli–November 2005: Gerhard Schröder an Manfred Bissinger, 5. Oktober 2005.
373 BKGS/ZA: PVZA, IV. Ordner: Michael Naumann an Gerhard Schröder, 22. November 2000.

374 BKGS/ZA: PVZA, VI. Ordner: Gerhard Schröder an Michael Naumann, 8. Dezember 2001.
375 Martin E. Süskind, »Ein gar zu schwerer Abgang«, in: *Berliner Zeitung*, 17. November 2000; ders., »Der Kanzler«, ebd., 13. Januar 2001.
376 AFWS: Koalitionsgespräche 1998/1999: E-Mail von Pico Jordan an Andrea Fischer, 25. Oktober 1999 (Kopie).
377 BKGS/ZA: TA, 9. Januar 2001: »Termine des Bundeskanzlers am Dienstag, 9. Januar 2001«.
378 Gerd Langguth, *Kohl, Schröder, Merkel. Machtmenschen*, München 2009, S. 246.
379 BKGS/ZA: BG, 25. Januar 2006.
380 Radcke, *Das Ideal und die Macht*, S. 155.
381 Schröder, *Entscheidungen*, S. 289f. und 441.
382 Deutscher Bundestag, 14. Wahlperiode, 142. Sitzung, 17. Januar 2001.
383 Hans Jörg Hennecke, *Die dritte Republik. Aufbruch und Ernüchterung*, München 2003, S. 219.
384 Joschka Fischer im Interview mit: *Der Spiegel*, Nr. 2, 8. Januar 2001.
385 *FAZ*, 12. Dezember 2000: »Auf dem Gipfel der Teppichhändler«.
386 Chirac, *Le temps présidentiel*, S. 302.
387 Campbell, *Diaries*, Bd. 3, S. 472 und 474.
388 Gerhard Schröders Rede vor den beiden Kammern des Parlaments in Warschau ist in Auszügen veröffentlicht in: *FAZ*, 7. Dezember 2000.
389 Deutscher Bundestag, 14. Wahlperiode, 144. Sitzung, 19. Januar 2001.
390 Chirac, *Le temps présidentiel*, S. 303.
391 BKGS/ZA: BG, 26. April 2006.
392 Schröder, *Entscheidungen*, S. 36.
393 Struck, *So läuft das*, S. 60.
394 AFWS: Akten Jansen-Cornette 1: »Entwurf eines Beschlusses des Parteivorstandes zur Rentenreform 2000«, 30. Juni 2000.
395 FES/AdsD: 2/PVEF 8: Handschriftliche Notizen Rainer Sontowskis zu den Verhandlungen des Parteivorstandes am 3. Juli 2000.
396 FES/AdsD: 2/PVEF 19: Walter Riester an den Vorstand der IG Metall, 14. Juni 2000; Anlage eines Schreibens von Gerhard Schröder an die Mitglieder des SPD-Parteivorstandes, 23. Juni 2000.
397 FES/AdsD: 2/PVEF 1: Klaus Zwickel an die Mitglieder des SPD-Parteivorstandes, 29. Juni 2000.
398 *FAZ*, 6. November 2000: »Schröder bleibt bei der Rentenreform hart«.
399 AFWS: Korrespondenz Chef BK ab 1.1.2002, I – R: Angela Merkel und Edmund Stoiber an Gerhard Schröder, 29. Juni 2000.
400 BKGS/ZA: PK, April – Juni 2001: Friedrich Merz und Michael Glos an Gerhard Schröder, 14. März 2001; Gerhard Schröder an Friedrich Merz, 14. März 2001.
401 Deutscher Bundestag, 14. Wahlperiode, 161. Sitzung, 29. März 2001.
402 Gerhard Schröder im Interview mit: *Stern*, 11. Januar 2001.
403 Helmut Holter im Interview mit: *Der Spiegel*, 14. Mai 2001.
404 *SZ*, 14. November 2014: »Eine Brutto-Netto-Freundschaft«.
405 Carsten Maschmeyer im Gespräch mit: *Bild*, 14. November 2014.
406 Wigbert Lör/Oliver Schröm, *Geld – Macht – Politik. Das Beziehungskonto von Carsten Maschmeyer, Gerhard Schröder und Christian Wulff*, München 2014.
407 BKGS/ZA: TA, 23. Juni 2001: »Termine des Bundeskanzlers am Samstag, 23. Juni 2001«.
408 Gerhard Schröder im Interview mit: *Der Spiegel*, Nr. 16, 14. April 2001.

409 BKGS/ZA: BG, 1. Juni 2006.
410 Gerhard Schröder im Interview mit: *Bild*, 6. April 2001.
411 AFWS: Akten Jansen-Cornette 1: Vermerke Frank-Walter Steinmeiers zur »*Reform der Betriebsverfassung*« vom 12. und 13. Februar 2001.
412 BKGS/ZA: PVZA, IV. Ordner: Doris Barnett an Gerhard Schröder, 16. Juni 2000.
413 BKGS/ZA: PVZA, VI. Ordner: Rudolf Scharping an Gerhard Schröder, 10. Mai 2002.
414 AFWS: Korrespondenz Chef BK ab 26.3.2002, A – L: Klaus Bölling an Frank-Walter Steinmeier, 19. Juni 2002; BKGS/ZA: PVZA, IX. Ordner: Hans-Jürgen Wischnewski an Gerhard Schröder, 26. September 2003.
415 BKGS/ZA: BG, 12. Juli 2006.
416 BKGS/ZA: TA, 5. Februar 2001.
417 Wolfgang Schäuble im Gespräch mit dem Verfasser, Berlin, 30. September 2013; Angela Merkel im Gespräch mit dem Verfasser, Berlin, 15. Dezember 2014.
418 BKGS/ZA: PVZA, VI. Ordner: Frank-Walter Steinmeier an Gerhard Schröder, 10. Mai 2002.
419 Zuwanderung gestalten, Integration fördern. Bericht der Unabhängigen Kommission »Zuwanderung«, Berlin 2001.
420 Gerhard Schröder im Interview mit: *Der Spiegel*, Nr. 14, 30. März 2002.
421 So hat Johannes Rau den Sachverhalt Martin E. Süskind geschildert: Martin E. Süskind, »Johannes Rau«, in: Günther Scholz/Martin E. Süskind, *Die Bundespräsidenten. Von Theodor Heuss bis Johannes Rau*, Stuttgart/München 2003, S. 421ff., Zitat S. 462f.
422 *Der Spiegel*, Nr. 14, 30. März 2002, zitiert die Rede auszugsweise im Wortlaut: »›Ja, das ist Theater‹«.
423 *FAZ*, 21. Juni 2002: Aus der Erklärung von Bundespräsident Rau zur Ausfertigung des Zuwanderungsgesetzes.
424 *Der Spiegel*, Nr. 14, 30. März 2002: »Die Brandstifter«.
425 BKGS/ZA: PVZA, VI. Ordner: Jürgen Leinemann an Gerhard Schröder, 1. Dezember 2001.
426 BKGS/ZA: PVZA, VI. Ordner: Jürgen Leinemann an Gerhard Schröder, 2. April 2002.
427 BKGS/ZA: PVZA, VI. Ordner: Jürgen Leinemann an Gerhard Schröder, 1. Dezember 2001.
428 George W. Bush, *Decision Points*, New York 2010, S. 233.
429 Gerhard Schröder im Interview mit: *Bild*, 22. Oktober 2006.
430 Schröder, *Klare Worte*, S. 100.
431 Joschka Fischer im Gespräch mit dem Verfasser, Berlin, 2. April 2014.
432 Béla Anda im Gespräch mit dem Verfasser, Berlin, 6. August 2014.
433 Gerhard Schröder, »Partner für das 21. Jahrhundert«, in: *FAZ*, 19. Januar 2001.
434 BKGS/ZA: EA: Sondersammlung *Entscheidungen* I: Aufzeichnung des Abteilungsleiters 3 zum Internationalen Klimaschutz, 16. März 2001; Gerhard Schröder an George W. Bush, 19. März 2001.
435 BKG/ZA: GV, A – B: Drahtbericht des Deutschen Botschafters in Washington an das Auswärtige Amt »Betr.: Besuch Bundeskanzler Schröder in Washington am 29. März 2001«, 30. März 2001; Fax der Deutschen Botschaft an das Bundeskanzleramt »mit der Bitte um Billigung vor Abgang«, 30. März 2002.
436 Gerhard Schröder im Interview mit: *SZ Magazin*, 18. Juli 2003.
437 Gerhard Schröder im Interview mit: *Stern*, 9. August 2001.
438 BKGS/ZA: TA, 29. Januar 2002: Ulla Schmidt an Gerhard Schröder, 20. Dezember 2001.
439 BKGS/ZA: PVZA, XI. Ordner: Gunhild Kamp-Schröder an Gerhard Schröder, [21. März 2005]. Der Brief ist an den »Schloßplatz 1« adressiert.

440 Bundesverfassungsgericht 2BvR 1057/91, 10. November 1998.
441 *Der Spiegel*, Nr. 8, 18. Februar 2002: »Erst mal Sendepause«.
442 Spiegel Online, 28. August 2000: »Kanzler-Halbbruder ›drin‹«.
443 BKGS/ZA: PK, Juli – August 2001: Frank-Walter Steinmeier an Udo Reiter, 23. August 2001.
444 Kölner *Express*, 25. Mai 2001: »Unsere Stasi-Cousine ist ein dickes Ding«.
445 BKGS/ZA: TA, 3. Mai 2001: Renate Gritzke an Gerhard Schröder, 20. April 2001.
446 BKGS/ZA: BG, 11. Januar 2006.
447 *The New York Times*, 2. Juli 2001: »Schröder, Like Germany, Looks Harder at the Past«.
448 BKGS/ZA: PVZA, V. Ordner: Renate Gritzke an Gerhard Schröder, 2. Juli 2001.
449 Ebd.
450 Jürgen Leinemann, »›Doris sagt immer …‹«, in: *Der Spiegel*, Nr. 23, 2. Juni 2001.
451 BKGS/ZA: TA, 27. Mai 2002: Telefonnotiz von Thomas Steg für den Bundeskanzler, 14. Februar 2002; 31. Mai 2002: Telefonnotiz Marianne Dudens für den Bundeskanzler, 30. April 2002; 15. November 2002: Gregor Gysi an Gerhard Schröder, 29. Oktober 2002; 18. November 2002: Hans Modrow an Gerhard Schröder, 25. September 2002; 19. Mai 2003: Wolfgang Gehrcke an Gerhard Schröder, 18. März 2003.
452 Festvortrag Gerhard Schröders auf dem Jahresempfang der Evangelischen Akademie Tutzing, 17. Januar 2001.
453 Edelgard Bulmahn im Interview mit: *Der Spiegel*, Nr. 20, 14. Mai 2001.
454 Gerhard Schröder im Interview mit: *Der Spiegel*, Nr. 21, 21. Mai 2001.
455 FES/AdsD: 2/PVEF 2: »Protokoll der Sitzung des Parteivorstandes am 21. Mai 2001«.
456 BKGS/ZA: TA, 27. Juni 2001: Guido Westerwelle an Gerhard Schröder, 8. Mai 2001; PVZA, VI. Ordner: Gerhard Schröder an Guido Westerwelle, 11. Dezember 2001.
457 BKGS/ZA: TA, 24. August 2001: Termine des Bundeskanzlers am Freitag, 24. August 2001; Vermerk von Sigrid Krampitz, 23. August 2001.
458 BKGS/ZA: PVZA, V. Ordner: Rudolf Scharping an Gerhard Schröder, 27. August 2001, mit Vermerken Frank-Walter Steinmeiers.
459 FES/AdsD: 2/PVEF 21: Handschriftliches Protokoll Rainer Sontowskis zur Sitzung des Parteipräsidiums am 27. August 2001.
460 FES/AdsD: 2/PVEF 21: Handschriftliches Protokoll Rainer Sontowskis zur Sitzung des Parteipräsidiums am 27. August 2001.
461 FES/AdsD: Bundestagsfraktion 42.039 [Fraktionsprotokolle, 30.07. – 18.09.2001]: »Beschlussprotokoll der Sondersitzung der SPD-Bundestagsfraktion am Dienstag, den [sic] 28. August 2001, im Reichstag in Berlin, Fraktionssitzungssaal«.
462 FES/AdsD: Bundestagsfraktion 42.039 [Fraktionsprotokolle, 30.07. – 18.09.2001]: »Beschlussprotokoll der Sitzung der SPD-Bundestagsfraktion am Mittwoch, dem 29. August 2001, im Reichstag, Otto-Wels-Saal (3 S 001 PRTG)«.
463 FES/AdsD: Bundestagsfraktion 42.039 [Fraktionsprotokolle, 30.07. – 18.09.2001]: »Beschlussprotokoll der Sondersitzung der SPD-Bundestagsfraktion am Dienstag, den [sic] 28. August 2001, im Reichstag in Berlin, Fraktionssitzungssaal«.
464 Struck, *So läuft das*, S. 68f.
465 Peter Struck im Interview mit: *Der Spiegel*, Nr. 36, 3. September 2001.
466 FES/AdsD: 2/PVEF 21: Handschriftliche Notizen Rainer Sontowskis zur Sitzung des SPD-Präsidiums am 3. September 2001. Das offizielle Protokoll bestätigt den Tenor, aber natürlich nicht die Wortwahl: FES/AdsD: Präsidium, 3.9.2001: »Protokoll der Sitzung des SPD-Präsidiums am 3. September 2001 im Willy-Brandt-Haus, Berlin«.
467 FES/AdsD: Bundestagsfraktion 42.039 [Fraktionsprotokolle, 30.07. – 18.09.2001]: »Beschlussprotokoll der Sitzung der SPD-Bundestagsfraktion am Donnerstag, dem 6.9.2001,

Otto-Wels-Saal (Raum 3 S 001) Plenarbereich Reichstagsgebäude«. Der »Politische Bericht« des Fraktionsvorsitzenden ist festgehalten, nicht aber die Diskussionsbeiträge, auch nicht der des anwesenden Bundeskanzlers.

468 Georg Paul Hefty, »Die Optionen des Bundeskanzlers«, in: *FAZ*, 8. September 2001.
469 *Der Spiegel*, Nr. 36, 3. September 2001: »Wasser im Schiff«.
470 Rudolf Scharping im Gespräch mit dem Verfasser, Frankfurt am Main, 1. April 2014.
471 *Der Spiegel*, Nr. 36, 3. September 2001: »Wasser im Schiff«.
472 BKGS/ZA: HN, bis Dezember 2001: »Notizen Bundeskanzler Schröder am 01.09.2001«.
473 BKGS/ZA: PVZA, VI. Ordner: Kristina Gräfin Pilati an Gerhard Schröder, 19. April 2002.
474 *Internationale Politik* 12/2001, S. 82.
475 BKGS/ZA: Handkalender 2001.
476 BKGS/ZA: TA, 11. September 2001: »Termine des Bundeskanzlers am Dienstag, 11. September 2001«.
477 BKGS/ZA: HN, bis Dezember 2001: »Entwurf Bundeskanzler Schröder. Telegramm an Präsident Bush 11.09.2001«.
478 Rudolf Scharping im Gespräch mit dem Verfasser, Frankfurt am Main, 11. September 2014.
479 BKGS/ZA: HN, bis Dezember 2001: »Notizen Bundeskanzler Schröder 12.09.2001«.
480 Schröder, *Entscheidungen*, S. 164.
481 BKGS/ZA: HN, bis Dezember 2001: »Notizen Bundeskanzler Schröder für Presserunde 13.09.2001«.
482 Deutscher Bundestag, 14. Wahlperiode, 192. Sitzung, 11. Oktober 2001.
483 Deutscher Bundestag, 14. Wahlperiode, 186. Sitzung, 12. September 2001.
484 ATS: Handschriftliches Konzept Gerhard Schröders für seine Rede vor dem Deutschen Bundestag am 19. September 2001. Hier zitiert nach der vorgetragenen Fassung: Deutscher Bundestag, 14. Wahlperiode, 187. Sitzung, 19. September 2001.
485 Deutscher Bundestag, 14. Wahlperiode, 195. Sitzung, 18. Oktober 2001.
486 BKGS/ZA: Handkalender 2001.
487 BKGS/ZA: TA, 1. Oktober 2001: Tony Blair an Gerhard Schröder, [1. August 2001].
488 Deutscher Bundestag, Wortprotokoll der Rede Wladimir Putins, 25. September 2001.
489 *SZ*, 27. September 2001: »Tschetschenien entzweit Schröder und Fischer«.
490 BKGS/ZA: BG, 8. März 2006.
491 BKGS/ZA: TA, 24. September 2001: »Termine des Bundeskanzlers am Montag, 24. September 2001«; Handkalender 2001.
492 Deutscher Bundestag, 14. Wahlperiode, 198. Sitzung, 8. November 2001.
493 FES/AdsD: Bundestagsfraktion, Fraktionsprotokolle, 18.10.–26.11.2001: »Beschlußprotokoll der Sitzung der SPD-Bundestagsfraktion am Dienstag, den [sic] 06. November 2001, Berlin, Reichstag, Fraktionssaal der SPD«.
494 Jürgen Trittin im Gespräch mit dem Verfasser, Berlin, 4. Dezember 2013.
495 FES/AdsD: 2/PVEF 9: Handschriftliche Notizen Rainer Sontowskis zu den Verhandlungen des Parteivorstandes am 12. November 2001.
496 *FAZ*, 13. November 2001: »Schröder: Dann stellt sich die Koalitionsfrage«.
497 Struck, *So läuft das*, S. 75.
498 FES/AdsD: Bundestagsfraktion, Fraktionsprotokolle, 18.10.–26.11.2001: »Beschlussprotokoll der Sitzung der SPD-Bundestagsfraktion am Dienstag, dem 13. November 2001 im Reichstagsgebäude in Berlin, Raum 3 S 001«.
499 BKGS/ZA: TA, 13. November 2001: »Termine des Bundeskanzlers am Dienstag, 13. November«; Handkalender 2001.

500 Schröder, *Entscheidungen*, S. 179f.
501 Deutscher Bundestag, 14. Wahlperiode, 202. Sitzung, 16. November 2001.
502 Deutscher Bundestag, 14. Wahlperiode, 233. Sitzung, 25. April 2002.
503 BKGS/ZA: PVZA, V. Ordner: Holger Börner an Gerhard Schröder, 14. November 2001.
504 Ludger Volmer, *Die Grünen. Von der Protestbewegung zur etablierten Partei – Eine Bilanz*, München o.J. [2009], S. 407.
505 FES/AdsD: Bundestagsfraktion, Fraktionsprotokolle, 18.10.–26.11.2001: »Beschlussprotokoll der Sondersitzung der SPD-Bundestagsfraktion am Donnerstag, dem 15. November 2001 im Otto-Wels-Saal (3 S 001 PRTG)«.
506 FES/AdsD: Präsidium, 16.11.2001: »Protokoll der Sondersitzung des SPD-Präsidiums am 16. November 2001[,] Reichstagsgebäude, Berlin«.
507 Schröder, *Entscheidungen*, S. 181.
508 Joschka Fischer, *»I am not convinced.« Der Irak-Krieg und die rot-grünen Jahre*, Taschenbuchausgabe, München 2012, S. 69.
509 *SZ*, 31. Oktober 2001: »Pilgerreise ins Mekka der Computersoftware«.
510 *SZ*, 2. November 2001: »Kronzeuge wider Willen«.
511 BKGS/ZA: Länder, Bd. 2: Zhu Rongji an Gerhard Schröder, 26. August 2007.
512 BKGS/ZA: PVZA, V. Ordner: Hu Jintao an Gerhard Schröder, 11. November 2001.
513 Gerhard Schröder im Interview mit: *SZ*, 22./23. Dezember 2001.
514 BKGS/ZA: PK, August – Dezember 2000: Sigrid Krampitz an Horst Freyhofer, 16. August 2000; BKGS/ZA: PK, Juli – August 2001: Vermerk von Sigrid Krampitz zu einer nicht namentlich gezeichneten Telefonnotiz, 10. Juli [2002].
515 BKGS/ZA: PK, April – Juni 2005: Gerhard Braus, Dekan der Biologischen Fakultät und Sprecher der Math. Nat. Fakultäten, an Gerhard Schröder, 11. Januar 2005.
516 BKGS/ZA: PK, August – Dezember 2000 II: Siegfried Unseld an Gerhard Schröder, 3. Juli 2000.
517 BKGS/ZA: PVZA, III. Ordner: Siegfried Unseld an Gerhard Schröder, 4. Juli 2000.
518 BKGS/ZA: PVZA, III. Ordner: Ulla Unseld-Berkéwicz an Gerhard Schröder, 15. Oktober 2000.
519 BKGS/ZA: PVZA, IV. Ordner: Martin Walser an Gerhard Schröder, 16. Oktober 2000.
520 BKGS/ZA: PK, Juli – Dezember 2002: Ulla Unseld-Berkéwicz an Gerhard Schröder, 19. November 2002.
521 BKGS/ZA: PK, September – Dezember 2003: Gerhard Schröder an Ulla Unseld-Berkéwicz, [...] November 2003.
522 BKGS/ZA: PK, Januar – Dezember 2012: Gerhard Schröder an Günter Grass, 20. April 2012; Günter Grass an Gerhard Schröder, 8. Mai 2012; Gerhard Schröder an Guido Schmitz, 26. September 2012.
523 Günter Grass, »Ich aber höre nicht auf zu quengeln.«, in: *Gerhard Schröder. 60 Freunde zum Geburtstag*, hrsg. von M. Bissinger und H. Gebhardt, o.O. [2004], S. 44f.
524 BKGS/ZA: TA, 20. Juni 2001: Gerhard Schröder an Doris Dörrie, 23. Mai 2001, die an beiden Terminen nicht teilnehmen kann; 3. Dezember 2001: Vermerk Büro Nida-Rümelin »*Betr.*: Einladung des BK an deutsche Regisseure für den 3.12.2001«.
525 Thomas Steg im Gespräch mit dem Verfasser, Berlin, 6. November 2014.
526 BKGS/ZA: EA: Gesprächskreise: Manfred Bissinger an Frank-Walter Steinmeier, 23. Oktober 2001.
527 BKGS/ZA: TA, 7. September 2001: Gerhard Schröder an Siegfried Lenz, 17. März 2001; Siegfried Lenz an Gerhard Schröder, 24. April 2001.
528 BKGS/ZA: PVZA, V. Ordner: Günter Grass an Gerhard Schröder, 13. November 2001.
529 Günter Grass im Gespräch mit dem Verfasser, Behlendorf, 13. Mai 2014.

530 *FAZ*, 12. November 2001: »Intellektuelle bei Schröder und Schily«.
531 F. C. Delius, »Das Ende des zwölfjährigen Friedens«, in: *Der Tagesspiegel*, 13. November 2001.
532 *Der Spiegel*, Nr. 48, 26. November 2001: »Die Stille nach dem Sieg«.
533 FES/AdsD: 2/PVEF000179: Rainer Sontowski an Erhard Eppler, 7. September 2001.
534 BKGS/ZA: EA: BPT 2001, Rede-E[ntwurf]: Protokolle und Mitschriften Albrecht Funks.
535 Parteitag der SPD in Nürnberg. 19. bis 22. November 2001: *Beschlüsse*, S. 38.
536 FES/AdsD: Bundestagsfraktion, Fraktionsprotokolle, 18.10.–26.11.2001: »Beschlußprotokoll der Sitzung der SPD-Bundestagsfraktion am Dienstag, den [sic] 06. November 2001, Berlin, Reichstag, Fraktionssaal der SPD«.
537 Erhard Eppler, »Lernfähig und standhaft«, in: *Gerhard Schröder. 60 Freunde zum Geburtstag*, S. 30f.
538 FES/AdsD: 2/PVEF000178/Parteivorstand/Büro G. Schröder/Allgemeine Korrespondenz: Gerhard Schröder an Erhard Eppler, 29. November 2001.
539 Deutscher Bundestag, 14. Wahlperiode, Drucksacke 14/7930.
540 The White House, The President's State of the Union Address, Washington, 29. Januar 2002.
541 Project for the New American Century, Letter to President Clinton on Iraq, 26. Januar 1998.
542 Bush, *Decision Points*, S. 234.
543 *SZ*, 10. November 2010: »Bush lügt«.
544 Schröder, *Entscheidungen*, S. 197.
545 *The New York Times*, 28. Dezember 2001: »The U.S. Must Strike at Saddam Hussein«.
546 *FAZ*, 22. Januar 2002: »Ecevit: Politiker in Washington sprechen nicht über Militäraktion gegen den Irak«.
547 *FAZ*, 30. Januar 2002: »Bush droht der ›Achse des Bösen‹«.
548 Thomas Steg im Gespräch mit dem Verfasser, Berlin, 6. November 2014.
549 BKGS/ZA: GV, A–B: Vermerk Botschafter Ischingers »*Betr.*: Gespräch BK mit Präsident Bush im kleinen Kreise, 31.01.2002, 17.30 Uhr bis 18.00 Uhr«, 1. Februar 2002.
550 BKGS/ZA: GV, A–B: Vermerk des Referatsleiters 211 »*Betr.*: Gespräch des Bundeskanzlers mit dem US-Präsidenten George W. Bush beim Abendessen am 31.01.2002 in Washington«, 31. Januar 2002.
551 BKGS/ZA: GV, A–B: Nach dem Telefonat mit dem in Washington weilenden Referatsleiter in Berlin – mit abweichender Uhrzeit – angefertigter Vermerk des Referats 211 »*Betr.*: Gespräch des Bundeskanzlers mit US-Präsident Bush im größeren Kreis am 31. Januar 2002, von 17.00–18.00 Uhr«, 1. Februar 2002. Der Vermerk des Referatsleiters (vgl. Anm. 550) ist in diesem Punkt etwas straffer, in der Aussage aber identisch.
552 Thomas Steg im Gespräch mit dem Verfasser, Berlin, 6. November 2014.
553 BKGS/ZA: GV, A–B: Vermerk Botschafter Ischingers »*Betr.*: Gespräch BK mit Präsident Bush im kleinen Kreise, 31.01.2002, 17.30 Uhr bis 18.00 Uhr«, 1. Februar 2002; Vermerk des Referats 211 »*Betr.*: Gespräch des Bundeskanzlers mit US-Präsident Bush im größeren Kreis am 31. Januar 2002, von 17.00–18.00 Uhr«, 1. Februar 2002.
554 *FAZ*, 19. Februar 2002: »Berlin warnt Washington vor einem ›Abenteuer‹ im Irak«; *FAZ*, 23. Februar 2002: »Unmut über Kuweit-Einsatz«.
555 Dazu im Einzelnen: Bob Woodward, *Der Angriff. Plan of Attack*, München 2004.
556 BKGS/ZA: GV, A–B: Vermerk des Referatsleiters 211 »*Betr.*: Gespräch des Bundeskanzlers mit dem VN-Generalsekretär Kofi Annan am 28.2.2002 in Berlin«, 28. Februar 2002.
557 Wolf Lepenies, »Kanzlerworte«, in: *SZ*, 15. März 2002.

558 Angela Merkel im Gespräch mit dem Verfasser, Berlin, 15. Dezember 2014.
559 Gerhard Schröder im Interview mit: *Der Spiegel*, Nr. 3, 14. Januar 2002: »Sie hat mir seit dem Dresdner CDU-Parteitag Respekt eingeflößt. Insofern wäre es falsch gewesen, sie zu unterschätzen.«
560 Ulrike Posche im Gespräch mit dem Verfasser, Hamburg, 13. Mai 2014.
561 Edmund Stoiber im Gespräch mit dem Verfasser, München, 10. April 2014.
562 *FAZ*, 13. Februar 2002: »Techniker der Macht«. Der Bericht stammt von Stefan Dietrich, der Schröder seit 1991 von Hannover aus beobachtet hat und seit 2000 Leiter des Ressorts Innenpolitik der *FAZ* ist.
563 *International Herald Tribune*, 2. Februar 2002: »Schroeder Assails EU Deficit Critics; Motives Are ›Not Economic Ones‹«.
564 BKGS/ZA: GV, L–R: Vermerk des Gruppenleiters 22 »*Betr.*: Gespräch des Bundeskanzlers und Chef BK mit KOM-Präsident Prodi« sowie weiteren Kommissaren am 29. April 2002, 1. Mai 2002.
565 *FAZ*, 29. August 2001: »Die westdeutschen Werke zogen den kürzeren: Sie waren einfach zu teuer«.
566 Gerhard Schröder im Interview mit: *Der Spiegel*, Nr. 33, 12. August 2002.
567 Gemeinsame Sicherheit und Zukunft der Bundeswehr. Bericht der Kommission an die Bundesregierung, 23. Mai 2000, S. 13ff.
568 BKGS/ZA: TA, 15. März 2004: Helmut Werner an Gerhard Schröder, 9. Januar 2004.
569 Gemeinsame Sicherheit und Zukunft der Bundeswehr. Bericht der Kommission an die Bundesregierung, 23. Mai 2000, S. 140.
570 AFWS: Korrespondenz Chef BK ab 1.1.2000, S–Z: Rudolf Scharping an Gerhard Schröder, 24. September 2001; Rudolf Scharping an Hans Eichel, 24. September 2001 (Abschrift).
571 BKGS/ZA: PVZA, VI. Ordner: Rudolf Scharping an Gerhard Schröder, 10. Mai 2002.
572 BKGS/ZA: PK, Januar–Februar 2002: Gerhard Schröder an Jürgen Klinsmann, 18. Februar 2002.
573 BKGS/ZA: PVZA, Gedruckte Reiseprogramme: »Programm für den Besuch des Bundeskanzlers der Bundesrepublik Deutschland Herrn Gerhard Schröder in den Vereinigten Mexikanischen Staaten vom 10. bis 12. Februar 2002«.
574 *SZ*, 15. Februar 2002: »Der Tross der Wichtigen«.
575 BKGS/ZA: PK, September–Dezember 2004: Dr. Klinnert an Gerhard Schröder, 14. Dezember 2004.
576 BKGS/ZA: PK, Juli–Dezember 2002: Jürgen Steltzer an Sigrid Krampitz, 28. August 2002; Sigrid Krampitz an Jürgen Steltzer, 6. September 2002.
577 *SZ*, 14. Februar 2002: »Airbus-Verkäufer im Honecker-Jet«.
578 R. M. Douglas, *»Ordnungsgemäße Überführung«. Die Vertreibung der Deutschen nach dem Zweiten Weltkrieg*, München 2012, bes. S. 447ff.
579 *SZ*, 9. März 1999: »Schröder: Vermögensfragen abgeschlossen«.
580 *SZ*, 1. Oktober 1999: »Schröder: EU-Beitritt Prags ist mir Herzensangelegenheit«.
581 *FAZ*, 4. September 2000: »Schröder würdigt die Arbeit der Vertriebenenverbände, ist aber gegen eine Gedenkstätte«.
582 BKGS/ZA: TA, 12. Oktober 2001: Vermerk des Abteilungsleiters 2 für den Bundeskanzler »*Betr.*: Gesprächswunsch des tschechischen MP Milos Zeman«.
583 Miloš Zeman im Interview mit: *profil*, 21. Januar 2002.
584 *FAZ*, 1. März 2002: »Berlin beschwichtigt im Streit mit Prag«.
585 Deutscher Bundestag, 14. Wahlperiode, 227. Sitzung, 21. März 2002.
586 Gerhard Schröder im Interview mit: *Die Zeit*, 28. Februar 2002.

587 Deutscher Bundestag, 14. Wahlperiode, 227. Sitzung, 21. März 2002.
588 Gerhard Schröder, »Neue Direktbeihilfen sind für Deutschland zu teuer!«, in: *FAS*, 16. Juni 2002.
589 BKGS/ZA: PVZA, V. Ordner: Rudolf Augstein an Gerhard Schröder, 6. Juni 2001.
590 Gerhard Schröder, »Mir wird er fehlen«, in: *Der Spiegel*, Nr. 46, 11. November 2002.
591 Edmund Stoiber im Gespräch mit dem Verfasser, München, 10. April 2014.
592 BKGS/ZA: TA, 20. Januar 2003: Vermerk des Referats 222 »*Betr.*: Gespräch GL 22 mit neuem europapolitischen Berater von StP Chirac, Charles Fries, am 04.08. in Paris«, 5. September 2002.
593 *FAZ*, 9. September 2002: »›Beziehungen weiterentwickeln‹«.
594 Deutscher Bundestag, 14. Wahlperiode, 227. Sitzung, 21. März 2002.
595 Gerhard Schröder im Interview mit: *Der Spiegel*, Nr. 14, 30. März 2002.
596 FES/AdsD: Präsidium, 22.04.2002: »Protokoll der Sitzung des SPD-Präsidiums am 22. April 2002[,] Willy-Brandt-Haus, Berlin«; Parteivorstand, 23.04.2002: »Protokoll der Sitzung des SPD-Parteivorstandes am 23. April 2002[,] Willy-Brandt-Haus, Berlin«.
597 Deutscher Bundestag, 14. Wahlperiode, Drucksache 14/9853: Antwort auf eine Anfrage des Abgeordneten Werner Wittlich.
598 BKGS/ZA: Briefe SLKB, 12. Juni 2003 – 16. Februar 2004: Gerhard Schröder an Romano Prodi, 18. Juli 2003.
599 Gerhard Schröder im Interview mit: *Stern*, 9. August 2001.
600 BKGS/ZA: TA, 28. Mai 2001: Julian Nida-Rümelin an Gerhard Schröder, 11. Mai 2001.
601 BKGS/ZA: TA, 27. Februar 2001: Vermerk des Referats 131 »*Betr.*: Reform des Urhebervertragsrechts«.
602 FES/AdsD: 2/PVEF 4: »Protokoll der Sitzung des SPD-Parteivorstandes am 4. Februar 2002«.
603 Deutscher Bundestag, 14. Wahlperiode, 230. Sitzung, 18. April 2002.
604 Spiegel Online, 2. April 2001: »›Reform light‹ statt großem Wurf«.
605 Deutscher Bundestag, 14. Wahlperiode, 230. Sitzung, 18. April 2002.
606 Deutscher Bundestag, 14. Wahlperiode, 242. Sitzung, 13. Juni 2002.
607 Deutscher Bundestag, 14. Wahlperiode, 236. Sitzung, 16. Mai 2002.
608 BKGS/ZA: PK, März – Juni 2002: Hans-Jochen Vogel an Franz Müntefering, 3. Mai 2002 (Kopie).
609 BKGS/ZA: HN, 2002: »[Handschriftliche Notizen zur] Regierungserklärung von Bundeskanzler Gerhard Schröder vor dem Deutschen Bundestag …, 16. Mai 2002«.
610 Das Zitat der Hymne findet sich zum Beispiel auch schon im Entwurf für eine Rede auf der Bundesdelegiertenkonferenz der SPD zur Europawahl 1999, die er am 8. Dezember in Saarbrücken gehalten hat: BKGS/ZA: HN, bis 31.12.2001: Entwurf für eine Rede auf der Bundesdelegierten-Konferenz der SPD zur Europawahl 1999, Saarbrücken, 8. Dezember 1998.
611 BKGS/ZA: PVZA, IX. Ordner: Gerhard Schröder an Hannelore Schmidt, 3. März 2004.
612 So der Kanzler im Sommerinterview mit dem ZDF vom 7. September 2003, wie der Stellvertretende Leiter des Kanzlerbüros auf Anfrage bestätigt. BKGS/ZA: Briefe SLKB, 12. Juni 2003 – 16. Februar 2004: Albrecht Funk an Hans Adamo, 15. Januar 2004.
613 *Gerhard Schröder. Der Herausforderer im Gespräch mit Peter Gatter*, München 1986, S. 107f.
614 BKGS/ZA: PK, April – Juni 2001: Gerhard Schröder an Jürgen Seifert, 14. Mai 2002.
615 Gerhard Schröder im Interview mit: *Stern*, 16. Mai 2002.
616 *SZ*, 3. Juni 2002: »Schröder, der Hoffnungshändler«.
617 *SZ*, 3. Juni 2002: »Mut schlägt Wut«.

618 Oskar Lafontaine, *Die Wut wächst. Politik braucht Prinzipien*, München 2002.

619 Oskar Negt (Hrsg.), *Ein unvollendetes Projekt. Fünfzehn Positionen zu Rot-Grün*, Göttingen 2002.

620 *Die Zeit*, 19. September 2002: »›Was würden Sie unter einem Kanzler Stoiber am meisten vermissen?‹« Neunundzwanzig Schriftsteller und drei Karikaturisten antworten.

621 *Dieser Mann Brandt ... Gedanken über einen Politiker von 35 Wissenschaftlern, Künstlern und Schriftstellern*, hrsg. von D. Lindlau, München 1972.

622 *Der Spiegel*, Nr. 33, 12. August 2002: »Jetzt wird geholzt«.

623 BKGS/ZA: PK, Januar – April 2003: Matthias Machnig an Sigrid Krampitz, 22. Januar 2003.

624 *Der Spiegel*, Nr. 33, 12. August 2002: »Jetzt wird geholzt«.

625 Schröder, *Entscheidungen*, S. 187 – 196. Diese Partie wurde von Sigrid Krampitz formuliert, die auch ihre »persönlichen Erinnerungen« mit einbrachte: BKGS/ZA: EA: Sondersammlung *Entscheidungen* I: Notiz von Sigrid Krampitz »*Betr*.: Erster Afghanistan-Besuch Mai 2002«.

626 Franz Beckenbauer im Gespräch mit dem Verfasser, Berlin, 12. November 2014.

627 BKGS/ZA: BG, 9. Februar 2006.

628 *Der Spiegel*, Nr. 13, 24. März 2003: »›Du musst das hochziehen‹«.

629 Fischer, *»I am not convinced«*, S. 118.

630 BKGS/ZA: GV, A – B: Vermerk des Abteilungsleiters 2 »Betr.: Gespräch Bundeskanzler mit Präsident Bush am 23. Mai 2002 im Bundeskanzleramt (11.05 – 11.40 Uhr)«, 23. Mai 2002.

631 BKGS/ZA: TA, 18. August 2003: Vermerk des Referatsleiters 213 für die Leiterin des Kanzlerbüros »*Betr*.: Besuch des japanischen PM Koizumi im August 2003«.

632 BKGS/ZA: Länder 1: Junichiro Koizumi an Gerhard Schröder, 24. November 2005.

633 BKGS/ZA: EA: WM 2002, WM 2006: Gesprächsnotiz, 26. Juni 2002.

634 Jürgen Großmann im Gespräch mit dem Verfasser, Hamburg, 3. April 2014.

635 Franz Beckenbauer im Gespräch mit dem Verfasser, Berlin, 12. November 2014.

636 Gerhard Schröder, »Unsere Niederlage«, in: *FAZ*, 2. Juli 2002.

637 Wolfrum, *Rot-Grün an der Macht*, S. 413.

638 BKGS/ZA: EA: Sondersammlung *Entscheidungen* II: Handschriftliche Notizen Gerhard Schröders für seine Wahlkampf- beziehungsweise Parteitagsrede August 2002.

639 Michael Herkendell, *Deutschland – Zivil- oder Friedensmacht? Außen- und sicherheitspolitische Orientierung der SPD im Wandel (1982 – 2007)*, Bonn 2012, S. 217.

640 ATS: Handschriftliches Konzept Gerhard Schröders für seine Rede vor dem Deutschen Bundestag am 19. September 2001. Hier zitiert nach der vorgetragenen Fassung: Deutscher Bundestag, 14. Wahlperiode, 187. Sitzung, 19. September 2001.

641 SPD, Rede von Bundeskanzler Gerhard Schröder zum Wahlkampfauftakt am Montag, 5. August 2002, in Hannover.

642 Joschka Fischer im Gespräch mit dem Verfasser, Berlin, 2. April 2014.

643 Nawrat, *Agenda 2010*, S. 148.

644 BKGS/ZA: PVZA, VI. Ordner: Kurt van Haaren an Gerhard Schröder, 10. Juli 2002.

645 Gerhard Schröder im Interview mit: *Stern*, 16. Mai 2002.

646 BKGS/ZA: PVZA, VI. Ordner: Kurt van Haaren an Gerhard Schröder, 10. Juli 2002.

647 Gerhard Schröder im Interview mit: *Der Spiegel*, Nr. 30, 22. Juli 2002.

648 BKGS/ZA: PVZA, VIII. Ordner: Rudolf Scharping an Gerhard Schröder, 30. Juli 2003.

649 Hennecke, *Die dritte Republik*, S. 322.

650 BKGS/ZA: TA, 18. Juli 2002: Notiz von Sigrid Krampitz für Marianne Duden, 14. März 2002.

651 Rudolf Scharping im Gespräch mit dem Verfasser, Frankfurt am Main, 1. April 2014.
652 *Der Spiegel*, Nr. 30, 22. Juli 2002: »Die Ich-AG«.
653 Gerhard Schröder im Interview mit: *Der Spiegel*, Nr. 30, 22. Juli 2002.
654 BKGS/ZA: PVZA, VI. Ordner: Angela Merkel und Guido Westerwelle an Gerhard Schröder, 14. Februar 2002; BKGS/ZA: PK, Januar – Februar 2002: Edmund Stoiber an Gerhard Schröder, 18. Februar 2002.
655 *Schwäbisches Tagblatt*, 19. September 2002: »Bush will ablenken«.
656 Bush, *Decision Points*, S. 234.
657 Fischer, »*I am not convinced*«, S. 140.
658 Deutscher Bundestag, 14. Wahlperiode, 251. Sitzung, 29. August 2002.
659 BKGS/ZA: PVZA, VII. Ordner: David Marsh an Gerhard Schröder, [9. September 2002].
660 BKGS/ZA: Sondersammlung *Entscheidungen* I: Notizen Gerhard Schröders, Wahlkampf 2002, nicht datiert.
661 Edmund Stoiber im Gespräch mit dem Verfasser, München, 10. April 2014.
662 Zitiert nach: Matthias Geyer u. a., *Operation Rot-Grün. Geschichte eines politischen Abenteuers*, München 2005, S. 217.
663 Jürgen Leinemann, *Höhenrausch. Die wirklichkeitsleere Welt der Politiker*. Aktualisierte Taschenbuchausgabe, München 2005, S. 359ff.
664 Günter Bannas und Kurt Kister im Gespräch mit dem Verfasser, Berlin, 10. September 2013 beziehungsweise München, 5. November 2013.
665 Fischer, »*I am not convinced*«, S. 173.
666 SPD/Bündnis 90-Die Grünen, Koalitionsvertrag 2002 – 2006: Erneuerung – Gerechtigkeit – Nachhaltigkeit, Berlin, 16. Oktober 2002, S. 7.
667 Fischer, »*I am not convinced*«, S. 229.
668 Hans Eichel im Interview mit: BR-alpha, 27. April 2010.
669 BKGS/ZA: PVZA, VII. Ordner: Horst Gobrecht an Gerhard Schröder, 2. Oktober 2002.
670 BKGS/ZA: HN, 2004: »Regierungserklärung von Bundeskanzler Gerhard Schröder vor dem Deutschen Bundestag anlässlich der bevorstehenden Erweiterung der Europäischen Union am Freitag, 30. April 2004, 9.00 Uhr, in Berlin«.
671 BKGS/ZA: BG, 6. Juli 2006.
672 Ebd.
673 Struck, *So läuft das*, S. 133.
674 Erhard Eppler im Gespräch mit dem Verfasser, Schwäbisch Hall, 12. Dezember 2012; Jürgen Trittin im Gespräch mit dem Verfasser, Berlin, 4. Dezember 2013.
675 Struck, *So läuft das*, S. 134.
676 BKGS/ZA: BG, 6. Juli 2006.
677 Ebd.
678 *Der Spiegel*, Nr. 43, 21. Oktober 2002: »›Verdammt nicht einfach‹«.
679 Gerhard Schröder im Interview mit: *Stern*, 12. September 2002.
680 BKGS/ZA: PVZA, VII. Ordner: Hans-Jochen Vogel an Gerhard Schröder, 27. September 2002.

Der Reformer (2002 – 2005)

1 Deutscher Bundestag, 15. Wahlperiode, 4. Sitzung, 29. Oktober 2002.
2 BKGS/ZA: TA, 6. November 2002: Erhard Eppler an Gerhard Schröder, 23. Oktober 2002.
3 Deutscher Bundestag, 15. Wahlperiode, 4. Sitzung, 29. Oktober 2002.

4 BKGS/ZA: BG, 26. January 2006.
5 Joschka Fischer, »*I am not convinced*«. *Der Irak-Krieg und die rot-grünen Jahre*. Taschenbuchausgabe, München 2012, S. 143ff.
6 BKGS/ZA: GV, A – B: Vermerk Botschafter Ischingers »*Betr.*: Gespräch BK mit Präsident Bush im kleinen Kreise, 31. 01. 2002, 17.30 Uhr bis 18.00 Uhr«, 1. Februar 2002.
7 Gerhard Schröder, *Reifeprüfung. Reformpolitik am Ende des Jahrhunderts*. Mit Reinhard Hesse, Köln 1993, S. 144.
8 Gerhard Schröder im Interview mit: *The New York Times*, 4. September 2002.
9 ATS: Thomas Steg, Rede von US-Präsident Georg W. Bush vor der VN-Vollversammlung, nicht datiert.
10 ATS: Handschriftliche Notizen Gerhard Schröders für seine Rede vor dem Bundestag am 13. September 2002, nicht datiert; Deutscher Bundestag, 14. Wahlperiode, 253. Sitzung, 13. September 2002.
11 *FAZ*, 5. September 2002: »Schröder bekräftigt seine Irak-Politik«.
12 Fischer, »*I am not convinced*«, S. 148f.
13 *The Alastair Campbell Diaries*, Bd. 4: *The Burden of Power. Countdown to Iraq*, hrsg. von A. Campbell/B. Hagerty, London 2012, S. 306.
14 AFWS: Korrespondenz Chef BK ab 26. 3. 2002, M – Z: Frank-Walter Steinmeier an Jonathan Powell, 25. April 2002.
15 Jacques Chirac, *Le temps présidentiel. Mémoires*, Bd. 2, Paris 2011, S. 364f.
16 *FAZ*, 9. September 2002: »Schröder und Chirac sprechen von Einmütigkeit«.
17 BKGS/ZA: PVZA, XI. Ordner: Gerhard Schröder an Jacques Chirac, [8.] September 2005.
18 BKGS/ZA: GV, C – D: Vermerk des Abteilungsleiters 4 »*Betr.*: Telefongespräch Bundeskanzler Schröder mit StP Chirac am 11. November 2002«, 12. November 2002.
19 BKGS/ZA: GV, L – R: Vermerk des Abteilungsleiters 5 »*Betr.*: Gespräch des Bundeskanzlers mit PM Raffarin am 16. 1. 2003«, 17. Januar 2003.
20 BKGS/ZA: GV, L – R: Vermerk des Referatsleiters 212 »*Betr.*: BK mit MP Miller am 5. 11. in Warschau«, 7. November 2002; BKGS/ZA: GV, E – K: Vermerk des Referatsleiters 212 »*Betr.*: BK mit Präs. Kwasniewski am 5. 11. in Warschau«, 11. November 2002.
21 BKGS/ZA: PVZA, VIII. Ordner: Brigitte Sauzay an Gerhard Schröder, 29. Juni 2003.
22 BKGS/ZA: PVZA, VII. Ordner: Gerhard Schröder an Katharina Focke, 12. November 2002.
23 Gerhard Schröder, *Entscheidungen. Mein Leben in der Politik*. Aktualisierte und erweiterte Ausgabe, Berlin 2007, S. 363; Leszek Miller, *So war das. Polens Einzug in die EU*. Mit einem Vorwort von Gerhard Schröder, Hamburg 2011, S. 278ff.
24 BKGS/ZA: Länder 1: Aleksander Kwaśniewski an Gerhard Schröder, 23. November 2005.
25 Deutscher Bundestag, 15. Wahlperiode, 16. Sitzung, 19. Dezember 2002.
26 Gerhard Schröder im Interview mit: *Die Zeit*, 28. November 2002.
27 Michael Inacker, »Tage des Donners«, in: *FAS*, 15. Dezember 2002.
28 Günter Grass im Gespräch mit dem Verfasser, Behlendorf, 13. Mai 2014.
29 Frank-Walter Steinmeier im Interview mit: *SZ*, 9./10. März 2013.
30 Günter Bannas, »Schröder wird deutlich ›Die Kakophonie ist unzuträglich‹«, in: *FAZ*, 3. Dezember 2002.
31 *NZZ*, 9./10. November 2002: »Nach Schröders Wahlkampf die Wahrheit«.
32 Arnulf Baring, »Bürger auf die Barrikaden«, in: *FAZ*, 19. November 2002.
33 Schröder, *Entscheidungen*, S. 388.
34 Franz Müntefering im Interview mit: *Der Tagesspiegel*, 1. Dezember 2002.

35 Olaf Scholz im Interview mit: *HAZ*, 30. November 2002.
36 BKGS/ZA: TA, 18. März 2003: Bert Rürup an Gerhard Schröder, 5. Februar 2003.
37 FES/AdsD: 2/PVEF 4: Handschriftliche Notizen Gerhard Schröders zur Tagesordnung für die Sitzung des SPD-Parteivorstandes am 9. Dezember 2002.
38 BKGS/ZA: PVZA, VII. Ordner: Klaus-H. Schwetje an Gerhard Schröder, [1. Dezember 2002].
39 Deutscher Bundestag, 15. Wahlperiode, 13. Sitzung, 4. Dezember 2002.
40 Angela Merkel im Gespräch mit dem Verfasser, Berlin, 15. Dezember 2014.
41 Schröder, *Entscheidungen*, S. 390f.
42 BKGS/ZA: EA: Reden Oktober/November 2002: Stichworte Gerhard Schröders für das Statement vor der Bundespressekonferenz am 18. November 2002.
43 Deutscher Bundestag, 15. Wahlperiode, 13. Sitzung, 4. Dezember 2002.
44 AFM: Franz Müntefering, Agenda im März 2013, Manuskript, 21. März 2013.
45 Sachverständigenrat zur Begutachtung der gesamtwirtschaftlichen Entwicklung, Zwanzig Punkte für Beschäftigung und Wachstum. Jahresgutachten 2002/03, Stuttgart 2002.
46 Spiegel Online, 20. Dezember 2002: »Dokumentation: Das Strategiepaper des Kanzleramtes«.
47 *Der Tagesspiegel*, 20. Dezember 2002: »Kanzleramt plant radikale Reformen«.
48 *Der Tagesspiegel*, 21. Dezember 2002: »Das Kanzleramt denkt über umfassende Sozialreformen nach«; weitere Artikel zum Thema folgen am 22. und 24. Dezember.
49 Gerhard Schröder im Interview mit: *SZ*, 24./25./26. Dezember 2002.
50 Gerhard Schröder, »Wir werden Leistungen streichen«, in: *Handelsblatt*, 16. Dezember 2002.
51 *SZ*, 30. Dezember 2002: »Jungfernfahrt im Jubelland«.
52 BKGS/ZA: EA: Fundstücke 1999 – 2004: »*Betr.*: Reise des Bundeskanzlers in die Volksrepublik China vom Samstag, 28., bis Dienstag, 31. Dezember 2002«: hier: Text der Rede des Bundeskanzlers an der Tongji-Universität sowie »*Sachstand[:] 1. Innenpolitische Lage*«.
53 Vereinte Nationen, Resolutionen und Beschlüsse des Sicherheitsrats, 1. August 2002 – 31. Juli 2003, Sicherheitsrat Offizielles Protokoll, New York 2003: Resolution 1441 (2002), 8. November 2002, S. 128ff.
54 BKGS/ZA: GV, S – Z: Vermerk des Abteilungsleiters 2 »*Betr.*: Telefonat BK mit chin. StP Jiang Zemin am 10. 03. 2003, 13.00 Uhr«, 10. März 2003.
55 Deutscher Bundestag, 14. Wahlperiode, 253. Sitzung, 13. September 2002.
56 Deutscher Bundestag, 15. Wahlperiode, 37. Sitzung, 3. April 2003.
57 Willy Brandt im Interview mit: *Der Spiegel*, Nr. 46, 10. November 1980.
58 Willy Brandt im Interview mit: *Der Spiegel*, Nr. 14, 5. April 1982.
59 Helmut Schmidt, *Menschen und Mächte*, Berlin 1987, S. 335.
60 Helmut Schmidt im Gespräch mit dem Verfasser, Berlin, 12. März 2013.
61 Oskar Lafontaine im Gespräch mit dem Verfasser, Saarbrücken, 12. Januar 2015.
62 Günter Grass im Gespräch mit dem Verfasser, Behlendorf, 13. Mai 2014.
63 *FAZ*, 15. Mai 2003: »Bitte nicht lachen«.
64 Joschka Fischer im Interview mit: *Der Spiegel*, Nr. 1, 30. Dezember 2002: »… das kann niemand vorhersagen, da keiner weiß, wie und unter welchen Begleitumständen der Sicherheitsrat sich hiermit befassen wird«.
65 Fischer, »*I am not convinced*«, S. 192ff.
66 ATS: »Wie weiter bezüglich des Irak? Vorschlag für eine deutsch-französische Initiative«, Anlage eines Schreibens des Referats 023 an das Referat 213, 10. Februar 2003.
67 BKGS/ZA: PVZA, VII. Ordner: Handschriftliche Bemerkung Gerhard Schröders zu einem Vermerk des Abteilungsleiters 2 vom 10. Januar 2003.

68 *Der Spiegel*, Nr. 13, 24. März 2003: »›Du musst das hochziehen‹«.
69 Kurt Kister im Gespräch mit dem Verfasser, München, 5. November 2013.
70 BKGS/ZA: Briefe SLKB, 1. Dezember 2002 – 12. Juni 2003: Vermerk des Stellvertretenden Leiters des Kanzlerbüros für den Bundeskanzler, 20. Januar 2003.
71 Michael Herkendell, *Deutschland – Zivil- oder Friedensmacht? Außen- und sicherheitspolitische Orientierung der SPD im Wandel (1982 – 2007)*, Bonn 2012, S. 224.
72 Angela Merkel, »Schroeder Doesn't Speak for All Germans«, in: *The Washington Post*, 20. Februar 2003.
73 *The New York Times*, 26. Februar 2003: »Threats and Responses: Washington; U.S. Gives German Opposition Leader Royal Treatment«.
74 Angela Merkel im Gespräch mit dem Verfasser, Berlin, 15. Dezember 2014.
75 BKGS/ZA: GV, C – D: Vermerk des Abteilungsleiters 2 »*Betr.*: Treffen zwischen BK und F-StP Chirac in Blaesheim-Format am 24. 2. in Berlin (Restaurant ›Zur letzten Instanz‹)«, 26. Februar 2003.
76 Hans-Ulrich Klose, »In der Abseitsfalle«, in: *FAZ*, 14. Februar 2003.
77 BKGS/ZA: GV, C – D: Vermerk des Abteilungsleiters 5 »*Betr.*: Gespräch des Bundeskanzlers – BM Fischer/StP Chirac – AM Villepin am 04. 12. 2002 in Storkow«, 5. Dezember 2002.
78 BKGS/ZA: GV, C – D: Vermerk des Gruppenleiters 21 »*Betr.*: Telefonat BK mit fran. Präsidenten Chirac am 27. 01. 03«, 5. Februar 2003.
79 Französische Botschaft Berlin: Gemeinsame Erklärung zum 40. Jahrestag des Élysée-Vertrages (22. Januar 2003).
80 *Der Spiegel*, Nr. 13, 24. März 2003: »›Du musst das hochziehen‹«.
81 Peter Struck, *So läuft das. Politik mit Ecken und Kanten*, Berlin 2010, S. 100.
82 FES/AdsD: 2/PVEF15: Handschriftliche Notizen Gerhard Schröders auf der Tagesordnung für die Präsidiumssitzung am 24. Februar 2003.
83 Schröder, *Entscheidungen*, S. 389f.
84 FES/AdsD: 2/PVEF15: Handschriftliche Notizen Gerhard Schröders auf der Tagesordnung für die Präsidiumssitzung am 24. Februar 2003.
85 Fischer, *»I am not convinced«*, S. 229.
86 BKGS/ZA: PVZA, VII. Ordner: Antje Vollmer an Gerhard Schröder [6. Februar 2003]. Dass gerade Frauen im politischen Umfeld des Kanzlers, wie zum Beispiel auch Heidemarie Wieczorek-Zeul, in diesen harten Zeiten auf die »Zuneigung« aufmerksam machen, die ihm aus der Bevölkerung entgegengebracht wird, fällt auf: »Das tragen mir die Leute immer wieder auf, Dir zu sagen.« Ebd.: Heidemarie Wieczorek-Zeul an Gerhard Schröder, 23. Dezember 2002.
87 Fischer, *»I am not convinced«*, S. 207.
88 *FAZ*, 9. März 2003: »Schröder kann auch anders«. Die *SZ* (5. März 2003: »unerwünschtes Angebot«) zitiert eine Variante, die aber an der Aussage nichts ändert: »Das ist doch dummes Zeug … Etwas dümmeres habe ich noch nicht gehört.«
89 FES/AdsD: 2/PVEF000258: Michael Sommer an Gerhard Schröder, 23. September 2002; Gerhard Schröder an Michael Sommer, 7. Oktober 2002.
90 Joschka Fischer im Gespräch mit dem Verfasser, Berlin, 2. April 2014.
91 Martin E. Süskind, »Die Fron des Wandels«, in: *Kölner Stadt-Anzeiger*, 5. Dezember 1997.
92 AFM: Franz Müntefering an Anselm Stern, 11. Februar 2014.
93 Helmut Schmidt im Gespräch mit dem Verfasser, Berlin, 12. März 2013.
94 BKGS/ZA: PVZA, IX. Ordner: Gerhard Schröder an Hans-Jürgen Wischnewski, 21. Oktober 2003.
95 Edgar Wolfrum, *Rot-Grün an der Macht. Deutschland 1998 – 2005*, München 2013, S. 534.

96 AFM: Franz Müntefering an die Mitglieder der SPD-Bundestagsfraktion, 25. Februar 2003.
97 AFM: Franz Müntefering an die Mitglieder der SPD-Bundestagsfraktion, 4. Februar 2003.
98 FES/AdsD: Bundestagsfraktion, Fraktionsprotokolle, 09.01 – 11.04.2003: »Beschlussprotokoll der Sondersitzung der SPD-Bundestagsfraktion am Montag, dem 10. Februar 2003, Plenarbereich Reichstagsgebäude, Otto-Wels-Saal 3 S 001«.
99 FES/AdsD: SPD-Bundestagsfraktion, 43.047 [Protokolle GfV]: »Protokoll des Geschäftsführenden Fraktionsvorstands der SPD-Bundestagsfraktion vom 17. Februar 2003«.
100 FES/AdsD: Bundestagsfraktion, Fraktionsprotokolle, 09.01 – 11.04.2003: »Beschlussprotokoll [d]er Sitzung der SPD-Bundestagsfraktion am Dienstag, 11. März 2003, im Fraktionssitzungssaal, PRTG«.
101 Rudolf Scharping im Gespräch mit dem Verfasser, Frankfurt am Main, 11. September 2014.
102 ARS: [»Hinweise und Anregungen« für die Antragskommission des SPD-Parteitages], Anlage eines Schreibens von Rudolf Scharping an Franz Müntefering, 20. Mai 2003.
103 BKGS/ZA: EA: Agenda 2010[.] Entstehung[.] Reg.Erklärung 14.03.2003, Ordner I: Frank-Walter Steinmeier an Gerhard Schröder, nicht datiert.
104 BKGS/ZA: EA: Agenda 2010[.] Entstehung[.] Reg.Erklärung 14.03.2003, Ordner I: Nicht datierter handschriftlicher Entwurf Gerhard Schröders für seine Regierungserklärung vom 14. März 2003.
105 Béla Anda im Gespräch mit dem Verfasser, Berlin, 6. August 2014.
106 Kurt Kister/Christoph Schwennicke, »Und träge fließt der Redefluss«, in: *SZ*, 15. März 2003.
107 Christoph Schwennicke, »Rabulistik aus der Reflex-Republik«, in: *SZ*, 17. März 2003.
108 Deutscher Bundestag, 15. Wahlperiode, 32. Sitzung, 14. März 2003.
109 AFM: Nicht überschriebenes Manuskript Franz Münteferings zur Agenda 2010, 1. Juli 2010.
110 Franz Müntefering mit Tissy Bruns, *Macht Politik!*, Freiburg i. Br. 2008, S. 120f.
111 Gregor Gysi im Gespräch mit dem Verfasser, Berlin, 23. September 2014.
112 Wolfgang Schäuble im Gespräch mit dem Verfasser, Berlin, 30. September 2013.
113 Antje Vollmer, *Eingewandert ins eigene Land. Was von Rot-Grün bleibt. Antje Vollmer im Gespräch mit Hans Werner Kilz*, München 2006, S. 129.
114 Müntefering, *Macht Politik!*, S. 122.
115 *SZ*, 3. April 2014: »Kabinettstück«.
116 ATS: Dieter Matthes an Sigrid Skarpelis-Sperk, 16. April 2003.
117 AFM: Franz Müntefering an die Mitglieder der SPD-Bundestagsfraktion, 17. April 2003.
118 Franz Müntefering im Interview mit: *SZ*, 19. April 2003.
119 *SZ*, 19. März 2003: »IG Metall ruft zu Protest auf«.
120 Wolfrum, *Rot-Grün an der Macht*, S. 574ff.
121 Kai Diekmann im Gespräch mit dem Verfasser, Berlin, 5. Juni 2014.
122 Oskar Lafontaine, »Es geht ans Eingemachte«, in: *Bild*, 17. März 2003.
123 *FAS*, 20. April 2003: »SPD-Spitze geht auf Kritiker zu«.
124 BKGS/ZA: GV, A – B: Vermerk des Abteilungsleiters 2 »*Betr.*: Telefonat BK mit US-Präsident Bush am 8.11.2002, 17.40 Uhr«, 11. November 2002.
125 *SZ*, 22. November 2002: »Warten auf die erlösende Geste«.
126 BKGS/ZA: BG, 9. Februar 2006.
127 BKGS/ZA: BG, 14. März 2006.
128 Mohamed ElBaradei, *Wächter der Apokalypse. Im Kampf für eine Welt ohne Atomwaffen*, Frankfurt/New York 2011, S. 61.

129 Struck, *So läuft das*, S. 96.
130 Heidemarie Wieczorek-Zeul im Gespräch mit dem Verfasser, Wiesbaden, 12. Dezember 2013.
131 BKGS/ZA: HN, 2003/I. Ordner: »Notizen Bundeskanzler Schröder Fernsehansprache Irak-Krieg 20.03.2003«. Am Kopf des Entwurfs notiert Schröder: »Bitte sofort an Paris bis 9^{00}«.
132 Otto Schily im Gespräch mit dem Verfasser, Berlin, 25. September 2013.
133 Deutscher Bundestag, 15. Wahlperiode, 25. Sitzung, 13. Februar 2003. Der letzte Entwurf der Rede mit den Einfügungen, Ergänzungen und Korrekturen Gerhard Schröders findet sich in: BKGS/ZA: HN, 2003/I. Ordner.
134 Struck, *So läuft das*, S. 101.
135 Deutscher Bundestag, 15. Wahlperiode, 25. Sitzung, 13. Februar 2003.
136 BKGS/ZA: Vermerke über Gespräche zur Außen- und Sicherheitspolitik 2003 – 2005: Vermerk des Gruppenleiters 23 »Betr.: Unterrichtung der Partei- und Fraktionsvorsitzenden durch den Bundeskanzler am Dienstag, de[m] 18. März 2003, 15.00 Uhr[,] zu Irak«, 19. März 2003.
137 Fischer, *»I am not convinced«*, S. 223.
138 Spiegel Online, 18. Dezember 2008: »Irak-Krieg: US-General Franks lobt BND-Hilfe als ›unbezahlbar‹«.
139 *FAZ*, 19. Dezember 2008: »Nicht für das Poesiealbum«.
140 BKGS/ZA: TA, 4. Juni 2003: Vermerk des Referats 212 »*Betr*.: Telefonat BK mit poln. MP Miller am 7.3.«, 7. März 2003.
141 BKGS/ZA: TA, 16. Dezember 2003: Vermerk des Abteilungsleiters 2 »*Betr*.: Irak; *hier*: Japanische Haltung«, 26. November 2003.
142 BKGS/ZA: GV, A – B: Vermerk des Abteilungsleiters 2 »*Betr*.: Gespräch BK mit britischem PM Blair am 12.03.2003 in London«, 14. März 2003.
143 Campbell, *Diaries*, Bd. 4, S. 487 und 539.
144 BKGS/ZA: GV, A – B: Vermerk des Abteilungsleiters 2 »*Betr*.: Gespräch BK mit britischem PM Blair am 12.03.2003 in London«, 14. März 2003.
145 *Frankfurter Rundschau*, 10. Februar 2003: »Es gibt noch eine Alternative zum Krieg«.
146 BKGS/ZA: GV, E – K: Vermerk des Referats 213 »*Betr*.: Einbestellung des irakischen Geschäftsträgers Muayad Hussain durch AL 2 am 25.3.2003, 18.30 Uhr«, 26. März 2003.
147 BKGS/ZA: GV, L – R: Vermerk des Abteilungsleiters 2 »*Betr*.: Telefonat BK mit russ. StP Putin am 10.03.2003, 11.00 Uhr«, 10. März 2003. Ganz ähnlich hatte zuvor zum Beispiel Chiracs Berater Maurice Gourdault-Montagne den Abteilungsleiter 2 des Kanzleramtes über dessen Gespräch mit Blair informiert: BKGS/ZA: GV, E – K: Vermerk des Abteilungsleiters 2 »*Betr*.: Britisch-Französischer Gipfel am 4.2. in Le Touquet«, 4. Februar 2003. Der Aktenvermerk ist irrtümlich auf das Jahr 2002 datiert.
148 BKGS/ZA: GV, C – D: Vermerk des Abteilungsleiters 2 »*Betr*.: Trilaterales Treffen zwischen BK, F-Präs. Chirac und RUS-Präs. Putin am 24.09.2003 im Waldorf Astoria, New York«, 29. September 2003.
149 Wolfrum, *Rot-Grün an der Macht*, S. 445.
150 BKGS/ZA: Vermerke über Gespräche zur Außen- und Sicherheitspolitik 2003 – 2005: Vermerk des Abteilungsleiters 2 »*Betr*.: Irak-Resolution in VN-SR«, 16. Oktober 2003.
151 BKGS/ZA: GV, C – D: Vermerk des Abteilungsleiters 2 »*Betr*.: Trilaterales Treffen zwischen BK, F-Präs. Chirac und RUS-Präs. Putin am 24.09.2003 im Waldorf Astoria, New York«, 29. September 2003.
152 Campbell, *Diaries*, Bd. 4, S. 550.
153 Gerhard Schröder im Interview mit: *Der Spiegel*, Nr. 17, 19. April 2003.

154 BKGS/ZA: GV, A – B: Vermerk des Abteilungsleiters 2 »*Betr.*: Gespräch zwischen BK und US-Präs. Bush ... in New York am 24.09.2003«, 29. September 2003.
155 BKGS/ZA: TA, 23. September 2003: Jacques Chirac an Gerhard Schröder, 31. Juli 2003.
156 BKGS/ZA: GV, A – B: Vermerk des Abteilungsleiters 2 »*Betr.*: Gespräch zwischen BK und US-Präs. Bush ... in New York am 24.09.2003«, 29. September 2003.
157 BKGS/ZA: GV, A – B: Vermerk des Referats 213 »*Betr.*: Gespräch des Bundeskanzlers mit einer Delegation des irakischen Regierungsrates unter dessen turnusmäßigem Vorsitzenden, Al-Hakim, am 18.12.2003«, 19. Dezember 2003.
158 BKGS/ZA: GV, A – B: Vermerk der Referatsleiterin 221 »*Betr.*: Gespräch BK mit VN-GS Kofi Annan am 11.12.2003«, 15. Dezember 2003.
159 BKGS/ZA: GV, A – B: Aufzeichnung des Referatsleiters 211 »*Betr.*: Gespräch BK mit Präsident Bush am 27.2.04 in Washington«, 1. März 2004.
160 BKGS/ZA: Vermerke über Gespräche zur Außen- und Sicherheitspolitik 2003 – 2005: Vermerk des Abteilungsleiters 2 »*Betr.*: Meine Gespräche am 28. und 29.1. in Washington«, 2. Februar 2004.
161 Campbell, *Diaries*, Bd. 4, S. 591: »Bela Anda ... said Schroeder was getting fed up with all the stuff coming out of Condi Rice's mouth and might fight back at some point.«
162 Condoleezza Rice, *No Higher Honour. A Memoir of My Years in Washington*, London u.a. 2011, S. 323 beziehungsweise 214.
163 BKGS/ZA: GV, L – R: Vermerk des Referats 211 »*Betr.*: Gespräch BK mit US-Außenministerin Rice am 04.02.2005«, 7. Februar 2005.
164 BKGS/ZA: GV, A – B: Vermerk des Referatsleiters 211 »*Betr.*: Gespräch BK mit Präsident Bush in Mainz am 23.02.05«, 24. Februar 2005.
165 BKGS/ZA: Gesprächsvermerke/Sachstandsvermerke 2004 – 2005: Vermerk des Abteilungsleiters 5 »*Betr.*: EU-USA-Gipfel am 22.02.2005 in Brüssel«, 24. Februar 2005.
166 BKGS/ZA: PVZA, X. Ordner: George W. Bush an Gerhard Schröder, 24. Februar 2005.
167 BKGS/ZA: TA, 27. Juni 2005: Vermerk des Referatsleiters 211 für die Leiterin des Kanzlerbüros »*Betr.*: USA-Reise des Bundeskanzlers vom 27. bis 29. Juni 2005«, 25. April 2005.
168 BKGS/ZA: GV, A – B: Vermerk des Referatsleiters 211 »*Betr.*: Gespräch BK mit Präsident Bush am 27.06.05 in Washington (und anschließendes Mittagessen)«, 27. Juni 2005.
169 Pressekonferenz mit US-Präsident Bush und Bundeskanzlerin Merkel, Weißes Haus, Washington, 13. Januar 2006: http://usa.embassy.de/etexts/docs/pressavail011306d.htm.
170 Gerhard Schröder im Interview mit: *Der Spiegel*, Nr. 17, 19. April 2003.
171 Heinrich von Pierer im Gespräch mit dem Verfasser, Erlangen, 21. Oktober 2013.
172 Gerhard Schröder im Interview mit: *Der Tagesspiegel*, 11. Mai 2003.
173 *FAZ*, 2. Mai 2003: »Konfrontation im Freilichtmuseum«.
174 Jürgen Peters im Gespräch mit dem Verfasser, Offenbach, 14. Oktober 2014.
175 BKGS/ZA: PK, Mai – August 2003: Klaus Staeck an Sigrid Krampitz, 19. Mai 2003.
176 BKGS/ZA: PK, Mai – August 2003: Die Seeheimer an Olaf Scholz mit Kopie an Gerhard Schröder, 15. Mai 2003.
177 *SZ*, 31. Mai/1. Juni 2003: »Der gehetzte Kanzler«.
178 *SZ*, 2. Juni 2003: »Im Gedanken an die Macht«.
179 Schröder, *Entscheidungen*, S. 403.
180 *SZ*, 2. Juni 2003: »Im Gedanken an die Macht«.
181 AFWS: Agenda 2010. Interna: Aktenvermerk des Abteilungsleiters 1 für den Chef des Bundeskanzleramtes »*Projektgruppe zur Umsetzung der Agenda 2010*«, 27. März 2003; Aktenvermerk der Projektgruppe 2010 für denselben »*Projektgruppe Agenda 2010*«, 4. Juli 2003.
182 Christoph Schwennicke, »Jetzt weiß der Kanzler, was er will«, in: *SZ*, 3. Juli 2003.

183 *FAZ*, 2. Juli 2003: »IG-Metall-Verhandlungsführer Düvel deutet Rücktritt an«.
184 *Berliner Zeitung*, 30. Juni 2003: »Im Licht des Fürsten«.
185 Gerhard Schröder im Interview mit: *Der Spiegel*, Nr. 28, 7. Juli 2003.
186 BKGS/ZA: HN, 2003/I. Ordner: Angela Merkel und Edmund Stoiber an Gerhard Schröder, 1. Juli 2003.
187 BKGS/ZA: HN, 2003/I. Ordner: Gerhard Schröder an Angela Merkel und Edmund Stoiber, 1. Juli 2003. Mit dem handschriftlichen Entwurf des Kanzlers.
188 BKGS/ZA: GV, C – D: Vermerk des Abteilungsleiters 2 »*Betr.*: Treffen zwischen BK und F-StP Chirac in Blaesheim-Format am 24. 2. in Berlin (Restaurant ›Zur letzten Instanz‹)«, 26. Februar 2003.
189 Deutscher Bundestag, 15. Wahlperiode, 56. Sitzung, 3. Juli 2003.
190 *FAZ*, 4. Juli 2003: »Der letzte Zeuge«.
191 BKGS/ZA: Handkalender 2003.
192 BKGS/ZA: GV, A – B: Vermerk des Abteilungsleiters 5 »*Betr.*: Deutsch-italienische Regierungskonsultationen am 6. 3. 2003 in Bremen[;] hier: Gespräch des Bundeskanzlers mit MP Berlusconi«, 7. März 2003.
193 BKGS/ZA: GV, E – K: Vermerk des Gruppenleiters 51 »Äußerungen von PM Berlusconi in EP am 2. Juli 2003, *hier*: Gespräch AL5 mit ITA-Botschafter Fagiolo am 2. Juli 2003«, 2. Ju[l]i 2003.
194 Passagen des Artikels von Stefano Stefani in deutscher Übersetzung finden sich in: *FAZ*, 11. Juli 2003.
195 BKGS/ZA: GV, A – B: Vermerk des Abteilungsleiters 5 »*Betr.*: Gespräch des Bundeskanzlers mit dem ital. MP Berlusconi am 23. 08. 2003 in Verona«, 25. August 2003.
196 BKGS/ZA: PVZA, IX. Ordner: Gerhard Schröder an Hannelore Schmidt, 3. März 2004.
197 Gerhard Schröder im Interview mit: *SZ Magazin*, 18. Juli 2003.
198 Jürgen Leinemann, »Das ist so in Ordnung«, in: *Der Spiegel*, Nr. 34, 18. August 2003.
199 Michael Inacker, »Schröder will es im Winter warm haben«, in: *FAS*, 17. August 2003.
200 Klaus Zwickel/Anton Zuber, *Geben und Nehmen. Die Autobiografie*, Leipzig 2005, S. 198.
201 *FAZ*, 4. September 2003: »Schröder über die Grünen verärgert«.
202 Fischer, »*I am not convinced*«, S. 242.
203 Edmund Stoiber im Interview mit: *Der Spiegel*, Nr. 40, 29. September 2003.
204 Heinrich von Pierer, *Gipfel-Stürme. Die Autobiographie*, Berlin 2011, S. 337f.
205 Edmund Stoiber im Gespräch mit dem Verfasser, München, 10. April 2014.
206 Schröder, *Entscheidungen*, S. 321f.; Edmund Stoiber, *Weil die Welt sich ändert. Politik aus Leidenschaft – Erfahrungen und Perspektiven*, München 2012, S. 210ff.
207 Edmund Stoiber im Interview mit: *Der Spiegel*, Nr. 40, 29. September 2003.
208 *Der Spiegel*, Nr. 40, 29. September 2003: »Schröder im Schraubstock«.
209 Günter Bannas, »Aussprache ohne Spitzen«, in: *FAZ*, 11. September 2003.
210 BKGS/ZA: HN, 2003/I. Ordner: Material zur Vorbereitung der 1. Lesung des Bundeshaushalts 2005 […]; BKGS/ZA: HN, 2003/II. Ordner: Material zur Vorbereitung der 1. Lesung des Bundeshaushalts 2004 […].
211 Heidemarie Wieczorek-Zeul, »Werte wechseln wie das Hemd? SPD muss für Verteilungsgerechtigkeit stehen«, in: *Frankfurter Rundschau*, 19. September 2003.
212 FES/AdsD: SPD-Bundestagsfraktion, 43.043 [Fraktionsprotokolle, 26.08. – 26.09.2003]: »Beschlussprotokoll der Sitzung der SPD-Fraktion im Deutschen Bundestag am Dienstag, dem 26. August 2003[,] im Otto-Wels-Saal des Reichstagsgebäudes«; »Kurzprotokoll der Sitzung der SPD-Bundestagsfraktion am Freitag, dem 12. September 2003[,] im Fraktionssitzungssaal der SPD-Bundestagsfraktion S 003«; »Kurzprotokoll der Sondersit-

zung der SPD-Bundestagsfraktion am Freitag, 26.09.2003[,] im Reichstagsgebäude, Otto-Wels-Saal (Raum 3 S 001)«.

213 *FAZ*, 29. September 2003: »Der Streit in der SPD geht weiter«.

214 *FAZ*, 1. Oktober 2003: »Der Kanzler: Mein Schicksal entscheidet sich bis Weihnachten«.

215 BKGS/ZA: PK, September – Dezember 2003: Notiz Frank-Walter Steinmeiers für Gerhard Schröder, [18. September 2003].

216 Niedersächsischer Landtag, 13. Wahlperiode, Drucksache 13/124.

217 Gerhard Schröder im Interview mit: *Vorwärts* 10/2003.

218 BKGS/ZA: TA, 7. Juli 2003: Inge Wettig-Danielmeier an die Mitglieder des Parteivorstandes, 26. Juni 2003, nebst Tabellenanhang.

219 BKGS/ZA: TA, 5. Juni 2001. Vermerk des Abteilungsleiters 2 für den Bundeskanzler »*Betr.*: Besuch des israelischen PM Ariel Sharon …«, 10. Mai 2001.

220 Deutscher Bundestag, 14. Wahlperiode, 233. Sitzung, 25. April 2002.

221 BKGS/ZA: Länder 1: Ariel Sharon an Gerhard Schröder, 4. Dezember 2005.

222 BKGS/ZA: GV, E – K: Vermerk des Referats 213 »*Betr.*: Gespräch BK mit dem stellv. VAE Premierminister Sheikh Hamdan am 27.04.2004«, 30. April 2004.

223 *Der Spiegel*, Nr. 42, 13. Oktober 2003: »›Neue Aufgaben, neuer Kurs‹«.

224 BKGS/ZA: PK, Januar – März 2001: Paavo Lipponen an Gerhard Schröder, 1. Februar 2001.

225 Erklärung des Vorsitzes im Namen der Europäischen Union zu den Wahlen in Tschetschenien, 26. September 2003, Reference: PESC 03/119.

226 BKGS/ZA: GV, L – R: Vermerk des Gruppenleiters 21 »*Betr.*: Telefonat BK mit russ. StP Putin am 2.9.04, 14.30 Uhr«, 2. September 2004.

227 Gerhard Schröder im Interview mit: *FAZ*, 23. September 2004.

228 BKGS/ZA: Gesprächsvermerke/Sachstandsvermerke 2004 – 2005: Vermerk des Referats 212 »*Betr.*: Aussprache BK mit Mitgliedern der AG Außenpolitik der SPD Fraktion, 11.3.04, 17:00 Uhr«, 15. März 2004.

229 Günter Bannas im Gespräch mit dem Verfasser, Berlin, 11. September 2013.

230 *SZ*, 3. Dezember 2003: »China will Plutonium-Anlage«.

231 Günter Bannas, »Atomares Sowohl-als-auch«, in: *FAZ*, 11. Dezember 2003.

232 Joschka Fischer im Gespräch mit dem Verfasser, Berlin, 2. April 2014.

233 BKGS/ZA: Gesprächsvermerke/Sachstandsvermerke 2004 – 2005: Vermerk des Referats 423 »Export MOX-Brennelemente-Anlage nach China«, 18. Dezember 2003.

234 Fischer, »*I am not convinced*«, S. 291f.

235 BKGS/ZA: PVZA, IX. Ordner: Hans-Dietrich Genscher an Gerhard Schröder, 18. November 2003.

236 BKGS/ZA: EA: Entstehung Parteitagsrede, 17.11.2003, Ordner I und II.

237 *FAZ*, 18. November 2003: »Signalstörung«.

238 *Der Spiegel*, Nr. 48, 24. November 2003: »General und Sekretär«.

239 BKGS/ZA: BG, 10. Januar 2006.

240 *FAZ*, 20. November 2003: »Niederlagen für Schröder«.

241 SPD, *Protokoll Bundesparteitag Bochum 2003*, 17. – 19.November 2003, S. 47ff.: Rede des Parteivorsitzenden.

242 *FAZ*, 22. November 2003: »Schröder wirbt für Reformagenda«.

243 BKGS/ZA: GV, C – D: Vermerk des Abteilungsleiters 5 »*Betr.*: 81. Dt.-fanz. Regierungskonsultationen, hier: Gespräch BK mit StP Chirac und PM Raffarin am 18.09.2003 über europapolitische Themen«, 24. September 2003.

244 AFWS: Korrespondenz Chef BK ab 1.1.2004, A – L: Horst Köhler an Gerhard Schröder, 4. November 2004; Gerhard Schröder an Horst Köhler, 4. November 2004.

245 ARS: [»Hinweise und Anregungen« für die Antragskommission des SPD-Parteitages], Anlage eines Schreibens von Rudolf Scharping an Franz Müntefering, 20. Mai 2003.
246 Jürgen Peters im Gespräch mit dem Verfasser, Offenbach, 14. Oktober 2014.
247 Peter Hartz, *Macht und Ohnmacht. Ein Gespräch mit Inge Kloepfer*, Hamburg 2007, S. 222f.
248 Gerhard Schröder im Interview mit: *Der Spiegel*, Nr. 2, 5. Januar 2004.
249 Deutscher Bundestag, 15. Wahlperiode, 84. Sitzung, 19. Dezember 2003.
250 Gerhard Schröder im Interview mit: *Bild am Sonntag*, 21. Dezember 2003.
251 Susanne Höll, »Das Phänomen Angela Merkel«, in: *SZ*, 24./25./26. Dezember 2003.
252 Gerhard Schröder im Interview mit: *Der Spiegel*, Nr. 2, 5. Januar 2004.
253 Wolfrum, *Rot-Grün an der Macht*, S. 514.
254 Gerhard Schröder im Interview mit: *Der Spiegel*, Nr. 2, 5. Januar 2004.
255 *Handelsblatt*, 9. Januar 2004: »Bulmahn widerspricht dem Kanzler«.
256 BKGS/ZA: TA, 18. Februar 2004: Vermerk des Abteilungsleiters 2 für den Bundeskanzler »*Betr.*: Dreier-Gipfel mit F und GB zu den Themen Arbeitsmarktreformen, Sozialreformen und Innovation«, 25. November 2003; Vermerk des Abteilungsleiters 5 für den Bundeskanzler »*Betr.*: Dreier-Gipfel mit F und GB zu den Themen Innovation sowie Arbeitsmarkt- und Sozialreformen in Berlin am 18.02.04«, 16. Januar 2004.
257 BKGS/ZA: TA, 31. März 2004: Vermerk des Abteilungsleiters 4 für den Bundeskanzler »*Betr.*: Zweites Gespräch mit den ›Partnern für Innovation‹ am Mittwoch, 31. März 2004, 19.00 Uhr im Bundeskanzleramt«.
258 BKGS/ZA: TA, 13. Dezember 2004: Vermerk des Abteilungsleiters 4 für den Bundeskanzler »*Betr.*: Einladung zum Treffen der ›Partner für Innovation‹ am 13. Dezember 2004, 15.00 Uhr, in Berlin-Adlershof«.
259 *FAZ*, 22. September 2004: »Schröder eröffnet Flick-Sammlung«.
260 BKGS/ZA: PVZA, X. Ordner: Sigrid Krampitz an Christina Hardt, Suhrkamp Verlag, 1. März 2004; Verlagsvertrag im Anhang.
261 BKGS/ZA: TA, 10. Februar, 17. Februar, 8. März 2004; EA: Fundstücke 1999 – 2004: »*Links … und europäisch (AT)*[.] *Gesprächsband Gerhard Schröder – Jorge Semprun*[.] Vorläufige Themenliste, Stand 5.3.2004«.
262 BKGS/ZA: PVZA, XI. Ordner: Ulla Unseld-Berkéwicz an Gerhard Schröder, 7. Juni 2005.
263 BKGS/ZA: TA, 19. April 2005: Vermerk des Referatsleiters 211 für die Leiterin des Kanzlerbüros »*Betr.*: Buchprojekt BK/StP Chirac beim Verlag Odile Jacob; *hier*: Schreiben der Verlegerin an Frau LKB vom 15. November 2004«; TA […] April 2005: Michael Naumann an Sigrid Krampitz, 14. Januar 2005.
264 BKGS/ZA: PK, September – Dezember 2004: Ulla Unseld-Berkéwicz an Gerhard Schröder, 3. September 2004, nebst »Memo«.
265 BKGS/ZA: PK, September – Dezember 2004: Adolf Muschg an Gerhard Schröder, 4. September 2004; Klaus Reichert an Gerhard Schröder, 13. September 2004.
266 *Der Spiegel*, Nr. 47, 15. November 2004: »Des Kanzlers Rückzug«.
267 BKGS/ZA: PK, September – Dezember 2004: Ulla Unseld-Berkéwicz an Gerhard Schröder, 15. November 2004: Gerhard Schröder an Ulla Unseld-Berkéwicz, 15. November 2004.
268 BKGS/ZA: PVZA, XI. Ordner: Gerhard Schröder an Ulla Unseld-Berkéwicz, 10. März 2005.
269 BKGS/ZA: TA, 15. Mai 2004: Handschriftliche Notitz von Guido Schmitz zum Aktenvermerk »Öffentliches Gespräch: Gerhard Schröder/Henning Mankell«, 24. März 2004.
270 Heidemarie Wieczorek-Zeul, *Welt bewegen. Erfahrungen und Begegnungen*, Berlin 2007, S. 31.

271 *SZ*, 20. Januar 2004: »Im Dickicht der Armut«.
272 BKGS/ZA: HN, 2004: Vermerk des Abteilungsleiters 2 für den Bundeskanzler, 15. Januar 2004, Anlage zum Entwurf der Rede in Addis Abeba, 19. Januar 2004.
273 *FAZ*, 23. Januar 2004: »Schröder: Mugabe-Regime ›inakzeptabel‹«.
274 BKGS/ZA: EA: Afrika-Reise 2004: Geschenkvorschläge anläßlich des Besuchs von Bundeskanzler Gerhard Schröder nach Äthiopien, Kenia, Südafrika, Ghana[.] Vom 18. – 24. 01. 2004.
275 BKGS/ZA: EA: Afrika-Reise 2004: Aktenvermerk des Referats 322 »Übergabe eines Schafes als Staatsgeschenk an Herrn Bundeskanzler in Addis Abeba; *hier*: tierseuchenrechtliche Notwendigkeit des Verzichts auf eine Einfuhr des Schafes nach Deutschland«, 20. Januar 2004.
276 AFWS: Korrespondenz Chef BK ab 1. 1. 2003, L – Z: Frank-Walter Steinmeier an Jürgen Trittin, 25. Juli 2003 und 24. September 2003.
277 Günter Bannas, »Das überforderte System«, in: *FAZ*, 4. Februar 2004.
278 *Bild*, 6. Februar 2004: »Kanzler in Not«.
279 *Der Spiegel*, Nr. 7, 9. Februar 2004: »Wir wollen es schaffen«.
280 BKGS/ZA: TA, 6. Februar 2004: Termine des Bundeskanzlers am Freitag, 6. Februar 2004.
281 Franz Müntefering im Gespräch mit dem Verfasser, Berlin, 26. September 2013.
282 Angela Merkel im Gespräch mit dem Verfasser, Berlin, 15. Dezember 2014.
283 *FAZ*, 7. April 2004: »Kanzlerdämmerung«.
284 Fischer, *»I am not convinced«*, S. 335. Der kurz vor 9 Uhr ausgedruckte Terminkalender hält ein zehnminütiges Telefonat des Kanzlers mit dem Außenminister im unmittelbaren Vorfeld der Pressekonferenz fest: BKGS/ZA: TA, 6. Februar 2004: Termine des Bundeskanzlers am Freitag, 6. Februar 2004.
285 Frank-Walter Steinmeier im Gespräch mit dem Verfasser, Berlin, 3. Dezember 2013.
286 BKGS/ZA: PVZA, IX. Ordner: Ulla Schmidt an Gerhard Schröder, undatiert [21. März 2004].
287 Heidemarie Wieczorek-Zeul im Gespräch mit dem Verfasser, Wiesbaden, 12. Dezember 2013; Renate Schmidt im Gespräch mit dem Verfasser, Erlangen, 5. August 2014.
288 Rudolf Scharping im Gespräch mit dem Verfasser, Frankfurt am Main, 11. September 2014.
289 Thomas Steg im Gespräch mit dem Verfasser, Berlin, 6. November 2014.
290 Struck, *So läuft das*, S. 263 und 137f.
291 Franz Müntefering im Gespräch mit dem Verfasser, Berlin, 26. September 2013.
292 SPD, *Protokoll Außerordentlicher Parteitag der SPD, Deutschland 2010 – Werte und Ziele für unser Land*, Berlin, Sonntag, 21. März 2004, Estrel Convention Center, S. 9ff.: Rede des Parteivorsitzenden und Bundeskanzlers Gerhard Schröder.
293 Gerhard Schröder im Interview mit: *Stern*, 29. Dezember 2004.
294 Jürgen Leinemann, *Höhenrausch. Die wirklichkeitsleere Welt der Politiker*, aktualisierte Taschenbuchausgabe, München 2005, S. 368.
295 Gerhard Schröder im Interview mit: *Stern*, 29. Dezember 2004.
296 BKGS/ZA: PVZA, IX. Ordner: Hans-Jochen Vogel an Gerhard Schröder, 8. Februar 2004.
297 *Der Spiegel*, Nr. 7, 9. Februar 2004: »Wir wollen es schaffen«.
298 BKGS/ZA: BG, 6. Juli 2006.
299 Gerhard Schröder und Franz Müntefering im Interview mit: *Der Tagesspiegel*, 21. März 2004.
300 Otto Schily im Gespräch mit dem Verfasser, Berlin, 25. September 2013; Markus Lüpertz

im Gespräch mit dem Verfasser, Düsseldorf, 8. Februar 2014; Jürgen Großmann im Gespräch mit dem Verfasser, Hamburg, 3. April 2014.

301 Gerhard Schröder und Franz Müntefering im Interview mit: *Der Tagesspiegel*, 21. März 2004.

302 BKGS/ZA: PVZA, X. Ordner: Gerhard Schröder an Franz Müntefering, 16. Januar 2005.

303 BKGS/ZA: BG, 10. Januar 2006.

304 Gerhard Schröder im Interview mit: *WamS*, 15. August 2010.

305 *NP*, 16. April 2004: »Der Geburtstagsgipfel«.

306 FES/AdsD: 2/PVEF000447: Bestand SPD Parteivorstand/Büro Gerhard Schröder/Persönliches: 60. Geburtstag von Gerhard Schröder. Organisatorisches für den Geburtstagsempfang in Hannover am 16. 4. 2004.

307 Stefan Aust im Gespräch mit dem Verfasser, Berlin, 3. April 2014.

308 Kurt Kister, »Sehr geehrter Herr Bundeskanzler, lieber Gerhard Schröder!«, in: *SZ*, 3./4. April 2004.

309 BKGS/ZA: PVZA, IX. Ordner: Henning Voscherau an Gerhard Schröder, 9. Februar 2004.

310 BKGS/ZA: Länder 2: Recep Tayyip Erdoğan an Gerhard Schröder, 3. Oktober 2007.

311 BKGS/ZA: GV, E – K: Vermerk des Gruppenleiters 21 »*Betr.*: Gespräch BK mit türkischem MP Erdoğan (E.) am 27. 04. 2004 in Köln (am Rande der Eröffnungsveranstaltung der Türkisch-Deutschen Industrie- und Handelskammer)«, 27. April 2004.

312 Zitiert nach: *FAZ*, 30. April 2003: »Vierer-Gipfel in Brüssel. ›Ein zweiter Pfeiler in der NATO‹«.

313 BKGS/ZA: GV, L – R: Vermerk des Referatsleiters 211 »*Betr.*: Gespräch des Bundeskanzlers mit dem amerikanischen Außenminister Colin Powell am 16. 5. 2003 in Berlin«, 16. Mai 2003.

314 BKGS/ZA: GV, C – D: Vermerk des Abteilungsleiters 5 »*Betr.*: Informelles Treffen des Bundeskanzlers mit StP Chirac und PM Blair am 20. 09. 2003 in Berlin – hier: Europapolitische Themen«, 24. September 2003.

315 BKGS/ZA: PVZA, X. Ordner: Jacques Chirac an Gerhard Schröder, 5. Juli 2004.

316 Fischer, »*I am not convinced*«, S. 246.

317 Der Vorschlag wurde von Jürgen Meyer eingebracht: Deutscher Bundestag, 13. Wahlperiode, 44. Sitzung, 22. Juni 1995.

318 Deutscher Bundestag, 15. Wahlperiode, 119. Sitzung, 2. Juli 2004.

319 BKGS/ZA: Gesprächsvermerke/Sachstandsvermerke 2004 – 2005: Vermerk des Abteilungsleiters 2 »*Betr.*: EU-Beitrittsverhandlungen mit Türkei [...]«, 27. Juli 2004.

320 BKGS/ZA: GV, C – D: Vermerk des Abteilungsleiters 5 »*Betr.*: Gespräch des Bundeskanzlers mit StP Chirac in Lübeck am 02. 12. 2004 – hier: Europapolitische Themen«, 3. Dezember 2004.

321 Gerhard Schröder im Interview mit: *Der Spiegel*, Nr. 2, 5. Januar 2004: »Seinen Umgang mit der Presse darf man kritisieren, aber die Wahlen sind fair gewesen. Wenn dann einer eine Zweidrittelmehrheit im Parlament bekommt, hat man das zu respektieren. Tut man anderswo ja auch.«

322 BKGS/ZA: GV, L – R: Vermerk des Abteilungsleiters 2 »*Betr.*: Gespräch BK mit russischem Präsidenten Putin (P) am 2. 4. in Moskau«, 6. April 2004.

323 BKGS/ZA: GV, L – R: Vermerk des Abteilungsleiters 2 »*Betr.*: Gespräch BK mit RUS-Präsidenten Putin am 08. 07. 2004 in Moskau (Anlass: D/RUS-Wirtschaftsforum)«, 13. Juli 2004.

324 *FAZ*, 9. Juli 2004: »Schröder vereinbart Geschäfte und versteht die Aufregung wegen Yukos nicht«.

325 BKGS/ZA: GV, L – R: Vermerk des Abteilungsleiters 2 »*Betr.*: Gespräch BK mit RUS-Präsidenten Putin am 08.07.2004 in Moskau (Anlass: D/RUS-Wirtschaftsforum)«, 13. Juli 2004.
326 BKGS/ZA: GV, L – R: Vermerk des Abteilungsleiters 2 »*Betr.*: BK-Telefonat mit Rus. Pr. Putin am 24.11.2004 (zu den Präsidentschaftswahlen in der Ukraine)«, 25. November 2004; Vermerk des Gruppenleiters 21 »*Betr.*: BK-Telefonat mit Präs. Putin (P.) am 30.11.04«, 30. November 2004.
327 Deutscher Bundestag, 15. Wahlperiode, 144. Sitzung, 1. Dezember 2004.
328 BKGS/ZA: GV, L – R: Vermerk des Abteilungsleiters 2 »*Betr.*: Gespräch BK mit Präs. Putin am 20.12.2004 in Hamburg. *Hier*: Gespräch im kleinen Kreis«, 27. Dezember 2004.
329 Ebd.
330 BKGS/ZA: GV, A – B: Vermerk des Referatsleiters 211 »*Betr.*: Gespräch BK mit Präsident Bush in Mainz, am 23.02.05«, 24. Februar 2005.
331 *Beckmann*, im Interview mit Gerhard Schröder, ARD, 22. November 2004.
332 Reinhold Beckmann im Interview mit: *FAS*, 26. Mai 2013.
333 Zitiert nach: *Die Bonner Republik 1949 – 1998*, hrsg. von H. Schwan/R. Steininger, Berlin 2009, S. 305.
334 *Der Spiegel*, Nr. 23, 29. Mai 2004: »Gipfel über Gräbern«.
335 AAPD 1984, Nr. 164.
336 BKGS/ZA: Briefe SLKB, 16.02.2004 – [31.12.2005]: Gerhard Schröder an Alois Glück, 14. Juli 2004.
337 *FAZ*, 7. Juni 2004: »Des Kanzlers D-Day«.
338 Schröder, *Entscheidungen*, S. 340.
339 BKGS/ZA: EA: Entstehung Rede »D-Day« 6. Juni 2004.
340 Günter Grass im Gespräch mit dem Verfasser, Behlendorf, 13. Mai 2014.
341 BKGS/ZA: PK, Mai – August 2004: Gerhard Schröder an Richard von Weizsäcker, 13. Juli 2004; BKGS/ZA: HN, 2004: Richard von Weizsäcker an Gerhard Schröder, 14. Juli 2004.
342 BKGS/ZA: GV, E – K [sic]: Vermerk des Referats 21 »*Betr.*: Gespräch BK mit POL MP Belka, 1.8.2004«, 4. August 2004.
343 Erklärung der Regierung der Volksrepublik Polen in Bezug auf die Beschlüsse der UdSSR betreffend Deutschland, in: *Europa-Archiv* 8 (1953), S. 5981.
344 Gerhard Schröder im Interview mit: *FAZ*, 23. September 2004.
345 BKGS/ZA: GV, A – B: Vermerk des Referats 212 »*Betr.*: Gespräch BK mit MP Belka am 27.9.[20]04«, 28. September 2004.
346 BKGS/ZA: TA, 7. Dezember 2004: Helmut Schmidt an Gerhard Schröder, 26. Oktober 2004.
347 Deutscher Bundestag, 15. Wahlperiode, 100. Sitzung, 25. März 2004.
348 Gerhard Schröder im Interview mit: *Der Spiegel*, Nr. 2, 5. Januar 2004.
349 BKGS/ZA: PVZA, VI. Ordner: Gerhard Schröder an Gesine Schwan, 11. April 2002.
350 BKGS/ZA: PVZA, X. Ordner: Gesine Schwan/Peter Eigen an Gerhard Schröder, 29. September 2004.
351 Kurt Kister, »Meine Wunschliste«, in: *SZ*, 24./25./26. Dezember 2004.
352 Tony Blair, *Mein Weg*, München 2010, S. 587 und 590.
353 *Der Spiegel*, Nr. 27, 28. Juni 2004: »Poker per Handy«.
354 BKGS/ZA: TA, 20. Oktober 2004: José Manuel Barroso an Gerhard Schröder, 24. September 2004.
355 *FAZ*, 14. Juni 2004: »Kanzlerdämmerung«.
356 *Der Spiegel*, Nr. 22, 24. Mai 2004: »Mir ist egal, was jetzt passiert«.

357 Gerhard Schröder im Interview mit: *Stern*, 29. Dezember 2004.
358 Schröder, *Entscheidungen*, S. 417f.
359 BKGS/ZA: TA, 18. Mai 2005: Vermerk des Referats 413 für die Leiterin des Kanzlerbüros »*Betr.*: Gespräch BK mit Ober-/Bürgermeisterinnen und Ober-/Bürgermeistern zu Hartz IV [...]«, 9. Mai 2005.
360 BKGS/ZA: Gesprächsvermerke/Sachstandsvermerke 2004 – 2005: Ergebnisvermerk des Referats 315 »Begegnung des Bundeskanzlers und des Chefs des Bundeskanzleramtes mit dem Rat der Evangelischen Kirche in Deutschland (EKD) am 2. Juli 2004«, 4. Juli 2004.
361 BKGS/ZA: TA, 24. Februar 2005: Vermerk des Abteilungsleiters 3 für den Bundeskanzler »*Betr.*: Vorschlag für ein Gespräch mit dem Vorsitzenden der Dt. Bischofskonferenz, Karl Kardinal Lehmann«, 18. Januar 2005.
362 Gerhard Schröder im Interview mit: *Der Spiegel*, Nr. 28, 5. Juli 2004.
363 *FAZ*, 16. Juni 2004: »Die Zerreißprobe«.
364 *FAZ*, 14. Juli 2004: »Autoindustrie: Bis 2008 Rußpartikelfilter für alle neue Dieselwagen«.
365 BKGS/ZA: PVZA, IX. Ordner: Gerhard Schröder an Ernst Dieter Rossmann, 13. Februar 2004.
366 BKGS/ZA: TA, 7. September 2004: Vermerk des Abteilungsleiters 3 »Zusammenkunft BK mit den Vorsitzenden von DGB und seinen Mitgliedsgewerkschaften am 24. Mai 2004, 15.00 – 16.30 Uhr«, 25. Mai 2004.
367 *Der Spiegel*, Nr. 27, 28. Juni 2004: »Das Zerwürfnis«.
368 BKGS/ZA: PK, September – Dezember 2004: Michael Sommer an Gerhard Schröder, 5. November 2004.
369 Schröder, *Entscheidungen*, S. 415.
370 Jürgen Peters im Gespräch mit dem Verfasser, Offenbach, 14. Oktober 2014.
371 *FAZ*, 15. Januar 2005: »Kanzler rügt Gewerkschaftsblockade«.
372 Frank Bsirske im Interview mit: *WamS*, 27. Juni 2004.
373 Oskar Lafontaine im Interview mit: *Der Spiegel*, Nr. 33, 9. August 2004.
374 Robert Lorenz, *Oskar Lafontaine. Portrait eines Rätselhaften*, Münster 2013, S. 58.
375 Daniel Friedrich Sturm, *Wohin geht die SPD?*, München 2009, S. 186.
376 Günter Bannas, »Schröder steht gut da«, in: *FAZ*, 15. September 2004.
377 *SZ*, 25. Mai 2004: »Chance für Zuwanderungsgesetz steigt wieder«.
378 *FAZ*, 10. Dezember 2004: »›Nicht mit zweierlei Maß messen‹«.
379 Fischer, *»I am not convinced«*, S. 264.
380 BKGS/ZA: GV, A – B: Vermerk des Referats 213: »*Betr.*: Gespräch BK mit dem pakistanischen Premierminister Shaukat Aziz (A.) am 12.07.2005«, 13. Juli 2005.
381 AFWS: Korrespondenz Chef BK ab 1.1.2004, M – Z: Frank-Walter Steinmeier an Bashir Salah, 29. Januar 2004.
382 *FAZ*, 16. Oktober 2004: »Schröder lädt Gaddafi nach Deutschland ein«.
383 *FAZ*, 18. Oktober 2004: »Arabische Ansprechpartner«.
384 BKGS/ZA: GV, E – K: Vermerk des Gruppenleiters 21 »*Betr.*: Telefonat BK mit chin. PM Wen Jiabao am 23.11.2004«, 23. November 2004.
385 BKGS/ZA: PK, Mai – August 2004: Vermerk des Referats 213 für die Leiterin des Kanzlerbüros, 25. August 2004.
386 BKGS/ZA: GV, C – D: Aufzeichnung des Abteilungsleiters 5 »*Betr.*: Gespräch des Bundeskanzlers mit StP Chirac, PM Raffarin, PM Blair am 18.02.2004 in Berlin – hier: Europapolitische Themen«, 21. Februar 2004.
387 Rat der Europäischen Union, Tagung des Europäischen Rates (Brüssel, 16./17. Dezember 2004). Schlussfolgerungen des Vorsitzes, Brüssel, 1. Februar 2005.

388 BKGS/ZA: GV, E – K: Vermerk des Referats 211 »*Betr.*: Gespräch BK-PM Koizumi am 10.06.2004 in Sea Island (G8-Gipfel)«, 14. Juni 2004.
389 BKGS/ZA: TA, 5. Dezember 2004: Vermerk des Abteilungsleiters 2 für den Bundeskanzler »*Betr.*: Ihre Asienreise im Dezember 2004«, 22. Juni 2004.
390 *FAZ*, 9. April 2002: »Kirch stellt Insolvenzantrag«.
391 *Der Spiegel*, Nr. 22, 24. Mai 2004: »Flügellahmer Götterbote«.
392 AFWS: Korrespondenz Chef BK ab 1.1.2005, A – L: Norbert Hansen, Vorsitzender von Transnet, an Frank-Walter Steinmeier, 17. Februar 2005.
393 »Auch wir sind das Volk«, in: *SZ*, 2. Oktober 2004.
394 BKGS/ZA: EA: WM 2002, WM 2006: Gerhard Schröder an Franz Beckenbauer, 11. Juni 2002, nebst Entwurf des Einladungsschreibens.
395 Henryk M. Broder, »Geschäft, Kabale und Familie«, in: Spiegel Online, 7. Februar 2005.
396 Lothar Vosseler, *Der Kanzler, leider mein Bruder, und ich*. Mit Ernest Buck, Berlin 2004, S. 153.
397 Gerhard Schröder im Interview mit: Deutschlandfunk, 29. März 2012.
398 Andreas Hoidn-Borchers/Lorenz Wolf-Doettinchem, »Scheune, Plumpsklo, Steckrübenpampe«, in: *Stern*, 9. Dezember 2004.
399 *FAZ*, 15. Dezember 2004: »›Wir waren die Asozialen‹«.
400 Gerhard Schröder im Interview mit: *Stern*, 29. Dezember 2004.
401 *Der Spiegel*, Nr. 35, 23. August 2004: »Wertvolles Menschlein«.
402 *FAZ*, 20. August 2004: »Viktoria Schröder begeistert die Opposition«.
403 *SZ*, 18./19./20. Mai 2013: »Bye, bye, Home Story …«.
404 *FAZ*, 6. Februar 2005: »Kanzler im Glück«.
405 BKGS/ZA: PVZA, X. Ordner: Richard von Weizsäcker an Gerhard Schröder, 8. Februar 2005.
406 Rede von Bundeskanzler Gerhard Schröder zur Eröffnung der 41. Münchner Konferenz für Sicherheitspolitik, am Samstag, 12. Februar 2005, in München, Pressemitteilung des BPA, Nr. 66/05.
407 BKGS/ZA: Länder 1: Jaap de Hoop Scheffer an Gerhard Schröder, 24. November 2005.
408 *FAZ*, 5. März 2005: »Schröder: Die Welt stellt hohe Erwartungen an uns als Mittelmacht«.
409 *SZ*, 2. März 2005: »Mit Gottes und des Kanzlers Hilfe«.
410 Joschka Fischer/Fritz Stern, *Gegen den Strom. Ein Gespräch über Geschichte und Politik*, München 2013, S. 91.
411 Fischer, »*I am not convinced*«, S. 311 – 331.
412 Deutscher Bundestag, 15. Wahlperiode, Drucksache 15/4285.
413 Fischer/Stern, *Gegen den Strom*, S. 52.
414 Gerhard Schröder im Interview mit: *FAS*, 27. Februar 2005.
415 Ebd.
416 Frank-Walter Steinmeier im Gespräch mit dem Verfasser, Berlin, 3. Dezember 2013.
417 Jürgen Trittin im Gespräch mit dem Verfasser, Berlin, 4. Dezember 2013.
418 Stefan Aust im Gespräch mit dem Verfasser, Berlin, 3. April 2014.
419 *Der Spiegel*, Nr. 6, 5. Februar 2005: »Fischers ›Schleuser-Erlass‹: Grünes Licht für Menschenhändler«; Nr. 8, 21. Februar 2005: »Joschka Fischer Superstar. Unerfreuliche Begegnungen mit der Wirklichkeit«.
420 BKGS/ZA: PVZA, X. Ordner: Stefan Aust an Gerhard Schröder, 11. Februar 2005.
421 *Der Spiegel*, Nr. 21, 23. Mai 2005.
422 Stefan Aust im Gespräch mit dem Verfasser, Berlin, 3. April 2014.

423 Christoph Schwennicke, »Das Diktat der Wirklichkeit«, in: *SZ*, 12./13. März 2005.
424 BKGS/ZA: EA: »Entstehung Reg.Erklärung 17.03.2005«, Ordner I: Frank-Walter Steinmeier an Gerhard Schröder, [4. März 2005].
425 BKGS/ZA: BG, 22. Juni 2006.
426 Christoph Schwennicke/Nico Fried, »Die Wut des Tormanns beim Elfmeter«, in: *SZ*, 18. März 2005.
427 BKGS/ZA: PVZA, X. Ordner: Angela Merkel und Edmund Stoiber an Gerhard Schröder, 1. März 2005.
428 BKGS/ZA: PVZA, X. Ordner: Gerhard Schröder an Angela Merkel und Edmund Stoiber, 3. März 2005; Angela Merkel und Edmund Stoiber an Gerhard Schröder, 3. März 2005.
429 BKGS/ZA: PVZA, X. Ordner: Gerhard Schröder an Angela Merkel und Edmund Stoiber, 9. März 2005.
430 BKGS/ZA: HN, 2005: »Aus Verantwortung für unser Land: Deutschlands Kräfte stärken! Regierungserklärung von Bundeskanzler Gerhard Schröder zur Umsetzung und Fortentwicklung der Agenda 2010 am Donnerstag, 17. März 2005, 9.00 Uhr, vor dem Deutschen Bundestag«.
431 Deutscher Bundestag, 15. Wahlperiode, 166. Sitzung, 17. März 2005.
432 BKGS/ZA: BG, 22. Juni 2006.
433 BKGS/ZA: EA: »Entstehung Reg.Erklärung 17.03.2005«, Ordner I: Frank-Walter Steinmeier an Gerhard Schröder, 17. März 2003.
434 Schwennicke/Fried, »Die Wut des Tormanns beim Elfmeter« (wie Anm. 426).
435 AFM: Vermerk Franz Münteferings für den Verfasser, Juni 2014.
436 *FAZ*, 15. April 2005: »Entbehrlich«.
437 BKGS/ZA: Gesprächsvermerke/Sachstandsvermerke 2004 – 2005: Vermerk des Abteilungsleiters 2 »*Betr.*: EU-Waffenembargo China; *hier*: AG Außenpolitik der SPD-Fraktion am 15. März 2005«, 16. März 2005.
438 *Der Spiegel*, Nr. 12, 21. März 2005: »Rot-grüne Dämmerung«.
439 BKGS/ZA: TA, 25. März 2005.
440 Fischer/Stern, *Gegen den Strom*, S. 97.
441 Angela Merkel im Gespräch mit dem Verfasser, Berlin, 15. Dezember 2014.
442 Joschka Fischer im Gespräch mit dem Verfasser, Berlin, 2. April 2014.
443 BKGS/ZA: PVZA, XI. Ordner: Jürgen Großmann an Gerhard Schröder, 23. Mai 2005. Großmann bezieht sich auf ein Gespräch mit dem Kanzler vom 12. Mai.
444 Frank-Walter Steinmeier im Gespräch mit dem Verfasser, Berlin, 3. Dezember 2013.
445 Otto Schily im Gespräch mit dem Verfasser, Berlin, 25. September 2013.
446 Heidemarie Wieczorek-Zeul im Gespräch mit dem Verfasser, Wiesbaden, 12. Dezember 2013.
447 AFM: Nicht überschriebene handschriftliche Notizen Franz Münteferings. Ein in grüner Kanzlertinte hinzugefügtes Datum (»11/6«) sowie eine handschriftliche Ergänzung deuten darauf hin, dass Gerhard Schröder die eilig hingeworfenen Notizen gelesen hat und dass diese innerhalb der ersten drei Wochen nach der Wahl in Nordrhein-Westfalen entstanden sind.
448 Franz Müntefering im Gespräch mit dem Verfasser, Berlin, 26. September 2013.
449 BKGS/ZA: PVZA, X. Ordner: Jürgen Großmann an Gerhard Schröder, 24. Februar 2005.
450 BKGS/ZA: TA, 10. August 2005: Jürgen Großmann an Gerhard Schröder, 13. Juli 2005.
451 BKGS/ZA: TA, 2. Februar 2005: Manfred Bissinger an Sigrid Krampitz, 11. November 2004.

452 BKGS/ZA: GV, E – K: Vermerk des Referatsleiters 211 »*Betr.*: Telefonat BK mit PM Erdoğan am 14.03.05«, 15. März 2005.
453 BKGS/ZA: HN, 2005: »Rede von Bundeskanzler Gerhard Schröder beim Ifter-Essen ..., gegeben vom Ministerpräsidenten der Türkischen Republik ..., am Mittwoch, dem 12. Oktober 2005, um 19.30 Uhr, Istanbul«.
454 Gerhard Schröder und Wladimr Putin im Interview mit: *Bild*, 6. und 7. Mai 2005.
455 Schröder, *Entscheidungen*, S 472.
456 Gerhard Schröder im Interview mit: *Stern*, 29. Dezember 2004.
457 Sigrid Krampitz im Gespräch mit dem Verfasser, Berlin, 24. September 2013; Günter Bannas, »Ich mache euch fertig«, in: *FAZ*, 18. Mai 2015.
458 *Der Spiegel*, Nr. 22, 30. Mai 2005: »Schröders Endspiel«.
459 AFM: Nicht überschriebene handschriftliche Notizen Franz Münteferings, [11. Juni 2005].
460 BKGS/ZA: BG, 22. Juni 2006.
461 Thomas Steg im Gespräch mit dem Verfasser, Berlin, 6. November 2014.
462 Jürgen Leinemann, »Sieg oder Viktoria?«, in: *Der Spiegel*, Nr. 55, 19. September 2005.
463 BKGS/ZA: TA, 22. Mai 2005: Termine des Bundeskanzlers am Sonntag, 22. Mai 2005. Dort auch der handschriftliche Zettel mit den Prognosen.
464 Zitiert nach: Michael F. Feldkamp, »Chronik der Vertrauensfrage des Bundeskanzlers und der Auflösung des Deutschen Bundestages am 21. Juli 2005«, in: *Zeitschrift für Parlamentsfragen* 46 (2015), S. 19ff., Zitat S. 20f.
465 *FAZ*, 23. Mai 2005: »Die Erklärung des Bundeskanzlers«.
466 Fischer, *»I am not convinced«*, S. 339.
467 BKGS/ZA: PK, April – Juni 2005: Werner Müller an Gerhard Schröder, 2. Juni 2005.
468 *FAS*, 29. Mai 2005: »Der Gelöste«.
469 BKGS/ZA: BG, 22. Juni 2002.
470 Fischer, *»I am not convinced«*, S. 339f.
471 Gerhard Schröder im Interview mit: *Die Zeit*, 25. Mai 2005.
472 Oskar Lafontaine, *Politik für alle. Streitschrift für eine gerechte Gesellschaft*, Berlin 2005, S. 169.
473 Ebd., S. 166f.
474 Gregor Gysi im Gespräch mit dem Verfasser, Berlin, 23. September 2014.
475 Heidemarie Wieczorek-Zeul im Gespräch mit dem Verfasser, Wiesbaden, 12. Dezember 2013; Oskar Lafontaine im Gespräch mit dem Verfasser, Saarbrücken, 12. Januar 2015.
476 Oskar Lafontaine im Gespräch mit dem Verfasser, Saarbrücken, 12. Januar 2015.
477 Gerhard Schröder im Interview mit: *Vorwärts* 7/2005.
478 Jürgen Großmann im Gespräch mit dem Verfasser, Hamburg, 3. April 2014.
479 Gerhard Schröder im Interview mit: *Bild*, 10. April 2000.
480 Gerhard Schröder und Franz Müntefering im Interview mit: *Der Tagesspiegel*, 21. März 2004.
481 Gerhard Schröder im Interview mit: *Stern*, 29. Dezember 2004.
482 Angela Merkel im Gespräch mit dem Verfasser, Berlin, 15. Dezember 2014.
483 *Der Spiegel*, Nr. 23, 6. Juni 2005: »Schröders Legenden«.
484 Christoph Schwennicke, »Politik aus dem Bauch«, in: *SZ*, 31. Dezember 2005/1. Januar 2006.
485 Gerhard Schröder im Interview mit: *Der Spiegel*, Nr. 43, 23. Oktober 2006.
486 BKGS/ZA: HN, 2005: »Erklärung von Bundeskanzler Gerhard Schröder, am Donnerstag, 9. Juni 2005, im Bundeskanzleramt«.
487 *FAZ*, 10. Juni 2005: »Schröders Erklärung«.
488 Deutscher Bundestag, 15. Wahlperiode, 181. Sitzung, 16. Juni 2005.
489 BKGS/ZA: PVZA, XI. Ordner: Tony Blair an Gerhard Schröder, 24. Mai 2005.

490 *Bild*, 1. Juli 2005: »Danke, Kanzler!«.
491 Kai Diekmann im Gespräch mit dem Verfasser, Berlin, 5. Juni 2014.
492 Deutscher Bundestag, 15. Wahlperiode, Drucksache 15/5825.
493 BKGS/ZA: TA, 2. November 2004: Marianne Duden an Rainer Barzel, 28. September 2004.
494 BKGS/ZA: PVZA, XI. Ordner: Rainer Barzel an Gerhard Schröder, 23. Mai 2005.
495 BKGS/ZA: PVZA, XI. Ordner: Telefonnotiz Marianne Dudens für Gerhard Schröder, 25. Mai [2005].
496 BKGS/ZA: PK, April – Juni 2005: Sigrid Krampitz an Klaus Harpprecht, 26. April 2005; Klaus Harpprecht an Sigrid Krampitz, 27. April 2005 [E-Mail an Doris Leupold]; Sigrid Krampitz an Klaus Harpprecht, 27. April 2005 [E-Mail von Doris Leupold]; Ralph Tarraf an Jürgen Habermas, 27. April 2005; Sigrid Krampitz an Klaus Harpprecht, 27. April 2005.
497 BKGS/ZA: HN, 2005 [»BT-Rede 1. 7. 2005«]: Materialien.
498 Heribert Prantl, »Auf den Kanzler kam es an«, in: *SZ*, 2./3. Juli 2005.
499 Deutscher Bundestag, 15. Wahlperiode, 185. Sitzung, 1. Juli 2005.
500 BKGS/ZA: PVZA, XI. Ordner: Klaus Kirschner an Gerhard Schröder, 28. Juni 2005.
501 BKGS/ZA: PVZA, XI. Ordner: Theo Sommer an Gerhard Schröder, 8. Juli 2005.
502 Gerhard Schröder, »Neuwahlen – aber wie«, in: *Sozialdemokratischer Pressedienst* 37/204, 26. Oktober 1982.
503 BKGS/ZA: PVZA, XI. Ordner: Michael Jansen an Frank-Walter Steinmeier, 4. Juli 2005.
504 BKGS/ZA: PVZA, XI. Ordner: Frank-Walter Steinmeier an Michael Jansen, [...] Juli 2005.
505 Frank Stauss, *Höllenritt Wahlkampf. Ein Insider-Bericht*, München 2013, S. 92.
506 *FAZ*, 23. Juli 2005: Text der Fernsehansprache des Bundespräsidenten.
507 *FAZ*, 24. Juli 2005: »Der Kanzler der verlorenen Fühlung«.
508 *Die Welt*, 23. Juli 2005: »Aufbruch in den Untergang«.
509 BKGS/ZA: PK, Januar – Dezember 2011: Peter Hartz an Gerhard Schröder, 17. Januar 2012.
510 *FAZ*, 9. Juli 2005: »Hartz VII«.
511 Angela Merkel im Gespräch mit dem Verfasser, Berlin, 15. Dezember 2014.
512 Paul Kirchhof im Interview mit: *FAS*, 21. August 2005.
513 *FAZ*, 9. September 2005: »Kanzler und DGB demonstrieren Einigkeit«.
514 Jürgen Peters im Gespräch mit dem Verfasser, Offenbach, 14. Oktober 2014.
515 *SZ*, 13./14./15. August 2005: »Schlag auf Schlag«.
516 dpa, 1. September 2005: »Nun doch zweites TV-Streitgespräch mit Schröder und Merkel« [TA: 12. Sept. 2005].
517 BKGS/ZA: TA, 25. Juli 2005: Handschriftlicher Vermerk von Sigrid Krampitz zu einem Vermerk des Referatsleiters 212 für die Leiterin des Kanzlerbüros »*Betr.*: Mögliches Zusammentreffen BK mit poln. StP Kwasniewski«, 7. Juli 2005.
518 Stauss, *Höllenritt Wahlkampf*, S. 158.
519 BKGS/ZA: HN, 2005: »SPD-Parteitag 31. 8. 2005«. Albrecht Funk hat den Zettel »f. Akte handschriftl. Notizen« aufgehoben.
520 Jürgen Leinemann, »Schröder plus X«, in: *Der Spiegel*, Nr. 36, 5. September 2005.
521 FES/AdsD: Präsidium, 23. 09. 2002: »Protokoll der Sitzung des Präsidiums am 23. September 2002«.
522 *FAZ*, 13. Februar 2004: »Aus dem Saal werfen«.
523 Kai Diekmann, »Gerhard Schröder und BILD«, in: *Gerhard Schröder zum Siebzigsten*, hrsg. von S. Gabriel, Berlin 2014, S. 59ff., Zitate S. 59 und 61.

524 Kurt Kister im Gespräch mit dem Verfasser, München, 5. November 2013.
525 Ulrike Posche im Gespräch mit dem Verfasser, Hamburg, 13. Mai 2014.
526 *SZ*, 6./7. März 2004: »Eine verlorene Liebe«.
527 *Bild*, 14. August 2004: »Warum ein Foto Millionen berührt«.
528 Gerhard Schröder im Interview mit: *Zeitmagazin*, 2. April 2009.
529 BKGS/ZA: EA: Reden Oktober/November 2002: Der Präsident Volksbund Deutsche Kriegsgräberfürsorge, Karl-Wilhelm Lange, an Gerhard Schröder, 19. Juli 2001.
530 Kai Diekmann im Gespräch mit dem Verfasser, Berlin, 5. Juni 2014.
531 *FAZ*, 15. August 2004: »Der Medienflüsterer«.
532 Ulrike Posche, »Der Doris-Faktor«, in: *Stern*, 23. Juni 2005.
533 Heinrich von Pierer im Gespräch mit dem Verfasser, Erlangen, 21. Oktober 2013.
534 BKGS/ZA: Briefe BK, o. A.: Oktober – Dezember 2005: Heinrich von Pierer an Gerhard Schröder, 22. November 2005.
535 BKGS/ZA: PK, Januar – Dezember 2011: Heinrich von Pierer an Gerhard Schröder, [17. August 2011].
536 BKGS/ZA: GV, L – R: Vermerk des Gruppenleiters 21 »*Betr.*: Telefonat BK mit russ. StP Putin am 19. 8. 05«, 19. August 2005.
537 BKGS/ZA: PVZA, XI. Ordner: Wolfgang Clement an Gerhard Schröder, 22. Juli 2005; Franz Müntefering an Gerhard Schröder, 2. August 2005.
538 BKGS/ZA: PVZA, XI. Ordner: Hannelore Elsner an Gerhard Schröder, 24. August 2005; Gerhard Schröder an Hannelore Elsner, 24. August 2005.
539 Deutscher Bundestag, 15. Wahlperiode, 186. Sitzung, 7. September 2005.
540 *FAS*, 18. September 2005: »Was Montag in der Zeitung steht«.
541 Gregor Gysi im Gespräch mit dem Verfasser, Berlin, 23. September 2014.
542 Oskar Lafontaine im Gespräch mit dem Verfasser, Saarbrücken, 12. Januar 2015.
543 *FAZ*, 19. September 2005: »Ein Debakel«.
544 BKGS/ZA: TA, 18. September 2005: Zweites Deutsches Fernsehen, Chefredaktion, an Regierungssprecher Béla Anda, 15. September 2005.
545 Franz Müntefering im Gespräch mit dem Verfasser, Berlin, 26. September 2013.
546 Gunhild Kamp-Schröder im Gespräch mit dem Verfasser, Paderborn, 9. Oktober 2014.
547 Fischer, »*I am not convinced*«, S. 346.
548 Zitiert nach: Sebastian Nawrat, *Agenda 2010 – ein Überraschungscoup? Kontinuität und Wandel in den wirtschafts- und sozialpolitischen Programmdebatten der SPD seit 1982*, Bonn 2012, S. 244.
549 Stauss, *Höllenritt Wahlkampf*, S. 183f.
550 *FAZ*, 20. September 2005: »Eine Frage der Wahrnehmung«.
551 BKGS/ZA: BG, 26. Januar 2006.
552 *FAZ*, 20. September 2005: »Eine Frage der Wahrnehmung«.
553 Heribert Prantl, »Warum der Kanzler sich vergessen hat«, in: *SZ*, 20. September 2005.
554 BKGS/ZA: PK, November 2005 – Dezember 2006: Hans-Jochen Vogel an Gerhard Schröder, 15. November 2006.
555 *Die Welt*, 24. September 2005: »Entfesselter Machtmensch«.
556 BKGS/ZA: PVZA, XIII. Ordner: Gerhard Schröder an Jürgen Peters, 18. September 2007.
557 Gerhard Schröder, *Klare Worte. Im Gespräch mit Georg Meck über Mut, Macht und unsere Zukunft*, Freiburg i. Br./Basel/Wien 2014, S. 64.
558 Otto Schily im Gespräch mit dem Verfasser, Berlin, 25. September 2013; Franz Müntefering im Gespräch mit dem Verfasser, Berlin, 26. September 2013; Doris Scheibe im Gespräch mit dem Verfasser, Hannover, 7. Januar 2014.

559 Angela Merkel im Gespräch mit dem Verfasser, Berlin, 15. Dezember 2014.
560 Vollmer, *Eingewandert ins eigene Land*, S. 165.
561 Markus Lüpertz im Gespräch mit dem Verfasser, Düsseldorf, 8. Februar 2014.
562 BKGS/ZA: HN, 2005: »Handschriftliche Notiz BK für Interview nach Bundestagswahl am 18.9. (vermutlich Anfang Oktober)«. So der Vermerk Albrecht Funks.
563 BKGS/ZA: HN, 2005: Handschriftliche Notizen für ein Interview mit RTL, 3. Oktober 2005.
564 *FAZ*, 20. September 2005: »Eine Frage der Wahrnehmung«.
565 Angela Merkel im Gespräch mit dem Verfasser, Berlin, 15. Dezember 2014.
566 BKGS/ZA: PVZA, XI. Ordner: Susanne Kastner an Gerhard Schröder, 6. Oktober 2005.
567 Angela Merkel im Gespräch mit dem Verfasser, Berlin, 15. Dezember 2014.
568 *FAZ*, 13. Oktober 2005: »Der ›definitive‹ Rückzug«.
569 AFWS: Korrespondenz Chef BK ab 1.1.2005, A – L: Horst Köhler an Gerhard Schröder, 17. Oktober 2005.
570 Oskar Lafontaine im Gespräch mit dem Verfasser, Saarbrücken, 12. Januar 2015.
571 BKGS/ZA: GV, C – D: Vermerk des Abteilungsleiters 2 »*Betr.*: Gespräch BK mit F-StP Chirac am 14. Oktober 2005 in Paris. *Hier:* Außenpolitische Themen«, 20. Oktober 2005.
572 *SZ*, 29./30. Oktober 2005: »Zum Abgang ein Vermächtnis«.
573 BKGS/ZA: PK, Januar – Dezember 2011: Otto Schily an Gerhard Schröder, 31. Mai 2011, nebst Anlage.
574 AFM: Franz Müntefering [an die Mitglieder der SPD], 1. November 2005.
575 BKGS/ZA: Handkalender 2005.
576 BKGS/ZA: TA, 22. November 2005: Termine des Bundeskanzlers am Dienstag, 22. November 2005.
577 BKGS/ZA: PVZA, XII. Ordner: Reinhold Beckmann an Gerhard Schröder, 25. November 2005.
578 Heribert Prantl, »Auf den Kanzler kam es an«, in: *SZ*, 2./3. Juli 2005.
579 BKGS/ZA: PVZA, XI. Ordner: Hans-Dietrich Genscher an Gerhard Schröder, 24. Oktober 2005.
580 BKGS/ZA: PVZA, XII. Ordner: Richard von Weizsäcker an Gerhard Schröder, 21. November 2005.
581 Richard von Weizsäcker im Gespräch mit dem Verfasser, Berlin, 4. Juni 2013.
582 BKGS/ZA: PK, November 2005 bis Dezember 2006: Franz Müntefering an Gerhard Schröder, 21. November 2005.
583 Kurt Kister im Gespräch mit dem Verfasser, München, 5. November 2013.
584 Hans-Jochen Vogel im Gespräch mit dem Verfasser, München, 7. November 2012.
585 *NP*, 19. November 2005: »Bundespräsident Horst Köhler würdigt den scheidenden Bundeskanzler«.
586 Deutscher Bundestag, 16. Wahlperiode, 4. Sitzung, 30. November 2005.

Der Ratgeber (2005 – 2015)

1 Gerhard Schröder im Interview mit: *Zeitmagazin*, 2. April 2009.
2 Wolfgang Schäuble im Gespräch mit dem Verfasser, Berlin, 30. September 2013.
3 Gunhild Kamp-Schröder im Gespräch mit dem Verfasser, Paderborn, 9. Oktober 2014.
4 Herlinde Koelbl, *Spuren der Macht*, 2. Auflage München 2002, S. 390.
5 Gerhard Schröder im Interview mit Günter Gaus, rbb, 26. November 2003.
6 Gerhard Schröder im Interview mit: *Stern*, 29. Dezember 2004.

7 BKGS/ZA: PK, November 2005 – Dezember 2006: Gerhard Schröder an Theo Sommer, 17. Januar 2006.
8 BKGS/ZA: BG, 11. Januar 2006.
9 BKGS/ZA: Dank und Absagen: 1. September bis 30. November 2009: Gerhard Schröder an IGS Garbsen, 16. Oktober 2009.
10 Gerhard Schröder im Interview mit: *Zeitmagazin*, 2. April 2009.
11 Kurt Kister, »Macht, umwölkt von Wahlium«, in: *SZ*, 17./18. September 2005.
12 BKGS/ZA: PK, Juli – November 2005: Sigrid Krampitz an Jürgen Steltzer, 16. November 2005.
13 Gerhard Schröder im Interview mit: *Stern*, 29. Dezember 2004.
14 *Bild*, 17. Dezember 2005: »*Grüezi*! Schröder besucht seine Schweizer Kollegen«.
15 *FAZ*, 25. November 2005: »Der Berater, der die Türen öffnet«.
16 *Bild*, 10. Dezember 2005: »Russen holen sich Schröder«.
17 BKGS/ZA: BG, 10. Januar 2006.
18 Jürgen Trittin im Gespräch mit dem Verfasser, Berlin, 4. Dezember 2013.
19 Gerhard Schröder im Interview mit: *Handelsblatt*, 3. April 2006.
20 *FAZ*, 19. Dezember 2005: »BASF und Eon von Schröders Benennung überrascht«.
21 *SZ*, 10. Dezember 2005: »Spitzenjob für Schröder im Russland-Geschäft«.
22 Kurt Kister, »Sein Weg«, in: *SZ*, 5./.6. April 2014.
23 BKGS/ZA: PVZA, XII. Ordner: Hans-Jochen Vogel an Gerhard Schröder, 10. Dezember 2005; Oskar Negt an Gerhard Schröder, 20. Januar 2006.
24 BKGS/ZA: PVZA, XII. Ordner: Peter Struck an Gerhard Schröder, 13. Dezember 2005.
25 Peter Struck im Interview mit: ZDF, 11. Dezember 2005: *Berlin direkt*.
26 BKGS/ZA: Dank und Absagen: 1. Januar bis 31. April 2007: Gerhard Schröder an den Bürgermeister der Stadt Nordhorn, 8. Februar 2007.
27 Gerhard Schröder im Interview mit: *Der Spiegel*, Nr. 43, 23. Oktober 2006.
28 BKGS/ZA: Dank und Absagen: [1.] Juni bis 31. August 2006: Gerhard Schröder an den Rektor der Graduate School of Business Administration Zürich, 28. Juli 2006.
29 BKGS/ZA: PVZA, XII. Ordner: Herbert Schmalstieg an Gerhard Schröder, 2. Dezember 2005.
30 *FAZ*, 10. Dezember 2005: »Die Ehre für Schröder und ein Handkuß für Merkel«.
31 Kurt Kister, »Merkels Krähwinkel«, in: *SZ*, 21./22. Januar 2006.
32 BKGS/ZA: TA, 22. September 2005: Jörg Immendorff an Gerhard Schröder, 16. Februar 2005.
33 BKGS/ZA: EA: Kanzler-Portrait BK-Amt: Sigrid Krampitz an Michael Groß, 13. November 2006.
34 BKGS/ZA: EA: Kanzler-Portrait BK-Amt: Kai Diekmann an Gerhard Schröder, 6. September 2007.
35 Kai Diekmann, »Gerhard Schröder und BILD«, in: *Gerhard Schröder zum Siebzigsten*, hrsg. von S. Gabriel, Berlin 2014, S. 59ff., Zitat S. 62.
36 Gerhard Schröder im Interview mit: *Bild*, Sonderausgabe, 23./24. Juni 2012: »Warum braucht man zum Regieren BILD, BamS und Glotze, Herr Schröder?«.
37 BKGS/ZA: EA: Kanzler-Portrait BK-Amt: Schenkungsvertrag zwischen Bundeskanzler a. D. Gerhard Schröder […] und der Bundesrepublik Deutschland […], 1. Juni 2007.
38 Kai Diekmann im Gespräch mit dem Verfasser, Berlin, 5. Juni 2014.
39 *FAZ*, 19. Januar 2007: »Goldfinger im Kanzleramt«.
40 BKGS/ZA: Handkalender 2006.
41 Willy Brandt, *Über den Tag hinaus. Eine Zwischenbilanz*, Hamburg 1974. Brandt war am

6. Mai 1974 zurückgetreten. Das Vorwort seines ebenfalls bei Hoffmann und Campe erschienenen, gut 550 Seiten starken Buches datiert vom Juli.

42 Wigbert Löer/Oliver Schröm, *Geld Macht Politik. Das Beziehungskonto von Carsten Maschmeyer, Gerhard Schröder und Christian Wulff*, München 2014.

43 Das Dokument wurde von Löer/Schröm, *Geld Macht Politik*, S. 152ff., im Wortlaut veröffentlicht.

44 Einige Aspekte wurden im *Handelsblatt* (19. November 2014: »Schröder, der ganze Kerl«) dokumentiert.

45 Carsten Maschmeyer im Gespräch mit: *Bild*, 14. November 2014.

46 *FAZ*, 15. November 2014: »Verstoß gegen die guten Sitten«.

47 BKGS/ZA: Handkalender 2005.

48 Heribert Schwan/Tilman Jens, *Die Kohl-Protokolle*, München 2014.

49 Oskar Lafontaine im Gespräch mit dem Verfasser, Saarbrücken, 12. Januar 2015.

50 *FAZ*, 12. Dezember 2005: »Der schnelle Schröder«.

51 *FAZ*, 14. Dezember 2005: »Glos: Mehr Fingerspitzengefühl in Beziehungen zu Rußland«.

52 BKGS/ZA: PVZA, XIV. Ordner: Gerhard Schröder an Vural Öger, 31. März 2008.

53 *SZ*, 17./18. Dezember 2005: »Trugbild Weltmacht«.

54 Gerhard Schröder im Interview mit: *Handelsblatt*, 3. April 2006.

55 *FAZ*, 3. April 2006: »Kritik an Schröder wegen Bürgschaft für Gasprom«.

56 *FAZ*, 20. März 2006: »Kurze Meldungen«.

57 *FAZ*, 4. April 2006: »Streit über ein ›Geschmäckle‹«.

58 Renate Schmidt im Gespräch mit dem Verfasser, Erlangen, 5. August 2014.

59 Burghard Bergmann, »Von Europipe bis Nord Stream«, in: *Gerhard Schröder zum Siebzigsten*, S. 37ff., Zitat S. 38.

60 Werner Müller, »Machiavelli – ganz nett«, in: *Die da oben. Innenansichten aus deutschen Chefetagen*, hrsg. von B. Nolte/J. Heidtmann, Frankfurt am Main 2009, S. 121ff., Zitat S. 122f.

61 *SZ*, 13./14. Juli 2013: »Keine gute Idee«.

62 *FAS*, 9. April 2006: »Der Griff nach der Geldmacht«.

63 Markus Feldenkirchen, »Die Rollenfindung«, in: *Der Spiegel*, Nr. 12, 20. März 2006.

64 *Bild*, 17. August 2006: »Neues Kinder-Glück bei den Schröders«.

65 *FAZ*, 12. Dezember 2007: »Kurze Meldungen«.

66 Die Korrespondenz zu diesem Komplex findet sich in: BKGS/ZA: Dank und Absagen, insbesondere für die Monate August bis Dezember 2006.

67 *SZ*, 30. Mai 2006: »Hier bläst der Wal«.

68 BKGS/ZA: PK, Januar – Dezember 2007: Gerhard Schröder an Annemarie Renger, [...] Juli 2007.

69 Helmut Schmidt und Gerhard Schröder im Interview mit: *Der Spiegel*, Nr. 19, 6. Mai 2013.

70 BKGS/ZA: EA: Buch BK – Briefe: Masterplan Presse und Veranstaltungen Oktober/November 2006 – Gerhard Schröder »Entscheidungen«.

71 Christoph Schwennicke, »Bekenntnisse eines Rehkitzes«, in: *SZ*, 27. Oktober 2006.

72 Andreas Kilb, »'54 in Knetterheide«, in: *FAZ*, 27. Oktober 2006.

73 Schwennicke, »Bekenntnisse eines Rehkitzes« (wie Anm. 71).

74 Tissy Bruns, »Eine Überraschung, kein Coup«, in: *Der Tagesspiegel*, 30. Oktober 2006.

75 Philipp Mißfelder, »Unheimlich weit oben«, in: *FAZ*, 18. Dezember 2006.

76 *FAZ*, 27. Oktober 2006: »Die alten Reflexe funktionieren noch«.

77 Gerhard Schröder im Interview mit: *Bild*, 22. Oktober 2006.

78 Günter Grass im Gespräch mit dem Verfasser, Behlendorf, 13. Mai 2014.

79 BKGS/ZA: Dank und Absagen: Ab Juni 2006: Gerhard Schröder an Sebastian Edathy, 11. Juli 2006.

80 BKGS/ZA: Dank und Absagen: 1. September bis 30. November 2009: Gerhard Schröder an André Müller, 18. Februar 2008 [sic!].

81 BKGS/ZA: Dank und Absagen: 30. April bis 31. August 2012: Gerhard Schröder an Georg Diedenhofen, 13. Juli 2012.

82 BKGS/ZA: Dank und Absagen: 1. Mai bis 31. August 2007: Gerhard Schröder an Rebecca Hummel, 17. August 2007.

83 BKGS/ZA: Dank und Absagen: 1. Januar bis 30. April 2008: Gerhard Schröder an Norbert Kastner, 29. Januar 2008.

84 *FAZ*, 10. Januar 2008: »Weimar, Gaza, Hamburg«.

85 BKGS/ZA: PK, Januar – Dezember 2007: Michael Naumann an Gerhard Schröder, 27. März 2007.

86 BKGS/ZA: PVZA, XII. Ordner: Kurt Beck an Gerhard Schröder, 25. November 2005.

87 *FAZ*, 17. Oktober 2007: »Müntefering gescheitert. ›Die Partei wird Beck folgen‹«.

88 Oskar Negt im Gespräch mit dem Verfasser, Hannover, 11. September 2014.

89 *FAS*, 18. November 2007: »Eine ehrliche Haut«.

90 *SZ*, 13. März 2008: »Neunzig Minuten, die ein Land veränderten«.

91 *SZ*, 14. März 2008: »Schröder hatte recht«.

92 BKGS/ZA: Dank und Zusagen: 1. Oktober 2006 bis 31. Dezember 2009: Edmund Stoiber an Gerhard Schröder, 4. April 2007.

93 BKGS/ZA: PVZA, XV. Ordner: Edmund Stoiber an Gerhard Schröder, 8. April 2008: »Gerne denke ich an Ihren Besuch in Wolfratshausen im letzten Herbst.«

94 BKGS/ZA: Dank und Zusagen: 1. Oktober 2006 bis 31. Dezember 2009: Gerhard Schröder an Walid al-Mu'allim, Minister für Auswärtige Angelegenheiten der Arabischen Republik Syrien, 13. Dezember 2006.

95 BKGS/ZA: PK, Januar – Dezember 2010: Gerhard Schröder an Jean-Claude Juncker, 7. April 2010.

96 BKGS/ZA: PK, Januar – Dezember 2007: Gerhard Schröder an Jacques Chirac, 14. März 2007.

97 BKGS/ZA: PVZA, XIII. Ordner: Sigmar Gabriel an Gerhard Schröder, 8. November 2006; Klaus Mangold an Gerhard Schröder, 19. Juli 2006; PK, Januar – Dezember 2009, N – Z: Wolfgang Tiefensee an Gerhard Schröder, 30. Juli 2009.

98 BKGS/ZA: Länder 2: Wladimir Putin an Gerhard Schröder, 24. Dezember 2007.

99 BKGS/ZA: Gesprächsvermerke/Sachstandsvermerke 2004 – 2005: Vermerk des Referats 212 »*Betr*.: Aussprache BK mit SPD AG-Außenpolitik am 24.9.2004«, 28. September 2004.

100 BKGS/ZA: PK, Januar – Dezember 2007: Gerhard Schröder an Peter Struck, 14. März 2007.

101 *FAZ*, 19. November 2007: »Steinmeier lobt Moskau«.

102 *SZ*, 10./11. November 2007: »Zucker für den Drachen«.

103 BKGS/ZA: PK, Januar – Dezember 2007: Gerhard Schröder an Hubertus Heil, 14. Dezember 2007; Gerhard Schröder an Peter Struck, 14. Dezember 2007.

104 Deutsch-Chinesisches Gemeinsames Kommuniqué zur umfassenden Förderung der Strategischen Partnerschaft, 18. Juli 2010.

105 Gerhard Schröder, *Entscheidungen. Mein Leben in der Politik*. Aktualisierte und erweiterte Ausgabe, Berlin 2007, S. 358.

106 BKGS/ZA: GV, E – K: Vermerk des Gruppenleiters 21 »*Betr*.: Gespräch BK mit türkischem MP Erdogan (E.) am 27.04.2004 in Köln [...]«, 27. April 2007.

107 *SZ*, 2./3. Februar 2008: »Schröder ärgert Zypern-Griechen«.
108 Schröder, *Entscheidungen*, S. 362.
109 BKGS/ZA: Reisen Ablauf 2008: Büro Bundeskanzler a. D. Gerhard Schröder, »Protokoll Gespräch Bundeskanzler a. D. Gerhard Schröder mit Ministerpräsident Ferdi Sabit Soyer, ›Türkische Republik Nordzypern‹«, 4. Februar 2008; »Protokoll Gespräch Bundeskanzler a. D. Gerhard Schröder mit Präsident Mehmet Ali Talat, ›Türkische Republik Nordzypern‹«, 4. Februar 2008.
110 BKGS/ZA: Reisen Ablauf 2007: Büro Bundeskanzler a. D. Gerhard Schröder, »Protokoll Gespräch Bundeskanzler a. D. Gerhard Schröder mit Boris Tadic, Präsident der Republik Serbien«, 20. November 2007.
111 BKGS/ZA: Reden 2008, II. Ordner: Rede von Bundeskanzler a. D. Gerhard Schröder »Herausforderungen in Zeiten der Globalisierung« anlässlich der Benefizveranstaltung der AWO International am Montag, 1. September 2008, in Berlin.
112 Gerhard Schröder im Interview mit: *Der Spiegel*, Nr. 34, 18. August 2008.
113 BKGS/ZA: Reden 2008, II. Ordner: Rede von Bundeskanzler a. D. Gerhard Schröder »Herausforderungen in Zeiten der Globalisierung« anlässlich der Benefizveranstaltung der AWO International am Montag, 1. September 2008, in Berlin.
114 Gerhard Schröder im Interview mit: *Der Spiegel*, Nr. 34, 18. August 2008.
115 BKGS/ZA: Reisen Ablauf 2009: Büro Bundeskanzler a. D. Gerhard Schröder, »Protokoll Gespräch Bundeskanzler a. D. Gerhard Schröder mit Dr. Mahmud Ahmadinedschad, Präsident der Islamischen Republik Iran«, 2. März 2009.
116 BKGS/ZA: Reisen Ablauf 2009: Rede von Bundeskanzler a. D. Gerhard Schröder anlässlich des Besuchs der Iranischen Industrie- und Handelskammer, Samstag, 21. Februar 2009, in Teheran (Iran).
117 *Die Welt*, 23. Februar 2009: »SPD-Außenexperte kritisiert Schröders Reise in den Iran«.
118 *Focus*, 23. Februar 2009: »Schröder-Reise gibt Rätsel auf«.
119 BKGS/ZA: Länder 5: Alireza Sheikh Attar an Gerhard Schröder, 3. Juli 2012.
120 *FAZ*, 10. Juni 2009: »Deutsch-emiratische Dynamik«.
121 BKGS/ZA: PK, Januar – Dezember 2009, N – Z: Jochen Weise an Gerhard Schröder, 12. Oktober 2009.
122 BKGS, PK, Januar – Dezember 2010: Gerhard Schröder an Angela Merkel, 10. März 2010.
123 *FAZ*, 5. Februar 2011: »Schröder in Arabien«.
124 BKGS/ZA: GV, L – R: Vermerk des Abteilungsleiters 2 »Betr.: Gespräch BK-Präs. Putin am 25. 9. 2000 im Kreml [...]«, 28. September 2000.
125 BKGS/ZA: PK, Januar – Dezember 2009, A – M: Gerhard Schröder an Jürgen Chrobog, 10. September 2009.
126 *Handelsblatt*, 9. Januar 2009: »Ein ›Gas-Mann‹ geht in die Offensive«.
127 *SZ*, 4. März 2014: »Scherz beiseite«.
128 Bild Online, 12. März 2014: »Altkanzler Kohl mahnt zu Besonnenheit«.
129 Gerhard Schröder, *Klare Worte. Ein Gespräch mit Georg Meck über Mut, Macht und unsere Zukunft*, Freiburg i. Br./Basel/Wien 2014.
130 *The New York Times*, 30. April 2014: »Not Getting Through to Mr. Putin«; *Der Spiegel*, Nr. 19, 5. Mai 2014: »Der falsche Eindruck«.
131 Gerhard Schröder im Interview mit: *WamS*, 11. Mai 2014.
132 *FAZ*, 2. Oktober 2014: »Ich bin ein Russland-Versteher«.
133 Heribert Prantl, »Der Rat der Alten«, in: *SZ*, 8. Dezember 2014. Der Aufruf »Wieder Krieg in Europa? Nicht in unserem Namen«, der am 5. Dezember 2014 bei Zeit online erschien, wurde von 60 namhaften Vertretern aller Bereiche des politischen Lebens in Deutschland, darunter Gerhard Schröder, unterzeichnet.

134 BKGS/ZA: EA: Schlichtung Tarifverhandlungen DB/Transnet 2006: Norbert Hansen an Gerhard Schröder, 14. Juli 2006.
135 *FAZ*, 22. August 2008: »Der Schiedsrichter«.
136 *SZ*, 13./14. Dezember 2008: »Streit zwischen Conti und Schaeffler eskaliert«.
137 BKGS/ZA: PK, Januar – Dezember 2011: Gerhard Schröder an Michael Naumann, 6. Oktober 2011.
138 Spiegel Online, 19. Februar 2014: »Ukraine-Konflikt: Ex-Kanzler Schröder schlägt Uno als Vermittler vor«.
139 *Focus*, 7. September 2008: »Die persönliche Erklärung im Wortlaut«.
140 Kurt Beck im Interview mit: *Stern*, 25. September 2008.
141 Ebd.
142 Gerhard Schröder im Interview mit: *Die Zeit*, 24. September 2008.
143 Gerhard Schröder, »Steinmeier hat das Zeug zum Kanzler«, in: *Vorwärts*, 11. September 2008.
144 Evelyn Roll, »Mächtig viel Freiheit«, in: *SZ*, 25./26. Oktober 2008.
145 BKGS/ZA: Dank und Absagen: 1. Mai bis 31. August 2009: Anne Will an Gerhard Schröder, 13. August 2009; Gerhard Schröder an Anne Will, 28. August 2009.
146 BKGS/ZA: PK, Januar – Dezember 2010: Frank-Walter Steinmeier an Gerhard Schröder, 10. Januar 2010.
147 BKGS/ZA: PK, Januar – Dezember 2010: Sigmar Gabriel an Gerhard Schröder, 16. März 2010.
148 Gerhard Schröder im Interview mit: *WamS*, 15. August 2010.
149 Gerhard Schröder im Interview mit: *Bild*, 27. Oktober 2010.
150 *SZ*, 10. November 2010: »Schröder: Bush lügt«.
151 Thomas Steg, »Gerhard Schröder gegen George W. Bush«, in: *Rheinische Post*, 11. November 2010.
152 Gerhard Schröder im Interview mit: *WamS*, 15. August 2010.
153 *Bild*, 3. November 2012: »›Wir nannten sie Löwe ...‹«.
154 *FAZ*, 18. Januar 2011: »Schröder-Köpf kontrolliert Karstadt«.
155 Susanne Höll, »Doris Schröder Köpf. Die Frau mit der anderen Management-Karriere«, in: *SZ*, 19. Januar 2011.
156 Nicolas Berggruen/Nathan Gardels, *Klug regieren. Politik für das 21. Jahrhundert*, Freiburg/Basel/Wien 2013.
157 *manager magazin*, 6/2011: »Der Separatist«.
158 Doris Schröder-Köpf im Interview mit: *HAZ*, 27. Januar 2012.
159 *HAZ*, 9. Januar 2012: »Die Kandidatin mit dem Hillary-Effekt«.
160 Ebd.
161 Doris Schröder-Köpf im Interview mit: *HAZ*, 27. Januar 2012.
162 Tanja Stelzer, »Die Doris-Show«, in: *Die Zeit*, 20. September 2012.
163 *Bild*, 26. März 2015: »Gerhard Schröder: Ehe-Aus!«.
164 *FAZ*, 10. Juni 2011: »Zwischen Arabellion und Euro-Rettung«; 30. Dezember 2011: »Spiel mit dem Feuer«.
165 BKGS/ZA: Reden 2012, I. Ordner: Rede von Bundeskanzler a. D. Gerhard Schröder anlässlich der Konferenz Belgien/Deutschland »Agenda 2010: Schlüssel zu Deutschlands wirtschaftlicher Erfolgsgeschichte«, Brüssel, 17. April 2012.
166 *FAZ*, 21. Dezember 2011: »Le modèle Gerhard Schröder«.
167 *FAZ*, 31. Januar 2012: »Von Deutschland lernen«.

168 BKGS/ZA: PK, Januar – Dezember 2011: Gerhard Schröder an Sigmar Gabriel, 20. Dezember 2011.
169 Nicolas Sarkozy, [Beitrag für]: *Gerhard Schröder zum Siebzigsten*, S. 150ff., Zitat S. 151.
170 *FAZ*, 30. Oktober 2014: »Amerika ist heiß auf das ›German Jobwunder‹«.
171 *The New York Times International Weekly*, 15. Mai 2015: »Germany, the Green Superpower«.
173 *FAZ*, 9. November 2011: »Gasleitung von Russland nach Deutschland geöffnet«.
174 Angela Merkel im Gespräch mit dem Verfasser, Berlin, 15. Dezember 2014.
175 BKGS/ZA: PK, Januar – Dezember 2009, A – M: Gerhard Schröder an Angela Merkel, 25. November 2009.
176 Gunhild Kamp-Schröder im Gespräch mit dem Verfasser, Paderborn, 9. Oktober 2014.
177 Gerhard Schröder im Interview mit: *WamS*, 13. Januar 2013.
178 Gerhard Schröder im Interview mit: *Der Spiegel*, Nr. 36, 5. September 2011.
179 Gerhard Schröder im Interview mit: Deutschlandradio, 29. März 2012.
180 BKGS/ZA: Geburtstagsglückwünsche 2013/14: Gerhard Schröder an Angela Merkel, 17. Juli 2014.
181 Gerhard Schröder im Interview mit: *WamS*, 4. Dezember 2011.
182 *FAZ*, 6. November 2011: »Auch Schröder hängt sich rein«.
183 *FAZ*, 20. Mai 2011: »Inland in Kürze«.
184 BKGS/PA: Gerhard Schröder an Sigmar Gabriel, 7. Januar 2014.
185 *Gerhard Schröder zum Siebzigsten*.
186 BKGS/ZA: 70. Geburtstag, Dank/Glückwunsch, II. Ordner: Helmut Schmidt an Gerhard Schröder, 4. April 2014.
187 *SZ*, 9./10. März 2013: »Die richtige Agenda«.
188 *Washington Post*, 9. April 2013: »Following Germany on reforming the social-safety net«.
189 Gerhard Schröder im Interview mit: *Bild*, 16. August 2012.
190 Gerhard Schröder im Interview mit: *Bild*, Sonderausgabe, 23./24. Juni 2012: »Warum braucht man zum Regieren Bild, BamS und Glotze, Herr Schröder?«

Personenregister

Bildnachweis

Action Press, Hamburg: 653 (Michael Thomas), 811 (Axel Schmidt), 849; – Agentur Focus, Hamburg: 189, 390/391, 509 (Konrad R. Müller); – AKG Images, Berlin: 246 (Picture Alliance); – Aris Fotografie, Berlin: 743; – *BILD-Zeitung*, Berlin: 894/895 (Daniel Biskup); – BKGS/ZA, Berlin: 256, 405, 551, 625; – Bundesregierung, Berlin: 299 (B 145 Bild-00017628/Engelbert Reineke), 359 (B 145 Bild-00017185/Engelbert Reineke), 388 (B 145 Bild-00013316/Engelbert Reineke), 414 (B 145 Bild-00001637/Julia Fassbender), 443 (B 145 Bild-00048903/Engelbert Reineke), 463 (B 145 Bild-00079766/Andrea Bienert), 486 (B 145 Bild-00011242/Andrea Bienert), 643 (B 145 Bild-00013050/Jürgen Gebhard), 698 (B 145 Bild-00002388/Jürgen Gebhardt); – Corbis Images, London: 367 (Langevin-Robert/Sygma); – Frank und Mark Darchinger, Bonn: 399; – J. H. Darchinger/Friedrich Ebert Stiftung/Archiv der Sozialen Demokratie, Berlin: 67, 75, 139; – ddp images, Hamburg: 711, 731 (Michael Kappeler), 867 (dapd); – Friedrich-Ebert-Stiftung/Archiv der sozialen Demokratie, Berlin: 44; – Getty Images, München: 622 (AFP), 882 (Andreas Rentz); – Walter Hanel, Bensberg: 447; – Imago, Berlin: 251 (Jürgen Eis), 803 (Contrast/Pollack); – Landeshauptarchiv Sachsen-Anhalt, Abteilung Magdeburg: 16; – Burkhard Mohr, Königswinter: 657; – Stefan Moses, München: 162/163; – Photothek, Berlin: 517, 682/683 (Thomas Koehler); – Picture Alliance, Frankfurt: 26 (Kay Nietfeld), 91 (Egon Steiner), 173 (Werner Baum), 196 (Wolfgang Weihs), 219 (Holger Hollemann), 291 (Ingo Wagner), 307 (dpa), 331 (dpa), 571 (Peter Kneffel), 597 (Holger Hollemann), 753 (Fritz Reiss/AP), 759 (Peer Grimm), 808 (Michael Probst/AP), 817 (Peer Grimm), 828 (Jockel Finck/AP), 861 (Peter Endig), 904 (Daniel Biskup), 918 (Anatoly Maltsev); – Picture Press, Hamburg: 133, 147 (Robert Lebeck), 173 (Werner Braun); – Privat: 23, 31, 33, 42; – Reuters, Berlin: 9 (Michael Dalder/MAD/DL), 783 (Arnd Wiegmann), 935 (Tobias Schwarz); – Haiko Sakurai, Essen: 531, 923; – Siegerland-Kolleg, Siegen: 39; – Süddeutsche Zeitung Photo, München: 300, 363, 593 (Regina Schmeken); – Termessos Verlag, Göttingen: 54 (Pressefoto R. Kluwe, veröffentlicht in *1968 in Göttingen*); – Ullstein Bild, Berlin: 223 (P.S.I. Bonn), 279, 320 (dpa), 347 (BPA); – Visum, Hamburg: 63 (Wolfgang Steche).

Trotz intensiver Recherche konnten die Bildrechte nicht in allen Fällen zweifelsfrei geklärt werden. Bei berechtigten Ansprüchen werden Rechteinhaber gebeten, sich an den Verlag zu wenden.